Francesco Maria Feltri   Maria Manuela Bertazzoni   Franca Neri

TEMPI

Corso di storia per il secondo biennio e il quinto anno

1 Dall'età feudale al Seicento

282-283-284-285
330-331-332
400-401-402-403-410 (zoom)
419 (ultime 4 righe)
508-509-510-511-512-519
↓
lettura

mevpmprr6uqjgjj3t

SOCIETÀ EDITRICE INTERNAZIONALE - TORINO

07408

SEI

Coordinamento editoriale: Anna Maria Battaglini

Progetto editoriale: Gianluca Tarabbia

Redazione: Luca Manco per Fregi e Majuscole

Ricerca iconografica: Silvia Giraudo

Coordinamento tecnico: Michele Pomponio

Progetto grafico: Apotema

Impaginazione: Patrizia Coppolaro, Silvia Gamerro per Fregi e Majuscole

Cartografia: Giorgio Mardegan - Effigies

Coordinamento multimediale: Nicola Prinetti

Redazione multimediale: Tommaso Martino

Copertina: Piergiuseppe Anselmo

Foto in copertina: Antonello da Messina, *Ritratto d'uomo* (probabile autoritratto del pittore), Londra, National Gallery; dipinto del XV secolo; Jan Vermeer, *Ragazza con l'orecchino di perla*, Mauritshuis, L'Aia, dipinto del XVII secolo.

Crediti: Scala Archives: 71 alto; 309
Getty Images: 470

Le foto non citate provengono dall'Archivio SEI.

AZIENDA CON SISTEMA DI GESTIONE QUALITÀ CERTIFICATO DA DNV GL = ISO 9001 =

Prima edizione: 2015

Ristampa

3 4 5 6 7 8 9 10
2018 2019

Stampa: Vincenzo Bona S.p.A. - Torino

Il tuo libro è anche un **eBook+**

in forma **digitale interattiva**

eBook+

▶ *Scarica e attiva, è facile!*

Segui le istruzioni che trovi sul sito della casa editrice, alla pagina **www.seieditrice.com/libri-digitali**

Studiare è più semplice con l'**eBook+**

▶ *Guarda, annota, sottolinea, evidenzia nel testo!*

Con l'**eBook+** apprendi in modo **multimediale** e **interattivo**, attraverso contenuti audio, video e link a risorse multimediali: insomma, in modo **coinvolgente** e **divertente**.

▶ *Ascolta, scopri i link, gli approfondimenti e salva il tuo lavoro*

Una volta scaricato sul tuo dispositivo, che potrà essere un PC fisso o portatile, un netbook o un tablet, il tuo libro digitale interattivo potrà essere utilizzato anche **in assenza di connessione alla rete**.

Tutte le tue operazioni le potrai ritrovare semplicemente **sincronizzando** i diversi dispositivi.

Sempre connesso alla classe con l'**eBook+**

▶ *Condividi con i tuoi compagni e il docente*

Vai sul sito SEI all'indirizzo **www.seieditrice.com/on**: troverai tutte le indicazioni per conoscere e utilizzare in modo facile un ambiente didattico digitale, dove sono disponibili **i tuoi libri, i tuoi appunti e le risorse selezionate e messe a disposizione dal tuo insegnante**.

Usa le icone

- Audio
- Video
- Galleria di immagini
- Esercizi interattivi
- Materiali interattivi e proiettabili
- Download
- Approfondimenti
- Documenti
- Link interni al volume
- Link esterni al volume
- Zoom

ON OPENSCHOOL NETWORK

Presentazione

Tempi è un manuale di Storia per il secondo biennio e il quinto anno della Scuola Secondaria di II grado. Segue la scansione proposta dalle *Indicazioni ministeriali* pubblicate in occasione della recente riforma della Scuola italiana, dando perciò spazio, nel terzo volume, al Novecento fino ad arrivare ai giorni nostri.

Una delle più importanti innovazioni di *Tempi* è il fatto che ogni unità si apre con un *percorso breve*, cioè con una sintesi delle principali informazioni. Il percorso breve svolge una funzione di *ponte*, fornendo le informazioni basilari; questo è particolarmente importante per la Storia del secondo Novecento, in quanto tutti gli studenti usciti dalla Scuola Superiore italiana dovrebbero conoscerne gli avvenimenti fondamentali, come la crisi di Cuba, le guerre tra arabi e israeliani, gli anni di piombo o la caduta del muro di Berlino.

Nella medesima direzione, quella di una didattica della Storia sempre più incisiva perché capace di offrire informazioni nel modo più rapido e più efficace, si muove anche una seconda innovazione che caratterizza *Tempi*. All'opera vera e propria (composta di materiale cartaceo e di approfondimenti digitali) è infatti associato un *percorso didattico* chiamato *Storia slide*, che ripercorre l'intero manuale, propone tutte le notizie in modo schematico, rielabora tutti i concetti e ne facilita l'acquisizione, precisandone con estrema chiarezza nessi causali e passaggi logici.

Tra i compiti primari che *Tempi* si è assunto vi è poi quello di fornire ai giovani, insieme alle informazioni più aggiornate e alle interpretazioni storiografiche più recenti (la maggior parte dei *Riferimenti storiografici* riportati proviene da testi pubblicati dopo il 2010), anche numerose *competenze*. Spesso, parlando di competenze, è stata fatta una grave confusione terminologica. Il concetto di *competenza*, ad esempio, è stato confuso frequentemente con quello di *abilità*: ma le due cose vanno considerate in modo distinto.

Per acquisire e potenziare le *abilità*, ogni unità si apre presentando tre elementi, che lo studente deve imparare a *leggere*:

- *un'immagine*, che svolge il ruolo di *porta d'ingresso* del periodo storico che verrà studiato nell'unità;
- *una carta*, che permette di orientrasi nello spazio;
- *una fonte scritta*, un documento, nel senso classico del termine; in linea di massima, si è cercato di porre in apertura uno dei testi più significativi, emblematici di un'intera vicenda o di un'epoca.

Nella nostra intenzione, è la capacità di *leggere* tali materiali che può essere definita *acquisizione di abilità*; a tal fine, al termine dell'unità, si trovano esercizi di vario genere, finalizzati proprio a potenziare tale acquisizione, oltre che a *testare* l'apprendimento delle informazioni fondamentali (le *conoscenze* raggiunte grazie alla spiegazione del docente e allo studio domestico).

Le *competenze* sono una questione molto più seria e complessa. Acquisire una *competenza*, infatti, significa imparare a operare confronti tra un contesto sociale e un altro o tra differenti scenari storici. Significa aver fatto proprie e padroneggiare alcune *categorie interpretative*, al punto da riuscire a leggere in profondità eventi disparati e differenti, utilizzando con elasticità le varie conoscenze acquisite. Ogni *capitolo* di ciascuna unità si propone come strumento capace di contribuire a maturare e acquisire una data competenza; inoltre, al fine di rafforzare il processo, ogni unità si conclude con un'attività specifica, dedicata al rafforzamento di questa o quella competenza. Quando affrontiamo tale questione, siamo di fronte a una delle finalità educative più serie e significative del sapere storico e dell'insegnamento della Storia. Non possiamo nasconderci che si tratta di un percorso lento, graduale, lungo; ecco perché il *Bilancio delle competenze acquisite* è sempre presentato dopo alcuni capitoli e addirittura, nel *Volume 1*, verso la fine del libro. Con il procedere dello studio e degli anni, le competenze maturate saranno sempre più sofisticate, complesse e numerose.

Un'altra rubrica altrettanto importante si propone di spiegare i caratteri essenziali della Costituzione della Repubblica italiana. Se l'obiettivo degli autori – grazie alla *didattica delle competenze* – è quello di aiutare i giovani a *leggere consapevolmente* la realtà politica e sociale in cui vivono (e, a maggior ragione, in cui vivranno, da adulti), compito esplicito di quelle pagine è di aiutare gli studenti e le studentesse a diventare cittadini attivi e consapevoli. In verità, questo è l'obiettivo *implicito* di tutto il nostro lavoro, proprio come l'attenzione alle vittime, ai soggetti marginali, alle donne, alle minoranze e ai gruppi perseguitati dovrebbe contribuire a creare una maggiore sensibilità verso questi problemi.

Creare una *cultura* del rispetto dell'altro e della solidarietà: per anni, questo è stato uno degli obiettivi che ci siamo proposti come insegnanti; in perfetta continuità con questo ruolo professionale, che siamo fieri di svolgere, nonostante le immense difficoltà in cui versa la Scuola italiana, lo rilanciamo come autori, nella consapevolezza dell'importanza che una disciplina come la Storia può svolgere nel processo di formazione di un individuo.

FRANCESCO MARIA FELTRI, MARIA MANUELA BERTAZZONI, FRANCA NERI

Indice

UNITÀ 1

Il Medioevo dei monaci e dei cavalieri (secoli VIII-XI) 2

UNITÀ 2

Il Medioevo dei sovrani, dei mercanti e delle cattedrali (secoli XII-XIII)

MATERIALE DIGITALE

UNITÀ 3

L'autunno del Medioevo (secoli XIV-XV) 137

MATERIALE DIGITALE

Indice

UNITÀ 4

La prima globalizzazione (secoli XIV-XVI) 197

MATERIALE DIGITALE

UNITÀ 5

Le grandi potenze nel Quattrocento e nel Cinquecento

MATERIALE DIGITALE

UNITÀ 6

La grande frattura: Riforma protestante e Controriforma cattolica 309

UNITÀ 7

Elisabetta e Filippo II: economia e politica nel Cinquecento

UNITÀ 8

Il Seicento di Amsterdam e delle streghe 439

UNITÀ 9

Il Seicento di Wallenstein, Richelieu e Cromwell

MATERIALE DIGITALE

UNITÀ 1

Il Medioevo dei monaci e dei cavalieri (secoli VIII-XI)

Un'immagine per iniziare

Nel Medioevo e nella prima Età Moderna (cioè nel Cinquecento e nel Seicento), tutti i sovrani d'Europa condividevano l'idea secondo la quale essi governavano "per grazia di Dio", in qualità di Suoi rappresentanti terreni. I re di Parigi e di Londra, tuttavia, aggiunsero un ulteriore elemento, che li rese speciali: essendo stati consacrati mediante un particolare rito che li rendeva simili a Cristo, essi iniziarono a compiere guarigioni miracolose. Inizialmente, il campo della loro azione era abbastanza vago e generico; dall'XI secolo, in Francia (e dal XII, in Inghilterra) si diffuse invece la credenza secondo cui i *re taumaturghi* guarivano una malattia del tutto particolare, denominata *scrofole*.

↑ Il re d'Inghilterra Edoardo il Confessore guarisce un muto con il tocco della mano, miniatura inglese del XIII secolo.

SOMMARIO

TESTO

Percorso breve

Una carta per orientarsi nello spazio

Carta proiettabile

Nel Medioevo, si fronteggiarono tre mondi, tre civiltà: l'Occidente latino (cattolico), l'Oriente bizantino (ortodosso) e il mondo islamico (musulmano). All'inizio (secoli VII-X), l'Occidente era il più povero di questi tre mondi: basti pensare che in Oriente si usava la moneta d'oro, mentre in Europa essa era stata sostituita da quella d'argento, a causa della scarsità dei commerci e degli scambi. A partire dall'XI secolo, l'Occidente si rafforzò in tutti i campi e intraprese una serie di azioni finalizzate a espandersi, a danno degli altri due soggetti. La Spagna e la Sicilia vennero tolte al mondo islamico, mentre i bizantini furono cacciati dall'Italia meridionale. Il fenomeno delle crociate rappresentò il culmine di tale processo di espansione: Gerusalemme fu conquistata nel 1099, Costantinopoli nel 1204.

Alla base di questo dinamismo sta un più generale risveglio dell'Europa occidentale, che tra il 1000 e il 1300 vide un impetuoso incremento demografico: la popolazione europea, infatti, passò dai 40 milioni del 1000 ai 70 milioni circa del 1300.

Gli eventi per orientarsi nel tempo

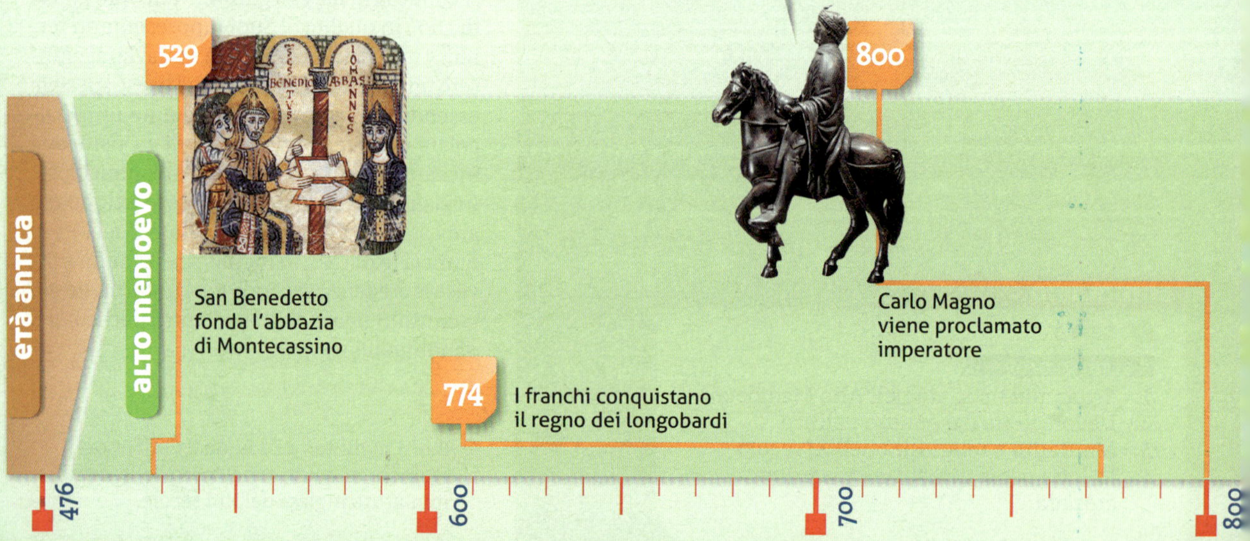

Una fonte per capire: il *Dictatus papae*

L'idea secondo cui i sovrani erano i rappresentanti di Dio in Terra venne fieramente avversata dal papato a partire dall'XI secolo. Alla tradizionale concezione discendente, secondo cui ogni potere proveniva dall'alto, perché Dio era la fonte di qualsiasi diritto a emanare ordini, in un documento denominato *Dictatus papae* (del 1075) Gregorio VII aggiunse l'idea della *mediazione ecclesiastica*: Dio aveva concesso al papa sia il potere spirituale sia il potere temporale, esercitato dai sovrani solo in virtù di una delega del pontefice. In pratica, dall'XI secolo, il papato si considerò la suprema autorità del mondo cristiano.

I. La Chiesa romana è stata fondata solo dal Signore.
II. Solo il pontefice romano è detto a giusto titolo universale.
III. Egli solo può deporre e assolvere i vescovi.
IV. Il suo legato, in un Concilio, è superiore a tutti i vescovi anche se è loro inferiore per l'ordinazione, e può pronunciare contro di loro una sentenza di deposizione.
V. Il papa può deporre gli assenti.
VI. Con quanti sono stati scomunicati da lui, non si può, fra l'altro, abitare sotto il medesimo tetto.
VII. Egli solo può, se opportuno, stabilire nuove leggi, riunire nuovi popoli, trasformare una collegiata in abbazia, dividere un vescovado ricco, unire vescovadi poveri.
VIII. Solo il papa può usare le insegne imperiali.
IX. Il papa è il solo uomo a cui tutti i principi bacino il piede.
X. È il solo il cui nome sia pronunciato in tutte le chiese.
[...]
XII. Gli è lecito deporre gli imperatori.
XIII. Gli è lecito trasferire i vescovi da una sede all'altra, secondo la necessità.
XIV. Ha il diritto di ordinare un sacerdote di qualsiasi chiesa, dovunque gli piaccia.
XV. Colui che è stato ordinato da lui può dare ordini alla chiesa di un altro, ma non fare la guerra; non deve ricevere da un altro vescovo un grado superiore.
XVI. Nessun sinodo generale può essere convocato senza suo ordine.
XVII. Nessun testo e nessun libro possono assumere valore canonico al di fuori della sua autorità.
XVIII. Le sue sentenze non debbono essere modificate da nessuno, ed egli solo può modificare le sentenze di chiunque.
XIX. Non può essere giudicato da nessuno.
[...]
XXII. La Chiesa romana mai ha errato né errerà in perpetuo, come attesta la Sacra Scrittura.
XXIII. Il pontefice romano, quando sia stato ordinato canonicamente, viene indubitabilmente santificato per i meriti di Pietro.
XXIV. Su ordine e con il consenso del papa è permesso ai soggetti presentare un'accusa.
XXV. Egli può anche, senza bisogno di convocare un'assemblea sinodale, deporre e assolvere vescovi.
XXVI. Chi non è con la Chiesa romana non dev'essere considerato cattolico.
XXVII. Il papa può sciogliere i soggetti dal giuramento di fedeltà fatto agli ingiusti.

J. LE GOFF, Il Basso Medioevo, Feltrinelli, Milano 1967, pp. 95-96, trad. it. E. VACCARI SPAGNOL

Orientarsi nel tempo

843 Compromesso di Verdun: l'impero carolingio viene diviso

877 Capitolare di Quierzy: i vassalli maggiori possono trasmettere in eredità il proprio feudo

962 Ottone I ottiene il titolo imperiale

1066 I normanni conquistano l'Inghilterra

1075 Il pontefice Gregorio VII emana il *Dictatus papae*

1095 Il pontefice Urbano II lancia un appello ai cristiani per la liberazione della Terrasanta

Alto medioevo | Basso medioevo

900 — 1000 — 1100

METODO DI STUDIO

Percorso breve

Storia slide

Che cos'è il Medioevo?

Il termine "Medioevo" designa un periodo lunghissimo che, come minimo, durò 1000 anni. Quasi tutti gli studiosi fanno coincidere il suo inizio con la **caduta dell'Impero romano d'Occidente**, nel 476. Quanto alla fine di tale epoca, numerosi mutamenti avvenuti tra **fine Quattrocento** e **inizio Cinquecento** (ad esempio, nel 1492, la scoperta dell'America) permettono di affermare che un'intera epoca stava terminando.
Naturalmente, un periodo storico così lungo (476-1500 circa) non può essere valutato in blocco. Pertanto, la maggior parte degli studiosi propone di organizzare il Medioevo in sotto-periodi. La maggiorparte degli storici propone questa periodizzazione:

- secoli V-XI, ***Alto Medioevo***: fu un lungo periodo di crisi in tutti i campi;
- secoli XII-XIII, ***Basso Medioevo***: si trattò di due secoli di grande e impetuoso sviluppo demografico, economico, culturale;
- secoli XIV-XV, ***Tardo Medioevo*** o *autunno del Medioevo*: l'Europa occidentale si trovò di nuovo in ginocchio a causa di carestie ed epidemie, tra cui la *peste nera* degli anni 1347-1350, che uccise un terzo dell'intera popolazione.

1 Economia e società nell'Alto Medioevo

Dopo la crisi dell'Impero romano d'Occidente, per alcuni secoli la peste e le cattive condizioni climatiche impedirono alla popolazione europea di aumentare. Intanto, la società dell'Alto Medioevo si organizzò sempre più come una forbice: da un lato incontriamo i **potenti**, la cui caratteristica fondamentale consisteva nel fatto che possedevano la terra; tutti gli altri, invece, lavoravano i poderi dei gruppi dominanti in condizione di **servitù**, senza potersi allontanare da essi, in un tempo in cui la manodopera era un bene scarso e prezioso. Nel corso dell'VIII secolo, iniziò a diffondersi la **staffa**, che accelerò un fenomeno già iniziato da tempo: la graduale affermazione, sul campo di battaglia, del **cavaliere** come figura prevalente. Pertanto l'esercito, che al tempo dei romani era formato da tutti gli uomini liberi in grado di portare le armi, divenne un gruppo ristretto a coloro che potevano permettersi un cavallo e il costoso equipaggiamento da cavaliere. I potenti che volevano assicurarsi una schiera di cavalieri concedevano ai propri subordinati un **feudo** (o **beneficio**), cioè un terreno di dimensioni abbastanza ampie da garantire loro una ricchezza sufficiente all'acquisto di un destriero e dell'equipaggiamento militare completo. Chi riceveva il feudo era detto **vassallo** e si impegnava a prestare servizio militare a cavallo per il suo **signore**, con una speciale cerimonia denominata *omaggio*.

Chi riceveva il feudo era detto vassallo

2 L'evoluzione del quadro politico

Uno dei tratti politici fondamentale del Medioevo fu il tentativo di superare la frammentazione politica seguita alla caduta dell'Impero romano. Il primo a tentare questa strada fu **Carlo** (soprannominato ***Magno***), re dei franchi, che ebbe il pieno sostegno del papato e quindi fu incoronato imperatore, a Roma, nell'anno 800. In realtà, le differenze tra l'antico Impero romano e quello di Carlo erano enormi: il primo si estendeva su entrambe le sponde del Mediterraneo, mentre il dominio di Carlo era sbilanciato verso Nord. Inoltre il Sacro romano impero creato da Carlo si disintegrò rapidamente, dando vita ad almeno due grandi e contrapposte strutture politiche: il **regno di Francia** e l'**impero tedesco** (comprendente anche l'Italia settentrionale). In comune, i sovrani di questi due territori avevano un importante elemento: entrambi pensavano di essere figure sacre e di **aver ricevuto il potere da Dio**. Intanto, tra il IX e il X secolo, un'ondata di invasioni sconvolse l'Europa. Da Nord provenivano i **normanni** (o vichinghi) che fecero scorrerie lungo le coste francesi e inglesi e anche nelle regioni interne. Da est, invece, giunsero gli **ungari** che, dalle pianure del Danubio, compirono regolarmente razzie in Baviera, Italia del Nord e nella valle del Reno. Gli ungari furono duramente sconfitti dal duca di Sassonia **Ottone I**, a **Lechfeld** (955): quella battaglia segnò la fine delle incursioni dei cavalieri del Danubio e favorì la nascita del **Sacro impero romano germanico**, ufficializzata in seguito con la nomina di Ottone I a imperatore (962).

Domande chiave

- Quali furono i cambiamenti sociali e politici provocati dalla nascita della cavalleria?
- Che cosa accomunava i sovrani del regno di Francia e dell'impero tedesco?
- La pace di Dio ebbe effetti immediati? Quale concezione della Chiesa vi era sottintesa?
- Quale fu la posizione di Gregorio VII riguardo alla sacralità dei sovrani e dell'imperatore?

← Charles di Valois-Orléans riceve l'omaggio di un vassallo, miniatura (Parigi, Archivio Nazionale).

3 Mentalità e religiosità nell'XI secolo

In varie regioni della Francia, l'autorità del re era troppo debole per poter imporre un freno alle violenze dei cavalieri, che saccheggiavano anche le terre della Chiesa. Pertanto, numerosi vescovi imposero la cosiddetta ***pace di Dio***, cioè minacciarono la dannazione eterna a quei cavalieri che avessero compiuto violenze a danno dei contadini, dei monaci e degli ecclesiastici.
Da un punto di vista pratico, la pace di Dio non fu mai realmente efficace. Ebbe però una notevole importanza sotto un altro aspetto: preparò infatti l'elemento centrale del nuovo contesto politico che si sarebbe venuto a creare verso la fine dell'XI secolo, cioè **la tendenza della Chiesa a dirigere e a subordinare a sé l'autorità temporale**.
Oltre ai cavalieri anche il clero fu attaccato e messo in discussione. Nell'XI secolo, il più importante centro della cristianità latina fu l'**abbazia di Cluny**, in Francia. Da lì si diffuse nel resto d'Europa l'idea che i sacerdoti dovevano distinguersi dai laici: pertanto, non dovevano combattere e tanto meno avere relazioni sessuali. Molti sacerdoti avevano mogli e figli e divenne sempre più pressante la richiesta di una più stretta osservanza del **celibato ecclesiastico**. Inoltre era diffusa la **simonia**, cioè il tentativo di comprare con il denaro un ufficio sacro. Queste pratiche spinsero molti fedeli a ricercare la vera essenza del messaggio cristiano: si diffusero i **pellegrinaggi religiosi**, cioè i viaggi dei credenti verso luoghi dove erano custodite reliquie (cioè resti e ricordi) di Cristo, dei suoi apostoli e dei martiri. Mete privilegiate furono Roma, **Gerusalemme** e Santiago di Compostela.

4 La lotta per le investiture e la prima crociata

A partire dalla metà dell'XI secolo, il papato operò una vera rivoluzione. I pontefici, infatti, da un lato rifiutarono qualsiasi controllo da parte dell'autorità imperiale, mentre dall'altro negarono la sacralità dei sovrani e dell'imperatore. Di conseguenza, papa **Gregorio VII** respinse la prassi corrente, che permetteva agli imperatori tedeschi (nella loro qualità di guide supreme della cristianità) di *investire* i vescovi, cioè di celebrare il rito con cui essi diventavano i pastori di una particolare chiesa locale. Gregorio VII rivendicò per il **papato** il ***monopolio della sacralità***; pertanto, dichiarò solennemente la superiorità del papa su tutti gli altri vescovi e, soprattutto, sull'imperatore.
Proseguendo su tale linea, papa Urbano II, nel 1095, bandì la **prima crociata**, cioè esortò i cavalieri cristiani a partire per l'Oriente, a combattere i musulmani e a riportare sotto il dominio cristiano la Città Santa, Gerusalemme. Nel 1099, questa venne effettivamente conquistata dai cavalieri latini, che tuttavia massacrarono gran parte della popolazione (composta da musulmani, da ebrei, ma anche da arabi cristiani). L'impresa si svolse in un clima di acceso entusiasmo religioso: molti cristiani della fine dell'XI secolo, infatti, erano convinti che la fine del mondo fosse vicina, che tutti i malvagi sarebbero stati annientati e che Dio avrebbe instaurato un lungo regno di pace, di giustizia e di prosperità.

ECONOMIA DEMOGRAFIA E SOCIETÀ

1

Storia slide

Economia e società nell'**Alto Medioevo**

Le conoscenze da acquisire	Le competenze da potenziare
L'Occidente europeo esce con molta gradualità dalla crisi che aveva provocato la fine dell'Impero romano.	Saper individuare i fattori che svolgono un ruolo propulsivo o depressivo, in un sistema economico.

1.1 La formazione del grande possesso fondiario

Nei secoli che videro il graduale declino dell'impero romano, e infine il suo definitivo collasso (almeno in Occidente), di fronte ai ricorrenti attacchi di cui erano oggetto le città, e di fronte al progressivo decadere delle comunicazioni tra campagna e centri urbani, molti grandi proprietari terrieri, soprattutto in Gallia, si trasferirono nelle loro tenute agricole. Sorsero così le cosiddette ***villae***, che svolgevano una duplice funzione, economica e militare. Al centro della *villa*, infatti, sorgeva la **residenza fortificata del grande proprietario**, il quale si era costituito un vero e proprio esercito personale per far fronte alle razzie dei barbari. Nel medesimo tempo, questa forza armata permetteva al latifondista di opporsi anche agli esattori delle imposte imperiali, considerati spesso avversari più pericolosi e più avidi degli stessi invasori germanici.

> **Due nemici: i barbari e gli esattori imperiali**

Nei secoli compresi tra la caduta dell'impero romano (476) e l'anno Mille, la *villa* subì un lento processo di evoluzione, trasformandosi in quello che alcuni storici hanno definito il ***grande possesso fondiario***. A causa dello scarsissimo rendimento dei prodotti agricoli, ogni signore cercava di riunire nelle sue mani più terra possibile, in modo da poter vivere al livello considerato onorevole per il suo rango. Inoltre, poiché gli scambi e le comunicazioni erano sempre più difficili, ogni tenuta finì per orientarsi nella direzione dell'**autosufficienza economica**, ovvero si sforzò di produrre tutto ciò che serviva alla vita del latifondista, della sua famiglia e dei suoi dipendenti.

↑ Mosaico romano che mostra il lavoro agricolo della vendemmia, 350 d.C. circa (Roma, Mausoleo di Santa Costanza).

In età romana, le grandi proprietà fondiarie erano coltivate dagli schiavi, che lavoravano i poderi circostanti la *villa* del latifondista, risiedevano in appositi quartieri della casa del padrone ed erano alimentati da lui. I primi secoli del Medioevo, però, videro giungere a compimento un processo già iniziato, in numerose tenute, nel tardo impero romano; i proprietari, infatti, distinsero sempre più nettamente, all'interno delle loro terre, una porzione speciale, detta *dominio* o ***pars dominica*** (= parte del signore), che continuarono ad amministrare e a condurre personalmente.

Rispetto al passato, solo un numero ristretto di lavoratori continuò a vivere nelle immediate vicinanze della residenza padronale e a essere sfamata direttamente dal signore; agli altri venne affidata la gestione di una porzione di quelle terre che non facevano parte del *dominio*. Coltivando quel podere (chiamato, almeno in Francia e in Italia, ***mansus***, termine che indicava il quantitativo di terra adeguato, almeno in teoria, ai bisogni e alle forze di una famiglia), il contadino poteva sopravvivere; in cambio, doveva versare al padrone un canone (cioè una quota del raccolto) e soprattutto prestare ogni anno gratuitamente alcune giornate di lavoro (dette *corvées*, che alla lettera significa *richieste, requisizioni*) sul dominio, in aiuto ai servi che lavoravano a tempo pieno la parte del signore.

> Le *corvées*

1.2 Il rapporto tra signori e contadini

La *villa* e il grande possesso fondiario, tuttavia, divennero ben presto irresistibili poli di attrazione per tutti i piccoli contadini delle regioni in cui essi sorgevano. Si trattava di uomini liberi, ma indifesi. Esposti alle violenze (inizialmente dei barbari e degli esattori imperiali; più tardi, di bande violente di predoni, che percorrevano senza problemi i territori della Gallia o dell'Italia, in assenza di una solida autorità statale), essi cercarono nel potente padrone della *villa* protezione e tutela, in cambio della cessione delle proprie terre. Siamo di fronte a un meccanismo che prende il nome di *accomendatio*: **il contadino rinunciava a essere proprietario del podere**, che cedeva al latifondista; questi, dal canto suo, nel momento in cui si assumeva il ruolo di protettore, permetteva che il contadino continuasse a coltivare il suo vecchio campo, ma solo in qualità di dipendente, di affittuario tenuto a **versare una parte del raccolto al potente signore**.

> Terre in cambio di protezione

Questi *accomandati* – che, in cambio della sicurezza, cedevano al signore la loro terra, ma poi l'ottenevano di nuovo, sotto forma di concessione e dietro l'impegno a versare un canone d'affitto – si aggiunsero agli schiavi accasati, che avevano ricevuto in concessione un manso. In tal modo, per strade diverse ma convergenti, si venne a creare la più tipica delle strutture rurali del Medioevo europeo, detta ***signoria*** perché caratterizzata dal **rapporto di dipendenza che legava i lavoratori della terra al signore** della terra stessa. Per il mondo contadino, la sua costituzione significò il passaggio a una situazione molto diversa rispetto al passato, allorché lo schiavo e l'agricoltore libero erano figure opposte e antitetiche.

Il numero degli schiavi, nel senso più stretto del termine, andò infatti restringendosi nel corso dei primi secoli del Medioevo, visto che fra essi i concessionari di poderi diventavano sempre di più. Al contrario, la maggioranza dei lavoratori liberi finì per trasformarsi in **manodopera servile o semi-servile, comunque privata di ogni vera autonomia**, visto che il contadino non aveva ormai terra propria, dipendeva in tutto dalla volontà del padrone ed era pienamente inserito, appunto, nelle maglie della signoria, con i suoi obblighi e le sue *corvées*.

Per indicare questa nuova situazione, si usa di solito il termine ***servitù della gleba***. L'elemento più importante della nuova figura sociale che stava nascendo (il servo) era infatti il suo legame con la terra (gleba) del signore, da cui il contadino non poteva assolutamente allontanarsi. La libertà di movimento era il primo dei diritti di cui il servo, vincolato al grande possesso fondiario, era completamente privo.

Schema proiettabile

Padroni e servi nell'Alto Medioevo

SIGNORE	CONTADINI
È padrone di tutte le terre (dominio e mansi)	Vivono grazie al prodotto dei mansi
Garantisce protezione e difesa ai contadini	Prestano servizi occasionali (*corvées*) o lavorano stabilmente nel dominio

1.3 La graduale nascita della cavalleria

Guardiamo la storia
Il guerriero a cavallo

Incontriamo un processo simile in campo militare: anche in tale ambito, il risultato fu la creazione, all'interno delle società, di una separazione sempre più ampia tra i potenti e i deboli. In effetti, anticamente, l'esercito dei popoli germanici era formato dall'intera comunità dei maschi adulti, capaci di portare le armi. Questa situazione mutò lentamente nel corso del tempo, e il cambiamento giunse a piena e completa maturazione intorno alla metà dell'VIII secolo, nella Gallia franca. Quando penetrarono all'interno dell'impero romano, intorno alla metà del V secolo, i **franchi** non erano un *popolo della steppa*. A differenza dei visigoti e degli ostrogoti, essi appartenevano al gruppo dei cosiddetti ***germani delle foreste***, che avevano scarsa familiarità con il cavallo e, quindi, preferivano combattere a piedi. Con il passare dei decenni, anche i franchi si resero conto del fatto che il combattente a cavallo era molto più potente ed efficace del fante, e tale superiorità della cavalleria divenne infine schiacciante all'inizio dell'VIII secolo, allorché si diffuse in Europa occidentale la **staffa**.

> Potenza militare del cavallo

Il radicale mutamento provocato dall'adozione della staffa si intuisce già nelle espressioni latine che cominciarono a entrare in voga: infatti, mentre in passato si diceva "saltare a cavallo", nell'Alto Medioevo si imposero gradualmente le espressioni "salire" e "scendere da cavallo". Il cambiamento più radicale, tuttavia, ebbe luogo a livello militare ed è stato descritto nel modo più efficace dallo storico americano L. White: «Il cavaliere poteva ora tenere la lancia in resta, stretta tra il corpo e la parte superiore del braccio, ed attaccare il nemico vibrando il colpo non più col vigore dei muscoli, ma con il proprio peso unito a quello del destriero lanciato alla carica. La mano del guerriero non vibrava più il colpo: lo guidava solamente. Così la staffa sostituiva alla forza umana l'energia animale, ed aumentava enormemente le possibilità del guerriero di recar danno al nemico».

Le parole

Staffa

Probabilmente inventata in India nel II secolo a.C., in origine la staffa era uno strumento ancora molto semplice e rudimentale: in pratica, un anello di pelle o di stoffa, che aiutava il cavaliere a salire e a scendere dall'animale. Adottata dai cavalieri cinesi, divenne rigida e metallica: in tale forma, grazie alla mediazione dei nomadi della steppa, dei bizantini e infine dei longobardi, essa si impose in Europa.

→ Gruppo di cavalieri carolingi, IX secolo, miniatura dal *De universo* o *De rerum naturis* di Rabano Mauro. Nell'immagine si vede chiaramente l'uso della staffa da parte dei cavalieri.

VIII secolo: una società *a forbice*

Schema proiettabile

SITUAZIONE INIZIALE	FATTORI DI CAMBIAMENTO	RISULTATO FINALE
I contadini liberi coltivano i propri campi e sono nettamente distinti dagli schiavi che lavorano per i signori	Tendenza dei contadini liberi più deboli a cercare la protezione dei grandi proprietari terrieri	I contadini liberi non esercitano più l'attività militare e si trasformano gradualmente in servi
L'esercito dei popoli germanici coincide con l'insieme degli uomini liberi	Introduzione della staffa = trasformazione dell'esercito in un gruppo di professionisti a cavallo	Solo i proprietari terrieri esercitano il mestiere delle armi, trasformandosi in gruppo di specialisti

RIFERIMENTO STORIOGRAFICO 1
Caratteri fondamentali del feudalesimo
→ pag. 51

> **Un esercito di professionisti**

Oltre alla lancia, il cavaliere aveva poi bisogno della spada, dello scudo e di un **equipaggiamento in ferro** che proteggesse la sua persona. Tutto ciò, naturalmente, costava molto caro: secondo alcuni studiosi, per armare di tutto punto un cavaliere era necessaria la rendita di un appezzamento vasto almeno 150 ettari.

L'organizzazione di un esercito di cavalieri, dunque, comportò una vera *rivoluzione sociale*: il servizio militare, infatti, cessò gradualmente di essere un'attività "democratica", aperta a tutti gli uomini liberi, e l'**esercito** finì per trasformarsi in una schiera elitaria, formata solo da ricchi **professionisti della guerra**.

La società dell'Alto Medioevo, insomma, assunse verso la metà dell'VIII secolo l'aspetto di una vera e propria forbice: da una parte un piccolo gruppo di potenti, che possedevano grandi estensioni di terre e che avevano i mezzi per combattere a cavallo; dall'altra, i contadini, tra i quali la differenza tra liberi e schiavi scompariva gradualmente, visto che anche i proprietari liberi tendevano ad affidarsi alla protezione dei potenti e non erano più in grado di servire nell'esercito.

1.4 La nascita delle relazioni feudali

> **Guerrieri "accasati"**

I signori, chiaramente, non combattevano da soli, ma avevano bisogno di truppe. In un primo tempo, prevalse il sistema del *seguito dei compagni armati*, chiamato anche, dalle fonti franche, *trustis* o *comitatus*. Un signore, in pratica, era circondato da una schiera di soldati, che egli manteneva regolarmente, fornendo loro vitto, alloggio, armi e cavalli. Verso la metà dell'VIII secolo, i signori più potenti e gli stessi sovrani iniziarono ad *accasare* molti di questi loro guerrieri, concedendo loro una terra, da cui essi dovevano trarre di che vivere e di che armarsi.

Il sistema feudale

Schema proiettabile

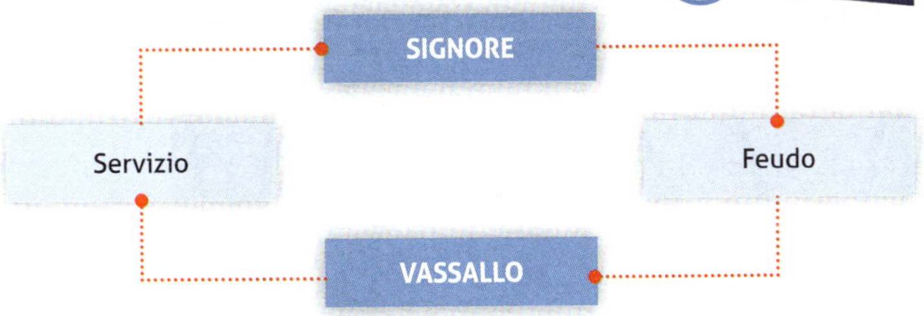

Fecero la loro comparsa, allora, numerosi termini nuovi, destinati a una lunga fortuna. La terra ricevuta dal guerriero, in un primo tempo, venne chiamata ***beneficio***; con il passar del tempo, invece, si impose il termine ***feudo***, che finì per designare l'intero meccanismo sociale che, a partire dall'VIII secolo, si impose in Francia. Quanto al guerriero che riceveva la terra dal signore, la parola più utilizzata divenne ben presto *vassus*, ***vassallo***.

> **VEDI**
La *Magna Charta*
→ pag. 102

Signore e vassallo stipulavano un vero contratto. Il primo, che concedeva il feudo, si aspettava che l'altro lo servisse completamente armato, a cavallo, ogni volta che sorgeva una necessità militare. Il guerriero, dal canto suo, era tenuto soprattutto a essere fedele al suo signore: la **fedeltà, nel mondo feudale e cavalleresco, divenne il valore morale supremo**, il principio fondamentale che non si doveva mai trasgredire. In caso di infedeltà, in effetti, il signore avrebbe potuto ritirare il *beneficio* al cavaliere e assegnarlo ad un altro servitore più affidabile.

> **Il capitolare di Quierzy**

All'inizio, dunque, **il feudo non era di proprietà del vassallo**: alla sua morte esso tornava al signore, che disponeva di esso liberamente. Solo nell'anno 877, con il cosiddetto capitolare di Quierzy, l'imperatore Carlo il Calvo stabilì che i vassalli più importanti, titolari dei feudi più estesi (dati in beneficio dal sovrano stesso) avevano il diritto a trasmetterli ai propri figli, per via ereditaria. In questi casi, il beneficio cessò in pratica di essere revocabile e diventò sempre più simile a una proprietà vera e propria, sulla quale il sovrano perdeva di fatto ogni controllo.

> **Un rituale laico**

In un primo tempo, tutte le cerimonie e i gesti del costume feudale furono privi di simbologie e connotati religiosi. Il rituale più importante era denominato ***omaggio***, in virtù del quale un soggetto (il vassallo) si impegnava a diventare *l'uomo del suo signore*. Nel momento più solenne del rito, il vassallo si inginocchiava davanti al suo superiore, che prendeva fra le sue mani quelle che, giunte, gli porgeva il suo subordinato; dato che, spesso, seguiva un bacio sulla bocca, il nuovo vassallo era denominato in genere *uomo di bocca e di mani*. Da quel momento, il vassallo doveva aiutare in ogni modo possibile il suo signore; l'intensità di **tale legame** divenne proverbiale e, di fatto, **influenzò tutte le relazioni umane**. I rapporti tra genitori e figli, non meno delle relazioni amorose, vennero spesso descritti in termini di obbedienza e fedeltà feudali, che finirono per modellare **anche la pratica religiosa**. Nell'antichità, infatti, si pregava in piedi, con le braccia aperte; dopo il trionfo e la diffusione dei riti feudali e della mentalità cavalleresca, si iniziò a **pregare in ginocchio, con le mani giunte**, come se il fedele fosse un vassallo e Dio il suo signore.

→ Un signore riceve l'atto di omaggio da un vassallo e gli consegna una zolla di terra, che simboleggia il feudo assegnato. Miniatura dell'XI secolo.

1.5 La crisi delle città e del commercio

> **I vescovi rimangono nelle città**

La *società feudale* era un **mondo** tipicamente **rurale**. Nell'Occidente latino dei secoli VIII-X, in effetti, le città avevano perso gran parte della loro importanza. Innanzitutto, cessarono di essere centri amministrativi: i funzionari dello Stato, cioè, specialmente in Gallia, smisero di risiedere nelle città e preferirono trasferirsi nelle loro *villae* di campagna. Tuttavia, i **vescovi**, fedeli in questo alla tradizione romana, rimasero in genere all'interno dei centri urbani. Solo a loro, in certi casi, si dovette la **sopravvivenza stessa delle città**.

Siamo di fronte, comunque e sempre, a entità urbane alquanto modeste, in cui **il numero degli abitanti era sorprendentemente basso**. Nel X secolo Roma, la città più popolosa dell'Occidente (al centro di quell'Italia che più degli altri Paesi aveva conservato un elevato numero di centri urbani relativamente attivi e dinamici) non aveva più di 20-25 000 abitanti, mentre la capitale imperiale al tempo di Augusto e la Baghdad dei califfi intorno al Mille superavano il milione di persone. In Gallia, addirittura, persino le città più vive e animate (Parigi, Metz, Arras, ad esempio) nei secoli IX e X non superavano i 5000 abitanti, quando le due città mesopotamiche di Kufa e Basra contavano invece, rispettivamente, 100 000 e 200 000 residenti.

A partire dalla fine del VII secolo, diminuì sensibilmente nella Gallia franca la tradizionale importazione di prodotti orientali (seta, spezie, profumi), mentre altri beni di prima necessità, che in passato provenivano da lontano, vennero sostituiti da materiali fabbricati sul posto; l'olio proveniente dall'Africa, ad esempio, fu ampiamente rimpiazzato dallo strutto nell'alimentazione e dalla cera nell'illuminazione degli ambienti. Volendo assumere una data simbolica per questa radicale inversione di tendenza nel settore del commercio a lunga distanza, si potrebbe indicare il 692, l'anno in cui la cancelleria della monarchia franca cessò di utilizzare il papiro, precedentemente importato dall'Egitto, sostituendolo con la pergamena, ricavata dalla lavorazione della pelle di pecora.

In questa nuova situazione, sintomo della generale povertà in cui era sprofondato l'Occidente latino, **l'oro cessò a poco a poco di essere usato come mezzo di scambio** e venne utilizzato prevalentemente per fabbricare gioielli e ornamenti, che mostrassero la potenza dei *grandi*, all'interno di una società in cui la maggior parte degli uomini cercava di sopravvivere, oppure rendessero più splendide le chiese di Dio e dei suoi sacerdoti.

→ La croce di Berengario, croce-reliquiario in oro, pietre preziose e perle forgiato alla fine del IX secolo.

1.6 I rapporti con l'Oriente

> **Europa: una regione barbara**

Da un punto di vista economico, l'Occidente dei primi secoli del Medioevo fu una regione di frontiera, per certi aspetti, semi-selvaggia, che **non importava più prodotti di lusso, ma si limitava a esportare merci relativamente povere**. Al primo posto troviamo le armi, le famose *spade franche* celebrate per la loro robustezza sia dalle saghe scandinave sia dalle cronache arabe. Dall'Occidente, inoltre, partivano per le terre islamiche grandi quantità di schiavi; catturati nelle lontane contrade dell'Est, abitate da slavi ancora pagani, essi erano poi condotti a Praga e a Verdun, nella valle del Reno, prima di raggiungere infine la Spagna. La differenza di civiltà e di religione non fu mai un serio ostacolo alle relazioni commerciali; molti mercanti cristiani, infatti, sfidarono apertamente le ripetute **condanne della Chiesa e dei sovrani**, che vietavano il commercio

↑ Calice del Patriarca, XI secolo, proveniente da Costantinopoli (Venezia, tesoro della Basilica di San Marco).

degli schiavi battezzati e la fornitura agli *infedeli* di armi, legname e altro materiale pesante, utilizzabile anche per fini bellici.

Che vi fosse un'ampia disponibilità a **commerciare senza scrupoli con le terre musulmane** lo dimostrano, soprattutto, le due città italiane di **Amalfi** e **Venezia**; la prima commerciava regolarmente con l'Egitto, e il suo giro d'affari era veramente notevole, se dobbiamo prestare fede al racconto secondo cui, nell'anno 996, nel corso di una sollevazione della folla del Cairo contro i cristiani residenti nella città, i mercanti amalfitani avrebbero perduto l'imponente cifra di 90 000 dinari (equivalenti a 84 libbre d'oro). Quanto a Venezia, va detto in primo luogo che le sue origini devono essere cercate nell'emigrazione sulle isole della laguna, al momento delle invasioni germaniche, degli abitanti di diversi centri dell'entroterra veneto. «Tutte le loro capacità sono impiegate nel lavoro delle saline; invece che aratri o falci, essi fanno ruotare dei cilindri, e di là proviene ogni loro ricchezza, poiché grazie alla vendita del sale si procurano ciò che non hanno prodotto». Così Cassiodoro, all'inizio del VI secolo descriveva la vita dei marinai veneti, prima ancora che Venezia fosse stata fondata; ma anche la nuova città lagunare, per sopravvivere, all'inizio della sua storia non ebbe altro mezzo che l'**esportazione di sale**: risalendo il Po e gli altri fiumi navigabili che sfociavano nell'Adriatico, i mercanti veneziani lo portavano verso l'interno, rifornendo i monasteri e le città della Val Padana. Da qui, le barche tornavano a Venezia cariche di cereali, che in loco non era possibile produrre, ma che erano comunque indispensabili per la sopravvivenza della città.

> I contatti con Costantinopoli

Venezia (come del resto Amalfi) formalmente obbediva all'imperatore di Costantinopoli; la sua ricchezza crebbe proprio in virtù del fatto che **le navi veneziane continuarono a frequentare la capitale**, rifornendosi di **prodotti di lusso** orientali. Anch'essi poi, a partire dall'inizio del IX secolo, vennero smerciati con regolarità in tutta la Valle Padana: Pavia, capitale del regno longobardo, era la città che in tutto l'Occidente riceveva le merci più raffinate e preziose.

Pavia, comunque, era anche la meta di un flusso commerciale che, dall'Europa del Nord, portava verso il Mediterraneo argento in lingotti, stagno delle isole britanniche, tessuti e, soprattutto, **armi franche**. Queste, in modo particolare, interessavano ai veneziani, perché poi essi le **rivendevano di contrabbando ai musulmani**, insieme al legname da costruzione, proveniente dalle foreste dell'Istria e della Dalmazia, e agli schiavi slavi.

I commerci con l'Oriente

Schema proiettabile

AMALFI	VENEZIA	PAVIA
Obbedisce all'imperatore di Costantinopoli	Obbedisce all'imperatore di Costantinopoli	Capitale del regno longobardo
Commerci regolari con l'Egitto	• Importa prodotti di lusso da Costantinopoli • Vende ai musulmani merci del Nord Europa	Crocevia di merci del Nord Europa e dell'Oriente

1.7 Gli scambi all'interno del mondo occidentale

All'interno dell'Europa dei primi secoli del Medioevo, gli scambi erano irregolari e intermittenti; eppure, dobbiamo evitare assolutamente di pensare che gli uomini delle diverse località non comunicassero tra loro, non si scambiassero merci di vario tipo o fossero addirittura tornati a una forma di economia pre-monetaria.

> Risparmio di manodopera

A un primo elementare livello, dobbiamo segnalare che alcuni signori, soprattutto nel corso del IX secolo, si dotarono di un **mulino ad acqua**; per l'epoca, la costruzione di una struttura capace di sfruttare l'energia idrica per macinare il grano richiedeva investimenti notevoli. Per chi se ne assumeva l'onere, comunque, l'impresa era ugualmente redditizia, in quanto il mulino ad acqua non solo permetteva di risparmiare manodopera preziosa, che poteva essere impiegata nel lavoro dei campi, ma anzi offriva al signore rendite supplementari, derivanti dalla riscossione dei canoni sui grani che i contadini dei dintorni portavano a far macinare. Le cave capaci di fornire la pietra molare, tuttavia, erano abbastanza rare, sicché spesso bisognava far venire le mole da molto lontano: l'Inghilterra, ad esempio, doveva importarle dalla Francia.

> I potenti laici

Occorre poi ricordare che, in genere, le grandi proprietà terriere non si estendevano affatto, semplicemente, intorno alla dimora del *potente*; questi, al contrario, spesso possedeva terre molto lontane dalla sua sede privilegiata, mentre le grandi abbazie ricevevano donazioni di terre, da parte di devoti cristiani, nelle varie regioni in cui la fama del monastero era arrivata. In tutti questi casi vi erano, per i potenti, due possibilità. I signori laici, in linea di massima, preferivano spostarsi periodicamente, in modo da consumare sul posto i prodotti che ogni loro terra forniva. Si trattava, inoltre, di un modo sicuro per tenere sotto diretto controllo l'intendente, cioè l'amministratore che, in assenza del padrone, dirigeva l'azienda. **La maggior parte dei potenti laici, dunque, era di fatto itinerante**, e ciò valeva **anche per i sovrani**, che sostavano nelle loro diverse grandi tenute senza avere, in realtà, una vera capitale in una città ben precisa.

> Vita sedentaria nei monasteri

Solo coloro che risiedevano nei **monasteri** erano degli autentici **sedentari**: invece di spostarsi, i monaci facevano arrivare i prodotti delle terre lontane ai magazzini dell'abbazia, ove ogni carico era minuziosamente registrato. Anche gli abati, però, dovevano procedere al controllo delle tenute che sfuggivano alla loro quotidiana amministrazione; a tal fine, soprattutto nel IX e nel X secolo, le terre dipendenti dai grandi monasteri furono oggetto di accurate ispezioni, da cui nacquero i cosiddetti *polittici*, dettagliati inventari che, per lo storico dell'agricoltura medievale, sono senza dubbio le fonti più ricche e affidabili.

↑ Un carro a grandi ruote, trainato da buoi, per il trasporto di carichi pesanti, miniatura dell'XI secolo.

Per quanto gracile e modesto nel suo volume, l'Occidente latino possedeva dunque, nell'Alto Medioevo, un proprio sistema di scambi, che utilizzava come vie privilegiate i **fiumi navigabili**. A proposito dei mezzi di pagamento, osserviamo che spesso le transazioni avvenivano *in natura*: il pagamento di una merce, cioè, avveniva dietro consegna non di moneta, bensì di altra merce. Eppure, **l'economia monetaria non venne mai meno**, in quanto il valore dei beni scambiati continuò sempre a essere espresso in denaro, anche quando esso, poi, non era effettivamente usato come mezzo di pagamento.

1.8 La graduale ripresa demografica

Le fonti che ci offrono informazioni sul mondo dell'Alto Medioevo sono poche e lacunose. Comunque, possiamo individuare un primo dato certo e sicuro: la grave pestilenza che, nel decennio 740-750, investì l'intero mondo euroasiatico (dalla Cina alla Gallia franca) fu l'ultima epidemia di peste che, in quest'epoca, toccò l'Europa. Dopo l'VIII secolo, certo, altre malattie continuarono a colpire gli europei: basti pensare alla lebbra, al vaiolo e alla tubercolosi. Nessuna di esse, però, ebbe mai il carattere brutale della peste, che fece la sua tragica ricomparsa in Occidente solo nel 1347, dopo circa seicento anni di tregua.

> **VEDI** La *peste nera* → pag. 154

I fattori che determinarono questo **allontanamento della peste dall'Europa** furono numerosi e diversi; hanno senz'altro dato il loro contributo in questo senso sia il rallentamento degli scambi sia la crisi delle città. Spostatisi prevalentemente nelle campagne, gli uomini, vivevano in comunità che avevano **contatti reciproci difficoltosi e discontinui**. In tal modo, le epidemie persero il loro ambiente ottimale, rappresentato da grosse concentrazioni in rapporto costante le une con le altre. La catena del contagio, nel nuovo panorama ecologico venutosi a creare a seguito del collasso del mondo antico, non potendo più alimentarsi, finì per esaurirsi, all'interno dell'Europa.

> **Cambiamento climatico**

Un altro fattore, però, dev'essere preso in considerazione; tutti gli indicatori in nostro possesso, infatti, segnalano che dal IX secolo **il clima si fece più caldo** e meno umido: nell'estremo Nord, ad esempio, i navigatori danesi e norvegesi poterono, nel periodo immediatamente precedente il Mille, raggiungere l'Islanda, la Groenlandia e, forse, l'isola di Terranova, in America, solcando rotte che, in passato, erano del tutto impraticabili a causa dei ghiacci artici. Questa «pulsazione calda» (R.S. Lopez) del clima chiuse la fase fredda e umida iniziata intorno al 200 d.C. e durò almeno fino al XIII secolo; insieme alle mutate modalità di vita degli uomini, anche le condizioni climatiche favorirono, dalla fine dell'VIII secolo, la **crescita della popolazione**. Secondo alcuni storici, da 27 milioni (inizio dell'VIII secolo) essa passò a 42 milioni (intorno all'anno Mille). Si tratta di cifre ampiamente ipotetiche, o meglio di stime e di *ordini di grandezza.*

> **VEDI** La prima crociata → pag. 46

Il processo fu graduale, ma costante, e non fu arrestato neppure da eventi politici sfavorevoli come le guerre tra i vari sovrani europei o le incursioni di popoli stranieri. Alla fine dell'XI secolo, nel 1095, allorché papa Urbano II bandì la prima crociata, l'Occidente era sicuramente in possesso delle energie umane sufficienti per rispondere in massa al suo appello; dopo essere stata, per secoli, terra di invasione, per la prima volta l'Europa latina era in grado di lanciarsi in grande stile in un'operazione di conquista, al di fuori dei propri confini. Tuttavia le risorse disponibili (cioè i prodotti agricoli con cui alimentare gli uomini) non crebbero in modo proporzionale al numero degli individui da sfamare e infatti l'**XI secolo** si segnala per la frequenza e la gravità delle **carestie**. Solo a partire dal **XII secolo** incontriamo i segnali di una autentica **capacità dell'agricoltura europea di far fronte all'incremento demografico** e di sostenere un ulteriore aumento della popolazione.

La popolazione in Europa

Schema proiettabile

PERIODO STORICO	SITUAZIONE DEMOGRAFICA	MOTIVAZIONI
750-1000 (secoli VIII, IX, X)	Lenta ma costante crescita demografica	Fine delle epidemie di peste; miglioramento del clima
1000-1100 (XI secolo)	Carestie generalizzate, gravi e frequenti	Le bocche da sfamare sono cresciute molto più in fretta delle risorse
1100-1300 (secoli XII, XIII)	Assenza di carestie generalizzate e costante crescita demografica	È stato raggiunto un equilibrio tra produzione di alimenti e aspiranti consumatori

Storia slide

CONTRASTI POLITICI

2 L'evoluzione del **quadro politico**

Le conoscenze da acquisire	Le competenze da potenziare
Il potere deve legittimare se stesso: per secoli, la modalità più efficace fu quella di concepire l'autorità come un'entità investita di una missione, da parte di Dio.	Saper distinguere il *modello di potere* medievale, da quello moderno, basato sul principio della sovranità popolare e sui diritti del cittadino.

2.1 Carlo Magno re dei franchi

> **Frammentazione politica**

Video – Carlo Magno

Dal punto di vista politico, la *caduta dell'Impero romano* significò che, al posto di un'unica forte autorità centrale, che dominava un vastissimo territorio, fecero la loro comparsa numerosi regni, guidati da sovrani di origine germanica. Nell'VIII secolo, il più potente tra questi nuovi Stati era il **regno dei franchi**, che a partire dal 751, con il sovrano Pipino il Breve, aveva assunto il ruolo di protettore del papato. Nel 771 salì al trono il figlio di Pipino, **Carlo**. Nel 773 Carlo intervenne in difesa di Roma, minacciata dall'attacco dei **longobardi**, conquistando il loro regno, che comprendeva gran parte dell'Italia. Subito dopo, a partire dal 775, il sovrano franco intraprese una serie di campagne dirette a sottomettere i sassoni, una popolazione germanica che viveva nella regione tedesca che si estende tra il fiume Reno e il fiume Elba.

> **Le conquiste di Carlo**

Queste e altre conquiste (in Baviera e nell'attuale Austria) fecero sì che Carlo – non a caso detto *Magno*, cioè "il Grande" – si trovasse a governare un territorio molto più vasto di quello che qualsiasi altro sovrano, dopo le invasioni germaniche, avesse mai avuto in proprio potere. Si trattava di un **vasto dominio** che, a differenza dell'antico impero romano, non si estendeva sulle sponde del Mediterraneo, ma piuttosto sull'**Europa centro-settentrionale**. Eppure, per la prima volta dopo secoli, la maggior parte dell'Occidente si trovava di nuovo riunita sotto **una sola autorità monarchica**, come al tempo di Roma. Per di più, dal 797, a Costantinopoli iniziò a regnare una donna, l'imperatrice Irene, che aveva deposto e fatto uccidere il proprio figlio e ne aveva preso il posto sul trono: il fatto stesso che fosse una donna, unito ai delitti che aveva commesso per conquistare il potere, la rendevano indegna del ruolo prestigioso di *imperatore*.

Pertanto, **la notte di Natale dell'anno 800**, a Roma, nella basilica di San Pietro, **Carlo fu proclamato imperatore**. Le numerose fonti dell'epoca che ci parlano di

→ Carlo Magno, rappresentato come imperatore vittorioso, statuetta in bronzo, X-XI secolo.

I PERSONAGGI

Longobardi

I longobardi erano una popolazione germanica orientale, che, in origine, risiedeva nella regione del fiume Elba. Dopo una migrazione durata vari decenni, giunsero in Italia nel 568, guidati dal loro re Alboino. In un primo tempo, si segnalarono per la loro violenza e la loro ferocia; inoltre, mentre altre popolazioni germaniche avevano già adottato il cristianesimo prima di entrare all'interno dei territori che fino al 476 costituirono l'Impero romano d'Occidente, i longobardi erano ancora pagani: si convertirono solo alla fine del VII secolo. Conquistarono quasi tutta l'Italia settentrionale e centrale, con le sole eccezioni di Ravenna e Roma. Preoccupati del loro espansionismo, i papi si allearono con i re dei franchi, che infine, guidati da Carlo, conquistarono l'Italia settentrionale nel 774.

quell'evento offrono versioni e letture contrastanti tra loro: quindi, le intenzioni e gli obiettivi dei vari protagonisti sono stati interpretati dagli storici in maniera molto diversa. Gli *Annali* del regno franco, stesi a poca distanza dall'avvenimento, lo descrivono nel modo seguente: «Papa Leone gli pose in capo la corona e da tutto il popolo romano venne acclamato: "Vita e vittoria a Carlo, Augusto coronato da Dio grande e pacifico imperatore dei Romani!". E dopo gli evviva, venne adorato dal papa come si usava con gli antichi sovrani e, lasciato il nome di patrizio, venne chiamato imperatore e Augusto».

> **Un imperatore incoronato dal papa**

Da questo resoconto deduciamo che il **rituale** utilizzato la notte di Natale dell'anno 800 è di **evidente derivazione bizantina**: a Costantinopoli, in effetti, l'atto che conferiva al nuovo sovrano l'autorità imperiale era proprio l'acclamazione dei soldati, del Senato e del popolo. Solo in un secondo momento, a Bisanzio, l'eletto veniva incoronato dal patriarca, cioè dal vescovo di Costantinopoli.

Nella notte di Natale dell'anno 800, però, i due rituali furono invertiti, in quanto papa Leone III pose sul capo del re dei franchi la corona, simbolo della nuova dignità imperiale di Carlo, prima dell'acclamazione del popolo. Compiendo tale gesto Leone III riuscì a stabilire un precedente di incalcolabile importanza e a fissare nella memoria collettiva l'immagine di **un sovrano che, in ginocchio dinanzi al pontefice, riceve dalle sue mani le insegne del potere, sottomettendosi a lui**.

> **Capo della cristianità**

D'altra parte, subito dopo l'incoronazione e l'acclamazione, proprio come prevedeva il cerimoniale bizantino, papa Leone III si prostrò davanti a Carlo. A Costantinopoli, effettivamente, il sovrano possedeva piena e completa sovranità anche sulla Chiesa, riteneva che Dio l'avesse affidata alla sua protezione e, di fatto, la dirigeva. Dunque, proprio come Leone III poteva sentirsi superiore al sovrano (in virtù del fatto che era il papa a consegnare la corona all'imperatore), così sulla base della sua nuova dignità, affine a quella dell'imperatore bizantino, Carlo poté a sua volta sentirsi legittimamente investito di un nuovo ruolo, cioè insignito della carica di **vero capo della cristianità** e incaricato da Dio di provvedere a tutti i suoi bisogni, compresi quelli spirituali.

Carta interattiva
L'impero di Carlo Magno

Insomma, il nuovo ***Sacro romano impero*** nacque all'insegna dell'ambiguità e della più completa assenza di chiarezza reciproca nella divisione dei compiti e delle competenze spettanti a ognuna delle due autorità coinvolte: il papa e l'imperatore.

GEOSTORIA

L'impero di Carlo Magno

Carta proiettabile

→ Nei primi anni del suo regno, Carlo si impegnò a estendere i confini verso ovest (giungendo fino al fiume Ebro, nella Penisola iberica), verso nord-est (Sassonia) e verso sud. In Italia conquistò il regno dei longobardi, risparmiando una striscia di territorio centrale di pertinenza papale, il Patrimonio di San Pietro.

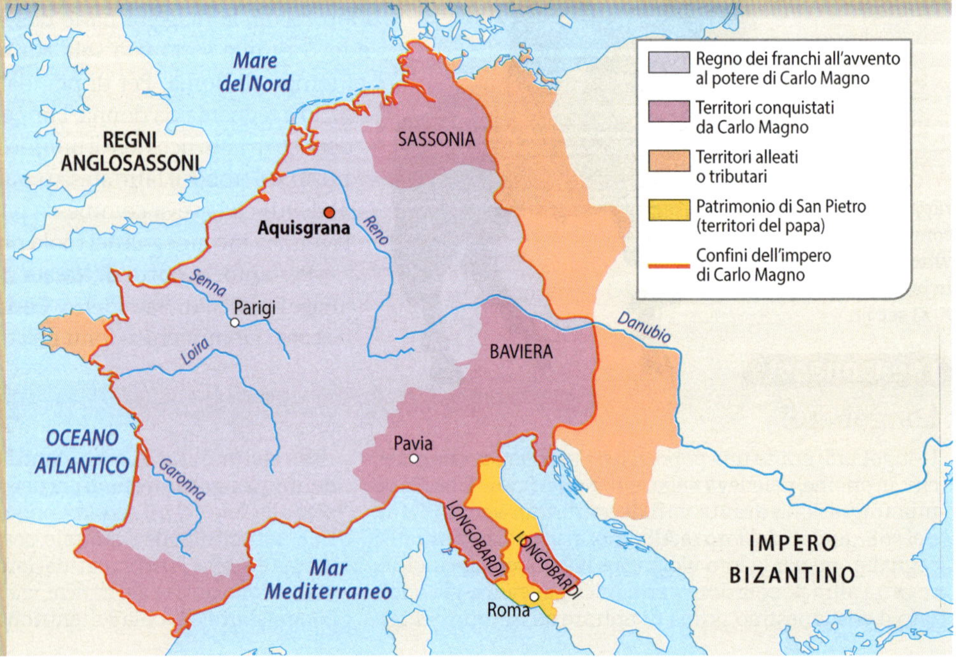

zoom

La propaganda politica nell'Alto Medioevo

La *Donazione di Costantino*

Negli anni seguenti l'incoronazione di Carlo, sia il papato, sia i sostenitori dell'imperatore cercarono di sciogliere a proprio esclusivo vantaggio l'ambiguità della situazione creatasi nell'anno 800. Negli ambienti ecclesiastici, iniziò a circolare il ***Constitutum Costantini*** (o *Donazione di Costantino*), un documento secondo cui il primo imperatore cristiano avrebbe donato l'intera parte occidentale dei suoi domini al vescovo di Roma; ancora al tempo di Dante, la *Donazione* era ritenuta un testo autentico. Solo **nel 1440 l'umanista Lorenzo Valla avrebbe dimostrato che il documento era apocrifo**, cioè un falso, in quanto la lingua latina in cui esso era stato steso non assomigliava a quella utilizzata dagli scrittori del IV secolo, a Costantinopoli, bensì a quella degli ambienti ecclesiastici romani dell'VIII secolo. La data esatta di stesura del documento è controversa e impossibile da precisare. Se il testo era già stato scritto *prima* dell'incoronazione di Carlo, allora esso dimostra che le aspirazioni della Chiesa di Roma a esercitare un potere sempre più vasto erano già sorte e andavano assumendo rapida maturazione. Se la *Donazione*, al contrario, è stata stesa *dopo* gli eventi dell'anno 800, allora essa rappresenta lo sforzo di sfuggire a qualsiasi tutela imperiale, che avrebbe potuto risultare pericolosa e ingombrante. Anzi, nelle intenzioni del papato, **l'imperatore doveva essere al servizio della fede cristiana** e accettare dalla Chiesa consigli e indicazioni per la sua azione di governo: per il pontefice, il gesto di porre la corona sul capo del nuovo sovrano universale stava a segnalare la dipendenza del potere politico (o meglio, *temporale*, come si diceva nel Medioevo) dal vescovo di Roma.

↑ La *Donazione di Costantino*, affresco del XIII secolo (Roma, chiesa dei Santi Quattro Coronati, oratorio di San Silvestro).

Contrasti con l'impero d'Oriente

Carlo, invece, dapprima cercò di trovare un **accordo con l'imperatore di Bisanzio**, che lo considerava un usurpatore. L'intesa fu trovata nell'814, qualche mese prima della morte di Carlo; questi accettò di restituire Venezia (che era stata conquistata dal sovrano franco alcuni anni prima), ma in cambio ottenne il riconoscimento del titolo imperiale. Secondo alcuni storici, è in questo mutato scenario politico che le fonti franche introdussero un particolare altrimenti difficile da capire e da spiegare: quello secondo cui **Carlo** sarebbe stato profondamente **irritato dal gesto del papa**, che avrebbe agito, addirittura, all'insaputa del sovrano franco. «Se avesse potuto conoscere in anticipo il proposito del papa, – così scrive Eginardo, biografo di Carlo, ad alcuni anni di distanza dall'evento, e sicuramente dopo l'814 – quel giorno non sarebbe entrato in chiesa, benché si trattasse di una festività primaria». Anche in questo caso siamo di fronte a un'affermazione falsa, stesa per ragioni politiche (cioè al fine di addolcire quanto era accaduto la notte di Natale dell'anno 800), in un momento in cui i contrasti con l'imperatore bizantino erano stati appianati.
Sull'altro fronte, quello del rapporto con il papato, Carlo cercò invece di sciogliere l'ambiguità della situazione mediante l'introduzione di un'importante variante nel rito dell'incoronazione imperiale. Secondo Eginardo, nell'anno 813, ad Aix-la-Chapelle, quando Carlo designò suo figlio Ludovico come proprio successore, gli pose personalmente la corona sulla testa. Secondo un'altra versione, la corona fu posta sull'altare della chiesa in cui avvenne la cerimonia, e Ludovico, dopo averla presa in mano, da solo se la collocò sul capo. Al di là dei dettagli, il messaggio è del tutto identico: quanto si volle segnalare era che **la mediazione del papa era inutile e superflua**. In realtà, commenta lo storico belga Henri Pirenne, «questa novità, che scomparve in seguito, non cambiava nulla al carattere dell'Impero. Si volesse o no, esso restava una creazione della Chiesa, qualche cosa di esterno e di superiore al monarca e alla dinastia. La sua nascita era avvenuta a Roma e solo il papa poteva disporne».

2.2 Struttura e funzionamento dell'impero di Carlo

> I capitolari

Il Sacro romano impero aveva uno spiccato carattere *personalistico*, nel senso che tutte le questioni più importanti erano decise direttamente dal sovrano. Questi dettava precise e minuziose istruzioni, che poi erano raccolte in testi denominati *capitolari* (per il fatto che erano articolati in vari capitoli) e diffuse in tutti i territori soggetti alla sua autorità. Si trattava di veri e propri editti programmatici, che si proponevano di **regolare in modo efficace e uniforme**, ad esempio, la gestione delle aziende agricole di proprietà dell'imperatore o il comportamento del clero. Non si deve esagerare, tuttavia, l'efficienza dell'organizzazione imperiale; Carlo, infatti, non aveva una vera capitale stabile e si spostava molto frequentemente, per quanto la città tedesca di **Aquisgrana** (con le sue terme) finisse infine per ottenere la sua preferenza. Per renderla degna di un imperatore, essa fu arricchita di vari edifici, tra cui la chiesa di san Martino, costruita in forma ottagonale, a imitazione della chiesa di san Vitale, che a Ravenna celebrava la potenza dell'imperatore bizantino Giustiniano, celebre per aver tentato (all'inizio del VI secolo) di riportare sotto il dominio di Roma, o meglio di Costantinopoli, l'intero bacino del Mediterraneo.

> I funzionari di Carlo

Intorno all'imperatore stava un gruppo di funzionari guidati dal *conte palatino*, così chiamato perché posto a capo del *palatium*, il *palazzo* (ovvero la corte e il tesoro imperiale). Il sovrano era poi **assistito da numerosi altri funzionari**, che per la maggior parte erano **ecclesiastici**, gli unici che a quel tempo erano capaci di leggere e scrivere. In periferia, i funzionari incaricati di rappresentare e far valere l'autorità imperiale erano chiamati ***conti***; venivano nominati direttamente da Carlo, che poteva anche destituirli, e avevano il compito di amministrare la giustizia, di raccogliere truppe in caso di guerra e di guidare personalmente tali soldati in battaglia. In alcune regioni particolarmente difficili, esposte ad attacchi o incursioni nemiche, Carlo preferì istituire una struttura diversa da quella della contea: la ***marca***. In queste zone, il governatore (denominato *marchese*) aveva risorse e poteri particolarmente ampi, perché poteva trovarsi improvvisamente a dover fronteggiare serie situazioni d'emergenza, senza avere il tempo di consultare il sovrano o di poter ricevere aiuto da lui. A nord fu istituita una *marca danese*, mentre a sud sorse una *marca spagnola*, per proteggere i confini meridionali dagli attacchi dei musulmani insediatisi in Spagna. Carlo, infatti, nel 778, aveva tentato di conquistare la città spagnola di Saragozza, ma non era riuscito in tale impresa; anzi, durante la ritirata, a causa di un'imboscata tesa da predoni baschi, venne ucciso il *conte palatino* Rolando. Nell'XI secolo, tale episodio sarebbe stato ampiamente romanzato e avrebbe fornito lo spunto per la *Chanson de Roland*, uno dei primi testi composti in lingua volgare.

↑ Due messaggeri portano informazioni a Carlo, miniatura dalle *Grandi cronache di Francia*.

Conti e marchesi erano strettamente e regolarmente controllati da ispettori inviati dal sovrano e quindi denominati *missi dominici*; in genere, si trattava di due funzionari, uno laico e uno ecclesiastico. In effetti, rientrava nelle loro competenze anche il controllo del comportamento del clero e dei vescovi, dato che l'imperatore, in ultima analisi, si riteneva responsabile anche della salute spirituale dei suoi sudditi. Comunque, **per rafforzare ulteriormente il legame tra l'imperatore e i suoi delegati periferici**, Carlo introdusse l'uso di trasformarli in propri **vassalli**, mediante il rito dell'**omaggio feudale**.

2.3 La frammentazione dell'impero carolingio

Nonostante gli sforzi e l'impegno profusi da Carlo, l'impero carolingio rimase oggettivamente fragile, assolutamente incapace di reggere agli eventi che investirono l'Occidente nel secolo IX. In primo luogo vanno ricordati i **contrasti fra i successori di Carlo** (morto nell'814), dovuti al fatto che la nuova concezione imperiale violava palesemente la tradizionale usanza franca secondo cui il regno doveva essere diviso in parti uguali fra gli eredi del sovrano defunto.

> **La divisione dell'impero**

Il risultato di questi scontri – che videro fronteggiarsi, per tutto il IX secolo, i vari rami della dinastia carolingia – fu di nuovo un'accentuata **frammentazione politica dell'Occidente**. Nell'843, il contrasto che aveva a lungo contrapposto i diversi principi franchi nipoti di Carlo si concluse provvisoriamente con il cosiddetto *compromesso di Verdun*, in base al quale Carlo il Calvo ottenne la Gallia (che, ormai, possiamo chiamare Francia), Ludovico divenne sovrano delle terre sassoni più orientali (la Germania), mentre Lotario ricevette il titolo imperiale e fu posto a capo di una striscia di terre che – denominata *Lotaringia* – comprendeva l'area su cui si estendono gli attuali Stati di Olanda, Belgio, Svizzera e Italia (nelle sue regioni settentrionali). Poco dopo la sua morte (verificatasi nell'855) la Lotaringia fu poi divisa in due metà più o meno uguali; mentre le regioni poste nel cuore dell'Europa centrale furono a lungo contese tra principi carolingi tedeschi e francesi, **le terre italiane passarono** subito **sotto il sovrano germanico**. Secondo alcuni storici, il trattato di Verdun fu il primo passo della via che avrebbe condotto alla nascita, in Europa, dei vari *Stati nazionali*.

> **Crisi dell'autorità centrale**

In effetti, l'idea di una sovranità universale detenuta da un unico imperatore perse in pochi decenni gran parte del suo significato più autentico. Per definizione, l'imperatore avrebbe dovuto essere il signore di tutta la cristianità, se non di tutta la Terra; ma la carica, al contrario, nel corso del IX secolo, fu spesso detenuta da **sovrani insignificanti**, al limite capaci di imporre la propria autorità solo entro un territorio alquanto limitato. Infine, e non a caso, il titolo venne abbandonato, e **il trono imperiale restò vacante** dal 924 al 962.

GEOSTORIA

Suddivisione dell'impero franco tra gli eredi di Carlo Magno

Carta proiettabile

→ Nell'843, il Sacro romano impero venne diviso in tre parti: Francia, Germania e Lotaringia. Quest'ultima regione scomparve nel giro di poco tempo. L'Italia settentrionale, che faceva parte della Lotaringia, passò sotto il dominio dei sovrani tedeschi.

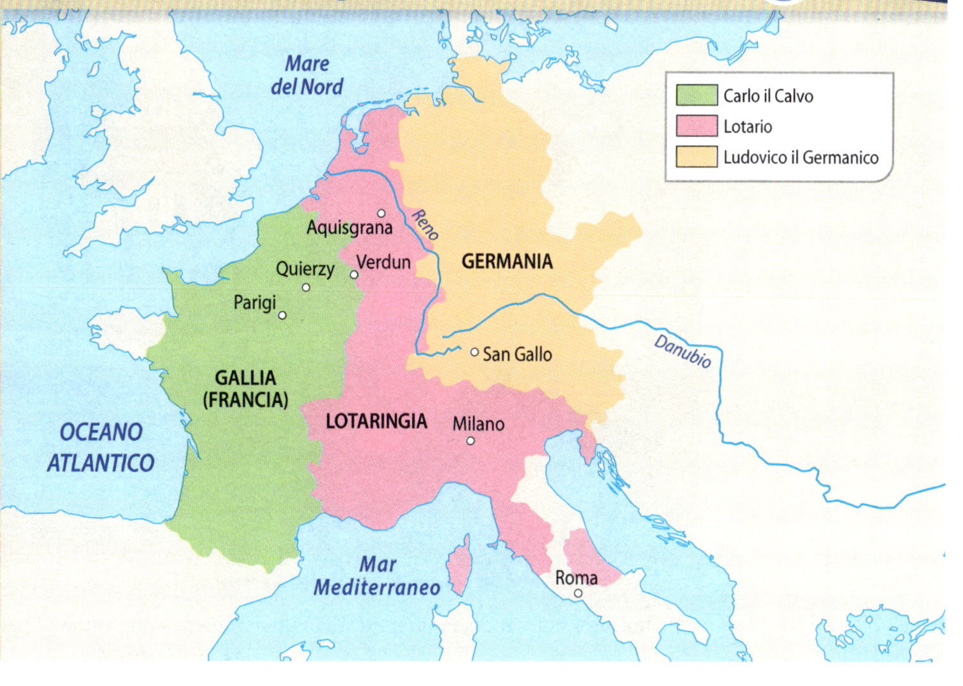

2.4 Le incursioni degli ungari e dei normanni

Guardiamo la storia
Normanni e ungari

A questi *agenti interni* di disgregazione, dobbiamo poi aggiungere le incursioni che l'Occidente dovette subire da parte di nuove popolazioni barbariche. Dalla Danimarca e dalla Norvegia, fin dai primi anni dopo l'800, arrivarono quelli che vennero chiamati **normanni** (= uomini del Nord) e che, parlando di sé, si autodefinivano invece *vikinghi* (= guerrieri). Le loro **navi**, già verso la fine dell'VIII secolo, avevano raggiunto un **eccellente livello tecnico**, che le rendeva capaci di percorrere lunghissime distanze. Erano – così le descrive lo storico Marc Bloch – «barche prive di ponti, per il complesso della loro attrezzatura capolavori di un popolo di boscaioli, per l'ingegnosa proporzione delle linee creazioni di un grande popolo di marinai. Lunghe, in generale, poco più di venti metri, potevano navigare sia a remi sia a vela, e ciascuna portava, in media, da quaranta a cinquanta uomini, senza dubbio discretamente stipati. Raggiungevano senza difficoltà una decina di nodi. Il pescaggio era scarso, poco più di un metro. Grande vantaggio quando si trattava, abbandonando l'alto mare, d'avventurarsi negli estuari, meglio ancora lungo i fiumi».

> **Navi capaci di risalire i fiumi**

Carta interattiva
Le invasioni del IX e del X secolo

Per questo motivo, l'azione devastatrice dei normanni non toccò solo le zone costiere, bensì anche regioni lontane molti chilometri dal mare: in Francia, ad esempio, non fu risparmiata alcuna città o abbazia che fosse situata lungo il corso della Loira e della Senna.

> **Razzie su lunghe distanze**

Da Est, dalle lontane steppe dell'Asia centrale, arrivarono invece gli **ungari** (o magiari); stabilitisi intorno all'896 nella **semideserta pianura del Danubio**, che da loro ha preso il nome, per tutti i cinquant'anni seguenti compirono regolarmente razzie in Baviera, nell'Italia del Nord, e persino nella valle del Reno. L'ampiezza del raggio d'azione degli ungari si comprende solo tenendo presente che, nella steppa, questi nomadi pastori di cavalli erano abituati a percorrere distanze eccezionali. Tutto ciò, però, divenne alla fine un pericoloso elemento di debolezza, in quanto durante il lungo percorso di ritorno, impacciati dal bottino e dai prigionieri, i cavalieri ungari potevano essere facilmente attaccati dai soldati franchi o tedeschi.

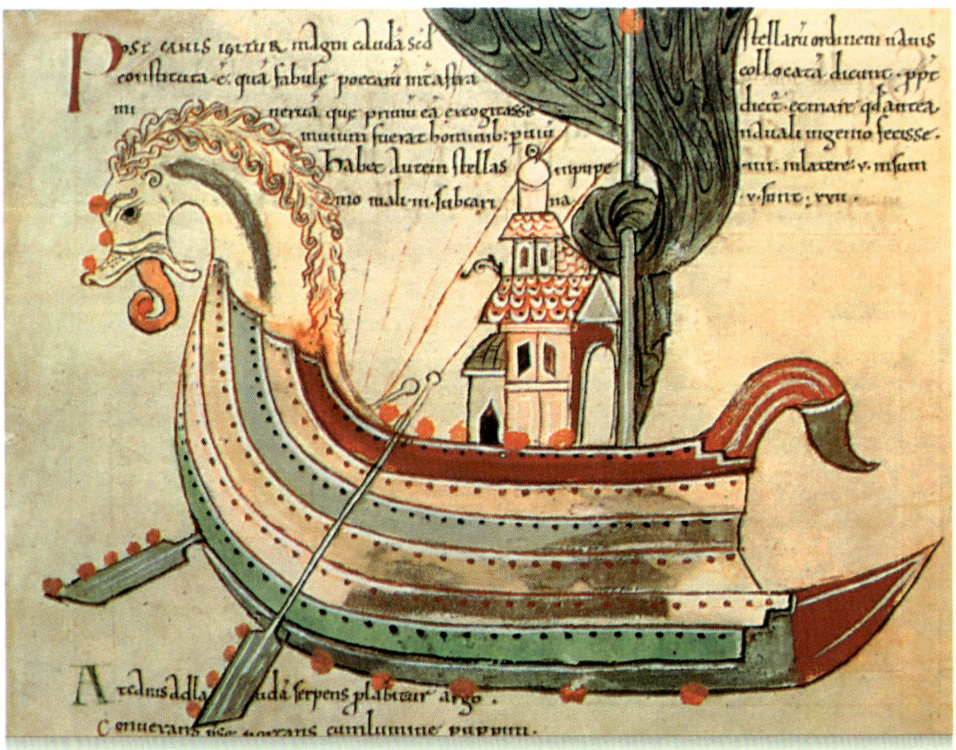

↑ Una nave normanna, rappresentata in un manoscritto inglese del X secolo.

2.5 Il significato storico delle incursioni ungare e normanne

Le razzie dei normanni e degli ungari, finalmente, cessarono sullo scorcio del X secolo, dopo che entrambe le popolazioni si diedero un sovrano; la loro **organizzazione sociale e politica**, basata fino ad allora sulla banda o sulla tribù, divenne da quel momento del tutto **simile a quella del resto dell'Occidente latino**. Insieme al principio monarchico, infatti, venne adottata la religione cattolica, mentre la pratica sistematica dell'agricoltura obbligava un numero sempre crescente di uomini a lavorare regolarmente nei campi e non li rendeva più disponibili per le campagne di saccheggio.

> Conversione al cristianesimo

Agli uomini dell'Occidente cristiano, la fine delle loro incursioni parve una sorta di benedizione celeste: «Il mondo cominciò allora a rifiorire nella pace», scrisse il cronista Rodolfo il Glabro, verso il 1040, subito dopo aver descritto la conversione degli ungari. In effetti, il sorgere di Stati cristiani relativamente ordinati e pacifici, alla periferia settentrionale e orientale dell'Europa, è un avvenimento di importanza capitale nella storia dell'Europa stessa. Muovendo dalla Scandinavia, o attraversando la valle del Danubio, si erano infatti rovesciate sull'Occidente nei secoli V-VII le rovinose invasioni che avevano dato il colpo di grazia all'impero romano. Con la **pacificazione di quei due territori di frontiera**, si prosciugavano, per così dire, i due più vasti e pericolosi serbatoi di potenziali invasori; dall'XI secolo in avanti, l'Europa non dovette più far fronte, per lungo tempo, a seri attacchi di *barbari*, capaci di operare sconvolgimenti profondi nelle strutture sociali e politiche dell'Occidente latino.

> Fine delle invasioni

L'importanza storica degli assalti ungari e normanni, dunque, consiste in primo luogo nel fatto che essi rappresentarono **le ultime vere invasioni**, il che permise alla civiltà europea del Basso Medioevo di svilupparsi in un **clima di sicurezza molto maggiore** di quello che aveva caratterizzato la storia dei secoli compresi tra il III e il X.

> La Normandia

Inoltre, va ricordato che, nel 911, un gruppo di normanni ottenne dal re il permesso di stabilirsi nella regione del Nord della Francia, sulla Manica, che tuttora porta il loro nome: la Normandia. Ben presto, questi **normanni di Francia** finirono per perdere la loro identità culturale, integrandosi perfettamente nella civiltà cristiana. Essi avrebbero avuto, nell'XI secolo, un ruolo importantissimo, in quanto i loro guerrieri si sarebbero diffusi ovunque, dall'Inghilterra alla Sicilia: in tutte le terre in cui andarono, tuttavia, malgrado il loro nome, furono sempre percepiti come dei francesi, e non più come degli scandinavi.

> VEDI
I normanni nell'XI secolo
→ pag. 34

2.6 Il trionfo del particolarismo politico

Alle incursioni degli ungari e dei normanni dobbiamo aggiungere, nell'area mediterranea, la rinnovata energia dell'**espansionismo musulmano** nei secoli VIII e IX. In questa fase, gli arabi possedevano una potente flotta da guerra, con cui nessuno Stato cristiano poteva competere. Questo **dominio del Mediterraneo** praticamente assoluto permise la conquista musulmana della Corsica (809), della Sardegna (810) e della Sicilia che, attaccata per la prima volta nel 720, venne completamente sottomessa nell'878, con l'espugnazione di Siracusa, ultimo presidio bizantino sull'isola. Con il passare del tempo, l'offensiva islamica si attenuò, limitandosi ad operazioni di razzia che, per quanto terribili per le popolazioni e talvolta clamorose nei loro bersagli (Roma, nell'846; Montecassino, nell'883), non alterarono più l'equilibrio di forze che venne a fissarsi intorno alla metà dell'VIII secolo.

> Potenza della flotta araba

Tutte le violenze subite da parte di ungari, normanni e musulmani mandarono completamente in crisi le deboli strutture dei vari Stati usciti dalla disgregazione dell'impero carolingio. **Non furono i re che tentarono di opporsi ai nuovi barbari, bensì le varie autorità periferiche**, le quali praticamente si abituarono a vivere e a risolvere tutti i loro problemi come se non esistesse, al di sopra di loro, alcuna sovranità.

> Debolezza dei sovrani

RIFERIMENTO STORIOGRAFICO 2
Il castello, simbolo del potere
→ pag. 52

Guardiamo la storia
Il castello

I vari signori locali, insomma, cominciarono a esercitare in piena autonomia tutte quelle attività che, in teoria, avrebbero dovuto essere svolte dallo Stato, ma che l'autorità centrale, invece, non era più capace di gestire. Così, essi iniziarono ad amministrare la giustizia per proprio conto (e non più in nome del re), a incamerare le imposte e, soprattutto, a predisporre le difese, in un Occidente che – fra il X e l'XI secolo – si coprì letteralmente di **borghi fortificati**; tali castelli, a loro volta, divennero poi i centri dell'organizzazione militare, finanziaria e giudiziaria di ogni singolo territorio.

Non pare un caso che, sia in Francia che in Germania, il potere centrale sia pervenuto infine nelle mani di quei signori che, sul piano locale, avevano meglio di altri (e sicuramente meglio dei re) organizzato la resistenza contro gli invasori ungari e normanni.

2.7 La monarchia tedesca e quella francese

> **Disfatta degli ungari**

In Germania, forte del prestigio ottenuto dal padre nella lotta contro gli ungari, fu il duca di Sassonia **Ottone** a compiere la scalata al potere. Eletto *re dei Teutoni* (= tedeschi) nel 936, egli riuscì più tardi, nel 951, a sottomettere anche l'Italia settentrionale. Infine, dopo aver rafforzato il suo potere e il suo prestigio vincendo gli ungari a Lechfeld, in Germania (955), Ottone riuscì a ottenere, nel 962, il titolo imperiale, approfittando pure del fatto che, al di là del Reno, la stirpe dei carolingi si estinse nel 911. Nasceva così il **Sacro impero romano germanico**.

GEOSTORIA

L'impero di Ottone I e il regno di Ugo Capeto

Carta proiettabile

→ Osservando la carta appare chiaro perché l'impero di Ottone I è stato definito "Sacro impero romano germanico". Rispetto all'impero di Carlo Magno, infatti, appare orientato verso l'Europa centro-orientale, includendo – oltre alla Sassonia – Franconia, Boemia, Moravia e Baviera. Nella penisola italica i confini risultano sostanzialmente gli stessi: come due secoli prima la continuità territoriale è spezzata dalla presenza del Patrimonio di San Pietro.

La Francia, invece, è ormai fuori dall'Impero.

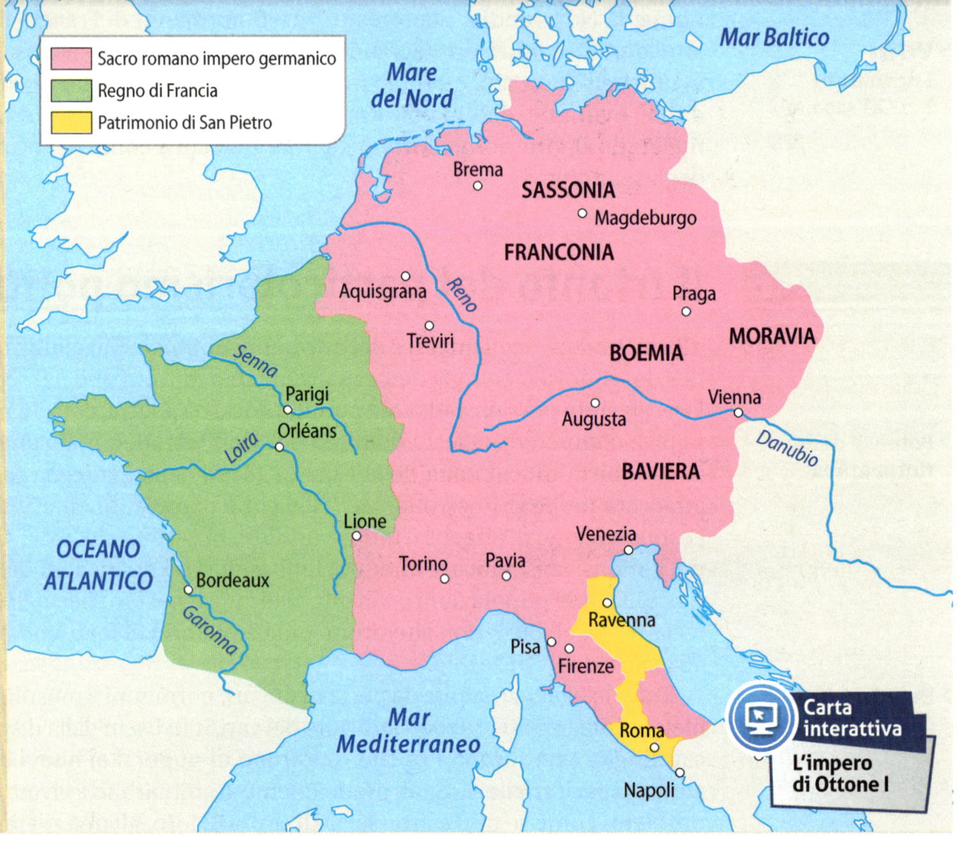

Carta interattiva
L'impero di Ottone I

DOCUMENTI

La nuova insegna imperiale

Rodolfo il Glabro, il cronista che ci informa sulla nuova insegna adottata dall'imperatore tedesco, scrisse intorno al 1040. A quell'epoca, i rapporti tra papato e Impero erano ancora buoni; convinto di essere il capo della Chiesa, il sovrano si sforzava di purificarla dai pastori indegni, mentre il vescovo di Roma accettava ancora di essere subordinato.

Nell'anno 710 [1014, *n.d.r.*] dalla incarnazione del Signore, sebbene l'insegna imperiale fosse già stata raffigurata in varie forme, il venerabile papa Benedetto [Benedetto VIII, *n.d.r.*] ordinò che se ne facesse una adatta ad esprimere il concetto che voleva significare. Fece costruire una sfera d'oro e la fece circondare di pietre preziose disposte tutto intorno in forma di un quadrato, con sopra inserita una croce d'oro. Somigliava all'immagine della nostra terra, che si dice abbia un aspetto rotondeggiante, perché mentre l'imperatore la guardava avrebbe dovuto servire a ricordargli che comandava e combatteva nel mondo per essere degno di stare sotto la protezione della insegna della croce che dà la salvezza. E la decorazione di pietre preziose serviva a ricordare che la più alta autorità doveva essere adorna di molteplici virtù.

RODOLFO IL GLABRO, *Storie dell'anno mille*, Jaka Book-Europia, Milano 1981, pp. 73-74

ANALIZZA IL TESTO

→ Che significato simbolico ha la croce, che domina il globo?

→ Quale significato simbolico avevano le pietre preziose?

Carta interattiva
L'Europa intorno all'anno Mille

In Francia, invece, i discendenti di Carlo Magno regnarono fino al 987, allorché divenne re **Ugo Capeto**, discendente da quella stirpe di conti di Parigi che, al tempo degli attacchi dei normanni, avevano materialmente curato la difesa della città. Denominata *capetingia*, la nuova dinastia avrebbe regnato fino al XIV secolo.

L'elemento più importante da sottolineare è che i sovrani della fine del X secolo e i loro successori dell'XI secolo, proprio nel momento in cui possedevano un'autorità spesso più formale che sostanziale (visto che il potere vero – come si è detto sopra – era nelle mani dei vari potentati periferici, che si comportavano come Stati indipendenti) accentuarono notevolmente **la sacralità delle loro persone e del loro incarico**. Si pensi, ad esempio, alla nuova insegna che, dal 1014, venne ad arricchire la simbologia del potere imperiale: una sfera d'oro (immagine della Terra e, quindi, figura del dominio universale dell'imperatore) sormontata da una croce. Paradossalmente, proprio nel momento in cui il dominio degli imperatori tedeschi non comprendeva più l'intero Occidente cristiano (basti pensare al definitivo allontanamento della Francia) e anche all'interno della stessa Germania era quanto mai precario, il supremo sovrano venne dotato di un'insegna universalistica che, fino ad allora, l'iconografia aveva riservato al Cristo glorioso, re di tutta la Terra.

I protagonisti

Schema proiettabile

UNGARI, NORMANNI, ARABI
- Aggrediscono da ogni punto cardinale l'Occidente cristiano
- Aggravano il processo di disgregazione dell'impero carolingio

FRANCIA
Ugo Capeto, conte di Parigi, diventa re della regione occidentale dell'impero carolingio

GERMANIA
Ottone di Sassonia diventa re della regione orientale dell'impero carolingio, e poi imperatore

2.8 Ottone I e la Chiesa

> Capo della cristianità

Ottone I (962-973) si considerò, alla maniera bizantina, il vero capo supremo della Chiesa, rivendicando per sé il diritto di eleggere e di deporre i pontefici (*Privilegium Othonis*). Tale concezione, secondo cui era l'imperatore la principale figura della cristianità, venne unanimemente condivisa da tutti i suoi successori fino alla metà dell'XI secolo. In questa fase, dunque, tutti gli aspetti ambigui e indeterminati del Sacro romano impero si precisarono e si chiarirono, nel senso che si giunse a una netta e completa dipendenza del *potere spirituale* da quello *temporale*: il che significava, in altri termini, **subordinazione del papa all'imperatore**.

> Investitura dei vescovi

Partendo dal presupposto di essere il capo della Chiesa, Ottone prese poi un'altra importante iniziativa. Infatti, al fine di contrastare la potenza dei grandi signori laici (che spesso, nelle varie regioni della Germania e dell'Italia, si comportavano da principi indipendenti, ignorando l'autorità imperiale) Ottone prese a investire i vescovi del titolo e dei poteri di *conte*, il cui compito era quello di rappresentare il sovrano nelle varie parti del suo dominio.

Nel momento in cui istituì in Germania la figura del ***vescovo conte***, l'obiettivo di Ottone I era quello di poter contare sulla fedeltà e l'obbedienza di almeno una parte di coloro che amministravano il potere a livello locale. «La Chiesa – scrive lo storico americano Geoffrey Barraclough – divenne così lo strumento politico preferito dalla corona, e, anzi, uno dei suoi maggiori punti di forza. Già alla fine del X secolo le istituzioni ecclesiastiche fornivano il grosso dell'esercito; ad esempio il 74 % delle forze per la campagna italiana del 981, condotta da Ottone II, fu fornito dalle abbazie e dai vescovadi tedeschi e solo il 26% dall'aristocrazia».

↑ Ottone I celebra l'investitura di un vescovo conte con la consegna del pastorale. Particolare del reliquiario di san Tiberto, XII secolo.

Per essere davvero sicuro della loro obbedienza, però, **Ottone** non solo sceglieva personalmente i candidati alla carica di vescovo, bensì addirittura **procedeva alla loro consacrazione**, personalmente consegnando loro l'anello e il pastorale, simboli rispettivamente del fatto che il nuovo vescovo *sposava* la diocesi che gli veniva affidata e ne diventava il *buon pastore*. Ma, così facendo, Ottone si comportava a sua volta da vescovo, cioè come una figura che non rivestiva solo un incarico temporale, ma anche spirituale: perfettamente inserito all'interno della gerarchia ecclesiastica, **si sentiva autorizzato a presiedere e a dirigere la vita della Chiesa**.

La concezione politica di Ottone I

Schema proiettabile

DIO	• È concepito come la fonte del potere
IMPERATORE	• Riceve il potere direttamente da Dio • È una figura sacra, incaricata di difendere i cristiani dai nemici e dirigere la Chiesa • Si considera in diritto di controllare l'operato del papa e di consacrare i vescovi
PAPA	• È il garante della vera fede • Ha il compito di guidare i cristiani verso il paradiso, ma è subordinato all'imperatore

2.9 I re taumaturghi in Francia

Guardiamo la storia
Il re taumaturgo

Nella Francia dei sovrani capetingi, il tentativo di consolidare il potere mediante il ricorso al sacro seguì invece una via molto diversa e particolare. A partire dalla metà dell'VIII secolo, al momento dell'incoronazione, sul capo del nuovo sovrano veniva versato il contenuto di un'ampolla ripiena di olio, seguendo alla lettera il rituale con cui erano consacrati i re di Israele nella Bibbia. Da tempo, quindi, il re di Francia si presentava come una figura sacra e come rappresentante di Cristo in Terra. Nel corso del X secolo, si iniziò a proclamare che **il re di Francia**, in virtù della consacrazione che lo trasformava nel vicario di Dio in terra, **era capace di operare guarigioni miracolose**.

↑ Il re Enrico II di Francia manifesta i suoi poteri taumaturgici guarendo dalle scrofole un malato, miniatura del XVI secolo (Parigi, Bibliothèque Nationale).

In un primo tempo, si attribuirono ai re solo generici e occasionali poteri; a partire dalla metà dell'XI secolo, tuttavia, si diffuse la credenza secondo la quale ai sovrani era possibile guarire, con il semplice tocco delle mani, una particolare forma di infiammazione delle linfoghiandole (dovuta ai bacilli della tubercolosi) correntemente chiamata **scrofole**. Si trattava di una malattia raramente mortale, ma quanto mai disgustosa, visto che dal collo poteva diffondersi a tutto il viso, coprendolo di piaghe purulente.

Proclamare che il re era in grado di guarire le scrofole significava attribuirgli la capacità di reintegrare nel consorzio umano coloro che ne erano stati esclusi da un'orrenda e temuta malattia: voleva dire, in un certo senso (superiore e straordinario) restituire alla figura del re quel **potere supremo di protezione dei sudditi** che, in teoria, restava il suo compito prioritario e che, in pratica, egli non poteva né sapeva più esercitare al di fuori del territorio circostante Parigi. Significava, insomma, affermare che malgrado tutto il re esisteva, e che, nonostante la sua effettiva debolezza politico-militare, Dio stesso operava tramite lui in mezzo agli uomini che gli erano stati affidati.

DOCUMENTI | Il *tocco* miracoloso dei re di Francia

Gilberto, abate di Nogent-sous-Coucy, scrisse questo testo all'inizio del XII secolo. Si tratta della prima testimonianza scritta in cui si parla dei re di Francia come guaritori miracolosi.

Che dico? Non abbiamo visto il nostro signore, il re Luigi [VI, *n.d.r.*], far uso di un prodigio consuetudinario? Ho veduto con i miei occhi dei malati sofferenti di scrofole nel collo o in altre parti del corpo, accorrere in gran folla per farsi toccare da lui, al quale tocco aggiungeva un segno di croce. Io ero là, vicinissimo a lui, e lo difendevo persino contro la loro importunità. Il re però mostrava verso di essi la sua generosità innata; avvicinandoli con la mano serena, faceva umilmente su di essi il segno della croce. Anche suo padre, Filippo [I, *n.d.r.*], aveva esercitato con ardore questo stesso potere miracoloso e glorioso.

M. BLOCH, *I re taumaturghi*, Einaudi, Torino 1989, pp. 17-18, trad. it. S. LEGA

analizza il testo

→ Secondo l'autore, il tocco miracoloso era un gesto nuovo e recente, o una tradizione consolidata da tempo? Quali sentimenti attribuisce il cronista al suo re?

Storia slide

CULTURA CIVILTÀ E RELIGIOSITÀ

3

Mentalità e religiosità nell'XI secolo

Le conoscenze da acquisire	Le competenze da potenziare
Il monachesimo di Cluny guida l'Occidente proponendo il suo modello ideale di vita cristiana.	Saper cogliere l'interazione fra mentalità religiosa e contesto sociale ed economico.

3.1 Il monachesimo benedettino e l'abbazia di Cluny

> I monaci delle origini

Carta interattiva
I monasteri in Europa nei primi secoli dopo il Mille

Il monachesimo fu la più significativa esperienza religiosa dell'Alto Medioevo. Il termine *monaco*, forse, in origine significava *solitario*. In effetti sant'Antonio (morto nel 356) e le altre figure che, come lui, adottarono quella nuova forma di esperienza religiosa, in un primo tempo scelsero tutti di vivere in solitudine, nel deserto egiziano. Il loro obiettivo era di continuare a vivere la fede in modo eroico e privo di compromessi, anche in un'epoca in cui essere cristiani era divenuto cosa normale e non aveva più nulla di provocatorio e di trasgressivo. Il **deserto**, ove i monaci si rifugiavano a pregare, nelle loro intenzioni era dunque l'equivalente dell'anfiteatro e degli altri luoghi in cui i martiri avevano serenamente accettato la morte. Il deserto, inoltre, veniva **contrapposto alla città, luogo di tentazioni mondane** (il denaro, il potere, il sesso) che allontanavano l'uomo dal pensiero di Dio e della salvezza ultraterrena.

↑ San Benedetto porge il libro della *Regola* all'abate Giovanni, miniatura del X secolo.

Nel giro di poco tempo, però, la figura del monaco isolato destò sospetti e perplessità, cosicché iniziò la costruzione di **comunità di monaci, che vivevano insieme, seguendo precise regole** di comportamento fissate da una prestigiosa autorità religiosa. Intorno al 529, dopo aver scritto una propria personale *regola* monastica, cioè un documento che fissava i criteri fondamentali secondo cui doveva svolgersi la vita dei monaci, **san Benedetto da Norcia** (480-547) fondò l'abbazia di **Montecassino**.

> **Differenze tra Montecassino e Cluny**

Nel X secolo, il ruolo principale nella guida della cristianità occidentale venne assunto dall'abbazia benedettina di **Cluny**, in Francia, fondata nel 909. Rispetto al modello originale di Montecassino, Cluny introdusse diverse e significative modifiche; la regola di san Benedetto, ad esempio, prescriveva che il lavoro manuale avesse un ampio spazio nella vita del monaco, ovvero che esso occupasse cinque ore della sua giornata in autunno-inverno, e circa sette ore in primavera e in estate. I monasteri benedettini, pertanto, nei secoli VII e VIII ebbero un ruolo decisivo nel grande sforzo intrapreso dall'Occidente per recuperare alla coltura almeno una parte di quelle terre che, nel periodo precedente, a causa delle devastazioni e del declino demografico erano diventate preda della brughiera e della palude. A Cluny, invece, **l'unica occupazione del monaco era la preghiera**, il canto della gloria di Dio; dunque, le terre di proprietà del monastero non erano più coltivate dai monaci stessi, ma da contadini, i cui rapporti con l'abate non erano molto diversi da quelli che avrebbero avuto con un qualsiasi signore laico.

CITTADINANZA E COSTITUZIONE

Il lavoro e i diritti di tutti

→ pagg. 28-29

Inoltre, mentre a Montecassino molti monaci erano laici, a Cluny la quasi totalità di coloro che entravano in monastero riceveva l'ordinazione sacerdotale. Pertanto, nel quadro complessivo dell'attività di preghiera che si svolgeva all'interno del monastero, a Cluny acquistò un'importanza decisiva e centrale la pratica della **celebrazione di messe *in suffragio***, cioè in aiuto, **delle anime sottoposte a purificazione**, nella convinzione che le preghiere dei vivi potessero abbreviare la durata delle loro sofferenze. Di solito era il defunto stesso che, in punto di morte, dava disposizioni precise, indicando quante messe a suo favore desiderava fossero celebrate; in cambio, nel proprio testamento, egli disponeva che una porzione più o meno estesa delle sue ricchezze o delle sue terre venisse ceduta al monastero. Diventate sempre più frequenti e consistenti nel corso del tempo, tali donazioni finalizzate a ottenere nell'aldilà la protezione della preghiera monastica trasformarono **le più famose abbazie** in vastissime aziende, che **possedevano e amministravano centinaia di ettari di terreno**.

> VEDI **Il giubileo del 1300** → pag. 146

↑ Consacrazione dell'altare maggiore dell'abbazia di Cluny, miniatura francese dal *Chronicon cluniacense* di Saint-Martin-des-Champs, XI secolo (Parigi, Bibliothèque Nationale).

CITTADINANZA E COSTITUZIONE

Costituzione italiana

Articolo 1

L'Italia è una Repubblica democratica, fondata sul lavoro.

Il lavoro e i diritti di tutti

Il governo del popolo

La solenne formula che apre la Costituzione della Repubblica italiana avrebbe lasciato perplessi numerosi intellettuali del Medioevo. Certo, nell'età di mezzo si era perfettamente a conoscenza del fatto che Roma, nel suo più remoto (ma per certi versi glorioso) passato era stata una repubblica, dopo essere stata per alcuni secoli una monarchia e prima di trasformarsi in uno Stato guidato da un unico soggetto, denominato "Cesare" o "imperatore", dotato di fatto di potere assoluto. Si era perfettamente consapevoli, anche, del concetto di democrazia: quel particolare sistema politico in cui **il governo viene esercitato dal popolo**, senza escludere dai diritti politici i soggetti più poveri.

Nella maggioranza dei casi, un sistema di governo di questo tipo sarebbe stato, probabilmente, giudicato negativamente, perché – si diceva – il popolo diventa facile preda dei demagoghi, di capi avidi di potere, ma abili nel presentarsi come i difensori e i portavoce degli interessi dei nullatenenti. **La democrazia**, quindi, **rischiava di generare il caos**, la guerra civile interna alla comunità, e di portare al potere non i migliori (coloro a cui Dio aveva davvero assegnato il compito di governare) bensì **arrivisti senza scrupoli**, invidiosi del prestigio e delle ricchezze altrui.

Lavoro e purificazione

Comunque, dell'articolo 1 della nostra Costituzione, all'uomo medievale sarebbe risultata problematica soprattutto la seconda parte, quella che avanza l'idea secondo cui uno Stato può (anzi, deve) «fondarsi sul lavoro». Di fronte a una simile formula, il giudizio negativo si sarebbe trasformato in vera e propria impossibilità di comprendere. Infatti, la **Costituzione italiana** (entrata in vigore nel 1948) **dà per scontato che il lavoro sia un valore**, mentre nella visione degli intellettuali del Medioevo le cose stavano in modo molto diverso.

La Costituzione italiana dà per scontato che il lavoro sia un valore, mentre nella visione degli intellettuali del Medioevo le cose stavano in modo molto diverso

Certo, tutti gli studiosi delle Sacre Scritture sapevano che il lavoro era stato in origine uno degli strumenti che Dio aveva donato all'uomo, in modo da permettergli di sottomettere il creato; dopo il peccato originale, tuttavia, **il lavoro era principalmente sudore e fatica, attraverso cui era possibile purificarsi, cioè espiare i propri peccati**. È fondamentalmente questo, ad esempio, il motivo per cui, nella regola composta da san Benedetto, era prescritto che la giornata dei monaci fosse divisa equamente tra preghiera e lavoro (seguendo il principio *ora et labora*).

Il modello sociale trinitario

Agli occhi di un teologo medievale, sarebbe stato assurdo pensare di trovare nel lavoro il fondamento del vivere civile. Basti pensare a quanto scrive Adalberone vescovo di Laon (1027-1031), secondo cui la **società cristiana** (a imitazione della natura divina) doveva essere trinitaria, cioè strutturata in **tre ordini**. È la natura stessa di Dio a fondare il modo in cui deve organizzarsi la comunità umana. Quanto al lavoro manuale, si dice esplicitamente che **i cavalieri e gli ecclesiastici devono essere esentati da una simile umiliante attività**. Con il loro pesante faticare, infatti, i contadini dovevano mantenere i professionisti della guerra (*coloro che combattono*) e permettere agli ecclesiastici (*coloro che pregano*) di restare puri, cioè lontani da ogni attività che potesse contaminare l'esercizio dei riti che, in virtù della loro funzione, erano chiamati a celebrare.

Il lavoro come valore

Ai sacerdoti, dunque, è interdetta «ogni vile occupazione mondana. Non fendono la terra; non camminano dietro la groppa dei giovenchi; appena si occupano delle viti, degli alberi, dei giardini. Non sono né macellai né locandieri, e neppure porcai, guardiani di capri o pastori; non vagliano il grano, ignorano il calore cocente di una marmitta unta; non fanno dimenare dei porci sul dorso dei buoi; non sono lavandai, e disdegnano di far bollire la biancheria».

Lo stesso vale per i guerrieri, che devono esercitarsi nell'arte della guerra e, con le loro armi, proteggere e difendere gli altri due gruppi. In teoria, i tre gruppi – **clero, nobiltà e Terzo stato**, come saranno infine chiamati – risultavano complementari, in quanto ognuno di essi era chiamato a svolgere un'attività utile anche agli altri due: la mediazione nei confronti del mondo ultraterreno, la protezione militare e la produzione dei beni necessari al sostentamento. All'atto pratico, questo modello sanzionava l'inevitabilità del duro lavoro manuale per la maggior parte dell'umanità.

Questo modello sociale trinitario restò in vigore (per lo meno in Francia) fino alla Rivoluzione. In pieno XVIII secolo, i nobili francesi erano orgogliosi del fatto di essere esentati da qualsiasi lavoro diverso dall'amministrazione delle proprie terre e dall'attività militare. Sotto questo profilo, la **Rivoluzione francese** può essere considerata come la **fine di un lunghissimo Medioevo**, che si è esteso ben al di là dei termini cronologici correntemente fissati. L'idea di fondo che caratterizzò il grande terremoto del 1789 era che, all'interno della nazione, non c'era posto per i parassiti privilegiati, esentati dal lavoro e mantenuti dal sudore altrui. All'opposto, tutti dovevano dare il proprio contributo per lo sviluppo della collettività e per il bene comune.

Nella sua formula d'apertura, la Costituzione della Repubblica italiana ha voluto lanciare un identico messaggio: **nella società italiana non devono esserci né privilegiati, né esclusi**. Tutti devono godere dei medesimi diritti, perché tutti sono chiamati, mediante il loro lavoro, a partecipare allo sforzo comune di creare un Paese libero ed economicamente dinamico, capace di garantire a tutti una vita dignitosa. In quest'ottica, il **lavoro** non è più una maledizione, bensì uno **strumento di gratificazione**, di realizzazione, **portatore di benefici** sia a livello individuale che a livello dell'intera collettività.

Agli occhi di un teologo medievale, sarebbe stato assurdo pensare di trovare nel lavoro il fondamento del vivere civile

↑ In questa miniatura quattrocentesca, la società è rappresentata come un albero: in alto è collocato il clero, a metà i nobili e in basso il popolo.

3.2 La presenza del divino nella storia

Nei monasteri, erano disprezzate e rifiutate le più prestigiose attività mondane come **l'esercizio del potere e la guerra**; anzi, si può dire che il monaco si ritirava all'interno del monastero proprio per non rivestire quelle **funzioni** che comportavano inevitabilmente violenza e spargimento di sangue, e quindi erano **considerate pericolose per la salvezza dell'anima**. Inoltre, rifugiandosi nel monastero, il monaco rifiutava l'esercizio della sessualità, considerata un'altra pericolosissima fonte di peccato, in quanto sottoposta alla *lussuria*, alla passione, che secondo la mentalità cristiana del tempo abbassava l'essere umano al livello degli animali.

> I monasteri e la cultura

Oltre alla preghiera (e, nei monasteri che lo praticavano, al lavoro manuale) un'altra fondamentale **attività del monaco** era **lo studio**; questo fatto trasformò i **monasteri** in importantissimi **centri di cultura**, ove si conservavano e si tramandavano i manoscritti delle opere degli scrittori classici, dei Padri della Chiesa e, naturalmente, della Sacra Scrittura.

Nell'XI secolo, il compito di stendere una cronaca dei più importanti eventi accaduti al proprio tempo era regolarmente affidato a dei monaci; ciò accadeva non solo per il fatto che, spesso, gli ecclesiastici erano gli unici uomini in grado di leggere e scrivere, ma anche e soprattutto perché la presentazione delle vicende più degne di essere tramandate era considerata un'operazione di tipo religioso, piuttosto che letterario o scientifico.

RIFERIMENTO STORIOGRAFICO 3
L'immagine di Dio nel Medioevo
→ pag. 54

Il principale obiettivo del cronista era quello di mostrare come, **nella storia**, vi fossero dei **chiari segnali di origine divina**, finalizzati a **far comprendere all'uomo quale fosse la volontà di Dio** e quali messaggi Egli volesse inviare ai suoi fedeli. Così, di fronte alle incursioni degli ungari, agli attacchi dei normanni e ai disordini politici che ne seguirono, alcuni intellettuali di formazione ecclesiastica si convinsero (sulla scia delle profezie presenti nel Nuovo Testamento) che **la fine del mondo non poteva essere lontana**.

Tale credenza si diffuse, soprattutto, verso la fine del X secolo e nei primi decenni immediatamente seguenti l'anno Mille; a proposito di essa, però, va subito precisato che si trattò di un **fenomeno ristretto** a un piccolo nucleo di monaci ben ferrati nella conoscenza della Sacra Scrittura, e **non** di **una vera paura di massa**. La popolazione europea della fine del secolo X, composta per la maggior parte di contadini analfabeti e mal cristianizzati, non conobbe affatto i cosiddetti *terrori dell'anno Mille*, cioè non fu assolutamente attanagliata da una vasta *epidemia* di angoscia collettiva di fronte all'approssimarsi della conclusione del primo millennio cristiano. Questa immagine esagerata, che è stata costruita dai raffinati intellettuali del Cinquecento e godette ancora di ampia fortuna presso i più autorevoli storici dell'Ottocento, è senz'altro da sfumare notevolmente.

← Due monaci amanuensi durante la copiatura manuale dei libri sacri, miniatura dell'XI secolo (monastero di Echternach, Lussemburgo).

3.3 La pace di Dio

Anche quando non vennero messe in correlazione con l'imminente fine del mondo, le **invasioni** e le **carestie** furono percepite, dalla maggior parte del clero e dei fedeli dell'XI secolo, come delle **punizioni inviate da Dio contro il peccato umano**. Pertanto, esse di solito sono precedute, nei racconti dei cronisti, da qualche grandioso segnale, cioè da un'infrazione più o meno clamorosa del regolare andamento della natura: la comparsa di una cometa nel cielo, un'eclissi imprevista o di durata insolita, una *pioggia di sangue*, cioè di colore rossastro per la presenza di sabbia di origine sahariana, vennero regolarmente considerate gli evidenti segni premonitori dell'imminente arrivo della giustizia divina.

> **Ondate di fervore religioso**

Nell'XI secolo, l'idea secondo cui le carestie e le altre calamità erano duri castighi divini suscitò una generale aspirazione alla purificazione. **Vescovi e monaci**, dunque, si sforzarono di **rendere il mondo conforme ai voleri di Dio** e, di conseguenza, cercarono di far sì che l'umanità potesse beneficiare della Sua benedizione. L'esempio più chiaro di questo nuovo dinamico atteggiamento è rappresentato dall'ondata di eccezionale fervore religioso verificatasi subito dopo la terribile carestia del 1033. Tutta la Francia fu percorsa da un vasto movimento spirituale: si chiedeva di **fare penitenza per i propri peccati** e di assumere un atteggiamento conforme alla volontà di Dio: «Vescovi, abati e altri uomini votati alla santa religione – scrive il cronista francese Rodolfo il Glabro – cominciarono a radunare concili per ristabilire la pace e per rafforzare la fede religiosa. A questo annuncio l'intero popolo, dai signori al ceto medio agli uomini di umile condizione, partecipò festoso alle assemblee; tutti erano disposti a sottomettersi a qualsiasi decisione venisse dai pastori della chiesa, come se una voce dal cielo parlasse agli uomini in terra».

RIFERIMENTO STORIOGRAFICO 4
La pace di Dio
→ pag. 55

In particolare ai **guerrieri**, che spesso percorrevano le contrade a cavallo razziando e saccheggiando, fu imposto di **risparmiare le chiese, i monasteri** e gli altri luoghi santi; anche i contadini e i mercanti vennero posti sotto la protezione della cosiddetta ***pace di Dio***. Nello stesso tempo, mentre venne esplicitamente **vietato di combattere dalla sera del mercoledì fino al mattino del lunedì**, cioè nei giorni della settimana in cui si ricordava la passione e la resurrezione di Cristo, si arrivò persino, in alcune regioni, a organizzare spedizioni punitive contro quei cavalieri che avessero violato i divieti ecclesiastici.

L'iniziativa di convocare le assemblee e di proclamare solennemente, nel corso di esse, la pace di Dio, fu presa dal clero. Pertanto, al di là della sua reale efficacia pratica (tutto sommato modesta: in realtà la *pace di Dio* non fu mai in grado di fermare davvero le contese e le guerre fra i grandi signori), l'importanza storica di questo sforzo di pacificazione è straordinaria. Esso, infatti, prepara l'elemento centrale del nuovo contesto politico che si sarebbe delineato pienamente verso la fine dell'XI secolo: **la tendenza della Chiesa a dirigere e a subordinare a sé l'autorità temporale**.

Nel momento in cui minacciavano la dannazione eterna per coloro che non rispettavano gli impegni di tregua e la *pace di Dio*, i **vescovi della Gallia** prendevano il posto del re e si presentavano come gli **arbitri supremi della vita politica**. Così facendo, essi anticipavano l'atteggiamento che, dagli anni Settanta dell'XI secolo, il papato avrebbe ufficialmente assunto verso l'imperatore e tutti gli altri sovrani.

→ Cavalieri all'attacco di un villaggio, bassorilievo del XII secolo (Angoulême, Cattedrale).

3.4 Penitenze, pellegrinaggio e desiderio di purificazione

Le parole

Concubinato

Dal IV secolo, la Chiesa aveva vietato il matrimonio ai sacerdoti. Tuttavia, l'uso di vivere con una donna, come se fosse la legittima moglie, non era scomparso nei secoli. Il fenomeno del concubinato (da *concubina*, cioè "amante") fu duramente combattuto dalla riforma dell'XI secolo, nella convinzione che l'esercizio della sessualità avrebbe reso impuro il ministro di Dio.

Guardiamo la storia
Pellegrini e pellegrinaggi nel Medioevo

Video
Le vie dei pellegrini

Se i *patti di pace* ebbero come bersaglio principale i guerrieri, anche il clero a più riprese fu pesantemente attaccato e polemicamente messo in discussione. Poiché il modello di vita religiosa perfetta che si stava imponendo era quello monastico elaborato a Cluny, soprattutto per i preti si pretese che fossero completamente liberi da vincoli mondani. In pratica, ciò significò la richiesta di una più stretta osservanza del **celibato ecclesiastico**; molti sacerdoti, in effetti, avevano moglie e figli, cioè erano in una condizione di vita molto più simile a quella dei loro fedeli laici che a quella dei monaci. Spesso, inoltre, vescovi e preti erano nominati dai sovrani e dai signori, e a essi, per "riconoscenza", gli uomini di Chiesa dovevano versare una somma di denaro convenuta. Questa prassi fu detta ***simonia*** perché, come nell'episodio di Simon Mago riportato dagli Atti degli Apostoli, vi era il tentativo di comperare per denaro l'esercizio di un ufficio sacro; insieme al **concubinato** dei preti, essa suscitò fra i fedeli un sentimento di ostilità sempre più vivo e più acceso.

A Milano, a partire dal 1056, esplose addirittura una vera e propria **rivolta contro i preti simoniaci e concubinari**. Soprannominati *patarini* (= straccioni) dai loro avversari, i rivoltosi chiedevano ai loro preti di essere puri e santi come angeli; anzi, secondo alcuni dei ribelli, i riti celebrati dai sacerdoti peccatori non avevano alcuna validità.

In un clima generale di penitenza, venne offerta ai credenti un'altra straordinaria opportunità di purificazione, mediante la pratica del **pellegrinaggio**, orientato verso ogni località, vicina o lontana, che possedesse delle **reliquie**, cioè dei resti e dei ricordi di Cristo, dei suoi apostoli e dei suoi martiri. Il pellegrino, in genere, si metteva in marcia allo scopo di espiare qualche peccato di particolare gravità che aveva compiuto personalmente; nel caso dei signori e dei potenti, però, l'aspirazione alla propria individuale salvezza si mescolava spesso a un fortissimo senso della comunità: il sovrano che intraprendeva un viaggio di penitenza, cioè, era consapevole di rappresentare davanti a Dio tutti i sudditi del suo regno, che egli doveva liberare e proteggere dai castighi divini, non meno che dai nemici terreni.

Nell'XI secolo, furono tre i luoghi che ebbero la preferenza nella venerazione dei fedeli: **Santiago di Compostela, Roma** e **Gerusalemme**. Mentre il santuario di Santiago – all'estremità nord-occidentale della penisola iberica – era stato costruito per venerare san Giacomo apostolo, la città dei papi ospitava i resti di san Pietro e san Paolo. Gerusalemme, infine, era la città santa per eccellenza. Solo a partire dall'anno Mille, però, l'affluenza di pellegrini provenienti dall'Occidente latino si fece veramente consistente, in quanto la conversione degli ungari rese sicura la valle del Danubio e permise di raggiungere abbastanza facilmente Costantinopoli.

↓ Il vescovo Teodomiro scopre la tomba dell'apostolo Giacomo, dando così inizio al più vasto pellegrinaggio dell'occidente medievale, miniatura (Santiago di Compostela, Archivio della cattedrale).

CONTRASTI POLITICI

Storia slide

4 La lotta per le investiture e la prima crociata

Le conoscenze da acquisire

Nell'XI secolo, la Chiesa si propose come guida suprema della cristianità latina.

Le competenze da potenziare

Saper cogliere l'interazione tra mentalità religiosa e contesto sociale.

4.1 La *Reconquista* cristiana della Spagna

Guardiamo la storia
La riconquista cristiana della Spagna

Nell'VIII secolo, gli arabi avevano invaso la Penisola iberica. La conquista della Spagna, però, non era stata completa; lungo la dorsale dei Pirenei, infatti, erano rimasti alcuni territori cristiani, fra i quali acquistarono sempre maggiore rilievo, a partire dall'XI secolo, il **regno di Castiglia** e **quello di Aragona**. Furono i sovrani di questi due Stati a promuovere l'operazione di **espansione cristiana nelle regioni centrali e meridionali**, approfittando del fatto che, nell'anno 1031, il solido e unitario califfato di Cordova si era frantumato in una miriade di staterelli musulmani, costantemente in lotta fra loro per la supremazia. In un simile contesto favorevole, **Alfonso VI di Castiglia** riuscì a conquistare Toledo e Valenza (1085), prima che la nuova dinastia degli Almoravidi, venuta dal Marocco, riuscisse a fermare questa fase iniziale della cosiddetta ***Reconquista***.

I sovrani cristiani furono sostenuti nel loro sforzo bellico da numerosi cavalieri francesi, che partirono per la Spagna a seguito dei ripetuti appelli provenienti da Cluny, affinché i guerrieri cristiani cessassero di combattere fra di loro e **mettessero la propria spada al servizio della fede e della Chiesa**. Dal punto di vista economico, la guerra condotta da tali cavalieri in Spagna ebbe enormi ripercussioni; in effetti, il bottino riportato in Gallia dai guerrieri francesi che presero parte alle varie spedizioni fu enorme, ed è stato paragonato allo sfruttamento intensivo di una vera e propria miniera d'argento.

Inoltre, nel 1063, papa Alessandro II accordò l'**indulgenza plenaria** a chi si recava a combattere gli infedeli in Spagna. In virtù di questa concessione, **il guerriero morto combattendo per la fede** avrebbe potuto, esattamente **come il martire**, entrare direttamente in paradiso, senza patire alcuna *pena purgatoria* per i propri peccati.

← Raffigurazione dell'inferno, miniatura dall'*Hortus Deliciarum*, seconda metà del XII secolo.

Gli elementi religiosi che prepararono la crociata

Schema proiettabile

ELEMENTI COMPARSI NEL CORSO DELL'XI SECOLO	CONSEGUENZE PRATICHE
Rinnovata fierezza cristiana	Tra i cristiani si diffonde l'ostilità verso gli infedeli (musulmani ed ebrei)
Sviluppo dei pellegrinaggi penitenziali	Rinnovato interesse per Gerusalemme
Movimento della *pace di Dio*	La Chiesa assume il compito di guida politica della società cristiana
Reclutamento di cavalieri per la guerra in Spagna contro i musulmani	Si tenta di spostare verso l'esterno (= contro i musulmani) la violenza dei cavalieri
Promesse di ricompense ultraterrene ai cavalieri morti in battaglia contro gli infedeli	Il cavaliere morto durante una campagna militare contro i musulmani è paragonato a un martire
Attesa della fine del mondo	Un numero crescente di cristiani si prepara al grande scontro finale con i nemici di Dio

4.2 La diaspora normanna e la conquista dell'Italia meridionale

↑ Conquistatori normanni, miniatura. I coloni anglo-normanni fecero largo uso della cavalleria, quando invadevano nuovi territori per sottometterli.

Mentre numerosi cavalieri francesi prendevano la via della Spagna, un altro dei fenomeni più significativi dell'XI secolo fu la cosiddetta **diaspora normanna**, espressione che designa la *dispersione* di numerosi avventurieri partiti dalla Normandia in cerca di ricchezza e di terre da conquistare. Si trattò in genere di operazioni prive di una vera regia e di un autentico coordinamento. Pertanto, a conclusione del processo di espansione, non si creò mai un vasto impero normanno, ma solo una serie di Stati autonomi, più o meno solidi, che in comune avevano solo l'affinità degli antenati, cioè dei fondatori. I più importanti territori conquistati da guerrieri normanni furono l'Italia meridionale (tolta ai bizantini), la Sicilia (ripresa ai musulmani), Antiochia ed Edessa (in Medio Oriente, a seguito della prima crociata) e, soprattutto, l'Inghilterra.

I primi gruppi di cavalieri scesero dalla Normandia verso l'**Italia meridionale** intorno al

> **San Michele arcangelo**

> **Guardiamo la storia**
> **La diaspora normanna**

1020; pare che abbia svolto un ruolo importante, in questa prima fase del movimento normanno, la volontà di compiere pellegrinaggi al santuario che in Puglia, nel Gargano, fin dall'epoca longobarda era stato dedicato all'arcangelo Michele. Inoltre, a causa del confuso clima politico presente nel Sud Italia (in cui i signori locali dovevano difendersi dalle frequenti incursioni musulmane, ma volevano pure rendersi autonomi dall'imperatore di Costantinopoli), aumentò la richiesta di guerrieri professionisti. Così, nel giro di vent'anni, le infiltrazioni normanne si fecero via via più consistenti, soprattutto dopo che – in cambio dei suoi servizi militari – un gruppo di cavalieri normanni ottenne il dominio di Aversa. Guidati da Guglielmo Braccio di Ferro d'Altavilla, altri normanni diressero le loro mire verso la Puglia, ove iniziarono a lottare contro il dominio bizantino.

> **Il papa nomina duca Roberto il Guiscardo**

Alla fine degli anni Cinquanta, all'imperatore di Costantinopoli era ormai rimasta solo la fortezza costiera di Bari, che infine, nel 1071, venne anch'essa espugnata. Nel 1059, la forza dei normanni in Italia meridionale era tale, che **papa Niccolò II** riconobbe a **Roberto il Guiscardo** (fratello di Guglielmo Braccio di Ferro) il titolo di **duca di Puglia e Calabria**. Il normanno si impegnò a diventare vassallo del pontefice; il papa, da parte sua, offrì il suo pieno sostegno al progetto di un **assalto alla Sicilia musulmana**. Condotta da un altro Altavilla, **Ruggero**, l'operazione di *riconquista* ebbe inizio nel 1062; Palermo si arrese nell'agosto 1071, Taormina nel 1079, Agrigento e Siracusa nel 1086. La città di Noto, per ultima, cadde nel 1091.

> **VEDI** Federico II → pag. 105

Di fatto, i due fratelli Ruggero (signore della Sicilia) e Roberto il Guiscardo (duca di Puglia e Calabria) agirono in maniera del tutto autonoma, tenendo rigorosamente separati i rispettivi domini. L'unificazione avvenne dopo la morte di entrambi, allorché Ruggero II di Sicilia si recò a Salerno e ottenne che il vescovo di tale città lo consacrasse duca, mediante un'unzione analoga a quella dei sovrani franchi. In un primo tempo, timoroso per la nascita di uno Stato così vasto e potente ai confini meridionali del territorio di San Pietro, il papato cercò di opporsi a Ruggero II, ma poi accettò la nuova situazione di fatto. La notte di Natale dell'anno 1130, **Ruggero II** fu unto solennemente sovrano del **nuovo regno**, che comprendeva ormai tutta l'**Italia del Sud e la Sicilia** ed era, all'epoca, una delle terre più ricche e fiorenti dell'Occidente europeo.

→ Particolare dei ricchi mosaici che adornano il Palazzo dei Normanni, realizzato da Ruggero e dai suoi discendenti a Palermo.

4.3 La conquista normanna dell'Inghilterra

> Guglielmo il Conquistatore

Nel frattempo, nel 1066, il duca di Normandia Guglielmo aveva varcato la Manica: dopo aver vinto la grande **battaglia di Hastings**, aveva sottomesso il Paese con la forza e assunto il titolo regale. Completata l'opera di conquista, Guglielmo procedette a un vasto censimento di tutti gli uomini, le terre e le ricchezze del suo nuovo regno, che si estendeva solo all'Inghilterra propriamente detta, cioè non comprendeva ancora né il Galles né la Scozia.

Redatto tra il 1080 e il 1086, il libro che raccolse i risultati del censimento fu denominato *Domesday Book* (*Libro dell'ultimo giudizio*); esso presuppone quella che potremmo definire una *concezione patrimoniale* del regno, considerato come **una terra di proprietà del sovrano**. Per questo motivo (dato che i normanni, quando

IMPARIAMO DALLE IMMAGINI

L'arazzo di Bayeux

Uno dei documenti più importanti di tutto il Medioevo è il cosiddetto **Arazzo di Bayeux**, che ha conservato memoria della battaglia di Hastings e dell'insieme degli eventi che hanno permesso al duca Guglielmo di invadere l'Inghilterra. Si tratta di un **telo lungo ben 70 metri**, interamente ricamato a mano, che racconta le principali fasi della vicenda; tra l'altro, ci mostra chiaramente che, per quanto le navi impiegate per attraversare la Manica fossero ancora molto simili a quelle utilizzate in passato dai vichinghi, la tecnica militare normanna era invece ormai del tutto identica a quella francese: l'elemento portante dell'esercito di Guglielmo, infatti, erano i **cavalieri dotati di staffa e di armatura pesante**.

sbarcarono in Inghilterra, da tempo avevano adottato in quasi tutti i campi la cultura e la mentalità francesi), nelle relazioni sociali **Guglielmo e i suoi successori introdussero** in breve tempo **il rapporto feudale**, finalizzato a tenere legati al sovrano i grandi proprietari terrieri, per mezzo del rito dell'omaggio e della distribuzione di terre a cavalieri normanni.

> **Un re-sacerdote**

Come mezzo per consolidare il potere, nel medesimo tempo, venne invece adottata ben presto la **concezione discendente del potere**, in base alla quale il re riceveva il potere *dall'alto*, cioè da Dio, e non dal popolo. Si trattò di una vera rivoluzione mentale, oltre che politica. In Inghilterra, infatti, fino all'XI secolo era rimasta in vigore la prassi tradizionale, tipica degli **angli** e dei **sassoni** (che al tempo della disgregazione dell'Impero romano avevano invaso l'isola) e di altri popoli germanici: secondo tale usanza, il re doveva costantemente rapportarsi con l'assemblea del popolo, di fronte alla quale il sovrano era continuamente responsabile delle sue azioni.

Nel corso del XII secolo, i sovrani normanni perfezionarono il loro disegno, riuscendo a imporre anche la credenza nei **poteri taumaturgici del re**; dunque, anche i re d'Inghilterra iniziarono a *toccare le scrofole*: e anche in questo caso (come in quello francese) si può dire che la religione sia stata utilizzata come strumento per **rafforzare un potere e una dinastia di dubbia legittimità**. Infatti, alla base della credenza stava, anche in questo caso, l'idea secondo cui il re, in virtù della consacrazione, diventava un personaggio speciale: cessava di essere un cristiano comune, un semplice laico, e conseguiva il rango di sacerdote, se non addirittura quello di vescovo.

Forse non è un caso che proprio in Inghilterra, nei primi anni del XII secolo, questa concezione del sovrano-sacerdote sia stata espressa nei suoi termini più estremi e categorici. Chi legga il trattato *La consacrazione dei vescovi e dei re* del cosiddetto Anonimo Normanno (o Anonimo di York) resta infatti colpito dalla radicalità delle espressioni usate dal suo

I protagonisti

Schema proiettabile

NORMANNI
- Si impadroniscono della regione del Nord della Francia (Normandia) che da loro ha preso il proprio nome
- Si lanciano in varie avventure di conquista: in Inghilterra, in Francia, in Italia meridionale, in Sicilia, in Medio Oriente

ANGLI E SASSONI
- Al tempo della crisi dell'impero romano, si stabiliscono in Inghilterra
- Nel 1066, non riescono a respingere l'attacco dei normanni, guidati dal duca Guglielmo il Conquistatore

DOCUMENTI — I re taumaturghi in Inghilterra

La prima testimonianza scritta relativa ai re taumaturghi in Inghilterra si trova in un testo di Pietro di Blois e risale alla fine del XII secolo.

Confesso che assistere il re equivale (per un chierico) a compiere una cosa santa; perché il re è santo; egli è l'Unto del Signore; non invano ha ricevuto il sacramento dell'unzione, la cui efficacia, se per caso qualcuno l'ignorasse o la mettesse in dubbio, sarebbe ampiamente dimostrata dalla scomparsa di quella peste che colpisce l'inguine e dalla guarigione delle scrofole.

M. BLOCH, *I re taumaturghi*, Einaudi, Torino 1989, pp. 17-18, trad. it. S. LEGA

analizza il testo

→ Spiega le seguenti espressioni:
a) «il re è santo»;
b) il re è «l'Unto del Signore».

autore, che scrive: «**Il potere del re è quello di Dio**, che appartiene a Dio per natura, ed è concesso al re per grazia, e tutto ciò che compie lo fa non come semplice uomo, ma come l'uomo che per mezzo della grazia è diventato Dio e Cristo. Anzi, è Colui che per natura è Dio e Cristo a compierlo attraverso l'uomo che è suo vicario e che lo rappresenta».

Nello stesso tempo, con toni ugualmente espliciti, **l'Anonimo Normanno ordinava ai sacerdoti di stare sottomessi ai sovrani**: «Come il Figlio di Dio è superiore ai suoi apostoli, la sua unzione più santa e il suo potere superiore, così il re è superiore ai sacerdoti e la sua unzione e il suo potere più santi e più alti dei loro. E allo stesso modo, come l'autorità del Figlio di Dio supera quella degli apostoli, così l'autorità del re è maggiore di quella sacerdotale e lo scettro dell' autorità regale superiore a quello della dignità sacerdotale».

4.4 Scontro tra papato e Impero: la lotta per le investiture

Il radicalismo e i toni estremistici con cui l'Anonimo Normanno proclamò la sacralità del potere regale si comprendono tenendo presente che, nel momento in cui egli scriveva, era in pieno svolgimento la cosiddetta ***lotta per le investiture***, il durissimo scontro che oppose per circa cinquant'anni il **papato** all'**Impero** e (sia pure in misura minore) alle altre monarchie sacre d'Europa.

> **Una vera rivoluzione**

Il contrasto iniziò nel 1059, allorché il papato – desideroso di porre fine alla più o meno rigida tutela che gli imperatori tedeschi dopo Ottone avevano esercitato sulla Chiesa – assunse in due questioni fondamentali una posizione che può a buon diritto essere definita *rivoluzionaria*. Infatti, per prima cosa, papa **Niccolò II proclamò che nessun laico (compreso l'imperatore) poteva interferire nell'elezione del pontefice**, affidata esclusivamente al collegio dei cardinali vescovi. Dopo la loro designazione, ci sarebbero state solo l'approvazione da parte del rimanente clero romano e l'acclamazione del popolo, ma nessuna conferma o ratifica da parte dell'imperatore.

→ Papa Niccolò II concede il ducato di Puglia, Calabria e Sicilia a Roberto il Guiscardo, miniatura dalla *Cronaca* di Giovanni Villani.

> Rifiuto della sacralità dei re

In secondo luogo, Niccolò II **condannò la pratica dell'investitura dei vescovi da parte dei sovrani**, dal momento in cui negò ai laici la facoltà di amministrare i sacramenti della Chiesa e di conferire l'autorità pontificale. L'elemento rivoluzionario del decreto di Niccolò II consiste nel fatto che rifiutava completamente il carattere sacro della monarchia. A suo giudizio, **i re non erano dei sacerdoti, e tanto meno dei vescovi**: il rito dell'unzione (nella visione di papa Niccolò II) non mutava in alcun modo la loro condizione di laici, per cui essi non erano assolutamente autorizzati né abilitati a compiere un rito sacramentale come la consegna al vescovo dell'anello e del pastorale.

Tra gli ispiratori dei decreti emanati da Nicolò II, il ruolo decisivo fu svolto da Ildebrando di Soana. Questi, nel 1073, venne eletto papa col nome di **Gregorio VII**, cosicché fu sotto di lui che lo scontro con l'Impero raggiunse il vertice della sua violenza. Nel registro che contiene le sue epistole e gli atti del suo governo di pontefice, spicca un breve documento, detto ***Dictatus papae*** e redatto nel 1075. Si tratta del primo e fondamentale testo nel quale il papato romano rivendica per sé ogni potere, sia in campo ecclesiastico, sia in campo politico, ponendosi al di sopra di ogni altra autorità, cioè dei vescovi e dei sovrani.

4.5 La nuova superiorità del papa sui vescovi

> Controllo del papa sui vescovi

In primo luogo, il papa esigeva per sé il potere di deporre, assolvere e trasferire i vescovi. Ci sia permesso di usare, anche in questo caso, l'aggettivo *rivoluzionario* per designare il nuovo orientamento; esso, infatti, andava contro una millenaria tradizione secondo cui ogni vescovo, nella sua diocesi, era per così dire, autonomo e *sovrano*, nel senso che nessuno dei suoi colleghi poteva interferire nel suo campo d'azione.

Fino ad allora, la Chiesa cattolica era stata una specie di grande confederazione di comunità locali unite nella stessa fede. Certo, il papa era il garante principale e supremo della retta dottrina; eppure, nessun intervento del vescovo di Roma nell'ambito di una diocesi (ancora all'inizio dell'XI secolo, e soprattutto in Gallia) veniva ritenuto legittimo.

> La Chiesa diventa una monarchia

Con Gregorio VII, invece, la **Chiesa** iniziò a trasformarsi in una vera ***monarchia*, assoluta e centralizzata nella persona del papa**. Nell'amministrazione della Chiesa, dopo il *Dictatus papae*, ogni decisione importante poté venire solo dal centro, a scapito della concezione tradizionale che rispettava l'autonomia delle Chiese nazionali e delle singole diocesi.

Cosa ancora più importante, in virtù del *Dictatus* il papa diventava *fonte di diritto*, nel senso che poteva emanare nuove leggi; questa, in passato, era stata una facoltà tipica dei concili, cioè delle assemblee che riunivano i vescovi di una data regione o, nel caso del *concilio ecumenico*, di tutta la Terra. Ora, all'opposto, anche l'istituto conciliare veniva drasticamente collocato sotto il controllo del papa: **solo il pontefice poteva convocare un concilio**, né esso era valido se non veniva esplicitamente autorizzato da lui e presieduto da un suo delegato.

← Papa Gregorio VII, raffigurato su un manoscritto dell'XI secolo.

DOCUMENTI

La concezione tradizionale sull'autonomia sovrana dei vescovi nelle loro diocesi

Il testo che qui riportiamo fu scritto intorno al 1035, in Francia. Da esso traspare che i vescovi della Gallia erano molto gelosi della loro autonomia: pur riconoscendo un primato d'onore al papa, ritenevano che egli non avesse alcun diritto di intervenire all'interno delle diocesi dei singoli vescovi.

Folco [duca d'Angiò, *n.d.r.*], terrorizzato dalla paura del fuoco eterno per il molto sangue che aveva sparso nelle tante guerre condotte nei territori circostanti, si recò in pellegrinaggio a Gerusalemme presso il sepolcro del Salvatore. Uomo coraggiosissimo, ritornò indietro entusiasta, e per un po' di tempo mutò il suo temperamento violento, diventando di animo mite. Fu allora che concepì l'idea di innalzare una chiesa in una sua proprietà terriera. [...]

Terminata più in fretta possibile la costruzione della basilica, invitò subito Ugo, arcivescovo di Tours, nella cui diocesi era posta la chiesa, perché egli la consacrasse come aveva deciso. Questi si rifiutò di venire, e rispose che non poteva affatto, consacrando la chiesa di Dio, perfezionare il voto di chi aveva sottratto molte proprietà e servi alla chiesa madre della diocesi a lui affidata. Gli sembrava che si dovesse innanzitutto restituire quello di cui ci si era ingiustamente appropriati, e solo dopo offrire a Dio, che è giudice giusto, ciò che gli si era promesso in voto.

Quando i suoi gli riportarono le parole del vescovo, in Folco rinacque la sua antica natura violenta [...]. Presa con sé una grande quantità di monete d'oro e d'argento, andò a Roma ed espose al pontefice Giovanni XVIII il motivo della sua venuta, accompagnando la richiesta di ciò che lui desiderava con una gran quantità di doni. Il papa allora subito inviò con Folco, perché andasse a consacrare la basilica, uno di coloro che nella chiesa di San Pietro principe degli apostoli si chiamano cardinali, di nome Pietro, il quale ebbe l'ordine di far eseguire senza timore, in nome dell'autorità pontificia che rappresentava, tutto ciò che Folco avesse ritenuto opportuno fare.

Tutti i vescovi della Gallia, saputa la notizia, riconobbero in questa decisione una sacrilega pretesa che nasceva da una cieca cupidigia perché mentre uno rubava e l'altro riceveva il maltolto, creavano nella Chiesa romana un nuovo motivo di divisione. [...] Essi erano stati per di più rafforzati fin dall'inizio da molteplici sentenze, che vietavano a qualsiasi vescovo questo tipo di autorità nella diocesi di un altro, se non su invito o con il permesso del titolare della sede.

Ciononostante un giorno di maggio si radunò per la consacrazione della chiesa una immensa folla, gran parte della quale era stata spinta colà dalla paura che incuteva Folco e per dar lustro alla sua grandezza. [...]Ma nello stesso giorno, quasi all'ora nona, benché il cielo fosse da ogni parte sereno e spirassero solo lievi venti, sopraggiunse improvvisa da sud una violenta bufera che investì la chiesa, e il vento turbinando all'interno la sconquassò tutta a lungo. Mentre il soffitto si squarciava, le travi insieme all'intera copertura del tetto, scivolando giù dalla parte occidentale della muraglia del tempio, andarono distrutte.

Quando nella zona molti vennero a sapere dell'accaduto, nessuno dubitò che il voto fosse stato reso vano da un atteggiamento di presuntuosa arroganza, e che quanto era accaduto fosse un chiaro avvertimento a non ripetere più nel presente e per il futuro una cosa simile. Perché è giusto che il vescovo della Chiesa di Roma, per la dignità che gli deriva dalla sede apostolica, goda di una venerazione maggiore di quella degli altri vescovi sparsi nel mondo, ma non è permesso che trasgredisca in alcuna parte il dettato dei canoni. Come ciascun vescovo della vera Chiesa è sposo della sua sede e allo stesso modo rappresenta l'immagine del Salvatore, così a nessun presule deve essere concesso di intromettersi con insolenza nella diocesi di un altro.

RODOLFO IL GLABRO, *Storie dell'anno mille*, Jaka Book-Europia, Milano-Novara 1981, pp. 82-84

← Scultura di un vescovo, dalla facciata della chiesa di Saint-Trophime ad Arles, XII secolo.

ANALIZZA IL TESTO

→ L'autore del testo riconosce al papa un primato di onore?

→ Quale atteggiamento del papa viene severamente criticato e condannato?

4.6 Lo scontro con l'imperatore Enrico IV

> VEDI L'incoronazione di Carlo Magno → pag. 15

Secondo Gregorio VII, il papa si collocava su di un piano di assoluta superiorità anche nei suoi rapporti con l'imperatore: il fatto che **tutti i principi debbano**, secondo il *Dictatus papae*, **baciare il piede del pontefice in segno di omaggio** pare quasi una sorta di rovesciamento del gesto di *venerazione* compiuto da Leone III nei confronti di Carlo Magno, la notte di Natale dell'anno 800. Del resto, anche sotto vari altri aspetti Gregorio pare prendere apertamente posizione contro l'ambiguo precedente carolingio, in cui le competenze e le modalità di rapporto tra i due poteri erano tutt'altro che chiare e precise.

Una simile impostazione, ovviamente, non poteva che scatenare la reazione dell'imperatore tedesco **Enrico IV**, fedele alla tradizionale concezione *ottoniana* secondo la quale il detentore del supremo potere temporale aveva nel contempo ricevuto da Dio anche l'incarico di guidare e amministrare la Chiesa. Lo scontro esplose nel 1075; dopo che Gregorio ebbe ribadito il divieto dell'investitura dei vescovi da parte di un laico (quale era il sovrano, in effetti, agli occhi del papa), **l'imperatore reagì facendo deporre il pontefice** da ventiquattro vescovi tedeschi e due vescovi italiani, riuniti a Worms nel gennaio del 1076.

> Eccezionale violenza verbale

L'avvenuta deposizione venne comunicata a Gregorio VII da una lettera che fin dalle prime parole metteva in evidenza tutta la violenza dello scontro. Enrico IV, infatti, si rivolgeva al suo avversario chiamandolo «Ildebrando, non più papa, ma falso monaco»; ancor più duramente, nella conclusione, l'imperatore ribadiva la sua potestà di deporre il pontefice: «Noi, Enrico, re per grazia di Dio, ti diciamo con tutti i nostri vescovi: scendi giù, scendi giù».

↓ Papa Gregorio VII in trono, miniatura dell'XI secolo.

Per parte sua, **Gregorio** elaborò una risposta raffinata e geniale a livello retorico e micidiale a livello politico. Il papa, infatti, stese una preghiera, **rivolgendosi direttamente a san Pietro** e chiamandolo come testimone della gravità dell'atto che stava compiendo: «Primo tra gli Apostoli, ascolta me, il tuo servo... in forza del tuo mandato, a onore e gloria della tua Chiesa, in nome di Dio onnipotente, **io interdico a re Enrico, che si è sollevato contro la tua Chiesa con inaudita arroganza, il governo dell'Impero tedesco e dell'Italia**, dispenso tutti i cristiani dal giuramento che gli hanno prestato o gli presteranno, e con ciò vieto che qualcuno lo serva come re».

Con queste durissime parole, che ribadivano, nel contempo, sia la radice ultima sia la potenza dell'autorità del papa, **Gregorio VII lanciava contro Enrico la scomunica**, che potrebbe essere definita come una sorta di atto di espulsione dalla Chiesa e comportava l'obbligo per tutti i credenti di cessare ogni rapporto con colui che fosse stato colpito dal provvedimento del papa. Del resto, come recita il *Dictatus papae*: «Con quanti sono stati scomunicati da lui non si può, fra l'altro, abitare sotto il medesimo tetto».

Ma, cosa ancora più grave per un sovrano, **la scomunica permetteva a tutti i suoi subordinati di considerarsi sciolti dal giuramento di fedeltà** che gli avevano prestato. Così, in una Germania caratterizzata dal particolarismo politico e dalla tendenza dei grandi principi a comportarsi come signori indipendenti entro i confini dei propri domini, il grave provvedimento di Gregorio VII fu **accolto con favore da molti signori feudali** e produsse una situazione di **insopportabile isolamento per l'imperatore**.

La concezione politica di Gregorio VII

Schema proiettabile

DIO → È la fonte del potere

PAPA →
- Riceve da Dio sia il potere spirituale sia il potere temporale
- Esercita personalmente il potere spirituale

IMPERATORE → Riceve dal papa il diritto di esercitare il potere temporale = il papa può scomunicarlo e deporlo

4.7 La polemica contro la regalità sacra

Nel gennaio del 1077, a **Canossa**, nella rocca della **contessa di Toscana Matilde**, presso la quale Gregorio VII aveva trovato ospitalità e protezione, **Enrico IV fu costretto a umiliarsi pubblicamente**; per di più il papa, prima di concedergli l'assoluzione, lo obbligò a restare per tre giorni (digiuno e vestito solo di sacco, cioè del tipico abito indossato da chi, per espiare un grave peccato, si poneva in atteggiamento di penitenza) in mezzo alla neve.

↑ La contessa Matilde di Canossa con Ugo di Cluny e l'imperatore Enrico IV in ginocchio. Miniatura medievale (Città del Vaticano, Biblioteca Apostolica Vaticana).

Tuttavia, non dobbiamo affatto credere che questo atto spettacolare abbia segnato la fine dello scontro. All'opposto, proprio dopo l'apparente trionfo del papa, si verificarono gli episodi più gravi: **l'occupazione della città di Roma da parte dell'imperatore** (1084) e la **creazione di un antipapa**, dopo che Enrico IV era stato scomunicato una seconda volta (1080).

In quei medesimi drammatici anni, e precisamente nel marzo 1081, Gregorio VII inviò a Ermanno vescovo di Metz una lettera nella quale precisò ulteriormente il suo punto di vista. Il centro di tutto lo scritto resta la negazione della sacralità del potere regale; **i re – dichiara esplicitamente il papa – non possono in alcun modo essere considerati personaggi sacri**, e questo per il semplice fatto che la sacralità è connessa unicamente con la celebrazione dei sacramenti, che è di competenza esclusiva del sacerdote. Poiché il sovrano non svolge (né può svolgere), nella Chiesa, alcun ruolo nell'ambito dell'amministrazione dei sacramenti ai fedeli, egli è – agli occhi del papa – un **semplice laico**: persino un esorcista (cioè colui che occupa, nella gerarchia sacerdotale, il posto più basso) è superiore a lui, o comunque più sacro di lui.

DOCUMENTI La lettera di Gregorio VII a Ermanno di Metz

La lettera inviata da papa Gregorio VII, nel 1081, a Ermanno vescovo di Metz, in Francia, esprime con la massima chiarezza la posizione del pontefice nei confronti dei sovrani: essi sono dei semplici laici, non compiono affatto miracoli e, in genere, sono degli uomini violenti e peccatori. Solo la guida del papa può salvarli dall'inferno.

Chi ignora che il potere dei re e dei principi ha avuto origine da uomini che non conoscevano Dio, e che con l'arroganza, la rapina, la perfidia, le stragi e, in breve, con pressoché ogni sorta di scelleratezze, e quindi per istigazione del diavolo, diventarono oppressori, con cieca cupidigia e intollerabile superbia, dei loro simili, cioè degli altri uomini? [...] Gli esorcisti ricevono da Dio il potere sui demoni: quindi il potere che essi hanno su coloro che sono sottomessi ai diavoli e ne sono le membra risulterà ben più grande. Ma se tale è il potere degli esorcisti, quanto maggiore sarà quello dei sacerdoti! Ogni re cristiano, quando giunge alla fine della sua vita, richiede umilmente e devotamente l'opera del sacerdote, per poter sfuggire all'inferno, salire dalle tenebre alla luce e comparire di fronte a Dio sciolto dai vincoli dei suoi peccati. Ma chi, sacerdote o laico, giunto in punto di morte, implorò mai per la salvezza della sua

analizza il testo

→ Per quali motivi il papa afferma che essere re o imperatori è «pericoloso e terribile»?
→ Quali argomenti avanza Gregorio VII per sostenere la superiorità dei sacerdoti sui sovrani?

> **VEDI**
Lutero contro il sacramento dell'ordine
→ pag. 320

Si capisce bene, a questo punto, per quale motivo (già prima di entrare in contrasto con l'imperatore) Gregorio avesse combattuto così accesamente il fenomeno del concubinato dei sacerdoti, appoggiando tutti quei movimenti popolari che esigevano dai loro pastori una vita di castità analoga a quella dei monaci. Il fatto che i preti fossero celibi significava, per Gregorio VII, accentuare il più possibile la distanza tra essi e i laici, tra coloro che appartenevano all'ordine sacerdotale e il resto del popolo cristiano, che si serve delle armi e pratica la sessualità. Insomma, **l'obiettivo del papa era quello di allontanare i sacerdoti dalla guerra e dal sesso**, attività peccaminose che rendono indegno e impuro chi le esercita.

Così, nella lettera a Ermanno di Metz, Gregorio VII arriva a offrire un quadro a dir poco squallido e deprimente dell'autorità regale. **Nessun re, secondo il papa, ha mai compiuto miracoli**, e anzi la maggior parte dei principi è formata da uomini arroganti e violenti, destinati sicuramente alla dannazione eterna a causa dei peccati compiuti per conquistare o mantenere il potere. Soltanto l'umile sottomissione alla volontà e alle direttive del pontefice romano è in grado di evitare l'inferno ai sovrani!

In tal modo, la *rivoluzione delle idee politiche* del secolo XI può dirsi veramente completata: il **potere dei re**, infatti, non solo veniva completamente desacralizzato, ma addirittura **posto sotto la tutela dell'autorità del papa, che pretendeva per sé il monopolio della sacralità**.

I protagonisti

Schema proiettabile

RE DI FRANCIA E DI INGHILTERRA	• Si considerano figure sacre e semi-sacerdotali, in stretta relazione con Dio • Cercano di controllare strettamente il clero dei loro regni
IMPERATORI TEDESCHI	• Si considerano i veri capi della cristianità e quindi della Chiesa; ritengono sia loro diritto tenere il papa sotto stretto controllo • Consacrano i vescovi, sia in Italia settentrionale che in Germania
PAPATO	• Rivendica totale autonomia della Santa Sede dall'imperatore e da ogni potere laico • Nega ai sovrani qualsiasi sacralità, che rivendicano esclusivamente per se stessi, in qualità di vicari di Pietro • Sostiene con vigore crescente la superiorità del vescovo di Roma su tutti gli altri vescovi

anima l'aiuto di un re della terra? Quale re o imperatore, per l'ufficio che ricopre, può con il santo battesimo strappare un cristiano al potere del diavolo, farlo annoverare tra i figli di Dio e fortificarlo con il sacro crisma? E, per quanto riguarda il sacramento fondamentale della religione cristiana, quale re può con le sue parole consacrare il corpo e il sangue del Signore? A chi di loro è stato dato il potere di legare e sciogliere in cielo e in terra? Da questi esempi si comprende chiaramente la grandezza del potere sacerdotale. E ancora: chi di loro ha il potere di ordinare un chierico nella santa Chiesa, o quanto meno di deporlo per una colpa? Negli ordini ecclesiastici il potere di deporre è superiore a quello di ordinare. I vescovi, infatti, possono ordinare altri vescovi, ma non possono assolutamente deporli senza l'autorizzazione della sede apostolica. Chi allora potrebbe essere così superficiale e saccente da dubitare della superiorità dei sacerdoti sui re? E se poi i re devono essere guidati dai sacerdoti per i loro peccati, chi può giudicarli meglio del pontefice romano? [...]
Si devono rendere conto, allora, di come sia pericoloso e terribile essere re o imperatori: in questo ufficio pochissimi si sono salvati, e coloro che per la misericordia di Dio hanno raggiunto la salvezza eterna, non hanno conseguito una gloria pari a quella con cui lo Spirito Santo ha reso illustri nella Chiesa molti che non hanno mai esercitato il potere. [...] Guarda l'imperatore Costantino di venerata memoria, Teodosio, Onorio, Carlo, Ludovico, che amarono la giustizia, diffusero la religione, difesero le Chiese: la santa Chiesa li loda e li venera, ma non afferma che essi rifulsero della stessa grande gloria di chi ha compiuto miracoli. Inoltre non esistono imperatori o re cui la Chiesa abbia dedicato basiliche o altari o in onore dei quali abbia fatto celebrare messe.
Temano, dunque, re e principi, poiché quanto più in questa vita si riterranno superiori agli altri, tanto più sprofonderanno nelle fiamme del fuoco eterno.

G.M. CANTARELLA, D. TUNIZ, *Il papa e il sovrano*, Europia, Novara 1985, pp. 74-78

4.8 L'espansione dei turchi e l'appello alla crociata

Solo tenendo presente la violenza della lotta per le investiture capiamo il significato profondo dell'evento più importante dell'XI secolo: l'appello che, nel 1095, venne lanciato da **papa Urbano II**, convinto sostenitore delle idee di Gregorio VII (deceduto nel 1085), perché **la cristianità latina** si mobilitasse con rinnovato vigore **contro il nemico musulmano** e lo attaccasse in Oriente.

> I turchi in difesa degli arabi

A questo proposito, si deve ricordare che il califfo di Baghdad (in contrasto con il sovrano d'Egitto, per il fatto che anche il signore del Cairo rivendicava per sé il titolo di luogotenente del Profeta) nel 1055 aveva chiesto aiuto e protezione ai **turchi**, una popolazione nomade delle steppe dell'Asia centrale, convertitasi all'islam nel X secolo. Nel giro di poco tempo, tuttavia, i nuovi arrivati dapprima divennero i veri padroni dell'immenso impero arabo, poi si volsero contro l'impero bizantino e, nel 1067, conquistarono l'Armenia. L'imperatore di Costantinopoli, quattro anni dopo, tentò di cacciare i turchi da quella regione, ma il suo esercito venne completamente annientato nella grande battaglia di Manzikert (19 agosto 1071). A partire da quel momento, **numerose tribù di turchi poterono dilagare in Asia Minore e occuparne il territorio**, visto che non esisteva più una forza armata cristiana capace di respingerli.

> Scontro tra bizantini e turchi

Guardiamo la storia – Il movimento crociato

La **reazione bizantina** cominciò a farsi sentire solo a partire dal 1081, dopo che salì sul trono l'energico **imperatore Alessio Comneno**; egli si rese conto che i turchi, in Asia Minore, non avevano costituito un solido Stato centralizzato, politicamente e militarmente ben organizzato: al contrario, essi erano divisi in numerosi principati di piccola o media grandezza, ciascuno dei quali vedeva nel vicino un rivale e un concorrente al potere. Di fronte a un'offensiva cristiana, i turchi non avrebbero opposto, insomma, un potente fronte comune; **se l'impero avesse avuto a propria disposizione un esercito abile ed esperto**, la riconquista dell'Asia Minore poteva essere considerata un'impresa realizzabile.

GEOSTORIA – L'espansione turca in Asia minore

Carta proiettabile

→ I turchi provenivano dall'Asia centrale. Convertitisi all'islam, dapprima si impadronirono di Baghdad e dell'impero arabo, poi si diressero contro l'impero di Costantinopoli. Sconfitti i bizantini a Manzikert (1071), si insediarono in Anatolia, regione che, dall'XI secolo, possiamo iniziare a chiamare "Turchia".

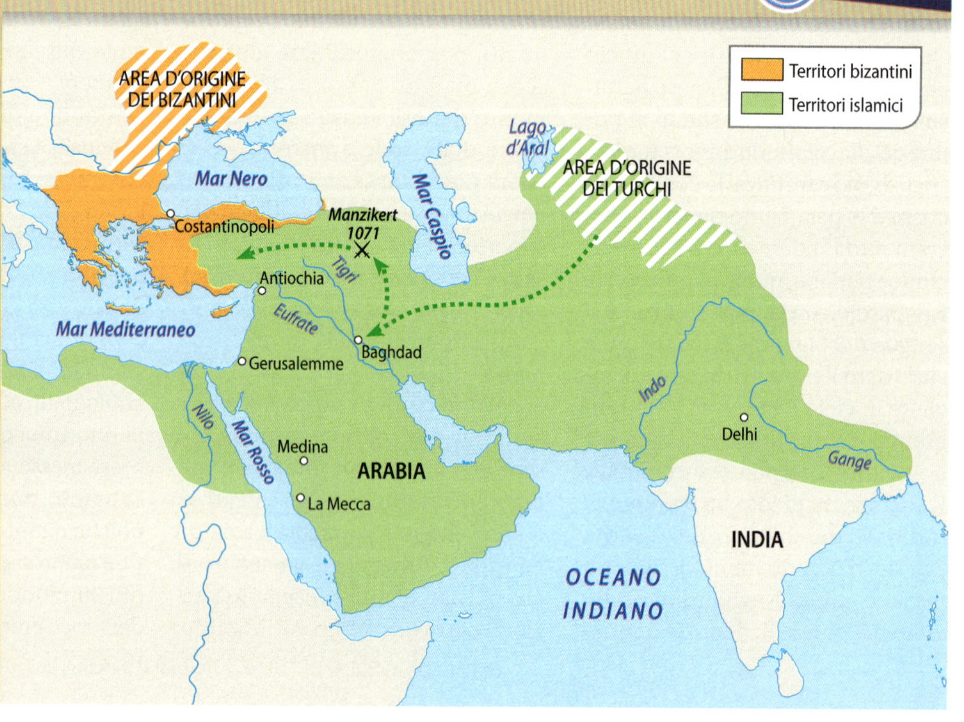

zoom

Il discorso di Urbano II a Clermont

Qual è il vero discorso?

Purtroppo, non è giunto a noi un testo autentico e ufficiale del solenne discorso tenuto il 27 novembre 1095, al Concilio di Clermont, dal papa Urbano II. All'opposto, si sono conservate **quattro versioni, diversissime fra loro**, poste dai cronisti delle spedizioni armate cristiane all'inizio dei loro racconti.

Per diverso tempo, fra queste quattro redazioni, la più attendibile è parsa a molti storici quella scritta nei primi anni del XII secolo da Fulcherio di Chartres (che riportiamo a pag. 58); la scelta cadeva su tale testo perché – sebbene neppure esso possa essere considerato un resoconto fedele, nei minimi particolari, delle parole del papa – sembrava lasciare emergere con maggiore chiarezza le motivazioni e i progetti originali di Urbano II, senza più di tanto lasciarsi influenzare dalla piega che gli eventi presero successivamente al discorso del pontefice. Soprattutto, colpiva il fatto che, in Fulcherio, **Urbano II non facesse esplicita menzione di Gerusalemme**; più genericamente, in questo testo, il papa si limita a esortare i cristiani dell'Occidente latino a portare aiuto ai loro fratelli greci d'Oriente.

↑ Un crociato riceve da un monaco il simbolo della croce, miniatura del XIV secolo. Fin dagli inizi i crociati diretti a Gerusalemme portavano come insegna, cucita sulla veste, una croce di stoffa, che qualificava il loro voto.

Gerusalemme, una meta prestabilita

Se il pontefice, a Clermont, davvero non avesse ricordato Gerusalemme, il riferimento alla liberazione del Santo Sepolcro di Cristo sarebbe stato inserito dai **numerosissimi predicatori** che, nell'inverno 1095-1096, **percorsero la Francia e la Germania**, per diffondere il messaggio del papa. Alcuni storici maliziosi, tuttavia, hanno recentemente osservato che Fulcherio partecipò alla spedizione al seguito di Baldovino di Boulogne, che non arrivò fino alla Città Santa, ma si fermò assai prima, essendo riuscito a trasformare la città di Edessa, in Asia Minore, in un proprio dominio personale. Quindi, **è possibilissimo che il papa abbia menzionato la liberazione di Gerusalemme**, a Clermont, nel 1095, ma che Fulcherio abbia tralasciato tale riferimento per non mettere in imbarazzo il suo signore (che non avrebbe affatto obbedito al comando del papa, se questi avesse davvero indicato come meta i luoghi santi).

Tutti gli studi recenti sulla prima crociata tendono dunque a dare ancora grande peso a Fulcherio, là dove segnala che il papa si sforzò di **indirizzare verso l'esterno l'aggressività tipica dei cavalieri** latini, ma pure a pensare che, fin dall'origine, la spedizione sia stata concepita ***anche* come pellegrinaggio armato verso la città del Santo Sepolcro**. Il fatto stesso che molti cavalieri, tra coloro che aderirono al progetto del papa, si fossero subito *segnati con la croce*, cioè avessero attaccato un contrassegno di stoffa rossa al proprio vestito, proprio come i pellegrini diretti a Gerusalemme, depone in questa direzione.

I LUOGHI

Gerusalemme

Gerusalemme è la *Città Santa* per eccellenza. I cristiani indirizzano la loro devozione al *Santo Sepolcro*, nel quale Cristo, secondo la loro fede, sarebbe stato sepolto, prima della resurrezione; per gli israeliti, il luogo più importante di Gerusalemme è il muro occidentale del tempio costruito da re Salomone. Gli arabi riuscirono a conquistare la città nel 638 e sulla *spianata del Tempio* costruirono due prestigiose moschee. Nell'XI secolo, l'offensiva musulmana fu rilanciata dai turchi. In quel periodo, secondo alcune fonti del tempo, per i pellegrini cristiani fu difficile raggiungere Gerusalemme, a causa dei banditi e dei predoni che infestavano la regione. Al momento dell'attacco dei cavalieri crociati, tuttavia, la città santa era passata sotto il controllo del sovrano islamico che governava anche l'Egitto.

I protagonisti

Schema proiettabile

TURCHI	• Si impadroniscono di Baghdad e dell'impero arabo • Conquistano gran parte dell'Asia Minore, a danno dell'impero bizantino
IMPERATORE DI COSTANTINOPOLI	• Progetta la riconquista dell'Asia Minore, ma ha bisogno di truppe abili ed esperte • Si rivolge al papato, affinché solleciti la partenza di gruppi di cavalieri verso l'Oriente
PAPA URBANO II	• Al Concilio di Clermont (1095) lancia un vasto appello alla mobilitazione generale di tutta la cavalleria latina • Si propone di recuperare l'obbedienza al papato della Chiesa greca • Condivide le idee di Gregorio VII e vuole dimostrare che il papa è il capo supremo della cristianità (anche temporale)

Fu per questa ragione che Alessio, all'inizio del 1095, inviò alcuni ambasciatori al papa: il suo scopo era di **utilizzare la mediazione papale, affinché un contingente di cavalieri latini venisse spinto a prendere la strada dell'Oriente** e a mettersi al servizio dell'imperatore, allo stesso modo in cui la mediazione dell'abbazia di Cluny aveva indirizzato numerosi guerrieri francesi in direzione della Spagna.

Il pontefice accettò volentieri l'invito del sovrano bizantino, in quanto sperava di ottenere in cambio l'appoggio imperiale nello sforzo di ricucire lo **scisma con la Chiesa greca, apertosi nel 1054**, con una reciproca scomunica, a causa del rifiuto dei cristiani orientali di riconoscere al vescovo di Roma un'autorità superiore a quella del patriarca di Costantinopoli. Papa Urbano II, però, rispose con un entusiasmo eccessivo rispetto alle originarie intenzioni dell'imperatore: ampliando la prospettiva, infatti, il papa lanciò alla cristianità latina una specie di **appello alla mobilitazione generale**, con l'obiettivo di reclutare non un piccolo contingente di mercenari esperti, ma un grande esercito.

4.9 Predicatori, poveri ed ebrei

Lavorare per competenze
avvio al saggio breve
La prima crociata
→ pag. 58

Il discorso di Urbano II appare, per molti versi, la sintesi di tutto ciò che la Chiesa aveva predicato nel corso del secolo appena trascorso. Il papa invitava i cavalieri a cambiare radicalmente il proprio comportamento, esattamente come si erano sforzati di fare i vescovi che avevano imposto la *pace di Dio*, in Francia, negli anni Trenta; uomini violenti, abituati solo a combattere e uccidere, per lo meno avrebbero dovuto mettere le loro energie a disposizione della Chiesa, come avevano fatto già in passato numerosi cavalieri francesi contribuendo alla *riconquista* della Spagna. In tal modo **la Chiesa tentò di limitare la violenza dei guerrieri** e, soprattutto, di *esportarla* verso l'esterno, contro i nemici della cristianità (a partire dal XII secolo, invece, si cercò di inibire la sfrenata aggressività dei cavalieri imponendo loro una serie di vincoli e obblighi sociali: le cosiddette *buone maniere*). A coloro che fossero morti lungo il tragitto (o in battaglia), il papa annunciava la stessa **remissione dei peccati** e delle eventuali pene purificatrici da espiare nell'aldilà, esattamente come da tempo era promesso ai pellegrini che si fossero recati a Santiago di Compostela, a Roma o a Gerusalemme. Infine, e soprattutto, dev'essere ricordato che **il papa**, nel momento in cui bandì la crociata, **si comportò da comandante supremo della cristianità**, pretendendo di dare ordini (relativi a una spedizione militare) sia all'imperatore sia ai sovrani dei vari regni cristiani latini.

Guardiamo la storia
Il pellegrinaggio verso Santiago
Il pellegrinaggio verso Gerusalemme

Video
Il cammino di Santiago

Le cose si complicarono ulteriormente, e in fretta, in quanto i primi a muoversi non furono i cavalieri, ma diverse centinaia di uomini qualunque, per lo più contadini, scossi dalle parole di monaci e **profeti itineranti** (il più noto dei quali era denominato **Pietro l'Eremita**), che diffusero l'esortazione del pontefice per tutte le terre di Francia e di Germania. Sicuramente, nei loro discorsi, Gerusalemme occupò un posto centrale e determinante; ma il pellegrinaggio verso la Città Santa assunse, nelle parole di tali predicatori, un significato e un risvolto del tutto particolare, collegato con il **tema della fine del mondo**.

RIFERIMENTO STORIOGRAFICO 5
La crociata popolare del 1096
→ pag. 56

Anche in questo caso, siamo di fronte a un tema molto vivo nell'immaginario religioso dell'XI secolo. Il cronista Rodolfo il Glabro (che scriveva a Cluny intorno al 1040) ci informa che, nei primi decenni dopo l'anno Mille, la pratica del pellegrinaggio penitenziale al Santo Sepolcro aveva trovato una rinnovata (per non dire inedita) diffusione. Ancor più importante da ricordare, tuttavia, è la credenza secondo cui, a Gerusalemme, avrebbe dovuto svolgersi il **grande scontro apocalittico**, cioè finale, tra Dio e Satana: o meglio, tra i fedeli di Cristo (appoggiati dagli angeli di Dio) da un lato, l'Anticristo e i suoi seguaci, dall'altro.

Dunque, nel momento in cui raggiunse le masse, il tema della spedizione verso Oriente subì un formidabile ampliamento: da conflitto limitato, concreto e puramente mondano, quello contro i turchi si trasformò in un gigantesco scontro **escatologico**, dal quale avrebbe dovuto nascere un millennio di pace e giustizia per l'intero genere umano, dopo la sconfitta del Male. Inoltre, poiché gli ebrei erano considerati, da molti cristiani, i seguaci più fedeli e ferventi del diavolo e dell'Anticristo, quando i gruppi crociati popolari (nella primavera del 1096) attraversarono la valle del Reno, fecero **strage delle fiorenti comunità ebraiche** di quella regione.

> **Massacro delle comunità ebraiche**

Nessuna delle cosiddette *crociate popolari* (odei pezzenti) ebbe successo. Alcune di queste spedizioni furono concluse con la forza, dal re d'Ungheria, dopo che i poveri pellegrini si erano dati al saccheggio sul suo territorio. Coloro che arrivarono in Asia Minore, invece, furono massacrati dai turchi.

LE PAROLE

Escatologia/escatologico

Nel linguaggio dei teologi, il sostantivo "escatologia" e l'aggettivo "escatologico" sono usati per descrivere gli eventi che si verificheranno poco prima della fine del mondo. Nella Bibbia, queste vicende sono descritte, in forma di profezia, nell'ultimo testo del Nuovo Testamento, il libro dell'Apocalisse. Alla lettera, l'espressione significava "rivelazione"; tuttavia, poiché secondo l'apostolo Giovanni gli ultimi tempi della Storia sono caratterizzati da immense catastrofi, *apocalisse* ha nel linguaggio corrente assunto il significato prevalente di "immane disastro". Il messaggio finale dell'Apocalisse è comunque di speranza: Satana e tutti i suoi servitori (compreso l'Anticristo) saranno annientati dopo un'ultima decisiva battaglia.

→ Il massacro della crociata dei poveri da parte dei turchi, miniatura tratta dai *Passages d'outremer* di Sébastien Mamerot, XV secolo (Parigi, Bibliothèque Nationale).

4.10 Da Costantinopoli a Gerusalemme

Mentre si consumava la tragedia della *crociata dei pezzenti*, si misero in movimento i cavalieri. Va subito ricordato, però, che non si mossero **né l'imperatore né i re**: accogliere l'appello del papa, infatti, avrebbe significato accettare l'idea secondo cui era lui il capo supremo della cristianità, capace di dare ordini persino ai sovrani.

> **Francesi e normanni**

Le spedizioni militari più importanti vennero organizzate in Francia del Nord e in Provenza; a guida del vasto esercito che iniziò a marciare verso Oriente fu posto dal papa un proprio legato, Ademaro, vescovo di Le Puy. Altri cavalieri che assunsero importanti ruoli di comando furono **Goffredo di Buglione**, duca della Bassa Lorena, suo fratello Baldovino e Raimondo di Saint-Gilles, conte di Tolosa. Agli eserciti francesi si aggiunse poi un'altra armata, composta di normanni reclutati nell'Italia Meridionale. L'intero cammino verso Oriente fu condotto per via di terra; i guerrieri *crociati* (cioè *segnati con la croce*, come i pellegrini diretti a Gerusalemme) raggiunsero dapprima

> **Timori dei bizantini**

Costantinopoli, ma qui furono accolti con angoscia, disprezzo e preoccupazione dall'imperatore: **agli occhi della raffinata e ricca aristocrazia bizantina, i guerrieri latini erano dei barbari rozzi e volgari**. Inoltre, il loro numero e la loro potenza militare li rendeva molto pericolosi. Di qui la scelta compiuta dal sovrano di inviarli al più presto in Asia, a combattere i turchi.

Sull'entità numerica dell'esercito crociato possiamo solo fare congetture e formulare ipotesi, visto che tutte le cronache riportano cifre iperboliche o procedono per metafore (dicendo che i cavalieri erano numerosi come le gocce del mare e come i granelli di

> **Un esercito numeroso**

sabbia del deserto). In verità, è più probabile che i cavalieri fossero qualche centinaio e i fanti qualche migliaio: «Il tutto per un **probabile totale di circa una decina di migliaia di persone**. Per la fine del secolo XI, si badi bene, è un numero fin troppo considerevole, che in una società nella quale (nonostante l'impressionante sviluppo demografico) le città erano già considerate grandi quando contavano cinquemila abitanti, deve aver fatto un notevole effetto e giustifica le cifre iperboliche» (F. Cardini).

Carta interattiva
La prima crociata

L'armata giunse con relativa facilità fino ad **Antiochia**, che all'epoca era una delle più importanti città della Siria. L'assedio crociato iniziò nell'ottobre 1097 e vide come

GEOSTORIA

La prima crociata (1095-1099)

Carta proiettabile

→ L'esercito crociato era composto da quattro contingenti principali, provenienti dal Sud della Francia (sotto la guida di Raimondo di Tolosa), dall'area parigina (Roberto di Normandia), dalle Fiandre (Goffredo di Buglione), e dall'Italia meridionale (Boemondo d'Altavilla). Al termine della spedizione nacquero in Siria e in Palestina gli Stati cristiani d'Oriente.

Schema proiettabile

La crociata come soluzione dei grandi problemi del secolo XI

FIGURE SOCIALI COINVOLTE	PROBLEMA	SOLUZIONE OFFERTA DALLA CROCIATA
Contadini	• Carestie ricorrenti • Oppressione da parte dei signori • Violenze da parte dei cavalieri	Sogno di un mondo più giusto: a Gerusalemme sarebbe iniziata un'epoca nuova, lunga mille anni, priva di violenza, di fame e di malattia
Cavalieri	Desiderio di conciliare il mestiere delle armi con la salvezza eterna	Mettono la spada al servizio della fede: se muoiono in battaglia, sono accolti in paradiso, come gli antichi martiri
Clero	Timore nei confronti della violenza del ceto guerriero	L'aggressività tipica dei cavalieri è indirizzata verso l'esterno, al di fuori della cristianità
Papato	Desiderio di imporre la propria autorità nei confronti dei re e dell'imperatore	Bandendo la crociata, Urbano II si presenta come il capo supremo di tutta la cristianità

protagonisti delle figure inquietanti e imbarazzanti, che le fonti latine chiamano *tafuri*. Si trattava di crociati poverissimi, che marciavano scalzi e mangiavano solo erbe e radici; in battaglia erano feroci e spietati, al punto che, per terrorizzare i nemici, spesso ne divoravano i corpi. Il 3 giugno 1098, Antiochia venne finalmente espugnata dai crociati, ma subito un'improvvisa controffensiva dei turchi li chiuse e li assediò a loro volta nella città. Quando tutto pareva perduto, si diffuse la credenza secondo cui, proprio ad Antiochia, era possibile trovare la lancia che aveva colpito Gesù crocifisso. Convinti di aver ritrovato davvero tale straordinaria reliquia, e quindi **sicuri di avere Dio dalla loro parte**, i cristiani riuscirono a rompere l'assedio (28 giugno 1098).

> **Antiochia espugnata**

Dopo un altro anno di marce, di combattimenti e di litigi interni, il 7 giugno 1099 i crociati arrivarono davanti alle mura della Città Santa, che nel frattempo aveva cambiato padrone, in quanto era stata occupata dal sovrano d'Egitto. Gerusalemme venne infine espugnata il 15 luglio 1099. Tutte le cronache danno un impressionante resoconto di ciò che accadde al momento dell'ingresso delle truppe cristiane a Gerusalemme. Poiché **l'intera popolazione** (musulmani, ebrei e persino molti arabi cristiani) **fu trucidata**, il sangue scorreva ovunque: una fonte dice che esso raggiungeva l'altezza delle briglie dei cavalli! Certamente, in questo caso, si tratta di un'esagerazione, da parte del cronista; la **violenza** e la **spietatezza dell'operazione**, comunque, sono fuori discussione. Del resto, non dobbiamo dimenticare che, perfino in Europa, i cavalieri cristiani facevano paura proprio per la loro brutalità: tra i compiti della crociata, vi era anche quello di scaricare all'esterno l'aggressività e la furia devastatrice tipica del ceto guerriero.

> **Estrema violenza dei crociati**

Anche sotto questo profilo, l'impresa degli anni 1095-1099 concentra, sintetizza e porta a compimento tutti i principali fermenti dell'XI secolo: entusiasmo religioso, desiderio di un mondo più giusto (mentre quello reale era in preda alla violenza e alla carestia), tentativo del papa di porsi a guida dell'intero mondo cristiano, scavalcando l'imperatore.

SGUARDO D'INSIEME

Il movimento crociato

La crociata del 1095-1099 fu la prima di una serie di spedizioni armate che caratterizzarono tutto il Medioevo. Nel Quattrocento e nel Cinquecento il sogno di riconquistare Gerusalemme non era del tutto scomparso, anche se solo pochi personaggi isolati credevano ancora di poter trasformare quel progetto in realtà.

- La ***seconda crociata*** fu bandita nel 1146, dopo che i musulmani avevano recuperato Edessa, una contea situata in un'area che oggi è sotto dominazione della Turchia e della Siria moderne. Edessa era stata conquistata dai crociati nel 1098. La sua caduta fece capire a tutti, in Occidente, quanto fosse precaria la situazione degli Stati nati *oltremare* dalla prima vittoriosa spedizione del 1095-1099. In Francia, un ruolo fondamentale nell'appello alla guerra contro l'islam fu svolto da Bernardo di Chiaravalle, il più autorevole abate del XII secolo. Anche in occasione della seconda crociata, come già era accaduto nel 1096, l'entusiasmo religioso provocò l'uccisione di moltissimi ebrei.
- **Gerusalemme** cadde nel 1187, per opera di **Saladino**, sovrano d'Egitto. A differenza di quanto era accaduto nel 1095, la spedizione per riportarla sotto controllo cristiano vide la partecipazione di vari sovrani d'Europa (l'imperatore tedesco Federico I Barbarossa, il re di Francia Filippo II e il re d'Inghilterra Riccardo Cuor di Leone). Questa ***terza crociata*** si concluse con un completo insuccesso; Federico, da parte sua, non arrivò neppure in Palestina, in quanto morì annegato attraversando un fiume dell'Asia Minore, nel 1190.
- La ***quarta crociata*** (1199-1204) destò grande scandalo, in quanto si concluse con la conquista e il saccheggio di Costantinopoli. Dopo questa squallida vicenda, si diffuse in Europa l'idea che i cavalieri e i sovrani non fossero sufficientemente puri, per un'impresa santa come la conquista del sepolcro di Cristo. Pertanto, nel 1212 nacque la ***crociata dei bambini***, imitata nel 1251 dalla cosiddetta ***crociata dei pastorelli***. Folle di poveri e di ragazzini seguivano dei profeti, convinti che Dio avrebbe loro concesso la vittoria. Inutile dire che tutte queste crociate popolari (come già era accaduto a quella del 1096) si risolsero in totali disastri.
- La ***quinta crociata*** ebbe luogo nel 1217-1221 e si svolse contro l'**Egitto**, il più potente Stato musulmano del Basso Medioevo. L'armata cristiana, però, fu assediata nella città di **Damietta** e infine costretta a una pace ingloriosa. Il dato più rilevante di questa vicenda (disastrosa sotto il profilo militare) consiste nella partecipazione di **Francesco d'Assisi**, che secondo la tradizione riuscì ad avere un pacifico e cordiale dialogo con il sultano musulmano.
- La ***sesta crociata*** fu gestita in modo del tutto pacifico da **Federico II** nel 1228-1229. L'imperatore stipulò un trattato di amicizia con i sovrani egiziani, in virtù del quale sia i cristiani sia i musulmani potevano andare liberamente in pellegrinaggio a Gerusalemme.
- Nel 1244, i musulmani ruppero l'accordo e uccisero numerosi cristiani a Gerusalemme. Il re di Francia **Luigi IX** si mise a capo di un grande esercito cristiano e attaccò l'Egitto nel 1248 (***settima crociata***). Di nuovo, l'obiettivo fu **Damietta**, ma il re venne sconfitto, catturato e liberato solo dopo un lauto riscatto.
- Nel 1270, **Luigi IX** guidò un'altra spedizione (talvolta denominata ***ottava crociata***) contro **Tunisi**. L'assedio durò per vari mesi, ma si concluse con un nulla di fatto, in quanto l'esercito cristiano fu decimato da numerose malattie. Quando lo stesso sovrano francese, infine, morì sotto le mura di Tunisi, fu deciso di abbandonare l'impresa.
- Nel 1291, i musulmani conquistarono **San Giovanni d'Acri**, l'ultima città ancora in mano ai cristiani in Terra Santa. Anche se, in linea teorica, l'*idea di crociata* non era del tutto morta, di fatto la caduta di San Giovanni d'Acri ne segnò la conclusione storica.

↑ Riccardo Cuor di Leone e la folla assistono al massacro di prigionieri saraceni ad Acri durante la terza crociata.

1 Caratteri fondamentali del feudalesimo

Nel testo seguente, uno dei maggiori medievisti, il francese Jacques Le Goff, descrive il feudalesimo, sottolineandone la caratteristica principale, cioè di essere un insieme di legami personali che vincolano diversi strati della società attraverso la concessione di benefici (o feudi) e giuramenti di fedeltà. Il feudo era una terra che un cavaliere (vassallo) riceveva da un superiore (signore), in cambio del servizio militare a cavallo. La società feudale era dunque gerarchica e stratificata in modo piramidale.

Il feudalesimo è dapprima l'insieme dei legami personali che uniscono fra loro in una gerarchia i membri degli strati dominanti della società. Questi legami si appoggiano su una base *reale*: il beneficio che il signore concede al suo vassallo in cambio di un certo numero di servizi e di un giuramento di fedeltà. Il feudalesimo, in senso ristretto, consiste nell'omaggio e nel feudo. Il signore e il suo vassallo si uniscono con un contratto vassallatico. Il vassallo rende omaggio al suo signore [...]. Il vassallo mette le mani giunte in quelle del signore, che richiude queste su quelle, ed esprime la propria volontà di darsi al suo signore secondo una formula del genere: «Sire, io divengo uomo vostro» (Francia, XIII secolo). Pronuncia poi un giuramento di fedeltà, gli dà la sua fede, e può aggiungervi, come in Francia, il bacio che fa di lui un «uomo di bocca e di mani». In seguito al contratto vassallatico, il vassallo deve al suo signore il *consilium*, che consiste in generale nell'obbligo di partecipare alle assemblee riunite dal signore, in particolare nel rendere giustizia in suo nome, e l'*auxilium*, essenzialmente militare ed eventualmente finanziario. Il vassallo deve dunque contribuire all'amministrazione, alla giustizia e all'esercito del signore. Come contropartita il signore deve al vassallo protezione. Contro il vassallo infedele, *fellone*, il signore, di solito con il parere del consiglio, può stabilire delle sanzioni, di cui la principale è la confisca del feudo. Inversamente, il vassallo può *annullare*, cioè ritirare, togliere la sua fedeltà al signore che manchi ai propri impegni. Teoricamente l'*annullamento*, che si instaura dapprima in Lotaringia alla fine dell'XI secolo, dev'essere accompagnato da una proclamazione solenne e dalla rinuncia al feudo.

Vediamo come l'essenziale ruoti attorno al *feudo*. La parola appare nell'Ovest della Germania all'inizio dell'XI secolo e si diffonde nella sua accezione tecnica alla fine dell'XI, senza essere adoperata dappertutto e neppure sempre in questo senso preciso. È più un termine da giuristi e da storici moderni che un vocabolo dell'epoca. La cosa più importante è che il feudo è di solito una terra. Questo fatto colloca il feudalesimo sulla sua base rurale e rende manifesto che esso è prima di tutto un sistema di possesso e di sfruttamento della terra.

La concessione del feudo al vassallo da parte del signore avviene durante una cerimonia, l'*investitura*, che consisteva in un atto simbolico, la consegna di un oggetto (stendardo, scettro, verga, anello, coltello, guanto, un po' di paglia ecc.) e seguiva in generale al *giuramento* e all'*omaggio*. La stesura di un atto scritto fu eccezionale prima del XIII secolo: il feudalesimo è il mondo del gesto e non della scrittura. L'evoluzione importante che subisce il feudo è che, mentre all'inizio il signore aveva su questo un diritto assimilabile alla nuda proprietà ro-

↑ Un elemento essenziale delle relazioni feudali era l'assistenza militare: il vassallo era tenuto a munirsi di armi e cavallo e prestare servizio al signore (Venezia, Biblioteca Nazionale Marciana).

↑ Il re Alfonso d'Aragona verifica i documenti di possesso dei suoi feudi. Miniatura del XII secolo.

mana e il vassallo un diritto paragonabile all'usufrutto, dall'XI secolo il diritto del vassallo supera considerevolmente il diritto dell'usufruttuario: si avvicina al diritto di proprietà, senza raggiungerlo (sebbene la parola *proprietas* venga pronunciata nel XII e nel XIII secolo), mentre il diritto del signore se ne allontana ed è designato dalla parola *dominium* (da cui, tramite il francese, *demanio*). [...] Quello che assicura l'appropriazione crescente del feudo da parte del vassallo è, evidentemente, il fatto che sia ereditario, punto essenziale del sistema feudale. Quest'evoluzione avviene presto in Francia, nel X secolo e all'inizio dell'XI. Più lenta in Germania e nell'Italia settentrionale, viene affrettata da Corrado II nel 1037. Si propaga in Inghilterra solo nel XII secolo.

J. LE GOFF, *La civiltà dell'Occidente medievale*, Einaudi, Torino 1981, pp. 106-107, trad. it. A. MENITONI

analizza il documento

→ Spiega l'affermazione «il feudalesimo è il mondo del gesto e non della scrittura».

→ Quale decisiva evoluzione subiscono il beneficio e il sistema feudale nell'XI secolo?

→ In che senso il contratto vassallatico era bilaterale? Spiega le due espressioni «vassallo fellone» e «annullamento».

2 Il castello, simbolo del potere

La società dei secoli X e XI era polverizzata, nel senso che il potere non era esercitato da una solida autorità centrale, bensì da numerosissimi soggetti, di fatto autonomi e indipendenti. Al massimo (ma non sempre) i potenti signori locali che risiedevano in un centro fortificato erano legati dal legame dell'omaggio feudale a un superiore remoto e privo di qualsiasi possibilità di controllo.

La società «feudale» presenta due tratti fondamentali. In primo luogo, il potere vi appare frazionato in piccole cellule autonome: i princìpi teorici che in passato avevano regolato i rapporti politici sono definitivamente cancellati; salvo forse per pochi ecclesiastici più inclini alla riflessione, le idee di sovranità, di comunità pubblica non hanno senso; comandare, punire altri uomini è un attributo personale, che si eredita, si vende come una terra, e coloro che hanno la fortuna di esserne i detentori lo esercitano a loro esclusivo beneficio, senza dover rendere conto a nessuno. Inoltre, per essere riconosciuta, l'autorità deve manifestarsi in concreto; nessuno obbedisce a un padrone che non vede e di cui non sente la voce; la presenza fisica del capo è indispensabile, e proprio per questo il suo potere è limitato a pochi agglomerati sociali. Secondo carattere: un limite preciso isola ora la gente comune dalla nobiltà, una casta di uomini bennati e in possesso di privilegi consuetudinari. [...] L'aristocrazia è costituita da molto tempo, ma ormai ha i propri diritti riconosciuti, i suoi titoli. In effetti, alla fine del X secolo, si è largamente diffusa la teoria secondo cui la società cristiana è divisa in «ordini», cioè categorie con frontiere rigorose, investite da Dio di una missione particolare e che, in virtù di questa predestinazione, hanno ognuna diritto a un trattamento speciale. Concezione di dotti, formatasi già da tempo negli ambienti colti della Chiesa e che, dapprima, era stata applicata a preti e monaci per differenziarli dai laici – e che ora separa questi ultimi in due gruppi. Da una parte i meno numerosi, i ricchi, i signori, gli oziosi che, per meritare i vantaggi materiali accordati dalla Provvidenza debbono, dedicandosi completamente all'arte militare, difendere con le armi le altre categorie sociali; dall'altra, l'«ordine» dei lavoratori, la massa dei piccoli, dei poveri, degli ignoranti, incaricati, secondo il disegno divino, di sostenere con il proprio lavoro gli specialisti della preghiera e del combattimento, in cambio della protezione spirituale e temporale di questi ultimi.

In larga misura, la nuova struttura sociale si è venuta formando proprio in funzione dell'edificio militare, il castello. Nell'XI secolo si tratta d'una costruzione estremamente semplice: una torre rettangolare e tozza, a due piani. Il piano inferiore è adibito a dispensa, quello superiore, sul quale si apre la porta unita al suolo da una leggera scala amovibile, serve da luogo di soggiorno e di rifugio in cui eventualmente organizzare la difesa. Tranne che sui confini del Mediterraneo, dove le buone travi sono rare, le mura sono di legno, materiale più accessibile e più facile a mettere in opera, ma incendiabile. Ed ecco l'inconveniente: in primo luogo non si può accendere il fuoco per scaldarsi, la cucina deve essere collocata fuori, in disparte – e soprattutto il fuoco è per gli assalitori l'arma più efficace. I difensori se ne proteggono rivestendo, al momento della battaglia, nei punti più vulnerabili le pareti esterne di pelli scuoiate di fresco. La difesa è precaria; così i signori più potenti, quelli che ne hanno i mezzi, cercano di edificare una torre di pietra, come il torrione di Langeais innalzato negli ultimi anni del X secolo dal conte di Anjou o come quello di Montbazon, in Touraine. Ma questa sostituzione del legno con la pietra è assai costosa (bisogna reclutare cavapietre, muratori di professione), e avviene molto di rado. Le fortezze in pietra non sono diffuse fino alla seconda metà del XII secolo. Perciò, al momento dell'affermazione del feudalesimo, il castello è, come tutte le altre dimore umane dell'epoca, rudimentale e fragile. La sua persistenza e la grande robustezza sono dovute alla posizione: la torre è appollaiata su un luogo elevato, difficilmente accessibile, e nel caso in cui la natura non offra una scarpata, si costruisce una collinetta artificiale, la *motte*, circondata da profondi fossati; infine, un terrapieno sormontato da una palizzata circonda a qualche distanza il centro difensivo, e questa prima linea, capace di arrestare l'aggressore, protegge un largo recinto dove le popolazioni dei dintorni possono trovare rifugio in caso di allarme. Per questo il castello, la *ferté*, è l'immagine stessa della sicurezza collettiva, il simbolo e la sede del potere di comando militare per tutti i villaggi circonvicini.

La nuova struttura sociale si è venuta formando proprio in funzione dell'edificio militare, il castello

Le fortezze non sono molto numerose né tutti i nobili, al contrario, anzi, sono nell'XI secolo dei castellani. La densità dei castelli del tempo, in realtà, varia a seconda dei luoghi; è maggiore lungo le grandi vie di transito e sui confini, là dove si affrontano i grandi domini regionali, scarsa invece nelle zone molto boscose, e può paragonarsi a quella degli attuali capoluoghi di cantone, cioè in media un punto fortificato ogni venti, trenta appezzamenti agricoli. Inoltre, si tratta per lo più di costruzioni già antiche. Erette nei tempi carolingi, quando il frazionamento dell'impero in regimi rivali e quindi le incursioni scandinave, ungheresi e saracene sempre più profonde costrinsero a estendere all'intero territorio il regime eccezionale delle marche di frontiera e a moltiplicare i centri di difesa, sono state quasi tutte edificate sotto il controllo dell'autorità del sovrano nel quadro del regno o della contea. Certo,

↑ Assedio di una città francese da parte dei Normanni, miniatura dell'XI secolo (Parigi, Bibliothèque Nationale).

qualche avventuriero ha potuto, qua e là, favorito dal disordine e dall'insicurezza, costruire una fortezza di propria iniziativa. Impresa non priva d'azzardo, in verità: bisognava allo stesso tempo eludere la vigilanza dei capi del popolo e vincere la resistenza dei contadini. I castelli illegali, «adulterini», furono a quanto sembra, un'eccezione. La maggior parte delle fortezze sono dunque inizialmente, e sono rimaste a lungo, costruzioni del re, tenute dai suoi rappresentanti.

Succede nell'XI secolo che un solo capo comandi ancora personalmente in numerose fortezze, nelle quali viene ogni tanto a risiedere e che, nell'intervallo tra questi suoi soggiorni, le affidi a guardiani sottoposti e devoti; questa rete di punti di difesa costituisce allora l'ossatura di una specie di principato, come quello del conte di Anjou o di Fiandra. Ma più spesso ogni castello è la sede di un dominio isolato, libero da controlli esterni. Questa è la norma nella metà meridionale della Francia, ma anche nel nord il caso è frequente.

G. DUBY, R. MANDROU, *Storia della civiltà francese*, Il Saggiatore, Milano 2011, pp. 45-48, trad. it. A. GRISPO, A. NACCI

ANALIZZA IL BRANO

- → Spiega l'espressione «una casta di uomini bennati».
- → Chi sono «i piccoli»? Da parte di chi ricevono protezione spirituale e temporale?
- → Che cosa sono i « castelli adulterini»?

3 L'immagine di Dio nel Medioevo

Per quanto i teologi, spesso, si sforzassero di raffinare i concetti più importanti della religione, nel Medioevo la gente comune li adattava alla propria mentalità. Il termine generico che abbiamo appena utilizzato ("gente comune") non indica solo i poveri contadini. Anche molti cavalieri e persino numerosi preti, infatti, spesso erano analfabeti e digiuni delle più elementari informazioni culturali. Di qui il ruolo svolto, nelle chiese, dalle pitture e, ancor più, dalle sculture che ornavano gli edifici sacri.

Dio è un signore, ed è anche il Signore per eccellenza. Il suo abituale appellativo in questo mondo che a lungo, e senza eccezioni tra i chierici, parla sempre latino, è *Dominus Deus*, Signore Iddio. Quando si svilupperanno le letterature in volgare, nella lingua destinata a diventare il francese, ad esempio nella *Chanson de Roland*, tale termine verrà espresso con *Damedieu*. A questo proposito vorrei sottolineare come il Dio dei cristiani, a differenza di quello degli ebrei, JHWH [per gli ebrei il nome di Dio, sacro e impronunciabile, è sostituito con il sostantivo *Adonai*, *Signore*, ogni volta che ricorre nel testo biblico, *n.d.r.*] e di quello dei musulmani, Allah, non abbia ricevuto alcun nome: il Dio dei cristiani si chiama semplicemente Dio, *Deus*. Il termine deriva dall'indoeuropeo, ma di fatto si è costituito ed arricchito a partire dalla Bibbia, senza tuttavia nulla trarre dal nome JHWH. Questo Signore Iddio è al tempo stesso vertice e garante del mondo feudale: è il Signore dei signori. Al contempo – aspetto, questo, del massimo interesse, da un punto di vista ideologico e politico – la sua potenza è legata al fatto di essere un re: il Signore è il Re. [...] Infatti, Dio si trova spesso rappresentato in veste regale, monarchica. Non è sempre stato così, e questo merita qualche riflessione.

↑ Dio padre onnipotente, XV secolo (Orte, Museo Nazionale di Arte Sacra).

Una della particolarità del Dio dei cristiani deriva dal fatto che essi lo rappresentano in immagine, diversamente da ebrei e musulmani i quali, per parte loro, sono in generale aniconici: non solo rifiutano le immagini, ma soprattutto rigettano e condannano la rappresentazione di Dio. Il Dio dei cristiani viene invece rappresentato; i fedeli, dal più umile contadino sino all'imperatore, possono vederlo in forma umana. A mio avviso, la decisione di Carlo Magno di ammettere le immagini nel cristianesimo latino – l'occasione è il secondo concilio di Nicea del 787 – costituisce un punto su cui non si insisterà mai abbastanza. [...] Nondimeno, la rappresentazione di Dio, quando riguardava Dio Padre, sembra aver posto per un certo periodo dei problemi. Si trattava infatti della persona della Trinità maggiormente vicina al Dio dell'Antico Testamento, dunque al Dio tanto degli ebrei quanto dei musulmani; infatti gran parte del Corano, della religione musulmana, deriva dall'Antico Testamento. Di conseguenza, in questo che è un mondo di simboli, per rappresentare Dio Padre si è fatto a lungo ricorso non a una figura umana compiuta, ma ad un simbolo. L'immagine è quella della mano che esce dalle nuvole, la quale esprime al contempo natura e funzione riconosciute al Dio feudale: funzione di comando, poiché è una mano che ordina; funzione di punizione, poiché è una mano che punisce; funzione di protezione, poiché è una mano che protegge. E nel corso del Medioevo quest'ultima funzione, rispetto alle altre, diviene preponderante: Dio diventa sempre più un Buon Dio, il Buon Dio. [...]

Nel corso del Medioevo, viene assegnato a Dio il ruolo di giudice. Il giudice, cui è attribuito un potere arbitrale, tiene le udienze e pronuncia la sentenza in pubblico proprio da una posizione assisa e dunque assumendo un portamento di maestà, atteggiamento nel quale, nel Medioevo, Dio Padre verrà il più delle volte rappresentato. Il Cristo, ossia il Figlio, beneficia anch'egli di simile rappresentazione, soprattutto perché sarà a lui che alla fine dei tempi spetterà di presiederei al Giudizio universale. Tuttavia, quanto mi pare estremamente rivelatore, e particolarmente idoneo a mostrare la notevole complessità del monoteismo cristiano nel Medioevo, è che a partire dall'XI secolo il Cristo inizia ad essere rappresentato, pregato e venerato, soprattutto sotto l'aspetto dell'umiltà e della sofferenza. Certo, già per il cristianesimo delle origini l'incarnazione del Cristo rappresenta il fatto fondamentale, ma a lungo, ed ancora nel Medioevo, il Cristo incarnato, il Cristo crocifisso, sarà soprattutto il Cristo vincitore della morte, erede di quanto era nelle possibilità di un certo numero di divinità antiche, il trionfatore appunto sulla morte. Ebbene, a partire dall'XI secolo, e soprattutto nel XIII ed ancor più nel XIV, il Cristo è innanzitutto il Cristo della Passione, il Cristo della sofferenza. Il Cristo della fine del Medioevo è dunque un dio ambivalente: è il Dio in maestà del Giudizio universale, ma anche il Dio crocifisso della Passione.

J. LE GOFF, *Il Dio del Medioevo. Conversazioni con Jean-Luc Pouthier*, Laterza, Roma-Bari 2011, pp. 51-59, trad. it. R. RICCARDI

analizza il brano

- Spiega il termine «aniconici».
- Spiega l'espressione «Il Cristo della fine del Medioevo è dunque un dio ambivalente».

4 La pace di Dio

All'inizio dell'XI secolo, in varie regioni della Francia, la Chiesa si sforzò di porre un freno alle violenze che i cavalieri – denominati "potenti", perché dotati di armi e di cavalli da guerra – compivano regolarmente a danno dei deboli, cioè dei contadini e dei monaci. La minaccia della dannazione eterna, tuttavia, solo occasionalmente riuscì a fermare uomini che della rapina e del combattimento avevano fatto una vera e propria ragione di vita.

I *potentes* spadroneggiavano su una popolazione di *impotentes*: agricoltori liberi ma poveri, servi della gleba e schiavi. Tutti costoro erano subordinati (in maniere formali e informali) a quanti erano situati in alto nella scala sociale, e, come il clero, soffrivano pesantemente a causa della violenza rurale. Negli anni a cavallo tra X e XI secolo questa violenza indusse numerosi ecclesiastici e signori laici a formulare un programma di giustizia politica e sociale che metteva in risalto la differenza tra guerra giusta e guerra priva di giustificazioni, e tra bersagli legittimi e illegittimi della violenza e della vendetta. In una serie di concili ecclesiastici cui parteciparono notabili locali e folle di *impotentes* e di *pauperes* [poveri, subordinati ai *potenti*, *n.d.r.*], e alla presenza delle sacre reliquie dei santi custodite nelle chiese vicine, i capi di questo movimento detto della *Pace di Dio* o semplicemente della *Pace*, definirono regole e standard di condotta in guerra, e cercarono di limitare gli scontri armati.

Al Concilio di Charroux (989) i «vescovi, e anche chierici e monaci, per tacere dei laici di entrambi i sessi» ascoltarono l'arcivescovo di Bordeaux pronunciare insieme agli esponenti dell'alto clero maledizioni solenni e colpire di scomunica tutti coloro che devastavano le chiese, depredavano i popoli delle campagne o si rendevano colpevoli di sacrileghe aggressioni contro i preti. «Molti corpi di santi vennero inoltre portati al Concilio», che «grazie alla presenza di questi santi fu adornato da un gran numero di miracoli». Un concilio svoltosi a Limoges nel 994, analogamente allietato da miracoli, approvò un «patto di pace e giustizia» regionale. Al principio dell'XI secolo concili tenutisi a Poitiers e Rouergue continuarono l'opera, perché, come si disse a Poitiers, «Bello è invero il nome di pace, e meravigliosa la credenza nell'unità, che Cristo salendo al cielo lasciò ai suoi discepoli».

Al Concilio di Elne, nel Rossiglione [regione della Francia meridionale, sul versante mediterraneo, *n.d.r.*] (1027), che si svolse nel grande prato di Toulouges per poter accogliere la moltitudine di chierici e aristocratici e la «folla dei fedeli (non solo uo-

Una donna affida il figlio all'abate di un monastero.

mini, ma anche donne)», i capi dell'assemblea fecero approvare numerosi canoni o regole tipici della Pace di Dio, e provvidero altresì a regolare i tempi in cui potevano legittimamente svolgersi i conflitti armati. «Nessuno che dimori nella suddetta contea e diocesi [del Rossiglione] attaccherà il suo nemico, chiunque egli sia, tra l'ora nona del sabato e l'ora prima del lunedì, affinché tutti possano rendere l'onore dovuto al giorno del Signore». Come già la Pace di Dio, la *Tregua di Dio* ebbe una larga diffusione, e spesso i suoi canoni allungarono i tempi in cui scontri altrimenti legittimi erano vietati. A quanto sappiamo, nel 1041 l'intera Linguadoca [le regioni meridionali della Francia, in cui si parlava la cosiddetta *lingua d'oc*, *n.d.r.*] era soggetta all'obbligo (sicuramente non sempre onorato) di astenersi dalla violenza «dal martedì sera all'alba del lunedì successivo». Questo tutte le settimane.

Un programma di giustizia politica e sociale che metteva in risalto la differenza tra guerra giusta e guerra priva di giustificazioni, e tra bersagli legittimi e illegittimi della violenza e della vendetta

Una pratica tradizionalmente impiegata dai monaci per imporre la pace erano le maledizioni liturgiche; uno strumento disponibile anche al servizio della Pace di Dio. «Nel nome del Signore e della potenza dello Spirito Santo e dell'autorità divinamente conferita ai vescovi dal beato Pietro, il principe degli apostoli, noi scacciamo i malvagi dal seno della santa madre Chiesa e li condanniamo con l'anatema di una maledizione perpetua: che non possano trovare aiuto presso nessun uomo né entrare in contatto con nessun cristiano. Che siano maledetti nelle città e maledetti nei campi. Che siano maledetti i loro granai e siano maledette le loro ossa. Che sia maledetto il frutto dei loro lombi [i loro figli, *n.d.r.*] e allo stesso modo il frutto delle loro terre, le loro mandrie di buoi e le loro greggi di pecore. Che siano maledetti quando arrivano e quando partono. Che siano maledetti nelle loro case, e fuori di queste siano sempre dei fuggiaschi. Che sputino fuori le loro viscere, come il miscredente e sciagurato Ario [l'eretico che, nel IV secolo, aveva negato la piena divinità di Cristo, *n.d.r.*]. Che possano essere colpiti da tutte le maledizioni con cui il Signore per bocca di Mosè minacciò i trasgressori della legge divina».

W.C. JORDAN, *Nel nome del Signore. L'Europa dall'anno Mille alla fine del Medioevo*, Laterza, Roma-Bari 2013, pp. 29-31, trad. it. G. FERRARA DEGLI UBERTI

analizza il brano

- Spiega l'espressione: «sacre reliquie dei santi».
- Che ruolo svolsero i re di Francia, nella promozione della *pace di Dio*?

5 La crociata popolare del 1096

Tutte le cronache menzionano la straordinaria impressione che suscitò, in tutte le classi sociali, l'appello lanciato da Urbano II. I primi a mettersi in movimento verso Gerusalemme, tuttavia, non furono i cavalieri, bensì i poveri: folle di uomini e donne convinti che, nella Città Santa, sarebbe iniziata una nuova età di pace e di abbondanza, come annunciato nell'*Apocalisse*, l'ultimo libro del Nuovo Testamento: il testo che, agli occhi di un cristiano dell'XI secolo, condensava in sé tutte le promesse della Bibbia.

L'intenzione di Urbano II era di organizzare una spedizione armata di tutto punto, abbondantemente rifornita: di fatto, invece, si verificò che i primi che furono pronti partirono: i nobili si presero il tempo di convertire in denaro il proprio patrimonio, e il primo scaglione, una massa innumerevole, era composto di contadini e di nobili di scarse fortune. Ma un'altra differenza, ben più reale, una differenza nello spirito, doveva ben presto dividere i poveri dai ricchi. Questi partivano per mettere a profitto contro gli infedeli la inattività della tregua di Dio; si tratta, dunque, di una spedizione limitata, una specie di *tempus militiae* [tempo dedicato all'attività militare, ben definito, perché destinato a lasciare il posto ad altre attività umane, *n.d.r.*]. Nel popolo, invece, è viva l'idea di una permanenza in Terra Santa. Le file di contadini, donne e bambini, hanno preso le loro precauzioni: Guiberto di Nogent, in un celebre passo, ce li mostra intenti a far ferrare i loro buoi, ad aggiogarli ai carri sui quali caricano i familiari e le loro cose. Da questi carri, i bambini, impazienti e stanchi, ogni volta che scorgono un castello o una città, continuano a chiedere se si è arrivati a quella Gerusalemme verso la quale li stanno conducendo. E coloro che vedono passare questi strani cortei, immaginano un esodo alla conquista di una terra promessa e di una sede felice. In Germania, dove la Crociata non è ancora predicata a causa del conflitto fra il papa e l'imperatore, la gente si stupisce e giudica follia abbandonare dei beni sicuri per una Gerusalemme incerta. [...] Questo esercito senza comandante è un fenomeno quanto mai sorprendente per il Medioevo, saldamente aggrappato all'idea di gerarchia e all'uomo, persuaso che ogni dottrina debba avere un autore e ogni spedizione un capo. D'autorità, i cronisti hanno posto questa *commotio* [agitazione, *n.d.r.*] agli ordini di questa o quella personalità, scelta fra quelle che si distingueranno poi nella crociata, uomini intorno ai quali finirà col cristallizzarsi la leggenda: Goffredo di Buglione, Boemondo o Pietro l'Eremita. Ma, originariamente, questa massa non ha un capo. Le prime partenze dovettero effettuarsi sotto la guida di comandanti improvvisati, senza attendere, secondo gli ordini del papa, il segnale del vescovo di Le Puy, Ademaro. Goffredo da Viterbo, il quale scrive molto tempo dopo, atteggiandosi un poco a filosofo della storia, riferisce che, dopo la campagna di Urbano II, dovunque sorgono profeti: si dichiarano apostoli e predicatori di Cristo e, nel contempo, soldati pronti a difendere la croce di Cristo dai suoi nemici. Predicatori della chiamata e soldati potevano dunque essere la stessa cosa nell'intima convinzione della loro chiamata integrale. Questi profeti non chiamarono tutti i fedeli nello stesso momento; tutte queste file non partirono nel medesimo istante: gli stessi elementi popolari, difficili da valutare, si mescolano sia nelle file popolari sia in quelle dei baroni.

Il grande interesse della figura di Pietro l'Eremita risiede nel fatto che egli è il più celebre, o meglio il solo che si conosca, di questi *prophetae*, predicatori e capi. Capo lo è stato molto poco, alla testa delle sue file indisciplinate. È stato però un predicatore e, soprattutto, un profeta. Guiberto di Nogent, che l'ha conosciuto e ben giudicato, ce ne ha lasciato un ritratto magistrale: «Mentre i principi, con grandi spese, circondati da un nugolo di servitori, si occupavano con estrema cura dei preparativi della partenza, il popolino, privo di mezzi, ma fortissimo nel numero, seguiva un certo eremita di nome Pietro, e gli ubbidì come ad un maestro e signore, finché tutto si svolse da noi. Nato ad Amiens, se non mi inganno, quest'uomo, che indossava l'abito monacale, aveva condotto, a quanto si dice, una vita solitaria, in qualche luogo della Francia del Nord. Aveva lasciato quelle terre, non so con quale intenzione, e lo vedemmo attraversare città e villaggi e predicare, circondato da folle così numerose, colmato di tali doni, aureolato di una tale fama di santità che mai nessun uomo – per quel che ricordo – ricevette pari onori». Era molto generoso coi poveri, grazie alle elemosine che riceveva. Riportava alla vita onesta, attraverso il matrimonio, le prostitute, alle quali lui stesso costituiva la dote; e là dove scoppiavano discordie, ristabiliva la pace e la concordia con la sua straordinaria autorità. Infatti, tutto ciò che diceva o faceva appariva misterioso e divino, al punto che la gente strappava i peli del suo mulo per farsene reliquie. Indossava a contatto con la pelle una tunica di lana e, sopra la tunica, una cocolla [l'abito monastico, dotato di cappuccio, *n.d.r.*], l'una e l'altra lunga fino ai piedi; copriva il tutto con un mantello. Non portava brache, e andava a piedi nudi; si nutriva di vino e di pesce, pochissimo o punto [per niente, *n.d.r.*] di pane. [...]

↑ Pietro l'Eremita a colloquio con papa Urbano II in occasione del concilio di Clermont, dall'*Histoire des Croisades*, 1277 (Biblioteca di Ginevra).

Altre file crociate – e la cosa assume una diversa importanza sul piano religioso, non solo su quello umano – sembrano accanirsi contro gli ebrei: Fulcherio di Orléans massacra gli ebrei di Praga, e tutta la primavera del 1096 è caratterizzata dalle persecuzioni contro gli ebrei là dove passano le file crociate, a Metz, nelle città renane, in Svevia, in Baviera e in Boemia. Questi massacri sembrano collegati a un tentativo di operare conversioni forzate in massa, in cui i piccoli feudatari, liberi dalle loro preoccupazioni per effetto della tregua di Dio, collaborano con i crociati per vincere le resistenze degli ebrei. A Ratisbona gli ebrei vengono battezzati in massa nel fiume; l'arcivescovo di Treviri, presso cui si sono rifugiati, spiega loro il *Credo* e li converte per sottrarli ai loro persecutori. Si tratta di un movimento popolare e laico: infatti la Chiesa, come i cronisti in generale, biasima queste crudeltà gratuite e questi battesimi non voluti.

I crociati vogliono annientare lungo il loro cammino tutti i nemici della Chiesa. Gli ebrei, del resto, l'avevano presentito; ai primi di dicembre del 1095, gli ebrei di Francia mettevano in guardia i loro correligionari del Reno, informandoli dei preparativi della crociata e consigliando loro digiuni e preghiere per stroncare da sé i mali che li stavano minacciando. Il loro grande nemico dovette essere il conte Emico di Leiningen, un personaggio che il loro terrore ha reso leggendario. Ascoltiamo Salomone Ben Simeon, che ci ha narrato i massacri voluti da lui: «Il giorno del novilunio di Siwan, giunse con il suo grande esercito il conte Emico, il nemico di tutti gli ebrei, e si accampò sotto le tende coi crociati e il popolo (dei pellegrini), fuori dalla città (si tratta di Magonza); infatti, le porte della città erano state chiuse al suo arrivo... Fu il più terribile di tutti i nostri oppressori; non risparmiava né vecchi, né fanciulle, e non aveva compassione né del dolore, né della debolezza, né della malattia...». Entrato in città, Emico occupa il palazzo dell'arcivescovo dove si erano rifugiati degli ebrei, massacra tutti quelli che non si erano tolti la vita, incendia il quartiere, perché pochissimi accettarono il battesimo o preferirono uccidersi dopo averlo ricevuto.

P. ALPHANDÉRY, A. DUPRONT, *La cristianità e l'idea di crociata*, il Mulino, Bologna 1974, pp. 68-72, 74-75, trad. it. B. FOSCHI MARTINI

analizza il brano

→ Spiega l'espressione secondo cui i cavalieri «partivano per mettere a profitto contro gli infedeli la inattività della tregua di Dio».

→ Metti in evidenza, nel testo, le espressioni da cui emerge come veniva valutato Pietro l'Eremita dalla gente comune.

La prima crociata

Lo studio del fenomeno delle crociate (in particolare la prima spedizione) può permettere l'acquisizione di due competenze complementari, che potremmo definire nel modo seguente:

- **saper cogliere l'interazione fra mentalità religiosa e contesto sociale;**
- **saper individuare il ruolo sociale dei fattori e dei fenomeni religiosi, nella dinamica storica.**

Per affinare tali competenze, viene proposto di seguito un approfondimento, che prende le mosse dal testo dell'accorato appello con cui papa Urbano II (nel 1095) esortò i cavalieri cristiani latini a partire per la Terra Santa. Il testo del discorso papale viene riportato nella versione proposta da Fulcherio di Chartres, che seguì il conte Baldovino di Fiandra nella spedizione armata che si sarebbe conclusa nel 1099 con la conquista di Gerusalemme. Fu quindi testimone di molte delle vicende che descrive nella sua cronaca. Si presenta inoltre una pagina storiografica.

Il discorso di Urbano II

Poiché, o figli di Dio, avete promesso al Signore di conservare la pace tra di voi e di contribuire con coraggio alla difesa dei diritti della Chiesa, è necessario che paghiate il vostro prezzo raccogliendo tutte le vostre oneste forze, sostenuti dal perdono di Dio per un'altra impresa di Dio e vostra. È necessario infatti che vi affrettiate a portare soccorso ai vostri confratelli che si trovano in Oriente [i bizantini, *n.d.r.*] e che ormai da un pezzo hanno chiesto il vostro aiuto avendone estremo bisogno. Infatti, come già parecchi di voi sanno, sono stati invasi fino al mar Mediterraneo, cioè fino a quello che è detto Braccio di S. Giorgio [il Bosforo, *n.d.r.*], dai turchi, un popolo proveniente dalla Persia, che, presso i confini del mondo romano, più e più volte attaccando, hanno sconfitto per ben sette volte gli abitanti di quei paesi, molti ne hanno uccisi e fatto prigionieri, distruggendo chiese e devastando il regno di Dio. Se finalmente garantirete loro un po' di serenità, i fedeli di Dio riusciranno ad avanzare molto. Perciò supplico voi, antesignani di Cristo, anzi non io, ma il Signore, di persuadere con una propaganda diffusa tutti, appartenenti a qualsiasi ceto, cavalieri o fanti, vecchi o poveri, ad impegnarsi nel portare aiuto tempestivamente ai cristiani cacciando dalle terre dei nostri questa stirpe nefanda. Lo dico ai presenti, lo mando a dire agli assenti: è Cristo che lo vuole. A tutti coloro che partiranno, se moriranno durante il viaggio per terra o per mare o combattendo contro i pagani, sarà concessa la remissione dei peccati. Questo prometto a coloro che partiranno, investito da Dio di tale facoltà. O quale disonore se gente così spregevole, immorale, asservita ai demoni riuscirà a vincere un popolo forte nella fede in Dio onnipotente, splendente per il nome di Cristo! O con quali ingiurie lo stesso Signore vi colpirà se non aiuterete coloro che professano come voi la fede cristiana!

Partano per una guerra che ormai deve cominciare contro gli infedeli e che sarà conclusa da una trionfale vittoria coloro che prima abusivamente erano abituati a combattere contro i fedeli quasi una guerra privata e personale. Diventino soldati di Cristo coloro che prima hanno fatto i predoni. Combattano ora una guerra giusta contro i barbari coloro che un tempo combatterono contro i fratelli e uomini del loro stesso sangue. Ora guadagnino il premio eterno coloro che già furono mercenari assoldati per poco denaro. Fatichino in vista di un duplice riconoscimento coloro che prima si affaticavano per produrre il danno del corpo e dell'anima. Anzi coloro che qui sono infelici e poveri, lì saranno felici e ricchi; qui sono nemici del Signore, lì saranno suoi amici. Non indugino coloro che devono partire; ma, dopo aver disposto le proprie cose, fatte le provviste, alla fine dell'inverno, affrontino coraggiosamente il viaggio con l'aiuto di Dio.

A.M. LUMBELLI, G. MICCOLI, *La Storia medievale attraverso i documenti*, Zanichelli, Bologna 1974, pp. 106-107

I crociati, la fede e il bottino

C'erano in ballo indulgenze giudiziarie (condono di multe, esenzione d'imposte) e soprattutto la possibilità di far bottino

Il Medioevo non ha conosciuto le «Crociate». O, meglio, le ha sì conosciute, ma non con questa parola. La parola *Crociata* è nata e si è diffusa *dopo* che le Crociate vere e proprie erano finite, perché la via della conquista territoriale della Terrasanta e del dominio su Gerusalemme era stata preclusa definitivamente dalle vittorie del Saladino (1187). Prima di allora nessuno si era messo in cammino per una «Crociata»: ci si avviava al pellegrinaggio, alla spedizione, al passaggio in Terrasanta; o a combattere i nemici della fede (o del papa, che era la stessa cosa) sui confini della cristianità, in Prussia, in Livonia [nell'attuale Lituania, *n.d.r.*]; o nelle terre stesse della cristianità, in Linguadoca, i temibili catari di Albi (gli albigesi), in Italia le truppe e gli alleati di Federico II. Ma nessuno andò alla «Crociata». Anche perché ancora nel XVI secolo questa parola, coniata sullo spagnolo *cruzada*, indicava soltanto la raccolta di denaro, in vari modi, per i papi o i re. [...] Nel Medioevo, in realtà, non si andava alla «Crociata». Anzi, per molti decenni non si andò neppure alla «guerra santa». Si assumeva il contrassegno della Croce e si andava alla guerra, punto e basta. O al pellegrinaggio armato, cioè organizzato in colonne adatte a difendersi, il che non era diverso. [...] Quelli che noi chiamiamo Crociati si erano messi in marcia, e continuarono a farlo per vari secoli nelle più varie direzioni e contro i più vari nemici, mossi da motivazioni religiose senza dubbio, e da un fermo convincimento, corroborato dalla massima autorità religiosa: «Di certo nessun sacrificio più gradito potrai offrire a Dio, che se combatterai contro colui che si eresse contro Dio... Questo ordiniamo a te e ai tuoi cavalieri in remissione dei peccati e per entrare a far parte della *familia* della sede apostolica, affinché con queste fatiche e trionfi, con l'aiuto di Dio, tu possa giungere alla Gerusalemme celeste», scrisse nel 1102 Pasquale II. È vero che in questo passo non parlava dei musulmani, ma dell'imperatore Enrico IV, cristiano quanto gli altri (e anzi, in quanto imperatore, più degli altri, perché vertice dei cristiani almeno come il papa), ma ciò non fa differenza, come abbiamo già accennato. [...]

Comunque andare a combattere contro i nemici di Dio, cioè del papa, poteva essere vantaggioso sotto il profilo squisitamente materiale. C'erano in ballo indulgenze giudiziarie (condono di multe, esenzione d'imposte) e soprattutto la possibilità di far bottino. Proprio perché le Crociate erano guerre come le altre. Potremmo dire, per esercitarci un po' nel gioco del paradosso, che la «Crociata» nelle sue molteplici varianti (contro i musulmani del Vicino Oriente e della Penisola Iberica, contro i pagani del Mar Baltico, contro i catari della Linguadoca, contro Federico II...), «esterna» ed «interna» dunque, rappresentò un po' il *Far West* degli europei, più o meno spiantati, più o meno professionisti delle armi: un *Far West* delocalizzato [mobile, privo di una posizione geografica fissa, *n.d.r.*], naturalmente, e perciò pervasivo e ripetibile in qualunque momento, riproducibile sempre e dovunque.

G.M. CANTARELLA, *Medioevo. Un filo di parole*, Garzanti, Milano 2002, pp. 42-45

Lavorare con i testi
Nel secondo passo citato, il colore ha evidenziato le frasi in cui l'autore ha esposto il proprio giudizio, secondo cui in quelle particolari spedizioni di cavalieri, che noi chiamiamo "crociate", gli interessi materiali si fusero strettamente con le motivazioni spirituali e religiose.

ANALIZZA I BRANI

→ Verifica se trovi questo doppio carattere anche nel discorso del papa, evidenzia i punti che ritieni pertinenti e precisa tutti gli obiettivi del pontefice.

→ Infine, scrivi un testo su questo argomento, non più lungo di due colonne di foglio protocollo.

VERIFICA DELL'APPRENDIMENTO
Conoscenze e abilità

LAVORARE CON LE CARTE

1. **Indica sulla carta i confini dell'impero di Carlo Magno.**

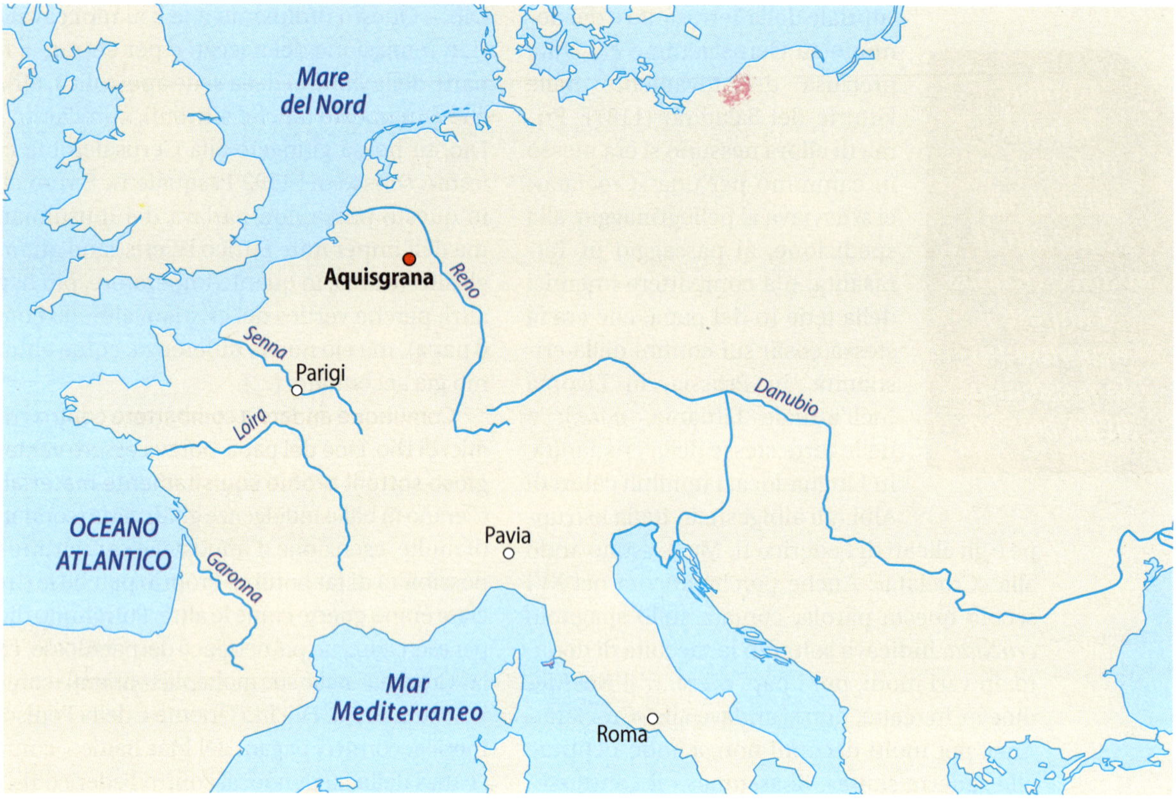

SELEZIONARE E CLASSIFICARE

2. **Completa la tabella relativa al sistema feudale.**

PERIODO NEL QUALE SI FORMA	
ZONA GEOGRAFICA NELLA QUALE SI FORMA	
SIGNIFICATO DEL TERMINE *BENEFICIO*	
SIGNIFICATO DEL TERMINE *FEUDO*	
CONTENUTO DEL CONTRATTO TRA SIGNORE E VASSALLO	

3. Collega le affermazioni della colonna di sinistra con le autorità della colonna di destra.

a) Ritiene proprio diritto tenere il papa sotto stretto controllo.

b) Nega ai sovrani qualsiasi sacralità.

c) Cerca di controllare strettamente il clero.

d) Sostiene la superiorità del vescovo di Roma.

e) Si considera una figura sacra e semisacerdotale.

RE DI FRANCIA E RE DI INGHILTERRA

IMPERATORE TEDESCO

PAPA

CONOSCERE IL LESSICO

4. Definisci i termini.

Staffa

Escatologia/escatologico

COMPRENDERE IL TESTO

5. Rispondi brevemente alle seguenti domande.

a) In che senso il Sacro romano impero nacque all'insegna dell'ambiguità tra potere papale e potere imperiale?

b) Che cosa distingueva i monaci di Cluny da quelli di Montecassino?

c) Che cosa prevedeva la *pace di Dio*?

d) Quali furono le figure sociali coinvolte nella crociata e perché?

e) Come si comportarono gli eserciti crociati a Gerusalemme?

VERSO IL SAGGIO BREVE

6. Scrivi un testo sull'impero germanico e il regno di Francia utilizzando le seguenti domande-guida.

→ Che cosa successe al Sacro romano impero dopo la morte di Carlo Magno?
→ Quale novità introdusse il capitolare di Quierzy?
→ Che conseguenze ebbe?
→ Che cosa provocò il sistema dell'ereditarietà dei feudi?
→ A che cosa ricorsero i sovrani per rafforzare il proprio prestigio?
→ In che cosa consisteva la concezione politica di Ottone I?

mappa di sintesi

Mappa proiettabile

- **SECOLI V-X (ALTO MEDIOEVO)**
  - Crisi del commercio e delle città
    - Nascita del sistema feudale
      - Carlo Magno e il Sacro romano impero
        - Alla sua morte, disgregazione dell'Impero carolingio
          - Regno di Francia, con Ugo Capeto
          - Impero tedesco con Ottone I

- **SECOLO XI**
  - Diaspora normanna
    - Conquista del Sud Italia
      - Conquista dell'Inghilterra
  - Scontro tra papato e impero: lotta per le investiture
    - Urbano II e l'appello alla crociata
      - Prima crociata (1095-1099)
  - Risveglio religioso
    - Pace di Dio, per limitare le violenze dei cavalieri
      - Monasteri, centri di cultura

UNITÀ 2

Il Medioevo dei sovrani, dei mercanti e delle cattedrali (secoli XII-XIII)

Un'immagine per iniziare

Nei secoli dal 1000 al 1300, fu costruito un gran numero di nuovi edifici religiosi, denominati *cattedrali* quando si trattava delle chiese vescovili. La cattedrale di Modena è uno degli esempi più rappresentativi di architettura romanica in Italia settentrionale. Quattro lastre scolpite da Wiligelmo ornano la facciata. L'argomento di queste sculture è tratto dal primo libro della Bibbia, la Genesi. Si tratta di una vicenda di ribellione e di violenza: prima Adamo ed Eva disobbediscono al Creatore, poi Caino uccide suo fratello Abele, infine Dio punisce gli uomini con il diluvio universale. Il messaggio dello scultore è chiarissimo: il mondo – fuori dalla Chiesa – è immerso nel peccato. Solo chi entra dentro la Chiesa può salvarsi: e non a caso, sugli stipiti del portale centrale sono scolpiti i profeti, che hanno annunciato la venuta di Cristo.

↑ La cattedrale di Modena, la cui costruzione durò dal 1099 al 1184.

SOMMARIO

TESTO

Percorso breve

Una carta per orientarsi nello spazio

Carta proiettabile

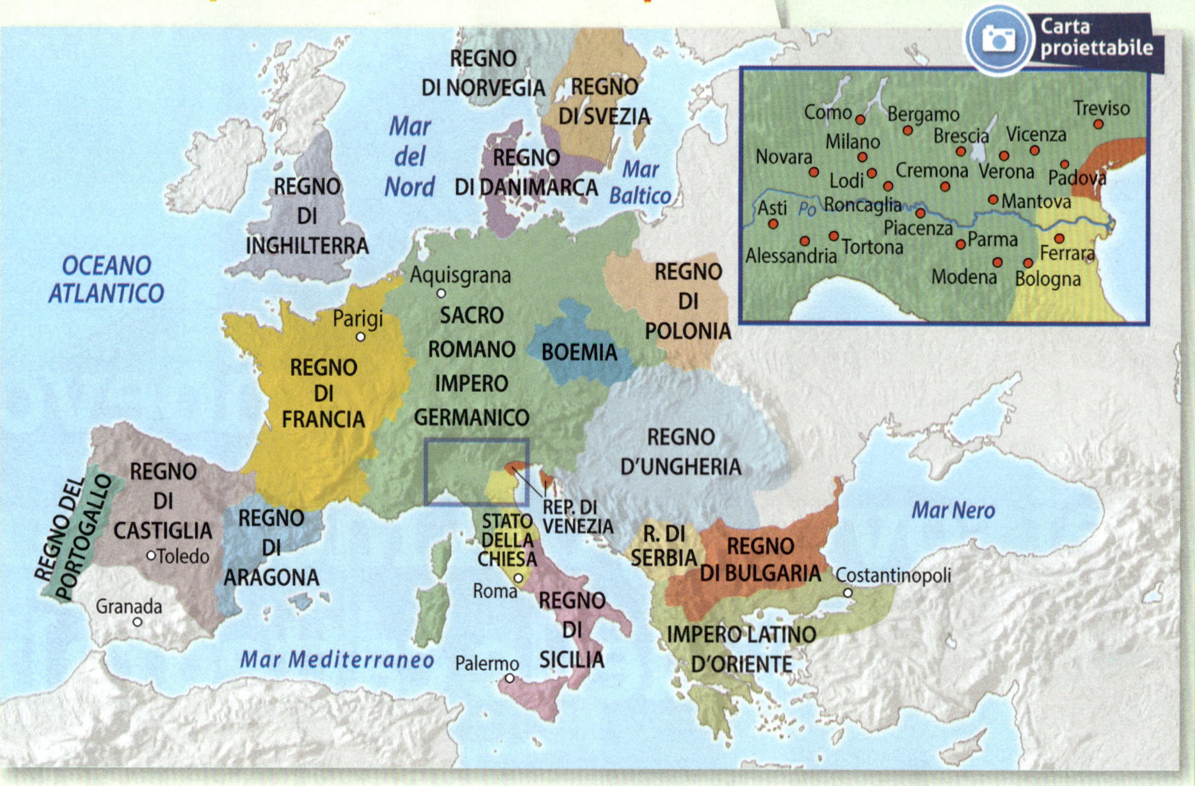

Nel Basso Medioevo, il papa e l'imperatore tedesco si concepivano ancora come figure incaricate da Dio di guidare l'intero mondo cristiano. Nel XIII secolo, tuttavia, tale concezione *universalistica* era ormai priva di significato reale, in quanto il regno di Francia e quello d'Inghilterra agivano in maniera assolutamente indipendente rispetto all'autorità imperiale e spesso si contrapponevano o ignoravano perfino quella del papa. Nella prima metà del Duecento, Federico II, imperatore tedesco, in teoria era signore dell'immensa area tedesca; in realtà, in Germania, il potere reale era nelle mani dei più importanti principi tedeschi e Federico controllava davvero solo la Sicilia e l'Italia meridionale. Nel momento in cui il suo progetto di sottomettere i comuni italiani non raggiunse alcun risultato, l'impero cessò di essere il soggetto politico principale dell'Occidente europeo.

Gli eventi per orientarsi nel tempo

ALTO MEDIOEVO

BASSO MEDIOEVO

XI sec.

Carestie e fuoco di Sant'Antonio falcidiano la popolazione

XI-XII sec.

Rivoluzione agricola e commerciale e nascita dei comuni

1122

Il concordato di Worms mette fine alla lotta per le investiture

1176

Federico I viene sconfitto a Legnano dalle truppe della *Lega lombarda*

1050 — 1100 — 1150

Una fonte per capire: le *Costituzioni di Melfi*

Emanato nel 1231, questo documento mostra chiaramente gli obiettivi politici di Federico II: la costruzione di uno Stato forte, in cui il re non ceda a nessuno i propri diritti di sovrano: né al papa, né ai potenti signori feudali.

Ordiniamo nuovamente di distruggere immediatamente, ripetendo una nostra disposizione, i castelli, le fortificazioni e le torri che sono stati costruiti dopo la morte del re Guglielmo [1166-1189, *n.d.r.*] di santa memoria, nostro cugino, e per la conservazione dei quali noi precedentemente non abbiamo concesso il permesso, come fu stabilito nell'assemblea del regno tenutasi a Capua; minacciamo la pena della confisca dello stesso castello o del nuovo edificio per coloro che trascureranno le nostre disposizioni, tralasciando di distruggere tali costruzioni entro il prossimo Natale. E alla presente sanzione aggiungiamo che nessuno può ricostruire fortificazioni distrutte senza il nostro esplicito comando.
Proibiamo di costruire in futuro nel nostro demanio [le terre di proprietà del re, *n.d.r.*] edifici con cui si possa impedire o la difesa del luogo stesso o la fortificazione o il libero ingresso e la libera uscita. Nei suddetti luoghi espressamente vietiamo di erigere torri per iniziativa di privati. Crediamo che possano essere ampiamente sufficienti a tutti i fedeli del nostro regno le nostre fortificazioni e, ciò che dà maggior sicurezza, la difesa della nostra protezione.

A.M. LUMBELLI, G. MICCOLI, *La storia medievale attraverso i documenti*, Zanichelli, Bologna 1974, p. 124

↑ Il castello di Melfi, edificato dai normanni, fu restaurato da Federico II, che lo utilizzò come residenza estiva. Qui furono redatte le *Costituzioni di Melfi*, nel 1231.

Orientarsi nel tempo

1184

I valdesi sono scomunicati e dichiarati eretici

1214 Battaglia di Bouvines: vittoria dei francesi sugli inglesi

1215 I baroni inglesi obbligano il re Giovanni a concedere la *Magna Charta Libertatum*

1221

San Francesco scrive la *Regola*

1231

Federico II emana le *Costituzioni di Melfi*

1250 Morte di Federico II

BASSO MEDIOEVO – TARDO MEDIOEVO

1200 – 1250 – 1300

METODO DI STUDIO

Percorso breve

Storia slide

Che cos'è il Basso Medioevo?

Studiare il Basso Medioevo (secoli XII e XII) significa studiare il *centro* del'Età di Mezzo. Un'analisi attenta comprende subito che non si può affatto parlare di *buio* o di *tenebre*, come invece, spesso, si faceva in passato, quando si citava il Medioevo. Al contrario, siamo di fronte a un'**epoca dinamica**, di sviluppo in tutti i campi. In primo luogo, possiamo ricordare che il clima fu più clemente: le estati, soprattutto, furono più lunghe e più calde, il che significava, per i cereali, una maggiore probabilità di giungere a maturazione e di fornire buoni raccolti. Nei 200 anni compresi tra il 1100 e il 1300, lo storico non registra alcuna carestia generalizzata; se a questo aggiungiamo il fatto che, da alcuni secoli, **la peste aveva abbandonato l'Europa** (tornerà, invece, alla metà del Trecento), non ci meravigliamo del fatto che la popolazione europea abbia vissuto un periodo di intenso e continuativo incremento, che può essere riassunto nelle seguenti cifre orientative: 48 milioni intorno al 1100, gli abitanti dell'Occidente divennero 61 milioni verso il 1200 e addirittura 73 milioni all'approssimarsi del 1300. Nella sola Inghilterra la popolazione, che assommava a 1 100 000 individui nel 1086, toccò nel 1346 quota 3 700 000.

1 Le innovazioni dell'agricoltura

Il secolo XI fu difficile e problematico. La popolazione, infatti, iniziò a crescere a ritmo sostenuto, ma le risorse in molte regioni non erano sufficienti per le bocche da sfamare. Bastava un raccolto perduto o inferiore alle aspettative, per provocare carestie spaventose e micidiali. La situazione iniziò a cambiare all'inizio del XII secolo, un'epoca in cui registriamo un fermento e un'espansione di dimensioni eccezionali. Innanzitutto, venne **ampliata** notevolmente la **superficie coltivata**, sottraendo terra alla boscaglia, alle paludi e, in Olanda, al mare; in certi casi, l'azione di disboscamento e trasformazione del paesaggio agrario venne diretta dai signori, laici ed ecclesiastici, desiderosi di ottenere il massimo profitto dai loro possedimenti. In secondo luogo, registriamo l'introduzione di numerose **innovazioni agricole**: un nuovo tipo di aratro, in ferro, capace di agire anche su terreni pesanti, impenetrabili al tradizionale aratro in legno, tipico del periodo precedente; un più efficace sistema di trazione, capace di sfruttare meglio l'energia degli animali da tiro e, soprattutto, di **utilizzare anche il cavallo nel lavoro dei campi**. Infine, venne adottato un nuovo sistema di rotazione delle colture, capace di garantire una maggiore quantità e varietà di prodotti agricoli. Pare che, grazie a questa **rivoluzione agricola**, la resa dei campi sia notevolmente migliorata: da un misero 2 per 1 (per ogni seme gettato, se ne raccoglievano 2) si arrivò a una resa di 4 per 1, che garantiva la possibilità di mettere in magazzino scorte o di vendere le eccedenze sul mercato.

2 La rivoluzione commerciale e urbana

Al tempo di Carlo Magno, il commercio era sporadico e irregolare, al punto che l'imperatore cessò la coniazione della moneta aurea, del tutto sproporzionata al volume degli scambi effettivamente svolti. Analogamente, le città si erano notevolmente ridotte quanto a importanza e a popolazione, rispetto all'epoca romana. A partire dall'XI secolo, la situazione iniziò a modificarsi. **Amalfi**, **Pisa**, **Genova** e **Venezia**, nel Mediterraneo, ripresero il commercio su grandi distanze di beni di lusso, prime fra tutti le spezie. Il dinamismo delle città marinare diede nuovo vigore ai centri urbani dell'Italia centrale e settentrionale, molti dei quali si trasformarono in **comuni**: in altri termini, pur essendo teoricamente subordinati all'imperatore tedesco, di fatto si trasformarono in **città-stato indipendenti**. A fianco del cavaliere, una figura chiave che si impose in quest'epoca a Firenze, Siena, Lucca, Milano e in vari altri centri fu quella del mercante, vero imprenditore che, grazie alle **fiere della contea di Champagne**, in Francia, introdusse energie nuove nell'economia europea, aprendo la strada al moderno sistema capitalistico. Nel 1252, Firenze prese l'iniziativa di coniare di nuovo una moneta d'oro: il **fiorino**. Si tratta di un evento di fondamentale importanza, o meglio del chiaro segnale che l'Europa occidentale era lanciatissima sulla via dello sviluppo e della prosperità economica.

Il dinamismo delle città marinare diede nuovo vigore ai centri urbani

DOMANDE CHIAVE

- → In che cosa consiste la rivoluzione agricola iniziata nel XII secolo?
- → Che ruolo svolsero le città marinare nella ripresa economica e commerciale dell'Italia centro-settentrionale?
- → Chi furono i contendenti nella battaglia di Bouvines? Quale fu l'esito dello scontro?
- → Che cosa sono gli ordini mendicanti? Quali scelte accomunavano i loro fondatori?

← Miniatura del XIII secolo che raffigura la battaglia di Bouvines, nel 1214.

3 L'evoluzione del quadro politico

Gli imperatori tedeschi non accettarono pacificamente che le città italiane sfuggissero al loro controllo e si comportassero in modo indipendente. Federico I (soprannominato *Barbarossa*), nell'XII secolo, e suo nipote Federico II, nel XIII, si sforzarono di sottomettere i ricchi comuni italiani, ma i loro progetti non riuscirono a realizzarsi. **L'Italia rimase** dunque **frammentata e divisa**, mentre il papato – sempre desideroso di affermarsi come suprema autorità spirituale e temporale dell'intera cristianità – si oppose con tutta la propria forza all'impero tedesco, che nel XII secolo aveva ormai perso gran parte della sua importanza. Al contrario, andarono rafforzandosi sempre più le cosiddette **monarchie nazionali**, che incontriamo innanzitutto in Francia e in Inghilterra. Il punto di svolta fu, per vari aspetti, la **battaglia di Bouvines, del 1214**; da questo scontro, che vide contrapposti Filippo Augusto di Francia a Giovanni Senza Terra, re d'Inghilterra, il sovrano di Parigi uscì vittorioso. Poco più tardi, il re di Francia conquistò anche il Sud del Paese, ponendosi a guida del più vasto reame d'Europa, mentre il suo prestigio di figura sacra e sostenuta da Dio era universalmente riconosciuto. A Londra, invece, i baroni (cioè i feudatari più potenti del re d'Inghilterra) imposero al sovrano la ***Magna Charta Libertatum***, che pose seri limiti al potere del re e permise ai suoi subordinati di punirlo severamente, in caso di abuso di potere e violazione dei patti concordati.

4 Eretici, mendicanti e inquistori

Epoca straordinaria in tutti i campi, il Basso Medioevo lo fu anche in quello religioso.
I secoli compresi tra l'anno 1000 e il 1300 videro un'eccezionale fioritura di nuovi edifici religiosi: non a caso, a fianco del castello, è la **cattedrale** che subito, nel nostro immaginario, associamo al concetto di Medioevo. In secondo luogo, va ricordato che, alla fine del XII secolo, la crescente diffusione della capacità di leggere e scrivere spinse un numero assai ampio di fedeli a vivere la propria esperienza di fede in modo più attivo e consapevole. Alcuni credenti iniziarono a criticare il clero e i vescovi per la ricchezza in cui vivevano, mentre altri (i catari) si spinsero fino a negare alcuni concetti fondamentali della dottrina tradizionale, rifiutando l'idea secondo cui Dio aveva creato il mondo o quella secondo cui Cristo era l'incarnazione del Figlio di Dio. Contro queste **eresie**, la Chiesa usò tutti i mezzi possibili, dalla crociata al **tribunale dell'Inquisizione**, cui nel Duecento fu concesso l'uso della tortura. La controffensiva più efficace, però, venne dai cosiddetti *ordini mendicanti*, domenicani e francescani, rispettivamente fondati da san Domenico e **san Francesco d'Assisi**. Questi due santi decisero entrambi di vivere in assoluta povertà; questa loro scelta, però, si intrecciò con la totale e incondizionata obbedienza alla Chiesa di Roma, che li canonizzò proprio per dimostrare la possibilità di essere, nello stesso tempo, perfettamente fedeli sia al vangelo, sia alla gerarchia ecclesiastica e al papato.

Storia slide

1 ECONOMIA DEMOGRAFIA E SOCIETÀ

Le **innovazioni dell'agricoltura**

Le conoscenze da acquisire

Dopo secoli di stagnazione demografica, la popolazione europea registra un impetuoso aumento demografico, per sostenere il quale fu necessario introdurre varie innovazioni nella coltivazione dei campi.

Le competenze da potenziare

Saper individuare i fattori che svolgono un ruolo propulsivo o depressivo, in un sistema economico.

1.1 Fame e *fuoco di Sant'Antonio*

> Gravi crisi alimentari

I primi decenni dell'XI secolo furono molto difficili e drammatici, per gli abitanti della Francia e della Germania occidentale. In base alle testimonianze che ci sono giunte dagli autori del tempo, è possibile affermare che si verificarono almeno otto carestie generalizzate, vale a dire gravi crisi alimentari che coinvolsero l'intera Europa. A questo conteggio vanno sommate le crisi regionali, cioè le annate cattive (solo in Francia se ne contano 26) che colpivano una singola area.

> Nutrirsi di carne umana

Le descrizioni che i cronisti ci hanno lasciato sono, a dir poco, terrificanti; i più disperati arrivavano a nutrirsi di carne umana, dopo aver inutilmente tentato di sfamarsi con le radici e con le erbe dei campi. È vero che, in queste drammatiche circostanze, vescovi, abati e grandi signori laici aprivano i loro granai, sempre ben forniti. Spesso, però, ciò avveniva troppo tardi: pertanto, ai bordi delle strade che, dalle campagne, conducevano verso i castelli, i monasteri o i centri urbani, si distendeva una lunga fila di cadaveri, che nelle città, invece, si accumulavano nelle piazze e all'interno delle chiese.

La precarietà della situazione è documentata da un altro fatto significativo. La **segale**, in virtù della sua eccezionale capacità di resistenza, trovava ancora ampio spazio nell'alimentazione della popolazione europea; tale cereale, però, a partire dalla fine del X secolo cominciò a essere infestato da un fungo tossico, dando origine alla cosiddetta *segale cornuta*. Se ingerita dall'uomo, essa provoca una terribile malattia che l'uomo medievale chiamava *fuoco sacro* o ***fuoco di Sant'Antonio***. Il male provocava dolori acutissimi a chi ne era colpito, come scrisse nel 1089 il cronista Sigeberto di Gembloux: «A molti le carni cadevano a brani, come li bruciasse un fuoco sacro che divorava loro le viscere; le membra, a poco a poco rose dal male, diventavano nere come carboni. Morivano rapidamente, fra sofferenze atroci, oppure continuavano, privi dei piedi e delle mani, un'esistenza peggiore della morte; molti altri si contorcevano in convulsioni nervose».

↑ Miniatura da una Apocalisse spagnola dell'XI secolo (Burgo de Osma, Spagna, Archivio della Cattedrale).

Insieme alla carestia, il fuoco di Sant'Antonio fu il grande flagello dell'XI secolo; in forma violenta ed epidemica, esso si diffuse nel 1042, nel 1076, nel 1089 e nel 1094, contribuendo notevolmente a creare **un'atmosfera di angoscia e di disagio psicologico**. Nei secoli seguenti, la sua progressiva scomparsa (strettamente connessa con la diminuzione del consumo di segale, sostituita da cereali di qualità superiore) andò di pari passo con la fine delle carestie generalizzate a tutto l'Occidente; tutti questi fenomeni possono essere considerati chiari segnali delle **nuove capacità dell'agricoltura di fare fronte alle accresciute esigenze alimentari della popolazione europea**.

DOCUMENTI La grande carestia del 1033

Nel corso dell'XI secolo, l'intera Europa fu più volte colpita dalla carestia. Riportiamo la descrizione, fornita da Rodolfo il Glabro, un cronista dell'epoca, di quello che accadde in Francia nell'anno 1033.

[Nell'anno 1033, *n.d.r.*] in tutto il mondo la carestia cominciò a far sentire i suoi effetti, e quasi tutto il genere umano rischiò di morire. Il tempo diventò in effetti così inclemente che non si riusciva a trovare il momento propizio per alcuna semina né il periodo giusto per il raccolto, soprattutto a causa delle inondazioni. Gli elementi sembravano essere in guerra tra loro: sicuramente invece essi erano lo strumento di cui Dio si serviva per punire l'orgoglio degli uomini. Tutta la terra era stata talmente inzuppata dalle continue piogge che nell'arco di tre anni non si poterono preparare solchi adatti alla semina. [...] Questo flagello vendicatore era iniziato in Oriente, e dopo aver devastato la Grecia si abbatté sull'Italia, da dove si diffuse nelle Gallie arrivando poi a colpire tutta la terra degli Angli. [...] Quando non vi furono più animali o uccelli da mangiare, gli uomini, spinti dai morsi terribili della fame, dovettero risolversi a cibarsi di ogni tipo di carogne e di altre cose che destino ribrezzo al solo parlarne. Alcuni per scampare alla morte fecero ricorso alle radici degli alberi e alle erbe dei fiumi, ma inutilmente, perché non vi è scampo contro la collera di Dio se non in Dio stesso.

C'è da inorridire a raccontare gli orrori commessi in quell'epoca dagli uomini. Aihmé! come poche volte capitò di udire nel corso della storia, la fame rabbiosa allora spinse gli uomini a divorare carne umana. I viandanti venivano aggrediti da gente più robusta di loro e i loro corpi, tagliati a pezzi, venivano cotti sul fuoco e divorati. Anche coloro che si spostavano da un paese all'altro nella speranza di sfuggire alla carestia, ospitati lungo il cammino, durante la notte venivano sgozzati e servivano da nutrimento a quegli stessi che avevano dato loro accoglienza. Molti poi, mostrando un frutto o un uovo ai bambini, li attiravano in disparte per poterli scannare e poi cibarsene. In molti posti i cadaveri dei morti venivano disseppelliti e servivano anch'essi a placare la fame. [...] Per tre anni il flagello di questa carestia infierì in tutto il mondo, per punire i peccati degli uomini.

Per provvedere alle necessità di chi non aveva nulla, si misero in vendita gli ornamenti delle chiese e si distribuirono i tesori, accumulati un tempo proprio a questo scopo, come si legge nei decreti dei Padri. Ma per i tanti peccati che rimanevano ancora da punire, l'enorme numero dei bisognosi superò in molti posti le possibilità dei tesori delle chiese. [...] Non c'è descrizione che possa dare l'idea del dolore, della tristezza, dei singhiozzi e dei gemiti di coloro che si trovavano a dover assistere a simili avvenimenti, soprattutto uomini di chiesa, vescovi, abati, monaci e monache ed in genere tutti coloro che, uomini e donne, laici ed ecclesiastici, custodivano nel loro animo il timore di Dio. Si temeva che la successione delle stagioni e l'ordine degli elementi, che da sempre avevano regolato lo scorrere dei secoli precedenti, fossero caduti nel caos perpetuo segnando così la fine del genere umano. Ma ciò che maggiormente appariva sorprendente e lasciava stupefatti, era che in mezzo a questi flagelli misteriosi del castigo divino molto raramente si trovavano uomini che di fronte a questi mali con cuore contrito e col corpo umiliato, come si doveva fare, alzassero le loro anime e le loro mani a Dio invocando il suo aiuto.

RODOLFO IL GLABRO, *Storie dell'anno mille*, a cura di G. Andenna, D. Tuniz, Jaka Book-Europia, Milano 1981, pp. 138-141

← Miniatura dell'XI secolo che simboleggia con efficacia l'incubo della carestia.

analizza il testo

→ Quale causa naturale viene indicata come responsabile della carestia?

→ Qual è comunque, secondo l'autore, la ragione ultima e decisiva, che ha scatenato la carestia?

UN MONDO LONTANO, DIVERSO DAL NOSTRO

Nascere nel Medioevo

Il rischio di venire al mondo

1 I figli, una benedizione e un pericolo

Il Medioevo non conosceva alcun sistema contraccettivo realmente efficace. D'altra parte, spesso, a essere **assente** era proprio l'**idea stessa di *controllo delle nascite***, soprattutto per quanto riguardava il primo figlio, che oggi viene generato, dalla maggioranza delle coppie italiane, in età molto avanzata (verso i trent'anni). Certo, sia nelle famiglie povere che nelle grandi casate nobiliari, un eccesso di figli non sempre era gradito, in quanto avrebbe comportato (a suo tempo) il versamento della dote, per le femmine, e il rischio di un frazionamento del patrimonio di famiglia, nel caso dei maschi. Comunque, in linea di massima, i figli (soprattutto il primo) venivano considerati una benedizione: erano il coronamento della femminilità, per la donna, e un segno eloquente di virilità, per il maschio. Era molto frequente che **una donna sperimentasse una decina di gravidanze**, nel corso della sua esistenza: in media, una ogni 18 mesi. Ogni parto era tuttavia un'esperienza molto rischiosa, sia per la donna che per il bambino. È stato stimato che una donna su dieci moriva, a causa di parti difficili o di complicazioni sopravvenute al momento della nascita del bimbo: il che spiegherebbe il fatto che, nei cimiteri che risalgono all'età medievale, la maggioranza degli scheletri appartiene alla categoria

↓ Donna partoriente, miniatura medievale.

delle femmine, d'età compresa tra i 14 e i 20 anni. I problemi più frequenti e più seri, probabilmente, erano provocati da infezioni e da emorragie che la levatrice non aveva saputo fermare. Quanto ai bambini, la percentuale dei nati morti pare fosse ancora più elevata: 25-30 per cento.
Secondo alcuni studiosi, l'**infanticidio** (soprattutto delle femmine) fu per molto tempo non solo praticato, ma anche ampiamente tollerato dalle autorità; uno statuto emanato in Frisia (attuale Olanda) nel IX secolo dava ampia facoltà alla madre di strangolare il neonato appena «uscito dal suo corpo»; l'importante era compiere l'infanticidio prima di aver nutrito, in qualsiasi modo (con latte o miele), il neonato. **La prima poppata**, più del parto, segnava il **vero ingresso nella comunità** di coloro che vedevano la propria vita tutelata dalla legge. Le fonti medievali sono decisamente imbarazzate e vaghe quando devono descrivere un altro fenomeno inquietante: il **parto gemellare**. Incapaci di spiegare scientificamente il fenomeno, **molti mariti accusavano la moglie di adulterio**: soprattutto se i due bambini erano differenti, la donna era accusata di essere stata fecondata da due differenti maschi. Secondo vari studiosi, era prassi del tutto normale la soppressione immediata di uno dei due gemelli.

← Battesimo della figlia del re di Francia Carlo V, miniatura del XIV secolo (Londra, The British Library).

2 Rituali fondamentali: bagno e battesimo

Subito dopo il parto, il bambino era lavato accuratamente; non a caso, il bagno divenne un elemento immancabile del rito con cui un giovane nobile diventava cavaliere: significava una nuova nascita, l'inizio di una nuova stagione della vita (in questo caso, l'età adulta). Il neonato era poi **battezzato il più in fretta possibile**, per evitare che – se la morte, disgraziatamente, fosse arrivata prima del rito – il bambino finisse nel limbo (o addirittura, secondo sant'Agostino e altri teologi molto severi, all'inferno). In Francia nacquero diversi santuari – di solito intitolati a Maria, madre di Cristo – nei quali si portava un piccolo appena deceduto e lo si deponeva su un altare in attesa di un miracolo. L'evento portentoso richiesto e atteso con fede non era – si badi – il pieno ritorno del neonato alla vita, ma una sorta di «resurrezione temporanea», che poteva manifestarsi in vari modi (un gesto, un movimento, la fuoriuscita di una goccia di sangue...) e durava il tempo strettamente necessario a battezzare il bambino. Per questo motivo, tali luoghi di devozione erano anche chiamati dalla gente *santuari del respiro*.

↓ La nascita di Maria, miniatura del XV secolo, particolare (New York, Metropolitan Museum of Art).

1.2 Dissodamento di nuove terre ed emigrazione

Carta interattiva
La popolazione europea dopo l'anno Mille
Le foreste nell'Alto Medioevo

Le carestie del XI secolo avevano mietuto molte vittime perché le risorse alimentari si erano rivelate insufficienti a sfamare la popolazione europea, che da secoli andava lentamente aumentando. Così, affinché l'incremento demografico fosse sostenuto da una quantità sufficiente di risorse, gli uomini dell'XI secolo cominciarono ad **allargare lo spazio utile per le colture**, dando inizio a una colossale opera di sforzo collettivo, finalizzato a far sì che i beni prodotti aumentassero in modo direttamente proporzionale alla crescita degli individui. In Fiandra e in Olanda, si strappò terreno coltivabile soprattutto alle paludi e al Mare del Nord, dando vita a insediamenti agrari particolari, detti *polders*. Prosciugati mediante l'attenta applicazione coordinata dei canali per il drenaggio e delle dighe, essi venivano lasciati a pascolo per alcuni anni, in modo che perdessero tutta la salinità presente nel suolo, e infine coltivati con profitto. In altre regioni, i contadini attaccarono con energia soprattutto le foreste, riducendo progressivamente i *deserti boschivi* che separavano le varie comunità umane.

Per il momento, il **dissodamento delle nuove terre** fu quasi ovunque abbastanza timido e limitato: si trattò, in genere, di un'**operazione semiclandestina**, più promossa dai contadini che organizzata dai signori, proprietari delle terre incolte. Eppure, questa prima fase del processo di dissodamento produsse sicuramente, già nell'XI secolo, considerevoli risultati: proprio allora infatti, preoccupati di avere sempre a disposizione, sulle proprie tavole, selvaggina fresca, i signori iniziarono a riservare a se stessi l'uso dei prodotti del bosco e la caccia nelle foreste. Il periodo in cui l'attività di dissodamento dell'incolto toccò la sua massima intensità fu il **XII secolo**. In questa fase, infatti, l'iniziativa non partì più da gruppi di contadini che, con mezzi di fortuna, cercavano di allargare un poco i loro poderi; la creazione di nuovi campi e la loro valorizzazione divenne piuttosto, nel corso del XII secolo, una vera e propria forma di investimento, gestita e **promossa direttamente dai padroni delle terre** oppure, in subordine, da quegli intendenti che amministravano le tenute per conto dei signori. Una simile *promozione dall'alto* era particolarmente necessaria quando il lavoro di dissodamento creava, in regioni fino ad allora selvagge e disabitate, **nuovi insediamenti**; per far sorgere uno di tali villaggi (solitamente chiamato *villanova*) era essenziale in primo luogo una vasta operazione di propaganda, capace di **attirare i pionieri**. Questi, soprattutto se arrivavano da lontano, erano però sprovvisti di tutto: e così, per qualche tempo, chi aveva promosso la fondazione della *villanova* doveva accollarsi il compito di mantenere completamente i coloni; dati gli elevati costi globali dell'impresa, non era affatto raro che **due o più signori si legassero tra loro**, dividendo dapprima le spese e, poi, i guadagni ricavati dall'investimento. Già questo fatto, però, è alquanto significativo: sta a indicare, in effetti, che nella mentalità dei signori aveva fatto breccia **l'idea del profitto**, la concezione secondo la quale la terra era un bene da far fruttare e da amministrare con intelligenza, in modo da trarne il massimo vantaggio economico possibile.

← Il disboscamento, miniatura da un codice dell'abbazia di Citeaux, 1115 (Digione, Bibliothèque Municipale).

1.3 Nuovi strumenti e nuove tecniche

> **Attrezzi in ferro**

Il lavoro di disboscamento e dissodamento rese necessaria, rispetto al passato, una maggiore disponibilità di **attrezzi in ferro**. Per questo motivo, nel corso dell'XI secolo (e, ancor più, in quello seguente), vediamo diffondersi un po' in tutti i villaggi **la figura del fabbro**, che prepara diversi e nuovi indispensabili strumenti di lavoro per il contadino; è in questo periodo, ad esempio, che si diffonde l'uso di ferrare gli animali, cioè i cavalli e i buoi da lavoro. In quest'epoca, inoltre, l'aratro pesante, di cui possediamo alcune testimonianze già per il periodo carolingio, trovò maggiore diffusione che nel passato; chiamato ***carruca*** (*carro*), il nuovo strumento venne arricchito di ruote, che consentivano all'aratore di controllarlo meglio. Cosa ancora più importante, la carruca venne poi dotata di *coltro*, di *vomere* e di *versoio* in ferro, che permettevano di attaccare i suoli pesanti, di smuovere la terra in profondità e di limitare notevolmente il lavoro supplementare di zappatura e di vangatura a mano.

> **L'aratro pesante**

Inoltre va ricordato che, proprio per far sì che gli animali riuscissero a tirare un simile pesantissimo oggetto, venne migliorato il sistema di trazione: per i buoi, ad esempio, la tradizionale cinghia che, legata al collo, rendeva assai difficoltosa la respirazione, fu sostituita dal **giogo frontale**, che permetteva di sfruttare al massimo le energie dei bovini da tiro.

> **Potenziare la resa dei campi**

A partire dai primi decenni del XIII secolo, mentre il grande processo di dissodamento dell'incolto rallentava progressivamente il proprio ritmo, ci si concentrò soprattutto nello sforzo di aumentare il più possibile la resa delle terre già da tempo coltivate. Tra le strategie adottate per conseguire tale finalità, al primo posto va menzionata – in certe zone della Francia del Nord e in Inghilterra – l'adozione della cosiddetta ***rotazione triennale***.

PER RICOSTRUIRE IL PASSATO

L'aratro prima del Mille

1

L'aratro dopo il Mille

2

Nelle due miniature (figure **1** e **2**) sono evidenziate le principali differenze tra un aratro utilizzato per il lavoro nei campi prima e dopo l'anno Mille.
Il mondo mediterraneo continuò per molto tempo a utilizzare il leggero aratro romano, in legno. In Francia del Nord e in Germania, invece, l'XI secolo vide la progressiva diffusione del nuovo tipo di aratro, dotato di ruote e di vomere a versoio in ferro. Grazie a esso fu possibile coltivare anche i terreni pesanti e argillosi, che l'aratro tradizionale non riusciva a penetrare in profondità.

La rotazione biennale

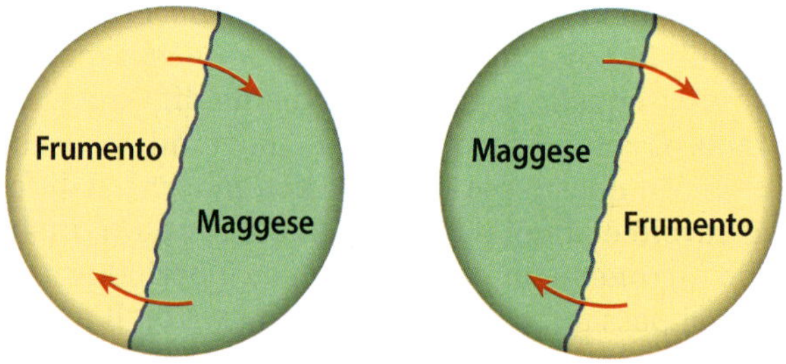

← I grafici mostrano la differenza tra la rotazione biennale (il sistema utilizzato prima dell'anno Mille) e quella triennale. Grazie al nuovo sistema la produzione agricola aumentò perché il terreno coltivato di un campo passò dalla metà a circa due terzi. ↓

La rotazione triennale

Grafico proiettabile

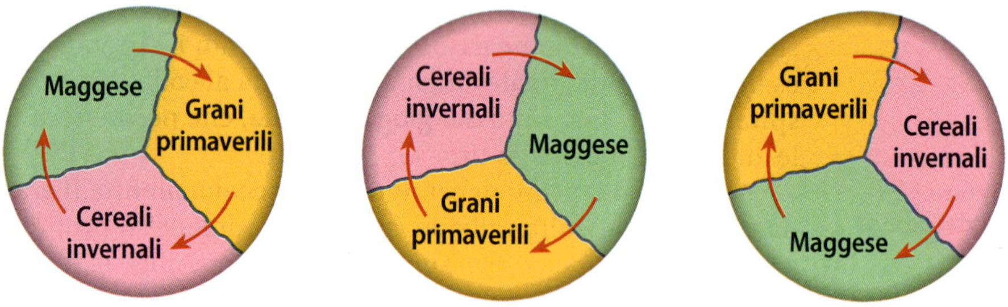

> La rotazione triennale

Adottata fin dalla metà del IX secolo in Francia, essa trovò sempre maggiore diffusione nell'Europa centrale nei tre secoli successivi. Rispetto al sistema tradizionale (che continuò, invero, a essere applicato in Italia e nelle regioni mediterranee), la differenza fondamentale consisteva nel fatto che il campo non veniva diviso in due, ma in tre porzioni. La *rotazione biennale* prevedeva che ogni anno solo una metà del podere venisse messo a coltura: la parte restante, al contrario, veniva lasciata a maggese, incolta, in modo che la terra non risultasse sottoposta ad uno sfruttamento eccessivo. Col sistema triennale, non più un mezzo, bensì **due terzi di campo, ogni anno, venivano coltivati**, mentre solo **il terzo residuo era lasciato a maggese**. Certo vi era il rischio, in un regime di cronica carenza di concime, che il terreno non fosse in grado di reggere per lungo tempo una simile coltivazione intensiva; nell'immediato però, grazie al nuovo processo di rotazione, ogni anno fu messa in produzione una superficie di campo nettamente superiore rispetto al passato, con un conseguente aumento della quantità di raccolto disponibile per l'alimentazione.

Le due porzioni ogni anno sottoposte a coltura davano prodotti diversi. Infatti, solamente un terzo del campo produceva segale o frumento, cioè quei cereali panificabili che – chiamati *invernali* perché seminati ad autunno inoltrato – erano la vera base dell'alimentazione. Nella seconda delle due porzioni produttive, furono introdotte innovazioni di vario genere, la più frequente delle quali era la semina di *grani primaverili* (o *marzuoli*) quali l'orzo e, ancor più, l'**avena**, particolarmente ricercata dai signori in quanto era l'**alimento** principale **dei** loro **poderosi cavalli da battaglia**.

Al posto dei grani primaverili, in altri casi, venivano piantate delle leguminose, come i piselli e le fave; non sappiamo con esattezza fino a che punto la cultura agraria medievale fosse pienamente a conoscenza del

La resa agricola del grano

EPOCA	RESA AGRICOLA
Epoca romana (in Sicilia)	10 x 1
Epoca carolingia (VIII-IX secolo)	2 x 1
Basso Medioevo (secoli XI-XIII)	4 x 1
Oggi (XX-XXI secolo)	30 x 1

Le innovazioni agricole dei secoli X-XII

Schema proiettabile

INNOVAZIONI	CARATTERISTICHE	EFFETTI
Aratro pesante (*carruca*)	Attrezzo in ferro, dotato di vomere a versoio	Permette di arare più in profondità e di lavorare anche i terreni pesanti
Rotazione triennale	Il campo è diviso in tre porzioni, due delle quali sono a coltura ogni anno (la terza è a maggese)	Aumenta la produzione, mentre viene introdotta la coltura delle leguminose
Collare a spalla	Permette di utilizzare il cavallo come animale da lavoro (per tirare la pesante *carruca*)	È possibile ripetere varie volte l'aratura, lavoro che garantisce una maggiore resa agricola

> **Coltura dei legumi**

fatto che le foglie di tali piante, abbandonate sul terreno dopo il raccolto, rilasciano azoto, un ottimo fertilizzante. Certamente, però, ci si rendeva conto del loro elevato potere nutritivo e del fatto che potevano rappresentare un eccellente integratore in caso di penuria alimentare. In genere, queste colture di più recente introduzione erano seminate sul terzo che, l'anno precedente, aveva ospitato i grani invernali; dopo il raccolto dei grani primaverili o delle leguminose, quella porzione sarebbe rimasta a maggese per l'intero anno seguente, in modo da poter poi accogliere di nuovo – finito il *riposo* e reintegrate almeno in parte le sostanze nutritive perdute nei due anni di sfruttamento – il frumento o la segale.

Un'altra novità tipica dell'agricoltura del Duecento, cioè del periodo in cui il dissodamento di nuove terre cedette il posto allo sfruttamento intensivo delle campagne, fu **l'utilizzo del cavallo nel lavoro dei campi**. Ciò fu reso tecnicamente possibile dall'invenzione del *collare a spalla*, che permise di attaccare l'animale alla pesante *carruca* e di utilizzarlo nel lavoro di aratura. Essendo il cavallo molto più veloce del bue, divenne possibile aumentare il numero delle arature del maggese, in previsione della semina dei grani invernali. A quanto pare, i risultati migliori si ottenevano in quelle regioni ove si era diffusa la pratica di predisporre il terreno con quattro arature successive: dal misero rendimento di 2 per 1, tipico del periodo carolingio, si passò a un rapporto di **4 per 1**, ossia **4 unità di prodotto raccolto per ciascuna di seme gettato**.

← Raffigurazione di scene di vita agricola tratte da un salterio in latino di scuola francese, XII secolo: un erpice trainato da un cavallo munito del collare a spalla imbottito (L'Aia, Koninklijke Bibliotheek).

SGUARDO D'INSIEME

Sopravvivere: demografia, clima e malattie tra XI e XVII secolo

I secoli compresi tra il 1100 e il 1700 vedono un andamento ciclico sia del clima sia della dinamica demografica, profondamente legata alle rese agricole e alla maggiore o minore diffusione delle malattie contagiose.

- Dal 1100 al 1300 il clima fu propizio, cioè caratterizzato da estati lunghe, calde e poco piovose. Il rialzo termico favorì lo **sviluppo dell'agricoltura** e l'**incremento della popolazione**. Per due secoli, la società europea riuscì a trovare sempre nuove risorse, cioè fu in grado di sfamare comunità sempre più numerose, in lenta ma continua crescita.
- Dal 1300 al 1450 circa, il clima si fece più freddo e la piovosità fu spesso eccessiva, al punto da provocare in molte annate la perdita quasi completa del raccolto. Arrivata in Europa nel 1346 (dopo una lunga assenza: l'ultima epidemia è documentata intorno alla metà dell'VIII secolo), la **peste** provocò una grave e brutale **flessione nella popolazione europea**, uccidendo 20-25 milioni di persone in pochi anni.
- Intorno al 1450, le comunità del Vecchio Mondo ripresero a crescere. Il clima si addolcì e furono colmati i vuoti causati dalla peste, che non colpiva più l'intero continente europeo in maniera simultanea, ma infieriva periodicamente, soltanto in questa o quella regione. Gli abitanti aumentarono al punto che (a partire dal 1550) i prezzi del grano e di altri generi alimentari subirono un continuo e significativo rialzo (denominato dagli storici ***rivoluzione dei prezzi***).
- Dal 1550, il clima lentamente peggiorò di nuovo, mentre le risorse divennero troppo scarse, rispetto alle bocche da sfamare. Il Seicento fu un'epoca di carestia, di fame, di pestilenze e di pauperismo, cioè di povertà ovunque diffusa (con la sola parziale eccezione dell'Olanda).

1.4 Il problema dell'energia

Il nuovo sistema di trazione (il *collare a spalla* di cui abbiamo parlato sopra) e l'utilizzo del cavallo permisero anche la nascita di carri molto più grandi, rispetto a quelli del passato romano: verso la fine del XIII secolo, i veicoli erano a quattro ruote, e quindi capaci di portare carichi molto più pesanti di quelli delle epoche precedenti. Infine, l'equipaggiamento del cavallo fu completato dai ferri, che proteggono gli zoccoli e che, a loro volta, erano un prodotto dei fabbri, veri protagonisti di ogni sviluppo tecnico medievale.

L'uso del cavallo fu un'intelligente razionalizzazione dell'energia animale; allo stesso modo, la nuova disponibilità di proteine ricavate dai legumi (lenticchie e fave, ad esempio), coltivati nel sistema di rotazione triennale, rese gli esseri umani più sani, più forti e più vigorosi. Il più grande mutamento introdotto dal Medioevo, tuttavia, fu quello intuito da Bloch, ovvero **la capacità di utilizzare l'energia idraulica e altre forze inanimate**, con un processo che sarebbe poi culminato, nel tardo Medioevo, nel trionfo del veliero oceanico, mosso dall'energia eolica (non più dai remi, cioè dall'energia umana) e munito d'artiglieria.

> Usare le forze della natura

A partire dall'XI secolo, abbiamo prove certe del fatto che l'energia idraulica alimentava non solo **mulini per macinare** il grano, bensì numerosi altri strumenti, impegnati in edilizia, nella produzione di olio (frantoi) e di tessuti (gualchiera) e nell'industria siderurgica (mantici). L'idea di impiegare energia inanimata si diffuse così velocemente, e divenne a tal punto un principio condiviso, da un capo all'altro dell'Europa, che si registrano moltissimi esperimenti e tentativi, effettuati nelle più diverse condizioni climatiche e ambientali. Nel 1044, incontriamo in alcune località dell'Adriatico settentrionale (e poco più tardi, nel 1066-1086, a Dover, in Inghilterra) dei mulini che cercavano di sfruttare le maree; è vero che il risultato fu, in entrambi i casi, insoddisfacente: i due tentativi, però, documentano un **atteggiamento *aggressivo*, nei confronti della natura**; i tecnici che li progettarono e li misero in atto non erano più disposti a subire passivamente il proprio destino, ma anzi cercavano di migliorare la qualità della loro esistenza, sfruttando le capacità dell'ingegno umano.

↑ Mulino azionato a energia idraulica, miniatura medievale (Parigi, Bibliothèque Nationale).

Successi decisamente più significativi ottenne invece (a partire dal XII secolo) il **mulino a vento**, che rispetto a quello ad acqua aveva l'enorme vantaggio di funzionare anche nelle stagioni più fredde, quando i fiumi (nel Nord Europa) sono soggetti a frequenti gelate. Sull'origine di tale strumento, gli specialisti di storia delle tecniche non sono affatto concordi. Considerando il fatto che il primo mulino a vento sicuramente documentato in Occidente si incontra nel 1185 (in una località dello Yorkshire, in Inghilterra), alcuni ritengono che l'importazione in Europa sia una conseguenza delle crociate, e l'invenzione sia da attribuire a persiani o arabi; a giudizio di altri studiosi, invece, si trattò di un'invenzione indipendente. Qualunque sia la sua origine, il mulino a vento è comunque il segnale dell'**atteggiamento *dinamico*** e tutt'altro che passivo e rassegnato, che abbiamo individuato come tipico del Basso Medioevo. Infatti, se l'invenzione è originale, denota una dose notevole di creatività; nel caso in cui, invece, il modello fosse persiano, saremmo comunque di fronte a un perfezionamento dell'originale, in quanto in Occidente il mulino a vento fu arricchito delle pale che ci sono familiari (se non altro, a causa della storia di don Chisciotte), acquistando notevolmente in potenza ed efficienza. Nell'Europa mediterranea, i mulini a vento si diffusero con maggiore lentezza; tuttavia, nell'Italia del Trecento dovevano essere sufficientemente conosciuti, visto che Dante si riferisce alle loro pale, descrivendo Satana che sbatte furioso le sue ali demoniache, con le parole «par di lungi un molin che il vento gira».

> **Atteggiamento dinamico, non passivo**

Altre invenzioni medievali furono la manovella, il volano e il pedale, applicati ai telai e ai torni; di piccole dimensioni, ma non meno importanti, gli **occhiali** e, soprattutto, la **bussola**, che in Europa si diffuse nel corso del XII secolo.

1.5 La graduale estinzione della servitù della gleba

Nel XIII secolo, la quantità di raccolto a disposizione dei produttori praticamente raddoppiò; è significativo allora che, in quest'epoca, nella regione parigina, nelle Fiandre e in altri territori sia giunto a maturazione il processo di *frazionamento del manso*. Sorto al tempo delle povere rese dei secoli IX e X, il manso era un'unità agraria relativamente ampia, basata sul presupposto secondo cui una famiglia contadina poteva sopravvivere solo se aveva a disposizione un vasto spazio da coltivare. I progressi della coltura intensiva e l'aumento della produttività del suolo permisero invece, nel XIII secolo, di creare appezzamenti molto più piccoli (pari circa a un quarto del manso tradizionale), ma ugualmente capaci di sostenere una famiglia di lavoratori agricoli.

RIFERIMENTO STORIOGRAFICO 1
Uomini e lavoro nel Duecento
→ pag. 125

Accanto alla frammentazione del manso, lo storico coglie poi, a partire dalla metà del XII secolo, numerosi altri elementi di novità, destinati a modificare notevolmente il quadro dell'economia rurale, rispetto all'epoca carolingia. A seguito dell'adozione dell'aratro pesante, infatti, venne ridotta notevolmente la necessità di procedere al lavoro di vangatura manuale. Di conseguenza, **le *corvèes* dei braccianti non erano più indispensabili** come nei secoli passati. Viceversa, al momento del raccolto, in virtù dell'incremento demografico, spesso i signori fondiari trovavano a propria disposizione, a lavorare sul dominio, più braccia di quelle che effettivamente necessitavano.

> VEDI
Il dominio
→ pag. 6

↑ Contadini al lavoro, miniatura del XIV secolo.

Pertanto, molti di essi presero a commutare l'obbligo di fornire prestazioni di lavoro nel versamento di un'**imposta in denaro**, concordata con la comunità del villaggio o con i contadini che coltivavano le terre di proprietà del signore non comprese nella *pars dominica*. Analogamente, al momento del raccolto o in altre circostanze in cui fosse necessario un elevato numero di lavoratori, risultò più conveniente assumere **manodopera salariata**.

Se consideriamo tutti insieme i fattori appena ricordati (l'incremento demografico, la necessità di spostare gruppi sempre più consistenti di lavoratori per procedere a nuovi dissodamenti, l'aumento delle rese, grazie alle nuove tecniche agricole) ci accorgiamo che, nel corso del XII secolo, nell'Europa occidentale **vennero meno le condizioni** che, in precedenza avevano reso indispensabile la **servitù della gleba**. Questa istituzione è **tipica di regioni in cui la popolazione è decisamente scarsa** e quindi costituisce, per così dire, un *bene prezioso* da conservare gelosamente: se i contadini si allontanano dalla terra, infatti, non si sa come rimpiazzarli. Essi, inoltre, sono particolarmente importanti e indispensabili in quelle situazioni in cui le tecniche agrarie sono arretrate e il lavoro umano è l'unica risorsa disponibile per coltivare i poderi.

RIFERIMENTO STORIOGRAFICO 2
L'emigrazione tedesca verso Est, nel Basso Medioevo
→ pag. 126

> VEDI
Il *secondo servaggio*
→ pag. 288

Abbiamo incontrato un quadro di questo genere nell'Europa dell'età carolingia; la nuova situazione, gradualmente venutasi a creare a partire dall'XI secolo, rese invece del tutto inutile e obsoleta la servitù della gleba. La **nuova società in espansione** del Basso Medioevo non aveva più bisogno di servi legati a un singolo luogo e a un solo signore, bensì di ***uomini in movimento***, disposti a **spostarsi**, a **emigrare**, a **rischiare**. Rispetto alla vecchia economia basata sul grande possesso fondiario, tendenzialmente autosufficiente, osserviamo una sempre maggiore apertura verso l'esterno. Quanto alla direzione che presero questi emigranti, va ricordata soprattutto la cosiddetta *spinta verso Est*, cioè lo spostamento di grandi masse di coloni tedeschi verso Oriente, in territori abitati da slavi o da altre popolazioni ancora *pagane*, cioè non convertite alla fede cristiana.

Il graduale declino della servitù della gleba

Schema proiettabile

SITUAZIONE IN ETÀ CAROLINGIA	MUTAMENTI	SITUAZIONE NEL XII SECOLO
• Scarsità di manodopera • Arretratezza delle tecniche agricole	• Incremento demografico • Progresso nelle tecniche • Aumento delle rese agricole	• Eccedenza di manodopera rispetto alle terre coltivate • Necessità di provvedere al dissodamento di nuove terre
Necessità di tenere i servi vincolati alle terre di un solo signore		Disponibilità dei signori a diminuire le *corvées* e a lasciar emigrare i contadini

ECONOMIA DEMOGRAFIA E SOCIETÀ

2

Storia slide

La **rivoluzione commerciale** e urbana

Le conoscenze da acquisire

Dopo secoli di povertà e di sottosviluppo, il commercio e le città si risvegliano e acquistano un crescente dinamismo.

Le competenze da potenziare

Saper individuare i fattori che svolgono un ruolo propulsivo o depressivo, in un sistema economico.

2.1 XI e XII secolo: una *rivoluzione commerciale*

Lavorare per competenze avvio al saggio breve

Il Basso Medioevo, periodo di crescita e sviluppo

→ pag. 131

Nei secoli XI e XII, l'Europa visse una profonda trasformazione economica e sociale. Questo generale rinnovamento, il cui decollo coincise con la prima crociata, è stato felicemente definito da Roberto Sabatino Lopez la «rivoluzione commerciale del Medioevo». La definizione è modellata sull'espressione *rivoluzione industriale* (che gli storici usano per indicare gli sconvolgenti mutamenti provocati dall'introduzione della macchina a vapore nel processo produttivo, verso la fine del Settecento) e permette di offrire una **immagine del Medioevo molto diversa da quella convenzionale** o meglio, permette di cogliere il dinamismo e i radicali cambiamenti economici che investirono l'Italia e l'Europa nel Basso Medioevo.

L'XI secolo vide l'apogeo della potenza di **Amalfi**, una città dell'Italia meridionale che praticava un fiorente **commercio triangolare con i Paesi islamici e con Bisanzio**: verso l'islam si esportavano legname, armi e altri materiali relativamente poveri, al fine di ottenere l'oro con il quale acquistare le preziose sete prodotte a Costantinopoli. In Italia le pregiate merci di lusso importate dall'Oriente erano rivendute soprattutto a Roma, ove gli acquirenti principali erano gli innumerevoli pellegrini che affluivano nella città dei papi per visitare la tomba di san Pietro.

Verso il 1070, Amalfi era uno dei centri commerciali più vivi del Mediterraneo; la sua decadenza iniziò nel 1073, allorché la città fu conquistata dai **normanni**: avventurieri provenienti dalla Normandia francese, scesero in Italia in gruppi più o meno consistenti a partire dal 1040 e **si impadronirono**, nel giro di vent'anni, dell'**Italia meridionale** e della **Sicilia**. Per Amalfi, la

← La bottega di un macellaio, miniatura tratta dal *Tacuinum Sanitatis*, XIV secolo. L'economia europea fu interessata da una generalizzata espansione in tutti i settori della produzione e del commercio di materie prime e manufatti.

Le rivoluzioni dell'XI secolo

Schema proiettabile

AMBITO	CARATTERI FONDAMENTALI	CONSEGUENZE
Politico-religioso (rivoluzione delle idee)	Il papato si libera dalla tutela imperiale e si candida a guida suprema dell'Occidente cristiano	• Lotta per le investiture tra papato e Impero • Prima crociata
Demografico (rivoluzione agricola)	Le innovazioni tecniche introdotte nella coltura dei campi permettono di ampliare la superficie coltivabile e una maggiore produttività delle terre	• Costante incremento demografico europeo, fino all'inizio del Trecento • Creazione di eccedenze alimentari e possibilità di alimentare i centri urbani
Economico-sociale (rivoluzione commerciale)	• Le città marinare italiane riprendono il commercio con l'Oriente • Sviluppo delle fiere della Champagne	• Rinascita delle città italiane • Sviluppo delle città nelle Fiandre

conquista straniera significò la perdita dell'indipendenza e comportò il collasso dei traffici commerciali con Bisanzio, con cui i normanni erano in conflitto. La città iniziò lentamente a declinare, e infine fu saccheggiata, nel 1135 e nel 1137, dai pisani: segno evidente del fatto che l'iniziativa della *rivoluzione commerciale* era passata in altre mani, ben più aggressive.

> **Un commercio di prodotti di lusso**

Il posto di Amalfi fu preso, innanzitutto, da **Venezia**; anche la sua ricchezza era frutto del commercio con l'Oriente, in quanto i mercanti veneziani si rifornivano a Costantinopoli di prodotti di lusso, per rivenderli poi nei principali centri urbani della Pianura Padana. Nello scontro che vide contrapposti normanni e bizantini, per il controllo dell'Italia meridionale, Venezia si schierò con l'imperatore; in cambio, nel 1082, il sovrano di Costantinopoli concesse ai mercanti di Venezia di commerciare liberamente in tutti i porti continentali dell'impero (con la sola esclusione delle isole e del Mar Nero) in regime di assoluta franchigia doganale, cioè senza pagamento di alcuna imposta. Si trattò di un privilegio eccezionale, che permise a Venezia di non aver più rivali nel commercio con Bisanzio e, infine, di detenere una sorta di monopolio di fatto del traffico con l'impero d'Oriente.

RIFERIMENTO STORIOGRAFICO 3
Il banchetto come ostentazione di ricchezza e di potenza
→ pag. 127

Alla fine del secolo, a seguito della prima crociata (1095-1099) s'imposero sulla scena mediterranea anche **Genova** e **Pisa**; i genovesi, infatti, diedero un contributo decisivo alla conquista di Antiochia (1097) e, soprattutto, di Gerusalemme (1099). A quel punto, anche Pisa e Venezia mandarono proprie squadre navali in Oriente, a sostegno dell'esercito crociato, che grazie al loro appoggio riuscì a conquistare numerose località costiere e, di conseguenza, a rafforzare notevolmente le proprie posizioni in Palestina e in Siria.

In cambio di questo contributo, Pisa, Genova e Venezia ottennero il diritto di possedere, nei principali porti delle regioni conquistate dai crociati, proprie *colonie*: quartieri dotati di larga autonomia di governo, modellati su quelli già posseduti da amalfitani e veneziani a Costantinopoli. Insieme ad Alessandria d'Egitto che, tradizionale punto d'arrivo delle carovane, continuava a essere sotto dominazione musulmana, i porti della Siria e della Palestina (Acri, Tripoli, Giaffa) divennero i principali empori per il trasporto verso Occidente dei prodotti orientali, tra i quali le **spezie** assunsero, nel XII e XIII secolo, un posto sempre più rilevante.

LE PAROLE

Spezie

Sostanze vegetali, di origine prevalentemente orientale (come il pepe, la cannella, la noce moscata, lo zafferano, i chiodi di garofano), usate in abbondanza nell'antichità. Con il loro aroma e sapore penetranti, servivano per la fabbricazione di unguenti e profumi, ma anche per insaporire i cibi. Tra il XII e il XV secolo furono oggetto di ampio commercio con l'Oriente: offrire una vivanda ricca di spezie era segno di potenza e di ricchezza.

2.2 I commerci delle città marinare italiane

> **Navi a remi**

La principale imbarcazione utilizzata per trasferire in Italia seta, spezie e altre preziose merci orientali era la **galera** (o **galea**), giunta alla sua forma definitiva alla fine del X secolo. Questa nave, che avrebbe dominato il Mediterraneo fino al Settecento, può essere considerata lo sviluppo delle imbarcazioni romane. Come esse, associava la propulsione a vela con quella dei remi; rispetto al modello romano, però, la galera era decisamente più snella e più allungata, come denota il suo stesso nome in greco bizantino, *galaia*, che significa “pescespada”. Inoltre, a differenza della bireme o della trireme, la galera non solo era dotata di vela latina (triangolare) – che permetteva una migliore possibilità di manovra –, ma soprattutto possedeva un solo ponte, cioè una sola fila di remi. I ponti sovrapposti, ove gli schiavi dell’epoca romana vogavano senz’aria e senza luce, furono dunque aboliti. Anzi, nel Medioevo, sul mare scomparve la figura stessa dello schiavo rematore; gli equipaggi delle galee genovesi, pisane e veneziane, nei secoli XI-XIII erano formati da uomini liberi: solo a partire dalla metà del Trecento il duro lavoro di rematore venne di nuovo affidato a uomini che avevano perso la propria libertà (criminali e prigionieri di guerra, ad esempio), al punto che i termini *galera* e *galeotto* sono diventati sinonimo, nel linguaggio corrente, di prigionia, detenzione o lavoro forzato.

↓ Modello di una galera (Venezia, Museo Storico Navale).

Nei secoli XI-XIII, il **costo delle navi era elevatissimo**; pertanto, la loro fabbricazione richiedeva enormi capitali, che raramente un singolo uomo d’affari poteva possedere da solo. Prima che lo Stato intervenisse con i propri fondi a sostenere l’attività cantieristica (il che, a Venezia, avvenne abbastanza presto, visto che l’*arsenale* fu allestito nel 1104), si fece ricorso in genere alle **associazioni**; un gruppo di portatori di capitale, cioè, si univa in una società, e ognuno di essi acquistava una o più delle quote (dette *loca* o *partes*), di uguale valore, in cui la nave era idealmente divisa.

GEOSTORIA

Le repubbliche marinare (XII-XIII secolo)

Carta proiettabile

→ Mappa di Venezia medievale, in cui appaiono la laguna e la rete di canali navigabili.

Un'altra importante forma di associazione tipica delle città marinare italiane era, poi, la cosiddetta *colleganza* o *commenda*. Il primo termine era usato a Venezia, il secondo a Genova; nell'essenziale, però, essi indicavano un'associazione mercantile tra il comandante di una nave (scelto fra gli armatori proprietari dell'imbarcazione e direttamente responsabile di fronte a essi) e un altro uomo d'affari che, pur non imbarcandosi, gli affidava delle merci da vendere o dei capitali da investire in Oriente (ad esempio, acquistando sete o spezie). L'elemento più caratteristico di tali contratti era la loro breve durata, limitata a un solo viaggio di andata e ritorno dal Levante; all'arrivo della nave, subito dopo aver regolato i conti, la società si scioglieva.

Di solito, inoltre, i fornitori di capitali stipulavano numerosi contratti nel medesimo tempo, cioè acquistavano quote di varie navi e si associavano con diversi capitani contemporaneamente; tale *diversificazione degli investimenti* aveva lo scopo di limitare i rischi di una totale perdita del capitale, in un'epoca in cui i viaggi per mare erano pieni di insidie e di pericoli. I pirati, cristiani e musulmani, erano infatti sempre in agguato, mentre le tempeste potevano provocare la distruzione della nave e del suo prezioso carico. A questo proposito, anzi, va ricordato che il **limite tecnico principale della galera era la sua** relativa fragilità, o meglio la sua **difficoltà a resistere alle tempeste di notevole entità**. La navigazione nel Mediterraneo, pertanto, almeno fino al Seicento, fu un'attività tipicamente estiva: nel periodo compreso fra novembre e marzo, le flotte dovevano obbligatoriamente fermarsi, al riparo dai fortunali, nei porti e negli arsenali, per svernare, mentre ogni attività commerciale o bellica, sul mare, si interrompeva fino alla primavera seguente.

Carta interattiva
Le città marinare

> VEDI La caravella portoghese → pag. 213

zoom

La vendita delle eccedenze sul mercato

A partire dal XII secolo, il **denaro** fece il suo ingresso nell'economia rurale europea. In effetti, da quando le rese agricole divennero veramente consistenti, cioè dal momento in cui furono capaci di assicurare un'eccedenza destinabile regolarmente alla vendita, **le campagne si inserirono davvero nel gioco degli scambi commerciali e monetari**. Furono i centri urbani i principali beneficiari di questa nuova tendenza; anzi, rovesciando la prospettiva, si può dire che, senza la nuova capacità delle campagne di produrre eccedenze collocabili sul mercato urbano, sarebbe stata del tutto impossibile la presenza nelle città di un numero sempre crescente di individui che, specializzati nella fabbricazione di attrezzi, di tessuti e di altri oggetti di prima necessità, o addirittura nella produzione di manufatti pregiati e raffinati, destinati all'esportazione, non traevano più il proprio sostentamento dal personale e diretto lavoro della terra.

La **storia dell'economia rurale** nel Basso Medioevo, in sintesi, può essere delineata e compresa solo nella misura in cui viene tenuta strettamente **legata a quella dell'evoluzione dei commerci e delle città** (e viceversa). Infatti, a mano a mano che la popolazione dei centri urbani crebbe di numero, si dovette andare alla ricerca di viveri sempre più lontano. È stato calcolato, ad esempio, che una città di 3000 abitanti consumava ogni anno mille tonnellate di grani. Per produrre una così elevata quantità di cibo, nel Duecento erano necessarie una superficie coltivata di circa 1500 ettari e un'estensione di terre arabili doppia, in modo da garantire la rotazione delle colture. Le città pertanto, non potendo più accontentarsi di quanto producevano le zone agricole immediatamente circostanti, furono costrette a organizzare un **traffico di cereali sempre più vasto e complesso**. Le città delle Fiandre, ad esempio, acquistavano grano inglese, mentre i mercanti genovesi se lo procuravano in Provenza.

2.3 Sviluppo economico e rinnovamento istituzionale: i comuni

> **VEDI**
La crisi delle città
→ pag. 11

Video
La città medievale

Carta interattiva
I comuni italiani (XI-XIII secolo)

> La città si allarga

Il crollo dell'Impero romano aveva messo a rischio, in molti Paesi europei, l'esistenza della civiltà urbana. Solo in Italia, per tutto il Medioevo, erano sopravvissuti in gran numero centri relativamente vitali, soprattutto grazie ai vescovi che, invece di trasferirsi nelle campagne, avevano continuato a vivere all'interno delle mura cittadine. Lo sviluppo mercantile dei decenni a cavallo tra XI e XII secolo aveva trovato le città italiane (soprattutto quelle del Nord e del Centro) pronte a inserirsi nel grande meccanismo del commercio internazionale. Quindi, se è vero che la *rivoluzione commerciale* dell'XI secolo ebbe come protagoniste le grandi città marinare, bisogna dire che essa non avrebbe potuto sostenersi e aumentare costantemente il volume dei propri traffici senza il risveglio delle **città italiane dell'interno**, che vissero nel Basso Medioevo una fase di rinnovata ed eccezionale **crescita economica e demografica**.

Per dare l'idea della loro vitalità, basti pensare che, sul finire del Duecento, Milano aveva 200 000 abitanti, mentre Genova, Firenze e Venezia ne contavano circa 100 000 ciascuna; per l'epoca, si trattava di vere metropoli, che avevano equivalenti solo in Costantinopoli (circa 200 000) e Parigi (80 000): in Germania, in Inghilterra e persino in gran parte della Francia (con la sola significativa eccezione di Gand, nelle Fiandre, che contava 20 000 individui residenti), la maggior parte dei centri urbani era al di sotto dei 10 000 abitanti. Simbolo fisico di questa espansione continua divenne la **crescita dei sobborghi**, al di fuori delle mura che cingevano la vecchia città romana, e la conseguente necessità di procedere alla costruzione di nuove e più vaste cinte murarie. A Firenze, ad esempio, il primo ampliamento delle mura venne deciso nel 1172, e portato a termine nei tre anni seguenti. «Il perimetro della cerchia antica – scrive lo storico francese Yves Renouard –

GEOSTORIA **L'ampliamento murario di Firenze**

Carta proiettabile

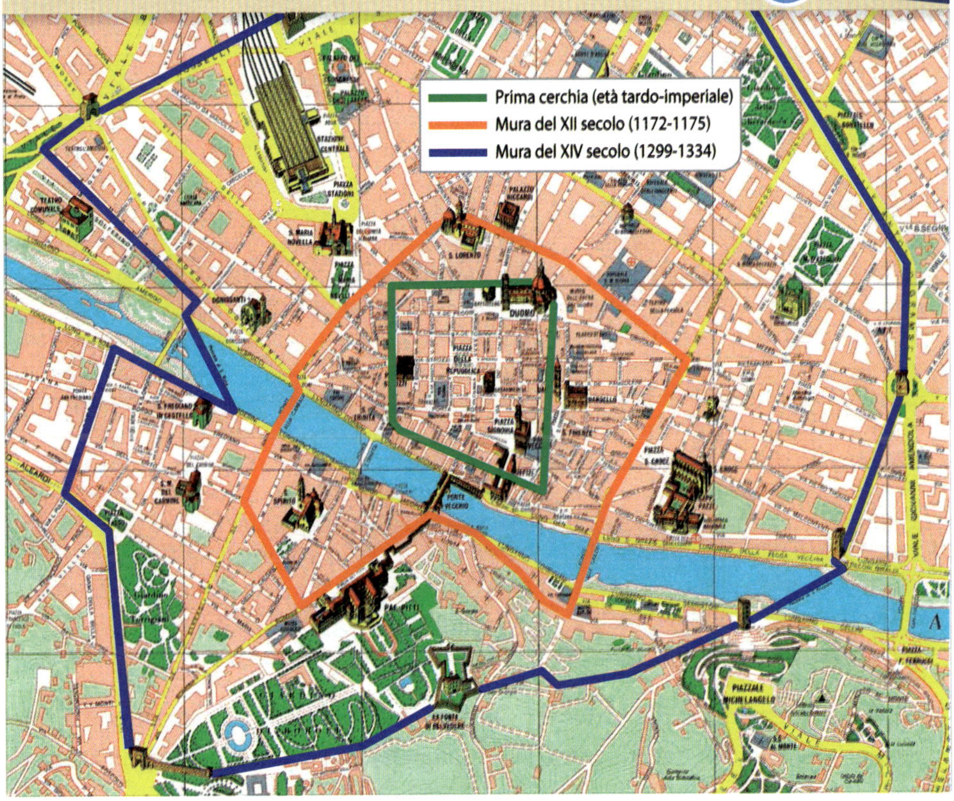

LE PAROLE

Consoli

Nell'antica Roma, la carica dei consoli fu istituita alla nascita della repubblica. I consoli romani erano due, venivano eletti dal popolo, restavano in carica un anno e avevano incarichi di governo e militari. Quando nacquero i comuni, nell'Italia medievale, il ricordo della passata grandezza romana era ancora vivissimo, sicché fu naturale chiamare *consoli* i magistrati incaricati del governo delle città. Il riferimento a Roma, però, comportò un importante mutamento nella concezione del rapporto fra governanti e governati. I consoli (sia quelli romani, sia i magistrati dei comuni medievali) erano infatti investiti del loro potere dal popolo, non da Dio, come i re, l'imperatore o il papa. Pertanto il loro operato poteva essere giudicato dal popolo stesso.

superava a malapena i due chilometri; quello delle nuove mura supera i quattro chilometri e mezzo, e poiché esse scavalcano il fiume [l'Arno, *n.d.r.*] la superficie che includono è all'incirca tre volte superiore a quella della città romana».

Questo sviluppo economico e demografico delle città italiane procedette di pari passo con un profondo **rinnovamento istituzionale**; tutti i principali centri urbani, infatti, nei decenni a cavallo tra l'XI e il XII secolo si diedero una nuova struttura politica, detta ***comune***. In certi casi, fu necessario togliere con la forza l'autorità al vescovo o a un conte, che esercitavano il potere in nome dell'imperatore, e il termine *comune* indicò, in origine, il gruppo di coloro che si erano **associati per conquistare il potere** e avevano giurato di combattere insieme, sotto la guida di determinati capi. Così, in maniera più o meno pacifica a seconda delle circostanze, i cittadini dei più importanti centri urbani (mercanti, aristocratici, giudici e notai) sostituirono quelle autorità con altri organismi, di tipo elettivo, e il termine *comuni* finì per indicare tutte le nuove realtà di governo emergenti.

In un primo tempo, l'istituzione politica più frequentemente adottata fu quella dei **consoli**, che in genere non erano due (come in epoca romana), ma in numero variabile, a seconda

DOCUMENTI

Giudizio di un vescovo tedesco sui comuni italiani

Ottone vescovo di Frisinga (1115 ca.-1158), zio di Federico I Barbarossa, in questo testo (tratto dalla cronaca *Gesta di Federico I*) esprime un giudizio ambivalente: da un lato riconosce la vitalità delle città italiane, dall'altro intravede che i comuni sono istituzioni pericolose per l'ordine sociale tradizionale.

I latini [gli italiani, *n.d.r.*] imitano ancor oggi la saggezza degli antichi Romani nella struttura delle città e nel governo dello Stato. Essi amano infatti la libertà tanto che, per sfuggire alla prepotenza dell'autorità, si reggono con il governo di consoli anziché di signori. Essendovi tra essi tre ceti sociali, cioè quello dei grandi feudatari, dei valvassori e della plebe, per contenerne le ambizioni eleggono i predetti consoli non da uno solo di questi ordini, ma da tutti, e perché non si lascino prendere dalla libidine [passione, *n.d.r.*] del potere, li cambiano ogni anno. Ne viene che, essendo la terra suddivisa fra le città, ciascuna di esse costringe quanti abitano nella diocesi [nel territorio sottomesso al comune, *n.d.r.*] a stare dalla sua parte, ed a stento si può trovare in tutto il territorio qualche nobile o qualche personaggio importante che non obbedisca agli ordini delle città. Esse hanno anche preso l'abitudine di indicare questi territori come loro comitati [contado, sottomesso al dominio del comune, *n.d.r.*], e per non mancare di mezzi con cui contenere i loro vicini, non disdegnano di elevare alla condizione di cavaliere e ai più alti uffici giovani di bassa condizione e addirittura artigiani praticanti spregevoli arti meccaniche, che le altre genti tengono lontano come la peste dagli uffici più onorevoli e liberali [degne di un uomo libero, o meglio ancora di un nobile, *n.d.r.*]. Ne viene che esse sono di gran lunga superiori a tutte le città del mondo per ricchezza e potenza. A tal fine si avvantaggiano non solo, come si è detto, per la saggezza delle loro istituzioni, ma anche per l'assenza dei sovrani [gli imperatori tedeschi a cui, in teoria, i comuni erano sottomessi, *n.d.r.*], che abitualmente rimangono al di là delle Alpi. In un punto tuttavia si mostrano immemori dell'antica nobiltà e rivelano i segni della rozzezza barbarica, cioè che mentre si vantano di vivere secondo le leggi, non obbediscono alle leggi. Infatti mai o quasi mai accolgono con il dovuto rispetto il sovrano a cui dovrebbero mostrare volonterosa obbedienza... a meno che non vi siano costretti dalla presenza di un forte esercito a riconoscerne l'autorità.

G. FASOLI, F. BOCCHI,
La città medievale italiana, Sansoni,
Firenze 1973, p. 155

ANALIZZA IL TESTO

→ Qual è l'usanza più rivoluzionaria introdotta dai comuni, secondo Ottone di Frisinga?
→ Per quale motivo, secondo Ottone, i comuni italiani «non obbediscono alle leggi»?

↑ Ambrogio Lorenzetti, *Effetti del buongoverno in città e in campagna*, 1338-1339. In questo celebre affresco senese sono messi in evidenza la prosperità e la pace – in città e nel circondario – che regnano in un comune ben amministrato.

Storia e letteratura
Le lotte civili a Firenze e l'esilio di Dante

delle circostanze: Firenze, ad esempio, ne ebbe dapprima otto, e poi dodici. Nelle loro funzioni di governo (guidavano l'esercito, amministravano la giustizia, conducevano missioni diplomatiche), i consoli erano di solito associati a un **Consiglio**, relativamente numeroso (a Firenze comprendeva 100-150 persone), che esercitava il potere legislativo. Infine, va menzionato il cosiddetto ***arengo***, l'assemblea di tutti i cittadini, che si riuniva solo occasionalmente, in circostanze particolarmente importanti o drammatiche.

> **I nobili in città**

Non appena fu consolidato all'interno della città, il comune si preoccupò di **estendere il proprio potere al contado circostante**, obbligando i signori feudali residenti nelle campagne a trasferirsi in città. Spesso, le motivazioni di questo espansionismo furono, a un tempo, politiche ed economiche; il comune di Firenze, ad esempio, non solo si preoccupò di eliminare tutti i signori toscani che, con i loro castelli e le loro milizie, potessero essere pericolosi per la libertà della città, ma soprattutto si sforzò di porre sotto il proprio controllo le varie strade che collegavano Firenze a Pisa o alla Pianura Padana.

2.4 Scontri e divisioni all'interno dei comuni

> **Rivalità e fazioni**

Il carattere più tipico della vita politica dei comuni fu la violenta rivalità delle fazioni che sorgevano all'interno delle città, per la gestione del potere. Per porre rimedio a questa situazione, che spesso minava alla radice l'unità interna delle comunità cittadine, si fece ricorso alla figura del **podestà** (dal latino *potestas* = autorità), che in vari comuni sostituì i consoli nell'amministrazione politica. Oltre alla competenza militare e giuridica, al podestà era richiesta la massima imparzialità verso le fazioni interne; per questo motivo, in genere veniva scelto fuori dalla città. Per evitare che si trasformasse in un tiranno, inoltre, il podestà rimaneva in carica un solo anno: nacque così un gruppo ristretto di tecnici della politica, competenti e preparati, che ruotavano tra le varie città e le amministravano con criteri analoghi.

Il regime podestarile tuttavia non fu in grado, nella maggior parte dei casi, di sedare le **lotte civili tra le famiglie nobiliari più potenti** (che l'autorità comunale aveva obbligato a trasferirsi in città, dopo la conquista del contado). A fianco del governo, pertanto, si or-

LE PAROLE

Popolo

Il termine *popolo*, in italiano, ha due significati. In primo luogo, esso può indicare una comunità etnica, una nazione identificata, soprattutto, da una lingua comune. Nello stesso tempo, *popolo* può avere anche un significato sociale, cioè indicare la maggioranza degli abitanti di una città o di uno Stato, in opposizione a un'aristocrazia. L'elemento comune, in questo caso, è la contrapposizione alla minoranza al potere, accusata di godere ingiustamente di determinati privilegi, da cui tutti gli altri (il popolo, appunto) sono esclusi. Unito nella battaglia contro la nobiltà, il popolo finisce per suddividersi in numerosi sottogruppi subito dopo la vittoria: mercanti, artigiani e semplici operai, infatti, hanno esigenze e interessi completamente diversi, che non è per nulla facile mettere d'accordo.

ganizzò il cosiddetto **comune del popolo**, un organismo che era espressione innanzitutto delle *Arti*, le associazioni professionali che raggruppavano tutti coloro che, in un comune, esercitavano un determinato mestiere. In modo più o meno violento, questo *comune del popolo* finì per conquistare il potere in tutti i centri urbani più importanti; dopo la vittoria dei popolani, i nobili (detti anche ***magnati***) non poterono più accedere alle cariche pubbliche e furono soggetti a una legislazione eccezionale, che li discriminava e li trattava da cittadini di secondo rango: a Firenze, ad esempio, gli *Ordinamenti di giustizia* (approvati il 18 gennaio 1293, per iniziativa del leader dei popolani, Giano della Bella) per un nobile che avesse commesso un reato prevedevano pene più gravi di quelle che sarebbero state assegnate a un cittadino che non appartenesse al gruppo dei magnati.

> Un *signore* come mediatore

Tuttavia, neppure un provvedimento di questo tipo spense le lotte civili all'interno dei comuni, dal momento che il *popolo* era tutt'altro che un'entità omogenea e compatta: gli interessi dei grandi mercanti (chiamati ***popolo grasso***) e quelli degli artigiani che lavoravano al loro servizio e dei mercanti minori (il cosiddetto ***popolo minuto***) erano talvolta in stridente contrasto. In genere, le situazioni di lotta all'interno del comune (tra magnati e popolo, tra popolo grasso e popolo minuto) portarono alla nomina di un **signore**, che spesso veniva chiamato come semplice mediatore fra le parti, ma poi riusciva a imporre la propria autorità assoluta.

> VEDI I Visconti a Milano → pag. 170

Nel Duecento, la maggior parte di questi signori non riuscì a conservare il potere per molto tempo, né a trasmetterlo per via ereditaria ai propri discendenti. Nel XIV secolo, invece, molti signori riuscirono a consolidare la propria autorità e fare in modo che la propria casata governasse in maniera durevole su una città e sul territorio circostante. A titolo esemplificativo, si può ricordare il caso di Milano, ove la dinastia dei Visconti si insediò una prima volta al governo nel 1277, ma solo intorno alla metà del Trecento poté essere davvero sicura ed esercitare il potere senza timore di essere rovesciata.

Le fasi del comune

Schema proiettabile

1. Libera associazione di cittadini, che si uniscono per conquistare il potere, sottraendolo a un vescovo o a un conte
2. Organizzazione di un sistema politico e di governo, di solito centrato sulle figure dei consoli
3. Lotte interne tra gruppi di famiglie aristocratiche rivali. Adozione dell'istituto del podestà, scelto fuori dal comune per garantire la sua imparzialità di fronte alle fazioni
4. Costituzione del comune del popolo e discriminazione dei magnati
5. Lotte interne tra popolo grasso e popolo minuto
6. Assunzione del potere assoluto da parte di un signore

2.5 Un ponte commerciale tra Nord e Sud Europa: le fiere della Champagne

> **Tessuti pregiati, in lana**

Il XII secolo fu un periodo di grande crescita non solo per le città italiane, ma anche per varie regioni del Nord Europa. Uno dei centri più vitali dal punto di vista economico furono le **Fiandre** (oggi una regione del Belgio), dove si sviluppò una fiorente produzione di tessuti pregiati. Mano a mano che diminuiva l'uso, da parte dei nobili, di portare vestiario in pelle o in cuoio, le **stoffe preziose e raffinate** prodotte nelle città di questa regione (Ypres e Gand, ad esempio) iniziarono a essere diffuse e apprezzate ovunque.

Per confezionare queste stoffe, dapprima si fece ricorso alla lana locale; poi, a seguito di una domanda sempre crescente, fu importata la lana inglese, di qualità eccellente. Tale commercio laniero stimolò il **decollo del porto di Bruges**, che divenne anche il principale centro di smistamento del tessuto finito in direzione dell'Inghilterra, dei Paesi del Nord Europa e delle città tedesche che si affacciavano sul Mar Baltico. Anche i mercanti italiani cominciarono a interessarsi a questi prodotti fiamminghi, molto apprezzati in Oriente, cosicché si venne a creare un **collegamento sempre più stretto tra i due universi economici del Nord e del Sud**. Poiché ognuno aveva merci e prodotti interessanti per l'altro, si sentì l'esigenza di dar vita a rapporti commerciali che avessero una certa regolarità.

Nel XII secolo, le **fiere** della **contea di** Champagne rappresentavano il cuore pulsante dell'economia europea; in questa regione a metà strada fra il Mediterraneo e le Fiandre, da un lato arrivavano le spezie e le sete d'Oriente, dall'altro i drappi fiamminghi, che poi i mercanti italiani (soprattutto genovesi) rivendevano nel Levante. Per quanto il volume degli scambi fosse,

I LUOGHI

Champagne

Antica provincia della Francia nord-orientale, ebbe grande importanza economica tra l'XI e il XIII secolo, all'epoca delle grandi fiere. Le fiere si svolgevano sei volte all'anno in quattro cittadine: le due di Troyes e le due di Provins, quelle di Lagny e Bar-su-Aube. I mercanti giungevano dalle Fiandre, dalla Germania, dall'Inghilterra, dalla Provenza e dall'Italia. Durante queste fiere si scambiavano lana e tessuti semilavorati di origine inglese e fiamminga, prodotti finiti e spezie portati dagli italiani. Le grandi fiere entrarono in crisi già nella seconda metà del Duecento.

→ Il vescovo di Parigi benedice la fiera di Lendit, in Champagne, una delle più importanti della Francia medievale. Miniatura dell'XI secolo.

> **Nuovi strumenti di pagamento**

per l'epoca, veramente notevole, l'importanza delle fiere della Champagne non si esauriva affatto nella straordinaria disponibilità di merci che potevano esservi comprate e vendute; per snellire le operazioni di pagamento, infatti, i mercanti italiani avevano iniziato a utilizzare la cosiddetta **lettera di cambio**, un impegno scritto di pagamento che potrebbe essere paragonato all'attuale cambiale e all'assegno bancario. Tali lettere potevano essere girate, cioè trasferite da un individuo all'altro, finché qualcuno non le trasformava in denaro contante. Ciò avveniva al termine di una delle fiere, allorché venivano regolati non solo i conti relativi alle compere e alle vendite avvenute in quell'occasione, ma anche a molte altre operazioni finanziarie e creditizie che erano state compiute in precedenza tramite lettere di cambio, le quali – come si diceva – andavano finalmente a *morire in fiera*.

RIFERIMENTO STORIOGRAFICO 4
Le fiere della Champagne
→ pag. 128

Intorno alla metà del XIII secolo, l'economia europea era in pieno sviluppo; il segno più eloquente di tale formidabile attività fu la coniazione, da parte delle città mercantili italiane, di **monete d'oro**, che erano scomparse, in Europa, dal tempo di Carlo Magno. L'esempio fu dato da Firenze, che coniò il **fiorino** nel 1252 e fu ben presto imitata sia da Genova (1252) che da Venezia (il **ducato**, nel 1284). Che l'iniziativa sia partita dall'Italia, d'altro canto, è significativo della tendenziale **divisione del lavoro** che caratterizzava nel Duecento l'economia europea: a fronte di un Nord che traeva la propria ricchezza dalla produzione dei tessuti, l'Italia si presentava soprattutto come una terra di mercanti e intermediari, impareggiabili nel far entrare in comunicazione fra loro aree di produzione distanti e remote come le Fiandre, l'impero bizantino e l'Oriente.

2.6 Il commercio con l'Asia orientale

> **L'impero dei mongoli**

All'inizio del Duecento, un gigantesco terremoto politico sconvolse l'intera Asia centrale, facendo sentire i propri effetti fin nel cuore dell'Europa. Protagonista e iniziatore di questo sconvolgimento fu **Temujin** (1162-1227), un condottiero che riuscì a riunire tutte le tribù dei mongoli, a ottenere il titolo di ***Gengis Khan*** (capo supremo) dei popoli nomadi delle steppe asiatiche e a lanciarli contro la *Grande Muraglia*, che difendeva il ricchissimo impero cinese.

Dopo che la Cina del Nord fu conquistata nel 1215, la città di Pechino (che venne chiamata dai mongoli Khanbalik, *città del Khan*) divenne la capitale di un vastissimo impero che i successori di Gengis Khan avrebbero ulteriormente allargato. Nel 1237, infatti, guidato dal nipote di Gengis Khan, Batu, che aveva a sua disposizione 150-200 000 uomini, l'esercito mongolo invase la Russia. Nel 1241, dopo aver assalito e distrutto Kiev, gli invasori aggredirono la Polonia e l'Ungheria. Il **terrore** che i mongoli diffusero **nell'Europa dell'Est** si intuisce dal fatto che essi furono chiamati *tartari*, cioè demoni vomitati dal mondo dell'inferno (chiamato appunto *tartaro* dai latini). Nello stesso tempo, l'offensiva mongola colpiva i Paesi musulmani: Baghdad fu saccheggiata nel 1258, mentre l'Iraq e la Persia venivano conquistati.

Per circa un secolo, la Russia e l'intera Asia centrale furono saldamente tenute dai mongoli, il cui impero entrò in crisi nella seconda metà del Trecento; solo nel 1368, infatti, i cinesi riuscirono a cacciare gli invasori e

← Gengis Khan raffigurato in una miniatura della fine del XIV secolo (Londra, British Library).

Carta interattiva
L'impero mongolo

GEOSTORIA
L'impero mongolo

Carta proiettabile

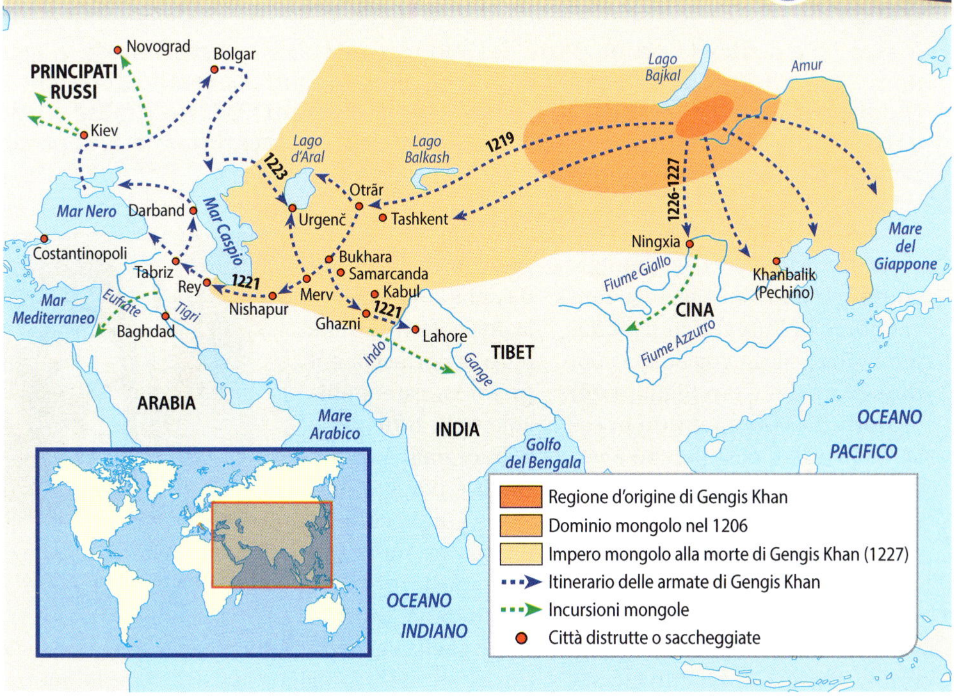

Guardiamo la storia
Mercanti e carovane nell'impero mongolo

a insediare nuovamente a Pechino una dinastia imperiale indigena. A quel punto, gli scambi commerciali con l'Occidente si fecero più scarsi e più rari. **Per tutto il** lungo **periodo del dominio mongolo**, invece, **i mercanti europei avevano potuto percorrere liberamente le vie carovaniere** dell'Asia e importare dall'Oriente grandi quantità di merci pregiate.

I genovesi, per rendere più agevole questa vantaggiosissima attività commerciale con la Cina dominata dai mongoli, fondarono in Crimea la base di Caffa. Tra i mercanti veneziani che presero la via dell'Oriente mongolo, invece, la figura più celebre è sicuramente quella di **Marco Polo**, che giunse in Cina con il padre e uno zio nel 1275 e rimase alla corte dell'imperatore Qubilai Khan fino al 1292.

> Marco Polo: quasi 20 anni in Cina

Al suo ritorno, Marco venne catturato dai genovesi e in prigione dettò le sue memorie a Rustichello da Pisa, che le stese in *lingua d'oil*, cioè in francese: nacque così, intorno al 1298, *Il libro delle meraviglie del mondo*. Alcuni storici moderni hanno osservato che Marco, in realtà, descrive più il mondo e le usanze dei mongoli, che gli usi e i costumi dei cinesi (di cui, in effetti, non imparò mai la lingua). Del mondo cinese, comunque, Marco comprese la vitalità commerciale e le straordinarie opportunità che il regolare contatto con quel mondo avrebbe offerto a chi ne avesse saputo approfittare.

> Eccezionali opportunità commerciali

Tradotto in volgare toscano, il libro di Marco e Rustichello si affermò e si diffuse con il titolo di ***Il Milione***. Forse, in origine, questa espressione derivava dal fatto che i Polo, da tempo, erano noti a Venezia con il nomignolo di *Emilione*; tuttavia, è possibile che il nuovo titolo si sia imposto anche perché Marco, nella sua opera, descriveva un mondo vastissimo, in cui tutto (gli abitanti delle città e delle campagne cinesi, i soldati del Khan, le miglia di cammino percorso…) si contava appunto in *milioni*. E pertanto non sappiamo fino a che punto i contemporanei di Marco (morto nel 1324) abbiano preso davvero sul serio il suo racconto; probabilmente, a eccezione di un pugno di mercanti che, come lui, conoscevano direttamente l'Oriente, le sue storie sembravano favole affascinanti quanto incredibili.

DOCUMENTI La ricchezza del gran khan

Marco Polo dedica la prima parte del suo racconto al suo avventuroso viaggio, durato circa tre anni e mezzo. In seguito, descrive la storia dei mongoli dal tempo di Gengis Khan, il gran khan Qubilai e le sue favolose ricchezze. Essendo un mercante, Marco rimase particolarmente colpito dal fatto che, all'intero dell'impero mongolo, si usava la cartamoneta, al posto dell'oro, per i traffici e gli scambi commerciali.

Questo libro vi narrerà ora i fatti straordinari e le cose meravigliose del Gran Kan oggi regnante col nome di Kublai Kan [Qubilai *n.d.r.*] che nella lingua nostra vuol dire «Kublai il Gran Signore dei Signori». E certo ha diritto di essere chiamato così perché è verità universale che da Adamo nostro progenitore fino ad ora non è mai esistito un principe che per la quantità dei sudditi, per l'immenso territorio e l'immenso tesoro abbia avuto od abbia potenza simile alla sua. E quanto ciò sia vero vi mostrerò chiaramente in questo libro perché a nessuno resti il minimo dubbio che egli sia il maggiore signore che sia stato al mondo e oggi porti la corona. Vi dimostrerò perché.

Kublai, dovete saperlo, discende in linea diretta dall'imperatore Cinghiscan [Gengis Khan, *n.d.r.*]; perché ogni Signore di tutti i Tartari deve discendere da lui per linea diretta. È il quinto Gran Kan e prese il potere circa nell'anno 1256. Deve il trono al suo grande animo, al suo valore e al suo senno superiore. A lui fratelli e parenti hanno cercato di contendere il regno, ma di tutti egli ha trionfato e per legge gli spettava di diritto la signoria. [...]

Egli fa fabbricare la seguente moneta: fa prendere scorza d'albero o per meglio dire corteccia di gelso, l'albero di cui mangiano le foglie i bachi da seta; e fa togliere la pellicola sottile che è tra la corteccia e il fusto; queste pellicole sono tutte nere: le frantumano, le pestano e poi le impastano con la colla in modo che ne risulti una specie di carta bambagina, sottile come quella dei papiri. Quando la carta è pronta la fa tagliare in parti grandi o piccole, foglietti in forma quadrata o più lunghi che larghi. [...] Ogni foglietto porta il sigillo del Gran Signore. E questa moneta è fatta con tanta autorità e solennità come se fosse d'oro o d'argento: [...] e se qualcuno osasse falsificarla sarebbe punito con la morte; e questi foglietti il Gran Kan li fa fabbricare in tale numero che potrebbe pagare con essi tutta la moneta del mondo.

↑ Marco Polo, con il padre e lo zio, parte da Venezia per l'Oriente, miniatura del XV secolo.

Fabbricata così la moneta, il Signore fa fare con essa ogni pagamento e la fa spendere per tutte le province dove egli tiene signoria: e nessuno osa rifiutare per paura di perdere la vita. Ma è vero che tutte le genti e le razze di uomini, sudditi del Gran Kan, prendono volentieri queste carte in pagamento perché alla loro volta le danno in pagamento di mercanzia, come perle, pietre preziose, oro e argento. Si può così comprare tutto ciò che si vuole e pagare con la moneta di carta; e pensate che una carta del valore di dieci bisanti non arriva a pesare quanto un bisante [la prestigiosa moneta d'oro bizantina, *n.d.r.*]. [...]

Vale la pena di raccontarvi un'altra cosa. Quando per l'eccessivo passaggio di mano in mano i foglietti si rompono o si sciupano, si portano alla zecca e si prendono in cambio biglietti nuovi e freschi lasciandone però tre per ogni cento. E c'è anche un altro fatto importante da ricordare. Perché, se qualcuno vuole acquistare oro o argento per il suo vasellame, per le sue cinture o per altre cose, va alla zecca, porta con sé i foglietti e prende in cambio l'oro e l'argento che gli serve.

M. POLO, *Il Milione scritto in italiano da Maria Bellonci*, Mondadori, Milano 1983, pp. 98, 131-132

ANALIZZA IL TESTO

→ Che effetto faceva, secondo te, nel Duecento, il racconto di Marco Polo?

→ Fino a pochi anni fa, sulla nostra cartamoneta era stampata la seguente scritta: «Pagabili a vista al portatore». Spiega il significato di tale espressione, alla luce del racconto di Marco Polo.

CONTRASTI POLITICI

Storia slide

3 L'evoluzione del quadro politico

Le conoscenze da acquisire

Nei secoli XII e XIII, si delineano le caratteristiche essenziali dei principali Paesi europei: Germania e Italia procedono in direzione della frammentazione; in Francia la monarchia si rafforza, mentre in Inghilterra la nobiltà pone seri limiti all'autorità del re.

Le competenze da potenziare

Saper cogliere le specificità dei principali stati europei, grazie all'esame delle loro radici remote.

3.1 Per rafforzare l'Impero: Federico I di Svevia

L'XI secolo vide la grande *rivoluzione* politica e ideologica del papato, che pretese di essere il solo mediatore tra Dio e il mondo terreno, mentre rifiutava qualsiasi carattere soprannaturale alla dignità dei sovrani. La **lotta per le investiture** e il lancio della **prima crociata** si spiegano solo alla luce della nuova concezione introdotta da Gregorio VII, secondo cui il papa era incomparabilmente superiore sia all'imperatore che ai re di Francia e d'Inghilterra (cui Gregorio negava qualsiasi capacità taumaturgica). Per esprimere la nuova dottrina del potere avanzata dal papato, di solito si usa l'espressione *concezione* ***ierocratica***, termine che designa un'idea precisa: il potere (tutto il potere, compreso quello temporale) dev'essere esercitato dai sacerdoti e quindi detenuto, innanzitutto, dal vescovo di Roma.

Nel 1122, papato e Impero stipularono il **Concordato di Worms**, un accordo che **pose fine alla lotta per le investiture**. Firmando questo patto, l'imperatore rinunciava all'investitura dei vescovi cioè abbandonava l'idea di essere il capo della Chiesa e una figura semi-sacerdotale. In altre parole, accettava la propria condizione di laico e **riconosceva al papa e al clero il *monopolio della sacralità***: solo essi erano autorizzati a svolgere la funzione di mediatori tra il cielo e la terra, tra Dio e l'umanità.

Sul piano concreto, per l'Impero si trattò di una grave sconfitta. Infatti, i vescovi tedeschi conservarono spesso il titolo e le funzioni di conte, svolgendo il ruolo di rappre-

↓ Federico I Barbarossa in una miniatura, con in mano i simboli del potere imperiale, scettro e globo (monastero di Weingarten, Germania).

LE PAROLE

Teocrazia/Ierocrazia

Tutte le parole italiane che terminano con il suffisso *-crazia* riguardano il *potere*, o meglio indicano chi lo esercita e chi lo detiene. Nel Medioevo, si credeva che il potere derivasse da Dio e che i re, l'imperatore o i papi governassero in Suo nome. Ogni monarchia medievale era una *teocrazia*, nella misura in cui Dio era considerato la *fonte* che aveva concesso al papa, al re o all'imperatore il diritto di governare. Allorché i papi, a partire dall'XI secolo, proclamarono che la propria autorità era superiore a quella dei re e dell'imperatore, la tipica *teocrazia* medievale divenne *ierocrazia*, cioè potere esercitato dai *sacerdoti*, considerati gli unici e indispensabili *mediatori* tra Dio e gli uomini.

GEOSTORIA

L'Impero al tempo di Federico Barbarossa

Carta proiettabile

→ La carta mostra l'impero di Federico I di Svevia. Esteso dalla Francia sud-orientale all'Europa centro-orientale, comprendeva anche buona parte del territorio dell'Italia centro-settentrionale. L'area più ricca e dinamica era quella in cui si erano sviluppati i comuni.

sentanti del potere imperiale a livello periferico; tuttavia, dopo il 1122, il sovrano non poté più contare sulla loro assoluta fedeltà, dal momento che non gli fu più possibile sceglierli, nominarli e consacrarli. In una Germania in cui i grandi signori erano potentissimi, l'aver perduto il controllo sui vescovi mise in serio pericolo l'autorità stessa degli imperatori, obbligandoli a cercare nuove strategie, capaci di garantire il potere in modo più efficace.

Il primo sovrano che si mise alla ricerca di nuove strade per rafforzare l'autorità imperiale fu **Federico I di Svevia** (1152-1190), soprannominato *Barbarossa* dai suoi avversari. Non si trattava di un complimento: infatti, la tradizione attribuiva la barba rossiccia a Nerone, l'imperatore che aveva perseguitato i cristiani e che il libro dell'*Apocalisse* descriveva come l'Anticristo, il nemico per eccellenza del Signore.

> **Barbarossa scende in Italia**

I suoi predecessori, per circa un secolo, non si erano più occupati dell'Italia, che era diventata una sorta di territorio periferico dell'Impero. Per questo motivo le città avevano trovato spazi di autonomia, affermandosi come comuni. Federico I volle ripristinare il proprio potere e perciò, nel 1158, scese in Italia e a Roncaglia (presso Piacenza) convocò una grande assemblea (dieta) nel corso della quale **rivendicò tutti i cosiddetti *diritti del re*** (*regalia*, in lingua latina), che i comuni, a suo giudizio, avevano usurpato. Con il termine *regalia*, in effetti, si indicano tutte quelle attività che solo il sovrano (in teoria) avrebbe il diritto di svolgere. Pretendere per sé o esercitare effettivamente tali mansioni significa comportarsi in modo autonomo, da Stato indipendente e sovrano, senza riconoscere su di sé alcun superiore.

> **La dieta di Roncaglia**

Si trattava dei medesimi diritti che, in Francia o in Germania, erano esercitati dai grandi signori feudali, che amministravano la giustizia, costruivano fortificazioni e provvedevano alla difesa, prelevando imposte e tributi, che poi non inviavano al sovrano, ma tenevano per sé. Per lo meno, però, questi signori erano legati al re o all'imperatore dall'omaggio feudale; **i magistrati eletti dal comune**, invece, si comportavano in tutto

I protagonisti

Schema proiettabile

FEDERICO I DI SVEVIA	• Prosegue la lotta contro il papato, rifiutando la concezione secondo cui al pontefice spetta anche il potere temporale • Tenta di riportare i comuni dell'Italia centro-settentrionale sotto il dominio imperiale, ma viene sconfitto a Legnano nel 1176
PAPATO	• Sostiene la *concezione ierocratica del potere*: il vescovo di Roma detiene sia il potere spirituale che il potere temporale • Appoggia i comuni che combattono contro l'imperatore
COMUNI ITALIANI	• Non sono affatto uniti e concordi nella lotta contro l'imperatore • I centri più grandi sono nemici dell'imperatore, di cui non riconoscono più la signoria; le città più piccole lottano a fianco di Federico contro Milano e i comuni della Lega lombarda

e per tutto da funzionari autonomi, che **rispondevano del loro operato solo al popolo della loro città**, e non a un imperatore lontano e straniero.

A Roncaglia, pertanto, Federico rivendicò dai comuni tutti i diritti del re: richiese il regolare versamento dei tributi (in segno di sottomissione), la distruzione delle mura erette senza autorizzazione e la presenza tra i magistrati del comune – a fianco dei consoli eletti dal popolo – di un *podestà* nominato dall'imperatore. L'obiettivo di Federico era chiaro. Se fosse riuscito a **riportare sotto il controllo effettivo dell'imperatore i ricchi comuni italiani**, la sua autorità avrebbe potuto imporsi con rinnovato vigore sui signori tedeschi e sul papato.

La politica di Federico irritò profondamente i comuni, che tuttavia non erano affatto uniti. Le città più piccole, infatti, accettarono di sottomettersi al sovrano tedesco, sperando che le avrebbe difese dall'espansionismo dei comuni più grandi e più potenti, che minacciava di soffocare i centri minori. Nel 1162, Milano si assunse il compito di guidare la lotta contro l'imperatore, ma venne assediata ed espugnata. Non a caso, la sua completa distruzione fu assegnata agli abitanti di Lodi, i quali compirono l'opera con zelo ed estrema rapidità.

> **La vittoria dei comuni**

Il progetto dell'imperatore si infranse nel 1176, quando il suo esercito fu **sconfitto vicino a Legnano dalle truppe della *Lega lombarda***, una coalizione di tutti i principali comuni italiani, nata con il sostegno del papa, per contrastare gli obiettivi del Barbarossa. Nel 1183, con la pace di Costanza, Federico I fu costretto a concedere ampia autonomia ai comuni italiani. In teoria, questi continuavano a essere subordinati all'imperatore: in pratica però (come i principi tedeschi) **poterono comportarsi da Stati sovrani**, dato che l'imperatore rinunciava a interferire nei loro affari.

3.2 Per la supremazia papale: Innocenzo III

> VEDI Il movimento crociato → pag. 50

Fallito il tentativo di conquista dell'Italia settentrionale, Federico cercò di rafforzare il potere imperiale attraverso un'abile politica di alleanze. Nel 1186, suo figlio Enrico sposò la principessa normanna Costanza d'Altavilla, futura erede del regno di Sicilia.

L'anno seguente (1187), il **sovrano egiziano Saladino conquistò Gerusalemme**, riportandola sotto dominazione musulmana. Immediatamente, il papa bandì una nuova crociata, e questa volta molti sovrani d'Europa (tra cui lo stesso Federico) si sentirono obbligati a partire per la Terra Santa. La spedizione si concluse con un completo insuccesso; l'imperatore, da parte sua, non arrivò neppure in Palestina, in quanto annegò attraversando un fiume dell'Asia Minore, nel 1190.

A quel punto, suo figlio **Enrico VI unì due corone**: quella di imperatore di Germania e quella di re di Sicilia. Per il papa si profilò il mortale pericolo di un sovrano potente, che avrebbe potuto riprendere l'aggressiva politica di Ottone I e dei suoi successori, al fine di sottomettere la Chiesa. Enrico, tuttavia, morì improvvisamente a soli 32 anni nel 1197, lasciando l'Impero in una condizione di gravissima confusione, visto che suo figlio Federico II era un bambino di appena due anni.

La teoria delle due spade

Schema proiettabile

SPADA SPIRITUALE	SPADA TEMPORALE
Concessa da Dio alla Chiesa	Concessa da Dio alla Chiesa
Amministrata direttamente dal papa	Delegato dal papa ai sovrani

In questa situazione, si fecero avanti tutti i nemici della casa di Svevia, riuniti soprattutto intorno alla casata dei duchi di Sassonia, meglio noti con il nome di Welf, da cui deriva la parola italiana ***guelfi***, usata nel Duecento per designare tutti i nemici degli imperatori; i cui sostenitori, invece, furono chiamati ***ghibellini***, parola a sua volta di derivazione tedesca, che si riferiva al castello imperiale di Waiblingen.

Dalla contesa uscì temporaneamente vincitore proprio il capo dei guelfi tedeschi, Ottone IV di Brunswick, che divenne imperatore nel 1209, dopo aver promesso al papa Innocenzo III (1198-1216), che non avrebbe mai unito la corona imperiale e quella di Sicilia. In questa circostanza, il papa assunse il ruolo di supremo arbitro delle contese politiche tra i principi. Del resto **Innocenzo III** fu, dopo Gregorio VII, il più convinto sostenitore della tesi dell'**assoluta superiorità del papa rispetto all'imperatore**.

> **La teoria delle due spade**

Nel XII secolo, questa concezione era stata ripresa e sostenuta da Bernardo di Chiaravalle, secondo il quale **Dio aveva dato entrambi i poteri** – sia quello spirituale che quello temporale – **a Pietro e ai suoi successori**, cioè i papi. Secondo Bernardo, i pontefici usavano personalmente la spada (cioè il potere) spirituale, ma avevano invece delegato ai sovrani la spada temporale, cioè l'esercizio del potere politico. Dunque, in virtù di tale

→ L'assedio di Gerusalemme in una miniatura medievale. Le armate di Saladino attaccano la città utilizzando una torre d'assedio con ruote e una catapulta caricata a pietre.

→ Papa Innocenzo III, particolare di un affresco del XIII secolo custodito nel monastero del Sacro Speco di Subiaco (Roma).

mediazione ecclesiastica, egli chiedeva ai monarchi una sottomissione praticamente totale, visto che – secondo la sua **teoria delle due spade** – i re esercitavano la sovranità solo nella misura in cui il papa conferiva loro il diritto di far uso del potere temporale.

Per esprimere i medesimi concetti, Innocenzo III fece ricorso anche all'immagine del sole e della luna. In tale ottica, il mondo degli uomini poteva essere rappresentalo come il riflesso e l'imitazione del mondo naturale; e come in esso la luna non brilla di luce propria, bensì la riceve dal sole, così – nella società umana – **il papa ha ricevuto da Dio tutto il potere, in ogni campo e in ogni ambito**. I sovrani, al contrario, esercitano unicamente quanto hanno ricevuto in delega dal papa e solo nella misura in cui il papa permette loro di farlo: il pontefice, infatti, ha il diritto-dovere di deporre il sovrano che si comporti in modo indegno o assuma un comportamento contrario alla legge di Dio.

Non meraviglia che Innocenzo III abbia preferito, al tradizionale titolo pontificio di *vicario di Pietro*, quello ancor più prestigioso e solenne di *vicario di Cristo*: in tal modo, egli rivendicava per il papato un'**assoluta e completa pienezza di poteri** (*plenitudo potestatis*) su tutti i cristiani, principi compresi.

I protagonisti

Schema proiettabile

SAN BERNARDO DI CHIARAVALLE	• Elabora e propone la *teoria delle due spade*, a sostegno della *concezione ierocratica* del potere • Secondo la *teoria delle due spade*, i sovrani governano solo in virtù della mediazione della Chiesa, che controlla e dirige il loro operato
INNOCENZO III	• Elabora e propone la *teoria del sole e della luna*, a sostegno della *concezione ierocratica* del potere • Dichiara che il papa è *vicario di Cristo*
ENRICO VI DI SVEVIA	• Figlio di Federico I Barbarossa, è imperatore del Sacro romano impero • Avendo sposato Costanza d'Altavilla, regna in Sicilia e in Italia meridionale

3.3 La conquista latina di Costantinopoli

Con il pieno consenso di Innocenzo III, nel 1999 venne organizzata una nuova spedizione (la *quarta crociata*) per riconquistare Gerusalemme. Radunatisi a Venezia, che aveva accettato di occuparsi del trasporto via mare, i signori francesi e tedeschi che avevano preso l'iniziativa si trovarono sprovvisti dei soldi necessari al pagamento di tale servizio.

> **I crociati al servizio di Venezia**

I veneziani risolsero la questione chiedendo ai crociati di **riconquistare** per loro la **città di Zara** (nell'attuale Croazia), che il re di Ungheria aveva sottratto al dominio della Repubblica; insomma, un esercito nato per servire la causa della Chiesa veniva utilizzato per gli scopi politici di una singola potenza. Ma a questo primo scandalo se ne aggiunse subito dopo uno ancora più grave: i veneziani, infatti, convinsero facilmente i crociati a dirigersi non verso la Terra Santa, ma verso l'impero bizantino.

Pertanto, **nel 1204**, **Costantinopoli fu conquistata e saccheggiata**. Al posto dell'impero bizantino fu instaurato un debole impero latino, che sarebbe durato fino al 1261. In un primo tempo, il papa disapprovò che la crociata fosse stata stravolta e trasformata in un'impresa di conquista a danno di un altro Stato cristiano; di fronte al fatto compiuto, finì per accettare la nuova situazione, in quanto la conquista di Costantinopoli garantì al pontefice una temporanea supremazia sulla Chiesa greca, che si era staccata da quella romana nel 1054.

> **VEDI** La potenza economica di Venezia → pag. 212

A trarre i maggiori vantaggi dall'impresa fu **Venezia**, che **conquistò Creta e una parte della Grecia**. Cosa ancora più importante, la Repubblica riuscì a mantenere questi territori anche dopo che i sovrani di Bisanzio ripresero il potere a Costantinopoli. Sfruttando le risorse di queste terre (intensamente coltivate a vite e a canna da zucchero), Venezia avrebbe tratto enormi vantaggi economici e si sarebbe trasformata nella principale potenza economica dell'Europa occidentale: un primato che avrebbe conservato fino alla fine del Cinquecento.

→ Navi veneziane ancorate nei pressi di Costantinopoli durante l'assedio del 1204. In secondo piano si staglia l'accampamento crociato, posto sotto le mura della città. Illustrazione dai "*Passages d'outre mer*" di Sebastien Mamerot, manoscritto francese del XV secolo (Parigi, Bibliothèque Nationale).

GEOSTORIA

La quarta crociata (1199-1204)

Carta proiettabile

→ Il clamoroso assalto a Costantinopoli da parte dei crociati radunati per la quarta spedizione verso la Terra Santa inflisse un duro colpo all'impero bizantino. Nei territori conquistati dai crociati sorsero due deboli Stati (despotato di Epiro, impero latino) controllati da Venezia. Ritiratosi in Asia minore (impero di Nicea), il sovrano bizantino riconquistò Costantinopoli nel 1261.

Le prime crociate

DATE	EVENTI
1095-1096	Crociata popolare, dopo l'appello di Urbano II
1095-1099	*Prima* spedizione armata e conquista di Gerusalemme
1146-1149	*Seconda* spedizione armata
1189-1192	*Terza* spedizione armata, dopo che Saladino aveva riconquistato Gerusalemme
1199-1204	*Quarta* spedizione armata, conclusasi con la conquista di Costantinopoli
1212	Crociata dei bambini, in Francia e in Germania

Lo squallido esito della crociata finita con il saccheggio di Costantinopoli provocò in Europa una serie di reazioni emotive molto intense e violente. Le più singolari di esse furono le ***crociate dei bambini***, che ebbero luogo in Francia e in Germania nel 1212. In entrambi i Paesi, infatti, emersero dei *piccoli profeti*, cioè dei ragazzini che affermavano di aver avuto una visione celeste e che chiamavano i loro coetanei a seguirli. Essi promettevano che Dio, quando fossero arrivati al mare, lo avrebbe aperto per la schiera dei giovani crociati, come aveva fatto con il Mar Rosso, al tempo dell'esodo degli ebrei dall'Egitto. Giunti in Terra Santa, con l'aiuto degli angeli i bambini avrebbero poi sconfitto i musulmani e liberato il sepolcro di Cristo.

Si trattò dunque di un **movimento popolare** simile a quello verificatosi in occasione della prima crociata, nel 1095-1096. Anche in questa circostanza, la marcia verso Gerusalemme si caricava di un significato che superava ampiamente gli obiettivi politici dei **nobili** e dei **sovrani, accusati di essere indegni, a causa dei loro peccati, di servire davvero la causa di Cristo**. Agli occhi delle masse cristiane (in questo caso, dei bambini che seguirono i *piccoli profeti*), Gerusalemme era sinonimo di un mondo più giusto, che in tempi brevi Dio – così si sperava – avrebbe donato agli uomini.

> VEDI La crociata dei pastorelli → pag. 153

Inutile dire, però, che il mare non si aprì di fronte ai 30 000 bambini francesi e ai 20 000 tedeschi che raggiunsero con mille difficoltà Marsiglia e Genova. Delusi e disperati, molti di loro fecero ritorno alle loro case; quei francesi che invece, nonostante tutto, si imbarcarono per la Terra Santa, furono imbrogliati da mercanti senza scrupoli, che li vendettero come schiavi ai musulmani.

3.4 Francia e Inghilterra: la battaglia di Bouvines

All'inizio del XIII secolo, l'*idea di crociata* affascinava più che mai migliaia di persone in tutta l'Europa cristiana; forse, le spedizioni armate contro l'islam avrebbero avuto qualche possibilità di successo se i sovrani europei avessero messo da parte i loro contrasti e avessero fatto fronte comune contro i musulmani. In realtà, questo non accadde mai; anzi, le controversie fra i principi cristiani, nei primi decenni del Duecento, erano più vive che mai. Basti pensare che la vicenda dello scontro per il possesso della corona imperiale e del regno di Sicilia si intrecciò con un'altra contesa: la lotta tra il re di Francia e quello d'Inghilterra, per il controllo di numerose terre francesi, rivendicate da entrambi.

> VEDI Guglielmo il Conquistatore → pag. 36

Nel 1066, Guglielmo duca di Normandia aveva conquistato la corona inglese. Il re d'Inghilterra, dunque, fin da allora controllava un importante feudo (la Normandia, appunto) in terra di Francia. La situazione si complicò ulteriormente allorché salì al trono inglese Enrico II Plantageneto (1154-1189), che non solo era signore della contea (francese) d'Angiò, ma anche marito della duchessa Eleonora, che reggeva l'Aquitania, una regione della Francia sud-occidentale. **Alla fine del XII secolo, quasi tutte le terre francesi che si affacciavano sull'Atlantico erano possedimenti controllati dal re d'Inghilterra**, e quindi fuori dall'orbita del potere del sovrano di Parigi.

In patria, Enrico II accentuò notevolmente la componente sacra e taumaturgica del potere regale. Per questo, il sovrano entrò in conflitto con il papato e con la Chiesa, i cui beni e privilegi in Inghilterra furono difesi con estremo vigore da **Thomas Becket**, arcivescovo di Canterbury, il quale era stato fidato collaboratore del sovrano fino al 1164, quando il re aveva manifestato la strategia di ripristino dei suoi diritti ancestrali sulla Chiesa. Nel 1170, Enrico II ordinò l'assassinio di Becket, che venne **ucciso nella cattedrale di Canterbury** da quattro cavalieri. Per questo crimine, il re d'Inghilterra fu scomunicato; tuttavia, il suo prestigio e la sua potenza non subirono gravi conseguenze: alla sua morte (1189), il regno di Inghilterra si era trasformata in uno degli Stati più potenti d'Europa.

↓ L'uccisione dell'arcivescovo Thomas Becket, inginocchiato mentre prega, nella cattedrale di Canterbury.

Il figlio maggiore di Enrico II, **Riccardo Cuor di Leone** (1189-1199), era uno spirito inquieto e cavalleresco; pertanto, dedicò scarso interesse al suo Paese e passò più tempo a combattere in Terra Santa che ad amministrare il proprio regno. Per vari anni, il potere venne gestito da suo fratello Giovanni, soprannominato *Senza Terra*, che poi sarebbe a sua volta diventato sovrano alla morte di Riccardo.

Nel 1214, si arrivò alla resa dei conti tra regno di Francia e regno d'Inghilterra per il dominio sui territori francesi sottomessi all'autorità del sovrano di Londra. Il 27 luglio, a **Bouvines** ebbe luogo lo scontro decisivo. Tale battaglia fu la più importante di tutto il Medioevo e può essere definita il ***crocevia della storia d'Europa***. Le sue conseguenze, infatti, ebbero effetti decisivi sul futuro di tutti i principali Stati europei: impero germanico, Francia e Inghilterra.

I principali contendenti erano il re di Inghilterra Giovanni Senza Terra e il re di Francia Filippo II (*Augusto*). Giovanni, tuttavia, aveva chiesto e ottenuto il sostegno dell'imperatore Ottone IV, che partecipò personalmente allo scontro.

Guglielmo il Maresciallo e la mentalità cavalleresca nel XII secolo

Partiamo dalla fonte

All'inizio del XIII secolo, Guglielmo il Maresciallo era il cavaliere più celebre della cristianità. Morì molto vecchio, nel 1219, dopo aver vissuto per circa ottant'anni. Perché la memoria del padre non andasse perduta, il figlio primogenito del grande cavaliere assoldò un certo Giovanni, scrittore professionista, incaricandolo di stendere una **biografia di Guglielmo, secondo le medesime modalità** che, all'epoca, erano **seguite per i santi**. Nella sua forma definitiva, il poema riempì 127 fogli di pergamena, per un totale di 19 914 versi; il testo è dunque imponente. Quando leggiamo una cronaca stesa in quei medesimi anni, di solito ci troviamo di fronte ai giudizi di un prete o alle opinioni di un monaco; il mondo cavalleresco, quindi, è guardato dall'esterno, da soggetti che spesso non ne condividono le scelte di vita e i principi di base che le hanno guidate. La *Vita di Guglielmo il Maresciallo*, al contrario, ci permette di entrare per la porta principale nell'universo mentale di un **gruppo sociale concreto e determinato**, in un **preciso contesto geografico e cronologico** (l'Inghilterra e la Francia, nella seconda metà del XII secolo e all'inizio del XIII).

Ricostruiamo il caso

Guglielmo era figlio di un cavaliere, ma **non era primogenito**. Secondo l'usanza del tempo, dunque, al momento della morte del genitore, il primo nato avrebbe ricevuto tutto il patrimonio paterno; i figli cadetti, invece, privi di terre e di rendite, per sopravvivere avrebbero dovuto arrangiarsi. L'infanzia di un cadetto finiva presto, nel XII secolo; all'età di 10-12 anni, infatti, il bambino abbandonava la casa paterna (e, di conseguenza, la madre) per essere collocato in un'altra dimora, a imparare il mestiere di cavaliere. Di solito, ad accogliere i cadetti di un'intera famiglia era il parente più ricco (nel caso di Guglielmo, il signore di Tancarville, in Normandia), che si faceva carico del loro apprendistato, della durata di otto anni circa. Il periodo di formazione si concludeva allora con una cerimonia solenne – un vero **rito di passaggio all'età adulta** – che segnava **l'ingresso nel mondo della cavalleria**. Per un cadetto, quello era il momento dell'esistenza più delicato e difficile: da quel momento, infatti, il ricco parente che l'aveva ospitato, nutrito e protetto si ritirava, e il giovane (o meglio, per quel tempo, il nuovo *adulto*) doveva cavarsela da solo, mettendosi in mostra e trovando qualcuno che gli offrisse il proprio *amore*, dopo aver notato il coraggio e l'abilità del nuovo cavaliere. Non a caso, molti di questi personaggi finivano in fretta per fare i banditi o i predoni, cioè per vivere di saccheggio e di furto. Guglielmo, da parte sua, scelse invece di **partecipare ai tornei**, competizioni molto serie e brutali che, però, offrivano sia la possibilità di arricchirsi (grazie alla cattura e alla rivendita dei cavalli e delle armi degli avversari sconfitti) sia di farsi notare dai signori che partecipavano agli scontri, come combattenti o come spettatori.

Organizziamo le informazioni fondamentali

Dalla *Vita di Guglielmo il Maresciallo*, impariamo che ai tornei del XII secolo non si partecipava come singoli, ma a squadre, organizzate (e finanziate) da alcune prestigiose casate; il nostro cavaliere, ad esempio, divenne il capitano della squadra messa in campo dal principe inglese Enrico il Giovane (figlio di Enrico II). Entrato in contatto con persone veramente importanti, Guglielmo coronò la sua ascesa sociale per mezzo del matrimonio che celebrò, nel 1189, con Isabella di Clare. Per mezzo di tale unione, il Maresciallo **ricevette un gran numero di feudi** sia in Inghilterra sia in Irlanda. A quel punto, però, egli dovette prestare formale atto di omaggio a Riccardo, diventando *suo uomo*, cioè suo vassallo. È interessante osservare che la biografia di Guglielmo **non parla mai del re come figura speciale**, come il consacrato di Dio, dotato di poteri soprannaturali; per i cavalieri del XII secolo, egli era prima di tutto un *signore*, cui erano state giurate lealtà e fedeltà, nel rito dell'omaggio feudale. Leggendo la *Vita di Guglielmo*, pertanto, noi entriamo a diretto contatto con il mondo mentale di quei grandi baroni che, nel 1215, obbligarono re Giovanni Senza Terra a concedere la *Magna Charta Libertatum*.

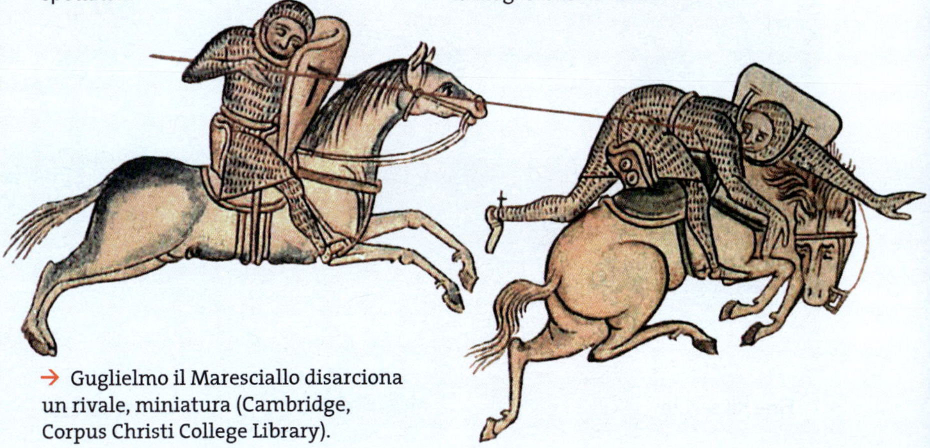

→ Guglielmo il Maresciallo disarciona un rivale, miniatura (Cambridge, Corpus Christi College Library).

3.5 La Francia dopo Bouvines

La vittoria di Bouvines e la conquista di quasi tutte le zone contese permisero a Filippo Augusto di aumentare notevolmente i territori sotto il suo controllo. Negli anni Trenta del XIII secolo, dopo che era stato sottomesso anche il Sud del Paese, nessuno dei grandi signori feudali di Francia era più in grado di competere con la monarchia parigina.

Guardiamo la storia
Il trionfo del re: Filippo Augusto re di Francia

Per conservare sotto la propria autorità questo vasto regno, i sovrani francesi del Duecento fecero ricorso a molti e complementari strumenti. Innanzitutto, si sforzarono di presentare **il re** come il principale **garante della giustizia**, la cui amministrazione fu tolta ai signori e affidata a funzionari regi detti *balivi*, preparati e direttamente responsabili del loro operato davanti al sovrano. In tal modo, il popolo di Francia prese a vedere nel proprio re il **protettore dei deboli** («degli orfani e delle vedove», si diceva allora), di fronte ai soprusi dei potenti: una specie di figura paterna che si preoccupava della sicurezza dei suoi sudditi, li difendeva da ogni pericolo e, soprattutto, garantiva la pace e la giustizia.

> Luigi il Santo

Questa immagine positiva della monarchia si rafforzò ulteriormente durante il lungo regno di **Luigi IX** (1226-1270), che dopo aver condotto una disastrosa crociata in Egitto, si convinse di essere stato castigato da Dio per la sua cattiva condotta come sovrano cristiano. Pertanto, Luigi si sforzò di impedire che i signori combattessero guerre all'interno del regno e tentò di limitare l'usura (cioè il prestito a interesse, praticato sia dagli ebrei che da numerosi mercanti italiani), di punire la bestemmia e l'adulterio, di vietare il gioco d'azzardo e di chiudere in appositi quartieri riservati le prostitute.

> VEDI Giovanna d'Arco → pag. 178

Alla sua morte, poiché tutti lo consideravano santo, anche la Chiesa fu costretta a riconoscerlo come tale e a canonizzarlo. In tal modo, alla fine del Duecento, la monarchia francese non solo era potentissima sotto il profilo materiale e militare, ma anche circondata da un **eccezionale prestigio religioso**, mentre godeva di una **straordinaria popolarità presso il popolo** di Francia.

Il regno di Francia

DATE	EVENTI
1189-1223	Regno di Filippo II Augusto
1226-1270	Regno di san Luigi (IX)

GEOSTORIA La Francia prima e dopo Bouvines

Carta proiettabile

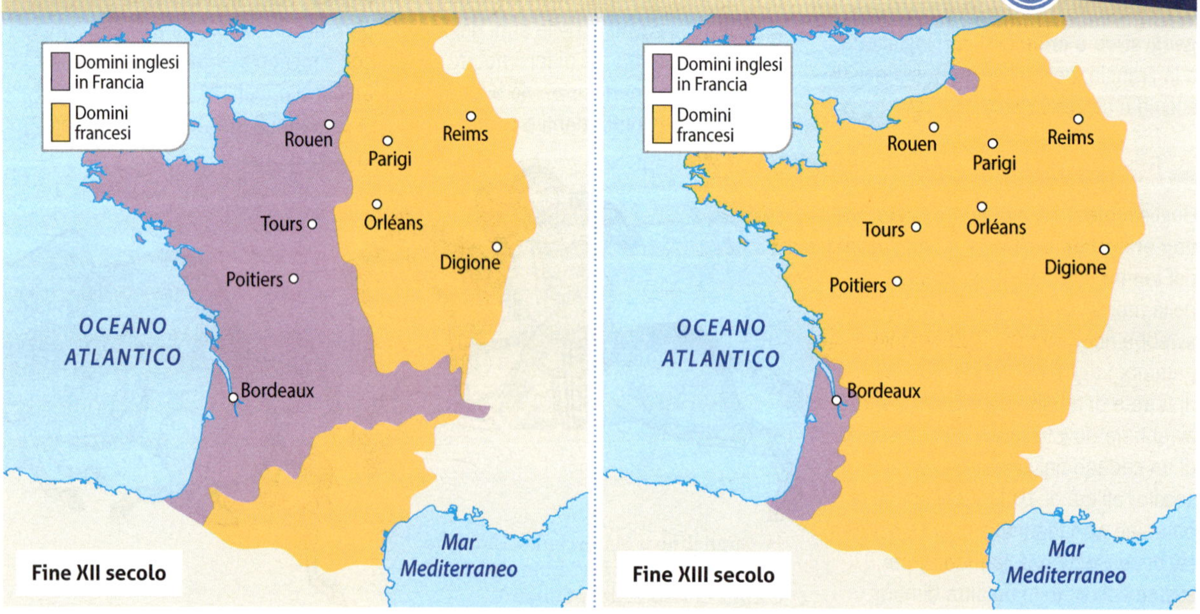

SGUARDO D'INSIEME

Le monarchie nazionali tra il 1000 e il 1500

I regni di Francia e d'Inghilterra sono spesso chiamati **monarchie nazionali**. L'espressione vuole indicare il loro sforzo di sottrarsi alle pretese egemoniche dell'imperatore o del papa, che secondo vari intellettuali medievali avrebbero avuto il diritto di controllare e guidare l'intero mondo cristiano. Il termine *nazionale*, invece, può trarre in inganno, in quanto per diversi secoli non costituiva un serio problema per nessun sovrano il fatto di dominare popoli differenti, che parlavano lingue diverse da quella del re e avevano in genere usi, abitudini e persino, in molti casi, leggi, diversi da quelli della popolazione e del territorio con cui il re stesso aveva maggiori legami.

- Tra il 1066 e il 1300, i **sovrani di Londra** si sentivano più legati al continente, che alla Gran Bretagna. Da un lato, erano vassalli del re di Parigi; nello stesso tempo, controllavano vastissimi territori nelle regioni occidentali del regno di Francia.

- Alla corte di Londra si parlava **francese** (o meglio, franco-normanno), mentre nel resto del Paese la lingua più diffusa era ancora quella **sassone**. Solo nel **XV** secolo, gradualmente, la lingua di corte – che ormai si era nettamente differenziata dal francese del continente ed era di fatto divenuta una lingua a se stante, l'**inglese** – si diffuse in tutta l'Inghilterra.

- La dura esperienza della **guerra dei Cent'anni** accentuò la divergenza tra inglesi e francesi. Dopo la vittoria, tuttavia, i sovrani di Parigi progettarono per diverso tempo di estendere il proprio regno in Italia, rivendicando il regno di Napoli e Milano.

- Tra il 1494 e il 1525, questi due territori furono più volte attaccati, conquistati e persi dai re di Francia. Infine, sia l'Italia meridionale sia il territorio di Milano passarono stabilmente sotto il controllo dell'altra *monarchia nazionale emergente*, il **regno di Spagna**.

- Nel 1519, il re di Francia **Francesco I** si candidò per il titolo di imperatore del Sacro impero romano germanico. Non contava nulla (né ai suoi occhi, né a quelli dei principi elettori) che l'Impero fosse di fatto una confederazione di Stati tedeschi. Del resto, quei medesimi principi – al posto di Francesco I – elessero invece **Carlo V**, che era originario delle Fiandre, parlava fiammingo ed era divenuto re di Spagna.

↑ Bianca di Castiglia e il figlio Luigi IX di Francia. Miniatura tratta da una Bibbia emendata, 1235 circa (New York, Pierpont Morgan Library).

3.6 L'Inghilterra dopo Bouvines: la *Magna Charta*

> I grandi baroni inglesi

In Inghilterra, i *baroni* (cioè i grandi signori) tentarono subito di sfruttare il momento di debolezza della monarchia seguito alla sconfitta di Bouvines.

Per legittimare il loro atto di rivolta verso il sovrano, essi si richiamarono alla **concezione feudale dell'autorità**, secondo cui i vassalli erano obbligati a prestare al loro superiore (detto *signore*) solo gli obblighi militari o finanziari concordati. Certo, coloro che non adempissero a tali doveri potevano essere privati del feudo. Però, secondo la concezione feudale, anche il signore si impegnava nei confronti dei propri subordinati: innanzitutto, ad esempio, doveva garantire la propria protezione ai vassalli, in caso di pericolo o di conflitto; ma, soprattutto, si era vincolato a non chiedere ai titolari dei feudi niente di più di quanto concordato.

Il **rapporto di vassallaggio**, dunque, pur essendo stipulato tra figure differenti per importanza e autorità (uno dei due, infatti, era superiore all'altro) risultava pur sempre un **contratto bilaterale**, in cui entrambe le parti avevano degli obblighi da rispettare.

> Vassallaggio e regalità sacra

Trasferita al rapporto fra il re e i baroni (cioè i suoi vassalli più potenti), una simile impostazione finiva per entrare in contraddizione con la concezione della regalità sacra. Secondo quest'ultima visione, il potere del sovrano non poteva conoscere limiti di nessun tipo, perché il re era responsabile delle proprie azioni solo di fronte a Dio, che gli aveva conferito il potere. Nessuno quindi, in una logica di regalità sacra, aveva il diritto di criticare l'operato del re e, a maggior ragione, quello di disobbedirgli.

> Una logica contrattuale

In una logica contrattuale di tipo feudale, invece, esisteva la **possibilità di valutare la giustizia dell'operato del sovrano** (e, più in generale, di ogni signore): colui che, dai suoi vassalli,

DOCUMENTI La *Magna Charta Libertatum*

Emanato il 15 giugno 1215, questo documento riveste un'importanza storica fondamentale. Il re d'Inghilterra, a partire da questo momento non poté più governare in modo assoluto, ma fu costretto ad accordarsi con i baroni, che gli imposero di non violare precise regole concordate e fissate per iscritto.

Giovanni, per grazia di Dio re d'Inghilterra, signore d'Irlanda, duca di Normandia e d'Aquitania e conte d'Angiò, agli arcivescovi, abati, conti, baroni, giudici, funzionari della foresta, sceriffi, intendenti, servitori ed a tutti i suoi balivi e fedeli sudditi, salute. Sappiate che noi, per timore di Dio e per la salvezza dell'anima nostra e di quella di tutti i nostri predecessori ed eredi, e per l'onore di Dio ed il prestigio della santa Chiesa, e per la riforma del regno nostro, [...] abbiamo concesso a tutti gli uomini liberi del nostro regno, per noi ed i nostri eredi per sempre, tutte le libertà sottoscritte, che essi ed i loro eredi per sempre ricevano e conservino, da noi e dai nostri eredi. [...]

12. Nessuno scudaggio [«denaro dello scudo» il pagamento fatto al re in sostituzione del servizio militare in prima persona da parte del titolare di un feudo, *n.d.r.*] o altro ausilio [contributo in denaro, *n.d.r.*] sia imposto nel nostro regno, se non per comune consiglio del regno nostro, a meno che non sia per pagare il riscatto della nostra persona, per far cavaliere il nostro primogenito o per far la dote una sola volta alla nostra primogenita, ed a questi fini sia da richiedere soltanto un ragionevole ausilio. Si agisca nella stessa maniera riguardo agli ausilii della città di Londra. [...]

14. Per radunare il comune consiglio del regno perché stabilisca un ausilio (eccetto che nei tre suddetti casi) o scudaggio, noi faremo convocare gli arcivescovi, vescovi, abati, conti ed i maggiori baroni individualmente con nostre lettere, e faremo inoltre convocare generalmente per mezzo dei nostri sceriffi e balivi tutti i nostri vassalli immediati, per un certo giorno, con un preavviso di almeno quaranta giorni ed in un luogo determinato, ed in tutte le lettere di convocazione indicheremo la ragione della convocazione. E quando la convoca-

analizza il testo

→ Dopo la concessione della *Magna Charta*, in che modo cambiò il potere del re d'Inghilterra?

→ È rifiutata la concezione discendente del potere, secondo cui il re è una figura sacra? Perché?

↑ Re Giovanni a caccia. Era soprannominato "Senza Terra" perché, ultimo di cinque figli, era privo di eredità; miniatura medievale (Londra, British Library).

rivendicasse più di quanto era stato concordato, si sarebbe comportato in maniera illegittima, da tiranno, al punto che la disobbedienza e la resistenza nei suoi confronti non potevano più essere considerati dei crimini, ma solo la legittima difesa delle proprie *libertà*.

Forti di questa concezione feudale, e sfruttando la perdita di prestigio che la sconfitta aveva provocato al sovrano, i signori feudali inglesi decisero di porre termine alla lunga catena di abusi e di estorsioni che Giovanni aveva compiuto, con il pretesto della guerra contro la Francia. L'evento decisivo si verificò il **15 giugno 1215**, allorché i baroni obbligarono Giovanni a firmare e concedere la cosiddetta ***Magna Charta Libertatum*** (Solenne Carta delle Libertà). L'importanza storica del documento consiste nel fatto che **al potere del re** – che pur continuava a considerarsi l'unto di Dio e il vicario di Cristo – in nome del diritto feudale **venivano posti rigidi e ben precisi limiti, che egli non doveva varcare**. Al re, ad esempio, fu severamente vietato di imprigionare o mettere fuori legge ed esiliare alcun uomo libero, senza che prima questi avesse avuto la possibilità di un regolare processo davanti a una giuria di propri pari; analogamente, si faceva esplicito divieto ai funzionari reali di confiscare cavalli, carri o legname a un suddito del regno, senza il suo consenso.

zione sarà fatta in tal modo, il negozio [la discussione, *n.d.r.*] procederà nel giorno stabilito secondo il consiglio di coloro che saranno presenti, anche se non tutti i convocati si saranno presentati. [...]

16. Nessuno sia costretto a rendere un servizio maggiore del dovuto per un feudo di cavaliere o per altro libero obbligo feudale. [...]

39. Nessun uomo libero sia arrestato o imprigionato o multato o messo fuori legge o esiliato o danneggiato in alcun modo, né ci volgeremo o manderemo alcuno contro di lui, eccetto che per legale giudizio di suoi pari o secondo la legge del regno. [...]

52. Se qualcuno è stato da noi spossessato o privato senza legale giudizio dei suoi pari di terre, castelli, libertà o suoi diritti, glieli restituiremo immediatamente; e se qualche disaccordo sorge su questo punto, che sia risolto dal giudizio dei venticinque baroni indicati più oltre [art. 61, *n.d.r.*] nella clausola di sicurezza della pace. [...]

61. Poiché inoltre abbiamo concesso tutte le cose suddette per Dio, per la riforma del regno nostro e la migliore risoluzione della discordia che è sorta tra noi ed i nostri baroni, e poiché desideriamo che essi godano queste cose integralmente e stabilmente, diamo e concediamo loro la seguente sicurezza: cioè, che i baroni eleggano quei venticinque baroni del regno che essi desiderano, i quali con tutte le loro forze debbono osservare, mantenere e far osservare la pace e le libertà che abbiamo concesso e confermato loro con questa nostra carta, così che, se noi o il nostro giudice o i nostri balivi o uno qualsiasi dei nostri funzionari commettiamo mancanza contro chiunque in qualunque maniera, o trasgrediamo uno qualsiasi degli articoli di pace o di sicurezza, e l'offesa è denunciata a quattro dei suddetti venticinque baroni, quei quattro baroni vengano da noi, o dal nostro giudice se noi ci trovassimo fuori del regno, e la portino a nostra conoscenza e chiedano che noi la correggiamo senza indugio. E se noi, o il nostro giudice nel caso ci trovassimo fuori del regno, non correggessimo l'offesa entro quaranta giorni dal momento in cui è stata portata a conoscenza nostra o del nostro giudice se ci trovassimo fuori del regno, i suddetti quattro baroni riferiscano il caso ai rimanenti dei venticinque baroni, i quali tutti, insieme alla comunità di tutto il regno, ci danneggeranno e molesteranno in ogni maniera che potranno, cioè impadronendosi di castelli, terre e proprietà, ed in altre maniere che potranno, restando salva la nostra persona e quelle della regina e dei nostri figli sino a che, a loro giudizio, sia stata corretta l'offesa, e quando sarà stata corretta essi ci obbediranno come facevano prima. E chiunque nel regno lo voglia può prestare giuramento di obbedire agli ordini dei suddetti venticinque baroni in esecuzione di tutte le cose suddette e di unirsi a loro per molestarci per quanto lo possa, e noi pubblicamente e liberamente permettiamo a chiunque lo desideri di prestare tale giuramento, e non proibiremo mai ad alcuno di prestarlo.

G. MUSCA, *La nascita del Parlamento nell'Inghilterra medievale*, Dedalo, Bari 1994, pp. 71-82

Ma, ben al di là dei singoli esempi, quello che conta davvero e rappresenta una novità radicale, gravida di notevoli conseguenze per il futuro, è il principio informatore di base, secondo il quale era giusto porre limiti precisi all'autorità del re. Anzi, il paragrafo 61 della *Charta* (detto «**clausola di sicurezza della pace**») prevedeva persino la creazione di un'apposita commissione di 25 baroni, incaricati di sorvegliare il comportamento del re e, al limite, di procedere alla devastazione delle proprietà reali, **nel caso in cui il sovrano avesse compiuto qualche abuso, trasgredendo agli impegni assunti.**

> **Diritto di ribellione**

Nel caso in cui si fosse arrivati a uno scontro frontale, i baroni si impegnavano a rispettare la persona del re: un'autolimitazione derivante dal fatto che il monarca continuava a essere considerato una figura sacra, intoccabile e inviolabile. Eppure, dopo la *Magna Charta*, il potere regale non riuscì più a godere di quell'autorità sovrumana che, nel XII secolo, era stata teorizzata dall'Anonimo Normanno.

In sintesi, dopo Bouvines, mentre la monarchia francese riuscì ad accentuare ulteriormente la propria sacralità (e, per questa strada, a giungere infine all'assolutismo), nel **regno d'Inghilterra i rapporti fra l'autorità regia e i suoi subordinati** assunsero, a partire dal XIII secolo, una componente di **tipo contrattuale**, che non poté mai più essere cancellata o soppressa.

> **VEDI** L'Anomimo Normanno → pag. 37

3.7 Il Parlamento inglese

In base alla *Magna Charta*, al re non fu più consentito esigere servizi o tributi maggiori rispetto a quanto pattuito con i signori. Qualora invece, in casi straordinari, si fosse presentata la necessità di uno speciale servizio o di un contributo finanziario superiore, il re avrebbe dovuto **convocare i propri vassalli** e insieme a loro **concordare l'entità di questi contributi eccezionali** (paragrafi 12 e 14 della Magna Charta).

↑ Edoardo I, re d'Inghilterra, presenzia a una seduta del Parlamento, miniatura del XIV secolo (Londra, British Museum).

Nel 1258, si verificò un nuovo conflitto tra baroni e monarchia; anche il nuovo re Enrico III, come in passato Giovanni, fu costretto a cedere alle rivendicazioni dei suoi rivali e pertanto concesse le cosiddette *Provvisioni* (provvedimenti) *di Oxford*, a seguito delle quali fu deciso che **15 baroni** restassero **stabilmente a fianco del re** come consiglieri e controllori del suo operato. Questo gruppo di baroni può essere considerato il **primo nucleo della cosiddetta *Camera dei Lords***; le origini della seconda camera in cui si articola il Parlamento inglese – la cosiddetta ***Camera dei Comuni*** (di coloro che non sono nobili) possono essere trovate, invece, in un'assemblea convocata nel 1275 da Edoardo I, che sperava – coinvolgendo anche i mercanti e i borghesi delle città – di limitare il potere dei baroni. Lo stesso Edoardo I introdusse l'abitudine di convocare le assemblee dei rappresentanti dei Lords e dei Comuni sempre nello stesso luogo , e precisamente a Westminster; ma, soprattutto, al tempo di Edoardo I (e precisamente nel 1297) venne formalmente sancito il principio secondo il quale **il re non poteva introdurre nuove tasse senza il consenso dei rappresentanti** dei sudditi del regno, fossero essi nobili o comuni. Il Parlamento, a quel punto, pur essendo ancora molto diverso dalla moderna istituzione che esercita l'attività legislativa, si avviò a diventare un vero e proprio organo dello Stato, con il quale il re, volente o nolente, doveva dividere una parte del proprio potere.

> VEDI
I tre ordini
→ pag. 148

Nel momento in cui, alla fine del Duecento, il Parlamento inglese acquisiva la propria forma definitiva, il clero decise di non parteciparvi come gruppo separato a sé stante: i vescovi e gli abati più potenti scelsero di entrare, a titolo individuale, nella Camera dei Lords, ma non diedero vita a una terza camera autonoma. Edoardo I aveva tentato di crearla: furono gli ecclesiastici a non accettare, credendo che una simile scelta salvaguardasse meglio la libertà d'azione della Chiesa. Di fatto, invece, quella decisione provocò solo una precoce **esclusione del clero inglese dalla vita politica del Paese e dalla gestione dello Stato**.

3.8 Le conseguenze di Bouvines nel Sacro impero romano germanico

Tra gli sconfitti di Bouvines bisogna ricordare anche l'imperatore guelfo **Ottone IV**, alleato del sovrano d'Inghilterra. Ottone era salito al trono in seguito all'improvvisa morte di Enrico, approfittando della giovane età di **Federico II** (1214-1250), nipote del Barbarossa, al quale però dovette cedere il potere dopo la sconfitta subita dai francesi.

> Cultura, poesia, caccia

Federico II, che divenne signore anche del regno di Sicilia, in un primo tempo dedicò le proprie energie a rafforzare la sua posizione di sovrano italiano. Dopo aver fissato la propria **corte a Palermo**, la trasformò in un grande centro culturale.

↑ Federico II con i falconieri, miniatura tratta dal suo libro sulla falconeria, XV secolo (Ginevra, Bibliothèque Publique et Universitaire).

LE PAROLE

Volgare

Con il termine *volgare* si indica la lingua parlata dal volgo, cioè dal popolo, che fin dalla metà del IX secolo non comprendeva più il latino. Gradualmente il latino finì per diventare la lingua usata esclusivamente dalle persone dotte e colte, e dagli ecclesiastici.

Guardiamo la storia

Ginevra e Isotta, le signore dell'amore cortese

A imitazione della poesia dei trovatori provenzali, nacque così la cosiddetta ***scuola siciliana***, un gruppo di poeti che componevano **poesie d'amore in volgare italiano**. Federico stesso compose poesie; spirito curioso e intelletto straordinariamente aperto, sapeva parlare numerose lingue, tra cui l'arabo. Il suo interesse culturale principale, però, fu rivolto allo studio dei **falconi da caccia**, cui dedicò un dotto trattato dal titolo *L'arte di cacciare con gli uccelli*. Non si trattava di un semplice passatempo: la caccia mediante i falconi da preda, infatti, era lo **sport regale per eccellenza**; praticarlo con perizia e dimostrarsi esperti in questa particolare arte venatoria significava possedere uno spirito degno dell'esercizio del potere supremo.

Nel 1231, con le ***Costituzioni di Melfi***, Federico II tolse ai grandi signori della Sicilia e dell'Italia del Sud ogni potere in campo giudiziario e militare: il sovrano, ad esempio, ordinò che fossero abbattute tutte le fortificazioni erette senza il suo consenso. In questo modo, Federico intendeva affermare la superiorità del suo potere rispetto a tutte le autorità e ai poteri locali.

In Germania, invece, l'imperatore si rese conto dell'impossibilità di imporre a tutti i signori la propria autorità; pertanto, decise di rinunciare definitivamente a quei medesimi *diritti del re* che egli, con rinnovato sforzo, si sforzava di recuperare e di difendere in Italia. Con la ***Costituzione in favore dei principi***, del 1231, Federico II concesse **ai grandi signori tedeschi** una **straordinaria autonomia** in tutti i campi, da quello giudiziario a quello relativo alla coniazione delle monete. In pratica, l'autorità dell'imperatore in Germania (già fragile in passato) divenne a partire dal 1231 priva di ogni vero significato. Come ha scritto lo storico belga Henri Pirenne, «Federico II nel 1231 non ha fatto che riconoscere in diritto ciò che esisteva già di fatto, riconoscendo ufficialmente i principi come *signori delle loro terre*. Ormai, **la Germania non è più che una federazione di sovrani indipendenti** che l'imperatore abbandona a se stessi».

Bouvines: crocevia della storia d'Europa

Schema proiettabile

STATI COINVOLTI NELLA BATTAGLIA	CONSEGUENZE
Regno di Francia	Dopo la vittoria, il re Filippo Augusto ottiene i territori contesi con l'Inghilterra e in questo modo può ampliare notevolmente la superficie del suo Stato: per la prima volta, il potere del re supera quello dei signori feudali
Regno di Inghilterra	Dopo la sconfitta, il prestigio del re Giovanni Senza Terra si indebolisce: costretto dalle pressioni dei baroni, deve concedere la Magna Charta Libertatum, che segna la fine del potere assoluto dei re d'Inghilterra e apre la strada alla nascita del Parlamento
Sacro impero romano germanico	Dopo la sconfitta, l'imperatore Ottone IV deve cedere il potere a Federico II (nipote del Barbarossa), il quale tenta di affermare il suo potere in Italia e concede ai principi tedeschi una straordinaria autonomia

3.9 La concezione politica di Federico II

> **Modello orientale di sovranità**

Guardiamo la storia
L'imperatore tedesco: Federico II

A fondamento del proprio potere, Federico II continuò ufficialmente a porre l'idea secondo cui il re era il vicario di Dio in terra. Il suo modello, però, fu per vari aspetti orientale, cioè musulmano o bizantino: nello Stato che egli cercava di costruire in Italia meridionale, il sovrano non avrebbe dovuto in alcun modo essere ostacolato da un'ingombrante casta sacerdotale, desiderosa di dare ordini e direttive al re. Anzi, secondo alcuni storici, Federico II si mostrò estremamente sensibile nei confronti del cosiddetto *misticismo adamita*: un'idea secondo la quale all'imperatore spettava un ruolo eccezionale nel processo di rinascita e di salvezza dell'umanità. Essendo il rappresentante di Cristo in terra (**una specie di nuovo messia**), grazie alla sua saggia attività di legislatore e di giudice, l'imperatore avrebbe dovuto guidare l'uomo sulla retta via e quindi offrire un decisivo contributo al **ritorno dell'umanità al Paradiso terrestre**, all'armonia terrena perduta da Adamo ed Eva dopo il peccato originale.

Carta interattiva
L'impero di Federico II

GEOSTORIA L'Impero al tempo di Federico II

Carta proiettabile

↑ L'estensione del territorio dell'Impero non deve trarre in inganno. Federico II, infatti, esercitava un potere pieno ed effettivo solo sul regno di Sicilia. Il successo nella battaglia di Cortenuova, contro la lega dei comuni italiani sostenuta dal papa, venne poi vanificato dalla sconfitta imperiale a Fossalta.

→ Castel del Monte, fatto costruire da Federico II tra il 1240 e il 1250 su un'altura nei pressi di Andria, provincia di Bari.

> **La volontà del principe è legge**

Nello stesso tempo, però, Federico II si premurò di trovare altre (e, forse, più solide) giustificazioni per le sue aspirazioni di sovrano assoluto. A questo scopo, egli puntò soprattutto sul **diritto romano**, giovandosi del sostegno dei docenti dell'**università di Bologna**. Secondo questi giuristi, a partire da Augusto il popolo romano aveva rinunciato al potere e lo aveva completamente delegato all'imperatore. Il popolo (il che significava, in pratica, sia i comuni sia i signori feudali) non poteva più vantare alcuna pretesa al potere e all'autonomia: solo la volontà del principe aveva valore di legge; solo l'imperatore, e nessun altro, era l'**onnipotente ed esclusivo depositario della sovranità**.

3.10 La morte di Federico II e la frammentazione italiana

A differenza di Barbarossa, che voleva ricavare dai comuni italiani le risorse necessarie a sottomettere i Welf (duchi di Sassonia), Federico II non pensava più a unificare la Germania e intendeva lasciarla al suo destino di terra politicamente frammentata. Egli puntava piuttosto ad **affermare il suo dominio su tutta l'Italia**, che all'epoca era la terra più ricca d'Europa, trasformandola in uno **Stato centralizzato**, amministrato in modo energico e, al limite, dispotico. Oltre a beneficiare della fiorente agricoltura meridionale, Federico voleva sottomettere i ricchi comuni del Nord, facendo valere i diritti che il titolo di imperatore gli assicurava.

> **Alleanza tra papato e comuni**

Il tentativo di Federico di imporre la sua autorità su tutta l'Italia venne ostacolato dal **papa**, che **scomunicò l'imperatore** e diffuse la voce secondo cui egli era l'Anticristo, uno strumento nelle mani del diavolo, un nemico di Dio e un persecutore della Chiesa, come Nerone. Il papa inoltre sostenne i comuni, i quali, sebbene sconfitti clamorosamente a Cortenuova nel 1237, riuscirono a non cedere e a non essere sottomessi definitivamente. Proprio come il nonno Federico Barbarossa, quindi, Federico II vide fallire i suoi progetti politici.

Alla sua morte, avvenuta nel 1250, il controllo del regno di Sicilia passò a Manfredi, suo figlio illegittimo. Temendo che potesse riprendere una politica simile a quella del

LE PAROLE

Vespri Siciliani

La rivolta ebbe inizio a Palermo, la sera del 30 marzo 1282. Poiché era il lunedì dopo Pasqua, numerosi palermitani si erano recati presso la chiesa dello Spirito Santo per recitare la preghiera serale denominata vespri. I francesi sapevano che l'idea di una rivolta era molto diffusa tra i nobili dell'isola; pertanto, pretesero di perquisire le donne presenti alla funzione religiosa, sostenendo che sotto le gonne nascondevano delle armi. Questo gesto fu ritenuto oltraggioso dai mariti delle dame e giudicato un sopruso inaccettabile. Sul sagrato della chiesa scoppiò un tumulto, che ben presto si estese a tutta la città e all'intera Sicilia.

padre, il papa chiamò in Italia il fratello del re di Francia, **Carlo d'Angiò**, che nel 1266 sconfisse Manfredi a Benevento e si impadronì del suo regno.

Per ricompensare i cavalieri che l'avevano sostenuto nell'impresa, Carlo concesse loro numerosi feudi; i grandi signori, insomma, poterono riacquistare quel potere e quell'autonomia di cui Federico II li aveva privati. Inoltre, la violenza e la brutalità con cui le terre venivano sfruttate dai nuovi dominatori francesi fece esplodere in **Sicilia**, nel **1282**, una **grande rivolta**, denominata dalla tradizione **Vespri Siciliani**.

Nel corso della lotta, i siciliani chiesero il **sostegno del re d'Aragona**, che aspirava ad acquistare più peso e più potere nello scenario politico ed economico mediterraneo. La guerra si protrasse fino al 1302, allorché venne firmata la pace di Caltabellotta e la Sicilia passò definitivamente sotto il dominio aragonese.

> Il sogno di Dante

Con la morte di Federico II, l'Italia perse l'ultima possibilità storica di trasformarsi in una *monarchia nazionale* simile al regno di Francia e al regno d'Inghilterra. Analogamente, la Germania accentuò ulteriormente la propria frammentazione politica, al punto che, **dal 1250 al 1273, il trono imperiale rimase vacante**. Anche dopo questa data, per molto tempo, quasi tutti i sovrani che assunsero la corona tedesca furono figure sbiadite e insignificanti. Dante, che scriveva all'inizio del Trecento, sognò ancora il ritorno di un Impero potente, capace di imporre la propria autorità ai comuni (costantemente in preda alle lotte civili) e al papato (che all'inizio del XIV secolo continuava a rivendicare il diritto di disporre anche del potere temporale).

Dante confidava in un imminente intervento divino: vero e proprio nuovo messia (come, in fondo, si concepiva Federico II), un imperatore sostenuto dal Cielo avrebbe riportato ordine e giustizia nel mondo cristiano. Affascinato dalla sua visione profetica, il poeta fiorentino **non si rese conto che la forza dell'Impero si era del tutto esaurita**.

Dante, insomma, non capì che il futuro apparteneva ormai al regno di Francia e al regno d'Inghilterra: solide *monarchie nazionali*, grazie alle loro notevoli risorse demografiche, agricole e commerciali avrebbero potuto svolgere una politica aggressiva e dinamica, del tutto impossibile al debole e frammentato impero germanico. Era il segnale che, sia pure gradualmente, il Medioevo si stava concludendo e si apriva un'epoca nuova.

↓ La battaglia di Benevento, miniatura del XIV secolo, (Città del Vaticano, Biblioteca Apostolica Vaticana).

zoom

Modernità: un concetto sfuggente

Moderno, ossia diverso da medievale

Vari storici hanno definito Federico II il *primo sovrano moderno*. Prima di esprimere una valutazione sulla correttezza di questo concetto, conviene tentare di dare una definizione del concetto stesso di *modernità*, con cui dovremo confrontarci altre volte nel corso del nostro studio dei secoli compresi tra l'XI e il XVII. Precisiamo che, nelle pagine seguenti, il **termine *moderno* non esprimerà** alcun giudizio di valore, così come **non avrà alcuna connotazione (positiva o negativa) l'espressione *medievale*.** Solo un'interpretazione ingenua e superficiale della modernità potrebbe ancora accettare l'equazione *moderno = migliore*: un'impostazione che, dopo le tragedie del Novecento, appare per lo meno dubbia.

A nostro giudizio, *moderno* significa semplicemente *diverso da medievale*, mentre la definizione che proponiamo di *modernità* è la seguente: un insieme di mutamenti, che investe tutti gli ambiti dell'esistenza umana, trasformandoli in modo sempre più ampio, netto e accentuato, fino a rendere lo scarto con la realtà medievale del tutto irreversibile.

L'esemplificazione più semplice può essere quella tradizionale, relativa alla *scoperta* dell'America, presentata per molto tempo come il convenzionale confine cronologico tra l'*età di mezzo* e il *mondo moderno*. In effetti, la novità è radicale e non investe solo la scienza geografica, bensì il commercio, l'arte della navigazione, gli equilibri politici e l'economia nel suo complesso. Un discorso simile può essere fatto per Lutero e per la Riforma protestante, nel Cinquecento, che spezzarono in modo definitivo l'unità religiosa dell'Europa occidentale, ponendo fine al mondo religioso medievale.

↑ Federico II, miniatura dal suo trattato *De arte venandi cum avibus*, XIII secolo.

Tuttavia, va precisato che la modernità non avanzò in modo sincrono in tutti i campi: così, in una determinata situazione storica, alcuni settori dell'esistenza ci possono apparire già moderni e altri straordinariamente arcaici, cioè legati alla tradizione e fermi al passato. Si pensi alla Francia del Settecento, che fa uso delle armi da fuoco, celebra la nuova scienza di Galileo e di Newton, ma possiede ancora una struttura sociale *trinitaria*, basata sul modello *trifunzionale* elaborato dagli intellettuali dell'XI secolo, cioè suddivisa in tre gruppi complementari: *coloro che pregano* (il clero), *coloro che combattono* (la nobiltà), *coloro che lavorano* (il Terzo stato).

Personaggi complessi

Inoltre, può accadere che persino singoli personaggi ci appaiano moderni (cioè distanti dal mondo medievale) in determinati ambiti, mentre in altre loro azioni o atteggiamenti mentali sono rimasti decisamente legati alla tradizione che, in un campo specifico, essi stessi hanno contribuito a superare. Si pensi a Lutero, che rompe lo schema religioso medievale basato sulla centralità dell'istituzione ecclesiastica e sul ruolo guida del pontefice (universale pastore di tutta la cristianità), ma imposta la propria esistenza considerando la salvezza eterna ultraterrena come il principale obiettivo da conseguire. Negli stessi anni, invece, Niccolò Machiavelli stava elaborando una concezione della politica assai più moderna, trascurando completamente le conseguenze ultraterrene delle azioni umane e assumendo la realtà mondana come unico orizzonte di riferimento.

Come Lutero, anche **Federico II è una figura difficile da catalogare**. Infatti, da una parte, il suo bagaglio mentale è tutto medievale: il suo modo di concepire il potere (derivato da Dio), il ruolo che attribuisce all'autorità imperiale, il simbolismo di cui l'imperatore si circonda sono tipici del tempo in cui Federico II vive. Tuttavia, rispetto all'Alto Medioevo, in Federico II cogliamo un notevole sforzo di limitare il potere dei nobili, di concentrare il più possibile la giustizia nelle mani del re e dei suoi rappresentanti e soprattutto di assicurare allo Stato il *monopolio della violenza legale*, come lascia trasparire la sua politica finalizzata a smantellare le fortezze dei baroni. In tale ambito (e solo in questo) Federico II fu davvero un monarca *moderno*, che aprì la strada agli sviluppi politici assunti dalla maggioranza dei sovrani e degli Stati nel corso dei secoli seguenti.

CULTURA CIVILTÀ E RELIGIOSITÀ

4

Storia slide

Eretici, mendicanti e inquisitori

Le conoscenze da acquisire	Le competenze da potenziare
Il generale risveglio dell'Occidente investe anche l'ambito religioso, generando sia numerosi movimenti eretici sia il fenomeno degli ordini mendicanti.	Saper cogliere l'interazione fra mentalità religiosa e contesto sociale ed economico.

4.1 Il tempo delle cattedrali

In un passo famoso delle sue *Storie*, composte intorno al 1035, il monaco Rodolfo il Glabro scrive che, al suo tempo, ebbe inizio una nuova e intensissima attività edilizia: «Era come se il mondo stesso, scuotendosi, volesse spogliarsi della sua vecchiezza per rivestirsi di un bianco manto di chiese». In effetti, per quasi tre secoli, dal 1000 al 1300, in **tutta l'Europa** si registrò la costruzione di un **elevatissimo numero di nuovi edifici religiosi**, denominati ***cattedrali*** quando si trattava delle chiese vescovili: vero centro di una città, esse ospitavano la *cattedra* del vescovo, investito del compito di insegnare e difendere la retta dottrina cristiana.

> Lo stile romanico

Le chiese costruite o progettate nell'XI secolo e all'inizio del XII sono chiamate ***romaniche***. Si tratta di strutture imponenti, grandi complessi in pietra la cui edificazione richiedeva sempre moltissimo denaro. **Costruire una grande cattedrale era un segno di potenza**, di prestigio, di indipendenza. Di solito, dietro alla decisione di costruire una nuova cattedrale stava una precisa motivazione: mostrare a qualcuno (al re, a una città vicina, a un signore da cui una città voleva prendere le distanze...) la propria forza e il proprio desiderio di autonomia. Basti pensare alla chiesa di sant'Ambrogio a Milano, la cui forma attuale risale appunto al finire dell'XI secolo, proprio nel momento in cui il capoluogo lombardo si avviava a diventare uno dei centri commerciali più ricchi e più importanti d'Italia.

Rispetto al passato, le chiese romaniche introdussero numerosi e significativi elementi di novità. Fino all'anno Mille, in effetti, l'architettura religiosa cristiana aveva continuato a seguire il modello delle prime basiliche,

← La basilica di sant'Ambrogio a Milano. I lavori di ricostruzione realizzati tra il 1080 circa e il 1099 l'hanno resa un esempio di stile romanico.

caratterizzate dalla presenza di due lunghe file parallele di colonne e da un soffitto in legno. L'innovazione più importante introdotta dagli architetti romanici fu la **volta in pietra**. Per sorreggere questo nuovo tipo di copertura, le colonne non furono affatto abbandonate; però, il carico della pietra rese necessaria l'introduzione di un nuovo elemento costruttivo, il pilastro, capace di sostenere il nuovo complesso (e pesantissimo) impianto della volta. Un altro straordinario elemento di novità fu la decisione di **decorare la facciata della chiesa** con delle **sculture**. Di solito, si trattava di scene tratte dalla Bibbia, soprattutto dall'Apocalisse, il libro che descrive la fine del mondo e il giudizio universale. Cristo, in queste scene, non è dunque il Buon Pastore che perdona i peccatori, ma un giudice severo, che si appresta a scaricare il suo castigo su tutti i malvagi che non hanno rispettato la legge di Dio.

> **Sculture e decorazioni**

Guardiamo la storia
Il modello evangelico: Cristo re, il giorno del Giudizio

È probabile che i temi delle sculture della facciata (e, a volte, delle pareti esterne laterali) fossero decisi dal clero. Una notevole **libertà d'azione**, invece, venne lasciata **agli scultori nella decorazione dei capitelli dei pilastri e delle colonne,** che si riempirono di figure fantastiche: animali feroci, scimmie, mostri, demoni... Questo enorme sviluppo di decorazioni, in cui la fantasia dell'artista poteva scatenarsi senza limite alcuno, si spiega se teniamo conto del fatto che i capitelli si collocano in una posizione speciale, a metà strada tra il cielo (il mondo di Dio e dei suoi angeli) e la terra (il mondo degli uomini). **Quello intermedio** è dunque **il mondo delle forze del male**, che per certi versi sono superiori agli uomini (e, quindi, possono minacciarli e colpirli), ma comunque sono inferiori (e quindi sottomesse) a Dio e al suo potere. **I mostri dei capitelli**, dunque, hanno il compito di incutere paura, di informare i fedeli delle terribili potenze che incombono su di loro, e quindi di spingerli a guardare con rinnovato fervore a Cristo e a Dio: le uniche forze che possono sconfiggere l'informe e spaventoso mondo del male.

> **Lo stile gotico**

Nel corso del XII secolo, si impose in **Francia** un nuovo stile architettonico, chiamato ***gotico***. Anche se il termine può far pensare alla Germania, i primi esperimenti della nuova arte ebbero luogo nei dintorni di Parigi. Tra i promotori dello stile gotico, svolse un ruolo

→ Abbazia di Saint-Denis, esempio di stile gotico, 1140-1144.

> **Suger di Saint-Denis**

del tutto speciale Suger, abate di Saint-Denis, il monastero vicino alla capitale francese, nella cui chiesa erano sepolti i re di Francia. Quando tale chiesa venne ampliata e ricostruita, tra il 1135 e il 1144, Suger volle che essa brillasse di uno splendore eccezionale.

Secondo Suger, **la luce era il simbolo più adatto a rappresentare Dio** e a evocare il mondo ultraterreno, che gli uomini dovevano sforzarsi di raggiungere. Pertanto, rispetto all'architettura romanica, quella gotica si sforzò soprattutto di aprire, nelle pareti, enormi e altissime finestre, capaci appunto di illuminare l'interno e di creare affascinanti giochi cromatici. Ovviamente, simili pareti non potevano più sostenere le pesanti volte romaniche. Anzi, a loro volta, ebbero spesso bisogno di essere sostenute da strutture di rinforzo esterne, chiamate *archi rampanti*. Tutto questo in modo da permettere alla costruzione di **slanciarsi verso l'alto** e di traforare le pareti di immense vetrate colorate.

4.2 Disagio e rinnovamento religioso nel XII secolo

Verso la metà del XII secolo, negli stessi decenni in cui i cantieri delle nuove cattedrali erano più attivi che mai, le masse popolari attraversarono una fase di crescente **malessere religioso**. Da un lato, questo disagio portò alla nascita di numerosi **movimenti ereticali**; dall'altro, diede slancio ad alcune esperienze spirituali eccezionali, da cui l'Europa cristiana sarebbe stata profondamente rinnovata.

Per comprendere questo fenomeno, dobbiamo richiamare alcuni aspetti della realtà sociale del Basso Medioevo, che abbiamo già messo in luce in precedenza. In particolare, va ricordato che molti contadini, a seguito della crescita demografica, rimanevano privi di terra, oppure si trovavano a coltivare poderi che non erano più sufficientemente ampi per garantire la sopravvivenza delle loro famiglie. In gran numero, pertanto, **i contadini emigrarono verso le città**, in cui speravano di trovare lavoro nelle botteghe artigiane o al servizio di qualche mercante.

> **I contadini emigrano in città**

Ovviamente, molte delle persone che arrivavano in città non trovavano alcun impiego: sradicati rispetto al loro villaggio d'origine (in cui non volevano o non potevano più ritornare), nel nuovo ambiente erano privi di ogni relazione sociale e di sostegni. Pertanto, ai margini di tutti i centri urbani, fuori dalle mura, si creavano dei quartieri di capanne, in cui prese ad abitare una **numerosa massa di poveri e mendicanti**.

RIFERIMENTO STORIOGRAFICO 5
Uomini e corpi nel Medioevo
→ pag. 129

Da secoli, ogni città conosceva già un gruppo particolare di esclusi: i lebbrosi. Obbligati a risiedere fuori dal centro abitato, dovevano portare un vistoso distintivo (rosso o giallo) e suonare una campanella, o agitare una raganella in legno, per annunciare il loro arrivo e permettere a chiunque di allontanarsi. L'**emarginazione dei lebbrosi** nasceva da motivazioni di vario genere: senza dubbio, si temeva il contagio; ma, soprattutto, era decisiva la **convinzione secondo cui la malattia** che piagava il corpo dei lebbrosi fosse **lo specchio della perversità della loro anima**. Il lebbroso, dunque, era considerato il peccatore per eccellenza, espulso dal mondo degli uomini perché odiato e disprezzato da Dio stesso.

LE PAROLE

Movimenti ereticali

Si chiamano così quei movimenti i cui membri sono seguaci di un'eresia, ossia di una dottrina in contrasto con i principi e le convinzioni della Chiesa cattolica, guidata dal papa.

→ Un lebbroso con la campana con cui soleva annunciare l'avvicinamento a persone e quindi evitare il contagio. Miniatura medievale (Londra, British Library).

4.3 Contro la Chiesa di Roma: i valdesi

Nelle città, attorno alla metà del XII secolo, due fattori concomitanti influenzarono notevolmente la mentalità collettiva. Da un lato, erano sempre più numerosi i cristiani impressionati dal triste spettacolo di miseria, malattie e disperazione che li circondava. Dall'altro, l'aumento di coloro che si dedicavano alla professione di mercanti favorì la **crescita dell'alfabetizzazione**: le persone che, verso il 1150, sapevano leggere e scrivere erano molte più che in passato.

> **Alfabetizzazione e Vangelo**

In tal modo, a molti cristiani fu **possibile leggere personalmente il Vangelo**, mentre la massiccia presenza di poveri, di malati e di emarginati li spingeva a riflettere soprattutto sui numerosi episodi evangelici in cui Gesù si prende cura dei più disgraziati, li cura e li tratta con affetto. Inoltre, molti cristiani restarono colpiti dal fatto che Gesù stesso era umile e povero, mentre i vescovi della Chiesa del loro tempo apparivano ricchi e assetati di potere.

Pietro Valdo è la figura più rappresentativa del nuovo scenario sociale e religioso che abbiamo appena delineato. Visse a Lione e, poiché era un mercante, aveva imparato a leggere e a scrivere; nel 1170, dopo aver meditato il Vangelo, decise di osservare fedelmente tutti i comandi di Gesù: donò allora i suoi beni ai poveri e cominciò a vivere di elemosine. Valdo ebbe presto numerosi seguaci, che esortavano i cristiani a imitare il loro comportamento e iniziarono a criticare i vescovi e i preti per la loro ricchezza. Per questo motivo, nel 1179 fu proibito ai **valdesi** (o *poveri di Lione*) di predicare nelle chiese; ma poiché Valdo rifiutò di sottomettersi, nel 1184 egli e i suoi compagni furono scomunicati e dichiarati eretici.

Con il passare del tempo, i valdesi si fecero sempre più critici nei confronti della Chiesa di Roma e giunsero a respingere ogni dottrina e ogni pratica che non fossero esplicitamente presenti nel Nuovo Testamento. E così, insieme all'autorità del papa, respinsero il culto dei santi, la recente credenza relativa al purgatorio e il **culto delle reliquie**. Per quel che riguarda i sacramenti, essi conservarono solo il battesimo e l'eucaristia, mentre rifiutarono l'ordine, cioè la consacrazione dei vescovi e dei sacerdoti.

Le parole

Reliquie

Il termine designa qualsiasi testimonianza materiale che si sia conservata nel tempo. Nel linguaggio religioso, indica i vestiti, le ossa o gli oggetti personali di un santo; nel Medioevo, si diffusero anche molte *reliquie di Cristo* (frammenti della santa croce, chiodi usati per crocifiggere Gesù ecc.). L'uomo medievale credeva che dalle reliquie emanasse una forza sacra, capace di guarire miracolosamente o di proteggere i fedeli dal Male. Con il passare del tempo, la Chiesa sostenne che la venerazione delle reliquie offriva, innanzitutto, la possibilità di ottenere da Dio l'espiazione dei propri peccati e un'abbreviazione del soggiorno che l'anima avrebbe dovuto effettuare in purgatorio, al fine di purificarsi. Per la loro importanza, spesso le reliquie erano oggetto di commercio, cosicché circolavano molti falsi.

→ Valdesi catturati e condotti al rogo con l'accusa di eresia. Miniatura da un manoscritto bolognese del XIV secolo.

4.4 I catari: il problema del male

I valdesi, perseguitati dalla Chiesa, rimasero sempre una minoranza e la loro dottrina non ebbe mai una grande diffusione. Al contrario, il movimento dei **catari** si diffuse in tutta Europa, e addirittura riuscì a imporsi nella **Francia del Sud**, dove si parlava la **lingua d'*oc***.

LE PAROLE

Lingua d'*oc*

Nei secoli centrali del Medioevo, la lingua parlata nelle regioni meridionali della Francia era diversa da quella parlata nel Nord. Per distinguerle si usano le espressioni lingua d'*oc* e lingua d'*oil*, dalla parola che, nei rispettivi idiomi, significa "sì". La lingua d'*oc* è tuttora usata in alcune valli piemontesi.

> **Inesattezze e calunnie**

A proposito del catarismo circolano numerose **inesattezze** e varie **calunnie**, spesso diffuse ad arte dai nemici di tale dottrina per screditarla e renderla odiosa agli occhi delle popolazioni. La prima imprecisione diffusa riguarda l'origine del nome *catari*, che di solito viene fatta derivare dalla parola greca *katharoi*, che significa "puri". In realtà, è molto più probabile che il termine sia nato come un'ingiuria e che derivi dal latino *catus* (*gatto*): animale subdolo e ambiguo, temuto e disprezzato, perché ritenuto strumento del demonio. In secondo luogo, va rettificato il senso della parola *perfetti*, con cui gli avversari dei catari indicavano le guide del movimento; il termine, infatti, voleva solo indicare che quegli individui erano degli eretici *autentici*, completi e convinti, dei veri nemici della Chiesa, impossibili da convertire alla vera fede cattolica. Infine, dev'essere abbandonata definitivamente la leggenda secondo cui i catari praticavano un orribile rito chiamato dai loro nemici *endura*: una sorta di suicidio assistito, in cui l'individuo desideroso di salire al cielo si lasciava morire di fame.

> **Il mondo è opera del diavolo**

Premesso tutto questo, possiamo esaminare le principali dottrine del movimento e capire le ragioni della forza con cui la Chiesa si impegnò a combatterle con tutti i mezzi (compresa la violenza). Prima di tutto va ricordato che i **catari** erano profondamente **turbati dalla presenza del Male**, al punto da sostenere che un mondo come il nostro, in cui esiste tanta sofferenza, non poteva essere opera di Dio. Al contrario, la realtà terrena e materiale, che ci circonda e in cui siamo immersi, poteva essere stata creata solo da Satana. **Dio, secondo i catari, aveva creato solo le anime**: il diavolo, invece, era riuscito a incarcerarle nei corpi, a far vivere gli esseri umani sulla Terra e a perpetuarne l'esistenza mediante un perenne ciclo di reincarnazioni. Per questo motivo, i catari rifiutavano l'Antico Testamento e sostenevano che il Padre di Gesù non aveva nulla a che fare con la divinità che (secondo la *Genesi*, il primo libro della Bibbia) aveva creato «il cielo e la terra».

← Rappresentazione di un essere mostruoso in un capitello scolpito nella chiesa di San Pietro di Chauvigny, in Francia, XII secolo.

4.5 I catari: il problema della salvezza

> Rifiuto della passione di Cristo

I catari sostenevano che Cristo fosse stato inviato da Dio per liberare le anime dalla materia. Ma la salvezza portata da Cristo non era giunta, come sosteneva la Chiesa, tramite la sua passione e la sua morte in croce, in quanto, secondo i catari, **il corpo reale di Cristo e la sua sofferenza sulla croce erano solo un'apparenza**. Piuttosto, la salvezza consisteva nell'**insegnamento di una dottrina** capace di interrompere il ciclo perpetuo delle reincarnazioni, voluto da Satana, e di **riportare le anime in cielo**, loro autentica dimora.

Coloro che accoglievano completamente l'insegnamento di Cristo (diventando *amici di Dio* o *buoni cristiani*, cioè guide e punti di riferimento per i semplici *credenti*) si sottoponevano a un rito chiamato ***consolamentum***: in pratica, sul candidato venivano imposte le mani, riprendendo alla lettera una delle pratiche che, nella Chiesa primitiva, era utilizzata per far scendere la forza dello Spirito Santo su un cristiano appena convertito. Da quel momento, il cataro che era diventato un *buon cristiano* si impegnava a non esercitare più la sessualità, a non mangiare più carne e a non praticare alcun tipo di giuramento.

> Rifiuto del lusso, non del lavoro

Anche se il lusso era guardato con disprezzo, come una tentazione diabolica, i catari non rifiutavano in linea di principio né il denaro né il profitto. Tutti i *buoni cristiani*, infatti, dovevano esercitare un'attività manuale, con la quale mantenersi, e in molti casi il lavoro scelto fu quello della **tessitura**. Spesso, gli *amici di Dio* si riunivano in gruppi e lavoravano insieme, dando vita a comunità non molto diverse da quelle monastiche. La principale differenza rispetto ai monasteri consisteva nel fatto che le *case* dei *buoni cristiani* non erano isolate dal resto della comunità sociale, ma pienamente inserite all'interno della comunità di città o di villaggio. Così, in pratica, i *buoni cristiani* svolgevano contemporaneamente le funzioni che nella Chiesa cattolica erano svolte dai parroci e dai monaci, nei confronti dei semplici fedeli, i quali tutto sommato conducevano una vita normale, non molto diversa da quella degli altri cristiani del XII secolo. Semplicemente, all'avvicinarsi della morte o in caso di malattia grave, ricevevano il *consolamentum* cataro, invece dei sacramenti della Chiesa romana.

> Una Chiesa alternativa

Con il passare del tempo, il **catarismo si diede una struttura organizzativa sempre più efficiente**, dividendo il territorio della Francia meridionale in diocesi, ognuna delle quali era guidata da un vescovo, reclutato ovviamente tra i *buoni cristiani* più qualificati. La nascita di tale struttura fu resa possibile dalla tolleranza dei grandi signori feudali, primo fra tutti il conte di Tolosa. Né deve sorprendere il fatto che quei medesimi nobili fossero gli stessi nei cui castelli era fiorita la poesia dei trovatori: proprio l'*amor cortese*, infatti, è il segnale della totale assenza, in loro, di fanatismo religioso, che poteva arrivare, a volte, al vero e proprio scetticismo nei confronti degli insegnamenti della Chiesa.

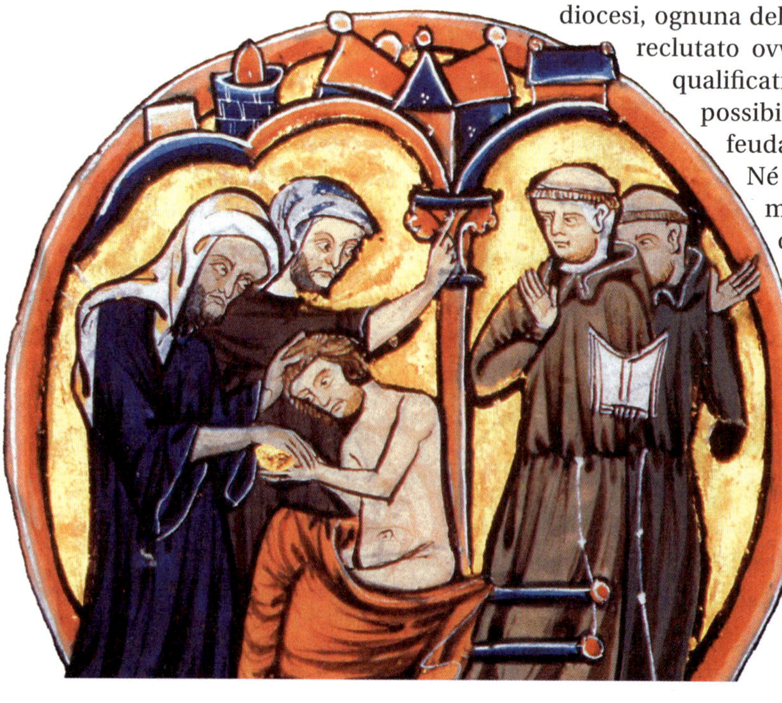

← Due frati francescani, Sacre Scritture alla mano, cercano di convertire tre eretici catari. Miniatura medievale.

4.6 La distruzione dei catari

Deciso a debellare l'eresia papa Innocenzo III non esitò a usare i mezzi più estremi pur di distruggere i catari. Dopo l'assassinio di un messo papale, inviato per sollecitare i nobili a una più attiva lotta antiereticale, **Innocenzo III** bandì una vera e propria ***crociata* contro i nemici della chiesa**, chiamati *albigesi* dal nome della città provenzale di Albi, uno dei luoghi dove essi erano più numerosi. Ai cavalieri che fossero partiti per la Francia del Sud, il papa offrì gli stessi benefici ultraterreni che i suoi predecessori avevano assicurato ai guerrieri che avessero *preso la croce* per lottare contro i musulmani in Spagna o in Terra Santa: chiunque fosse morto in battaglia o durante il viaggio, sarebbe entrato direttamente in paradiso, come i martiri. Inoltre, Innocenzo III precisò che i beni degli eretici e di tutti coloro che li sostenevano potevano essere considerati legittime prede di guerra.

> **Indulgenze e ricchezze**

In un primo tempo, attirati dalla possibilità di conquistare un lauto bottino, risposero all'appello del pontefice solo alcuni grandi signori del Nord (tra cui ricordiamo Simone di Montfort), ma il re di Francia non partecipò all'impresa. Pertanto, anche se furono compiuti **orribili massacri di eretici** (il più grave ebbe luogo a Béziers, il 22 luglio 1209: le fonti parlano di 20 000 morti, una cifra forse esagerata, ma comunque indicativa della spietatezza dei crociati), i cavalieri francesi non riuscirono a piegare i nobili meridionali. **L'intervento del sovrano, nel 1229, pose fine alla guerra**, ma non risolse per nulla il problema che l'aveva generata: il catarismo, in Provenza, pareva più forte di prima.

> **La fortezza di Montségur**

Nel 1232, i principali dirigenti della Chiesa catara trovarono rifugio a Montségur, un castello dei monti Pirenei difficile da raggiungere e da espugnare. Da lì, essi dirigevano la predicazione e organizzavano vere e proprie missioni per la diffusione della loro fede. Per contrastare questa rinnovata attività dei suoi nemici, nel **1233 la Chiesa istituì il tribunale dell'Inquisizione**, investito del compito di trovare e punire gli eretici. La pena prevista per chi rifiutava di pentirsi del proprio peccato, dopo essere stato riconosciuto colpevole di eresia, era la morte sul rogo. L'eresia, infatti, veniva considerata un crimine affine a quello della *lesa maestà*, cioè un gesto di ribellione nei confronti di Dio stesso, re dell'universo.

Le parole

Inquisizione

Termine che, alla lettera, significa "ricerca", "indagine". Dalla fine del XII secolo designava un'istituzione ecclesiastica preposta a esaminare (attraverso, appunto, un'indagine) le teorie religiose che andavano allora propagandosi. Gli inquisitori, infatti, erano mossi dalla profonda convinzione che non potesse esservi altra fede che quella cattolica. Dagli anni Trenta del Duecento, con la diffusione del movimento cataro, l'istituzione si dotò di un apposito tribunale allo scopo di giudicare e condannare gli eretici. Molto attiva soprattutto nei secoli XVI e XVII, l'Inquisizione fu abolita in Europa nell'Ottocento.

→ Catari al rogo in una miniatura del XIII secolo. Si notino lo sguardo di disprezzo dei presenti e il gesto del boia che si protegge dal lezzo di bruciato.

> **Eretici condannati al rogo**

Dopo un assedio di circa un anno, il 16 marzo 1244 **Montségur fu conquistata dalle truppe del re di Francia**. Quel medesimo giorno, 224 *buoni cristiani* (uomini e donne) furono bruciati sul rogo, perché ritenuti eretici *perfetti*, che avevano rifiutato di riconciliarsi con la Chiesa romana. A partire da questo momento, il catarismo divenne una fede sotterranea, ancora più difficile da combattere in quanto i suoi aderenti vivevano dispersi su una vasta area (che andava dalla Francia del Sud alla Pianura Padana) e costituirono una complessa rete clandestina di contatti e di solidarietà. Per obbligare i sospetti a confessare le loro colpe, e a denunciare tutti i propri complici, **nel 1252 il tribunale dell'Inquisizione fu autorizzato a far uso della tortura**.

> **VEDI** Gli ultimi catari a Montaillou → pag. 167

4.7 Nuove tendenze religiose

Oltre alle misure repressive e violente (crociata, roghi, Inquisizione), **per combattere il dissenso religioso** la Chiesa di Roma utilizzò anche **strumenti di tipo dottrinale**. Era necessario, infatti, trovare nuove vie per diffondere tra i fedeli le verità della tradizione cattolica e rimarcare con chiarezza la distanza che le separava dalle dottrine degli eretici.

> **Rivoluzione artistica**

Per prima cosa, poiché i catari negavano l'incarnazione di Cristo e la sua passione, si cominciò a dare un risalto sempre maggiore ai patimenti del crocifisso. Così, a partire dal XIII secolo, iniziò una vera e propria *rivoluzione artistica*, che impose all'attenzione dei fedeli un **Gesù in croce sempre più umano e autentico**, mentre in passato la croce era in genere un simbolo di trionfo, e Cristo era prevalentemente raffigurato come il Buon Pastore (si pensi ai mosaici di Ravenna) oppure (sui portali delle cattedrali) come il Giudice supremo che, in trono, avrebbe giudicato tutti gli uomini alla fine del mondo.

> **Nuove misure contro gli ebrei**

Contemporaneamente, venne dato nuovo risalto alla **presenza reale di Cristo nel pane eucaristico**, un'altra credenza rifiutata dai catari. A partire dal Duecento, cominciarono a moltiplicarsi le leggende relative a ostie che, trafitte, si mettevano miracolosamente a sanguinare. In genere, nei racconti (*exempla*) proposti ai fedeli, erano ebrei coloro che trafiggevano le ostie e poi erano costretti a riconoscere il grande miracolo della presenza reale; gli ebrei, del resto, fin dai primi secoli del cristianesimo erano stati accusati di essere gli assassini di Cristo. Memoria della crocifissione e insistenza sulla *presenza reale* – le due nuove grandi tendenze spirituali sviluppatesi per contrastare i catari – ebbero dunque l'effetto inevitabile di accentuare e aggravare la diffusione dell'odio nei confronti degli ebrei.

Sulla questione dell'eucaristia, la dottrina ufficiale della Chiesa fu precisata al **Concilio Lateranense IV**, del **1215**. Non a caso, il medesimo Concilio prese pure severe misure nei confronti degli ebrei, che furono obbligati, tra l'altro, a portare un distintivo di colore giallo, che li rendesse immediatamente riconoscibili, come i lebbrosi. Inoltre, il Concilio deliberò che tutti i cattolici dovessero **confessarsi almeno una volta all'anno**. Sottomessi a questo obbligo (e minacciati della dannazione eterna, se si sottraevano a questo rito, oppure confessavano il falso al prete) i fedeli si trovarono esposti a un capillare controllo del loro agire e dei loro pensieri, **un dominio dello spirito che non aveva mai avuto eguali nella storia passata**.

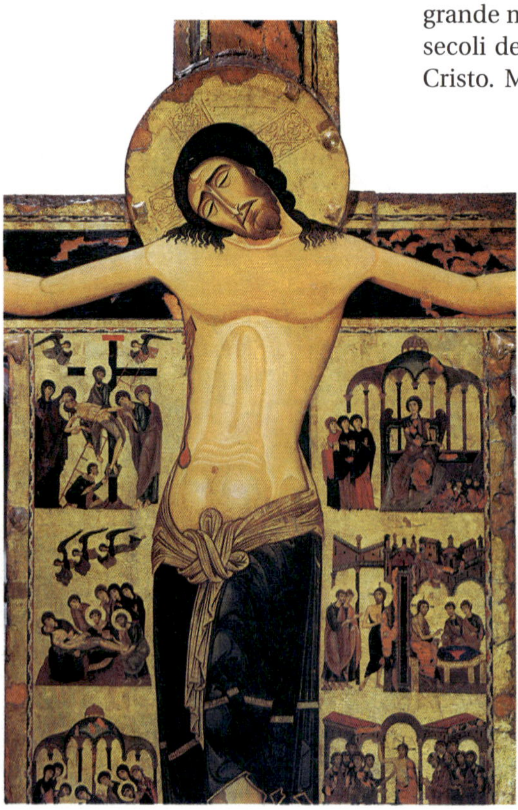

← Maestro bizantino di Pisa, *Croce di San Matteo*, particolare, primo decennio del XIII secolo (Pisa, Museo nazionale di san Matteo).

4.8 San Domenico e san Francesco: la scelta della povertà

> **Un ordine di credibili predicatori**

Nato con lo scopo principale di combattere l'eresia, l'ordine monastico dei **domenicani** venne fondato nel 1216 dal prete castigliano **Domenico di Guzmán** (1170-1221). Verso il 1203, impressionato dal numero dei catari che vivevano nel Sud della Francia, Domenico si era reso conto che, tra i motivi per cui le guide spirituali catare venivano seguite con tanta devozione, vi erano il loro rigore e la loro austerità. Egli, quindi, autorizzato dal suo vescovo, decise di **vivere in povertà**: presentandosi come povero, Domenico poteva predicare agli eretici la dottrina cristiana in modo credibile.

In Italia, intanto, aveva già fatto la sua comparsa pubblica **Francesco d'Assisi** (1181-1226), la cui vicenda apparve, all'inizio, molto simile a quella di Valdo. Come questi era un ricco mercante, così Francesco era figlio di un intraprendente commerciante di stoffe, in strette relazioni con la Francia (di qui il nome stesso del figlio: *Francesco* = *francese*). Senza dubbio, il giovane Francesco ebbe una **discreta formazione culturale**: apprese a leggere e a scrivere, studiò il latino, imparò il francese e lesse con passione le poesie o i romanzi che trattavano dell'*amor cortese*.

Francesco visse una vita agiata fino al 1206-1207, quando decise di andarsene dalla ricca casa paterna e vivere di elemosina, imitando in tutto la povertà di Cristo. Ma, per capire il comportamento di Francesco, non basta mettere in luce la sua **volontà di seguire il Vangelo alla lettera**, *sine glossa*, cioè senza commenti capaci di attenuare la radicalità delle parole di Cristo. In vari casi, può essere più utile istituire dei paralleli con il modo di fare dei cavalieri dei romanzi e dei poemi del XII secolo, primo fra tutti Lancillotto. In effetti, come questi non aveva esitato a patire infamia e disonore, pur di servire in tutto e per tutto la sua signora, la regina Ginevra, così Francesco voleva comportarsi da vassallo fedele nei confronti di Dio, di cui bisognava eseguire senza discutere qualsiasi comando. Allo stesso modo, **come il cavaliere partiva all'avventura**, verso l'ignoto, per compiere grandi imprese, così Francesco accettava di tuffarsi in un'esperienza dai contorni vaghi e pericolosi, al servizio dei più miseri e dei più emarginati: tutte le biografie di Francesco ricordano che la sua conversione fu davvero completa solo nel momento in cui egli trovò la **forza di abbracciare un lebbroso**, figura che la società medievale trattava con estrema diffidenza e profondo disprezzo.

> **Vassallo di Dio**

→ San Francesco si dedica con un compagno alla cura dei lebbrosi (Firenze, Santa Croce, 1240 circa).

UN MONDO LONTANO, DIVERSO DAL NOSTRO

Ridere e piangere

Gesti spontanei o culturali?

↓ Giotto, *L'omaggio di un uomo semplice*, particolare di san Francesco. Affresco, 1296-1304 (Assisi, Basilica Superiore).

1 Condanna e riabilitazione del riso

Ridere e *piangere* sono, senza dubbio, gesti spontanei della persona. Eppure, sono anche **fenomeni sociali e culturali**, che cambiano nel corso della storia: gli uomini (e le donne) non hanno riso e pianto alla stessa maniera, in tutte le epoche e in tutte le società umane. Nei primi secoli del Medioevo, numerose **regole monastiche condannavano** molto severamente **l'atto del riso**: il monaco che rideva era considerato un individuo che si lasciava andare a un comportamento immorale e peccaminoso; non a caso, molti teologi di formazione monastica insistevano sul fatto che, secondo i racconti evangelici, di Gesù si dice varie volte che pianse, mentre mai viene ricordata una sua sonora risata. Le cose cambiarono, almeno in parte, a partire dal XII secolo, allorché in varie scuole teologiche cittadine, prima fra tutte quelle di Parigi, si iniziò a utilizzare la filosofia di **Aristotele**, che aveva espresso un **giudizio molto positivo sul ridere**; secondo il grande filosofo, infatti, che l'uomo fosse *capace di ridere* (*homo risibilis*, si diceva, nel latino dotto del tempo) era un dato straordinario, un tratto tipico e specifico, che **lo distingueva** nettamente **dagli animali** come l'amore, il lavoro, il linguaggio e la razionalità. ■

2 Il *volto ilare* di san Francesco

A quel punto, numerosi intellettuali del XIII secolo si dedicarono a distinguere il *riso buono* dal *riso malvagio*; quest'ultimo veniva fermamente condannato quando ci si burlava di qualcuno. Tuttavia, già dal secolo precedente, era prassi corrente inserire **tra le qualità del bravo re** la capacità di essere *facetus, scherzoso*. Ovviamente, si metteva poi l'accento sul fatto che il sovrano perfetto sapeva amministrare con estrema intelligenza questa sua qualità, cioè individuava con molta attenzione quegli uomini (e, ancor più, quelle dame) con cui poteva permettersi di scherzare, e quelli con cui un gesto simile non era assolutamente ammissibile. Nel Duecento, **san Luigi di Francia** è presentato dai suoi biografi come il re perfetto, che **sapeva dosare al meglio la sua ilarità**; inoltre, di lui si dice che, consapevole dei pericoli

← Giotto, *Strage degli Innocenti*, particolare delle donne, affresco, 1303-1305 (Padova, Cappella degli Scrovegni).

del riso, se ne asteneva completamente il venerdì, esattamente come il bravo cristiano si teneva, in quella giornata, lontano dalla carne e dai suoi piaceri, in memoria della morte di Cristo. Forse, è **dal mondo cavalleresco**, decisamente più propenso al riso, rispetto a quello monastico, che **san Francesco d'Assisi** ha tratto uno degli aspetti più nuovi del suo personalissimo stile religioso; di lui, le fonti ricordano innumerevoli volte che aveva un *vultus hilaris*, cioè ridente o sorridente. Sappiamo poi che il santo **prescrisse esplicitamente ai suoi frati** di **affrontare**, appunto, ***con volto sorridente*, tutte le tribolazioni**: al punto che, nell'Inghilterra del Duecento, il nuovo atteggiamento destò scandalo e diffidenza, tra i monaci degli altri ordini religiosi, decisamente più tradizionalisti.

3 Il *rito* del pianto

Anche il pianto, nel Medioevo, funzionava secondo regole particolari e diverse da quelle della nostra epoca. A questo proposito siamo informati, soprattutto, sulle abitudini dei cavalieri, descritti in azione da numerosi testi letterari. Lancillotto che piange per la regina Ginevra, non appena entra in possesso di una ciocca dei suoi capelli, è considerato poco virile da Chretien de Troyes, un poeta francese che scrive verso la fine del XII secolo. **I cavalieri**, tuttavia, **piangevano spesso**, molto di più di quanto non pensiamo. Di solito, si lasciavano andare in lacrime quando moriva una figura importante (il loro signore o il parente da cui avrebbero ereditato importanti sostanze); tuttavia, la freddezza con cui, in vari testi, un cavaliere cadetto (che non avrebbe ereditato nulla) accoglie la notizia della morte del proprio padre e di altri parenti spinge a pensare che quel pianto pubblico non avesse spesso nulla di genuino e di autentico: **si trattava di un rito, di un atto dovuto**, che comunque doveva essere contenuto sempre entro precisi limiti. Qualche storico si è spinto fino a sostenere che, a causa dell'elevatissima mortalità infantile, **quasi nessuno versava lacrime per i tantissimi bambini** che sopravvivevano pochi giorni o non arrivavano ai cinque anni di età. Ricostruire la storia del riso e del pianto come fenomeni sociali è, almeno in parte, possibile; studiare i sentimenti profondi e, ancor più, determinarne l'autenticità: questo, per lo storico, è un'impresa decisamente più delicata e difficile.

> **L'obbedienza alla Chiesa**

Guardiamo la storia
Chiara, la santa

Intorno a Francesco si riunì in breve tempo una comunità di discepoli. Tuttavia, mentre i seguaci di Pietro Valdo cominciarono ben presto a criticare il clero, i vescovi e il papa, accusandoli di non vivere in maniera coerente con il Vangelo, Francesco fu sempre preoccupato di mostrarsi obbediente nei confronti della Chiesa e di avere l'approvazione del pontefice. Resosi conto della volontà di sottomissione di Francesco, papa Innocenzo III diede al nuovo gruppo la propria autorizzazione.

A partire dal 1210, la fama di Francesco si diffuse in tutta l'Europa cristiana e la piccola comunità iniziale si trasformò in un **grande ordine religioso**, per il quale il santo di Assisi (nel 1221) stese una *regola di vita* molto rigorosa, che insisteva sul divieto assoluto di possedere beni. Chiamati *minores* (i più piccoli) e *fratres* (fratelli), i **seguaci di Francesco** dovevano guadagnarsi da vivere con il lavoro manuale, ma avevano il **divieto assoluto di accettare e maneggiare denaro**.

4.9 *Spirituali* contro *conventuali*

San Francesco e san Domenico erano stati un esempio di come, all'interno della Chiesa di Roma, potessero convivere l'appartenenza all'istituzione e la radicalità del Vangelo. Ma gli ordini fondati dai due santi andarono incontro a un'evoluzione diversa. Tra i domenicani, venne gradualmente attenuata l'originaria durezza dello stile di vita.

> **Evoluzione dei domenicani**

Inoltre molti appartenenti a quest'ordine, fin dalla metà del XIII secolo, ricoprirono posizioni chiave della società medievale e furono ad esempio inquisitori o docenti nelle scuole teologiche di varie città (tra le quali quella di Parigi, una delle più prestigiose): basti pensare a **Tommaso d'Aquino** (1224-1274), le cui opere rappresentano il più riuscito e organico tentativo di **conciliare le dottrine cristiane con le idee del filosofo greco Aristotele**, nonché di accordare (dato il rigore razionale del pensiero di quest'ultimo) fede e ragione.

Vivente ancora Francesco, invece, all'interno del suo ordine sorsero acute tensioni e violente divergenze. **Per Francesco**, in effetti, **la povertà aveva un'importanza maggiore** di quanto essa non l'avesse avuta nel pensiero di Domenico (che in fondo l'aveva concepita più come uno strumento di lotta contro gli eretici, che come un valore in sé). Dunque, attenuare il rigore della regola in questo campo, nel caso del francescanesimo, era evidentemente una deviazione dalla volontà del fondatore: coloro che, pur volendo

zoom La nascita delle università

Nel Duecento, il fermento intellettuale manifestatosi nel secolo precedente trovò infine una propria sistemazione istituzionale grazie alla nascita delle università. Nel suo significato originario, il termine indicava una *comunità*, un gruppo: *l'insieme dei docenti e degli studenti*. Gruppo spontaneo e mal organizzato, all'epoca delle prime scuole urbane, l'*università* vera e propria nacque allorché la comunità dei maestri e degli scolari poté godere di **piena autonomia**, in virtù della concessione di precise libertà da parte di un'autorità superiore. L'esempio fu dato da **Bologna** (che ospitava una prestigiosa scuola di diritto romano), i cui docenti ricevettero i loro primi privilegi **nel 1158**, dall'imperatore Federico I Barbarossa.

Il modello bolognese venne imitato a Parigi (1200) e Oxford (1214). Tutte queste realtà, però, dovettero lottare a lungo per difendere la propria autonomia. Gli universitari bolognesi dovettero opporsi al comune fino al 1321. A Parigi, invece, il dissidio fu più breve, ma più intenso: dal 1229 al 1231, per protestare contro le pretese del re di Francia, che voleva controllare la nuova istituzione, docenti e studenti si trasferirono a Orléans, privando la capitale di tutti i benefici economici che la presenza delle scuole comportava.

Sul piano culturale, la novità più significativa del Duecento fu l'arrivo dalla Spagna di **nuovi testi di Aristotele** (sconosciuti nel XII secolo) e dei **rivoluzionari commenti** del filosofo arabo **Averroè**. Dal nuovo materiale che iniziò a circolare emerse che non tutte le dottrine di Aristotele erano compatibili con la fede cristiana; partendo dalle affermazioni dell'antico pensatore greco, infatti, era possibile sostenere l'eternità del cosmo e negare l'immortalità dell'anima.

essere seguaci del santo di Assisi, tentarono di integrarsi anch'essi nella società medievale, potevano essere considerati dei *traditori*, degli individui che introducevano delle novità contrarie allo spirito originario del movimento.

> **Il *testamento* di Francesco**

Quanti cercarono di restare il più possibile **fedeli al modello antico** vennero chiamati *spirituali* e **si richiamarono costantemente al *testamento di Francesco***, che aveva scritto: «Che i fratelli si guardino bene dal ricevere sotto alcun pretesto né chiese né umili dimore né tutto quello che si costruisce per loro, se questo non è conforme alla santa povertà». Ciò nonostante, il gruppo favorevole all'attenuazione della regola accettò che i frati vivessero in conventi (e pertanto furono definiti *conventuali*, con espressione evidentemente dispregiativa) e cominciò a costruire grandi chiese in onore di san Francesco: prima fra tutte, la grande basilica di Assisi, terminata nel 1253.

> **Nuova immagine di Francesco**

Il trionfo definitivo dei *conventuali* si ebbe nel 1257, allorché fu eletto a guida dell'ordine **Bonaventura da Bagnoregio**. Questi, dopo aver scritto una nuova biografia di Francesco, nel 1266, ordinò che tutti gli altri racconti della vita del santo fossero vietati e distrutti: solo alla fine dell'Ottocento qualche copia manoscritta delle biografie condannate riemerse dagli archivi, permettendo agli storici di avere un'immagine più ampia e corretta dell'esistenza umana del *poverello* di Assisi.

Chi voglia comprendere l'immagine che san Bonaventura si sforzò con ogni mezzo di promuovere e diffondere, non ha che da esaminare gli **affreschi che Giotto (1266-1337) dipinse tra il 1296 e il 1304 nella grande basilica superiore di Assisi**. In essi, le autorità ecclesiastiche (il vescovo di Assisi e il papa) occupano un posto privilegiato, mentre il comportamento di Francesco non ha mai nulla di provocatorio o di esagerato: il santo, ad esempio, è sempre ricoperto da un saio dignitoso e pulito (mentre invece le fonti più antiche ci dicono che il suo vestito era sempre lacero, sporco e strappato, come quello dei veri poveri o dei lebbrosi).

↑ Due episodi tratti dal ciclo di affreschi di Giotto ad Assisi: a sinistra, *Il sogno di Innocenzo III*; a destra, *Visione di san Francesco su un carro di fuoco*, 1296-1304 (Assisi, Basilica Superiore).

PERCORSI TRA FILOSOFIA E STORIA

Gioacchino da Fiore

Le accuse eretiche degli *spirituali*

Nel giro di poco tempo, i francescani *conventuali* ebbero il pieno sostegno del papato, che cercò in varie maniere di legittimare il loro comportamento. Nel 1245, ad esempio, Innocenzo IV proclamò che tutto ciò che l'ordine possedeva era di proprietà della Santa Sede, aggirando con un cavillo le severe parole del santo. Del resto, fin dal 1230, Gregorio IX aveva dichiarato che il *testamento di Francesco* non aveva alcun valore imperativo: quindi, i *conventuali* non dovevano sentirsi in peccato, nel momento in cui ne violavano le disposizioni.

A quel punto, man mano che il tono della polemica si faceva sempre più aspro, molti ***spirituali*** scivolarono nell'eresia, accusando il pontefice di essere un pastore corrotto, nemico di san Francesco e della vera Chiesa. Da quel momento, per attaccare il papato molti *spirituali* cominciarono a far uso di forti espressioni dispregiative tratte dal libro dell'*Apocalisse*, come «Babilonia» (la città pagana e peccatrice per eccellenza) e «la grande prostituta». Ma, con questo modo di operare, anche gli *spirituali* finivano per tradire una delle preoccupazioni fondamentali del santo: quella di tenere unite radicalità evangelica e comunione con la Chiesa, all'insegna dell'obbedienza al vicario di Pietro.

Le tre fasi della Storia

Nel loro lavoro di commento dell'*Apocalisse*, molti francescani *spirituali* si servirono della riflessione di Gioacchino da Fiore, un monaco calabrese vissuto tra il 1130 e il 1202. Dante lo colloca nel paradiso (e lo menziona nel Canto XII, dichiarando che era «di spirito profetico dotato»); la Chiesa, tuttavia, guardò con molto sospetto le sue teorie, per il fatto che Gioacchino elaborò una complessa **filosofia della Storia** non priva di rischi dottrinali, a giudizio delle autorità ecclesiastiche. Al centro della concezione gioachiniana stava l'idea secondo cui la Storia si articolava in **tre grandi fasi**; in ognuna di esse, la guida e il protagonista era una delle tre persone della Trinità divina. Pertanto, il Padre era stato la figura prevalente dell'epoca compresa tra la creazione del mondo e la nascita di Cristo, mentre il Figlio aveva guidato la storia della Chiesa dalle sue origini fino al tempo presente (cioè, fino al XIII secolo). Per il 1260, però, Gioacchino prevedeva l'inizio di una *terza fase della Storia*, che avrebbe avuto lo **Spirito come protagonista assoluto**. Non è ben chiaro che cosa «il calavrese abate» si attendesse per quella data. Forse, pensava che dovesse iniziare una vasta azione di riforma dei costumi ecclesiastici, per riportare la comunità cristiana alla sua purezza originaria. Il papato, ad ogni modo, rifiutò categoricamente questa idea secondo cui la rivelazione non si era conclusa con Cristo e con la fondazione della Chiesa.

← Miniatura del XII secolo che raffigura le tre fasi della Storia descritte da Gioacchino da Fiore (Città del Vaticano, Biblioteca Apostolica Vaticana).

L'eredità di Gioacchino nel mondo moderno

Lo scetticismo e le perplessità dell'istituzione ecclesiastica non impedirono alle idee di Gioacchino da Fiore di mettere **solide radici nella cultura europea**. Come i francescani spirituali, anche Dante attese un imminente intervento divino, convinto che avrebbe aperto una *terza fase della Storia*. Il dato più singolare riguarda tuttavia il mondo moderno. Perfino **nell'Ottocento e nel Novecento**, infatti, vari intellettuali continuarono a concepire la **Storia** come un **grandioso dramma in tre atti**, e a proclamare che nella sua *terza fase* essa avrebbe finalmente raggiunto la perfezione. Basti pensare al **Terzo Impero** (*Reich*), promesso da Hitler e dal nazionalsocialismo come un'epoca di abbondanza e di prosperità per il popolo tedesco, destinata a durare mille anni (cioè, in pratica, in eterno).

1 Uomini e lavoro nel Duecento

Il XIII secolo vide l'apice dell'Occidente europeo nel Medioevo. La ricchezza e la forza di questo periodo furono prodotte in larga misura dal duro lavoro di una schiera di innumerevoli contadini e artigiani, ciascuno dei quali aveva acquisito, nel suo campo, una notevole competenza e una vera specializzazione.

Per lavorare le loro tenute i signori impiegavano persone obbligate per legge al lavoro manuale, o uomini che liberamente offrivano i propri servigi come lavoratori. Nel corso del XIII secolo in molte regioni (nella Francia settentrionale molto più che in Inghilterra) la percentuale della manodopera rurale libera registrò una crescita spettacolare. Ciò, in parte, perché molti signori giudicavano vantaggioso impiegare lavoratori liberi: meno lagnanze e più efficienza. [...] Ma la storia dell'emancipazione dei contadini mostra varianti regionali dietro le quali stavano differenze nelle economie e nei sistemi giuridici. D'altro canto, il lavoro agricolo era ovunque altamente specializzato. Filastrocche infantili come *Little Boy Blue* possono dare l'impressione che l'accudimento degli animali e la coltivazione dei campi fossero faccende semplici. In realtà porcari, mandriani, pecorai e guardiani d'oche possedevano tutti una notevole massa di conoscenze specializzate che avevano assorbito durante l'apprendistato. Radunare maiali che un'intera stagione trascorsa pascolando nelle foreste aveva ridotto a uno stato quasi ferino era un lavoro quanto mai pericoloso, e per condurlo a buon fine restando incolumi occorreva una competenza specifica. Arrivare a conoscere a fondo le piste che dai prati dei Pirenei conducevano in un viaggio di centinaia di chilometri alla pianura della Linguadoca, e che erano utilizzate dai pastori nelle transumanze, costituiva un'altra temibile impresa. Per poter sfruttare a dovere un terreno paludoso occorreva qualcosa di più di una conoscenza rudimentale delle tecniche relative al drenaggio delle acque e alla costruzione di canali di scolo. Ciascuna generazione di olivicoltori doveva trasmettere alla successiva i metodi appropriati per preparare il raccolto ed estrarre il prezioso olio. Viticoltori e cerealicoltori dovevano fronteggiare problemi legati alle malattie delle piante, ai parassiti, alla rotazione delle colture, al magazzinaggio, e così via. I loro metodi appaiono rozzi soltanto alla luce del senno di poi. Non potevano innaffiare le messi di insetticidi, come fanno gli agricoltori odierni, ma sapevano individuare le malattie fin dalle loro primissime manifestazioni, e distruggere le piante infette prima che il contagio si diffondesse.

Un alto livello di conoscenze era necessario anche nel campo dell'allevamento e dei lavori domestici. I mandriani riconoscevano le malattie più comuni dai loro primissimi sintomi, ed eliminavano senza pietà gli animali infetti. Erano esperti nei cosiddetti rimedi popolari per l'avvelenamento gastrico, un problema abbastanza frequente nelle bestie al pascolo. Ripugnanti intrugli contenenti una generosa dose di urina costringevano gli animali sofferenti a vomitare le erbe nocive che avevano ingerito. Se poi ci rivolgiamo a mansioni domestiche come la filatura, la fabbricazione di birra o di latticini, l'apicoltura o la fabbricazione del sapone (tutte attività spesso, quando non di regola, svolte dalle donne), ci rendiamo conto che anche qui occorreva imparare innumerevoli segreti del mestiere. È sicuramente vero che il possesso di queste conoscenze non rendeva la popolazione rurale un oggetto d'invidia agli occhi dell'élite dominante. L'immagine del contadino era irrimediabilmente negativa. Se ne ammetteva la necessità, giacché senza di lui quelli che stavano in alto avrebbero dovuto provvedere in prima persona a lavorare la terra; [...] ma, agli occhi della classe signorile, i rustici di basso ceto erano essenzialmente feccia. [...]

Se durante una partita di caccia nella foresta un aristocratico s'imbatteva negli abitanti di questi villaggi, [...] i termini di paragone che affioravano nella sua mente erano i diavoli dell'inferno

Le campagne erano popolate di artigiani, oltre che di lavoratori della terra. In parte, costoro dipendevano per i materiali con cui lavoravano da alcune delle figure più disprezzate della società rurale, ossia coloro che conciavano le pelli, scavavano la sabbia, cavavano le pietre, estraevano il carbone dalle miniere a cielo aperto e producevano la carbonella. Si consideri quest'ultimo caso. Le foreste – quelle vere, non gli accuditissimi terreni boschivi dell'Inghilterra moderna, o i boschi di certi cantoni svizzeri, con i loro sentieri accuratamente tracciati – sono luoghi bui. Le foreste dell'anno 1200 erano ancora molto grandi, e vi circolavano lupi, cinghiali e, fuori dell'Inghilterra, orsi; ma erano anche punteggiate da piccole comunità boschive endogamiche [chiuse su se stesse e prive di contatti con altri gruppi umani, *n.d.r.*] i cui fuochi fumosi venivano costantemente alimentati al fine di produrre il carbone necessario per fondere il minerale grezzo. Se durante una partita di caccia nella foresta un aristocratico s'imbatteva negli abitanti di questi villaggi, la cui pelle era annerita dalla fuliggine, e nell'ambiente di «fuoco e di zolfo» in cui vivevano, i termini di paragone che affioravano nella sua mente erano i diavoli dell'inferno.

Di un rango molto più elevato in seno alla comunità – benché, di nuovo, forse non altissimo agli occhi dell'élite – gli artigiani, ad esempio i fabbri, avevano molte cose in comune con la popolazione impiegata nei lavori agricoli. Capitava che conciatori o ciabattini fossero i proprietari, o i custodi, delle greggi e mandrie da cui proveniva la loro materia prima. [...] Il mugnaio – in parte artigiano, in parte lavoratore agricolo, in parte mercante - costituiva un caso speciale. Di solito un mugnaio lavorava per qualcuno. I mulini ad acqua e, a partire dal decennio 1170-80, i mulini a vento erano strutture ad alta intensità di capitale. In linea generale erano i signori a finanziarne la costruzione e ad assoldare o formare mugnai ereditari per macinare il grano e mantenere in buono stato il macchinario.

W.C. JORDAN, *Nel nome del Signore. L'Europa dall'anno Mille alla fine del Medioevo*, Laterza, Roma-Bari 2013, pp. 211-215, trad. it. G. FERRARA DEGLI UBERTI

ANALIZZA IL BRANO

- → Spiega il termine *transumanza.*
- → Com'era valutato dalle classi più elevate il complesso e raffinato bagaglio di competenze specialistiche accumulato dai contadini che lavoravano le loro terre?
- → Quali strumenti impiegavano mandriani e contadini, per limitare le malattie dannose per le colture o le morie di massa del bestiame?

2 L'emigrazione tedesca verso Est, nel Basso Medioevo

Una delle conseguenze più importanti della seconda guerra mondiale è stata la brusca fine degli insediamenti tedeschi nell'Europa dell'Est. Per secoli, infatti, aree che oggi sui nostri atlanti vediamo come parti integranti della Polonia, della Lituania o della Russia furono abitate dai discendenti di coloro che, nei secoli XI-XIV, si spostarono in massa dalle regioni tedesche, per stabilirsi in territori che vennero conquistati con le armi dai nobili tedeschi, dopo aver sconfitto i vecchi abitanti (per lo più di lingua slava).

Sono assai istruttive le modalità di sviluppo del grande movimento verso est che iniziò in dimensioni massicce nell'XI secolo e terminò la sua fase fondatrice con la crisi del XIV secolo. Ci soffermiamo su di esse perché si tratta di migrazioni che seguono un modello non più ripetibile nell'affollato mondo moderno. In estrema sintesi, il processo si sviluppò su tre direttrici: quella meridionale, lungo la via naturale del Danubio, in direzione delle pianure dell'Ungheria; quella intermedia, nei territori aperti [privi di ostacoli naturali, *n.d.r.*] dai Paesi Bassi alla Turingia, alla Sassonia e alla Slesia, a nord dei rilevi centrali della Boemia; infine quella più settentrionale che evitava i territori paludai e le foreste della Germania che rendevano difficili le migrazioni e gli insediamenti e correva lungo la costa Baltica, e operò la graduale fondazione di città come Rostock e Königsberg. L'insediamento slavo venne così respinto a oriente e penetrato massicciamente dalle aree germaniche dell'Austria, a sud, della Slesia, al centro, della Pomerania e della Prussia a nord. [...] Questo processo di insediamento fu intenzionale, organizzato e guidato da una vera e propria politica migratoria. Alla testa del processo di colonizzazione si posero i principi - come il Margravio di Meissen - i vescovi e, più tardi, i cavalieri dell'Ordine Teutonico, con grande impiego di risorse. Nell'XI secolo e nel XII secolo si sviluppò la colonizzazione al di là della linea formata dai fiumi Elba e Saale, che segnavano la frontiera dell'impero carolingio e il limite orientale dell'insediamento germanico. Durante il XII secolo si colonizzarono Holstein, Meclenburgo e Brandeburgo. Nel XIII secolo l'immigrazione penetrò nel Brandeburgo orientale, nella Pomerania, nella Slesia e nel nord della Moravia, superando la linea dell'Oder. L'insediamento in Prussia, varcata la Vistola, raggiunse il suo apice nel XIV secolo. [...]

Lo studio dei vari elementi documentari disponibili - censi, catasti, fondazioni di villaggi, ecc. - ha fatto ipotizzare che nel XII secolo lo spostamento dalla vecchia Germania verso i territori tra l'Elba e l'Oder riguardasse circa 200 000 persone. Nel secolo successivo, un movimento della stessa dimensione avrebbe colonizzato altri territori fino alla Pomerania e alla Slesia. La documentazione indica che in Slesia, tra il 1200 e il 1360, vennero fondati circa 1200 villaggi e altri 1400 nella Prussia orientale, per un totale di 60 000 fattorie e un numero presumibile di circa 300 000 persone. Si tratta, certamente, di cifre relativamente piccole, ma che si rapportano anche a una popolazione germanica di dimensioni modeste valutabile a qualche milione di unità (attorno ai 6 milioni nel 1200). Anche supponendo che le stime stiano al di sotto della realtà e che i flussi fossero di 2 o 3 volte superiori, saremmo sempre su livelli di migratorietà assai modesti, non superiori all'1 per mille annuo. Tuttavia va considerato che questo flusso relativamente modesto ebbe un effetto «fondatore» cospicuo (pochi capostipiti, molti discendenti), se si tiene conto che le popolazioni germaniche a est della linea Elba-Saale si avvicinavano a 30 milioni di unità alla fine del XIX secolo. [...]

Gli immigrati tedeschi avevano aratri, scuri, utensili che permettevano il disboscamento e la coltivazione di terre difficili; gli slavi praticavano la caccia e la pesca e un'agricoltura itinerante con abbandono dei campi a fertilità esaurita. Le circostanze e le caratteristiche dell'immigrazione, organizzata e pianificata dal clero e dalla nobiltà, dagli ordini cavallereschi (templari e cavalieri teutonici) e dai grandi ordini religiosi (cistercensi, premonstratensi) possono ricapitolarsi come segue. Ci fu, in primo luogo, la capacità di pianificare e scegliere i terreni - si trattava di terreni incolti -, di misurarli, di dividerli, di tener conto della disponibilità d'acqua e dei rischi d'inondazione. Vi fu, inoltre, una notevole disponibilità di capitali, necessari per sostenere i viaggi degli emigranti, alimentandoli fino al raccolto, e per provvederli di sementi, utensili e materie prime. L'organizzazione di queste migrazioni necessitava di una intermediazione tra il signore fondatore e i contadini: emerge la figura del *popolatore*, con vere e proprie caratteristiche di impresario. Queste capacità di organizzazione e leadership permettevano l'assegnazione, alla famiglia tipica, di una fattoria (*hufe*) di una ventina di ettari (17 ettari, modello piccolo o fiammingo, 24 ettari, modello grande, o franco) con insediamento tipico di un villaggio di 200-300 persone (le case sparse erano l'eccezione). Inoltre, la terra rimaneva libera da gravame per molti anni e poteva essere trasmessa in eredità, venduta o lasciata.

M. LIVI BACCI, *In cammino. Breve storia delle migrazioni*, il Mulino, Bologna 2010, pp. 15-18

analizza il brano

→ Quante persone si spostarono dalla Germania verso Est, nel XII secolo? E quante, nei secoli XIII e XIV, in Slesia e in Prussia orientale?
→ Che funzione aveva il popolatore?

3 Il banchetto come ostentazione di ricchezza e di potenza

Nel Medioevo e nella prima Età moderna, le spezie non servivano per conservare i cibi. Chi poteva permettersele, aveva a disposizione (in abbondanza) pesce fresco e carne appena macellata. Le spezie erano comprate per essere esibite: erano, insieme alle vesti preziose e colorate, strumenti che permettevano di mettere in evidenza il potere e la ricchezza. Pertanto, il contesto più adatto per l'utilizzo delle spezie era il banchetto, che spesso era volutamente eccessivo sia nel numero delle portate che nello splendore e nella raffinatezza dei piatti.

Le spezie avevano un ruolo centrale nella passione medievale per i sapori forti, l'esibizione, l'artificio. Non ci si preoccupava molto di ostentare una qualche forma di affettata [ipocrita, inautentica, *n.d.r.*] semplicità: non soltanto si acconsentiva a che i sapori degli ingredienti fondamentali di ogni ricetta venissero distorti, o almeno relegati in secondo piano, dall'uso massiccio delle spezie, ma si studiava ogni piatto perché producesse sorpresa e sbalordimento. Lo splendore della cucina medievale, oltre che nella varietà delle sue combinazioni e nel fanatismo per le carni e il pesce, si rivela con chiarezza nei resoconti dei grandi banchetti. Ne rimane traccia sia nelle annotazioni dei cronisti, sia nelle più banali registrazioni degli alimenti di cui ci si provvedeva. [...] Se carne, cacciagione e pesce si ripetevano invariabilmente a ogni portata, era però straordinaria la varietà degli animali che venivano considerati commestibili e appetibili. L'epoca in cui viviamo, con la tecnologia di cui disponiamo per la conservazione e il trasporto degli alimenti, ci mette a disposizione un intero mondo di prodotti esotici ma, per quanto grande possa essere la capacità di innovare che attribuiamo a noi stessi, i nostri menu a paragone a quelli del Medioevo si sono piuttosto impoveriti, sia perché non siamo più disposti a considerare commestibili alcune prelibatezze medievali, sia perché la varietà delle forme della vita naturale si è ridotta. Non pare proprio che ci sia oggi alcun interesse per i pappagalli, i delfini, le lamprede, gli aironi, o gli uccellini dal bel canto (allodole, ortolani), che erano una presenza obbligatoria in un menu medievale di qualche pretesa. I nostri oceani sono sfortunatamente gravati dal peso di un'attività di pesca eccessiva, molti laghi e fiumi sono inquinati, sicché è difficile per noi ripetere la varietà dei piatti di pesce di mare e d'acqua dolce disponibili nel Medioevo, ma anche senza considerare il degrado dell'ambiente, c'è anche il semplice fatto che non condividiamo più alcune delle loro passioni alimentari. Le lamprede, grandi creature marine simili ad anguille giganti, erano uno dei piatti più pregiati circa settecento anni fa, ma oggi sono in genere dimenticate. [...]

Le spezie, gli animali allo stato brado e le lamine d'oro sono tutti esempi dell'eccesso festivo dell'alta cultura culinaria del Medioevo. Qui abbiamo a che fare con uno stile sofisticato e portato all'ostentazione. Niente è più lontano dalla realtà dell'immagine popolare dei notabili medievali che fanno festa attorno a una carcassa arrostita rusticamente allo spiedo. La tavola veniva apparecchiata in modo elaborato, si prestava grande attenzione alla scelta delle tovaglie, coltelli, saliere, piatti, coppe, vasetti per le salse e scodelle. Spesso il pane veniva collocato sulla tavola prima che gli ospiti vi prendessero posto e di frequente lo

↑ Giovanni di Gant, *Pranzo con Giovanni I di Portogallo*. Miniatura del XV secolo.

RIFERIMENTI STORIOGRAFICI

si usava come una sorta di piatto per accogliere gli alimenti e lo si spezzava in bocconi da inzuppare nelle salse. [...] I rituali della tavola erano parte di uno spettacolo in cui la solennità si mescolava alla follia e la volgarità spesso trionfava sull'eleganza (almeno per il nostro modo di pensare). Si mirava agli effetti speciali, sia per l'occhio che per il palato. Allora come oggi, negli ambienti di alto livello sociale, ci si aspettava di vedersi servire certi piatti, in questo caso prelibatezze come il cigno, il pappagallo o la testa di cinghiale, ma quello che si pregustava con maggiore entusiasmo era l'inaspettato, le presentazioni con cui veniva esaltato l'aspetto teatrale o, nella peggiore delle ipotesi, lo stravagante. I cuochi e i loro signori si appassionavano agli esperimenti con il colore e specialmente con il *trompe l'oeil*, l'arte di far sì che un piatto appaia a prima vista come qualcosa di completamente diverso da quel che è: come nel caso di «mele» verdi a base di carne. Con un'ingegnosità di più alto livello, le uova in quaresima consistevano di gusci d'uovo svuotati del loro contenuto (proibito in tempo di Quaresima) e riempiti di latte di mandorla, per il bianco, e da cannella mista con zafferano a imitazione del tuorlo. Lo storione poteva essere preparato in modo tale da sembrare vitello, la carne cotta poteva apparire cruda, con l'uso del sangue di lepre seccato e ridotto in polvere. I volatili come i fagiani e le anatre selvatiche potevano venire cotti e poi coperti d nuovo dal piumaggio originale e quindi serviti, pronti per essere mangiati, ma a prima vista ancora vivi. [...]

I grandi pasti offerti dai personaggi importanti dovevano impiegare le spezie, sia in virtù di un'effettiva preferenza per i cibi piccanti, sia per il bisogno sociale di esibire un chiaro segno di *status*. Le spezie erano lussuose, esotiche, straniere e costose. Erano attributi di grazia e sofisticatezza, ma stimolavano anche il piacere dei sensi. Solo un attaccamento reale, fisico, basato su un intenso piacere del gusto, può giustificare il fatto che le spezie siano rimaste un oggetto di consumo di gran moda per tanti secoli. È però anche innegabile il loro ruolo nel rimarcare il rilievo sociale e il livello dello stile di vita di quanti potevano consumarle. Le spezie erano uno dei molti segni distintivi dell'appartenenza di classe, come i modi, i vestiti, il linguaggio, il portamento e la prestanza fisica. Quando prendiamo in considerazione le spezie e altri aspetti della gastronomia medievale, ci riferiamo soprattutto al gusto di coloro che vivevano nell'abbondanza, a gente che usava il cibo per distinguersi dalla massa dei comuni mortali o anche da coloro che si limitavano a godere di una modesta fortuna.

P. FREEDMAN, *Il gusto delle spezie nel Medioevo*, il Mulino, Bologna 2009, pp. 41, 47-51, 54, trad. it. D. GIUSTI

analizza il brano

- Quali animali, apprezzati dagli uomini e dalle donne del Medioevo, non risultano invece, per noi, *commestibili* e tanto meno *appetibili*?
- Spiega l'espressione *trompe l'oeil*, applicata all'arte culinaria.
- Spiega l'espressione «un chiaro segno di status».

4 Le fiere della Champagne

Quando pensiamo al Medioevo, la nostra immaginazione è catturata soprattutto dai cavalieri, dai monaci, dai castelli e dalle cattedrali. Al massimo, il nostro pensiero corre ai contadini, agli artigiani e al loro duro lavoro. In realtà, anche i mercanti furono a pieno titolo protagonisti dell'Età di mezzo. Nel XII e nel XIII secolo, le fiere della contea di Champagne furono centri economici e finanziari di prima grandezza, che mettevano in collegamento gli uomini d'affari dell'Italia del Centro-Nord, con quelli della Francia settentrionale e delle Fiandre.

Poste all'intersezione tra nord e sud Europa, le fiere della Champagne nascono quasi casualmente, da piccoli mercati locali. Crescono sotto la spinta delle grandi bonifiche di terra, della crescita agricola come pure dalle conseguenze del nascente sviluppo urbano. Però tutti questi fattori, da soli, non bastano. C'è bisogno di qualcosa che li rimescoli, li agglutini, li tenga insieme. E trasformi dei semplici spazi di commercio nella principale novità del panorama economico europeo. Che renda questo spicchio di Francia una regione di successo. Una nuova variabile, realmente rivoluzionaria. Un *quid* [qualcosa, *n.d.r.*] che c'è. Che esiste. Da riassumere così: le fiere nascono e crescono perché dietro di esse c'è una volontà politica. Dei signori locali, dei conti di Champagne, la cui azione risulta decisiva. Sono loro che organizzano un ciclo regolare di fiere. Le quali, a mano a mano, si spostano da centro a centro, con regolarità [...]. Per intenderci, le cose funzionavano così. Con una durata annuale che interessava quattro centri per sei fiere: si cominciava il 2 gennaio, a Lagny; si proseguiva a Bar-sur-Aube, a partire dal martedì di mezza Quaresima; si passava poi alla fiera di maggio di Provino, dal martedì prima dell'Ascensione; il giorno di San Giovanni (24 giugno) c'era la fiera di Troyes, che era la fiera estiva; il 14 settembre, data dell'esaltazione della Croce, prendeva avvio la fiera di Provino; infine, si ritornava a Troyes, con la fiera autunnale, che partiva il giorno dei morti, il 2 novembre. Ognuna delle fiere aveva una durata prefissata di poco più di sette settimane, all'interno delle quali si seguiva un ordine rigidissimo: otto giorni di apertura; dieci giorni dedicati alla vendita di tessuti e vestiario; undici giorni alla vendita di pelli e cuoi; diciannove sia allo scambio di spezie, vendute a peso, sia ad effettuare i pagamenti; finalmente, quattro giorni destinati alla stipula delle cosiddette *lettere di fiera* [alla stesura dei contratti e ai pagamenti, *n.d.r.*]. In totale, cinquantadue giorni ciascuna; con una pausa tra l'una e l'altra per consentire gli spostamenti. Ogni fiera cominciava lentamente: si attendeva l'arrivo dei mercanti, la loro sistemazione, l'installazione e lo stoccaggio delle merci, l'attrezzatura delle varie botteghe. Il momento *clou* era quello della vendita dei tessuti, che cominciava quando il banditore batteva l'inizio, gridando: «Si aprano le balle!». Fino a quel momento, non era consentita nessuna vendita di tessuti e durante i dieci giorni nessun altro tipo di transazione. Un anno di fiera, senza soste. Incessante. Che attrae operatori, da ogni parte. Tanto per la circolazione delle merci quanto per i servizi finanziari che eroga. Come una grande città dell'epoca, ma senza i suoi svantaggi, vista la mancanza di discriminazioni previste nei confronti degli operatori forestieri. I mercanti, infatti, qui nella Champagne, potevano avvertire forte la presenza di una autorità condivisa, in un tempo dove la mancanza di un potere centrale era la regola. Invece, i signori di Champagne garantiscono stabilità, tutela, giustizia. Il loro ruolo è cruciale e, finché governano, le fiere prosperano. I conti sovrintendono a tutto. [...]

Abbiamo così il disegno di un insieme coerente vigilato dall'alto - di una *rete* - che, nel XIII secolo, diventa il cuore del commercio internazionale nel mondo occidentale. La cui posizione permette, da un lato, il legame con le città dell'Italia centro-settentrionale e poi coi porti marittimi, adriatici e tirrenici. Dall'altro, con le città e i centri fieristici delle Fiandre, grosso modo speculari a quelli di Champagne: per numero (due ad Ypres, e una rispettivamente a Bruges, a Torhout, a Lille, a Mesen); per rigida orma organizzativa, stabilita in trenta giorni; per presenza di operatori internazionali. [...] Le fiere sono, essenzialmente, un tramite tra due flussi commerciali: panni dal Nord Europa, spezie dal Mediterraneo. Tra il 1137 e il 1164 le fiere sono dominio di gente che viene prevalentemente dalle Fiandre e dal regno di Francia. Dal 1174, arrivano gli italiani, il cui numero aumenta di giorno in giorno. Negli anni Novanta, il ciclo di sei fiere è ormai istituzionalizzato. Perciò, il periodo del decollo decisivo lo possiamo attestare nell'ultimo ventennio del XII secolo. Durante la prima metà del secolo successivo, le fiere subiscono una ulteriore crescita, tanto nel volume degli affari, quanto nel livello di perfezionamento tecnico. [...] Spostare moneta da una parte all'altra diventa rischioso e ci sono problemi nel far affluire i capitali? Allora muoviamo il danaro senza muovere il danaro: con l'uso di lettere e di strumenti contabili. Col servirsi innanzitutto di questa nuova cosa che sta nascendo ora, la banca: questo nuovo che avanza, questo ibrido in formazione, questa creatura ancora primitiva e senza una sua identità precisa, ma che può fornire già ora, in questo Duecento in trasformazione, servizi finanziari diversi, credito ogni volta che ce n'è bisogno, possibilità di deposito di capitali, cambio di moneta ecc. Che propone, peraltro, buoni affari nella catena del prestito, garantendo, a chi le affida i soldi, un'altra novità: un interesse...

A. FENIELLO, *Dalle lacrime di Sybille. Storia degli uomini che inventarono la banca*, Laterza, Roma-Bari 2013, pp. 18-25

analizza il brano

- → Quale autorità decise di organizzare nella regione della Champagne un ciclo regolare di fiere?
- → Quanti giorni durava ciascuna fiera?
- → Per quale motivo l'interesse è definito una «novità»?

5 Uomini e corpi nel Medioevo

La maggioranza degli uomini del Medioevo era convinta che bruttezza, deformità e malattie fossero segnali evidenti del disprezzo divino o di malvagità. Solo su questo sfondo si comprendono il rivoluzionario gesto di san Francesco, che scelse di abbracciare un lebbroso, e lo scandalo che suscitò la sua decisione di condividere la medesima sorte degli ultimi e dei pezzenti.

Convinti di essere quello che Dio aveva voluto, gli uomini dei secoli medievali potevano attribuire le bruttezze e le debolezze che pure vedevano intorno a sé solo a quella medesima volontà, che alterava l'opera primigenia. Le imperfezioni fisiche o morali portano le stigmate del malcontento divino: se uno è di animo vile, ha il corpo sofferente o la coscienza sporca, vuol dire che ha peccato: è inevitabilmente «brutto» o «infermo», descritto e dipinto come tale. L'iconografia e la letteratura profana non lasciano dubbi; gli ebrei, i «saraceni» [i musulmani, *n.d.r.*], gli storpi sono, per principio, «brutti»: facce contratte in una smorfia, corporature deformi, sproporzione delle membra, lesioni cutanee ripugnanti, peluria o pigmentazione esagerate, naso, occhi, orecchie anormali o inquietanti. Di conseguenza, questi tratti non possono che scoraggiare la carità o la comprensione. Il mondo medievale non prova pietà per il disgraziato, nel senso pieno del termine: le cantonate del cieco suscitano il riso, i malati vengono emarginati, i deboli disprezzati; non si cerca di andare incontro né all'ebreo né all'infedele: nel migliore dei casi li si teme e li si fugge; nel peggiore, li si stermina, «spingendo la spada nel ventre più a fondo possibile», come diceva Luigi il Santo. Si può certo registrare una propensione all'assistenza, soprattutto da parte della Chiesa, ma la carità comporta solo di rado il riconoscimento dell'altro: tutt'al più consisterà nell'elemosina di un po' di pietà o di un'indulgenza. Fatto sta che questi piccoli segnali di apertura nei confronti del prossimo sono sempre viziati da un certo ritegno, persino da rimorsi; infatti le vittime del divino corruccio sono sicuramente colpevoli di non vedere dove sia la vera fede, o colpevoli di averla schernita. La salvezza non passerà da lì, ma per una condotta di vita personalissima fatta di fede e speranza; sarà meglio cedere una vigna alla Chiesa che dare un bacio a un lebbroso. [...]

Gli uomini di quest'epoca non sono comunque tutti zoppi, ubriachi, drogati o depressi; capita che abbiano delle malattie - ma non le stesse. Abbastanza stranamente il cancro, che se non corrode i nostri organi ci rode il subconscio [è la principale paura dell'uomo contemporaneo, *n.d.r.*], non viene mai citato; eppure il principio cui obbedisce, che consiste nello scompiglio della vita cellulare, quindi in un attacco diretto ai princìpi d'armonia ereditati dall'antichità, avrebbe dovuto colpire i dotti come la gente comune: silenzio! Evidentemente tra i sintomi riportati qualcuno potrebbe essere, e di certo lo è, caratteristico del cancro; il termine *tumor* e lo stesso termine *cancer* compaiono, ma nel senso di rigonfiamento, o addirittura di pustole. [...] In definitiva, l'uomo comune non sembra prestare attenzione se non a ciò che cattura il suo sguardo: la pelle [...]. Un uomo può dissimulare i propri dolori, controllare la febbre; non può nascondere le lesioni della pelle. Ho già parlato dell'importanza, anche solo simbolica, di quell'involucro di carne che era ed è sempre di più lo specchio della buona salute, della ricchezza, della bellezza fisica e persino morale. Ciprie e creme hanno il compito di fare scomparire le ingiurie del tempo o le imperfezioni dei lineamenti. Su questo piano, la delirante pubblicità di oggi non ha niente da insegnare al Medioevo. Disgraziatamente cancellare le rughe e ravvivare l'incarnato non serve quando la malattia è sotto gli occhi di tutti. Foruncoli, pustole, arrossamenti non sono sfuggiti al pittore, e non solo quando, nel XV secolo, a guidare il pennello era un gusto realistico. Tuttavia il simbolo del Medioevo continua a essere, nel subconscio popolare, la lebbra. Quante immagini, quanti racconti sul malato coperto di croste ripugnanti, di squame (*lepra* in greco) ignobili, vestito di stracci, che agita una campanella ed è costretto a rifugiarsi da solo in una tana infetta, lontano da qualsiasi forma di vita sociale: dal 2 al 3 per cento della popolazione, affermano gli storici; più di 4000 asili per accoglierli, verso il 1300 – lazzaretti, ricoveri, lebbrosari, ospizi – nella sola Francia dell'epoca; e innumerevoli disposizioni fin dal IX secolo per isolare chi era sospettato di aver contratto il male: gli si bruciano la casa, gli abiti, tutti i beni mobili che ha toccato. [...]

Cosa dobbiamo pensare? I sintomi della lebbra sono ben noti: macchie sulla pelle in forma di placche, bubboni e gangli, noduli che distruggono le articolazioni delle mani e le cartilagini del naso, accessi di febbre, addirittura paralisi progressiva. Tutti questi sintomi, però, che possono condurre alla morte, non sono attestati dappertutto: all'epoca forse la lebbra è stata confusa con spettacolari affezioni della pelle – erisipela o eczema generalizzati per mancanza di igiene, psoriasi, nei – nessuna delle quali è contagiosa. Ci si può dunque chiedere se la reputazione disastrosa della lebbra non sia dovuta in gran parte al suo significato psicologico: ripugnanti, soggetti a pulsioni sessuali incontrollate (non si pensa forse di consegnare loro Isotta?), con i segni dei loro probabili errori sul volto, accusati di infestare i pozzi, le granaglie e addirittura il bestiame, i lebbrosi sono gli «intoccabili» dell'Occidente cristiano, il simbolo del Male, del Peccato, dell'Impuro. Bisogna dunque escluderli, separarli dai fedeli.

R. FOSSIER, *Gente del Medioevo*, Donzelli, Roma 2007, pp. 13, 24-26, trad. it. M. GUERRA

ANALIZZA IL BRANO

→ Spiega l'espressione «vittime del divino corruccio».

→ Quali sono i tratti esteriori tipici del lebbroso? Di quali caratteri interiori essi erano lo specchio, secondo la mentalità tipica degli uomini del Medioevo?

↑ San Francesco cura i lebbrosi, XIV secolo (Perugia, Biblioteca Augusta).

Il **Basso Medioevo**, periodo di **crescita** e **sviluppo**

Lo studio dell'impetuoso sviluppo che ha caratterizzato il Basso Medioevo può permettere l'acquisizione di una competenza fondamentale, che potremmo definire nel modo seguente: **saper individuare i fattori che svolgono un ruolo propulsivo, in un sistema economico.** Per affinare tale competenza, viene proposto di seguito un approfondimento, che prende le mosse da alcune pagine storiografiche.

I progressi agricoli del Basso Medioevo

Si può affermare con certezza che tra il X e il XIII secolo la produzione assoluta dei cereali aumentò a ritmo sempre più rapido in tutta l'Europa, e che anche la produzione pro capite aumentò in misura sufficiente a nutrire più adeguatamente una popolazione sempre più numerosa. Le cause si devono cercare in tre ordini di fattori: l'estensione della superficie coltivata, il rendimento della semina, il ritmo di rotazione dei raccolti. L'estensione della superficie coltivata è più facilmente ricostruibile degli altri fattori: si manifestò internamente con la graduale eliminazione degli spazi incolti tra un villaggio e l'altro, esternamente con l'immigrazione di contadini oltre frontiera e con la conversione all'agricoltura di popoli fino allora abituati a dipendere dalla pastorizia, dalla caccia o dalla pesca. Il rendimento si conosce soltanto in alcune zone e presenta differenze elevate a seconda dei tempi e dei luoghi; ma un confronto tra i campioni che ci sono pervenuti e le opinioni espresse da scrittori del tempo ci porta a credere che un raccolto di cereali pari a quattro volte il seme fosse considerato una media normale soddisfacente. Siamo ancora ben lontani dalle medie dei nostri tempi; ma, a ben guardare, la differenza tra questo rendimento e quelli conosciuti per l'età carolingia (intorno a due volte il seme) è decisiva. Quattro volte il seme significa la certezza di sopravvivere a un anno o due di raccolti inferiori alla media. Due volte il seme significa una forte probabilità di morire di fame: un cattivo raccolto bastava non soltanto a eliminare qualunque eccedenza, ma anche a intaccare la scorta disponibile per la seminagione dell'anno successivo; tanto più in quanto i padroni non rinunciavano mai alla loro parte e la chiesa reclamava la sua quota, quali che fossero i risultati dell'annata agricola.

È molto più difficile misurare l'importanza del terzo fattore: la rotazione agraria. [...] Non si nega che cicli accelerati abbiano contribuito ad aumentare la produzione là dove vennero adottati con successo; ma è molto probabile che il loro effetto, limitato a poche aree dove clima e suolo erano adattati e dove si disponeva di molto concime, sia stato di gran lunga inferiore all'incremento più modesto ma più generale del rendimento medio secondo il ciclo tradizionale. A sua volta, il raddoppio del rendimento normale (da due a quattro volte il seme) fu quasi certamente meno efficace dell'estensione delle zone coltivate, che aprì all'aratro molto più che il doppio del territorio già sottoposto a coltura. [...] Passiamo ora dal pane (e dai farinacei) al *companaticum* [ciò che accompagna il pane e si mangia in aggiunta rispetto all'alimento base, *n.d.r.*]; questo ci aiuterà a comprendere l'evoluzione del regime alimentare e della rotazione agraria, strettamente collegati l'uno all'altro nei diversi paesi. [...] Le piante leguminose: fagioli, piselli, fave, risultarono utili tanto come alimenti quanto come fertilizzanti. Queste piante, infatti, assorbono l'azoto direttamente dall'aria e non dal suolo. Se sotterrate, restituiscono azoto alla terra (è il *concime verde*, raccomandato dagli antichi e, di nuovo, da un manuale italiano del XIII secolo); se ingerite, sono una buona fonte di proteine per uomini e animali. Possono perciò ovviare, almeno in parte, alle deficienze di concime e di carne dove non abbonda il bestiame, e si prestano a cicli accelerati di rotazione agraria.

R.S. LOPEZ, *La rivoluzione commerciale del Medioevo*, Einaudi, Torino 1975, pp. 50-53, trad. it. A. SERAFINI

La *primavera* dell'Europa

Fu un bel secolo, il XII. Nell'arco di un lungo periodo positivo per le popolazioni euromediterranee – un periodo apertosi alla fine del X secolo ed entrato in fase di crisi solo con i primi del Trecento – si ebbe un susseguirsi di ottime annate agricole. **Il clima si era notevolmente mitigato,** il che aveva alleggerito i terreni, prosciugato in parte gli acquitrini e prodotto un immediato miglioramento nelle condizioni di vita. Sembra che allora l'esistenza media degli europei si allungasse di alcuni anni, pur restando mediamente breve se non altro a causa della forte mortalità infantile. Ma, poiché molti decessi di bambini sotto i cinque anni venivano causati da malattie polmonari, il bel tempo recò in dono più vita. E vita migliore, perché i prodotti delle coltivazioni aumentarono in quantità e migliorarono in qualità.

Poiché molti decessi di bambini sotto i cinque anni venivano causati da malattie polmonari, il bel tempo recò in dono più vita.

Pare che la gente mettesse ora più volentieri al mondo dei figli, e ne mettesse in maggior numero. Allontanato lo spettro della fame, si discostò un poco anche quello delle epidemie che di solito falciavano le popolazioni perché le trovavano denutrite e quasi sprovviste pertanto delle naturali difese fisiologiche. La crescita della popolazione causava però i consueti problemi di sovrappopolamento. Quando vien detto a noi moderni che l'Europa dell'XI secolo poteva contare una quarantina di milioni di abitanti e quella del XIV una settantina, stentiamo a credere – noi che quello stesso spazio lo riempiamo con circa mezzo miliardo di persone – che ciò potesse creare dei problemi di sovrappopolamento. Ma, a pensarci bene, la cosa è del tutto normale. Il secolo della Lega Lombarda e del Barbarossa è al centro di una curva d'incremento demografico che in tre secoli circa vede la popolazione europea crescere del 75 per cento: e le rese agricole del tempo, anche quando erano buone, erano talmente basse che un incremento demografico di quel genere avrebbe potuto risolversi in una drammatica sequenza di carestie. Per scongiurare questo pericolo, c'era solo un mezzo (dal momento che erano sconosciuti tanto i fertilizzanti chimici, quanto i pesticidi: sia detto per la gioia degli ambientalisti). **Bisognava strappare nuove terre alla foresta e alla palude.** E l'Europa del tempo era tutta coperta d'un fitto manto di boschi intervallato da ampie brughiere invase dalle acque stagnanti. Gli uomini dell'XI-XII secolo dichiararono dunque guerra alla foresta e alla brughiera per strappare loro campi da coltivare a frumento, a orzo, ad avena, a segale.

F. CARDINI, *La vera storia della Lega Lombarda*, Mondadori, Milano 1993, pp. 5-6

Lo sviluppo commerciale e tecnologico nel Basso Medioevo

Nel campo delle materie prime il Medioevo rimase un mondo del legno, ma registra una considerevole crescita dell'uso della pietra e del ferro. A partire dal Duecento, comincia lo sfruttamento di miniere di ferro, piombo, rame e carbone. Per quanto riguarda **le fonti d'energia**, il fenomeno essenziale è la considerevole diffusione, sia nelle campagne che nelle città, del **mulino ad acqua** e dei suoi impieghi industriali (mulino per forgiare, per follare, per conciare, per la fabbricazione della carta, della birra, ecc., sega idraulica) e la comparsa alla fine del XII secolo del mulino a vento. Il mulino, strumento ben noto all'Antichità, è diventato una vera e propria macchina.

Il sistema dei trasporti registra progressi limitati per quanto concerne i trasporti terrestri. Si tratta della sistemazione e manutenzione di strade di terra battuta che si sviluppano secondo un percorso malcerto tra due passaggi obbligati, della costruzione di carri più grandi e più solidi, del miglioramento dell'attacco degli animali da soma, della costruzione di ponti, dell'apertura di vie nuove (la più celebre è la via alpina del Gottardo, aperta nel Duecento), di

Alla fine del Medioevo, i battelli europei possono avventurarsi in alto mare, e non sono costretti all'inattività durante la cattiva stagione.

una migliore protezione dei mercanti e dei convogli commerciali. I progressi sono molto più notevoli in campo marittimo, soprattutto a partire dal Duecento: costruzione di battelli di maggiore tonnellaggio (la nave mediterranea, la *Kogge* anseatica [tedesca, *n.d.r.*]), sostituzione del timone laterale col timone di poppa, più mobile, e che permette una manovra più sicura, un **miglioramento della velatura** (diffusione della vela latina [vela triangolare, *n.d.r.*]), perfezionamento dell'astrolabio e delle misurazioni astronomiche, diffusione della bussola, compilazione di carte più precise. Alla fine del Medioevo, i battelli europei possono avventurarsi in alto mare, e non sono costretti all'inattività durante la cattiva stagione. [...]

Infine, la sfera del commercio conobbe progressi tecnici in cui è evidente la componente culturale. La tenuta di libri di conti, la contabilità «in partita doppia», la redazione di manuali per mercanti, la diffusione della lettera di cambio furono tutte conseguenza e causa degli **sforzi compiuti dal mercante per istruirsi e migliorare la razionalità e l'efficienza delle sue operazioni**. La capacità di leggere, scrivere e far di conto avvicinò il commercio e la cultura.

J. LE GOFF, *Il Medioevo. Alle origini dell'identità europea*, Laterza, Roma-Bari 1996, pp. 61-62, 67-72, trad. it. G. FERRARA DEGLI UBERTI

Lavorare con i testi

Nei brani, il colore ha evidenziato i punti essenziali, cioè i fattori determinanti, dello sviluppo economico dei secoli XII e XIII. Tenendo queste prime indicazioni come riferimenti, completa la tabella seguente.

analizza i brani

Il clima nei secoli XII e XIII	
Le strategie per aumentare la quantità di prodotti commestibili	
Il rendimento delle semine	
Il contributo di altri prodotti agricoli, diversi dai cereali	
Le fonti di energia utilizzate per le attività industriali	
Le innovazioni nel campo delle comunicazioni	
Il ruolo della cultura	

Ora prova a individuare in che misura gli stessi fattori sono importanti anche nel mondo di oggi.

Il clima nei secoli XX e XXI	
Le strategie per aumentare la produzione agricola	
Il contributo di altri prodotti agricoli, diversi dai cereali	
Le fonti di energia utilizzate per le attività industriali	
Le innovazioni nel campo delle comunicazioni	
Il ruolo della cultura	

→ Utilizzando le informazioni che hai raccolto, scrivi un testo che metta in luce differenze e punti d'incontro tra lo sviluppo economico medievale e la situazione contemporanea. Il testo non deve essere inferiore alle due colonne di foglio protocollo.

VERIFICA DELL'APPRENDIMENTO
Conoscenze e abilità

ANALISI DELLE FONTI ICONOGRAFICHE

1. Osserva l'immagine e rispondi alle domande.

a) Quali sono i vantaggi derivanti dall'impiego del vomere e del versoio in ferro?

b) Quali vantaggi comportò l'impiego del cavallo nel lavoro dei campi?

SELEZIONARE E CLASSIFICARE

2. Dove trovi degli errori, correggi la tabella relativa al graduale declino della servitù della gleba in Europa, usando lo spazio disponibile sotto ogni espressione.

ETÀ CAROLINGIA	MUTAMENTI	XII SECOLO
Aumento della manodopera	Decremento della popolazione	Scarsità di manodopera
Arretratezza delle tecniche agricole	Progresso nelle tecniche	Dissodamento di nuove terre
	Stagnazione delle rese agricole	
Servi liberi e svincolati dalle terre del loro signore		Aumento delle *corvées* e vincolo dei contadini

CONOSCERE IL LESSICO

3. Definisci i termini.

Consoli

Volgare

VERIFICA

Lavorare con le carte

4. Traccia sulla carta le principali rotte commerciali delle città marinare italiane: Amalfi, Venezia, Genova, Pisa.

È esistita una relazione tra lo sviluppo delle repubbliche marinare e quello dei comuni italiani? Se sì, quale?

Comprendere il testo

5. Rispondi brevemente alle seguenti domande.

a) Perché la battaglia di Bouvines può essere considerata il crocevia della storia d'Europa?

b) Qual è l'importanza storica della *Magna Charta Libertatum*?

c) Chi erano i catari? Sotto quali aspetti le loro dottrine differivano da quelle della Chiesa di Roma?

6. Contrassegna con V (vero) o F (falso) ciascuna delle frasi e correggi quelle false.

	V	F
a) Nei secoli XI e XII l'Europa visse una profonda trasformazione economica definita *rivoluzione commerciale*.	☐	☐
b) Lo Stato intervenne prontamente a sostegno dell'attività di costruzioni delle navi.	☐	☐
c) La principale imbarcazione utilizzata in Italia per il trasporto marittimo era la galera.	☐	☐
d) I comuni italiani si trovarono sempre uniti e concordi nella lotta contro l'imperatore.	☐	☐
e) Nel corso dell'XI secolo il papa è sotto la stretta tutela dell'imperatore.	☐	☐

Verso il saggio breve

7. Scrivi un testo sull'evoluzione politica che caratterizzò i secoli XII e XIII, utilizzando le domande-guida elencate di seguito.

→ Che cosa prevedeva il Concordato di Worms?
→ Che cosa rappresentò in concreto per l'Impero?
→ Chi era l'imperatore Federico I di Svevia?
→ Perché scese in Italia?
→ Che cosa rivendicò?
→ Chi era Innocenzo III?
→ Quali erano le sue teorie?

MAPPA DI SINTESI

Mappa proiettabile

BASSO MEDIOEVO (SECOLI XI-XIII)

- Aumento demografico e risorse insufficienti: carestie generalizzate
  - Innovazioni agricole
    - Rivoluzione commerciale e urbana (città marinare, comuni nel Nord Italia)
      - Scontro tra comuni e impero tedesco nel XII secolo (Federico I Barbarossa)
        - Federico II imperatore e re di Sicilia, sconfitto dai comuni
- Rafforzamento del papato (monopolio della sacralità)
  - Battaglia di Bouvines (1214)
    - Graduale crisi dell'Impero
      - Rafforzamento delle monarchie nazionali (Francia e Inghilterra)
        - *Magna Charta* e nascita del Parlamento in Inghilterra (1215)
- Fermenti religiosi
  - Desiderio di una maggiore aderenza al Vangelo e sensibilità per la povertà
    - Movimenti ereticali (catari e valdesi)
      - Ordini mendicanti (san Domenico e san Francesco)
        - Nascita dell'Inquisizione (1233)

UNITÀ 3

L'autunno del Medioevo (secoli XIV-XV)

Un'immagine per iniziare

Per circa un secolo, tra il 1337 e il 1453, il regno di Francia e quello d'Inghilterra si combatterono in una serie di conflitti che, considerati in blocco, vengono di soliti denominati *guerra dei Cent'anni*. Lo scontro è importante soprattutto per il fatto che vide la prima graduale comparsa delle armi da fuoco, impiegate, inizialmente, soprattutto negli assedi, per demolire le mura dei castelli e delle città. Negli scontri in campo aperto, invece, la novità più significativa riguarda la tattica adottata dagli inglesi, i quali affrontarono la cavalleria francese da lontano e riuscirono a tenerle testa bersagliandola di frecce scagliate da archi lunghi e potenti. In altre parole, si può dire che le battaglie più sanguinose e decisive videro la cavalleria pesante in affanno, incapace di rinnovarsi e, quindi, condannata a diventare uno strumento militare obsoleto e superato.

↑ Assedio francese a Dieppe, durante la guerra dei Cent'anni, miniatura del XV secolo.

Una carta per orientarsi nello spazio

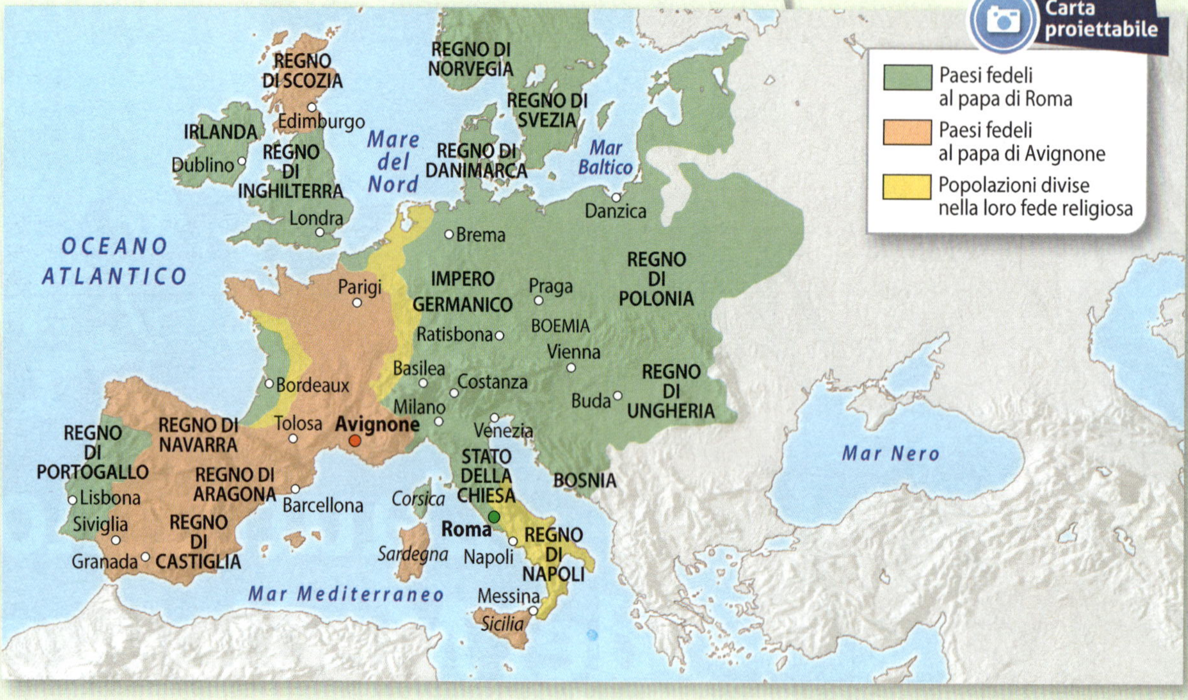

Dal 1378 al 1417, l'Occidente europeo (cattolico) vide lo scandalo di due papi in lotta tra loro. La vicenda è chiamata *Grande scisma d'Occidente*. Il termine "scisma", infatti, designa la divisione che contrappone due gruppi religiosi che, pur non avendo significative divergenze dottrinali, non trovano un accordo sulla questione della guida della comunità. In questo caso, i soggetti che si contendevano il ruolo di vicari di Cristo erano il papa di Roma e quello di Avignone. I vari Stati europei riconobbero l'uno o l'altro in base ai propri interessi politici: in linea di massima, si può dire che la Francia e i suoi alleati appoggiarono il pontefice di Avignone, mentre l'Inghilterra e gli altri avversari della monarchia di Parigi simpatizzarono per il papa romano. Non appena il Concilio di Costanza, nel 1417, pose fine allo scisma, esplose un altro grave problema religioso: la Boemia, infatti, si staccò dalla Chiesa. Per la prima volta, l'eresia assumeva carattere di massa e coinvolgeva la maggioranza della popolazione di una regione europea.

Gli eventi per orientarsi nel tempo

basso medioevo

autunno del medioevo

1300

Bonifacio VIII indice il primo giubileo

1309

Il pontefice Clemente V sposta la sede del papato ad Avignone

1337-1453

Guerra dei Cent'anni tra Francia e Inghilterra

1347-1350

Grande epidemia di peste in Europa

1250 — 1300 — 1350

Una fonte per capire: la conquista di Costantinopoli

Fieri della loro fede musulmana, i turchi ottomani si lanciarono all'assalto dell'impero bizantino, di cui infine occuparono la capitale. La conquista di Costantinopoli fu il primo evento militare di grande portata in cui l'artiglieria abbia svolto il ruolo decisivo. La descrizione seguente è riportato dallo storico ottomano Oruç.

A Edirne si fusero bocche da fuoco grandi come draghi e si prepararono moschetti. Il sultano Mehmed lasciò Edirne per Istanbul [per cingere d'assedio Costantinopoli, *n.d.r.*], portando con sé questi cannoni. Una volta predisposti, questi cominciarono a fare fuoco da ogni parte, distruggendo le torri e le mura delle fortificazioni di Istanbul, e gl'infedeli che vi si trovavano non poterono ottenere la vittoria sperata. Il principe sovrano di Istambul [l'imperatore bizantino, *n.d.r.*] fu coraggioso e non chiese grazia. I sacerdoti dicevano che, secondo quanto era scritto nei vangeli, la città era inespugnabile. [...] Dio non voglia, bestemmiarono il riverito nome del profeta [Maometto, *n.d.r.*] e pronunciarono parole invereconde [ingiuriose, *n.d.r.*]. Per punire il loro orgoglio, Dio onnipotente portò su di loro la rovina. Con sommo ardore il sultano Mehmed, figlio del sultano Murad, gridò: «Per la causa del Signore» e ordinò il saccheggio. I ghazi [guerrieri musulmani, *n.d.r.*] assalirono la città da ogni parte penetrandovi attraverso le brecce aperte nella fortezza dai cannoni e passarono a fil di spada gl'infedeli che vi si trovavano. Poi aprirono la via al resto dei soldati. Questi attraversarono le trincee e, innalzate delle scale, vi si arrampicarono fino a raggiungere le torri. Trucidati gl'infedeli che le occupavano, penetrarono nella città. La misero a ferro e fuoco. S'impadronirono del denaro e dei possedimenti dei nemici e ridussero in schiavitù i loro figli.
Il sultano Mehmed diede anche ordine di saccheggiare le case. In tal modo fu preso tutto quanto si poteva prendere. I musulmani fecero un bottino tanto ingente che tutte le ricchezze accumulate a Istanbul in 2400 anni di storia finirono nelle mani dei ghazi. Saccheggiarono la città per tre giorni, al termine dei quali fu proibito il saccheggio. Istanbul fu presa martedì 21 Rebi ul-evvel dell'anno 857 [corrispondente al 29 maggio 1453, *n.d.r.*]

B. LEWIS, *Europa barbara e infedele. I musulmani alla scoperta dell'Europa*, Mondadori, Milano 1983, pp. 20-21, trad. it. D. M. BATHISH

↑ Costantinopoli assediata nel 1453, affresco (monastero di Moldovita, Romania).

Orientarsi nel tempo

1378-1417 Grande scisma d'Occidente

1381 Rivolta dei contadini inglesi contro i signori

1453 Costantinopoli viene conquistata dai turchi

1455-1485 Guerra delle Due rose in Inghilterra

età moderna

1400 — 1450 — 1500

METODO DI STUDIO

Percorso breve

Storia slide

Autunno del Medioevo: una metafora, per dipingere un'epoca storica

L'espressione "autunno del Medioevo" fu coniata dallo storico olandese Johan Huizinga, nel 1919. Si tratta di una metafora a effetto, e non di una categoria storiografica rigorosa. Grazie a tale formula, però, si riesce a rendere chiaro che i secoli XIV e XV (che potremmo indicare anche con il termine "Tardo Medioevo") furono un'**epoca di transizione**, che videro la fine di un mondo e il graduale inizio di un'altra fase storica. Tra i grandi cambiamenti di questo periodo, ricordiamo il ritorno della peste, alla metà del Trecento; la crisi di papato e Impero, protagonisti dei primi secoli del Medioevo, e l'ascesa di nuove potenze, tra tutte Francia e Inghilterra; il declino, in campo militare, della cavalleria, la cui potenza divenne inutile di fronte alle nuove armi a disposizione degli eserciti.

1 Crisi del papato e nuova concezione dell'Impero

Il Trecento vide un brusco declino della forza del papato e della Chiesa di Roma. Il secolo, in verità, iniziò in modo trionfale, con il grande **giubileo** bandito da papa Bonifacio VIII, che assicurò l'indulgenza plenaria a chiunque si fosse recato in pellegrinaggio a Roma. Il giubileo significò inoltre il trionfo di una nuova concezione religiosa: l'idea secondo cui esisteva un terzo luogo nell'aldilà, il **purgatorio**, in cui l'anima soggiornava per patire sofferenze purificatrici, che potevano essere abbreviate grazie ad alcune opere pie, capaci di ottenere, appunto, l'indulgenza.
Nel corso del secolo, aumentò l'importanza della monarchia francese. Lo scontro più duro si ebbe tra papa **Bonifacio VIII** e il re **Filippo il Bello**. Inutilmente, nella bolla *Unam sanctam*, il pontefice tentò di ribadire che il vescovo di Roma deteneva la pienezza dei poteri; il re non solo ignorò tale pretesa, ma addirittura cercò di arrestare Bonifacio VIII. Nel 1305 divenne papa un vescovo francese, che assunse il nome di Clemente V. Egli decise di trasferire la sede del papato in Francia, ad **Avignone**, che sebbene fosse un possedimento pontificio, si trovava sotto l'influenza del sovrano di Parigi. Il papato rimase in territorio francese dal 1309 al 1378.

Il re non solo ignorò tale pretesa, ma addirittura cercò di arrestare Bonifacio VIII

2 Il collasso demografico dell'Europa

All'inizio del XIV secolo, l'intera Europa contava 70-73 milioni di abitanti. Per due secoli, la sua popolazione era cresciuta senza interruzioni, e le risorse alimentari erano miracolosamente riuscite a sostenere tale impetuoso incremento. L'equilibrio iniziò a spezzarsi verso la fine del Duecento; poi, la crisi divenne irreversibile nel primo decennio del secolo seguente, complice anche un serio **peggioramento del clima**. Infine, nel 1315, la prima catastrofe: una carestia generalizzata che colpì l'intero continente per tre anni consecutivi. Nel medesimo tempo, i commerci regolari che genovesi e veneziani avevano intrapreso con l'impero mongolo e l'Estremo Oriente provocarono il **ritorno della peste**, che nel 1347 investì di nuovo l'Europa. La pandemia del 1347-1350 uccise 20-25 milioni di persone: almeno un terzo dell'intera popolazione del continente.
Alla fine del secolo, l'Europa fu poi sconvolta da **numerose rivolte sociali**, sia nelle **città** sia nelle **campagne**. Le principali rivolte cittadine avvennero a Firenze e nelle Fiandre, dove si ribellarono gli operai più poveri, gli addetti alla tintura della lana, che reclamavano migliori condizioni salariali. Nelle campagne, invece, ci furono proteste popolari contro i nobili, sfociate poi in vere e proprie insurrezioni armate. Le più importanti furono quella del 1358 in Francia, detta *jacquerie*, e quella del 1381 in Inghilterra, appoggiata da numerosi predicatori itineranti, chiamati lollardi: entrambe però furono represse nel sangue.

DOMANDE CHIAVE

- Quali fu la reazione di Filippo il Bello alla bolla *Unam Sanctam* promulgata da papa Bonifacio VIII?
- Perché la peste nera che colpì l'Europa a metà Trecento è collegata con lo sviluppo dell'economia e dei commerci?
- Come cambiò l'immagine di Dio, agli occhi dei fedeli, in seguito alla peste?
- Quali furono i maggiori eventi politici che coinvolsero le potenze europee nel XIV e nel XV secolo?

← Giovanni di Paolo, *Allegoria della peste*, seconda metà del XV secolo (Berlino, Gemäldegalerie).

3 Il trionfo della morte e della paura

La peste nera degli anni 1347-1350 ebbe conseguenze gravissime sulla popolazione europea. Le ripercussioni che essa ebbe sulla **mentalità collettiva**, tuttavia, non furono meno importanti. Mentre l'epidemia era ancora in corso, in Germania e in Francia si diffuse il fenomeno dei flagellanti: gruppi di fedeli, terrorizzati dall'idea che la peste fosse una punizione divina, e dalla prospettiva che Dio, nell'aldilà, li avrebbe mandati all'inferno, si colpivano con fruste di corde e altri strumenti, per dimostrare al Signore la volontà di espiare il proprio peccato. Insomma, possiamo dire che una delle conseguenze più gravi della peste fu una nuova **concezione negativa della figura divina**: Dio non fu più percepito come un Padre buono, ma soprattutto come un giudice severo e implacabile. Per limitare il rischio di essere dannato, l'uomo avrebbe dovuto disprezzare il mondo e i suoi piaceri, concentrando tutte le sue attenzioni al fatto indubitabile che, presto o tardi, avrebbe dovuto morire. Raffigurata in forma di scheletro danzante, coronato e trionfante, la Morte divenne protagonista di numerosi dipinti, che apparvero sulle mura dei cimiteri e della chiese di tutta l'Europa. Nel medesimo tempo, si sparse la convinzione che si fossero scatenate le potenze dell'inferno; Satana, tuttavia, non agiva direttamente, bensì servendosi di una lunga schiera di agenti: lebbrosi, ebrei, donne e altri soggetti marginali furono colpiti con rinnovata violenza, a partire dalla fine del Trecento.

4 Le grandi potenze nel Trecento e nel Quattrocento

A livello politico, l'autunno del Medioevo fu un tempo di riorganizzazione del potere. L'evento militare più importante fu la **guerra dei Cent'anni**, combattuta tra il 1337 e il 1453 da Inghilterra e Francia. Il sovrano di Londra mirava ad acquisire la corona francese, ma dopo un secolo di durissime guerre i francesi riuscirono a mantenere la propria indipendenza. Un altro evento di fondamentale importanza fu la **caduta di Costantinopoli**, l'ultimo baluardo dell'impero bizantino. Nel 1453, infatti, le truppe del sultano turco Maometto II conquistarono la città e ne cambiarono il nome: Istanbul divenne la capitale dell'impero ottomano. In Italia, invece, assistiamo alla nascita di numerose **signorie**. Nelle città che, durante il Basso Medioevo, si erano trasformate in comuni, le grandi famiglie nobili erano sempre in lotta fra loro. Per dirimere tali contrasti, spesso il potere venne affidato a un signore, dotato di poteri praticamente assoluti. A volte i signori riuscirono a tramandare il potere per via ereditaria, ottenendo il consenso dell'imperatore: in questo caso si parla della trasformazione delle signorie in **principati**. Dal punto di vista religioso, invece, il fatto più saliente fu il **Grande scisma della Chiesa**: nel 1377 il pontefice Gregorio XI riportò la sede del papato a Roma. Alla sua morte, fu eletto papa l'italiano Urbano VI: il clero francese, però, nominò un proprio papa, Clemente VII, e ne fissò la dimora ad Avignone. Era l'inizio dello scisma (1378-1417), che terminò solo con il **Concilio di Costanza** e l'elezione di **Martino V**, che riportò definitivamente la sede del papato a Roma.

Storia slide

CONTRASTI POLITICI

1 Crisi del **papato** e nuova concezione dell'**Impero**

Le conoscenze da acquisire	Le competenze da potenziare
Il papato e l'Impero, le due principali istituzioni universalistiche tipiche dei secoli centrali del Medioevo, non riescono a contrastare la dinamica ascesa delle monarchie nazionali.	Saper individuare i fattori di rafforzamento e di indebolimento di una struttura politica.

1.1 Uno sguardo all'Europa dell'Est

Alla fine del XIII secolo, all'estremità orientale del continente, la **Russia era un mondo ancora a sé stante** e remoto. Gli svedesi avevano tentato di conquistarla, penetrando da Nord, ma erano stati sconfitti alla foce della Neva, nel 1240, da **Alessandro, principe di Novgorod**. Due anni dopo fu lo stesso Alessandro (noto con il soprannome di *Nevskij*, cioè *il vincitore della Neva*) a sconfiggere i cavalieri teutonici: un potente ordine monastico-militare, che guidava la *spinta* verso est dei coloni tedeschi. Lo scontro decisivo ebbe luogo il 5 aprile 1242 sul lago Cudskoe (o Peipus), interamente ghiacciato, e venne celebrato in innumerovoli canzoni e narrazioni epiche, prima di essere immortalato da S.M. Ejzenstejn in uno dei più celebri film del cinema russo (*Aleksandr Nevskij*, del 1938, con musiche di Prokof'ev).

> **I mongoli nel sud della Russia**

Tuttavia, negli stessi anni in cui Alessandro respingeva l'assalto cattolico, il sud della Russia venne investito dalla terribile violenza dell'invasione mongola, che avrebbe segnato **per secoli** la vita del Paese. L'arrivo dei **nuovi dominatori asiatici** fu interpretato come il castigo che Dio aveva inflitto ai russi per i loro peccati. La Chiesa, dunque, esortò a lungo alla paziente sopportazione del giogo dei mongoli, che per altro (dopo il trauma delle stragi e dei saccheggi avvenuti al momento della conquista) non fu particolarmente violento, o meglio si limitò alla riscossione di **pesanti tributi**.

→ Mongoli in battaglia, miniatura di scuola persiana del XIV secolo (Parigi, Bibliothèque Nationale).

La lenta ascesa del **principato di Mosca** si pone in diretto collegamento con la nuova dominazione. Il piccolo centro urbano moscovita (che trova la sua prima menzione in una cronaca del 1147) cominciò infatti ad acquistare vera importanza solo a partire dal tempo in cui il principe Ivan Kalita (1328-1341) riuscì a ottenere l'incarico di **esattore delle imposte per conto dei signori mongoli**, che infine si resero autonomi dai Khan di Pechino e si stabilirono a Saraj, sul Basso Volga. Inoltre, lo stesso Ivan Kalita convinse il metropolita di Kiev a risiedere a Mosca, che dal 1328 divenne il più importante centro religioso del Paese.

> Gli ultimi pagani europei

Spostandoci più verso occidente, incontriamo il **regno di Polonia** e il **principato di Lituania**, che all'epoca era molto più vasta di oggi e occupava gran parte della Bielorussia e dell'Ucraina attuali. In comune, questi due Stati avevano il fatto di essere in continua lotta contro i cavalieri teutonici e altri principi tedeschi decisi a conquistare terre nell'Europa orientale. I lituani, tuttavia, nel XIV secolo erano l'ultima popolazione pagana d'Europa. Nel 1386, il principe Jagellone di Lituania accettò infine di convertirsi alla fede cattolica e sposò la figlia del re di Polonia; a seguito di questa unione, sorse uno Stato robusto e potente, che avrebbe dominato l'Europa dell'Est fino al Seicento.

Guardiamo la storia
L'espansione tedesca verso est

Al centro dell'Europa incontriamo infine i **regni di Boemia e di Ungheria**, verso i quali si indirizzò precocemente l'interesse della casata degli Asburgo, signori della marca d'Austria e abilissimi organizzatori di un'efficace rete di matrimoni, capaci di creare alleanze e di permettere di avanzare pretese, nel caso (quanto mai frequente) della morte di un sovrano senza eredi diretti.

1.2 Roma, centro della cristianità cattolica

> Slavi e latini

A livello religioso, l'Europa della fine del Duecento era dunque tutt'altro che omogenea. All'estremità sud-occidentale, incontriamo ancora un territorio musulmano, il piccolo regno di Granada (o Granata); al capo opposto, invece, i lituani erano ancora pagani, mentre i russi (come i greci) erano ortodossi, cioè rifiutavano l'autorità del papa. I rapporti tra le **due confessioni religiose cristiane – il cattolicesimo romano e l'ortodossia** – erano tesi e tutt'altro che amichevoli: basti pensare che le vittorie di Alessandro di Novgorod vennero percepite dal mondo russo come segno di una speciale elezione divina, cioè come la riprova del fatto che Dio stava con il popolo russo, mentre detestava gli arroganti eretici latini.

↑ Prelati ortodossi benedicono le truppe, particolare di un'icona del XV secolo che rappresenta un evento della Russia antica, la conquista della città di Suzdal da parte delle armate di Novgorod (1169).

> VEDI
Gregorio VII
e il *Dictaus papae*
→ pag. 39

Il centro del continente europeo, invece, era cattolico, cioè riconosceva come autorità suprema il papa. Dall'XI secolo, i pontefici romani avevano proclamato che Cristo aveva consegnato loro un'autorità suprema e incontestabile: pertanto, tutti i sovrani avrebbero dovuto rimanere sottomessi al loro volere, mentre tutti coloro che fossero stati da loro scomunicati (non esclusi i cristiani ortodossi, greci o russi) sarebbero stati condannati da Dio all'inferno. Il principio fondamentale che aveva guidato la Chiesa romana per tutto il Basso Medioevo era stato uno e uno solo: ***non ci può essere salvezza, al di fuori della Chiesa, guidata dal papa***.

> Il gesto clamoroso di Celestino V

Negli anni a cavallo fra il Duecento e il Trecento, la prestigiosa carica di vescovo di Roma fu ricoperta da **Bonifacio VIII**, la cui elezione ebbe luogo nel 1294, in circostanze del tutto particolari. Infatti il suo predecessore, Pietro da Morrone, che aveva assunto il nome di **Celestino V**, si era dimesso, pochi mesi dopo essere stato scelto dai cardinali per rivestire il ruolo di vicario di Cristo. Nel 2013, Benedetto XVI ha compiuto un gesto analogo, destando grande sorpresa; fino ai giorni nostri, Celestino V era stato l'unico **papa dimissionario** nella lunghissima storia della Chiesa. E aveva suscitato in molti rabbia e perplessità, nonché il profondo disprezzo di Dante, che l'aveva bollato di vigliaccheria e di *ignavia*, nel Canto III dell'*Inferno*.

Pietro da Morrone era un santo eremita abruzzese. A quell'epoca, molti desideravano una radicale riforma della Chiesa e chiedevano alle autorità ecclesiastiche una maggiore povertà, in coerenza con i principi evangelici. A questi uomini dalla fede profonda e sincera, Celestino V parve il tanto sospirato *pastore angelico*, che avrebbe riportato la Chiesa alla purezza originaria. Ma Celestino V era assolutamente **privo di ogni esperienza in campo politico**, **giuridico** e **amministrativo**; non sentendosi assolutamente idoneo a guidare un'organizzazione complessa e articolata come la Chiesa del XIII secolo, preferì rinunciare all'incarico. Poco più tardi, la delusione di quanti avevano riposto in lui le proprie speranze fu doppiamente cocente. Infatti, il suo posto fu preso da Benedetto Caetani (Bonifacio VIII), che era noto per la risolutezza con cui sosteneva la **concezione ierocratica** del potere, cioè la tesi (elaborata da Gregorio VII e poi sviluppata da Innocenzo III) dell'assoluta superiorità del papa, rispetto ai sovrani temporali.

> Bonifacio VIII e l'assoluta superiorità del papa

↑ L'incoronazione di Bonifacio VIII. Miniatura medievale (Londra, British Library).

1.3 Lo scontro tra Filippo il Bello e Bonifacio VIII

Bonifacio VIII trovò il suo principale avversario politico nel re di Francia **Filippo IV il Bello** (1285-1314). Lo scontro ebbe inizio per il fatto che il sovrano francese, impegnato in un conflitto con il re d'Inghilterra Edoardo I, nel 1296 sottopose a tributo anche i beni della Chiesa. Bonifacio VIII replicò con una prima *bolla* (documento ufficiale, emanato da un'autorità), nella quale minacciava di scomunica il re se non avesse immediatamente ritirato i provvedimenti fiscali nei confronti del clero. Ma Filippo il Bello non si piegò di fronte alle severe parole del papa; anzi, passò al contrattacco, vietando l'uscita dal regno di qualsiasi somma di denaro che fosse diretta a Roma.

↓ Filippo IV il Bello, in una miniatura tratta da un manoscritto francese del XIV secolo (Parigi, Bibliothèque Nationale).

Il quadro che ci si presenta davanti a fine Duecento, dunque, è molto diverso da quello che registriamo nel 1077, in occasione dello scontro tra Gregorio VII ed Enrico IV. Alla fine del XIII secolo, non ci troviamo più di fronte a un imperatore dotato di scarse risorse e costretto a competere con dei grandi signori feudali capaci di rivaleggiare con lui sia in ricchezza che in potenza militare. Nell'XI secolo – quando l'imperatore si trovava in queste circostanze – l'arma spirituale della scomunica era micidiale, capace di provocare gravi problemi al principe che ne fosse colpito, per il semplice fatto che autorizzava i vassalli a sentirsi liberi dal giuramento di fedeltà prestato al superiore.

Nella Francia della fine del Duecento, **Filippo IV poteva invece contare su risorse** infinitamente più **elevate**, che gli permettevano di avere a sua disposizione una schiera di funzionari sotto la sua diretta dipendenza, perché pagati da lui. Inoltre, se non avessero ubbidito agli ordini, tali servitori retribuiti potevano essere sostituiti da altri più fedeli. Di fronte a questa nuova e solida struttura statale, l'arma della scomunica risultava inefficace: pertanto, Bonifacio VIII fu costretto a desistere dal proseguire la lotta e finì per lasciar cadere la bolla del 1296.

La dura risposta di Filippo il Bello non deve indurci a pensare che egli fosse un sovrano scettico nei confronti della fede e ostile alla dottrina cristiana. Filippo il Bello, semplicemente, rifiutava la *rivoluzione ideologica* introdotta da Gregorio VII nell'XI secolo; quindi, si concepiva ancora come una figura sacerdotale e un taumaturgo. Egli non si sentiva **per nulla inferiore al papa quanto a sacralità**, né poteva tollerare la pretesa avanzata dai pontefici di essere gli unici mediatori tra il mondo umano e quello divino. «Strumento eletto delle grazie del Cielo, meraviglioso medico, implorato da quasi tutta la cattolicità come un santo, il re di Francia non era, né agli occhi dei suoi sudditi né ai propri, un semplice sovrano temporale; vi era in lui troppo di divino perché si sentisse obbligato a chinare il capo davanti a Roma» (M. Bloch).

Papato e re di Francia a confronto

Schema proiettabile

CONCEZIONE DEL PAPATO	CONCEZIONE DEI RE DI FRANCIA
Dio: è concepito come fonte del potere	*Dio:* è concepito come fonte del potere
Papa: riceve da Dio sia il potere spirituale, sia il potere temporale	*Re:* riceve il potere direttamente da Dio e lo dimostra guarendo le scrofole
Sovrani: i re e l'imperatore ricevono dal papa il potere e sono a lui sottoposti	*Sudditi:* sono sottomessi al re, che risponde del proprio operato solo di fronte a Dio

1.4 Il giubileo del 1300

Secondo una credenza popolare, diffusasi a Roma all'inizio dell'anno 1300, chi si fosse recato a pregare sulla tomba di san Pietro nel primo anno di ogni secolo avrebbe ricevuto l'**indulgenza plenaria**. Questa espressione indica infatti, nel linguaggio ecclesiastico, la completa cancellazione delle pene purificatrici che l'individuo avrebbe dovuto scontare, dopo la morte, in purgatorio, con conseguente accesso immediato al paradiso.

Monografia
L'aldilà medievale

Una grande quantità di pellegrini cominciò ad affluire a Roma. Dopo un'iniziale perplessità, il papato si rese conto che non vi era nulla di eretico in questa forma di religiosità popolare. Pertanto, Bonifacio VIII la confermò ufficialmente il 22 febbraio 1300, indicendo il primo ***giubileo*** della storia della Chiesa. Con questo termine (di origine biblica) si indicò un periodo di tempo particolare, della durata di un anno, nel quale era possibile, a chiunque compisse **il pellegrinaggio a Roma**, ricevere l'indulgenza plenaria, vale a dire ottenere la totale remissione delle pene purificatrici nell'aldilà.

Da quel momento, migliaia di persone provenienti da tutta l'Europa si riversarono a Roma, rispondendo alla parola del papa con un entusiasmo che ricorda quello manifestato dalla cristianità nel 1095-1096, in occasione del bando della prima crociata. In effetti, in passato, **l'indulgenza plenaria era stata concessa solo a coloro che**, dopo aver *preso la Croce*, **fossero morti in battaglia combattendo contro i musulmani**. Si può dire che, sul piano della pratica penitenziale, **il pellegrinaggio verso la città del martirio di san Pietro sostituì l'idea di crociata**, che lo stesso papato finì per considerare impraticabile, dopo la caduta della fortezza di San Giovanni d'Acri (ultimo avamposto cristiano in Terra Santa), il 18 maggio 1291.

> VEDI
La prima crociata
→ pag. 46

Il giubileo del 1300 svolse molte funzioni complementari. Innanzitutto, segnò il trionfo della **concezione tripartita dell'aldilà**, cioè dell'idea secondo cui esisteva un *terzo luogo* (il purgatorio) ove le anime di coloro che non erano ancora degne del paradiso subivano delle sofferenze purificatrici. Fino agli ultimi decenni del XII secolo, su tale argomento non c'era stato alcun accordo fra i teologi, e lo stesso sostantivo *purgatorium*, in latino, non esisteva. Dopo che, nel corso del Duecento, il concetto si era chiarito e precisato, il giubileo rappresentò il **riconoscimento ufficiale e definitivo** sia **della nuova dottrina**, sia del principio secondo cui, tramite il compimento di una determinata opera di pietà o di carità (un'elemosina, la celebrazione di una messa o un pellegrinaggio), era possibile ottenere un periodo più o meno lungo di *indulgenza*, cioè di abbreviazione del soggiorno purificatore.

A un secondo livello, merita d'essere notato che, nel 1300, **Roma** si mostrò tangibilmente come il vero e fondamentale **centro della cristianità latina**. «La Chiesa di Roma appariva ormai alla coscienza religiosa di tutta l'Europa cristiana come la detentrice unica delle chiavi dei regni dell'oltretomba» (R. Morghen).

I concetti di purgatorio e di indulgenza, di cui il pontefice era dispensatore e garante, da allora in avanti si sarebbero legati sempre più strettamente all'idea secondo cui il papato doveva occupare, all'interno della cristianità, una posizione di primato indiscutibile, assoluto e supremo. Non a caso, nel 1517, la polemica contro le indulgenze avrebbe portato Lutero allo scontro con la Chiesa di Roma.

↓ Pellegrini giunti nel 1300 a Roma per il giubileo indetto da Bonifacio VIII. Miniatura dalle *Croniche* di Giovanni Sercambi, inizi del XV secolo (Lucca, Archivio di Stato).

1.5 La bolla *Unam sanctam*

La figura di Bonifacio VIII uscì molto rafforzata dopo il trionfo del giubileo. Forte di questo successo, il papa ritenne di essere in grado, ora, di sottomettere alla propria autorità il re di Francia Filippo il Bello. Così, il 18 novembre 1302, emanò la bolla ***Unam sanctam***, che rappresenta la più esplicita e articolata esposizione della *concezione ierocratica* del potere. Nel suo documento, il pontefice proclamava solennemente che non c'era alcuna possibilità di salvezza per gli uomini al di fuori della Chiesa cattolica, e che essa aveva per capo e per guida solo il vescovo di Roma. Nello stesso tempo, Bonifacio VIII riproponeva la **teoria delle due spade**, elaborata da Bernardo di Chiaravalle circa due secoli prima, e sulla base di essa rivendicava per il papa il diritto di controllare e giudicare il potere temporale, affidato dalla Chiesa ai principi. Infine, la bolla si chiudeva con la perentoria affermazione: «È assolutamente necessario per la salvezza di ogni creatura umana che essa sia sottomessa al pontefice di Roma».

> VEDI Innocenzo III e la teoria delle due spade → pag. 94

Rispetto al passato, di nuovo non c'era nulla; a colpire è la **durezza dei toni**, o meglio ancora l'assoluta incapacità di comprendere come quelle affermazioni categoriche fossero ormai del tutto anacronistiche e superate, nel momento in cui i sovrani avevano i mezzi e la forza per ignorarle.

> Gli Stati generali francesi

Per la seconda volta, infatti, Filippo il Bello assunse un atteggiamento di sfida nei confronti del papato, utilizzando per i propri fini i cosiddetti **Stati generali**. Si trattava

DOCUMENTI La concezione ierocratica di Bonifacio VIII

Emanata il 18 novembre 1302, la bolla *Unam sanctam* è la più chiara e completa proclamazione della concezione ierocratica del potere. Il papa afferma solennemente che la sua autorità è superiore a quella di tutti gli altri vescovi e che il potere temporale esercitato dai sovrani deve essere subordinato alla guida del pontefice.

Noi sappiamo dalle parole del Vangelo che in questa Chiesa e nel suo potere ci sono due spade, una spirituale, cioè, e una temporale, perché, quando gli Apostoli dissero: «Ecco qui due spade» – che significa nella Chiesa, dato che erano gli Apostoli a parlare – il Signore non rispose che erano troppe, ma che erano sufficienti. E chi nega che la spada temporale appartenga a Pietro, ha malamente interpretato le parole del Signore, quando dice: «Rimetti la tua spada nel fodero». Quindi ambedue sono in potere della Chiesa, la spada spirituale e quella materiale; una invero deve essere impugnata per la Chiesa, l'altra dalla Chiesa; la prima dal clero, la seconda dalla mano di re o cavalieri, ma secondo il comando o la condiscendenza del clero, perché è necessario che una spada dipenda dall'altra e che l'autorità temporale sia soggetta a quella spirituale. [...]
Perciò, se il potere terreno erra, sarà giudicato da quello spirituale; se il potere spirituale inferiore sbaglia, sarà giudicato dal superiore; ma se erra il supremo potere spirituale [il papa, *n.d.r.*], questo potrà essere giudicato solamente da Dio e non dagli uomini. [...] Chiunque si oppone a questo potere istituito da Dio, si oppone ai comandi di Dio, a meno che non pretenda, come i Manichei, che ci siano due princìpi; il che noi affermiamo falso ed eretico, poiché – come dice Mosè – non nei princìpi, ma «nel principio» Dio creò il cielo e la terra. Quindi noi dichiariamo, stabiliamo, definiamo ed affermiamo che è assolutamente necessario per la salvezza di ogni creatura umana che essa sia sottomessa al Pontefice di Roma.
Data in Laterano, nell'ottavo anno del nostro Pontificato.

M. BENDISCIOLI, A. GALLIA, *Documenti di storia medievale 400-1492*, Mursia, Milano 1970, pp. 198-199

ANALIZZA IL TESTO

→ Per quale motivo, secondo Bonifacio VIII, il papato può esigere da ogni creatura umana completa e totale sottomissione?

→ Da chi può essere giudicato il supremo potere spirituale?

> **I tre ordini**

di un'assemblea in cui furono radunati rappresentanti (provenienti da tutte le regioni del regno: di qui il nome di *generali*) dei tre *ordini* o *stati* in cui fin dall'XI secolo alcuni intellettuali cristiani avevano diviso il popolo cristiano: il **clero** (*coloro che pregano*), la **nobiltà guerriera** (*coloro che combattono*) e il **terzo stato** (*coloro che lavorano*). Già in una prima seduta dell'aprile 1302, Filippo aveva ottenuto che questa assemblea approvasse l'affermazione secondo cui il re di Francia aveva ricevuto il suo regno direttamente da Dio. In tal modo, si negava ogni validità al concetto di *mediazione ecclesiastica*, cioè all'idea secondo cui il sovrano aveva ricevuto il potere temporale da un papa detentore di entrambe le *spade*, la spirituale e la temporale.

Nel giugno 1303, dietro richiesta di Filippo IV gli Stati generali sollevarono la **questione della legittimità dell'elezione di Bonifacio VIII**, divenuto papa (come si è detto sopra) in circostanze atipiche: cioè a seguito delle dimissioni del suo predecessore e prima della sua morte. Chiaramente, si trattava di un pretesto: comunque, avanzare riserve nei confronti della procedura di elezione del pontefice in carica significava porre in discussione la validità di tutti i suoi atti, bolla *Unam sanctam* compresa.

> **L'oltraggio di Anagni**

Nell'agosto 1303 un gruppo di inviati di Filippo il Bello tentò di far prigioniero Bonifacio VIII nella sua villa di Anagni, allo scopo di obbligarlo a convocare un concilio, che avrebbe dovuto decidere della legittimità della sua elezione. L'operazione non riuscì in quanto il papa – dopo che era stato catturato dai francesi – fu liberato da una sommossa popolare. Tuttavia, il cosiddetto **oltraggio di Anagni** suscitò un'enorme impressione in tutta la cristianità, destando scandalo anche fra i più accesi avversari di Bonifacio VIII. Quanto al pontefice, morì pochi mesi dopo, esausto e ancora profondamente turbato dopo la dolorosa esperienza patita.

1.6 Papato e Impero nel Trecento

Per sfuggire alle pressioni delle grandi famiglie di Roma, nel 1309 Clemente V (un vescovo francese divenuto papa nel 1305) decise di **spostare la sede pontificia** in Francia. Dopo la sua morte, avvenuta nel 1314, fu eletto papa un altro francese, Giovanni XXII (1316-1334), il quale confermò la scelta del suo predecessore. In questo modo, lo spostamento in Francia del papato divenne una situazione stabile, e tale rimase **fino al 1378**, sebbene in origine fosse stato pensato come una scelta momentanea. La sede fisica venne individuata nella città di **Avignone**, in un territorio che, formalmente, era un possedimento pontificio, ma che di fatto si trovava entro la sfera di influenza del re di Francia.

Intanto, in Germania, il potere fu assunto da Ludovico duca di Baviera (o *il Bavaro*). Entrato in conflitto con il papa, che non voleva riconoscerlo come sovrano legittimo, il 18 aprile

↓ Veduta di Avignone con la Cattedrale di Notre-Dame des Doms e il Palazzo dei papi.

Video
Avignone, la città dei papi

CITTADINANZA E COSTITUZIONE
Il popolo, unico vero sovrano
→ pagg. 150-151

1328 Ludovico pronunciò una sentenza di deposizione nei confronti di Giovanni XXII, proclamato *Anticristo* e *collaboratore di Satana*.

Nella sua lotta contro il papa, Ludovico il Bavaro poté contare sull'appoggio del filosofo italiano Marsilio da Padova, che nel 1324 aveva pubblicato uno dei più importanti trattati politici scritti in epoca medievale: il *Defensor pacis* (*Difensore della pace*).

In base alla concezione *ascendente* di Marsilio, secondo cui è il popolo a delegare il potere nelle mani di chi governa, Ludovico venne solennemente incoronato imperatore nel 1328, a Roma, e proclamò che il suo diritto a governare non proveniva da Dio né (a maggior ragione) dal papato, ma solo dal popolo romano. Dieci anni più tardi, nel 1338, un'assemblea di principi tedeschi riunitisi a Rense proclamò solennemente che l'imperatore eletto da loro stessi non aveva alcun bisogno di consacrazione, cioè di conferma e di incoronazione ufficiale, da parte del papa. Nel **1356**, infine, venne fissato con precisione il gruppo di principi che avevano il diritto di eleggere l'imperatore.

La **Bolla d'oro**, emanata dall'imperatore Carlo IV, ne individuava sette: tre ecclesiastici (gli arcivescovi di Magonza, Treviri e Colonia) e quattro laici (il conte palatino del Reno, il duca di Sassonia, il marchese del Brandeburgo e il re di Boemia). La stessa bolla, poi, dichiarava che, in pratica, questi sette principi erano sovrani di Stati di fatto autonomi; dunque, l'autorità dell'**imperatore** era ulteriormente sminuita: la sua carica era poco più che un **prestigioso (ma vuoto) titolo onorifico**.

zoom La concezione ascendente del potere

Marsilio da Padova

Marsilio da Padova (1275 ca.-1342) era profondamente influenzato dal pensiero del grande filosofo greco Aristotele, secondo il quale lo Stato è il frutto della **spontanea tendenza all'aggregazione**, tipica degli esseri umani. Esseri *socievoli per natura*, gli uomini sono portati ad associarsi in comunità sempre più complesse, come la famiglia, il villaggio e infine lo Stato. Il governo dunque, in quest'ottica aristotelica, non è il frutto della perversione umana e neppure l'esito di un mandato che un individuo o un'istituzione hanno ricevuto *per grazia di Dio*. Il potere, piuttosto, è lo strumento mediante il quale un gruppo di individui, associatisi in una *polis*, cerca di rispondere a tutte le proprie esigenze.

Lo **strumento principale che permette di perseguire il bene della comunità è la legge** che, secondo Marsilio, ha come caratteristica fondamentale la *coattività*, cioè il fatto di comportare una sanzione per chi non la rispetta. La legge è il mezzo che garantisce a una collettività di vivere in pace: la *parte governante*, dal canto suo, si distingue dal resto dei cittadini in quanto, oltre ad applicare le leggi in vista del bene del popolo, detiene pure in esclusiva il *potere coercitivo*, cioè il potere di punire chi, violando la legge, va contro l'interesse della collettività.

Il popolo, fonte del potere

In un contesto medievale, le tesi di Marsilio da Padova erano quanto mai ardite e coraggiose; era opinione comune, infatti, che lo Stato e il governo fossero una conseguenza del *peccato originale*. Secondo alcuni, il governo era nato da un'azione di violenza, che aveva permesso ai più forti di prendere il potere e di sottomettere i deboli; a giudizio di altri, il governo era una specie di *male minore*, cioè un *rimedio* al peccato umano, voluto e istituito da Dio per mettere un freno agli istinti malvagi dell'uomo. Comunque, la posizione medievale più caratteristica dava del **governo** un'**immagine negativa**, concependolo come *contrario* alla natura e al piano divino, sfigurati e deturpati dal peccato umano.

Secondo Marsilio, la *parte governante* di uno Stato legittimo non esercita il potere né *per grazia di Dio*, né perché è riuscita a impadronirsene con la forza. Essa, piuttosto, governa perché ha ricevuto un'esplicita delega in tal senso da quell'entità che lo scrittore padovano chiama *il legislatore umano*, cioè il popolo. In sintesi, possiamo senz'altro dire che, con Marsilio da Padova, siamo di fronte alla più coerente e puntuale esposizione della **concezione ascendente del potere**: i governanti esercitano legittimamente la loro attività solo quando rappresentano il popolo e agiscono in suo nome, in vista del bene comune. Anzi, poiché il popolo è la *fonte del potere*, esso può perfino revocarlo a coloro che da lui l'hanno ricevuto e in suo nome governano.

Quanto alla Chiesa, in qualità di sincero sostenitore dell'imperatore, Marsilio proponeva che essa si spogliasse di ogni ricchezza e di qualsiasi potere. Il papato, infine, doveva cessare di essere una monarchia assoluta e accettare di condividere la guida della Chiesa con il Concilio, cioè con l'assemblea dei vescovi.

Il popolo, unico vero sovrano

Costituzione italiana

Articolo 1

[...] La sovranità appartiene al popolo, che la esercita nelle forme e nei limiti della Costituzione.

Dio, fonte del potere

Nella seconda parte dell'articolo 1 della Costituzione italiana, la parola più importante è ***sovranità***: espressione che va intesa nel senso di autorità suprema, da cui deriva ogni tipo di potere esistente. Secondo la logica medievale, questo soggetto originario, fonte di qualsiasi ordinamento cui gli uomini devono obbedire, non può essere altri che Dio. L'idea più diffusa nell'età di mezzo è quella secondo cui «non c'è autorità se non da Dio e quelle che esistono sono stabilite da Dio», come scrive l'apostolo Paolo nella *Lettera ai Romani* (Rom. 13, 1). Tutti i più importanti aspetti simbolici del potere, utilizzati nel mondo medievale, muovono da questo elementare presupposto, universalmente accettato.

In linea teorica, tutti i principali soggetti politici del Medioevo condividevano una **concezione discendente del potere**, una visione che, all'origine del potere stesso, poneva Dio, che poi delegava a singole figure e istituzioni umane il compito di esercitare l'autorità. All'atto pratico, la situazione era decisamente più confusa e controversa. Infatti, re, imperatori e papi si contendevano il ruolo di soggetti privilegiati del potere divino, dichiarando che avevano ricevuto il potere direttamente da Dio e non dovevano sottostare a nessun'altra entità.

C'è poi una specificità tutta cristiana e occidentale: in ogni regione d'Europa, infatti, a differenza di quanto accadde nel mondo islamico, i **soggetti investiti di un incarico divino furono sempre due**, mentre nella realtà musulmana il Profeta, prima, e i califfi, poi, assommavano in sé anche il ruolo di guide religiose. In Europa, nemmeno i papi più inclini a esercitare

→ Papa Clemente V e Filippo IV, miniatura del XIV secolo (Londra, British Library).

il potere temporale osarono mai proclamarsi imperatori, né alcun sovrano pretese per sé il potere spirituale nella forma esercitata dal papa (nessun re, ad esempio, pretese mai di presiedere l'eucaristia o sostituirsi al vescovo e ai preti nelle funzioni propriamente religiose).

Il popolo, fonte del potere

La Costituzione italiana presuppone una **concezione politica** del tutto differente, che di solito viene denominata ascendente o **contrattualistica**. Alla base del potere, infatti, sta il popolo, in nome del quale vengono emanate le leggi e viene amministrata la giustizia.

Una simile concezione ipotizza che lo Stato sia il frutto di un contratto tra soggetti dotati di pari dignità e pari livello; ognuno di essi ha delegato all'autorità statale il potere di emanare delle norme valide per tutti (la legge, infatti, è uguale per tutti i cittadini e nessuno è esentato dall'obbligo di obbedire a essa), capaci di permettere a ciascuno di esercitare al meglio i propri diritti fondamentali. La legge, quindi, anche là dove proibisce un determinato comportamento, in realtà si propone di garantire il libero esercizio dei diritti ai cittadini della Repubblica. Omicidio, furto e altri reati sono vietati proprio perché colui che li attua mette in discussione o cancella completamente i diritti di qualcun altro (negli esempi citati, il diritto alla vita e alla proprietà).

La laicità dello Stato

Il fatto che la sovranità appartenga al popolo, inoltre, esclude che l'Italia possa trasformarsi in una teocrazia. In tutti gli Stati medievali, il re possedeva, in fondo, una sovranità limitata e, al limite, non era di sua competenza l'emanazione della legge. Poiché la sovranità completa apparteneva solo a Dio, la legge esisteva già prima della nascita della monarchia, in quanto era la parola divina, come era esposta nelle Sacre Scritture. **Nessun sovrano medievale avrebbe mai potuto emanare una norma contraria ai comandamenti** di Dio (e **della Chiesa**): la legge dello Stato coincideva con quella di Dio, il reato coincideva con il peccato.

Nel caso dell'Italia moderna, invece, il popolo italiano (o meglio, il **Parlamento**, che elabora ed emana le norme, in suo nome) **può scostarsi** – in quanto detentore di piena sovranità – **dalla norma divina**, così come viene storicamente espressa e sostenuta dalla Chiesa. Si pensi alla normativa sull'adulterio, sul divorzio, sull'interruzione volontaria della gravidanza... In questi ambiti (e altri ancora), la legge dello Stato non punisce comportamenti che la Chiesa considera peccati gravi. Dichiarare che «la sovranità appartiene al popolo» significa di fatto affermare che la **Repubblica italiana è uno Stato laico**, indipendente dalla Chiesa, i rapporti con la quale sono esplicitamente precisati dall'articolo 7. Altri paesi (come, ad esempio, l'Arabia Saudita o l'Iran) sono denominati "Stati integralisti": ogni aspetto della vita sociale è regolato dalle norme religiose (che in questi casi specifici, ovviamente, si ispirano al Corano, e non alla Bibbia). È singolare e specifico della **Costituzione italiana**, al contrario, che in tutto il testo non venga **mai nominato, nemmeno una volta, il nome di Dio**, e non ci sia alcun riferimento a un Creatore o a un Essere supremo (come accade, invece, nella *Dichiarazione di indipendenza* degli Stati Uniti, del 1776, e nella *Dichiarazione dei diritti dell'uomo e del cittadino*, emanata in Francia nel 1789).

↓ Una seduta del parlamento italiano

ECONOMIA DEMOGRAFIA E SOCIETÀ

2

Storia slide

Il collasso demografico dell'Europa

Le conoscenze da acquisire

Dopo tre secoli di sviluppo ininterrotto e di impetuoso incremento demografico, l'agricoltura europea entra in crisi, mentre la pandemia di peste uccide milioni di individui.

Le competenze da potenziare

Saper cogliere i modi, i tempi e i cicli di diffusione di un'epidemia, a livello planetario.

2.1 Mutazioni climatiche e carestie

Lo sviluppo urbano ed economico che, insieme alla crescita demografica, aveva caratterizzato gli ultimi decenni del Duecento, subì una pesante battuta d'arresto all'inizio del Trecento. Le cause furono diverse, ma collegate tra loro.

> **Aumento della piovosità**

Innanzitutto, si verificò un significativo mutamento climatico. Gli storici del clima sostengono che l'**Europa entrò in una fase fredda**, caratterizzata da un notevole aumento della piovosità, con notevoli effetti sull'attività agricola e sul lavoro dell'uomo. A sostegno della loro ipotesi, essi portano diversi dati di fatto: in Islanda, fu abbandonata la coltura dei cereali; in Groenlandia gli scandinavi – emigrati in quella lontana terra nei secoli della grande espansione vichinga (IX-X) – non riuscirono più a sopravvivere; in Inghilterra, la viticoltura regredì notevolmente, poiché l'uva non giungeva più a maturazione. Inoltre, il Mar Baltico gelò interamente nel 1296, nel 1306 e nel 1323.

→ In questa miniatura del 1340 circa Firenze accoglie con cibo e ospitalità i poveri cacciati da Siena.

A partire dal 1315, per tre anni consecutivi un'eccessiva piovosità rovinò i raccolti. La **carenza di cereali** colpì anche le zone solitamente più ricche, capaci, nel Duecento, di vendere le proprie eccedenze a chi ne avesse necessità. Così, per la prima volta dopo due secoli, **l'intero Occidente fu in preda alla carestia**: da maggio ad agosto, nel 1316, nella città fiamminga di Ypres morì di fame un abitante su dieci.

Nel 1320, centinaia di contadini della Francia del Nord, esasperati dalla fame patita negli ultimi quattro o cinque anni, si misero in movimento verso Sud, senza una meta precisa. Dopo che uno di questi profughi, un giovane pastore, dichiarò di aver avuto una straordinaria visione (un uccello gli si posò sulla spalla e si trasformò in fanciulla, esortandolo a muovere guerra contro i nemici della fede cristiana) il caotico e confuso gruppo migrante si diede una meta

Storia del clima in Europa

Schema proiettabile

DIMINUZIONE DELLA TEMPERATURA E AUMENTO DELLA PIOVOSITÀ	AUMENTO DELLA TEMPERATURA E DIMINUZIONE DELLA PIOVOSITÀ
Dal III al VII secolo	Dall'VIII al XIII secolo
XIV secolo e prima metà del XV secolo	XVI secolo
XVII secolo e prima metà del XVIII secolo	Dalla metà del XVIII secolo al 2000

> La crociata dei pastorelli

e un obiettivo: la Terra Santa. Come già era accaduto per altre *crociate popolari*, anche questa singolare vicenda (nota con il nome di *crociata dei pastorelli*) ebbe risvolti drammatici, prima di concludersi nel nulla. Nella Francia meridionale, infatti, i *pastorelli* dapprima uccisero numerosi ebrei, e poi tentarono di raggiungere Avignone, sede del papato. Su richiesta del pontefice, le truppe del re di Francia li dispersero, obbligando gli ultimi superstiti a fuggire in Spagna, varcando i Pirenei.

> VEDI La crociata dei bambini → pag. 97

La vicenda dei *pastorelli*, tuttavia, ebbe un seguito. Infatti, negli stessi luoghi in cui gli ebrei erano stati massacrati a decine, si sparse la voce che essi si sarebbero vendicati, avvelenando i pozzi, in combutta con i lebbrosi (l'altro gruppo di emarginati per eccellenza, nel Medioevo) e con i musulmani del regno di Granata (nel sud della Spagna). Il risultato fu un'ondata di processi sommari contro gruppi di israeliti e lebbrosi, accusati di aver ordito il tremendo complotto; infine, nel 1323, il re di Francia Carlo IV decise di espellere tutti gli ebrei dal suo regno.

RIFERIMENTO STORIOGRAFICO 1 *Il ritorno della carestia all'inizio del XIV secolo* → pag. 185

La prima disastrosa carestia generalizzata degli anni 1315-1320 fu poi seguita, negli anni e nei decenni successivi, da una **lunga serie di crisi alimentari locali**, più o meno gravi a seconda delle zone colpite. Sicuramente, il triste primato spetta alla regione del Forez, nella Francia centrale: fra il 1277 e il 1343, le fonti attestano trentaquattro anni di carestia, cioè un anno su due! Per quanto concerne gli altri Paesi, però, le cifre sono ugualmente drammatiche ed eloquenti: in Spagna e in Portogallo, furono pessimi i raccolti degli anni 1333 e 1334; a Venezia, ove la carestia fu un dato pressoché costante tra il 1343 e il 1354, la situazione fu particolarmente critica nel 1347. A Firenze, infine, furono anni di carestia il 1321, il 1329, il 1338, il 1340, il 1344, il 1346: durante quest'ultima crisi alimentare, morirono di fame almeno 6000 persone, mentre il comune dovette soccorrere tre o quattro quinti della popolazione (che ammontava a 80-90 000 individui).

Nei momenti critici, caratterizzati da penuria di cereali, gli uomini e le donne cercavano di sfamarsi come potevano; una dieta scadente, tuttavia, indebolisce gli organismi e favorisce l'insorgere delle epidemie, che regolarmente accompagnarono le carestie nella prima metà del Trecento. In genere, non siamo in grado di dare un nome preciso ai morbi che ci vengono descritti dalle cronache; il dato essenziale da mettere in luce, tuttavia, non cambia: la **grande epidemia di peste che colpì l'Europa nel 1347** fu soltanto la più drammatica di una serie di calamità che, già da circa cinquant'anni, tormentavano un Occidente in preda alle carenze alimentari.

2.2 La peste nera del 1347-1350

L'arrivo della peste fu una diretta conseguenza del **grande movimento di uomini e di merci** che, nel **XIII secolo**, si era instaurato tra Cina ed Europa, a seguito delle conquiste operate dai mongoli.

> Merci e batteri

Le grandi carovane dirette verso ovest partivano da Khanbalik (Pechino), toccavano Astrakan (sul Mar Caspio, alla foce del Volga) e infine giungevano a Tana (Azov, alla foce del Don), al Mar Nero e a Costantinopoli. Ma, insieme alle merci, cominciarono a spostarsi verso occidente anche i batteri di varie malattie: primo fra tutti, quello della peste. Non a caso, **la grande epidemia del 1347-1350** (nota anche con il nome di *peste nera*) **ebbe origine in una colonia genovese della Crimea, Caffa**; a quanto pare, nella primavera del 1347 un esercito mongolo che assediava quell'emporio fortificato dovette rinunciare all'impresa perché decimato dalla peste. Prima di ritirarsi, però, il khan Gani Bek avrebbe ordinato di catapultare all'interno delle mura di Caffa alcuni cadaveri infetti, che avrebbero a loro volta contagiato i coloni genovesi. Allorché i mercanti presero il mare per tornare in patria, diffusero il morbo dapprima nei porti dell'impero bizantino, e poi, cominciando da Messina, in tutta la Sicilia. Da lì, l'epidemia dilagò ben presto in Italia, in Provenza, in Aragona.

RIFERIMENTO STORIOGRAFICO 2
Bagni e igiene intima nel Medioevo
→ pag. 186

La peste è provocata da un bacillo detto *Yersinia pestis*, scoperto e isolato in Cina, nel 1894. La forma più frequente del male – quella che regolarmente viene descritta in tutti i particolari dai cronisti e dai testimoni oculari – era la cosiddetta ***peste bubbonica***. Il suo sintomo principale, infatti, consisteva nella comparsa di uno o più rigonfiamenti (detti bubboni, dal greco *boubon* = tumore) alla base degli arti, cioè all'inguine o sotto le ascelle. Un bubbone aveva di solito le dimensioni di un uovo o di una grossa noce e assumeva, alla fine, l'aspetto di una specie di ascesso. Quando si riusciva a inciderlo, si otteneva un'immediata remissione del dolore. Questa prassi chirurgica è testimoniata fin dall'epoca della prima grande epidemia del 1347-1350.

DOCUMENTI I sintomi della peste bubbonica

Giovanni Boccaccio scrisse il suo *Decameron* tra il 1349 e il 1351. Il proemio dell'opera presenta la peste che colpì Firenze nel 1348: nella sua descrizione l'autore insiste sul fatto che l'epidemia distrusse tutte le relazioni sociali, non escluse quelle apparentemente più forti (tra genitori e figli, tra marito e moglie, ecc.). Il testo, inoltre, descrive dettagliatamente i bubboni della peste (qui chiamati gavoccioli) e il decorso della malattia.

Nascevano nel cominciamento d'essa [della malattia, *n.d.r.*] a' maschi e alle femine parimente o nell'anguinaia o sotto le ditella [all'inguine o sotto le ascelle, *n.d.r.*] certe enfiature, delle quali alcune crescevano come una comunal mela, altre come uno uovo, e alcune più e alcune meno, le quali i volgari [la gente comune, *n.d.r.*] nominavan gavoccioli. E dalle due parti predette del corpo infra brieve spazio di tempo cominciò il già detto gavocciolo mortifero indifferentemente in ogni parte di quello a nascere e a venire e da questo appresso [da allora in poi, *n.d.r.*] s'incominciò la qualità della predetta infermità a permutare in macchie nere o livide, le quali nelle braccia e per le cosce, e in ciascuna altra parte del corpo apparivano a molti, a cui [ad alcuni, *n.d.r.*] grandi e rade e a cui minute e spesse. E come il gavocciolo primieramente era stato e ancora era certissimo indizio di futura morte, così erano queste a ciascuno a cui venieno [venivano, *n.d.r.*].

G. BOCCACCIO, *Decameron*, Garzanti, Milano 1974, p. 11

ANALIZZA IL TESTO

→ In quali punti del corpo, principalmente, facevano la loro comparsa i bubboni della peste?

zoom

La peste in Europa

Diverse civiltà, diverse malattie

Nell'antichità più remota, i microrganismi patogeni non erano distribuiti in modo uniforme su tutta la superficie del pianeta. Nel corso dei secoli, dunque, le differenti collettività umane non hanno conosciuto sempre le medesime malattie: originari di una determinata regione, **virus e batteri** a lungo sono rimasti **confinati solo in quella terra**, lasciando indenni gli altri spazi. Tuttavia, quando un nuovo morbo irrompeva all'interno di una collettività che non l'aveva mai sperimentato prima, la mortalità era elevatissima, per non dire generalizzata. Infatti, di fronte ad agenti patogeni del tutto sconosciuti, gli individui non avevano ancora sviluppato difese di tipo immunitario, che si costituiscono solo con il tempo e permettono alle malattie più antiche e *tipiche* di una regione di non risultare più mortali.

Secondo uno dei più autorevoli storici delle epidemie, il canadese William H. McNeill, per l'Occidente e per il bacino del Mediterraneo, **la svolta biologica decisiva si colloca intorno alla fine del II secolo d.C.** Nei duecento anni precedenti, infatti, si era costituita una rete di regolari commerci tra l'Impero romano e l'Estremo Oriente: le preziose mercanzie viaggiavano verso ovest grazie alle piste carovaniere (la cosiddetta *Via della seta*) e lungo le rotte marittime basate sullo sfruttamento dei monsoni, nell'Oceano Indiano. Questa prima organizzazione di scambi commerciali fra due realtà culturali ed economiche che, fino ad allora, si erano vicendevolmente ignorate, provocò quella che lo stesso McNeill ha chiamato, con formula efficace, «**fusione di serbatoi di virus**»: due mondi fino a quell'epoca biologicamente isolati e separati (perché distanti e non comunicanti fra loro) si trovarono a dover sperimentare malattie nuove e terribili, tanto più micidiali proprio perché fino ad allora sconosciute.

L'arrivo della peste

Il primo segnale di tale drammatica novità fu la grande epidemia che colpì l'impero romano al tempo di Marco Aurelio, nel 165 d.C. Da allora, nell'Europa dell'Alto Medioevo, la peste rimase una realtà tragicamente presente, fino alla metà dell'VIII secolo. Non è facile avere un'idea precisa del motivo per cui **la peste abbandonò il bacino del Mediterraneo e l'Occidente latino a partire dal 750 circa**. Si può ipotizzare che la permanenza della peste fosse legata al considerevole aumento della piovosità che si verificò in Europa nel periodo compreso tra il III e il VII secolo; dall'VIII secolo, invece, insieme alla crescita della temperatura (di circa 1 °C), si registrò una significativa diminuzione dell'umidità, il che può aver creato condizioni meno favorevoli per il propagarsi della malattia.

È possibile, tuttavia, che il ruolo decisivo nell'esaurimento della prima ondata di pestilenze che colpì l'Occidente sia stato svolto dal mutamento delle condizioni di vita, ovvero dalla crisi delle grandi aggregazioni urbane, dallo spostamento degli uomini verso le campagne e dal relativo isolamento reciproco in cui si trovavano le varie *villae* dei grandi proprietari terrieri. Tutto ciò ruppe la catena del contagio all'interno dell'Occidente, che nel contempo, per altro, ridusse drasticamente gli scambi con l'Oriente, essendo divenuto troppo povero per sostenere ulteriormente il drenaggio d'oro che essi comportavano. **I secoli centrali del Medioevo**, dunque, pur conoscendo altre gravi e micidiali malattie (come la lebbra, la tubercolosi e il fuoco di Sant'Antonio), **non sperimentarono la peste**, che fece la sua tragica ricomparsa – dopo sei secoli di assenza – solo alla metà del Trecento.

↑ La peste, rappresentata da due diavoli dotati di falce. Miniatura del 1400 circa (Lucca, Archivio di Stato).

→ Una donna affetta dalla peste viene curata da un medico, affresco del XV secolo (cappella di san Sebastiano a Lanslevillard, Francia).

Il problema più grave, tuttavia, consisteva nel fatto che, in genere, la maggior parte dei malati moriva (nell'arco di quattro o cinque giorni) molto prima che il bubbone potesse essere operato. La **mortalità oscillava fra il 40 e il 70%**, a seconda della fibra dell'individuo: decisivi erano l'età del malato (bambini e anziani erano le categorie più a rischio) e il tipo di alimentazione di cui la persona aveva potuto beneficiare prima del contagio.

Una seconda forma di peste, detta *polmonare*, colpiva l'apparato respiratorio, aveva un decorso ancora più rapido della bubbonica ed era assai più micidiale, in quanto uccideva quasi il 100% di coloro che la contraevano. La peste polmonare si trasmetteva direttamente da un essere umano all'altro, e aveva come principale veicolo di contagio la saliva. La peste bubbonica, invece, era trasmessa dalla pulce del ratto nero, che tende a passare dal roditore all'uomo. La peste, dunque, è una malattia tipica di **contesti gravemente carenti sotto il profilo igienico**, in cui l'essere umano convive con parassiti di vario genere. E questo, nell'antichità, era cosa normale, dato che gli individui vivevano ammassati sulle grandi navi, nei porti e, soprattutto, nelle strade e nei vicoli delle grandi città, prive di strutture sanitarie adeguate.

2.3 La peste si diffonde in Europa

Schema proiettabile

L'Europa intera fu colpita dal contagio, ma alcuni luoghi (tra questi anche importanti centri commerciali, come Milano o Gand) ne furono risparmiati. Il motivo non è chiaro. Alcuni studiosi hanno di recente sostenuto che le popolazioni a predominanza di gruppo sanguigno B, con fattore Rh negativo, contraessero il morbo con meno facilità. Ma questa spiegazione non convince altri studiosi, i quali fanno notare che molte delle località non toccate dalla prima epidemia del 1347-1350 furono invece pesantemente colpite nei decenni successivi. Ad ogni modo, nelle regioni colpite, il contagio fu rapido e la peste giunse a Parigi e a Vienna nel 1348, a Londra e Colonia nel 1349, in Svezia e a Danzica nel 1350.

Quanto al numero dei decessi, si tende oggi a ritenere che la peste abbia provocato la morte di **circa un terzo della popolazione** globale del continente europeo. Detto questo, però, va subito precisato che in certe zone la documentazione indica una percentuale di mortalità del 20-25% (è il caso, ad esempio, dell'Inghilterra, assai meno urbanizzata della Francia e dell'Italia), mentre in altre (Givry, in Borgogna, Brema, Amburgo, Siena, Firenze, Palermo) la popolazione complessiva fu ridotta del 40 o addirittura del 50%.

I fattori che favoriscono la peste

FATTORI DI TIPO NATURALE	FATTORI DI TIPO SOCIALE
Clima freddo, umido e piovoso	Regolari scambi commerciali con l'Oriente
Carestie ripetute e diffusa sottoalimentazione	Regolari scambi commerciali tra le varie regioni europee
Possibilità per le pulci pestifere di trasferirsi dai ratti all'uomo	Concentrazione di grandi masse umane nelle città

GEOSTORIA

La diffusione della peste

Carta proiettabile

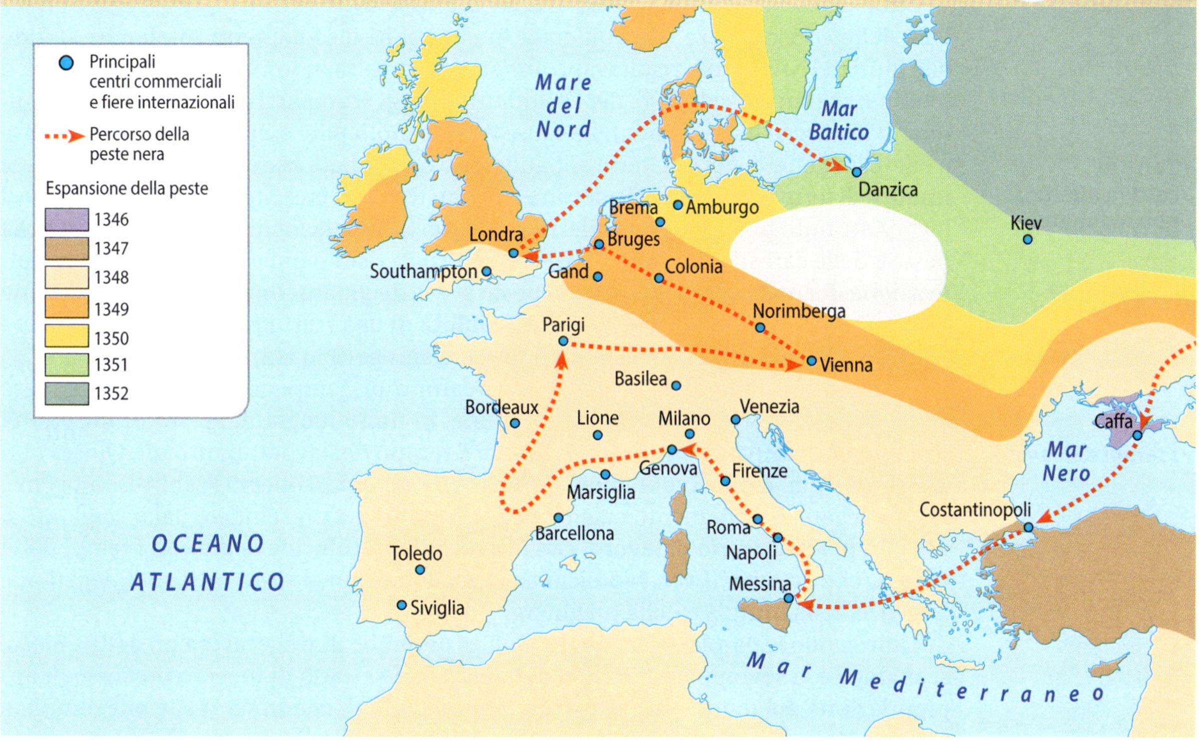

Lavorare per competenze
avvio al saggio breve
Il flagello della peste nera
→ pag. 191

Al di là di tutto questo, comunque, è forse ancora più importate osservare che, dopo la grande **pandemia** (= epidemia generalizzata) degli anni 1347-1350, la peste rimase una tragica quanto costante presenza nella storia d'Europa fino al XVIII secolo: se l'epidemia di Marsiglia, nel 1720, fu l'ultimo grave episodio in Occidente, non dobbiamo dimenticare che Mosca venne decimata dalla peste nel 1770! Nei secoli compresi fra il 1350 e il 1700, essa non ebbe più i caratteri di un flagello di dimensioni continentali: la malattia, piuttosto, si fece periodicamente sentire ora in questa, ora in quella regione, con intervalli, certo, più o meno prolungati, ma pur sempre con una sua micidiale ritmicità. Si ricordi, ad esempio, che **il morbo investì di nuovo l'Italia** (e, questa volta, provocando moltissime vittime anche a Milano) **nel 1361**, mentre i Paesi Bassi meridionali dovettero subire una seconda epidemia già nel 1400-1401.

Storia della peste

DATE	EVENTI
165 d.C.	La peste investe per la prima volta l'Impero romano
750 ca.-1347	Assenza della peste in Europa e nel Mediterraneo
1347-1350	*Pandemia*, detta *peste nera*
1350-1700	Periodiche epidemie nelle varie regioni
1720	Peste di Marsiglia: ultima grande epidemia sul continente, in Europa occidentale
1743	Peste di Messina: ultima grande epidemia nel Mediterraneo cristiano
1770	Peste di Mosca
1894	In Cina viene isolato il bacillo della *Yersinia pestis*

2.4 Gli effetti della peste: una nuova organizzazione del lavoro e del tempo

> **Terre di cattiva qualità, abbandonate**

Una delle conseguenze dell'epidemia fu che molti insediamenti rurali, che stando alle fonti del XIII secolo risultavano abitati, furono abbandonati all'inizio nel XIV. È il fenomeno, piuttosto diffuso, dei cosiddetti **villaggi scomparsi** (*lost villages*, in Inghilterra; *Wüstungen* in Germania). Le cause furono molteplici e, spesso, diverse da Paese a Paese; in genere, però, le terre abbandonate erano state dissodate recentemente. Si trattava di terre cattive, che rendevano poco; in tempi di crescita demografica, anche il loro contributo poteva essere utile: non appena la popolazione europea, a causa della peste e delle carestie, diminuì drasticamente, non risultò più conveniente la loro coltivazione. Ricordiamo, inoltre, che la peste aveva decimato soprattutto la popolazione delle città; per i contadini, si aprì la **possibilità di una fruttuosa emigrazione verso i centri urbani**, dove la carenza di manodopera spingeva in alto i salari.

> **I tempi del lavoro**

In varie città, mercanti e artigiani cercarono di compensare le maggiori spese allungando la giornata lavorativa. A tal fine, in molti luoghi di lavoro fu introdotta un'apposita campana, che prese a ritmare il tempo dei lavoratori urbani. Questi non lavoravano più – come i contadini – *dall'alba al tramonto*: concetti vaghi, disomogenei, perché legati all'andamento stagionale. Al contrario, a prescindere dalla stagione, si fissò un **preciso orario di lavoro, che** oltretutto **non coincideva più con i tempi della Chiesa**, che seguiva il vecchio ciclo stagionale o seguiva ritmi tutti suoi, legati alle esigenze della liturgia e della preghiera.

> **L'orologio meccanico**

Utilizzando le parole di Jacques Le Goff, si potrebbe dire che, al **tempo della Chiesa**, si affiancò e si sovrappose il **tempo del mercante**; si trattò di un vero processo di appropriazione del tempo da parte degli uomini d'affari, che trovò la sua più completa realizzazione quando si procedette alla suddivisione della giornata in parti uguali, non soggette (come in passato) al variare delle stagioni. Il frutto più maturo di questo tentativo fu l'orologio meccanico a suoneria, che a partire dal XIV secolo, nelle città (1325, Firenze; 1344, Padova; 1353, Genova; 1356, Bologna; 1359, Siena), si affiancò alle campane ecclesiastiche nel ritmare la vita degli uomini.

↑ La Morte a cavallo miete le sue vittime, miniatura del 1427 (Parigi, Bibliothèque Nationale).

2.5 Le rivolte sociali di manovali e contadini

Il Trecento fu anche un secolo di **violenti conflitti sociali**. Nelle Fiandre e a Firenze, ad esempio, dove l'industria tessile era un'attività fiorente, si verificarono duri scontri tra i grandi **mercanti**, fornitori della materia prima grezza e rivenditori del prodotto finito, gli **artigiani**, padroni delle botteghe in cui era effettuata la lavorazione, e i **manovali**, impegnati nei lavori più umili. Questi ultimi erano chiamati *unghie blu*, nelle Fiandre, e *ciompi* a Firenze.

> **Diminuzione della domanda di beni**

I conflitti esplodevano quando le autorità cittadine e i principi, dietro pressione dei mercanti, emanavano ordinanze con cui cercavano di ridurre le retribuzioni, oppure quando, a causa della contrazione del mercato (provocata, dopo il 1350, dal brusco calo della popolazione), gruppi più o meno estesi di operai e artigiani restavano senza lavoro. A Firenze, la rivolta più importante, denominata ***tumulto dei ciompi***, ebbe luogo nell'estate del 1378, ma non portò alcun vantaggio ai salariati fiorentini.

La flessione del numero dei consumatori influì poi, nei decenni seguenti la peste, sul prezzo dei cereali, che calò costantemente nel periodo compreso tra il 1380 e il 1480. Ma la fiscalità dei sovrani e le richieste dei padroni delle terre non diminuirono affatto (e anzi, spesso, aumentarono, proprio per compensare il calo dei guadagni). Pertanto, verso la fine del Trecento si verificò un gran numero di rivolte contadine, regolarmente represse nel sangue dai signori.

> **VEDI** La guerra dei Cent'anni → pag. 176

L'episodio più famoso avvenne in Francia, nel 1358, allorché le campagne della regione a nord di Parigi erano state saccheggiate dagli eserciti impegnati nella guerra dei Cent'anni; il nome che ricevette quell'improvvisa esplosione di rabbia e di disperazione – ***jacquerie*** (*Jacques Bonhomme* era il nomignolo con cui si designava il contadino delle campagne francesi) – ha continuato, nei secoli, a indicare tutte le altre sommosse nelle campagne, fino all'epoca della Rivoluzione francese.

GEOSTORIA

Rivolte contadine in Europa nel XIV secolo

Carta proiettabile

→ Nella cartina sono evidenziate le regioni che videro scoppiare i principali conflitti sociali nel XIV secolo, che corrispondono alle zone in cui l'industria tessile era più fiorente, come nel caso di Firenze e delle Fiandre, e quelle interessate dalla guerra dei Cent'anni, come la parte settentrionale della Francia e la parte meridionale dell'Inghilterra.

Carta interattiva
La peste e le rivolte contadine e urbane nel XIV secolo

I PERSONAGGI

Lollardi

Espressione dispregiativa usata dagli avversari per indicare i predicatori itineranti inglesi del XIV. Molti di loro si presentavano come discepoli di John Wycliff (1328-1384), un teologo di Oxford che respinse l'autorità papale, proclamò l'autonomia del potere secolare da quello ecclesiastico e tradusse la Bibbia in inglese, dichiarando che essa era l'unico vero fondamento della fede. Inoltre denunciò con severità e durezza lo sfruttamento e le sofferenze patite dai contadini.

Notevole risonanza ebbe anche la **rivolta dei contadini inglesi nel 1381**; in questo caso, la protesta dei lavoratori dei campi fu appoggiata da numerosi predicatori itineranti, denominati "**lollardi**", che sostennero con argomentazioni di tipo religioso la necessità di un radicale mutamento dell'ingiusto assetto sociale esistente. Di fronte alle pretese dei signori e allo sfruttamento che essi esercitavano sui contadini, il più noto di quei predicatori, **John Ball**, richiamava l'eguaglianza originaria di tutti gli uomini, che i nobili avevano calpestato con la violenza: dunque era tempo, secondo Ball, di togliere di mezzo con la spada i signori e di dare inizio a una nuova era nella storia umana, caratterizzata finalmente dall'assenza di soprusi e ingiustizie.

DOCUMENTI

La rivolta contadina inglese del 1381

La rivolta dei contadini inglesi è importante sia per l'intensità, sia perché numerosi predicatori si schierarono a fianco dei ribelli, facendo appello a un remoto passato in cui le terre erano in comune e non esistevano differenze sociali. Tra questi predicatori, una delle figure più popolari era quella di John Ball. Il testo seguente riferisce un suo sermone, riportato dal cronista francese Jean Froissart.

E se siamo tutti discesi da un padre e da una madre, Adamo ed Eva, come fanno i signori a dire o a dimostrare che essi sono più signori di noi – se non perché ci fanno vangare e zappare la terra per poter dissipare quanto noi produciamo? Sono vestiti in velluto e raso, ornati di pelliccia di scoiattolo, mentre noi abbiamo addosso miseri panni. Essi hanno vini, spezie e pane raffinato, e noi non abbiamo che segala, farina avariata e paglia, e solo acqua da bere. Essi hanno magnifiche residenze e manieri, mentre noi abbiamo i guai e il lavoro, sempre nei campi sotto la pioggia e la neve. Ma è da noi e dalla nostra fatica che viene ogni cosa con cui mantengono il loro lusso. [...] Buona gente, le cose non possono andar bene in Inghilterra, né lo andranno mai, fino a quando tutto non sarà in comune e non ci saranno più né villani né nobili, ma saremo tutti di un'unica condizione.

↑ John Ball guida i contadini inglesi alla rivolta, miniatura del XIV secolo (Londra, British Library).

N. COHN, *I fanatici dell'Apocalisse*, Edizioni di Comunità, Milano 1976, pp. 263-264, trad. it. A. GUADAGNIN

ANALIZZA IL TESTO

→ Quale messaggio rivoluzionario trae John Ball dalla riflessione sulle figure di Adamo ed Eva?
→ In che senso la posizione di John Ball può essere definita socialista?

CULTURA CIVILTÀ E RELIGIOSITÀ

Storia slide

3 Il trionfo della morte e della paura

Le conoscenze da acquisire

A causa dell'entità della catastrofe, in tempo di peste si cercano dei *capri espiatori* su cui scaricare la responsabilità dell'epidemia.

Le competenze da potenziare

Saper individuare le dinamiche psicologiche che si attivano all'interno delle comunità colpite da crisi gravi, prive di rapida soluzione.

3.1 La peste, un castigo divino

RIFERIMENTO STORIOGRAFICO 3

Penitenti e flagellanti nel Medioevo

→ pag. 187

Video

La peste nel Trecento

Per l'Europa, come abbiamo visto, la peste del 1347-1350 ebbe conseguenze terribili sul piano demografico. Tuttavia, anche sotto il profilo psicologico i suoi effetti non furono meno rilevanti. Uno dei fenomeni che rende più evidenti le ripercussioni dell'epidemia sulla mentalità collettiva è la ripresa del fenomeno dei **flagellanti**, che ebbe luogo negli anni 1348-1349 sia in Germania sia, in misura minore, in Francia. Si trattò di un movimento spontaneo di uomini e donne che – all'approssimarsi della pestilenza – cominciarono a percuotersi e a infliggersi sofferenze di vario tipo. Costoro manifestano con chiarezza quello che fu l'eredità più duratura della ***peste nera***: l'***immagine negativa del divino***. In effetti, il gesto apparentemente folle dei flagellanti si comprende solo se si tiene presente che la **peste era** comunemente **interpretata come una punizione di Dio**.

Secondo la mentalità del tempo, il severissimo giudizio divino colpiva gli uomini per i loro peccati, prima con la malattia, in questo mondo, e poi con la dannazione eterna, nell'aldilà. Nelle intenzioni dei flagellanti, l'atto di infliggersi delle sofferenze aveva un duplice scopo: da un lato, il peccatore cercava di manifestare a Dio la piena consapevolezza della propria indegnità; dall'altro, cercava di espiare i propri peccati attraverso la più severa delle penitenze. L'obiettivo finale di tutto ciò era l'invocazione della misericordia divina, affinché ponesse fine alla pestilenza e concedesse la salvezza eterna al singolo penitente.

La peste riportò dunque in primo piano il tema della **salvezza ultraterrena**, e quindi della morte, che priva l'uomo di ogni bene terreno e segna il momento in cui si decide il destino eterno dell'anima. Per esortare con rinnovato vigore al ***disprezzo del mondo*** e alla conversione, cominciò a diffondersi sia nell'arte che nella letteratura una vera e propria tendenza macabra. A partire dalla metà del Trecento, insomma, la morte e il morire divennero i temi dominanti della religiosità europea.

Le variazioni sul tema furono innumerevoli, ma si possono cogliere alcuni elementi particolarmente ricorrenti: il ***Trionfo della Morte*** e la ***danza macabra***. Nel primo caso, la Morte viene rappresentata con la corona o altri simboli di potere: di fronte a lei, tutti devono inchinarsi come al loro supremo signore; ai suoi occhi, non contano né le ricchezze né i titoli prestigiosi: tutti, semplicemente, le devono rendere omaggio, cioè sottostare alla sua volontà.

LE PAROLE

Flagellanti

Il *flagello* era un tipo di frusta, formata da varie strisce di corda o di cuoio, dotate di nodi e palline metalliche all'estremità. L'antico supplizio della *flagellazione* era molto violento: i romani l'infliggevano, come pena supplementare, a coloro che erano condannati alla crocifissione. Di fatto, Cristo e gli altri soggetti che la subirono, prima di essere inchiodati sulla croce erano già stremati e mezzi morti. Nel Basso Medioevo, in Italia, il desiderio di imitare Gesù sofferente provocò la diffusione di questa pratica penitenziale, concepita come efficace mezzo per espiare i propri peccati. La flagellazione poteva essere individuale, cioè inflitta da un individuo a se stesso, di solito in segreto, oppure collettiva. Nel 1260, poiché si era diffuso il timore di un imminente giudizio divino sull'umanità, varie regioni d'Italia furono attraversate da processioni di penitenti che, flagellandosi, chiedevano a Dio misericordia per i propri peccati. La Chiesa ha spesso guardato con sospetto a questa pratica penitenziale; però, essa non è mai stata sradicata completamente, e anzi è rimasta presente in alcune manifestazioni di religiosità popolare.

↑ Bernt Notke, *Danza macabra*, particolare, XV secolo (Tallinn, Chiesa di San Nicolò).

Lo stesso messaggio esprime anche la ***danza macabra***, con cui vennero ornate le pareti di numerose chiese e cimiteri. Si tratta di una sequenza (più o meno lunga) di figure dipinte, che va sempre letta da sinistra a destra. La fila, di solito, è aperta dalla Morte, raffigurata sotto forma di scheletro: essa guida la processione e obbliga tutti a seguirla, danzando al ritmo da lei imposto. Le figure rappresentate al suo seguito sono disposte in modo tale che un essere umano e uno scheletro si alternano fra loro; tuttavia, mentre le immagini che rappresentano i morti sono tutte uguali, quelle degli uomini sono tutte differenti e – cosa ancora più importante – disposte in ordine gerarchico decrescente: dal papa e dall'imperatore, che aprono (subito dopo la Morte) la sequenza, fino all'umile contadino.

La danza macabra, insomma, era un avvertimento, rivolto in primo luogo a quanti si lasciano sedurre dai beni di questo mondo, peccano per entrarne in possesso e non si curano della propria anima la quale, invece, dovrà subire il giudizio divino.

Guardiamo la storia
Anche il re è mortale: la danza macabra

3.2 In cerca di reliquie e indulgenze: il culto della Vergine e dei santi

Nei secoli XIV e XV il cristianesimo subì profondi cambiamenti causati dalla traumatica esperienza della peste. Il tratto più evidente dell'immagine divina tardomedievale è l'insistenza sul castigo, sul giudizio implacabile di Dio che colpisce i peccatori, prima in questo mondo e poi in quello ultraterreno.

Nel clima di angoscia e di paura che andava diffondendosi, è molto significativo il risalto che assunse il **culto di Maria e dei santi**. A fronte di un'immagine di Dio che si faceva sempre più fosca e cupa, la Vergine rivestì, nella religiosità tardomedievale, il ruolo di un vero e proprio avvocato: supplicava Dio perché provasse misericordia nei confronti degli uomini, intercedeva per loro e cercava di placare il Suo sdegno. Nei dipinti, è frequentissima la raffigurazione di Maria che, con il suo mantello, protegge gli uomini, mentre questi sono rappresentati nel momento in cui subiscono i colpi di Dio (o di Cristo), sotto forma di frecce.

A fianco di Maria, anche i santi assunsero un indispensabile ruolo di **intermediari fra l'umanità peccatrice**, da un

← La Vergine Maria protegge un bambino, allontanando il diavolo con un bastone. Affresco dell'inizio del XV secolo (Firenze, Chiesa di Santo Spirito).

> **La paura del castigo**

> **Guardiamo la storia**
> Maria, la vergine
> Maria, la protettrice dei cristiani

> **Numeri esagerati, ma significativi**

lato, **e Dio** dall'altro. Soprattutto, dev'essere segnalato il profondo legame che univa culto dei santi e dottrina delle indulgenze. Visitare e rendere omaggio alle reliquie dei santi, infatti, permetteva di ottenere la remissione di un cospicuo numero di anni di sofferenze purificatrici in purgatorio, che dal canto suo si avviò a diventare, per un numero sempre crescente di fedeli, una sorta di incubo. I credenti sapevano bene che accedere al purgatorio significava aver comunque evitato la dannazione eterna. Tuttavia, molti predicatori cominciarono a presentare sempre più spesso il purgatorio come una specie di ***inferno temporaneo***, in cui le sofferenze avrebbero tormentato per anni e anni i peccatori penitenti.

Per questo motivo, moltissimi fedeli cercarono di **accumulare il maggior numero possibile di indulgenze**, mentre chi poteva permetterselo, cioè i principi e i vescovi (soprattutto in Germania), costruiva delle vere e proprie ***collezioni*** di reliquie. Come scrive H. Zahrnt, a proposito dei primi anni del Cinquecento, «Federico di Sassonia, principe dell'impero, possedeva 5005 reliquie, che complessivamente comportavano 127 779 anni di indulgenza. Con largo stacco, il record era però tenuto dall'arcivescovo di Halle, Alberto di Brandeburgo. Il suo reliquiario conteneva 8933 particelle sacre e quarantadue parti intere, il che comportava 39 245 120 anni e duecento giorni di indulgenza».

Queste cifre sfiorano il grottesco. Ma proprio i numeri esagerati manifestano con molta chiarezza lo stato d'animo della cristianità europea a fine Quattrocento: dominato dalla paura del castigo, il credente cercava in tutti i modi rassicurazione, protezione e garanzie di salvezza.

3.3 La ricerca dei colpevoli: il capro espiatorio

Talvolta, invece di essere attribuiti alla collera divina, eventi catastrofici come la peste e le carestie erano considerati un intervento del demonio, il quale agiva tramite individui crudeli e spietati che si erano legati a lui.

Tra questi figuravano senz'altro gli ebrei, che negli anni 1348-1349 furono ripetutamente accusati di aver avvelenato i pozzi e di essere gli strumenti di un gigantesco complotto diabolico finalizzato al completo sterminio della cristianità. In ultima analisi, si trattava della ripetizione delle medesime accuse che erano state mosse loro nel 1321, nella Francia meridionale, in occasione della prima grande carestia del secolo XIV.

Pertanto, in varie regioni, l'esplosione e il dilagare della malattia furono accompagnati dal massacro degli ebrei residenti in quelle contrade. Nel 1348, i primi **tumulti antiebraici** in concomitanza con l'epidemia si ebbero a Tolone (13-14 aprile) e a Barcellona (17 maggio); tuttavia, incontriamo l'esplicita calunnia di avvelenamento solo a partire dall'estate, nel Delfinato e in Savoia. Da lì, l'accusa prese la via del Reno, dilagando in Svizzera e in Germania: nella sola Strasburgo, a quanto pare, vennero massacrati 2000 ebrei.

← Un massacro di ebrei in una miniatura dell'inizio del XVI secolo. Per tutto il Medioevo gli ebrei vennero accusati di crimini e nefandezze, quali l'avvelenamento di pozzi e l'uccisione di bambini a scopo sacrificale. Nella miniatura, i cristiani brandiscono spade, bastoni e un crocifisso contro gli ebrei.

> **VEDI**
La peste del 1630
→ pag. 448

L'ebreo avvelenatore di pozzi è quanto mai simile all'untore, figura malefica elaborata a Ginevra, per la prima volta, durante la peste del 1530 e recuperata, a Milano, nel 1630 nell'epidemia descritta dal Manzoni. In tutti questi casi, siamo di fronte alla **strategia psicologica del capro espiatorio**, che viene attivata da una comunità quando questa è colpita da una crisi che essa non è capace di comprendere razionalmente nelle sue cause effettive, o che comunque non è in grado di fronteggiare efficacemente. A quel punto il meccanismo procede, innanzitutto, con l'individuazione di un colpevole: qualcuno su cui poter rovesciare la responsabilità della crisi.

Il processo di colpevolizzazione, tuttavia, **funziona solo se l'accusato è credibile**, cioè già da tempo gode di una pessima fama, **ed è una sorta di emarginato** all'interno del gruppo: sotto questo profilo, gli ebrei si prestavano perfettamente, dal momento che non solo costituivano l'unica minoranza religiosa significativa presente nell'Europa cristiana, ma anzi erano stati accusati (fin dal tempo dei Padri della Chiesa) di essere gli strumenti di Satana, gli assassini di Cristo e, quindi, i nemici giurati di quanti credevano in Lui.

Certamente, la violenza perpetrata verso chi è stato accusato di aver scatenato la crisi (violenza che può arrivare fino all'eliminazione fisica) non risolve affatto la situazione problematica nella sua effettiva realtà: siamo di fronte, dunque, a un **meccanismo di difesa illusorio**, nel senso che non è capace di aggredire la crisi nelle sue vere cause e di sconfiggerla. Eppure, la strategia del capro espiatorio ottiene ugualmente, in chi l'attiva, un importantissimo risultato. Infatti, nel momento in cui il capro espiatorio viene individuato (e, conseguentemente, fatto oggetto di violenza) si genera una specie di **catarsi collettiva**, di sfogo delle emozioni, di provvisorio allentamento della tensione accumulata da un gruppo (o da un individuo) a seguito dell'esplosione di una situazione critica. Se tale tensione fosse scatenata verso l'interno, la comunità investita dalla crisi verrebbe distrutta: ecco perché si cerca in tutti i modi di proiettarla verso l'esterno, trovando, appunto, il capro espiatorio.

LE PAROLE

Catarsi

Il termine significa *purificazione*. Il filosofo greco Aristotele riteneva che la *catarsi* fosse il principale degli effetti prodotti dalla visione di una tragedia: lo spettatore si immedesima con i protagonisti, prova pietà per le vittime e, quindi, *purifica* il proprio animo. In senso più ampio, *catarsi* può però significare *sfogo*. A livello collettivo e sociale, quando si crea una grave situazione di tensione, che provoca un accumulo di aggressività, la *catarsi* assume spesso l'aspetto di un'improvvisa e incontrollabile scarica di tutta la rabbia repressa, che può esprimersi nel vandalismo più sfrenato e arrivare al massacro di massa.

DOCUMENTI Ostilità antiebraica a Vienna nel 1349

Tra le numerose testimonianze che ci tramandano la calunnia secondo cui la peste sarebbe stata propagata dagli ebrei, quella del cronista tedesco Conrad von Megenberg (che scrive intorno al 1350) si distingue per la sua obiettività e per il suo scetticismo.

In molti pozzi [...] furono trovati sacchetti pieni di veleno, e un numero incalcolabile di Ebrei fu massacrato in Renania, in Franconia, e in tutti i paesi tedeschi. Ignoro, in verità, se sono stati gli Ebrei. Se così fosse stato, ciò avrebbe certamente fatto peggiorare il male [la pestilenza, *n.d.r.*]. Ma d'altra parte so che nessuna città tedesca contava tanti Ebrei quanto Vienna, ed essi soccombettero in così gran numero al flagello che dovettero allargare grandemente il loro cimitero e acquistare due immobili. Sarebbero stati dei begli stupidi ad avvelenare se stessi.

L. POLIAKOV, *Storia dell'antisemitismo*, vol. I. *Da Cristo agli ebrei di corte*, La Nuova Italia, Firenze 1974, p. 121, trad. it. R. SALVADORI

ANALIZZA IL TESTO

→ Quali regioni vengono ricordate da Conrad von Megenberg, come luoghi in cui si verificarono massacri di ebrei in concomitanza con la peste?

→ Quale circostanza rende scettico l'autore riguardo alla colpevolezza degli ebrei?

3.4 Le streghe, nuovo bersaglio della violenza religiosa

> I malefici delle streghe

Nel XV secolo si definì pienamente nella mentalità collettiva la figura della **strega**, che rappresentò un ulteriore perfezionamento della strategia del capro espiatorio. Sostenere che una donna fosse una strega significava affermare che avesse stretto **un patto con il diavolo**, rinnegato la fede e avuto rapporti sessuali con il demonio stesso. In cambio – si diceva – Satana le concedeva la possibilità di operare il male in modo misterioso e con strumenti soprannaturali. Secondo il domenicano Johann Nider (che scriveva tra il 1435 e il 1437, a Basilea) le streghe riuscivano a «sottrarre, a loro piacimento, la terza parte del letame, del fieno, del frumento, o di qualunque altra cosa, dal campo del vicino per appropriarsene senza che nessuno le vedesse; o erano in grado di provocare grandinate molto vaste e venti dannosi con fulmini; o ancora, sotto lo sguardo dei genitori, gettare nell'acqua i bambini che vi camminavano vicini, senza che nessuno le scorgesse; o ancora procurare la sterilità negli uomini o nelle bestie, danneggiare nelle cose o nei corpi i vicini, fare imbizzarrire i cavalli che venivano bardati, mentre veniva porta la staffa al cavaliere».

→ Una strega sulla sua scopa, da un manoscritto francese del XV secolo.

S'intravede, dietro queste parole, tutt'un mondo di piccoli e grandi drammi, di tragedie familiari e di rancori tra vicini. In linea di massima, le grandi catastrofi collettive erano addossate all'ira di Dio o, in alternativa, agli

DOCUMENTI La misoginia e la caccia alle streghe

Pubblicato nel 1486, *Il martello delle streghe* fu uno dei testi più influenti per la giustificazione teorica della *caccia alle streghe*. Tra il 1486 e il 1669, si ebbero almeno 34 edizioni di questo denso trattato. Secondo Jean Delumeau ciò significa che, in meno di 200 anni, sono stati messi in circolazione in Europa da 30 a 50 000 esemplari dell'opera: per l'epoca, si trattò di una cifra davvero eccezionale.

Poiché nei tempi moderni questa perfidia si trova in modo più frequente nelle donne che negli uomini, come insegna la stessa esperienza, cercandone accuratamente la causa possiamo aggiungere ancora che siccome le donne sono difettose di tutte le forze tanto dell'anima quanto del corpo, non c'è da meravigliarsi se operano molte stregonerie contro gli uomini, che esse vogliono emulare. Infatti, per quanto riguarda l'intelletto e la comprensione delle cose spirituali, esse sembrano appartenere a una specie diversa da quella degli uomini, e questo viene richiamato dall'autorità e dalla ragione con vari esempi della Scrittura. [...] Già nella prima donna è evidente che per natura ha minor fede: infatti, al serpente che le chiedeva perché non mangiassero da tutti gli alberi del Paradiso, già con la sua risposta si rivelava in dubbio e senza fede nelle parole di Dio. Sebbene [...] sia stato il diavolo a indurre Eva a peccare, fu Eva a sedurre Adamo, e siccome il peccato di Eva non ci avrebbe portato alla morte dell'anima e del corpo se non fosse seguita la colpa di Adamo, cui questi fu indotto da Eva e non dal diavolo, perciò la donna è più amara della morte. [...] Si potrebbe dire di più, ma per chi comprende appare con sufficiente chiarezza che non c'è da stupirsi se tra coloro che sono infetti dall'eresia delle streghe ci sono più donne che uomini. E, di conseguenza, bisogna chiamare questa eresia non degli stregoni ma delle streghe, perché la denominazione risulti ancor più giustificata. E sia benedetto l'Altissimo che finora ha preservato il sesso maschile da un così grande flagello. Egli ha infatti voluto nascere e soffrire per noi in questo sesso, e perciò lo ha privilegiato.

H. INSTITOR (KRAEMER), J. SPRENGER, *Il martello delle streghe. La sessualità femminile nel transfert degli inquisitori*, Marsilio, Venezia 1977, pp. 90-95

analizza il testo

→ Perché, secondo gli autori, si deve usare l'espressione «eresia delle streghe» (al femminile) e non quella di eresia degli stregoni?

↑ Peccatrice o tentatrice, la donna è un strumento del diavolo, che la conduce sulle proprie spalle, come in questo affresco del XV secolo (Orvieto, Duomo).

ebrei o agli untori. Nell'immaginario e nella vita popolari, invece, la strega e lo stregone rivestirono di solito il **ruolo di capro espiatorio per tutti gli incidenti** che investivano un individuo o una piccola comunità (al massimo, un villaggio). Si trattava di situazioni di crisi, capaci di gettare a terra e distruggere una famiglia o una collettività più vasta; accusare la strega non ridonava il raccolto perduto o il figlio annegato, ma allentava la tensione emotiva che questi incidenti avevano generato in chi li aveva subiti, o meglio serviva a **proiettare fuori del gruppo un'aggressività** esasperata che, se riversata all'interno della comunità, ne avrebbe provocato la distruzione.

> **Le donne, figure marginali nella società**

Non si escludeva a priori la possibilità che esistessero stregoni maschi; era opinione corrente, tuttavia, che la grande maggioranza dei malefici agenti di Satana fosse costituita da donne. Questa convinzione corrisponde pienamente ai requisiti che deve possedere un capro espiatorio per poter essere credibile. In una società in cui il potere era interamente gestito dai maschi, infatti, la donna era una figura marginale, perfettamente adatta – come gli ebrei – a rivestire il ruolo di capro espiatorio.

Guardiamo la storia
Eva, la tentatrice

Inoltre, da secoli, le **donne** erano **oggetto** di una **violenta propaganda ostile**, che le dipingeva come schiave della lussuria, incapaci di dominare le proprie passioni e comunque pericolose per il maschio: la figura di Eva, che induce Adamo al peccato e ne provoca la rovina, era regolarmente additata come esempio della pericolosità della donna.

> **Le donne, agenti di satana**

Insomma, come scrive lo storico francese Jean Delumeau, la peste nera provocò, nella cristianità dei secoli XIV e XV, una «mentalità da stato d'assedio»: terrorizzati da quanto capitava intorno a loro, ma affatto incapaci di controllare gli eventi, gli uomini incanalarono la loro aggressività verso individui adatti a rivestire il ruolo di capri espiatori, sui quali sfogare i rancori e la tensione emotiva provocati in loro dalla nuova situazione critica che, a partire dall'inizio del Trecento, aveva investito l'Europa occidentale. Dopo gli ebrei – trasformati dalla propaganda antigiudaica in carnefici sadici e mostruosi, assetati del sangue dei bambini cristiani (come, un tempo, di quello di Cristo) – toccò alle donne essere trasformate in agenti di Satana, in **streghe, adoratrici del demonio** e perfide esecutrici della sua malefica volontà di distruzione.

La dinamica della caccia alle streghe

Schema proiettabile

Il villaggio e l'inquisitore: Montaillou, 1317-1326

Partiamo dalla fonte

Nel 1334, **Jacques Fournier** fu eletto papa, ad Avignone, con il nome di Benedetto XII. Dal 1317 al 1326, aveva rivestito l'incarico di vescovo di Pamiers, nella Francia meridionale, e qui si era segnalato soprattutto come inquisitore, ovvero come **instancabile ricercatore di eretici e dissidenti**, all'interno della sua diocesi. Uno dei dati più caratteristici dell'attività di Fournier fu la sua curiosità, la sua disponibilità a lasciar parlare di tutto quello che volevano, compresa la loro vita quotidiana, i soggetti con cui ebbe a che fare. Dai verbali, ricopiati in bella calligrafia da uno scrivano professionista è risultato un grosso ed elegante volume, conservato oggi fra i manoscritti latini della Biblioteca Vaticana.

Ricostruiamo il caso

Nel periodo in cui svolse la sua attività di inquisitore, Fournier processò 114 persone (48 delle quali donne). Ben 25 di questi imputati provenivano dal villaggio di Montaillou, e altri 3 da un altro borgo confinante. Queste **28 persone** sono **dettagliatamente descritte nel registro dell'Inquisizione** steso dal vescovo di Pamiers; se teniamo presente che Montaillou, all'inizio del Trecento, contava 200-250 abitanti al massimo (a fine secolo, dopo la peste, sarebbe sceso ad appena un centinaio di persone), ci rendiamo subito conto di avere a disposizione **un campione eccezionale per qualità e peso numerico**, che ci permette (per una volta) di avere un quadro ampio e dettagliato della vita di un borgo francese del tardo Medioevo. Nell'insieme, l'universo di Montaillou è **un mondo di povertà e di miseria diffuse**. Nelle case, uomini e animali condividono di fatto gli stessi spazi. Soprattutto, poi, colpisce la normalità con cui si parla della mortalità dei bambini e della presenza di parassiti, primi fra tutti i pidocchi: la prassi di grattarsi e spidocchiarsi a vicenda era un'abitudine consueta; anzi, in alcuni casi, era un'occasione di incontro e di socializzazione.

Organizziamo le informazioni fondamentali

In varie altre regioni d'Europa, sia nel Medioevo che nei secoli XVI e XVII, la religiosità popolare appare decisamente rozza, imbevuta di numerosi residui di magia e di paganesimo, e soprattutto orientata verso la conservazione della salute in questo mondo: alle forze ultraterrene si chiedeva in primo luogo la fecondità dei campi e del bestiame, insieme alla protezione dalle malattie e dalle disgrazie. Invece a Montaillou contadini e pastori - nonostante la loro scarsissima istruzione teologica - dimostrano in molte occasioni di **saper distinguere perfettamente tra *religione* e *magia***. Certo, a volte si fa ricorso a guaritrici e a pratiche misteriose: per evitare il concepimento, ad esempio, una coppia irregolare utilizza un amuleto, presumendo che abbia poteri contraccettivi; oppure, sappiamo che una madre premurosa conservò il primo sangue mestruale della propria figlia, convinta che potesse essere utilizzato, in futuro, come ingrediente di un filtro d'amore; per non parlare dell'usanza di tagliare le unghie e i capelli del capofamiglia defunto, al fine di impedire che la buona sorte (l'*astro*) della casa se ne andasse con lui.
Eppure - questa la grande sorpresa che riserva Mointallou allo storico - troviamo anche **pastori e contadini convinti che la magia sia solo una sciocca superstizione**; soprattutto, pur essendo di bassissima estrazione sociale, essi sono convinti che la magia vada nettamente distinta dalla religione e che l'oggetto primario di quest'ultima sia la **salvezza ultraterrena dell'anima**. Fu proprio per il fatto che, ai loro occhi, **la fede cattolica non dava sufficienti garanzie** a tale proposito, cioè non pareva uno strumento efficace a raggiungere l'obiettivo della beatitudine dopo la morte, che numerosi degli abitanti di Montaillou dapprima contestarono gli strumenti salvifici della fazione avversa e poi giunsero a **compromettersi con l'eresia**. Non potendo accettare una simile sfida, e rivendicando di possedere in regime di monopolio la via della salvezza, la Chiesa rispose con l'Inquisizione, che trovò infine nel vescovo Fournier un efficientissimo esecutore, capace di porre fine alla plurisecolare vita dell'eresia catara nel Sud della Francia.

↑ Rovine del castello di Montaillou.

Storia slide

4 CONTRASTI POLITICI

Le **grandi potenze** nel **Trecento** e nel **Quattrocento**

Le conoscenze da acquisire

Mentre, in Europa, Inghilterra e Francia si combattono per la supremazia, sorge in Oriente la grande potenza dell'impero turco.

Le competenze da potenziare

Saper superare l'ottica nazionale ed eurocentrica, nell'analisi dei fenomeni storici e sociali.

4.1 L'Impero e l'Italia nel Trecento

Nel corso del XIV secolo, i grandi protagonisti della politica medievale persero di importanza, oppure dovettero cambiare radicalmente la propria fisionomia. Si compiva così la radicale *rivoluzione politica* iniziata al principio del Trecento con il contrasto tra Bonifacio VIII e Filippo il Bello.

> Sogni di romanità

Il soggetto politico che più di tutti attraversò un periodo di profondo travaglio fu il papato. Innanzitutto, la lontananza del pontefice di Roma rischiò di costargli il controllo della Città Santa, quando Nicolò di Lorenzo, meglio noto come **Cola di Rienzo** si propose di riportare Roma all'antico splendore. Romano, di umili origini ma colto, anzi imbevuto del fascino dell'antica civiltà classica, Cola approfittò dell'assenza del papa e si fece acclamare *tribuno del popolo* nel 1347. Dopo aver proclamato che il popolo romano era l'unica autorità abilitata a conferire a un sovrano la dignità imperiale, in un secondo tempo estese questo diritto a tutti gli italiani e si preoccupò di creare un parlamento nazionale italico, che si assumesse il compito, appunto, di designare l'imperatore.

Dopo un breve periodo di entusiasmo, **il popolo di Roma abbandonò Cola**, che dovette lasciare la città. Evidentemente, il suo era un sogno anacronistico e assurdo, inseguito solo dal poeta Francesco Petrarca e da pochi altri intellettuali affascinati (come Cola) dal ricordo dell'antica Roma. In effetti, il progetto di Cola non solo ignorava il peso che il papato, pur essendo lontano, ancora esercitava sul Lazio e sulla stessa Roma, ma anche trascurava la situazione politica complessiva, sia della Germania che dell'Italia. In effetti, mentre i principi tedeschi volevano riservare a se stessi il diritto di eleggere l'imperatore, in Italia andava affermandosi un sistema politico di tipo nuovo, destinato a superare definitivamente il principio medievale della supremazia imperiale (e/o pontificia) sulla Penisola.

← Taddeo di Bartolo, *I monumenti della Roma medievale*, affresco del XIV secolo (Siena, Palazzo Pubblico).

4.2 Dai comuni alle signorie

> VEDI Federico II → pag. 105

Dopo la sconfitta di Federico II e la conseguente crisi dell'autorità imperiale, i comuni italiani avevano goduto di una notevole autonomia. Ma i conflitti interni, legati alla gestione del potere, resero necessari nuovi provvedimenti per garantire la pace e la sicurezza. Fu così che in molte città il governo fu affidato a un **signore**, che poteva essere il capo vittorioso di una fazione cittadina, un vicario imperiale, un capitano militare. In questo modo, già nella seconda metà del Duecento, molti comuni erano divenuti ***signorie***, vale a dire **Stati governati da un individuo che era riuscito a radicare il proprio potere**, mantenendolo per vari anni consecutivi, e non era più tenuto a rispondere del proprio operato davanti all'assemblea dei cittadini e alle magistrature comunali. Il passaggio a una carica a vita, e poi ereditabile, fu breve.

> Forma e sostanza del potere

È vero che, in genere, per tutto il XIII secolo i *signori* ricevettero nei principali centri urbani dei titoli che sembravano salvare la forma repubblicana del comune. A seconda delle città, era chiamato *capitano del popolo, podestà perpetuo* o *anziano perpetuo*. La sostanza, tuttavia, era ovunque la stessa: i cittadini si erano trasformati in sudditi e la repubblica era diventata una specie di regime monarchico, in cui il **signore deteneva i pieni poteri**.

La posizione giuridica del *signore*, tuttavia, era ovunque dubbia e problematica: dai suoi oppositori e dai nostalgici del vecchio sistema comunale, egli poteva sempre essere

GEOSTORIA

L'Italia settentrionale agli inizi del XIV secolo

Carta proiettabile

→ La cartina mostra la situazione in Italia nel XIV secolo. La Penisola appare chiaramente divisa in due aree: il Centro-Nord, caratterizzato da importanti signorie territoriali (contraddistinte dai nomi indicati in rosso, nel riquadro in basso), e il Sud, raccolto intorno alla monarchia angioina. Da questo schema si stacca la Sardegna, prima divisa tra pisani e genovesi (mentre è indipendente il giudicato di Arborea), poi, dopo il 1323, sotto il dominio degli aragonesi.

accusato di essere un usurpatore, che esercitava abusivamente il potere un tempo gestito da magistrati eletti dal popolo.

> **L'imperatore legittima il principato**

Nel 1395, per risolvere questo problema, **Gian Galeazzo Visconti** si fece conferire dall'imperatore tedesco il titolo di duca. In tal modo, egli cessava di essere semplicemente il *signore* (cioè il padrone di fatto) di Milano, ma ne diventava il legittimo *principe* (investito del diritto di governare dalla più alta autorità dell'intera cristianità) mentre il suo dominio, da *signoria*, si trasformava in *principato*.

Nel giro di breve tempo, molti altri signori italiani imitarono Gian Galeazzo Visconti: i Gonzaga di Mantova, ad esempio, furono creati marchesi nel 1433; gli Este divennero duchi di Modena nel 1452 e duchi di Ferrara nel 1471; i Montefeltro poterono fregiarsi del titolo di duchi di Urbino dal 1474. Gli imperatori, dal canto loro, ben presto impararono a trarre vantaggio da questo fenomeno e, per concedere titoli principeschi, iniziarono a farsi pagare somme favolose.

4.3 Un processo diverso da città a città: i casi di Milano e Firenze

A fronte delle costanti che caratterizzarono la nascita delle signorie (**allentamento del controllo imperiale** e necessità di mantenere la **pace pubblica**), vi fu una serie di variabili: la diversa intensità del conflitto tra fazioni, la predominanza di una componente sociale (aristocratica o mercantile), la presenza di una famiglia su cui si concentrarono gli interessi di una parte...

> **Signoria interna o esterna**

I casi di Milano e Firenze sono esemplari per comprendere un'ulteriore variabile dell'affermazione delle signorie: a Milano, il regime signorile si impose **dall'interno delle istituzioni comunali**, e non in contrasto con queste; a Firenze, invece, si trattò di una **risposta esterna** al conflitto cittadino.

Nella seconda metà del Duecento, a Milano, si fronteggiavano il partito "**di popolo**" guidato dalla famiglia Della Torre e quello "**aristocratico**", capeggiato dai Visconti. Quando divenne vescovo Ottone Visconti, presentandosi come pacificatore delle parti, fece sì che la carica di capitano di popolo (ossia la maggiore espressione politica del partito "di popolo", tradizionalmente loro avversario) fosse assegnata al nipote Matteo Visconti (1289). Questi, nel 1294, ottenne che l'imperatore lo legittimasse, nominandolo suo *vicario*. A fare il passo decisivo verso la signoria fu il nipote Azzo Visconti, che nel 1310, quando l'imperatore Enrico VII di Lussemburgo giunse in Italia, si fece riconoscere *dominus generalis*, cioè signore di Milano. Da quel momento **la carica divenne ereditaria** e **il casato dei Visconti resse la città**, promuovendone una grande espansione territoriale ai danni dei comuni vicini e imponendosi sulla Lombardia e una parte del Veneto. Il passaggio successivo, da *signoria* a *principato*, fu compiuto alla fine del Trecento, con l'assunzione del titolo di duca da parte di Gian Galeazzo Visconti.

↓ Inconorazione di Gian Galeazzo Visconti, duca di Milano, XIV secolo (Milano, Biblioteca capitolare della Basilica di sant'Ambrogio).

A Firenze, invece, l'evoluzione verso la signoria si compì alcuni decenni dopo. Qui le istituzioni comunali avevano retto, benché fortemente travagliate, in un regime che, dopo l'affermazione del "popolo", aveva trovato un accordo anche con i magnati, sotto il segno dell'appartenenza guelfa. Quando, nel 1310-1311, i **guelfi** si sentirono minacciati dall'aggressività delle vicine **città ghibelline** (rafforzatesi per la venuta del loro imperatore Enrico VII in Italia), su suggerimento papale chiesero aiuto e protezione al principale esponente guelfo, Roberto d'Angiò, che divenne signore di Firenze. La **signoria "esterna"** durò fino al 1382, quando i fiorentini (o meglio, le Arti maggiori) ripresero il controllo sulle istituzioni comunali. Eliminato il signore esterno, salì al potere un'oligarchia, ovvero un gruppo ristretto di famiglie mercantili. La fase della signoria "esterna" si era conclusa, in attesa che un'altra forma di signoria, quella dei Medici, si instaurasse in città, alla metà del Quattrocento.

4.4 Principi e condottieri: l'importanza del fattore militare

> I mercenari

Signori e principi si resero conto dell'importanza di avere a disposizione eserciti fidati, per le loro operazioni difensive o di conquista. Proprio in questo periodo **si diffusero in Italia le truppe mercenarie**, che molto spesso ebbero un ruolo importante nella nascita e nell'affermazione dei principati. In un primo tempo, a offrirsi come mercenari furono soprattutto gruppi e bande di soldati stranieri: ad esempio, cavalieri tedeschi che avevano seguito Ludovico di Baviera e altri imperatori nelle loro campagne in Italia. Più tardi, si presentarono anche molti inglesi, soprattutto nei periodi in cui il regno d'Inghilterra e quello di Francia non si combattevano fra loro. Proprio un inglese, John Hakwood (che combatté soprattutto al servizio di Firenze e divenne noto anche con il nome italiano di Giovanni Acuto), alla fine del Trecento fu uno dei mercenari più famosi e più rispettati in tutta la penisola.

> VEDI
Il duca Valentino
→ pag. 275

→ Bonifacio Bembo, *Ritratto di Francesco Sforza*, 1460 circa (Milano, Pinacoteca di Brera).

Con il passar del tempo, si fecero avanti anche dei **condottieri italiani**. Si trattava di figure di alto livello sociale, che guidavano eserciti di varie centinaia di soldati e li offrivano a un signore, a una repubblica o a un principe. In un primo tempo, i contratti duravano un solo anno, cioè valevano per una sola campagna. Il comandante, quindi, aveva bisogno di una base in cui l'esercito potesse essere alloggiato e rifornito durante l'inverno. La soluzione ottimale fu trovata quando lo stanziamento delle truppe avveniva su un territorio di cui il condottiero fosse lui stesso signore. Tra i primi a muoversi in tale direzione, vi furono Sigismondo Malatesta (a Rimini) e Federico di Montefeltro (a Urbino); in questi e altri casi, le **due figure** più tipiche dell'Italia del tempo, quella del **principe** e quella del **condottiero mercenario**, si fondono e si sovrappongono. Esemplare, sotto questo profilo, anche la carriera di **Francesco Sforza**, condottiero romagnolo che dapprima ottenne dal papa il titolo di marchese di Ancona, e poi (con un colpo di Stato) divenne **duca di Milano nel 1450**.

Dai comuni ai principati legittimi

Schema proiettabile

LOTTE INTERNE AI COMUNI

- Il potere viene affidato a un signore → Il signore ha pieni poteri
- I signori devono legittimare il loro potere → Si fanno conferire dall'imperatore (dietro pagamento di forti cifre) il titolo di principe → La signoria diventa un principato legittimo

4.5 Mentalità e politica dei principi italiani

Video
Artisti e mecenati

L'affermazione del principato portò con sé l'idea secondo cui, in base a esigenze di tipo politico, potevano essere compiute azioni che la morale e la religione avrebbero senz'altro condannato. Non furono rari i casi di principi che commisero **feroci delitti**, talvolta contro i loro stessi parenti, **per conquistare o mantenere il potere**. Un esempio, tra gli altri: a Milano, Gian Galeazzo Visconti eliminò senza scrupoli lo zio Barnabò, per ritrovarsi padrone assoluto della città. Il ritratto a tinte fosche di principi e condottieri, che la tradizione ci ha di frequente tramandato, risulta in effetti più che comprensibile.

Tuttavia non dobbiamo pensare che i principi del Quattrocento disprezzassero la religione o si disinteressassero completamente della propria salvezza ultraterrena. Come i mercanti cercavano di porre rimedio, in varie maniere, alle azioni immorali che spesso commettevano in nome della *ragion di mercatura* (cioè della ricerca del profitto, condotta senza troppi scrupoli) così i principi cercavano di riparare ai crimini che nascevano dalla

> La ragion di Stato

ragion di Stato (cioè dalla determinazione a raggiungere o mantenere il potere a qualsiasi costo) costruendo chiese, effettuando pellegrinaggi penitenziali oppure istituendo ospedali.

Non pare lecito pensare che tutti quei gesti riparatori fossero compiuti solo per salvare le apparenze di fronte ai sudditi e conservarne il sostegno. Ed è quindi esagerato attribuire ai principi del Quattrocento italiano una mentalità molto diversa da quella dei sovrani medievali. Resta che, gradualmente, in Italia si stava facendo strada un atteggiamento mentale nuovo, decisamente più laico e distaccato dalla religione: una mentalità in cui le **esigenze della vita terrena** (prima fra tutte quella della conservazione del potere) assumevano un peso maggiore rispetto al passato e **tendevano a passare in primo piano**, rispetto alla prospettiva della vita eterna.

> VEDI
Il Rinascimento
→ pag. 266

In altri campi, invece, la novità dell'azione dei principi italiani è stata un po' sopravvalutata dalla storiografia ottocentesca. Questa in genere sosteneva che i principi italiani avevano ridimensionato il potere dei nobili e della Chiesa, si erano circondati di funzionari competenti e di **un'efficiente burocrazia professionale**, avevano razionalizzato i sistemi di tassazione e stimolato l'attività economica con provvedimenti saggi e mirati. In una parola, secondo gli storici dell'Ottocento (tra cui ricordiamo solo lo svizzero Jacob Burckhardt), i principi italiani sarebbero stati i veri fondatori dello *Stato moderno*.

In realtà, se da un lato è sicuramente vero che singoli principi presero, occasionalmente, alcuni dei provvedimenti sopra menzionati, va comunque ricordato che le maggiori energie dei principi italiani furono investite in guerre contro gli altri Stati italiani e in attività di conquista o di difesa, ben più che nello sforzo di amministrare saggiamente e razionalmente i loro domini.

Discorso a parte merita il **mecenatismo** dei principi quattrocenteschi, i quali si attorniarono di figure di intellettuali, artisti e architetti il cui operato serviva ad aumentare il prestigio del signore e a celebrare la sua condotta politica. A questo fine, oltre alle opere commissionate per i loro spazi privati, i principi rivolsero l'attenzione agli spazi pubblici, che furono riorganizzati e decorati nell'intento di dimostrare la potenza e la munificenza del governo.

← I principi quattrocenteschi furono abili politici e mecenati.
In questo ritratto, Federico da Montefeltro è raffigurato con l'elmo da condottiero e con un libro in mano, simbolo dell'amore per la cultura.

4.6 La Chiesa spaccata in due: il Grande scisma

> Nuove imposte ecclesiastiche

Durante i **settant'anni di permanenza ad Avignone**, il papato si attirò critiche e accuse per la mondanità, lo sfarzo e le ricchezze di cui andava alla ricerca. In effetti, i sette pontefici (tutti francesi) che si susseguirono durante il periodo avignonese si diedero da fare per aumentare le risorse economiche del papato, rivendicando tributi sempre maggiori da tutti i Paesi d'Europa. Ad esempio, i papi si riservarono l'assegnazione di prestigiosi incarichi ecclesiastici su pagamento di una cospicua somma di denaro. Il periodo avignonese, in sostanza, **minò l'autorità e il prestigio dell'istituzione pontificia.**

> Popolo romano e vescovi francesi

Informato di queste critiche, e consapevole del fatto che il vicario di Cristo non poteva risiedere lontano dalla tomba dell'apostolo Pietro, **Gregorio XI**, nel 1376, tornò a Roma, che il giubileo del 1300 aveva dimostrato essere il vero cuore della cristianità cattolica. Ma la sua morte, due anni dopo, provocò una profonda e acuta spaccatura nella Chiesa (**scisma**), quando il popolo romano reclamò esplicitamente l'elezione di un pontefice italiano, che mantenesse a Roma la sede del papato. All'opposto, i numerosi cardinali francesi volevano che il nuovo pontefice tornasse il più in fretta possibile ad Avignone.

A distanza di poco tempo, **furono così eletti due papi**: uno romano (Urbano VI) e uno avignonese (Clemente VII), con il risultato che l'Occidente sprofondò per quarant'anni (dal 1378 al 1417) nel cosiddetto **Grande scisma**. I motivi per cui i vari sovrani accettarono, quale pontefice legittimo, l'uno o l'altro dei contendenti, a seconda dei casi, erano di tipo esclusivamente politico e non di tipo religioso. In linea di massima, si può dire che il re di Francia e i suoi alleati riconobbero il papa di Avignone; viceversa, l'Inghilterra e tutti gli altri avversari della Francia considerarono legittimo quello di Roma.

La crisi del papato medievale non si esaurì neppure dopo la composizione dello scisma. Infatti, a porre fine alla frattura fu il **Concilio di Costanza** (1414-1418), che elesse un nuovo papa, obbligando sia il pontefice romano sia quello avignonese a rinunciare al potere. Tali decisioni furono assunte dopo aver solennemente proclamato che il concilio era superiore al papa, **ribaltando completamente l'impostazione accentratrice introdotta nel 1075 da Gregorio VII.** A partire da questo momento, si diffuse e si fece sempre più forte in tutta l'Europa il movimento *conci-*

LE PAROLE

Scisma

Il termine *scisma* viene usato per indicare che, all'interno di una comunità religiosa, si è verificata una *divisione*. Per quello che riguarda il cristianesimo, si può dire che lo scisma più importante è stato quello verificatosi nel 1054 tra la Chiesa d'Oriente (o *ortodossa*) e quella di Occidente (o *cattolica*): dalla metà dell'XI secolo, la prima ebbe la propria autorità suprema nel patriarca di Costantinopoli, mentre la seconda fu guidata dal papa, cioè dal vescovo di Roma. Si faccia attenzione a distinguere uno *scisma* da un'*eresia*; nello scisma la divisione avviene per divergenze relative all'autorità, non su questioni dottrinali.

→ Miniatura dalla *Cronaca del Concilio di Costanza* di Ulrich Richental, 1455 circa (Costanza, Museo Rosgarten).

I protagonisti

Schema proiettabile

PAPA GREGORIO IX	• Riporta il papato a Roma
URBANO VI	• Viene eletto a Roma, sotto la pressione del popolo di Roma • Ritiene giusto che il papa risieda a Roma
CLEMENTE VII	• Viene eletto dai cardinali francesi e riporta il papato ad Avignone • Nella cristianità latina si fronteggiano due papi: *Grande scisma d'Occidente*

liarista, che chiedeva una gestione più collegiale della Chiesa, tramite la convocazione frequente e regolare di concili, cui potessero partecipare tutti i vescovi della cristianità.

Verso la metà del **Quattrocento**, il **papato riuscì a imporre di nuovo la propria autorità** e a far trionfare di nuovo l'impostazione *monarchica*, secondo cui il pontefice è guida unica e suprema, al vertice della Chiesa. Il prestigio del vescovo di Roma, però, nel corso del Trecento e del Quattrocento, aveva subito un colpo mortale. Quando Lutero, all'inizio del XVI secolo, attaccò il papato, agli occhi di molti cristiani (soprattutto in Germania e in Boemia) esso non era più un'istituzione sacra, venerabile e indiscutibile, bensì una struttura puramente umana, screditata da due secoli di difficoltà e soggetta a gravi e costanti interferenze politiche.

Carta proiettabile

GEOSTORIA **Il Grande scisma d'Occidente (1378-1417)**

4.7 Hussiti e taboriti in Boemia

Al concilio di Costanza, nel 1415, si concluse tragicamente la vicenda di **Jan Hus**, un professore dell'università di Praga che insisteva sulla necessità che **il clero vivesse in povertà** e fosse **subordinato all'autorità secolare**. Inoltre – anticipando alcune delle più radicali posizioni luterane – Hus predicava che **i decreti papali non avevano alcun valore** quando erano **contrari alla parola di Cristo** presente nel Vangelo, e che di conseguenza i fedeli, in tutti questi casi, potevano disobbedire al pontefice.

> VEDI Gli anabattisti di Müster → pag. 329

Hus venne accusato di eresia e convocato di fronte all'assemblea conciliare. Sebbene gli fosse stato concesso un salvacondotto (cioè il diritto di ritornare in patria, libero), **Hus venne arrestato e ucciso** dall'imperatore Sigismondo di Lussemburgo, che a quell'epoca era anche sovrano della Boemia. Questo fatto venne interpretato dalla nobiltà ceca come una grave minaccia all'onore e alla libertà del Paese: pertanto, i signori boemi insorsero, facendo delle idee di Hus la propria bandiera. Tuttavia, nel 1420, in questo contesto già così esasperato, un gruppo di sacerdoti assunse posizioni ancora più radicali di quelle di Hus; infatti, questi religiosi cominciarono a predicare l'**arrivo imminente della fine del mondo**, invitando la popolazione a fuggire sui monti e ad abbandonare sia Praga che tutte le altre corrotte città della Boemia, che sarebbero state investite dall'ira divina.

Nacque così **Tabor**, una città caratterizzata dalla completa **assenza di proprietà privata**; verso di essa confluì una numerosa massa di individui provenienti dagli strati più bassi della società ceca: operai non qualificati che lavoravano a Praga e in altre città a servizio degli artigiani, braccianti agricoli, contadini poveri, prostitute. Alla base del vero e proprio ***comunismo*** instaurato a Tabor stava la constatazione che, nella **Chiesa delle origini**, tutti coloro che entravano nella comunità cristiana rinunciavano ai loro beni e li cedevano agli apostoli, che poi amministravano il patrimonio collettivo a seconda delle esigenze e delle necessità di ognuno. Analogamente, era diffusa l'idea che – nei tempi più antichi e remoti della storia umana – **la terra fosse di tutti**, e che i nobili e i signori l'avessero presa tutta per sé con la violenza. Si trattava di credenze già diffuse in Inghilterra, al tempo della rivolta contadina del 1381; in Boemia, però, esse vennero formulate con il massimo di coerenza e radicalità. Anzi, poiché il matrimonio stesso sembrò, ad alcuni, una semplice trasposizione del diritto di proprietà all'ambito dei rapporti umani, alcuni taboriti predicarono il rifiuto persino di quella istituzione; altri invece – che ricevettero

> VEDI La rivolta inglese del 1381 → pag. 160

→ Il rogo di Jan Hus, in una miniatura quattrocentesca. La morte atroce avrebbe dovuto fare desistere i suoi seguaci, ma non fu così e i taboriti continuarono a lungo a opporsi all'imperatore.

I protagonisti

Schema proiettabile

SIGISMONDO DI LUSSEMBURGO, IMPERATORE	• Convoca il concilio di Costanza e pone fine al Grande scisma • Condanna e fa uccidere Jan Hus
JAN HUS	• Docente e teologo boemo, critica le indulgenze e il papato • La sua uccisione mette in moto la rivolta dei nobili cechi e dà inizio alle *guerre hussite*
TABORITI	• Popolani cechi, seguaci di predicatori radicali che ritengono imminente la fine del mondo • Per imitare gli apostoli, praticano il comunismo

l'appellativo di *adamiti* – convinti di essere già entrati nel nuovo paradiso terrestre, presero a praticare il nudismo integrale, assumendo come modello Adamo ed Eva e la loro innocenza prima del peccato originale. Nel giro di poco tempo, queste fiammate di estremismo si spensero da sole o furono represse; i taboriti restarono però una pericolosa presenza rivoluzionaria. Per eliminarla, l'imperatore e i nobili trovarono un accordo e unirono le proprie forze. Così Tabor, infine, venne espugnata nel 1452.

La vicenda boema può essere considerata come una specie di ***prova generale* della Riforma**, o meglio della situazione che si sarebbe riproposta su scala ben più vasta, in tutta l'Europa, dopo la ribellione di Lutero. Il dato più significativo delle *guerre hussite*, infatti, consisté nel fatto che l'eresia non fu fatta propria solo da piccoli gruppi marginali (come nel caso dei catari o dei valdesi), ma da una popolazione intera. Il fatto che i nobili boemi fossero preoccupati del comunismo taborita, e quindi abbiano accettato, infine, un compromesso con l'autorità imperiale (cattolica), non cambia il dato essenziale: **un'intera regione si era ribellata e si era staccata dalla Chiesa cattolica romana**.

4.8 Francia e Inghilterra ancora contro: la guerra dei Cent'anni

Carta interattiva – La guerra dei Cent'anni

Negli stessi anni in cui si verificavano il Grande scisma e le guerre hussite, il regno di Francia e quello d'Inghilterra furono impegnati nella cosiddetta ***guerra dei Cent'anni***, una serie di conflitti (interrotti da periodi più o meno lunghi di tregua) che dal 1337 al 1453 vide contrapposti i due Stati più potenti dell'Occidente europeo.

> VEDI La battaglia di Bouvines → pag. 98

Le cause della guerra furono numerose e di diversa natura. Innanzitutto va ricordato che il re d'Inghilterra (anche dopo la disfatta di Bouvines) conservava ancora numerosi feudi in terra di Francia, soprattutto nel sud-ovest del Paese. Di fatto, si trattava di terre su cui il re di Francia non esercitava alcun tipo di autorità, anche se, in teoria, esse facevano parte dei suoi domini. Una situazione simile si registrava anche in Fiandra, sia pure per ragioni differenti. Questa ricca regione, infatti, riconosceva il dominio francese, ma dipendeva interamente, sotto il profilo economico, dall'importazione delle lane inglesi, indispensabili per la fiorente industria tessile fiamminga.

> Un re senza eredi maschi

La situazione precipitò nel 1328, alla morte del sovrano francese Carlo IV, ultimo figlio di Filippo il Bello. Poiché il re non aveva lasciato eredi maschi, la corona passò a un cugino del sovrano defunto, Filippo VI di Valois. Anche il **re d'Inghilterra Edoardo III**, tuttavia, era strettamente imparentato con la casa regnante di Francia: pertanto, in assenza di eredi maschi diretti, **affermò di avere più diritti a regnare di Filippo VI**.

RIFERIMENTO STORIOGRAFICO 4 *I caratteri militari specifici della guerra dei Cent'anni* → pag. 188

Una volta scoppiata la guerra (nel 1337), gli inglesi sbarcarono in Francia e si mostrarono per lungo tempo decisamente superiori dal punto di vista militare, sperimentando sul campo tattiche di combattimento rivoluzionarie. Per tutto il Medioevo, la strategia di battaglia di gran lunga più praticata era stata la carica dei cavalieri, che con il loro impeto cercavano di travolgere il nemico. L'esercito inglese, tuttavia, si attrezzò in modo tale da resistere a queste cariche; nelle sue fila, infatti, i fanti vennero equipaggiati con un **nuovo tipo di**

I protagonisti

Schema proiettabile

CARLO IV	• Ultimo figlio di Filippo il Bello, muore senza eredi maschi • In Francia, le donne non potevano accedere al trono
FILIPPO VI DI VALOIS	• Subentra a Carlo IV, sul trono di Francia • Inizia una nuova dinastia, che durerà fino al 1598
EDOARDO III	• Re d'Inghilterra • Rivendica per sé il trono di Francia, dopo la morte di Carlo IV

arco, originario del Galles. Detto *long bow* (arco lungo), esso era dotato di una grande forza di penetrazione, di una lunga gittata e di un'estrema rapidità di tiro.

Tutte le volte in cui attaccò secondo la modalità tradizionale, **la cavalleria francese si trovò esposta a un tiro micidiale**, che mieteva numerosissime vittime e, quindi, riduceva notevolmente la capacità d'urto della schiera dei soldati a cavallo. L'abilità degli arcieri inglesi – ha scritto Franco Cardini – «obbligò i cavalieri da un lato a diventare più veloci, in modo da abbreviare i tempi della loro esposizione al tiro nemico e da giungere più presto a contatto di lancia con esso, dall'altro ad appesantire ulteriormente le loro armature in modo da offrire adeguata resistenza alle lunghe frecce. È ovvio che le due esigenze erano in contrasto: l'appesantirsi delle armature sfiancava i cavalli e impediva loro una rapida – e, soprattutto, una lunga – carica al galoppo. Si cercò di rimediare selezionando razze equine sempre più robuste, le quali però erano fatalmente anche più pesanti e pertanto meno veloci. Una volta compromessi in tal modo i due elementi che della cavalleria pesante avevano fatto la signora dei campi di battaglia feudali, cioè la velocità e l'efficacia nell'urto frontale, la sua eclisse militare era già tracciata». Dalle parole di Cardini emergono insomma i tratti della **grande rivoluzione militare** dell'epoca moderna, che avrebbe **riportato in primo piano la fanteria** e sempre più ridimensionato il ruolo della cavalleria pesante.

> **Rivoluzione militare dell'epoca moderna**

Guardiamo la storia

Cavalieri e arcieri nella guerra dei Cent'anni

↑ Uno scontro tra cavalieri inglesi (scudo rosso) e francesi (scudo blu), durante la guerra dei Cent'anni.

4.9 Dalla guerra dei Cent'anni alla guerra delle Due rose

Guardiamo la storia
Giovanna, la combattente

Inizialmente la guerra fu favorevole agli inglesi, che riportarono clamorose vittorie a Crécy, nel 1346, a Poitiers, nel 1356, e ad Azincourt, nel 1415. Dopo quest'ultimo grande successo, riuscirono a occupare Parigi, acquisendo il controllo di gran parte del territorio francese.

Fu allora, tuttavia, che emerse la singolare figura di **Giovanna d'Arco**, la cui importanza storica risiede soprattutto nel fatto che mostra appieno la **popolarità di cui la monarchia francese** (intesa come istituzione sacra, voluta da Dio) **godeva fra il popolo**. Giovanna affermava di aver sentito delle voci celesti, cioè si presentò come colei che, con l'aiuto del Cielo, avrebbe risollevato la santa figura del re, salvato la Francia e cacciato lo straniero; ottenuto il comando dell'esercito, Giovanna riuscì a liberare la città di Orléans dall'assedio degli inglesi e a far sì che il giovane principe Carlo (VII) potesse essere unto e incoronato, a Reims, il 17 luglio 1429.

Un anno più tardi, Giovanna cadde nelle mani dei suoi nemici, che **la accusarono di essere una strega e, infine, la condannarono al rogo nel 1431**. La sua azione, comunque, aveva dato inizio alla definitiva riscossa francese, che portò alla riconquista di Parigi nel 1436 e alla completa espulsione degli inglesi dal regno nel 1453.

I protagonisti

Schema proiettabile

ENRICO V	• Re d'Inghilterra • Si insedia a Parigi, dopo la vittoria di Azincourt
GIOVANNA D'ARCO	• Veggente e profetessa, sostiene che Dio non ha abbandonato il re di Francia • Il suo comportamento dimostra il profondo attaccamento del popolo di Francia alla monarchia
CARLO VII	• Viene incoronato re di Francia, dopo i primi successi di Giovanna d'Arco • Sconfigge gli inglesi

RECUPERARE IL PASSATO

In questo quadro del 1854 del pittore francese Jean-Auguste-Dominique Ingres, Giovanna d'Arco è ritratta mentre assiste all'incoronazione di Carlo VII nel 1429 a Reims, città che aveva contribuito a liberare.
Le virtù di coraggio, devozione e lealtà che la storiografia del passato le ha attribuito hanno fatto sì che, nell'Ottocento, la *pulzella d'Orléans* diventasse il simbolo del sentimento patriottico francese, per tutti quei cittadini che non condividevano gli ideali della Rivoluzione francese (che aveva assunto atteggiamenti violentemente anticristiani).
Su insistente richiesta dei cattolici francesi, Giovanna fu beatificata nel 1909 da papa Pio X e canonizzata (dichiarata santa) nel 1920 da Benedetto XV. Oggi, insieme a santa Teresa di Lisieux, è la santa patrona di Francia.

> **Guerra tra Lancaster e York**

Dopo la sconfitta subita nella guerra dei Cent'anni, l'Inghilterra attraversò un lungo periodo di gravi difficoltà interne. Il Paese fu lacerato da una violenta guerra civile, messa in moto dalla pazzia del sovrano in carica, Enrico VI, della dinastia **Lancaster**. Poiché il sovrano aveva bisogno di un tutore, a causa della sua evidente infermità mentale, il duca Riccardo di York tentò di sfruttare la situazione per imporsi e divenire padrone del regno. Sia la famiglia dei Lancaster sia la casata degli **York** avevano come stemma una rosa: rossa i primi, bianca i secondi. Per questo motivo, lo scontro che per circa trent'anni (1455-1485) contrappose le due fazioni prese il nome di **guerra delle Due rose**.

L'aristocrazia inglese si divise fra i due schieramenti. Moltissimi cavalieri morirono nelle numerose battaglie che caratterizzarono lo scontro, con il risultato che la grande nobiltà inglese uscì dal conflitto fortemente indebolita. L'episodio più celebre della guerra è senza dubbio il grande scontro di Bosworth Field, che nel 1495 vide contrapposti Riccardo duca di Gloucester (York) a Enrico Tudor (Lancaster), e che fu celebrato da Shakespeare in una delle sue più famose tragedie (*Riccardo III*).

Desideroso di porre davvero fine alla guerra, **Enrico Tudor** accettò poi di sposare Elisabetta di York. Tale unione diede vita, dunque, a una casata mista (i Tudor, appunto), i cui sovrani, nel Cinquecento, avrebbero rafforzato sempre più il potere del re, a danno dell'aristocrazia. Inoltre, poiché il sogno di un grande regno capace di abbracciare insieme Francia e Inghilterra era ormai declinato in maniera definitiva, i sovrani di Londra avrebbero dedicato tutte le loro energie dapprima alla sottomissione della Scozia e dell'Irlanda, e poi (ancor più) allo sviluppo della flotta, in modo da trasformare l'Inghilterra in una grande potenza marittima.

← Anonimo, *Re Riccardo III*, XVI secolo (Londra, National Portrait Gallery).

GEOSTORIA

La Francia durante la guerra dei Cent'anni

Carta proiettabile

→ Il ducato di Borgogna, benché legato alla corona francese, godeva di un'ampia autonomia rispetto a Parigi. Durante la guerra dei Cent'anni, in particolare, i duchi borgognoni avevano tenuto un atteggiamento ambiguo, schierandosi a volte con gli inglesi, altre con i francesi. Il piccolo ducato, grazie anche a questa abile politica, riuscì a espandersi, arrivando a comprendere, nel corso del tempo, le Fiandre, il Lussemburgo e la regione di Champagne.

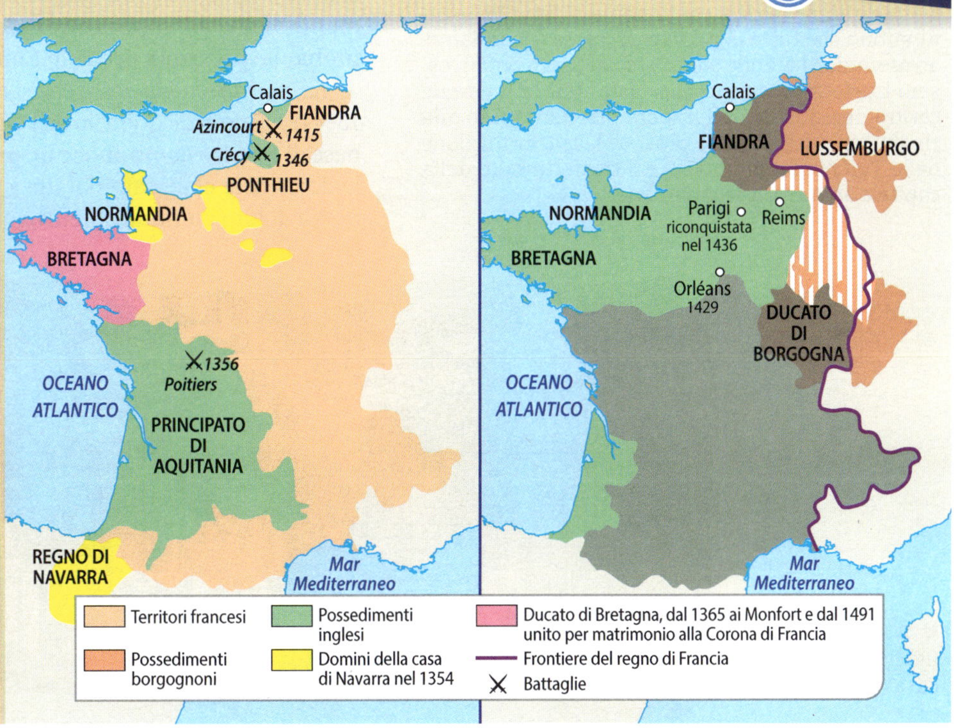

4.10 Una crociata in soccorso di Costantinopoli

> I turchi ottomani

All'inizio del XIV secolo, mentre in Occidente era in corso la guerra dei Cent'anni, in Asia minore iniziò l'ascesa del piccolo Stato turco fondato da **Osman**, o Othman (da cui il termine *ottomani*), destinato a influenzare le vicende europee fino alla prima guerra mondiale.

Gli ottomani, molto preparati e aggressivi dal punto di vista militare, intendevano espandere la fede musulmana, come già gli arabi nel VII secolo. Approfittando delle difficoltà e della debolezza dell'impero di Costantinopoli, fra il 1330 e il 1360 riuscirono a impadronirsi degli ultimi possedimenti bizantini in Anatolia e a conquistare la Tracia. Dopo questi successi, si diressero verso la Bulgaria (che conquistarono nel 1362) e la Serbia (sottomessa nel 1389, dopo la grande vittoria di Kosovopolje). Nel 1394, il sultano turco Bayezid I giunse davanti a **Costantinopoli**. In passato, la città sugli stretti non solo aveva superato la crisi delle invasioni barbariche, ma soprattutto era riuscita a respingere i numerosi e ripetuti attacchi degli arabi, nei secoli della prima inarrestabile espansione musulmana. Nel Quattrocento, le mura di Costantinopoli costituivano ancora il più formidabile sistema difensivo di tutta l'Europa. Convinto dell'imminente successo, tuttavia, Bayezid lanciò una vera e propria **sfida a Roma e all'Europa cristiana**, dichiarando che – una volta spazzato via quanto rimaneva dell'impero romano d'Oriente – la Città eterna sarebbe stata il suo prossimo obiettivo.

Quando il messaggio venne a conoscenza dei nobili francesi, inglesi e tedeschi, l'arroganza del sultano suscitò la loro ira e il loro sdegno. In tutta l'Europa occidentale si mise in moto, di conseguenza, una ***crociata cavalleresca***, che si propose consapevolmente di imitare la spedizione del 1096-1099 e vide come protagonisti i più **prestigiosi esponenti delle grandi casate nobiliari**. A guida dell'intero movimento si pose il duca di Borgogna, ma anche vari altri signori francesi dichiararono il loro entusiasmo per l'impresa e la loro immediata disponibilità a partire per salvare Costantinopoli. Più a est, dichiarò la propria adesione al progetto anche Sigismondo di Lussemburgo (nipote di Enrico VII, l'imperatore ammirato da Dante), candidato al titolo imperiale e re d'Ungheria: una terra pericolosamente vicina all'impero ottomano in espansione e sua probabile prossima preda in Europa centrale.

La *crociata cavalleresca* che si mise in moto negli anni 1394-1395 non nacque solo dall'entusiasmo religioso. Alla base di essa troviamo anche un **preciso calcolo politico**, lucidamente elaborato dal duca di Borgogna e da altri nobili. Il loro comune obiettivo era di **screditare il re di**

I LUOGHI

Costantinopoli/Istanbul

Nel 330, l'imperatore Costantino decise di spostare in Oriente la capitale dell'impero e, pertanto, ingrandì e abbellì la citta di Bisanzio, situata sul Mar di Marmara, all'imbocco dello stretto del Bosforo. Ribattezzata Costantinopoli, la città rimase la capitale dell'impero bizantino fino alla conquista turca, nel 1453. I sultani ribattezzarono la città con il nome di Istanbul e ordinarono che tutte le principali chiese (ricordiamo, ad esempio, il grande complesso di Santa Sofia) fossero trasformate in moschee. Istanbul fu il grande centro decisionale dell'impero ottomano fino alla rivoluzione del 1923, che provocò la trasformazione della Turchia in repubblica e il trasferimento della capitale ad Ankara, in Anatolia.

→ Bisanzio in una incisione della fine del XV secolo.

I protagonisti

Schema proiettabile

TURCHI OTTOMANI	• Conquistano l'Asia Minore, la Grecia e la Serbia • Nel 1396, sconfiggono a Nicopoli un esercito francese, inviato a sostegno dei bizantini in difficoltà
NOBILI FRANCESI	• Organizzano una crociata contro i turchi (1394-1396) • Il loro obiettivo è di mettere in imbarazzo il re di Francia, di cui temono il potere
IMPERO BIZANTINO	• Non riesce a fermare l'espansionismo dei turchi • Nel 1394, Costantinopoli è assediata e rischia di essere espugnata dagli ottomani

Francia, di **indebolirne la reputazione** e perfino di **limitarne il potere**; essi erano convinti che l'Inghilterra non avrebbe avuto risorse sufficienti per vincere la guerra dei Cent'anni, ma erano pure consapevoli del fatto che, in caso di vittoria della monarchia francese, lo spazio di manovra della nobiltà si sarebbe notevolmente ridotto, fino a scomparire. Se, invece, si fossero coperti di gloria, in qualità di difensori della cristianità, in **un'impresa da cui il re fosse risultato del tutto estraneo**, gli aristocratici avrebbero rafforzato notevolmente il proprio prestigio e recuperato il terreno che, in Francia, avevano iniziato lentamente a perdere nei secoli XIII e XIV. Al limite, si potrebbe affermare che, nella mente dei cavalieri che partirono per la crociata nel 1394, la vittoria contro i turchi avrebbe dovuto svolgere un ruolo analogo a quello che ebbe, per il rafforzamento del potere del re, la grande vittoria di Bouvines del 1214.

RIFERIMENTO STORIOGRAFICO 5
La crociata cavalleresca contro i turchi e la disfatta di Nicopoli
→ pag. 189

La spedizione, tuttavia, **si risolse in un fallimento** totale. Nel settembre 1396, i cavalieri cristiani furono **annientati nei pressi della città di Nicopoli**, situata in Bulgaria, vicino al fiume Danubio. Come era già accaduto a Crecy, nel 1346, la cavalleria francese attaccò frontalmente il nemico, secondo la sua solita tattica, basata esclusivamente sull'impeto e sull'impatto della massa dei cavalli e dei guerrieri corazzati. I turchi, tuttavia, dapprima riuscirono a fermare la carica degli avversari per mezzo di una barriera di pali piantati nel terreno, e poi ad annientarli grazie a una schiacciante superiorità numerica nello scontro a distanza ravvicinata.

4.11 La conquista turca di Costantinopoli

Annientata la spedizione di soccorso inviata dall'Occidente, pareva proprio che la caduta di Costantinopoli nelle mani Bayezid I fosse solo questione di tempo; il sultano, però, dovette affrontare una brutale offensiva, proveniente dall'Asia centrale, dove Timur Lenk (Timur lo Zoppo, noto in Europa anche con il nome di **Tamerlano**) riuscì a organizzare un **potentissimo esercito** che per alcuni anni sembrò assolutamente inarrestabile. Tamerlano era il capo di una tribù turcomanna che aveva la propria sede a Samarcanda, nell'attuale Uzbekistan. Da lì, a partire dal 1380, si lanciò alla conquista dell'Asia, occupando Baghdad e la Mesopotamia; più tardi, nel 1398, raggiunse Delhi, in India, ma poi tornò verso ovest ed espugnò Damasco, in Siria. Ognuna di queste conquiste fu accompagnata da stragi brutali e feroci. Infine, nel luglio 1402, **Tamerlano invase l'Asia Minore e si scontrò con i turchi ottomani** nei pressi di Ankara. **L'esercito turco venne annientato**; catturato e torturato in modo atroce, Bayezid fu gettato in carcere e morì pochi mesi dopo la disfatta.

> Tamerlano e il suo esercito

Video
Costantinopoli, terra di due imperi

Nel 1405, mentre si preparava ad aggredire la Cina dei Ming, Tamerlano morì improvvisamente. Del suo impero costruito in fretta e furia, sulla base del terrore e del sangue, non rimase assolutamente nulla. Così, l'impero ottomano poté riprendersi dalle grave disfatta subita e ricominciare la propria espansione. Alla metà del XV secolo, Costantinopoli era ormai «un'isola nel deserto turco, le cui sabbie avrebbero finito presto o tardi per inghiottirla» (R. Fossier). Nel 1453, un altro sultano, **Mehmet II** (meglio conosciuto, in Europa, come Maometto II il Conquistatore), l'assediò di nuovo e questa volta riuscì a espugnarla, provocando la **fine dell'Impero romano d'Oriente**, sopravvissuto a quello di Occidente per poco meno di un millennio.

> Maometto il Conquistatore

La grande novità tecnica che permise la conquista turca del 1453 fu l'artiglieria, che nell'assedio di Costantinopoli ebbe un ruolo fondamentale. Le prime testimonianze, in Europa, dell'uso delle armi da fuoco risalgono agli anni 1326-1327; cannoni e bombarde vennero usati, soprattutto nell'assedio di fortezze e città fortificate, nella guerra dei Cent'anni. La **conquista di Costantinopoli**, tuttavia, rappresenta senz'altro l'episodio più significativo della preistoria dell'artiglieria, il **primo evento di rilevanza epocale deciso da essa**.

↓ Il sultano Maometto II entra a Costantinopoli nel 1453. Miniatura da un manoscritto tedesco del XVI secolo.

Di questo episodio ci sfuggono vari particolari; sappiamo per certo, comunque, che il segreto della fusione dei cannoni fu portato ai turchi da artigiani europei e che furono preparati pezzi di vario calibro e potenza. Il cannone più grande (denominato *Mahometta*) era un mostro di dimensioni incredibili, capace di lanciare palle di pietra di circa un migliaio di libbre; per trascinarlo, occorrevano da 60 a 140 buoi, mentre le operazioni di ricarica duravano circa due ore. In realtà la *Mahometta* – come la maggior parte dei pezzi di quelle gigantesche dimensioni – si rivelò un fallimento, in quanto si incrinò al secondo giorno di assedio e risultò del tutto inutilizzabile dopo pochi altri colpi. Furono i pezzi più piccoli a distruggere le fortificazioni

GEOSTORIA L'espansione dell'impero ottomano

Carta proiettabile

I protagonisti

Schema proiettabile

TAMERLANO	• Sovrano di Samarcanda, in Uzbekistan • Saccheggia gran parte dell'Asia centrale e sconfigge i turchi ad Ankara
MEHMET II (MAOMETTO II IL CONQUISTATORE)	• Riprende l'offensiva dei turchi contro Costantinopoli • Nel 1453, conquista Costantinopoli, facendo un uso massiccio e metodico dell'artiglieria
VENEZIA	• Teme l'espansionismo turco nel Mediterraneo • Non sa intervenire in modo efficace e cerca il compromesso, per garantirsi regolari traffici commerciali con l'Oriente

di Costantinopoli, i cui difensori, invece, non possedevano artiglieria, ma solo frecce e catapulte: Bisanzio cadde – si potrebbe dire – perché era in ritardo di un secolo.

La conquista turca di Costantinopoli fu accolta con **profonda preoccupazione dai veneziani**, che videro nell'espansione ottomana un serio pericolo per i loro traffici. La vittoria di Maometto II, tuttavia, non era ancora per nulla certa, visto che, da est, il suo impero nascente era seriamente minacciato da **Uzun Hasan** (denominato *principe del Montone Bianco*): un **potente principe turcomanno** che dominava su gran parte della Persia e della Mesopotamia. Nel 1473, deciso a eliminare il proprio rivale, Maometto II intraprese una vasta campagna militare nell'Anatolia orientale lasciando sguarniti i propri possedimenti in Europa.

4.12 I turchi: paure e occasioni perdute

> I turchi hanno armi da fuoco

Fin dall'inverno 1463-1464, **Venezia** si era **alleata con Uzun Hasan**; tuttavia, la Serenissima non osò attaccare Costantinopoli, e neppure riuscì a rifornire Uzun Hasan di cannoni e di altre armi da fuoco, che invece i turchi, ancora una volta, possedevano e utilizzavano in grande quantità. Lo scontro tra Maometto II e Uzun Hasan fu un'**impari lotta tra *modernità* e *tradizione***: cavalieri armati di arco e lancia potevano ben poco, se chiamati ad affrontare uno schieramento ben munito di cannoni; di lì a poco (all'inizio del Cinquecento) uno scontro simile si sarebbe riproposto tra turchi ed egiziani. Anche in questo caso, gli ottomani riuscirono a travolgere ogni avversario, grazie alla superiorità della propria artiglieria.

Percorsi di storia locale
La conquista turca di Otranto

Nel 1480, la potenza degli ottomani si riversò verso Occidente con l'attacco alla città pugliese di **Otranto**. La spedizione venne effettuata via mare: segno del fatto che i turchi iniziavano a prendere dimestichezza con questo aspetto della politica mediterranea e si avviavano a diventare anche una grande potenza marittima. La flotta ottomana salpò da Valona, in Albania, da poco occupata; a guida della spedizione, Maometto II pose Gedik Ahmet Pascià, che nel 1475 si era guadagnato la stima del sovrano, dopo essere riuscito a conquistare la colonia genovese di Caffa, sul Mar Nero.

Mehmet II aveva preso molto sul serio il suo nuovo ruolo di ***imperatore romano,* successore del sovrano bizantino**, al punto da assumere il titolo di *Kaiser-i Rum* (*Cesare di Roma*). Pertanto, è possibile che il *Conquistatore* di Costantinopoli abbia pensato di dare attuazione all'ambizioso progetto di imitare l'imperatore Giustiniano (527-565), che riuscì ad affermare la propria autorità di sovrano bizantino anche sull'Italia. In altri termini, forse, il grandioso piano del sultano era di costituire a Otranto una base logistica, da cui poi proseguire nelle proprie conquiste fino a occupare Roma stessa, concepita però più come prima capitale dell'impero, che come città santa della cristianità.

> I martiri di Otranto

Otranto fu presa dai turchi l'11 agosto 1480. Il giorno seguente, sul colle della Minerva **furono uccisi 800 abitanti della città**. Pare che l'episodio non sia stata dettato da cause religiose, ma sia stata una rappresaglia dettata da **motivazioni politiche**. In effetti, sappiamo da altre fonti che i turchi – prima di attaccare una città – offrivano condizioni vantaggiose a coloro che si fossero arresi senza combattere, garantendo persino la libertà di trasferirsi in altro luogo. Nello stesso tempo, però, minacciavano di radere al suolo tutte le case, nonché di rendere schiava o di decimare la popolazione, in caso di resistenza. Poiché la città di Otranto in effetti scelse di lottare, saccheggio, violenza e massacro piombarono sui suoi abitanti, all'indomani della conquista.

> **Il terrore del papa**

La notizia dello sbarco turco in Italia arrivò a Roma il 3 agosto 1480 e subito suscitò un **immenso terrore alla corte del pontefice**. Dominato il panico iniziale, papa Sisto IV si mise all'opera per progettare e guidare la riscossa cristiana. Tutti gli Stati italiani furono esortati a cessare qualsiasi contesa e a formare un esercito comune; nel medesimo tempo, a chiunque avesse partecipato all'impresa fu accordata l'indulgenza plenaria. Al re di Napoli fu invece concesso il diritto di riscuotere immediatamente dal clero del suo regno una tassa straordinaria. La **riconquista cristiana della città** ebbe luogo il 10 settembre 1481: il papa era riuscito a portare a termine il suo progetto di lotta a oltranza contro l'infedele, senza scendere ad alcun compromesso con il nemico.

I messaggi inviati da Roma al duca di Milano, da parte dei suoi diplomatici, riferiscono però che alla corte del papa vi era anche un partito che tendeva a sabotare queste misure di mobilitazione e a minimizzare la gravità della situazione militare. Probabilmente, dietro questi sforzi di impedire una *guerra santa* e di trovare accomodamenti pacifici con i turchi stava la Repubblica di **Venezia**, che da sola aveva condotto (dal 1463 al 1479) una lunghissima guerra contro Maometto II e infine era **scesa a patti con il sultano nel gennaio del 1479**. Il 23 agosto dello stesso anno, un ambasciatore turco aveva esplicitamente proposto a Venezia di combattere insieme contro il re di Napoli e contro il papa. La Serenissima aveva declinato l'invito, ma nel medesimo tempo era molto preoccupata che la crisi di Otranto provocasse una riapertura delle ostilità con il sultano di Istanbul. In effetti, la lunga guerra chiusasi nel 1479 aveva provocato **immensi danni ai commerci veneziani** e solo una pace lunga e duratura avrebbe permesso il rilancio dell'economia della Serenissima.

> **Il ruolo di Venezia**

→ Castello Aragonese, conosciuto anche come Forte a mare, Otranto. Fu realizzato per difendere la città dagli invasori provenienti dal mare.

1 Il ritorno della carestia all'inizio del XIV secolo

Nel tardo XIII secolo, nell'Europa occidentale cominciarono ad affiorare i primi problemi, in quanto la crescita della popolazione aveva ormai superato la capacità della produzione agricola di aumentare in maniera corrispondente. È probabile che, già intorno all'anno 1300, un numero significativo di individui vivesse peggio di come avevano vissuto i loro genitori, trent'anni prima. La situazione si fece davvero tragica a partire dal 1315, allorché l'eccessiva piovosità primaverile e la diminuzione delle temperature estive rovinarono i raccolti.

Nella primavera del 1315 l'Europa cominciò a soffrire a causa di una carestia più devastante di qualunque cosa fosse accaduta nei mille anni precedenti. Il primo atto della catastrofe furono le piogge primaverili, che sembravano non voler mai finire, e continuarono per tutta l'estate e buona parte dell'autunno. A ciò seguì, per quanto riusciamo a stabilire, uno dei peggiori inverni nella storia del Medioevo (le informazioni sugli andamenti climatici provengono dalle cronache contemporanee e dagli studi dendroclimatologici [analisi degli alberi e della vegetazione, per ricavarne informazioni sul clima del passato, *n.d.r.*]). L'anno 1316 fu ancora peggiore: 150 giorni di piogge ininterrotte. Le condizioni rimasero pesanti fino al 1322, con un succedersi di estati piovose cui seguivano inverni prolungati quanto micidiali, che sfociavano in altre estati anormalmente piovose oppure – un'alternativa nient'affatto migliore – anormalmente aride.

La conseguenza immediata fu una crisi delle produzioni agricole, e subito dopo dell'allevamento di animali da tiro e da cibo. Un fenomeno aggravato da una serie di guerre nelle Isole Britanniche, nella Germania settentrionale, in Scandinavia, nella Francia settentrionale e nelle Fiandre (il tutto accompagnato dalla pirateria sui mari) che dettero il via a una prolungata crisi degli approvvigionamenti. L'effetto sulla produzione di tutti i principali cereali – frumento, avena, orzo e segale – come pure dell'uva e di altri beni agricoli fu catastrofico. Materiali statistici opportunamente selezionati indicano una diminuzione della produzione cerealicola in alcune parti dell'Europa settentrionale durante gli anni del disastroso ciclo climatico pari a un terzo. Considerando che alla vigilia della catastrofe ecologica (di origine climatica) verificatasi tra il 1315 e il 1322 la popolazione dell'Europa settentrionale era al suo culmine nell'intera epoca medievale, il declino delle rese agricole significò un grave rischio per la sicurezza alimentare di circa trenta milioni di persone.

La stima di un terzo per il calo delle rese agricole è una cifra aggregata. Il clima incise in modo diverso sulle singole colture cerealicole. Alcune reggevano il suolo inzuppato d'acqua meglio del suolo riarso; per altre era vero l'inverso. Inoltre, gli effetti variavano anche da regione a ragione. Ciò nondimeno, quasi ovunque le condizioni climatiche estreme e le loro conseguenze sul lavoro umano (è molto faticoso arare sia il suolo fradicio sia quello cui l'aridità ha conferito la durezza del mattone) ridussero le rese cerealicole da un minimo del 12 a un massimo del 100 per cento. C'erano fattorie in cui i contadini seminavano cento *bushels* [il *bushel* è un'antica unità di misura che, di solito, è tradotto come *staio*; si trattava di un cesto, della capacità di 36,35 litri, *n.d.r.*] di sementi di grano all'inizio della stagione agricola, e alla fine raccoglievano meno di quanto avevano seminato. L'ininterrotto eccesso di precipitazioni nei primi anni della Grande Carestia incise in una misura analoga sul raccolto delle uve. I grappoli marcivano sulle piante di vite, o si ammalavano a causa delle muffe, a loro volta il prodotto della troppa umidità. Di nuovo, dai dati statistici si ricava che durante gli anni della carestia la produzione vitivinicola subì una contrazione dell'80 per cento rispetto ai valori normali. E sono numerose le fonti che offrono i commenti dei contemporanei sulla scarsità quantitativa e l'orribile qualità del vino prodotto a partire da queste uve ammalate e rachitiche.

Le fonti storiche parlano spesso dell'insieme di queste pestilenze usando un termine generale, moria (murrain), *che significa niente di più e niente di meno di una morte onnipresente. Per gli animali, molto più che per gli esseri umani*

I dati disponibili per altre specie di frutti e colture, e ciò che è ragionevole estrapolare dagli effetti di questo tipo di clima sull'agricoltura contemporanea, suggeriscono analoghi crolli delle rese. In province come la Normandia e Devonshire, dove la bevanda ordinaria del contadino era il nutrientissimo sidro, il fallimento del raccolto di mele (per tacere dell'impiego nella fabbricazione del sidro di mele marce) non poteva non avere conseguenze disastrose sulla salute della popolazione. A questa litania di catastrofi vanno aggiunti gli effetti del clima sulle colture industriali, quelle il cui prodotto agricoltori e tenute potevano vendere alle manifatture – per esempio il lino, impiegato per fabbricare indumenti, e il guado, la materia prima per ottenere un colorante turchino utilizzato nell'industria dell'abbigliamento. Né meno gravi furono gli effetti sulle popolazioni animali. [...] Le moltitudini di maiali, così meravigliosamente e variamente utili, aiutarono a mitigare gli effetti delle epidemie che colpivano le greggi di pecore e le mandrie di bovini. Ciò nondimeno, secondo i dati statistici l'impatto fu enorme. Greggi e mandrie subirono spesso perdite del 90 per cento e più sotto l'azione devastante della malattia nota come peste bovina e, specialmente nel caso degli ovini, della fasciola epatica, un parassita che colpisce il fegato e che il clima umido rende particolarmente virulento. In seguito l'antrace, a giudicare dalle descrizioni che ci sono pervenute, con le sue contagiose ulcere cutanee, aggravò ulteriormente la distruzione di mandrie e greggi. Le fonti storiche parlano spesso dell'insieme di queste pestilenze usando un termine generale, *moria* (*murrain*), che significa niente di più e niente di meno di una morte onnipresente. Per gli animali, molto più che per gli esseri umani, tra i quali la mortalità non superò il 10 per cento nelle aree densamente popolate, specialmente nei centri urbani, la Grande Carestia fu la Grande Moria, la Grande Morte.

W.C. JORDAN, *Nel nome del Signore. L'Europa dall'anno Mille alla fine del Medioevo*, Laterza, Roma-Bari 2013, pp. 338-342, trad. it. G. FERRARA DEGLI UBERTI

analizza il brano

- → Di quanto diminuì la produzione di cereali negli anni 1315-1322?
- → Che cosa è il sidro? Da quali prodotti agricoli si ricava? Che ruolo alimentare svolgeva in Normandia e in Devonshire?

RIFERIMENTI STORIOGRAFICI

2 Bagni e igiene intima nel Medioevo

Il Medioevo è stato idealizzato. Prima gli scrittori ottocenteschi, e poi i registi di celebri film del XX secolo, ci hanno offerto di esso un'immagine affascinante e gloriosa. In realtà, se ci trovassimo proiettati in quel mondo lontano, saremmo turbati dall'assenza di vari accessori elementari, che oggi consideriamo essenziali al vivere civile. D'altra parte, sappiamo pure che in varie città si cercava di affrontare il problema dell'igiene con strutture pubbliche, capaci di offrire quei confortevoli bagni ristoratori che il castello, in genere, non era in grado di fornire.

Il cavaliere imbevuto di profumi, sostanzialmente oli aromatici, e che incontra un *vilain* [villano, contadino, *n.d.r.*] lo trova, dice il romanziere, tutto nero, irsuto, sporco e puzzolente. Disprezzo di classe, evidentemente, ma errore storico: infatti al castello non ci si lava di più che nella capanna o nella bottega. Inoltre, in entrambi i luoghi, sicuramente quanto se non più che nel Grand Siècle [il Seicento, con particolare riferimento al regno di Luigi XIV, *n.d.r.*] o nella Belle Époque [i primi 14 anni del XX secolo, *n.d.r.*]. Alla cura del corpo, la memoria collettiva associa soprattutto, sulla base dell'iconografia, le *stufe* pubbliche, divenute luoghi di piacere clandestino. In effetti pare che la trasformazione ci sia stata, per lo meno nel XIV-XV secolo, quando se ne parla molto. Si dimentica per altro verso di vedervi un riflesso, pur se affievolito, delle terme antiche, luoghi in cui si prendeva il bagno, si faceva sport, ci si distraeva e ci si abbandonava alla lussuria. Questa «istituzione» del mondo romano era cittadina per eccellenza, al punto che dove Roma voleva lasciare il segno, anche se in aperta campagna, apriva delle terme. Anche in epoca medievale i bagni riguarderanno la città e vanteranno volentieri un'origine antica. Tuttavia gli edifici che ospitano le *stufe* erano molto più modesti delle terme: per quanto ne sappiamo, in una o più stanze adiacenti c'erano alcune vasche di legno, riempite con un sistema idraulico di adduzione [che prelevava l'acqua, *n.d.r.*] collegato a una fontana o a un corso d'acqua vicino; vi si accedeva con un predellino e ci si immergeva fino a metà corpo. Potevano contenere una dozzina di bagnanti, completamente nudi e dei due sessi, cosa che ovviamente è all'origine della pessima reputazione delle *stufe*; d'altronde alcune miniature mostrano, sullo sfondo della sala da bagno, molti letti che non servono solo per riposarsi. I «clienti» hanno la testa coperta, particolare che sorprende, ma permette - almeno per le donne - di escludere l'ipotesi che si tratti di semplici case «di tolleranza», perché in genere le «professioniste» portavano i capelli sciolti. All'ingresso si affitta un asciugamano di tela e un pezzo di sapone, fatto con una miscela di oli, sego e cenere. Il mantenimento del calore sotto le vasche è garantito, come nell'antichità, da mattoni refrattari [resistenti alle alte temperature, *n.d.r.*]: un «fontaniere» vigila e il personale di sorveglianza va e viene per evitare che ai bagnanti vengano rubati gli effetti personali. Quanto all'autorità municipale, in Italia o nella Francia del Sud, anche regia più a Nord, fa ogni sforzo per organizzare più o meno onestamente questo «servizio pubblico», a quanto pare abbastanza remunerativo.

Non tutti dispongono però del denaro necessario per usufruire delle *stufe*, e in campagna non ve ne sono. Racconti e immagini tuttavia non mancano: il giovane cavaliere che cerca il Graal frizionato da alcune giovinette, la dama immersa in una vasca che sgrida una servetta, il villico che si risciacqua a una fontana. A casa propria e, a seconda del grado di agiatezza, nel castello si dispone di un locale apposito, nell'abitazione borghese di un angolo della cucina, nella capanna di una semplice tinozza, o addirittura di un secchio. Nel XIV secolo verrà anche menzionato un lavabo da riempire con la brocca, in cui un tappo amovibile assicura lo scorrimento dell'acqua. Questa viene portata da fuori,

↑ Interno di una stufa medievale, miniatura dal *Regime dei corpi* di Aldobrandino da Siena, XIV secolo.

C'erano alcune vasche di legno, riempite con un sistema idraulico di adduzione collegato a una fontana o a un corso d'acqua vicino

dal pozzo o dalla fontana, se non c'è, come in Italia, un portatore d'acqua che gira per le strade. L'usanza è di lavarsi i piedi quando si va a dormire, il viso quando ci si alza, le mani prima di andare a tavola, i denti quando capita, con un po' di polvere di osso di seppia. In campagna, però, si fa un bagno completo solo in occasione di una festa familiare.

Il silenzio delle nostre fonti è assoluto, anche quello dei *fabliaux* più salaci [brevi racconti in versi, di argomento piccante, *n.d.r.*], quando si deve affrontare lo smaltimento degli escrementi e dell'urina umana. Questi atti, evidentemente vitali e compiuti con regolarità, sono coperti da una cappa di piombo: pudore? disprezzo? senso di umiliazione per queste impellenti esigenze? Le cronache tacciono: i re, i signori, i vescovi, i cavalieri non hanno mai bisogni naturali da soddisfare, che si trovino nel mezzo di una battaglia o di un sermone. Eppure, veniamo a sapere che Guglielmo il Bastardo [il duca di Normandia che, nel 1066, conquistò l'Inghilterra, *n.d.r.*], in fuga dai suoi baroni in rivolta, fu catturato perché per un breve momento aveva avuto bisogno di mettere piede a terra. [...] Sappiamo molto di più sulla corvée per spargere le lettiere sporche delle stalle che sulla sorte delle deiezioni umane, che pure sono essenziali per fertilizzare il giardino di casa. Quindi non sappiamo quasi niente. In campagna, probabilmente, la natura metteva a disposizione il suo spazio, i suoi boschetti, i suoi ruscelli e ci si poteva servire di secchi. In città ci ragguagliano l'iconografia o l'archeologia. Troviamo latrine pubbliche installate sui fiumi o nei fossati, con tavole forate posizionate su tondelli [cilindri di sostegno, *n.d.r.*]. Nelle abitazioni private a volte ci sono orinatoi nel cortile; su uno di questi è rimasto anche un disegno stilizzato: un vaso da notte. Oppure c'è una conduttura che si apre all'esterno in aggetto [fuoriesce dal muro esterno dell'abitazione, *n.d.r.*]: tanto peggio per i passanti! Il caso più perfezionato, ma nel XIV secolo, è quello della *ritirata*, con sedile, scarico assicurato da una tubatura in terracotta che arrivava da un fossato ad una fognatura e una sorta di «ventilatore» che conserva l'aerazione del «gabinetto». Quanto agli accessori da toletta dopo l'uso? Niente carta igienica prima del XV secolo; il cotone è troppo caro; un panno non serve. Allora? Forse foglie? Credo piuttosto che non si usasse proprio niente.

R. FOSSIER, *Gente del Medioevo*, Donzelli, Roma 2007, pp. 65-67, trad. it. M. GUERRA

ANALIZZA IL BRANO

- → Spiega che cos'erano le *stufe* e le ragioni per cui erano circondate da una cattiva reputazione.
- → A quale epoca risale il servizio igienico medievale più efficiente, scoperto in una città?

3 Penitenti e flagellanti nel Medioevo

I flagellanti furono un fenomeno tipico degli anni della peste, soprattutto in Germania. La pratica di infliggersi sofferenze fisiche a fini penitenziali, tuttavia, risale al Basso Medioevo e fa parte di una tendenza spirituale di più ampio respiro: lo sforzo di imitare le sofferenze provate da Cristo, nel momento della sua passione.

Per i cristiani del XIII secolo, fare penitenza non significava soltanto pentirsi dei propri peccati e praticare il sacramento della confessione, reso obbligatorio almeno una volta all'anno per tutti i fedeli dal quarto concilio Lateranense del 1215. Significava soprattutto interpretare alla lettera la parola del Cristo (Matteo 4, 17): «Fate penitenza, il Regno di Dio è vicino». E si trattava, per la verità, non soltanto di prepararsi, ma addirittura di entrare, durante la vita terrena, nel Regno in virtù della radicale trasformazione della propria condotta e della rinuncia al peccato. La penitenza è una condizione, quasi uno stile di vita: assumere l'atteggiamento umile del pentito, il solo ammissibile, dinanzi a Dio, per l'uomo peccatore desideroso di ricongiungersi a lui attraverso l'amore. Gli si sarebbe presentato, pertanto, nudo e indigente, rinunciando a ricercare l'autorità o la scienza o la dignità sacerdotale. D'altronde non si dimentichi che generalmente, durante il Medioevo, l'avvento del Regno di Dio era considerato imminente. Com'è noto, alcuni francescani si richiamavano alle speculazioni di Gioacchino da Fiore sull'esordio, ormai prossimo, di una «nuova età del mondo»: l'ultima, l'età dello Spirito e del Vangelo eterno. Ma, pur completamente ignari delle profezie dell'abate calabrese, i semplici fedeli erano inclini a condividere la convinzione, nutrita allora da tanti chierici, di vivere «in questi tempi, che sono gli ultimi». Perfino i papi, senza alcuna esitazione, presentavano il loro principale avversario, l'imperatore Federico II, come il vero Anticristo, la cui comparsa nel mondo costituiva un segno precursore dell'approssimarsi della fine dei tempi. Sicché, specie in Italia, il movimento penitenziale sovente assunse una marcata connotazione escatologica. Come nel 1260, quando un penitente di Perugia, Ranieri Fasani, diede lettura ai concittadini di una lettera della Madonna che gli imponeva di flagellarsi pubblicamente con la disciplina [piccola frusta, composta di varie corde munite di nodi, *n.d.r.*] e di diffondere tale esercizio affinché la città si convertisse, come già Ninive. Angosciata dalla prospettiva di un castigo imminente, la popolazione rispose in modo massiccio all'appello di questo predicatore laico. Seguendo l'esempio di Ranieri, il quale altro non faceva che divulgare e realizzare in pubblico un rito di penitenza privata già da lungo tempo in uso fra i monaci, i perugini presero a fustigarsi a sangue, così da allontanare la collera divina rendendosi simili al Cristo, del quale condividevano le sofferenze. Nel movimento dei flagellanti trovò espressione, quindi,

RIFERIMENTI STORIOGRAFICI

una componente essenziale della spiritualità penitenziale: un ascetismo ansioso di conformarsi alla persona del Figlio di Dio, fondato sulla fede nel valore di redenzione della sofferenza fisica. In questa convinzione si può riconoscere l'influenza dell'ascesi monastica, della quale i laici in qualche modo si appropriarono conservandone esclusivamente gli aspetti più rigorosi.

Ma non coglierebbe l'intima natura di questo movimento chi si limitasse a considerarne gli aspetti più appariscenti: nel momento stesso in cui si flagellavano, i penitenti di Perugia compivano anche i gesti della conversione: si riconciliavano con i nemici, restituivano i beni illecitamente acquisiti - soprattutto i frutti delle «usure», - si confessavano e così via. L'episodio, quale ci viene riferito da numerosi cronisti italiani, non ha in sé nulla di particolarmente macabro. Quando sfilavano in processione, come quando andavano di città in città, i «battuti» o «disciplinati» - così si chiamavano in Italia i flagellanti - intonavano cantici in onore di Dio e della Vergine Maria.

Trascorse la fatidica data dell'anno 1260, ma il movimento, che dall'Italia si era propagato impetuoso nei paesi germanici e nell'Europa orientale, non per questo si spense. [...] Di norma, a partire dal secolo XIV, i flagellanti non si esibivano più in pubblico, salvo che nella processione annuale del Venerdì santo, quando attraversavano la città alla testa del corteo rituale. Ma in occasione delle grandi esplosioni di terrore o di angoscia, come quella innescata dall'epidemia nota come *peste nera*, uscirono dal riserbo riversandosi per le vie. Nel 1349, in Alsazia, circa duecento flagellanti raccolti dietro il gonfalone [lo stendardo che costituiva l'insegna ufficiale di una città, *n.d.r.*] peregrinarono di città in città intonando un cantico di supplica: «Il Cristo si è recato a Gerusalemme. / Teneva in mano una croce. / Che il Signore ci aiuti! / Noi dobbiamo abbracciare la condizione di penitente / per essere più graditi a Dio, / lassù, nel Regno del Padre suo. / Per questo tutti noi preghiamo, / preghiamo il Cristo santissimo / che governa il mondo intero». Quando entravano nelle chiese, si inginocchiavano e cantavano: «A Gesù hanno fatto bere il fiele. / Dobbiamo gettarci tutti a terra in croce». Una volta prostrati al suolo, il capo gridava: «Ora, tendete le vostre mani verso il cielo / perché Dio allontani da noi questa epidemia mortale. / Tendete le vostre braccia verso il cielo / perché Dio abbia pietà di noi». Senza dubbio lo sviluppo della poesia lirica in lingua volgare, caratteristico della fine del Medioevo, è legato in larga misura al movimento dei penitenti.

A. VAUCHEZ, *I laici nel Medioevo. Pratiche ed esperienze religiose*, Il Saggiatore, Milano 1989, pp. 120-123, trad. it. F. SIRCANA

analizza il brano

- Quale pratica religiosa fu resa obbligatoria (almeno una volta all'anno) nel 1215?
- Quale legame esisteva tra pratica della flagellazione e devozione alla Vergine Maria?
- Come rispose la popolazione di Perugia, nel 1260, all'invito di effettuare una severa penitenza, in vista del giudizio divino?

4 I caratteri militari specifici della guerra dei Cent'anni

L'espressione *guerra dei Cent'anni* è per molti versi inesatta e imprecisa. Il conflitto, infatti, se da un lato durò più di un secolo (dal 1337 al 1453), dall'altro fu interrotto da tregue di durata più o meno lunga. L'impressione di varie generazioni di francesi, tuttavia, fu che la guerra fosse una realtà onnipresente e infinita, un incubo dal quale era assolutamente impossibile uscire.

Nella vita quotidiana, ormai bisognò far posto alla guerra. Degli uomini dovevano nascere senza sapere mai cos'era la pace, nemmeno dalla testimonianza dei loro avi. Che genere di guerra? Non si svolge esattamente come una volta, ai tempi di Filippo Augusto o di san Luigi. Tenuto conto di quanto rimane di abituale nei gesti del guerriero e nel suo equipaggiamento - quanti signorotti poveri hanno dovuto raggiungere l'esercito del re con le armi e la corazza fatte forgiare dai loro avi al tempo della prosperità delle campagne? - tenuto conto della forza delle antiche usanze che impongono un certo atteggiamento di fronte all'avversario, molte cose si sono trasformate nel XIV secolo. La principale novità è rappresentata senza dubbio dalla maggiore efficacia delle armi da getto: la balestra, complicata, fragile, ma precisa, il cui dardo, il *quadrello* (freccia a punta quadrangolare), possiede una terribile forza di penetrazione; l'arco grande, a lunga distanza, forte, ed a tiro straordinariamente rapido - per non parlare dell'artiglieria, di quelle armi a polvere, che i progressi della metallurgia hanno permesso di costruire, ancora poco maneggevoli, adoperate esclusivamente per gli assedi, al posto delle antiche catapulte, e che nelle battaglie agiscono soprattutto con il rumore, che terrorizza i cavalli e gli uomini. Questo perfezionamento degli strumenti di attacco a distanza ha reso irrisoria la protezione dello scudo di cuoio e dell'antica camicia di maglia. Prima conseguenza: l'armatura ha dovuto adattarsi; sono state fissate sotto l'usbergo [l'indumento, fabbricato in maglia di ferro, che proteggeva il corpo del cavaliere, *n.d.r.*], nei punti più vulnerabili, delle lamine di ferro; inizialmente giustapposte, sono state poi organizzate in un insieme, l'«armatura di piastra», che racchiude il combattente in una corazza, sufficientemente resistente, sempre più perfezionata, con articolazione - ma anche sempre più pesante. Nel XV secolo, un'armatura di tipo moderno pesa da sessanta a ottanta chili e per questo il guerriero è diventato incapace di armarsi da solo, nonché di sostenersi - incapace anche della maggior parte dei gesti, costretto a camminare e a colpire dritto davanti a sé, impossibilitato a rialzarsi se cade a terra, destinato a impantanarsi se il terreno è melmoso. Inoltre, le possibilità della cavalleria si sono notevolmente ridotte, soprattutto perché nessun cavallo può portare molto lontano né molto in fretta cavalieri così pesanti, anche perché la cavalcatura, che non è corazzata, è messa rapidamente fuori combattimento dalle frecce degli arcieri e dei balestrieri. Da questo deriva l'importanza crescente della lotta a terra. I cavalieri francesi si adattano lentamente, maldestramente, attraverso cocenti smacchi, alla nuova tattica introdotta dagli inglesi: combattere con l'armatura, ma a piedi, con armi corte, la mazza d'arme o la spada. La superiorità dei loro antenati cavalieri va declinando man mano che cresce il ruolo dei fanti: arcieri, *coutiliers*, che attaccano a colpi di pugnale, attraverso gli interstizi della corazza, i guerrieri caduti a terra, oppure di sorpresa alle spalle, data la loro impossibilità di voltarsi. A poco a poco, l'uomo rivestito dell'armatura, il cavaliere di giostra, una volta solo guerriero degno di tal nome, diventa parte integrante di un gruppo di combattimento che lo affianca: due arcieri, ora a cavallo per essere più mobili – e sono assai spesso nobili troppo poveri per portare l'armatura di piastre –, un *coutilier* – talvolta nel XV secolo succede che anche questa funzione sia assolta da gentiluomini –, il valletto e il paggio, incaricati della manutenzione delle armi e della guardia dei cavalli durante il combattimento. Questa squadra è la *lancia* (*lance*).

Tali cambiamenti non hanno mancato di modificare la mentalità del guerriero. Per quanto tenaci siano le regole morali formatesi nei tornei secondo l'antica moda, il combattimento, ora che si uccide da lontano, ora che la fanteria è micidiale, perde a poco a poco il suo aspetto di duello, di questione d'onore che dev'essere condotta lealmente, senza *mal engin*, senza mezzi disonesti. A contatto dei mercenari specialisti, che trattano la guerra da uomini di mestiere, preoccupati della efficacia, poco interessati – quando non siano pervenuti all'apice di una carriera eccezionale – alla cortesia e ai gesti cavallereschi, gente che viene quasi sempre dalle province più arretrate e dai gruppi sociali meno civili – per la lenta contaminazione degli atteggiamenti xenofobi, di fronte a nemici che parlano un'altra lingua – davanti anche al comportamento dei principali avversari, gli inglesi, di costumi più brutali, abituati nelle guerre di Scozia e del Galles alla lotta senza quartiere – i cavalieri francesi acquistarono l'abitudine dell'astuzia efficace, e forse un maggior disprezzo della vita umana. In ogni caso, sono impegnati in operazioni di tutt'altra portata. Le battaglie campali preparate in anticipo sono sempre più rare. Azioni principali sono le rapide cavalcate, a sorpresa, gli inseguimenti, le imboscate, le azioni di disturbo con scaramucce a opera di piccole bande assai mobili – e soprattutto gli assedi, che diventano gli episodi più importanti dei combattimenti.

G. DUBY, R. MANDROU, *Storia della civiltà francese*, Il Saggiatore, Milano 2011, pp. 182-184, trad. it. A. GRISPO, A. NACCI

↑ Una battaglia della guerra dei Cent'anni, illustrazione da *Les Croniques d'Angleterre* di Jean de Wavrin, XV secolo (Londra, British Library).

analizza il brano

- → Illustra quali erano gli inconvenienti delle armature tipiche del XV secolo.
- → Che cosa indica il termine *lancia*, nel Quattrocento?
- → Spiega l'espressione «lotta senza quartiere» e illustra il nuovo atteggiamento assunto in battaglia dai cavalieri francesi nella guerra dei Cent'anni.

RIFERIMENTI STORIOGRAFICI

5 La *crociata cavalleresca* contro i turchi e la disfatta di Nicopoli

Nel Trecento, l'idea di *crociata* era tutt'altro che morta ed esaurita. Anzi, l'espansione dei turchi ottomani ripropose tutti i principali ideali che avevano animato i papi, i sovrani e i cavalieri dei secoli precedenti. Nel 1394, venne lanciata l'idea di una grande spedizione finalizzata a sconfiggere i turchi, che assediavano Costantinopoli. A guida dell'iniziativa si posero il duca di Borgogna e il re d'Ungheria. L'impresa si concluse con un fallimento totale, due anni dopo, a Nicopoli.

L'iniziativa di papa Bonifacio IX non poté andare molto oltre la promulgazione di una bolla di crociata dall'attuazione problematica. L'allestimento dell'impresa venne interamente demandato ai sovrani secolari, ragion per cui quella che si aprì nel 1394 fu una nuova «crociata cavalleresca» come non se ne vedevano da tempo immemorabile: mancò infatti la presenza direttiva di un legato apostolico, e la conduzione della campagna venne totalmente rimessa ai suoi capi militari. Dell'organizzazione si fecero carico la casa di Borgogna e i principati ad essa collegati, mentre una nota di biasimo cadde sul re di

Francia, che in questa circostanza sembrò non conformarsi al prototipo del suo venerato predecessore, il santo re Luigi IX, onorando l'alta missione di difensore della fede cui alludeva l'epiteto di *Cristianissimo* [titolo di cui si fregiavano i sovrani di Parigi, *n.d.r.*]. [...] In fondo, la storia delle crociate d'oltremare registrava una sola vera grande vittoria, rappresentata dalla presa di Gerusalemme nel 1099, al culmine della Prima crociata, che era stata condotta dal baronaggio di tutta l'Europa con l'esclusione dei monarchi. Le restanti sette crociate del periodo classico si potevano retrospettivamente interpretare come una valanga di insuccessi, che erano stati tanto più rovinosi quanto più vi si erano immischiati i grandi sovrani europei, dagli imperatori della casa di Svevia al santo re Luigi IX di Francia. Toccava ora all'internazionale della nobiltà promuovere quel recupero della Terrasanta che re e imperatori avevano mancato o negletto [trascurato, *n.d.r.*]. Alla fine del XIV secolo sembrò giunta l'occasione per rilanciare il ruolo della grande aristocrazia di spada come unica forza che dall'interno dell'Europa sarebbe stata in grado di allestire una risposta efficace alla disintegrazione dell'Orbe cristiano [del mondo cristiano, *n.d.r.*] in atto da due secoli. Trainato dal duca di Borgogna, il risveglio del mito crociato trovò un'entusiastica ricezione presso diversi altri signori che, come lui, erano interessati a deprimere la reputazione del re di Francia, soprattutto al fine di precludere nuovi passi in direzione di un assetto centralista dello Stato. Nella loro ottica era opportuno esaltare la fisionomia della nazione francese non come regno assolutista, ma come principato aristocratico, sorretto da una casta di prodi combattenti che trovava la propria ragione d'essere non solo nel privilegio di sangue e nella funzione bellica, ma anche nella tutela della fede cristiana: una motivazione universalista poteva così venire allegata a supporto di una resistenza di natura particolarista. [...]

Intanto non ci si preoccupò neppure di studiare le condizioni del territorio nel quale si sarebbe entrati in contatto con il nemico, né le usanze tattiche di quest'ultimo

La confluenza di capi militari e truppe che ebbe luogo a Buda tra la primavera e l'estate del 1396 mise in chiaro che un'unità di intenti fra le diverse componenti dell'armata crociata non esisteva, né poteva essere raggiunta: agli occhi di molti, forse dei più, il vuoto di autorità non era neppure considerato un fattore di svantaggio. Ogni perplessità venne stemperata in un empito di chiassoso ottimismo, buono a minimizzare gli inconvenienti; e intanto non ci si preoccupò neppure di studiare le condizioni del territorio nel quale si sarebbe entrati in contatto con il nemico, né le usanze tattiche di quest'ultimo. Nella sottostima della forza dell'avversario era insito un gravissimo fattore di debolezza, che si aggiunse all'impossibilità di imprimere una direzione unitaria a un'impresa bellica condotta in teatri non solo lontani, ma sconosciuti alla maggior parte dei partecipanti di una spedizione dall'eterogenea composizione, avente una fondamentale natura offensiva. In tale noncuranza è possibile vedere il più eloquente indizio di come la guerra, e specialmente la guerra santa, continuasse a venire concepita dall'élite europea più come banco di prova di un *ethos* di casta, e meno come raggiungimento di un obiettivo strategico. La battaglia veniva cioè salutata come un torneo, una dimostrazione di valore individuale che era bene lasciare al coraggio e all'improvvisazione, senza troppo curarsi di esaminare a tavolino uno schema tattico collettivo e senza neppure debitamente soppesare i rapporti di forza che si profilavano possibili. Un approccio nel quale l'idealismo, intriso di mistica fiducia nell'assistenza che Dio non avrebbe fatto mancare ai suoi prodi, era tutto e si sposava con un sentimento prepotente dell'individualità combattiva, portato a supplire mediante l'eccellenza dei singoli combattenti agli oggettivi fattori di inferiorità sul campo. [...]

Il semplicismo degli schemi tattici della cavalleria pesante francese, abituata a muovere compatta all'assalto di un nemico puntato di fronte, fece il gioco di Bayezid I e dei suoi consiglieri. Costoro, per debellare tale fattore, indubbiamente preoccupante, fecero ricorso ad un elementare stratagemma, ben noto anche in Occidente. Non è d'altronde escluso che il sultano non facesse altro che imitare quanto appreso dai resoconti dei fatti d'arme occorsi in Europa, quando diede ordine di conficcare nel terreno di battaglia uno sbarramento costituito da file di pali acuminati e piantati di traverso, in modo da formare una barriera in grado di arrestare la carica dei cavalieri francesi. L'espediente venne praticato in aggiunta alla barricata consueta, consistente nel disporre in posizione avanzata le truppe di più scarso valore, che in questo caso servirono anche a occultare l'insidia alle loro spalle. [...] La mattina del 26 settembre il fior fiore della cavalleria crociata, con alla testa i più ardimentosi tra i signori francesi, si mise in assetto da combattimento, in una formazione serrata nella quale il ginocchio dell'uno sfiorava quello dell'altro compagno a lato. [...] Di fronte a loro avrebbero trovato una forza soverchiante, che tuttavia neppure si premurarono di valutare con attenzione: una febbre compulsiva li spingeva alla carica irruenta, ripetizione delle peggiori tattiche adottate a Crécy e a Poitiers.

M. PELLEGRINI, *Le crociate dopo le crociate. Da Nicopoli a Belgrado (1396-1456)*, il Mulino, Bologna 2013, pp. 47-49, 57, 64-65

ANALIZZA IL BRANO

- Spiega l'espressione «internazionale della nobiltà».
- Per quale motivo la sottostima della forza dell'avversario è un gravissimo fattore di debolezza, per un esercito?
- Spiega l'espressione «una febbre compulsiva li spingeva alla carica irruenta, ripetizione delle peggiori tattiche adottate a Crécy e a Poitiers».

Il flagello della **peste nera**

Lo studio dell'epidemia che, negli anni 1347-1350, ha colpito l'intera Europa può permettere l'acquisizione di una competenza fondamentale, che potremmo definire nel modo seguente: **saper comprendere il ruolo dei fattori biologici nella dinamica storica**. Per affinare tale competenza, viene proposto di seguito un approfondimento, che prende le mosse da alcune pagine storiografiche.

Le dimensioni del disastro demografico negli anni 1347-1350

La strage fu di dimensioni paurose. Si calcola che la popolazione dell'Europa occidentale fosse di circa 73 milioni di abitanti ai primi del secolo, saliti ad un'ottantina circa all'inizio del contagio. Le valutazioni sono tuttavia molto diverse: c'è chi parla di una popolazione di circa 54 milioni di persone all'inizio del secolo, scesa a 35 alla fine di esso; e chi invece sostiene che l'Europa prima dell'epidemia ascendesse a un centinaio di milioni d'abitanti, e che una trentina ne morissero fra il 1347 e il 1351. Il flagello ne uccise, stando ai calcoli forse più attendibili, dai 20 ai 25 milioni tra il 1347 e il 1350, quindi da quasi la metà a un quinto, se vogliamo prendere gli estremi del nostro computo statistico [...]. Si tratta sempre di stime incerte: comunque, si parla di una falcidie che in certe zone arrivò a colpire tra il 40 e il 60% degli abitanti. Tra le città più provate, si calcola che Amburgo perdesse il 66% dei suoi abitanti, Barcellona il 60%. Alla fine del secolo, dopo altri assalti dell'epidemia, sembra che gli europei si fossero ulteriormente ridotti, scendendo a circa 45 milioni. [...]

L'Italia, la cui popolazione è stata valutata attorno agli 11 milioni alla fine del XIII secolo, nel massimo sviluppo dell'età comunale, era a quel tempo l'area più urbanizzata d'Europa, con oltre 150 centri demici [città, o meglio, luoghi in cui la concentrazione umana è superiore a quella delle campagne, *n.d.r.*] di 5000 e più abitanti (per l'Europa settentrionale dell'epoca si usano considerare città centri di appena 2000 abitanti), di cui 72 sopra i 10 000 abitanti, 11 sopra i 40 000, e ospitava le città più grandi del continente, fatta eccezione per Parigi. Di queste, decine e decine persero la metà degli abitanti, alcune i due terzi. La stima demograficamente più pesante fu quella fornita per Venezia da Lorenzo de Monacis, ch'era nato tre anni dopo la Morte Nera ma che si basava su dati di non trascurabile qualità, e secondo il quale la peste si sarebbe portata via il 70% dei veneziani: il che sarebbe significato, su una popolazione di 110 000-120 000 persone, una mortalità di circa 80 000. Altre stime, più prudenti, si fermano a circa un terzo della popolazione: il che rende il computo delle vittime veneziane più prossimo a quello di altri centri. [...]

Le città portuali di Genova, Pisa e Venezia [...] ci rimisero oltre il 30% degli abitanti, vale a dire più o meno un terzo di essi

Sembra che il primato dei decessi nella penisola appartenesse al *triangolo commerciale* i cui vertici erano le città portuali di Genova, Pisa e Venezia, che ci rimisero oltre il 30% degli abitanti, vale a dire più o meno un terzo di essi. Tra le altre città più colpite, oltre a Firenze con l'intera Toscana, ci furono Perugia, Orvieto, Ancona, Napoli e la Sicilia. Roma, mèta di pellegrinaggi, fu a sua volta esposta.

La guerra e la fame favorirono l'impiantarsi del contagio, ne resero ancor più devastanti gli effetti, ne radicarono per molto tempo la presenza nell'Europa occidentale. Si è discusso se le carestie che interessarono tutta quella vasta area – a loro volta almeno in una certa misura, probabilmente ampia, determinate dal generale peggioramento climatico che si era registrato già a partire dalla fine del secolo XIII – furono davvero una concausa della diffusione della peste o piuttosto una sua conseguenza: si è fatto notare che l'aumento della popolazione e l'espansione eccezionale delle città avevano già incontrato nei decenni precedenti un limite naturale nella produzione cerealicola delle campagne; **quelle falciate dalla peste furono, insomma, masse di gente affamata o sottoalimentata, con scarse difese organiche da opporre all'aggressione.** Molti studiosi invitano a guardare con attenzione, già da prima, alle crisi annonarie del 1275-'77 e del 1302-'03, quindi al cattivo raccolto del '14 e alle terribili carestie del biennio 1315-'17 o a quelle che accompagnarono in Francia gli inizi della guerra dei Cento Anni, specie dopo il disastro francese di Crecy del 1346; o, ancora, alle molte epidemie che avevano infuriato fin dal secondo decennio del secolo e che erano culminate in quella di vaiolo del 1336. **Le difese immunitarie naturali della specie umana, affidate essenzialmente all'alimentazione, ne sarebbero rimaste compromesse in misura drammatica.**

F. CARDINI, *Le cento novelle contro la morte. Giovanni Boccaccio e la rifondazione cavalleresca del mondo*, Salerno editrice, Roma 2007, pp. 36-40

La peste: una malattia socialmente ingiusta

Pur non risparmiando nessuno, la peste trovò nei poveri un magnifico terreno per attecchire, predisposto da una prolungata sequenza di carestie: **«dopo la fame domina la peste» ripete un detto popolare.** L'insistenza dei cronisti nel mostrare, come gli artisti delle danze macabre, un'eguale vulnerabilità del ricco e del povero, è corretta dalle testimonianze del triste primato della povertà. La malattia colpì dapprima i quartieri poveri, per esempio a Rimini, a Orvieto – dove i ricchi beneficiarono di una tregua di tre mesi –, a Narbonne, tra i tintori delle rive dell'Aude. Altrove la peste accentuava i suoi danni fra i poveri: a Lincoln i notabili furono praticamente risparmiati, a Lubecca la media della mortalità fra i possidenti (25%) è inferiore del 50% alla media generale (50%) nelle città tedesche. **Sembra che nella Francia del Nord siano morti, nel 1348-49, due poveri per ogni ricco**: si può parlare così di «epidemia proletaria». Alcuni contemporanei constatarono il carattere selettivo di quelle mortalità. Guido di Chauliac, il più celebre medico di quel tempo, fu testimone della Peste Nera e del suo ritorno nel 1361 e annotò questa differenza fra le due epidemie: «Nella prima morirono più popolani, nella seconda più ricchi e nobili». Il suo collega, Simon de Couvin, che partecipò alle consultazioni della Facoltà di Medicina di Parigi in occasione della peste, mostrò una perspicacia molto rara, con una punta di psicologia sociale: «Colui – scrisse – che era nutrito di alimenti poco sostanziosi cadde colpito al più piccolo soffio della malattia. L'uomo del volgo molto povero (*pauperrima turba*) accetta volentieri la morte, perché per lui vivere è morire. Ma la Parca [dea pagana della morte, *n.d.r.*] crudele risparmiò i principi, i cavalieri e i giudici: pochi fra loro morirono, perché era stata data loro una vita dolce in questo mondo». [...]

«Colui [...] che era nutrito di alimenti poco sostanziosi cadde colpito al più piccolo soffio della malattia. [...] Ma la Parca crudele risparmiò i principi, i cavalieri e i giudici: pochi fra loro morirono»

Simon de Couvin aveva ragione quando poneva **sotto accusa soprattutto la malnutrizione.** Il regime alimentare dei poveri, a Firenze, per esempio, mostra gravi carenze energetiche e vitaminiche: carenze di proteine e di lipidi, di calcio e di vitamine antiscorbuto (A, C) e antirachitiche (D). Un artigiano negli anni 1340-1347 a malapena poteva aggiungere al pan bigio, fatto essenzialmente di orzo e spelta, un quantitativo sufficiente di carne, formaggio, latte e legumi. Un'intera popolazione urbana affrontò la peste in uno stato di grave deperimento. Il caso di Firenze non è isolato e sembra condiviso dalla vicina Orvieto; gli indizi raccolti in altre città dell'Occidente non smentiscono questi dati. Nella campagna la malnutrizione superava la sottoalimentazione, grazie a cereali poveri, a una proporzione eccessiva di salumi rispetto alla carne fresca, di legumi ricchi di fecola (piselli, fave, fari-

Lavorare per competenze
avvio al saggio breve

nate), di vino acetato e di acqua malsana. **Dovunque si era lontani, soprattutto fra i poveri, dal regime sofisticato prescritto dalla Facoltà (di Medicina di Parigi) per sfuggire alla peste: pane di buon frumento, carni bianche**, agnelli d'un anno, pochi legumi, evitando porri, cipolle e rape, «che provocano gran ventosità», in breve alimenti «fini e leggeri». [...]

Sarebbe servita una certa igiene dei vestiti e della pelle per tener lontana la pulce, autentico vettore della peste, data la sua stretta simbiosi col ratto. Solamente i ricchi potevano permettersi le novità della moda verso il 1310. Quanti contadini e salariati di città portavano una camicia di tela – e soprattutto la cambiavano – sotto i panni di grossa lana, spesso comprati da un rigattiere, o sotto le pellicce comuni (coniglio, gatto, volpe o montone) sempre più diffuse nel XIV secolo? L'uso di indossare le pelli con il pelo all'esterno non era sufficiente per eliminarne i parassiti. Inoltre non ci si lavava e i consigli medici di non bagnarsi erano per molti superflui; tutt'al più, sconsigliando la frequentazione dei bagni pubblici, si poteva evitare occasioni di contagio; ma i contadini non vi andavano mai. Delle altre indicazioni della Facoltà i poveri non sapevano che farsene: lavorare meno, accontentarsi di sforzi moderati, dormire con la testa sollevata da drappi «buoni e ben odorosi», usare disinfettanti aromatici costosi, incenso, mirra, aloé di Socotra, irrorare la propria camera d'acqua di rose.

M. MOLLAT DU JOURDIN, *I poveri nel Medioevo*, Laterza, Roma-Bari 1993, pp. 221-224, trad. it. M. C. DE MATTEIS, M. SANFILIPPO

Lavorare con i testi

Nei brani citati, il colore ha evidenziato alcuni passaggi essenziali del ragionamento dei due storici. Come ulteriore stimolo di analisi e di riflessione, ti vengono proposte le seguenti domande:

analizza i brani

Quanti abitanti contava l'Europa, nel 1300? Quanti ne contava la sola Italia?	
Quali furono le città maggiormente colpite, in Europa e in Italia?	
Quali eventi vanno considerati *concause* della peste, nel collasso demografico del XIV secolo?	
Che cosa intende sottolineare Mollat, nel momento in cui definisce la peste un'epidemia proletaria?	
Quali comportamenti e quali fattori avrebbero potuto attenuare la violenza dell'epidemia?	
Perché i consigli dei medici appaiono del tutto privi di senso, per la maggior parte della popolazione?	
Gli effetti dell'epidemia degli anni 1347-1350 furono terribili ed enormi: nel giro di un paio d'anni fu spazzato via il lento ma costante progresso demografico in atto da quasi due secoli. Qualche storico ha paragonato la peste nera a un disastro nucleare. A tuo giudizio, fino a che punto tale parallelo è corretto?	

→ Utilizzando le informazioni che hai raccolto, costruisci un testo che, come minimo, abbia la lunghezza di due colonne di foglio protocollo.

Verifica dell'apprendimento
Conoscenze e abilità

Lavorare con le carte

1. **Evidenzia sulla carta le regioni che nel corso del XIV secolo furono teatro delle principali rivolte contadine in Europa, poi rispondi alla domanda.**

Quali furono le principali cause di conflitto che portarono allo scoppio dei tumulti a Firenze?

....

....

Selezionare e classificare

2. **Completa la tabella relativa allo scontro tra Bonifacio VIII e Filippo IV il Bello.**

CAUSA E DATA D'INIZIO DELLO SCONTRO	
RISPOSTA DEL PAPA	
ELEMENTI CHE PERMISERO A FILIPPO IV DI NON PIEGARSI AL VOLERE PAPALE	
CONCLUSIONE DELLO SCONTRO	

VERIFICA

COMPRENDERE IL TESTO

3. Rispondi brevemente alle seguenti domande.

a) Che cosa stabiliva la bolla *Unam sanctam*?

b) Quali erano gli elementi di novità rispetto al passato?

c) Elenca le funzioni svolte dal giubileo del 1300

1)

2)

3)

d) Che cosa sono le signorie?

e) Che cosa si intende con l'espressione *Grande scisma*?

f) Quale fu l'esito della guerra dei Cent'anni?

4. Contrassegna con V (vero) o F (falso) ciascuna delle frasi e correggi quelle false.

	V	F
a) Nel XV secolo l'impero bizantino entrò in una profonda fase di crisi, che si concluse con la conquista di Costantinopoli da parte dei turchi nel 1473.	☐	☐
b) La cavalleria perse progressivamente la sua capacità di dominio sui campi di battaglia a vantaggio della nascente fanteria.	☐	☐
c) La principale imbarcazione utilizzata nel Mar del Nord per il trasporto marittimo era la galera.	☐	☐
d) Intorno al 1300 l'Europa entrò in una fase climatica relativamente mite, che permise un notevole incremento dello sviluppo agricolo, seguito tuttavia da una diminuzione della popolazione causata dalle pessime condizioni igieniche.	☐	☐
e) L'arrivo della peste fu una conseguenza del grande movimento di uomini e merci che, nel XIII secolo, si era sviluppato tra Cina ed Europa.	☐	☐

CONOSCERE IL LESSICO

5. Definisci i termini.

a) Teocrazia

b) Ierocrazia

VERSO IL SAGGIO BREVE

6. Scrivi un testo sulla religiosità dei secoli XIV e XV, utilizzando le seguenti domande-guida.

→ Qual era il ruolo dei santi nel rapporto tra Dio e l'uomo? Perché?

→ Maria era considerata una mediatrice tra Dio e l'uomo? Perché?

→ In che cosa consisteva la strategia del capro espiatorio e verso chi fu indirizzata?

→ Perché il purgatorio veniva presentato come un *inferno temporaneo*?

→ Quali erano il significato, l'uso e lo scopo delle collezioni di reliquie?

mappa di sintesi

Mappa proiettabile

Autunno del Medioevo (secoli XIV-XV)

- **CRISI DEMOGRAFICA**
  - Ritorno della carestia e della peste
    - Pandemia del 1347-1350: peste nera
      - Diminuzione del prezzo dei cereali
        - Rivolte contadine
- **CRISI RELIGIOSA**
  - Immagine negativa di Dio
    - Culto di Maria e dei santi
  - Ricerca di capri espiatori
    - Violenze contro ebrei e streghe
- **CRISI POLITICA**
  - Bonifacio VIII: concezione ierocratica del potere
  - Filippo IV il Bello: concezione discendente del potere
    - Declino dei soggetti tipici del Medioevo:
      - papato (Grande scisma)
      - Impero
      - impero bizantino (conquistato dai turchi)
        - In Italia si affermarono signorie e principati
        - Grandi potenze:
          - Francia e Inghilterra (guerra dei Cent'anni)
          - Impero turco (conquista Costantinopoli nel 1453)

UNITÀ 4

La prima globalizzazione (secoli XIV-XVI)

Un'immagine per iniziare

Nel XV secolo, i portoghesi furono abilissimi navigatori. Dapprima costruirono delle imbarcazioni denominate caravelle: piccole, ma solide, erano capaci di reggere le tempeste oceaniche, che invece distruggevano le fragili galere, tipiche del mondo mediterraneo. Le caravelle e le altre navi portoghesi erano velieri, cioè sfruttavano l'energia eolica, mentre le galere erano mosse in primo luogo da rematori. Inoltre, le navi oceaniche vennero dotate di cannoni, collocati sulle fiancate. Furono queste due innovazioni – le vele e i cannoni – a fornire ai portoghesi la potenza che permise loro di esplorare con precise finalità di profitto l'Oceano Atlantico e l'Oceano Indiano, per strappare a Venezia il monopolio dell'importazione delle spezie in Europa.

↑ Navi della flotta portoghese, dipinto del XV secolo.

SOMMARIO

TESTO

Percorso breve

Una carta per orientarsi nello spazio

Carta proiettabile

Nel Quattrocento, l'impero cinese organizzò alcune imponenti e spettacolari spedizioni navali, che per grandiosità delle navi e numero di marinai fanno impallidire i viaggi d'esplorazione compiuti dagli europei. Tuttavia, la cultura cinese diffidava dei mercanti e considerava la loro avidità pericolosa per la stabilità sociale; quindi, le spedizioni marinare cinesi non ebbero finalità economiche e infine furono proibite dall'autorità imperiale. In un'Europa frammentata e divisa in vari Stati in competizione tra loro, nessuno ebbe mai il potere di bloccare una tendenza o un'innovazione: che si trattasse di armi, di scoperte geografiche o di nuove concezioni scientifiche, quanto era respinto da uno Stato o da un governo poteva essere ripreso e rilanciato da un altro. Il progetto di Colombo, ad esempio, fu rifiutato dal regno del Portogallo (convinto di essere già a conoscenza della via più diretta per l'Asia, terra delle spezie), ma recepito dai sovrani di Spagna.

Gli eventi per orientarsi nel tempo

autunno del medioevo

1253 In Portogallo i musulmani vengono espulsi dal Paese

1345 Bancarotta del comune di Firenze

1487 Bartolomeu Dias doppia l'estremità meridionale dell'Africa

1492 Cristoforo Colombo approda in America, un continente fino ad allora sconosciuto

Viene completata la *Reconquista* spagnola

1250 — 1300 — 1350

Una fonte, per capire: il *Requerimiento*

Nel 1514, venne steso un documento – denominato *Requerimiento*, cioè "Intimazione" – che serviva a dare una patina di legittimità alla conquista spagnola del Nuovo Mondo. Secondo tale documento, che veniva letto in spagnolo ai nativi americani, i quali ovviamente non comprendevano una parola, il papa, nella sua qualità di vicario di Cristo, autorizzava il re di Spagna a impadronirsi delle terre recentemente scoperte. Se gli indios si fossero opposti, sarebbero stati trattati da ribelli, meritevoli di punizione.

Dio creò il cielo e la terra, un uomo e una donna di cui noi siamo figli, sebbene dispersi per necessità. Dio affidò la cura di tutti questi popoli a san Pietro affinché governasse da Roma tutte le nazioni, cristiane o more [musulmane, *n.d.r.*] che fossero, giudee o pagane. Dopo di lui e per sempre questo ruolo è stato assegnato ai papi. Uno di questi pontefici ha fatto dono delle isole e dell'oceano ai re cattolici della Castiglia. Così Sua Maestà il re è padrone di queste isole e di queste terre in virtù di suddetta donazione.
Di conseguenza, bisogna accettare senza resistenza la santa fede, riconoscere la Chiesa come signora del mondo e dell'universo, e il Papa, nel nome di Dio, e Sua Maestà come re delle isole e della terra [...], e [...] seguire ciò che i ministri di Dio vi predicheranno. Se voi accettate, Sua Maestà e io stesso in suo nome vi accoglieremo con amore e affetto e lasceremo voi, le vostre donne e i vostri figli liberi e senza asservimento; altrimenti avrete la guerra e sarete assoggettati al giogo e all'obbedienza della Chiesa e di Sua Maestà ed io prenderò le vostre donne e i vostri bambini e ne farò degli schiavi, confischerò i vostri beni e vi perseguiterò come vassalli ribelli.
Io proclamo che i morti e il male che ne conseguiranno saranno imputabili al vostro errore e non a quello di Sua Maestà, o al nostro, o a quello di coloro che sono venuti con me.

G. CHALIAND, *Vincitori e vinti. La conquista spagnola dell'America*, SEI, Torino 1992, p. 128, trad. it. M.G. LA CONTE

↑ Impiccagione di un indios, fine XVI secolo (Madrid, Museo de America).

Orientarsi nel tempo

1497 Vasco da Gama raggiunge le coste dell'India

1519-1522 La flotta di Ferdinando Magellano compie la prima circumnavigazione del mondo

1520 Il conquistatore spagnolo Hernán Cortés sottomette gli aztechi

1532 Il conquistatore spagnolo Francisco Pizarro sottomette gli inca

età moderna

1450 1500 1550

METODO DI STUDIO

Percorso breve

Storia slide

La nascita dell'Età moderna

Nell'Alto Medioevo abbiamo visto un Occidente sottosviluppato, in crisi demografica ed economica. Le regioni veramente ricche sono altre: l'impero bizantino, il mondo islamico, la Cina. Nel Basso Medioevo, invece, l'Occidente si prende la propria rivincita. L'islam è costretto a ritirarsi dalla Sicilia, dal Portogallo, da quasi tutta la Penisola iberica. Le navi delle città marinare italiane dominano il commercio mediterraneo, mentre l'Occidente (pensiamo alle crociate) colpisce bizantini e musulmani nel cuore stesso dei loro territori. Tutto sembra bloccarsi all'inizio del Trecento, quando la carestia e la peste fanno strage, mentre i mercanti e i banchieri – cui sembrava appartenere il futuro – falliscono a ripetizione. Ma le grandi prove del secolo XIV non fiaccarono le energie dell'Occidente, che recuperò la forza per lanciarsi in **imprese di conquista**. Obiettivo principale: i preziosi prodotti dell'Estremo Oriente, soprattutto le spezie. Strumenti: i velieri capaci di navigare nell'Oceano; le armi da fuoco; le malattie, che falcidiarono i nativi americani a migliaia. Il risultato: un mondo più piccolo, di cui gli europei (capaci di mescolare **Dio, l'oro e la spada**, ovvero religiosità, avidità e spietatezza) sarebbero stati i potenti signori.

1 Potenza e splendore dell'impero cinese

Nel Trecento e nel Quattrocento, l'impero cinese faceva sfigurare in ogni campo l'Europa, che a confronto con esso appariva povera e arretrata. Tuttavia, la Cina non era priva di elementi di debolezza, mentre l'Europa possedeva alcune carte vincenti, che avrebbero, sulla lunga distanza, fatto la differenza. Innanzitutto ricordiamo che l'impero cinese organizzò, nel XV secolo, alcune **imponenti spedizioni navali**, che percorsero tutto l'Oceano Indiano e raggiunsero le coste dell'Africa. Tuttavia, si trattò di imprese dettate in prevalenza dalla volontà di ostentare il prestigio, la ricchezza e la potenza dell'imperatore, e non dal desiderio di ricchezze: il commercio e la sete di guadagno erano considerate, in Cina, volgari e pericolose per la società. Gli europei, al contrario, pur associando al profitto altre aspirazioni e motivazioni (in genere di carattere religioso), prima di tutto ambivano ad arricchirsi: e per raggiungere tale meta, non si fecero mai, in nessuna parte del mondo, troppi scrupoli morali. Infine, nel 1436, **l'imperatore cinese proibì di fatto il commercio**, nonché la fabbricazione di grosse navi e la loro navigazione; l'intero mondo cinese fu paralizzato da tale decisione. L'Europa, invece, dal tempo del collasso dell'impero romano era divisa in vari Stati in competizione fra loro. Nessuno era in grado, da solo, di fermare il progresso della tecnica, delle scoperte, dei traffici commerciali: la frammentazione politica, che in apparenza poteva apparire come un freno, in realtà si rivelò un enorme punto di forza.

2 La nascita del capitalismo moderno

Nel XIV secolo, l'Europa preparò gli strumenti che le avrebbero permesso di dominare per secoli l'economia mondiale. Il primato, inizialmente, fu tutto italiano, anche se non va sottovalutato il contributo dei fiamminghi, degli inglesi e dei tedeschi, che gravitavano intorno al porto di Bruges. Firenze diventò il cuore della finanza, mentre Venezia e Genova erano le regine del commercio. Si può dire senza esagerare che, grazie al contributo complementare di queste tre città italiane, nacque il capitalismo, un sistema economico e sociale basato sull'**idea di profitto e di investimento**. Mentre il cavaliere medievale (e, più tardi, il nobile) disprezzava il lavoro e accumulava denaro solo per sperperarlo, il capitalista considera il lavoro un vero dovere morale, e investe capitali al fine di guadagnarne altri. L'esempio italiano farà scuola: soprattutto, colpì la capacità veneziana di ottenere enormi profitti dal commercio delle spezie; nei portoghesi, nacque poi il desiderio di raggiungere direttamente le Indie, terre di produzione del pepe, della cannella e degli altri prodotti di lusso che qualsiasi signore amava ostentare sulla propria tavola. Il successo portoghese è strettamente connesso a due fattori: le vele e i cannoni. In entrambi i casi, siamo di fronte a una svolta energetica: l'energia eolica e quella sviluppata dalla combustione della polvere pirica sostituiscono l'energia umana dei rematori delle galere, dei balestrieri o degli arcieri. **Capitalismo** e **tecnologia** procedono di pari passo, mentre la **competizione** (in questo caso, il desiderio portoghese di superare i veneziani) fu un fattore altrettanto decisivo.

↑ Beato Angelico, *Mercanti*, particolare della predella della Pala di Perugia, 1438 (Città del Vaticano, Pinacoteca Vaticana).

DOMANDE CHIAVE

- → In che senso il rapporto tra politica e intraprendenza economica era diverso, in Cina e in Europa?
- → Quali città italiane contribuirono in modo decisivo alla nascita del capitalismo? In che modo?
- → Quale evento, nel XV secolo, determinò la struttura politica della Spagna moderna?
- → Quali fattori determinarono la schiacciante superiorità degli europei sugli indios americani?

3 La nascita della Spagna moderna

Nel 1469, l'Europa vide la nascita di una nuova potenza, a seguito del matrimonio di **Isabella**, regina di Castiglia, con **Ferdinando**, re d'Aragona. Fino alla loro morte, i due regni rimasero formalmente distinti, ma era ovvio che i loro eredi avrebbero governato su un nuovo e vasto regno di Spagna. Il carattere più tipico dell'azione di governo dei due sovrani fu lo sforzo di far trionfare la fede cattolica su tutte le altre: in Spagna, infatti, erano presenti numerosi ebrei praticanti, mentre Granada, nell'estremo sud della Penisola iberica, era l'ultimo territorio d'Europa in mano ai musulmani. Nel 1492, **Granada** venne conquistata; pochi mesi dopo la **vittoria sui musulmani**, vennero **espulsi tutti gli ebrei** che non vollero battezzarsi. Verso i convertiti, tuttavia, scattò subito un clima di forte intolleranza: il tribunale dell'Inquisizione (istituito nel 1480) puniva severamente chiunque praticasse in segreto qualche rito ebraico; verso tutti i *nuovi cristiani*, infine, fu attuata una politica che anticipò quella dei moderni regimi razzisti, in quanto tutti i convertiti e i loro discendenti furono esclusi dalle cariche pubbliche, dalle università e perfino dagli ordini religiosi.

4 Gli spagnoli nel Nuovo Mondo

L'intolleranza mostrata in patria verso qualsiasi forma di diversità religiosa spiega, almeno in parte, l'atteggiamento assunto dagli spagnoli in America, dopo che le prime scoperte di Cristoforo Colombo (1492) furono seguite da spedizioni effettuate nei ricchissimi imperi nati in Messico e in Perù. In entrambe queste regioni, ondate di avventurieri spagnoli (*conquistadores*) si riversarono sul nuovo continente, disposti a tutto pur di impadronirsi delle ricchezze di quelle terre. Benché numericamente inferiori, i *conquistadores* prima distrussero la civiltà azteca in Messico e Inca in Perù, favoriti dall'**effetto sorpresa** che paralizzò i nativi, che considerarono i nuovi arrivati alla stregua di divinità. Nel medesimo tempo, le **malattie** tipiche del Vecchio Mondo fecero strage nel Nuovo, aggiungendosi come flagello catastrofico alla **violenza** spietata degli spagnoli. Solo un piccolo gruppo di frati domenicani (il più celebre dei quali fu Bartolomé de Las Casas) difese con energia i diritti degli indios e protestò vibratamente contro il brutale comportamento dei conquistatori.

← Incas messi al rogo dagli spagnoli, incisione del 1596 di Theodor de Bry.

ECONOMIA DEMOGRAFIA E SOCIETÀ

Storia slide

1 Potenza e splendore dell'**impero cinese**

Le conoscenze da acquisire

Nel Medioevo, l'immenso impero cinese si segnala sia per la precoce scoperta di numerose tecnologie, sia per la propria incapacità di trasformarle in strumenti di potenza militare e politica.

Le competenze da potenziare

Saper superare l'ottica nazionale ed eurocentrica, nell'analisi dei fenomeni storici e sociali.

1.1 Uno sviluppo eccezionale, contrastato dalle autorità

Nell'**XI secolo**, la **Cina** entrò in una fase di eccezionale **espansione economica**. Il dato che maggiormente ha sorpreso gli storici è la precoce ed elevata produzione metallurgica, in grandi altiforni alimentati da carbon fossile. Si tratta di un processo produttivo molto complesso, cui l'Inghilterra sarebbe approdata solo nel cuore del XVIII secolo; la Cina, all'opposto, intorno all'anno 1078, produceva 125 000 tonnellate annue di ghisa.

> Le autorità ostacolano lo sviluppo economico

Questo eccezionale **sviluppo economico**, però, fu **intralciato** in vari modi dal governo, che riservò a sé il monopolio della fabbricazione delle armi e degli attrezzi in ferro. Per ottenere i maggiori vantaggi, le autorità fissavano arbitrariamente dei prezzi bassi quando dovevano acquistare la materia prima, mentre li alzavano al momento della vendita. Il primo grave fattore di debolezza dell'economia cinese, dunque, fu la **mancanza** di un vero **libero mercato**, dotato di autonomia. L'iniziativa e il dinamismo dei mercanti cinesi non furono mai davvero liberi di manifestarsi, in quanto **il meccanismo economico non fu mai indipendente dai capricci e dalle interferenze delle autorità**.

A livello periferico, poi, dobbiamo ricordare che i funzionari dello Stato (chiamati *mandarini*) erano scelti sulla base della loro cultura e non della loro competenza in ambito amministrativo. Fieri della loro mentalità tradizionalista (ispirata all'etica di Confucio) essi disprezzavano sia i militari che i mercanti, categorie considerate pericolose per l'armonia e l'ordine sociale.

↑ La produzione della ghisa in Cina.

I **mongoli**, invece, che avevano conquistato la Cina all'inizio del XIII secolo, non avevano lo stesso atteggiamento di disprezzo nei confronti del commercio, del profitto e dei mercanti. Pertanto, tra il 1250 e il 1360 circa, l'economia cinese attraversò una fase di grandi traffici su lunghe distanze e fu di nuovo in pieno sviluppo. E mentre le carovane portavano merci di ogni tipo verso l'Europa, veniva costruita una grande flotta per la navigazione nell'Oceano Pacifico e nell'Oceano Indiano.

1.2 Trionfo e declino della flotta cinese

> Navi molto più grandi di quelle europee

La fine del dominio mongolo (1368) e l'assunzione del governo imperiale da parte della **dinastia Ming** (che sarebbe rimasta al potere fino al 1644) non interruppe la tendenza iniziata dai precedenti signori. Anzi, alla fine del Trecento e all'inizio del Quattrocento, la marina cinese possedeva senza dubbio la **più grande flotta del mondo**. Solo tra il 1404 e il 1407, dai cantieri cinesi uscirono ben 1681 navi. Le più grandi (chiamate *navi forziere* o *navi dei gioielli*) misuravano 120 metri di lunghezza per 48 di larghezza ed erano dotate di 9 alberi, che potevano portare fino a 12 vele di seta rossa. Si trattava dunque di vascelli imponenti e costosissimi: a fronte delle 300 tonnellate di stazza dell'ammiraglia di Vasco da Gama, una grande *nave forziere* superava regolarmente le 1500 tonnellate.

RIFERIMENTO STORIOGRAFICO 1
Cina e Inghilterra a confronto, nel XV secolo
→ pag. 239

Tra il 1405 e il 1431, i cinesi intrapresero almeno **sette grandi spedizioni**, raggiungendo l'Indonesia, Ceylon e le coste orientali dell'Africa. Alla guida della flotta imperiale stava un ammiraglio eunuco, Cheng Ho; nel suo primo viaggio, comandò un complesso di forze imponenti: 27 800 uomini, imbarcati su 62 giunche d'alto mare. Il confronto con le tre piccole navi di Colombo, con i loro 90 uomini d'equipaggio, non potrebbe essere più stridente. Ma quando Cheng Ho ritornò dal suo sesto viaggio, l'imperatore che aveva promosso le sue imprese (Yongle, che regnò dal 1402 al 1424) era morto; anche se il suo successore gli concesse di organizzare un ultimo viaggio, il decesso di Cheng Ho nel 1434 coincise con la fine delle grandi spedizioni.

> Divieto di costruire navi e di navigare

Poco più tardi, i sovrani Ming posero drastiche limitazioni all'attività mercantile. Fin dal 1371, ai cinesi era stato vietato di commerciare con l'estero; ma, **dopo il 1436, fu proibita la costruzione di navi per la navigazione marittima**. Nel 1500, chiunque costruisse una nave con più di due alberi rischiava la pena di morte; nel 1551, infine, navigare su una nave, in mare, per motivi commerciali, venne di nuovo severamente vietato.

→ Zhu Yuanzhang, fondatore della dinastia Ming: è stato imperatore della Cina dal 1368 al 1399.

La ripetizione dei divieti è il segno che la società cinese si adeguò lentamente e mal volentieri alla volontà imperiale di soffocare quasi completamente il commercio. Il risultato, però, fu raggiunto. Alla fine del XVI secolo, mentre l'Europa era in prepotente espansione commerciale, l'immenso impero cinese era chiuso su se stesso e profondamente diffidente verso tutto ciò che era straniero: si trattasse di merci o di apporti culturali.

1.3 Il ripiegamento cinese

> Un enigma storiografico

Siamo di fronte a una svolta e a una specie di enigma storiografico. I cinesi infatti, all'inizio del Quattrocento – con un secolo d'anticipo rispetto ai portoghesi – ebbero l'effettiva possibilità di dominare le rotte marittime dell'Oceano Pacifico e dell'Oceano Indiano, ma non sfruttarono l'occasione. Come scrive David S. Landes, il risultato fu disastroso: «**La Cina si chiuse nel suo isolazionismo**. Racchiuso, indipendente, apparentemente sereno, ineffabilmente armonioso, l'Impero celeste si immerse per altre centinaia di anni nel suo confortevole compiacimento, impervio e imperturbabile. Ma nel frattempo, il mondo lo sopravanzò».

Se questo dato di fatto è innegabile, molto più aperta e complicata è invece la questione delle cause di **questa scelta**, che **lasciò campo libero agli europei** e che, alla lunga, avrebbe permesso loro persino di sottomettere la Cina stessa. Sull'altro versante, il dibattito riguarda però anche l'Europa, cioè spinge a cercare i *punti di forza* di quest'ultima, i fattori dinamici, che provocarono dapprima la sua espansione oltremare e infine la sua supremazia planetaria.

> **Motivazioni non economiche**

Innanzitutto dobbiamo ricordare che i cinesi concepirono i viaggi oltremare solo come un'**ostentazione di potenza**, come la manifestazione della loro superiorità tecnica e culturale, nei confronti dei *barbari* degli altri Paesi. Pertanto, è innegabile che, a fronte delle enormi spese affrontate per l'allestimento delle imbarcazioni, quelle spedizioni non portarono frutti economici paragonabili a quelle intraprese dai portoghesi. Insomma, è senza dubbio sensato affermare che gli imperatori Ming decisero di porre fine alle spedizioni oceaniche per il fatto che i **costi superavano ampiamente i profitti**.

Tuttavia, è interessante notare che, nel 1479, quando il generale Wang Chin si propose di consultare le relazioni di viaggio stese da Cheng Ho, in vista di una campagna militare che avrebbe dovuto attuare in Annam (terra in precedenza visitata dall'ammiraglio navigatore), gli fu vietato di leggere quelle carte. Questo rifiuto è segno del fatto che il ricordo di quei viaggi non piaceva alle autorità cinesi: erano solo una sgradevole parentesi da dimenticare. I sovrani Ming, in realtà, erano convinti che la **conoscenza di quanto avveniva fuori dall'impero fosse sostanzialmente inutile**, dato che la Cina non aveva bisogno di alcun contributo culturale esterno. Lo stile di vita, le usanze e il modo di agire dei *barbari* non erano ritenuti degni di nota né di interesse: ma, così facendo, i cinesi **non si accorsero della crescente potenza tecnologica dell'Occidente** e guardarono con disprezzo anche agli sviluppi che gli occidentali seppero trarre da invenzioni originariamente cinesi come la stampa e l'uso della polvere da sparo.

> **Disprezzo per i barbari**

1.4 La supremazia europea

> **La dinastia Ming**

A questa prima spiegazione di ordine culturale, ne possiamo aggiungere altre, di tipo più propriamente politico. Dopo la cacciata dei mongoli (1368), i Ming fissarono inizialmente la loro capitale a Nanchino (Nanjing, *capitale del Sud*), per segnalare una precisa svolta rispetto al passato. Nel 1409, però, la corte imperiale decise di spostarsi di nuovo a Pechino, in quanto il confine settentrionale era minacciato dai nomadi della steppa. La capitale fu ingrandita e abbellita: intorno al 1420, era ormai completato il grandioso palazzo imperiale, cinto di mura, che prende il nome di **Città proibita**.

Trent'anni più tardi, il pericolo era ancora serio: nel 1449, i mongoli sconfissero pesantemente l'esercito cinese, uccisero almeno 100 000 uomini e giunsero fino alle porte di Pechino; solo pagando un pesante tributo l'imperatore riuscì ad allontanarli e a evitare il saccheggio della città. Nello stesso periodo, pirati giapponesi (denominati *Wako*) iniziarono a farsi sempre più pericolosi sulle coste del Pacifico. L'impero, secondo alcuni storici, già diffidente verso il commercio e del tutto indifferente di fronte all'estinzione di fatto di questo settore dell'economia, lo proibì perché era incapace di difendersi su due fronti: quello continentale e quello marittimo.

> **I limiti del potere centralizzato cinese**

Incontriamo qui il principale limite della potenza cinese: **l'imperatore guidava un'imponente struttura, ed egli solo decideva in che direzione muoverla**. Questo significò, di volta in volta, che l'agricoltura poteva prendere il sopravvento sul commercio, come attività economica privilegiata, sostenuta dallo Stato; che quest'ultimo poteva deprimere e spazzar via un intero settore dell'economia (la produzione di ferro, il commercio, la navigazione oceanica...) oppure impedire a un'utile invenzione (la stampa, l'artiglieria, nel Cinquecento; la ferrovia o il telegrafo, nell'Ottocento) di mettere radici e diffondersi sul suolo cinese.

L'**Europa**, al contrario, non ha mai più conosciuto l'unità politica, dopo il crollo dell'impero romano. Per certi versi, questa **frammentazione politica** ha reso la vicenda europea più tormentata e confusa di quella cinese; ma, alla lunga, l'articolazione in diversi Stati può essere considerata come **uno dei fattori decisivi del suo sviluppo e, a partire dal XVI secolo, della sua supremazia a livello mondiale**. Si pensi, innanzitutto, ai problemi militari. Costantemente minacciati dai loro rivali, i sovrani europei hanno dovuto aggiornarsi di continuo sugli sviluppi che avvenivano in questo campo, pena la disfatta e la perdita del potere. La concorrenza politica e militare è stata un notevole stimolo a tenere i propri armamenti sempre al passo con i tempi, fino al punto in cui questa eccezionale potenza bellica è stata rivolta fuori dal continente europeo con l'obiettivo di asservire le Indie (da parte dei portoghesi e poi, più tardi, degli olandesi e degli inglesi) e l'America (da parte degli spagnoli e dei portoghesi, al Centro e al Sud; degli inglesi e dei francesi, al Nord). Infine, nel XIX secolo, la Cina stessa dovette subire profonde umiliazioni da parte delle potenze europee, anche se riuscì a mantenere in vita un'ombra di indipendenza formale.

> La concorrenza come stimolo

> Frammentarietà e dinamismo

La frammentazione politica ebbe straordinari effetti positivi anche a livello culturale ed economico. Come ha scritto l'antropologo americano Jared Diamond, la situazione di uniformità politica, in Cina, era tale che «**la decisione di un despota poteva cambiare il corso della tecnologia**». In Europa, invece, se una scoperta o un'invenzione erano rifiutati da un'istituzione o da un'autorità, ve n'era comunque un'altra pronta a vagliarla ed eventualmente a farla propria. Colombo, in un primo tempo, propose l'idea del suo viaggio al re del Portogallo; dopo aver ricevuto una risposta negativa, informò i sovrani spagnoli e, in caso di un ulteriore rifiuto, sarebbe stato disposto a rivolgersi al re di Francia. Allo stesso modo, un secolo più tardi, dopo che la Chiesa cattolica aveva condannato le tesi copernicane e l'opera di Galileo, le nuove teorie astronomiche poterono comunque essere pubblicate in Olanda e in altri Paesi. «Nessuno mai – scrive Diamond – in Europa poté spegnere la luce».

↑ Cornelius Alberzoom, *Caracche portoghesi all'ancora in un porto asiatico*, dipinto del XVI secolo (Londra, Museo Nazionale marittimo).

A maggior ragione, la frammentarietà politica fu decisiva come molla di tipo economico. I portoghesi furono spinti verso le Indie, per aggirare il monopolio di Venezia e farle concorrenza nell'importazione delle spezie; a loro volta, gli spagnoli accettarono il sogno colombiano di una nuova rotta verso l'Asia, per costruire una valida alternativa ai progetti portoghesi. E dopo le iniziali delusioni, nel caso in cui gli spagnoli avessero rinunciato alla conquista del Nuovo Mondo, francesi, inglesi, portoghesi e altri ancora erano pronti a prenderne il posto.

A partire dal **XV secolo**, **l'unità politica a dimensione continentale si trasformò per la Cina in una gigantesca zavorra**. Gli europei, al contrario, si mossero come tanti soggetti separati, uno più intraprendente, attivo e abile (oltre che spietato) dell'altro. Se per un istante guardiamo alla storia europea con occhio globale (e per gli indiani, i cinesi o i giapponesi, in un primo tempo, non fu per nulla facile distinguere le varie nazionalità europee), questo significò che **l'Occidente, a partire dal Cinquecento, si lanciò alla conquista del mondo**. Solo da pochi decenni la Cina, imparata la lezione, si è lanciata al contrattacco e si è avviata a riprendere quel ruolo di supremazia che per secoli i suoi imperatori hanno con orgoglio dichiarato e rivendicato.

ECONOMIA DEMOGRAFIA E SOCIETÀ

2

Storia slide

La nascita del **capitalismo moderno**

Le conoscenze da acquisire

Negli ultimi secoli del Medioevo, Firenze fu il principale centro finanziario d'Europa, mentre Venezia era il cuore del commercio internazionale.

Le competenze da potenziare

Saper individuare le ragioni per cui una potenza riesce a mantenere (o, viceversa, perde) la supremazia in campo economico.

RIASS.

SI

2.1 Il periodo d'oro delle banche fiorentine

> Panni fiorentini come quelli fiamminghi

Nell'ultima parte del XIII secolo, Firenze cominciò la propria formidabile ascesa come centro di produzione di **tessuti pregiati**, capaci di fare concorrenza a quelli fiamminghi. In un primo tempo, i mercanti si erano limitati ad acquistare, alle fiere della Champagne, drappi semilavorati delle Fiandre, che poi gli artigiani del comune toscano ritoccavano e rifinivano in vari modi (particolarmente apprezzata, ad esempio, era l'eccellente tintura rossa impiegata nelle botteghe fiorentine). Con il tempo, le botteghe incominciarono a produrre propri tessuti, per la fabbricazione dei quali divenne ben presto insufficiente la lana proveniente dalle greggi della Maremma. I mercanti presero allora (per i manufatti di prima qualità) ad **acquistare lana direttamente dall'Inghilterra e poi dalla Spagna**. Ai primi del Trecento – secondo il cronista dell'epoca Giovanni Villani – in 300 botteghe venivano confezionate ogni anno 100 000 pezze. La qualità dei prodotti tessili fiorentini, inoltre, aumentò costantemente, cosicché, alla fine del secolo, i panni di Firenze erano ricercati e pagati, sul mercato internazionale, come i migliori prodotti fiamminghi.

Analogamente, alla fine del Duecento, Firenze si impose per i suoi **banchieri**, fino ad assumere lo stesso ruolo centrale che Londra avrebbe avuto nell'Ottocento e che New York, con la sua Borsa situata in Wall Street, svolge tuttora, ai giorni nostri. In molti casi, si trattò di **mercanti che affiancarono il traffico di denaro a quello delle merci**, e giunsero a volte a specializzarsi nel primo, abbandonando il secondo. La prima figura che i documenti ci presentano con chiarezza è appunto una figura ibrida di questo tipo, tal Carissimo Falconieri, il quale per vari decenni, nella seconda metà del secolo XII, importò panni di lana grezzi dall'Europa del Nord, ma effettuò anche prestiti in denaro.

> Commercio e prestiti di denaro

Grazie al commercio di vari prodotti (lana e panni finiti, in primo luogo), numerosi mercanti fiorentini guadagnarono le grandi somme che permisero di costituire il *corpo* (cioè il capitale di base, che permetteva di operare) di un banco di credito, cui poteva rivolgersi **chiunque avesse bisogno di grosse somme**: mercanti desiderosi di iniziare un'attività; nobili preoccupati di introdurre migliorie agrarie sui loro terreni; principi che volevano intraprendere una guerra contro un rivale; ecclesiastici che dovessero versare un'importante imposta al papato... Ovviamente, il denaro doveva essere restituito con un interesse, variabile a seconda del cliente e delle circostanze. Tutto ciò avveniva ignorando o aggirando i **severi divieti della Chiesa** che, in teoria, a fine Duecento vietava ancora ai cristiani l'usura in tutte le sue forme.

RIFERIMENTO STORIOGRAFICO 2
Firenze nel Quattrocento
→ pag. 240

Le *compagnie* più importanti e potenti crearono delle vere e proprie **filiali** (o agenzie) **all'estero**, con personale stabile, in regolare contatto con la casa-madre di Firenze. Nel 1336, la compagnia **Peruzzi** aveva alle proprie dipendenze dagli 85 ai 95 agenti, sparsi in tutta l'Europa; gli **Acciaiuoli**, decisamente meno ramificati e potenti, avevano almeno 16 succursali.

2.2 Il collasso della finanza fiorentina

> Bancarotta del comune

All'inizio del Trecento, il capoluogo toscano era la **piazza finanziaria più importante d'Europa** e uno dei suoi maggiori centri commerciali. Tuttavia, nel 1345, il comune dichiarò bancarotta, dopo che lo Stato si era impegnato in una serie infinita di guerre, che costavano sempre più care, a causa della nuova abitudine di assumere, per combattere, mercenari professionisti organizzati in *compagnie di ventura*. Nel 1343, il comune si era indebitato per almeno 600 000 fiorini; due anni dopo, dichiarò che non era assolutamente in grado di risarcire i suoi creditori. Il risultato fu catastrofico a tutti i livelli, ma **colpì soprattutto le grandi società** che **avevano anticipato allo Stato somme enormi**; per di più, negli stessi anni, cominciò a risultare evidente che nemmeno i re d'Inghilterra sarebbero stati in grado di restituire le immense quantità di denaro (tra i 600 000 e i 900 000 fiorini) che le compagnie dei Bardi e dei Peruzzi avevano loro prestato, in modo che potessero condurre le campagne militari della prima fase di quella che noi chiamiamo la *guerra dei Cent'anni*.

> VEDI La guerra dei Cent'anni → pag. 176

Senza dubbio, si può affermare che **i Bardi** e **i Peruzzi non valutarono appieno i rischi** della loro gigantesca esposizione; d'altronde, l'Inghilterra forniva quasi tutta la materia prima dell'imponente industria della lana che – insieme alla banca – era l'altro eccezionale punto di forza dell'economia fiorentina. Sostenere il re d'Inghilterra nelle sue avventure militari era, per Firenze, una sorta di rischiosa, ma inevitabile, *necessità nazionale*. Il problema, tuttavia, si aggravò per il fatto che molti signori napoletani, che avevano depositato ingenti capitali presso le banche fiorentine, fiutata la brutta aria che tirava nella finanza della metropoli toscana, si affrettarono a recuperarli, provocando **una sempre più pericolosa crisi di liquidità**. Come scrive Carlo M. Cipolla, «la fiducia cominciò a mancare e si arrivò fatalmente alla rovina. **Una bancarotta tira l'altra**. A partire dalla fine del 1341 saltarono gli Acciaiuoli, i Bonaccorsi, i Cocchi, gli Antellesi, i Corsini, i da Uzzano, i Perendoli. Nel 1343 fallivano i Peruzzi e tre anni più tardi, nel 1346, fallivano i Bardi. E fu la catastrofe».

> Una crisi generale

Se teniamo presente che Bardi, Peruzzi e Acciaiuoli erano le **colonne portanti dell'economia fiorentina** (al punto da essere chiamati, dal cronista Giovanni Villani, «i pilastri della Cristianità») ben si comprende la gravità della crisi che colpì Firenze alla metà del Trecento: «non rimase quasi sostanza ne' nostri concittadini», conclude amaramente lo stesso Villani. Un'ulteriore conseguenza della crisi può essere segnalata: i valori degli immobili, soprattutto all'interno delle mura, crollarono, perché tutti cercavano di vendere, pur di racimolare denaro liquido, mentre d'altra parte la mancanza di capitali (letteralmente bruciati dalla raffica di bancarotte) faceva sì che «non si trovava il compratore» (scrive sempre il Villani).

→ L'ufficio del banchiere italiano, miniatura della fine del XIV secolo, dal trattato *De septem vitiis* (Londra, British Museum).

Sybille e i banchieri imbroglioni: economia e finanza a Firenze, nel Trecento e nel Quattrocento

Partiamo dalla fonte

Gli archivi della città di Firenze conservano almeno 2500 libri contabili, risalenti al periodo compreso tra l'XI e il XV secolo; si tratta di una cifra imponente, che supera quella dei documenti economici relativi allo stesso arco temporale, presenti in tutte le altre città italiane messe assieme. Se poi si comprendono, nel conto, anche i documenti del XVI secolo, per Firenze si supera il numero di 10 000, cui vanno aggiunti altri 5000 volumi, circa, in cui sono state registrate le cause per debiti sottoposte al Tribunale della Mercanzia tra il 1314 e il 1600. Il materiale, che permette un'**analisi ragionata della vita economica e finanziaria del capoluogo toscano** nel Basso Medioevo e nella prima età moderna, è dunque imponente. Tuttavia, per entrare a contatto diretto con quel mondo, può essere utile prendere in considerazione un caso concreto; tale *microstoria* ci servirà da esempio, da punto di partenza e da trampolino di lancio, per comprendere la complessa realtà delle origini del sistema capitalistico.

Ricostruiamo il caso

La protagonista della nostra vicenda si chiamava **Sybille de Cabris**; come accadeva spesso nel Medioevo, nessuno aveva segnato l'anno preciso della sua nascita, in Provenza, intorno al 1315. Sappiamo solo che, nel 1335, Sybille sposò Annibal de Moustiers; entrambi erano nobili e ricchi. La famiglia della sposa, strettamente legata agli Angioini di Napoli, possedeva importanti proprietà terriere in Campania, oltre che in Francia, e riuscì a fornirle una dote di ben 2000 fiorini: per l'epoca, una cifra veramente eccezionale. **I problemi di Sybille iniziarono con la morte di Annibal**, che la lasciò vedova e incinta di tre o quattro mesi. Nel 1339-1340, per gestire al meglio il proprio patrimonio, la giovane dama (**che aveva poco più di vent'anni**) decise di vendere le proprietà che possedeva nel lontano regno di Napoli, per acquistare un castello e delle terre in Provenza. Completata l'operazione di vendita, si concordò che il mediatore locale dell'affare versasse il denaro presso la filiale napoletana dei banchieri Buonaccorsi (*societas Bonaccursorum*), fiorentini; costoro, che come tante altre *compagnie* (o *società*) di finanzieri agivano ormai in tutta l'Europa cristiana, avrebbero provveduto a trasferire la somma ai loro agenti di Avignone, presso i quali **un uomo di fiducia di Sybille avrebbe ritirato il denaro contante**.
Venne dunque consegnata, a Napoli, presso l'ufficio della compagnia dei Buonaccorsi, l'ingente somma di 1591 fiorini; poco tempo dopo, però, la società dichiarò fallimento, e **il loro agente** di Avignone, per sfuggire ai creditori, **si rese irreperibile**, «di tale maniera che – disse un testimone – la donna ormai doveva ritenere perduto tutto il denaro, a meno che Dio non avesse posto rimedio». Per Sybille, naturalmente, fu un durissimo colpo; eppure, la tempra veramente notevole di questa donna si vede dal fatto che non si diede assolutamente per vinta. Anzi, nel 1355, passò al contrattacco e **denunciò i Buonaccorsi al Tribunale della Mercanzia di Firenze**; il processo, in verità, si rivelò un calvario per la dama francese, in quanto i suoi rivali riuscirono a mettere sul suo cammino ogni tipo di trappole e di lacci. Purtroppo, non riusciamo a precisare l'esisto della travagliata vicenda, cioè non sappiamo se Sybille sia morta (nel qual caso, ovviamente, il processo si sarebbe interrotto), se abbia vinto la causa (ottenendo indietro almeno una parte di ciò che le spettava), oppure non abbia ricevuto alcun tipo di risarcimento.

Organizziamo le informazioni fondamentali

La vicenda di Sybille permette di penetrare all'interno del mondo finanziario fiorentino e di cogliere alcuni aspetti della mentalità collettiva europea, dinanzi al nascente *sistema capitalistico*. L'impressione è che tutti, nel XIV secolo, siano degli *apprendisti stregoni*, bruscamente entrati in contatto con forze che non possono più essere dominate. Un'altra metafora: nelle mani dei finanzieri italiani del Duecento e del Trecento (che operavano su scala europea, ignorando i divieti ecclesiastici sull'usura) **il denaro sembrava diventato *vivo***, cioè capace di generare, da solo, altro denaro, proprio come nel caso dell'alta finanza del giorno d'oggi. Tuttavia, verso la metà del Trecento, le principali compagnie bancarie fiorentine si trovarono esposte per cifre favolose e furono costrette a dichiarare bancarotta, colando a picco insieme a tutti coloro che – come Sybille – si erano fidati di loro e avevano affidato loro il proprio denaro. Quello degli anni 1341-1346 fu **il primo gigantesco *crac finanziario* della storia**: ne sarebbero seguiti molti altri, fino a quelli del 1929 e alla crisi del 2008. Ma i finanzieri paradossalmente cadono quasi sempre in piedi: nel caso di Sybille, fecero quadrato, riuscirono a portare la giustizia fiorentina dalla loro parte e, quasi sicuramente, a non risarcire i piccoli risparmiatori travolti dalla loro bancarotta.

2.3 Nord e Sud Europa: le città marinare a fine Trecento

> **VEDI**
I Medici signori di Firenze
→ pag. 260

Dopo la grave crisi che, intorno alla metà del Trecento, mise provvisoriamente in ginocchio il suo sistema bancario, Firenze non scomparve come centro finanziario, ma continuò a essere una grande protagonista dell'economia europea, in virtù, soprattutto, del contributo dei Medici, i banchieri che poi divennero anche i signori politici della città.

Nel frattempo, a partire dall'inizio del XIV secolo, l'apertura di **nuovi valichi alpini** (come il Brennero e il San Gottardo) permise a Venezia di entrare in diretto collegamento con le regioni tedesche, produttrici soprattutto di fustagno (un tessuto misto, con ordito di lino e trama di cotone), di rame, di stagno e, infine, anche d'argento. Genova, dal canto suo, nel 1277 aveva fatto varcare alle sue navi lo stretto di Gibilterra, raggiungendo via mare il **porto di Bruges, nelle Fiandre**. Venezia capì più tardi le opportunità offerte dalla nuova rotta atlantica; anche le sue navi, tuttavia, dal 1314 cominciarono a intessere relazioni regolari con il grande porto fiammingo. Bruges, a partire da questo momento, toccò il vertice del suo splendore economico e demografico: nel 1340 aveva circa 35 000 abitanti, che sarebbero saliti a 100 000 intorno al 1500.

> La confederazione delle città tedesche

Lo sviluppo di Bruges è dovuto anche a un altro importante fattore: la costituzione nel 1356 della **Hansa** (confederazione) delle città tedesche che si affacciavano sul Baltico. Confederate tra di loro, le città acquisivano maggior forza sia politica, sia finanziaria. Esse acquistavano in Finlandia, in Russia, in Svezia o in Norvegia materie prime di vario genere (legname, pellicce, cera) provenienti dalle immense foreste che ricoprivano quelle regioni. Tali merci erano portate a Londra e, ancor più, a Bruges, dopo aver fatto tappa nelle due città più importanti della Hansa stessa, **Lubecca** e **Amburgo**.

> Navi adatte ai mari del Nord

Per navigare nel Baltico e nel Mare del Nord, i mercanti delle città marinare tedesche introdussero un nuovo tipo di grande nave da trasporto. Detta *Kogge*, la nuova imbarcazione era dotata di scafo rotondo, si serviva solo di grandi vele ed era quindi priva di remi: a differenza della galera, si trattava di **una nave tozza e robusta, adatta a resistere alle tempeste oceaniche e alla navigazione invernale**. Non a caso, per le navi da trasporto, sarebbe stata presto imitata anche dai genovesi e dai veneziani, che però continuarono a usare la galera come nave da guerra fino al tardo Cinquecento.

La ricchezza di Bruges o di Lubecca impallidiva a confronto con quella di **Venezia**, detta la *Serenissima*, che dalla fine del XIV secolo si era affermata come **il centro economico più importante d'Europa**. Per avere un'idea della sproporzione che, a quell'epoca, esisteva fra l'economia veneziana e quella degli altri Stati europei, possiamo ricordare che

↑ Veduta della città di Lubecca in un'incisione del XVI secolo.

↑ Venezia nel XIV secolo, miniatura da un manoscritto francese.

le entrate di Venezia, intorno al 1423, ammontavano a circa 1 590 000 ducati. Dunque, esse erano quasi pari a quelle del regno d'Inghilterra e decisamente superiori a quelle dell'intero regno di Francia (travolto, in quel medesimo periodo, dalla guerra dei Cent'anni), che non superavano il milione di ducati. Il bilancio della repubblica veneziana, insomma, era al primo posto tra quelli europei, e tale sarebbe a lungo rimasto.

Nel 1379-1380, Venezia aveva corso un pericolo gravissimo: **i genovesi**, infatti, si allearono con il duca d'Austria e il re d'Ungheria e riuscirono a penetrare nell'Adriatico, il *golfo di Venezia*. Dopo aver sconfitto la flotta della Serenissima al largo di Pola (Croazia), gli alleati **riuscirono a conquistare persino Chioggia**, **assediando la laguna** stessa (13 agosto 1379). Dopo un anno di assedio, tuttavia, Venezia riuscì a creare una flotta d'emergenza e a obbligare i genovesi alla pace, stipulata a Torino l'8 agosto 1381. Da questo momento, la potenza di Venezia divenne incontenibile, complice anche la scelta di Genova di non lottare più con la rivale per la supremazia commerciale. In pratica, si creò una specie di ***divisione dei mercati***, **con i genovesi** direttamente impegnati in Africa del Nord e in Spagna, mentre i veneziani divennero i principali importatori di merci orientali, caricate in grandi quantità nei porti dell'Egitto e della Siria.

LAVORARE PER COMPETENZE avvio al saggio breve

Venezia, centro europeo del commercio

→ pag. 247

Nel XV secolo Venezia era il principale porto per le operazioni di importazione ed esportazione. Uno dei centri vitali dell'economia della città era il cosiddetto *Fondaco dei tedeschi*, di fronte al ponte di Rialto. Il Fondaco era, a un tempo, albergo per i mercanti provenienti dalla Germania e magazzino per le loro merci. Distrutto da un incendio nel 1505, venne ricostruito con uno splendore e una grandiosità eccezionali, segnale eloquente della prosperità e della straordinaria opulenza della Repubblica veneta.

2.4 Venezia, una potenza al vertice dell'Europa

> **Il decisivo ruolo dello Stato**

A Venezia, era impossibile aggirare la mediazione dello Stato nel commercio con l'Oriente: ai tedeschi, infatti, non era consentito trattare direttamente con i mercanti orientali né per smerciare i propri prodotti nel Levante, né per acquistare le mercanzie destinate alla vendita in terra tedesca. La mediazione veneziana era indispensabile. «Tutta la Germania partecipa al gioco, affidando ai mercanti della Serenissima ferro, chincaglieria, fustagno (stoffa di lino e di cotone), e in seguito, dopo la metà del secolo XV, crescenti quantità di argento, che i veneziani trasferiscono in parte a Tunisi, dove lo scambiano con polvere d'oro» (F. Braudel).

> **L'Arsenale, un grande cantiere navale**

In larga misura la potenza di Venezia derivava dalla sua notevole capacità di produrre navi adatte per ogni necessità, sia militare che commerciale; a ciò provvedeva l'**Arsenale**, un cantiere navale di proprietà dello Stato, in grado di dare lavoro a circa 2000 operai. Oltre alle veloci galere da combattimento, a partire dal 1328 l'Arsenale iniziò a produrre ogni anno anche una ventina di navi più solide e grosse, adibite prevalentemente al commercio. Si trattava di imbarcazioni che usavano il remo solo per entrare e uscire da un porto, mentre per la maggior parte del viaggio navigavano a vela; la loro stazza oscillava fra le 100 e le 300 tonnellate, il che significa una capacità di carico pari a quella di un treno di cinquanta vagoni.

Sebbene fossero concesse in uso ai mercanti, queste **galere da mercato** restavano di proprietà dello Stato, che ogni anno organizzava i convogli diretti nelle varie destinazioni. Negli anni Ottanta e Novanta del XV secolo, allorché il sistema toccò l'apice dell'espansione, le galere da mercato si recavano non solo in Oriente, ma anche nell'Atlantico (a Bruges e a Londra) e in *Barberia*, cioè nell'Africa settentrionale, ove acquistavano oro – proveniente dalle regioni a sud del Sahara – indispensabile (insieme all'argento tedesco) per pagare in denaro le spezie e gli altri prodotti orientali. Intorno all'anno 1500, chiunque volesse acquistare tali merci doveva ancora rivolgersi a Venezia, che era il mediatore pressoché unico e insostituibile del grande commercio con il Levante. Quando l'espansione turca spazzò via le ultime prospere colonie genovesi in Oriente, Venezia, abbandonando qualsiasi velleità di *crociata* o di guerra dettata da ragioni religiose, scelse di scendere a patti con la nuova potenza emergente. Nel 1480, ad esempio, quando la flotta turca conquistò Otranto (in Puglia) e i generali di Maometto II si comportarono con insolita brutalità, uccidendo 800 cristiani che avevano rifiutato di arrendersi, Venezia rimase neutrale. Allo stesso modo, nel corso del Cinquecento, Venezia entrò in guerra con gli ottomani solo se provocata o quando il loro espansionismo minacciò direttamente la sua sicurezza.

> **VEDI** La conquista di Otranto → pag. 183

> **Tentativo di espansione sulla terraferma**

A partire dai primi trent'anni del Quattrocento, **Venezia estese i propri domini anche sulla terraferma, in Italia settentrionale**, giungendo a controllare Padova, Verona, Brescia e Bergamo. La città di Padova era stata alleata dei genovesi, durante la *guerra di Chioggia* del 1379-1380; il pericolo appena scampato convinse le autorità della Repubblica a cancellare ogni presenza ostile nel cuore del Veneto e a creare nell'interno **una fascia di sicurezza, capace di difendere la capitale** dalle mire espansionistiche di qualsiasi potenza italiana, prima tra tutte Milano.

All'inizio del XVI secolo, l'espansione della Serenissima sul continente venne bloccata: infatti, l'occupazione di alcune terre in Romagna scatenò la reazione di papa **Giulio II** (1503-1513), che si fece promotore di un'imponente coalizione europea (comprendente il re di Francia, il re di Spagna e l'imperatore di Germania) contro la Repubblica. Dopo che il suo esercito fu gravemente sconfitto nella **battaglia di Agnadello** (1509), Venezia fu costretta alla resa e a rinunciare alla propria politica di allargamento territoriale in Italia.

La città lagunare, tuttavia, rimase a lungo la principale potenza economica d'Europa. Il primo dei punti di forza di Venezia consisteva nei possedimenti coloniali nell'Egeo; **Cipro** (veneziana dal 1489) era una ricchissima produttrice di canna da zucchero, mentre **Candia** (Creta) e **Corfù** erano famose per le loro vigne, cioè per le uve passe e il vino di Malvasia. In questi territori, vigeva una sorta di **regime di monocultura**, che sarebbe stato tipico di tutte le economie coloniali del futuro; si trattava di un'agricoltura che non teneva conto delle necessità alimentari della popolazione, ma produceva solo per l'esportazione, dei cui profitti, ovviamente, godevano solo i mercanti veneziani.

↓ Alla base della potenza militare e commerciale di Venezia c'era la capacità di costruire ottime imbarcazioni. Questo lavoro era svolto nell'Arsenale, un complesso di officine e cantieri dove lavoravano centinaia di artigiani specializzati.

2.5 Il concetto di *economia-mondo*

> **Unico, vasto universo economico**

Per indicare il sistema economico che, nel Quattrocento, vide Venezia come soggetto principale, trainante e propulsore, possiamo usare il termine ***economia-mondo***, coniato da Fernand Braudel. Questa espressione non significa, come potrebbe sembrare, economia di proporzioni planetarie; si tratta, piuttosto, dell'individuazione di uno spazio geografico, di un *universo economico*, caratterizzato dalla presenza di almeno tre aree, in stretto collegamento fra loro. Innanzitutto va ricordato quello che Braudel chiama il ***centro*** dell'economia-mondo, una città (come Venezia o come, più tardi, nel Seicento, Amsterdam) che attrae in modo quasi magnetico le merci più richieste o più preziose, e le redistribuisce nei vari mercati. Intorno al centro si trovano poi – secondo Braudel – due fasce di territori, dislocate sempre più lontano rispetto al centro stesso; mentre la **fascia intermedia** partecipa in modo significativo della ricchezza del centro (con un fecondo e articolato gioco di importazioni ed esportazioni), la **zona più periferica** è sottosviluppata, cioè si caratterizza per il fatto di essere solo la grande fornitrice di materie prime a basso costo, capaci di alimentare l'economia del centro.

> **Tre aree collegate**

Applicando questo modello teorico al caso della Serenissima, notiamo che, quando Venezia era il centro di un complesso sistema economico, a lei affluivano i prodotti dell'**Italia centro-settentrionale** e della **Germania**, terre che, a loro volta, erano gli acquirenti privilegiati di quanto Venezia importava dall'Oriente (che Venezia, tuttavia, non controllava completamente, e quindi era già fuori dalla sua *economia-mondo*). La periferia, nel caso di Venezia, era rappresentata in primo luogo dalle sue **isole nell'Egeo**, già caratterizzate dalla monocoltura del grano, della canna da zucchero o della vite, in quanto strettamente asservite agli interessi dei grandi mercanti veneziani.

> **VEDI** *L'economia-mondo* di Amsterdam → pag. 478

L'*economia-mondo* che ruotava intorno a Venezia fu **la prima a comparire sulla scena europea**; la differenza principale – rispetto a quelle che compariranno nei secoli seguenti, fino ai giorni nostri – consiste nelle enormi dimensioni dei nuovi sistemi: le *periferie* di Amsterdam saranno molto più lontane nello spazio, rispetto a quelle di Venezia, il che sta a significare che l'area occupata dall'*economia-mondo* egemonizzata dall'Olanda era molto più estesa di quella dominata dai veneziani. Ancora più vasto, del resto, sarà lo spazio sotto il controllo di Londra e dell'Inghilterra, nell'Ottocento, o di New York e degli Stati Uniti, nel Novecento. Al giorno d'oggi, nel XXI secolo, l'intero pianeta appare

Modello teorico di un'*economia-mondo*

Schema proiettabile

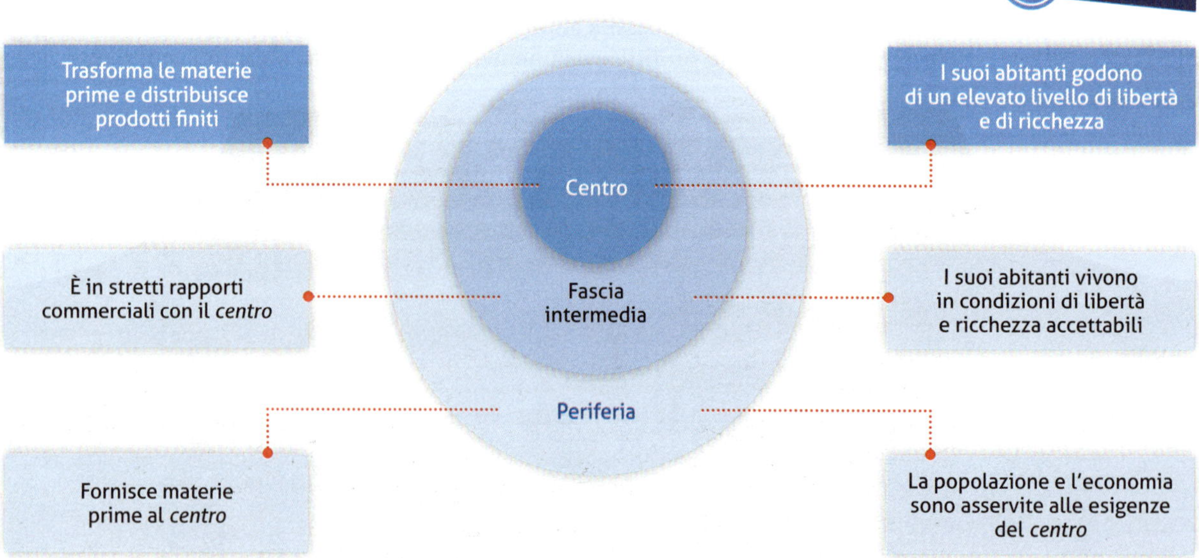

GEOSTORIA

L'espansione territoriale di Venezia

Carta proiettabile

→ La massima espansione territoriale di Venezia si ebbe negli anni Ottanta e Novanta del XV secolo. Sulla cartina si può osservare come il dominio veneziano arrivò a includere il Veneto e parte della Lombardia, cioè buona parte dell'Italia nord-orientale, gran parte delle coste orientali del mar Adriatico e molte isole greche, tra cui Creta, che fu sottomessa a Venezia per quattro secoli.

> Le radici della globalizzazione

come un unico mercato, guidato dagli Stati Uniti (per il momento; fra qualche decina d'anni, forse, il *centro* del sistema sarà Shangai, in Cina). Per questo, non parliamo più, oggi, di *economie-mondo*, bensì di ***globalizzazione***; è un fenomeno che, nella sua forma attuale, è certo più vasto e complesso del sistema economico veneziano, ma che affonda le proprie radici nel XV secolo: anche perché, grazie a portoghesi e spagnoli, Asia e America entrarono nella sfera d'influenza europea.

2.6 Il Portogallo: le esplorazioni atlantiche e il commercio con le Indie

RIFERIMENTO STORIOGRAFICO 3
I portoghesi alla ricerca della terra delle spezie
→ pag. 242

Nel XV secolo i portoghesi si lanciarono nell'esplorazione dell'Atlantico. Così, mentre Venezia era impegnata ad assicurarsi il monopolio del commercio delle spezie con l'Oriente, in un primo tempo essi avviarono un ricco commercio con l'Africa nera; in un secondo tempo, riuscirono ad approdare nelle Indie, terre di produzione delle pregiate mercanzie che rendevano ricca la Serenissima.

> Il ruolo dello Stato

Il Portogallo aveva completato nel 1253 la propria *reconquista*, cioè il processo di espulsione dei musulmani, che avevano conquistato il Paese nell'VIII secolo. Nel Duecento, furono istituite regolari **relazioni commerciali con l'Inghilterra e le Fiandre**, dove i portoghesi esportavano i loro vini pregiati; per sviluppare ulteriormente tale traffico, la monarchia promosse la nascita di grandi cantieri navali, finalizzati alla costruzione di imbarcazioni capaci di reggere alla navigazione oceanica.

> La caravella

Video
Le navi del Cinquecento

Nel corso del Quattrocento, assunse fra queste un posto di primaria importanza la cosiddetta **caravella**, una nave di piccole dimensioni dotata, in origine, di due alberi e di vele latine (triangolari), tipicamente mediterranee. Tale imbarcazione leggera e versatile subì in seguito varie modifiche, la più importante delle quali fu l'introduzione di un terzo albero e l'adozione di un'attrezzatura velica mista, che coniugasse fra loro i vantaggi della vela latina (che garantiva un'eccellente manovrabilità alla nave) con quelli della vela quadrata, capace di sfruttare appieno il vento in poppa, quello che soffia alle spalle della nave. Di solito, pertanto, la caravella presentava **due alberi attrezzati con vela quadra**, mentre il **terzo montava una vela latina**.

→ Il principe Enrico del Portogallo (1394-1460), passato alla storia con l'appellativo di "Navigatore" per avere patrocinato numerose spedizioni.

Le spedizioni di esplorazione in direzione sud furono condotte per iniziativa diretta della monarchia portoghese; nel 1420 fu occupata Madera, un'isola destinata a diventare – come Cipro – una grande produttrice di canna da zucchero. Nel 1471 venne superato l'equatore, mentre nel 1482 Diego Cam scoprì la foce del fiume Congo. **I portoghesi entrarono** allora **in contatto diretto con il mondo economico dell'Africa Nera**, dalla quale essi portarono in Europa polvere d'**oro**, avorio, pepe di cattiva qualità e, soprattutto, **schiavi**. Lisbona, capitale del Portogallo, diventò il primo grande mercato di manodopera servile nera, impiegata, per il momento, solo in lavori domestici e non nell'attività agricola; alla metà del Quattrocento, gli schiavi importati erano un migliaio all'anno, ma salirono a 3000 all'inizio del XVI secolo. Il traffico, invero, doveva essere molto redditizio, visto che – secondo le fonti del tempo – al principio del Cinquecento vi erano, nella sola Lisbona, circa settanta mercanti specializzati in questo commercio.

Guardiamo la storia
Vele e cannoni

I grandi profitti realizzati sulle coste africane spinsero i monarchi portoghesi a proseguire l'esplorazione verso sud e sud-est, in direzione delle Indie. Le due spedizioni decisive furono quella capeggiata da Bartolomeu Dias – che nel 1487 doppiò l'estremità meridionale dell'Africa (denominata *Capo di Buona Speranza*) – e quella guidata da **Vasco da Gama**.

> **Il viaggio di Vasco da Gama**

Partito nel 1497, Da Gama giunse dapprima sulle coste dell'Africa orientale; poi, con la guida di piloti musulmani assoldati sul posto, proseguì fino all'India, **approdando a Calicut** (nell'estremità meridionale della penisola indiana: si badi, pertanto, a non confonderla con l'attuale Calcutta, che si trova nella parte nord-occidentale del Paese). Riempite le stive di pepe e di cannella, Da Gama ripartì per il Portogallo, ove giunse nel settembre del 1499. «L'abilità sfoggiata da questa navigazione esemplare, specialmente nell'Atlantico, fece un'enorme impressione, che quasi lasciò nell'ombra i risultati economici e politici di tutta l'impresa. Vasco da Gama era stato assente due anni, aveva trascorso **trecento giorni in mare aperto** e tornava con l'equipaggio ridotto di un terzo» (J.H. Parry).

Le navi utilizzate nel Quattrocento

Schema proiettabile

	GALERA	KOGGE	CARAVELLA
CONTESTO GEOGRAFICO	Mar Mediterraneo	Mar Baltico e Mare del Nord	Oceano Atlantico e Oceano Indiano
CHI NE FA USO	Genovesi e veneziani	Mercanti tedeschi dell'*Hansa*	Portoghesi e spagnoli
CARATTERISTICHE	Associazione di remi e vela latina	Assenza di remi e vela quadrata	Assenza di remi e velatura mista

2.7 L'impero portoghese si impone in Oriente

Nel tentativo di inserirsi nei traffici commerciali dell'**Oceano Indiano**, i **portoghesi** si trovarono a **fare i conti con i mercanti arabi**, i quali, poiché da secoli controllavano la regione, videro la presenza portoghese come una sgradita intromissione. I portoghesi, sul piano puramente commerciale, non erano in grado di risultare più competitivi dei mercanti arabi, offrendo merci più pregiate e più interessanti: a differenza di Venezia, infatti, essi non si trovavano al centro di un grande circuito economico. Così fu presto chiaro che l'unico modo **per imporre la propria presenza nelle Indie** era l'**uso della forza**. Come scrive John Horace Parry, «agli occhi dei raffinati prìncipi indiani, gli europei apparivano come un branco di avventurieri disperati: erano pochi, barbari e sudici. Nel commercio, perciò, non riuscirono mai a fare una seria e leale concorrenza agli arabi, né poterono contare sulla collaborazione dei *raja* locali. Se volevano trarre profitto dalle loro scoperte geografiche non c'era altro mezzo che servirsi di una schiacciante superiorità navale per distruggere il commercio arabo».

> **La potenza delle armi distrugge il commercio arabo**

Tutte le spedizioni che seguirono il viaggio di Da Gama furono caratterizzate dalla nutrita presenza di **navi da guerra**, munite di artiglieria. I cannoni permisero ai portoghesi dapprima di sbaragliare al largo di Diu, nel 1509, la flotta inviata dagli egiziani per scacciarli dall'Oceano Indiano, e poi (nel 1510) di conquistare la città di Goa, che divenne la base principale delle ulteriori operazioni di guerra finalizzate a distruggere il commercio arabo nelle Indie. Il trionfo fu completo quando caddero sotto il controllo portoghese anche Ormuz (che domina l'ingresso del Golfo Persico), Malacca (all'estremità meridionale della penisola indocinese) e le isole Molucche, zona produttrice di spezie situata a sud delle Filippine.

Carta interattiva
Le grandi esplorazioni tra il XV e il XVI secolo

In un primo tempo, il commercio con l'Oriente fu gestito interamente dalla Corona; era lo Stato a costruire e ad armare tutte le navi necessarie alla gigantesca operazione che aveva, come posta in gioco, il monopolio dell'importazione dei prodotti orientali in Europa.

Erano tre le flotte che bisognava mantenere in funzione; una doveva stazionare costantemente nell'Oceano Indiano in modo da tenere sotto controllo, con la forza, la concorrenza musulmana: se questa avesse ripreso vigore, l'intero sistema sarebbe crollato. Le altre **due flotte**, invece, **facevano la spola fra Lisbona e le Indie**, compiendo un viaggio che (tra andata e ritorno) durava in media **dai 15 ai 18 mesi**; ogni flotta partiva

GEOSTORIA

Le esplorazioni portoghesi in Oriente nel XVI secolo

Carta proiettabile

→ La cartina mostra le rotte degli esploratori portoghesi. La freccia blu indica il percorso del primo viaggio di Bartolomeu Dias, che raggiunse e doppiò il Capo di Buona Speranza. La scoperta di Dias permise agli Europei di raggiungere le Indie via mare, aggirando così il monopolio delle merci provenienti dall'Asia detenuto dai turchi ottomani e dai veneziani.

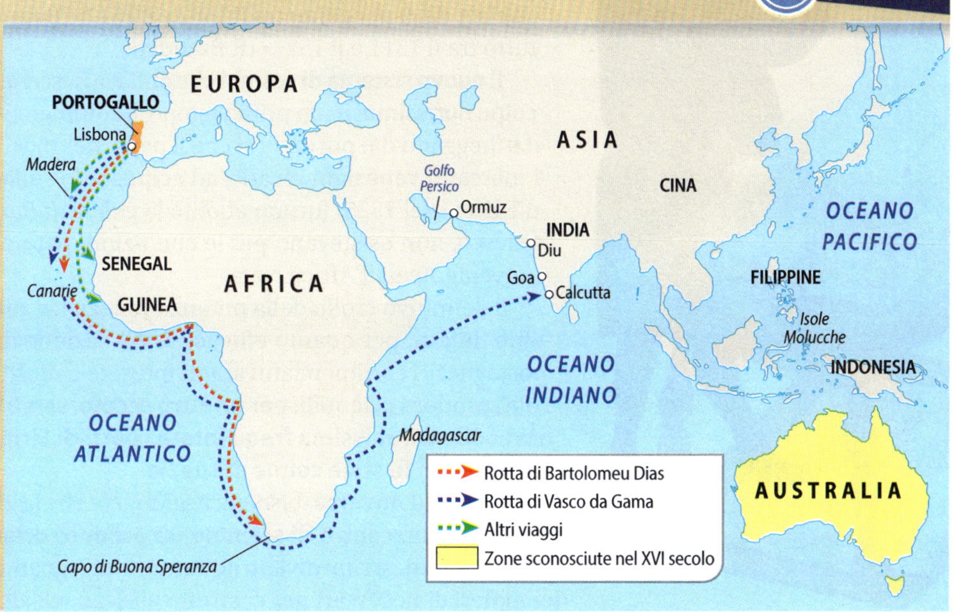

dal Portogallo tra febbraio e aprile, e vi faceva ritorno tra giugno e settembre dell'anno successivo: la flotta di andata, dunque, lasciava Lisbona qualche mese prima del ritorno del gruppo di navi che l'aveva preceduta sulla medesima rotta. Ogni flotta era composta di 12-14 navi, ma in certi casi si arrivò persino a 30 imbarcazioni.

> **Anversa**

Sebbene i profitti fossero altissimi (la sola spedizione del 1502-1503 portò a Lisbona 1900 tonnellate di spezie) anche le spese erano molto elevate; pertanto, la Corona portoghese accettò di accordarsi con alcune **grandi compagnie finanziarie tedesche, fiorentine e genovesi**, che dal 1504 parteciparono con i loro capitali al nuovo grande traffico con l'Oriente. Inoltre, per rendere più snelle e rapide le procedure di vendita, a partire dal 1501 fu deciso di vendere le spezie non più a Lisbona, ma ad Anversa, un porto fiammingo che un numero crescente di mercanti tedeschi stava preferendo a Bruges.

2.8 Nuovi protagonisti del commercio mondiale: i Fugger e Anversa

Tra i grandi protagonisti della vita economica e mercantile che fiorì ad Anversa all'inizio del XVI secolo, il ruolo di primo piano spetta ai **banchieri Fugger** di Augusta. L'origine della loro immensa fortuna fu il prestito di denaro agli Asburgo, duchi d'Austria e imperatori del Sacro romano impero. Essi, al pari di molti altri sovrani, non furono in grado di pagare i propri debiti; come risarcimento, i Fugger ottennero l'esclusiva sullo sfruttamento delle miniere d'argento del Tirolo, che prima della scoperta delle ricchezze americane erano l'unica fonte di metalli preziosi in Europa.

RIFERIMENTO STORIOGRAFICO 4
Lo sviluppo dell'attività mineraria in Europa
→ pag. 243

Nel giro di poco tempo, furono i **Fugger a controllare** il mercato delle spezie portoghesi e, più in generale, **il traffico di Anversa**. Insieme ad altre potenti famiglie tedesche impegnate nello sviluppo dell'industria mineraria nell'Europa centrale, indirizzarono verso il porto fiammingo quell'argento e quel rame che, in precedenza, avevano preso la via di Venezia. «Nel 1502-503, solo il 24 per cento del rame ungherese esportato dai Fugger arrivava ad Anversa; nel 1508-509, la proporzione era del 49 per cento per Anversa e del 13 per cento per Venezia. In questo modo, i mercanti tedeschi sono al centro del boom che provoca l'ascesa di Anversa: e sono gli Schetz di Aquisgrana – un centro dell'industria del rame –, e gli Imhof, i Welser, i Fugger di Augusta. I loro profitti si accumulano: tra il 1488 e il 1522 gli Imhof aumentano il capitale dell'8,75 per cento all'anno; i Welser del 9 per cento tra il 1502 e il 1517; i Fugger del 54,5 per cento in tutto tra il 1511 e il 1527» (F. Braudel).

↓ Il banchiere Fugger e un suo contabile. I Fugger erano presenti con le filiali delle loro banche nelle maggiori piazze commerciali europee.

Il **nuovo sistema di scambi** che andava nascendo **inflisse a Venezia un colpo durissimo**. In un primo tempo, il commercio arabo venne talmente danneggiato dai portoghesi che il pepe, nel 1504, risultò introvabile per i mercanti veneziani recatisi ad acquistarlo sulla piazza di Alessandria d'Egitto. Nel 1525, furono abolite le *galere di Barberia*: senza l'argento tedesco, non esistevano più le condizioni per acquistare a Tunisi l'oro proveniente dall'Africa Nera.

Il definitivo crollo della potenza veneziana, **tuttavia**, era ancora lontano. Infatti, per quanto efficace fosse l'azione di disturbo operata dai portoghesi, i commercianti arabi ripresero a rifornire il Mediterraneo dei soliti prodotti orientali: **per un altro secolo, sarebbe stato possibile alle navi della Serenissima frequentare i porti di Siria e d'Egitto e tornare a Venezia con le stive colme di spezie**.

Quanto ad **Anversa**, bisogna aggiungere che la grande rivale di Venezia non fu solo un **centro di scambio tra prodotti orientali e argento**. I portoghesi, infatti, si rifornivano ad Anversa di legname, pece e canapa, ossia dei materiali necessari per costruire gli scafi, gli alberi e le vele delle loro

Venezia e Anversa a confronto

Schema proiettabile

	VENEZIA	ANVERSA
COLLOCAZIONE GEOGRAFICA	Mediterraneo	Mare del Nord
PRINCIPALI MERCI TRATTATE	Spezie orientali	Spezie orientali
INTERMEDIARI	Mercanti musulmani	Portoghesi
SCALI INTERMEDI	Alessandria d'Egitto	Lisbona
NAVI UTILIZZATE	Galere	Velieri

navi. Si trattava di materiali che venivano dal Baltico; nel Trecento e nel Quattrocento, il trasporto di queste merci fu monopolizzato dalle città tedesche dell'Hansa. Nel XVI secolo, invece, si fece sempre più agguerrita la **concorrenza dei marinai olandesi**, dopo che nel 1512 avevano ottenuto dal sovrano danese il diritto di attraversare il Sund, lo stretto che separa la Danimarca dalla Norvegia e immette nel Mar Baltico.

Infine, a partire dal 1535-1540, la presenza più significativa ad Anversa non fu più portoghese, bensì spagnola; la conquista dell'America, infatti, rese necessaria l'esportazione verso quella terra di una quantità sterminata di manufatti europei, che i mercanti iberici acquistavano proprio ad Anversa. «Gli **anni 1535-57** corrispondono incontestabilmente al **momento più alto di Anversa**. La città non è mai stata così prospera, né cessa di ingrandirsi: nel 1500, all'inizio della sua grande fortuna, contava a malapena da 44 000 a 49 000 abitanti; supererà i 100 000 certamente prima del 1569; il numero delle case passa da 6800 a 13 000, cioè raddoppia. Il lusso, i capitali, l'attività industriale, la cultura sono al culmine» (F. Braudel).

SGUARDO D'INSIEME Viaggi, scoperte e profitti

La storia economica d'Europa potrebbe essere ricostruita, schematicamente, individuando i diversi soggetti che si sono lanciati, con maggiore o minore successo, alla conquista di terre o alla ricerca di profitti, sfidando i mari e gli oceani.

- Al primo posto dobbiamo collocare gli italiani (Pisa, Genova, **Venezia**), che a lungo si combatterono tra loro, fino a che, infine, Venezia non riuscì a conquistare il dominio dei **traffici marittimi** e **Genova** quello della **finanza**. Le maggiori opportunità, per i mercanti veneziani, venivano dal commercio delle spezie, acquistate in Egitto o in altri porti del Medio Oriente.
- I **portoghesi** riuscirono a saltare del tutto la mediazione musulmana. Se Venezia fu per secoli la regina del Mediterraneo, il Portogallo fu il padrone a lungo incontrastato dell'Atlantico meridionale e dell'Oceano Indiano, nonché un pericolosissimo concorrente di Venezia nell'importazione di spezie in Europa. Più tardi, entrò nella sfera d'influenza portoghese anche il Brasile.
- Gli **spagnoli** entrarono in scena tardi, a partire dal 1492, dopo che i portoghesi avevano oltrepassato il Capo di Buona Speranza (1487) e si accingevano a dominare la rotta verso le Indie. Ma Colombo, probabilmente, era più interessato all'oro che alle spezie. E poiché sulle isole del Nuovo Mondo, in un primo tempo, non si trovarono né l'uno né le altre, il viaggio di Colombo sembrò a tutti un inutile spreco di tempo, di vite e di denaro.
- Per gli spagnoli, i profitti su larga scala arrivarono dal Nuovo Mondo solo con la **conquista** (e il **saccheggio**) degli imperi degli aztechi e degli inca (negli anni Venti del XVI secolo) e ancor più con la scoperta degli immensi giacimenti d'argento del Messico e del Perù.
- Alla fine del Cinquecento, il declino di Venezia era ormai evidente. Il posto della Serenissima, tuttavia, fu preso da **Amsterdam**, che riuscì a monopolizzare l'intero commercio con le Indie e l'Estremo Oriente, togliendo ai portoghesi una base dopo l'altra. Dall'America, invece, gli olandesi avrebbero tratto profitto soprattutto grazie alla canna da zucchero, utilizzata per produrre rum e coltivata in Brasile e nelle isole dei Caraibi.
- Per tutto il Seicento, l'**Olanda** sarebbe stata la più importante potenza marittima e commerciale del mondo. Solo verso la fine del XVIII la sua supremazia sarebbe stata sfidata da un nuovo soggetto, l'Inghilterra, mentre la Spagna andava incontro a un rapido e inesorabile declino.

3 POTERI E CONFLITTI

Storia slide

La nascita della **Spagna moderna**

Le conoscenze da acquisire	Le competenze da potenziare
La Spagna tenne nel Cinquecento una politica di rigida intolleranza nei confronti di ebrei e musulmani.	Saper individuare le radici di lunga durata dei meccanismi totalitari, tipici del XX secolo.

3.1 Frammentazione politica e risorse economiche

> Castiglia e Aragona

Nel XV secolo, la Penisola iberica era divisa in vari Stati. All'estremità meridionale, sopravviveva il regno musulmano di Granata (o Granada); si trattava dell'ultimo territorio islamico in Europa, sopravvissuto al vasto processo di *Reconquista* operato dai cristiani spagnoli nel Basso Medioevo. Forte dei suoi traffici atlantici, il Portogallo era forse il Paese che, a quell'epoca era il più ricco e il più dinamico dell'intera area. Il regno d'Aragona, tuttavia, cercava di imporsi come potenza commerciale mediterranea, in concorrenza con Genova e Venezia, e aveva rafforzato la sua posizione dopo la conquista della Sicilia e della Sardegna. La Castiglia, invece, traeva la maggior parte delle proprie risorse dall'agricoltura e dalla pastorizia, praticata su vasta scala e in maniera imprenditoriale.

L'**allevamento delle pecore** era finalizzato alla produzione della pregiata lana *merino*, che poi veniva esportata a Firenze e negli altri centri tessili d'Europa. Tale attività era molto redditizia ma faticosa, in quanto i pastori spagnoli dovevano praticare la transumanza, cioè spostare gli animali dai pascoli estivi ai ricoveri invernali, su percorsi che potevano essere di centinaia di chilometri. I pascoli estivi si trovavano nelle montagne del Nord, mentre quelli invernali erano situati nelle pianure meridionali della Mancia e dell'Estremadura.

GEOSTORIA

L'espansione della Spagna tra l'XI e il XV secolo

Carta proiettabile

→ Nella carta sono illustrate le fasi della lunga e progressiva conquista dei regni cristiani della Spagna ai danni dei musulmani. Intorno al Mille le forze musulmane occupavano gran parte del territorio spagnolo, mentre già nel 1250 la loro influenza era limitata al piccolo regno di Granada, conquistato poi definitivamente dai sovrani spagnoli nel 1492.

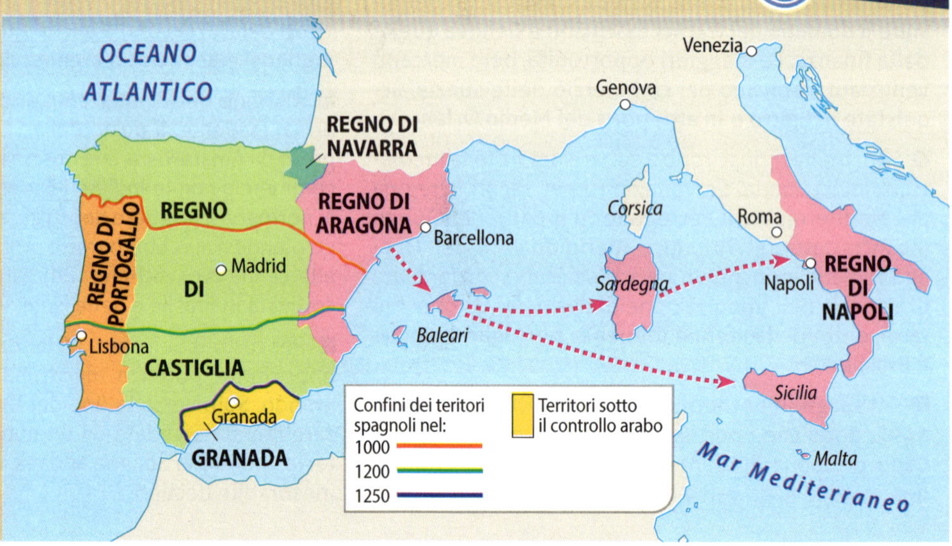

→ El Greco, *Veduta di Toledo*, 1597 circa (New York, Metropolitan Museum).

> La Mesta

Negli anni 1516-1520, erano circa **3 milioni le pecore che percorrevano in questo modo il Paese**. Poiché un movimento così gigantesco necessitava di una complessa e capillare organizzazione, a ciò provvide la *Mesta*, la potente compagnia che fin dal 1273 riuniva i più grandi allevatori di pecore del regno di Castiglia; essa aveva predisposto apposite piste (dette *tratturi*), larghe circa 75 metri, e amministrava enormi quantità di terra, su cui gli animali potevano alimentarsi. Poiché la Corona traeva enormi profitti dall'esportazione della lana, i re di Castiglia per lungo tempo non ascoltarono le richieste degli agricoltori: anzi, nel 1525 fu decretato che tutte le terre convertite a coltura arativa dopo il 1517 tornassero a disposizione degli allevatori di pecore. Solo dopo il 1550 la politica dei re di Spagna cominciò a mutare il proprio orientamento; in questo caso specifico, tuttavia, a fianco della rinnovata crescita del prezzo del grano dobbiamo menzionare i metalli preziosi provenienti dall'America, grazie ai quali fu possibile compensare le perdite causate dalla diminuzione dei profitti provenienti dall'esportazione della lana.

> VEDI L'argento americano → pag. 385

3.2 La politica antiebraica della Spagna

La Spagna, nel Trecento, ospitava le comunità ebraiche più numerose e più fiorenti di tutta l'Europa. Ma una serie di gravi tumulti e disordini, iniziati nel 1391, provocò una svolta decisiva nella storia degli ebrei spagnoli. Il **moto antiebraico** cominciò a Siviglia, su iniziativa di Ferrando Martínez d'Ecija, confessore del re: nella città andalusa si ebbero circa 4000 morti. Da lì, poi, il movimento si allargò a tutti i territori cristiani di Spagna, Baleari comprese: ovunque, coloro che non accettarono il battesimo – forse diverse migliaia – furono uccisi.

A questa prima bufera se ne aggiunse, poco dopo, un'altra, scatenata dal predicatore itinerante **Vincenzo Ferrer**, un frate domenicano che – persuaso dell'imminenza del giudizio universale – dal 1409 al 1415 percorse la Castiglia, l'Aragona e la Catalogna. Pur essendo personalmente ostile alla violenza contro gli ebrei, le sue prediche scaldavano le folle a tal punto che, subito dopo la sua partenza, immancabilmente nascevano disordini antiebraici. Del resto, Ferrer stesso più volte era piombato all'interno di una sinagoga, ne aveva cacciato i fedeli riuniti in preghiera e aveva proclamato che, da allora in avanti, quel luogo di culto sarebbe stato una chiesa. Nell'insieme, è possibile che l'azione di Ferrer abbia provocato circa 35 000 conversioni forzate; la sua principale preoccupazione, man mano che il suo successo aumentava, fu di impedire a questi *nuovi cristiani* di rimanere in contatto con i loro ex correligionari. A tal fine, nel 1412, Ferrer riuscì a imporre in

> Conversioni forzate

Castiglia il cosiddetto **Statuto di Valladolid**, in base al quale gli ebrei furono obbligati a risiedere in un **quartiere separato e chiuso da muri**, con un'unica porta d'ingresso che, alla sera, veniva sprangata e sorvegliata da soldati cristiani.

> Il ghetto

In pratica, si trattò del primo *ghetto*, termine che tuttavia non è di origine spagnola, bensì veneziana. Quando la Serenissima, nel 1516, adottò un provvedimento analogo, nella laguna fu riservata agli ebrei un'isola che, in precedenza, aveva ospitato una fabbrica di cannoni, cioè una fonderia in cui si *gettava* il metallo necessario per la costruzione di quelle armi da fuoco. Nel Cinquecento, la pratica di rinchiudere gli ebrei in questi *quartieri speciali* recintati divenne pressoché universale: nel **1555**, ad esempio, il papato ordinò la **reclusione degli ebrei romani**, dando vita a quel ghetto di Roma che – ultimo a essere eliminato in tutta l'Europa – sarebbe stato abolito solo nel 1870.

3.3 Conversioni forzate e roghi: i *marrani*

Lo storico francese Jean Delumeau ha scritto che – per quanto a noi appaiano brutali – i metodi di quanti procedettero alla conversione forzata degli ebrei «sottintendevano presso coloro che li utilizzavano una forma di ottimismo. Per essi, gli ebrei erano spiritualmente recuperabili». In effetti, grazie a una specie di virtù magica attribuita al battesimo, o meglio ancora grazie alla sua potenza esorcizzante (capace persino – si credeva – di cacciare il diavolo), l'ebreo cessava di essere un mezzo demonio, veniva inserito nella comunità cristiana e diventava, quindi, inoffensivo.

> I "nuovi cristiani"

La situazione reale, tuttavia, era assai più complessa, visto che molti degli ebrei che erano stati costretti a scegliere tra la morte e l'acqua benedetta **continuavano a praticare in segreto i riti ebraici e si sentivano ebrei nel proprio intimo**. Disprezzato ancor più dell'ebreo praticante, il convertito ricevette pertanto in Spagna lo sprezzante epiteto di *marrano* (porco) e fu oggetto di odio e di violenza ulteriori. A Toledo, ad esempio, nel 1449 si ebbe una vera sollevazione contro questi "nuovi cristiani", al cui seguito venne emanata un'ordinanza che declassava a **cittadini di seconda categoria** (impossibilitati, quindi, ad accedere alle cariche pubbliche) **tutti i convertiti** d'origine ebraica, senza eccezioni.

Già critica a causa di questa prima discriminazione, la condizione dei *marrani* divenne veramente pericolosa dopo il 1480, allorché prese a funzionare, a **Siviglia, il primo tribunale dell'Inquisizione castigliana**. Chiunque *giudaizzasse* in segreto – ad esempio astenendosi dal mangiare il maiale o rispettando in qualche modo il sabato – fu trattato alla stregua di un eretico. Nei casi di trasgressione meno gravi, all'imputato veniva offerta la possibilità di *riconciliarsi* con la Chiesa, per mezzo di una cerimonia penitenziale pubblica e umiliante; il *giudaizzante* che rifiutasse di pentirsi del proprio comportamento, oppure risultasse recidivo (cioè fosse già stato ammesso una prima volta alla *riconciliazione*) subiva invece la **condanna al rogo**. È possibile che, a Siviglia, siano state 5000 le riconciliazioni e 700 le esecuzioni, nei primi sette anni di attività del tribunale; quanto a Toledo, nei quattro anni seguenti il 1486 si stima che si siano verificate 4850 riconciliazioni e 200 condanne a morte.

← Una sinagoga spagnola, miniatura, XIV secolo (Londra, British Library).

3.4 L'unione di Castiglia e Aragona e la conquista di Granada

> **VEDI**
> Carlo V
> → pag. 280

Guardiamo la storia
La conquista cristiana di Granada

L'evento decisivo della storia della Spagna moderna fu il **matrimonio che nel 1469 unì Isabella, regina di Castiglia, con Ferdinando, re di Aragona**; i due Stati, nel periodo immediatamente seguente l'unione dei rispettivi sovrani, continuarono a essere amministrati come due entità distinte, e tali sarebbero rimasti fino alla morte di Isabella, nel 1504. Il passo decisivo verso l'unificazione politica, tuttavia, era stato compiuto: e ciò voleva dire che, a fianco della Francia, si poneva un'altra potenza, dotata di grandi risorse, capace di competere con lei per l'egemonia in Europa.

Fin dall'inizio, la nuova ed emergente Corona spagnola volle presentarsi come alfiere e garante di una fede cattolica pura e rigorosa. Pertanto, innanzitutto, Ferdinando e Isabella si sforzarono di completare la *Reconquista*, cioè dedicarono ogni sforzo per occupare **Granada**, **l'ultimo Stato musulmano in terra di Spagna**.

La campagna fu condotta con metodo ed efficacia, espugnando una a una (grazie all'artiglieria) le fortezze che formavano la corona difensiva intorno alla capitale, e saccheggiando tutte le campagne circostanti, in modo che Granada fosse del tutto priva di ogni possibilità di essere rifornita. Il **1° gennaio 1492, la città si arrese**.

Nel **trattato di capitolazione della città**, i due sovrani cattolici si impegnarono a rispettare la libertà religiosa di tutti i non cristiani (fossero ebrei o musulmani) residenti nel territorio di Granada. Questa promessa, tuttavia, venne una prima volta violata, dai due re vincitori, nel momento in cui – tre mesi dopo l'occupazione della città – emanarono l'editto di espulsione degli ebrei; pochi anni più tardi, nel 1499, quell'impegno solenne fu ignorato di nuovo, in quanto **i due re ordinarono che anche tutti i *mori* di Granada diventassero cristiani**.

I LUOGHI

Granada

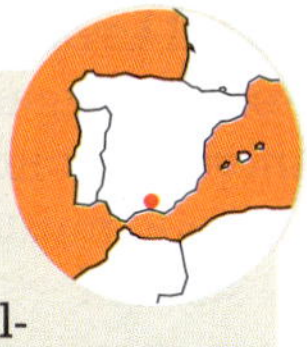

La città di Granada si trova in Andalusia, la regione più meridionale della Spagna che, nel 711, venne conquistata dai musulmani. La Spagna musulmana svolse, nel Medioevo, un'importantissima funzione culturale: il pensiero dei grandi filosofi greci cominciò a circolare in Occidente solo dal momento in cui, in Spagna, un numero crescente di intellettuali iniziò a tradurre le opere dei pensatori classici (basti pensare ad Aristotele) dall'arabo in latino. A partire dall'XI secolo, i principati cristiani del Nord della Penisola iberica iniziarono a espandersi verso sud, avviando il lungo processo di riconquista (*reconquista*) dei territori occupati dai musulmani. Nel Quattrocento, Granada era l'ultima roccaforte islamica in terra spagnola.

→ A sinistra, Ferdinando d'Aragona e il principe delle Asturie Giovanni; a destra la regina Isabella I di Castiglia, con l'infanta Isabella, ritratti in preghiera. Particolare di una pala d'altare, fine XV secolo (Madrid, Museo del Prado).

3.5 Gli ebrei tra fuga e persecuzione

Guardiamo la storia
Gli ebrei nei secoli XIV-XVII

Ferdinando e Isabella firmarono l'editto di espulsione dalla Spagna di tutti gli ebrei osservanti (non convertiti al cristianesimo) il 31 marzo 1492. Essi avrebbero dovuto perentoriamente abbandonare il Paese entro il 31 luglio, senza portare con sé né oro né monete coniate. L'editto giustificava tale provvedimento radicale con l'influenza negativa che gli ebrei praticanti avrebbero esercitato su quelli convertiti. D'altra parte, chi avesse accettato il battesimo avrebbe evitato la partenza e avrebbe potuto rimanere in Spagna; pertanto, **la comunità ebraica spagnola si divise**: mentre 150 000 individui scelsero l'emigrazione, altri 50 000 optarono per la conversione.

Coloro che partirono si diressero verso il Portogallo o verso l'impero ottomano; la sorte più dura toccò ai circa 100 000 emigranti che scelsero come rifugio il **regno portoghese**. Già nel 1497 furono convertiti a forza, prima di diventare vittime – nel 1506 – di un furioso massacro che, solo a Lisbona, fece più di mille vittime. Infine, nel 1536, fu introdotta l'Inquisizione che – prendendo come modello il tribunale spagnolo – perseguitò i *marrani* portoghesi in modo altrettanto inflessibile. Quanti espatriarono per mare, diretti verso l'**impero turco e il Levante**, incontrarono all'inizio difficoltà di ogni tipo; ma, per coloro che riuscirono a raggiungerlo, l'Oriente musulmano fu ospitale. Gli ebrei spagnoli, infatti, divennero i portatori e i mediatori della superiore tecnologia europea, cioè introdussero nel mondo musulmano alcune innovazioni ancora sconosciute, prima fra tutte l'arte della stampa.

> **Portatori di avanzate conoscenze tecnologiche**

RIFERIMENTO STORIOGRAFICO 5
La Spagna dell'Inquisizione e della limpidezza del sangue
→ pag. 244

Nel XVI secolo, la tragedia degli ebrei convertiti rimasti nella Penisola iberica raggiunse intanto i suoi vertici; il regno di Spagna, infatti, proseguì nelle due direzioni che sopra abbiamo descritto: caccia implacabile ai *marrani* giudaizzanti e, soprattutto, moltiplicazione dei provvedimenti ispirati al principio della *limpidezza del sangue*, per cui fu vietato ai cosiddetti *nuovi cristiani* l'accesso alle più prestigiose università spagnole (come Salamanca, Valladolid, Toledo) nel 1526, e persino ai più importanti ordini religiosi, come i francescani (nel 1525), i domenicani (nel 1531) e infine i gesuiti (nel 1593). Si trattò di un vero **razzismo teologico**, cioè di una discriminazione che muoveva da motivazioni di ordine religioso, ma investiva gli ebrei prescindendo dal fatto che essi fossero ancora praticanti sotto il profilo religioso.

↑ Un rito ebraico in un dipinto del XV secolo. In Spagna molti ebrei, nonostante la "conversione", continuarono a praticare di nascosto i riti della loro religione originaria.

LE PAROLE

Razzismo

Nel senso più tecnico del termine, il concetto di razzismo è moderno, cioè non compare prima del XVIII secolo: fino al Settecento, la convinzione secondo cui tutti gli uomini derivavano da Adamo ed Eva impediva di affermare che alcuni gruppi umani erano biologicamente inferiori rispetto ad altri. Il comportamento degli spagnoli nei confronti degli ebrei convertiti e dei musulmani divenuti cristiani è tuttavia molto simile a quello dei razzisti moderni: in entrambi i casi, il giudizio negativo (che giustifica la discriminazione) è dato su un intero gruppo umano e non su singole persone. Tutte le persone appartenenti a quella collettività (senza eccezioni) sono considerate inferiori o pericolose, senza tener conto del comportamento del singolo.

cittadinanza e costituzione
Tutti uguali, davanti alla legge
→ pagg. 224-225

Anzi, poiché un simile comportamento mal si conciliava con la concezione teologica secondo cui il battesimo purificava e rigenerava completamente il battezzato, si dovette affermare l'esistenza di **una sorta di perversità ebraica ereditaria**, talmente radicata che neppure la potenza del sacramento era capace di eliminarla. «In Spagna – riferì un frate francescano, che scriveva nel 1586 – è meno turpe essere bestemmiatore, ladro, vagabondo, adultero, sacrilego, o essere infetto da qualche altro vizio, che discendere dal ceppo degli ebrei, anche se gli avi si son convertiti due o trecento anni prima alla santa fede cattolica».

zoom Le conseguenze dell'intolleranza

Spagnoli e Ottomani: due casi opposti

La ragione principale della politica di intolleranza, praticata con tanta radicalità e intransigenza dalle autorità spagnole, va ricercata nella diffusa convinzione secondo cui un **regno**, per essere davvero sicuro al proprio interno, **non poteva accettare l'esistenza di sudditi di religione diversa da quella del sovrano**. Sotto questo profilo, il caso spagnolo non è per nulla diverso dalla situazione che si incontra in tutti gli altri Stati dell'Europa cristiana nel XVI secolo, senza alcuna differenza fra regioni protestanti e regioni cattoliche: la cristianità non ha mai conosciuto, fino al XVIII secolo inoltrato, quella situazione di ampia libertà di culto che ha caratterizzato, invece, il mondo islamico.

Sotto il profilo della tolleranza, nel Cinquecento, l'**impero ottomano** ci appare infinitamente **più aperto e disponibile nei confronti di quei sudditi che** (ebrei o cristiani) **professassero una fede diversa da quella islamica**. In linea di massima (se si esclude il sistema di reclutamento dei giannizzeri, un corpo di soldati scelti dell'esercito turco) le autorità turche non procedettero a conversioni forzate; viceversa, un suddito che, spontaneamente, avesse aderito all'islam poteva, nel mondo ottomano, accedere alle più alte cariche militari o burocratiche.

Tutto questo contrasta in modo molto singolare con il *razzismo teologico* praticato in Spagna verso gli ebrei e verso i musulmani (i quali, costretti a convertirsi, erano chiamati *moriscos*). Un simile atteggiamento discriminatorio non tenne mai conto delle soggettive convinzioni del singolo individuo (cioè del fatto che un ebreo o un moro battezzato potesse davvero essere diventato un cristiano autentico), ma funzionò sempre e solo sulla base di un pregiudizio: il fatto di essere un ebreo o un *morisco* condannava automaticamente un individuo alla discriminazione, che colpiva in generale tutta una categoria, e non singole persone. Nel momento in cui si impedì ai marrani l'accesso alle cariche pubbliche, alle università e infine anche agli ordini religiosi, o quando si procedette all'espulsione dei *moriscos*, l'opinione del singolo non venne per nulla tenuta in considerazione: come in ogni razzismo, contò allora non ciò che la persona faceva o pensava davvero, bensì ciò che essa *era*, cioè il gruppo cui apparteneva.

Gli effetti sull'economia

Il comportamento tenuto dai turchi fu effetto di un duplice ordine di motivi; infatti, alla tradizionale disponibilità musulmana a tollerare le altre due fedi monoteiste si aggiunse, nel XVI secolo, la consapevolezza che il contributo di tutti i sudditi era importante ai fini della potenza economica dell'impero. Anzi, poiché ci si rendeva perfettamente conto della superiorità tecnologica dell'Occidente, chiunque provenisse da quel mondo e offrisse al *Turco* i suoi servigi, esportando in Oriente i segreti della tecnica europea, era accolto a braccia aperte.

Al contrario, l'atteggiamento intollerante provocò, in Spagna, un vero disastro economico, in quanto tutte le principali attività *produttive* erano svolte, nel regno di Filippo II (1556-1598), da *nuovi cristiani*, cioè da ebrei o *moriscos* convertiti più o meno recentemente.

La preoccupazione sempre più ossessiva della *purezza del sangue* gettò un'ombra sinistra su tutte le professioni esercitate tradizionalmente da quei gruppi che (più o meno forzatamente) avevano adottato la fede cristiana solo da pochi decenni. Di conseguenza, il **commercio e l'artigianato** furono **sempre più disprezzati**, considerati mestieri indegni di un vero cristiano; fino a quando esistettero *moriscos* o marrani disposti a svolgerli, la Spagna conobbe un artigianato fiorente e prospero. Ma quando i primi furono espulsi e i secondi, per mimetizzarsi al meglio, cercarono di sottrarsi alle attività tradizionali, **il regno iberico perse ogni capacità produttiva**, rinunciando di fatto, in nome della *purezza del sangue*, allo sviluppo di una moderna economia capitalistica.

→ Battesimo forzato di *moriscos* (cattedrale di Granada, Cappella reale).

CITTADINANZA E COSTITUZIONE

Costituzione italiana

Articolo 3

Tutti i cittadini hanno pari dignità sociale e sono eguali davanti alla legge, senza distinzione di sesso, di razza, di lingua di religione, di opinioni politiche, di condizioni personali e sociali. [...]

Tutti uguali, davanti alla legge

Non c'è più né giudeo, né greco...

Nel Medioevo e nell'età moderna (cioè nei secoli compresi tra il Cinquecento e l'Ottocento), la netta affermazione dell'**uguaglianza di tutti gli esseri umani avrebbe trovato scarsa accoglienza**, oppure sarebbe stata recepita solo precisando che il discorso era complesso e che singoli casi concreti ponevano serie limitazioni al principio generale. In effetti, all'interno della società cristiana tipica dell'Età di Mezzo e dei secoli XVI-XVIII, **la Chiesa aveva solennemente affermato che tutti gli esseri umani** (di ogni genere ed età) **sono figli di Dio**, e quindi dotati di anima immortale, che li distingue in modo radicale dagli animali e li investe di una dignità eccezionale. Come scrisse san Paolo nella *Lettera ai Galati*, «non c'è più giudeo né greco; non c'è più schiavo né libero; non c'è più uomo né donna, poiché tutti voi siete uno in Cristo Gesù» (*Gal.* 3, 28-29). In tal modo il cristianesimo – in linea di principio – spazzò via di colpo la tesi proposta da **Aristotele** e da altri intellettuali antichi, secondo i quali **alcuni individui erano schiavi per natura**, e quindi predestinati, per così dire, ai lavori più duri e faticosi, da cui i veri uomini dovevano essere esentati, in modo da potersi dedicare ad attività nobili come lo studio o la politica. Nella pratica, tuttavia, la situazione fu ben presto assai più complessa: l'idea di una vera uguaglianza tra maschi e femmine, ad esempio, non trovò mai una reale applicazione, né all'interno della comunità cristiana, né a livello sociale.

L'uguaglianza tra maschi e femmine

La **Costituzione della Repubblica italiana proclama esplicitamente tale uguaglianza all'articolo 3**; il principio viene ripreso, precisato in varie altre circostanze e applicato a tutti gli ambiti: la famiglia, il mondo del lavoro, la relazione dei cittadini con lo Stato. Per quanto riguarda il matrimonio (art. 29), si precisa che esso «è ordinato sull'eguaglianza morale e giuridica dei coniugi»; nell'articolo 37, allo stesso modo, si ribadisce che «la donna lavoratrice ha gli stessi diritti e, a parità di lavoro, le stesse retribuzioni che spettano al lavoratore». Infine, l'articolo 48 dichiara senza mezzi termini che «sono elettori tutti i cittadini, uomini e donne, che hanno raggiunto la maggiore età». Quella del **diritto di voto** fu, in Italia, una conquista decisamente tardiva, che arrivò **solo nel 1946**; altri Paesi si erano mossi molto tempo prima: la Germania, ad esempio, concesse il suffragio femminile fin dal 1919. Nel momento in cui accoglieva il principio fondamentale dell'uguaglianza tra i sessi, la Costituzione sceglieva di rompere con la tradizione, che assegnava alle donne un ruolo puramente subordinato. Per

Nel momento in cui accoglieva il principio fondamentale dell'uguaglianza tra i sessi, la Costituzione sceglieva di rompere con la tradizione, che assegnava alle donne un ruolo puramente subordinato

↑ Aula di un tribunale

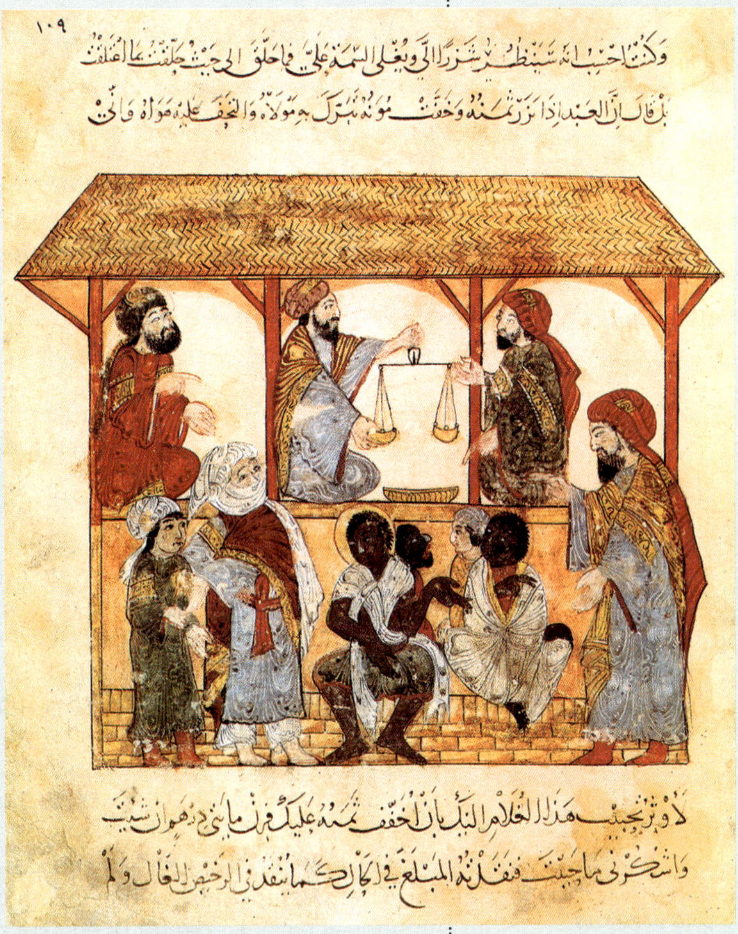

↑ Miniatura tratta da un manoscritto arabo del XIII secolo raffigurante il mercato. Tra le merci esposte si vedono anche alcuni schiavi neri.

questo, in un celebre discorso pronunciato a Milano il 26 gennaio 1955, il giurista Pietro Calamandrei (uno dei padri della Costituzione) affermò che tutte «le costituzioni sono anche delle polemiche», che si indirizzano «contro il passato recente, contro il regime caduto da cui è venuto fuori il nuovo regime».

Il fascismo, in effetti, oltre a cancellare tutte le libertà dei cittadini, aveva tentato di riportare la figura femminile a una posizione di inferiorità, escludendola dal mondo del lavoro e da ogni attività pubblica. La polemica nei confronti del regime mussoliniano è evidente anche nell'esplicita menzione del termine "razza" all'articolo 3 della Costituzione. Oggi, probabilmente, nessun testo costituzionale userebbe tale termine, per il fatto che **gli scienziati sono concordi sul fatto che le razze non esistono**; i padri costituzionali, tuttavia, preferirono fare uso del termine per sancire il categorico **rifiuto di qualsiasi discriminazione razzista**, del tipo di quelle vigenti in Germania dal 1933 al 1945 e, in Italia, a partire dal 1938. Gli ebrei, i neri e, più in generale, tutti coloro che non appartenevano alla cosiddetta "razza ariana" non solo non potevano sposare persone del gruppo ritenuto superiore, bensì erano anche esclusi dall'esercito, dalla pubblica amministrazione, dalla scuola (in qualità sia di studenti che di insegnanti).

Il rifiuto del razzismo

Nel passato, l'episodio che più assomiglia alla persecuzione dei diritti operata dai regimi fascista e nazista è la pesante **legislazione emanata in Spagna a danno dei cosiddetti "nuovi cristiani"**: poiché gli antenati di costoro erano o ebrei o musulmani, essi (denominati rispettivamente *marrani* e *moriscos*) erano automaticamente impossibilitati a iscriversi alle università o a esercitare cariche pubbliche: incarichi riservati a quanti possedevano quella che veniva chiamata la "limpidezza del sangue".

Prima ancora di emanare tali norme, il regno di Castiglia e quello di Aragona avevano obbligato tutti i dissidenti religiosi a convertirsi al cattolicesimo; se la legislazione discriminatrice è tipica del mondo spagnolo, questo rifiuto del **principio della libertà religiosa** era comune a tutte le regioni d'Europa.

Questo rifiuto del principio della libertà religiosa era comune a tutte le regioni d'Europa

La Costituzione della Repubblica italiana, invece, riconosce che tutti i cittadini «hanno diritto di professare liberamente la propria fede religiosa in qualsiasi forma, individuale o associata, di farne propaganda e di esercitarne in privato o in pubblico il culto, purché non si tratti di riti contrari al buon costume» (art. 18). Inoltre, fin dall'articolo 3, la legge fondamentale della Repubblica proclama che la scelta di un cittadino di aderire (o meno) a una determinata religione o a un'ideologia politica non comporta alcun privilegio né alcuna discriminazione: nell'esercito, nella scuola o nella pubblica amministrazione, l'adesione (o, al contrario, la mancata adesione) a un gruppo religioso o a un partito politico non ha alcuna implicazione, né in positivo né in negativo.

3.6 I *moriscos*, conversione forzata ed espulsione

A fianco degli ebrei, il secondo gruppo che venne pesantemente discriminato nel regno di Spagna fu quello dei ***moriscos***, vale a dire coloro che, nel XVI secolo, furono obbligati ad abbandonare la religione musulmana e a divenire cristiani.

Nel **1502**, si ebbe la **prima ribellione dei quartieri musulmani della città di Granada** e di altre zone fittamente popolate da *moriscos*; la sommossa, in questa circostanza, fu schiacciata senza fatica: l'unico risultato che ottenne, per così dire, fu la decisione di estendere a tutta la Castiglia l'ordine di conversione, per cui chi volle conservare la fede nella rivelazione di Maometto (religione che, fino a quel momento, le autorità cristiane avevano permesso di professare liberamente) dovette emigrare. **Nel 1525-1526 la conversione forzata** venne imposta anche ai ***moriscos* del regno d'Aragona**; non si trattò tuttavia, in questo caso, di un provvedimento dello Stato, ma di una serie di brutali imposizioni compiute dalla popolazione cattolica a danno dei musulmani, che in questa regione (e, soprattutto, nei dintorni di Valencia) erano sì molto numerosi, ma anche molto più poveri e disorganizzati di quelli di Granada e, più in generale, del Sud della Spagna.

> **Accuse di ipocrisia**

Per quanto ufficialmente cattolici, i *moriscos* di Granada avevano conservato numerose abitudini tipicamente arabe; agli occhi delle autorità cristiane, quelle usanze erano il segno evidente della loro ipocrisia, cioè del legame interiore che ancora li univa alla religione islamica. Pertanto, negli anni 1566-1567 fu emanato un decreto che Fernand Braudel ha chiamato «la condanna senza appello di una civiltà intera, di tutta un'arte di vivere: erano proibiti i costumi moreschi agli uomini e alle donne (soprattutto l'uso del velo), la chiusura delle case, rifugio delle cerimonie islamiche clandestine, l'utilizzazione dei bagni pubblici, infine la lingua araba. Insomma si voleva scacciare ciò che ancora sopravviveva dell'islam granadino».

> **Una presenza inquietante**

Di fronte a un simile sopruso, **i *moriscos* delle regioni montagnose intorno a Granada insorsero**, dando inizio a una guerra che, ben presto, divenne feroce e spietata da entrambe le parti. La **rivolta** fu **domata nel 1570**; a quel punto, per evitare nuove sommosse in futuro, le autorità spagnole decisero di disperdere i *moriscos* granadini nel resto della Castiglia, mentre i loro beni vennero venduti a immigrati cristiani. Nel giro di pochi anni, tuttavia, in tutti i centri in cui erano stati deportati, grazie alla loro intraprendenza, i *moriscos* riuscirono ad arricchirsi. Nel medesimo tempo, il loro notevole tasso di incremento demografico fece aumentare costantemente il loro numero, trasformandoli in una presenza sempre più pericolosa, agli occhi degli spagnoli. Pertanto, a partire dal 1582 si cominciò a discutere su come risolvere una volta per tutte, in modo drastico, il problema della loro esistenza.

Fino all'inizio del Seicento, tuttavia, non fu possibile prendere alcun provvedimento, a causa della cronica situazione di conflitto in cui la Spagna, su un fronte o sull'altro, si venne costantemente a trovare. Ma tra il **1609** e il **1614**, infine, **tutti i *moriscos* furono espulsi dal regno**; dovettero andarsene circa 300 000 persone, un numero veramente considerevole, se teniamo presente che l'intera popolazione della Spagna ammontava a 8 milioni di individui.

↑ *Moriscos* abbandonano Granada per sfuggire alle persecuzioni cattoliche, incisione, 1564.

ECONOMIA DEMOGRAFIA E SOCIETÀ

4

Storia slide

Gli **spagnoli** nel **Nuovo Mondo**

Le conoscenze da acquisire	Le competenze da potenziare
Per i nativi americani, la "scoperta dell'America" da parte degli europei fu una gigantesca catastrofe.	Saper comprendere il ruolo dei fattori biologici nella dinamica storica.

4.1 Cristoforo Colombo

> **VEDI** Marco Polo → pag. 89

> Le motivazioni religiose di Colombo

L'intolleranza mostrata in patria verso qualsiasi forma di diversità religiosa spiega, almeno in parte, l'atteggiamento assunto dagli spagnoli in America, all'inizio del XV secolo. Basandosi sulla convinzione che la terra fosse rotonda, il navigatore genovese **Cristoforo Colombo** si propose di raggiungere l'Oriente navigando verso Occidente. In particolare, egli voleva raggiungere la Cina, la cui ricchezza era stata descritta con tanti particolari da Marco Polo nel *Milione*. L'appoggio e il finanziamento per il viaggio, indispensabili per una simile impresa, giunsero il 17 aprile 1492 da parte dei sovrani spagnoli Isabella e Ferdinando, pochi mesi dopo il trionfo di Granada.

Anche i portoghesi, negli stessi anni, si erano diretti in Oriente. Il loro obiettivo dichiarato era di portare in Europa le preziose spezie indiane, aggirando la costosa mediazione veneziana e musulmana. Abbagliato dal racconto del grande viaggiatore veneziano, Colombo affermò a più riprese, nei suoi scritti, che l'**oggetto privilegiato della sua ricerca** non erano le spezie, ma l'**oro**. Non era affatto mosso da semplice avidità di ricchezze; nella sua mente, quell'oro avrebbe dovuto servire a **finanziare una nuova crociata e a conquistare il Santo Sepolcro**: insomma a continuare oltre mare – fino alla vittoria finale – quella guerra contro l'islam che si era conclusa, in Spagna, con il completo trionfo della cristianità.

Dunque, le motivazioni che spinsero Colombo a intraprendere, nel 1492, il viaggio che lo avrebbe condotto a *scoprire* il Nuovo Mondo, erano di matrice religiosa, più che di natura economica. Forse, nel momento in cui l'entusiasmo per la *guerra santa* (a seguito della recente conquista di Granada) era ancora particolarmente vivo, fu questo aspetto della personalità di Colombo a fare breccia nei re cattolici, che gli accordarono quanto altri sovrani, invece, gli avevano negato.

Cristoforo Colombo (o Cristóbal Colón, come fu chiamato in Spagna) era nato nei pressi di Genova, nel 1451. Come lui stesso ricordò ai sovrani di Spagna, cominciò a navigare «in giovanissima età», forse già a quattordici anni. A venticinque, entrò a **servizio della marina portoghese**: in altre parole, passò dalla navigazione relativamente semplice nel Mediterraneo a quella oceanica. In particolare, l'esperienza portoghese lo obbligò a **confrontarsi con il complesso sistema di venti dell'Atlantico**.

→ Nell'immagine un particolare del ritratto di Cristoforo Colombo eseguito da Sebastiano del Piombo, nel 1519 (New York, Metropolitan Museum of Art).

↑ Cristoforo Colombo e i monarchi di Spagna, arazzo fiammingo, XVI secolo. Nella parte a sinistra la regina Isabella consegna all'esploratore i suoi gioielli, perché siano dati in pegno finanziario per l'impresa delle Indie; nella parte a destra, Colombo sale sulla Santa Maria a Palos; nella parte centrale il navigatore a corte al rientro dalla scoperta.

> **Il rifiuto portoghese**

Nel 1484, Colombo espose il suo progetto a Giovanni, re del Portogallo, e questi lo sottopose a una commissione di esperti. Tenendo conto degli argomenti esposti dall'astronomo e matematico greco Tolomeo (intorno al 150 a.C.), il comitato di Lisbona dichiarò che **il viaggio era inattuabile**; certo, la Terra era rotonda, e quindi, in linea di principio, il ragionamento del genovese era fondato. I suoi calcoli sulle effettive dimensioni del globo, tuttavia, erano clamorosamente errati. Mentre, a suo giudizio, il Giappone distava al massimo 2400 miglia nautiche dalle Canarie, la vera distanza era di quattro volte superiore a quella prospettata dal navigatore. Di conseguenza, secondo la commissione portoghese che bocciò il progetto di Colombo, nessuna nave avrebbe potuto **raggiungere il Giappone**, **navigando verso occidente**, **senza scalo**, **in mare aperto**.

4.2 Una scoperta che sembrò un fallimento

> **VEDI** Le spedizioni cinesi → pag. 203

In seguito al rifiuto portoghese, Colombo non si scoraggiò e si rivolse ai sovrani di Spagna, che decisero di finanziare la sua impresa. Due navi gli furono offerte dalla città di Palos, costretta a pagare alla Corona un'ammenda, a causa di alcuni atti di pirateria compiuti contro i portoghesi. Si trattava di **due caravelle di piccola stazza** (55-60 tonnellate), lunghe circa 20 metri, larghe 7 e alte 3. Battezzate *Pinta* e *Niña*, avevano tre alberi ciascuna. Colombo, per parte sua, noleggiò poi una **nave più grande** (100 tonnellate circa), denominata *Santa Maria*. Nel complesso, furono reclutati circa 90 marinai (30 per la *Pinta*; 20 per la *Niña*; 40 per la *Santa Maria*). Le due caravelle furono poste al comando di due fratelli, Martín Alonso e Vicente Yáñez Pinzón; la nave più grande, invece, fu guidata dallo stesso Colombo.

Le tre navi lasciarono Palos il 3 agosto 1492 e arrivarono alle Canarie il giorno 12; qui furono cambiate le vele e fatti gli ultimi rifornimenti, prima di affrontare l'ignoto. **La navigazione in mare aperto durò 33 giorni**; nessun marinaio aveva mai viaggiato

↑ *Colombo sbarca nelle Indie*, incisione del 1596 di Theodor de Bry.

così a lungo, senza tener d'occhio un litorale o vedere la propria meta. Pertanto, dopo circa un mese di navigazione, l'equipaggio fu sul punto di ammutinarsi.

Il 12 ottobre 1492, comparve all'orizzonte l'isola di Guanahani, che Colombo ribattezzò **San Salvador**. Gli europei furono accolti cordialmente da un gruppo di indigeni pacifici, i *taino*, subito denominati *indios* (indiani) da Colombo, convinto di aver raggiunto la propaggine più orientale dell'Asia. Ripreso il mare, Colombo incontrò altre isole decisamente più grandi, e cioè **Cuba e Hispaniola (Haiti)**; durante queste prime ricognizioni, andò perduta la *Santa Maria*. Colombo fu allora costretto a lasciare 39 uomini a Hispaniola, prima di riprendere il mare verso l'Europa; ma, subito dopo la partenza delle navi dirette in Spagna, un gruppo di marinai castigliani cercò di impadronirsi con la forza di alcune donne indigene. Gli *indios* reagirono e uccisero tutti gli europei.

Nel febbraio 1493, le due navi superstiti fecero ritorno (separatamente) in Spagna. In un primo tempo, la nuova scoperta di Colombo destò vivo interesse, sia in Spagna sia in altri Paesi d'Europa. Un lungo resoconto di viaggio, steso dal navigatore il 15 febbraio 1493, fu subito stampato in castigliano a Barcellona; tradotto in latino, trovò ampia circolazione, al punto che ne conosciamo ben otto edizioni. Inoltre, al più presto, si allestì una flotta di una ventina di navi, che si recò nelle terre raggiunte da Colombo nel suo primo viaggio.

> **Né oro né spezie**

Il navigatore genovese era **convinto di aver raggiunto le Indie**. In realtà, da più parti, si cominciò a mormorare che le terre occidentali fossero solo remoti e sperduti isolotti, privi di qualsiasi importanza economica. In essi, in effetti, non vi erano né pepe, né cannella né alcun altro tipo di spezie, mentre l'oro effettivamente trovato era così scarso, che serviva solo a coprire le spese delle varie spedizioni. Il prestigio di Colombo subì un colpo mortale, al punto che **la sua figura fu quasi dimenticata**.

GEOSTORIA

Il primo viaggio di Colombo

Carta proiettabile

→ Dopo una sosta alle isole Canarie, Colombo intraprese la lunga traversata oceanica percorrendo una rotta a nord del Tropico del Cancro. Dopo poco più di un mese arrivò nell'arcipelago delle Bahamas, sbarcando sull'isola Guanahani, ribattezzata San Salvador.

4.3 Un *Nuovo Mondo*

Le esplorazioni oceaniche di spagnoli e portoghesi avevano lo stesso obiettivo: raggiungere l'Oriente. Vasco da Gama scoprì la via delle Indie nel 1497, cinque anni dopo il viaggio di Colombo. Poiché le terre raggiunte dal navigatore genovese non offrirono, almeno inizialmente, grandi motivi di interesse, i portoghesi sottovalutarono a lungo il Nuovo Mondo e credettero di essere i veri vincitori della *corsa alle Indie*.

> **Scoperta del Brasile**

Intanto, si lanciarono nell'oceano vari altri navigatori, finanziati da diversi sovrani, che non volevano lasciarsi sfuggire eventuali lucrose occasioni. Nel 1497, sostenuto da capitali inglesi, l'italiano Giovanni Caboto arrivò a Terranova; tre anni più tardi, il portoghese **Pedro Álvares Cabral** toccò le coste del Brasile. Malgrado il serpeggiante senso di delusione, anche numerose navi spagnole partirono in continuazione verso occidente, e tra questi avventurieri spagnoli si imbarcò anche il fiorentino Amerigo Vespucci.

> **Geografia classica e Scritture messe in discussione**

Tra il 1503 e il 1511, tutti questi viaggi distrussero definitivamente l'*ipotesi colombiana* che le terre raggiunte a occidente fossero le Indie, e avanzarono in modo sempre più fondato la tesi secondo cui si trattasse di un ***Nuovo Mondo***, del tutto ignoto agli antichi. Tale idea fu accolta con molta cautela e perplessità, in quanto la presenza di un continente sconosciuto sembrava mettere in discussione le indiscusse competenze dei geografi greci e, peggio ancora, l'autorità stessa della Sacra Scrittura. Pertanto, ancora in numerose opere di geografia degli anni 1530-1550, l'America *non esiste*, cioè non è menzionata, mentre si ripete che le regioni del mondo sono tre: Europa, Asia e Africa.

Guardiamo la storia
La conquista spagnola del Nuovo Mondo

Nel 1503, **Amerigo Vespucci** scrisse una lettera all'ambasciatore fiorentino a Parigi, descrivendo l'immenso continente da lui visitato negli anni precedenti. L'anno seguente, 1504, questo scritto fu tradotto in latino e pubblicato a Venezia con il titolo *Mundus Novus*; tra il 1503 e il 1506, apparvero 11 edizioni di tale testo, imponendo in tutt'Europa l'idea che fosse Vespucci (e non il semidimenticato Colombo) il vero scopritore del Nuovo Mondo. E pare che per primo, nel 1507, sia stato il geografo tedesco Martin Waldeseemüller a proporre di chiamare *America* la *quarta parte del mondo* che doveva essere aggiunta alle tradizionali carte geografiche.

Questa idea venne fatta propria da alcuni fra i più importanti intellettuali del XVI secolo, come Thomas More e Niccolò Copernico, che citano Vespucci, attribuendogli la scoperta del Nuovo Mondo, e non Colombo.

GEOSTORIA Le esplorazioni europee (XV-XVI secolo)

Carta proiettabile

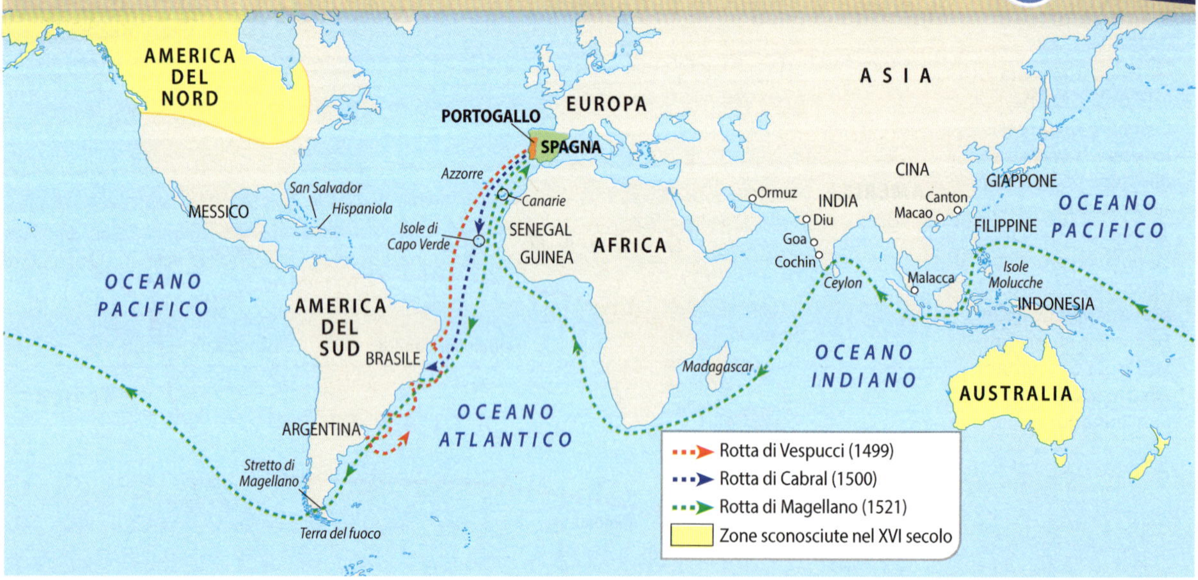

I viaggi di scoperta tra XV e XVI secolo

DATE	PERSONAGGIO	LUOGO RAGGIUNTO	PER CONTO DI
1471		Equatore	Portogallo
1482	Diego Cam	Foce del fiume Congo	Portogallo
1487	Bartolomeu Dias	Capo di Buona Speranza	Portogallo
1492	Cristoforo Colombo	San Salvador, Haiti	Spagna
1497	Vasco da Gama	Calicut, India meridionale	Portogallo
1497	Giovanni Caboto	Terranova	Inghilterra
1500	Pedro Álvares Cabral	Brasile	Portogallo
1519-1522	Ferdinando Magellano e Antonio Pigafetta	Stretto di Magellano, circumnavigazione del globo	Spagna

> **Scoperta dell'Oceano Pacifico**

Intanto, nel 1519-1522, la spedizione guidata da **Ferdinando Magellano** aveva compiuto il primo giro del globo. Partito da Siviglia con cinque navi il 10 agosto 1519, raggiunse l'estremità meridionale del continente americano attraverso lo stretto che tuttora porta il suo nome; poiché l'enorme distesa liquida che egli incontrò al di là dello stretto stesso gli apparve tranquilla, dopo alcuni giorni di pericolose tempeste, battezzò il nuovo mare con il nome di *Oceano Pacifico*. Giunto alle **isole Filippine**, Magellano fu ucciso da alcuni indigeni; infine, dopo l'ultima avventurosa circumnavigazione dell'Africa, l'ultima nave superstite (guidata da Antonio Pigafetta) l'8 settembre 1522 rientrò a Siviglia. Per quanto mancassero ancora vari dettagli, il **quadro del mondo** (compreso il vastissimo e nuovo continente) **era ormai chiaro nelle sue linee fondamentali**.

Il trattato di Tordesillas

La scoperta dell'America da parte di Cristoforo Colombo aprì una contesa tra Spagna e Portogallo sull'appartenenza delle nuove terre. Per evitare conflitti i contendenti si rivolsero più volte al papa, suprema autorità del mondo cristiano, perché risolvesse i loro contrasti. Il **papa Alessandro VI** pensò di risolvere il problema tracciando una linea di demarcazione, la ***raya***, che andava dal polo Nord al polo Sud nel senso dei meridiani: le terre a est della *raya* sarebbero appartenute al Portogallo, quelle a ovest alla Spagna. I due Stati europei accettarono l'idea e successivamente, con il **trattato di Tordesillas** del 1494, si accordarono sull'esatto percorso della *raya*.

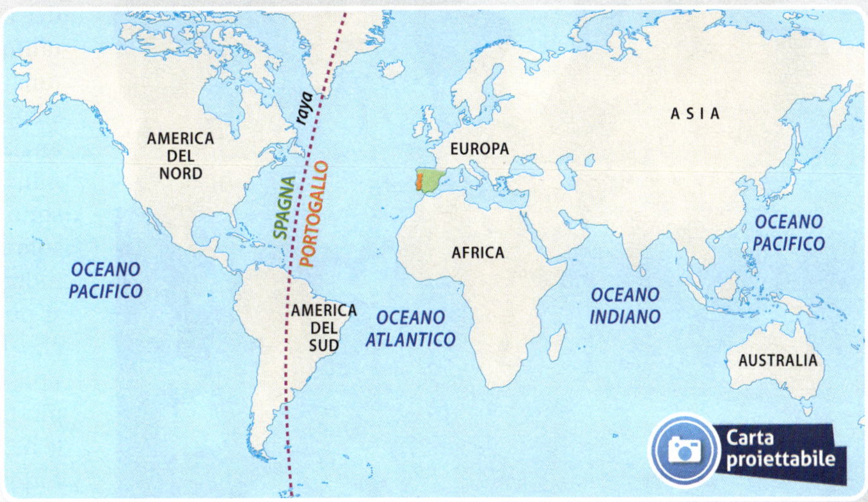

4.4 Sfruttamento e malattie: il tracollo demografico degli indios

È impossibile conoscere con precisione il numero degli abitanti del continente americano al momento dell'arrivo degli europei. Una supposizione ragionevole è stata avanzata dallo storico statunitense William Denevan, il quale ipotizza la cifra di 57 300 000 individui. Questa stima sembra più verosimile di altre proposte in passato, che oscillavano tra un numero molto più basso (8-14 milioni di persone) e uno molto più alto (100 milioni).

> Ricerca di oro

Nelle prime isole che occuparono, i **conquistatori spagnoli** (*conquistadores*) adibirono subito la numerosa popolazione al pesante lavoro di ricerca dell'oro. Di metallo prezioso, in verità, se ne trovò poco: intorno al 1515, i giacimenti auriferi delle Antille erano tutti esauriti. Nel frattempo, era iniziato il processo che avrebbe provocato, nel giro di un secolo, una vera **decimazione della popolazione indigena**: ammettendo che circa 4 milioni di individui popolassero Hispaniola nel 1492, si può ipotizzare che, nel 1508, ne fossero rimasti poco più di 93 000; analogamente, a Cuba, nel 1525 la popolazione nativa era già praticamente tutta scomparsa.

> Gli indios asserviti agli spagnoli

Tra le cause di questo tracollo, dobbiamo ricordare prima di tutto la cosiddetta ***encomienda*** (affidamento), istituita con un'ordinanza il 20 dicembre 1503. In pratica, a ogni spagnolo che si recasse nel Nuovo Mondo veniva consegnato un gruppo di indios, più o meno consistente a seconda del suo rango sociale. In teoria, gli indigeni erano *affidati* al padrone perché egli li istruisse nella fede cristiana; in pratica – poiché gli indios dovevano, come recita l'ordinanza del 20 dicembre 1503, «raccogliere ed estrarre oro e altri metalli, e procurare rendite agricole e viveri per i cristiani», cioè per gli spagnoli – si trattò di **una concessione di manodopera servile**, che il titolare della *encomienda* poteva sfruttare a suo piacimento.

La brutalità del trattamento subito dagli indios è innegabile: anzi, la situazione appariva, intorno al 1511, talmente violenta e inumana da suscitare le prime **proteste dei frati domenicani**. La violenza umana però, da sola, non spiega l'entità del tracollo demografico. Secondo molti studiosi, piuttosto, il ruolo principale dev'essere attribuito alle **malattie che gli spagnoli portarono con sé dall'Europa**.

↓ L'incontro tra un gruppo di spagnoli, appena sbarcati nel Nuovo Mondo, e alcuni indios, in un dipinto del XVI secolo (Madrid, Museo de América).

Come già notammo a proposito della peste, i microrganismi patogeni non erano originariamente distribuiti in modo uniforme su tutta la superficie del pianeta. Nel passato, pertanto, le differenti collettività umane non hanno conosciuto sempre le medesime malattie: anzi, originari di una determinata regione, virus e batteri sono a lungo rimasti confinati solo in quella terra, lasciando indenni gli altri spazi. Pertanto, si può affermare con certezza che il continente americano non conosceva nessuna delle più tipiche malattie europee e le ha, per così dire, "incontrate" tutte insieme al momento della conquista spagnola.

> **Senza difese immunitarie contro le malattie europee**

Nella loro condizione di *isolamento microbico*, i nativi americani non avevano sviluppato alcuna **difesa di tipo immunitario**, che si costituisce solo con il tempo e permette alle malattie più antiche e *tipiche* di una regione di non risultare più mortali. Di conseguenza, al momento del primo contatto con i nuovi bacilli europei, la mortalità fu elevatissima, per non dire generalizzata.

Fu questa la causa principale del tracollo demografico che investì gli indigeni dell'America nei secoli XVI e XVII. Il **vaiolo**, senza dubbio, svolse un ruolo primario; ma in una situazione di assoluta assenza di difese immunitarie, anche quelle che per gli europei erano semplici e banali malattie *infantili* per gli indios risultarono mortali.

4.5 La conquista dell'impero azteco

Le malattie svolsero un ruolo determinante anche nel crollo dell'inpero azteco, che si estendeva su gran parte del Messico. Profondamente colpiti dal fatto che gli spagnoli rappresentavano una realtà assolutamente diversa da tutto ciò che avevano conosciuto in passato, gli aztechi lasciarono scritto in molti testi a proposito della conquista spagnola: «Nulla di simile è mai stato visto». Di fronte a questa «estraneità radicale», gli aztechi furono incapaci «di percepire l'identità umana degli altri, cioè di riconoscerli – al tempo stesso – come eguali e come diversi» (T. Todorov). L'unica categoria adatta a comprendere i nuovi strani individui arrivati dal mare, allora, sembrò quella della *divinità*. Insomma, il sovrano Monteczuma e vari altri aztechi guardarono agli spagnoli come a dèi.

> **Divinità provenienti dal mare**

Tra i fattori che resero possibile la conquista del Messico da parte degli spagnoli, l'effetto di iniziale sbalordimento suscitato nella popolazione locale fu senza dubbio importante. **Hernán Cortés**, infatti, arrivò in Messico nel 1519 con appena **600 uomini**, 16 cavalli, 14 cannoni, 32 balestre e qualche archibugio. Ma invece di sfruttare tutta la propria superiorità numerica, **gli aztechi restarono**, all'inizio, praticamente **paralizzati**. Cortés riuscì pertanto ad arrivare fino alla capitale del regno e poté imprigionare Moctezuma senza alcuna difficoltà. Dopo la morte del re, gli atzechi incominciarono a lottare contro gli invasori; a quel punto, però, gli spagnoli trassero vantaggio da alcuni fattori, che indirizzarono a loro favore le sorti del conflitto. Infatti, è vero che Cortés fu costretto, nel giugno 1520, ad abbandonare in tutta fretta Tenochtitlán, capitale dell'impero; gli atzechi, tuttavia, non poterono inseguirlo, in quanto la città fu investita

> **Il vaiolo**

Carta proiettabile

Carta interattiva
Maya e aztechi verso il 1500

GEOSTORIA

L'impero azteco e il mondo dei maya verso il 1500

→ Gli aztechi, stabilitisi in Messico alla fine del XII secolo, raggiunsero la massima espansione all'inizio del XVI, prima di essere sconfitti dagli spagnoli nel 1521. I maya, originari del Guatemala, verso il 1000 a.C. si spostarono anche nello Yucatán, dove bonificarono le paludi, coltivarono le terre e costruirono le prime città-Stato, sempre in guerra tra loro.

da una micidiale **epidemia di vaiolo** , che fece vittime a migliaia, e quindi permise agli spagnoli di mettersi in salvo e riorganizzarsi. Va ricordato, inoltre, che Cortés riuscì a portare dalla sua parte numerosi popoli messicani che gli aztechi avevano sottomesso con la forza; pertanto, quando Cortés pose l'assedio a Tenochtitlán, poté anche lui disporre di un grande esercito, da contrapporre a quello nemico. A questo punto, la superiorità tecnica degli europei divenne invincibile.

RIFERIMENTO STORIOGRAFICO 6
Il crollo dell'impero azteco
→pag. 245

Alla cavalleria, agli archibugi e ai cannoni spagnoli, gli aztechi potevano opporre solo armi di ossidiana; inoltre, poiché la capitale azteca era una città lacustre, risultò decisivo il blocco navale che Cortés riuscì a imporle, dopo aver costruito una dozzina di brigantini capace di tener testa alle piccole imbarcazioni nemiche. Esaminata in tutti i numerosi fattori che la resero possibile, l'impresa di Cortés non ha niente di incredibile: dopo aver goduto di un paralizzante *effetto sorpresa*, il comandante spagnolo seppe semplicemente sfruttare al meglio tutti gli **elementi di superiorità** che la natura (sotto forma del vaiolo) e la cultura europea (**armamenti e tecnica costruttiva**) gli misero a disposizione.

4.6 La sottomissione degli inca e dei maya

Carta interattiva
La civiltà inca

L'impero degli inca si estendeva, nel XVI secolo, dalla Colombia meridionale fino al Cile centrale. La capitale, **Cuzco**, sorgeva nel cuore dell'impero, l'attuale Perù, ed era sede dell'*inca*, il sovrano, considerato Figlio del Sole. Circa dieci anni dopo la sottomissione del Messico, gli spagnoli conquistarono anche le regioni andine, grazie a fattori abbastanza simili a quelli che avevano permesso la vittoria di Cortés. Di nuovo è opportuno citare, al primo posto, il **vaiolo**, che investì il Perù già nel 1524-1526 (cioè ancor prima dell'arrivo degli spagnoli). Poiché l'imperatore Huayna Cápac morì durante tale epidemia, i suoi figli Atahualpa e Huáscar si contesero il titolo di inca; al momento dell'arrivo degli europei, dunque, il Paese era diviso e lacerato dalla guerra civile, all'interno della quale gli spagnoli seppero inserirsi con grande spregiudicatezza e abilità politica.

L'episodio decisivo dell'impresa ebbe luogo nel novembre **1532**, allorché il comandante spagnolo, **Francisco Pizarro, riuscì con l'inganno a catturare Atahualpa**. Può darsi che anche lui, come Moctezuma, considerasse gli spagnoli personaggi semidivini: come il dio della creazione, essi parevano possedere il potere del fulmine, di cui gli archibugi riproducevano il fragore. Resta che Atahualpa si presentò all'appuntamento con gli stranieri praticamente privo di scorta e disarmato, il che permise a Pizarro di farlo prigioniero senza alcuna difficoltà.

GEOSTORIA

L'impero inca verso il 1525

Carta proiettabile

I LUOGHI

Cuzco

Situata a 3399 metri sul livello del mare, Cuzco era la capitale dell'impero inca. La città era circondata da imponenti mura formate da massicci blocchi di pietra, perfettamente squadrati. Dalle cronache redatte prima della conquista spagnola sappiamo che esistevano almeno nove palazzi imperiali, dal momento che, alla morte di un sovrano, la sua dimora veniva abbandonata e il successivo ne costruiva una nuova. L'edificio più splendido era il Tempio del Sole, rivestito di lamine d'oro, sulle cui fondamenta gli spagnoli eressero la chiesa di San Domenico.

In quella circostanza, Pizarro cercò di dare una patina di legittimità giuridica al suo gesto per mezzo della lettura pubblica del cosiddetto ***Requerimiento*** (intimazione), un documento redatto nel 1514, in cui si proclamava che il papa, in nome di Dio, aveva consegnato quelle terre alla sovranità del re di Spagna; se l'inca non avesse obbedito all'intimazione di sottomettersi immediatamente, sarebbe stato trattato da vassallo ribelle, meritevole di punizione.

Video

Inca, maya, aztechi: una visita archeologica

Nei medesimi anni, gli spagnoli sottomisero anche il territorio dell'attuale **Guatemala** e della **penisola dello Yucatán**. La conquista di questi territori si dimostrò abbastanza complessa: a causa della fitta giungla che li ricopriva risultava difficile il dispiegamento della cavalleria, che in Perù e in Messico si era sempre rivelata imbattibile nei combattimenti in campo aperto. Inoltre, va ricordato che le popolazioni residenti nello Yucatán, i **maya**, non erano unite in un vasto Stato centralizzato, bensì vivevano in **numerose città-Stato indipendenti**. Una volta conquistata Tenochlitán (o catturato l'inca), gli imperi che a quella capitale (o a quel sovrano) facevano riferimento divennero un corpo senza capo, si disgregarono completamente, e quindi poterono passare in tempi brevi nelle mani degli spagnoli.

La **resistenza** dei maya, al contrario, **durò più di 14 anni**, dal 1526 al 1540; infine, però, anch'essi vennero sottomessi, ed è proprio un lamento maya che condensa meglio di ogni altro testo indio il trauma della conquista spagnola: «Vivevano sani. Non c'erano malattie, allora; non c'erano dolori d'ossa, non c'era febbre per loro, non c'era vaiolo, non c'era bruciore di petto, non c'era dolore di ventre, non c'era consunzione. Allora i loro corpi camminavano dritti ed eretti. I signori bianchi, quando sono arrivati qui, hanno insegnato la paura e sono venuti a far appassire i fiori. Per far vivere il loro fiore, hanno rovinato e aspirato il fiore degli altri».

Il testo poetico appena citato contrappone nettamente, allo squallido e doloroso presente, una specie di età dell'oro perduta. Le **rivolte indigene**, nel Cinquecento, furono caratterizzate dalla speranza di poter far tornare quel passato idealizzato e rimpianto: gli dèi – si diceva – sarebbero tornati (o risorti), e con il loro aiuto sarebbe stato possibile **cacciare gli stranieri «dalla barba fulva e dalla pelle chiara»**, che avevano portato solo morte e rovina. Incontriamo idee di questo tipo sia in Messico (nel 1541-1542) che in Perù (nel 1565). Ogni sforzo, tuttavia, risultò del tutto inutile, e non fu più possibile espellere gli spagnoli dal suolo americano.

→ La cattura di Atahualpa e il massacro del suo seguito a Cajamarca, incisione del 1596 di Theodor de Bry.

4.7 Come giustificare il dominio sugli indios?

> **La denuncia dei frati domenicani**

A partire dal 1511, un piccolo gruppo di frati domenicani aveva fatto sentire le sue proteste per l'inumano trattamento e le violenze riservate agli indios dagli ***encomenderos* spagnoli** di Hispaniola. «Siete tutti in peccato mortale; – aveva gridato dal pulpito Anton de Montesinos, il più focoso di quel gruppo di frati – in esso vivete e morite, per la crudeltà e tirannia che usate con queste genti innocenti. Ditemi con che diritto e con che giustizia tenete in sì crudele e orribile servitù questi indios. Non sono uomini questi? Non hanno anime razionali? Non siete obbligati ad amarli come voi stessi? Sappiate per certo che nello stato in cui siete non vi potete salvare più dei mori o dei turchi che sono privi e non vogliono saperne della fede in Gesù Cristo». La conquista degli imperi degli aztechi e degli inca, poi, allargò il vivace dibattito culturale relativo alla conquista fino a investire la questione stessa della **legittimità della sottomissione dei popoli del Nuovo Mondo** da parte del re di Spagna.

> **La ricerca di una giustificazione a posteriori**

Le dure parole del domenicano Montesinos avevano spinto la Corona a chiedere ai docenti delle più prestigiose università del regno il loro autorevole parere circa la legittimità del possesso del Nuovo Mondo da parte del re di Castiglia. La prima risposta ai dubbi del sovrano fu il ***Requerimiento***, di cui già abbiamo delineato i caratteri essenziali; questo testo fu letto moltissime volte dai conquistatori agli indios che essi stavano per attaccare. Si trattò di **un alibi comodo ed efficace per giustificare la guerra di rapina**: era ovvio, infatti, che nessun indio (anche ammettendo che riuscisse a capirne il senso) poteva pensare che fosse davvero suo dovere obbedire a quell'*intimazione*.

> VEDI
La concezione ierocratica
→ pag. 91

Per la Corona, tuttavia, il *Requerimiento* divenne ben presto uno strumento carente e imbarazzante; esso, infatti, presupponeva l'accettazione della *concezione ierocratica* medievale, secondo cui il papa deteneva una sorta di potere universale su tutta la Terra e, quindi, era superiore a tutti i sovrani. Pertanto, fu chiesto ai professori consultati dalla Corona di elaborare una **nuova teoria**, che risultasse **capace di giustificare la legittimità della conquista**, senza attribuire alcun ruolo al pontefice. Gli intellettuali spagnoli che si misero all'opera partirono dalle teorie politiche del filosofo greco Aristotele, il quale vedeva incarnato nel modello greco il proprio ideale di *umanità*; pertanto, pensava che veri uomini fossero solo coloro che comunicavano fra loro mediante il linguaggio, erano capaci di dominare con la ragione le proprie passioni e vivevano in città. Agli occhi di Aristotele, coloro che non possedevano questi requisiti fondamentali erano *barbari*, esseri sub-umani che la natura aveva destinato a essere schiavi dei veri uomini.

↑ In un porto del Venezuela navi spagnole attorniano alcuni indigeni che pescano perle. Gli europei sfruttarono senza scrupolo uomini e ricchezze locali.

Nel loro sforzo di rispondere ai dubbi del re, gli intellettuali spagnoli identificarono gli indios delle isole caraibiche con questi **schiavi per natura**, di cui parlava Aristotele. Tale identificazione, tuttavia, risultò insostenibile allorché gli spagnoli sottomisero veri e propri imperi complessi e strutturati come quello azteco e quello degli inca: poiché si trattava di **civiltà urbane**, ben organizzate sotto il profilo politico, **parlare di esseri brutali e selvaggi**, di fronte agli indiani del Messico e del Perù, **apparìva semplicemente assurdo**.

Spettò alla prestigiosa Università di Salamanca risolvere il nuovo problema; il domenicano **Francisco de Vitoria**, in particolare, nel 1539 esaminò a fondo la questione, rifiutando la teoria degli *schiavi naturali*. A suo giudizio, gli indios del Nuovo Mondo andavano senza alcun dubbio considerati come veri uomini; eppure, alcuni loro comportamenti apparivano contrari alla cosiddetta *legge di natura*, cioè a quei comandamenti morali che tutti gli esseri veramente umani rispettano, per distinguersi dagli animali. Il sistematico ricorso degli aztechi al **sacrificio umano**, soprattutto, pareva a molti spagnoli la prova più evidente della **barbarie degli indios**. Vitoria sposò così una posizione intermedia: per quanto fossero pienamente uomini, gli indiani erano **paragonabili ai bambini, che avevano bisogno di guida e di educazione**. In tal modo, la dominazione spagnola era presentata come un'eccezionale opportunità positiva per quelle popolazioni, visto che avrebbe permesso loro di elevarsi a un livello superiore di civiltà e di moralità, per raggiungere il quale la conversione alla fede cristiana sarebbe stato il presupposto di base.

> **Educare e convertire gli indios**

La posizione di Vitoria può sembrare, a noi moderni, discutibile e partigiana: come Aristotele restringeva ai soli greci il monopolio della vera *umanità*, così, di fatto, il teologo di Salamanca finiva per considerare i valori morali cristiani ed europei come unici e indiscutibili. Tuttavia, fu la sua decisa difesa della *umanità* degli indios che spinse la Corona a prendere una serie di provvedimenti destinati a migliorare la condizione degli abitanti indigeni del Nuovo Mondo; in Perù, i coloni spagnoli arrivarono persino a ribellarsi al re, che cercava di porre dei limiti al feroce sfruttamento che essi praticavano nei confronti degli indios.

4.8 Dal punto di vista degli indios: Bartolomé de Las Casas

In tale contesto, una voce si distingue dalle altre: è quella di Bartolomé de Las Casas, un frate domenicano che fino al 1514 fu un *encomendero* a Cuba. Impressionato dai massacri di indios, rinunciò alla sua *encomienda* e cominciò a denunciare le violenze degli europei, diventando il **più radicale difensore dei diritti dei nativi**. Inizialmente, in modo simile a Vitoria, egli si limitava a chiedere il riconoscimento della loro umanità e l'obbligo di un miglior trattamento. Ma nel giro di qualche tempo, identificandosi sempre più con gli indigeni, egli iniziò a osservare la questione dal loro punto di vista: ora, qualunque fosse la giustificazione addotta, era impossibile negare che gli europei stessero compiendo un'enorme ingiustizia, un atto di pura e semplice rapina.

Una volta assunto consapevolmente **il punto di vista dell'*altro***, il cristiano spagnolo Las Casas cercò perfino di capire i valori che stavano dietro al comportamento degli indios; così, una volta ricondotto all'interno della logica generale della mentalità azteca, lo stesso sacrificio umano – agli occhi di Las Casas – cessò di apparire un feroce e incomprensibile atto di barbarie. Il motivo per cui gli aztechi sacrificavano la vita umana, infatti, secondo Las Casas andava ricercato nel desiderio di offrire alla divinità ciò che è più prezioso e perfetto: lungi dall'essere il segnale dell'innata spietatezza e brutalità degli indios, il sacrificio gli apparve la riprova dell'eccezionale intensità del sentimento religioso degli indiani.

A maggior ragione, dunque, Las Casas riconobbe piena legittimità ai sovrani indiani spodestati dagli spagnoli; apparentemente, egli non mise mai in discussione la sovranità spagnola sul Nuovo Mondo. Tuttavia certe sue affermazioni, negli anni posteriori il 1550, appaiono di una radicalità estrema e stringente: «Sarà forse che il nostro severissimo re Filippo tollererebbe pazientemente e per giunta nel regno di Castiglia che il re di Francia o i francesi venissero dal loro regno nel nostro penetrando senza permesso alcuno fino alle miniere di Guadalcanal e in altri luoghi, e da qui si prendessero l'oro, l'argento o altri oggetti preziosi? E se di fatto entrassero, non sarebbe questo un atto violento di furto o rapina? Insomma, dormirebbe in tal caso il re di Spagna sonni beati?».

La logica conclusione di un simile ragionamento era che il possesso delle miniere d'oro e d'argento delle terre del Nuovo Mondo – occupate senza il consenso dei sovrani indigeni – era abusivo, era un atto di appropriazione indebita, privo di ogni legittimità.

↓ Bartolomé de Las Casas e un nativo americano.

4.9 Un vero sterminio

> **Oro e argento, un premio per chi annuncia il Vangelo**

La radicale posizione di Las Casas, come si può immaginare, suscitò rabbia e aspre critiche da parte degli *encomenderos*. Nel 1571, ad esempio, García di Toledo, il cugino del viceré del Perù, scrisse che il domenicano era uno strumento del demonio, il quale per suo tramite avrebbe voluto persuadere il re di Spagna ad abbandonare le Indie e a interrompere il processo di diffusione della fede. Quanto agli indiani, erano descritti ancora una volta come esseri stolti e animaleschi. Inoltre, le ricchezze presenti sul loro territorio – che gli indigeni, nella loro bestiale stupidità, non avevano saputo sfruttare – venivano considerate come un intervento provvidenziale: erano l'esca (e il premio) posto da Dio a chi si fosse accollato l'onere di portare la vera fede agli *indiani*. Nessuno, secondo García di Toledo, avrebbe mai voluto avere contatti con questi bruti (e, quindi, sarebbe mai venuto ad annunciare loro il Vangelo) se le loro terre non fossero state ricchissime di oro e di argento.

L'ipocrisia di una simile impostazione è evidente per qualsiasi lettore, anche il più superficiale; l'arrivo degli spagnoli – per chi guardi la storia della *scoperta dell'America* **dal punto di vista degli indigeni** – fu un evento drammatico che non può rispondere, così come si è effettivamente verificato, a nessuna logica provvidenziale. Sia in Messico che in Perù, nel corso del Cinquecento, la popolazione calò a un ritmo impressionante. Secondo gli studiosi statunitensi della cosiddetta *scuola di Berkeley*, l'andamento demografico del Messico potrebbe essere riassunto nelle seguenti cifre approssimative: 25 milioni nel 1519; 16,8 nel 1532; 6,3 nel 1548; 2,65 nel 1568; 1,9 nel 1580; 1,075 nel 1605. Analogamente, secondo Nathan Wachtel, per il Perù è verosimile la seguente dinamica del calo della popolazione indigena: 8-10 milioni nel 1530; 2,5 verso il 1560; 1,5 verso il 1590. Il posto principale, in questo tragico processo, va assegnato ancora una volta alle malattie, che infuriarono senza posa. Il moderno concetto di *genocidio* (che sta a indicare il tentativo deliberato e intenzionale di sterminare un intero popolo) non è dunque assolutamente adeguato a descrivere la situazione creatasi in America nel corso del XVI secolo; ciò nonostante, resta indiscutibile che l'arrivo degli europei nel Nuovo Mondo fu **una delle più drammatiche catastrofi dell'intera storia mondiale**.

Il crollo demografico degli indios

HISPANIOLA	1492 1508	4 000 000 90 000
CUBA	1525	Scomparsa degli indigeni
MESSICO	1519 1605	25 000 000 1 075 000
PERÙ	1530 1590	8 000 000/10 000 000 1 500 000

→ Diego de Durán, *Massacro dei messicani*, miniatura del XVI secolo (Madrid, Biblioteca Nacional).

1 Cina e Inghilterra a confronto, nel XV secolo

All'inizio del Quattrocento, un vero abisso separava in tutti i campi l'Europa e la Cina, governata dalla dinastia Ming. L'immenso impero asiatico era molto più avanzato e prospero di qualsiasi Paese del Vecchio Mondo. Tuttavia, gli europei avevano una serie di risorse di cui la Cina era del tutto sprovvista. La formidabile frammentazione tipica del mondo occidentale (dal tempo della fine dell'impero romano) obbligava infatti i vari Stati a un continuo sforzo di miglioramento, pena la disfatta, nella competizione con gli altri soggetti.

Se, nell'anno 1420, aveste compiuto un viaggio lungo due fiumi – il Tamigi e lo Yangtze [è il Fiume Azzurro, *n.d.r.*] – sareste rimasti molto colpiti dal contrasto. Lo Yangtze faceva parte di un vasto complesso di canali navigabili che collegavano Nanchino con Pechino, oltre 800 chilometri più a nord, e con Hangzhou a sud. Al centro di questo sistema stava il Grande Canale, che nel momento del suo massimo sviluppo si estendeva per oltre 1600 chilometri. Risalente al VII secolo a. C., e fornito di splendidi ponti come quello della Cintura di Giada, il Canale fu restaurato e migliorato sotto il regno dell'imperatore Ming Yongle (1402-1424). Quando il suo ingegnere capo Bai Ying ebbe terminato i lavori di sbarramento e diversione del Fiume Azzurro, divenne possibile far navigare su e giù per il Canale quasi 12 000 chiatte all'anno per il trasporto del grano. Per la sua manutenzione erano impiegati quasi 50 000 uomini. In Occidente il più grande di tutti i grandi canali sarà sempre, com'è ovvio, quello di Venezia. Ma quando visitò la Cina negli anni Settanta del Duecento, l'intrepido viaggiatore veneziano Marco Polo non poté che rimanere profondamente stupito dal volume del traffico che si svolgeva sullo Yangtze: «Il numero dei vascelli che solcano questo grande fiume è talmente alto che chiunque lo legga o lo ascolti difficilmente sarebbe disposto a credervi. La quantità di merci che vi viene trasportata è assolutamente incredibile. In effetti è così grande che sembra più un mare che un fiume». [...] Nel 1420 Nanchino era probabilmente la più grande città del mondo, con una popolazione oscillante tra mezzo milione e un milione di abitanti. [...] Ma per Yongle Nanchino non era sufficiente. Poco dopo la sua accessione al trono decise di costruire una nuova e ancora più splendida capitale a Nord: Pechino. Nel 1420, quando fu completata la Città Proibita [il maestoso palazzo imperiale di Pechino, *n.d.r.*], la Cina dei Ming poteva con ragione proclamare di essere la più avanzata civiltà al mondo.

↑ L'imperatore cinese Ming Yongle.

In confronto allo Yangtze, il Tamigi, all'inizio del XV secolo, non era altro che uno stagno. Senza dubbio, Londra era un porto trafficato, il principale centro del commercio inglese con il continente. Il più celebre sindaco della città, Richard Whittington, era un mercante di tessuti che aveva fatto fortuna grazie alle crescenti esportazioni di lana inglese. E l'industria cantieristica aveva ricevuto un forte impulso dalla necessità di trasportare uomini e rifornimenti per le ricorrenti campagne militari contro i francesi. A Shadwell e Ratcliffe si potevano tirare in secca le navi in apposite banchine adibite alle operazioni di raddobbo. E c'era, naturalmente, la Torre di Londra, senza dubbio più torva e minacciosa che proibita. Ma un visitatore proveniente dalla Cina non sarebbe rimasto affatto colpito da questo panorama. La Torre stessa era una rozza costruzione in confronto ai palazzi dalle molteplici sale della Città Proibita. Il London Bridge, se paragonato al Ponte della Cintura di Giada, non era altro che un pacchiano bazar costruito su palafitte. E primitive tecniche di navigazione confinavano i marinai inglesi a ristrette estensioni d'acqua – il Tamigi e il Canale della Manica – dove potevano rimanere in vista delle coste conosciute. Nulla sarebbe stato più inimmaginabile, per gli inglesi esattamente come per i cinesi, dell'idea di navi che solcassero il mare da Londra fino allo Yangtze.

In confronto a Nanchino, la Londra nella quale Enrico V rientrò dopo il suo trionfo sui francesi nel 1421 (la vittoria più celebre è quella nella battaglia di Agincourt) era a malapena una città. La sua vecchia e rattoppata cinta muraria aveva un perimetro di circa 5 chilometri, ancora una volta una frazione minima rispetto alle dimensioni di quella che cingeva Nanchino. Al fondatore della dinastia Ming, Hongwu, erano occorsi più di vent'anni per costruire il muro di cinta della sua capitale, che aveva un perimetro di 30 chilometri ed era fornito di portali talmente grandi da poter alloggiare ciascuno 3000 soldati. Ed era stato costruito per durare. Buona parte di esso è in piedi ancora oggi, mentre del muro medievale di Londra non rimane praticamente nulla. In base agli standard del XV secolo, la Cina dei Ming era un luogo dove si poteva vivere in modo abbastanza piacevole. L'ordinamento rigidamente feudale stabilito all'inizio dell'epoca ming era stato ammorbidito dal commercio interno. Oggi, chi visita Suzhou può ancora ammirare i frutti architettonici di questa prosperità lungo gli ombreggiati canali e negli eleganti vialetti del centro della città antica. In Inghilterra la vita urbana era molto diversa. La peste nera - la piaga bubbonica causata dal batterio *Yersinia pestis*, veicolato dalle pulci, che aveva raggiunto l'Inghilterra nel 1349 - aveva ridotto la popolazione di Londra a circa 40 000 abitanti, meno di un decimo di quella di Nanchino. Oltre alla peste, erano particolarmente diffusi il tifo, la dissenteria e il vaiolo. E, anche in assenza di epidemie, le pessime condizioni igieniche facevano di Londra un'autentica trappola mortale. Prive di qualsiasi tipo di sistema fognario, le strade ribollivano di fetore, mentre nelle città cinesi gli escrementi umani erano sistematicamente raccolti e utilizzati per concimare i terreni circostanti. [...] Tra il 1540 e il 1800, in Inghilterra l'aspettativa di vita media non superava la misera cifra di trentasette anni, che a Londra scendeva a poco più di venti. Circa un bambino inglese su cinque moriva nel suo primo anno di vita; nella capitale addirittura un bambino su tre. Lo stesso Enrico V salì al trono all'età di ventisei anni e morì di dissenteria quando ne aveva trentacinque, a ricordarci come, fino a poco tempo fa, la storia sia stata fatta in gran parte da uomini ancora piuttosto giovani e destinati a breve vita.

N. FERGUSON, *Occidente. Ascesa e crisi di una civiltà*, Mondadori, Milano 2012, pp. 43-46, trad. it. di A. PICCATO

analizza il brano

- Spiega l'espressione secondo cui Londra, nel 1421, «era a malapena una città».
- Spiega l'espressione secondo cui Londra, all'inizio del XV secolo, era «un'autentica trappola mortale».

2 Firenze nel Quattrocento

Nel XV secolo, insieme a Venezia, Firenze era uno dei più importanti centri economici dell'intera Europa. La sua forza era il denaro. Tuttavia, nel momento in cui, nel resto del continente, si stavano rafforzando entità statali di enormi dimensioni, come il regno di Francia e quello di Spagna, lo spazio di manovra di una piccola città-stato che, al massimo, dominava sul territorio circostante, era destinato a ridursi progressivamente.

Un viaggiatore del XV secolo che entrasse a Firenze da una delle sue porte massicce avrebbe incontrato strade rumorose e maleodoranti strette tra case a più piani con i tetti spioventi e brulicanti di gente di ogni classe e professione: signori in farsetto e calzamaglia, signore vestite di seta con cortei di servi e schiavi esotici, chierici con vesti lunghe e sandali, sudici operai, mendicanti, ambulanti, borsaioli, venditori di carne, bande di giovani chiassosi. Oltrepassati negozi, cappelle agli angoli delle strade, chiese e ingressi signorili, ben presto avrebbe raggiunto il centro monumentale della città. In soli venti o trenta minuti, il visitatore avrebbe percorso nel fitto tessuto della città oltre due secoli di storia, dalla città di provincia medievale all'orgogliosa capitale del Rinascimento di quasi mitica fama. Tale fama era ben meritata e il mito consapevolmente coltivato. I poeti cantavano le bellezze della città, gli oratori la esaltavano come la nuova Atene, cronisti e storici la proclamavano «figlia di Roma» e i pittori la raffiguravano come giardino di delizie in un paesaggio incantato. [...] Firenze plasmò il suo destino più con la forza dell'economia che con quella delle armi. A partire dalla metà del XII secolo la piccola città di mercato sull'Arno aveva cominciato a ravvivarsi per gli effetti di una rivoluzione commerciale che stava trasformando anche altre parti d'Italia e dell'Europa occidentale. Immigrati vi accorrevano dalla campagna toscana per trovare lavoro nei suoi negozi, nelle fonderie e nei mulini. Il panno di lana a buon mercato costituiva la maggior parte della sua produzione industriale, ma nel XIII secolo Firenze era anche esportatrice di lana pregiata, sete, cuoio, carta, sapone, vetro e oggetti realizzati in ferro battuto, oro e argento. I mercanti fiorentini stavano creando reti commerciali in tutta Italia, nel Mediterraneo, in Francia e nel Nord Europa. Con il loro capitale accumulato fungevano anche da banchieri, diversificando le loro attività con operazioni di cambio e prestito su mercati finanziari nazionali ed esteri. Entro la fine del XIII secolo erano diventati i principali amministratori finanziari del papato e avevano una posizione di quasi monopolio come esattori delle entrate della Chiesa in luoghi remoti come l'Inghilterra. Il fiorino d'oro finemente realizzato, con impresso il giglio e l'effige di Giovanni il Battista, patrono della città, superava tutti i rivali come standard monetario internazionale. [...]

I mercanti fiorentini stavano creando reti commerciali in tutta Italia, nel Mediterraneo, in Francia e nel Nord Europa. Con il loro capitale accumulato fungevano anche da banchieri

Al culmine della piramide ecclesiastica fiorentina si collocava l'arcivescovo (vescovo fino al 1420). Nominato dal papa su raccomandazione locale, questo principe della Chiesa proveniva con sempre maggiore frequenza da una delle famiglie patrizie della città. [...] Un arcivescovo di successo doveva saper bilanciare gli interessi del clero locale con quelli della curia [il papato di Roma, *n.d.r.*]. Doveva parlare per le classi lavoratrici senza esasperare i loro padroni. Doveva essere un abile amministratore, uno studioso di diritto canonico e di teologia, un diplomatico capace di mediare tra gli interessi della repubblica

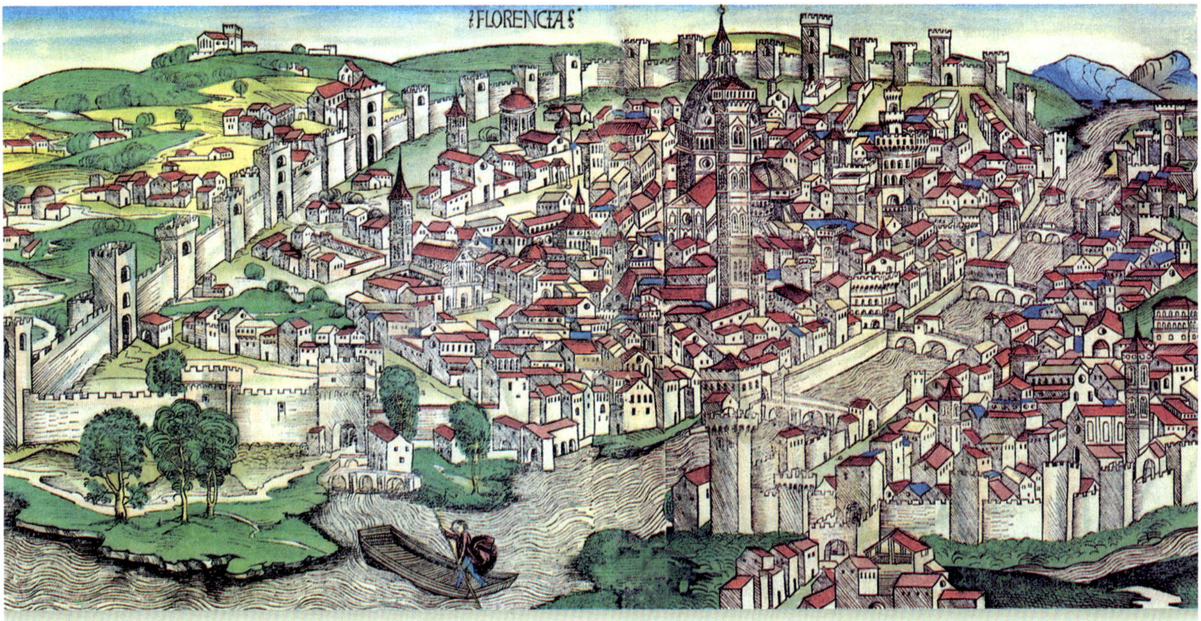

↑ Veduta di Firenze, incisione del XV secolo.

e la gerarchia e anche, come pastore del suo gregge, un predicatore efficace e medico delle anime. L'uomo che corrispose a tali aspettative ed ebbe fama di superarle fu Antonino Pierozzi, arcivescovo tra il 1446 e il 1459. [...] Come alcuno dei precedenti predicatori mendicanti [francescani e domenicani, *n.d.r.*], Antonino era sensibile al dilemma di questa città di banchieri e commercianti: vale a dire, come conciliare pratiche protocapitalistiche, ad esempio la riscossione dell'interesse, con la condanna cristiana dell'usura. Fece alcune concessioni sull'interesse ma, cosa più importante, insegnò che la ricerca della ricchezza era giustificabile, anzi necessaria, nella misura in cui questa veniva impiegata per il bene comune sotto forma di opere pubbliche, aiuti ai poveri e altri fini caritatevoli. A tal fine esaltava la «magnificenza» e la generosità, non solo come strumento di espiazione per il peccato individuale, ma, più positivamente, in quanto essenziali virtù urbane. [...]

Allorché Antonino divenne arcivescovo di Firenze, nel 1446, il partito di Cosimo de' Medici era ormai al potere da un decennio e le virtù civiche che Antonino predicava erano già in via di estinzione. [...] Sostenitori dei Medici vennero posti a capo dei principali uffici amministrativi, e i nomi di simpatizzanti medicei riempivano le sacchette elettorali dalle quali si estraevano i titolari del priorato e delle altre cariche. I consigli del popolo e del comune furono esautorati da *balie* [commissioni d'emergenza, ovviamente controllate da Cosimo e dai suoi amici, *n.d.r.*]. Le critiche venivano in parte tollerate, ma coloro che persistevano nel dissenso potevano attendersi ritorsioni che andavano da accertamenti delle imposte al bando da Firenze. Ogni fallito colpo di stato forniva al regime una scusa per controlli più rigorosi. Nel 1458, dopo una lunga crisi, fu istituito un Consiglio dei Cento, che diede ai Medici il controllo della legislazione e della selezione dei candidati.

Cosimo amava presentarsi come un fiorentino semplice della vecchia scuola. Ricoprendo raramente cariche pubbliche, preferiva esercitare la sua volontà dietro le quinte e attraverso intermediari. Il suo mecenatismo, al contrario, era personale, aperto e di dimensioni principesche. Era un appassionato costruttore di palazzi e chiese, impiegò i migliori pittori e scultori del suo tempo e stipendiava agenti che davano la caccia in lungo e in largo a manoscritti e libri rari. Sponsorizzava studiosi di lingua greca e latina e filosofi, in particolare Marsilio Ficino, figlio del suo medico, cui concesse le entrate di una fattoria di Careggi e una casa in città, nella quale questi tradusse e commentò Platone e insegnò la sua versione del neoplatonismo ai più eminenti concittadini e ai loro figli. Sebbene il più creativo degli apologeti di Cosimo lo esalti come una sorta di re filosofo repubblicano con poca ambizione personale e influente in virtù della sua saggezza e della sua magnanimità, a Cosimo piaceva anche essere visto come una figura paterna e benevola che incarnava le virtù tradizionali fiorentine del cristiano pio, dello scaltro mercante pragmatico e del patriota repubblicano. Sfruttò la simbologia del nome di famiglia: i Medici erano i *medici* della repubblica, che proteggono la salute del sistema politico.

D. WEINSTEIN, *Savonarola. Ascesa e caduta di un profeta del Rinascimento*, il Mulino, Bologna 2103, pp. 59-60, 67-70, trad. it. G. ARGANESE

analizza il brano

- → Che cosa era il fiorino? Che prestigio aveva, a livello internazionale?
- → Qual era il dilemma religioso più tipico di una città economicamente prospera come Firenze? Quale posizione assunse Antonino Pierozzi?

RIFERIMENTI STORIOGRAFICI

3 I portoghesi alla ricerca della terra delle spezie

In primo luogo, i portoghesi si mossero all'esplorazione delle coste occidentali dell'Africa, per istituire relazioni commerciali con i sovrani del mondo sub-sahariano. In seguito, essi furono i primi europei a raggiungere direttamente le misteriose Indie, terra di produzione delle spezie. Il successo portoghese costituì un grave colpo per due importanti soggetti economici che avevano svolto per secoli un importante ruolo di mediatori: i mercanti musulmani, che portavano le spezie dall'Estremo Oriente ai porti del Mediterraneo, e Venezia, che nel Quattrocento era il principale importatore di spezie in Occidente.

I progetti portoghesi di raggiungere l'India hanno avuto una storia più lunga e più complicata, rispetto all'improvviso interesse spagnolo per i piani di Colombo. I portoghesi si erano impegnati per quasi settant'anni a esplorare le coste africane, a fissarle sulle loro carte e a studiare le varie possibilità di navigazione dell'oceano Atlantico, in direzione nord come nella direzione opposta. Quest'ultimo era un compito difficile da assolvere perché correnti e venti prevalenti rendevano impossibile per la maggior parte dell'anno un trasferimento diretto, verso sud o verso nord, tra Portogallo e Africa, sicché era necessario impegnarsi in una serie di complesse virate e controvirate (in pratica si seguiva una rotta a zig-zag). Le navi non potevano navigare lungo la costa, come facevano nello spazio più angusto del Mediterraneo, ma erano costrette a muoversi continuamente, avanti e indietro, a volte bordeggiando, a volte prendendo il largo, con le coste che si avvicinavano e poi sparivano alla vista in una continua alternanza. Probabilmente la scoperta delle Azzorre nel 1427 si verificò durante una di queste inevitabili e ricorrenti incursioni nella vastità dell'oceano Atlantico, e la scoperta del Brasile a opera di Pedro Álvares Cabral, nel 1500, fu una conseguenza non prevista di una di queste lunghe manovre di continui viraggi nel corso di uno spostamento verso sud-est. Gli europei si riferivano all'Africa occidentale a sud del Sahara chiamandola «Guinea» (cioè utilizzando il nome arabo della regione). Erano noti l'oro e la ricchezza di cui disponevano i regni posti sotto il gran deserto, specialmente dopo il 1324, quando Mansa Musa, il signore del Mali, fece un viaggio di pellegrinaggio alla Mecca in cui si portò dietro una quantità d'oro talmente cospicua (da distribuire in dono, in qualità di pie offerte) da scatenare un'ondata di commenti che durò per decenni. [...] Anche se è possibile ritenere che il vero culmine del programma portoghese di ricerche e sperimentazione sia stata la circumnavigazione dell'Africa a opera di da Gama alla fine del Quattrocento, all'inizio la curiosità lusitana nei confronti dell'Africa era stata più stimolata dall'oro e dai diamanti, che non direttamente generata dall'ambizione di raggiungere l'India e le spezie. Al tempo del principe Enrico il Navigatore (che visse dal 1394 al 1460), l'esplorazione portoghese dell'Africa non era ancora parte di un tentativo di trovare una strada d'accesso all'India. La ricerca dell'oro rispondeva al tentativo di saltare tutti gli intermediari che lo portavano in Africa settentrionale, attraversando il Sahara, un'anticipazione di quello che in seguito sarebbe divenuto il progetto di accedere direttamente al mercato indiano delle spezie. A Madera e nelle Azzorre gli schiavi erano particolarmente importanti per i primi esperimenti di coltivazione dello zucchero, un segno premonitore di ciò che sarebbe accaduto nei secoli successivi, quando le Indie occidentali [il Brasile e le isole del mar dei Caraibi, *n.d.r.*] divennero il centro del mercato mondiale dello zucchero. [...]

↑ Il porto di Lisbona con la veduta delle torri e del palazzo reale. Lungo il fiume Tago è possibile ammirare una flotta di navi a vele quadre e latine, oltre ad alcune galee a remi.

Nel 1475 i portoghesi avevano varcato l'equatore. Da quel momento, i loro piani sembrano più guidati dal desiderio di trovare una diretta via d'accesso all'India che da quello di esplorare e sfruttare l'Africa. Nel 1481 l'ascesa al trono del re Giovanni II (che regnò sino al 1495) diede un particolare impeto al desiderio di aggirare il controllo che egiziani e veneziani imponevano sul Mediterraneo. Nel 1551 il cronista Ferrão Lopes Castanheda scrisse che, prima che i portoghesi scoprissero l'India, la maggior parte delle spezie, delle medicine e dei gioielli dell'Asia giungevano in Europa passando attraverso il mar Rosso sino ad Alessandria, dove venivano poi smistati al resto d'Europa dai veneziani. [...] Il 18 maggio 1498 da Gama arrivò in India, poco a nord di Calicut, uno dei grandi porti delle spezie della costa del Malabar. Non arrivava in un momento molto favorevole, perché la città era inondata dal monsone, un inizio di cattivo auspicio per quella che sarebbe stata una permanenza ben poco tranquilla, disturbata da episodi di violenza e da quelli che, eufemisticamente, potremmo definire fraintendimenti. A peggiorare le cose c'era il fatto che il portoghese aveva portato con sé ben poco, se non nulla, che potesse avere un qualche valore. Il sovrano di Calicut fornì una quantità di pepe sufficiente per rendere il viaggio accettabile sul piano commerciale e inviò al re portoghese un messaggio generoso, che però conteneva anche un leggero tono di rimprovero: «Vasco da Gama, *fidalo* [gentiluomo] della vostra casata è giunto nella mia terra e io me ne rallieto [ne sono lieto, *n.d.r.*]. Nella mia terra, c'è abbondanza di cannella e di chiodi di garofano e di zenzero e di pepe e di molte pietre preziose. E quello che io voglio dalla vostra terra è oro e argento e corallo e scarlatto [tessuto, ***n.d.r.***?]». Per da Gama il viaggio di ritorno in patria fu estremamente difficile. La traversata dell'Atlantico in direzione ovest durò tre mesi, a causa dei venti avversi, e trenta uomini morirono di scorbuto. Solo due navi riuscirono a tornare in Portogallo. [...] Era iniziata una nuova epoca, perché gli europei avevano finalmente localizzato le terre delle spezie e potevano prepararsi a saccheggiarle.

P. FREEDMAN, *Il gusto delle spezie nel Medioevo*, il Mulino, Bologna 2009, pp. 221-234, trad. it. D. GIUSTI

analizza il brano

- Spiega il significato dell'espressione: «inevitabili e ricorrenti incursioni nella vastità dell'oceano Atlantico».
- Che cosa ebbero in comune i due progetti di raggiungere le terre di origine dell'oro, in Africa, e quelle delle spezie, in Asia?
- Come reagì il sovrano indiano di Calicut, alle proposte portoghesi di intessere regolari relazioni commerciali con loro?

4 Lo sviluppo dell'attività mineraria in Europa

Alla fine del Quattrocento, in tutti i Paesi d'Europa registriamo un crescente bisogno di metalli. Questo fatto spiega sia lo sforzo di rendere meno duro e rischioso il lavoro del minatore, sia il notevole investimento di fondi e di energie in questo settore dell'economia.

Il Quattrocento è il secolo delle miniere. Fino al Settecento e talvolta anche oltre, siamo vissuti sui progressi e sul perfezionamento della loro organizzazione realizzati, soprattutto dopo il 1460, nell'Europa centrale e in particolare in Germania. Il vantaggio conseguito in questo settore dall'Impero, unito a una relativa - molto relativa - pace interna, spiegano la superiorità economica ottenuta, nel Quattrocento e agli inizi del Cinquecento, dalle regioni renane e danubiane, anche rispetto all'Italia del tempo. Gli elementi di cui mi appresto a riferire non hanno un'origine molto chiara, e non pochi storici hanno sostenuto che si trattava semplicemente della fase conclusiva di un progresso risalente al secolo XIII; in realtà, il problema dell'origine è relativamente secondario: l'essenziale sta nel fatto che l'Europa, alla vigilia dell'espansione coloniale, è ormai in grado di sfruttare pienamente le risorse del sottosuolo, e di padroneggiare le tecniche che le consentiranno di farlo in casa d'altri. È innanzitutto opportuno constatare che non si tratta delle conseguenze di una domanda occasionale, in quanto a progredire non è l'estrazione di ferro piuttosto di quella dell'allume, ma sono, congiuntamente, tutti i prodotti di un sottosuolo purtroppo non particolarmente dotato dalla natura: il salgemma, che ora si estrae in Sassonia, nell'alta Polonia e presso Salins nella Franca Contea, fa un tale balzo sui mercati che è possibile [...] valorizzare il ruolo delle fiere o dei punti di scambio di Chalon-sur-Saône, di Metz, di Ravensburg e di Basilea - tutti, come ben si vede, sull'asse Reno-Rodano. Ne risentono gravemente le saline marittime, in particolare quella Languedoc. Solo Venezia, nella zona meridionale, continua a reggere alla concorrenza «lotaringica», della quale del resto i papi avignonesi si sono fatti validi campioni.

Sono invece i pontefici romani a sponsorizzare l'estrazione dell'allume, mordente essenziale per la tintoria scoperto per caso a Tolfa, sulle terre di San Pietro, nel 1461. La natura quasi miracolosa della scoperta (non è più necessario andare nell'Asia Minore ottomana a cercare l'allume di Focea o in Egitto per quello dei mamelucchi) e l'aspetto passabilmente scandaloso dell'operazione (i Medici di Firenze assicurano l'estrazione e la commercializzazione, mentre il papa si occupa di scomunicare chi lo rifiuta) hanno attirato molta attenzione; Genova e Venezia, inoltre, tradizionalmente fornitrici di allume orientale, sono state in questa occasione «sorpassate» da Firenze; e questo non fu certo un elemento secondario rispetto all'insediamento dei Medici al potere. È bene chiarire, però, che l'impiego, al posto dell'allume, della cenere di legna o della pomice in polvere era praticato da molto tempo nell'Europa del Nord, e che di conseguenza l'interesse del settore era minore di quello del sale. Anche l'estrazione del rame trasse profitto dalla scoperta di giacimenti in Stiria [nell'Austria sud-orientale, *n.d.r.*], dove il piombo argentifero di cui si era alla ricerca risultò accompagnato da minerale di rame ad altissimo tenore (2 per cento), superiore a quello dei minerali noti, estratti lungo la Mosa o nella penisola iberica; l'importanza di tale metallo nello sviluppo dell'artiglieria, delle apparecchiature navali o più semplicemente degli utensili da cucina continua a progredire nel secolo XV, e soprattutto dopo il 1451, quando l'ingegnere sassone Funcken mette a punto un procedimento di separazione del rame dall'argento e dall'antimonio. Ricorderemo in proposito che due anni dopo Gutenberg, sperimentate le qualità di quell'ultimo metallo, lo scelse per la fusione dei caratteri tipografici mobili [realizzati in *piombo indurito*, ottenuto da antimonio usato in lega metallica con il piombo, *n.d.r.*]. I profitti derivanti dalle miniere di rame spiegano l'interesse dei Fugger, che se ne fecero concedere il quasi totale monopolio dall'imperatore Federico III, e lo conservarono fino alla scoperta delle miniere peruviane, nella seconda fase delle spedizioni oltre Atlantico.

Il ferro continua ad occupare il primo posto tra i metalli di uso indispensabile: per quanto ne sappiamo, tra il 1460 e il 1530 la produzione sarebbe quadruplicata; i dati di cui disponiamo, però, derivano soltanto dalla contabilità di centri urbani o di principi, e non siamo di conseguenza in grado di fornire una valutazione numerica globale. [...] Per i metalli preziosi, invece - oggetto di quella «fame», tante volte ricordata, che divora gli europei -, si è cercato accanitamente il modo di sostituire le ormai agonizzanti miniere d'argento della Sassonia e del Poitou. La scoperta di importanti giacimenti in Boemia, a Kutna Hora e a Pilsen, consente di far fronte ancora per qualche tempo alla domanda. La produzione europea degli inizi del Cinquecento è stata valutata pari a ottantacinque tonnellate in tutto, largamente al di sotto della richiesta; e tutti sanno che fu la necessità di trovare forniture supplementari fuori dall'Europa a provocare le spedizioni navali. Forniture d'argento e a maggior ragione di oro, in quanto la cristianità, dopo il 1400, incontrava gravi difficoltà nell'accedere alle sue fonti consuete, che erano il Maghreb, Bisanzio o Alessandria; la scoperta di modesti filoni in Slesia e in Moravia diede vita, intorno al 1475, a qualche speranza, che tuttavia si rivelò ben presto mal riposta.

Era necessario, per la logica della nostra esposizione, far sfilare davanti al lettore alcuni prodotti fondamentali. Per tutti, però, quello che ha importanza non è tanto il volume estratto, quanto il formidabile miglioramento della condizione di lavoro in miniera - il *Bergwerk*, il «lavoro della montagna», come dicono i tedeschi. Sino ad allora, infatti, e fin dall'antichità, scavare una galleria era un'impresa tanto faticosa e così mortalmente pericolosa, a causa dei rischi di frane, di asfissia o di inondazione, che potevano esservi impegnati soltanto gli schiavi, i condannati o i più diseredati fra gli uomini. Come sperare, in tali condizioni, in un miglioramento di resa e di volume? Bisognava affidarsi allo sfruttamento di filoni a cielo aperto o a pochi metri di profondità. [...] In Polonia, intorno al 1460, vengono messi a punto sistemi di pompaggio dell'acqua che si infiltra nelle gallerie, con l'ausilio [l'aiuto, *n.d.r.*] di ruote elevatrici a tazze azionate da cavalli; pressappoco nello stesso periodo appaiono i pilastri di sostegno nelle gallerie a terreno friabile, e soprattutto le bocche di aerazione attraverso le quali dei mantici fanno penetrare una ventilazione che consente un soggiorno di parecchie ore sottoterra. [...] D'altro canto, la cronaca degli incidenti di ogni tipo è molto lunga. Durante la sollevazione tedesca del 1525, numerosi minatori si unirono ai contadini ribelli, sintomo scarsamente incoraggiante circa la loro situazione materiale.

R. FOSSIER, *Il tempo delle crisi. 1250-1520*, Einaudi, Torino 1987, pp. 408-412, trad. it. E. DE ANGELI

analizza il brano

- Nel testo si dice che i metalli preziosi erano oggetto di una «fame» che divorava gli europei. Che cosa significa?
- Da quale condizione sociale provenivano tradizionalmente i lavoratori delle miniere?
- Quali miglioramenti nella loro condizione lavorativa furono introdotti nel XV secolo?

5 La Spagna dell'Inquisizione e della *limpidezza del sangue*

A cominciare dagli ultimi decenni del XV secolo, in Spagna divenne sempre più influente e importante il tribunale dell'Inquisizione, che si assunse il compito di smascherare ogni forma di eresia e, in particolare, quegli ebrei convertiti (*conversos*) che – pur essendo stati battezzati – continuavano a comportarsi da israeliti. Nel Cinquecento, la Spagna fu poi ossessionata dalla *limpidezza del sangue*: tutti coloro che avevano antenati ebrei (o musulmani) vennero esclusi dagli ordini religiosi e dalle cariche pubbliche.

L'oggetto primario dell'opera del nuovo tribunale fu a lungo connotato esclusivamente dai *conversos* [...]. Ma intanto si faceva strada la tesi della differenza di natura tra gli ebrei e i cristiani: e si spostava qui il conflitto con la minoranza di origine ebraica che era rimasta dopo il 1492 accettando il battesimo. La scelta politica del sovrano era stata quella di cancellare la differenza religiosa che gli impediva di mettere d'accordo l'imperiosa esigenza di compattezza religiosa del suo Stato col bisogno di sfruttare le speciali capacità culturali e commerciali della minoranza ebraica. La reazione che prese corpo non si limitò a sospettare di insincerità la conversione al cristianesimo, ma si richiamò alla tesi di una differenza incancellabile depositata nel sangue degli ebrei e trasmessa ereditariamente: una differenza che rendeva tutti i discendenti di ebrei inaffidabili, infidi, pronti al tradimento. E per questo - se ne deduceva - dovevano essere esclusi da ogni possibilità di essere ammessi all'interno degli organismi più importanti e più delicati della società spagnola, quelli dove gli ordini privilegiati collocavano i loro membri. La prima introduzione della clausola della *limpieza de sangre* come sbarramento contro i «conversi» si ebbe a Toledo nel 1449, con l'approvazione di uno statuto che vietava loro l'accesso al capitolo della cattedrale. Da lì il meccanismo dell'esclusione doveva dilatarsi ed estendersi a interi ordini religiosi e a ogni corporazione, tagliando fuori chi era di discendenza ebraica dai corpi più importanti e influenti della società. Lo stesso dicasi a maggior ragione per l'Inquisizione, perché non si poteva consentire che la milizia creata per proteggere la purezza della fede fosse inquinata dalla presenza di sangue ebraico. Dai vertici della società si venne scendendo fino alle confraternite religiose e ai collegi universitari. Il più sollecito a introdurre norme precise a questo riguardo fu l'organismo più antico e significativo, l'ordine di *Santiago Matamoros*, l'antico ordine monastico-militare. Nelle prove per l'ammissione all'ordine si impose di verificare se il candidato era discendente di cristiani «viejos, limpios» [vecchi, limpidi e, quindi, puri, *n.d.r.*], o se invece derivava da «raza de judío,

La reazione che prese corpo non si limitò a sospettare di insincerità la conversione al cristianesimo, ma si richiamò alla tesi di una differenza incancellabile depositata nel sangue

moro, o converso» [discendeva da una famiglia di ebrei, di musulmani, di convertiti, *n.d.r.*]. Ma fu con l'avvio dell'opera dell'Inquisizione costruita da Torquemada che il ricorso sistematico al sospetto nei confronti dei «conversi» si rivelò in tutta la sua devastante violenza. Ne fu vittima un intero ordine religioso, quello dei geronimiani tra il 1486 e il 1487. E da allora in poi gli statuti di esclusione dei «cristiani nuovi» si diffusero a valanga. [...]

La svolta del 1492, cancellando la presenza degli ebrei dalla Spagna, ben lungi dal mettere fine all'odio religioso nei loro confronti, accelerò la sua trasformazione in odio razziale. Da allora in avanti, la caccia al sangue giudaico, come macchia incancellabile e segreta che poteva essere nascosta nella storia genealogica di qualsiasi persona, mise in moto interminabili inchieste, che il segreto rendeva ancor più inquietanti e temute e che si concludevano spesso con misure durissime per i beni e per la vita di chi ne era la vittima. [...] Già nel primo Cinquecento l'obbligo di accertare la genealogia dei propri membri si era estesa fino alle minori corporazioni di mestiere e alle confraternite cittadine. Nella confraternita di Santa Maria a Saragozza la questione della verifica della *limpieza de sangre* comparve negli statuti fino dal 1528. E scattarono i processi: bastava il sospetto che uno dei membri avesse un nome di origine ebraica per avviare ricerche, individuare e ascoltare testimoni, ricostruire genealogie risalendo lontano nel tempo. Fu una vera ossessione che portò a una infinita ricerca di informazioni sulla genealogia di chi si candidava per entrare a far parte di una corporazione, una confraternita, un capitolo canonicale il gruppo di sacerdoti che, insieme, gestivano una chiesa o un patrimonio ecclesiastico, *n.d.r.*]. E questo riguardò perfino chi si candidava per i *Colegios mayores* di Salamanca e di Bologna, le istituzioni universitarie dove si formavano i *letrados*, cioè il personale burocratico di cui il grande impero spagnolo aveva necessità. [...] La cosa assunse le proporzioni di un'ossessione collettiva, che investiva l'intera società, dai semplici artigiani alla più alta nobiltà di corte. Si può dire che nella penisola iberica il sospetto dell'impurità bastava a infamare e a escludere le persone, nonostante le laboriose e lunghissime procedure di «abilitazione» affrontate da chi ne era vittima. Naturalmente questa macchina sociale dell'infamia ebbe il suo centro fondamentale nel tribunale dell'Inquisizione che, dopo aver creato le condizioni e fornito gli strumenti della caccia all'impurità, sviluppò al massimo grado le dinamiche processuali di accertamento.

Una disposizione («pragmatica») di re Filippo IV nel 1623 ordinò di bruciare tutte le raccolte di dati genealogici in possesso di privati (usati per ricatti e vendette) e limitò a tre le inchieste inquisitoriali a cui poteva essere assoggettata una stessa persona. Ma questa misura non impedì che si affermasse una definizione di tipo naturalistico e razziale della trasmissione di padre in figlio dei caratteri negativi dell'ebreo. Un trattato di Juan Escobar del Corro, dedicato alla definizione della purezza e della nobiltà, sostenne che era la trasmissione del sangue dei «gentili» convertiti a denotare la purezza dei cristiani *viejos*, mentre chi era di ascendenza ebraica o moresca o eretica ne portava nel sangue la macchia incancellabile. Era la tesi della differenza di razza: e nei documenti dell'epoca si parla normalmente di «raza de Moros y Judíos [razza dei mori, cioè dei musulmani, e dei giudei, cioè degli ebrei, *n.d.r.*].

A. PROSPERI, *Il seme dell'intolleranza. Ebrei, eretici, selvaggi: Granata 1492*, Laterza, Roma-Bari 2011, pp. 107-115

ANALIZZA IL BRANO

→ Quali conseguenze pratiche ebbe la concezione secondo cui esisteva una differenza incancellabile depositata nel sangue degli ebrei?
→ Spiega l'espressione: «storia genealogica».
→ Spiega l'espressione: «macchina sociale dell'infamia».

RIFERIMENTI STORIOGRAFICI

6 Il crollo dell'impero azteco

C'è ampio consenso, tra gli storici, per quanto riguarda le ragioni della repentina vittoria degli spagnoli in Messico (e in Perù). I fattori determinanti furono la sorpresa, la convinzione iniziale che gli europei fossero divinità, la superiorità tecnica e militare, il terrore provocato dai cavalli e le malattie del Vecchio Mondo, del tutto sconosciute ai nativi americani.

A dispetto di tutto il suo potere e la sua gloria, l'impero azteco era un castello di carte. Detestato per la sua tirannia e dilaniato dal dissenso, era già sulla via del crollo allorché giunsero gli spagnoli. L'odio era tale che Cortés non ebbe problemi a trovare alleati pronti a fornirgli informazioni preziose e un valido aiuto, senza il quale non sarebbe mai riuscito a trasferire il suo piccolo esercito, con fucili e tutto il resto, dalla costa, attraverso la sierra, fino alla valle del Messico. Una volta lì, gli invasori godevano di un enorme vantaggio. Avevano armi superiori, non tanto fucili e cannoni (per quanto utili essi fossero all'inizio: con grande tempismo, infatti, Cortés ricorse all'espediente delle cariche a salve per intimidire e impressionare gli avversari), quanto spade e pugnali d'acciaio. Le clave, le fionde e le mazze dentate degli aztechi ferivano più che uccidere, e proprio quello era in realtà il fine per il quale erano state costruite. Scopo della guerra era

↑ Scontri tra indigeni e spagnoli per le vie di Tenochtitlán, particolare del *Paravento della Conquista*, seconda metà del XVII secolo (Città del Messico, Museo Franz Mayer).

mettere fuori combattimento e catturare, per poter poi immolare. Per gli standard aztechi, gli spagnoli non combattevano lealmente: miravano al corpo anziché alle braccia o alle gambe, perché una ferita al ventre neutralizzava l'avversario, quando non lo uccideva sul colpo. La tattica azteca di radunarsi e sconfiggere l'avversario in virtù della propria forza numerica si rivelò un boomerang: per gli spagnoli ogni colpo era un centro. Ai margini della mischia, lancieri e spadaccini a cavallo spagnoli erano un vero e proprio incubo con i loro rapidi e micidiali movimenti. All'inizio gli aztechi pensavano che si trattasse di un unico animale bicefalo. Tutto ciò dimostra il fondamentale vantaggio arrecato dalla metallurgia ferrosa. [...]

La risposta azteca a queste tattiche fu drasticamente inficiata da una leadership incerta e titubante. Allorché gli giunse notizia di questi stranieri, delle loro alte navi, dei loro capelli biondi e la pelle chiara, le facce barbute, gli abiti sgargianti, l'imperatore Montezuma non sapeva se considerarli dèi o uomini. La leggenda messicana raccontava che il dio Quetzalcoatl, la più alta divinità del pantheon, ma finito schiavo del fin troppo umano vizio del bere e mandato in esilio da un dio rivale, sarebbe un giorno tornato da oriente e dal mare. Forse quel giorno era arrivato? Le spie di Montezuma riferirono che quegli stranieri si comportavano più da uomini che da dèi. Ad esempio, amavano mangiare. Ciò poteva essere interpretato in entrambi i modi, in quanto non si nutrivano di sangue o carne umana, e ciò ben si accordava con la leggenda dell'indole umana di Quetzalcoatl e della sua opposizione ai sacrifici umani. [...] Indecisi tra l'impulso a combattere e quello a cedere, Montezuma tentò di corrompere Cortés, inducendolo ad andarsene, invitandolo al contempo a prendersi il suo regno. Nel frattempo, gli spagnoli si trovavano in una situazione pericolosa. Cortès, infatti, aveva bruciato le navi, facendo in tal modo capire ai suoi uomini che non esisteva via di fuga: o combattere o morire. O peggio ancora che morire: gli aztechi fecero sì che gli spagnoli venissero a conoscenza del destino riservato ai prigionieri messicani, i cui sanguinolenti corpi scuoiati venivano appesi fuori le mura della città. Un altro errore tattico: niente infatti avrebbe potuto contribuire di più a infondere coraggio e determinazione negli spagnoli.

Tuttavia, nonostante l'arrivo di rinforzi (originariamente inviati per arrestare Cortés) e qualche successo nel combattimento corpo a corpo, gli spagnoli, sovrastati numericamente, subirono perdite pesantissime. Montezuma poteva aver vacillato, ma altri aztechi, guerrieri nati e come tali addestrati, sapevano riconoscere un uomo quando ne vedevano uno, e non avevano alcuna intenzione di arrendersi a un pugno di arroganti invasori. Gli spagnoli furono cacciati dalla capitale, costretti a una ritirata da incubo, su strade selciate, nell'acqua (gli aztechi avevano tagliato i ponti), circondati dai nemici. Molti spagnoli finirono annegati, trascinati a fondo dal peso dell'oro che non avevano voluto abbandonare. Tra la metà e tre quarti del loro piccolo esercito fu spazzato via. *Noche trista* [*notte triste*, *n.d.r.*], la chiamarono gli spagnoli, e tuttavia fu una fuga miracolosa. I messicani, per di più, non poterono sfruttare il vantaggio e finirli, in gran parte perché tragicamente indeboliti dalla più subdola e segreta delle armi spagnole, un'arma che gli invasori non sapevano neanche di possedere: i germi patogeni del Vecchio Mondo, invisibili portatori di morte per una popolazione mai esposta a quelle malattie. Avevano già causato terribili danni nei Carabi; adesso abbatterono centinaia di guerrieri aztechi proprio nel momento della loro vittoria.

Cortés ebbe un attimo di respiro. Trascorsero i mesi. Nuove flotte portarono forze fresche. I suoi alleati indigeni lo aiutarono a costruire componenti di navi e a trasportarli attraverso la sierra nella valle del Messico, dove le navi vennero assemblate e lanciate all'assalto della capitale azteca. E ciò segnò la fine della guerra. L'impero azteco fu sconfitto, i loro templi distrutti, i loro idoli abbattuti. La qual cosa non dovette sorprenderli: il geroglifico azteco per una città conquistata era un tempio in fiamme. Il dio dei vincitori spazza via ogni cosa.

D. S. LANDES, *La ricchezza e la povertà delle nazioni. Perché alcune sono così ricche e altre così povere*, Garzanti, Milano 2002, pp. 119-121, trad. it. S. MINUCCI

analizza il brano

→ Qual era lo scopo della guerra, secondo l'uso azteco?

→ Quale soggetto era stato inizialmente giudicato dagli aztechi un unico animale bicefalo?

→ Qual era la più subdola e segreta delle armi spagnole?

Venezia, centro europeo **del commercio**

Lo studio dell'epoca in cui Venezia era il principale centro commerciale d'Europa può permettere l'acquisizione di una competenza fondamentale, che potremmo definire nel modo seguente: **saper individuare le ragioni per cui una potenza riesce a mantenere (o, viceversa, perde) la supremazia in campo economico**. Per affinare tale competenza, viene proposto un approfondimento, che prende le mosse da alcune pagine storiografiche.

Il sistema economico veneziano

Distesa sul mare, la ghirlanda di basi e di banchi forniva certo inizialmente i circuiti indispensabili al grande commercio. I porti e le postazioni tracciavano la rotta marittima verso Costantinopoli e indicavano quelle verso la Siria e l'Egitto. Dopo gli scali dell'Adriatico (Pola, Zara e Ragusa, poi Corfù, quando Ragusa affermò la sua indipendenza e divenne una concorrente), altre posizioni, all'uscita dell'Adriatico, svolgevano il ruolo di piattaforme girevoli per la navigazione. Si trattava di Corone e soprattutto di Modone. Là tutte le navi facevano tappa per procedere all'approvvigionamento d'acqua e di viveri. Vi erano dunque traffici, parte integrante delle correnti attive che innervavano il mondo coloniale, che consentivano, dopo Creta, Negroponte e l'Arcipelago, di rifornire queste posizioni. Poi le vie divergevano. Per i convogli di Alessandria, di Cipro e di Beirut, all'andata e talvolta al ritorno, Creta era uno degli scali toccati più regolarmente. L'isola costituiva in tal senso la cerniera del sistema di navigazione veneziano. Per quanto riguardava Negroponte, le galere della linea di Romania [l'impero bizantino, *n.d.r.*] vi si fermavano prima di raggiungere Costantinopoli, poi Trebisonda e La Tana.

Dall'impero, e principalmente dalle colonie di sfruttamento, arrivavano anche prodotti alimentari e materie prime, tutte le forniture indispensabili alla metropoli e la cui importanza crebbe ancora nel XV secolo, anche se Venezia praticò sempre per necessità acquisti massicci, in particolare di cereali, in Italia (Puglie, Marche, Romagna) e in Oriente (Tracia, Mar Nero). L'Istria, la Dalmazia, i possedimenti albanesi avevano la poro parte in questo sistema; vino, sale, pelli, legname, materiali da costruzione (la pietra d'Istria) partivano regolarmente in direzione delle lagune. Ma le risorse delle terre romaniote [bizantine, in origine, ma conquistate o acquisite da Venezia, *n.d.r.*] erano più ampie. Creta giocava, anche in questo caso, il suo ruolo di «nucleo e forza dell'impero». Oltre ai prodotti venuti da Cipro, dalla Siria o dall'Egitto, i mercanti di Candia e di La Canea, veri e propri magazzini generali, offrivano cereali e vino – di cui le imbarcazioni venivano a fare carichi ingenti dopo le vendemmie – cera, olio, miele, formaggi. È stato possibile calcolare che un terzo del grano immagazzinato a Venezia proveniva da Creta. L'isola era dunque soggetta a un vero e proprio regime di monopolio poiché la metropoli fissava la quantità e il prezzo dei cereali da consegnarle dopo ogni raccolto. Gli stessi prodotti mediterranei (grano e vino) erano caricati a Negroponte dalle numerose navi disarmate [mercantili, *n.d.r.*] che vi venivano a ormeggiare. Ed è ancora vino (Malvasia) che si poteva trasportare dagli scali del Peloponneso. Era, questo, destinato alla metropoli, ma al di là di essa all'Inghilterra o alle Fiandre, un prodotto essenziale del commercio marittimo. Ma bisogna citare anche la frutta (arance, limoni) e l'uva passa di Zante, di Corfù, del Peloponneso, sbarcate nel porto di Venezia, riesportate verso i centri urbani dell'Europa continentale, l'olio di Corfù, il sale, il cotone – anche se l'impero era ben lungi dal coprire il fabbisogno – lo zucchero [...]. Come ha notato Benjamin Arbel, fino alla perdita di Cipro nel 1571 l'impero funzionò «per il profitto e l'onore della Repubblica», ma prima e soprattutto per il suo profitto. L'enormità delle somme che Venezia propose ai turchi per recuperare alcuni possedimenti perduti (250 000 ducati per Negroponte, il versamento di un tributo annuo di 100 000 ducati per Cipro) attesta a sufficienza il loro valore economico e la natura coloniale dello sfruttamento.

É. CROUZET-PAVAN, *Venezia trionfante. Gli orizzonti di un mito*, Einaudi, Torino 2001, pp. 99-101, trad. it. E. PASINI

L'impero coloniale di Venezia

Venezia ha fatto propri i metodi che i suoi mercanti avevano dovuto subire, rinchiusi nei *fondouks* (una strada o una serie di edifici) dei paesi islamici. A sua volta, **Venezia ha creato un punto obbligato di raccolta e di segregazione per i mercanti provenienti dalla Germania: il Fondaco dei tedeschi**, di fronte al ponte di Rialto, al centro degli affari. Tutti i mercanti tedeschi sono tenuti a depositarvi le merci, ad abitarvi in una delle stanze predisposte a questo scopo, a vendervi sotto il controllo pignolo degli agenti della Signoria, e a reinvestire il denaro incassato in mercanzie veneziane. È una condizione di stretta soggezione di cui i mercanti tedeschi non cessano di lamentarsi: in questo modo essi sono infatti esclusi dal grande commercio a lunga distanza, che Venezia riserva gelosamente ai suoi cittadini. Il tedesco che vi si intromettesse si vedrebbe confiscate le merci. In cambio, Venezia proibisce praticamente ai suoi mercanti di comprare e di vendere direttamente in Germania. Il risultato, **per i tedeschi, è l'obbligo di recarsi a Venezia di persona, per acquistarvi i panni, il cotone, la lana, la seta, le spezie, il pepe, l'oro**. È il contrario di quello che succederà dopo il viaggio di Vasco de Gama, quando i portoghesi stabiliranno la loro *feitoria* [attività commerciale, *n.d.r.*] ad Anversa, portando essi stessi il pepe e le spezie ai clienti del Nord. Certo, gli acquirenti tedeschi potrebbero raggiungere, e in effetti raggiungono, Genova, che è loro aperta senza troppe restrizioni. Ma, a parte il fatto che Genova è prima di tutto la porta dei collegamenti con la Spagna, il Portogallo e l'Africa del Nord, essi non possono trovarvi nulla che non trovino anche a Venezia, sorta di deposito universale come sarà più tardi (e più in grande) Amsterdam. Come resistere alla comodità e alle tentazioni di una città al centro di un'economia-mondo? Tutta la Germania partecipa al gioco, affidando ai mercanti della Serenissima ferro, chincaglieria, fustagno (stoffa di lino e di cotone), e in seguito, dopo la metà del secolo XV, crescenti quantità di argento, che i veneziani trasferiscono in parte a Tunisi, dove lo scambiano con polvere d'oro. È difficile dubitare del fatto che si tratti di una politica che Venezia pratica coscientemente, in quanto essa la impone a tutte le città che le sono più o meno sottomesse. Tutti i traffici che provengono dalla terraferma o che vi sfociano, tutte le esportazioni delle isole del Levante o delle città dell'Adriatico (anche se si tratta di mercanzie destinate, per esempio, alla Sicilia o all'Inghilterra), devono obbligatoriamente passare attraverso il porto veneziano.

F. BRAUDEL, *Civiltà materiale, economia e capitalismo (secoli XV-XVIII). Volume III. I tempi del mondo*, Einaudi, Torino 1989, pp. 109-110, trad. it. C. VIVANTI

Lavorare per competenze
avvio al saggio breve

Il ruolo dello Stato nell'economia di Venezia

Il consolidarsi definitivo ed esclusivo del potere dell'aristocrazia mercantile ha rafforzato a poco a poco il dirigismo di stato che caratterizzava già il commercio di Venezia nel XIV secolo. Spinto a intervenire per proteggere il commercio dei suoi uomini di affari su mari in origine poco sicuri, **lo stato veneziano si è preoccupato di organizzare convogli, di proteggerli per mezzo di galere e di difendere i suoi di fronte dalle potenze straniere**. Di contro, ha sviluppato lentamente, per il bene comune, una regolamentazione del commercio, che diventa molto stretta nel XV secolo. [...] Si tratta di leggi e regolamenti dettati da uno spirito strettamente nazionale e protezionistico: nessuno può acquistare né noleggiare un naviglio straniero, né vendere un naviglio all'estero; i mercanti veneziani soltanto possono caricare a Venezia su vascello veneziano, e non possono farlo su altri; all'estero, nel caso che le imbarcazioni veneziane debbano caricare merci appartenenti a stranieri, si deve osservare una certa dilazione prima di dare il via alle operazioni. Una tendenza al monopolio ispira la regolamentazione. La sicurezza di un convoglio dipende in parte dalla qualità del naviglio impiegato. **Il senato ha definito a poco a poco il tipo di naviglio più adatto al commercio lontano: la grande galera da commercio, poi la galeazza mercantile; si è sforzato di costruire le navi di questo tipo nell'arsenale di stato. Dalla fine del XIV secolo, la loro costruzione e la loro proprietà sono riservate esclusivamente allo** stato. Le grandi galere e le galeazze vengono costruite tutte nell'arsenale che s'ingrandisce di continuo ed è diventato l'impresa industriale probabilmente più importante della Cristianità intera, coi suoi 1500-2000 operai.

I vascelli di stato viaggiano raggruppati in convogli; il senato ne stabilisce ogni anno le date di partenza, la composizione, la scorta, l'itinerario, la destinazione: per ogni viaggio il privato può effettuare dei noleggi, ma in ogni caso i convogli non possono caricare merci a volontà. Il senato fissa il noleggio di ciascun convoglio e le mercanzie che hanno la precedenza; il numero dei vascelli per ogni convoglio, galere armate che trasportano le merci di grande valore e scafi disarmati per le altre, viene determinato in funzione della quantità di mercanzie che si devono caricare. È dunque il senato che sceglie le merci da trasportare in funzione dei profitti che le informazioni di cui dispone gli consentono di prevedere, della protezione che è in grado di assicurare e delle necessità politiche e navali. Proibisce l'impiego di grandi navi che non controlla o che non sono autorizzate; agisce in certo senso come il consiglio d'amministrazione di una grande compagnia di navigazione. [...]

Questa regolamentazione vincolante e occhiuta apporta, di contro, grandi vantaggi agli affaristi costretti ad accettarla. La sicurezza dei convogli organizzati tanto minuziosamente è tale da rendere inutile l'assicurazione delle merci trasportate: ogni uomo d'affari realizza un'economia del cinque-sette per cento sul prezzo d'acquisto delle sue merci, un beneficio che gli viene dallo stato. [...] Il senato canalizza l'attività dei singoli, ma non la soffoca, tutt'altro. Gli uomini d'affari veneziani preferiscono, piegandosi a regole rigide ma generali, alla definizione delle quali d'altronde partecipano, acquistare la protezione e la sicurezza del commercio. Restano comunque completamente liberi di fissare i prezzi e scegliere la qualità delle merci. Scelgono direttamente a ogni viaggio i paesi con i quali commerciare; utilizzano i mezzi più convenienti. Una lunga tradizione li ha abituati a pensare che il loro vantaggio e successo personale non potrebbero svilupparsi e durare senza quelli della collettività cittadina. Proprio perché posseggono al più alto grado il senso patriottico dello stato, questo impone loro limitazioni insieme rigorose e ragionevoli, sempre utili nel corpo sociale.

Y. RENOUARD, *Gli uomini d'affari italiani del Medioevo*, Rizzoli, Milano 1995, pp. 309-313, trad. it. G. TARIZZO

Lavorare con i testi

Nei passi citati, trovi evidenziati in colore alcuni passaggi essenziali, cioè i punti di forza del sistema veneziano. Tenendo queste prime indicazioni come riferimenti, completa le tabelle seguenti.

analizza i brani

Ruolo svolto dallo Stato	
Importanza dell'Arsenale	
Isole e basi conquistate a fini strategici (militari)	
Isole e possedimenti conservati a fini economici e prodotti importati	

Prodotti importati dall'Estremo Oriente (per mezzo della mediazione dei mercanti musulmani)	Prodotti importati dalla Germania (comprati e venduti presso il Fondaco dei tedeschi, a Venezia)	Prodotti importati dalle colonie veneziane del Mediterraneo
Tali prodotti sono poi rivenduti in Italia settentrionale, in Francia, in Germania, nelle Fiandre...	Tali prodotti sono poi rivenduti dai mercanti veneziani nei mercati delle città musulmane del Mediterraneo (Siria, Egitto) oppure a Costantinopoli	I prodotti di prima necessità sono consumati a Venezia, dalla popolazione della Repubblica; quelli di lusso sono rivenduti in Italia settentrionale, in Francia, in Germania, nelle Fiandre...

VERIFICA DELL'APPRENDIMENTO
Conoscenze e abilità

ANALISI DELLE FONTI ICONOGRAFICHE

1. Osserva l'immagine a fianco e poi rispondi alle domande.

a) Che cosa raffigura?

....

....

....

....

....

b) Quali furono le conseguenze del primo viaggio di Colombo?

....

....

....

....

....

SELEZIONARE E CLASSIFICARE

2. Completa la tabella relativa all'impero coloniale portoghese.

DIFFERENZE RISPETTO A VENEZIA	
PAESI IN CUI SI INSEDIANO I PORTOGHESI	
PRODOTTI COMMERCIALIZZATI	
RAPPORTI CON LE COMPAGNIE FINANZIARIE TEDESCHE	

Lavorare con le carte

3. Traccia sulla carta l'esatto percorso della *raya*.

Che cosa stabiliva il trattato di Tordesillas del 1494?

Comprendere il testo

4. Rispondi brevemente alle seguenti domande.

a) In che modo incise sull'economia veneziana lo sviluppo commerciale di Anversa?

b) Quale fu l'evento decisivo della storia della Spagna moderna?

c) Quali provvedimenti prese la Corona spagnola per diventare garante e difensore della fede cattolica?

5. Elenca i contenuti delle opposte posizioni che si formarono, in Spagna, relativamente al diritto di conquista.

Posizione della Corona e degli intellettuali a essa fedeli

Posizione di Bartolomé de Las Casas

6. Contrassegna con V (vero) o F (falso) ciascuna delle frasi e correggi quelle false.

	V	F
a) I limiti dell'impero cinese vanno cercati nel suo estremo centralismo.	☐	☐
b) La dinastia Ming era molto interessata a quanto accadeva in Europa.	☐	☐
c) La frammentazione politica europea ebbe effetti positivi a livello culturale.	☐	☐
e) Nel concetto di economia-mondo, la zona più periferica rispetto al centro si caratterizza per la capacità di assorbire velocemente la produzione del centro e della fascia intermedia.	☐	☐

Verso il saggio breve

7. Scrivi un testo sulle conseguenze delle scoperte geografiche, utilizzando le seguenti domande-guida.

→ Quale fu l'impatto delle malattie europee sulle popolazioni di indios?

→ Perché la conquista spagnola fu rapida e facile?

→ Per quali motivi piccoli gruppi di *conquistadores* riuscirono a sottomettere eserciti molto numerosi di indios?

→ Quale sistema economico adottarono gli spagnoli nel Nuovo Mondo?

VERIFICA

mappa di sintesi

Mappa proiettabile

POTENZE IN ESPANSIONE (SECOLI XIV-XVI)

- **Impero cinese**
  - Sviluppo economico eccezionale (XI secolo)
  - Flotta più grande del mondo (XIV-XV)
  - Lo Stato ostacola i commerci e vieta la navigazione marittima
- **Venezia**
  - Sviluppo industria navale: Arsenale
  - Mediazione dei commerci con il Levante
  - Importazione di spezie grazie alla mediazione dei musulmani
  - Espansione bloccata sul continente
- **Portogallo**
  - Esplorazione dell'Oceano Atlantico verso sud e accesso diretto alle Indie
  - Navi da guerra dotate di artiglieria
  - Lo sviluppo di Anversa (Fugger) frena la potenza portoghese
- **Spagna**
  - Persecuzione di ebrei e musulmani (conversioni, roghi, emigrazione)
  - Scoperta e occupazione dell'America (1492)
  - Ragioni del successo spagnolo:
    - superiorità tecnologica
    - effetto sorpresa
    - virus e batteri sterminano gli indios
  - Crollo demografico delle popolazioni indigene

UNITÀ 5

Le grandi potenze nel Quattrocento e nel Cinquecento

Un'immagine per iniziare

I primi decenni del Cinquecento videro un gran numero di potenze rivali, in lotta tra loro per l'egemonia. Inizialmente, Francia e impero turco sembravano essere, rispettivamente in Occidente e in Oriente, i due soggetti più promettenti, grazie a un uso intelligente e pionieristico dell'artiglieria. Quando scese in Italia nel 1494, il re di Francia Carlo VIII fece mostra di un numero così elevato di cannoni, che nessun principe italiano osò affrontarlo. In Oriente, i turchi dapprima conquistarono la Siria, l'Egitto e la Mesopotamia; poi, rivolsero la loro forza verso Ovest: nel 1526, conquistarono l'Ungheria e tre anni dopo giunsero ad assediare la stessa Vienna.

↑ La battaglia di Mohács, che si svolse nel 1526. Dipinto del XVII secolo.

SOMMARIO

Una carta per orientarsi nello spazio

Dal 1519, la gigantesca figura di Carlo V d'Asburgo sovrastò l'immagine di tutti gli altri sovrani. Egli riuniva in sé un gran numero di titoli e cariche: re di Spagna, signore dei Paesi Bassi, imperatore di Germania, sovrano del Nuovo Mondo… Carlo V sembrava il degno erede di Carlo Magno, chiamato dalla Provvidenza a governare il mondo intero, come il Veltro promesso da Dante. A partire dal 1519, la Francia si trovò letteralmente accerchiata dai possedimenti di Carlo V. Bloccato da ogni parte, il re Francesco I tentò di sfidare il suo rivale, ma nel 1525 venne pesantemente sconfitto a Pavia. Per uscire dalla difficile situazione che si era creata, il sovrano di Parigi non esitò ad allearsi con i corsari di Algeri e con il sultano di Istanbul. Tutti i nemici cristiani di Francesco I, a gran voce, gridarono allo scandalo per questa alleanza con i nemici della cristianità; in realtà, il re di Francia aveva perfettamente colto il principale problema del suo rivale. Carlo, infatti, si trovò sempre impegnato a combattere simultaneamente nelle Fiandre, in Italia, nel Mediterraneo, in Ungheria… E intanto, in Germania, il monaco Martin Lutero chiamava alla rivolta contro il papa.

Gli eventi per orientarsi nel tempo

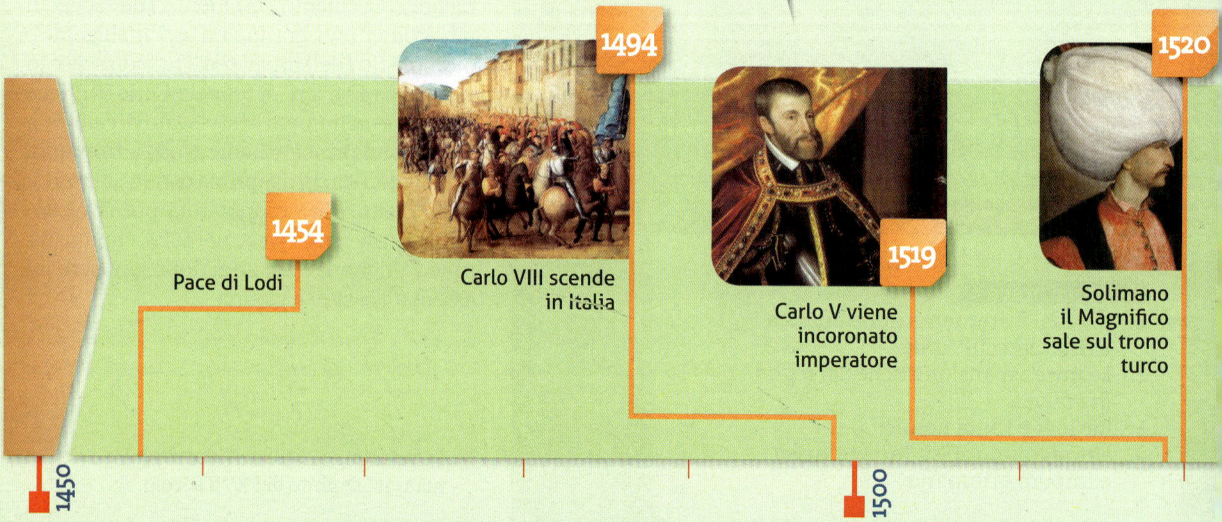

Una fonte per capire: i consigli di Carlo V al figlio Filippo II

Artiglieria, fanteria e flotte da guerra erano costosissime: i re di Spagna, che dovevano combattere su diversi fronti contemporaneamente, si trovarono costantemente in gravissime condizioni economiche. Il testo seguente fu steso nel 1543.

Prima di tutto dovete non dimenticarvi mai di Dio e offrirgli tutte le fatiche e le preoccupazioni che dovete sopportare, affrontando volentieri ogni sacrificio. [...] Non trascurate di servirlo, siate devoto e timoroso di offenderlo e amatelo sopra ogni cosa. Sostenete la sua fede e non permettete mai che le eresie entrino nei vostri regni. Amate la giustizia e favorite la santa Inquisizione, senza arrecarle offesa per nessun motivo al mondo, qualunque cosa possa accadere. [...]
Nel caso che il re di Francia mi prevenga e mi costringa a difendermi, poiché non posso sostenere troppo a lungo le spese di una guerra, con questo mio viaggio intendo prepararmi ad un combattimento risolutivo [...]. Per dividere le sue forze ho pensato [...] di molestare dal mare con le galere la Provenza e di attaccare nel Delfinato e in Piemonte con le milizie che ho in Italia. Al momento questo piano non è attuabile per la mancanza delle vettovaglie necessarie, per la scarsità di denaro e per l'insufficiente preparazione; inoltre [...] non posso disporre delle mie galere finché non saranno chiare le intenzioni del Turco. [...] Non dirò niente della *Sisa* [un'impopolare imposta sui consumi, *n.d.r.*], perché ho giurato di non chiederla più; però, quale che sia il nome con cui si vorrà chiamare, non c'è rimedio migliore alle nostre necessità, così per questa impresa come anche per sostenerci in tempo di pace. Dico questo perché penso di avvertirvi con un biglietto scritto di mio pugno quando sarà venuto il momento di mostrare quanto valete, aiutando vostro padre e provvedendo alle vostre stesse necessità. Allora dovrete puntare i piedi e ammonire tutti e ciascuno a ubbidire e poiché non si troverà altro mezzo adeguato se non la *Sisa* [...] insisterete perché sia approvata e direte che nessuno dovrà opporsi se vorrà essere ritenuto buon vassallo e servitore nostro. Per mezzo di questa imposta e delle entrate delle Indie, se arriveranno, avrei da questi regni le contribuzioni di cui ho bisogno; unite a quelle degli altri nostri domini, infatti, mi basteranno per sopraffare a tal punto i nostri nemici che poi ci lasceranno riprendere fiato e saremo liberati dalle spese alle quali continuamente ci costringono.

A. PROSPERI, *La Storia moderna attraverso i documenti*, Zanichelli, Bologna 1974, pp. 71-72

↑ Pieter Paul Rubens, *Carlo V e l'imperatrice Isabella* (collezione privata).

Orientarsi nel tempo

1525

Battaglia di Pavia: le truppe spagnole sconfiggono i francesi

1529 I turchi assediano Vienna ma non la conquistano

1547 Ivan IV è il primo sovrano moscovita ad assumere il titolo di zar

1556

Carlo V abdica a favore del figlio Filippo

età moderna

1550

1600

METODO DI STUDIO

Percorso breve

Storia slide

La rivoluzione militare della modernità

Il Medioevo fu il tempo dei castelli e delle cariche frontali di cavalieri. La guerra era una specie di *festa crudele*, di sport estremo. Certo, si rischiava la vita e si poteva morire, ma l'obiettivo primario degli scontri non era l'uccisione del nemico, bensì la sua cattura, che avrebbe permesso di ottenere un sostanzioso riscatto. Il combattimento non prendeva quasi mai in considerazione tattiche o strategie diverse dall'urto frontale. Anche se alcune disastrose battaglie (Crécy, Azincourt, Nicopoli) avevano già mostrato tutti i limiti di questo modo di fare la guerra, la vera svolta si ebbe nel 1477 a Nancy, allorché la fanteria svizzera organizzata in quadrato fermò la carica dei cavalieri borgognoni. Il Cinquecento non sarebbe più stato un secolo di cavalieri, ma di **fanti**, di **mercenari**, di guerrieri professionisti reclutati nelle regioni più povere d'Europa e addestrati ad agire in formazione, allo scopo di uccidere. Insieme al fante, l'**arma da fuoco** divenne la nuova protagonista della guerra: sul campo di battaglia comparvero in numero crescente dapprima i cannoni e poi gli archibugi. Ma uomini e armi costavano cari: gli Stati in grado di procurarseli divennero grandi potenze, gli altri furono condannati alla sottomissione.

1 L'Italia: frammentazione politica e rinascita culturale

All'inizio del XV secolo, l'Italia era divisa in vari **Stati regionali**: i principali erano il ducato di Milano, la repubblica di Venezia, la repubblica di Firenze, lo Stato della Chiesa e il regno di Napoli. Questi Stati erano spesso in lotta fra loro per estendere i propri domini; i continui scontri, però, dimostrarono che nessuno aveva la forza di sottomettere gli altri. Quindi, sotto l'abile regia di **Lorenzo il Magnifico**, signore di Firenze, venne stipulata la **pace di Lodi** (1454), che consolidò il frazionamento dell'Italia, ma le garantì pace, equilibrio e benessere per circa quarant'anni.

Questo clima favorì un grande rinnovamento culturale: dapprima (riprendendo la lezione di Francesco Petrarca) gli intellettuali si sforzarono di riscoprire il maggior numero possibile di opere classiche. Quegli studiosi che, nel Trecento e nel Quattrocento, manifestarono un rinnovato interesse per la letteratura latina vengono detti **umanisti**. Poi, verso la fine del XV secolo, il desiderio di far rinascere il mondo classico (da cui il termine **Rinascimento**) si estese a tutti i campi della vita culturale: scultura, letteratura, architettura e politica.

In Italia l'intellettuale più rappresentativo fu **Niccolò Machiavelli**, che nel 1513 scrisse *Il principe*, un'opera innovativa e rivoluzionaria, che affrontava i problemi politici in termini esclusivamente terreni e mondani: il successo o la sconfitta di un uomo di governo non erano più attribuiti all'intervento divino, bensì alla sua forza e alla sua abilità di agire.

2 Le mire espansionistiche del regno di Francia

Intorno alla metà del XV secolo, la Francia aveva vinto l'interminabile guerra dei Cent'anni e si accingeva a candidarsi al ruolo di potenza egemone dell'Europa intera. Si trattava di un ruolo che, a quell'epoca, nessuno era in grado di contestarle: Venezia era un gigante senza pari nel commercio, ma il sovrano di Parigi poteva contare su un territorio e su risorse che non avevano uguali; d'altra parte, la forza della Spagna moderna, sorta dall'unione del regno di Castiglia con quello d'Aragona (e dallo sfruttamento sistematico delle miniere americane) avrebbe iniziato a profilarsi solo all'inizio del nuovo secolo.

La figura più ambiziosa del Quattrocento francese fu probabilmente **Carlo VIII**, re di Francia dal 1483 al 1498. Quando **scese in Italia, nel 1494**, stupì tutti con il suo impressionante parco di cannoni da campagna; i suoi obiettivi erano smisurati: conquistare Napoli, sconfiggere i turchi, riprendere Gerusalemme… Proprio per questo, Carlo VIII destò la preoccupazione di tutti, dalla Spagna all'Impero, da Venezia al papa, che si coalizzarono contro di lui per obbligarlo a rientrare in Francia. La sua discesa in Italia fece un'enorme impressione: da un capo all'altro, l'Italia pullulava di predicatori, che invitavano a fare penitenza, per evitare la collera divina. Il caso più celebre fu quello di Girolamo **Savonarola**, che **agì a Firenze tra il 1494 e il 1498**, allorché fu accusato di eresia, per aver denunciato la corruzione del papa Alessandro VI (della potente famiglia spagnola dei Borgia).

DOMANDE CHIAVE

- A quale situazione politica pose rimedio la pace di Lodi?
- Perché Carlo VIII, quando scese in Italia, attirò su di sé un numero così grande di nemici?
- Su quali fronti di guerra Carlo V dovette dividere i propri sforzi? Contro quali nemici?
- Perché i turchi riuscirono a imporsi sugli Stati del Vicino Oriente e a costituire una seria minaccia per l'Europa?

← Xilografia del XVI secolo, che raffigura soldati armati di archibugio.

3 Carlo V e i suoi nemici

La partita decisiva per l'egemonia in Europa si giocò in Italia. Nel 1515, conquistato il ducato di Milano, **il re di Francia Francesco I** pareva aver raggiunto lo scopo di porre l'intera penisola sotto il dominio francese. Tuttavia, nell'arco di pochi anni, la Francia si trovò letteralmente circondata dai domini di **Carlo V d'Asburgo, re di Spagna**, signore della Borgogna e dei Paesi Bassi, e infine **imperatore di Germania** (dal 1519). Lo scontro con la Francia di Francesco I fu una specie di duello infinito, che vide vittorie e disfatte da entrambe le parti; uno degli episodi più significativi fu la **battaglia di Pavia (1525)**, che provocò l'espulsione dei francesi dalla Lombardia, sostituiti dagli spagnoli. Inoltre, va ricordato che la battaglia di Pavia vide il definitivo tracollo della cavalleria, annientata dalle armi da fuoco dei mercenari tedeschi al servizio dell'imperatore. Eppure, nel complesso, il progetto di Carlo d'Asburgo di imporsi come **monarca universale** (nel senso medievale e dantesco) all'intera Europa venne vanificato dagli spaventosi costi della guerra moderna. La Francia riusciva sempre a trovare nuove risorse e a rialzarsi, mentre i **turchi** non davano tregua né nel Mediterraneo, né in Europa centrale, giungendo a conquistare gran parte dell'Ungheria (1526) e ad assediare la città di Vienna (1529). Per di più, in Germania, a partire dal 1517, Carlo V dovette affrontare anche la ribellione di Lutero e dei principi tedeschi che scelsero di sostenerlo.

4 Uno sguardo a Est: impero russo e impero ottomano

All'inizio del Quattrocento, la Russia era ancora una terra remota, povera e periferica, sottomessa al dominio mongolo. Ma proprio il XV secolo segnò l'inizio di profonde trasformazioni. Fu innanzitutto un periodo grande fermento spirituale, cui seguì un atteggiamento politico aggressivo, che mirava a ottenere l'indipendenza dai mongoli. A partire dall'inizio del Cinquecento, **Mosca** venne dipinta come la *Terza Roma*, destinata a guidare il mondo cristiano dopo la fine ingloriosa della città dei Cesari e di Bisanzio. Intanto, per tenere sottomessi i nobili, lo **zar Ivan IV** ricorse a anche ai mezzi più violenti e spietati; non a caso, è passato alla storia con il soprannome di *terribile*.

L'impero turco riuscì a imporre la propria forza grazie alla disponibilità di artiglieria e **armi da fuoco**. Il sultano Selim I e poi suo figlio **Solimano** portarono l'impero alla massima espansione, conquistando la Siria e l'Iraq, in Oriente, Belgrado e l'Ungheria, a danno della cristianità. Sebbene, in teoria, tutti i cristiani guardassero ai turchi come all'incarnazione stessa del Male, la realtà politica europea fu ben diversa: tutti, dal re di Napoli al re di Francia, e perfino il papa Alessandro VI, cercarono l'aiuto del sultano, ogni volta che si trovarono a combattere contro un nemico cristiano che minacciava di schiacciarli.

L'impero turco riuscì a imporre la propria forza grazie alla disponibilità di artiglieria

CONTRASTI POLITICI

1 L'Italia: **frammentazione** politica e **rinascita** culturale

Storia slide

Le conoscenze da acquisire

L'Italia del Trecento e del Quattrocento presenta dei soggetti economici potentissimi, ma la divisione politica costituisce un formidabile fattore di debolezza.

Le competenze da potenziare

Saper individuare le specificità dei principali Paesi europei, grazie all'esame delle loro radici remote.

1.1 L'Italia all'inizio del XV secolo

Nel Tardo Trecento e nel primo Quattrocento, i principali Stati europei non si interessarono alle complesse vicende politiche d'Italia. In effetti, prese dai propri problemi interni, tutte le grandi potenze si trovarono impossibilitate a partecipare in modo attivo agli scontri che caratterizzarono la Penisola.

> **Il mosaico italiano**

Alla fine del XIV secolo, il quadro italiano era estremamente frammentato, per non dire frantumato. Da un lato, solo la metafora del mosaico pare idonea a rappresentare una situazione a dir poco confusa e variegata; nel medesimo tempo, si assiste pure a qualche mutamento, che porta a un certo ampliamento di alcuni Stati e, quindi, a una leggera semplificazione dell'assetto complessivo. Nel 1388, ad esempio, la dinastia originariamente transalpina dei **Savoia** iniziò la propria **espansione in Piemonte** (a danno dei marchesi di Saluzzo e del Monferrato) e in direzione del mare, riuscendo ad acquistare dai genovesi le contee di Nizza e di Ventimiglia. Più a est, i **Visconti di Milano** tentarono di assicurarsi il dominio dell'intera Val Padana, ma il loro disegno fu ostacolato da **Venezia**, la cui linea politica, in verità, rimase incerta per molto tempo. Nel 1423, si svolse all'interno del Senato veneziano un aspro dibattito tra il doge Tommaso Mocenigo, *tradizionalista*, cioè sostenitore di un impegno concentrato prevalentemente **nel Mediterraneo** (ove i turchi cominciavano a far paura), e Francesco Foscari, convinto assertore dell'**espansione sulla terraferma**, a costo di una guerra inevitabilmente dura, lunga e soprattutto dispendiosa, contro i Visconti di Milano. Divenuto doge pochi anni dopo, Foscari riuscì a imporre la propria linea.

> **Incerta politica di Venezia**

→ Ritratti dei dogi Francesco Foscari, a sinistra, e Tommaso Mocenigo, a destra (Venezia, Museo Correr).

La situazione politica

Schema proiettabile

NORD	CENTRO	SUD
I Savoia si espandono in Piemonte	Il controllo politico è esercitato dallo Stato della Chiesa	Il regno di Napoli è governato dagli Angiò, la Sicilia dal re d'Aragona
Milano e Venezia si contendono il dominio sul Nord Italia	Vari signori locali, però, non rispettano l'autorità papale	Anche qui, il vero potere è in mano ai signori locali

> Maclodio e l'Adda

Nel 1427, **l'esercito della Serenissima** (guidato da Francesco Bussone, conte di Carmagnola) **sconfisse i milanesi** a Maclodio, presso Brescia. Grazie a tale successo, Venezia riuscì ad assicurarsi il controllo di una vasta area nell'attuale Lombardia, cioè a fissare il proprio confine al fiume Adda (pace di Ferrara, del 1433). Il Nord Italia, a quel punto, era tutt'altro che unito, ma il quadro finì per risultare più lineare, essendo controllato, in sostanza, da due soli soggetti dominanti (Milano e Venezia, appunto).

I **territori della Chiesa** vivevano una situazione decisamente più confusa: vari signori (come i Bentivoglio di Bologna, i Montefeltro di Urbino, i Baglioni di Perugia), pur riconoscendo in linea teorica la sovranità del papa, la ignoravano nei fatti, comportandosi in maniera del tutto indipendente in ogni circostanza veramente importante.

> Il potere dei baroni

Il **Sud Italia** aveva già raggiunto un notevole livello di coerenza e di organizzazione al tempo di Federico II e del nuovo dominatore, Carlo d'Angiò, giunto dalla Francia nel 1265 con il pieno sostegno del papa. Tuttavia, dopo circa un secolo, alla morte del re Roberto d'Angiò (1343), il regno fu attraversato da una grave crisi politica, dovuta all'**indebolimento dell'autorità regia**, provocato da una confusa lotta per la successione, durante la quale diversi pretendenti si contesero la corona. Ancora una volta, incontriamo la stessa situazione appena segnalata per l'Italia centrale: in uno Stato che, in linea teorica, aveva una ben precisa e riconosciuta autorità, **a comandare davvero erano i signori locali**, denominati *baroni* nel Sud dell'Italia. Non molto diverso era il quadro in Sicilia (o *Trinacria*), che dal 1302 (pace di Caltabellotta) era sotto il dominio del re d'Aragona, ma nei fatti era dominata da alcune potenti famiglie feudali siciliane.

In pratica, si può dire che il **regno di Napoli** fu in preda a **violente guerre civili** fino al 1442, e che in questo tormentato scenario riuscirono a mettersi in mostra numerosi *capitani* o *condottieri*, che dapprima si ponevano al soldo di qualche pretendente al trono o di qualche barone, poi riuscivano a loro volta a diventare i signori di un territorio, cioè a formarsi un proprio dominio personale, che andava ulteriormente a complicare il frammentato quadro politico complessivo. Gli Sforza, ad esempio, iniziarono la propria carriera nel Beneventano, in Puglia e in Calabria, prima di spostare i propri interessi a Nord, nel milanese.

← Il duca di Milano Galeazzo Maria Sforza con una guardia, XV secolo (Milano, Castello Sforzesco).

1.2 Firenze e i Medici

Nel 1406, **Firenze** riuscì a impadronirsi di Pisa e a sottomettere Arezzo, candidandosi all'**egemonia sull'intera Toscana**. Fatte le debite proporzioni, si assiste nei primi decenni del XV secolo a una singolare inversione di ruoli: Venezia compie un tentativo di rafforzarsi nell'entroterra e di diventare una potenza regionale, che protegga alle spalle la laguna, mentre Firenze (acquisita Pisa e poi, più tardi, il porto di Livorno) manifesta la volontà di crearsi una flotta e di ampliare il proprio giro d'affari mediante i traffici marittimi.

> **Firenze come Venezia**

Verso i territori di recente acquisizione, le due città più importanti e ricche d'Italia tennero un atteggiamento analogo; entrambe, infatti, si mostrarono **incapaci di fondere in un tutto organico i nuovi domini**. Gelosi dei propri privilegi fiscali e politici, i cittadini di vecchia data non desideravano affatto che gli abitanti dei nuovi territori fossero trattati alla pari di loro, mentre le oligarchie al potere e le classi dirigenti tradizionali non si sognavano minimamente di aprire i propri ranghi a persone provenienti dalle città appena sottomesse. Fondamentalmente, le terre di recente conquista erano concepite solo come domini, da cui trarre tasse in denaro e derrate alimentari, utili al miglioramento del tenore di vita della capitale. Per certi versi, si può parlare di un quadro speculare rispetto a quello dei territori pontifici. Mentre il papa, in Italia centrale, esercitava un'autorità di tipo esclusivamente teorico, ma *non poteva* darle alcun genere di consistenza effettiva, e quindi non era capace di creare un vasto Stato integrato e ben organizzato, Venezia e Firenze dominavano nei fatti, ma *non volevano* costruire una salda struttura statale di dimensioni più vaste.

> **Il traffico dell'allume**

Dal 1434, Firenze fu governata, di fatto, dalla **famiglia Medici**. Si trattava di una potente dinastia di **mercanti e banchieri**, dotata di filiali a Bruges, Londra e Roma. Guidato da **Cosimo il Vecchio**, l'impero finanziario e commerciale dei Medici si rafforzò ulteriormente quando il papa concesse loro il monopolio del commercio dell'allume, scoperto a Tolfa, in Lazio, nel 1459. Per l'epoca, si trattò di un evento importantissimo, in quanto l'allume era un materiale essenziale nella lavorazione dei panni di lana, ma poteva essere acquistato, in precedenza, solo in Asia Minore, cioè in una regione che era passata sotto il dominio politico ottomano.

Cosimo de' Medici non si proclamò mai *signore* di Firenze. Il suo dominio era indiretto, cioè si attuava mediante la **collocazione di amici e collaboratori fidati nei centri decisionali delle istituzioni** fiorentine. Dal punto di vista formale, la città toscana continuava a essere una repubblica; in realtà, **tutte le elezioni o le designazioni erano regolarmente truccate o pilotate**, in modo che nessuna carica importante sfuggisse al controllo dei Medici. Come accadde in altri centri italiani in quei medesimi decenni, anche Cosimo arricchì la città di grandi opere d'arte: basti pensare al Convento di San Marco (1437), ricostruito dal celebre architetto Michelozzo e affrescato da Fra' Angelico. Anche se, formalmente, un Medici sarebbe stato designato duca di Firenze solo nel 1532, si può senza dubbio affermare che, da circa un secolo, **l'antica libertà comunale era andata completamente perduta**.

↑ In questo affresco di Benozzo Gozzoli vediamo Cosimo de' Medici (sul cavallo marrone) e Piero, suo figlio (sul cavallo bianco), che gli succederà alla guida di Firenze (Firenze, Palazzo Medici-Riccardi, Cappella dei Magi).

1.3 La pace di Lodi

Carta interattiva
L'Italia dopo la pace di Lodi

Dal 1434 al 1441, una vasta guerra coinvolse tutti i principali Stati italiani. Da una parte troviamo, alleati tra loro, il papato, Venezia, Firenze e Alfonso V, re d'Aragona e di Sicilia, che aspirava al trono di Napoli. Quest'ultimo, però, era rivendicato pure da Renato d'Angiò, sostenuto da **Filippo Maria Visconti** (signore di Milano che, dal 1423, dominava anche su Genova, poteva contare sulla sua flotta e vedeva negli aragonesi dei pericolosi concorrenti nel commercio mediterraneo).

La guerra si concluse quando Filippo Maria Visconti e Alfonso V trovarono un accordo; il re d'Aragona ottenne Napoli, mentre Genova tornò indipendente. La pace venne stipulata a Cremona, nel 1441; Venezia – che già possedeva Brescia e Bergamo – aggiunse ai suoi possedimenti nella terraferma anche Legnago e Peschiera. La pace fu raggiunta grazie all'abile mediazione di Francesco Sforza, condottiero che aveva sposato Bianca Visconti, figlia del duca di Milano.

> Francesco Sforza

Ma nel 1447, dopo l'improvvisa morte di Filippo Maria Visconti, **lo Stato milanese fu sul punto di disgregarsi** e di cadere preda delle ambizioni veneziane; per impedire che

GEOSTORIA

La divisione dell'Italia dopo il 1454

Carta proiettabile

→ Il dato più importante del XV secolo riguarda Venezia e la sua espansione sulle terraferma. Milano e Firenze si allearono per impedire che la Serenissima divenisse lo Stato più potente d'Italia. Il loro successo fu sancito dalla pace di Lodi, del 1454.

I protagonisti

Schema proiettabile

COSIMO DE' MEDICI	• Potente banchiere, diventa signore di Firenze nel 1434 • Formalmente, Firenze rimane una repubblica fino al 1532; di fatto, è già una signoria in mano ai Medici
FILIPPO MARIA VISCONTI	• Signore di Milano, è in conflitto con Venezia e con Firenze • Per un breve periodo, domina anche Genova (1423-1441)
FRANCESCO SFORZA	• Comandante di un esercito mercenario, inizia la sua carriera nella confusa situazione del Sud Italia • Avendo sposato Bianca Visconti, diventa signore di Milano alla morte di Filippo Maria Visconti

Venezia raggiungesse questo importante obiettivo, che l'avrebbe trasformata nello Stato più forte d'Italia, Cosimo de' Medici appoggiò **Francesco Sforza**, dando inizio a una **solida alleanza tra Milano e Firenze, in funzione anti-veneziana**.

Il 9 aprile 1454, venne stipulata a Lodi una **pace fra il ducato di Milano**, ormai guidato dagli Sforza, **e la Repubblica di Venezia**, al fine di chiudere il lungo conflitto che aveva logorato entrambi e che, evidentemente, non trovava un vero vincitore, capace di imporsi. All'accordo si aggiunsero poi anche il papa, il governo di Firenze e il re di Napoli; nel marzo dell'anno successivo, tutti questi Stati si unirono in una coalizione, denominata ***Lega italica*** e finalizzata a garantire la pace nella penisola. Tale «santissima lega»

SGUARDO D'INSIEME
Una pace idealizzata, tra frammentazione e debolezze

Nel Cinquecento – allorché l'Italia fu caratterizzata da numerose e frequenti *guerre horrende* (come si diceva all'epoca) – divenne prassi normale offrire un **quadro idealizzato e mitizzato** degli anni compresi **tra la pace di Lodi e l'invasione di Carlo VIII** re di Francia (1494). Il *compianto* nei confronti di un'età felice improvvisamente finita divenne un vero e proprio genere letterario alla moda, un po' come divenne un luogo comune affermare che i primi quattordici anni del Novecento erano stati una *belle époque*, o definire *ruggenti* gli anni Venti, negli Stati Uniti, prima della lunga depressione economica e finanziaria iniziata nel 1929. Si prenda, ad esempio, quanto scrive lo storico milanese B. Corio, secondo cui «erano in campo le feste ed i piaceri, e Giove trionfava colla pace, per cui tutto sembrava sì stabile e fermo che in qualunque altro tempo».

Numerosi autori erano soliti confrontare i decenni compresi tra il 1454 e il 1494 con l'età di Augusto. Il più autorevole divulgatore di questa concezione nostalgica fu lo scrittore fiorentino **Francesco Guicciardini**, che si rifiutava di vedere nella frammentazione italiana un pericoloso fattore di debolezza – di fatto *congelato* e *cristallizzato* dalla pace di Lodi – ma anzi la celebrava, sostenendo che solo essa aveva permesso l'esistenza di «tante città floride», che non sarebbero potute sorgere se l'Italia avesse avuto un potere centralizzato, come la Francia, in cui lo splendore di Parigi soffocava di fatto la crescita di altri centri economici o culturali.

Per facilitare il dialogo tra i vari governi, risolvere le controversie e, in caso di conflitti armati (che pure non mancarono, a livello locale e su scala regionale), concluderli nel più breve tempo possibile, venne attivata una complessa rete di ambasciatori, che risiedevano in pianta stabile presso le varie corti. Tuttavia, non dobbiamo in alcun modo pensare che dalla pace di Lodi potesse emergere una qualche forma di gestione federale e congiunta della Penisola; semplicemente, gli accordi del 1454-1455 **congelarono la situazione esistente**, nella **comune consapevolezza che nessuno poteva diventare soggetto egemone sull'Italia intera**, a causa dei costi della guerra, costantemente in crescita.

Solo un vasto Stato come la Francia (e, di lì a poco, la Spagna) alla fine del Quattrocento era in grado di sopportare tali spese esorbitanti; **il tempo dei piccoli Stati**, invece, **era ormai giunto alla fine**. Basti pensare al fatto che qualsiasi sforzo di aumentare la pressione fiscale, compiuto da parte di un governo italiano, venne accolto con rabbia e profondo malcontento da parte dei sudditi, inizialmente disposti (a Napoli come a Milano) ad accogliere i francesi come veri liberatori dall'insopportabile giogo di un principe oppressore.

> VEDI
La guerra
dei Cent'anni
→ pag. 176

vincolava i suoi membri per 25 anni **a sostenersi a vicenda, in caso di aggressione straniera**; si può affermare, in altre parole, che i governanti dei principali Stati italiani si resero tempestivamente conto del significato della fine della guerra dei Cent'anni, cioè compresero che – una volta risolti i problemi interni (primo fra tutti la nascita di un forte Stato in Borgogna e nelle Fiandre) – la monarchia di Parigi avrebbe potuto indirizzare la propria enorme potenza in direzione dell'Italia. Inoltre, gli accordi prevedevano che i **governi in carica** al momento della stipulazione dovessero essere **difesi da ogni eventuale congiura**, complotto o cospirazione messi in atto per rovesciarli.

1.4 Lo scontro tra Lorenzo de' Medici e Sisto IV

> La congiura dei Pazzi

Cosimo il Vecchio morì nel 1464, lasciando il potere al proprio figlio Piero; il controllo dei Medici su Firenze rimase solido e indiscusso fino alla morte di questi, nel 1478. A quel punto, con il **sostegno del papa Sisto IV della Rovere**, una famiglia **di potenti banchieri, i Pazzi**, organizzò una **congiura** per subentrare ai loro concorrenti: il 26 aprile 1478, nel duomo di Firenze, furono assaliti Lorenzo e suo fratello Giuliano, che morì nell'attentato. La congiura fu repressa immediatamente.

Rimasto solo al governo, Lorenzo de' Medici dovette affrontare tutte le conseguenze della congiura a livello di politica estera; era chiaro a tutti, infatti, che i Pazzi non avevano agito da soli, ma con il pieno sostegno del papa. **Sisto IV reagì scomunicando Lorenzo**; inoltre, prevedendo che di lì a poco sarebbe scoppiata una guerra tra Firenze e il papato, dichiarò che tutti i signori di Romagna che avessero offerto i loro servizi di condottieri a Firenze sarebbero anch'essi ricaduti sotto la scomunica che aveva colpito la Signoria.

Tuttavia, Lorenzo riuscì a portare dalla propria parte Venezia e Milano (guidata, dal 1479, da Ludovico Sforza, detto *il Moro*). Dopo che il papa, invece, aveva trovato pieno sostegno in Ferrante re di Napoli, **Lorenzo si recò personalmente nel capoluogo campano**, nel dicembre 1479, al fine di spezzare tale alleanza. L'intervento diretto del signore fiorentino ebbe **pieno successo**, e la pace venne infine conclusa il 27 febbraio 1480. L'accordo prevedeva un viaggio a Roma di Lorenzo, che avrebbe dovuto implorare il perdono del pontefice. Su questo punto, il signore di Firenze prese tempo, perché non voleva umiliarsi davanti al papa; intanto, la situazione precipitò bruscamente a seguito dell'attacco turco contro Otranto (28 luglio). Il re di Napoli pretese che il papa rinunciasse immediatamente a qualsiasi contesa in Italia ed esortasse tutti a far fronte comune contro l'infedele. Sisto IV accettò che, al posto di Lorenzo, si recassero a Roma dodici ambasciatori fiorentini; dopo la celebrazione di un solenne rito di riconciliazione, fu imposto a Firenze di armare quindici galere contro i turchi, come prezzo del perdono appena ottenuto. L'aggressione turca contro Otranto risolse dunque la grave crisi iniziata con la congiura dei Pazzi. Al termine della vicenda, **Lorenzo era più forte e stabile di prima**, al punto che – scrive Niccolò Machiavelli – i fiorentini lo celebravano «insino al cielo», dichiarando che «aveva potuto più il consiglio e giudizio suo, che l'armi e le forze del nemico».

↓ Girolamo Macchietti, *Lorenzo il Magnifico*, XVI secolo. (Firenze, Palazzo Pitti).

zoom

La congiura dei Pazzi

L'appoggio del papa

I rapporti di Sisto IV con i Medici erano stati tesi fin dall'ascesa al potere del nuovo pontefice, nel 1471. Il 16 dicembre di quel medesimo anno, infatti, il papa nominò cardinali due suoi nipoti (Pietro Riario e Giuliano della Rovere, il futuro papa Giulio II), ma nessun fiorentino. Un altro nipote del papa, Girolamo Riario, nel 1474 ricevette in dono la contea di Imola, che Sisto IV acquistò con denaro sonante dal signore locale, Taddeo Manfredi. L'enorme somma (4000 ducati) necessaria a condurre in porto l'operazione fu concessa al papa dalla banca dei Pazzi, i quali in tal modo crearono un primo importante legame con il pontefice. Due anni dopo, Sisto IV compì il gesto che, più di tutti, significava una precisa scelta di campo; fino a quel momento, infatti, i Medici avevano ottenuto di poter gestire **in regime di monopolio l'estrazione e la vendita dell'allume** che si trovava in grandi quantità nel sottosuolo del territorio dello Stato della Chiesa. Nel 1476, il pontefice trasferì tutti i benefici di cui avevano goduto fino ad allora Cosimo il Vecchio e i suoi eredi alla famiglia Pazzi, mentre veniva nominato arcivescovo di Pisa Francesco Salviati, un uomo profondamente legato a tale famiglia.

↑ Medaglia in bronzo della congiura dei Pazzi, 1478, realizzata per ricordare gli eventi e celebrare la salvezza di Lorenzo.

↑ Sandro Botticelli, *Ritratto di Giuliano de' Medici* (Bergamo, Accademia Carrara).

La repressione

Nel 1478, i Pazzi decisero di uscire dall'ombra e di puntare alla **conquista diretta del potere**. Il 26 aprile, al termine di una messa solenne nella cattedrale di Firenze, due preti nemici dei Medici, insieme a Francesco Pazzi e ad altri congiurati, aggredirono i **due figli di Piero, Lorenzo e Giuliano**; quest'ultimo cadde assassinato, ma l'altro, Lorenzo, riuscì a salvarsi, fuggendo nella sagrestia della chiesa. Intanto, l'arcivescovo Salviati e altri congiurati **tentarono di impadronirsi del Palazzo della Signoria**, vero centro nevralgico del potere fiorentino, ma la sorpresa fallì e il complotto fu sventato.
La **repressione** contro i congiurati scattò immediatamente. I due preti assassini furono linciati dalla folla, mentre l'arcivescovo Salviati di Pisa e Francesco Pazzi vennero impiccati senza processo. Altri esponenti della famiglia Pazzi vennero condotti in tribunale e condannati a morte, all'esilio o alla prigione, a seconda del grado di coinvolgimento nella congiura. **La casata, nel suo complesso**, subì vari oltraggi, finalizzati a far ricadere su di essa il **pubblico disonore**; il 22 maggio 1478, fu decretato che il loro emblema fosse cancellato da tutti gli edifici che lo esponevano, mentre al crocevia *Canto dei Pazzi* venne cambiato il nome. Infine, fu deciso che, in futuro, chiunque avesse sposato una donna della famiglia Pazzi sarebbe stato privato per sempre della possibilità di accedere a cariche pubbliche. **Giuliano de' Medici**, al contrario, ricevette funerali solenni, durante i quali venne **frequentemente evocato il parallelo con la figura di Giulio Cesare**.

1.5 La nuova cultura rinascimentale: Umanesimo e imitazione di Roma

> L'uomo al centro

Nonostante le contese e le lotte politiche, tra Quattrocento e Cinquecento si sviluppò in Italia un movimento culturale destinato a incidere profondamente nella storia europea: il **Rinascimento**. Fu un movimento che coinvolse pittori, scultori, architetti, letterati, giuristi, filosofi, accomunati dalla volontà di prendere le distanze dalla cultura dei secoli che li avevano preceduti e di imprimere una nuova direzione al sapere e alle arti, ponendo l'uomo e i suoi valori al centro dell'attenzione.

Il Rinascimento fu un movimento ricco di orientamenti e tendenze diverse. Esso fu preparato e accompagnato, lungo tutto il suo sviluppo, dall'**Umanesimo,** termine con cui si indica il **rinnovato interesse**, da parte di moltissimi intellettuali europei, per la **letteratura classica** (specialmente latina): essa veniva considerata maestra insuperabile di *humanitas*, ovvero di tutte quelle qualità e di quelle caratteristiche (la parola e l'agire morale, ad esempio) che distinguono l'essere umano dalle bestie e lo elevano al di sopra degli animali.

> Ricostruzione dei testi antichi

Anche prima del Trecento, certo, gli intellettuali avevano ammirato la letteratura antica: il fatto stesso che Dante, nel suo viaggio ultraterreno, venga accompagnato dal poeta latino Virgilio, dimostra il rispetto che la cultura medievale portava nei confronti del mondo classico. Gli intellettuali *umanisti*, tuttavia, a partire da **Francesco Petrarca** (1303-1374) manifestarono un atteggiamento qualitativamente differente: un vero e proprio entusiasmo, un'intensa passione che li spinse a riportare alla luce e divulgare testi latini riscoperti, a ricostruire il testo originale delle opere (eliminando gli errori che, nei manoscritti, si erano accumulati per colpa dei copisti) e soprattutto a **imitare lo stile e la lingua di Cicerone e degli altri scrittori del periodo aureo della storia romana**.

↑ In questo affresco (*La scuola di Atene*, 1509-1510, Città del Vaticano, Palazzi Vaticani), Raffaello ha voluto comunicare la vicinanza tra la cultura classica e quella rinascimentale. I grandi filosofi del passato, come Aristotele e Platone, sono infatti raffigurati con i tratti di alcuni dei maggiori intellettuali e artisti contemporanei del pittore.

> VEDI La Donazione di Costantino → pag. 17

Gli intellettuali umanisti, infatti, si resero conto del fatto che, nei secoli, la lingua latina si era *imbarbarita*, cioè aveva subito profonde alterazioni e modificazioni sia nel lessico che nella sintassi; anzi, proprio sulla base di questa consapevolezza, **Lorenzo Valla** (1405-1457) dimostrò che la cosiddetta *Donazione di Costantino* (un documento in cui si affermava che Costantino aveva concesso al papa la sovranità sulla parte occidentale dell'Impero romano) non poteva in alcun modo essere stata redatta dal primo imperatore cristiano nel IV secolo, dato che era scritta nella tipica lingua latina usata nei documenti ufficiali del tempo di Carlo Magno, ben oltre quattro secoli dopo.

> Imitare Roma

Il **Rinascimento** potrebbe essere definito come il tentativo di *trasferire a tutti gli ambiti della vita umana* quell'imitazione del modello romano che gli intellettuali umanistici, per primi, praticarono nel campo della lingua e della letteratura. Si spiega così, ad esempio, la scelta compiuta da numerosi architetti, che per le loro chiese cessarono di utilizzare la tradizionale pianta a croce e rilanciarono la pianta circolare, tipica dei templi romani; analogamente, nel campo della scultura, vennero riscoperti generi tipici dell'epoca romana, come la statua equestre o la figura umana nuda, di cui si ammiravano l'armonia delle forme e l'equilibrio delle proporzioni.

1.6 Il Rinascimento un grande movimento culturale

Video: La pittura rinascimentale

Storia e letteratura: La corte di Ferrara tra Quattrocento e Cinquecento

Gli ideali del Rinascimento si svilupparono in Italia e trovarono sostegno nelle corti dei principi. I centri più importanti furono **Firenze**, **Roma**, **Ferrara**, **Mantova**, **Urbino** e **Milano**, dove i signori mecenati favorirono le attività intellettuali e artistiche. Le città italiane si arricchirono così di capolavori.

La **pittura** rinascimentale ebbe uno sviluppo eccezionale. Raffaello Sanzio, Leonardo da Vinci, Michelangelo Buonarroti, Tiziano Vecellio, Andrea Mantegna sono solo i nomi più celebri di un lungo elenco di artisti che operavano seguendo il nuovo stile. Fu introdotta la **prospettiva** (studiata da alcuni pittori come Piero della Francesca,

↑ Esempi di pittura, architettura e scultura rinascimentali. Da sinistra: Leonardo da Vinci, *Dama con l'ermellino*, 1485-1486 circa (Cracovia, Czartoryski Muzeum). Filippo Brunelleschi, Cupola di Santa Maria del Fiore, 1420-1430 (Firenze). Michelangelo Buonarroti, *Mosè*, iniziato nel 1513-1515, rifinito nel 1542 (Roma, San Pietro in Vincoli, tomba di Giulio II).

↑ Michelangelo Buonarroti, *Creazione di Adamo*, particolare, 1510 (Città del Vaticano, volta della Cappella Sistina).

Carta interattiva
Dall'Umanesimo al Rinascimento

Paolo Uccello e Masaccio), con cui è possibile riprodurre la realtà in tutte e tre le dimensioni (lunghezza, larghezza e profondità); farsi fare il ritratto divenne una moda: sovrani e nobili si fecero spesso raffigurare da soli (a figura intera o a mezzo busto), oppure in compagnia della famiglia.

L'**architettura** cambiò invece il volto delle città italiane. Le vie cittadine divennero più larghe e non più tortuose e strette come in epoca medievale, mentre i nobili si fecero costruire sontuosi palazzi signorili; i più illustri architetti furono Filippo Brunelleschi, Leon Battista Alberti, Donato Bramante (a cui si deve la cupola di Santa Maria del Fiore a Firenze) e Michelangelo Buonarroti (che realizzò la cupola di San Pietro a Roma).

La **scultura** fece rivivere la dignità della figura umana; i fiorentini Donatello e Andrea Del Verrocchio realizzarono monumenti equestri di condottieri animati di una stupendo realismo. Nel Cinquecento, Michelangelo realizzò una ricchissima produzione di figure marmoree, tra cui vanno ricordate la statua di Mosè nella chiesa romana di San Pietro in Vincoli e lo splendido David, simbolo di Firenze.

L'artista rinascimentale a tutto tondo è però senza dubbio **Leonardo da Vinci**, un genio universale, capace di eccellere nella pittura (fra i suoi capolavori la *Gioconda* e *L'Ultima Cena*), nell'anatomia (dove lasciò una eccezionale raccolta di disegni) e nelle scienze, dove studiò il volo degli uccelli e ideò macchine di ogni tipo, anticipando di secoli le invenzioni moderne.

GEOSTORIA

I centri italiani del Rinascimento

Carta proiettabile

1.7 Machiavelli: Rinascimento e politica

Storia e letteratura
Macchiavelli. La separazione fra politica e morale

Il principio dell'imitazione dell'antica Roma non fu applicato solo in campo artistico o culturale. **Niccolò Machiavelli** (1469-1527), un intellettuale e politico fiorentino, lo introdusse nell'ambito della politica. Nella sua opera principale (*De principatibus*, o *Il principe*, 1513), egli affermò esplicitamente di voler dare consigli utili a un sovrano impegnato nella conservazione o nell'ampliamento dei propri domini, e quindi scelse di **prendere a modello Stati e principi effettivamente esistiti**, che nel passato e nel presente fossero riusciti a difendersi dalle insidie e a sottomettere i propri avversari: Roma pertanto – che per secoli era stata la dominatrice del mondo – non poteva che avere, negli esempi citati da Machiavelli, il posto prioritario. D'altra parte, Machiavelli fu costretto a constatare che, spesso, sia i romani sia gli altri trionfatori sulla scena politica avevano ottenuto successo solo perché avevano un forte esercito da contrapporre agli avversari e non perché la loro causa fosse più giusta o morale di quella dei loro nemici. Dante, quando parlava delle vittorie di Roma, vedeva sempre in azione la provvidenza divina, preoccupata di unificare il mondo in vista della predicazione del Vangelo. Nella concezione di Machiavelli, invece, **scompare qualsiasi riferimento ultraterreno**: la vittoria (o la sconfitta) di un principe è frutto esclusivamente della sua **abilità politica**, oltre che della **forza dell'esercito** che il sovrano ha a sua disposizione.

↓ Santi di Tito, *Ritratto di Machiavelli* (Firenze, Palazzo Vecchio).

DOCUMENTI

La lettera al Vettori

Il 10 dicembre 1513, Niccolò Machiavelli scrisse una lunga lettera al suo amico Francesco Vettori, ambasciatore di Firenze a Roma, presso la Santa Sede. La seconda parte di questa lettera è considerata da tutti gli studiosi una specie di manifesto del Rinascimento. Machiavelli infatti afferma che, dopo essersi cambiato d'abito, abbandonando, cioè, gli atteggiamenti volgari adottati durante la giornata, si dedica allo studio dei classici, inteso come dialogo con dei veri maestri viventi. Proprio a seguito di tale riflessione, annuncia poi lo scrittore, è nato *Il principe*. Riportiamo un brano di questa ultima parte.

Venuta la sera, mi ritorno a casa ed entro nel mio scrittoio; e in sull'uscio mi spoglio quella veste cotidiana, piena di fango e di loto, e mi metto panni reali e curiali; e rivestito condecentemente, entro nelle antique corti delli antiqui huomini, dove, da loro ricevuto amorevolmente, mi pasco di quel cibo che *solum* è mio e ch'io nacqui per lui; dove io non mi vergogno parlare con loro e domandarli della ragione delle loro azioni; e quelli per loro humanità mi rispondono; e non sento per quattro hore di tempo alcuna noia, sdimentico ogni affanno, non temo la povertà, non mi sbigottisce la morte: tutto mi transferisco in loro. E perché Dante dice che non fa scienza sanza lo ritenere lo havere inteso – io ho notato quello di che per la loro conversazione ho fatto capitale, e composto uno opuscolo *De principatibus*; dove io mi profondo quanto io posso nelle cogitazioni di questo subietto, disputando che cosa è principato, di quale spezie sono, come e' si acquistono, come e' si mantengono, perché e' si perdono. E se vi piacque mai alcuno mio ghiribizzo, questo non vi doverrebbe dispiacere; e a un principe, e massime a un principe nuovo, doverrebbe essere accetto: però io lo indirizzo alla Magnificentia di Giuliano [de' Medici, *n.d.r.*].

N. MACHIAVELLI, *Lettera XI* a Francesco Vettori, in ID., *Opere*, Ricciardi, Milano-Napoli 2006

ANALIZZA IL TESTO

→ Spiega il significato del termine *humanità*.
→ Quali questioni vengono prese in considerazione, nell'opera?

Il *Principe* di Niccolò Machiavelli

Schema proiettabile

OBIETTIVO	Offrire a un principe consigli pratici su come conservare o ampliare il proprio potere
STRUMENTI	Sceglie di prendere a modello Stati e principi effettivamente esistiti, nel passato o nel presente
MODELLO PRIVILEGIATO, DEGNO DI IMITAZIONE	La Roma dominatrice del mondo
CONCLUSIONI TEORICHE	Il successo va al principe più spregiudicato e spietato

> La volpe e il leone

> VEDI Il pessimismo antropologico → pag. 317

Nella concezione medievale, ogni battaglia era una sorta di giudizio di Dio, il quale avrebbe concesso la vittoria a chi era nel giusto e sconfitto il peccatore. Machiavelli al contrario è indotto – dal fatto di aver assunto Roma come modello e, più in generale, dalla sua volontà di restare aderente alla realtà come effettivamente si presenta – ad affermare che questa prospettiva religiosa è falsa: suscitando grande scandalo arrivò anzi ad affermare che, in genere, il **successo andava** proprio **al principe più spregiudicato e spietato**, capace di essere astuto come una volpe e brutale come un leone.

1.8 Rinascimento e mentalità religiosa

> Laicità dell'agire politico

Guardando all'opera di Machiavelli, possiamo cogliere uno dei contributi più importanti che il Rinascimento ha dato alla cultura europea. Infatti, elevando Roma al rango di modello ideale da imitare, il mondo della **politica** e della gestione dello Stato veniva concepito come **un ambito del tutto indipendente dalla Chiesa** e dai suoi insegnamenti.

> VEDI Il giubileo del 1300 → pag. 146

La novità dell'impostazione data da Machiavelli al problema politico emerge con chiarezza non appena la confrontiamo con l'atteggiamento tenuto, nel Tardo Medioevo, dai grandi **mercanti**. Nei secoli XIII e XIV, molti di essi **agivano senza scrupoli** e violavano i numerosi limiti posti dalla Chiesa alla loro attività; diversi uomini d'affari cristiani, soprattutto, ignoravano completamente il divieto ecclesiastico di esigere interessi di qualsiasi entità sulle somme prestate, una proibizione che gettava su chiunque esercitasse un'attività bancaria simile a quella moderna l'accusa di *usura*, un grave peccato che comportava l'inferno. Eppure, quando si avvicinavano alla fine della vita, tutti i mercanti di cui possediamo testimonianze scritte chiedevano perdono per le operazioni illecite che avessero compiuto, cercavano di rimediare ai loro peccati e, così facendo, pensavano di poter accedere al Cielo dopo un periodo di espiazione più o meno lungo passato in purgatorio. In questo luogo dell'aldilà – in cui ci si purificava dei peccati compiuti in vita – si poteva entrare infatti anche per mezzo di un sincero pentimento sopraggiunto in punto di morte; l'individuo, grazie a esso, non era più obbligato a passare la vita in monastero e poteva restare nel mondo fino all'ultimo istante.

→ Miniatura del 1472 che raffigura l'importante corporazione dei mercanti-imprenditori di Siena (Siena, Archivio di Stato).

Poiché ciò, per un uomo d'affari libero dal terrore dell'inferno, significava potersi impegnare nei propri traffici (persino quelli illeciti, come il prestito a usura) fino agli ultimi giorni di vita, lo storico francese Jacques Le Goff è arrivato ad affermare che la credenza nel purgatorio ha avuto un ruolo decisivo nello sviluppo dell'economia europea. Resta che, almeno **in punto di morte, il mercante e il banchiere mostravano di essere ancora profondamente sensibili** a quella **vita ultraterrena** che, invece, sembra del tutto scomparsa dall'orizzonte mentale del Machiavelli.

> **Preoccupazioni religiose di Machiavelli**

Tuttavia, non si deve credere che Machiavelli fosse ateo o che avesse completamente accantonato l'idea di un intervento divino nelle vicende umane. Nell'ultimo capitolo del *Principe*, infatti, non preoccupandosi affatto della **contraddizione** che si veniva a creare **con il resto dell'opera**, Machiavelli affermava che Dio avrebbe condotto alla vittoria gli eserciti di un principe che si fosse fatto carico della **giusta causa della libertà *nazionale***, cioè avesse combattuto contro gli invasori stranieri e costruito in Italia uno Stato vasto e potente, capace di competere alla pari con le *monarchie nazionali*, come Francia e Spagna, che minacciavano l'indipendenza della Penisola italiana.

> **VEDI** Erasmo da Rotterdam → pag. 314

Ma se neppure di Machiavelli, in fondo, si può dire che è uscito dalle coordinate mentali fissate dal cristianesimo, a maggior ragione non ci stupiremo nel vedere tanti altri intellettuali rinascimentali, ben meno radicali dell'autore del *Principe*, restare legati alla fede tradizionale. Come scrive Peter Burke, «gli storici del XIX secolo tendevano a presentare gli **umanisti** essenzialmente come *pagani*, che mostravano verso la cristianità niente più che un rispetto esteriore. Oggi, peraltro, gli studiosi sono più propensi a sottolineare che questo tipo di rispetto si aveva nei confronti del paganesimo. È possibile che un esiguo numero di intellettuali, come l'esule greco del XIV secolo Gemistio Pletone, abbia abbandonato la cristianità per il culto delle divinità antiche, ma i più **ambivano a divenire romani antichi senza cessare di essere cristiani moderni**. Nonostante il carattere onnicomprensivo che si intese attribuire alla rinascita dell'antichità, essa non si poneva l'obiettivo di sostituire i valori cristiani».

CONTRASTI POLITICI

2

Storia slide

Le mire espansionistiche del **regno di Francia**

Le conoscenze da acquisire	Le competenze da potenziare
Alla fine del Quattrocento, il re di Francia, tentò di attribuirsi un ruolo imperiale.	Saper cogliere i fattori fondamentali che determinano la potenza militare di uno Stato.

2.1 Il ducato di Borgogna

GEOSTORIA

Il ducato di Borgogna (XIV-XV secolo)

Durante la guerra dei Cent'anni, dopo la clamorosa disfatta di Azincourt (1415), la Francia rischiò di essere assorbita dal regno d'Inghilterra. In quella drammatica circostanza, i duchi di Borgogna, teoricamente sottomessi al sovrano di Parigi, tennero una condotta ambigua, finendo per schierarsi con gli inglesi. Anzi, approfittando della grave situazione di debolezza in cui si era venuto a trovare il loro signore, da quel momento procedettero a sottomettere al proprio potere numerosi e ricchi territori, che sottrassero al re di Francia, da un lato, e all'imperatore di Germania, dall'altro.

Intorno alla metà del XV secolo, lo **Stato borgognone** comprendeva le Fiandre, il ducato di Lussemburgo, il ducato di Brabante e le contee di Olanda e di Zelanda. Erano **regioni economicamente prospere**, caratterizzate dalla presenza di **numerose città** (come Gand e Bruxelles), di **ottimi porti** (Bruges, Anversa e Amsterdam) e di numerosi **fiumi navigabili**. Il difetto più grave del nuovo Stato era la sua **assenza di compattezza territoriale**: la Borgogna e i territori del Nord, infatti, erano separati dalla Lorena, che il duca **Carlo il Temerario**, pertanto, cercò di conquistare nel 1477. Questa iniziativa provocò la ferma risposta del re di Francia, deciso a impedire la creazione, ai propri confini nord-orientali, di una nuova e omogenea compagine politica. Lo scontro avvenne a Nancy, in Lorena, nel 1477, e vide la completa disfatta di Carlo il Temerario, che restò ucciso sul campo di battaglia.

Storia del ducato di Borgogna

DATE	EVENTI
1363	Filippo l'Ardito riceve dal padre, il re di Francia Giovanni il Buono, il ducato di Borgogna
1404	Muore Filippo e sale al trono Giovanni Senza Paura
1419-1467	Filippo il Buono, figlio di Giovanni Senza Paura, ingrandisce il regno
1467-1477	Carlo il Temerario conquista anche la Lorena, ma si scontra con il re di Francia Luigi XI
1477	Luigi XI sconfigge Carlo il Temerario e occupa il ducato di Borgogna

RIFERIMENTO STORIOGRAFICO 1
La nuova fanteria mercenaria
→ pag. 294

Guardiamo la storia
Mercenari e fanti in quadrato

Nancy rappresentò il primo grande trionfo della **fanteria mercenaria svizzera**, al soldo del re di Francia. Per circa cinquant'anni, gli svizzeri furono i maestri indiscussi e insuperati di una nuova tattica, che consisteva nell'opporre ai cavalieri un'impenetrabile barriera di lunghe lance, chiamate **picche**. I soldati formavano dei solidi schieramente (detti **quadrati**) che la cavalleria non era in grado di sfondare con il classico urto frontale. All'inizio, le bande di mercenari si offrivano spontaneamente ai signori che richiedevano i loro servigi; con il passar del tempo, furono le autorità delle principali città elvetiche (resesi indipendenti, nel Duecento, dai duchi d'Austria) che si assunsero il compito di organizzare il reclutamento delle truppe, unica risorsa che permetteva, a quelle **povere e sovrappopolate contrade**, di integrare il misero rendimento delle loro economie montane.

I protagonisti

Schema proiettabile

CARLO IL TEMERARIO	• Duca di Borgogna, si scontra con il re di Francia • Viene sconfitto a Nancy dalla fanteria svizzera
MARIA DI BORGOGNA	• Moglie di Carlo il Temerario, sposa Massimiliano d'Asburgo dopo la disfatta di Nancy
MASSIMILIANO D'ASBURGO	• Duca d'Austria e imperatore del Sacro romano impero • Mediante un'abilissima politica matrimoniale, costruisce una rete di alleanze con varie casate d'Europa

Dopo la disfatta del 1477, **Maria di Borgogna**, figlia di Carlo il Temerario, offrì la propria mano all'**imperatore Massimiliano**. In tal modo gli Asburgo, che fino ad allora si erano interessati solo alla regione danubiana, si trovarono impegnati in un nuovo settore dello scacchiere politico europeo, in aperta competizione con il regno di Francia. Per fronteggiarlo, l'imperatore cercò di costruire nuove alleanze: e poiché un accordo politico, alla fine del Quattrocento, trovava ancora la propria espressione suprema nel matrimonio combinato fra due principi di sangue reale, **gli Asburgo finirono per tessere una saldissima rete di parentele**, che si estendeva da un capo all'altro dell'Europa.

2.2 Carlo VIII scende in Italia

Riaffermata la propria sovranità nel cuore del loro regno, **i sovrani di Parigi volsero le loro ambizioni in direzione dell'Italia**, che nel XV secolo era la **regione più ricca dell'Occidente** cristiano. Il primo sovrano francese a scendere in Italia fu il re **Carlo VIII di Valois (1483-1498)**, che nel 1494 mise in campo, oltre a un numeroso esercito, **un'artiglieria formidabile**: 140 cannoni che sparavano palle di ferro (anziché di pietra).

> **Conquistare il Sud Italia**

Il disegno del re di Francia era, a dir poco, ambizioso. Carlo VIII, infatti, nel momento in cui scese in Italia con lo scopo preciso di **conquistare l'Italia meridionale**, voleva **trasformare la Francia in una grande potenza mediterranea**. La sua intenzione era di rendere Napoli una grande base commerciale, capace di far concorrenza a Genova e a Venezia, e di ripulire il mare dai pirati che infestavano le principali rotte marittime. Carlo era consapevole del fatto che il re di Napoli, **Alfonso II d'Aragona**, era sostenuto dal papa, ma la Santa Sede, dal 1492, era guidata da **Alessandro VI**, al secolo Rodrigo Borgia, noto per la sua corruzione e per il fatto di aver comprato con somme enormi la carica di pontefice.

> **Carlo, strumento divino**

Nel momento in cui scese in Italia, il re di Francia si presentò dunque come uno **strumento eletto da Dio per colpire il papa corrotto e simoniaco**; anzi, nelle sue intenzioni, il successo dell'intera operazione sarebbe stato davvero raggiunto, qualora una spedizione in Oriente fosse riuscita a sconfiggere i turchi e a riconquistare Gerusalemme. Ai nostri occhi, è facile cogliere che gran parte dei progetti di Carlo VIII era pura e semplice illusione; nell'insieme, però, essi formavano un tutto coerente, nel loro sforzo di **trasferire al re di Francia compiti e funzioni** (purificare la Chiesa e guidare la cristianità contro gli infedeli) **che la tradizione medievale** (si pensi, ad esempio, a Dante) **attribuiva all'imperatore**. Riassumendo, si può affermare che **Carlo VIII candidava se stesso e la Francia a un ruolo *imperiale***.

Abituata a brevi scontri tra piccoli eserciti, la Penisola si trovò coinvolta per la prima volta in un grande, costoso e sanguinoso conflitto moderno.

La guerra iniziò sul mare, allorché una flotta aragonese tentò di occupare Genova, per impedire che i francesi se ne servissero come base per attaccare Napoli per via marittima; gli aragonesi sbarcarono a Rapallo, ma furono respinti.

> **I Medici cacciati da Firenze**

Carlo VIII valicò le Alpi attraverso il Monginevro e raggiunse con estrema rapidità Asti. Vista l'imponenza dello spiegamento delle truppe francesi, Piero de' Medici – che aveva promesso il proprio sostegno al papa e al re di Napoli – si arrese senza combattere, consegnando a Carlo alcune importanti fortezze e accettando di prestargli 200 000 ducati. La capitolazione di Piero provocò un'insurrezione dell'opposizione anti-medicea, la **cacciata dei Medici** e l'**istituzione di un regime repubblicano** guidato dalle principali famiglie della città. Piero, in effetti, non era amato da una parte significativa dei fiorentini; abbandonando la tradizionale discrezione di Cosimo e Lorenzo, che avevano dominato la città restando dietro le quinte e coinvolgendo nel loro sistema di governo anche altre famiglie, Piero aveva messo da parte queste ultime e assunto una posizione più autoritaria. Per di più, alcune delle potenti famiglie messe da parte avevano grandi interessi finanziari in Francia, e quindi non avevano per nulla apprezzato l'iniziale svolta anti-francese impressa da Piero alla politica fiorentina. Piero de' Medici, pertanto, fu obbligato a fuggire da Firenze il 9 novembre 1494, mentre **il potere passò nelle mani dell'aristocrazia della città toscana**.

Storia e letteratura
Guicciardini. I nuovi orrizzonti della storiografia

zoom

Una malattia diversa dalle altre

Non solo la peste

Nel Quattrocento e nel Cinquecento, la peste restò un micidiale fattore costante nel sistema demografico europeo. A essa, per di più, vanno aggiunte molte altre malattie di cui le fonti ci informano e che noi, invece, solo con estrema fatica riusciamo a riconoscere con precisione. Nel 1485, nel 1506 e nel 1517, ad esempio, l'Inghilterra fu colpita da un'epidemia di un morbo chiamato dai contemporanei *sudarella* (*sweating illness*), che – stranamente – uccideva soprattutto gli adulti, mentre la peste mieteva vittime principalmente fra gli anziani, i bambini o quanti erano fisicamente più deboli. Nel complesso, gli studi compiuti su singole realtà locali ci portano a considerare realistica un'**età media** che non superava i **30-32 anni** al massimo; nelle terre veneziane, addirittura, a causa dell'elevatissima mortalità infantile, l'età media al decesso può essere stimata di 26 anni. In linea di massima, si può affermare che il 50 per cento dei nati scompariva prima dei 20 anni.

A complicare e a rendere ancora più cupo questo quadro, alla fine del XV secolo intervenne una malattia diversa dalle altre. Poiché la prima epidemia su vasta scala si verificò, nel 1494, all'interno dell'esercito del re di Francia Carlo VIII impegnato nella conquista del regno di Napoli, gli italiani chiamarono il nuovo morbo *mal francese*. Si trattava in realtà della ***sifilide***, che impressionò potentemente l'immaginario degli uomini del Cinquecento per il fatto che si trasmette **attraverso i rapporti sessuali**. Anzi, a causa di questo suo legame con il peccato di lussuria, la sifilide fu subito considerata come un **castigo divino**.

Una malattia capace di mutare volto

Nello stesso tempo, si restò colpiti da una coincidenza cronologica: il male aveva iniziato a diffondersi in Europa poco tempo dopo la scoperta del Nuovo Mondo. Tale constatazione generò **l'idea che la sifilide provenisse dall'America**, e alcuni storici riportano tuttora la notizia secondo cui Martín Alonso Pinzón (il comandante della *Pinta*) sarebbe stato la prima vittima europea del nuovo morbo. Una simile origine transoceanica, in realtà, è tutt'altro che certa; anzi, secondo lo storico canadese William McNeill, la sifilide dev'essere considerata come la nuova forma assunta dalla *framboesia*, una malattia che in età medievale si trasmetteva per contatto cutaneo. Alla fine del Quattrocento, secondo lo studioso, la maggiore disponibilità di vestiti di lana rese più difficile la trasmissione sia di tale malattia che della lebbra (morbo di Hansen); mentre quest'ultima, all'inizio del XVI secolo, scomparve definitivamente dall'Europa, la framboesia – secondo McNeill – avrebbe trovato nell'atto sessuale un nuovo e ancora più efficace veicolo di contagio.

Se l'ipotesi di McNeill è corretta, i nativi americani non ebbero neppure la sifilide come *arma batteriologica* da opporre agli europei. Quando gli spagnoli approdarono nel Nuovo Mondo le **malattie** furono un elemento decisivo di **disintegrazione delle società indigene**. Esse risultarono del tutto incapaci di resistere all'assalto *globale* (militare, tecnologico e religioso) degli europei: perfino sotto il profilo microbiologico, a fronte di innumerevoli virus e batteri di cui cadevano vittime, i nativi americani non avevano praticamente nulla che almeno potesse provocare seri danni agli invasori.

→ L'entrata a Firenze di Carlo VIII e delle sue truppe in una tavola di Francesco Granacci, 1518 (Firenze, Galleria degli Uffizi).

> La "tentazione" dell'appello ai turchi

Il brusco crollo di Firenze aprì a Carlo le porte di Roma (gennaio 1495) e di Napoli, che il sovrano francese raggiunse in febbraio. Sia Alessandro VI sia Alfonso II d'Aragona presero in seria considerazione la possibilità di allearsi con il sultano e di chiedere il suo aiuto militare. Come ha scritto Giovanni Ricci, lo studioso che ha messo in luce questo importante risvolto della politica italiana del XV secolo, «tutti, trovandosi in difficoltà, invocavano turchi; o quanto meno, minacciavano di farlo; o fingevano di farlo; oppure accusavano altri di farlo».

> Battaglia di Fornovo

Timorosi dell'egemonia francese, i vari **Stati italiani** ricorsero però, infine, a un'altra strategia, in quanto decisero di **riunire le proprie forze** per ripristinare l'equilibrio alterato da Carlo VIII. Il 31 marzo 1495, venne firmata a Venezia una solenne alleanza che coinvolse non solo la Serenissima e il duca di Milano, ma anche il re di Spagna (Ferdinando il Cattolico) e l'imperatore Massimiliano. Quando le truppe spagnole sbarcarono in Calabria e la flotta veneziana minacciò la Puglia, Carlo VIII decise di rientrare in Francia. Sulla via del ritorno, il re dovette scontrarsi a Fornovo (nel parmense) con i suoi nemici, ma questi non riuscirono a fermarlo. Nel luglio 1496, con la sconfitta delle ultime truppe francesi a Napoli, l'avventura italiana di Carlo VIII era del tutto conclusa.

2.3 Savonarola, Firenze e il papato

L'intera vicenda lasciò un segno profondo negli animi e nelle coscienze degli italiani, molti dei quali **si convinsero che la campagna di Carlo VIII fosse un castigo** di Dio, cioè lo strumento di cui il giudice divino si serviva per punire i peccati degli uomini. In questo clima di esaltazione religiosa generalizzata, a Firenze, acquisì un'importanza sempre maggiore il predicatore domenicano **Girolamo Savonarola** (1452-1498), che si assunse il compito di indicare la nuova strada che i cittadini della neonata repubblica avrebbero dovuto seguire, per evitare in futuro di incorrere nell'ira divina.

RIFERIMENTO STORIOGRAFICO 2
Profeti e predicatori nell'Italia del primo Cinquecento
→ pag. 295

Savonarola esortò i fiorentini a cambiare radicalmente il loro stile di vita, cioè ad abbandonare il gioco d'azzardo, l'usura e la lussuria. L'obiettivo del frate domenicano era quello di trasformare Firenze nel *regno di Cristo*: una città in cui la Legge del Signore fosse integralmente osservata da tutti i suoi abitanti, e che poi, a sua volta, sarebbe servita da esempio e da modello per tutte le altre terre cristiane. «E tu popolo di Firenze – predicava Savonarola – incomincerai in questo modo la riforma di tutta Italia, espanderai le tue ali nel mondo, per portarvi la riforma di tutti i popoli. Rammentati

I protagonisti

Schema proiettabile

CARLO VIII	• Re di Francia, scende in Italia al fine di conquistare il regno di Napoli • Approfitta della debolezza e della frammentazione tipiche dell'Italia del XV secolo
ALESSANDRO VI	• Cardinale spagnolo (Rodrigo Borgia), si oppone ai francesi • Papa mondano e corrotto, favorisce il tentativo di suo figlio Cesare Borgia di costruire uno Stato personale in Romagna e nelle Marche
GIROLAMO SAVONAROLA	• Diventa la guida politica e spirituale di Firenze, dopo che la città ha cacciato i Medici nel 1494 • Viene bruciato sul rogo nel 1498, a causa delle dure critiche mosse a papa Alessandro VI

che il Signore ha dato segni evidenti che esso vuol rinnovare ogni cosa e che tu sei il popolo eletto a cominciare questa grande impresa, purché tu segua i comandi di Lui (= Dio) che ti chiama».

Nel suo disegno di rigenerazione globale della Chiesa e della cristianità, **Roma** occupava naturalmente un posto centrale; qui, però, regnava papa **Alessando VI**, tristemente noto per la sua corruzione e la sua immoralità. Allorché Savonarola osò sfidarlo apertamente e denunciarne il comportamento, indegno di un pontefice, questi lo scomunicò, mostrandosi del tutto incurante delle minacce del frate. Temendo che la condanna del papa investisse l'intera città, i fiorentini si affrettarono ad arrestare e a processare **Savonarola**, che fu **bruciato come eretico** il 22 maggio 1498.

2.4 Luigi XII e Cesare Borgia

> Il duca Valentino

Carlo VIII morì il 4 aprile 1498; gli successe il cugino, **Luigi XII** d'Orléans (1498-1515). Per prima cosa, si preoccupò di ottenere dal papa l'annullamento di un infelice matrimonio che era stato obbligato a contrarre a 14 anni; Alessandro VI diede il suo consenso, ma in cambio richiese la concessione del ducato di Valentinois per il proprio figlio, **Cesare Borgia**. Ottenuto in tal modo l'appoggio del papa, il re di Francia si accordò con Venezia e iniziò a progettare l'invasione del ducato di Milano; il nuovo sovrano francese, infatti, era un discendente della famiglia Visconti, ma questa era stata soppiantata dagli Sforza negli anni Trenta del Quattrocento.

Nel luglio 1499, **francesi e veneziani attaccarono insieme Milano**, che venne rapidamente occupata da Luigi XII. Intanto, nelle Marche e in Romagna, Cesare Borgia iniziò un'azione di conquista di varie città e territori che, in teoria, erano sotto il dominio della Chiesa, ma in pratica si comportavano come signorie del tutto indipendenti. Il figlio del papa (che veniva chiamato, in Italia, *duca Valentino*, in virtù del dominio francese che aveva ricevuto da Luigi XII) agiva in teoria come *gonfaloniere* (generale, comandante supremo) al servizio del papa; in realtà, **sia Alessandro VI che lo stesso Cesare progettavano di costruire in Italia centrale un piccolo principato**, che sarebbe rimasto stabile possesso della famiglia Borgia e che, oltre tutto, avrebbe potuto contenere, a sud, un'eventuale espansione veneziana. Inizialmente, la campagna militare di Cesare fu coronata da

→ Altobello Melone, *Cesare Borgia*, prima metà del XVI secolo (Bergamo, Accademia Carrara).

GEOSTORIA

Carta proiettabile

Le conquiste di Cesare Borgia

pieno successo: tra il 1499 e il 1502 il Borgia occupò Pesaro, Imola, Forlì, Cesena, Rimini, Faenza, Urbino e Arezzo, arrivando a minacciare Firenze. Tuttavia, come fece notare già Machiavelli nel *Principe* (1513), la causa del successivo **tracollo dell'impresa di Cesare Borgia** fu che, alla morte di Alessandro VI (agosto 1503), il duca Valentino non fu in grado di impedire l'elezione di Giuliano Della Rovere (Giulio II). Nemico storico della famiglia Borgia, il nuovo pontefice tolse qualsiasi sostegno finanziario e militare al Valentino, che vide crollare in breve tempo l'intero edificio che aveva costruito.

Mentre in Italia centrale si accendeva (e poi, con altrettanta rapidità, si spegneva) l'astro di Cesare Borgia, Luigi XII si illuse di poter riuscire là dove Carlo VIII aveva fallito. Il sovrano francese, infatti, puntò su Napoli e, per evitare pericoli, nel 1500 si accordò con il re di Spagna, in vista di una spartizione del regno. L'accordò durò poco: a partire dal 1502, **spagnoli e francesi si scontrarono in alcune violente battaglie campali**, e i primi cominciarono a mettere in evidenza le eccezionali qualità dei propri reggimenti, modellati sulla tecnica introdotta dagli svizzeri. Nel **1504, la Spagna era saldamente padrona del regno di Napoli**, che avrebbe conservato fino all'inizio del Settecento.

2.5 Il pontificato di Giulio II

Venezia tentò immediatamente di sfruttare il collasso dei domini del Valentino, avanzando in Romagna e conquistando Faenza. Temendo per i domini pontifici, **Giulio II** (1503-1513) partecipò a una vasta **lega europea**, stipulata a **Cambrai** nel 1508, con lo scopo di **frenare l'espansione della Serenissima**. La coalizione comprendeva Francia, Spagna e Impero; si trattava di potenze rivali, che avevano numerosi contrasti, ma che nell'immediato trovavano vantaggioso per tutti indebolire lo Stato veneziano. Il 14 maggio 1509, l'esercito veneziano venne sbaragliato nella **battaglia di Agnadello**. Tuttavia i governanti di Venezia non persero la testa e riuscirono a evitare la catastrofe. La diplomazia della città lagunare, infatti, si dimostrò abilissima a dialogare separatamente con i vari membri della Lega di Cambrai e a concedere qualcosa a ciascuno dei suoi avversari, al fine di disintegrare la Lega stessa. L'imperatore Massimiliano occupò Rovereto, mentre il papa ottenne la definitiva rinuncia a qualsiasi espansione veneziana in Romagna. Giulio II sottrasse poi a due signori locali, Giampaolo Baglioni e Giovanni Bentivoglio, Perugia e Bologna, gettando le basi per la costruzione di un vero Stato della Chiesa.

A questo punto, però, **Giulio II** individuò nei **francesi il principale pericolo per la libertà dell'Italia** e della Chiesa; capovolgendo le sue precedenti alleanze, organizzò una nuova coalizione (denominata

← Raffaello, Giulio II portato dai sediari, particolare dalla *Cacciata di Eliodoro dal tempio*, 1512, affresco (Roma, Musei Vaticani, Stanza di Eliodoro).

Lega Santa), finalizzata a cacciare i francesi dalla Penisola. L'11 aprile 1512 si verificò **nei pressi di Ravenna uno scontro violento e sanguinoso**, che si concluse con la vittoria francese; l'Europa intera (compresi l'Impero, le città svizzere e l'Inghilterra) minacciò però di attaccare su tutti i fronti il territorio francese, **spingendo Luigi XII ad abbandonare l'Italia**.

> **Il ritorno dei Medici a Firenze**

La provvisoria ritirata francese provocò due importanti conseguenze. **A Milano tornarono gli Sforza**, mentre **a Firenze un esercito spagnolo riportò i Medici**, ponendo fine all'esperimento repubblicano. Sotto il profilo della storia della cultura, il ritorno dei Medici è molto importante; infatti, essi cacciarono dall'amministrazione dello Stato tutti coloro che avevano collaborato con la Repubblica negli anni 1494-1513, e tra questi anche Machiavelli, che aveva ricoperto l'incarico di segretario della Seconda cancelleria (l'organismo che si occupava della politica estera, della diplomazia e della guerra). Privato della possibilità di partecipare alla vita politica attiva, e obbligato a risiedere nella sua villa di campagna dell'Albergaccio, a San Casciano, Machiavelli si dedicò allo studio dei classici latini e alla composizione de *Il principe* (1513).

> **VEDI** Il conciliarismo → pag. 173

Nel momento in cui lo scontro tra la Francia e il papato era al suo apice, Luigi XII mise in atto una campagna denigratoria nei confronti del **pontefice**, facendolo apparire **più preoccupato di combattere per il potere terreno della Chiesa** che di guidare le anime dei cristiani. Addirittura, recuperando le idee conciliariste del secolo precedente, venne rilanciato il principio della subordinazione del pontefice al concilio ecumenico.

Per respingere questo tipo di accuse, **Giulio II organizzò il Concilio Lateranense V**, che ebbe luogo a Roma negli anni 1511-1512. Il fatto stesso che fosse il papa a prendere l'iniziativa di convocare il concilio ne ribadiva l'autorità e rilanciava la concezione tradizionale (che risaliva a Gregorio VII) secondo cui il papa deteneva un potere supremo e indiscutibile, all'interno della Chiesa.

> **Fallimento dei progetti di riforma**

Il Concilio Lateranense V denunciò come pericolosi e dannosi per la fede gli interventi dei numerosi **profeti e visionari** che, complice il clima di guerra che caratterizzava senza interruzione l'Italia del primo Cinquecento, periodicamente esortavano alla conversione, minacciando il castigo divino sulla Chiesa corrotta e sul pontefice.

La condanna si comprende non appena teniamo presente il fatto che si trattava di **soggetti che la Chiesa non era in grado di tenere sotto il proprio controllo** e che rischiavano di generare forme di religiosità libere da qualsiasi guida istituzionale. D'altra parte, il Concilio non affrontò minimamente il tema di una radicale riforma morale del clero e degli ordini religiosi. Pertanto, anche dopo la sua morte, avvenuta nel 1513, le critiche contro Giulio II non cessarono. Anzi, al tempo di papa Leone X (pontefice fiorentino della famiglia Medici, che succedette a Giulio II e rimase in carica dal 1513 al 1522), **l'idea che il papa fosse un principe mondano**, assai più di una vera guida spirituale del popolo cristiano, **era più diffusa che mai**, in tutta l'Europa cristiana.

I protagonisti

Schema proiettabile

PAPA GIULIO II	• Combatte contro Venezia, per impedire che la Serenissima si estenda in Romagna • Convoca il Concilio Lateranense V, che condanna i profeti che interpretavano le guerre italiane come punizioni divine
VENEZIA	• Il suo esercito viene sconfitto ad Agnadello • Deve rassegnarsi a essere una potenza esclusivamente marittima
PAPA LEONE X	• Esponente di spicco della famiglia Medici, chiede agli spagnoli di riportare la sua casata al potere, a Firenze • Viene accusato (come Alessandro VI e Giulio II) di essere un principe mondano, più interessato a problemi politici che a guidare le anime alla salvezza eterna

DOCUMENTI La polemica contro il papato

Subito dopo la morte di Giulio II, avvenuta nel 1513, l'umanista olandese Erasmo da Rotterdam pubblicò un dialogo immaginario tra il papa appena deceduto e san Pietro, che si rifiuta di aprirgli la porta del paradiso, dopo avergli rinfacciato di essere stato un pontefice più interessato al potere mondano che alla testimonianza del Vangelo e alla riforma morale della Chiesa.

PIETRO: O pazzo! Veramente sino a questo punto non ho ascoltato altro, se non un capo, non interno alla Chiesa, ma pieno di mondanità, non soltanto di mondanità, ma di paganesimo, anzi più scellerato dei pagani. Ti vanti di essere stato potentissimo nel rompere i patti, nell'attizzare guerre, nel provocare carneficine. Questa è una capacità satanica, non papale. Chi si fa vicario di Cristo, deve avvicinarsi il più possibile al suo esempio. In Lui troviamo la massima potenza, ma congiunta alla massima bontà; troviamo la somma sapienza, ma sommamente semplice. In te vedo l'immagine del potere, ma combinata con la più grande malizia e la più grande stoltezza. Perciò se il diavolo, principe dei malvagi, volesse nominare un suo vicario, chi mai potrebbe meglio aggregarsi [arruolare, prendere al proprio servizio, *n.d.r.*] di te? Dimmi, quando mai ti sei comportato da uomo di apostolato?

GIULIO: Che c'è di più apostolico che ampliare la Chiesa di Cristo?

PIETRO: Eppure se la Chiesa consiste nel popolo cristiano, tenuto insieme dallo spirito di Cristo, tu mi dai l'impressione di aver sconvolto la Chiesa, giacché hai stimolato il mondo intero alle guerre più funeste, con l'intento di poter rimanere malvagio e pernicioso [pericoloso, dannoso per il prossimo, *n.d.r.*] senza punizione.

GIULIO: Noi chiamiamo Chiesa i sacri palazzi, i sacerdoti e specialmente la curia romana, me stesso in primo luogo, che sono il capo della Chiesa. [...] Tu forse stai ancora sognando quella Chiesa dei tempi andati, in cui tu con alcuni vescovi affamati ti comportavi da papa senza iniziative, angustiato dalla povertà, dalla fatica, dai pericoli e da mille disagi. Ormai il tempo ha cambiato tutto in meglio. Ora il Romano Pontefice è tutt'altra cosa; tu eri papa solo per nome e per carica. Che diresti se ora vedessi tante costruzioni sacre elevate con mezzi degni di re, tante migliaia di sacerdoti dappertutto, i più con introiti molto ingenti, tanti vescovi pari a dei re per eccellenza di armi e di mezzi, tanti magnifici palazzi per ecclesiastici; in particolare poi se tu vedessi ora a Roma tanti cardinali con manto purpureo, circondati da legioni di inservienti, tanti cavalli più pomposi di quelli dei re, tanti muli ornati di bisso, d'oro e di pietre preziose, alcuni persino con gli zoccoli avvolti in calzature d'oro e d'argento. E poi se vedessi il Sommo Pontefice avanzare alto, sulla sedia gestatoria dorata e sostenuta dalle spalle delle guardie, e in ogni luogo tutti quanti ad adorarlo mentre muove la mano; se udissi il fragore delle bombarde, lo strepito delle trombe, gli squilli delle tube, se vedessi i lampi dell'artiglieria, la gente che applaude e che urla per acclamare, tutti i percorsi illuminati da fiaccole, persino i sovrani più illustri a stento ammessi al bacio dei santi piedi; se avessi visto quel sacerdote di Roma mentre impone col piede la corona d'oro all'Imperatore del Sacro Romano Impero, che è il re di tutti i re (se pur valgono qualcosa i diritti codificati), sebbene non conservi altro se non l'ombra del suo gran nome: se avessi visto e sentito tutto questo, ripeto, che mai avresti detto?

PIETRO: Che ho sotto gli occhi un despota completamente immerso nelle cose del mondo, un nemico di Cristo, una sciagura per la Chiesa.

→ Hans Holbein il Giovane, *Ritratto di Erasmo da Rotterdam*, 1523 (Londra, National Gallery).

ERASMO DA ROTTERDAM, *Iulius exclusus e coelis*, a cura di G. MASELLI, Palomar, Bari 1995, pp. 123-125, 129-131

ANALIZZA IL TESTO

→ Quale opposta visione della Chiesa emerge nel dialogo tra Pietro e Giulio II?

→ Qual è l'accusa principale che Pietro muove a Giulio II?

3 CONTRASTI POLITICI

Storia slide

Carlo V e i suoi nemici

Le conoscenze da acquisire	Le competenze da potenziare
La prima metà del XVI secolo è dominata dalla grandiosa figura di Carlo V d'Asburgo, re di Spagna e imperatore di Germania.	Saper individuare i limiti e i fattori di debolezza di una grande potenza, apparentemente invincibile.

3.1 Carlo d'Asburgo: una straordinaria concentrazione del potere

RIFERIMENTO STORIOGRAFICO 3
L'elezione imperiale di Carlo V
→ pag. 296

I re di Francia non avevano assolutamente rinunciato a Milano. Anzi, la conquista di quel ducato pareva vitale, nel momento in cui la Spagna si era saldamente insediata nel Mezzogiorno e minacciava di estendere la propria egemonia al resto d'Italia. Per ristabilire l'equilibrio, nel 1515, il **nuovo re di Francia Francesco I** (1515-1547) varcò di nuovo le Alpi e riuscì a conseguire il suo obiettivo, dopo che le sue truppe ebbero sbaragliato un esercito di soldati svizzeri nella grande battaglia di Marignano, dove si combatté per due giorni interi. Potendo trattare con il papa Leone X da una posizione

→ Bernhard Striegel, *Massimiliano I e la sua famiglia.*

LE PAROLE

Imperatore

In teoria, il dominio dell'imperatore è universale. Poiché l'impero coincide (o dovrebbe) con il mondo intero, il più prestigioso simbolo dell'autorità imperiale è una sfera sormontata da una croce: come Cristo, l'imperatore domina sull'intero globo terrestre. Tutti i re, quindi, dovrebbero essergli subordinati; il re di Francia e quelli di tutte le regioni d'Europa, però, affermavano di aver ricevuto il potere direttamente da Dio e di non essere tenuti a riconoscere sopra di sé alcun superiore tra gli uomini. La carica imperiale non era ereditaria, ma elettiva; le regole precise per la procedura di elezione furono fissate nel 1356, allorché il compito di designare l'imperatore venne assegnato a un collegio di sette principi tedeschi: quattro laici e tre ecclesiastici.

di forza, Francesco I ottenne nel 1516, per il regno di Francia, un **concordato** molto vantaggioso: il pontefice, infatti, riconobbe al sovrano il diritto di nominare egli stesso i vescovi e gli abati dei più importanti monasteri francesi.

La situazione politica complessiva pareva di nuovo favorevole ai sovrani di Parigi; proprio allora, tuttavia, cominciò a stagliarsi sull'Europa in tutta la sua grandezza la figura di Carlo d'Asburgo, imponendo una brusca battuta d'arresto a qualsiasi ulteriore progetto francese di espansione territoriale.

Nato nell'anno 1500, il giovane Carlo era l'**erede di due storie dinastiche convergenti**: i suoi nonni erano da una parte Massimiliano d'Asburgo, sovrano d'Austria, e Maria di Borgogna, dall'altro Ferdinando d'Aragona e Isabella di Castiglia. Nella persona di Carlo d'Asburgo, pertanto, si raccolse una quantità straordinaria di titoli e di corone: divenuto nel 1506 **signore delle Fiandre** e delle altre terre che componevano lo Stato borgognone, nel 1516 fu incoronato **re di Spagna**; nel 1519 poi, dopo aver ereditato anche il ducato d'Austria, divenne **imperatore**

GEOSTORIA L'impero di Carlo V

Carta proiettabile

↑ Carlo V ereditò i Paesi Bassi e la Franca Contea dalla nonna paterna, Maria di Borgogna; Castiglia, Navarra, Granada, Asturie e i possedimenti americani e africani dalla madre Isabella; Aragona, Valencia, Maiorca, i regni di Napoli, Sicilia e Sardegna dal padre Ferdinando; l'Austria dal nonno Massimiliano I d'Asburgo. Inoltre, in quanto imperatore del Sacro romano impero, i signori tedeschi erano suoi subordinati.

Carta interattiva **L'impero di Carlo V**

→ Carlo V d'Asburgo, re di Spagna e sovrano del Sacro romano impero, ritratto con le insegne imperiali, XVI secolo (Vienna, Kunsthistorisches Museum).

di Germania, con il nome di **Carlo V** (il numero fa riferimento al fatto che fu il quinto imperatore a portare questo nome, iniziando da Carlo Magno). Senza dubbio il caso – eliminando prematuramente altri eredi – ebbe un ruolo notevole in questo processo di accumulazione del potere nelle mani di una sola persona. Tuttavia, non va dimenticato il paziente lavoro di tessitura delle alleanze matrimoniali messo in opera, alla fine del Quattrocento, da Massimiliano d'Asburgo: per quanto superiore a ogni realistica aspettativa, il fatto che suo nipote finisse per cumulare in sé tanto potere può essere considerato anche come il frutto migliore degli sforzi intrapresi dall'imperatore austriaco.

> VEDI Federico II → pag. 105

Il papa cercò fino all'ultimo di ostacolare l'elezione di Carlo a sovrano del Sacro romano impero; agli occhi dei pontefici, sembrava rinascere la morsa del tempo di Federico II (imperatore dal 1214 al 1250), quando il sovrano della Germania era anche signore di Napoli e della Sicilia: proprio come Carlo V. In un punto fondamentale lo scenario era, per il momento, molto diverso: **Milano** infatti, **dal 1515, era nelle mani di Francesco I di Francia**. Al fine di legittimare questa sua ultima conquista (nel Medioevo, Milano era stata un possedimento imperiale), anche il sovrano francese aveva posto la sua candidatura al titolo imperiale. **Carlo**, però, **era riuscito a corrompere il collegio dei principi elettori**, spendendo la favolosa cifra di un milione di fiorini d'oro: una somma enorme che in larga misura fu anticipata dai **potenti banchieri tedeschi Fugger**, che ottennero in cambio importanti diritti di sfruttamento sulle miniere d'argento in Tirolo e su quelle di mercurio in Castiglia.

Guardiamo la storia
L'ultimo imperatore: Carlo V

Non appena l'imperatore partì per la Germania (maggio 1520), le Cortes (i parlamenti) della Castiglia si ribellarono, accusando il sovrano di non avere a cuore i bisogni della Spagna e anzi di servirsi delle risorse spagnole per i propri interessi, in terre straniere. La rivolta (detta anche dei *Comuneros*) si diffuse in tutte le principali città e trovò il proprio bersaglio privilegiato nella nobiltà e nei rappresentanti del potere centrale (*corregidores*).

> Rivolta in Spagna

Il 29 giugno 1520, varie città della Castiglia si unirono in una *Santa Junta*. Le loro rivendicazioni non erano affatto rivoluzionarie: **i ribelli non erano antimonarchici** e, anzi, mostravano reverenza per il potere del re. Essi, però, chiedevano che il re non si allontanasse dal regno, se non in casi eccezionali; che, in queste speciali circostanze, il luogotenente fosse spagnolo e non straniero; inoltre, invocavano che Carlo si sposasse al più presto, e con una principessa portoghese (di nuovo al fine di non introdurre troppi soggetti stranieri all'interno del regno). Infine, al re si rivolgevano altre richieste: una minore pressione fiscale, una diminuzione delle spese di corte e una migliore amministrazione della giustizia. Ci vollero ben due anni per schiacciare tutti i focolai della rivolta, esauritasi solo nel 1522; per altro, Carlo passò tutto quel periodo fuori dalla Spagna, in Germania e nei Paesi Bassi, per affrontare i nuovi problemi che gli portò il titolo imperiale.

3.2 Carlo V e la concezione provvidenziale dell'Impero

> VEDI
Carlo e i principi tedeschi di fronte alla Riforma
→ pag. 330

Carlo V fu incoronato solennemente il 23 ottobre 1520, un anno dopo la sua elezione, nella cattedrale di Aquisgrana. Ma l'incoronazione in cattedrale non deve ingannare. L'imperatore non governava per diritto divino, né per diritto ereditario: era un sovrano eletto e vincolato da precisi patti stipulati con gli elettori; prima del rito ufficiale, infatti, Carlo aveva giurato di rispettare la **Capitolazione imperiale**, un dettagliato documento in cui gli elettori avevano fissato i diritti e i doveri (cioè gli obblighi, gli impegni verso i signori tedeschi e le limitazioni del potere imperiale) del nuovo sovrano.

Dai tempi di Carlo Magno, nessun sovrano europeo aveva mai esercitato il proprio potere su tante terre contemporaneamente; tale evento venne accolto, dai contemporanei, con sentimenti di varia e diversa natura. Uno dei suoi più prestigiosi ministri e collaboratori, **Mercurino Arborio di Gattinara** (un intellettuale piemontese famoso anche come umanista e come giurista), vide in Carlo una sorta di inviato del Cielo, di principe assistito dalla Provvidenza (solo per volontà di Dio, infatti, poteva aver ricevuto tanta potenza) incaricato di riportare sulla Terra la giustizia e la pace, per non dire una vera e propria nuova *età dell'oro*.

> Concezione medievale della regalità

Altri intellettuali ripresero la concezione medievale secondo cui gli uomini, tendenzialmente, sono egoisti e schiavi della *cupidigia* (cioè della brama di possedere); in ogni comunità umana dunque – si affermava – era indispensabile la presenza di un'autorità superiore, capace di mantenere l'ordine e di impedire che venissero compiuti soprusi e ingiustizie. Trasferito nell'ambito politico, ciò voleva dire che l'ordine e la pace tra i diversi popoli si sarebbero realizzati solo se e nella misura in cui fosse esistita **una forza superiore, capace di fare da arbitro nelle contese fra gli Stati e di punire chi violava il diritto**. «Non senza misterio – scrisse Antonio de Guevara, predicatore presso la corte di Carlo V – ordinò Iddio che in una famiglia vi fusse solamente un padre di famiglia, in un popolo generoso vuole che solamente commandi un cittadino, in una provincia un solo governatore, che un re solo governi un potente regno, che un esercito sia governato da un valoroso capitano, e, quello che più importa, vuole che un imperatore sia monarca e signore del mondo».

> Carlo come *veltro*

Non a caso, nei circoli intellettuali favorevoli a Carlo V furono ampiamente lette e commentate **le opere di Dante**, che descriveva l'arrivo di un imperatore capace di porre un freno alla cupidigia degli uomini e di aprire, per l'umanità, un'epoca caratterizzata dalla concordia e dall'assenza di violenza. Rappresentato nel primo canto della *Commedia* come il *veltro* (cane di razza) capace di uccidere la *lupa* (simbolo della cupidigia sfrenata e bestiale), l'imperatore atteso da Dante aveva **caratteri quasi messianici**, nel senso che avrebbe dovuto riportare l'umanità a una condizione di felicità e di armonia semiparadisiache; non meraviglia allora che, spesso, anche i sostenitori di Carlo V abbiano applicato all'imperatore espressioni che, nei Vangeli, sono riferite a Cristo stesso: «Sire, – disse Gattinara, nel saluto che rivolse al suo nuovo sovrano – poiché Dio vi ha concesso la prodigiosa grazia di elevarvi, sopra tutti i re e i principi della cristianità, a una potenza che fino a oggi ebbe soltanto il vostro predecessore Carlo Magno, voi siete sul **cammino della monarchia universale, della riunione della cristianità sotto un solo pastore**».

I protagonisti

Schema proiettabile

CARLO V
- Dopo aver ereditato il ducato di Borgogna e il regno di Spagna, nel 1519 viene eletto imperatore del Sacro romano impero
- Deve combattere contro troppi avversari, senza avere le risorse necessarie

MERCURINO ARBORIO DI GATTINARA
- Consigliere politico di Carlo V
- Presenta l'immenso potere dell'imperatore in termini di missione provvidenziale: Carlo è il veltro promesso da Dante, per rinnovare il mondo cristiano

FRANCESCO I
- Re di Francia, conquista Milano, ma la perde a seguito della disastrosa battaglia di Pavia (1525)
- Cerca di opporsi con ogni mezzo all'egemonia di Carlo V d'Asburgo

3.3 Francia e Spagna: scontro in Italia, per il destino dell'Europa

> Gli avversari dell'Impero

Guardiamo la storia
L'archibugio

Naturalmente, i sostenitori e gli avversari della **monarchia universale** (ai tempi di Dante, come nel Cinquecento) valutavano in maniera opposta una tale istituzione. I sostenitori la vedevano come un **mezzo provvidenziale capace di riportare la pace all'intera cristianità**, e sostenevano che essa non avrebbe comportato la cancellazione delle strutture politiche di rango inferiore, come regni, principati o repubbliche cittadine; al contrario, queste avrebbero continuato a esistere, ma subordinate alla suprema autorità dell'imperatore. Gli avversari di tale concezione, invece, consideravano la presenza di un monarca universale come un pericolo da combattere, in quanto costituiva un attentato alle loro libertà.

Al primo posto, fra i nemici di Carlo V, troviamo il re di Francia **Francesco I**, che nel 1525 tentò di contrastare la *superpotenza* del nuovo imperatore, il quale ambiva a conquistare Milano e la Lombardia per creare un passaggio attraverso l'Italia settentrionale, che collegasse i domini austriaci a quelli spagnoli, aggirando la Francia. L'Asburgo, però, annientò l'esercito francese nella grande **battaglia di Pavia** (24 febbraio), che da parte delle truppe spagnole vide tra l'altro il primo utilizzo su grande scala dell'**archibugio**. Arma da fuoco portatile, sarebbe stata a lungo osteggiata da tutti coloro che erano ancora affascinati dalla cavalleria, cioè concepivano la guerra come una somma di duelli leali, condotti secondo regole ben precise, che la rendevano più simile a un gioco (sia

Le parole

Archibugio

I primi archibugi utilizzavano una miccia a combustione lenta legata a un percussore. Il soldato accendeva la miccia, poi premeva il grilletto dell'archibugio e il percussore spingeva l'estremità della miccia stessa dentro uno scodellino pieno di polvere, che appena raggiunta dal fuoco faceva partire il colpo. Un successivo meccanismo di accensione fu detto "a ruota" in quanto lo scodellino pieno di polvere venne dotato di una rotella dal bordo zigrinato: quando il grilletto faceva cadere il cane (parte che scatta e provoca lo sparo) sulla rotella, venivano prodotte delle scintille che davano fuoco alla polvere. Verso il 1620, l'accensione a ruota fu sostituita da quella a pietra focaia (da cui deriva la parola focile o fucile), più economica perché utilizzava un semplice acciarino: uno strumento in acciaio che, per sfregamento su una pietra focaia, produceva scintille. Il nuovo sistema fu usato nella maggior parte delle armi europee e americane fino al 1840.

↑ La battaglia di Pavia del 24 febbraio 1525, in un arazzo dell'epoca (Napoli, Galleria Nazionale di Capodimonte).

pure avventuroso e pericoloso) che a un macello di massa. Micidiale nei confronti dei cavalieri (quelli francesi, a Pavia, furono decimati prima di entrare a contatto col nemico), l'archibugio era però molto lento da maneggiare e, soprattutto, da ricaricare; per questo motivo, lungo tutto il Cinquecento e gran parte del Seicento l'elemento decisivo e portante di ogni esercito continuò a essere il **quadrato di picchieri**, di fronte alle quali le cariche della cavalleria si infrangevano. D'altra parte, con il procedere del secolo assistiamo a una progressiva **crescita numerica degli archibugieri** all'interno degli eserciti, finché la proporzione considerata ottimale fu quella adottata dai reggimenti spagnoli, chiamati *tercios* perché ognuno di essi (comprendente circa 3000 effettivi) era composto per 2/3 da archibugieri e per 1/3 da picchieri.

> I *tercios* spagnoli

RIFERIMENTO STORIOGRAFICO 4
Il gioco delle alleanze nel XVI secolo
→ pag. 297

La disfatta di Pavia, con la cattura di Francesco I, segnò la **definitiva espulsione degli eserciti francesi dall'Italia**. Il timore dell'egemonia spagnola spinse il papa, nel maggio 1526, a promuovere contro Carlo V un'alleanza dei principali Stati italiani, sostenuta dalla Francia. Nacque allora la cosiddetta *Lega di Cognac*, una vasta coalizione antimperiale che comprendeva papa Clemente VII (un Medici), Francesco I, Firenze, Venezia e persino Francesco Sforza di Milano (cui il re di Francia, in passato, aveva tolto Milano).

RIFERIMENTO STORIOGRAFICO 5
La definitiva crisi dell'idea di crociata
→ pag. 299

Nell'autunno 1526, papa e imperatore si scambiarono violenti attacchi per lettera; in particolare, l'imperatore accusava il pontefice di dividere la cristianità e di impedire alle sue forze riunite di rivolgersi contro i turchi. Poi, un esercito imperiale valicò le Alpi e irruppe in Val Padana. Nella primavera del 1527, come spesso accadeva, le truppe di Carlo V si trovarono senza paga. Anche prima della battaglia di Pavia, l'esercito imperiale vantava dei consistenti arretrati nel pagamento del soldo; tuttavia, mentre in quell'occasione gli ufficiali convinsero i soldati a combattere ugualmente, due anni dopo l'esercito si ammutinò e decise – di propria iniziativa – di marciare su **Roma**, che fu **espugnata il 6 maggio 1527** e saccheggiata per diversi giorni (**sacco di Roma**), mentre il papa si rifugiò precipitosamente in Castel Sant'Angelo. La soldataglia rimase padrona della città fino al febbraio 1528, ma la peste e altre malattie ne decimarono le fila: mentre a condurre l'assalto contro la Città Santa erano stati circa 10 000 lanzichenecchi, quando se ne andarono i soldati tedeschi non erano più di 5000.

RIFERIMENTO STORIOGRAFICO 6
Significati simbolici del sacco di Roma
→ pag. 300

Dietro suggerimento di Gattinara, nelle sue dichiarazioni pubbliche, Carlo precisò che il saccheggio di Roma era avvenuto contro la sua volontà; tuttavia, da quanto accaduto, gli avversari dell'imperatore, trassero nuovi argomenti per continuare la loro lotta: anzi, la **liberazione del papa** divenne uno straordinario slogan di propaganda antimperiale. Così, il 1528 e il 1529 furono anni di guerra, combattuta in Italia, ove il re di Francia continuò a inviare soldati: segno della ricchezza materiale

La guerra franco-spagnola

DATE	EVENTI
Giugno 1519	Elezione imperiale di Carlo V d'Asburgo (sconfitta di Francesco I di Francia)
23 ottobre 1520	Incoronazione imperiale di Carlo V
1525	Battaglia di Pavia: gli spagnoli battono i francesi e catturano Francesco I
Maggio 1526	Lega di Cognac: papa, Francesco I, Firenze, Venezia e Francesco Sforza contro Carlo V
6 maggio 1527	Sacco di Roma: le truppe imperiali entrano a Roma e la devastano
1528-1529	Guerra franco-spagnola su territorio italiano
29 giugno 1529	Trattato di Barcellona: il papa e l'imperatore trovano un accordo
2 agosto 1529	Pace di Cambrai: la Francia rinuncia alla Lombardia e l'Impero alla Borgogna
1530	Carlo V viene incoronato imperatore dal papa

→ Giorgio Vasari e allievi, *Clemente VII e Carlo V a colloquio*, particolare, XVI secolo (Firenze, Palazzo Vecchio).

e demografica di quel vasto Paese, che non poteva certo essere considerato sconfitto neppure dopo una disfatta come quella di Pavia. Le armate francesi, però, furono sempre respinte dalle truppe spagnole e imperiali, soprattutto dopo che Genova si schierò dalla parte di Carlo e aprì il suo porto ai rifornimenti e ai rinforzi che arrivavano dalla Spagna.

> **Accordo tra papa e imperatore**

Il 29 giugno 1529, **Clemente VII** e **Carlo V firmarono il trattato di Barcellona**; il papa, cioè, uscì ufficialmente dalla Lega dei nemici dell'imperatore e stipulò una pace separata con lui. In cambio, il papa Medici ottenne che un esercito imperiale riportasse la sua famiglia al potere a Firenze, da dove una rivoluzione li aveva cacciati un anno prima. Perduto l'appoggio del papa, Francesco I dovette firmare, il 2 agosto successivo, la **pace di Cambrai**, nella quale la Francia rinunciò definitivamente alla Lombardia e la Spagna mise fine alle pretese dinastiche sulla Borgogna, che era stata un altro importante nodo del conflitto franco-spagnolo.

LAVORARE PER COMPETENZE
avvio al saggio breve
Carlo V e le difficoltà economiche del regno di Spagna
→ pag. 303

In quella medesima estate, Carlo compì un grandioso viaggio in Italia: sbarcò a Genova il 12 agosto, arrivò a Bologna il 6 dicembre e vi restò fino alla fine di marzo del **1530**. A Bologna, in due fastose cerimonie, **Carlo fu incoronato imperatore dal papa**. Infine, per onorare gli accordi di pace, Carlo ordinò alle sue truppe di riconquistare Firenze (le cui mura erano state rinforzate da Michelangelo, trasformatosi per l'occasione in architetto militare).

> **La pace di Cateau-Cambresis**

Solo diversi anni dopo venne infine trovato un accordo tra Francia e Spagna. Nella **pace di Cateau-Cambrésis** (stipulata nel 1559 dal figlio di Carlo V, Filippo II), la Spagna ottenne il controllo della Lombardia e, quindi, l'egemonia in Italia. La Francia, dal canto suo, restava una grande potenza, e poté conservare alcuni territori (Metz, Toul, Verdun) conquistati durante il lungo conflitto che l'aveva opposta all'imperatore. Questi, dal canto suo, nel 1556, **aveva già abdicato in favore del figlio Filippo**, che avrebbe conservato solo il regno di Spagna (compresi i possedimenti in Italia) e i Paesi Bassi, rinunciando all'Impero. Tutto sommato, si può dire che **fu il regno di Francia a uscire vincitore dalla lunga contesa**: dopo un'estenuante lotta di quarant'anni, infatti, era riuscito a **impedire che l'Europa intera diventasse un dominio degli Asburgo**. Va precisato, comunque, che in questo formidabile sforzo la Francia non fu sola, in quanto Carlo V dovette combattere contro altri due pericolosi nemici: l'impero turco e i protestanti tedeschi.

> **VEDI**
Filippo II re di Spagna
→ pag. 400

CONTRASTI POLITICI

4 Uno sguardo a Est: **impero russo** e **impero ottomano**

Storia slide

Le conoscenze da acquisire	**Le competenze da potenziare**
Il Cinquecento vide la graduale nascita dell'impero russo, mentre l'impero turco raggiunse l'apice della sua estensione.	Saper individuare le specificità dei principali Paesi europei, a partire dalla loro diversa esperienza religiosa.

4.1 La graduale ascesa di Mosca

> **VEDI** L'impero dei mongoli → pag. 88

Nel Quattrocento, Mosca si affermò gradualmente come il più importante centro politico e culturale della Russia. Il XV secolo, tuttavia, fu soprattutto un periodo di grande **risveglio religioso e spirituale**, che diede vita al cosiddetto ***movimento degli eremiti***. Infatti, tra i monaci e i cristiani più sensibili si diffuse l'idea secondo cui il mondo era completamente immerso nel male: chi volesse salvarsi avrebbe dovuto fuggire il più lontano possibile dalla comunità degli uomini e ritirarsi in assoluta solitudine. In pratica, ciò significò la fuga verso le distese boschive del Nord, nella regione dell'alto Volga oppure, al limite, del Mar Bianco. Solo in questo nuovo e particolare deserto nordico, infatti, l'asceta cristiano sarebbe stato libero dalle tentazioni del sesso, del potere o della ricchezza.

Con il passare del tempo, intorno agli eremiti più celebrati per la loro santità si crearono nuove **comunità monastiche**, che infine diedero vita a veri e propri monasteri. Fra questi, finì per spiccare l'insediamento delle **isole Solovki**, nel Mar Bianco, il cui

→ La città di Mosca, particolare di una stampa del XVI secolo.

→ Veduta del Monastero di Soloveckij, isole Solovki, Russia.

grandioso complesso architettonico centrale venne eretto a partire dal 1552. Sei anni dopo, nel 1558, iniziò la costruzione della chiesa della Trasfigurazione, che a quell'epoca era la più alta di tutta la Russia. Nella sua qualità di fondatore del primo eremo delle Solovki, il monaco Savvatij (che giunse sull'isola maggiore dell'arcipelago nel 1435) è uno degli esponenti più noti del movimento degli eremiti.

> **VEDI** Hus e la Boemia → pag. 175

All'inizio del Cinquecento, a Mosca e in altre città della Russia si diffuse un'eresia che trovò numerosi seguaci. I testi ostili a questa nuova corrente religiosa chiamano gli eretici con lo sprezzante epiteto di ***giudaizzanti***, per il fatto che disprezzavano le forme esteriori del culto, ponevano la preghiera interiore al di sopra della liturgia, rifiutavano le icone e l'adorazione dei santi e forse, in certi casi, mettevano addirittura in discussione la divinità di Cristo. Insomma, siamo di fronte a una tendenza che (forse ispirandosi alle posizioni del ceco Jan Hus) auspicava una profonda riforma religiosa, che ponesse l'individuo (con la sua spiritualità privata e la sua razionalità) più in alto della ritualità collettiva.

4.2 La *Terza Roma*

La diffusione dell'eresia suscitò un vasto dibattito, all'interno del mondo religioso russo; alcuni prestigiosi monaci eremiti, infatti, dichiararono che era indegno di uno Stato cristiano rispondere con la forza: le uniche armi capaci di far trionfare la verità sull'errore dovevano essere la predicazione e il buon esempio, finalizzati a ottenere la conversione dei credenti devianti. Questi monaci, non a caso, nel medesimo tempo chiedevano pure che le abbazie più ricche e potenti cedessero le proprie terre e i propri beni, dimostrando di essere completamente indifferenti alla ricchezza mondana.

> Rafforzamento del principato di Mosca

A trionfare, tuttavia, fu una posizione di segno del tutto opposto, che non solo riteneva legittima la ricchezza dei monasteri, ma soprattutto assegnò al ***potere cristiano*** – cioè, allo **Stato** – il ruolo di **inflessibile spada di Dio contro tutti i peccatori**, eretici compresi. A trarre il massimo beneficio da tale concezione fu il principe moscovita, perché si dichiarò in termini sempre più netti che **l'operato del sovrano non poteva essere criticato** o messo in discussione **da nessuno** (nemmeno dalla Chiesa), per il semplice fatto che egli esercitava il potere in nome di Dio.

Nel 1478, il principe **Ivan III** (1462-1505) compì un solenne atto simbolico che trasformava la teoria in pratica di governo: dopo essere riuscito a sottomettere la città di Novgorod, per dimostrare la nuova supremazia asportò la campana che convocava il *vece*, il consiglio municipale che pretendeva di avere un'autorità superiore a quella del signore. Due anni più tardi, nel 1480, si giunse alla resa dei conti con i mongoli

> **Rivalità con la Persia**

Nel 1514, Selim I riuscì facilmente a ottenere dalle più alte autorità religiose di Istanbul una solenne e formale condanna di tale dottrina: il che autorizzava il sultano a dichiarare guerra a Sah Isma'il, a ucciderlo e a fare schiavi i suoi seguaci (ormai formalmente banditi dal mondo islamico). Tuttavia, per comprendere la situazione che si era venuta a creare all'inizio del XVI secolo, dobbiamo tener conto del malcontento di numerose **tribù turche nelle regioni centro-orientali dell'Asia Minore**, che erano ancora seminomadi e quindi **non si riconoscevano nel sultano di Istanbul**, o meglio non tolleravano il crescente centralismo e la creazione di uno Stato sempre più efficiente e invadente, soprattutto a livello fiscale. Sah Isma'il era abilissimo nel manovrare questi soggetti scontenti, che costituivano un pericolo serissimo per la solidità del nascente impero ottomano.

Guardiamo la storia – La nascita dell'artiglieria

La campagna cominciò nella primavera del 1514. Nonostante alcuni iniziali successi ottenuti grazie alla superiorità della propria **artiglieria**, Selim I non riuscì a sconfiggere definitivamente Sah Isma'il, che si era rifugiato in regioni montagnose, difficili da attraversare per l'esercito turco. Il sultano, allora, decise di indirizzare l'**offensiva contro l'Egitto**, alleato del regno persiano. Lo scontro decisivo ebbe luogo il 24 agosto 1516, a nord di Aleppo, in Siria. Ancora una volta risultarono fondamentali i cannoni, che annientarono l'esercito egiziano. Nel gennaio 1517, così, Selim I entrò al Cairo.

RIFERIMENTO STORIOGRAFICO 7
Il sistema di potere dell'impero turco
→ pag. 302

Questi trionfi nel Vicino Oriente ebbero conseguenze grandiose, sia sotto il profilo materiale sia dal punto di vista politico-religioso. La conquista della **Siria** e dell'**Egitto**, infatti, significava il controllo dei due capolinea ai quali giungevano le **carovane cariche di spezie orientali**, che poi le navi veneziane portavano in Europa. Ormai padrone di tutto il Mediterraneo orientale, l'impero ottomano fu spinto ad assumere anche il ruolo di **grande potenza marittima**; anzi, dopo che, nel 1538, la flotta turca ebbe sconfitto quella di Venezia e di Carlo V a Prevesa – al largo della costa greca – l'egemonia marittima nel Mediterraneo passò ai turchi, che la conservarono fino alla battaglia di Lepanto del 1571. La potenza turca sul mare venne rafforzata da un altro importante fattore: **Algeri e altre città sulla costa settentrionale dell'Africa**, che praticavano una sistematica **attività di pirateria a danno delle navi cristiane**, si affrettarono a sottomettersi al sultano e a cercare la sua protezione contro la Spagna.

Sul piano politico-religioso, per il sovrano Selim I la conquista dell'Egitto significò la possibilità di assumere il titolo di **califfo**, cioè successore del profeta. Può essere utile ricordare che, alle origini dell'islam, non esisteva alcuna separazione fra guida politica e guida religiosa; Maometto e i primi califfi erano, contemporaneamente, sia le guide spirituali che i condottieri degli eserciti musulmani: era come se, nell'Occidente medievale, un'unica figura avesse ricoperto nel medesimo tempo la carica di papa e quella di imperatore. La divisione del mondo musulmano aveva, nel Basso Medioevo, notevolmente ridotto il ruolo politico dei califfi, riducendoli a figure pressoché simboliche. Ora invece, nel momento in cui gli ottomani avevano conquistato un impero che, per vastità e potenza, rivaleggiava con quello dei primi successori di Maometto, **il califfato poteva di nuovo essere rilanciato come principio vitale e potente**, capace di mobilitare le energie e le fantasie dei popoli musulmani in direzione dei nemici dell'islam.

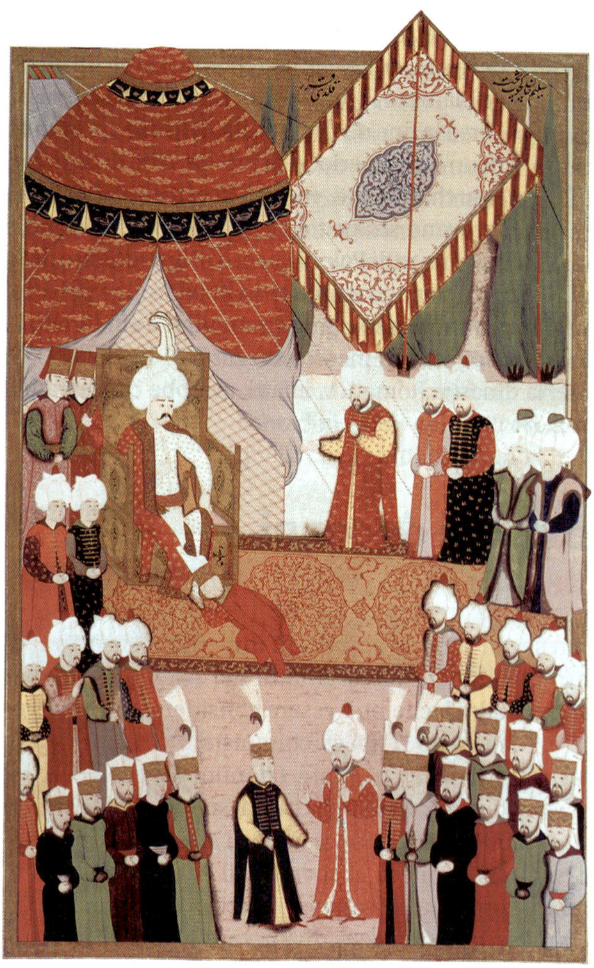

↑ Cerimonia dell'inconorazione di Selim I, miniatura di scuola ottomana.

4.5 Solimano il Magnifico

Guardiamo la storia
Il sultano: Maometto II e Solimano il Magnifico

Selim I morì nel settembre 1520. Gli subentrò il figlio **Solimano**, che avrebbe ricevuto il soprannome di ***Magnifico*** sia per le ulteriori e prestigiose conquiste militari, sia per il finanziamento di alcune grandiose opere di architettura, come ad esempio la costruzione di un'imponente moschea (detta *di Solimano*), a Istanbul, e la realizzazione delle maestose mura di Gerusalemme. Alla fine del suo lungo regno (1520-1566), **l'impero raggiunse dimensioni** davvero **enormi (2 500 000 chilometri quadrati), paragonabili solo a quelle dell'impero romano** (con il quale aveva in comune il fatto di avere il proprio centro nel Mediterraneo, pur estendendosi dal Danubio all'Oceano Indiano).

Solimano adottò fin dall'inizio del proprio regno uno stile di governo molto diverso da quello del suo predecessore; Selim I (già in vita denominato *Yavuz*, il *Terribile*, soprannome analogo a quello che ricevette, in Russia, lo zar Ivan IV) era infatti un formidabile accentratore, che puniva in modo spietato ed esemplare coloro che non eseguivano alla lettera i suoi ordini o commettevano errori. Solimano scelse invece di lasciare ai suoi ministri (*visir*, in turco) ampio margine di autonomia e di iniziativa, guadagnandosi in breve tempo la fama di **sovrano giusto e clemente**.

↑ Solimano il Magnifico in un ritratto attribuito a Tiziano, 1530 circa.

Anche in politica estera Solimano prese le distanze dal padre; mentre questi aveva dato la precedenza assoluta alla lotta contro l'impero persiano, il nuovo sultano si rese conto che una nuova campagna verso est, dopo le difficoltà incontrate nel 1516, non era affatto gradita ai soldati. Pertanto, Solimano decise di **dirigere l'esercito contro il mondo cristiano**. La prima preda fu **Belgrado**, conquistata nel 1521; l'anno seguente, le energie dell'impero furono concentrate contro Rodi, che Maometto II aveva già tentato di espugnare, senza successo, nel 1480. Fin dall'epoca delle crociate, **Rodi** e altre isole esercitavano una sistematica opera di pirateria a danno delle navi musulmane. La conquista dell'Egitto – e la conseguente nascita di una regolare rete di comunicazioni tra i porti egiziani e la capitale – rese necessaria la **cancellazione** di tutti i pericoli per la navigazione e di **qualsiasi presenza estranea nel Mediterraneo orientale**. Le fortezze dell'isola di Rodi capitolarono il 20 dicembre 1522, dopo cinque mesi di assedio. Ad eccezione di Cipro, sotto controllo veneziano, il Mediterraneo orientale si era trasformato in un vero lago musulmano.

Nella **primavera del 1526**, l'esercito di Solimano marciò contro l'**Ungheria**, governata da Luigi II, che aveva sposato una sorella di Carlo V, Maria. Il 29 agosto, nella paludosa **pianura di Mohács**, la cavalleria del sovrano ungherese fu annientata dall'artiglieria ottomana: ancora una volta, dunque, il successo turco fu determinato da una schiacciante superiorità nella dotazione di cannoni schierati sul campo di battaglia. L'11 settembre 1526, Solimano entrò solennemente a Buda. **Nel 1529 il sultano di Istanbul marciò contro Vienna**. Quando giunse sotto le mura della capitale austriaca, Solimano aveva con sé un esercito di 120 000 uomi-

I protagonisti

Schema proiettabile

SELIM I	• Sultano di Istanbul, vero creatore dell'impero turco • Conquista la Siria e l'Egitto, ottenendo il titolo di *califfo*
SAH ISMA'IL	• Sovrano di Persia, cerca di impedire l'espansione turca verso Est • Per tutto il Cinquecento, i turchi furono costretti a lottare su due fronti (in Asia contro l'impero persiano, nel Mediterraneo contro la Spagna)
SOLIMANO IL MAGNIFICO	• Sultano di Istanbul, porta l'impero turco al massimo della sua espansione • Nel 1526 invade l'Ungheria; nel 1529 assedia Vienna, ma non riesce a conquistarla

L'impero turco tra XV e XVI secolo

DATE	EVENTI
1453	Conquista di Costantinopoli
1512	Selim I sale al potere
1516	Selim I conquista la Siria
1517	Selim I conquista l'Egitto e assume il titolo di califfo

> **Assedio di Vienna**

ni, mentre Vienna era difesa da appena 20 000 soldati; il precoce arrivo dell'inverno e della brutta stagione, tuttavia, spinsero il sultano a rinunciare all'impresa (che sarebbe stata tentata di nuovo nel 1683, con un esito altrettanto fallimentare). Infine, come sarebbe accaduto varie altre volte, nelle relazioni tra **cristiani** e **turchi**, entrambi trovarono **più vantaggioso stipulare una tregua**: il che in pratica significò che la parte più debole (Ferdinando d'Austria, in questo caso) accettò di versare un tributo al più forte. Ottenuta la sicurezza sul confine occidentale, in Europa, Solimano poté dirigersi verso Oriente, ovvero conquistare Baghdad e l'Iraq, nel 1534.

Carta proiettabile

GEOSTORIA La massima espansione dell'impero ottomano

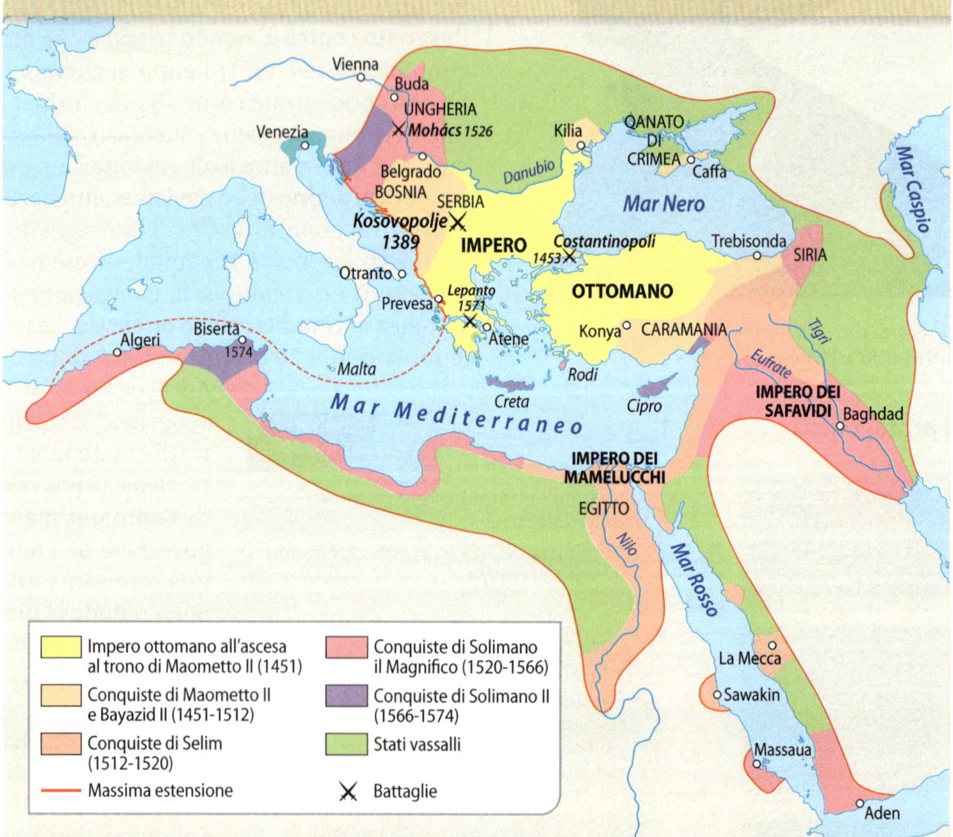

↑ La carta mostra l'estensione dell'impero ottomano. Come si può vedere il baricentro dell'impero erano i territori dell'Europa balcanica e dell'attuale Turchia. Nel XVI secolo, l'impero si allargò fino a comprendere gran parte del Medio Oriente. Le conquiste furono possibili, grazie al fatto che l'esercito turco possedeva un notevole numero di ottimi cannoni.

zoom

I costi della guerra

Il pagamento dei soldati

Nel Cinquecento, assistiamo al **vertiginoso aumento dei costi della guerra**; per combattere, uno Stato doveva disporre di tre elementi fondamentali: uomini, artiglieria e denaro. Solo chi li possedeva, o riusciva a procurarseli, ebbe un ruolo politico rilevante.

Le guerre videro riversarsi sui campi di battaglia **eserciti sempre più numerosi e imponenti**. In un'epoca di incremento demografico, ogni regione dell'Europa continentale e del Mediterraneo aveva i suoi serbatoi di manodopera militare, zone povere e sovrappopolate da cui gli individui emigravano a centinaia. Dunque, trovare gli uomini non fu mai un vero problema; la difficoltà cronica dei sovrani, invece, fu il pagamento di queste masse di soldati. Ricordiamo che, in Spagna, le rendite dei possedimenti americani arrivarono con regolarità solo nella seconda metà del XVI secolo; prima di quell'epoca, Carlo V, come tutti gli altri sovrani, poté contare solo sul prelievo fiscale (in costante aumento) e, soprattutto, sul credito fornitogli dai grandi capitalisti: non senza ironia, lo storico Giorgio Spini ha scritto che «Pavia non fu soltanto la vittoria di Carlo V, ma anche quella dei Fugger, con tutto il corteggio dei minori potentati finanziari di Anversa e di Genova».

L'artiglieria, un'arma micidiale e costosissima

Insieme al soldo della truppa, l'acquisto dell'**artiglieria** divenne l'altro grande incubo finanziario delle principali potenze militari; è vero che, dal punto di vista politico, il cannone aveva dato un contributo eccezionale alla nascita dello Stato moderno. In epoca medievale, infatti, il castello fortificato aveva rappresentato il grande strumento difensivo che aveva permesso a tanti nobili di ribellarsi al sovrano e di resistergli vittoriosamente; all'opposto, nel Quattrocento e nel Cinquecento, mentre da un lato la fanteria mercenaria aveva ormai liberato il re dai ricatti dei cavalieri nobili, l'artiglieria consentì di abbattere ogni fortificazione e di imporre anche ai signori più arroganti la supremazia del sovrano.

↑ Raffigurazione di una fonderia di cannoni del XVI secolo, nei Paesi Bassi.

A questa decisiva vittoria in politica interna va aggiunta, sul piano internazionale, la possibilità che l'artiglieria offrì agli Stati di procedere a conquiste affatto impossibili nel passato, come dimostra, soprattutto, l'espansionismo turco. Tutto ciò, però, fu pagato a carissimo prezzo, in quanto i **pezzi migliori** erano **fusi in bronzo** (con procedimento affine a quello delle campane) e costavano allo Stato cifre esorbitanti. Solo intorno alla metà del Cinquecento, in Inghilterra, si trovò un sistema per costruire cannoni in ferro fuso che non scoppiassero e, dunque, non risultassero pericolosi per chi li usava; la loro qualità restò invero, ancora nel Seicento, decisamente più scadente rispetto a quella dei pezzi in bronzo, ma i loro difetti erano ampiamente compensati dal basso costo di produzione.

Flotte verso Oriente e verso Occidente

A tutto ciò va aggiunto l'enorme **dispendio di denaro** che era indispensabile per **armare le flotte**, sia quelle di galere, nel Mediterraneo, sia quelle di velieri per la navigazione oceanica. È proprio a questo proposito, tuttavia, che va fatta la precisazione fondamentale. Né Carlo V né Filippo II pensarono mai che quest'ultimo tipo di imprese, dirette oltremare, in Oriente o nel Nuovo Mondo, dovesse essere sacrificato per concentrare tutte le ricchezze contro i turchi e ricacciarli indietro. Entrambi percepirono che, per quanto pericolosa potesse essere l'offensiva degli ottomani, la ricchezza del loro Paese (e, in ultima analisi, dell'Europa cristiana) sarebbe venuta dagli oceani, ove le navi cristiane – armate di artiglieria – non avevano rivali; sul fronte turco, in ultima analisi, bastava impedire ulteriori disastrose disfatte. Ecco perché un po' ovunque – sia in Ungheria che nel Mediterraneo – la cristianità rinunciò alla controffensiva e si limitò alla costruzione di un complesso sistema di fortificazioni finalizzato solo a contenere la spinta offensiva del nemico, e non a fungere da base operativa per l'attacco.

Tutta presa dalla sua espansione oltre l'Atlantico, dice Fernand Braudel, l'**Europa**, in realtà, **volse le spalle all'islam**: «Bisogna forse capovolgere – conclude il grande storico francese – l'antichissima spiegazione, erronea ma non completamente scomparsa, ossia che le conquiste turche provocarono le grandi scoperte; mentre, proprio al contrario, furono le grandi scoperte a creare nel Levante una zona di minore interesse, ove il Turco poté, di conseguenza, espandersi e insediarsi senza eccessiva difficoltà. Quando, nel gennaio 1517, esso occupò l'Egitto, erano ormai vent'anni che Vasco da Gama aveva compiuto il periplo del Capo di Buona Speranza».

1 La nuova fanteria mercenaria

Il XVI secolo vide l'introduzione di numerose innovazioni, in campo militare. Sul campo di battaglia, il posto centrale non fu più occupato dalla cavalleria pesante, bensì da imponenti quadrati di fanti, muniti di picca (una lancia lunga 3-5 metri) e da archibugio (un'arma da fuoco portatile: l'antenato del fucile). Contro queste masse, le cariche della cavalleria erano destinate a infrangersi, segnando così il definitivo tramonto del Medioevo, di cui il cavaliere corazzato era simbolo e, per così dire, espressione suprema e vivente. Se nel Quattrocento i fanti più efficienti erano gli svizzeri, nel secolo seguente furono gli spagnoli e i tedeschi (denominati *lanzichenecchi*).

In linea di principio, nell'abbigliamento vige piena libertà. Se si prescinde da qualche eccezione, non esistono uniformi. Solo di rado una città dell'impero, che arruoli uomini per la guerra, dispone di tanto denaro da equipaggiarli di mantelline uniformi, magari coi colori della città. Per lo più il fante porta quel che gli piace, il che spesso vuol dire quel che possiede e che può permettersi. Il bottino è spesso la possibilità che ha

↑ Esercito schierato con picche, alabarde e archibugi, dipinto del XV secolo.

di migliorare ed abbellire anche il suo abbigliamento. Il fatto che i fanti si vestano di proprio genio fa di loro un'eccezione in una società di ordini, la cui caratteristica è anche quella di classificare le persone in base ai tipi di abbigliamento. [...] L'individualismo nell'abbigliamento faceva parte, soprattutto, della coscienza di sé dell'uomo d'armi. La Dieta d'Augusta del 1530, col suo grande regolamento sul vestiario, non ha quindi autorizzato la moda dei lanzichenecchi ma, a cose fatte e per il futuro, ha legittimato una cosa che nessun divieto avrebbe più potuto impedire, e che in una società di ceto non sarebbe potuta restare senza una codificazione: «... un uomo d'armi / che sia in servizio, comandante o sottoposto / al modo della sua gente quel che gli piace / può vestire e portare». [...] Non esistono segni del «grado». Si partiva dal presupposto che l'idea del comando bastava. Non contavano i distintivi, ma la persona o, meglio, la personalità. D'altro canto era vero che, all'importanza della funzione, si univa un certo aspetto esteriore. Capitani e ufficiali portano quindi, in genere, giubbe aperte o mantelline chiuse foderate di pelliccia, con gonne a pieghe. Il loro vestiario è più costoso, sfarzoso e ricco di quello dei semplici fanti. «In farsetto e calzoni corti bisogna che salti, né deve curarsi di neve, pioggia e vento...». Jörg Graff non è il solo che lamenta carenze nel vestiario del fante comune. Nel famoso canto lanzichenecco a «Nostra Signora», risuona la preghiera alla Madre di Dio: «...concedi a noi poveri lanzichenecchi un caldo sole, che non soffriamo il freddo...».

Quel che si vede nel vestiario vale anche per l'armamento. L'arma principale del lanzichenecco è la lancia lunga, ma occorrerà attendere la fine del XV secolo perché si imponga universalmente. Nei primi lanzichenecchi si trovano anche le lance corte; soprattutto dopo le sconfitte nella guerra contro la Svizzera del 1499, si sentono lamentele sulla mancanza di un armamento uniforme. La lancia lunga, per lo più di rovere, veniva costruita in lunghezze diverse, tra i 3,85 ed i 5,15 metri. Norme non ce n'erano, la lunghezza più conveniente dovette rivelarsi da sé. In generale, si può ritenere che la lunghezza fosse in media tra i 4 e i 4,5 metri. Tra gli svizzeri, che per primi allungarono la lancia del fante, in origine lunga quanto l'altezza di un uomo, la punta in ferro è a foglia oppure quadrangolare a forma di pugnale, mentre tra i lanzichenecchi, oltre a punte di queste forme, si usa soprattutto il «muso di rana», una punta di lancia a losanga. Una buona lancia non costava poco, i dati che abbiamo per i prezzi variano, ma ci è attestato fino a un fiorino. Oltre alla lancia, l'alabarda era l'altra arma ad asta comunemente usata dai lanzichenecchi, particolarmente apprezzata dai comandanti quando entravano nei ranghi dei combattenti, o dagli ufficiali inferiori, poiché consentiva la necessaria mobilità nell'assolvimento dei loro compiti. Fin dall'inizio, nell'esercito dei lanzichenecchi vi sono anche tiratori, sporadicamente ancora dei balestrieri e, in numero sempre maggiore, dei tiratori di archibugio. Fin dalla fine del XIV secolo, ingegnosi maestri artigiani hanno perfezionato il comune «schioppo». Ancora intorno al 1500 è in uso lo schioppo col primitivo otturatore a serpa [un tipo di acciarino, usato per accendere la polvere da sparo, *n.d.r.*], ma c'è già anche il moderno otturatore a miccia munito di percussore a molla. Verso il 1515 fu inventato l'otturatore a ruota.

Vantaggi dello schioppo sono la lunghezza esigua (circa un metro), il peso relativamente ridotto e il basso costo (circa un fiorino); svantaggi la scarsa forza di penetrazione dei proiettili e la poca precisione. Archi e balestre lo superano; con questi ultimi si poteva (ancora) tirare con maggiore velocità, precisione ed economia. Ciononostante le armi da fuoco si affermano. Più efficace dello schioppo è l'«archibugio», che esiste anche nella variante pesante dell'«archibugio ad ariete» e in quella leggera dell'«archibugio comune»: il primo, ad ariete o doppio, lungo circa 2 metri, del peso di 30 kg, il secondo, comune, lungo circa un metro, del peso di 15 kg. L'«arco» che figura nel nome, si riferisce ad un arco o cavalletto che sono comunemente usati dal tiratore per ancorare l'arma, così da opporsi al rinculo. Anche quest'arma ha degli svantaggi: il suo peso notevole e la complessità del suo impiego. La superiore precisione e la maggiore forza di penetrazione, tuttavia, li compensano. Già alla metà degli anni '80 del XV secolo, svizzeri e mercenari fiamminghi e tedesco-meridionali sono equipaggiati di archibugi.

R. BAUMANN, *I lanzichenecchi. La loro storia e cultura dal Tardo Medioevo alla guerra dei Trent'anni*, Einaudi, Torino 1996, pp. 36-39, trad. it. F. BASSANI

ANALIZZA IL BRANO

→ Quali vantaggi offrivano archi e balestre, rispetto alle prime armi da fuoco?

→ Quali armi si potevano comperare con un fiorino d'oro?

2 Profeti e predicatori nell'Italia del primo Cinquecento

La vicenda di Savonarola non fu assolutamente eccezionale. In effetti, l'Italia dei decenni a cavallo tra Quattrocento e Cinquecento vide un vero fiorire di predicatori itineranti che esortavano alla conversione e alla riforma della Chiesa. La risposta del popolo delle città italiane fu molto diversificata: in alcune circostanze prevalsero la paura del giudizio divino e la rapida assunzione di atteggiamenti penitenziali; in altre, prevalse la derisione e l'irritazione di fronte a chi disturbava con accuse e minacce la tranquillità della vita quotidiana. È questo il caso del nobile Marin Sanudo, i cui diari sono la fonte principale, che ci permette di ricostruire tale fenomeno a Venezia.

I romiti iteneranti per lo più non predicavano nelle chiese, ma nelle piazze, mescolati a «ciarlatani, cavadenti, ripositori d'ernia», «tra i ciurmatori, che con la lira e novelle lascive inficiavano il volgo»: facevano parte di quella scena e di essa e dei suoi attori condividevano il pubblico e la gestualità. Su questo dato le testimonianze sono concordi, tranne che per poche eccezioni: la più illustre e singolare è certamente quella di *Missus a Deo* [un predicatore che non voleva dichiarare il proprio nome, dicendo solo di essere stato *inviato da Dio*, *n.d.r.*], che di solito predicava nella chiesa principale della città in cui si trovava – «senza che sonassero le campane», però, cioè senza annuncio ufficiale. Ma non ci mancano, e anzi sono singolarmente abbondanti e spesso più precise, le testimonianze di prediche apocalittiche tenute in chiesa da religiosi, addirittura da predicatori ufficiali. Sono testimonianze che, forse per lo stato delle fonti, sono frequenti solo all'inizio del nuovo secolo (mentre quelle sui romiti sono in prevalenza, ma non esclusivamente, precedenti); non è escluso che il caso di Savonarola ne abbia sollecitato la proliferazione, ma non per questo i predicatori profetici dovranno necessariamente essere ritenuti dei savonaroliani.

Così nel giugno 1496 giunse ad Orvieto un francescano osservante di origine corsa, che «sempre annuntiava male, cioè moria, fame et guerra, tale che tucti o vero pochi de dovevano scampare. Fece gridare ad omne sua predica: *Giesù, Giesù*, et andare la processione per la terra solum la croce innante er li mammolecti [bambini piccoli e, quindi, innocenti; o meglio, visto quel che segue, fanciulle vergini, *n.d.r.*], picchole dirieto tucte gridando sempre: *Giesù, Giesù*, Dio ci ajute» (Tommaso di Silvestro). Si trattava dunque di una predicazione penitenziale le cui movenze profetiche partivano presumibilmente dalla constatazione di una realtà già effettivamente esistente: la fine della pace in Italia, l'esplosione dell'epidemia di sifilide. Gli accenni del cronista sono però ben poco articolati. Sappiamo assai di più su diversi casi di predicazione profetica a Venezia, grazie soprattutto al Sanudo, sempre sensibilissimo alle possibili implicazioni politiche della vita religiosa, e alla necessità di controllarla. Così il 7 aprile 1501 egli segnala che «a San Salvator predichava uno frate di San Stephano, di nation veronese, el qual, predichando, disse domenegha di l'olivo che Italia fin 1505 saria dilaniata, e che Francesi sariano roti in Toschana, e di Venetia non poteva dir. Disse dil papa e di reali di Spagna. Or fu dito a li capi di X [di ciò, *n.d.r.*], qualli feceli comandamento più non predichasse». [...]

I romiti itineranti per lo più non predicavano nelle chiese, ma nelle piazze, mescolati a «ciarlatani, cavadenti, ripositori d'ernia»

Ma la serie, in particolare a Venezia, non è conclusa. Nel gennaio 1515 giunge in città, insieme con l'agostiniano Anselmo Botturnio, l'eremita e profeta Bernardino da Parendo; nello stesso periodo predica ai Servi un frate Elia da Brescia che «fa profession d'esser heremita». Questi – il cui nome indica già di per sé una scelta significativa [la scelta di imitare il biblico profeta Elia e Giovanni Battista, che vivevano nel deserto, *n.d.r.*] – portava un mantelletto bigio da romito, predicava penitenze e digiuni necessari a placare l'ira divina contro Venezia, e soprattutto organizzava processioni penitenziali di bambini che ci ricordano molto quelle che avevano pecorso le vie d'Orvieto vent'anni prima. Erano «puti e pute vestite di bianco con una candela in mano et ne vene tante che fono [furono, *n.d.r.*] più di 400, ch'era una teribilità a veder la furia, et femene assai, e altro popolo... Et cussì con li torzi avanti e la croce ussino di chiexia [escono dalla chiesa, *n.d.r.*] questi puti e pute, poi li frati e lui predicator, et andono a far una procession per San Marzillian, Santa Fosca, Rio Terao, et andono al ponte di l'Axeo, ritornando in chiexia, cantando le litanie ch'era una teribilità a veder e timorosa cossa». Al Snudo la processione non piacque, probabilmente perché era sottratta ad ogni possibile controllo politico e perché in essa non si trovava in alcun modo espressa quella compattezza delle componenti della vita cittadina che era propria del rituale civico veneziano; e ne parlò «a qualche uno che può proveder». In realtà già due giorni prima Elia da Brescia era stato convocato, insieme ad altri predicatori, dal Consiglio dei Dieci e «fono admoniti che in le sue predicatione non parlaseno di cosse di Stato, ma solum sopra i decadi». La predicazione profetica poteva ben avere dei risvolti politici e divenire oggetto di preoccupazione da parte delle istituzioni pubbliche. Le perplessità del Sanudo e del Consiglio dei Dieci non arrestò i predicatori apocalittici. [...] Un ultimo caso occorre qui segnalare, ed è quello di un anonimo che predicò nella chiesa dei Frati Minori il giorno di Pasqua – 4 aprile – del 1518. «Homo sanza lettere» lo definì il Sanudo, riportando la sua predica con la consueta disapprovazione («disse ozi [oggi, *n.d.r.*] mille pazzie»). La trama del discorso era quella consueta: descrizioni di vizi, ira divina, conseguente castigo («Dio è corozato [corrucciato, arrabbiato, *n.d.r.*] con nui, presto si vedrà la ruina... Dio l'ha discatenato tre milioni di diavoli et poi 3000»). Un terremoto sarebbe stato il segno della fine, che solo le preghiere di due santi uomini e le buone opere della magistratura veneziana potevano distogliere dalla città.

O. NICCOLI, *Profeti e popolo nell'Italia del Rinascimento*, Laterza, Roma-Bari 1987, pp. 133-139

analizza il brano

- → Spiega l'espressione «prediche apocalittiche».
- → Per quale motivo, nelle processioni penitenziali, i bambini occupavano un posto speciale e privilegiato?
- → Per quali motivi i nobili e le autorità, a Venezia, disapprovavano l'attività dei profeti e dei predicatori che esortavano alla penitenza?

3 L'elezione imperiale di Carlo V

Nel 1519, tre grandi sovrani europei cercarono di ottenere per sé la corona del Sacro romano impero. Il re di Francia, Francesco I, lo faceva per rendere più solida, sotto il profilo giuridico, la signoria su Milano, conquistata nel 1515. Enrico VIII, re d'Inghilterra, era ancora legato a concezioni universalistiche medievali, di fatto esaurite da secoli, ma ancora vive nella mentalità collettiva. Su tutti prevalse Carlo, re di Spagna, con il sostegno finanziario dei banchieri Fugger di Augusta. L'elezione avvenne a Francoforte sul Meno, il 27 giugno.

I sette elettori, i tre ecclesiastici di Magonza, Colonia e Treviri e i quattro laici di Boemia, del Palatinato, di Brandeburgo e di Sassonia, oltre a più estesi privilegi nei confronti del governo imperiale, avevano, nei periodi di vacanza del trono, un'importanza molto superiore alla loro potenza territoriale. Poiché il nipote di Massimiliano era duca di Borgogna e re di Spagna, e gareggiavano con lui per la Corona tedesca i re d'Inghilterra e di Francia, l'importanza degli elettori negli ultimi anni di regno di Massimiliano era diventata addirittura europea. [...] Per Francesco I l'Impero significava il consolidamento giuridico della sua posizione in Italia, il massimo appagamento delle sue ambizioni e l'orgogliosa soddisfazione di rendere due volte suo vassallo il giovane Carlo [sia l'Austria sia il Lussemburgo dipendevano dall'Impero, *n.d.r.*]. Ma che Enrico VIII [...] avanzasse anche lui la propria candidatura alla corona imperiale, mostra quanto lontana fosse ancora in quel tempo la stessa Inghilterra da una realistica politica nazionale e come anche i primi Tudor avessero ancora una mentalità universalistica medievale. [...]

↑ Tiziano Vecellio, *Ritratto di Carlo V seduto*, 1548 (Monaco, Alte Pinakothek).

In definitiva, l'elezione costò circa un milione di fiorini d'oro, circa la metà del quale fu spesa in donativi agli elettori e ai loro consiglieri. La casa Fugger, di Augusta, anticipò la parte maggiore di questa enorme somma, e i suoi libri di conti recano ancor oggi testimonianza delle spese; essa si risarcì da parte sua con l'acquisto di sempre nuovi diritti di proprietà e di sovranità imperiali e asburgici nella Svevia e nel Tirolo. [...] Quello di Magonza accettò per sé e per i suoi consiglieri 113 200 fiorini d'oro, quello di Colonia almeno 52 800, l'elettore palatino 184 100 fiorini d'oro; tutti senza arrossire, e anzi avendo fatto salire la somma fino a quell'altezza con astuti negoziati. La somma totale per la Sassonia elettorale ammontò pur sempre, secondo la contabilità dei Fugger, a 70 000 fiorini. Sicché tutti, compreso l'elettore di Treviri e quello di Sassonia, ebbero ciascuno la loro parte; soltanto l'insaziabile elettore di Brandeburgo rimase a mani vuote, perché si appoggiò fino all'ultimo alla Francia [...].

Nella serie dei re e degli imperatori tedeschi, Carlo era il quinto di questo nome; e come tale continua a vivere e ad essere designato nella storia di tutti i popoli. Egli portava l'antico nome carolingio, che, negli ultimi secoli, era stato portato soltanto da Carlo IV di Lussemburgo; e era anche lui, come Carlo Magno, originario della Bassa Franconia. La storia tedesca e quella dell'Europa occidentale sembravano tornare ai loro primordi e offrire di nuovo le più grandi possibilità.

Ad ogni modo, tale era il giudizio del più ragguardevole consigliere dell'eletto: il suo grande cancelliere Mercurio Gattinara. Con una memoria del 12 luglio 1519, scritta cioè immediatamente dopo la notizia dell'elezione, egli cominciò la grande opera di educazione politica del suo signore, con queste parole: «Sire, poiché Dio Vi ha concesso la prodigiosa grazia di elevarvi, sopra tutti i re e i principi della cristianità, ad una potenza che fino ad oggi ebbe soltanto il Vostro predecessore Carlo Magno, Voi siete sul cammino della monarchia universale, della riunione della cristianità sotto un solo pastore». Perciò il dovere di Sua Maestà consisteva anzitutto nel timor di Dio e nell'umiltà, nell'esecuzione dei testamenti [nel compimento delle volontà, *n.d.r.*] dei suoi predecessori, nella sollecitudine per la regina-madre e nel comportamento magnanimo verso il fratello. Poi, era obbligo suo di designare le persone più adatte per la Chiesa e per lo Stato, e specialmente per i tribunali. Gli incombeva la scelta di buoni consiglieri, come suggerisce Mosè, la promulgazione di buone leggi, secondo l'esempio di Giustiniano, e la loro clemente applicazione, secondo l'esempio di Tito; inoltre la liberalità insegnata da Seneca e la giusta misura in tutto. Particolarmente importante era conservare ordine nelle finanze, soprattutto per quanto riguardava l'esercito: cento soldati ben pagati valevano di più che non duecento mal pagati. E, anche per il rimanente, si doveva procedere a un riassetto e a verifiche in tutta l'amministrazione [...]; e poi aggiungeva ancora una volta che la monarchia trovava il suo significato nell'unione di tutti i popoli per il servizio di Dio. [...]

[D'altra parte, *n.d.r.*], si può dire che gli elettori tedeschi avevano fatto tutto il possibile per salvaguardare l'Impero contro i pericoli di una dominazione straniera. Infatti, secondo la formula che venne letta e che l'eletto giurò, questi doveva proteggere gli elettori e i principi nei loro averi e difenderli da ogni insurrezione dei loro sudditi, fossero nobili o basso popolo; e anche da ogni lega, senza pregiudizio per la loro unione di elettori e la loro compartecipazione al governo dell'Impero. Agli uffici dell'Impero e di corte, Sua Maestà avrebbe destinato soltanto dei tedeschi di nascita; in tutti gli scritti e gli atti dell'Impero avrebbe usato soltanto la lingua tedesca o la latina; non avrebbe convocato nessuna Dieta [assemblea dei principi dell'Impero, *n.d.r.*] fuori dei confini dell'Impero, né introdotto mai milizie straniere; e non avrebbe rimpicciolito, ma bensì ingrandito l'Impero e riconquistato i domini da esso perduti.

Il re iniziò così il suo governo nell'Impero, non perché vi fosse stato posto da Dio per diritto ereditario e per nascita, ma come sovrano eletto e legato ai patti della Capitolazione elettorale [il documento che fissava impegni assunti dall'imperatore, nei confronti dei signori tedeschi, *n.d.r.*].

K. BRANDI, *Carlo V*, Einaudi, Torino 2001,
pp. 88-93. 98-102, 110-111, trad. it. L. GINZBURG, E. BASSAN

analizza il brano

- → Quali elementi medievali riconosci nella vicenda dell'elezione imperiale di Carlo?
- → Quale peso aveva, nella Germania del Cinquecento, l'idea secondo cui il sovrano governava in virtù di una precisa investitura da parte di Dio?

4 Il gioco delle alleanze nel XVI secolo

I decenni centrali del Cinquecento videro uno scontro praticamente ininterrotto tra Carlo V e Francesco I di Francia, che più volte – destando grande scandalo – si alleò con Solimano il Magnifico. La posta in gioco era l'egemonia nel Mediterraneo e, in ultima analisi, nell'Europa intera. Dunque, nello scontro che oppose il re di Spagna al sultano turco non si deve vedere una guerra di religione o uno scontro di civiltà: anche in questo caso, prima di tutto, siamo di fronte a una lotta tra grandi potenze.

Carlo V non si considerava per nulla un avversario dei musulmani indiscriminatamente intesi. Imparò anzi per tempo a distinguer con cura sulla base del principio politico in forza del quale il nemico del proprio nemico è un potenziale amico: e aprì con lo *shah* di Persia Tahmasp una trattativa finalizzata ad attaccare Solimano su due fronti serrandolo in una tenaglia, mentre confidava d'altronde di potersi accordare [...] con il *negus* Etiopia, signore delle sorgenti del Nilo. Il *Gran Turco* – come allora in Oc-

RIFERIMENTI STORIOGRAFICI

cidente veniva abitualmente denominato il sultano – rispose attaccando i persiani e accordandosi contro di loro con i potentati uralo-altaici di Transoxiana eredi dell'impero di Tamerlano, affini ai turchi per stirpe e sanniti di confessione; intanto, mentre si serviva dei principi-corsari barbareschi per tenere in scacco la potenza marinara spagnola, intratteneva rapporti diplomatici con il Re Cristianissimo di Francia, primo avversario europeo dell'imperatore, e manteneva la repubblica di San Marco su una posizione di allerta non del tutto chiusa a prospettive di pace, o perlomeno di tregua. Così, ciascuno dei grandi contendenti per l'egemonia euro-mediterranea aveva il *suo* alleato musulmano: il Turco per il re di Francia, il persiano per l'imperatore. Ma l'amicizia privilegiata per l'uno dei due non escludeva mai in linea di principio il mantenimento di rapporti diplomatici anche con l'altro. Si creava in questo modo una complessa rete di relazioni diplomatiche tessute sulla base della scacchiera geopolitica degli interessi e delle inimicizie: essa finiva ormai per avvolgere per intero il macrocontinente eurasiatico, dall'Atlantico al Karakorum [fino all'attuale Pakistan, *n.d.r.*]. L'alleanza tra Carlo V e lo *shah* era un'immediata conseguenza geopolitica di quella tra Francesco I e il sultano; inoltre era sempre molto discreta, aveva carattere di rapsodicità diplomatica [era basata su contatti occasionali, non aveva carattere di continuità, *n.d.r.*], e in fondo la Persia era troppo lontana per essere sistematicamente soggetta agli osservatori. Differenti erano le circostanze che presiedevano a quella tra il re di Francia e il sultano: essa acquisì presto tutti i caratteri dell'*impius foedus* [patto empio, moralmente inaccettabile; il parallelo più immediato è il *patto con il diavolo* stipulato da una strega, *n.d.r.*] e scandalizzò sinceramente molti devoti e strumentalmente molti politici. [...]

Nel febbraio-marzo 1536, il sultano stipulava col sovrano francese un trattato che concedeva fra l'altro ai sudditi di quest'ultimo i medesimi privilegi commerciali nell'impero ottomano fino ad allora goduti dai soli veneziani. Era una svolta nella politica economica e diplomatica della Porta [il governo di Istanbul, *n.d.r.*]: ed era anche l'avvio di quella che noi moderni avremmo più tardi chiamato la *questione d'Oriente*. Francesco insisteva affinché il sultano gli riconoscesse anche il diritto a farsi garante e tutore di tutti i mercanti e pellegrini cristiani che si fossero recati in Terrasanta: tale era uno dei principali compiti di Jean de la Forest, primo ambasciatore permanente del re di Francia alla corte di Istanbul. [...] Le *Capitolazioni* [il trattato, organizzato in vari paragrafi o capitoli, *n.d.r.*] tra Solimano e Francesco I furono pubblicate nella loro versione francese a Parigi il 27 febbraio 1536: per la verità non ne conosciamo quella ottomana, a tutt'oggi introvabile, ma all'epoca a nessuno venne in mente di dubitare ch'esse fossero state ufficialmente concordate con la corte ottomana. Il loro testo era costituito da un accordo commerciale in 17 punti dove si assicurava libertà di traffico e da un trattato relativo all'insediamento occidentale che garantiva le libertà individuali e religiose fondamentali. Per quanto di per sé il rapporto così delineato riguardasse i sudditi del re di Francia, nella sostanza lo si poteva intendere esteso a tutti i *franchi*, vale a dire agli europei in genere: il che equivaleva a considerare il sovrano francese una sorta di detentore d'un protettorato su tutto il *millet* (la comunità *protetta*) dei cristiani d'Occidente, un po' come durante il Medioevo i potentati musulmani avevano considerato l'imperatore di Bisanzio. Era uno schiaffo violento in volto al nuovo imperatore d'Occidente, a Carlo V, che si considerava a tutti gli effetti il capo *in temporalibus* [nelle questioni temporali, di questo mondo, politiche, *n.d.r.*] della Cristianità latina, ma che la cancelleria ottomana definiva semplicemente *bey*, alla stregua di un detentore di semplice potere delegato.

Si era ben lontani dal ritenere sul serio il Turco come il peggiore dei nemici della Cristianità

La Cristianità fu percorsa da un moto d'indignazione contro Francesco I, che aveva osato allearsi con l'infedele pugnalando così alle spalle la Santa Lega stipulata tra papa, imperatore e Venezia per contrastare il Turco. Il re di Francia rispose a sua volta indignato, richiamando ai cristiani d'Occidente i grandi meriti della Francia nella secolare lotta all'infedele: da Carlomagno alle crociate sino a tempi vicinissimi (le velleità crociate di Carlo VIII) essa era stata, o poteva pretendere d'essere stata, il presidio più sicuro della Cristianità contro i musulmani. A parte il fondatore dell'impero franco – che Francesco I amava celebrare come suo predecessore e nel nome del quale egli aveva perfino avanzato la sua candidatura alla corona imperiale – era evidente come questa danza di recriminazioni reciproche fosse soltanto il prodotto dell'intrecciarsi di ben concrete ragioni politiche le quali, in vario modo, contrastavano con alcuni conclamati e condivisi principi più volte concordemente ribaditi da tutti i principi cristiani: e regolarmente disattesi quando e nella misura in cui le concrete circostanze lo avessero richiesto. D'altronde, se lo scalpore suscitato in Europa dal deciso e spregiudicato indirizzo della politica di potenza intrapreso dal Re Cristianissimo fu da molti sinceramente vissuto come uno scandalo, non bisogna dimenticare che si era ben lontani dal ritenere sul serio il Turco come il peggiore dei nemici della Cristianità. Lo si poteva senza dubbio proclamare in termini retorici tale, ma ciò non ostava al fatto che già da tempo i riformati sostenessero per esempio che il papa era peggiore dei musulmani: non c'era da stupirsi che una potenza cattolica si avvicinasse agli ottomani per contrastare un'altra potenza cattolica, l'impero asburgico.

F. CARDINI, *Il Turco a Vienna. Storia del grande assedio del 1683*, Laterza, Roma-Bari 2011, pp. 20-28

analizza il brano

→ Per quale ragione le *Capitolazioni* stipulate da Francesco I e Solimano erano «uno schiaffo violento in volto» a Carlo V?

→ Spiega l'espressione «deciso e spregiudicato indirizzo della politica di potenza intrapreso dal Re Cristianissimo».

5 La definitiva crisi dell'idea di crociata

L'espansione degli ottomani provocò in Europa un'ondata di panico e vari papi rilanciarono l'idea di una crociata contro i turchi. Tuttavia, l'idea di una spedizione congiunta di tutta la cristianità era ormai rifiutata da molti principi, mentre a livello popolare, prima e durante la Riforma, da più parti si negò che il papato avesse l'autorità e il diritto di guidare il mondo cristiano.

Le incursioni turche dell'ultimo Quattrocento in Friuli furono cinque, nel 1472, 1477, 1478, 479, 1499, quasi il frangersi dell'onda che, dopo Costantinopoli, aveva travolto gli interi Balcani. Protagonisti furono veloci distaccamenti di cavalleria bosniaca, gli *akincio* razziatori, che si affacciarono dalla frontiera della Carniola (più o meno l'attuale Slovenia) e dilagarono fino a lambire Treviso e Mestre. [...] Le fortezze di Gradisca (la maggiore) e di Fogliano erano i capisaldi di una lunga linea trincerata. Composta da terrapieni e tronchi d'albero, la linea risaliva dalla foce dell'Isonzo sino a Gorizia. Le due fortezze furono apprestate da Venezia nel 1474, dopo la prima incursione, nel punto dove il guado del fiume era più agevole; rafforzate nel 1481 e nel 1497, pur resistendo all'assedio non furono in grado di impedire che i turchi dilagassero dopo averle aggirate. [...]

Nel 1459, papa Pio II convocò a Mantova una dieta [un'assemblea, *n.d.r.*] con l'intento di organizzare una crociata contro i turchi. Dai principi cristiani lì riuniti ricevette un'adesione di facciata, piena di distinguo e tutt'altro che entusiastica; formalmente fu comunque la nona crociata. In compenso, il popolo diede chiari segni di insofferenza. Una testimonianza preziosa ci viene da un cronista bolognese di nome Fileno dalla Tuata. Il cronista si scaglia contro ogni risvolto del progetto papale. Critica l'obbligo di versare un trentesimo del reddito per finanziare la guerra, pena l'esclusione dai sacramenti: «per la qual cosa multi non se confessorio quello anno». Ironizza sulle assoluzioni facili che si impartivano per l'occasione: «pure che dinari vegnano, solvono de casi inauditi, li vivi e li morti». E rivela che spuntarono molti profittatori («manzaduri», mangiatori), così che i denari del popolo, «colti per andare contra i turchi, restarono a ingrassare lupi e porci». Sotto il velo dell'ufficialità, l'unanimità non era affatto garantita e il malumore trapelava. [...] Quanto al papato, Giulio II progettò ovviamente una crociata contro i turchi, bellicoso com'era. Ma poi preferì suscitare una Lega Santa contro Venezia e quasi annientarla ad Agnadello nel 1509. In quei giorni drammatici alcuni senatori veneziani, i più giovani e pragmatici, proposero di chiamare i turchi in Italia come alleati. Qui non si ha a che fare con sospetti, come ai tempi di Otranto, ma con prove, certificate da votazioni e da atti ufficiali. Nemica del papa, la repubblica, e quindi amica del sultano?

Nel 1459, papa Pio II convocò a Mantova una dieta con l'intento di organizzare una crociata contro i turchi [...], il popolo diede chiari segni di insofferenza

Poi Venezia non fece il passo definitivo perché non osò, non si fidò; ma certo non rifiutò i rifornimenti di grano e cavalli offerti dai turchi. Vulnerabile in Oriente, Venezia si limitò ad assumere atteggiamenti sempre più ambigui e spregiudicati in ambito politico, militare, commerciale, persino culturale. S'infuriassero pure gli spagnoli, la chiamassero pure concubina o mantenuta (*amancebada*) del sultano. Navi e discorsi crociati dalla laguna non ne partivano più. Incapace di fronteggiare i turchi in campo aperto, Venezia tese soltanto a rallentarne l'avanzata. Non cessò però di sorvegliare l'ingombrante vicino con lo spionaggio e la diplomazia. Per due secoli buoni, le relazioni degli ambasciatori veneti a Costantinopoli (i baili) fornirono le basi all'opinione europea sui turchi. Anche potenze maggiori di Venezia, come la Spagna, consultavano avidamente queste scritture corpose e sistematiche.

Nel maggio del 1521 Niccolò Machiavelli, scrivendo a Francesco Guicciardini, stilava il seguente elenco di chiacchiere oziose: «sul diluvio che debbe venire, o sul Turco che debbe passare, et se fosse bene fare la crociata in questi tempi, et simili novelle da pancaccie». Parlare di crociata era ormai una prerogativa degli sfaccendati che consumavano le panche delle osterie. Era il tipo di discorsi con cui Machiavelli stesso si pavoneggiava senza fatica, quando era ambasciatore di Firenze a Carpi, una città che gli piaceva poco («questi deserti di Arabia, dove non è se non frati»). Una persona di genio come lui distingueva d'intuito fra la ragione politico-militare, che consigliava la prudenza davanti al Turco, e gli elementi arcaici del corredo della specie umana, che attivano comportamenti regressivi destinati a sfociare nella violenza. Ma Machiavelli non cascava nella trappola, e forse la sua visione andrebbe proposta ancora come esempio. [...] D'altronde, Machiavelli e Guicciardini non erano i soli a diffidare della crociata a quel tempo. Abbiamo letto l'ironia con cui il bolognese Fileno dalla Tuata guardava all'impresa di Pio II; non tanto all'azione del papa in sé, quanto al sottobosco umano che ne approfittava. Era un uomo di modesta cultura, Fileno, eppure dava voce a un peculiare anticlericalismo popolare, intriso di familiarità con la Chiesa e di irrisione, che era radicato nell'Italia del primo Rinascimento. «Vorrai più tosto el governo del Turco che quello di preti», dichiarava al governatore papale di Bologna un rivoltoso, prima di essere impiccato nel 1508. «Ben avea rason, ma non dirlo a lui», commentò giudiziosamente Fileno. Il quale nel 1518 vide giungere nella sua città tre cardinali con l'annuncio che «el Turco volea venire in Italia». Era la mobilitazione finanziaria e spirituale che papa Leone X stava suscitando,

RIFERIMENTI STORIOGRAFICI

↑ Palma il Giovane, *La presa di Costantinopoli da parte dei crociati*, 1587 circa. (Venezia, Palazzo Ducale).

messo in allarme da segnali molto eterogenei: prodigi, apparizioni e dispacci riservati giunti da Costantinopoli via Ragusa. Una volta di più, le raccolte di fondi parvero a Fileno «trappole da dinari». La lontananza dalla frontiera e dal pericolo diretto acuiva lo spirito mordace del cronista – e forse non solo il suo.

Innestata sul forte spirito municipale, la tradizione delle invettive contro la corruzione clericale e pontificia offriva un alveo al discorso del fiero rivoltoso bolognese. Nello stesso tempo, però, sembra quasi che egli ragionasse come i cristiani d'Oriente, che erano soliti dire, più o meno: «Meglio il turbante del sultano della tiara del papa». Attestato, con varianti evolutive, dai giorni dell'assedio di Costantinopoli, il detto potrebbe essere parafrasato in questo modo: è meglio essere governati dai turchi, disposti a concedere uno statuto legale agli infedeli in cambio di tributi, che dai latini, abituati a vessare col fiscalismo e il proselitismo i cosiddetti scismatici. L'irrigidirsi del cattolicesimo postridentino non poté che peggiorare lo stato delle cose.

G. RICCI, *I turchi alle porte*, il Mulino, Bologna 2008, pp. 27-29, 67-77

analizza il brano

- → Spiega l'espressione: «Sotto il velo dell'ufficialità, l'unanimità non era affatto garantita».
- → Per quale ragione l'atteggiamento veneziano può essere definito spregiudicato? In che senso potremmo definirlo moderno?

6 Significati simbolici del sacco di Roma

La violenta aggressione di cui fu vittima la Roma papale nel 1527 suscitò un vasto clamore in tutta l'Europa. Intellettuali e politici, uomini di fede e umanisti, misero subito in collegamento l'evento con il saccheggio compiuto dai goti e dai vandali, nella tarda antichità. Ancora una volta, un intero mondo pareva giunto alla sua conclusione.

A partire dal XV secolo, tutta la civiltà europea era rivolta all'imitazione degli Antichi considerati come apice della perfezione umana. In mancanza di unità e forza politica, gli italiani fecero di questo atteggiamento un elemento di identità e aggregazione «nazionale»; si ritenevano, infatti, eredi diretti della civiltà antica, ed erano convinti d'averne raggiunto la grandezza nelle arti, nella letteratura, nella vita culturale. Convinzione che li induceva sovente a mostrare un arrogante senso di superiorità nei confronti degli altri popoli europei. Soprattutto in riferimento alla vulnerabilità dell'Italia, costantemente esposta alla minaccia di invasioni esterne, riemerse dall'antichità l'idea di una insanabile contrapposizione tra Italia libera e civilissima e barbarie del Nord. Tra XV e XVI secolo, Roma divenne uno dei principali centri di questa idea. La sua presa nel 1527 fu un colpo durissimo anche all'identità italiana, al prestigio dell'Italia, alla libertà degli italiani. [...] Il Sacco divenne un simbolo che impressionò profondamente i contemporanei, in particolare romani e italiani. Portò con sé il rovesciamento del mito di Roma cristiana erede di quella antica, e dunque eterna e signora dell'ecumene; e avvenne allorché, soprattutto a Roma, questa percezione del mito era esaltata e celebrata nelle arti e nella letteratura con il pieno sostegno dei papi. Fu, allo stesso tempo, un'umiliazione degli italiani, e della loro altissima cultura, ad opera di una potenza imperiale che guardava al Nord dell'Europa e all'Atlantico. Il senso di superiorità che gli italiani nutrivano verso le genti del Nord, e che la lettura degli antichi amplificava, venne spazzato via dai fatti drammatici del Sacco. [...]

Nell'immaginario dei contemporanei tornarono inaspettati i cupi fantasmi di un lontano passato che si rappresentava luminoso e si tentava in ogni modo di rendere vivo. In una civiltà intensamente rivolta allo studio e all'emulazione degli antichi, il Sacco del 1527 destò suggestioni, reminiscenze, analogie con il drammatico destino di Roma in età tardoantica; dunque, con la tragica distruzione della città al tramonto della sua grandezza e della potenza del suo impero: la fine del mondo antico, e di Roma, era un tema profondamente sentito dalla cultura umanistica e rinascimentale. [...] Per un singolare e inquietante destino la Roma del Rinascimento seguì la parabola della sua più antica antenata, subendo alla fine del suo percorso di emulazione un Sacco devastante. Che a compierlo fossero, oltre a spagnoli e italiani, pure i lanzichenecchi, discendenti degli antichi germani, è un elemento che aumentò il senso d'angoscia. [...]

Anche i saccheggiatori condivisero una percezione simbolica dell'evento. Roma, centro della cristianità e del mito antico, era simbolo di ogni negatività nella mente dei lanzichenecchi, che la espugnarono il 6 maggio 1527. La maggior parte degli imperiali andò all'assalto della città per sete di bottino e avidità. Ma tra le milizie tedesche serpeggiava un odio tenacissimo per Roma, immagine della nuova Babilonia e sede del rappresentante dell'Anticristo, il papa. L'opinione dei lanzichenecchi s'era forgiata sotto l'influsso di una feroce campagna antiromana, condotta nelle regioni dove stava dilagando il protestantesimo. Erano guidati, e suggestionati, da un contro-mito di Roma. Andarono all'attacco con furia e impeto fanatico; e posero a sacco la città con la coscienza tranquilla, convinti di agire come strumento di divina punizione e purificazione per il centro della cristianità che si era votata al demonio. Lanzichenecchi e imperiali non infierirono solo sulle persone: colpirono pure i simboli. Durante i mesi del saccheggio opere d'arte, libri, oggetti antichi furono oltraggiati dalla loro ferocia. Soprattutto i tesori della Chiesa e le più preziose reliquie della cristianità soffrirono l'accanimento degli imperiali, in particolare dei lanzichenecchi luterani. Fu una sorta di «pellegrinaggio alla rovescia»: la città venne profanata nei suoi simboli religiosi e nelle sue memorie più sacre. [...]

È stato suggestivamente notato come alcuni esponenti della poesia contemporanea [del XVI secolo, *n.d.r.*] non colleghino il Sacco del 1527 a quello del 410. Preferiscono, al contrario, evocare i grandi saccheggi dell'antichità: Troia, Cartagine, Gerusalemme. Non sono variazioni di gusto antiquario o umanistico: prospettiva e stato d'animo di questi autori sono infatti del tutto diversi. A quelli che auspicavano una pronta ripresa di Roma, come già dopo ogni Sacco nell'età tardoantica, si contrapponevano le visioni apocalittiche di quanti non credevano in una rinascita. Roma aveva subito un colpo letale: era stata abbattuta come le grandi città simbolo dell'antichità; c'era d'aspettarsi in breve tempo l'inesorabile destino catastrofico. Ecco perché si respinge il collegamento con la Roma devastata da Alarico. Sono voci sincere e senza speranza di spiriti angosciati da un evento straordinario e incredibile. [...] Nel 1527 Roma rappresenta infatti il centro dell'Italia, della sua potenza, della sua ricchezza, della sua superiorità artistico-culturale. L'umiliazione della città e il saccheggio sfrontato dei suoi tesori e dei suoi simboli sono un colpo terribile all'orgoglio e all'identità degli italiani. Un presagio infausto della soggezione morale e culturale che avrebbe prostrato la penisola nei secoli successivi.

U. ROBERTO, *Roma capta. Il Sacco della città dai Galli ai Lanzichenecchi*, Laterza, Roma-Bari 2012, pp. 232, 238-247

ANALIZZA IL BRANO

→ Con quale atteggiamento gli italiani guardavano le genti del Nord Europa, all'inizio del XVI secolo?

→ Spiega l'espressione «percorso di emulazione», applicata alla Roma rinascimentale.

→ Spiega le due espressioni: «contro-mito di Roma» e «pellegrinaggio alla rovescia».

↑ Juan de la Corte, *Il Sacco di Roma*, XVII secolo (collezione privata).

RIFERIMENTI STORIOGRAFICI

RIFERIMENTI STORIOGRAFICI

7 Il sistema di potere dell'impero turco

L'impero ottomano basava la propria efficienza su un sistema fortemente meritocratico, che permetteva di fare carriera fino agli incarichi di governo più prestigiosi anche a soggetti di umilissima origine. Questo fatto destava scandalo e scalpore in Europa, ove la nobiltà godeva di una superiorità assoluta e controllava tutti i ruoli e le cariche più vantaggiose e importanti. I funzionari turchi, tuttavia, pagavano con la morte i loro eventuali insuccessi, in quanto – in ultima istanza – erano pur sempre dei servi del sultano, che poteva interamente disporre del destino di tutti i propri sudditi.

Il sultano non prendeva le sue decisioni da solo; anzi, la prassi voleva che fossero i suoi ministri a proporgliele. Il governo ottomano, il *divan*, si riuniva quattro volte alla settimana, il sabato, domenica, lunedì e martedì, prima di prendersi un lungo *week-end* di riposo culminante nella festività del venerdì. Al tempo di Selim [il sultano Selim II, che regnò dal 1566 al 1574, *n.d.r.*] vi sedevano, oltre al gran visir [il primo ministro, *n.d.r.*], altri quattro visir o pascià, che lavoravano tutto il giorno, consumando sul posto un frugale pasto a base di riso e montone; e con loro mangiavano a spese del sultano, nelle sale esterne e nei cortili del palazzo, centinaia di funzionari di rango minore e migliaia di salariati («Sarebbe veramente tale spesa eccessiva», commentò un veneziano, «se in quei paesi si usassero le delicatezze nostre d'Italia; ma si contentano di pane, riso, castrato, e acqua solamente»). Il sultano non partecipava alle sedute, ma se voleva poteva assistervi all'insaputa di tutti dietro una finestra nascosta da una grata, il che garantiva che il gran visir, quando veniva a riferirgli l'andamento della discussione e a chiedere il suo consenso per le decisioni prese, non poteva permettersi di mentire.

I cinque visir, come quasi tutti i funzionari dell'impero, erano un prodotto del *devsirme*, *la Raccolta*, lo straordinario sistema per cui ogni quattro o cinque anni ufficiali dei giannizzeri [le truppe scelte dell'esercito turco, *n.d.r.*] visitavano i villaggi cristiani nelle province balcaniche dell'impero, sceglievano i ragazzini più promettenti e li portavano a Costantinopoli. Tecnicamente, a partire da quel momento essi diventavano *schiavi della Porta*, proprietà del sultano, che aveva su di loro diritto di vita e di morte; e questo spiega perché venissero reclutati fra i cristiani, dal momento che la legge vietava di ridurre in schiavitù i musulmani (a dire il vero, la legge proteggeva anche i sudditi cristiani dell'impero, per cui pare che la Raccolta non sia mai stata del tutto legale: ma si evitava di sollevare la questione). In media si prelevava un ragazzo ogni quaranta famiglie; i figli unici erano esenti, ed era buona politica lasciare in pace quelli delle persone influenti e dei preti ortodossi.

Essere scelti per la Raccolta era certamente un trauma per i ragazzi e per le loro famiglie, tanto più che comportava di routine la circoncisione e la conversione all'islam; ma era anche un'opportunità straordinaria, tanto che le comunità musulmane della Bosnia chiesero e ottennero, in via eccezionale, che anche i loro figli fossero ammessi al reclutamento. A Costantinopoli, la maggioranza dei ragazzi erano avviati a un apprendistato che anni dopo avrebbe fatto loro dei giannizzeri, con un buon salario e possibilità di avanzamento nel corpo; ma quelli che erano giudicati più interessanti entravano direttamente al palazzo imperiale di Topkapi, per servire il sultano ed essere educati sotto i suoi occhi. Fra di loro, quand'erano adulti, il Gran Signore sceglieva gli alti funzionari e i comandanti militari dell'impero, mentre gli altri diventavano *sipari*, cavalieri della Guardia imperiale.

Questo sistema sbalorditivo, per cui l'impero ottomano era governato esclusivamente da uomini di origine modesta, di etnia non turca e nati cristiani, impressionava profondamente gli occidentali. Il fiammingo Busbecq, che visitò Costantinopoli verso la metà del Cinquecento, testimoniò che essi costituivano un ambiente coeso [unito, compatto, *n.d.r.*], fierissimo d'essersi fatto strada solo grazie ai propri meriti fino ai vertici del potere mondiale: «Quelli che ricevono i più alti uffici dal sultano sono in gran parte figli di pastori, e ben lungi dal vergognarsi della loro origine, ne vanno fieri, e ritengono di potersi vantare perché non debbono nulla all'accidente della nascita». Marcantonio Barbaro [ambasciatore di Venezia a Costantinopoli, *n.d.r.*], che era costretto a trattare quotidianamente con loro, trovava insostenibile l'alterigia di questi *parvenu* [l'arroganza di questi uomini, potentissimi, ma di origine umile, *n.d.r.*], gente «tutta nata nella fede di Cristo», ma «ignobile, inesperta, abietta, servile, priva per propria natura di cognizione di governo, di giustizia, e di religione, nutrita solamente con affetti carnali, ripiena di lussuria, d'avarizia, e sopra tutto d'arroganza e di superbia».

È un'opinione comprensibile se si pensa all'enorme investimento che si faceva in Occidente sui concetti di nascita e di sangue. Questi turchi che della nobiltà non sapevano nulla non erano gente onorevole, come osservò il comandante della flotta veneziana a Lepanto, il vecchio Sebastiano Venier, sdegnoso di dover affrontare «un nimico, che non admette conti, né cavallieri, né gentilhuomini, ma solo mercanti». Eppure, più di un osservatore veneziano seppe identificare proprio nel principio del merito, anche se applicato col sistema stravagante e crudele della Raccolta, una delle forze dell'impero ottomano.

A. BARBERO, *Lepanto. La battaglia dei tre imperi*, Laterza, Roma-Bari 2010, pp. 24-26

ANALIZZA IL BRANO

- → Che cosa era e come funzionava la Raccolta? Per quale ragione è definito «sistema stravagante e crudele»?
- → Per quali motivi la Raccolta è definita sia un «trauma» che «un'opportunità straordinaria»?
- → Perché il sistema di governo turco è chiamato «sbalorditivo»?

Carlo V e le **difficoltà economiche** del regno di Spagna

Lo studio della figura di Carlo V e dei problemi che incontrò nella gestione del suo immenso impero può permettere l'acquisizione di una competenza fondamentale, che potremmo definire nel modo seguente: **saper individuare i limiti e i fattori di debolezza di una grande potenza, apparentemente invincibile**. Per affinare tale competenza, viene proposto di seguito un approfondimento, che prende le mosse da un documento e da una pagina storiografica.

I problemi economici di Carlo V

La battaglia di Pavia fu combattuta il 24 febbraio 1525, ma la notizia della vittoria arrivò all'imperatore, che a quell'epoca risiedeva in Spagna, solo il 10 marzo. Ai primi di marzo, Carlo V era ancora convinto che la guerra fosse praticamente perduta, a causa della carenza di denaro. Disperato e depresso, l'imperatore stese in quei giorni, di sua mano, alcune riflessioni personali, non destinate a essere divulgate. I foglietti originali sono conservati nell'archivio di Vienna.

Mentre mi accingo ad esaminare la mia situazione, mi sembra che la prima cosa che debbo ricercare, l'aiuto migliore che Dio potrebbe accordarmi, sia la pace. È una cosa bella da dire, ma difficile da avere, poiché tutti sanno che non si può averla senza il consenso del nemico. [...]

– Può sembrare che una buona guerra sia la soluzione migliore. Ma io non ho di che mantenere il mio esercito e ancor meno di che rafforzarlo, quando sia necessario. Mi è mancato il denaro a Napoli [non è più stato possibile far arrivare denaro a Napoli, da destinare alla guerra in Lombardia, contro i francesi, *n.d.r.*]. E questo regno ha abbastanza da fare per difendersi, se sarà assalito. Le possibilità di ottenere denaro in questo paese vanno esaurendosi ogni giorno di più e adesso pare che non si trovi niente. [...]

– Ora che le milizie sono così vicine e pare non possano più evitare di vincere o soccombere, mi sembra che davvero si debba mandare con ogni sollecitudine una buona somma di denaro al vicerè, con una lettera di cambio o in altro modo, per mantenere e pagare il mio esercito, e per evitare che senza di questo si dissolva. Si può supporre che, se sarà mantenuto, esso costringerà il re di Francia a combattere, cosa che non può essergli se non di grande giovamento, o a ritirarsi dall'Italia, cosa che gli tornerebbe a disonore; in ognuno di questi due casi, quando il re di Francia fosse reso inoffensivo e il suo esercito tornato in Francia e il ducato di Milano riacquistato con sicurezza, bisognerebbe diminuire le spese, trattare bene i soldati rimasti, e ancor più quelli che venissero licenziati, per riaverli al bisogno. Ma su tutte queste speranze non devo fare grande assegnamento.

– Tenuto conto di queste circostanze [...] e mentre vedo e sento che il tempo passa e noi presto passeremo con lui, ed io non vorrei passare così, senza lasciare qualche buon ricordo di me, e quello che oggi è perduto non si riacquista domani, e sin qui non ho fatto nulla che risulti a mio onore, [...] per rimediare a tutto questo non vedo mezzo migliore che sollecitare subito il matrimonio dell'infanta [principessa, *n.d.r.*] di Portogallo e mio, e che ella venga qui il più presto possibile. E che il denaro offertomi insieme a lei [come dote, *n.d.r.*] sia la maggior somma possibile in contanti (a questo proposito va considerato se sia bene o no parlare contemporaneamente delle spezie).

K. BRANDI, *Carlo V*, Einaudi, Torino 2001, pp. 208-209, trad. it. L. GINZBURG, E. BASSAN

Le croniche difficoltà economiche dei re di Spagna

Rotta, da parte francese, sulla frontiera delle Fiandre, la tregua di Vaucelles la notte dell'Epifania, nel gennaio 1557 Filippo II decide di radunare un grande esercito per attaccare a fondo il nemico e penetrare in Francia nell'estate: che sarà, di fatto, l'estate di San Quintino [guidato dal duca di Savoia Emanuele Filiberto, l'esercito spagnolo riportò una grande vittoria, dopo la quale i due contendenti stipularono la pace di Cateau-Cambrésis, *n.d.r.*]. Ma a raccoglier truppe – mercenari spagnoli, tedeschi, italiani – occorron molti soldi; e di soldi il trentenne re di Spagna non ne ha. Unica risorsa, tesoro sembra sicuro, l'oro e l'argento giunti a Siviglia il 3 e il 4 ottobre 1556 da Tierra Firme e dalla Nuova Spagna: e vale a dire da Panama, Venezuela, Colombia e dal Messico: più di cinque milioni di ducati, si ritiene, depositati nella Casa de Contratación di Siviglia. Una gran parte, certo, non spetta alla Corona, sì [bensì, *n.d.r.*] a mercanti, a passeggeri tornati dall'America su quelle stesse navi che han recato i cassoni pieni d'oro e d'argento, in lingotti e in verghe, persino a «defunti», e quindi ai loro eredi in Spagna. Ma già Carlo V ha contratto l'abitudine – non apprezzata da nessuno – di prelevare, quando ne abbia bisogno, anche la parte de' mercanti e de' passeggeri, accordando loro in compenso *juros*, al 5 o al 7% generalmente, quelli che oggi chiameremmo titoli di rendita pubblica (ed era assai magro rifacimento): e Filippo ha dato ordine che, anche questa volta, né pur un lingotto esca dalla Casa de Contratación. Così, meditando il suo gran piano, spedisce in Spagna il suo favorito, Ruy Gomez de Silva, conte di Melito, che deve premere in loco per l'immediato invio di grosse somme, in Fiandra e pur [anche, *n.d.r.*] in Italia, dove la situazione appare inquietante e non si sa che possono combinare papa Paolo IV, i Francesi e quei pochi Italiani irriducibilmente nemici a Spagna. Senza il minimo indugio, occorrono 1 650 000 ducati per le Fiandre, 800 000 ducati per l'Italia; e ancora altri 600 000 ducati per le piazzeforti spagnole sulla costa nordafricana, La Goletta e Orano, e per la difesa della frontiera pirenaica: tutti, s'intende, da prelevare sul favoloso oro di Siviglia. Si deve fare uno sforzo supremo, «el ultimo esfuerço», e per sollecitarlo Filippo postilla di propria mano una lettera alla sorella Giovanna [in quegli anni governatrice di Spagna, *n.d.r.*].

> *«L'unico vero rimedio è ch'io sposi l'infanta di Portogallo, Isabella, al più presto, sì da ricavar dalla dote la maggior somma possibile di denaro in contanti»*

Ma a Siviglia non vi sono più non diciamo i cinque milioni vagheggiati a Bruxelles, sì nemmeno i poco più di due milioni risultanti dai computi del Consejo de Hazienda a Valladolid: vi si trovano, a disposizione del sovrano, soli 489 000 ducati, un'inezia, una miseria di fronte alle spese che si preannunziano – nell'estate, la paga mensile dell'esercito di Fiandra ammonterà, da sola, a quasi 400 000 scudi. Il resto è stato subito portato via dai mercanti e dai passeggeri, bene attenti a mettere al sicuro i preziosi lingotti. Fu un duro colpo per Filippo. Aveva accarezzato un grande progetto, tale da dargli gloria e onore [...]. Ed ecco, gli vengon meno d'improvviso i mezzi. «Niuna nuova [nessun'altra notizia, *n.d.r.*] – scrive alla sorella – sarebbe potuta giungermi più angosciosa; è il peggior tradimento che mi si potesse fare, e coloro che ne sono responsabili hanno posto a rischio il mio onore e la mia reputazione, che è la cosa a cui più tengo, tanto più essendo questa la prima campagna che devo intraprendere».

Così lamentava il giovane re. Ma, da Yuste [il monastero dove si era ritirato dopo l'abdicazione del 1556, *n.d.r.*], salì allora una voce ch'era ben altro che lamento: e fu quella di Carlo V. [...] In lui, Carlo, l'imprevista falla a Siviglia rivolgeva animo e pensieri a tante altre volte quando s'era trovato con «el agua en çima de la boca», ed era stato costretto a ricorrere agli espedienti più vari per mettere insieme un po' di quattrini. Da quei lontani giorni tra fine febbraio e primi di marzo del '25, quando già i suoi generali a Pavia avevano sconfitto e addirittura fatto prigioniero il rivale acerrimo, Francesco I re di Francia; ed egli, nulla sapendo del già avvenuto trionfo – la battaglia fu combattuta il 24 febbraio, e la notizia ne giunse a Madrid solo il 10 marzo, tant'era immenso allora il mondo e lento il contatto fra paesi anche d'un solo sovrano –, affidava a un breve scritto autobiografico, in francese, le sue preoccupazioni e il suo scontento. E nelle annotazioni balzava anzitutto in luce il bisogno di denaro: «Io mi trovo solo, i miei amici mi hanno piantato in asso, è quasi impossibile trovar denaro... e l'unico vero rimedio è ch'io sposi l'infanta di Portogallo, Isabella, al più presto, sì da ricavar dalla dote la maggior somma possibile di denaro in contanti». La «faute d'argent», la mancanza di denaro, è ritornello costante. [...]

Ultimo, e più doloroso ricordo, nell'uomo di Yuste che rivedeva il passato, l'anno della umiliazione, il 1552 [Carlo V fu sconfitto dai principi protestanti tedeschi, *n.d.r.*]: anche allora, l'acqua alla gola per mancanza di denaro in un momento criticissimo; e il rifiuto di prestiti da parte dei banchieri troppo bene informati della situazione, consapevoli della miseria dell'imperatore, fors'anche d'accordo con i suoi nemici. Così che né ad Augusta né altrove il signore delle miniere d'oro e d'argento del Messico e del Perù trovava qualcuno che si lasciasse convincere ad accordar un prestito, per quanto buone fossero le condizioni offerte; e a Carlo V sola risorsa finanziaria un certo momento furono duecentomila scudi inviati dal viceré di Napoli.

F. CHABOD, *Carlo V e il suo impero*, Einaudi, Torino 1985, pp. 555-557, 559-560

Lavorare con i testi

Nei brani citati, il colore ha evidenziato alcuni passaggi essenziali, relativi alla mentalità di Carlo V e alle frequenti difficoltà che dovette affrontare. Come ulteriore stimolo di analisi e di riflessione, ti vengono proposte le seguenti domande:

analizza i brani

Come vanno trattati, secondo le indicazioni di Carlo V, i soldati che vengono mantenuti in servizio?	
Come vanno trattati i soldati che vengono congedati? Perché?	
Che peso ha l'onore, nel modo di ragionare dei sovrani del XVI secolo?	
Quale pericolo incombe su Carlo V, a causa della carenza di denaro?	
Quali soluzioni vengono prese in considerazione, per reperire al più presto del denaro?	
Come veniva percepito lo Stato, da parte degli imprenditori privati che estraevano argento nelle colonie americane?	
Il figlio di Carlo V, Filippo II di Spagna, ebbe problemi simili, oppure il formidabile flusso di argento dall'America permise la loro risoluzione?	
Come venivano suddivisi i fondi disponibili?	
Su quanti teatri militari e politici si trova a combattere il re di Spagna?	

→ Utilizzando le informazioni che hai raccolto, costruisci un testo che, come minimo, abbia la lunghezza di due colonne di foglio protocollo.

VERIFICA DELL'APPRENDIMENTO
Conoscenze e abilità

LAVORARE CON LE CARTE

1. Colloca, sulla carta a lato, i numeri corrispondenti alle entità politiche elencate qui sotto:

1. ducato di Savoia
2. ducato di Milano
3. repubblica di Venezia
4. repubblica di Firenze
5. Stato della Chiesa
6. regno di Napoli

SELEZIONARE E CLASSIFICARE

2. Completa la tabella relativa ai nemici e agli alleati di Carlo V e alle azioni da lui intraprese nei loro confronti.

	NEMICI DI CARLO V	ALLEATI DI CARLO V
Chi sono		
Motivazioni del loro schieramento		
Azioni intraprese verso di essi e loro esiti		

VERIFICA

COMPRENDERE IL TESTO

3. Rispondi brevemente alle seguenti domande.

a) Perché, a partire dal Rinascimento, la Chiesa non fu più l'unico punto di riferimento ideologico in campo politico?

b) Perché il papa ostacolò l'elezione a imperatore di Carlo V?

c) Che cosa sancì la battaglia di Pavia del 1525, che si concluse con la vittoria di ....?

d) Quando e perché si verificò il *sacco di Roma*?

e) In che modo lo zar Ivan IV si guadagnò l'appellativo *il Terribile*?

f) Quali novità introdurre Solimano nella politica estera dello Stato turco?

4. Elenca le principali innovazioni militari introdotte nel Cinquecento.

5. Contrassegna con V (vero) o F (falso) ciascuna delle frasi e correggi quelle false.

	V	F
a) Alla fine del XIV secolo il quadro politico dell'Italia si presenta estremamente frammentato.	☐	☐
b) Sia Firenze che Venezia inglobano in modo organico i territori conquistati.	☐	☐
c) Lorenzo Valla dimostrò che la *Donazione di Costantino* non poteva essere stata redatta dal primo imperatore cristiano.	☐	☐
d) Il ducato di Borgogna godeva di una forte compattezza territoriale.	☐	☐
e) Cesare Borgia progettava di dar vita in Italia centrale a un piccolo principato.	☐	☐

CONOSCERE IL LESSICO

6. Definisci il termine.

Umanesimo

Rinascimento

VERSO IL SAGGIO BREVE

7. Scrivi un testo sulla situazione politica italiana tra la fine del XV e l'inizio del XVI secolo, utilizzando le seguenti domande-guida.

→ Per quali motivi Carlo VIII scese in Italia?
→ Quali erano le novità tecniche in possesso del suo esercito?
→ Come reagirono gli Stati italiani alla discesa di Carlo VIII?
→ Quale significato assunse, nelle coscienze degli italiani, la discesa di Carlo VIII?

VERIFICA

MAPPA DI SINTESI

Mappa proiettabile

GUERRE E POTENZE NEL XV E XVI SECOLO

- **Italia**
  - Frammentazione politica e territoriale
  - Affermazione dei Medici a Firenze
  - La pace di Lodi (1454) sancisce l'equilibrio politico
  - Grande sviluppo artistico e culturale: Rinascimento
- **Francia**
  - Carlo VIII scende in Italia
  - È sconfitto da una coalizione di Stati italiani, alleati con la Spagna
  - In Italia emergono le figure di Savonarola (Firenze) e Cesare Borgia (Italia centrale)
  - Il nuovo re Luigi XII torna in Italia
  - È sconfitto sia dagli spagnoli (Sud Italia) sia dalla Lega Santa (organizzata da papa Giulio II)
- **Impero**
  - Carlo V governa su Spagna, Paesi Bassi e Germania
  - Potere enorme, ma troppi nemici e insufficienti risorse per affrontarli
  - Guerre continue contro la Francia, i turchi e i principi protestanti
  - 1528-1529: guerra franco-spagnola in Italia (sacco di Roma, 1527)
  - 1559: pace di Cateau-Cambrésis (firmata dal figlio di Carlo): fine della guerra tra Francia e Spagna
- **Europa orientale**
  - Russia: risveglio religioso (XV secolo) e scontro con i mongoli per l'autonomia politica
  - Lo zar Ivan IV il Terribile, spietato verso nobili e contadini, lascia il Paese in preda all'anarchia
  - Impero turco: Selim I, sultano di Istanbul, conquista Siria ed Egitto e crea l'impero
  - Il figlio Solimano il Magnifico espande l'impero verso Occidente (assedio di Vienna, 1529)

UNITÀ 6

La grande frattura: Riforma protestante e Controriforma cattolica

Un'immagine per iniziare

Lo scontro religioso che oppose cattolici e protestanti nel XVI secolo fu durissimo. Entrambi gli schieramenti fecero uso di argomenti molto pesanti e di veri e propri insulti: i cattolici presentavano Lutero come uno strumento del diavolo, mentre i protestanti affermavano che il papato era l'Anticristo. La diffusione delle idee dei due gruppi venne notevolmente facilitata dall'invenzione della stampa a caratteri mobili, che permetteva di far circolare sia libri e opuscoli, sia volantini illustrati, destinati agli analfabeti. Nonostante il clima fosse sempre più avvelenato, un piccolo gruppo di intellettuali continuò comunque a cercare il dialogo e la riconciliazione.

↑ Lucas Cranach il Vecchio, *I contrasti tra cattolici e protestanti*, 1545 circa (Berlino, Gemäldegalerie).

Una carta per orientarsi nello spazio

Carta proiettabile

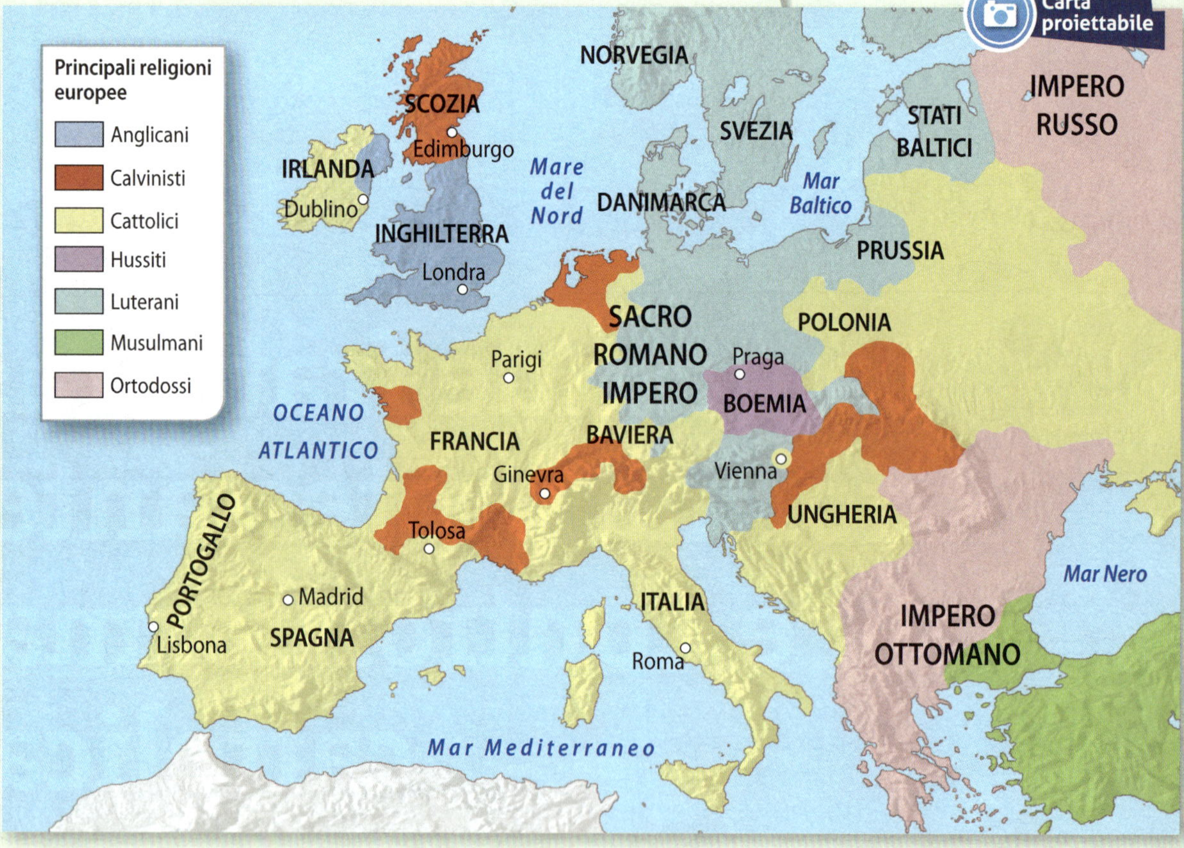

Nel Cinquecento, l'Europa occidentale perse la propria omogeneità religiosa. Mentre nel Medioevo l'*Occidente latino* era un'unica entità (cattolica) sotto la guida del papa, lo scontro iniziato con la ribellione di Lutero trasformò il quadro. In alcune regioni (Spagna, Portogallo, Italia, Austria), la fede tradizionale non fu mai messa seriamente in discussione; in altre, dopo lotte più o meno lunghe, trionfò il protestantesimo. La situazione, però, rimase fluida per circa un secolo: il tempo delle *guerre di religione* (1550-1650 circa).

Gli eventi per orientarsi nel tempo

età moderna

1517 Martin Lutero pubblica *95 tesi* contro le indulgenze

1520 Il papa Leone X scomunica Lutero

1521 Dieta di Worms: Lutero non rinnega le proprie idee davanti all'imperatore Carlo V

1525 Scoppia la ribellione dei contadini tedesc

1500 — 1510 — 1520

Una fonte per capire: la polemica di Lutero contro il papato

Nel 1520, Lutero era in aperta polemica con il papato, che lo scomunicò a causa delle sue posizioni radicali contro le indulgenze e il purgatorio. Il monaco tedesco accusò il vescovo di Roma di essersi arrogato un potere eccessivo, che Cristo non gli aveva attribuito; a differenza di Dante, che criticò duramente alcuni singoli pontefici, ma considerò sempre il papato un'istituzione di origine divina, Lutero, al contrario, proclamò che esso era uno strumento satanico, di cui il diavolo si serviva per ingannare i veri cristiani.

Ecco dunque la mia opinione sul papato: [...] in primo luogo non tollero che alcuni uomini stabiliscano dei nuovi articoli di fede, calunniando tutti gli altri cristiani, condannandoli ed accusandoli come eretici, apostati e infedeli solo perché non sono soggetti al papa. È già abbastanza che lasciamo il papa esser papa, ma non è necessario che per amor suo Dio e la Sua santità vengano così vilipesi sopra la terra. In secondo luogo tutto quello che il papa stabilisce, compie e dispone voglio accettarlo solo dopo averlo giudicato secondo la S. Scrittura. Per me egli deve restare sottoposto a Cristo e lasciarsi guidare dalla S. Scrittura. Ma i birboni romani vanno oltre, e lo pongono sopra Cristo, e fanno di lui un giudice sopra la Scrittura, affermando che egli non può errare; e tutte le pazzie che inventano a Roma, tutto quello che salta loro in mente vogliono farcelo passare come articolo di fede. E non basta: vogliono imporre una nuova sorta di fede, per la quale dobbiamo credere a quanto vediamo materialmente, mentre invece la fede per sua natura è rivolta a cose che nessuno vede né ode [...]. E se, Dio non voglia, il papa arrivasse a tanto, gli direi liberamente ch'egli è il vero Anticristo di cui parla tutta la Scrittura. [...] Egli non sarà per me né papa né cristiano; e chi non vuole ammetterlo faccia pure di lui un idolo, io per me non intendo venerarlo. Inoltre vedrei assai di buon occhio che re, principi e la nobiltà tutta si battesse affinché fosse sbarrata la strada alle ribalderie di Roma, ed i manti vescovili ed i benefizi fossero liberi da Roma.

M. LUTERO, *Del papato romano*, in ID., *Scritti politici*, UTET, Torino 1978, pp. 118-119, trad. it. G. PANIERI SAIJA

↑ Hieronymus Bosch, *Giudizio universale*, particolare, 1482 circa (Vienna, Accademia di Belle Arti).

Orientarsi nel tempo

1541 Giovanni Calvino inizia la riorganizzazione religiosa di Ginevra

1542 Convocazione del Concilio di Trento

1547 Battaglia di Mühlberg: l'esercito imperiale sconfigge i luterani

1555 Pace di Augusta tra Carlo V e i principi luterani, che ora sono liberi di professare la propria fede

1540 1550 1560

età moderna

METODO DI STUDIO

Percorso breve

Storia slide

La cristianità divisa

Il Medioevo fu il tempo delle autorità universali. Papato e Impero, in teoria, guidavano l'intero mondo cristiano, per non dire l'umanità intera. Infatti, era opinione comune che greci ortodossi e musulmani fossero in realtà degli eretici; mentre gli indiani, i cinesi, i nativi americani erano considerati dei veri e propri *alieni*, dei *diversi*. E, anche in questo caso, si cercò di ricondurli a nozioni note, ipotizzando, ad esempio, che si trattasse di tribù perdute del popolo di Israele. Comunque, l'Occidente cristiano concepiva se stesso come uno e unito: le differenze nazionali e politiche erano ritenute meno importanti dei tratti comuni. Le guerre che si verificarono in Boemia all'inizio del Quattrocento furono un segnale importante: un'intera regione dell'Europa cristiana, infatti, si separò in blocco dal vescovo di Roma e dall'imperatore, rifiutandone l'autorità. La Riforma protestante ripeté tale vicenda, su scala molto più ampia. Ad aderire all'eresia non furono più gruppi marginali, bensì **intere regioni e interi popoli**, questa volta **guidati dalle autorità**: anzi, in Germania, in Inghilterra e in altre regioni, furono proprio le autorità a prendere l'iniziativa. Al mondo unitario del Medioevo si sostituiva quello frammentato della modernità.

1 Martin Lutero e la Riforma protestante in Germania

Le ragioni per cui si mise in moto la Riforma protestante furono molteplici e complesse. Su tutte, però, una pare aver svolto un ruolo prevalente: la cristianità latina era ancora traumatizzata dalla *peste nera*, o meglio da quella tremenda *immagine negativa della divinità* che essa aveva imposto e diffuso. **La paura e l'angoscia di fronte alla prospettiva della dannazione eterna** probabilmente sono stati i fattori decisivi; se, a livello collettivo, possiamo individuarne altri (il rancore nei confronti della ricchezza del clero e la corruzione del papato; il desiderio di impossessarsi dei beni della Chiesa; la volontà di alcuni principi di rendersi indipendente dall'autorità imperiale...), non c'è dubbio che fu la preoccupazione per la propria personale salvezza a mettere in moto Martin Lutero, che dapprima rifiutò le indulgenze e il purgatorio, poi respinse l'autorità del papa e decise che l'intera fede della Chiesa doveva basarsi solo sulla Sacra Scrittura. Al centro della protesta di Lutero stava la dottrina della *giustificazione mediante la sola fede*: l'idea (che Lutero riprese da san Paolo) secondo cui la salvezza non era frutto degli sforzi compiuti dall'uomo per meritarsela, bensì dono gratuito, concesso da Dio all'uomo peccatore.

2 Affermazione e diffusione del calvinismo

La Riforma protestante iniziò in Germania, per opera di Lutero, ma si diffuse poi nel resto d'Europa, soprattutto, grazie a Giovanni Calvino, che si stabilì a Ginevra, in Svizzera, nel 1541. Il calvinismo si impose grazie alla sua coerenza e alla sua radicalità. Calvino, infatti, portò le intuizioni di Lutero fino alle estreme conseguenze. In primo luogo, l'idea secondo cui la salvezza era un dono divino (e non il frutto degli sforzi e dei meriti umani) venne espressa mediante il concetto di **predestinazione**: dall'eternità, Dio ha già deciso chi sarebbe stato salvato (un piccolo gruppo di eletti) e chi sarebbe finito all'inferno (la maggioranza degli uomini, che avrebbe costituito la *massa dei dannati*). Ancora più radicale fu la posizione di Calvino sulle credenze e sui riti non presenti nella Sacra Scrittura; oltre al papato, al sacerdozio e al purgatorio, i calvinisti rifiutarono i vescovi, ponendo dei consigli di anziani a capo delle comunità. Prendendo alla lettera il comando biblico, i calvinisti furono poi molto severi nei confronti delle immagini sacre: considerate al pari di idoli, esse furono asportate dalle chiese e, spesso, distrutte.

← Lucas Cranach il Giovane, *Lutero e i riformatori di Wittemberg*, XVI secolo (Toledo, Museum of Art).

DOMANDE CHIAVE

- → In che cosa consiste il principio luterano della *giustificazione mediante la sola fede*?
- → Per quali aspetti la dottrina di Calvino si discosta da quella di Lutero?
- → Con quali contromosse la Chiesa cattolica tentò di arginare la diffusione del protestantesimo?
- → Perché Venezia ebbe un ruolo da protagonista, nella diffusione delle idee protestanti in Italia?

← Xilografia cattolica del XVII secolo: Calvino e altri riformatori protestanti sono rappresentati mentre, con l'aiuto dei diavoli, tentano di abbattere la Chiesa.

3 La risposta cattolica

La Chiesa romana impiegò parecchio tempo a organizzare una risposta efficace alla sfida protestante. A muoversi per primi furono alcuni ordini religiosi, tra i quali si distinse in breve tempo la **Compagnia di Gesù**, fondata dallo spagnolo Ignazio di Loyola nel 1539. I gesuiti cercarono di evitare che ulteriori territori passassero alla Riforma, soprattutto mediante un intelligente politica di formazione delle élites dirigenti; principi e nobili furono chiamati a studiare in speciali collegi, in cui ricevevano un'istruzione completa, che li avrebbe resi idonei ai futuri incarichi di governo. Nel medesimo tempo, erano educati a considerare l'obbedienza al papato e alla fede cattolica romana come il dovere supremo del principe cristiano. Al fine di punire qualsiasi dissenso e di bloccare la diffusione delle dottrine giudicate eretiche in terra italiana, nel 1542 venne riorganizzato a Roma il tribunale dell'**Inquisizione** (denominato anche *Sant'Uffizio*). Lo stesso anno, venne aperto il **Concilio di Trento**, un'assemblea di vescovi che si assunse il compito di precisare la dottrina cattolica. Alla concezione luterana della *giustificazione mediante la sola fede* si contrappose l'idea secondo cui l'uomo poteva contribuire alla salvezza con le proprie opere buone. Inoltre, mentre si ribadì l'origine divina del sacerdozio, si mise l'accento sul fatto che la tradizione della Chiesa aveva valore vincolante. Quanto alla Bibbia, ai cattolici di fatto venne impedito di leggerla in lingua volgare, con il risultato che la maggioranza dei credenti non ebbe confidenza con la Sacra Scrittura fino al tardo XX secolo.

4 Eretici e la riforma in Italia

La vicinanza di **Venezia** alla Germania permise alle opere di Lutero di trovare ampia diffusione in Italia: si può dire che la città lagunare fu la **porta d'ingresso del luteranesimo tedesco**, anche perché diversi tipografi veneziani stamparono e diffusero clandestinamente gli scritti di Lutero. Emblematico a questo proposito fu *Il beneficio di Cristo*, un libretto che comparve per la prima volta a Venezia nel 1543, e che, pur non polemizzando mai con il papa e la Chiesa, ma anzi cercando di evitare ogni contenuto anticattolico e antiromano, presentava la giustificazione mediante la sola fede e la predestinazione come strumenti scelti dalla misericordia di Dio per salvare tutti gli uomini. Questo tentativo andò però incontro al fallimento e il libro fu inserito nell'*Indice dei libri proibiti*.

In numerose città (Cremona, Mantova, Ferrara, Siena, Lucca…) nacquero **circoli protestanti clandestini**, che solo un paziente lavoro di ricerca da parte dell'Inquisizione riuscì a smantellare, nel corso del tempo. A Modena, il vescovo **Giovanni Morone** cercò di mantenere un dialogo con il mondo protestante e di trovare un compromesso, consapevole del fatto che le idee della Riforma si erano diffuse rapidamente proprio per il fatto che offrivano risposte credibili all'ansia religiosa di tanti credenti, seriamente preoccupati per la sorte della propria anima. Infine, però, a prevalere fu la linea dura e intransigente, che non lasciava alcuno spazio al dissenso e imponeva con la forza l'ortodossia fissata al Concilio di Trento.

Storia slide

CULTURA CIVILTÀ E RELIGIOSITÀ

1 Martin Lutero e la Riforma protestante in Germania

Le conoscenze da acquisire

Terrorizzato dalla prospettiva della dannazione eterna, Martin Lutero cerca soluzione al suo dramma nella *Lettera ai Romani* di san Paolo.

Le competenze da potenziare

Saper cogliere l'interazione fra mentalità religiosa e contesto sociale.

1.1 Erasmo da Rotterdam

Nei primi decenni del XVI secolo, Erasmo da Rotterdam (1466-1566) fu l'intellettuale più colto di tutta l'Europa cristiana. Perfetto conoscitore della lingua greca, oltre che del latino, si sforzò di trasformare la **cultura umanistica** in strumento per la **riforma della vita cristiana**.

> **Edizioni critiche del Nuovo Testamento**

Erasmo si preoccupò innanzitutto di predisporre accurate edizioni sia del testo del Nuovo Testamento che dei Padri della Chiesa, vedendo in essi la fonte cui ispirarsi per una rigenerazione della fede. Al centro della religiosità erasmiana non stavano i dogmi, le dottrine, che inevitabilmente generavano infinite discussioni, polemiche e atteggiamenti intolleranti. A giudizio di Erasmo, **il centro più vitale del messaggio evangelico era l'etica dell'amore** verso il prossimo; anche i riti esteriori (come le processioni) erano guardate con sufficienza dal grande umanista olandese, che concepiva la fede come un'esperienza interiore, da vivere con intensità, certo, ma anche con una **forte dose di razionalità**, visto che lo studio delle Sacre Scritture occupava un posto centrale. Erasmo criticava severamente lo spazio eccessivo che il culto dei santi aveva conquistato nella

DOCUMENTI La polemica contro la religiosità popolare

Nel 1511, Erasmo da Rotterdam pubblicò l'*Elogio della follia*, un'opera satirica e graffiante in cui denunciò gli aspetti più assurdi e demenziali della vita politica e religiosa del suo tempo.

Ma ecco ora un gruppo che fa parte del mio seguito, gente che si diletta ad ascoltare, ma pure a raccontare, storie mirabili che nulla hanno di vero. Essi non si stancano mai di ascoltare simili favole, che parlano di spiriti, fantasmi e diavolerie del genere. Quanto più queste storie soprannaturali si allontanano dalla verità, tanto più costoro le credono vere e si deliziano nel sentirle. E non servono solo a divertire la gente, ma pure a riempire le tasche di chi le racconta. Bisognerebbe in proposito indagare presso certi predicatori.
In un certo qual modo affine a questa è la categoria di quei babbei convinti (buon per loro!) che, guardando negli occhi un san Cristoforo intagliato nel legno o dipinto [...] ne godranno la protezione per tutta la giornata; o coloro che rivolgono una determinata preghiera alla statua lignea di santa Barbara usciranno illesi dalla

ANALIZZA IL TESTO

→ Come giudica Erasmo da Rotterdam il culto dei santi?

→ Che giudizio esprime Erasmo sul purgatorio e sulle indulgenze?

→ Erasmo da Rotterdam, in un ritratto di Hans Holbein il Giovane, XVI secolo (Parigi, Museo del Louvre).

pietà popolare, degenerando in superstizione e mettendo in dubbio la centralità della figura stessa di Cristo. Più in generale, egli era un severo accusatore di ogni forma di incoerenza e di ipocrisia; di conseguenza, Erasmo era **critico nei confronti del concetto di purgatorio**, che pareva una comoda scappatoia per tutti i peccatori incalliti, e polemico dei confronti del papato, che all'inizio del Cinquecento vide numerosi pontefici corrotti, spesso più preoccupati di costruire in Italia un solido dominio politico che di presentarsi come esempi e modelli di pietà autentica ai propri fedeli.

Si faccia attenzione perché ritroveremo presto, in Lutero, la critica al purgatorio e al papato; la differenza principale tra il riformatore tedesco ed Erasmo consiste nell'**opposta valutazione** che i due danno **dell'essere umano**, che per Lutero è irrimediabilmente corrotto dal peccato, mentre per l'umanista di Rotterdam è dotato della possibilità di scegliere il bene e il male e, quindi, di seguire gli insegnamenti di Cristo. Sotto questo profilo, Erasmo è in piena sintonia con l'umanista italiano **Giovanni Pico della Mirandola**, che nel 1486 aveva composto un'orazione sul tema della *Dignità dell'uomo*, affermando che la grandezza dell'essere umano consisteva proprio nel fatto di essere una creatura dalla natura indefinita: dotato di libertà, avrebbe dovuto scegliere che cosa fare di se stesso, cioè decidere se elevarsi a forme di vita ancora più elevate, o degenerare fino a trasformarsi in un bruto feroce ed animalesco.

› **Dignità dell'essere umano**

battaglia e ancora quelli che, invocando in certi giorni sant'Erasmo e offrendogli candele di cera e specifiche orazioni, sperano di arricchirsi in breve tempo.
[...] Che dire poi di coloro che si cullano nell'illusione che siano rimessi loro tutti i peccati e con precisione matematica calcolano il lasso di tempo, secoli, anni, mesi, giorni e ore, che dovranno trascorrere in Purgatorio?
E di chi si affida a misteriosi riti o preghiere inventati da qualche pio impostore in vena di far miracoli o di far soldi, per ottenere qualsiasi cosa: ricchezza, onore, piacere, abbondanza, buona salute, longevità, salda vecchiaia e infine un bel posto in Paradiso (ma il più tardi possibile, quando i piaceri della vita terrena, ai quali sono strettamente affezionati, li abbandoneranno)? Allora saranno lieti di partecipare alle gioie dei popoli celesti. [...] Mi sembra di vederli: un mercante, un soldato, un giudice... che con qualche soldo preso da un patrimonio accumulato in modo tutt'altro che lecito sperano di ripulire la loro coscienza [...] e di riscattare definitivamente un'esistenza segnata da spergiuri, malefatte, ubriachezze, liti, assassini, inganni, imbrogli e tradimenti. Sono così fiduciosi nella possibilità di espiazione che non esitano a ricominciare subito daccapo.
[...] Per non parlare poi del fatto che ogni Paese ha il suo santo protettore e ogni santo ha un suo compito preciso e riceve una forma particolare di devozione. C'è chi allevia il mal di denti, chi soccorre le partorienti, chi aiuta a recuperare il maltolto, chi protegge i naviganti oppure i greggi e così via, all'infinito. Ce ne sono alcuni che estendono la loro influenza in diversi campi. In particolare la Vergine Madre di Dio, alla quale spesso la gente attribuisce poteri maggiori che al suo santo figliolo.

ERASMO DA ROTTERDAM, *Elogio della follia*, Giunti, Milano-Firenze 2006, pp. 72-74, trad. it. di A. CORBELLA ORTALLI

DOCUMENTI

La dignità dell'uomo

Secondo Giovanni Pico della Mirandola, l'uomo è una creatura intermedia tra gli angeli e gli animali. A differenza di questi, l'uomo è un essere dalla natura indeterminata: lui stesso, con la sua intelligenza e la sua libertà, può costruirsi il proprio destino.

↑ Giovanni Pico della Mirandola, ritratto del XV secolo (Firenze, Galleria degli Uffizi).

Stabilì finalmente l'ottimo artefice [Dio, *n.d.r.*] che [all'uomo, *n.d.r.*] fosse comune tutto ciò che aveva singolarmente assegnato agli altri [alle creature celesti e agli animali, *n.d.r.*]. Perciò accolse l'uomo come opera di natura indefinita e postolo nel cuore del mondo così gli parlò: «Non ti ho dato, o Adamo, né un posto determinato, né un aspetto proprio, né alcuna prerogativa tua, perché quel posto, quell'aspetto, quelle prerogative che tu desidererai, tutto secondo il tuo voto e il tuo consiglio ottenga e conservi. La natura limitata degli altri è contenuta entro leggi da me prescritte. Tu te la determinerai da nessuna barriera costretto, secondo il tuo arbitrio, alla cui potestà ti consegnai. Ti posi nel mezzo del mondo perché di là meglio tu scorgessi tutto ciò che è nel mondo. Non ti ho fatto né celeste né terreno, né mortale né immortale, perché di te stesso quasi libero e sovrano artefice ti plasmassi e ti scolpissi nella forma che avresti prescelto. Tu potrai degenerare nelle cose inferiori che sono i bruti; tu potrai, secondo il tuo volere, rigenerarti nelle cose superiori che sono divine».

E. CECCHI, N. SAPEGNO, *Storia della Letteratura italiana*, vol. III, Garzanti, Milano 1966, p. 310, trad. it. E. GARIN

ANALIZZA IL TESTO

→ Secondo Pico della Mirandola, che cosa distingue l'uomo da tutte le altre creature dell'universo?

→ Che cosa intende affermare Pico, dicendo che l'uomo è «quasi libero e sovrano artefice» di se stesso?

1.2 La teologia di Lutero: debolezza dell'uomo e *sola fede*

> **VEDI** Immagine negativa di Dio → pag. 161

Martin Lutero, nato il 10 novembre 1483 a Eisleben, in Sassonia (Germania), entrò in convento nel 1505, con lo scopo di evitare il mondo e i suoi pericoli. Egli intendeva concentrarsi esclusivamente sulla vita spirituale, dedicandosi alla preghiera e alla meditazione, fiducioso nella certezza della salvezza eterna. Ma, più di altri suoi contemporanei, il giovane Lutero aveva assorbito la concezione negativa e terribile del divino che si era affermata a partire dalla metà del XIV secolo: «Impallidivamo alla semplice pronuncia del nome di Cristo, perché ci era sempre stato presentato unicamente come un giudice severo, in collera con noi. Ci veniva detto che, al momento del giudizio finale, ci avrebbe chiesto conto dei nostri peccati, delle nostre penitenze, delle nostre opere. E dal momento che non ci era possibile pentirci abbastanza e fare opere sufficienti, in noi restavano soltanto, ahimè, il terrore e lo spavento». Quindi, per quanto moltiplicasse i propri sforzi per essere un buon monaco, Lutero percepiva se stesso come perennemente in debito nei confronti di Dio, al punto da convincersi di essere senz'altro **destinato alla dannazione eterna**.

Generalizzando la propria angosciosa esperienza personale, Lutero si persuase che nessun uomo era in grado, con le sue forze, di raggiungere il paradiso. La tormentata vicenda spirituale del giovane Lutero ci appare quella tipica di un cristiano tardomedievale che, educato a considerare **Dio** prima di tutto come un **giudice terribile**, approda alla più logica e coerente delle conclusioni: **agli occhi di Dio, nessuno può essere giusto**; da

↑ Lucas Cranach il Vecchio, *Adamo ed Eva*, 1526 (Londra, Courtauld Institute Galleries).

Lui, gli uomini devono aspettarsi solo il castigo dei loro peccati: già puniti in Terra grazie alla peste, alla guerra o alla carestia, dopo la morte saranno colpiti ancora più pesantemente, per mezzo delle eterne sofferenze infernali.

Nel 1512, Lutero divenne professore di Sacra Scrittura all'università di Wittenberg, in Sassonia; incaricato di tenere, negli anni 1515-1516, un corso sulla *Lettera ai Romani* dell'apostolo Paolo, trovò finalmente in essa la risposta al suo dramma angoscioso. In quello scritto neotestamentario, innanzitutto Lutero trovò espresso un **pessimismo antropologico** (cioè una visione amara e negativa dell'essere umano) del tutto simile a quello che personalmente aveva maturato. Paolo, infatti, scriveva: «Io so che in me, cioè nella mia carne, non abita il bene; c'è in me il desiderio del bene, ma non la capacità di attuarlo; infatti, io non compio il bene che voglio, ma il male che non voglio. Ora, se faccio quello che non voglio, non sono più io a farlo, ma il peccato che abita in me» (Rom. 7, 18-20). Proprio in questa **irresistibile tendenza verso il male** consiste, per Lutero, **l'eredità del peccato originale**, che ha completamente cancellato nell'uomo ogni capacità di attuare il bene, lo costringe a commettere solo azioni malvagie e gli impedisce di rispettare i comandi di Dio.

Eppure, nel momento stesso in cui smascherava come illusoria e assurda ogni pretesa di giungere con le sole forze umane alla salvezza ultraterrena, Paolo offriva pure un consolante annunzio liberatorio: la cosiddetta **giustificazione mediante la sola fede**.

Chiariamo subito che il termine *giustificazione* indica l'azione del *trattare qualcuno da giusto*: a proposito del destino ultraterreno dell'anima, l'espressione indica pertanto il fatto della salvezza eterna. Per Paolo (e per Lutero), *essere giustificati* (= essere trattati come giusti = essere salvati) da Dio sulla base dei propri meriti, delle proprie opere buone, è assolutamente impossibile, visto che – come già abbiamo detto – gli uomini tendono fin dalla nascita solo verso il male.

Tuttavia, la sorte dell'umanità non è la dannazione generalizzata; infatti, come Paolo annuncia in numerosi passi della *Lettera ai Romani*, la croce di Cristo ha cancellato le conseguenze del peccato, nel senso che il castigo per il peccato stesso si è integralmente riversato sul Figlio di Dio crocefisso.

Di conseguenza, **Dio ci tratta da giusti, ci giustifica, ci salva, anche se siamo peccatori**, mentre l'uomo, per aver parte a questa salvezza gratuitamente donata, deve solo aver fede nel fatto che il crocefisso l'ha salvato, prendendo su di sé la punizione per il peccato compiuto in tutti i tempi e in tutti i luoghi. Secondo Lutero, la giustificazione (cioè la possibilità di accedere al paradiso) non era il frutto di un formidabile sforzo, come pensavano erroneamente, confidando con orgoglio nelle proprie energie, i monaci che si rifugiavano in monastero e fuggivano le tentazioni del mondo. All'opposto, per il professore di Wittenberg, la **salvezza è un dono**, da accogliere con gratitudine e con fiducia, in una parola con *fede*.

LE PAROLE

Pessimismo antropologico

Lutero, come Machiavelli e numerosi altri intellettuali del Cinquecento e del Seicento, esprime un giudizio amaro e negativo sull'animo umano: tale concezione prende il nome di *pessimismo antropologico*. Secondo loro, gli esseri umani sarebbero istintivamente portati a peccare, a curare solo i propri interessi, a violare i beni e la vita del prossimo. Lutero si ispirò direttamente al pensiero di sant'Agostino, il quale sosteneva che gli uomini erano più inclini al male che al bene a causa del peccato originale, e come lui insisté sulla necessità del perdono divino, senza il quale nessun uomo potrebbe ottenere la salvezza eterna. Machiavelli era interessato solo alle vicende terrene: il suo pessimismo antropologico lo spinse a consigliare ai principi di essere astuti come volpi e brutali come leoni, proprio perché chiamati a rapportarsi con esseri come gli uomini che, in genere, sono cattivi, malvagi ed egoisti.

1.3 Purgatorio, indulgenze e papato: le polemiche di Lutero

Alla luce della dottrina secondo cui l'uomo si salva *mediante la sola fede* e non per le sue azioni, appariva assurda l'idea che l'anima dovesse subire un processo di purificazione in purgatorio: infatti, non aveva senso pensare che Dio donasse la salvezza all'uomo, anche se peccatore, ma poi lo costringesse a un periodo di purificazione prima dell'ingresso in Cielo.

RIFERIMENTO STORIOGRAFICO 1
Propaganda anticlericale e uso delle immagini nei primi anni della Riforma
→ pag. 360

Il rifiuto di ogni cooperazione dell'uomo alla propria salvezza, unito alla cancellazione di fatto dell'idea di un processo ultraterreno di *purgazione*, fece sì che il primo bersaglio della teologia luterana diventassero le **indulgenze**, le quali – invece – erano proprio opere buone compiute con lo scopo di abbreviare il soggiorno in purgatorio di se stessi (dopo la morte) o di un defunto. Già nel 1516, pertanto, Lutero scriveva: «Voi mi direte: "La contrizione [pentimento, *n.d.r.*] perfetta abolisce ogni pena. Le indulgenze, allora, a cosa servono? L'anima perfettamente contrita vola subito in cielo…" Io vi rispondo: "Vi confesso la mia ignoranza… Sì, **l'anima perfettamente contrita è salva senza indulgenze**; e tutte le indulgenze di questo mondo non salvano l'anima imperfettamente contrita. A che servono, già, le indulgenze?"».

> Le 95 tesi sulle indulgenze

Nell'ottobre 1517, Lutero espose organicamente e divulgò le proprie opinioni sulle indulgenze mediante un breve testo contenente **95 tesi**, cioè affermazioni, **che Lutero invitava** i suoi colleghi teologi **a discutere nel corso di un pubblico dibattito**. Il concetto centrale di quell'opuscolo può essere individuato nell'idea secondo la quale le indulgenze avevano acquistato un ruolo spropositato nella dottrina e nella vita della Chiesa, finendo per offuscare quello che invece è il vero tesoro della Chiesa stessa: l'*evangelo*, il *lieto annuncio* della morte salvifica di Cristo.

> VEDI
Il papato e le indulgenze
→ pag. 163

La contestazione di Lutero non riguardava il modo in cui le indulgenze venivano dispensate dalla Chiesa, ma il **concetto stesso di indulgenza** in sé e per sé. Certo, Lutero sapeva che il mezzo più diffuso per ottenere un'indulgenza era ai suoi tempi (insieme alla venerazione delle reliquie dei santi e alla celebrazione di messe) il versamento di una somma di denaro alla Chiesa, così come non ignorava che il ricavato delle cosiddette

→ Hans Holbein il Giovane, *Vendita delle indulgenze*, incisione del XVI secolo (Basilea, Kunstmuseum).

LE PAROLE

Vendite di indulgenze

Le indulgenze erano azioni che garantivano la cancellazione totale o parziale del soggiorno in purgatorio. Potevano essere ottenute con preghiere o atti di devozione, oppure acquistate offrendo denaro alla Chiesa. In questo ultimo caso, si parla di "vendita delle indulgenze". In Germania le indulgenze furono oggetto di vendita dal 1515, quando Alberto di Hohenzollern, già titolare di due vescovati, si candidò per l'arcivescovato di Magonza. Poiché non era possibile detenere più cariche vescovili, Alberto dovette ottenere un permesso speciale da papa Leone X, dopo il versamento di una cospicua somma di denaro, prestatagli dai banchieri Fugger. Per rientrare della spesa, Alberto ricevette dal papa l'appalto per la vendita delle indulgenze in Germania. Con il ricavato di tale vendita, l'arcivescovo di Magonza in parte finanziava la costruzione della basilica di San Pietro a Roma e in parte restituiva il prestito ai Fugger.

vendite di indulgenze era spesso utilizzato, dalle autorità ecclesiastiche e dal papato, per arruolare eserciti o per costruire chiese e palazzi sempre più splendidi. Eppure, al riformatore tedesco non interessavano questi aspetti (in fondo marginali) del fenomeno delle indulgenze. «Altri – diceva Lutero pensando, ad esempio, a Erasmo da Rotterdam – hanno attaccato la vita; io attacco la dottrina». E in effetti, come ha giustamente osservato R. H. Bainton, «l'oggetto dei suoi attacchi non furono le deformazioni del cattolicesimo medievale, ma il cattolicesimo stesso, considerato come una deformazione del Vangelo».

> Contro il cattolicesimo stesso

Ricordiamo che, **a partire dal giubileo del 1300, la dottrina cattolica relativa alle indulgenze si era strettamente collegata con il papato**: a partire dal XIV secolo, colpire la prima significava entrare in contrasto con l'autorità del secondo. Pertanto, fin dal 1518 a Lutero fu contestato che le sue affermazioni radicali circa le indulgenze mettevano in dubbio la dottrina elaborata dal vescovo di Roma e dai concili. D'altra parte, poiché la teologia della giustificazione (su cui il teologo tedesco fondava le sue critiche) era attestata nel Nuovo Testamento in modo chiaro e inequivocabile, Lutero ben presto – chiamato a **scegliere tra la Sacra Scrittura e il papato** – scelse la Bibbia.

DOCUMENTI

Le *tesi* sulle indulgenze

Lutero scrisse le *tesi* sulle indulgenze nel 1517. Una tradizione diffusa (ma non accertata) sostiene che il giovane professore avrebbe attaccato il testo sulle porte della cattedrale di Wittenberg.

Tesi per chiarire l'efficacia delle indulgenze

Per amore e zelo di elucidare la verità le tesi sotto scritte saranno discusse a Wittenberg, sotto la presidenza del R.P. Martin Lutero, Maestro delle Arti e della sacra Teologia [...]. Per quale ragione egli prega coloro che non possono discutere verbalmente di presenza con noi [alla diretta presenza di Lutero, *n.d.r.*], di farlo per iscritto. Nel nome del nostro Signore Gesù Cristo. Amen. [...]

32. Saranno dannati eternamente con i loro maestri coloro che per mezzo delle lettere di indulgenza credono di essere sicuri della salvezza.

33. Sono specialmente da evitare coloro che dicono che quelle indulgenze del papa sono quel dono inestimabile, per il quale l'uomo viene riconciliato con Dio. [...]

35. Predicano una dottrina non cristiana quelli che insegnano, che a coloro che redimeranno anime o compreranno lettere confessionali non sia necessaria la contrizione.

36. Qualunque cristiano veramente pentito ha la remissione plenaria dalla pena e dalla colpa che gli è dovuta, anche senza lettere di indulgenza. [...]

52. Vana è la fiducia per la salvezza per mezzo delle lettere di indulgenza, anche se un commissario, anzi il papa stesso desse in pegno per esse l'anima sua.

53. Nemici di Cristo e del papa sono coloro i quali, affinché si possano predicare le indulgenze, ordinano che taccia interamente la parola di Dio nelle altre chiese.

54. Si fa offesa alla parola di Dio, quando in una stessa predica si dedica alle indulgenze un tempo eguale o maggiore che ad essa. [...]

62. Il vero tesoro della Chiesa è il sacrosanto Evangelo della gloria e della grazia di Dio.

M. LUTERO, *Scritti religiosi*, a cura di V. VINAY, UTET, Torino 1978, pp. 171-174

ANALIZZA IL TESTO

→ Quale atteggiamento spirituale è ben più importante delle indulgenze, secondo Lutero, per la salvezza?

1.4 Il principio della *sola Scrittura*, per riformare la Chiesa

Guardiamo la storia
Katharina von Bora, la moglie di Lutero

Oltre alla *giustificazione mediante la sola fede*, l'altro principio chiave della dottrina di Lutero è quello della *sola Scrittura*, emerso dal grande dibattito degli anni 1518-1521. Con questo principio, il teologo tedesco intendeva sostenere che **l'unica fonte valida per la costruzione della dottrina cristiana** e per l'azione della Chiesa **era la Bibbia**; al contrario, tutto ciò che non era menzionato nel Nuovo Testamento, sebbene approvato dal papa e dai concili, andava rifiutato.

> La Chiesa apostolica come modello

Secondo Lutero il modello insuperabile, rappresentato dalla Chiesa delle origini, era stato deformato dalle numerose aggiunte umane, affermatesi nella storia del cristianesimo, privando del suo splendore originario la fede cristiana degli apostoli. Pertanto, applicando il principio della *sola Scrittura* occorreva procedere alla *riforma* della Chiesa, cioè **ripulire la dottrina cristiana da tutte le incrostazioni storiche** che l'avevano rovinata e allontanata dalla fede dei primi seguaci di Cristo.

> Rifiuto del papato

Procedendo già, di fatto, su questa linea, Lutero aveva fin dall'inizio **rifiutato le indulgenze e lo stesso purgatorio**. Entrato in contrasto con Roma, il riformatore tedesco sostenne con fermezza che le rivendicazioni di supremazia del papato all'interno della Chiesa non erano sostenibili sulla base della Sacra Scrittura. Con la stessa motivazione, Lutero rifiutò ogni valore al **sacramento dell'ordine**, su cui poggia la

Le differenze tra dottrina luterana e cattolicesimo

Schema proiettabile

	MARTIN LUTERO	CHIESA CATTOLICA
SALVEZZA	La salvezza è un dono divino (sola fede)	La salvezza va cercata con grande sforzo
INDULGENZE	Contrario	Favorevole
BIBBIA	La Bibbia è l'unica fonte della dottrina cristiana (*sola Scrittura*)	La Bibbia è una delle fonti della dottrina cristiana
PURGATORIO	Non esiste	Esiste
SACERDOZIO	Ogni cristiano può porsi in contatto diretto e immediato con Dio	I sacerdoti sono il tramite tra gli uomini e Dio
CULTO DEI SANTI E DI MARIA	Contrario	Favorevole
SACRAMENTI	Battesimo ed eucaristia	Battesimo, eucaristia, cresima, penitenza, ordine, matrimonio ed estrema unzione

↑ Lucas Cranach il Vecchio, *Allegoria della legge e della grazia*, post 1529 (Norimberga, Germanisches Nationalmuseum).

distinzione dei credenti tra sacerdoti e laici (gli unici due sacramenti accettati dal teologo tedesco erano il battesimo e l'eucaristia, perché istituiti da Gesù come racconta il Vangelo). Al contrario, fin dal 1519 Lutero fece propria la tesi secondo cui **ogni cristiano** – in virtù del battesimo – è sacerdote di se stesso, nel senso che può porsi in **contatto diretto e immediato con Dio**.

Una simile impostazione rendeva del tutto **inutile anche la mediazione dei santi e della Vergine**, così importante nella religiosità tardomedievale, mentre non lasciava alcuno spazio all'idea cattolica che vede nella Chiesa un'autorità che s'interpone e media tra il singolo credente e Dio. «La vera Chiesa diventa così niente più che un'invisibile *congregatio fidelium*, una congregazione di fedeli riunita nel nome di Dio. La preoccupazione principale di Lutero è di ribadire la sua fede nell'abilità di ogni singola anima di stabilire un rapporto con Dio senza intermediari. Il risultato è che in tutta la sua ecclesiologia [concezione della Chiesa, *n.d.r.*], come pure nella sua teologia, siamo continuamente ricondotti alla figura centrale del singolo cristiano ed alla sua fede nella grazia redentrice di Dio» (Q. Skinner).

DOCUMENTI

Il ripudio del sacramento dell'ordine

La definitiva rottura con la Chiesa di Roma avvenne quando Lutero rifiutò tutte le dottrine e i riti che, a suo giudizio, non erano esplicitamente presenti nel Nuovo Testamento. Applicando questo principio, egli propose di abolire il sacramento dell'ordine e la distinzione tra sacerdoti e laici.

La Chiesa di Cristo ignora questo sacramento inventato dalla Chiesa del papa: infatti non solo non contiene alcuna promessa di grazia, ma tutto il Nuovo Testamento non ne fa cenno neppure con una parola. È ridicolo considerare sacramento quello che non si può dimostrare istituito da Dio. Non che io pensi doversi condannare un rito celebrato da tanti secoli, ma non vorrei che nelle cose sacre si introducessero invenzioni umane e non vorrei che fosse permesso dichiarare istituito da Dio ciò che Dio non ha ordinato, per non riuscire ridicoli agli avversari. Vorrei che fosse ben chiaro e fondato sulla S. Scrittura ciò che riteniamo articolo di fede, il che non possiamo affermare neppur lontanamente per il sacramento in questione.
La Chiesa non ha facoltà di stabilire nuove promesse di grazia, come pretendono alcuni, per i quali non avrebbe minore autorità ciò che la Chiesa ha stabilito di quanto Dio ha voluto, essendo la Chiesa ispirata dallo Spirito Santo. La Chiesa trae origine dalla promessa di Dio completata dalla fede e dalla medesima è alimentata e mantenuta, cioè è sostenuta dalle promesse di Dio, non viceversa. La parola di Dio sta sopra la Chiesa, ed in essa nessuna creatura può decidere, ordinare, fare, ma essa stessa è governata, retta, creata [dalla parola di Dio, dalla Bibbia, *n.d.r.*].

M. LUTERO, *La cattività babilonese della Chiesa*, in *Scritti politici*, UTET, Torino 1978, p. 328, trad. it. G. PANZIERI SAIJA

analizza il testo

→ Con quale argomento Lutero sostiene che il sacramento dell'ordine non è stato «istituito da Dio»?

→ A quale istituzione si riferisce Lutero, quando afferma che, nella Chiesa, «nessuna creatura può decidere, ordinare, fare», perché la Chiesa stessa è subordinata alla parola di Dio?

zoom

Lutero: un uomo moderno?

Lutero e Machiavelli

Definire Lutero un *uomo moderno* è decisamente problematico. Il contrasto appare immediatamente chiaro non appena confrontiamo il riformatore tedesco con il suo contemporaneo Niccolò Machiavelli, di cui abbiamo parlato nell'unità precedente. L'autore del *Principe* ragiona in termini esclusivamente terreni, mondani: il suo orizzonte di riferimento **non si cura più dell'aldilà e delle conseguenze ultraterrene dell'agire politico umano**. Inoltre, per quanto il ***pessimismo antropologico*** del segretario fiorentino sia molto simile alla concezione negativa che anche Lutero possiede dell'essere umano, nelle sue opere Machiavelli insiste anche sul fatto che l'uomo è dotato di *virtù*, cioè di una straordinaria ***abilità***, capacità di affrontare vittoriosamente persino le situazioni più difficili. Al contrario, come la maggior parte degli uomini del Medioevo, la principale preoccupazione di Lutero è la salvezza eterna, mentre sulla ragione umana arrivò a esprimere giudizi sprezzanti e durissimi, decisamente ***antiumanistici***.

La critica al papato

Ciò nonostante, su altre e non meno importanti questioni emerge che **Lutero e la Riforma** rappresentarono una **radicale novità, rispetto al Medioevo**. L'ambito da prendere in considerazione riguarda il **ruolo del papato**. È vero che Dante, nella *Commedia*, si esprime in modo durissimo nei confronti della linea intrapresa da Gregorio VII, Innocenzo III e Bonifacio VIII. A suo giudizio, la *concezione ierocratica* di cui quei pontefici furono i banditori e i sostenitori non era conforme alla volontà di Dio, che avrebbe voluto una Chiesa povera, priva di beni terreni e del tutto aliena dal peccato di *cupidigia*.

Per questo motivo, Dante non esita a collocare numerosi pontefici all'inferno, tra i simoniaci, che nella terza bolgia del cerchio VIII sono conficcati in buche rotonde a testa in giù, mentre una fiamma percorre le piante dei piedi dalle dita ai calcagni. Inoltre, Dante lascia intendere con chiarezza che quella sarà anche la sorte eterna che attende Bonifacio VIII. Eppure, per Dante, il papato è in sé un'istituzione benefica, voluta e istituita da Dio per guidare l'umanità alla salvezza eterna. Anche nel Medioevo vi furono **vari gruppi eretici che negavano l'autorità del papato**, ma fino alla Riforma si trattò di gruppi **minoritari** e **marginali**.

A partire dal 1517, un numero crescente di sovrani europei e, più in generale, di cristiani rifiutò in modo completo e totale l'istituzione stessa del papato, ritenendola (come minimo) un soggetto puramente umano, inferiore al Concilio e, a maggior ragione, alla Sacra Scrittura. Infine, lo scontro si fece talmente acuto che la maggioranza dei seguaci dei Riformatori giunse a definire il papato come un'istituzione diabolica.

Un nuovo assetto per l'Europa

Il risultato fu uno scenario politico-religioso del tutto diverso da quello medievale (molto differente perfino da quello del tempo del *Grande scisma d'Occidente*, allorché due o più pontefici si disputarono la supremazia nel mondo latino): a fronte di un'Europa religiosamente unita, in cui tutti guardavano con rispetto o devozione al vescovo di Roma, si sostituì la moderna situazione di un **continente diviso in diverse e concorrenziali confessioni religiose**. In linea di massima, il **Sud dell'Europa** (o meglio, il mondo che nell'antichità aveva vissuto un intenso e capillare processo di romanizzazione) **rimase cattolico**, mentre il **Nord** (Germania, Inghilterra, Olanda, Danimarca, Svezia) **abbandonò Roma e il papato**.

Questo primo radicale contrasto *istituzionale* provocò una serie ulteriore di importantissime differenze e sfumature tra i due mondi. Il Nord si abituò sempre più a una religione austera, fatta principalmente di meditazione personale sulla Bibbia; nel mondo cattolico, invece, fino a tempi recenti la spiritualità fu legata ai sacramenti, alla devozione mariana e alla venerazione dei santi, ben più che alla Sacra Scrittura. A livello architettonico e artistico, infine, mentre le città dell'Europa meridionale si arricchirono di chiese costruite in uno stile altisonante e imponente (il cosiddetto *barocco*), nel mondo protestante il vero centro della fede si spostò nella coscienza del singolo, chiamato a confrontarsi costantemente e personalmente con Dio.

← Ritratto di Martin Lutero, dipinto del 1525 (Basilea, Kunstmuseum).

1.5 Lutero, successi popolari e lotte politiche

PAPA LEONE X

La Chiesa non tardò a prendere una netta posizione nei confronti di Lutero: il 15 giugno 1520 venne emanata la bolla *Exurge Domine*, che scomunicava il riformatore tedesco. In tutta risposta, Lutero bruciò pubblicamente il documento papale che gli notificava la scomunica; poi, nel 1521, affermò senza mezzi termini che il papato, oltre a non avere fondamento nella Parola di Dio, era un'istituzione diabolica, l'Anticristo incarnato, lo strumento con cui il demonio agiva nel mondo.

> **Lutero di fronte alla Dieta imperiale**

La condanna venne anche dall'autorità politica: il 18 aprile 1521 Lutero fu convocato davanti alla *Dieta* (l'assemblea dei principi tedeschi, presieduta dall'imperatore) riunita a **Worms**, perché ripudiasse pubblicamente le sue affermazioni eretiche. Ma Lutero, all'opposto, di fronte all'imperatore Carlo V pronunciò le seguenti parole: «A meno che mi si persuada con la Scrittura e il piano raziocinio (l'autorità del papa e dei concili io non l'accetto, perché si sono contraddetti a vicenda) la mia coscienza è vincolata alla parola di Dio e io non posso né voglio sconfessare nulla: andare contro coscienza non è infatti cosa giusta né prudente. Dio m'aiuti. Amen».

A quel punto Lutero – **scomunicato dalla Chiesa e bandito dall'Impero** – era un fuorilegge, che chiunque doveva denunciare alla giustizia e, al limite, poteva uccidere con le sue mani.

> **Il sostegno dei principi**

Se la sua sorte fu diversa da quella di tanti dissidenti che, nel Medioevo, erano finiti sul rogo, lo si deve al seguito che le sue idee, nel frattempo, avevano suscitato in tutta la Germania e nell'Europa intera. Tale successo si spiega in primo luogo con l'esistenza di un nuovo mezzo di comunicazione: la **stampa a caratteri mobili**, introdotta nel 1452-1453, a Magonza, da **Giovanni Gutenberg**. Fin dal 1520, Lutero aveva potuto diffondere in tutto il Paese i suoi scritti politico-religiosi più importanti: *Alla nobiltà cristiana della nazione tedesca* (in agosto), *La cattività babilonese della Chiesa* (in ottobre) e *La libertà del cristiano* (in novembre).

In secondo luogo, diversi principi tedeschi si schierarono con Lutero per prendere le distanze dall'imperatore, rafforzare la propria posizione di autonomia e, ben presto, anche per impadronirsi dei beni della Chiesa. Fu una tale motivazione politica ed economica che spinse il principe elettore Federico III di Sassonia (dopo il *bando* di Worms) a proteggere Lutero in uno dei suoi castelli. Qui, negli anni 1521-1522, Lutero procedette alla **traduzione della Bibbia in tedesco**, in modo che ogni cristiano, personalmente, potesse entrare in **contatto diretto con la Parola di Dio** che gli annunciava il vangelo della misericordia di Dio e della *giustificazione mediante la sola fede*. Nel messaggio teologico paolino va cercata la chiave del successo di Lutero: egli era riuscito a trovare **una risposta appagante e biblicamente fondata al problema della salvezza eterna**, interrogativo che angustiava allora migliaia di cristiani.

↑ Frontespizio della Bibbia nella traduzione di Martin Lutero, Wittenberg, 1534. Il motto in cima al frontespizio recita: «La Parola di Dio dura in eterno».

I PERSONAGGI

Giovanni Gutenberg

Johann Gensfleisch, detto Gutenberg (1400 ca.-1468), era un orafo tedesco di Magonza, che intorno alla metà del XV secolo riuscì a mettere a punto un sistema di stampa a caratteri mobili. Gutenberg costruì dei "cubetti" di metallo su ognuno dei quali scolpì le lettere dell'alfabeto, i numeri e i segni di punteggiatura. Questi caratteri venivano disposti su un telaio uno accanto all'altro sino a formare una parola, poi una frase e un intero testo; quando la pagina da stampare era completa, veniva imbevuta di inchiostro e coperta con un foglio bianco, poi pressato con il torchio fino a riportarne i segni. La tecnica permetteva di stampare un gran numero di copie identiche dello stesso volume e quindi di diminuirne il costo, cosicché i libri divennero accessibili a migliaia di persone. Il primo libro a essere stampato per intero fu la Bibbia, nel 1455.

UN MONDO LONTANO, DIVERSO DAL NOSTRO

Libri di parole e di figure

I primi tempi della stampa

1 Un'invenzione rivoluzionaria e inarrestabile

↓ Pagina della Bibbia stampata da Gutenberg, 1450-1455.

Intorno al 1445, comparve la Bibbia di Gutenberg, il primo libro stampato con caratteri mobili. Rispetto al Medioevo, si tratta di una vera rivoluzione, e non a caso lo storico italiano Carlo Ginzburg **collega insieme l'invenzione della stampa e la Riforma**: «Le gigantesche rotture determinate dalla fine del monopolio dei dotti sulla cultura scritta e del monopolio dei chierici sulle questioni religiose crearono una situazione nuova e potenzialmente esplosiva». In effetti, mentre in precedenza un libro poteva circolare solo in versione manoscritta, a partire dalla fine del Quattrocento la stampa permise una circolazione decisamente più rapida e ampia di qualsiasi opera. Alla fine del XV secolo, erano attivi a Venezia oltre 200 tipografi, che avevano ormai pubblicato 5000 titoli. Alla fine del XVI secolo, **la Chiesa cattolica si illuse di poter controllare questa attività**, ma non si rese conto del fatto che un'operazione di censura su larga scala era di fatto impossibile. L'editoria veneziana introdusse poi un'ulteriore importante novità: la **xilografia**, che permetteva di **stampare figure incise su matrici di legno**, in rilievo, come i caratteri mobili usati per le parole. Nel 1472, fu pubblicato il

De re militari, di Roberto Valturio, il primo libro tecnico illustrato stampato in Europa. Da quel momento, nei libri, **testo e immagine** presero a integrarsi reciprocamente.

2 I primi successi editoriali

Stampare un libro era comunque un'impresa complessa e costosa. Il testo doveva ancora essere scritto interamente a mano dall'autore; il tipografo (servendosi di un numero elevatissimo di piccoli cubetti di metallo, su cui era stato inciso un *carattere*, cioè una lettera dell'alfabeto, realizzata a rovescio) ***componeva* la pagina**, che poi veniva inchiostrata; infine, la stampa vera e propria avveniva per mezzo di **un torchio**, che **schiacciava i caratteri su un foglio di carta**. Le tirature potevano essere anche abbastanza elevate: fra il 1517 e il 1520, le trenta opere scritte da Lutero furono diffuse in circa 300 000 copie. Si tenga presente, tuttavia, che nel dicembre 1517 furono almeno tre, in tre diverse città tedesche, gli editori che pubblicarono le tesi sulle indulgenze. Siamo naturalmente molto lontani dai *best seller* dei nostri tempi; eppure, sorprende ancora sapere che il libretto di Lutero *Alla nobiltà cristiana della nazione tedesca*, nella sua prima edizione, vendette **4000 copie in cinque giorni** (tra il 18 e il 23 agosto 1520). Tra gli artisti tedeschi, misero il loro talento a servizio della Riforma **Albrecht Dürer** e **Lucas Cranach**. Quest'ultimo, nel 1521, subito dopo la condanna di Lutero da parte di Carlo V, realizzò una serie di incisioni, in cui metteva a confronto la vita di Cristo con il dissoluto e corrotto comportamento di papa Leone X. Quando le xilografie furono raccolte in volume (intitolato *Antitesi figurata della vita di Cristo e dell'Anticristo*), l'opera – di fatto accessibile a tutti, analfabeti compresi – ebbe un clamoroso successo: la versione in cui le immagini erano accompagnate da testi in tedesco ebbe dieci edizioni in cinque anni.

↑ Albrecht Dürer, *Il figliol prodigo*, 1496-1497, incisione, Karlsruhe (Baden-Württenberg, Germania), Staatliche Kunsthalle, Kupferstichkabinett.

← Lucas Cranach il Vecchio, *Il papa è mandato all'inferno*, 1521, incisione su legno. Illustrazione tratta dall'*Antitesi figurata della vita di Cristo e dell'Anticristo*.

1.6 Lutero con i principi, contro i contadini

Il legame di Lutero con i numerosi principi che lo sostenevano nello scontro con l'imperatore, e che si erano schierati dalla parte della Riforma, venne rafforzato dallo scoppio di una violenta rivolta contadina nel 1525.

I contadini si ribellarono ai signori, perché i nobili imponevano loro condizioni di vita sempre più gravose; in un **programma articolato in 12 punti**, i ribelli chiesero che venissero restituiti ai villaggi i boschi e i pascoli comuni confiscati dai nobili, che fosse abolito il diritto signorile a entrare in possesso dei beni di un contadino dopo la sua morte e che fossero posti regole e limiti precisi alle prestazioni di lavoro e ai tributi richiesti dai padroni dei campi. In sintesi, si potrebbe dire che **i contadini chiedevano di essere trattati da uomini liberi, e non da servi**.

← Un vescovo cattolico percosso da due contadini a seguito del diffondersi nei territori tedeschi della Riforma luterana. Incisione del 1524-1525.

DOCUMENTI Lutero contro i contadini

Nel 1525, Lutero attaccò apertamente i contadini tedeschi che si erano ribellati ai principi. Il tono degli scritti in cui si scaglia contro gli insorti è sempre violento, appassionato, profetico: egli è convinto che i contadini ribelli siano servi del diavolo, che vuole rovesciare l'ordine istituito da Dio.

Un sedizioso non è degno che gli si risponda con ragionevolezza, tanto non capirebbe: con il pugno si deve rispondere a quegli zucconi, sì che il sangue gli coli dal naso. Anche i contadini non intendevano dare ascolto e addirittura non lasciavano parlare; allora si dovette stappar loro le orecchie con palle di schioppo, talché le teste saltarono in aria. Per scolari di tal sorta ci vuole una sferza di ugual fatta: chi non vuol ascoltare con le buone la parola di Dio ascolterà con le cattive il boia. [...] Ma ecco la Sua parola (Rom. XIII, 2): «Chi resiste all'ordine di Dio ne riceverà giudizio». Ora, perché anche S. Paolo qui non è misericordioso? Se dobbiamo predicare la parola di Dio, certo dobbiamo predicare quella che annuncia la Sua ira quanto quella che annunzia la Sua misericordia. Si deve predicare dell'inferno quanto del paradiso, e da ambo le parti aiutare a richiedere la parola, l'opera e il giudizio di Dio sopra i buoni e i malvagi, affinché i malvagi siano puniti e i buoni protetti. [...] La potestà della terra [il potere dello Stato, *n.d.r.*], che altro non è se non lo strumento dell'ira del Signore contro i malvagi, vero e proprio predecessore dell'inferno e della morte eterna, non dev'esser misericordiosa, ma severa, implacabile e adirata nel suo ufficio e nell'opera sua. I suoi attributi non sono un rosario o un fiorellino d'amore, ma una spada nuda; una spada però è il segno dell'ira, della severità e del castigo, né è rivolta altro che contro i malvagi; ad essi guarda per punirli e tenerli a freno ed in pace, a protezione e salvezza dei buoni. [...]

Pertanto, come già scrissi più volte, dico di nuovo: verso i contadini testardi, caparbi ed accecati, che non vogliono sentir ragioni, nessuno abbia un po' di compas-

analizza il testo

→ Quale comportamento devono tenere i principi nei confronti dei contadini, secondo Lutero?

→ Cita, tra le espressioni usate da Lutero, quelle che a tuo giudizio manifestano con più chiarezza l'opinione che egli aveva dei contadini ribelli.

RIFERIMENTO STORIOGRAFICO 2
I Dodici articoli dei contadini tedeschi: la rivoluzione dell'uomo comune
→ pag. 361

Tutte le rivendicazioni erano accompagnate da citazioni bibliche, a testimonianza del fatto che i contadini non volevano apparire come dei nemici dell'ordine, ma piuttosto come i difensori della legge di Dio contro gli abusi dei nobili. Forti di questa loro convinzione di avanzare richieste perfettamente conformi alla Sacra Scrittura, i contadini chiesero l'appoggio e il sostegno di **Lutero**; il riformatore, tuttavia, dapprima cercò di restare neutrale, poi si **schierò apertamente con i signori**. Anzi, a mano a mano che la rivolta si trasformava in guerra vera e propria, Lutero esortò i principi a combattere i ribelli con ogni mezzo, a massacrarli e a ucciderli senza pietà, come se fossero cani rabbiosi.

> Le ragioni della posizione di Lutero

L'esitazione iniziale a schierarsi con i contadini si spiega con il fatto che Lutero, pur riconoscendo in linea di principio la legittimità di alcune rivendicazioni dei ribelli, era ancora più consapevole che – per la riuscita della sua *Riforma* della Chiesa – il sostegno dei principi era indispensabile. I **toni violenti dell'appello al massacro**, invece, si capiscono non appena si tiene presente la concezione politica del riformatore tedesco: egli, infatti, era un convinto sostenitore della tesi (espressa dall'apostolo Paolo nella *Lettera ai Romani*) secondo cui l'**autorità di un sovrano proveniva da Dio**, che aveva concesso il potere ai principi affinché – in un mondo corrotto dal peccato – mantenessero l'ordine con la forza e imponessero con la spada il rispetto della Sua legge. **Ribellarsi all'autorità**, dunque, secondo Lutero voleva dire opporsi a Dio e alla Sua volontà: significava compiere un **gesto folle e demoniaco**, che andava represso con tutto il vigore possibile.

sione, ma percuota, ferisca, sgozzi, uccida come se fossero cani arrabbiati chiunque possa e comunque possa, e ciò per avere compassione di quanti furono rovinati, cacciati e traditi da costoro, affinché siano ristabilite la pace e la sicurezza. È assai meglio tagliare via un membro senza misericordia, piuttosto che tutto il corpo perisca per fuoco o altro morbo. Che te ne pare? Sono ancora un predicatore evangelico che predica la grazia e la misericordia? Ma se per te non lo sono, allora non c'è scampo, sei anche tu un sanguinario, un ribelle assassino, un distruttore del paese insieme ai tuoi contadini impazziti che vai adulando nella loro rivolta.

M. LUTERO, *Scritti politici*, UTET, Torino 1978, pp. 506-507, 511, 515, trad. it. G. PANZIERI SAIJA

← I contadini tedeschi in rivolta recano una bandiera su cui è dipinto Gesù crocifisso.

1.7 Thomas Müntzer

> La speranza di un intervento divino

Durante la rivolta del 1525, un consistente gruppo di ribelli trovò il proprio capo in Thomas Müntzer, un predicatore convinto che i **contadini** insorti contro i nobili fossero uno **strumento divino**: Dio si sarebbe servito di loro, per trasformare il mondo nel regno dell'eguaglianza e della giustizia, dopo l'eliminazione di tutti i malvagi.

In un primo tempo, Müntzer aveva cercato di convincere i nobili a trasformarsi in esecutori della giustizia di Dio: pertanto, aveva tenuto di fronte ai principi di Sassonia un lungo discorso, esortandoli a «sopprimere ed eliminare i malvagi che ostacolano l'evangelo». Analogamente, aveva cercato di convincere Lutero a schierarsi dalla parte dei contadini e ad appoggiare la loro rivolta. Infine, dopo la **rottura definitiva con i signori e con lo stesso Lutero** – chiamato «dottor Menzogna» e «ladro della Scrittura» – Müntzer esortò gli insorti a confidare nell'aiuto di Dio, a non lasciarsi spaventare dalla potenza dell'esercito dei principi e a ingaggiare subito la grande lotta purificatrice: «Anche quando foste solo in tre – scrisse il 26 aprile 1525, firmandosi: *Un servo di Dio contro gli empi* – che avete fiducia in Dio e cercate solo il suo nome e la sua gloria, non avrete paura di centomila! [...] Su, su, su, finché il fuoco arde. Non lasciate raffreddare la vostra spada, non lasciatela inerte! [...] Su, su, perché è giunto il vostro giorno. Iddio cammina davanti a voi, seguitelo, seguitelo»

↑ Ritratto di Thomas Müntzer.

La **battaglia di Frankenhausen** (15 maggio 1525) smentì le solenni promesse del profeta: le artiglierie dei principi, infatti, dispersero l'esercito dei contadini, 5000 dei quali restarono sul campo. Quanto a Thomas Müntzer, che venne fatto prigioniero, dopo essere stato torturato venne decapitato il 27 maggio 1525. Eppure neanche questa disfatta fu in grado di spegnere, in Germania, le **aspirazioni dei poveri**, desiderosi di un cambiamento che non investisse solo le istituzioni (la Chiesa e lo Stato), i sacramenti o la liturgia. Essi **desideravano** non solo la salvezza ultraterrena, ma anche mutamenti concreti, capaci di **rovesciare un ordine sociale ingiusto, inaccettabile, violento** e, proprio per questo, certamente condannato anche da Dio stesso.

GEOSTORIA

Le rivolte sociali in Germania

Carta proiettabile

→ La rivolta del 1525 si spiega come reazione al tentativo operato dai signori di trasformare in servi coloro che lavoravano sulle loro terre. Molti contadini pensavano che Dio avrebbe combattuto al loro fianco per sconfiggere i malvagi.

zoom

Gli anabattisti di Münster

Radicalità religiosa e rifiuto dello Stato

Negli anni Venti del Cinquecento, approfittando della confusione che la Riforma aveva provocato in Germania, si erano diffuse in vari centri urbani delle **idee molto più radicali di quelle di Lutero**; i sostenitori di questo orientamento furono chiamati dai loro nemici (sia cattolici sia protestanti) **anabattisti**, termine che, letteralmente, vuol dire *ribattezzatori*.

Questi gruppi respingevano la prassi del battesimo dei bambini, in vigore da secoli presso la Chiesa cattolica e mantenuta dalle Chiese protestanti; pertanto, chiunque decideva di entrare in una comunità anabattista si sottoponeva a un nuovo rito, il solo considerato capace di trasformare un individuo in seguace di Cristo. In un primo tempo, gli anabattisti si segnalarono per il loro **radicale rifiuto dello Stato e della violenza**. Poiché consideravano lo Stato come un'istituzione necessaria solo per gli ingiusti, in quanto veri cristiani pensavano di non dover avere alcuna relazione con l'autorità secolare: «Nessun anabattista doveva occupare una carica pubblica nello Stato, o invocare l'autorità di questo contro un altro anabattista o prestare giuramento o prendere le armi per conto dello Stato. Consideravano se stessi gli unici Eletti e le loro comunità le sole a beneficiare dell'immediata guida di Dio: piccole isole di rettitudine in un oceano di iniquità. La pratica del ribattezzamento, da cui l'anabattismo prendeva il nome, era soprattutto un mezzo per esprimere simbolicamente questa separazione dal mondo irredento» (N. Cohn). Respingendo il mondo (che, evidentemente, era il regno di Satana) essi volevano essere la vera Chiesa di Cristo, cioè dar vita a una comunità che – retta solo dall'amore – non conoscesse gerarchie di alcun genere.

Principi cattolici e protestanti uniti contro Münster

Quando tuttavia, nel 1534, un gruppo di anabattisti riuscì a controllare il Consiglio cittadino della città di Münster, il loro radicale desiderio di uguaglianza portò in breve tempo all'adozione di provvedimenti di tipo comunistico, cioè all'**eliminazione della proprietà privata**. Nel medesimo tempo, quegli individui si convinsero di essere stati investiti di una grande missione: Münster, per così dire, doveva diventare il prototipo e il modello della giusta ed equa organizzazione sociale che il mondo intero, di lì a poco, avrebbe dovuto assumere. D'altra parte, l'assunzione su se stessi di tale missione universale spinse gli anabattisti di Münster ad **abbandonare l'assoluta non violenza**, che fino ad allora era stata un tratto tipico del movimento, e a postulare la necessità di schiacciare con la forza tutti i malvagi che si fossero opposti alla **trasformazione del mondo in un paradiso** basato sulla giustizia e la fratellanza universale.

«Sull'avventura comunista di Münster – scrive Giorgio Spini – disponiamo solo di fonti di parte avversa, le quali tendono a mostrare che si trattò di un'orgia di crudeltà sanguinaria, di lussuria e di follia criminale. Però, il fascino che Münster esercitò su tanti neerlandesi e tedeschi prova che davvero la Nuova Gerusalemme si presentò come l'attesa incarnazione di istanze già circolanti largamente nel decennio precedente e identificate da colti e ignoranti innumerevoli come il bene per antonomasia». Verso Münster, in effetti, cominciarono ad affluire masse di diseredati sempre più consistenti, provenienti sia dalla Germania sia dai Paesi Bassi. Viceversa, la paura della diffusione delle idee anabattiste fra i propri sudditi spinse i **principi dell'impero tedesco** a intervenire militarmente: superando le differenze confessionali, **anche i signori protestanti** vennero in aiuto del vescovo di Münster che, dopo essere stato deposto, aveva circondato la città con il proprio esercito. Il **24 giugno 1535**, **Münster fu espugnata** dopo un lungo assedio e quanti non erano morti di fame vennero massacrati. I capi della rivolta che caddero nelle mani dei principi furono sadicamente torturati nelle piazze delle città circostanti, a titolo di ammonimento severo per tutti coloro che avessero voluto rilanciare in Germania sogni e progetti di tipo rivoluzionario.

↑ Albrecht Dürer, *I quattro cavalieri dell'Apocalisse*, incisione di fine XV secolo (Staatlichen Kunsthalle Karlsruhe). Gli anabattisti credevano che la fine del mondo e il giudizio universale fossero imminenti. Nell'immagine, i cavalieri irrompono con violenza sulle folle seminando distruzione e morte.

1.8 La Germania divisa: Carlo V contro i principi protestanti

> VEDI
La battaglia di Mohács
→ pag. 291

> I turchi a Vienna

La Riforma luterana fu un motivo di grande instabilità politica nell'impero di Carlo V, ma non fu il solo. A mettere in pericolo l'Europa era l'avanzata dell'impero ottomano. Dopo aver conquistato Belgrado nel 1521, il 29 agosto 1526, a Mohács (Ungheria), i turchi inflissero una pesante sconfitta all'esercito di Luigi, re d'Ungheria e di Boemia, il quale morì sul campo di battaglia. Mentre i turchi occupavano gran parte del territorio ungherese, i nobili boemi si affrettarono a eleggere come loro re Ferdinando d'Asburgo, fratello di Carlo V.

Nel **1529**, **l'esercito ottomano** giunse ad **assediare Vienna**, nel cuore dell'Europa cristiana e dei possedimenti di Carlo V. Per fermarli, all'imperatore sarebbero state indispensabili le forze e le risorse dell'intera Germania. Il Paese, però, era più diviso che mai a causa della Riforma, e i principi luterani cercavano di ottenere – in cambio del loro appoggio militare – la promessa imperiale che la nuova religione luterana sarebbe stata considerata pienamente legittima. A lungo, e inutilmente, **Carlo cercò di convincere il papa a convocare un concilio, per trovare un accordo** di compromesso teologico con i ribelli.

Nel 1529, si tenne a **Spira** una **Dieta imperiale** presieduta da Ferdinando, designato da Carlo a reggente in Germania. Anche se aveva bisogno del sostegno militare di tutti i principi contro i turchi, Ferdinando tentò ugualmente di imporre la propria autorità in campo religioso. Il risultato fu la *protesta* dei principi (il termine ***protestanti*** deriva da qui) del 19 aprile 1529. Seguendo il suggerimento del brandeburghese Giorgio Vogler, un gruppo di cinque principi e i delegati di 16 città dichiararono che «nelle materie riguardanti l'onore da rendere a Dio e la salvezza delle anime nostre, ciascuno deve stare solo in cospetto del Signore e a Lui rendere conto, sicché nessuno possa trovare giustificazioni in altrui maggiori o minori azioni o decreti». La spaccatura religiosa – fino a quel momento relativamente poco profonda e, a giudizio di molti, non irreversibile – a quel punto divenne realmente effettiva: a un gruppo di Stati i cui sovrani si appellavano alla tradizione (cioè alla Chiesa di Roma) si contrapponeva un altro complesso di entità (cittadine e principesche) che si richiamava alla *sola Scrittura*.

Presente l'imperatore, la **Dieta** del 1530 si tenne ad **Augusta**, verso la fine di giugno. In quella occasione, un gruppo di principi e città luterane consegnò all'imperatore una *confessione di fede*, stilata da Filippo Melantone (stretto collaboratore di Lutero). In essa, si ribadiva il **principio della**

← L'esercito ottomano assedia Vienna nel 1529 in una miniatura del tempo (Istanbul, Museo del Topkapi Sarayi).

giustificazione per sola fede, mentre venivano respinti il culto dei santi, le buone opere e i sacramenti (con la sola eccezione di battesimo ed eucaristia, esplicitamente citati nel Nuovo Testamento). Anche se il tono complessivo del documento era ancora conciliante, l'imperatore si sentì apertamente sfidato nella sua autorità, dal momento che essi non accettavano di sottomettersi, e anzi si irritò profondamente per il costante riferimento dei protestanti al Vangelo: «Intendete forse con ciò insinuare – sbottò pubblicamente Carlo – che io e le altre autorità dell'impero siamo avversari del Vangelo?». L'atto finale della Dieta di Augusta, emanato il 19 novembre, accusava i protestanti di aver distrutto ogni disciplina e il timor di Dio, e infine si concludeva con un ordine perentorio: **ai protestanti si intimava di tornare sulle proprie posizioni** entro il 15 aprile 1531. Come risposta, i più importanti principi protestanti tedeschi, insieme ad alcune tra le maggiori città che avevano aderito alla Riforma, si unirono nella ***Lega di Smalcalda***, finalizzata a fronteggiare un'eventuale offensiva imperiale.

> L'imperatore sfidato dai principi

1.9 Un impero enorme, con troppi nemici: il crollo dei progetti di Carlo V

La frattura tra principi cattolici e principi protestanti poteva ancora non essere considerata irreparabile. I due schieramenti, infatti, si erano trovati uniti sia di fronte alla minaccia dei turchi sia di fronte al pericolo della rivolta sociale degli anabattisti (sconfitti a Münster nel 1535).

> Guerra in Germania

Carlo V, in particolare, sperò sempre che una franca discussione teologica e una profonda riforma morale della Chiesa avrebbero chiuso la questione religiosa che lacerava la Germania. Ma la determinazione dei principi luterani (ormai organizzati nella Lega di Smalcalda) e la minaccia di una loro alleanza con il re di Francia **spinsero infine Carlo a usare la forza**, per **riportare all'obbedienza i protestanti tedeschi**.

↑ Tiziano Vecellio, *L'imperatore Carlo V a Mühlberg*, 1548 (Madrid, Museo del Prado).

Dopo che, nel giugno 1545, il papa ebbe inviato a Carlo una consistente somma di denaro, che gli permetteva di sostenere le spese della guerra, l'imperatore aprì le ostilità contro la Lega di Smalcalda. Il 24 aprile **1547, l'esercito cattolico riuscì a sconfiggere completamente i luterani** a Mühlberg, sul fiume Elba. L'anno seguente (1548), Carlo promulgò ad Augusta un documento di conciliazione denominato *Interim*: in esso, si dichiarava possibilista sul matrimonio dei preti, sulla comunione sotto le due specie e sulla *secolarizzazione* (= passaggio al potere secolare) dei beni ecclesiastici operata dai principi. Per il resto, anche se chiedeva una maggiore moralità e coerenza evangelica al clero, ribadiva la dottrina cattolica. Com'era prevedibile, dato il punto in cui era arrivata la disputa religiosa, un simile documento non fu accettato dai protestanti, mentre suscitò vivaci critiche da parte del papato.

Nell'ottobre 1551, alcuni **principi luterani** cominciarono a intessere i primi colloqui, per costruire una solida **alleanza militare con la Francia** (ove regnava Enrico II, dopo la morte di Francesco I nel 1547). La politica religiosa

→ Pieter Paul Rubens, *Carlo V e l'imperatrice Isabella* (collezione privata).

dell'imperatore era in una specie di vicolo cieco: impossibilitato a ricucire pacificamente la frattura, non era neppure in grado di schiacciare con la forza l'eresia luterana. Infine, pertanto, Carlo dovette rassegnarsi a stipulare con i principi luterani la **pace di Augusta (1555)**, che diede all'impero tedesco una struttura religiosa assolutamente inedita nella storia europea. **Ai grandi signori** tedeschi, infatti, fu **concesso il diritto di aderire** (o meno) **alla Riforma** e di conservare il possesso dei beni ecclesiastici confiscati prima del 1552; quanto ai sudditi, venne fissato il principio secondo cui **tutti gli abitanti di uno Stato dovevano seguire la fede del loro sovrano** (principio che, in latino, suonava: *Cuius regio, eius religio*). Ai sudditi che, per ragioni di coscienza, non volessero professare la religione decisa dal principe era concesso, tuttavia, il diritto di emigrare in un altro Stato.

> ***Cuius regio, eius religio***

GEOSTORIA

Cattolici e luterani in Germania nella seconda metà del XVI secolo

→ La carta mostra la situazione religiosa in Germania dopo la pace di Augusta. Come si può vedere i luterani erano la maggioranza nella parte settentrionale del Paese, mentre i cattolici dominavano l'area meridionale.

Carta proiettabile

CULTURA CIVILTÀ E RELIGIOSITÀ

2

Storia slide

Affermazione e diffusione del **calvinismo**

Le conoscenze da acquisire	Le competenze da potenziare
Dalla metà del secolo XVI, il protestantesimo si diffuse in Europa, soprattutto nella sua forma calvinista. Ginevra divenne il centro di irradiazione delle idee di Calvino.	Saper cogliere l'interazione fra mentalità religiosa e contesto sociale, individuando le specificità dei principali Paesi europei.

2.1 La Riforma in Svizzera

La *rivoluzione religiosa* del Cinquecento esplose in Germania; tuttavia, il protestantesimo si diffuse rapidamente in varie altre parti d'Europa. Nelle regioni più settentrionali del continente, oltre a numerosi principi tedeschi, divennero luterani anche il re di **Svezia** e quello di **Danimarca**; in tutti questi territori, **la Corona confiscò le terre ecclesiastiche e istituì una Chiesa di Stato**, direttamente sovvenzionata, organizzata e controllata dal sovrano. Più a Sud, in Svizzera, la Riforma si diffuse innanzitutto a **Zurigo**. In questa città, il predicatore più attivo fu Huldrych **Zwingli** (1484-1531), che si mostrò assai più radicale di Lutero nella valutazione dei sacramenti. Secondo la dottrina cattolica (denominata *transustanziazione*), l'ostia e il vino consacrati dal prete durante il rito eucaristico cambiavano la propria sostanza, cioè si trasformavano realmente e a tutti gli effetti nel corpo e nel sangue di Cristo. A giudizio di Zwingli, all'opposto, essi restavano semplicemente pane e vino, e il significato più profondo del rito andava cercato nel fatto di commemorare (con l'aiuto di simboli) la morte-resurrezione di Gesù.

> **La critica di Zwingli ai sacramenti**

↑ Hans Asper, *Ritratto di Ulrich Zwingli*, 1549.

Zwingli, però, non condivideva affatto l'idea tipica degli anabattisti secondo cui non poteva esistere una *società cristiana* (in cui si entrava al momento della nascita, appunto in virtù del battesimo); a loro giudizio, la Chiesa doveva essere solo una comunità di *fratelli in Cristo* separati in tutto dalla società civile, immersa nel *mondo* e, quindi, nel peccato. Per Zwingli, **Chiesa e società dovevano essere unite**: anzi, dovevano essere una cosa sola, e la società umana doveva essere integralmente basata sui precetti della fede. Pertanto, allorché i Consigli cittadini di Zurigo, nel 1526, condannarono a morte gli anabattisti, Zwingli non fece nulla per salvarli. A suo giudizio, la fede cristiana non poteva spingere alla fuga dal mondo: all'opposto, doveva **portare all'azione**, per trasformarlo in direzione della giustizia e **modellarlo secondo la legge divina**.

Il suo sogno era di allargare la Riforma all'intera Confederazione elvetica; riuscì a portare dalla sua parte Berna e Basilea, ma non altri cantoni, che sostenuti dagli Asburgo dichiararono guerra a Zurigo. Zwingli morì nel 1531, durante una battaglia che vide contrapposti l'esercito di Zurigo a quello dei cantoni elvetici rimasti cattolici. Nel giro di qualche anno, la guida della Riforma in Svizzera (e, ben presto, nell'Europa intera) sarebbe passata a Ginevra, per opera del teologo francese Giovanni Calvino.

2.2 La teologia di Giovanni Calvino

Le figure fondamentali del protestantesimo furono due, Martin Lutero e Giovanni Calvino (1509-1564). Si trattò di due personalità molto diverse, quasi opposte: Lutero era animato da una profonda passione, quasi da un furore profetico, e quando attaccava un avversario i suoi toni prendevano spesso un colorito violento, se non volgare. Il carattere di **Giovanni Calvino** (o meglio, Jean Cauvin, essendo francese) era del tutto diverso, come egli stesso riconosce in questa lettera del 1544: «Se egli (Lutero) mi desse del demonio, io gli farei l'onore di considerarlo un eminentissimo servo di Dio che ha certamente dei grossi difetti, come pure delle splendide virtù. Si fosse almeno sforzato di frenare maggiormente il suo carattere tempestoso, con cui prorompe ovunque... Avesse almeno sempre diretto contro i nemici della verità la sua innata passionalità, anziché farla esplodere contro i servi del Signore».

Lavorare per competenze
avvio al saggio breve
La figura di Giovanni Calvino
→ pag. 367

Calvino era un **intellettuale di formazione umanistica e giuridica**, la cui dote principale era la misura, l'equilibrio: i suoi toni furono sempre pacati e misurati, e questo anche se – teologicamente parlando – si spinse assai più avanti di Lutero ed assunse posizioni molto più radicali. Questa dote permise inoltre a Calvino di comporre un'opera (dal titolo *Istituzione della religione cristiana*, pubblicata per la prima volta, in latino, nel 1536) nella quale espose le proprie concezioni in modo organico e completo, evidenziando una **coerenza** e una **sistematicità di pensiero** che Lutero non ebbe mai.

> **Centralità della maestà divina**

Al centro della teologia di Calvino troviamo il tema della **sovranità di Dio**, della sua assoluta e completa signoria sull'uomo, sulla storia e sul creato tutto. «Sia Lutero che Calvino – scrive Roland H. Bainton – avevano un senso soverchiante della maestà di Dio; ma mentre in Lutero esso faceva risaltare maggiormente il miracolo del perdono divino, in Calvino sottolineava piuttosto l'ineluttabilità dei piani dell'Eterno. Perciò l'*Istituzione* tratta anzitutto della sovranità di Dio, prima della sezione sulla giustificazione per fede». Su questa base, nella concezione calvinista assunse un posto sempre

DOCUMENTI La dottrina della predestinazione

Il pensiero di Calvino si fonda sull'idea secondo cui Dio è il Signore assoluto dell'uomo e del creato. Nell'*Istituzione della religione cristiana* (1536) il riformatore francese ribadisce che Dio, seguendo criteri sconosciuti agli esseri umani, ha eletto un piccolo numero di uomini e destinato all'inferno la maggior parte di essi.

Definiamo predestinazione il decreto eterno di Dio, per mezzo del quale ha stabilito quel che voleva fare di ogni uomo. Infatti non li crea tutti nella medesima condizione, ma ordina gli uni a vita eterna, gli altri all'eterna condanna. Così in base al fine per il quale l'uomo è creato, diciamo che è predestinato alla vita o alla morte. [...]
Questo basterà a tutti coloro che temono Dio con modestia, e che si ricordano di essere uomini; ma poiché quei cani che mormorano contro Dio vomitano varie specie di bestemmie, dovremo rispondere ad ognuno. Gli uomini che agiscono secondo la carne, pieni di follia argomentano su questo punto in vari modi contro Dio, come se potessero sottometterlo alle loro recriminazioni.
Anzitutto, chiedono perché Dio si adira contro le sue creature, che non l'hanno provocato con nessuna offesa. Poiché il perdere e mandare in rovina quelli che gli pare, è cosa che si addice meglio alla crudeltà di un tiranno che alla dirittura di un giudice. Perciò pare loro che gli uomini abbiano giustificato motivo di lamentarsi di Dio se, per suo volere, senza loro merito, sono predestinati alla morte eterna.
Se tali pensieri vengono talvolta in mente ai credenti,

Analizza il testo

→ A quali critiche si prestava la «dottrina della predestinazione»?

→ Con quali argomenti e con che tono risponde Calvino ai suoi avversari?

crescente la cosiddetta **dottrina della predestinazione**, secondo la quale Dio avrebbe diviso (secondo criteri tutti suoi, indecifrabili da parte delle semplici creature) gli esseri umani in due categorie, gli eletti e i dannati, destinati rispettivamente alla beatitudine celeste e alla sofferenza eterna.

> Antropologia negativa

In effetti, l'antropologia del riformatore francese era – se possibile – ancor più negativa di quella luterana; a suo giudizio, **dopo il peccato originale la ragione dell'uomo si era completamente pervertita**, mentre la sua volontà non tendeva ad altro che al male. Secondo Calvino, la natura umana non fa che produrre malvagità, «esattamente come una fornace ardente sprizza senza interruzione scintille e fiamme, e proprio come una sorgente dà la sua acqua». **L'uomo**, dice ancora Calvino, «è ormai **servo del peccato**, con il che si vuol dire che il suo spirito è talmente estraniato dalla giustizia di Dio, che non conosce, non desidera, non intraprende nulla che non sia malvagio, perverso, iniquo e sozzo».

> Eletti e dannati

Tuttavia, a Calvino interessava mettere in risalto soprattutto la maestà di Dio: quindi, l'intuizione luterana secondo la quale la salvezza non è conquista umana, bensì dono divino, viene portata all'estremo e radicalizzata, ponendo l'accento sull'insondabile scelta divina per cui alcuni (**gli eletti**) **sono destinati al para-**

→ Calvino intento a leggere le Sacre Scritture, XVII secolo.

essi saranno sufficientemente armati per respingerli, se solo considereranno quale temerità sia l'indagare le cause della volontà di Dio, visto che essa è, e a buon diritto deve essere, la causa di tutte le cose che accadono. Ma se essa ha qualche causa, bisogna che quella causa preceda, e che essa vi sia come legata, cosa che non è lecito immaginare. La volontà di Dio è a tal punto regola suprema e sovrana di giustizia, che tutto quel che egli vuole, bisogna considerarlo giusto per il fatto che egli lo vuole. Quando dunque si chiede: perché Dio ha fatto così? bisogna rispondere: perché lo ha voluto. Se si va oltre e si chiede: perché lo ha voluto? questo significa chiedere una cosa più grande e più alta della volontà di Dio, che non si può indagare. [...]

Ecco in che modo Dio può reprimere i suoi nemici, tacendo; ma affinché non tolleriamo che essi si facciano beffe del suo nome, ci dà delle armi nella sua parola, per resistere ai loro assalti. Di conseguenza, se qualcuno ci assale chiedendoci perché Dio ne ha predestinati alcuni alla condanna, i quali non l'avevano meritata visto che non esistevano ancora, gli chiederemo, d'altra parte, in che cosa ritenga che Dio sia debitore all'uomo, se lo considera nella sua natura. Poiché siamo tutti corrotti e contaminati da peccati, Dio non può che averci in odio, e non per crudeltà tirannica, ma per ragionevole giustizia. Dato che ogni uomo, per sua condizione naturale, è colpevole di condanna mortale, di quale iniquità, vi prego, si lamenteranno coloro che Dio ha predestinato a morte? Si facciano avanti tutti i figli di Adamo per contestare e discutere col loro creatore il fatto che per sua eterna provvidenza sono stati destinati, prima di nascere, ad una calamità perpetua; ma quando Dio li avrà condotti a riconoscersi, che cosa potranno mormorare contro ciò? Se fanno tutti parte di una massa corrotta, non fa meraviglia che siano soggetti a condanna. Non accusino dunque Dio di iniquità, se per suo eterno giudizio sono destinati ad una condanna a cui la loro stessa natura li conduce; e lo sentono, per quanto malvolentieri. Da ciò appare quanto sia perversa la loro inclinazione a rivoltarsi, visto che coscientemente sopprimono quel che sono costretti a riconoscere: che cioè trovano la causa della loro condanna in loro stessi.

G. CALVINO, *Istituzione della religione cristiana*, a cura di G. TOURN, UTET, Torino 1983, pp. 1101, 1126-1128, trad. it. O. BERT, M. MUSACCHIO, G. TOURN

diso, mentre tutti gli altri formano una specie di immensa **massa dannata**. A giudizio di Calvino, «Dio destina gli uni a vita eterna, gli altri a eterna dannazione. Se si volesse sapere perché Egli ha pietà di una parte, e perché lascia e abbandona a se stessa l'altra, non c'è altra risposta se non che così Gli piace».

> **I segni per riconoscere gli eletti**

D'altra parte, i **segni** che permettono a un individuo di riconoscere se fa parte della schiera degli eletti sono abbastanza evidenti. La **fede**, innanzitutto, viene considerata da Calvino un prezioso dono di Dio riservato ai predestinati alla salvezza; in secondo luogo, deve essere ricordata la **capacità di osservare i comandamenti di Dio**: senza la forza della grazia divina l'uomo non potrebbe produrre infatti altro che peccati e azioni malvagie. Come scrive Calvino, «le buone opere che Dio ci ha concesso devono servire a questo: dimostrare che ci è stato elargito lo spirito di adozione»; in altre parole, le azioni moralmente giuste dimostrano a un individuo che Dio l'ha adottato come Suo figlio, cioè l'ha collocato dalla parte dei suoi santi.

2.3 La teocrazia di Ginevra

RIFERIMENTO STORIOGRAFICO 3
Calvino, dalla Francia a Ginevra
→ pag. 362

Calvino fu costretto a fuggire dalla Francia nel 1534: dopo che erano stati introdotti, negli appartamenti privati del sovrano, dei manifesti che inneggiavano alla Riforma e invitavano il re a diventare protestante, Francesco I decise di punire severamente i colpevoli di questa azione oltraggiosa e, più in generale, qualsiasi genere di dissenso religioso.

Dopo essersi recato in varie città, tra cui Basilea, Strasburgo e **Ginevra**, nel 1541 Calvino fu incaricato dalla comunità ginevrina di procedere alla riorganizzazione religiosa della città, decisa ad abbandonare il cattolicesimo.

↑ Veduta della cattedrale di San Pietro, Ginevra. In questa chiesa predicò Giovanni Calvino.

Nel novembre del medesimo anno, Calvino emanò gli *Ordinamenti ecclesistici*. Le disposizioni contenute in tali *Ordinamenti* presupponevano il principio tradizionale dell'unità religiosa all'interno della repubblica (*corpus christianum*), ma ricalcavano una **concezione nuova del governo della Chiesa**, che un altro riformatore, Martin Bucero, aveva già istituito a Strasburgo. Esse prevedevano quattro *ministeri*, cioè funzioni, all'interno della Chiesa, di uguale dignità: pastori, dottori, anziani, diaconi. Ai *pastori* spettava il compito di predicare, amministrare i sacramenti ed esercitare la disciplina ecclesiastica. I *dottori* (tra questi erano annoverati anche gli insegnanti delle scuole, i catechisti e più tardi i teologi) dovevano «insegnare la sana dottrina», provvedere cioè alla formazione dei fedeli e dei candidati al pastorato.

Gli *anziani*, «persone oneste e soprattutto timorate di Dio», erano tenuti a vigilare sulla condotta morale della popolazione, cioè di tutti i cittadini, dal momento che **la comunità ecclesiastica coincideva con quella politica**. Ai *diaconi*, infine, era affidata l'assistenza pubblica, oltre che l'amministrazione dei fondi a essa necessari. In pratica si occupavano dell'ospedale per gli ammalati, per gli anziani, dell'ospizio per i poveri di passaggio, del lazzaretto per le persone colpite da malattie infettive.

> **vedi** I calvinisti inglesi nel Seicento → pag. 527

L'aspetto più originale e controverso del sistema calviniano di governo della Chiesa fu il ***concistoro***, o **consiglio ecclesiastico**, creato nel 1542. Con questa invenzione, Calvino elaborò un modello di governo della Chiesa che non era più episcopale, ma **collegiale**; in seguito, soprattutto in Inghilterra, tale modello fu detto *presbiterale* e venne contrapposto all'istituzione tradizionale del vescovo.

Dal momento che collegava il governo della Chiesa con quello della città, il concistoro era un organismo bipartito, composto dai membri della «venerabile compagnia dei pastori» (9 nel 1542, 19 nel 1564) e da 12 anziani, scelti tra i membri del Consiglio che guidava la città. La presidenza spettava di diritto a uno dei sindaci della città, il quale era però tenuto a deporre le proprie insegne di potere alla porta del concistoro, per indicare che era un membro pari agli altri. Era previsto che il concistoro si riunisse ogni giovedì per vigilare sull'ortodossia e la moralità dei cittadini.

> **Coincidenza tra legge divina e legge statale**

In tal modo, Ginevra si trasformò di fatto in una **teocrazia**, cioè si trovò sotto un regime politico-religioso in cui **legge divina e legge dello Stato coincidevano**; chi avesse violato le norme sarebbe stato, simultaneamente, un **peccatore** e un **delinquente**. Nel medesimo tempo, l'incapacità di rispettare la legge divina da parte di un soggetto dimostrava chiaramente che Dio non l'aveva eletto per la salvezza: infatti, coloro che Dio ha predestinato ricevono da Lui la forza di adempiere a tutti i comandamenti.

In virtù della sua composizione, il concistoro non era un tribunale ecclesiastico, ma nemmeno un semplice organo dello Stato. Certo, esso mirava all'applicazione integrale della legge divina all'interno della repubblica. Tuttavia, anziani e pastori spesso erano in disaccordo e cercavano di prevalere gli uni sugli altri. Le accese discussioni, le lotte che Calvino ingaggiò per quindici anni mostrano ampiamente quanto fosse arduo mantenere il giusto equilibrio tra i due poteri.

> **vedi** Il modello di potere ierocratico → pag. 91

Comunque, a Ginevra si venne a creare una situazione molto diversa da quella tedesca; nella Germania luterana, il magistrato e il principe erano di fatto le supreme autorità, investite da Dio perfino del ruolo di guide della Chiesa. Nella Ginevra di Calvino, la Chiesa non solo era gelosa della propria indipendenza dall'autorità civile, ma addirittura tendeva a sottoporre a sé quest'ultima, secondo modalità che per certi versi richiamano il *modello di potere ierocratico*, elaborato da Gregorio VII.

Organizzazione politico-religiosa nella teocrazia di Ginevra

Schema proiettabile

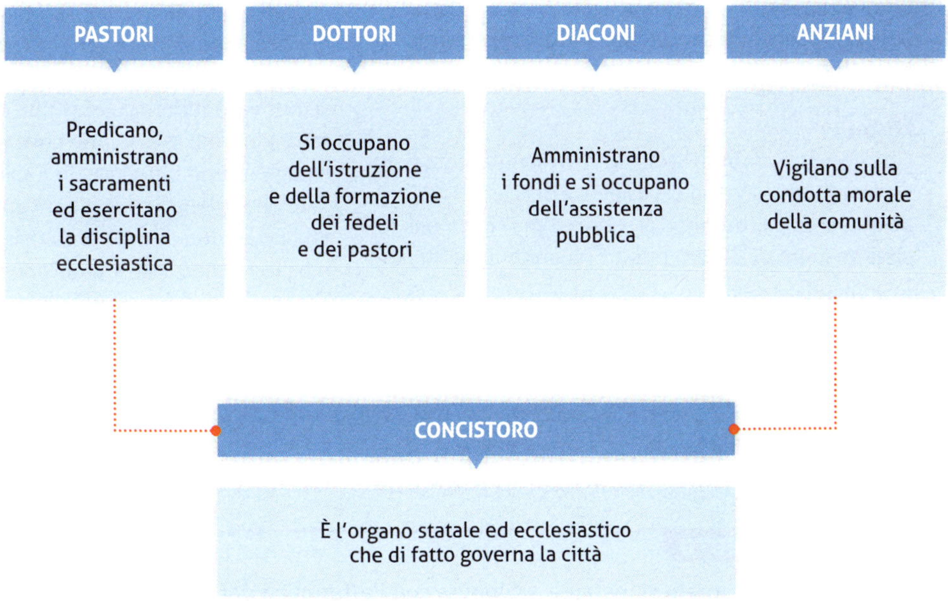

2.4 Fascino e diffusione del calvinismo

Monografia
Calvinismo. Rivoluzione e radicalismo politico

Da Ginevra, i principi contenuti negli *Ordinamenti* si diffusero in Europa, facendo nascere comunità analoghe, organizzate secondo lo stesso principio e animate dallo stesso spirito. Intorno alla metà del XVI secolo, Ginevra era diventata «la **capitale morale della Riforma**» (G. Spini), il centro da cui il protestantesimo – ormai solo nella sua versione calvinista – si sarebbe diffuso e avrebbe conquistato nuovi seguaci e nuove terre.

Il carattere che più di ogni altro colpiva e affascinava, nel calvinismo, era la sua radicalità, cioè la sua totale assenza di compromessi rispetto al passato *papista* (come si diceva, in modo spregiativo, quando si voleva indicare la fede cattolica). Ciò avveniva in virtù di un'attuazione del principio della *sola Scrittura* secondo modalità assai più rigide di quelle che, all'atto pratico, erano state adottate dal luteranesimo. Nelle regioni protestanti tedesche, in effetti, per quanto Lutero avesse spazzato via tutto ciò che, nella prassi e nella dottrina, contrastava con il principio della *giustificazione mediate la sola fede*, moltissimi elementi della liturgia o dell'organizzazione ecclesiastica continuavano a funzionare secondo il modello cattolico. Le Chiese di matrice calvinista, al contrario, si segnalarono fin dall'inizio per la volontà di **attuare una Riforma più completa**, coerente e audace, in cui tutti gli aspetti della vita cristiana avessero come unico ed esclusivo punto di riferimento il Nuovo Testamento e la Chiesa degli apostoli.

DOCUMENTI La morale calvinista

A Ginevra Calvino instaurò un regime di vita ascetico molto simile a quello promosso da Savonarola, a Firenze, nel 1494. Chi non rispettava le regole andava incontro a pene severe, come appare da queste ordinanze redatte intorno al 1545.

Canzoni, Balli
Chi canta canzoni disoneste, dissolute o oltraggiose, o balla in tondo o in altro modo, starà in prigione per tre giorni, poi sarà inviato al Concistoro.

Usure
Nessuno faccia prestiti a usura o con profitto di più del cinque per cento, sotto pena di confisca del capitale e di condanna ad una ammenda arbitraria secondo l'esigenza del caso.

Dispute
Che nessuno promuova disordini o dispute sotto pena d'esser punito secondo le esigenze del caso.
Se qualcuno fa tumulti o assemblee per fare o per sostenere lamentele, sarà punito secondo il merito con le pene più severe.

Odii
Se ci sono odii o litigi, il ministro conducendo con sé le guardie farà quanto deve per accordare i contendenti, se non ci riuscirà li rimetterà al Concistoro.

Giuochi
Nessuno giuochi a giuochi dissoluti o a qualsiasi giuoco per oro, argento o per spesa eccessiva, sotto pena di cinque soldi e della perdita della vincita.

Fornicazione
Quelli che saranno trovati a fornicare, se è uno non sposato con una non sposata staranno in prigione sei giorni a pane e acqua e pagheranno sessanta soldi per il pancaccio [giaciglio di legno delle prigioni, *n.d.r.*]. Se si tratta di adulterio, ossia l'uno o l'altro dei due è sposato, staranno in prigione nove giorni a pane e acqua, e pagheranno il pancaccio a discrezione dei Signori, dato che il delitto è molto più grave.
I fidanzati non devono abitare insieme come marito e moglie, finché il matrimonio non sia celebrato in chiesa, altrimenti verranno puniti come fornicatori.

Registres de la Compagnie des Pasteurs de Genève, Droz 1962, vol. I, pp. 18-19, 30-31, citato in O. NICCOLI, *La crisi religiosa del '500*, SEI, Torino 1979

ANALIZZA IL TESTO

→ Quale clima morale si instaura a Ginevra con l'affermarsi del calvinismo?

Luteranesimo e calvinismo a confronto

Schema proiettabile

LUTERANESIMO	CALVINISMO
• Insistenza sul perdono divino • Giustificazione mediante la sola fede	• Insistenza sull'assoluta sovranità di Dio • Predestinazione degli eletti
Eliminazione di tutte le pratiche e le dottrine contrarie alla giustificazione mediante la sola fede	Completa eliminazione di ogni dottrina e di ogni pratica religiosa non menzionata dal Nuovo Testamento
Diffusione per opera dei principi = religione di Stato	Diffusione per opera dei predicatori = religione minoritaria e perseguitata

> **Atteggiamenti iconoclasti**

Vennero così rifiutati tutti gli elementi del culto che non avessero un esplicito precedente biblico, con il risultato che spesso fu ripudiato persino l'uso dell'organo e della musica durante le funzioni; in particolare, va poi segnalato il vero e proprio **orrore per l'introduzione delle immagini devozionali negli edifici di culto**, secondo un'interpretazione radicale del comandamento biblico che vietava di rappresentare Dio. Pertanto, quando si arrivò alla guerra aperta tra cattolici e calvinisti, questi ultimi frequentemente

Guardiamo la storia
Cattolici e protestanti: due modelli contrapposti di cristianesimo

→ Interno di una chiesa calvinista. Si notino il rigore e l'assenza di immagini devozionali.

↑ Distruzione degli idoli a Zurigo, XVI secolo (Zurigo, Zentralbibliothek). Sull'altare della chiesa è ancora visibile un trittico. A Zurigo la furia iconoclasta aveva condannato le immagini, benché Calvino non abbia mai approvato la loro distruzione.

saccheggiarono le chiese *papiste* con una vera **furia iconoclasta**, convinti di combattere, in quel modo, una forma di idolatria in contrasto con un esplicito divieto divino.

Le principali regioni ove si diffuse il calvinismo furono la **Scozia**, l'**Inghilterra**, la **Francia** e i **Paesi Bassi**; tuttavia, a differenza del luteranesimo, la fede riformata non si propagò per opera dei principi: in nessuna delle terre appena citate, infatti, il sovrano adottò il calvinismo come religione di Stato, imponendola ai propri sudditi. Al contrario, la fede riformata venne divulgata, per così dire, *dal basso*, cioè per opera di teologi e pastori che, soprattutto nelle città, dopo il loro lavoro di predicazione radunavano intorno a sé una comunità.

> **Il calvinismo si diffonde *dal basso***

In tutte le regioni in cui riuscì a mettere radici, il calvinismo fu, **ai suoi inizi**, la **dottrina di un gruppo minoritario** e **perseguitato dalle autorità**. Per questa ragione, quindi, Roland H. Bainton ha scritto che «il calvinismo educò una razza di eroi». In effetti, il credente riformato – una volta sicuro di appartenere alla schiera dei *santi di Dio*, cioè di essere un eletto – si considerava un soldato, chiamato a eseguire integralmente gli ordini del suo Signore, a obbedirgli in tutto e a far rispettare nel mondo la sua legge. Trasferita in ambito politico e sociale, la radicalità che il calvinismo mostrava nel rifiuto di ogni residuo cattolico si trasformava facilmente in **intransigenza**, in **rifiuto del compromesso**, in **disponibilità allo scontro aperto con l'avversario**. Quest'ultimo era considerato dai calvinisti come uno strumento di Satana: poiché si opponeva alla costruzione di un mondo integralmente basato sui comandamenti divini, il nemico andava travolto, abbattuto dai santi che si erano posti al completo servizio di Dio.

LE PAROLE

Iconoclasta

Il termine *icone*, di origine greca, indica le immagini. Mentre l'ebraismo e l'islam rispettano tuttora il severo e assoluto divieto biblico di raffigurare Dio, la Chiesa latina (cattolica) e quella greca (ortodossa) accettarono il principio secondo cui, dipingendo l'immagine di Dio, non si commette peccato. Il calvinismo, nella sua lotta intransigente contro le deformazioni che (a suo giudizio) l'autentica fede cristiana aveva subito per colpa della Chiesa di Roma, condannò l'usanza di dipingere Cristo, Maria e i santi. Anzi, durante le guerre di religione, spesso i ribelli riformati si comportarono da iconoclasti, parola che, alla lettera, significa "distruttori delle immagini sacre".

2.5 Il dibattito sulla tolleranza religiosa

Carta interattiva
La diffusione del cristianesimo oggi

Carta interattiva
L'Europa religiosa alla fine del XVI secolo

Mentre Calvino consolidava il proprio regime teocratico a Ginevra, **in Europa si diffusero idee sempre più radicali**. Numerosi intellettuali italiani e spagnoli, infatti, iniziarono a sostenere che l'idea secondo cui Dio era un'entità unica, ma nel medesimo tempo articolata in tre persone di uguale dignità (il Padre, il Figlio e lo Spirito Santo), perché partecipi in misura identica della divinità, era assolutamente irrazionale. Tale concezione, denominata in genere ***dogma della Trinità***, era stata gradualmente formulata, nei secoli IV e V, dai concili della Chiesa; a giudizio degli intellettuali radicali del Cinquecento che lo contestavano, però, esso **non era affatto presente nel Nuovo Testamento**: secondo loro, i testi più antichi scritti dalla comunità cristiana non affermavano affatto, in modo chiaro ed esplicito, la dottrina secondo cui Dio è uno e trino. Nella loro concezione, non c'era spazio per il principio (centrale in ogni forma di cristianesimo) secondo cui la morte in croce del Figlio di Dio espiava il peccato di Adamo ed Eva e apriva all'umanità le porte del paradiso. A loro giudizio, il nocciolo essenziale della fede cristiana era l'etica; seguendo le sue indicazioni morali (al centro delle quali stava l'amore per il prossimo) ogni credente avrebbe ricevuto la vita eterna, **senza bisogno della Chiesa**, dei sacramenti o di qualsiasi altro rito.

Questi intellettuali *antitrinitari* furono immediatamente dichiarati eretici dalla Chiesa cattolica; alcuni di essi, per sfuggire alla persecuzione dell'Inquisizione, finsero di conformarsi alla religione dominante, comportandosi come Nicodemo, un personaggio del vangelo di Giovanni che divenne discepolo di Gesù, ma in segreto, per paura di una persecuzione da parte delle autorità giudaiche. In virtù di tale affinità, questi **eretici dalla doppia vita** (che frequentavano la messa e i riti cattolici, ma non

GEOSTORIA La diffusione della Riforma in Europa a metà del XVI secolo

Carta proiettabile

↑ Michele Serveto, 1511-1553, considerato eretico dai calvinisti e bruciato sul rogo a Ginevra, nel 1553.

credevano più alla fede romana) furono denominati *nicodemiti*. Altri scelsero di fuggire e si rifugiarono a Ginevra. Qui, tuttavia, si trovarono a loro agio solo i veri riformati, che avevano integralmente accettato le posizioni teologiche di Calvino, che per parte sua aveva accettato integralmente il dogma della Trinità.

A Ginevra – come del resto in nessun'altra terra d'Europa – **non era assolutamente ammesso un libero dibattito** su argomenti di tipo religioso: anche qui il dissidente era considerato socialmente pericoloso e, pertanto, non era tollerato. Nel 1553, pertanto, l'eretico antitrinitario spagnolo Michele Serveto – che si trovava nella città svizzera – venne arrestato, processato e infine bruciato sul rogo. Questa esecuzione suscitò il primo vero dibattito dell'epoca moderna sul tema della **tolleranza religiosa**: una discussione che vide come protagonista soprattutto l'intellettuale francese Sébastien Castellion. In un testo intitolato *De haereticis an sint persequendi* (*Riguardo agli eretici, se essi debbano essere perseguitati*), pubblicato nel 1554 a Basilea, egli affermava che le autorità devono assolutamente astenersi dal punire gli eretici, in quanto **nelle questioni dottrinali all'uomo è impossibile raggiungere la Verità**. In pratica, di fronte alla pretesa sia cattolica che protestante di poter penetrare nei misteri divini, Castellion ammetteva che all'uomo questa certezza non è concessa: come spiegare, altrimenti, la varietà sterminata di modi in cui gli uomini adorano Dio, le innumerevoli divergenze in questo campo e perfino le liti fra cattolici, luterani e riformati su tutti i principali argomenti della dottrina cristiana? «Sono aspre infatti – scrive Castellion – le controversie intorno al battesimo, alla cena del Signore, all'invocazione dei santi, alla giustificazione, al libero arbitrio ed a molte altre oscure questioni. Tali dissidi certo non derivano che dall'ignoranza della verità. Se queste cose fossero note quanto è noto che c'è un Dio solo, tutti i cristiani sarebbero d'accordo su di esse come tutte le nazioni riconoscono che c'è un solo Dio».

> **Tolleranza in Polonia**

Castellion era perfettamente conscio della novità rivoluzionaria della sua impostazione e pertanto pubblicò il suo scritto sotto pseudonimo; solo dopo un secolo di spietate guerre di religione la sua proposta riuscì a trovare accoglienza sia presso le élite intellettuali sia presso le autorità dei vari Stati europei, cattolici e riformati. Nel Cinquecento, solo la remota terra di **Polonia** praticava un regime di tolleranza; poiché il potere centrale era debolissimo e la popolazione numericamente esigua, i nobili nelle varie regioni accettarono l'arrivo di chiunque fosse disponibile a stabilirsi nel Paese e a contribuire alla sua prosperità. Così, in Polonia arrivarono moltissimi ebrei, perseguitati in Germania, e poterono stabilirsi numerosi eretici italiani, antitrinitari o comunque insofferenti sia del controllo sulle coscienze cattoliche garantito dall'Inquisizione sia della rigida disciplina imposta ai propri fedeli dal calvinismo ginevrino.

I LUOGHI

Polonia

Nel Cinquecento, il regno di Polonia era molto più esteso dell'attuale repubblica polacca; i sovrani risiedevano a Cracovia (nel Sud del Paese) e controllavano vasti territori che, nel corso della storia, sono passati sotto la sovranità della Russia. Nel 1596, la capitale fu trasferita a Varsavia, mentre lo Stato entrò in un lungo periodo di crisi, a causa dell'azione della sua aristocrazia. La monarchia infatti non era ereditaria, ma elettiva; in pratica, le principali famiglie nobiliari paralizzavano l'efficienza dello Stato, proprio mentre i vicini della Polonia (Svezia e Russia, in primo luogo) si rafforzavano e si facevano minacciosi. Tra il 1648 e il 1654, il Paese sprofondò nel caos più completo, a causa di una rivolta di cosacchi, una popolazione che abitava le terre dell'attuale Ucraina, e dell'invasione del territorio polacco da parte delle truppe russe e svedesi. Nel corso dei disordini di quegli anni drammatici, vennero massacrati migliaia di ebrei: molti di essi, infatti, amministravano i patrimoni dei signori polacchi, contro i quali i cosacchi del Don si erano ribellati.

Storia slide

CULTURA CIVILTÀ E RELIGIOSITÀ

3 La risposta cattolica

Le conoscenze da acquisire

A partire dalla metà del XVI secolo, il cattolicesimo cercò di dotarsi di nuovi strumenti (dottrinali, pastorali e repressivi) per contrastare la diffusione della Riforma protestante.

Le competenze da potenziare

Saper cogliere l'interazione tra mentalità religiosa e contesto sociale.

3.1 Ignazio di Loyola e i gesuiti

All'interno del cattolicesimo, il primo a percepire la necessità di una risposta rapida ed energica alla diffusione della Riforma protestante fu un religioso spagnolo, **Ignazio di Loyola** (1491-1556), che nel 1539 fondò un nuovo ordine, chiamato **Compagnia di Gesù** (o **ordine dei gesuiti**). La caratteristica principale dell'ordine dei gesuiti fu l'importanza fondamentale attribuita all'**obbedienza** e all'**esecuzione degli ordini** ricevuti sia dai superiori sia, ancor più, dal papa. Così è espresso tale concetto nell'articolo 36 della *Regola* della Compagnia: «Ciascuno si persuada che quelli che vivono sotto l'obbedienza devono lasciarsi guidare e reggere dalla divina provvidenza per mezzo dei superiori, come se fossero un corpo morto che per ogni verso si lascia volgere e in qual si voglia modo maneggiare, ovvero a guisa d'un bastone da vecchio, il quale serve a chi lo tiene in ogni luogo e in qual si voglia uso».

Si può dire che, in opposizione all'*esercito dei santi* messo in campo dal calvinismo, i gesuiti rappresentarono le **truppe scelte** del cattolicesimo, in un conflitto interconfessionale che, per due secoli, non conobbe esclusione di colpi da una parte e dall'altra. L'intuizione più felice di Ignazio di Loyola fu quella relativa all'**istruzione**; infatti, non solo i suoi gesuiti vennero preparati con estrema cura sotto il profilo teologico e culturale, bensì aprirono numerosi collegi e scuole, con l'obiettivo di educare nella più fedele ortodossia l'aristocrazia e, più in generale, l'élite dirigente dei Paesi cattolici. Nel contempo, i gesuiti cercarono di assumere il ruolo di **confessori dei principi**, in modo da dirigere le loro coscienze e tenerli ancorati alla Chiesa di Roma.

↓ Ignazio di Loyola riceve dal papa Paolo III l'approvazione della Costituzione della Compagnia di Gesù (Roma, Chiesa del Gesù).

A un livello meno elitario, e più generalizzato, va notato il ruolo decisivo svolto dai gesuiti (e da vari altri ordini religiosi) nella promozione dello **stile barocco**, un'arte seducente proprio in virtù della sua grandiosità e capace, quindi, di far arrivare ai cuori e alle menti dei fedeli le verità fondamentali del tradizionale messaggio cattolico. A fronte di una religiosità protestante che, centrata sulla lettura della Bibbia e sulla predicazione del pastore, assegnava il posto centrale all'udito (cioè all'ascolto della Parola divina), il **cattolicesimo privilegiò il senso della vista**, proponendo agli occhi dei suoi fedeli luoghi di culto abbaglianti, in cui le immagini della Vergine e dei santi (rifiutati dai riformatori) venivano incessantemente offerte alla meditazione dei fedeli.

3.2 Il Concilio di Trento

RIFERIMENTO STORIOGRAFICO 4
Il Concilio di Trento: l'inizio dei lavori
→ pag. 364

La Riforma rappresentò la sfida più ardua che la Chiesa, nel corso della sua storia, avesse mai dovuto affrontare. In una situazione tanto complessa e delicata, i gesuiti (e altri ordini fondati nello stesso periodo) rappresentarono un valido contributo, fornendo a Roma energie e risorse nuove. Tuttavia, la Chiesa fu costretta a una profonda riflessione su se stessa e a un radicale ripensamento dei propri ordinamenti e anche della propria dottrina. Un simile compito poteva essere svolto solo dall'assemblea dei vescovi di tutte le terre cattoliche, riuniti insieme in un **concilio** ecumenico.

Il Concilio fu aperto da papa Paolo III nel novembre 1542, a Trento, ben venticinque anni dopo la pubblicazione delle *Tesi* di Lutero. La ragione di un tale **ritardo** va individuata nella diversa concezione che, della funzione del Concilio, avevano avuto fino ad allora l'imperatore Carlo V e il papa. Il primo, infatti, era preoccupato soprattutto della pace religiosa in Germania; quindi, avrebbe voluto che il Concilio fosse convocato il più in fretta possibile e che, altrettanto rapidamente, venisse trovata una formula di compromesso capace di chiudere il *caso Lutero*. Paolo III, dal canto suo, non poteva accettare una simile prospettiva e fu disposto a procedere alla convocazione del Concilio solo quando fu sicuro che **i protestanti** – in sede conciliare – **non sarebbero stati trattati da interlocutori alla pari** (di cui si dovessero ascoltare le ragioni), **ma da eretici**, degni solo di condanna.

LE PAROLE

Concilio

Un concilio è una riunione di vescovi. I concili possono essere locali e regionali (in questo caso, oggi, si preferisce il termine *sinodo*), oppure ecumenici (riunione di tutti i vescovi cattolici del mondo). I concili ecumenici possono essere convocati solo dal papa, la cui autorità è superiore a quella di un concilio. Il ritardo con cui fu convocato il Concilio di Trento si spiega tenendo conto del fatto che nel Quattrocento, dopo il Grande Scisma d'Occidente, molti vescovi avevano proclamato che il vero organismo supremo della Chiesa avrebbe dovuto essere il concilio (convocato periodicamente) e non il papa (teoria conciliarista). All'inizio del Cinquecento, tale teoria era stata sconfitta, ma i papi temevano che essa potesse riprendere forza, se il concilio fosse stato convocato troppo in fretta e senza l'adeguata preparazione. L'ultimo concilio ecumenico della Chiesa cattolica è stato il Concilio Vaticano II, che si è svolto a Roma, dal 1962 al 1965.

→ Taddeo Zuccari, *L'indizione del Concilio di Trento*, 1562-1563 (Caprarola, Palazzo Farnese). L'affresco illustra una fase di consultazione e di discussione dei testi sacri.

Le fasi del Concilio di Trento

DATE	EVENTI
1542	Convocazione del Concilio di Trento, città facilmente raggiungibile dai vescovi italiani (fedeli al papa), ma sotto dominio imperiale
1545-1547	Prime decisioni importanti sui temi dei rapporti tra la Bibbia e la tradizione della Chiesa, sui sacramenti e sulla giustificazione
1547	Epidemia di peste a Trento e spostamento del Concilio a Bologna
1551	Ritorno del Concilio a Trento e inutile tentativo di conciliazione con i protestanti, costretti da Carlo V a partecipare alla seduta
1562-1563	Decisioni relative all'obbligo di residenza per i vescovi e all'istituzione dei seminari
1564	Conferma di tutte le decisioni conciliari da parte del papa

> **Contro i due concetti base di Lutero**

Il Concilio di Trento durò dal 1542 al 1563, ma fu nei primi anni (e precisamente nel periodo 1545-1547) che vennero prese le decisioni teologiche più importanti. Il Concilio si sforzò di elaborare un tipo di dottrina cristiana che potesse validamente opporsi al modello protestante. Pertanto, cercò innanzitutto di **contrastare Lutero** nei suoi due concetti di base: ***sola fede*** e ***sola Scrittura***.

Si ricordi che il concetto di *giustificazione mediante la sola fede* muoveva dal presupposto secondo cui l'uomo era radicalmente corrotto dal peccato originale; secondo Lutero, a causa della caduta di Adamo ed Eva, il soggetto umano non poteva contribuire in alcun modo alla propria salvezza, che era integralmente un dono di Dio: la creatura doveva soltanto accoglierla, con fiducia e gratitudine. A questa concezione protestante, il Concilio oppose un'idea alquanto diversa. Innanzitutto ribadì la dottrina centrale del cristianesimo, secondo cui la salvezza è offerta da Dio agli uomini mediante il sacrificio di Cristo sulla croce; però, i decreti conciliari affermarono pure che, **con il battesimo, il peccato originale è completamente cancellato**. «In quelli infatti che sono rinati a nuova vita – così recita il testo tridentino –, Dio non trova nulla di odioso»; dopo aver ricevuto il sacramento, gli uomini sono «innocenti, immacolati, puri, senza macchia». Di conseguenza, «a chi riceve la vera giustizia cristiana [al battezzato, *n.d.r.*], non appena rinato viene comandato di conservare candida e senza macchia la propria stola [veste, come metafora della condizione dell'anima, *n.d.r.*], donata loro da Gesù Cristo in luogo di quella che Adamo ha perso con la sua disobbedienza per sé e per noi. Essi dovranno portarla dinanzi al tribunale del Signore nostro Gesù Cristo per avere la vita eterna».

> **Il battesimo cancella il peccato originale**

Senza la morte di Cristo, dunque, a causa del peccato di Adamo nessun uomo avrebbe mai potuto accedere al paradiso; d'altra parte, a ciascun battezzato veniva pure affidato un compito: quello della perseveranza nell'osservare i precetti divini, che, per il Concilio, l'uomo rigenerato dal battesimo era in grado di osservare, visto che Dio «non comanda l'impossibile». Il che, in pratica, significava **attribuire di nuovo all'operato dell'uomo una parte attiva nel processo di salvezza**.

← *Fonte battesimale* in terracotta invetriata del 1511 di scuola robbiana (Pieve di San Leonardo, Cerreto Guidi, Firenze).

UN MONDO LONTANO, DIVERSO DAL NOSTRO

Matrimonio a tappe

Quando si è *sposati*?

1 Prima del Concilio

Poiché il Concilio di Trento ribadì che il matrimonio era un sacramento, il Cinquecento vide una specie di rivoluzione nelle modalità di celebrare le nozze. **Fino al XVI** secolo, esse avvenivano secondo pratiche che per certi versi ci paiono singolarmente simili a quelle seguite ai giorni nostri, in quanto **il confine tra *matrimonio* e *convivenza* era decisamente labile** e tutt'altro che chiaro. Nel 1548, sentiamo che una donna di Bologna utilizza alcune espressioni a prima vista bizzarre: di se stessa e del proprio *moroso*, infatti, Domenica Cinti dice che non avevano ancora «finito di sposarsi». Pertanto, «lui veniva quando voleva, perché essendo mio sposo non se li vietava di venire». Insomma, l'impressione è che il matrimonio non sia un atto puntuale, ma avvenga, per così dire *a tappe*.

2 Rito o promessa, qual è il momento fatidico?

La parola italiana *sposi* viene dal latino *spondeo*, che alla lettera vuol dire promettere. Per la Chiesa post-tridentina, quello che conta è la promessa effettuata al momento del rito: il fatidico *sì*, pronunciato davanti all'altare. Da quel momento (e non un minuto prima), i due sono *sposi*. Al contrario, in precedenza, la *promessa*

→ Pieter Bruegel il Vecchio, *Il banchetto nuziale*, 1565-1568, (Vienna, Kunsthistorisches Museum).

← Rosso Fiorentino, *Sposalizio della Vergine* o Pala Ginori, particolare, 1523 (Firenze, San Lorenzo).

precedeva il rito, e non era tanto una promessa di fedeltà e aiuto reciproco per la vita, ma un impegno di matrimonio: dunque, **due persone erano già *sposate*, a partire dal momento della promessa**, anche se il rito religioso non aveva ancora avuto luogo. La confusione e la varietà regnavano sovrane. Il rito religioso (che, nella prassi pre-tridentina, non era affatto il momento decisivo dell'intero processo matrimoniale) di solito prevedeva lo scambio degli anelli; però, questo gesto avveniva molto spesso *fuori dalla chiesa*, sul sagrato o davanti alla porta dell'edificio, e non sempre alla presenza di un prete. L'**accordo matrimoniale** (che prima di Trento dava, per così dire, *inizio* al matrimonio, o meglio, ne era la prima tappa) poteva essere **stipulato nei campi, in una osteria o in casa della sposa**, senza troppe distinzioni o formalità. A partire da questo momento, a seconda delle usanze locali, i due sposi potevano già avere rapporti sessuali (è il caso dell'Austria, della Baviera e del Friuli) e convivere (è il caso, ad esempio, della Corsica e di certe zone della Spagna), anche se il rito religioso non era ancora avvenuto. «Ha preso moglie, ma non hanno ancora fatto il matrimonio», si dice di un uomo di Augusta, in Germania, nel 1528. «Tutto ciò, – ha scritto R. Sarti – naturalmente, creava **situazioni indefinite**, intermedie tra la condizione di nubile o celibe e quella di moglie o marito a tutti gli effetti. E poneva in alcuni casi il problema dello *status* dei figli nati da tali unioni».

3 Dopo il Concilio: la priorità del rito

Semplificare, unificare e dare priorità assoluta alla dimensione religiosa, cioè al **rito sacramentale**: questo fu l'obiettivo che la Chiesa cattolica si sforzò di perseguire a partire dalla fine del XVI secolo e nei due secoli successivi. Tutte **le relazioni che si scostavano dall'unico modello dominante**, fissato a Trento, furono bollate come **peccaminose situazioni di concubinato**, che andavano interdette o regolarizzate al più presto. Nel medesimo tempo, nel limite del possibile, la Chiesa cercò di porre severi limiti alle interferenze dei genitori e delle famiglie, ponendo i due giovani al centro del rito e del gesto. In Francia, ancora nel 1556, i matrimoni conclusi da soggetti inferiori a 30 anni (i maschi) e 25 (le femmine) senza il consenso dei genitori erano dichiarati illegittimi; la Chiesa, al contrario, ne dichiarò la piena legittimità, se celebrati davanti a un prete e ad almeno due testimoni.

↓ Pietro Perugino, *Sposalizio della Vergine*, 1500-1504 circa (Caen, Musée des Beaux Arts).

3.3 La Chiesa, mediatrice tra Dio e gli uomini

In contrapposizione al principio protestante della *sola fede*, secondo cui l'uomo non era in grado di ottenere la salvezza attraverso le sue opere, la Chiesa riaffermò la dottrina tradizionale secondo cui i sacramenti comunicano «**la grazia di Dio**». La teologia cattolica, naturalmente, non sosteneva che l'uomo fosse in grado, con le sue sole forze, di vincere la propria debolezza e fragilità, di sconfiggere il peccato e di salvarsi; piuttosto, erano i sacramenti amministrati dalla Chiesa a dargli la **forza dello Spirito Santo**, tramite la quale poteva resistere alle tentazioni e combattere le insidie del demonio. In questo modo, sostenendo la necessità dei sacramenti ai fini della salvezza, la Chiesa ribadiva il **ruolo fondamentale e ineliminabile del clero**, unico legittimo amministratore dei riti e delle funzioni ecclesiastiche.

> **Il clero, i sacramenti, la grazia**

Il Concilio assegnava alla Chiesa un analogo ruolo di mediazione anche a proposito della relazione tra il fedele e la Bibbia. Innanzitutto, si proclamò che la traduzione latina di san Girolamo (347-420) – detta *Vulgata* – poteva essere ritenuta «autentica nelle pubbliche letture, nelle dispute, nella predicazione», cosicché si vietò a chiunque di respingerla «con qualsiasi pretesto». Inoltre, «per reprimere gli ingegni troppo saccenti», **il Concilio fece divieto a chiunque di «interpretare [la Bibbia]** contro il senso che ha (sempre) ritenuto e ritiene la santa madre Chiesa, alla quale spetta di giudicare del vero senso e dell'interpretazione delle Sacre Scritture, o anche contro l'unanime consenso dei Padri, anche se queste interpretazioni non dovessero esser mai pubblicate». In tal modo, la Chiesa cattolica si opponeva all'istanza tipicamente protestante secondo cui la Bibbia andava tradotta e posta nelle mani di tutti i credenti, affinché ogni cristiano potesse essere in diretto e personale rapporto con Dio. Tuttavia, il risultato storico delle scelte operate a Trento fu un progressivo **distacco dei cattolici dal testo biblico**, nel senso che i fedeli non vennero più educati, per secoli, a considerarlo come la primaria e insostituibile fonte della loro personale esperienza religiosa.

> **La Chiesa, unica interprete della Bibbia**

Protestantesimo e cattolicesimo a confronto dopo il Concilio di Trento

Schema proiettabile

PROTESTANTESIMO	CATTOLICESIMO
Pessimismo antropologico: impossibilità di una cooperazione umana ai fini della salvezza	Necessità della cooperazione umana ai fini della salvezza ultraterrena
Rifiuto delle credenze e dei riti non attestati dal Nuovo Testamento	Accettazione di credenze e riti non attestati dal Nuovo Testamento
Centralità della lettura della Bibbia nell'esperienza spirituale del singolo cristiano	Centralità dei sacramenti nell'esperienza del singolo cristiano
Luoghi di culto sobri e spogli	Luoghi di culto imponenti, decorati con molte immagini sacre (statue e quadri)
Possibilità di matrimonio per il pastore	Obbligo di celibato per il sacerdote
Articolazione in varie correnti e assenza di un'autorità suprema	Insistenza sull'autorità suprema del papa, successore di san Pietro

Infine, va ricordato l'argomento teologico contrapposto al principio protestante della *sola Scrittura*. Si ricorderà che Lutero, fin dal 1519, aveva affermato di riconoscere la Bibbia come unica fonte di verità, rifiutando viceversa di credere ai decreti dei concili; su questa base, il protestantesimo aveva poi proceduto all'espulsione, dalla fede e dalla prassi della Chiesa, di tutto ciò che non era esplicitamente menzionato nel Nuovo Testamento, in modo da far tornare la Chiesa stessa alla purezza dei tempi apostolici. Il Concilio di Trento, al contrario, proclamò che tutta una serie di **dottrine** (il purgatorio, ad esempio), di **pratiche** (le indulgenze, i pellegrinaggi, la venerazione delle reliquie) e di **riti**, anche se non erano esplicitamente presenti nella Bibbia dovevano essere accolti con pari reverenza rispetto a quelli testimoniati nella Scrittura. Si diceva, inoltre, che quelle dottrine e quelle pratiche, considerate a pieno titolo di origine apostolica, erano state «conservate con successione continua nella Chiesa cattolica». Insomma, a fronte del luterano *sola Scrittura*, il cattolicesimo oppose il **rispetto e la riverenza per la tradizione della Chiesa**. A un protestantesimo tendenzialmente *individualista* (che insiste sul rapporto diretto e personale dell'uomo con Dio), quindi, fu contrapposta la **Chiesa** come elemento centrale dell'esperienza religiosa e **onnipresente mediatrice del rapporto con il divino**.

> Rispetto per la tradizione della Chiesa

3.4 Una riforma morale per preti e vescovi

Affermando la centralità della Chiesa e il ruolo essenziale del sacerdozio, il Concilio non poteva ignorare che molti rappresentanti del clero svolgevano la loro missione in modo del tutto inadeguato sotto il profilo morale. A Trento, quindi, i vescovi non si occuparono solo di questioni dottrinali, ma presero anche provvedimenti riguardanti la figura del sacerdote, che venne rimodellata secondo principi che durano fino ai giorni nostri. È quella che viene chiamata **Riforma cattolica**, che procedette in parallelo alla cosiddetta **Controriforma**.

> Nuovi principi per i sacerdoti

In primo luogo venne fissato con estremo rigore, per **vescovi e preti**, l'**obbligo di residenza nelle diocesi e nella parrocchie** di cui erano responsabili; con questa decisione si voleva garantire la presenza fisica della guida spirituale alle comunità: del resto, sia ai vescovi sia ai parroci, si faceva obbligo di predicare di persona, vietando la possibilità di farsi sostituire, se non in caso di grave e legittimo impedimento. In sottofondo, si vede inoltre la **volontà di impedire il** cosiddetto **cumulo dei benefici**, cioè la possibilità di essere

↑ Anonimo, *Sei cardinali che partecipano al Concilio di Trento*, XVI secolo (Salerno, palazzo arcivescovile).

Le parole

Riforma cattolica e Controriforma

Lutero non fu il primo a tentare una riforma della Chiesa, cioè a intraprendere un'opera finalizzata a riportare la Chiesa alla sua perfezione originaria, al tempo dei primi apostoli. Tuttavia, Lutero e Calvino – decisi a eliminare tutte le credenze e i riti non attestati in modo esplicito dal Nuovo Testamento – furono i riformatori più radicali. La loro sfida obbligò la Chiesa a riorganizzarsi; la risposta di tipo repressivo (per contrastare la diffusione del protestantesimo) è detta correntemente *Controriforma*. Invece, a volte gli storici usano la formula *Riforma cattolica* per indicare il complesso degli interventi finalizzati a migliorare la formazione del clero, a controllare la moralità dei sacerdoti e a potenziare l'istruzione religiosa dei fedeli.

titolari di più diocesi (o di più parrocchie), in modo da godere delle rendite finanziarie provenienti da ognuna di esse. Poiché tale prassi, prima della Riforma, era molto diffusa e coinvolgeva soprattutto l'alto clero, i cui esponenti provenivano da famiglie aristocratiche, in molte regioni cattoliche questo decreto fu accolto con ostilità e resistenza.

> **Istruzione e celibato per i preti**

Per migliorare l'istruzione dei preti, **furono istituiti i seminari**, cioè scuole in cui chi aspirava al sacerdozio riceveva un'istruzione che lo rendesse idoneo alla funzione che avrebbe dovuto svolgere. Con estrema radicalità, inoltre, venne ribadito che il **prete cattolico non poteva sposarsi** (il che, tra l'altro, l'avrebbe immediatamente distinto dal pastore protestante). Ai vescovi, invece, fu imposto di **compiere periodiche visite pastorali** in tutte le parrocchie della loro diocesi, per controllare la qualità della predicazione e la moralità della vita dei preti. Negli anni successivi al Concilio, diversi vescovi percorsero in lungo e in largo le terre di cui avevano la responsabilità religiosa; scoprirono, soprattutto, che un gran numero di preti era molto ignorante e teneva regolarmente in casa donne, da cui spesso aveva avuto figli. I vescovi più zelanti (e tra questi deve senz'altro essere ricordato **Carlo Borromeo**, arcivescovo di Milano dal 1560 al 1584) intervennero senza mezze misure, allontanando queste donne e obbligando il proprio clero a uno stile di vita più consono alla nuova missione che il Concilio assegnava al sacerdozio.

3.5 L'Inquisizione, un tribunale ecclesiastico contro gli eretici

I provvedimenti della Chiesa, nella seconda metà del Cinquecento, ebbero due obiettivi principali: da un lato, quello di riformare il clero, in modo che gli uomini impegnati nella predicazione fossero più preparati e competenti rispetto al passato, dall'altro, quello di arginare la diffusione del protestantesimo. Per raggiungere il primo obiettivo, fu messo a punto un nuovo strumento, il *Catechismo romano*: questo testo, rimasto in vigore per oltre quattro secoli, era un manuale rivolto ai sacerdoti e pensato come guida nell'insegnamento della dottrina ai laici.

> **VEDI** Le origini del tribunale dell'Inquisizione → pag. 117

Riguardo al secondo obiettivo, venne istituito il cosiddetto ***Indice dei libri proibiti***, un lungo elenco di testi condannati dalla Chiesa. Chiunque leggesse, o possedesse, uno di quei volumi, poteva essere accusato di eresia e processato. In Italia, tale compito fu assegnato a un tribunale dell'Inquisizione, profondamente rinnovato rispetto al passato.

→ La ruota, uno dei più terribili strumenti di tortura usati durante il periodo dell'Inquisizione.

All'inizio del Cinquecento, si era imposta l'idea secondo cui la repressione dell'eresia era di competenza dell'autorità politica; l'eretico, in effetti, era considerato da tutti i sovrani un sedizioso, cioè un ribelle, che metteva in pericolo la stabilità dello Stato e l'ordine costituito. Così, Carlo V era intervenuto contro Lutero e il re di Francia Francesco I, nel 1534, aveva assegnato ai tribunali del re il compito di punire i protestanti. Questa idea era diffusa anche in Italia, ma le autorità dei numerosi Stati della Penisola furono convinti dal papato che la lotta contro l'eresia sarebbe stata assai più efficace se condotta da un organismo centralizzato, diretto da Roma.

> Un organismo centralizzato

Il **nuovo tribunale dell'Inquisizione** (chiamato anche **Sant'Uffizio**) venne istituito nel **1542**; rispetto al passato, la differenza principale consisteva nel fatto che i tribunali inquisitori medievali erano, in genere, alle dipendenze di un vescovo (o di un'altra autorità locale), mentre in questo caso **ogni decisione importante veniva presa a Roma**. I vari Stati, però, non delegarono al nuovo istituto ogni competenza sugli eretici del proprio territorio; a Venezia, soprattutto, la Repubblica riuscì a imporre la presenza di propri rappresentanti agli interrogatori e nelle altre fasi dei processi più importanti. Spesso, inoltre, le autorità veneziane commutarono nel carcere a vita sentenze di morte emesse dall'Inquisizione oppure procedettero a esecuzioni discrete e nascoste (per annegamento, di notte), là dove il Sant'Uffizio avrebbe invece voluto atti pubblici, diretti ad ammonire e a spaventare le masse.

Storia e letteratura
Tasso e la cultura controriformista

3.6 I processi dell'Inquisizione

I processi per eresia, nel Cinquecento, si svolgevano in genere secondo regole molto precise. L'accusato veniva convocato dal tribunale, ma non gli veniva rivelato il capo d'accusa; in questo modo era quasi impossibile, per lui, formulare e argomentare la propria difesa. Per ottenere la **confessione delle colpe**, che era l'obiettivo dell'interrogatorio, si ricorreva anche alla **tortura**: l'uso di questo strumento, rigidamente regolamentato, si basava sul principio secondo cui **Dio avrebbe assistito l'innocente**, aiutandolo a non confessare il falso, mentre non avrebbe aiutato il colpevole, il quale avrebbe finito per rivelare le sue colpe.

Se le prove emerse nell'interrogatorio non erano sufficienti per una condanna, l'individuo doveva sostenere la cosiddetta **abiura**: un'umiliante cerimonia pubblica nel corso della quale doveva proclamare la propria retta fede e rinnegare (abiurare) tutti gli errori dottrinali di cui era stato sospettato. Va precisato, tuttavia, che in caso di nuova imputazione l'abiura non era più concessa: l'eretico ricaduto nel medesimo errore, era sempre, nel secondo processo, condannato.

Qualora il tribunale avesse trovato la persona colpevole, la pena inflitta dipendeva dalla pesantezza dell'infrazione; ad esempio, alla gente di campagna che praticava riti superstiziosi o continuava a prestare fede ad antiche credenze pagane erano imposte penitenze più o meno severe a seconda dei casi. Gli

← La macchina della tortura in funzione durante l'interrogatorio dell'imputato da parte dell'Inquisizione.

I provvedimenti disciplinari del Concilio di Trento

Schema proiettabile

RIFORMA DELLA CHIESA	REPRESSIONE DELL'ERESIA
Divieto di cumulare i benefici e obbligo di residenza per i vescovi e per i parroci	Rigido controllo sulla lettura personale della Bibbia da parte dei singoli
Istituzione dei seminari per la formazione del clero	Istituzione dell'*Indice dei libri proibiti*
Visite pastorali dei vescovi, per controllare la qualità del clero	Riorganizzazione del tribunale dell'Inquisizione
Stesura del *Catechismo romano* contenente i principi fondamentali della dottrina cattolica	Luoghi di culto imponenti, decorati con molte immagini sacre (statue e quadri)

RIFERIMENTO STORIOGRAFICO 5
Il cardinale Giovanni Morone, tra Modena e l'Europa
→ pag. 365

eretici veri e propri, invece, erano *consegnati al braccio secolare* (cioè alle autorità dello Stato), perché venissero uccisi; in teoria, la pena prevista per coloro che avevano abbandonato la fede cattolica e diffuso i loro errori fra il popolo cristiano era il **rogo in pubblico**. Poteva tuttavia capitare (come si è già detto) che le autorità ritenessero più opportuno procedere a esecuzioni più discrete, il che accadeva quando il condannato era di elevato rango sociale oppure quando si temevano dei tumulti popolari.

zoom

Giovanni Morone, un vescovo accusato di eresia

Intorno alla metà del XVI secolo, bastava veramente poco, per essere sospettati di eresia, come dimostra il caso del cardinale Giovanni Morone, vescovo di Modena, che negli anni Trenta svolse un decisivo ruolo di mediazione, tra il papa e l'imperatore. Incaricato di numerose missioni diplomatiche presso la corte di Vienna, Morone era entrato a diretto contatto con l'esplosiva situazione tedesca e aveva compreso in breve tempo che la repressione, da sola, non avrebbe mai ricucito lo strappo apertosi con le *tesi* di Lutero, perché il monaco ribelle aveva sollevato una serie di veri problemi, molto sentiti da tutte le coscienze cristiane più sensibili del tempo. Tali questioni erano di tipo morale (si pensi al comportamento scandaloso e mondano di vari papi, all'inizio del Cinquecento), disciplinare (molti preti erano ignoranti, così come numerosi vescovi non erano all'altezza del loro compito di guide della Chiesa, a livello locale) e perfino teologico, in quanto il senso del peccato e il timore della punizione eterna generavano angosce e frustrazioni, che trovavano sfogo nel culto mariano o nella venerazione delle reliquie dei santi.

Morone cercò sempre il dialogo, con i protestanti, seguendo una procedura che – con il passar del tempo – fu ritenuta sempre più sospetta da Gian Pietro Carafa, il cardinale che sosteneva nel modo più coerente la necessità della linea dura: «Li heretici si voleno trattare da heretici», soleva dire, insistendo sul fatto che i dissidenti dovevano sottomettersi, oppure essere schiacciati. Quando Carafa divenne papa (nel giugno 1555) con il nome di Paolo IV, il tribunale dell'Inquisizione aprì formalmente un'inchiesta contro Morone, in virtù del suo «heretico spirito di cercar d'accordare fra catholici et heretici». Egli fu addirittura arrestato e detenuto a Castel Sant'Angelo dal 1557 al 1559. Solo la morte di Paolo IV pose fine al procedimento, che si concluse con una solenne assoluzione per Morone, proclamata il 13 marzo 1560.

← Ritratto del cardinale Giovanni Morone, prima metà del XVIII secolo, artista ignoto (Bologna, Quadreria dell'Università).

PERCORSI TRA FILOSOFIA E STORIA

Giordano Bruno

Insofferenza per la rigidità della Chiesa

A partire dal XVIII secolo, Giordano Bruno (1548-1600) è diventato un **simbolo del libero pensiero**: particolare rilevanza assumeva, per tutti gli avversari della Chiesa cattolica, la sua esecuzione, avvenuta in Campo de' Fiori, a Roma, in seguito alla condanna del Sant'Uffizio. Bruno nacque a Nola e ricevette come nome di battesimo quello di Filippo; entrato in convento nel 1565, assunse, com'era prassi, un nuovo nome, quello di Giordano, con cui venne universalmente conosciuto. Spirito inquieto, non sopportò a lungo di sottostare alla rigida autorità dottrinale della Chiesa della Controriforma; pertanto, iniziò una vita errabonda, che lo portò in varie terre d'Europa, **a contatto con la nuova cultura protestante** e, soprattutto, **con i più coraggiosi e innovativi scienziati** del suo tempo. Le sue posizioni radicali, ben presto, furono duramente censurate non solo dalla Chiesa cattolica, ma anche da luterani e calvinisti (che lo paragonavano a Serveto). Tornato in Italia, si stabilì a Venezia, illudendosi di essere al sicuro; in realtà, fu denunziato dal suo stesso protettore, il nobile Giovanni Mocenigo, e consegnato all'Inquisizione. Il processo vero e proprio iniziò nel 1593; avendo rifiutato di abiurare le proprie concezioni filosofiche, venne **condannato al rogo** l'8 febbraio 1600. La sentenza fu eseguita una settimana dopo, il giorno 17 febbraio.

↑ Il sistema eliocentrico di Copernico.

↑ Monumento a Giordano Bruno (Pietrasanta).

Panteismo e nuove concezioni scientifiche

Bruno era molto **critico nei confronti della fede cristiana, sia cattolica sia riformata**, perché ai suoi occhi era dogmatica e intollerante, nella sua volontà di imporre un'unica verità rivelata. Per certi versi, si può affermare che Bruno contrappose al cristianesimo una **religione alternativa**, di tipo **panteista**, che si ispirava al mondo egizio e al neoplatonismo pagano, e si proponeva di raggiungere una conoscenza più profonda dell'universo e dei suoi misteri. Secondo Bruno, tutto è vivo, Dio è immanente (non trascendente, rispetto al cosmo) e la vita stessa dell'universo coincide con la vita divina. Di qui ad affermare che l'universo (come Dio) era infinito, il passo era breve. Giordano Bruno aderì con entusiasmo alla **nuova concezione eliocentrica** del cosmo, proposta per la prima volta dall'astronomo polacco Niccolò Copernico, in un testo uscito nel 1543; tuttavia, a differenza di questi, Bruno osò affermare che l'**universo era infinito e composto da un numero illimitato di *mondi***, uno dei quali era, appunto, il nostro sistema solare.

CULTURA CIVILTÀ E RELIGIOSITÀ

4

Storia slide

La **Riforma** in **Italia**

Le conoscenze da acquisire	Le competenze da potenziare
In Italia, la diffusione delle idee riformate venne bloccata dalla Chiesa cattolica, che tuttavia dovette affrontare numerosi focolai di dissidenza religiosa in varie città della Penisola.	Saper cogliere l'interazione tra mentalità religiosa e contesto sociale all'interno di varie regioni italiane.

4.1 Venezia, porta del luteranesimo tedesco

> Il giudizio di Machiavelli

L'Italia, all'inizio del XVI secolo, non faceva eccezione rispetto agli altri Paesi europei riguardo a corruzione dei monaci, assenteismo degli alti prelati, ignoranza del clero; spiccavano, inoltre, lo sfarzo e la mondanità del papato. Tra coloro che presero posizione contro questo stato di cose, ricordiamo Niccolò Machiavelli, il quale certo non fu uno spirito particolarmente religioso, né aveva a cuore un ritorno alle origini della fede, alla Bibbia e alla Chiesa degli apostoli. Anche se le sue motivazioni non erano strettamente religiose, il suo giudizio sui preti e sulla Chiesa era drastico: avevano fatto diventare gli italiani «sanza religione e cattivi».

↑ Leandro da Ponte, detto Leandro Bassano, *Riva degli Schiavoni a Venezia*, 1575 circa (Madrid, Accademia di San Fernando).

> **Libri proibiti portati dai mercanti**

Negli anni Venti, le idee e le ragioni della Riforma trovarono ampia diffusione anche in Italia. Così, a partire dal 1524, alcuni audaci **tipografi veneziani cominciarono a stampare clandestinamente gli scritti di Lutero tradotti in italiano**; i moltissimi **mercanti** che frequentavano il Fondaco dei tedeschi, infatti, agevolarono la **circolazione dei testi fuori dalla Germania**. Questi libri erano severamente proibiti: così, per aggirare i controlli più superficiali, il nome che compariva sul frontespizio non era quello del loro vero autore, bensì quello di Erasmo, ad esempio, oppure di autori inventati.

La situazione, tuttavia, doveva essere effettivamente abbastanza seria, se un decreto emanato nel 1538 menzionava ben 42 titoli di libri circolanti clandestinamente all'interno di Milano e del territorio circostante. Inoltre, le autorità ecclesiastiche mostrarono di essere del tutto impreparate di fronte a un altro fenomeno inedito: la rapidissima diffusione, tra la gente comune, della tendenza a dibattere delicate questioni teologiche. In effetti, come riferisce sdegnato il vescovo di Verona nel 1553, le «persone basse» avevano preso l'abitudine di discutere di problemi religiosi nelle circostanze e nei luoghi più impensati: «per le piazze, per le botteghe, per le taverne et insino per li lavatoi delle donne».

> **Diffusione della fede riformata**

In un primo tempo, i **timori della Chiesa si concentrarono su Venezia**, ove la nuova fede fece diversi proseliti non solo tra umili arrotini, liutai, pollivendoli e sarte (come recita un processo del 1533), ma anche tra i rampolli di alcune tra le più prestigiose e nobili famiglie della Repubblica. Peggio ancora, la causa della Riforma trascinò a sé il vescovo di Bergamo Vittore Soranzo e il patriarca di Aquileia Giovanni Grimani, mentre città importanti come Vicenza e Padova (sede di una prestigiosa università, e quindi di appassionati dibattiti intellettuali) sono descritte rispettivamente come «molto infetta di queste nove opinioni contra l'honor de Dio» e «piena di heretici», negli anni Cinquanta.

> **VEDI** Cattolici e ugonotti in Francia → pag. 414

In questo momento storico, tuttavia, pareva ormai del tutto tramontata non solo l'ipotesi che **Venezia** aderisse al protestantesimo e si trasformasse nella ***porta della Riforma* in Italia**, ma anche la possibilità che la Repubblica continuasse la politica di indifferenza, omertà e neutralità, che di fatto la caratterizzò per circa trent'anni. Le autorità veneziane rimasero profondamente colpite dalla disfatta dei principi luterani a Mühlberg, a opera di Carlo V (1547) e dall'inizio degli scontri per motivi religiosi in Francia (1562). Questi due eventi misero in luce che **uno Stato privo di omogeneità confessionale rischiava la disintegrazione e la guerra civile**. Pertanto, 1400 volumi eretici furono dati alle fiamme a Rialto nel 1548, mentre nel 1556 furono autorizzate le prime estradizioni a Roma di individui accusati di eresia dall'Inquisizione (tali soggetti, tuttavia, non erano cittadini della Repubblica, bensì stranieri). Infine, con un decreto del 1564, le autorità veneziane si impegnarono solennemente a ripulire il loro Stato da «quella mala sorte di huomeni che seguono le nuove opinioni in materia di religione, le quali non possono essere salvo che scandalo delli huomeni catholici christiani et di perturbatione della Signoria nostra».

← Aldo Manuzio, grande tipografo ed editore veneziano, vissuto tra XV e XVI secolo.

4.2 Le idee protestanti si diffondono

Nel resto dell'Italia settentrionale, le fonti ricordano la presenza di numerosi eretici a **Cremona** (vero epicentro del dissenso religioso lombardo), **Mantova** e **soprattutto Ferrara**; in quest'ultima città, un nutrito gruppo di protestanti trovò a lungo protezione e rifugio grazie alla presenza della duchessa Renata, francese di origine e calvinista dichiarata. Calvino stesso, nel 1536, per un breve periodo soggiornò a Ferrara, ove il duca Ercole II d'Este non approvava la «mala religione» della moglie e minacciò di mandarla sotto processo. La duchessa fu rinchiusa nelle proprie stanze, mentre dall'ambiente di corte furono cacciati numerosi dei «lutherani ribaldi che tenevano infestata tutta questa città», come recita un commentatore del tempo. Tuttavia, la situazione tornò alla normalità solo dopo la morte del duca e il ritorno della vedova in Francia, nel 1559.

Percorsi di storia locale
La riforma in Italia e il caso di Modena

In Italia centrale, **Modena** fu definita da un principe protestante tedesco come la «sola benedica in Italia», (cioè la città più "benedetta" dalla riforma religiosa) in virtù dell'elevato numero dei suoi cittadini che, in un primo tempo, aderirono alla nuova fede. Nei confronti di Modena, le autorità cattoliche usarono spesso espressioni durissime, come «**eretica marza**» (**eretica marcia**) e «**infetta del contagio de diverse heresie come Praga**». Nel giro di qualche decennio, però, la consistente comunità riformata fu dispersa dalla sistematica attività dell'Inquisizione locale.

> **Romagna e Toscana**

Ci viene poi testimoniata la presenza di numerosi eretici in Romagna (ad esempio a Imola e Faenza) e soprattutto a Siena e a Lucca. Per quanto minacciati dall'espansionismo dei Medici, questi due centri toscani erano ancora città autonome e libere, il che spiega la riluttanza delle magistrature locali ad accettare l'intervento di qualsiasi autorità esterna, non esclusa l'Inquisizione. Senese fu uno dei più celebri predicatori itineranti della prima metà del XVI secolo, **Bernardino Ochino**, che nel 1541, fuggì a Ginevra; lucchese invece fu un altro celebre fuggiasco, rifugiatosi anch'egli nella città riformata svizzera: **Giovanni Diodati, noto per un'eccellente traduzione della Bibbia in volgare italiano**, pubblicata nel 1607. Sia a Siena che a Lucca, numerosi giovani delle famiglie più in vista della città, o comunque esponenti del patriziato locale aderirono alla Riforma, prima che la repressione cattolica colpisse in modo sempre più pesante e sistematico, a partire dalla fine degli anni Quaranta.

Al Sud e in Sicilia, i gruppi organizzati furono meno numerosi, ma comunque non mancano segnalazioni di libri proibiti a Napoli o a Palermo, insieme a denunce a singoli intellettuali che a titolo personale condivisero uno o più principi del luteranesimo o del calvinismo.

→ A sinistra, il riformatore eretico senese Bernardino Ochino.
A destra, Giovanni Diodati (teologo italiano nato in Svizzera e di fede protestante), incisione di Wenceslaus Hollar (Londra, National Portrait Gallery).

Menocchio, il mugnaio eretico

Partiamo dalla fonte

Per gran parte del XX secolo, gli storici discussero in maniera molto accesa sulla possibilità di avvicinarsi, **nel passato remoto**, a **singole personalità** che appartenessero ai **ceti subalterni** e alle classi sociali più basse.

Il grande studioso francese François Furet negava a priori la possibilità di una simile conoscenza, affermando che le fonti in nostro possesso erano troppo scarse e poco affidabili.

Al massimo, ci si doveva accontentare di visioni d'insieme, di approcci quantitativi che prendessero in considerazione le masse, rinunciando alla possibilità di incontrare delle autentiche individualità. Lo storico italiano **Carlo Ginzburg**, invece, si propose di dimostrare il contrario, analizzando in maniera raffinata e approfondita **le carte del tribunale dell'Inquisizione di Udine**; in particolare, da quell'esame, emerse il caso di Domenico Scandella (detto **Menocchio**), che fu denunciato al Sant'Uffizio nel 1583 e condannato al rogo come eretico nel 1601.

Ricostruiamo il caso

Di Menocchio sappiamo che aveva 52 anni nel momento in cui venne arrestato (se questa notizia fosse vera, sarebbe nato nel 1532) e che viveva a Montereale, un piccolo paese situato 25 chilometri a nord di Pordenone, in Friuli. Era sposato e aveva sette figli, ma altri quattro gli erano morti. Dato che, di professione, era mugnaio, di solito vestiva di bianco. Il dato più singolare consiste nel fatto che, pur essendo un uomo di condizione modesta, **sapeva leggere, scrivere e far di conto**. Inoltre, per quanto parecchie persone, nel suo villaggio, lo prendessero in giro, amava discutere in pubblico di questioni religiose, tant'è che nell'atto d'accusa steso contro di lui si dice che aveva pronunciato **parole «ereticali e empissime» a proposito di Cristo, di Dio e della Chiesa**. Più in particolare, mentre alcuni testimoni riferirono di aver sentito negare esplicitamente il miracolo della nascita virginale («Che credevù, che Giesu Cristo sia pasciuto dalla vergine Maria? Non è possibile che l'habbia parturito et sia restata vergine»), lui stesso dichiarò, durante il primo interrogatorio, che «tutti semo fioli de Dio, e di quella istessa natura che fu quel che fu crocifisso; et era homo come nui altri, ma di maggior dignità».

Organizziamo le informazioni fondamentali

È assolutamente impossibile ricondurre le idee di Menocchio a una qualsiasi confessione religiosa: non è possibile, ad esempio, bollarlo come luterano o anabattista, dato che il mugnaio friulano rifiutava qualsiasi Sacra Scrittura rivelata e credeva nelle buone opere come unico e vero elemento centrale dell'esperienza religiosa. Cristo viene guardato con notevole rispetto, ma solo perché viene considerato un perfetto modello di comportamento. Nei suoi discorsi, **Menocchio non si vantò mai di aver avuto rivelazioni o illuminazioni**; al contrario, pose l'accento solo sulla propria ragione. In effetti, è **frutto solo dell'osservazione e della razionalità** la singolare teoria che Menocchio elaborò a proposito dell'origine dell'universo, che a suo giudizio nacque secondo un processo

↑ Gerolamo Romanino, *Natività*, 1525 (Brescia, Pinacoteca Tosio Martinengo).

analogo a quello con cui si produce il formaggio: «Tutto era un caos, cioè terra, aere, acqua et foco insieme; et quel volume andando così fece una massa, aponto come si fa il formazo nel latte». Da quella massa informe, come nel caso del formaggio si generano i vermi, così nacquero anche gli angeli e Dio stesso. In sintesi, pur essendo di fronte a un soggetto di bassa estrazione sociale, siamo di fronte a un tentativo di spiegazione filosofica dell'universo, in cui **materialismo, razionalismo ed etica** si fondono in un tutto coerente e lanciano una formidabile sfida alla cultura religiosa dominante.

4.3 *Il beneficio di Cristo*, un diverso approccio teologico

Alla fine del Cinquecento, la maggior parte dei gruppi e degli intellettuali che in Italia avevano abbracciato la Riforma si indirizzò verso Ginevra e il calvinismo. Invece, nei decenni precedenti, i protestanti italiani avevano assunto una posizione decisamente diversa, dal punto di vista teologico, rispetto alle tendenze del protestantesimo europeo. La **religiosità riformata italiana** si caratterizzò per un forte **eclettismo**, vale a dire per la disponibilità ad accogliere e mescolare **elementi di diversa origine** e matrice, che nel resto d'Europa erano **considerati incompatibili** tra loro. In generale, quello che veniva cercato era una **religiosità intensa**, sotto il profilo spirituale, **ma sobria**, unita allo sforzo di strappare al clero il *monopolio della gestione* della vita religiosa, che lo storico Massimo Firpo ha definito «volontà di riappropriazione del sacro, sottratto al controllo clericale».

> **Eclettismo dei riformati italiani**

Nel 1543, a Venezia apparve per la prima volta, in forma anonima, un libretto intitolato ***Il beneficio di Cristo***, che negli anni seguenti avrebbe avuto un successo strepitoso. Nel 1549, un vescovo veneto scriveva che, a suo giudizio, nei sei anni precedenti ne erano state vendute 40 000 copie solo a Venezia. Può darsi che tale cifra sia esagerata; resta che tale volume è regolarmente citato in innumerevoli processi, a testimonianza della sua ampia diffusione nell'Italia del XVI secolo. Si trattava di un testo molto particolare, sotto il profilo teologico; infatti, da un lato non si lasciava mai andare ad alcuna polemica contro il papa o contro la Chiesa, ma dall'altro presentava la **giustificazione mediante**

> **Un testo diffusissimo**

DOCUMENTI *Il beneficio di Cristo*

I due brevi passi che riportiamo mostrano che gli autori del volumetto *Il beneficio di Cristo* recepirono l'istanza fondamentale della Riforma, cioè il concetto di giustificazione mediante la sola fede. In tal modo, Benedetto Fontanini da Mantova, Marcantonio Flaminio e altri intellettuali italiani per un breve momento si illusero di poter ricucire lo strappo portato all'unità della Chiesa dall'appassionata protesta luterana e dalla speculare intransigenza cattolica.

Del peccato originale e della miseria dell'uomo

La Scrittura santa dice che Dio creò l'uomo ad imagine e similitudine sua, facendolo, quanto al corpo, impassibile [non sottoposto alle sofferenze, *n.d.r.*], e, quanto all'animo, giusto, verace, pio, misericordioso e santo. Ma poiché egli, vinto dalla cupidità del sapere, mangiò di quel pomo proibito da Dio, perdette quella imagine e similitudine divina, e diventò simile alle bestie e al demonio, che l'avea ingannato: perciocché, in quanto all'animo divenne ingiusto, mendace e crudele, impio e inimico di Dio; e, in quanto al corpo, diventò passibile e soggetto a mille incomodi e infermità, né solamente simile, ma ancora [perfino, *n.d.r.*] inferiore agli animali bruti. E, sì come, se gli nostri primi padri fussero stati ubbidienti a Dio, ci averebbero lasciato, come cosa ereditaria, la loro giustizia e santità; così, essendo stati disubbidienti a Dio, ci hanno lasciato per eredità la ingiustizia, la empietà e l'odio loro verso dio: di modo che è impossibile che con le forze nostre possiamo amar Dio e conformarci con la sua volontà, anzi li siamo inimici, come a quello che, per esser giusto giudice, punisce li peccati nostri, né ci possiamo mai fidar della sua misericordia. Insomma questa nostra natura per lo peccato di Adamo tutta si corruppe e, sì come prima era superiore a tutte le creature, così divenne suggetta a tutte, serva del demonio, del peccato e della morte, e condennata alle miserie dello inferno.

ANALIZZA IL TESTO

- → Quali sono gli «incitamenti amorosi [...] che muovono i veri cristiani alle buone opere»?
- → Perché il cristiano giustificato per fede, in caso di ricaduta nel peccato, non deve disperare della salvezza eterna?

↑ Sebastiano Luciani, *Ritratto del cardinale inglese Reginald Pole*, 1543-1545 (San Pietroburgo, Museo dell'Ermitage).

la sola fede e perfino la **predestinazione** come gli **strumenti privilegiati** scelti dalla **grazia** e dalla **misericordia di Dio**, al fine di salvare tutti gli uomini. In tal modo, il testo accoglieva il nucleo centrale del messaggio riformato, interpretando l'universale ansia diffusa tra i cristiani comuni per la prospettiva della dannazione eterna, ma spogliava tale messaggio rassicurante di qualsiasi contenuto anticattolico e antiromano.

Questa ambigua prospettiva teologica si comprende tenendo conto della genesi dell'opera, che fu composta nel 1540 dal monaco Benedetto Fontanini da Mantova e completata due anni più tardi da Marcantonio Flaminio, che viveva a Viterbo, nella casa del cardinale inglese **Reginald Pole**. Fu Pole, insieme al cardinale **Giovanni Morone**, a promuovere la pubblicazione del *Beneficio* nel 1543. Negli stessi anni, i due cardinali stavano cercando di gestire la faticosa convocazione del Concilio che avrebbe dovuto affrontare tutti i problemi sollevati dalla rivolta di Lutero. Tuttavia, Pole e Morone **concepivano il Concilio come un'importante e significativa opportunità di discussione**, non come un'assemblea incaricata solo di condannare gli eretici e di ribadire o al massimo precisare le tradizionali verità cattoliche. Per Morone e per Pole, occorreva dare una risposta credibile alle diffuse ansie religiose dei credenti e trovare soluzioni dottrinali di compromesso, accettabili da entrambe le parti, per evitare la definitiva rottura dell'unità cristiana.

A Trento, il loro progetto fu completamente sconfitto; anzi, di lì a poco il *Beneficio* fu inserito nell'Indice dei libri proibiti.

Due opinioni sulla giustificazione

Ora giudichi il pio cristiano qual di queste due opinioni sia più vera, più santa e più degna di essere predicata: o la nostra, che illustra il beneficio di Cristo e abbassa l'arroganza umana, che vuole esaltar le sue opere contra la gloria di Cristo; o l'altra, la quale, dicendo che la fede per se stessa non giustifica, oscura la gloria e il beneficio di Cristo e inalza la superbia umana, la quale non può patire [accettare, sopportare, *n.d.r.*] di essere giustificata *gratis* per Iesù Cristo Signor nostro.
Oh mi diranno: – È pur grande incitamento alle buone opere il dire che l'uomo per esse si fa giusto appresso Dio –.
Rispondo che ancora noi confessiamo che le buone opere sono grate a Dio e ch'egli per mera sua liberalità le remunera in paradiso; ma diciamo che quelle sono veramente buone opere, come dice ancora sant'Agostino, le quali sono fatte da li giustificati per la fede; perché, se l'albero non è buono, non può far frutti buoni. Oltre che, i giustificati per la fede, conoscendosi giusti per la giustizia di Dio, eseguita in Cristo, non fanno marcantanzia [non contrattano, non mercanteggiano, *n.d.r.*] con Dio delle buone opere, pretendendo con esse di comprar da lui la giustificazione; ma, infiammati dello amore di Dio e desiderosi di glorificare Cristo, il qual gli ha giustificati, donandogli tutti i suoi meriti e tutte le sue ricchezze, attendono con ogni studio a fare la volontà di Dio, e combattono virilmente contro allo amor proprio e contro al mondo e al diavolo. E, quando cadono per fragilità della carne, risurgono tanto più disposi [desiderosi, *n.d.r.*] di bene operare e tanto più inamorati del suo Dio, considerando che li peccati non gli sono imputati da lui per la loro incorporazione in Cristo, il quale ha soddisfatto per tutti i membri suoi [per tutti gli uomini, *n.d.r.*] sul legno della croce e sempre intercede per essi appresso al Padre eterno [...]. Questi incitamenti amorosi sono quelli che muovono i veri cristiani alle buone opere, i quali, considerando che sono diventati per la fede figliuoli di Dio e partecipi della natura divina, sono incitati dallo Spirito santo, che abita in essi, a vivere come si conviene a figliuoli di un tanto Signore, e si vergognano di non servare il decoro della loro celeste nobiltà, e però mettono ogni studio nella imitazione del loro primogenito fratello Iesù Cristo, vivendo in somma umiltà e mansuetudine, cercando in ogni cosa la gloria di Dio, ponendo l'anima per gli fratelli, facendo bene alli nemici, gloriandosi nelle ignominie e nella croce del nostro Signore Iesù Cristo.

B. FONTANINI DA MANTOVA, M. FLAMINIO, *Il beneficio di Cristo*, Claudiana, Torino 2009, pp. 27-28, 62-64, introduzione e note a cura di S. CAPONNETTO

1 Propaganda anticlericale e uso delle immagini nei primi anni della Riforma

All'inizio del Cinquecento, in Italia e in altre terre d'Europa circolava una nutrita e violenta propaganda diretta contro i pontefici corrotti e immorali, assetati più di potere mondano che di spiritualità. L'inizio della Riforma provocò in Germania una vera inondazione di libelli e fogli volanti, che venivano stampati e venduti a poco prezzo.

Oltrepassato il discrimine del 1517 i testi infamanti affissi o diffusi contro i papi e il clero non solo aumentarono di numero, ma ebbero garantita una vita più lunga e complessa e un risalto più importante. Mentre l'apporto di Pietro Aretino conferiva al genere letterario un tono maggiormente graffiante, liberandolo definitivamente dal suo ufficio originario di esercizio scolastico, l'asprezza crescente del dibattito politico all'interno della Chiesa trovava nelle scritture satiriche un luogo preferenziale per manifestarsi. Le critiche più severe, i biasimi più feroci potevano essere espressi con il linguaggio dell'irrisione e del vituperio. Inoltre cominciarono ad avere uno spazio sempre maggiore le immagini, la cui efficacia infamante poteva essere assai più incisiva rispetto allo scritto. La rilevanza della propaganda figurata all'interno della Riforma è notoria: un fiume di opuscoli e fogli volanti illustrati invase allora la Germania esprimendo in forme semplici ed efficaci le posizioni e le scelte riformate, nella loro contrapposizione a quelle romane. È infatti opportuno ricordare con forza che si trattava, come è stato detto, di una propaganda *adversial* [*antagonista*; l'espressione è dello storico inglese R. W. Scribner, *n.d.r.*], che tendeva insomma a deprimere e infamare l'avversario oltre e più che a costruire un'immagine positiva della realtà nuova che si andava creando. Erano soprattutto incisioni su legno, alle quali, come sappiamo, posero mano anche pittori famosi come Lucas Cranach, ma che per essere comprese integralmente non vanno riferite solo alla persona e all'attività del singolo artista, ma devono essere collocate all'interno del genere letterario, figurativo o anche giudiziario a cui appartengono.

Fra i primi a scontrarsi di persona con il potere delle immagini, usate sia per sostenere la causa di Lutero sia per infamare i rappresentanti di quella romana, fu Girolamo Aleandro, quando nel 1520 fu inviato in missione come nunzio alla dieta di Worms, dove il riformatore sassone era stato convocato davanti all'imperatore Carlo V. Lutero non era ancora in città (arrivò nell'aprile 1521, su una caretta a due ruote preceduta da un araldo) ma Aleandro era là dal dicembre precedente, e le sue lettere a Giulio de' Medici – il futuro Clemente VII – consentono di percepire l'atmosfera ribollente che regnava a Worms, e, nello stesso tempo, l'esasperazione del futuro cardinale di fronte a quanto andava vedendo e ascoltando. Colpisce in particolare la sua attenzione alle immagini che gli venivano fra le mani, e che ancor oggi coinvolgono fortemente chi le osserva, e la sua precisa percezione del loro significato e della loro rilevanza. A Roma, scrive, sembrava che non si tenesse nessun conto di ciò che stava accadendo: «quelli che vieneno di Roma divulgano *passim* che a Roma se ne rideno delle cose di Luther et che non si fa stima alcuna», scriveva con irritazione l'8 febbraio; addirittura, era circolata la voce – certo «manifesta bugia»! – che il papa intendesse offrire a Lutero un cappello cardinalizio. E intanto lì a Worms le cose andavano in modo preoccupante. Circolavano immagini di Lutero con la colomba dello Spirito Santo sul capo, e un'altra in cui il monaco appariva con la «diadema irradiata», cioè con l'aureola, «et lo vendono et basciano et portano nel palazzo». Il tono di Aleandro è irato e sprezzante, ma se guardiamo le immagini in cui si riconoscono le sue descrizioni, non si può non rimanere colpiti dal *carisma weberiano* [il ruolo di leader, secondo la classica definizione che il sociologo tedesco Max Weber diede al fascino che alcuni personaggi sono in grado di esercitare sulle masse, *n.d.r.*] di cui esse investono il riformatore. Lutero è rappresentato con l'aureola e la colomba – dunque come un santo ispirato da Dio – in abito monastico, con un'ampia

↑ Frontespizio dell'ultimo libro scritto da Martin Lutero contro il papato, 1545.

L'asprezza crescente del dibattito politico all'interno della Chiesa trovava nelle scritture satiriche un luogo preferenziale per manifestarsi. Le critiche più severe, i biasimi più feroci potevano essere espressi con il linguaggio dell'irrisione

tonsura, la Scrittura in mano, il volto ancora scavato – di lì a poco si sarebbe fatto paffuto! – e lo sguardo fervido levato verso l'alto. La devozione tributata alla sua immagine lo inchiodava definitivamente al ruolo che egli andava assumendo. [...]

Non era tutto. Circolavano anche scritti e immagini di propaganda *antagonista*, che attaccavano personalmente Aleandro. Già l'8 febbraio egli aveva inviato al Medici un libretto «pieno di insulti» contro di lui; si trattava probabilmente dello scritto di Johannes Rhomanus (Johann Römer) intitolato *Der hoch thuren Babeli id est Confusio Pape*, in cui non solo si accusava il nunzio di aver bruciato i libri di Lutero (ciò che di fatto Aleandro faceva col massimo zelo, ritenendo che «questo bruciar di libri è una cosa molto salutar e utile»), ma si sottolineava anche che il motivo di questi roghi era che «egli aveva trovato nei libri di Lutero che lui stesso è un ebreo, e parente di Giuda». In effetti Aleandro teneva molto alle sue nobili origini, e doveva considerare profondamente offensiva l'accusa di essere un ebreo. Altre pesanti satire nei riguardi di Roma, e in particolare della persona del nunzio, apparvero ai primi di maggio, quando Lutero era già partito, mentre i suoi libri e le immagini che lo raffiguravano venivano venduti pubblicamente. [...] Alla fine venne deciso di dare alle fiamme, insieme ai libri di Lutero, anche i libelli famosi, la cui pericolosità cominciava ad apparire manifesta: in luglio, quando già la corte imperiale, e Aleandro con essa, si erano trasferiti ad Anversa, «furno bruciati forsi quattrocento libri de Luter... et insieme diversi libelli famosi et criminosi».

O. NICCOLI, *Rinascimento anticlericale. Infamia, propaganda e satira in Italia tra Quattrocento e Cinquecento*, Laterza, Roma-Bari 2005, pp. 96-103

analizza il brano

- → Come fu valutato dall'inviato pontificio in Germania il potere delle immagini che, in grande quantità, diffondevano esortazioni e appelli a favore della causa luterana?
- → Quale significato simbolico avevano, applicati a Lutero, i simboli dell'aureola e della colomba?
- → Lutero con il volto scavato, Lutero con il volto paffuto: quale diverso messaggio simbolico trasmettevano le due immagini? Per quali motivi si passò dall'una all'altra?

RIFERIMENTI STORIOGRAFICI

2 I *Dodici articoli* dei contadini tedeschi: la *rivoluzione dell'uomo comune*

La grande rivolta dei contadini che esplose nel 1525 è stata definita la *rivoluzione dell'uomo comune*, per distinguerla dalla *rivoluzione dei teologi*, messa in moto da Lutero, che era un professore, come vari altri riformatori tedeschi. La rivolta fu duramente repressa. Tuttavia, per evitare ulteriori e futuri sconvolgimenti, i principi finirono per accettare alcune delle richieste dei contadini.

Cominciando dal giugno 1524 e continuando nel 1525, vaste rivolte scoppiarono nel sud della Germania, coinvolgendo alla fine un numero molto elevato – alcune centinaia di migliaia – di contadini armati, sostenuti spesso dagli artigiani cittadini e dai lavoratori delle miniere così come dai predicatori più importanti e da altri capi spirituali e intellettuali. Queste rivolte trovarono la resistenza armata di alcuni principi, che si erano prima uniti in una coalizione chiamata Lega Sveva. Gravi pene corporali e pecuniarie furono imposte ai capi e ai villaggi che vi avevano preso parte. I contemporanei registrarono 100 000 morti sui campi di battaglia e sulla forca. [...]

All'inizio del 1525 i capi della rivolta contadina diffusero un manifesto, detto dei *Dodici articoli*, rivolto al «lettore cristiano» e pieno di citazioni di autorità scritturali per ognuna delle sue richieste. Nel proemio si affermava che il Vangelo non insegna «altro che amore, pace, tolleranza e unione» e che le richieste dei contadini si basavano su queste virtù, ma che il demonio aveva indotto i nemici del Vangelo a resistere e a rifiutare quelle richieste. Il primo articolo quindi chiedeva che alle singole parrocchie fosse accordato il diritto di scegliersi i loro pastori. Il secondo articolo chiedeva che la colletta della decima sul grano fosse affidata ad amministratori ecclesiastici laici scelti dalle parrocchie, e che fosse impiegata soltanto per pagare il pastore, per servire ai poveri (con quel che rimaneva) e per la difesa militare (con quel che ancora eventualmente rimanesse), «così che nessuna tassa territoriale generale fosse imposta sulla povera gente». La tassa sul bestiame doveva essere abolita allo stesso tempo. L'articolo 3 denunciava «il costume dei signori di considerarci una loro proprietà», pur aggiungendo che «noi obbediremmo volentieri al nostro singolo e giusto signore, assegnatoci da Dio, in ogni cosa appropriata e conforme alla fede cristiana». Gli articoli dal 4 all'11 chiedevano la rimozione delle restrizioni sulla caccia e sulla pesca, la restituzione ai villaggi dei boschi e delle foreste, così che i contadini potessero godere del legnatico [il diritto di raccogliere legna, *n.d.r.*] per le loro costruzioni e per il loro riscaldamento, la riduzione delle prestazioni di lavoro gratuite, l'osservanza da parte dei signori dei termini dei contratti d'affitto

↑ I contadini saccheggiano l'abbazia di Weissenau in un disegno di Abbot Murer, 1525.

che essi avevano pattuito in precedenza, l'adeguamento degli affitti in conformità al prodotto della terra, una riduzione del grado delle sanzioni penali «secondo l'antico diritto scritto e in relazione alle circostanze del caso, e non secondo l'arbitrio del giudice», la restituzione dei pascoli e dei terreni comuni da parte di coloro che se ne erano appropriati e l'abolizione totale delle tasse di successione. L'articolo 12 dichiarava che: «se uno o più di questi articoli fosse in contrasto con la parola di Dio (cosa di cui dubitiamo), allora questo dovrebbe esserci comprovato sulla base della Sacra Scrittura. Noi lo abbandoneremo, quando ciò sia provato con la Bibbia».

Si dovrebbe notare che la maggior parte delle rimostranze di carattere economico dei contadini era diretta contro specifiche pratiche che erano state introdotte solo alla fine del quindicesimo secolo e agli inizi del sedicesimo, quando la situazione economica della nobiltà terriera si deteriorò e molti dei suoi appartenenti ricorsero a mezzi che violavano i diritti anticamente costituiti dei contadini. Tuttavia, alla base della sollevazione stava una nuova concezione rivoluzionaria dell'eguaglianza sociale, fondata sull'idea della fratellanza cristiana. Uno dei più importanti capi della rivolta, Thomas Müntzer, anticipando Karl Marx di tre secoli, dichiarò che: «ognuno dovrebbe ricevere esattamente secondo i suoi bisogni. Ogni principe, conte o signore che rifiuti di far ciò, quantunque solennemente ammonito, dovrebbe essere impiccato o avere troncata la testa». [...] La *rivoluzione dell'uomo comune* contestò il luteranesimo da sinistra. Lutero stesso denunciò entrambe le parti: i contadini per il loro ricorso alla violenza, i principi per il loro diniego [rifiuto, *n.d.r.*] di accogliere le giuste richieste economiche e sociali. [...]

Nella dieta imperiale tenuta a Spira nel 1526, il cosiddetto Grande Comitato, rispondendo alle istruzioni dell'imperatore, diede speciale considerazione alle rimostranze dei contadini. Il *Memoriale concernente gli abusi e i gravami sopra i soggetti*, ad opera del comitato, prese implicitamente come suo punto di partenza i *Dodici articoli*. Esso raccomandò l'abolizione di varie tasse dovute a Roma, dal momento che esse erano pagate soprattutto dalla gente comune e davano «causa alla ribellione e ad altre forme di disobbedienza». Esso raccomandò inoltre certe limitazioni al pagamento della tassa sul bestiame, l'abolizione o la riduzione delle tasse di successione e certe restrizioni delle prestazioni gratuite di lavoro richieste dai signori ai contadini. [...] È dunque sbagliato svalutare la rivolta dei contadini come se essa non si fosse lasciata dietro nessun importante e duraturo cambiamento nel panorama politico e sociale della Germania. La loro sollevazione fu brutalmente repressa, ma molte delle loro rimostranze furono alla fine udite e accolte.

H. J. BERMAN, *Diritto e rivoluzione. II. L'impatto delle riforme protestanti sulla tradizione giuridica occidentale*, il Mulino, Bologna 2011, pp. 99-103, trad. it. D. QUAGLIONI

analizza il brano

- → Che cosa era la Lega Sveva?
- → Spiega l'espressione «autorità scritturali».
- → Spiega l'affermazione secondo cui la rivoluzione dell'uomo comune «contestò il luteranesimo da sinistra».

3 Calvino, dalla Francia a Ginevra

Jean Cauvin (Giovanni Calvino) fuggì dalla Francia nel 1533, allorché il re Francesco I decise di schierarsi in difesa della fede tradizionale e di assumere un atteggiamento intransigente nei confronti di qualsiasi eresia. La principale opera di Calvino, *Istituzione della religione cristiana*, fu composta a Basilea negli anni 1535-1536 e subito si impose come il testo di riferimento del protestantesimo, a livello europeo.

Servendosi delle sue eccezionali doti di organizzazione e di presentazione, Calvino scrisse rapidamente e con efficacia il suo trattato, pubblicandolo (apocrifo) [sotto falso nome, per timore di eventuali persecuzioni da parte delle autorità, *n.d.r.*] nel marzo del 1536, anche se la prefazione portava come data l'agosto dell'anno precedente. Senza dubbio la prima versione della sua opera era relativamente breve, articolata in sei sezioni che riprendevano direttamente la struttura del Piccolo catechismo di Martin Lutero, ma il fatto notevole era che Calvino, che aveva aderito alla teologia evangelica [protestante, *n.d.r.*]

da soli tre o quattro anni, aveva già elaborato i temi principali che avrebbero continuato a caratterizzare la sua teologia in futuro. Nelle edizioni successive, notevolmente ampliate, e nel completo riordinamento che egli fece nel 1559, non molto tempo prima di morire, si trova ancora contenuto tutto il testo originale. La frase d'apertura non fu mai cambiata né spostata, anche se Calvino ne ampliò la portata trasformandola da un semplice riferimento alla «dottrina sacra» (cioè cristiana) all'intera conoscenza umana; sicché, nella versione del 1559 la frase recita: «Quasi tutta la somma della nostra sapienza, quella che tutto considerato merita di essere reputata vera e completa sapienza, si compone di due elementi e consiste nel fatto che conoscendo Dio ciascuno di noi conosca anche sé stesso». Partendo da tale premessa, Calvino salta immediatamente a un altro assunto presente nel suo libro, in cui si esprime un concetto che si rivelò fondamentale dal 1536 in poi: dopo aver contemplato Dio, l'esito dell'esame onesto che conduciamo di noi stessi è destinato a suscitare in noi vergogna. Nessuna delle nostre doti e delle nostre capacità può risollevarci dall'abisso della nostra condizione di esseri fallaci [peccatori, *n.d.r.*], ma soltanto un atto di pura grazia proveniente da Dio. Ritroviamo qui uno dei temi centrali di Agostino, così come del Lutero del *De servo arbitrio.* [...]

Essendo collocata tra le aree culturali francese, tedesca e italiana, all'incrocio delle vie di comunicazione tra il Nord e il Sud dell'Europa, si trattava di un luogo d'incontro naturale

Calvino mantenne la prima prefazione dell'agosto 1535 in tutte le edizioni successive dell'*Istituzione*. Si trattava, infatti, di un appassionato appello rivolto a Francesco I affinché facesse una distinzione tra i sudditi evangelici a lui fedeli [...] e gli anabattisti che si stavano raccogliendo nella città di Münster proprio nel periodo in cui Calvino scriveva il suo trattato. Gran parte degli sviluppi successivi della teologia di Calvino furono destinati a mostrare tutta la differenza che esisteva tra lui e un anabattista; significativamente, la sua *Istituzione* fu il primo testo di fede protestante a presentare una lunga trattazione dedicata al governo civile (anche se nelle edizioni successive egli spostò significativamente l'accento nel corso della discussione di questo tema, allontanandosi dai suoi primi entusiasmi a favore della monarchia). La prefazione di Calvino era tuttavia esempio di una grande illusione. I suoi stessi ambienti evangelici erano strettamente legati alle dimostrazioni aggressive avvenute in Francia [contro la monarchia, rimasta fedele al cattolicesimo, *n.d.r.*]; le sue asserzioni circa il fatto che la disciplina e la sofferenza fossero tratti caratteristici della vera Chiesa costituivano un tema chiaramente anabattista. Durante la sua predicazione a Ginevra dedicata a quel passo cruciale sull'esigenza di obbedire a Dio invece che agli uomini (Atti 5, 29), Calvino stabilì un parallelo infelice quando disse ai suoi ascoltatori di leggere in quelle parole un appello alla resistenza nei confronti dell'ingannevole Chiesa di Roma; ma gli anabattisti «e altri gruppi fantasiosi» si servivano in

↑ Raffigurazione dell'interno del tempio riformato di Lione nel XVI secolo, particolare (Ginevra, Bibliothèque Publique et Universitaire).

modo analogo di quel passo, anche se essi «volevano soltanto governare sé stessi in base alle loro stolte menti, con il pretesto di voler obbedire a Dio». Nel corso del secolo successivo, molti seguaci di Calvino dimostrarono, in effetti, di poter essere distruttivi e politicamente rivoluzionari al pari di qualsiasi anabattista.

Pur non disponendo del senno di poi, il re non si lasciò smuovere dall'appello di Calvino e il giurista della Piccardia [Calvino stesso, *n.d.r.*] fu condannato per il resto della sua vita a guardare con nostalgia alla sua patria da una città che non diventò mai la sua vera casa: Ginevra. [...] Calvino si rendeva conto della potenziale importanza di questa città per la rivoluzione evangelica. Essendo collocata tra le aree culturali francese, tedesca e italiana, all'incrocio delle vie di comunicazione tra il Nord e il Sud dell'Europa, si trattava di un luogo d'incontro naturale per la gente proveniente da tutto il continente, ancor più di Strasburgo, e, oltre tutto, un luogo ideale per infiltrarsi in Francia. Uomo dotato di sensibili antenne politiche, egli poteva avere prontamente apprezzato la configurazione politica presa da Ginevra dopo la sua recente lotta per l'indipendenza: la piccola élite del patriziato cittadino aveva avuto la meglio e non esisteva una struttura di corporazioni in grado di garantire privilegi esclusivi per gli artigiani e i commercianti locali, oltre che d'impedire l'arrivo in città di persone esterne. Gli immigrati, tra cui numerosi rifugiati di orientamento evangelico, provenienti dalla Francia e dall'Italia potevano prosperare a Ginevra e la popolazione cittadina stava cominciando a gonfiarsi grazie ai nuovi arrivati, a tal punto da diventare più grande delle città sue rivali all'interno dei confini svizzeri, Berna e Zurigo. [...]

Una delle strategie volte a fare di Ginevra la base della rivoluzione religiosa internazionale consistette nello sviluppare in città un'attivissima industria tipografica, con un occhio di riguardo al mercato francese. Molti tipografi parigini in esilio lo aiutarono in tale intrapresa, che diventò rapidamente una delle principali fonti d'occupazione a Ginevra, sviluppandone significativamente l'economia e diventando un'ulteriore fonte d'attrazione per gli immigrati. Gli editori ginevrini esportarono in Francia una massa di libri evangelici scritti in volgare, discreti e facili da nascondere, tra i quali spiccava la voluminosa traduzione in francese della *Institutio* del 1542. Una campagna ufficiale tesa a bruciare i libri di Calvino e altri autori, lanciata nel 1544, non ne intaccò molto la distribuzione.

D. MACCULLOCH, *Riforma. La divisione della casa comune europea (1490-1700)*, Carocci, Roma 2010, pp. 274-276, trad. it. C. CORRADI

analizza il brano

- → Secondo Calvino, tutti gli uomini sono peccatori. Per quale strada alcuni di loro possono ottenere la salvezza?
- → Quale industria fiorì a Ginevra, in virtù del fatto che, grazie a Calvino, essa divenne «la base della rivoluzione religiosa internazionale»?

4 Il Concilio di Trento: l'inizio dei lavori

Il Concilio che avrebbe dovuto affrontare i numerosi e gravi problemi che avevano provocato la Riforma si aprì solennemente a Trento il 13 dicembre 1545. Il papa era determinato a controllare l'andamento dei lavori e le decisioni. Per il resto, però, non era affatto chiaro quale direzione esso avrebbe preso e quale metodo avrebbe seguito.

Il 13 dicembre 1545 si tenne a Trento la solenne cerimonia di apertura. Davanti a un pubblico formato prevalentemente da gente del posto – il clero e i nobili trentini con le loro mogli – il numero esiguo dei padri conciliari (21 vescovi e 4 arcivescovi) faceva risaltare la scarsa rappresentatività dell'assemblea: mancava la quasi totalità di un corpo episcopale che, nei soli Paesi fedeli a Roma, superava di gran lunga il migliaio. La partecipazione dei vescovi era regolata dai poteri statali e, nei minori Stati italiani, fortemente influenzata dal papa. Il lavoro che dovevano svolgere a Trento era soggetto a programmi e volontà che non coincidevano con le attese di grandi masse di cristiani, anche se ne dovevano tener conto. Ristrettissima la delegazione francese, scelta personalmente dal sovrano: solo quattro prelati. Francesco I sottolineava così che dal suo punto di vista il concilio era una cosa che riguardava quasi esclusivamente gli affari tedeschi. [...] Del tutto assente ovviamente la Chiesa inglese; il fatto che il papa avesse nominato cardinal legato a Trento un nemico personale di Enrico VIII e suo parente – Reginald Pole – era come una dichiarazione di guerra. Ma il dato fra tutti più notevole fu quello dell'esigua partecipazione iniziale dei vescovi dei territori spagnoli: cinque in tutto, più una delegazione di osservatori che vere e proprie rappresentanze dei corpi ecclesiastici. Tuttavia, bastò la dichiarazione solenne di apertura dei lavori perché la minuscola assemblea in una piccola città alpina diventasse un potere essa stessa, una realtà operante e vivente di cui tenere conto. Da qui l'importanza delle scelte che si dovettero compiere quando si affrontò il regolamento delle discussioni e delle votazioni e si stabilì un programma. [...]

Non che mancassero proposte e suggerimenti; ben chiari erano i motivi per cui si era desiderato un concilio e si era di fatto giunti alla convocazione a Trento. Prima di Lutero, si era chiesto il concilio per la riforma della Curia [il papato e la Chiesa romana, *n.d.r.*], per il rafforzamento dell'autorità episcopale contro i privilegi dei regolari [i monaci e i frati, che spesso potevano sfuggire all'autorità del vescovo, *n.d.r.*], per il rinnovamento della vita e dei costumi del clero, per la pace tra i principi cristiani e la crociata contro i maomettani e per molte altre cose ancora. Dopo l'appello di Lutero, fin dalla Dieta di Norimberga (1523) la richiesta di concilio era stata avanzata dai principi tedeschi (ed era stata ripresa in seguito dall'imperatore) in vista di una riforma della Chiesa che ponesse fine alle controversie religiose. La bolla di convocazione del concilio a Mantova, con cui papa Paolo III dette prova nel 1536 della sua volontà di arrivare alla scadenza rinviata dai suoi predecessori, indicava così gli scopi della futura assemblea: identificazione ed eliminazione degli errori dottrinali (eresie), riforma dei costumi e della vita cristiana, restaurazione della pace tra i principi europei e crociata contro gli infedeli. In realtà era tutt'altro che chiaro quale dovesse essere veramente l'oggetto centrale del futuro concilio: esclusi gli obiettivi della pace e della crociata, che sempre venivano ricordati in questi casi e le cui leve non erano certamente nelle mani dei padri conciliari, gli altri due si ponevano in qualche modo come alternativi. Ancor prima che si arrivasse all'inaugurazione dell'assemblea tridentina si era discusso a lungo a quale dei due argomenti si dovesse dare la priorità: una cosa era, ovviamente, il punto di vista degli uomini di curia, del partito fedele al papa, altro quello del partito filoimperiale, per non parlare del punto di vista dei luterani. I primi avevano accolto il concilio con fortissime resistenze e restavano convinti che fosse non solo inutile ma dannoso; in ogni caso, il loro punto di vista era che ci si dovesse limitare a richiamare in vigore le leggi antiche del diritto canonico per garantire il risanamento della vita del clero. Quanto alla Riforma protestante, essa non era altro che la somma di eresie già condannate in antico dalla Chiesa, contro le quali doveva intervenire ora tutto il rigore degli strumenti inquisitoriali. La bolla di scomunica di Lutero aveva individuato le eresie antiche rinnovate dal monaco tedesco e dunque non c'era niente da discutere, si doveva solo procedere alla restaurazione delle buone norme antiche e alla «guerra spirituale». In un'assemblea siffatta non ci sarebbe stato spazio né per una seria discussione delle dottrine controverse né per le misure di riforma in profondità delle istituzioni ecclesiastiche, ma solo per una compatta riaffermazione dei valori tradizionali contro i «novatori» [coloro che volevano introdurre, nella Chiesa, pericolose innovazioni, *n.d.r.*]. Altro orientamento veniva espresso invece da parte di quei prelati che credevano nella possibilità di una conciliazione religiosa e che, di conseguenza, appoggiavano la politica religiosa di Carlo V: questi si rendevano conto della profondità della crisi religiosa e dell'impossibilità di risolverla con misure di tipo amministrativo e poliziesco. [...]

Il numero esiguo dei padri conciliari (21 vescovi e 4 arcivescovi) faceva risaltare la scarsa rappresentatività dell'assemblea

La questione fu affrontata nelle prime sedute. Nella congregazione generale del 18 gennaio 1546, il cardinale Madruzzo, portavoce del partito imperiale, propose che ci si occupasse all'inizio solo della questione del risanamento morale e disciplinare. Il partito fedele al papa propose invece di partire dalle dottrine o, tutt'al più, di trattare contemporaneamente le due questioni. Nella seduta successiva del 22 gennaio, poiché il Madruzzo insisteva nella sua proposta, il cardinal legato Del Monte, presidente del concilio, con una mossa ad effetto dichiarò che la riforma poteva cominciare subito se i prelati, che erano i titolari di più benefici con cura d'anime, vi facevano immediata e formale rinunzia. Era un vero e proprio attacco personale al Madruzzo, titolare dei due vescovati di Trento e Bressanone, ma dopo questo avvio polemico si raggiunse una soluzione di compromesso decidendo di affrontare simultaneamente i due tipi di problemi.

A. PROSPERI, *Il concilio di Trento: una introduzione storica*, Einaudi, Torino 2001, pp. 31-39

analizza il brano

- Spiega l'espressione: «scarsa rappresentatività dell'assemblea».
- Quale partito era ostile al concilio, convinto che esso fosse non solo inutile, ma addirittura dannoso?
- Quale partito sosteneva che fosse necessario partire dalla condanna delle dottrine eretiche?

5 Il cardinale Giovanni Morone, tra Modena e l'Europa

Giovanni Morone fu una delle figure di punta dell'evangelismo italiano, un orientamento che tentò di trovare un accordo con i protestanti recependone il concetto teologico di base (la giustificazione per sola fede) e respingendo ogni prospettiva di repressione violenta dell'eresia. I sostenitori della linea dura, tuttavia, rifiutarono questa prospettiva e cercarono addirittura di portare Morone davanti all'Inquisizione.

Giovanni Morone era uno dei tanti figli di Girolamo Morone, il gran cancelliere di Francesco Sforza duca di Milano, l'artefice primo, insieme con papa Clemente VII, di un tentativo di coalizione politica che cacciasse fuori i barbari – come aveva voluto Giulio II qualche anno prima – per contrapporsi al dilagare dello strapotere di Carlo V al di qua delle Alpi. Tentativo miseramente fallito, com'è noto, destinato a concludersi con quella vera e propria tragedia che fu il sacco di Roma del 1527, la cui brutale violenza e il cui epocale significato storico hanno lasciato tracce ancor oggi visibili sugli stessi affreschi di Raffaello nelle stanze vaticane, dove le alabarde dei lanzi tedeschi incisero la definizione di Roma come *Babylon* e il nome provocatorio di *Luther* su quei capolavori, in cui l'immagine della Chiesa di Roma come erede del mondo antico e la

> *Si era deliberato circa l'età di coloro che si dovevano ammettere agli ordini; si insisteva sui necessari requisiti intellettuali, morali, religiosi*

sintesi tra classicità e cristianità celebravano i loro fasti supremi. Non stupisce che il fallimento di quell'infausta iniziativa politica e la caduta dello Stato di Milano comportassero anche il crollo, la fine, l'esaurimento del ruolo politico - e anche delle fonti di sostentamento, della ricchezza, del rango sociale - della famiglia del Morone. Giovane non ancora ventenne, con numerose sorelle da sposare e fratelli di scarso talento, molto disposti a spendere e poco a guadagnare, per parte sua egli non poté fare altro che cercare rifugio sotto le protettive ali della Chiesa e precipitarsi nella Roma sconvolta e miserabile all'indomani del sacco, allora definita dall'Aretino non più come *caput* ma come *cauda mundi* [non più *capo*, ma *coda del mondo*, *n.d.r.*], per gettarsi ai piedi di Clemente VII (l'alleato di suo padre) e chiedergli un qualche decoroso beneficio ecclesiastico che consentisse a lui e alla sua famiglia di sbarcare il lunario. Fu così, quasi per caso e controvoglia, che nel 1529 egli divenne vescovo di Modena. Eppure, anche in virtù della straordinaria esperienza politica da cui proveniva, entro un breve volgere di tempo il Morone non tardò a rivelarsi come il più abile diplomatico di cui la Chiesa potesse disporre in quegli anni, proprio nel momento in cui si imponeva con ineludibile urgenza una rinnovata iniziativa politica per affrontare finalmente il problema della Riforma protestante con la serietà che richiedeva, come la tragedia del '27 aveva ormai evidenziato agli occhi di tutti.

Pressoché ininterrotto fu l'impegno diplomatico del Morone in Germania e in Fiandra dalla metà degli anni Trenta fino al 1542 e costante la sua presenza alle diete imperiali (Hagenau, Worms, Ratisbona) in cui si svilupparono gli ultimi tentativi di ricomporre pacificamente sotto l'egida [protezione, direzione, *n.d.r.*] imperiale i conflitti religiosi che dilaniavano il mondo tedesco e l'Europa tutta. A Gand e a Vienna conobbe i grandi e dignitari e intellettuali che frequentavano la corte imperiale, con alcuni dei quali intrattenne veri e propri rapporti d'amicizia personale, primo tra tutti Ferdinando d'Asburgo, fratello e poi successore di Carlo V sul trono imperiale. Fu allora che egli venne maturando una concezione politica fondata sulla moderazione, sull'irenismo [sulla risoluzione pacifica del conflitto, *n.d.r.*], sulla volontà di confronto e di mediazione con i protestanti, sempre più convinto che gli strumenti della repressione fossero del tutto inutili e anzi controproducenti, che anche gli eretici dovessero essere trattati *humaniter* [con umanità, senza violenza, *n.d.r.*], che solo con le armi della persuasione e del dialogo quelle fratture avrebbero potuto essere ricomposte, che a quella ostilità e a quella rabbia, così come alle esigenze religiose che vi si esprimevano, occorreva dare una risposta anche in positivo, senza limitarsi ad anatemi e condanne. [...] La sua non era soltanto una posizione astratta, di principio: era piuttosto il risultato della consapevolezza di chi vedeva le cose come erano, con grande realismo ma senza rassegnazione, di chi assisteva allo svuotamento dei conventi e dei monasteri, al saccheggio delle chiese, allo sradicarsi di una millenaria istituzione dal tessuto sociale, di chi quindi si rendeva conto di quanto fosse del tutto illusorio pensare, come ancora molti facevano a Roma, di poter affrontare il problema della Riforma protestante e la frattura della *respublica Christiana* [l'insieme degli Stati cristiani, in teoria sottoposto alla duplice guida del papa e dell'imperatore, *n.d.r.*] solo con le armi delle alleanze politiche e degli eserciti mercenari. Di qui la sua insistente sollecitazione a Roma perché si avviasse finalmente una qualche incisiva riforma, che consentisse alla Chiesa di recuperare una qualche credibilità religiosa, di presentarsi con un volto rinnovato ai suoi interlocutori e avversari tedeschi, di rendere possibili le trattative necessarie all'avvio dell'impresa conciliare. La conoscenza diretta della *realtà effettuale* delle cose tedesche, tuttavia, non poteva esaurirsi sul terreno politico, ma imponeva anche l'esigenza di indagare più a fondo sulle motivazioni religiose che da vent'anni turbavano e sconvolgevano quel mondo, per capire le ragioni profonde da cui erano scaturite le radicali istanze di rinnovamento, e poi di rottura e di lacerazione che avevano innervato la Riforma protestante. [...]

Esaurita la stagione dei colloqui di religione, nel 1541, anche il Morone tornò in Italia, dal momento che a quel punto non restava altra strada da percorrere se non quella del concilio, la definizione della cui sede a Trento fu il frutto di un'altra sua efficace missione diplomatica in Germania l'anno seguente. E fu allora, nell'estate del '42, che a soli 33 anni, come riconoscimento dei suoi meriti e dei risultati da lui conseguiti nel corso del lungo impegno in Germania, egli venne insignito della porpora cardinalizia e, nell'autunno, inviato a presiedere la prima e presto fallita convocazione del Tridentino insieme con Reginald Pole. Tutto ciò contribuisce a spiegare la grande autorevolezza di cui per molti anni il Morone godette ai vertici del potere curiale, in virtù del suo personale prestigio e della stima e della fiducia nutriti nei suoi confronti da parte dei sovrani asburgici, che in futuro ne appoggeranno più volte l'elezione alla tiara [ne sosterranno la candidatura a papa; Morone, però, non fu mai eletto papa, *n.d.r.*]

M. FIRPO, *Inquisizione romana e Controriforma. Studi sul cardinal Giovanni Morone (1509-1580) e il suo processo d'eresia*, Morcelliana, Brescia 2005, pp. 38-40

ANALIZZA IL BRANO

- → Si può affermare che Giovanni Morone si sia dedicato alla vita religiosa per autentica vocazione?
- → Spiega l'affermazione secondo cui, a giudizio di Morone, ai problemi posti dai luterani «occorreva dare una risposta anche in positivo».

La figura di **Giovanni Calvino**

Lo studio della fede calvinista può permettere l'acquisizione di una competenza fondamentale, che potremmo definire nel modo seguente: **saper cogliere l'interazione fra mentalità religiosa e contesto sociale**. Per affinare tale competenza, viene proposto di seguito un approfondimento, che prende le mosse da alcune pagine storiografiche.

Calvino, Lutero e l'ansia di fronte alla maestà di Dio

Al principio del 1535, Calvino era ancora incerto sulla sua *vocazione*; era ancora erasmiano [un seguace di Erasmo da Rotterdam, *n.d.r.*], e quindi le sue credenze erano probabilmente ancora un po' vaghe. Allo scopo di chiarire le proprie idee, e seguendo forse il suggerimento di sant'Agostino sulla possibilità di progredire scrivendo, Calvino, la cui vita era stata consacrata fino a quel momento allo studio, si impegnò diligentemente a scrivere. Cominciò col redigere la prefazione alla traduzione francese della Bibbia, fatta da suo cugino Pietro Olivetano; è il primo dei suoi scritti in cui si manifesti un'ostilità al papato quale fonte della corruzione della Chiesa; quindi si dedicò ad esaminare le proprie concezioni religiose nell'opera che risultò essere la prima edizione dell'*Istituzione della religione cristiana*. La terminò alla fine dell'estate del 1535 e la pubblicò a Basilea nel marzo dell'anno successivo. *Institutio* è la parola che Calvino scelse come titolo; di solito si traduce con *Istituzione*. Ma si tratta di un vocabolo dal significato complesso: può voler dire *istruzione*, *manuale*, *sommario* (il che può far pensare a una *summa* medievale); o magari le tre cose al tempo stesso. Calvino si esprimeva di solito con grande precisione, ma può darsi che abbia consapevolmente voluto conservare l'ambiguità di quel vocabolo. Un umanista pensava immediatamente al *De Institutione christiana* di Lattanzio o alla *Institutio oratoria* di Quintiliano. Erasmo stesso aveva usato quel termine in molti titoli delle sue opere. [...]

Lutero aveva esercitato un'influenza notevole sull'*Istitutione*, e Calvino lo riconobbe come il padre del movimento col quale egli si era ormai identificato e ne ammirò sempre la profondità teologica. Preferì sempre Lutero a Zwingli. Molto tempo dopo la rottura tra di loro Calvino era disposto a rendergli omaggio: «Ho detto spesso che se anche lui dicesse che sono un diavolo, io continuerei a stimarlo e a riconoscere in lui un insigne servitore di Dio». D'altra parte **Lutero gli risultava pure un personaggio estraneo, forse perché gran parte della sua produzione era scritta in una lingua straniera**. Ma, soprattutto, come ebbe a scrivere a Bucero [Martin Bucer, o Butzer, riformatore di Strasburgo, *n.d.r.*] nel 1538, per quanto «perfettamente convinto della devozione di Lutero», **Calvino era disgustato dalla sua «brama di vincere», dai suoi «modi altezzosi e dal suo linguaggio offensivo», dalla sua «ignoranza e dalle sue madornali illusioni», dalla sua «furia insolente», gli stessi difetti che erano dispiaciuti a Erasmo**. Calvino criticava pure Lutero in quanto intellettuale: lo considerava un predicatore incurante della «proprietà della forma e del contesto storico», soddisfatto (il che per Calvino non era sufficiente) di poterne «cavare qualche utile dottrina». Calvino, come Zwingli, non considerava Lutero come il solo Riformatore originario: «nella Chiesa di Dio non era l'unico a cui si dovesse guardare». [...]

Calvino, al pari di Lutero, conosceva bene il Dio terribile del giudizio; conosceva pure, di prima mano, il timore che un tale Dio ispirava, e lo considerava giustificato [fondato, motivato, *n.d.r.*]: «Se i giudizi di Dio sono così temibili in terra, quanto terribile sarà egli stesso quando verrà alla fine per giudicare il mondo! Tutti gli esempi di punizione che ora ispirano paura e terrore non sono altro che preludi [anticipazioni con funzioni di preparazione, *n.d.r.*] della vendetta finale che egli scatenerà contro i riprovati. Molte cose che egli sembra trascurare, le riserva e le rinvia fino a quell'ultimo giorno. E se gli empi non sono capaci di sopportare i castighi attuali, quanto meno sapranno sostenere la sua gloriosa e inconcepibile maestà, quando egli salirà su quel temibile tribunale dinanzi al quale tremano gli angeli stessi!». **La terribile immaginazione di Calvino poteva spingersi anche più lontano.** [...] Nei suoi efficaci ma tenebrosi sermoni su Giobbe egli si permise di considerare l'ipotesi, allettante ma impossibile, di una persona che avesse pienamente obbedito alla legge di Dio e fosse «giustificata secondo la giustizia normalmente conosciuta e accettata». Calvino si chiedeva: potrebbe il Padre accettare una tal persona? E rispondeva che la cosa sarebbe impossibile, perché «c'è in Dio una giustizia più alta, mediante la quale egli potrebbe condannare gli angeli». **Nulla, neppure la più perfetta delle creature potrebbe «essere all'altezza e dare soddisfazione». «Dovremmo sapere», conclude Calvino, «che quando Dio ci giudica secondo la sua legge, per quanto noi non scorgiamo nessun male o nessun vizio in noi stessi, nondimeno non siamo giusti».** Sembra quindi che vi sia per Calvino una specie di soddisfazione di cui la creatura sarebbe debitrice al Creatore, ma che non è né morale né possibile. Egli vedeva la colpa nella creaturalità stessa, una colpa condivisa anche dagli esseri umani creati a immagine di Dio prima della Caduta, una colpa verso il Padre anche da parte dei suoi figli migliori, la colpa *di esistere*. Questa colpa metafisica era talmente intensa in Calvino da condurre lui, ferocissimo nemico delle speculazioni scolastiche, a discutere apertamente di questioni tanto superiori alle umane possibilità di conoscenza. [...]

Calvino era convinto che l'ansietà dei cristiani era stata resa più intensa, nei tempi a lui più vicini, dall'insegnamento e dalle pratiche papali. L'elemento principale che, secondo Calvino, accresceva l'ansietà religiosa, consisteva nel sottolineare l'importanza delle opere ai fini della salvezza: nessuno che creda di dover placare un Dio giusto per mezzo delle proprie opere può mai sentirsi sicuro del risultato. «La nostra coscienza non può che essere contrariata e turbata da una perpetua inquietudine fintanto che noi cerchiamo protezione nelle opere». Tale convinzione può garantire soltanto che «saremo sempre turbati e tremanti», e che «rimarremo per tutta la vita in una condizione di deprimente ansietà». L'orrore di tale dottrina era concretizzato in una serie di prescrizioni ecclesiastiche «severamente promulgate sotto pena della morte eterna» e imposte «con la massima severità come indispensabili alla salvezza»; molte di esse erano «estremamente difficili da osservare» e, «se assommate le une alle altre la loro osservanza è impossibile, tanto grande ne è l'insieme». Calvino si chiede allora: «Coloro che portano un tale fardello, come potranno evitare di essere perplessi e tormentati da un'angoscia e da un terrore estremi?». [...] Calvino era offeso dalla mescolanza dottrinale che scorgeva nella Chiesa papale. Il papato aveva messo assieme alla rinfusa peccaminose invenzioni umane con la santa volontà di Dio. **«Nel papismo», era la sua accusa, «tutti hanno aggiunto qualche cosa e così si sono accumulate leggi su leggi. E perché? Perché sembrava che procedere semplicemente secondo la Parola di Dio non fosse sufficiente e che sarebbe stato meglio introdurre una mistura». Ne risultò la totale distruzione dell'Evangelo: «Tutto quello che propongono di loro iniziativa è non solo superfluo e inutile, ma dannoso, come versare del vino acido in quello buono».** Tutti quegli atti con cui la Chiesa romana si proponeva di favorire la salvezza di coloro che le erano stati affidati, non facevano altro che aggravare l'ansietà che condusse Calvino ed altri a sfidarne l'autorità.

W. J. BOUWSMA, *Giovanni Calvino*, Laterza, Roma-Bari 1992, pp. 25-27, 62-65, trad. it. A. COMBA

Onore di Dio e fedeltà del credente nel calvinismo

[L'età in cui visse Calvino, *n.d.r.*] era soprattutto monarchica, in quell'inizio di secolo popolato da re prestigiosi, da re che non si esitava in Chiesa a qualificare come semidei. In Germania l'imperatore Carlo V, signore di mezza Europa e incubo, con la sua presenza, dell'altra metà; inoltre «Dominatore in Asia e in Africa», come diceva egli stesso. In Francia, re Francesco I, ancora vigoroso e brillante, col suo magnifico portamento, la sua potente statura, il suo fare cavalleresco. E poi, da un'altra parte [in Inghilterra, *n.d.r.*] Enrico VIII e tutto un popolo di sovrani coperti a volte di scintillanti armature, a volte di sontuosi velluti, di sete inimitabili, costellate di gemme, incensati come esseri divini e capaci di colpire tanto le fantasie, che la letteratura si impadroniva di loro. [...]

Mobilitare tutti quei prestigi, quelli di una monarchia, ancora più che a metà sacra, quelli di una cavalleria, che ancora dominava gli spiriti, quelli delle imprese militari, da cui gli attori e gli spettatori restavano profondamente impregnati, e metterli al servizio del re dei re, Dio: fu questa, da un punto di vista morale e psicologico, l'opera di Giovanni Calvino. Sia che ne avesse coscienza, sia che obbedisse piuttosto a forze imperiose che risiedevano in lui e che rivestivano il suo pensiero e la sua azione di uno stile personalissimo, ma che i suoi contemporanei accolsero senza alcuno sforzo.

Il cristiano ha il proprio re, che deve servire ciecamente. Il proprio re, il sommo Re, che deve seguire dappertutto, ciecamente, fino alla morte. In uno slancio di fervore sentimentale? Prima di tutto in uno slancio di obbedienza totale e di fedeltà spinta fino alla passione. E il cristiano è impegnato nei confronti del suo re dal più potente, dal più ascoltato dei sentimenti del tempo: l'onore. Esso lotta per l'onore del suo re, e impegna il suo onore nel lottare per il suo re. [...] Il Dio di Calvino è un capo. Un capo militare. Il calvinista è un soldato arruolato per l'azione e per la santa battaglia [...]. E il calvinismo è una dottrina d'energia, su cui passa tragico e guerriero il grande soffio dell'Antico Testamento.

Fare quel che Dio vuole... Ricordiamolo: Calvino, in tutta la sua vita, ha ubbidito agli appelli di Dio. Proprio mostrandogli che doveva ubbidire, prima Farel e poi Bucero lo costrinsero, in due momenti decisivi della sua vita, a fare ciò [accettare l'incarico di riformare Ginevra, *n.d.r.*] che per sua inclinazione non avrebbe fatto. E aggiungo: il soldato rimane al suo posto. Calvino «resistette» a Ginevra. Ostinatamente, contro venti e marosi. Per sé, per la sua gloria, per il suo proprio lustro? No. Per Dio, di cui non era che il soldato. E che si profilava, dietro ogni suo atto, in ogni istante della sua vita dettando al suo uomo i suoi atti e i suoi propositi. Atteggiamento pericoloso, perché l'uomo in tal modo si divinizza, in certo qual modo si confonde con Dio e, infine, si sente Dio. Atteggiamento che implica e assolve la violenza. Atteggiamento virile, però, di una chiarezza inesorabile. Perché esso comporta l'odio dell'equivoco. Il soldato che fraternizza, simpatizza col nemico, è forse un buon soldato? È necessario scegliere il proprio campo, e difenderlo sino alla morte. Scegliere: ma non si tratta di una scelta intellettuale. Calvino porta il problema su tutt'altro terreno: quello dell'onore. Dell'onore militare. E in questo è ancora ben dentro al suo tempo.

L. FEBVRE, *Studi su Riforma e Rinascimento*, Einaudi, Torino 1982, pp. 200-202, trad. it. C. VIVANTI

Lavorare con i testi

Nei brani citati, il colore ha evidenziato alcuni passaggi essenziali, cioè alcuni caratteri distintivi, tipici del calvinismo, del luteranesimo, del calvinismo. Tenendo queste prime indicazioni come riferimenti, completa la tabella seguente.

analizza i brani

Cattolicesimo	*Luteranesimo*	*Calvinismo*
Insistenza sulla possibilità umana di rispettare i comandi divini	Insistenza sulla *giustificazione mediante la sola fede*	
Accettazione di alcune dottrine e pratiche testimoniate dalla tradizione	Adozione del principio della *sola Scrittura*	
Credenza nella somma trascendenza divina	Insistenza sulla maestà divina	
Preoccupazione per la salvezza eterna delle anime	Promessa della salvezza eterna dell'anima, grazie alla *giustificazione mediante la sola fede*	Sforzo da parte del fedele (che si considera un eletto e un soldato di Dio) di introdurre nel mondo la legge divina

→ Utilizzando le informazioni che hai raccolto, costruisci un testo in cui metti a confronto cattolicesimo, luteranesimo e calvinismo. Il testo deve essere lungo almeno due colonne di foglio protocollo.

VERIFICA DELL'APPRENDIMENTO
Conoscenze e abilità

ANALISI DELLE FONTI ICONOGRAFICHE

1. **Osserva l'immagine e rispondi alle domande.**

a) Perché le figure di Adamo ed Eva assunsero una notevole importanza in ambito protestante?

....

....

....

....

....

b) Che cosa intende Lutero con l'espressione *giustificazione mediante la sola fede*?

....

....

....

....

....

SELEZIONARE E CLASSIFICARE

2. **Completa la tabella relativa alle differenze tra Martin Lutero e la Chiesa cattolica.**

	MARTIN LUTERO	CHIESA CATTOLICA
Purgatorio		
Sacerdozio		
Culto dei santi e di Maria		
Sacramenti		

VERIFICA

COMPRENDERE IL TESTO

3. Rispondi brevemente alle seguenti domande.

a) In che cosa consisteva il *dramma teologico* di Lutero e in quale testo egli trovò una risposta?

b) Quali furono le cause delle rivolte sociali in Germania?

c) Quali sono le differenze principali tra Calvino e Lutero?

d) Quali erano le caratteristiche del regime instaurato da Calvino a Ginevra?

e) Quali furono le principali decisioni teologiche assunte dal Concilio di Trento?

f) Con quale argomento teologico il Concilio di Trento si contrappose al principio luterano della *sola Scrittura*?

4 Contrassegna con V (vero) o F (falso) ciascuna delle frasi e correggi quelle false.

	V	F
a) Il sistema di stampa a caratteri mobili messo a punto da Giovanni Gutenberg risale al XIV secolo.	☐	☐
b) Le lettere, i numeri e i segni di punteggiatura che servivano per comporre i testi erano scolpiti su piccoli cubetti di metallo.	☐	☐
c) La tecnica di stampa inventata da Gutenberg consentiva di stampare copie di pregio da vendere alla nobiltà del tempo.	☐	☐
d) Grazie all'introduzione della stampa a caratteri mobili Lutero poté diffondere i suoi scritti polico-religiosi in tutto il Paese.	☐	☐

CONOSCERE IL LESSICO

5. Definisci i termini.

a) Vendita delle indulgenze

b) Iconoclasta

VERSO IL SAGGIO BREVE

6. Scrivi un testo partendo dalla riflessione di Carlo Ginzburg in merito al collegamento tra l'invenzione della stampa e la Riforma protestante, valutando se tale affermazione può essere attuale anche nella nostra società dell'informazione.

«Le gigantesche rotture determinate dalla fine del monopolio dei dotti sulla cultura scritta e del monopolio dei chierici sulle questioni religiose crearono una situazione nuova e potenzialmente esplosiva».

VERIFICA

mappa di sintesi

Mappa proiettabile

LA FRATTURA RELIGIOSA (XVI SECOLO)

Riforma di Lutero

- Angoscia di fronte all'inferno e indignazione per l'immoralità del papato (indulgenze)
- I due princìpi base: *sola fede* e *sola Scrittura*
- Diffusione tramite i principi tedeschi, con cui Lutero si allea, condannando le rivolte contadini
- Scontro tra i principi protestanti e Carlo V
- Pace di Augusta (1555): libertà di scelta religiosa per i principi e principio *cuius regio, eius religio* per i sudditi

Calvinismo

- Dottrina della predestinazione
- Insistenza sull'assoluta sovranità di Dio
- Diffusione *dal basso* (teologi e pastori)
- Teocrazia di Ginevra
- Anche in Italia arrivano le idee calviniste: Venezia è la porta d'accesso, l'Italia centrale è la zona di maggiore diffusione

Concilio di Trento (1542-1563)

- Contrastare la Riforma protestante
- Sul piano della dottrina:
  - l'uomo è attivo nel processo di salvezza
  - i sacramenti sono fondamentali
  - la mediazione della Chiesa è indispensabile
- Riforma morale:
  - controllo sull'operato di preti e vescovi
  - migliore formazione per il clero
  - tribunale dell'Inquisizione

UNITÀ 7

Elisabetta e Filippo II: economia e politica nel Cinquecento

Un'immagine per iniziare

Insieme a Filippo II di Spagna, Elisabetta I d'Inghilterra fu la grande protagonista del tardo Cinquecento. Per rafforzare il suo potere, utilizzò varie strategie. Innanzitutto, cercò di mantenersi amico il Parlamento, coinvolgendolo in tutte le principali scelte politiche, che peraltro era la regina, con mano forte, a compiere e a gestire. Inoltre, a livello religioso, Elisabetta rafforzò la Chiesa anglicana, concepita principalmente come strumento di consenso e di potere. Infine, a livello propagandistico, la regina seppe sfruttare al meglio il fatto di aver rinunciato al matrimonio, presentandosi come regina vergine.

↑ Elisabetta in un ritratto del 1588 circa, del pittore Marcus Geeraerts il Giovane. La mano della regina è appoggiata sul globo, simbolo di potenza e autorità. Sullo sfondo, è dipinta la battaglia navale in cui l'Inghilterra sconfisse l'*Armada* spagnola.

SOMMARIO

Una carta per orientarsi nello spazio

Negli ultimi decenni del Cinquecento, il re di Spagna Filippo II d'Asburgo aveva un potere immenso. Tuttavia, il suo impero toccava troppi scenari geopolitici, simultaneamente. Neppure per una potenza che riceveva ogni anno dall'America enormi quantità di argento fu possibile combattere contro un numero così elevato di avversari: ribelli calvinisti olandesi, inglesi, turchi, francesi…

Gli eventi per orientarsi nel tempo

età moderna

età moderna

1534

Atto di supremazia: Enrico VIII diventa capo della Chiesa inglese

1558

Elisabetta I diventa regina d'Inghilterra

1566

Inizia la rivolta dei Paesi Bassi

1571

Battaglia di Lepanto: la coalizione cristiana sconfigge i turchi

1530 – 1540 – 1550 – 1560

Una fonte per capire: la posizione politica di Calvino

A differenza del luteranesimo, che si diffuse per opera dei principi, la fede calvinista mise radici in numerosi Stati in cui il sovrano non aveva aderito alla Riforma, e anzi avrebbe voluto estirpare la nuova comunità. Dato questo contesto, mentre Lutero esortò a obbedire sempre e comunque alle autorità, Calvino invitò a un'obbedienza condizionata: al principe si deve obbedire solo se emana ordini conformi alla Parola di Dio. In vari Stati europei (Scozia, Paesi Bassi, Francia…), sulla base di questa concezione, i calvinisti intrapresero azioni di resistenza, che sfociarono in rivolte contro il sovrano cattolico e in sanguinose guerre civili.

Nel concetto di obbedienza che, secondo quanto abbiamo insegnato, è dovuto ai superiori, esiste però sempre un limite o più esattamente una norma che deve essere seguita in ogni cosa: tale obbedienza non ci deve distogliere dall'obbedire a colui alla cui volontà tutti gli editti regi debbono attenersi, al cui volere tutti i decreti devono tenere il passo e sotto la cui maestà deve essere abbassata e umiliata ogni potenza. Che perversione sarebbe in verità la nostra se, per soddisfare gli uomini, incorressimo nell'indignazione di colui, per amor del quale ubbidiamo agli uomini. Il Signore dunque è il re dei re e a lui, non appena apre la bocca, dobbiamo ubbidienza fra tutti, su tutti, per tutti. In forma derivata dobbiamo essere soggetti agli uomini che hanno preminenza su di noi, non diversamente però che a lui. E se costoro ordinano qualcosa contro Dio non si debbono tenere in alcuna considerazione. E non si deve in tal caso avere stima alcuna della dignità dei superiori che non viene sminuita quando venga sottoposta alla potenza di Dio, unica vera. […] Sono conscio dei pericoli che possono sorgere da questo atteggiamento di fermezza, da me richiesto, perché i sovrani non tollerano essere contraddetti […]. Ma essendo stata enunciata dal celeste messaggero san Pietro la norma che bisogna obbedire a Dio piuttosto che agli uomini (Act. v, 29), dobbiamo trarre consolazione da questo pensiero che realmente rendiamo a Dio l'obbedienza che ci richiede, quando siamo pronti a soffrire ogni cosa piuttosto che rinunciare alla sua santa parola.

↑ Giovanni Calvino in un dipinto del XVII secolo.

G. CALVINO, *Istituzione della religione cristiana*, a cura di G. TOURN, UTET, Torino 1983, pp. 1747-1749, trad. it. O. BERT, M. MUSACCHIO, G. TOURN

Orientarsi nel tempo

1572

Strage di San Bartolomeo in Francia: i cattolici sterminano 20 000 ugonotti

1581

Nascita della Repubblica delle Province Unite

1588

La flotta spagnola (*Armada*) tenta di invadere l'Inghilterra ma viene sconfitta

1598

Editto di Nantes: viene riconosciuta la parità di culto agli ugonotti in Francia

1570 1580 1590 1600

età moderna

METODO DI STUDIO

Percorso breve

Storia slide

Luci e ombre nel Cinquecento

Il XVI secolo si presenta come un'epoca, tutto sommato, positiva. Il clima, innanzitutto, tornò a essere favorevole, con estati lunghe e calde, che permettevano ai raccolti di giungere a maturazione. Certo, **la peste aveva ormai messo radici** nell'Europa occidentale e quindi saltuarie epidemie colpirono ancora varie città, esattamente come la carestia non era affatto debellata del tutto. La fame e la peste rimarranno spettri potenti e paurosi fino al Settecento inoltrato. Eppure, come nel Basso Medioevo, la popolazione del Cinquecento riprese a crescere, e solo verso la fine del secolo incontriamo i primi evidenti segni di stanchezza: ancora una volta, le risorse erano cresciute meno rapidamente delle bocche da sfamare. Sotto il profilo politico, la principale caratteristica del periodo è la **potenza spagnola**, apparentemente invincibile. Tuttavia, ogni dieci anni, vediamo il regno di Spagna dichiarare bancarotta: segno del fatto che neppure le sue enormi ricchezze (veri fiumi d'argento che, ogni anno, dal Messico e dal Perù si riversavano a Madrid) erano sufficienti per sostenere una politica di potenza che doveva confrontarsi con troppi nemici: i turchi, l'Inghilterra della regina Elisabetta I, i ribelli calvinisti nei Paesi Bassi.

1 Lo sviluppo demografico nel Cinquecento

I numeri, come al solito, sono problematici; non sappiamo, pertanto, con precisione, quanti fossero gli abitanti dell'Europa nel XVI secolo. Eppure, un parametro abbastanza chiaro e oggettivo lo possediamo: le città si ingrandiscono a vista d'occhio, e molte di esse giungono a superare i 100 000 abitanti. Le campagne cambiano il loro volto: infatti, lo sviluppo demografico esige sempre maggiori quantità di grano, che sale continuamente di prezzo. Di qui la cosiddetta ***cerealizzazione della vita agricola***, cioè lo sforzo di produrre un bene richiesto e ben pagato, a costo di rubare terre alle pecore o alle vigne. Quando poi il grano locale non basta, si comincia a comprarlo all'estero: in Egitto, in **Polonia** e in altre terre dell'Europa orientale. Qui **la popolazione è ancora scarsa**, e quindi si possono **esportare i preziosi cereali** senza problemi. Anzi, a volte, la popolazione è troppo scarsa, come nell'Europa dell'Alto Medioevo. Di qui lo sforzo dei signori di vincolare i propri contadini alla terra: fenomeno che a volte viene chiamato *secondo servaggio*, per segnalare che in Occidente la servitù della gleba è ormai un ricordo del passato, mentre nell'Europa centro-orientale si imporrà proprio nel Cinquecento (per durare fino al cuore del XIX secolo).

Le città si ingrandiscono a vista d'occhio e molte di esse superano i 100 000 abitanti

2 L'argento americano e la rivoluzione dei prezzi

A livello economico, il dato più significativo del Cinquecento fu un lento e costante processo di inflazione, tale per cui, a fine secolo, i prezzi dei beni erano notevolmente superiori ai valori tipici dei primi anni. Forse, parlare di *rivoluzione dei prezzi* è esagerato: resta il fatto che la moneta, in sessantasettant'anni, perse una parte significativa del proprio potere d'acquisto. I più acuti dei contemporanei, misero in collegamento **l'inflazione** con l'arrivo di crescenti quantità di metallo prezioso (argento, soprattutto) dall'America; in effetti, la presenza di una maggiore quantità di argento sul mercato provocò un suo deprezzamento, secondo la legge della domanda e dell'offerta (quando l'offerta di una merce supera la domanda, il prezzo di essa scende; viceversa, sale quando la domanda supera l'offerta). In realtà, gli studi degli storici hanno dimostrato da un lato che l'inflazione **iniziò prima dell'arrivo dell'argento americano** (che semmai aggravò, ma non causò il problema), dall'altro che essa fu **selettiva**, cioè investì alcuni beni più di altri. Dal momento che, a crescere di prezzo, furono soprattutto i cereali e altri generi di prima necessità, oggi si tende a individuare la causa più profonda della *rivoluzione* nell'incremento demografico: un maggior numero di aspiranti consumatori si trovò di fronte a un'offerta (di grano, in primo luogo) relativamente stabile o comunque non abbondante. Pur di accaparrarsi i preziosi cereali, naturalmente, si era disposti a pagare sempre di più.

DOMANDE CHIAVE

- Quali zone producevano la maggior parte del grano che veniva consumato nel Cinquecento?
- Quale fu l'effetto prodotto dall'arrivo in Europa dell'argento americano?
- Perché Enrico VIII diede vita alla Chiesa anglicana? Quale fu la politica religiosa di Elisabetta I?
- Quali furono i principali nemici di Filippo II?

← Quentin Metsys, *Il cambiavalute e sua moglie*, particolare, 1514 circa (Parigi, Museo del Louvre).

3 Economia, politica e religione in Inghilterra

Nel Cinquecento, l'Inghilterra fu guidata da sovrani della dinastia Tudor, che intervennero pesantemente nella sfera della religione, considerata un pilastro essenziale della solidità del regno. La situazione si aggravò quando il re Enrico VIII pretese di divorziare dalla moglie Caterina d'Aragona per sposare Anna Bolena: poiché il papa si rifiutò di sciogliere il matrimonio, nel 1534 **Enrico VIII,** con l'*Atto di Supremazia*, **diede vita alla Chiesa anglicana**, rifiutando l'autorità del pontefice; nelle sue intenzioni, avrebbe dovuto trattarsi solo di uno scisma, cioè di una separazione da Roma, senza alcun mutamento nella dottrina. Lo strappo, comunque, era stato compiuto, e numerosi calvinisti, in Inghilterra e nel resto d'Europa, speravano che a quel primo passo seguisse una Riforma vera e propria.
A Enrico VIII subentrò prima Edoardo VI, che, permise la diffusione delle idee protestanti; la situazione invece cambiò quando divenne regina Maria, detta la *Sanguinaria*, figlia di Enrico VIII la quale cercò di restaurare il cattolicesimo; tuttavia, nel 1558, salì al potere **Elisabetta I**, che il papa non riconobbe mai come sovrana legittima, perché nata da un secondo matrimonio di Enrico VIII, non autorizzato dal pontefice. Il negativo atteggiamento del papato e della monarchia spagnola spinse Elisabetta a rilanciare la Chiesa anglicana e a sostenere, a livello internazionale, i principi protestanti.

4 Filippo II e i suoi nemici

Filippo II di Spagna è il sovrano più potente della seconda metà del XVI secolo. Ciò nonostante, dovette confrontarsi, contemporaneamente, con un numero talmente elevato di nemici, che non riuscì a lottare in modo efficace contro nessuno di essi: anzi, in alcuni casi, subì sconfitte clamorose e cocenti. Nel Mediterraneo, i nemici più pericolosi furono i turchi, che nel 1570 conquistarono l'isola di Cipro. Il papa, la Serenissima e il re di Spagna, unite le proprie forze, riuscirono a sconfiggere la flotta ottomana a **Lepanto** nel 1571: fu però una vittoria senza serie conseguenze, in quanto i cristiani non avevano le risorse sufficienti per colpire a fondo il nemico. A partire dal 1566, Filippo II si trovò impegnato a reprimere una violenta rivolta esplosa nei Paesi Bassi. Qui, nelle regioni più settentrionali, si era diffuso il calvinismo, che andava teorizzando l'idea secondo cui si poteva disobbedire e resistere con le armi a un sovrano che violasse la parola di Dio. Nel 1581, Filippo II non riuscì a impedire la nascita della **Repubblica delle Province Unite**. Per punire il sostegno fornito ai ribelli da Elisabetta I, nel 1588 il re di Spagna tentò di invadere l'Inghilterra, ma la sua imponente e costosissima flotta, l'*Armada*, fu sconfitta dai vascelli inglesi nella prima vera battaglia navale moderna, in cui l'artiglieria giocò il ruolo predominante. Intanto, la Francia fu sconvolta da quarant'anni di feroci guerre di religione, che ebbero il loro episodio più cruento nel **massacro della notte di San Bartolomeo** (1572) e che si conclusero solo quando il re **Enrico IV**, con l'**editto di Nantes** (1598) concesse ampia tolleranza ai calvinisti francesi (denominati *ugonotti*).

ECONOMIA DEMOGRAFIA E SOCIETÀ

1

Storia slide

Lo **sviluppo demografico** nel **Cinquecento**

Le conoscenze da acquisire

Il XVI secolo fu un'epoca di rinnovato slancio demografico e urbanistico.

Le competenze da potenziare

Saper individuare le dinamiche demografiche di una società.

1.1 Un nuovo periodo di crescita

A partire dalla fine del Quattrocento, la popolazione europea visse una nuova fase di crescita; nel Cinquecento tale sviluppo si fece ancora più vigoroso, in particolare nei centri urbani. Si esaurivano così le conseguenze della brusca frenata provocata dalla peste del Trecento, la quale aveva lasciato un vuoto demografico che per un secolo non era stato colmato: in sostanza, nel 1450 la popolazione tornò al livello del 1290.

> **Città di 100 000 abitanti**

Nell'Europa meridionale, all'inizio del XVI secolo c'erano pochissime città che superavano i 100 000 abitanti: **Costantinopoli** (capitale dell'impero turco e **principale metropoli del Vecchio Mondo**), Napoli, Venezia e Milano; a nord delle Alpi solo Parigi poteva reggere il confronto con i grandi centri mediterranei. Nel corso del Cinquecento, invece, il numero delle città che toccarono i 100 000 abitanti si moltiplicò, mentre quelle che, anche in passato, erano già a questo livello, alla fine del secolo assunsero **proporzioni al limite della sostenibilità**. Tra le città che (raddoppiando, o addirittura triplicando la loro popolazione) toccarono o superarono la soglia dei 100 000 abitanti, ricordiamo Roma, Palermo, Messina, Marsiglia, Siviglia, Lisbona, Londra, Anversa, Amsterdam; Venezia, dal canto suo, nel 1563 contava 163 000 abitanti, Milano 180 000 alla fine del secolo e Parigi, forse, 200 000 intorno al 1600.

> **Progressi spettacolari**

«Tirando le somme di un intero secolo (e talvolta di un periodo ancor più lungo), i progressi sono indiscutibili, spesso spettacolari. L'Inghilterra sembra aver ritrovato quattro milioni e quattrocentomila abitanti negli anni 1570-77; la Castiglia è passata da tre a sei milioni tra il 1530 e il 1594; la Francia forse da dodici a venti milioni» (M. Vovelle).

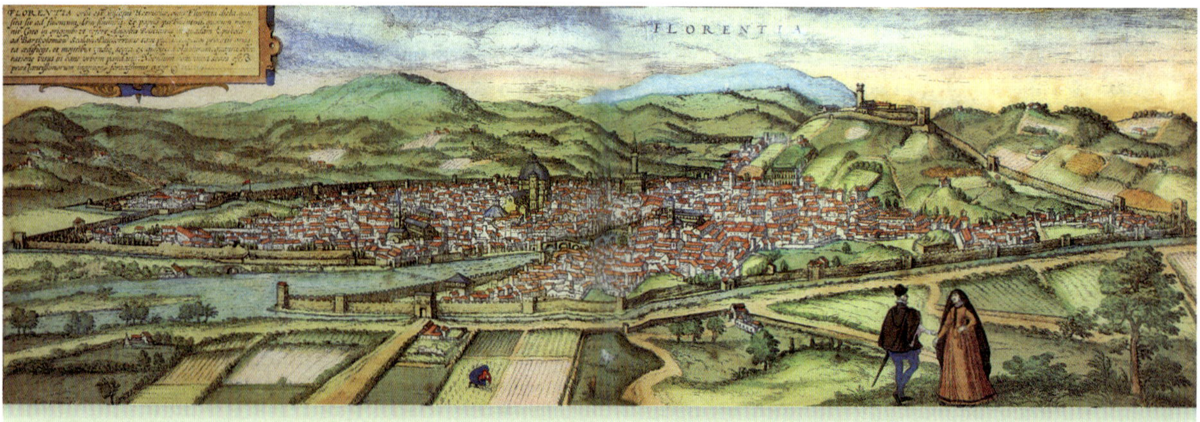

↑ Veduta di Firenze in un'incisione della fine del XVI secolo. A quel tempo la città contava circa 55 000 abitanti.

Quanto all'**Italia**, è realistico ipotizzare una **popolazione globale di 13 milioni di abitanti, all'inizio del Seicento**. Tali cifre sono ancora molto lontane dai numeri che caratterizzano l'Europa contemporanea; eppure, segnano un formidabile passo in avanti. Anzi, per certi aspetti sono persino incredibili, se teniamo presente che, nel Cinquecento, le condizioni di vita complessive non mutarono di molto rispetto ai secoli precedenti.

> **Periodiche epidemie di peste**

Certo, secondo gli storici del clima, dal 1480 al 1570 si ebbe un generale **rialzo della temperatura**, con favorevoli ripercussioni sulla produzione agricola; ciò nonostante, la peste non era scomparsa dall'Europa, continuando a colpire le varie regioni a intervalli di 15 anni al massimo. «Nella provincia di Liegi – scrive ancora Vovelle – il Cinquecento conta venti anni di peste; altrettanti ne troviamo in Olanda; quindici ad Augusta, tredici a Barcellona, dodici a Lipsia, dieci a Norimberga, trentatrè a Nantes...». Nella sola Italia del Nord, l'epidemia del 1575-1576 falciò un quarto della popolazione veneziana e un quinto dei milanesi.

1.2 L'aumento della coltivazione dei cereali

> **Una nuova sfida: trovare risorse**

Com'era già accaduto nel passato (pensiamo ad esempio al Basso Medioevo), la crescita demografica rappresentò una sfida per la popolazione europea. Nelle economie preindustriali, infatti, l'aumento delle risorse alimentari era più lento rispetto alla crescita dei consumatori. Considerando che, secondo alcuni storici, **la popolazione europea raddoppiò quasi tra il 1450 e il 1600** (passando **da 55-60 milioni a 100-105 milioni**), possiamo facilmente capire che l'aumento delle necessità alimentari rappresentò una questione assai rilevante.

Schematicamente si può dire che nella prima parte del Cinquecento si riuscì a fare fronte all'incremento demografico con relativa facilità; nella seconda metà del secolo, fu necessario ricorrere a varie e mirate **strategie di ricerca di nuove risorse**; infine, nel Seicento, la situazione si fece di nuovo critica, con un massiccio ritorno della fame e della carestia.

> **Meno boschi e pascoli**

Per procurare cibo sufficiente a nutrire l'aumentata massa della popolazione, la prima strada percorsa è stata chiamata dagli storici «**cerealizzazione della vita agricola**»; si tratta di un processo osservabile sia in Francia sia in Inghilterra e in Germania: mentre in passato ampie porzioni di territorio erano lasciate a pascolo, ovunque, nel corso del Cinquecento, si procedette alla **semina dei terreni incolti**, in modo che anche quei campi producessero grano. Nel medesimo tempo, in diverse regioni, si ridusse drasticamente l'estensione delle zone boschive; talvolta l'iniziativa partì dai villaggi contadini, ma varie altre volte partì dagli stessi signori, disponibili a ridurre le proprie riserve di caccia pur di incrementare la produzione di grano, assai richiesto sul mercato. In Germania, in numerose località, i **disboscamenti** procedettero a un ritmo così veloce che le autorità furono costrette a limitarli o a proibirli.

Strategie per reperire nuove risorse alimentari

Schema proiettabile

CONTESTO	STRATEGIA ADOTTATA
Inghilterra, Germania, Francia	Semina dei terreni un tempo lasciati a pascolo
Francia e Italia meridionale	Estirpazione di vigneti
Italia settentrionale	Bonifica delle paludi
Olanda	Sottrazione di terreni al mare

In certe zone della Francia meridionale e dell'Italia sono documentati casi di **estirpazione di vigneti**, per far posto al grano; in Italia, però, più frequentemente, il Cinquecento fu il secolo delle grandi **bonifiche dei terreni paludosi**, soprattutto in Lombardia e nelle terre dominate dalla Repubblica di Venezia. Al drenaggio delle paludi ricorsero anche, su larga scala, l'Inghilterra e la Francia, mentre l'Olanda vide (verso la fine del secolo) una grande ripresa della complessa **opera di sottrazione dei terreni al mare**.

> I *polder* in Olanda

Nell'operazione di prosciugamento, il primo passo era la costruzione di una diga capace di allontanare il mare: un lavoro lungo e difficile, che spesso era da ripetere, in quanto le barriere erette dall'uomo venivano facilmente travolte dalle tempeste e dalle alluvioni. Sul terreno asciutto (detto *polder*) ricavato da quell'operazione preliminare era poi necessario **ridurre l'eccesso di salinità**, cosa che gli olandesi risolvevano mediante la coltivazione di cavoli, navone e trifoglio. In tal modo, in Olanda fu di fatto sperimentato **un nuovo sistema di rotazione delle colture**, che si sarebbe rivelato utilissimo, nel Seicento, anche per la promozione dell'allevamento del bestiame.

> Rese agricole mediocri

Tutto sommato, la novità adottata in questo Paese fu l'unico significativo mutamento introdotto nelle tecniche agricole; lungo tutto il Cinquecento, l'aumento della produzione fu cercato mediante l'**ampliamento delle colture** e non attraverso uno sfruttamento più razionale e intensivo del terreno. Le rese del grano appaiono ancora decisamente basse, se paragonate ai moderni rendimenti agricoli: fra la quantità del grano seminato e il prodotto raccolto alla fine del ciclo di lavorazione, difficilmente si superava il rapporto 1 a 8; anzi, molto spesso, il rapporto era di 1 a 4. Quando poi, nelle annate critiche, si scendeva al di sotto di questa soglia, la carestia faceva la sua comparsa.

↑ Pieter Bruegel il Vecchio, *La mietitura*, 1565 (New York, Metropolitan Museum of Art).

1.3 Il commercio dei cereali

Nella prima metà del Cinquecento, per quanto possibile, ciascuna regione tentava di produrre cereali sufficienti per i propri abitanti, e le grandi città erano il mercato principale per i prodotti delle campagne circostanti. Ma, nella seconda metà del secolo, questo equilibrio risultò impossibile: oltre alla cerealizzazione della vita agricola, l'aumento del **commercio dei cereali a lunga distanza** rappresenta un altro segnale dello sforzo che la società del tardo XVI secolo mise in atto per rispondere ai problemi alimentari creati dall'aumento della popolazione.

> **Una merce pesante, difficile da trasportare**

In linea generale, il trasporto del grano poteva avvenire solo per via d'acqua; essendo una merce pesante e ingombrante, il trasferimento per le vie di terra determinava non solo difficoltà tecniche enormi, ma anche e soprattutto uno straordinario rincaro del cereale. Perché una regione potesse diventare **un grande emporio granario**, capace di esportare le proprie eccedenze, non era sufficiente una produzione elevata di cereali: altrettanto importante era che quella regione fosse facilmente raggiungibile dalle navi dei compratori, cioè avesse **uno sbocco sul mare** o **un grande fiume** navigabile che collegasse le regioni interne ai porti della costa.

> **Sciacca, in Sicilia**

Nel Mediterraneo, erano la **Puglia** e la **Sicilia** i **principali granai del mondo cristiano**; il grano siciliano, soprattutto, era apprezzato per la sua qualità ed esportato in Spagna, in Italia e in vari altri Paesi d'Europa. I luoghi d'imbarco che realizzavano il maggior volume d'affari erano collocati sulla costa meridionale: nel 1532, allorché la quantità complessiva di grano esportato dalla Sicilia ammontò a 520 000 quintali, il solo centro di Sciacca ne imbarcò 80 000. Tra gli acquirenti, un posto speciale spettava a Genova, che importava dalla Sicilia, ogni anno, 120-140 000 quintali di grano.

Carta proiettabile

GEOSTORIA Il commercio del grano nel XVI secolo

Venezia, invece, preferiva ricorrere alla Puglia o alle terre dell'impero turco. Al primo posto, fra i granai del mondo islamico, va ricordato l'**Egitto**, che riforniva Costantinopoli, l'esercito ottomano e i pellegrini della Mecca. Anche le navi veneziane si recavano ad Alessandria d'Egitto: tuttavia, ancora più comodi per Venezia erano i porti della Grecia orientale, che esportavano i cereali prodotti nelle pianure della **Tessaglia**, della **Macedonia** e della **Bulgaria**. Nel 1551, la Serenissima importò da 180 a 240 000 quintali di cereali prodotti in terre sotto dominazione ottomana: e forse, in quell'anno di crisi, furono circa 500 000 i quintali complessivi di cereali turchi portati in Italia e distribuiti nelle varie regioni della Penisola. Tuttavia, intorno al 1570 l'impero ottomano vietò l'esportazione di cereali, poiché l'incremento demografico cominciava a farsi sentire anche nel settore orientale del Mediterraneo.

> **Contrabbando di grano**

Schema proiettabile

I granai del Mediterraneo nel Cinquecento

LUOGHI DI PRODUZIONE	PRINCIPALI ACQUIRENTI
Sicilia	Genova e Spagna
Puglia	Venezia
Macedonia-Bulgaria	Venezia, Costantinopoli
Egitto	Venezia, Costantinopoli, Mecca

Per quanto il contrabbando di grano dalla Turchia sia stato estremamente attivo, la chiusura delle importazioni legali dal Levante ebbe, nel corso degli anni, gravi ripercussioni. Infatti, numerosi indizi lasciano pensare che, verso la fine del secolo, si sia verificato un **peggioramento del clima**, caratterizzato da un aumento delle precipitazioni e dalla diminuzione delle temperature in inverno: a Marsiglia, nel 1595 gelò il mare, mentre il fiume Guadalquivir, nel Sud della Spagna, ghiacciò nel 1602-1603. **La situazione dei raccolti si fece sempre più critica**: basti pensare che il regno di Napoli subì la carestia per sei volte, tra il 1560 e il 1600. «Il male, purtroppo, – commenta Fernand Braudel – non è limitato al regno o alla città di Napoli. Ovunque, nel Mediterraneo, gli uomini sono ormai troppo numerosi per le loro risorse».

→ Famiglia contadina; a partire dal 1500 la condizione di quanti vivevano di agricoltura peggiorò continuamente.

zoom

Povertà, banditismo e vagabondaggio

Risposte all'incremento demografico

Alla fine del **XVI** secolo, il più evidente segnale delle difficoltà incontrate dall'Occidente europeo nel far fronte all'incremento demografico è la crescita di fenomeni come la povertà, il vagabondaggio e il banditismo; si tratta di realtà strettamente connesse fra loro e, spesso, intercambiabili (il povero, ad esempio, spesso diventava vagabondo o bandito): l'essenziale, comunque, è notare che un numero crescente di persone, nel corso del Cinquecento, non riusciva più a mantenere un livello dignitoso di vita, non trovava lavoro, sprofondava nella miseria e doveva arrangiarsi in vari modi per non morire di fame.

Il **banditismo** colpisce lo storico per il fatto che, nel Cinquecento, non c'era regione d'Europa che non conoscesse questa piaga sociale; spesso, le bande di fuorilegge erano formate da **gruppi di soldati congedati**, cioè smobilitati al termine di un conflitto e incapaci di tornare al duro lavoro dei campi. In altri casi, alla base del brigantaggio stava invece un cattivo raccolto: i banditi, in questa frequente circostanza, erano contadini che, per sopravvivere, attaccavano i viaggiatori, i mercanti isolati e a volte persino i convogli. **Nelle campagne romane**, ove **il banditismo regnò sovrano tra il 1580 e il 1600**, i bersagli preferiti erano i pellegrini diretti alla Città Santa.

La **carestia**, frequentemente, spingeva molte persone ad **abbandonare le proprie case e a dirigersi verso le città**, nella convinzione che i centri urbani fossero meglio riforniti di viveri rispetto alle campagne. Anche nei casi in cui ciò era vero, i cittadini erano terrorizzati da questi arrivi in massa di poveri disgraziati affamati e reagivano sbarrando le porte della città per non farli entrare, oppure cacciandoli, dopo aver consegnato qualcosa che permettesse loro di tirare avanti per un po'. Secondo un cronista del tempo, fu questo il comportamento delle autorità e dei più ricchi cittadini di Troyes, in Francia, nel 1573, anno di carestia: i poveri, dopo che fu dato a «ciascuno un pane e una moneta d'argento, sarebbero stati fatti uscire dalla città per la detta porta, la quale sarebbe stata chiusa alle spalle dell'ultimo, significando loro [avvertendoli, *n.d.r.*] dall'alto delle mura che se ne andassero con Dio per cercare altrove di che vivere, né facessero ritorno alla detta Troyes prima del nuovo grano del prossimo raccolto».

↑ La cattura di due banditi, arazzo del XVI secolo.

Lotta ai *finti poveri*

Così, spesso, l'affamato si trasformava in brigante, oppure in vagabondo, in persona senza fissa dimora che viveva mendicando e inventandosi ogni tipo di espedienti; quello più frequentemente denunciato dalle fonti (che, naturalmente, rispecchiano il punto di vista delle autorità) era la simulazione di qualche infermità, in modo da impietosire la gente. Papa **Sisto V**, in un documento del 1587, denunciò con forza «la malizia di coloro che, simulando una malattia o fingendo un'indigenza causata solamente dalla loro pigrizia, tolgono il pane ai veri malati e ai veri poveri. Ma dopo aver simulato la malattia con la loro arte infame, subdola e menzognera, ritrovano subito una salute di ferro per darsi al gioco, alle gozzoviglie e agli altri piaceri proibiti».

Le espressioni di Sisto V sono lo specchio di una convinzione che andò diffondendosi in tutta l'Europa cristiana; il papa, infatti, distingue due categorie di **poveri**, quelli **veri** e quelli **falsi**, quelli che potrebbero lavorare e guadagnarsi onestamente la vita (ma non lo fanno per pigrizia) e quelli impossibilitati al lavoro. Solo i secondi – si dà per scontato in questo testo –, meritano l'assistenza delle autorità: gli altri, al contrario, vanno smascherati e puniti. Siamo di fronte, insomma, alla logica che presiede alle varie *leggi sui poveri* emanate in diversi Paesi europei nel corso del Cinquecento e adottate su ampia scala nel secolo successivo.

I PERSONAGGI

Sisto V

Nato nel 1520, era un predicatore francescano di umili origini. Divenuto papa nel 1585, intraprese un'azione volta a rimpinguare le finanze dello Stato della Chiesa: ridusse le spese, combatté la corruzione e il malcostume e si dedicò con zelo alla repressione del brigantaggio. Con la sua abile amministrazione poté abbellire Roma, portare a termine la cupola di San Pietro e commissionare edifici e monumenti. A lui si deve la prima sistemazione urbanistica di Roma. Morì nel 1590.

1.4 Il commercio di grano con il Nord Europa

> VEDI I mercanti di Amsterdam → pag. 478

L'Italia, nel 1590, fu colpita da una carestia particolarmente grave. Per questo motivo molte città (come ad esempio Genova e Venezia) cominciarono a **importare grano dal Nord Europa**. Il grande centro d'approdo dei grani provenienti dal Settentrione fu Livorno, dove fu convogliata una grandissima quantità di cereali, grazie alla mediazione di mercanti inglesi e olandesi. Nel solo 1593, furono scaricate nel porto livornese 16 000 tonnellate tra grano e segale.

Il grano del Nord veniva dalle terre che si affacciavano sul Mar Baltico; il principale punto di imbarco era **Danzica**, a cui faceva capo l'immensa produzione delle regioni site a est del fiume Elba. Queste terre erano caratterizzate, nel Cinquecento, da una scarsissima densità di popolazione: mentre in Italia, Francia e Inghilterra, la densità era di circa 35-45 abitanti per km^2, in Polonia era di 14 abitanti; in Lituania e in Prussia, non superava i 10 abitanti per km^2, in Russia era spesso inferiore ai 5 e in Ucraina era, al massimo, di 3. **Gli uomini**, insomma, **erano un bene ricercato e prezioso**.

> VEDI La servitù in Russia → pag. 288

Tale dato spiega la facilità con cui migliaia di persone (ad esempio ebrei tedeschi, cacciati dalla Germania) trovarono possibilità di rifugio nelle terre orientali, ma d'altro canto rende comprensibile il fenomeno della diffusione della **servitù** che, proprio nel corso del Cinquecento, cominciò a manifestarsi con forza e a diffondersi. La nobiltà polacca e quella prussiana, infatti, in un momento in cui il grano era un bene estremamente ricercato, avevano bisogno di manodopera che coltivasse le sterminate tenute signorili con regolarità; la libertà di movimento dei contadini, pertanto, venne sempre più limitata, al punto che essi, alla fine del processo, si trovarono ridotti al rango di **servi della gleba**, strettamente legati alla terra che lavoravano per il signore e, al limite, parte integrante del patrimonio del signore stesso. In Prussia, le prime ordinanze dirette a vincolare alla terra i contadini risalgono agli anni 1526, 1540 e 1577; in Brandeburgo, la libertà dei contadini fu pesantemente limitata fin dal 1536.

Ovunque, nell'Europa dell'Est, ricomparve un sistema di produzione servile (detto *secondo servaggio*, destinato a scomparire solo intorno alla metà dell'Ottocento), che pose i contadini in una condizione simile a quella che, in Occidente, era prevalente nell'Alto Medioevo. Tuttavia, vi è una **radicale diversità tra quell'antica servitù e la nuova**, cinquecentesca, **condizione servile dei contadini polacchi o prussiani**. Nel primo caso, il proprietario fondiario produceva essenzialmente per un'economia locale e per procurare alla propria casa quel lusso che egli riteneva confacente al suo stato sociale; nell'Europa orientale del Cinquecento (e, ancor più, del Seicento) il signore produceva invece per l'esportazione, per il mercato estero, per rispondere a una domanda che proveniva da lontano e che richiedeva quantità enormi di cereali. Forse, per cogliere meglio la peculiarità del fenomeno cinquecentesco, converrebbe – seguendo l'indicazione di Immanuel Wallerstein – abbandonare l'ambigua e generica espressione «servitù della gleba», per adottare la più precisa formula: «**lavoro coatto** a fini di **commercializzazione** del prodotto».

LE PAROLE

Servitù

Nel periodo compreso tra il VI e l'XI secolo (Alto Medioevo), quasi tutti i contadini dell'Europa occidentale erano servi della gleba. Essi erano obbligati a risiedere nella terra (gleba) sulla quale erano nati e non potevano andarsene. La servitù è un istituto sociale tipico delle regioni o delle epoche a bassa densità abitativa; in questi contesti, la manodopera è un bene prezioso, e i signori cercano di tenerla legata a sé, pena il collasso economico delle loro aziende agricole. In Occidente, l'incremento demografico del periodo compreso tra il 1000 e il 1300 rese superflua la servitù nelle campagne, dalle quali un numero relativamente elevato di individui poté allontanarsi.

← Contadini portano al mulino il grano raccolto e ripartono con sacchi di farina ottenuti dalla macinazione. Miniatura del XVI secolo (Parigi, Biblioteca Nazionale).

Storia slide

ECONOMIA DEMOGRAFIA E SOCIETÀ

2 L'argento americano e la rivoluzione dei prezzi

Le conoscenze da acquisire

A livello economico, la conseguenza più importante della conquista spagnola dell'America fu l'arrivo in Europa di enormi quantità di argento.

Le competenze da potenziare

Saper comprendere i termini e i concetti essenziali della scienza economica.

2.1 L'argento: un'immensa ricchezza arriva dall'America

Oltre all'incremento demografico, un altro importante fattore che, a partire dalla seconda metà del Cinquecento, incise sull'economia europea e sul sistema mondiale del commercio furono i rapporti tra la Spagna e le colonie americane.

> **Regole severe per l'emigrazione e il commercio**

Fin dall'inizio, lo Stato spagnolo aveva deciso di limitare l'emigrazione nelle terre americane ai veri spagnoli, cioè ai soli discendenti diretti di persone nate in Castiglia, León e Navarra. **A nessuno straniero era permesso dirigersi verso il Nuovo Mondo**; ma, più in generale, una legge del 1604 arrivò a decretare che chiunque si fosse imbarcato senza licenza per l'America avrebbe scontato quattro anni di lavori forzati, al remo, nelle galere del re. Nessuno straniero, inoltre, poteva commerciare con le colonie, alle quali era invece vietato impiantare manifatture di qualsiasi tipo, avviare scambi commerciali fra loro, piantare viti e produrre vino. Tipico esempio di una strategia

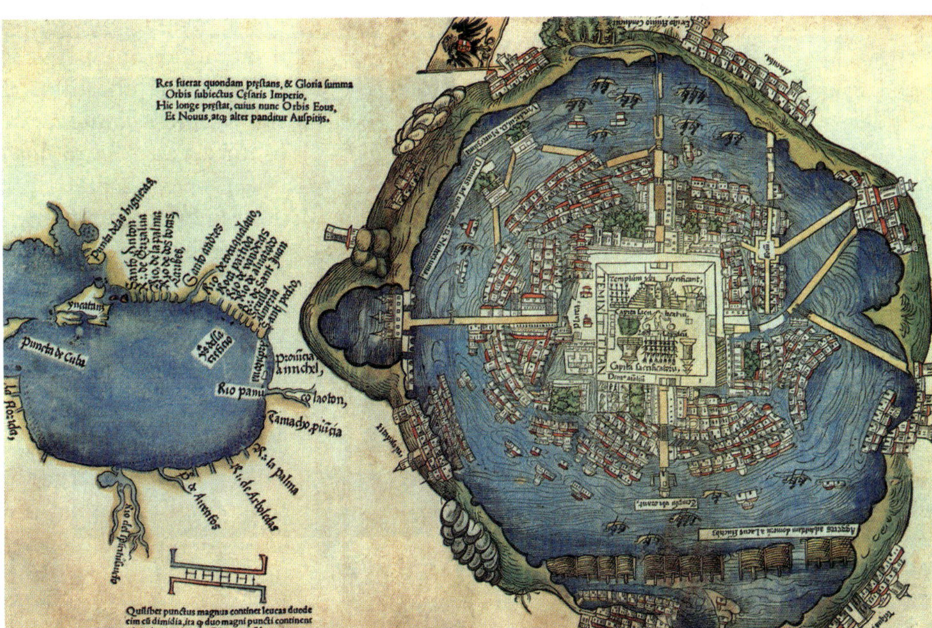

↑ Mappa del Golfo del Messico e pianta di Città del Messico, 1524, xilografia colorata a mano (Chicago, The Newberry Library).

economica denominata **protezionismo**, tale provvedimento era finalizzato a impedire che un'eventuale produzione (agricola o manifatturiera) potesse in qualche modo danneggiare l'economia spagnola.

Per filtrare il flusso di merci e di uomini per e dall'America, già nel 1503 si era stabilito che tutto il commercio e l'emigrazione dovesse far capo a **Siviglia**, ufficialmente l'unico porto abilitato a far salpare navi per le colonie. Nel 1561, anche le modalità della navigazione furono accuratamente regolamentate: nessuna nave poteva singolarmente attraversare l'Oceano ed era consentito navigare solo in convoglio per raggiungere l'America. Fu così stabilito che due flotte (comprendenti una quantità di navi variabile da 35 a 70) erano autorizzate ogni anno a lasciare Siviglia. La prima, diretta in Nuova Spagna (cioè in Messico) partiva in marzo-aprile, mentre la seconda – che aveva come destinazione Cartagena, nell'attuale Colombia – si metteva in navigazione in agosto-settembre; all'andata, le due flotte erano cariche di ogni genere di mercanzia, visto che **gli spagnoli** residenti **nel Nuovo Mondo avevano bisogno praticamente di tutto**, olio, vino e grano compresi. Le due flotte, giunte a destinazione e liberate le stive, aspettavano che passasse l'inverno; a quel punto, dopo essersi riunite in un unico grande convoglio, riprendevano la via per Siviglia.

Al ritorno, le navi dirette in Spagna erano cariche quasi esclusivamente di **argento, estratto nelle miniere americane**. Erano due i principali centri minerari del Nuovo Mondo spagnolo: **Potosí**, in Perù, e **Zacatecas**, in Messico. In queste due località, l'argento venne scoperto rispettivamente nel 1545 e nel 1548; lo **sfruttamento intensivo delle miniere**, tuttavia, fu possibile solo a partire dal 1570 circa, allorché fu applicato in entrambe le zone un nuovo sistema di lavorazione del minerale, che utilizzava il mercurio. La Spagna, ad Almaden (circa 90 chilometri a nord di Cordova), possedeva una ricca miniera di **mercurio**, che tra il 1573 e il 1604 esportò verso l'America 2500-2800 quintali di quel prezioso materiale; tale quantitativo, però, da solo era insufficiente a risolvere le esigenze estrattive di Potosí e Zacatecas; fortunatamente, a Huancavelica, in Perù, nel 1563 venne scoperto un ricchissimo giacimento di mercurio, con il risultato che negli anni Settanta i due principali centri minerari argentiferi delle colonie spagnole furono in grado di produrre al massimo delle loro potenzialità.

La quantità di argento che, dall'America, si riversò sulla Spagna – irradiandosi poi in tutta l'Europa continentale, nel bacino del Mediterraneo e in Oriente – **è impressionante**. Secondo Earl J. Hamilton, si può affermare che nell'insieme, tra il 1503 e il 1660, siano arrivate a Siviglia dall'America più di 16 000 tonnellate d'argento; il vertice delle importazioni, inoltre, sarebbe stato toccato nel decennio 1591-1600, con oltre 2700

LE PAROLE

Protezionismo

Il protezionismo è una strategia finalizzata a difendere l'economia di un Paese dalla concorrenza straniera. Il più elementare degli strumenti protezionistici è il divieto d'ingresso, all'interno del proprio territorio, di prodotti d'importazione, che potrebbero imporsi sul mercato e danneggiare l'industria nazionale. Prima dell'età contemporanea, nel caso di Stati che controllavano vasti territori coloniali, il protezionismo si esprimeva da un lato impedendo alle colonie di commerciare con soggetti economici diversi dallo Stato dominatore, e dall'altro vietando alle colonie stesse di impiantare proprie industrie.

↑ L'estrazione dell'argento da parte di un gruppo di indios nelle miniere di Potosí in Perù.

→ Ornamento in argento di provenienza sudamericana (Bruxelles, Musées Royaux d'Art et d'Histoire).

tonnellate. Tali cifre si basano sullo studio dei registri delle importazioni conservati a Siviglia e non tengono conto, dunque, delle **importazioni clandestine**, non registrate; in realtà, si ritiene che questo **contrabbando abusivo di argento** sia stato notevole, sicché le cifre proposte da Hamilton peccano per difetto: ciò significa che il volume delle importazioni di argento fu ancora maggiore, il flusso di metallo pregiato ancora più cospicuo e consistente.

Le conseguenze di tale fenomeno furono impressionanti; in primo luogo va ricordato quanto accadde in campo politico: da Paese povero di risorse sia umane sia materiali, la **Spagna divenne**, alla fine del Cinquecento, **lo Stato più potente d'Europa**. Sul piano economico, invece, il risultato fu una disponibilità di metallo prezioso mai conosciuta prima in un'Europa che, fin dall'epoca romana, aveva sofferto la carenza della materia prima indispensabile alla coniazione delle monete.

2.2 Le monete d'argento nel commercio mondiale

> **I talleri e i pezzi da otto**

La nuova presenza di argento in grande quantità causò una sorta di rivoluzione in campo monetario. Venezia aveva cominciato a coniare monete d'argento fin dal 1472, utilizzando il metallo estratto nel Tirolo. Questa moneta veniva chiamata ***testone***, perché una delle due facce riproduceva la testa del doge (o, in altre località in cui fu coniato, ad esempio Milano, la testa del capo politico della città). Il testone, oltre che per il suo spessore, si caratterizzava per l'elevata quantità di metallo prezioso che conteneva: di conseguenza, il suo valore come mezzo di scambio divenne presto notevole. Nel corso del Cinquecento, l'esempio veneziano fu imitato in Italia, in Germania e in Boemia (ove vennero coniati i cosiddetti ***talleri***, termine che è all'origine del *dollaro* americano); infine anche la Spagna – negli anni Cinquanta del Cinquecento – iniziò a coniare grosse e preziose monete d'argento, che furono chiamate *pezzi da otto* (*reales de a ocho*). A parte alcuni esemplari abbastanza rari, il **pezzo da otto** era in verità **una brutta moneta, mal coniata e facilmente tosabile**: non era difficile, infatti, limarne i bordi, per rubare qualche grammo d'argento. Il suo punto di forza consisteva nel fatto di essere disponibile sul mercato in numero eccezionalmente elevato, per non dire infinito, a causa della sterminata quantità di metallo pregiato che dall'America arrivava ogni anno a Siviglia.

Paradossalmente si può dire che, **dell'immensa mole d'argento che entrava in Spagna, solo una minima parte restava nella penisola iberica**. Ciò accadeva per vari motivi; al primo posto, naturalmente, vanno segnalate le continue e innumerevoli guerre in cui era impegnata la grande potenza spagnola. Nello stesso tempo, va ricordato che la produzione

→ Testone milanese che raffigura Galeazzo Maria Sforza, seconda metà del XV secolo.

→ Tallero in argento dell'arciduca Leopoldo, 1632.

→ Pezzo da otto (*real de a ocho*) in argento, 1611.

> **Attività disprezzate dai *veri cristiani***

manifatturiera, in Spagna, per tutto il Cinquecento fu in costante calo; nei secoli precedenti il XVI, l'artigianato era stato gestito in Spagna soprattutto da ebrei e musulmani, violentemente perseguitati a partire dalla fine del Quattrocento. Ora, nel corso del Cinquecento, chiunque volesse presentarsi come un *vero cristiano* disprezzava queste attività, con il risultato che la **Spagna si trovò a dipendere** in misura sempre crescente **dal mercato estero per tutti i beni di consumo**, soprattutto per quelli più pregiati e costosi. D'altra parte, in ogni caso, la Spagna non avrebbe saputo rispondere da sola alla domanda di beni d'ogni genere che proveniva dalle colonie; così, la maggior parte di quanto era inviato in America finì per essere acquistato fuori dalla Spagna, in cambio dell'argento americano.

LAVORARE PER COMPETENZE
avvio al saggio breve
I metalli preziosi e il commercio mondiale
→ pag. 433

Quella parte d'argento che non era spesa veniva venduta: negli ultimi decenni del XVI secolo, la **Spagna** divenne la **principale esportatrice di argento d'Europa**. In effetti, chiunque commerciasse con l'Oriente aveva un bisogno vitale di questo materiale, molto apprezzato nell'impero turco, in Persia e in Cina, cioè in tutte le regioni che avevano regolari contatti commerciali con l'Occidente. Dalla Spagna, l'argento era quindi indirizzato verso le principali piazze commerciali d'Europa, sotto forma di lingotti (fondendo i quali le zecche locali coniavano le monete dei vari Stati) oppure di migliaia di *pezzi da otto*, universalmente accettati – come l'euro o il dollaro, ai giorni nostri – quale mezzo di pagamento. Come scrive Carlo Maria Cipolla, «chi deteneva *reales de a ocho* possedeva un potere d'acquisto spendibile in ogni parte del mondo. Chi invece era privo di *reales* era automaticamente tagliato fuori dal mercato».

→ Quentin Metsys, *Cambiavalute e sua moglie*, 1514 (Parigi, Museo del Louvre).

2.3 Il secolo dei genovesi

L'economia europea trovò i suoi protagonisti, a partire dagli anni Sessanta del Cinquecento, in un gruppo di grandi finanzieri genovesi, i quali ottennero dal re di Spagna una sorta di monopolio nell'esportazione e nella redistribuzione dell'argento americano. Pertanto, tra il 1560 e il 1630, **Genova** fu uno dei più importanti centri economici d'Europa, tanto che lo storico Fernand Braudel ha definito quei settant'anni il «secolo dei genovesi».

> VEDI Anversa → pag. 216

Mentre Carlo V aveva dovuto costantemente contrattare con i Fugger e con altri banchieri che operavano ad Anversa – e che sarebbero stati rovinati dalla prima bancarotta dello Stato spagnolo, nel 1557 –, i sovrani iberici della seconda metà del Cinquecento e dei primi decenni del secolo successivo ebbero i loro interlocutori finanziari privilegiati in questi potentissimi finanzieri genovesi.

Essi anticipavano denaro al re di Spagna, garantendogli quella costante disponibilità di oro senza la quale il re non avrebbe potuto pagare regolarmente le proprie truppe; in cambio, i genovesi ottennero di essere i **mediatori privilegiati** della gigantesca operazione di **redistribuzione dell'argento americano nel resto d'Europa**. In pratica, i potenti capitalisti di Genova compravano l'argento spagnolo, ma poi lo rivendevano (ottenendo profitti favolosi) ai veneziani e a chiunque altro avesse bisogno di denaro contante per il commercio.

I principali acquirenti dell'argento spagnolo erano le città italiane che commerciavano con l'Oriente; l'eccezionale disponibilità di liquidità in moneta d'argento garantì a tali centri ottimi affari nell'acquisto di spezie, pepe e sete, che poi rivendevano in Francia o in Germania, ricavando l'oro necessario all'acquisto di nuovo argento spagnolo dai genovesi. Nella seconda metà del XVI secolo, insomma, il bacino del Mediterraneo non deve affatto essere considerato una zona depressa, tagliata fuori dal grande gioco degli scambi internazionali; nel secolo seguente, il sistema avrebbe spostato definitivamente il proprio baricentro sull'Atlantico, ad Amsterdam: ma **fino agli anni Venti del Seicento, il Mediterraneo restò il centro dell'economia europea**.

I LUOGHI

Genova

La fortuna economica di Genova iniziò nell'XI secolo, allorché la città ligure si impose come terza potenza marinara, al fianco di Venezia e di Pisa. I genovesi entrarono in conflitto con i pisani e, nel 1284, ne distrussero la flotta; più lungo e difficile fu il duello con Venezia, dal quale nel Quattrocento Genova uscì logorata e sconfitta. Tuttavia, mentre l'attività marinara della città declinava, gli uomini d'affari genovesi si specializzarono nell'alta finanza e divennero i principali finanziatori del re di Spagna.

↑ Il porto di Genova, affollato di imbarcazioni mercantili, nel XVI secolo.

UN MONDO LONTANO, DIVERSO DAL NOSTRO

Calcolare il tempo

Date, anni, calendari

1 Una vita senza scadenze precise

Iniziamo da due constatazioni assolutamente ovvie, al giorno d'oggi: tutti noi conosciamo la nostra data di nascita, e tutti concordiamo sul giorno (31 dicembre) in cui terminerà l'anno solare in cui attualmente ci troviamo. Nulla era affatto così chiaro, in Europa, nel Medioevo e perfino nel XVI secolo. Fino al Cinquecento inoltrato, solo molto raramente le persone ricordavano con precisione l'anno della propria nascita: quindi, **la maggior parte degli individui conosceva solo in modo molto approssimativo la propria età**. Del resto, **non c'erano scadenze giuridiche rigide e precise**: niente di paragonabile all'importanza che assume al giorno d'oggi il compleanno in cui un soggetto compie 18 anni e, di conseguenza, proprio da quel momento (e non un minuto prima) può essere considerato maggiorenne. Non c'erano elezioni in cui votare, o autoveicoli da guidare con una patente che solo a una precisa età (e non prima) può essere conseguita; anche per il matrimonio la legge esige, oggi, precisi requisiti d'età. Nel Medioevo e nel Cinquecento, al contrario, il lavoro dei bambini o il matrimonio di ragazzi anche molto giovani era prassi del tutto normale. Solo all'inizio del XVII secolo i parroci (sia cattolici che protestanti) cominciarono a registrare con una certa precisione gli eventi fondamentali della vita di un individuo cristiano: nascita e battesimo, somministrazione dei primi sacramenti, matrimonio, morte.

↓ Pieter Bruegel il Vecchio, *Giochi di bambini* (Vienna, Kunsthistorisches Museum).

2 La riforma del calendario

Anche il calendario fu, per molto tempo, diverso dal nostro. In tutto il mondo, una convenzione universalmente accettata fissa l'inizio dell'anno civile al 1° gennaio; fino al Trecento, come minimo, **ogni regione europea agiva invece come meglio credeva**: in pratica, **si faceva iniziare l'anno per Natale, oppure per Pasqua** o in qualche altra data ritenuta significativa. A mettere ordine furono i **mercanti italiani**, che imposero ovunque il 1° gennaio come punto di partenza, in base al quale poter **calcolare in modo identico**, in tutti i Paesi d'Europa, **gli interessi sui prestiti**. Nel 1582, **papa Gregorio XIII riformò il calendario**, e per questo il sistema vigente viene chiamato ***gregoriano***; il nuovo sistema si rese necessario al fine di introdurre alcuni correttivi rispetto al calendario *giuliano*, cioè al computo del tempo proposto in età romana da Giulio Cesare. Il calendario gregoriano è solare (mentre quello ebraico e quello islamico si basano sul movimento della luna) e basato sull'idea che un anno sia composto di 365 giorni; è inoltre organizzato in 12 mesi di durata variabile, ma arricchito, ogni quattro anni, da un giorno supplementare (aggiunto al mese di febbraio, nei cosiddetti anni bisestili) per far sì che fra il tempo astronomico e quello civile non si crei troppo scarto. Il calendario gregoriano non venne affatto accettato subito in tutta l'Europa cristiana: poiché a proporlo era stato un papa, molti Paesi protestanti si rifiutarono a lungo di adottarlo. L'Inghilterra, ad esempio, lo fece proprio solo nel 1752. Ancora più a lungo durò il **rifiuto nella Russia ortodossa**, il cui calcolo del tempo, **fino al 1918**, era sfasato di 13 giorni rispetto a quello tipico dell'Europa occidentale.

← La commissione per la riforma del calendario giuliano, presieduta da papa Gregorio XIII, in una miniatura dell'epoca.

↑ Miniatura del XVI secolo che raffigura il calendario ebraico.

Scusi, mi sa dire in che anno siamo?

Nel corso della storia si sono succeduti diversi metodi di datazione; ogni civiltà, infatti, stabilì una data di riferimento, corrispondente a un avvenimento fondamentale per la propria cultura. Così per i cristiani la data da cui si inizia a contare gli anni è la nascita di Cristo, mentre per i musulmani è la fuga del profeta Maometto da La Mecca (avvenuta nel 622 per il calendario cristiano); per gli ebrei invece si parte dal sesto giorno della creazione, cioè dalla comparsa di Adamo ed Eva (calcolata a partire da indicazioni presenti nella Bibbia e corrispondente all'anno cristiano 3760 a.C.). Inoltre, la durata dell'anno può essere calcolata in base alla rotazione della Terra intorno al sole (è il caso del calendario gregoriano, detto *solare*), oppure in base ai cicli della luna (come per il calendario islamico, *lunare*, che ha meno giorni rispetto a quello solare: ecco perché non basta sottrarre 622 per calcolare l'esatta corrispondenza di una data con il calendario islamico). Il calendario ebraico è invece *lunisolare*, cioè calcolato in base sia al sole sia alla luna. Insomma, un anno non ha la stessa durata, secondo i tre calendari. Le linee del tempo riportate qui sotto mostrano quando è avvenuta la scoperta dell'America secondo il calendario cristiano, musulmano ed ebraico.

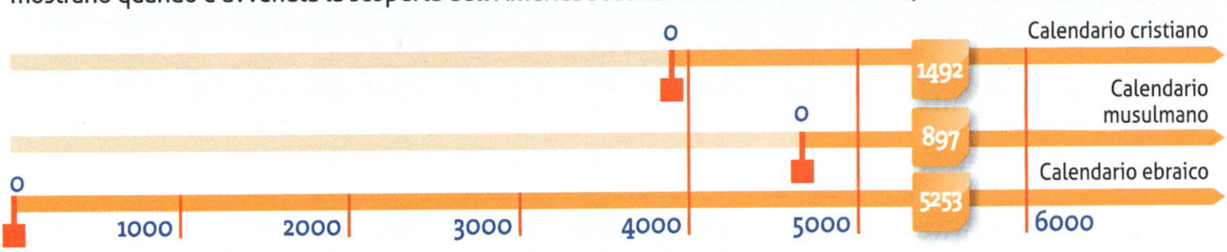

2.4 La rivoluzione dei prezzi

Le conseguenze fondamentali dell'arrivo dell'argento americano furono due: da un lato la Spagna divenne la maggiore potenza europea, dall'altro l'Italia e il bacino del Mediterraneo riuscirono a mantenere un ruolo decisivo nell'economia europea.

> **Un rincaro senza precedenti**

Più difficile valutare quali effetti abbia avuto l'afflusso di metallo prezioso dal Nuovo Mondo sulla cosiddetta ***rivoluzione dei prezzi***, che caratterizzò la seconda metà del Cinquecento. Con questa espressione, si indica convenzionalmente la forte crescita dei prezzi di tutte le principali merci commercializzate in Europa. È vero che tale processo può apparire, ai nostri occhi moderni, di proporzioni tutto sommato modeste: si pensi ad esempio che a Firenze, tra il 1552 e il 1600, il tasso annuo medio di **inflazione** fu appena del 2%. Eppure, da un lato va messo in conto l'effetto cumulativo di questo processo inflazionistico costante, e dall'altro va considerato che si trattò comunque di un rincaro senza precedenti, che sorprese i contemporanei, provocando **stupore e spavento**. Tutti gli ingegni migliori del tempo cercarono spiegazioni e rimedi; tra i tentativi di diagnosi, il più celebre fu quello fornito dal giurista francese **Jean Bodin** (nel 1568) e dai numerosi altri intellettuali che attribuirono l'inflazione all'eccesso di moneta circolante. «Sviliti per l'abbondanza» a causa del «mare d'argento» proveniente dalle Indie (così si esprime un dotto dei primi del Seicento), i metalli pregiati avrebbero perso di valore, provocando l'aumento dei prezzi dei beni. Con termini più tecnici, lo storico inglese Henry Kamen ha così riassunto la questione: «La tesi che mette in rapporto l'infla-

LE PAROLE

Inflazione

Il termine *inflazione* indica un processo di aumento dei prezzi, che può avere molteplici cause. Innanzitutto, il rialzo può essere determinato dalla legge economica della domanda e dell'offerta, in base alla quale i prezzi aumentano quando l'offerta di una merce è scarsa, ma la sua domanda è elevata (e, viceversa, diminuiscono quando l'offerta è superiore alla domanda). L'aumento dei prezzi è accompagnato da una diminuzione del potere d'acquisto della moneta: con una certa somma non è più possibile acquistare la stessa quantità di merce che poteva essere comprata prima dell'inizio del processo di inflazione.

GEOSTORIA

Oro e argento dalle Americhe alla Spagna

Grafico proiettabile

→ Nel grafico è indicata la quantità di metalli preziosi (oro e argento) che gli spagnoli importarono dalle colonie americane durante un secolo e mezzo. L'unità di misura è il *peso*, una moneta d'argento di circa 25 grammi.

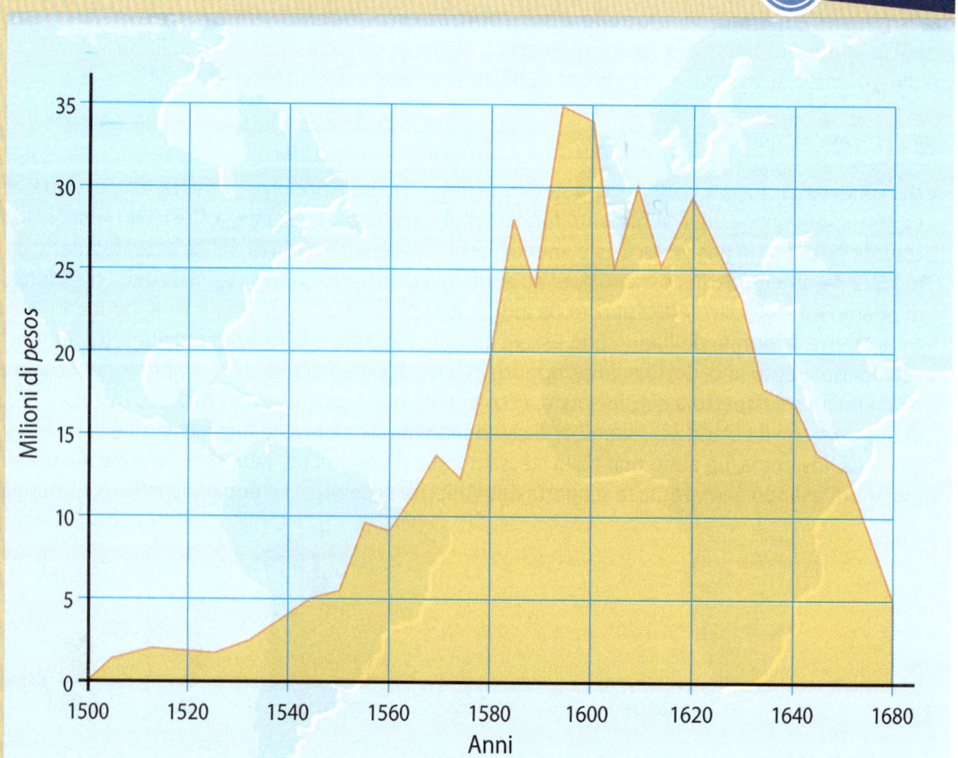

zione con l'afflusso di metalli preziosi è fondata sulla teoria quantitativa della moneta, secondo cui, se la domanda [di beni, *n.d.r.*] e la velocità di circolazione sono stabili, il livello dei prezzi è direttamente proporzionale alla quantità di moneta disponibile: ogni aumento di tale quantità (per accresciuta coniazione, per importazione d'argento ecc.) produrrà un rialzo dei prezzi».

> Le spiegazioni degli storici

Per quanto ingegnosa e corretta sotto il profilo teorico, tale spiegazione oggi non convince più la maggioranza degli storici. Infatti, da più parti si fa notare che in varie regioni della Francia e in Germania il rincaro era già in atto negli anni Settanta del Quattrocento; in Italia, invece, la curva dei prezzi cominciò a crescere negli anni Trenta del Cinquecento. In tutti i casi, l'elemento essenziale che emerge è che **l'inflazione era già iniziata prima degli anni Settanta**, che videro l'afflusso massiccio e regolare di metallo pregiato dall'America; quest'ultimo, sicuramente, può aver aggravato e accelerato il processo inflazionistico, ma non deve essere considerato né l'unica né la principale causa della rivoluzione dei prezzi.

> Rincaro dei generi alimentari

Del resto, la fine del Cinquecento vide quella che Kamen ha chiamato «**un'inflazione selettiva**»: non tutti i beni, cioè, aumentarono il proprio costo nella stessa misura. A crescere, furono soprattutto i beni di prima necessità, tant'è vero che il rincaro dei prodotti alimentari fu all'incirca doppio rispetto a quello degli altri generi di consumo. Poiché un simile scarto si spiega solo con la *crescita della domanda*, cioè con l'accresciuto numero dei consumatori, la maggior parte degli storici è oggi dell'opinione che la **causa principale e decisiva** della *rivoluzione dei prezzi* sia stata l'**incremento demografico**, che provocò un lento ma costante aumento della richiesta di beni. Insieme al grande commercio internazionale dei grani, la rivoluzione dei prezzi va considerata un ulteriore segnale del fatto che il delicato equilibrio fra risorse alimentari e aspiranti consumatori – alla fine del Cinquecento – stava entrando in crisi.

GEOSTORIA

Andamento del prezzo del frumento in Europa

Grafico proiettabile

→ Questo grafico rappresenta l'aumento del prezzo del grano tra il 1500 e il 1700 secondo i dati raccolti dagli studiosi. Osserva come il costo del grano cresca di quasi quattro volte tra il 1550 e il 1600.

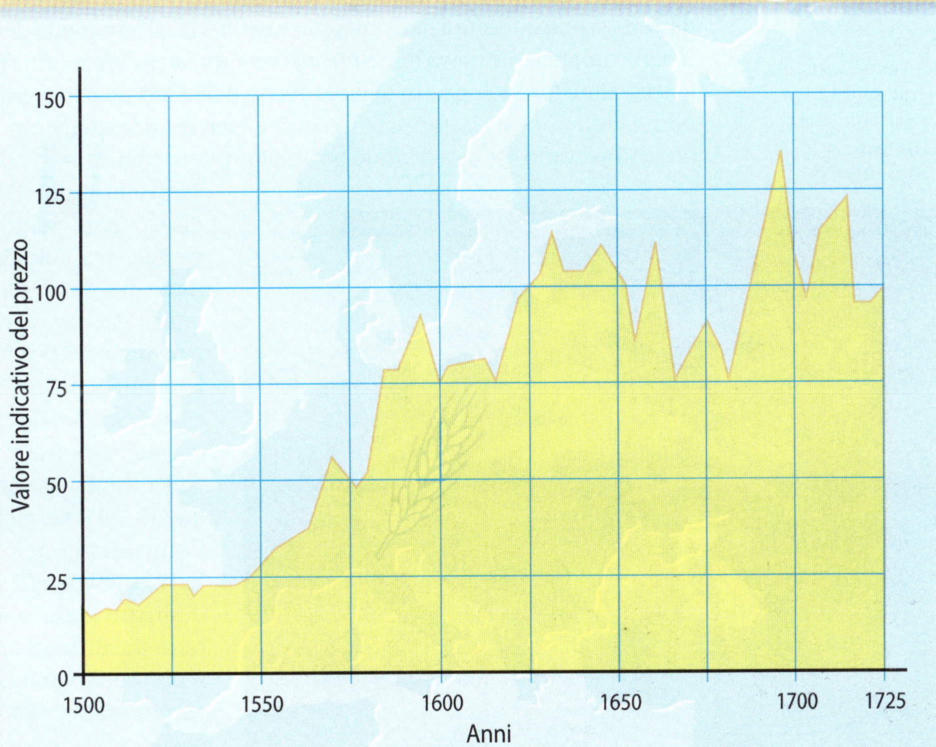

CULTURA CIVILTÀ E RELIGIOSITÀ

Storia slide

3 Economia, politica e religione in Inghilterra

Le conoscenze da acquisire

Nel Cinquecento il regno d'Inghilterra si separò da Roma e diede vita a una Chiesa nazionale autonoma.

Le competenze da potenziare

Saper individuare le specificità dei principali Paesi europei, a partire dalla loro diversa esperienza religiosa.

3.1 Le recinzioni

> **Strategie di riconversione dei campi**

In tutta l'Europa, a partire dalla metà del Trecento, i **prezzi dei cereali** subirono una **forte flessione** e restarono bassi per circa un secolo e mezzo; questo fatto spinse molti signori a trasformare l'assetto delle loro terre, cioè a introdurre colture che, sul mercato, risultassero più redditizie dei grani. Così, ad esempio, in Francia e in altre regioni adatte alla produzione di vino si ebbe un notevole incremento della vigna; altrove (in Germania, soprattutto) ci si orientò verso le colture adatte a impieghi industriali, come il luppolo (indispensabile per la produzione della birra), il lino, la canapa, il guado e la robbia (piante da cui era possibile ricavare sostanze coloranti, impiegate nella fabbricazione dei tessuti). **In Inghilterra**, la strada che venne seguita per far fronte alla depressione fu quella di **incentivare la produzione di lana** per l'industria locale e per l'esportazione. In pratica, la Gran Bretagna vide la **trasformazione di vaste estensioni di terre** – che fino al Trecento erano state coltivate a cereali – **in pascoli per le pecore**.

> **Pascoli al posto dei campi**

Poiché i terreni adibiti a pascolo venivano recintati, per impedire che le pecore si disperdessero, si può dire che a dare inizio, in Inghilterra, al fenomeno delle cosiddette ***enclosures*** (recinzioni) fu la strategia di *riconversione* agricola praticata dai signori. Per molto tempo, le recinzioni furono oggetto della **protesta e** dell'**indignazione popolare**; i signori, infatti, non si limitarono a trasformare in pascoli i terreni rimasti incolti, ma anche campi che in passato avevano ceduto in affitto a famiglie di contadini: queste, allo scadere del contratto, venivano espulse dal podere e restavano disoccupate, visto che, per controllare un gregge, era sufficiente una manodopera molto inferiore, sotto il profilo numerico, a quella necessaria per i lavori agricoli. «Recingono tutto per farne pascolo, – recita un lamento popolare del tempo – abbattono le case, sradicano le città e non lasciano nulla in piedi, se non la chiesa, per farne un ovile».

↓ Jan Siberechts, *Paesaggio pastorale*, 1684 (Denver, Art Museum).

Di fronte alle **proteste sempre più frequenti ed energiche degli agricoltori**, la Corona intervenne con un decreto nel 1517, obbligando i padroni delle terre a destinare nuovamente alla coltivazione le terre trasformate in pascolo dopo il 1488. Il provvedimento del re, tuttavia, non sortì grandi effetti, visto che la maggior parte delle recinzioni aveva avuto luogo prima della data indicata come vincolante, cioè tra il 1379 e il 1485; solo verso la metà del XVI secolo, allorché i prezzi dei cereali tornarono a salire, i proprietari terrieri ebbero di nuovo interesse a seminare i campi e a produrre grano. Il fenomeno delle recinzioni, tuttavia, non cessò; anzi, assunse una forma nuova e, per certi aspetti, ancora più odiosa agli occhi dei contadini. I signori, infatti, cominciarono ad **acquistare** (e a **recingere**) le **terre incolte** che, fino a quell'epoca, erano state **usate da tutti gli abitanti di un villaggio**; si trattava, insomma, di terre comuni, dove chiunque poteva portare il proprio bestiame a pascolare oppure raccogliere legna e altri prodotti utili. Nel momento in cui un padrone le acquistava, invece, le considerava sua proprietà esclusiva: la **recinzione** in questo caso era **simbolo di un'appropriazione**, di un radicale mutamento dei rapporti di forza nelle campagne, a tutto vantaggio dei ceti più elevati.

> Le terre comuni

3.2 Enrico VIII e il distacco dell'Inghilterra da Roma

> **VEDI** La guerra delle Due rose → pag. 179

Video Enrico VIII

L'Inghilterra che vide il fenomeno delle recinzioni, nelle sue varie forme, era governata dalla dinastia Tudor, salita al potere nel 1485, al termine della guerra delle Due rose. Sotto il profilo politico, i sovrani di tale dinastia si segnalano per un duplice atteggiamento; infatti, sia Enrico VIII (1509-1547) che Elisabetta I erano personalità molto forti, ma si sforzarono di **restare in buoni rapporti con il Parlamento**, consapevoli del fatto che, senza il sostegno dei Lords e dei gruppi sociali (ricchi mercanti delle città e piccola nobiltà terriera) che inviavano i propri rappresentanti alla Camera dei Comuni, la loro politica non avrebbe avuto alcuna possibilità di successo. Nel caso di Enrico VIII, il nuovo orientamento per il quale il sovrano cercò il consenso di ampi settori della società inglese fu il distacco della Chiesa d'Inghilterra da Roma; nel caso di Elisabetta, si trattò di un'emergenza nazionale, che esigeva un Paese unito e compatto: la lotta impari, pericolosa e dall'esito tutt'altro che scontato, che l'Inghilterra ingaggiò con il regno di Spagna, la maggiore potenza militare del tempo.

Le due vicende appena menzionate sono strettamente legate. **Enrico VIII**, infatti, aveva sposato una principessa spagnola, Caterina d'Aragona, che dopo cinque gravidanze sfortunate, conclusesi con la morte del neonato, aveva infine partorito una femmina che, rimasta in vita, fu chiamata Maria. È vero che in Inghilterra la femmina, in assenza di eredi maschi, subentrava al trono ed era dotata di pieni poteri. Nel Cinquecento, tuttavia, la successione al trono che procedesse seguendo la linea femminile era universalmente osteggiata e guardata con sospetto, in quanto il matrimonio della regina con un sovrano straniero poteva provocare la perdita dell'indipendenza del Paese.

Il primo a essere consapevole di questo rischio e a condividere l'unanime diffidenza verso il governo femminile fu proprio Enrico VIII, che oltre tutto si era innamorato perdutamente di una dama di corte (**Anna Bolena**); in gioco, però, non c'erano solo le preferenze amorose del sovrano, ma le sue preoccupazioni per l'avvenire del regno. Dapprima, **Enrico chiese al**

← Enrico VIII, con la terza moglie Jane Seymour e il loro figlio Edoardo, 1543-1547 (Londra, Hampton Court Palace).

La concezione del potere di Enrico VIII, re d'Inghilterra

Schema proiettabile

DIO	È concepito come la fonte del potere
RE	• Riceve il potere direttamente da Dio, senza la mediazione del papa • In quanto figura sacra, può esercitare la funzione di capo della Chiesa anglicana

papa l'annullamento del suo matrimonio; tuttavia, **Caterina d'Aragona era zia di Carlo V** (in quanto figlia di Isabella e Ferdinando e sorella di Giovanna, madre di Carlo), e ciò spinse il papa a esprimere infine parere negativo: dopo il sacco di Roma e dopo la solenne riconciliazione tra il papa e il re di Spagna, una sentenza che avesse provocato la cacciata dall'Inghilterra della zia dell'imperatore avrebbe pesantemente ferito l'onore di Carlo.

> VEDI Il sacco di Roma → pag. 284

A quel punto, dopo il **rifiuto del pontefice**, Enrico VIII si appellò al Parlamento, che approvò una serie di atti e di solenni dichiarazioni finalizzate a sostenere il re nel suo scontro con Roma. Si può senz'altro affermare che, in questa prima fase, Enrico trovò pieno appoggio sia nei suoi ministri che in gran parte dell'opinione pubblica, ostile all'idea di una possibile interferenza del papa negli affari interni della nazione. Il primo decreto che venne approvato, denominato *Act of Appeals* (1533), aboliva il diritto del pontefice di interferire nelle questioni processuali ecclesiastiche inglesi. A esso seguì una dichiarazione di principio di portata ben più ampia. Il 3 novembre 1534, infatti, il Parlamento approvò il cosiddetto ***Atto di Supremazia***, in base al quale **Enrico VIII** venne proclamato «**unico capo supremo** in terra» **della *Anglicana Ecclesia***, cioè della Chiesa inglese; nel contempo, tale privilegio veniva esteso anche ai suoi successori. Libero ormai di procedere al nuovo matrimonio, Enrico sposò Anna Bolena (che poi, nel 1536, sarebbe stata accusata di adulterio, ripudiata e decapitata).

> Matrimonio con Anna Bolena

↓ Enrico VIII viene dichiarato capo della Chiesa inglese, XVI secolo (Chichester, cattedrale della Santa Trinità).

3.3 Lo scontro religioso in Inghilterra e il regno di Elisabetta

> **VEDI**
L'Anonimo Normanno
→ pag. 37

Il gesto di Enrico VIII può essere considerato lo sforzo più lucido e coerente che mai sia stato compiuto di portare fino in fondo il principio secondo cui **un re**, nella sua qualità di figura consacrata, è il **vero e unico vicario di Dio in una data terra** e verso il popolo che, per grazia divina, è chiamato a guidare. Sotto questo profilo, Enrico VIII non ci appare affatto un sovrano *moderno*, ma un uomo impregnato di idee tradizionali. Del resto, non si può nemmeno dire che il sovrano inglese aderì alla Riforma: nelle sue intenzioni, dal punto di vista dottrinale, **l'Inghilterra era rimasta cattolica** e non doveva recepire nulla delle concezioni teologiche luterane.

Monografia
Il poeta e il sovrano: la concezione della regalità in William Shakespeare

Riguardo alla dottrina, le posizioni di Enrico VIII erano tutt'altro che chiare; egli avrebbe voluto **sganciarsi da Roma senza modificare in alcun punto la fede cattolica**: in termini più tecnici, si potrebbe dire che avrebbe voluto procedere a **uno scisma, senza eresia**. Malgrado ciò, Enrico non esitò a mandare a morte tutti coloro che criticavano la sua scelta; ricordiamo, in particolare, **Thomas More**, intellettuale umanista, intimo amico di Erasmo da Rotterdam e autore di un breve trattato, intitolato *Utopia* (1516). In questo testo, lo scrittore descriveva un'isola inesistente – il termine di origine greca *utopia*, infatti, significa *nessun luogo* – in cui gli uomini avevano costruito una società armonica e perfetta, priva di contraddizioni, di violenza e di ingiustizie.

More non voleva affatto trasformare la sua *utopia* in realtà per mezzo di una rivoluzione o qualche altro mutamento radicale della struttura sociale e politica. *Utopia*, tuttavia, nel corso della storia si sarebbe caricata proprio di una simile valenza: a fronte del pessimismo antropologico tipico del protestantesimo o di altri pensatori, quali Machiavelli, essa sarebbe diventata il simbolo della **fiducia nella possibilità** umana **di costruire, in terra, una società in cui** finalmente **regnassero la pace e l'eguaglianza**.

↑ Ambrosius Holbein, incisione per l'edizione del 1518 del libro *Utopia*.

Enrico VIII morì nel 1547. Durante il breve regno di Edoardo VI (1547-1553), nato da un ulteriore matrimonio di Enrico VIII, le idee protestanti ebbero modo di diffondersi nel Paese, grazie all'arcivescovo di Canterbury Thomas Cranmer, che promosse la prima traduzione in lingua inglese della Bibbia, l'uso della lingua nazionale nel culto e il matrimonio degli ecclesiastici. Nel 1549 fu poi redatto il *Book of Common Prayer*, un libro che fissava la liturgia ufficiale della Chiesa di Stato. Settori importanti della popolazione inglese, però, non condividevano queste scelte, e anzi accolsero con entusiasmo la decisione della nuova regina, **Maria** (figlia di Enrico VIII e di Caterina), di **far tornare l'Inghilterra alla fede tradizionale**.

Cranmer e numerosi altri fautori della Riforma furono condannati a morte: il resoconto di questa persecuzione (*Libro dei martiri*) steso da John Foxe nel 1563 fu per almeno 200 anni, insieme alla Bibbia, uno dei libri più letti da tutti i protestanti inglesi, che diedero a Maria l'epiteto di ***Sanguinaria***. Nel 1558, tuttavia, Maria morì e fu sostituita da **Elisabetta I** (1558-1603), figlia di Enrico VIII e

RIFERIMENTO STORIOGRAFICO 1
Maria Tudor: una donna sul trono d'Inghilterra
→ pag. 423

di Anna Bolena. Incoronata il 17 novembre 1558, Elisabetta era una regina amante delle cerimonie, dello sfarzo e dei riti; all'inizio del suo regno era tutt'altro che decisa a seguire una precisa direzione in ambito religioso. In effetti, Elisabetta era una **figlia del Rinascimento**, colta, spregiudicata, formata più sui classici della Grecia e di Roma che sulle pagine della Bibbia. Ai suoi occhi, le dispute teologiche tra cattolici e riformati erano solo discussioni fumose e inutili. La sua scelta di campo, però, divenne inevitabile in quanto il matrimonio di Enrico VIII e di Anna Bolena non era mai stato riconosciuto dal papato; il pontefice insomma, poiché considerava Elisabetta una figlia illegittima, non riconobbe il suo diritto al trono, il che spinse la nuova regina a contrapporsi frontalmente a Roma.

RIFERIMENTO STORIOGRAFICO 2
Elisabetta e la costruzione della Chiesa anglicana
→ pag. 424

Guardiamo la storia
Elisabetta, la regina vergine

Elisabetta sperimentò ben presto le contraddizioni e i pericoli che l'abbandono del cattolicesimo potevano comportare; tutti i riti che sorreggevano l'impalcatura della regalità sacra, infatti, erano condannati dai fedeli riformati più coerenti come superstizioni idolatre, in nulla diverse dai diabolici rituali papisti che essi ripudiavano. Elisabetta, pertanto, **tentò di destreggiarsi fra questi due estremi opposti**. Da un lato infatti, malgrado l'orrore dei suoi sudditi riformati, mantenne la pratica cattolica della lavanda dei piedi ai poveri, il Giovedì santo; inoltre, nonostante l'opposizione del papa, **toccò regolarmente le scrofole**, la cui guarigione era il simbolo della sua investitura divina: infatti, solo al re legittimo, unto e consacrato, Dio concedeva poteri di taumaturgo; d'altro canto, la regina restò sempre fedele al principio secondo cui la **Chiesa d'Inghilterra** non doveva più avere come proprio capo supremo il pontefice e doveva essere **tenuta sotto rigido controllo da parte della monarchia**.

Il nuovo *Atto di supremazia*, approvato dal Parlamento nel 1559, non designò più il sovrano come «capo supremo», bensì come «governatore supremo della Chiesa d'Inghilterra», a sottolineare che le prerogative del re in campo ecclesiastico erano di tipo amministrativo, più che religiose. Venne comunque mantenuta l'organizzazione della Chiesa su base episcopale (vescovi controllati dalla Corona), rifiutando il modello presbiteriano calvinista. Questo elemento (insieme ad altri aspetti dell'anglicanesimo) erano respinti dai **riformati inglesi più coerenti**. Formatisi a Zurigo o a Ginevra, essi presero il nome di ***puritani***, per il fatto che erano determinati a *purificare* la Chiesa inglese da tutti i residui cattolici. L'opposizione di questi riformati estremisti, che consideravano la fede cattolica una dottrina diabolica e chiamavano il papa Anticristo, fu tuttavia sopita, per il momento, dalla situazione politica internazionale, che vide l'Inghilterra elisabettiana in guerra pressoché costante con il regno di Spagna.

← Gruppo di puritani inglesi, incisione del XVII secolo.

Impariamo dalle immagini

Elisabetta con il setaccio

Elisabetta con l'ermellino

George Gower, *Elisabetta con setaccio*, 1579 (Washington, Folger Shakespeare Library). Il setaccio è il simbolo di purezza e castità. Tale significato deriva da un racconto mitologico latino, secondo cui la vestale Tuccia, una sacerdotessa della dea romana Vesta, fu ingiustamente accusata di aver violato il suo voto di castità. Ma Tuccia dimostrò la sua innocenza, con l'aiuto di Vesta (che non l'avrebbe assistita se fosse stata colpevole) trasportando l'acqua dal Tevere in un setaccio. La figura di Tuccia fu associata da Petrarca, nei *Trionfi*, a Laura.

William Segar (attribuito a), *Ritratto dell'ermellino*, 1585 (Hartfield, Hartfield House). Come il setaccio, anche l'ermellino divenne un simbolo della castità di Laura, regolarmente dipinto sugli stendardi dei quadri che rappresentavano il trionfo della donna di Petrarca.

La propaganda politica nell'Inghilterra della regina Elisabetta I

Nel 1588, Elisabetta non esitò a far propria una delle armi propagandistiche più potenti della Riforma: **l'identificazione del papato (e della Spagna**, che combatteva al suo servizio) **con l'Anticristo**, la diabolica Bestia dell'Apocalisse, il principale strumento di cui Satana si serve, nel mondo, per contrapporsi a Dio e perseguitare la Chiesa. Subito dopo la grande vittoria, però, Elisabetta procedette a elaborare un nuovo tipo di **propaganda politica** che fosse sorretta da argomenti e motivi **di matrice classicheggiante piuttosto che biblica**, essendo la Bibbia troppo facilmente manipolabile, da parte degli estremisti della Riforma.

Gli artisti e i poeti inglesi che misero il proprio talento a servizio della regina, al fine di celebrare la sua persona, la sua azione di governo e le sue scelte religiose, sfruttarono soprattutto il fatto che, per tutto il suo lungo regno, **Elisabetta rifiutò di sposarsi**: pertanto, essa poteva essere proposta dai suoi sostenitori come **regina vergine e casta**, esempio e modello di purezza e di perfezione.

«Per tutta la durata del suo regno – scrive la storica britannica Frances A. Yates – la verginità della regina venne usata come potente arma politica». Nella mitologia latina, era diffusa la credenza secondo cui la vergine Astrea, dea della giustizia, avrebbe fatto ritorno sulla Terra per dare inizio a un'epoca di pace e di prosperità, simile all'*età dell'oro* in cui l'umanità aveva vissuto all'inizio della sua storia, prima che la violenza e la guerra facessero la loro comparsa sulla terra. Insistere sulla **verginità di Elisabetta**, nella propaganda politica, significava in primo luogo presentarla come Astrea, che avrebbe portato all'Inghilterra una **rinnovata epoca di pace, giustizia e abbondanza**. Inoltre, poiché la metafora dell'adulterio e della prostituzione, sia nella Bibbia che in Dante, era utilizzata per indicare l'abbandono della vera fede da parte del popolo di Dio, celebrare la **castità della regina** permetteva di affermare che **la Chiesa era stata finalmente riformata**, mentre la religione era ritornata alla purezza del tempo dei martiri e degli apostoli.

POTERI E CONFLITTI 4

Storia slide

Filippo II e i suoi nemici

Le conoscenze da acquisire	Le competenze da potenziare
A livello politico, la seconda metà del XVI secolo fu dominata dall'imponente figura di Filippo II re di Spagna, che dovette lottare contro turchi, inglesi e protestanti olandesi.	Saper individuare i limiti e i fattori di debolezza di una grande potenza, apparentemente invincibile.

4.1 Filippo II di Spagna

RIFERIMENTO STORIOGRAFICO 3
Profilo religioso di Filippo II
→ pag. 426

Nel XVI secolo, la Spagna era la principale potenza militare d'Europa (e, forse, del mondo intero). Non a caso, per designare questo periodo di eccezionale potenza per la monarchia iberica si usa in genere la formula *secolo d'oro* (***siglo de oro***). Nel gennaio 1556, divenne re di Spagna il figlio di Carlo V, **Filippo II d'Asburgo**, il cui potere si estendeva su un territorio immenso, che comprendeva (oltre alla Spagna propriamente detta) il ducato di Milano, l'Italia meridionale, la Sicilia e la Sardegna. A tutte queste terre vanno aggiunti la Franca Contea, i Paesi Bassi, i possedimenti spagnoli nel Nuovo Mondo e le isole Filippine. Malgrado la sterminata estensione di questo vero e proprio impero, **la sua potenza non deve essere sopravvalutata**. Infatti, come suo padre Carlo V, anche Filippo II si trovò spesso a dover affrontare, contemporaneamente, numerosi avversari, senza avere la forza e le risorse necessarie a sferrare contro nessuno di essi il colpo decisivo, capace di schiacciare davvero il nemico. Anzi, **a più riprese** (e malgrado il regolare afflusso di metalli preziosi dall'America) **lo Stato spagnolo fu costretto a dichiarare bancarotta**, cioè ad ammettere di non essere in grado di onorare i debiti contratti con i grandi finanzieri che avevano prestato al re il denaro necessario per le sue campagne militari.

La prima di queste periodiche bancarotte ebbe luogo nel 1557, allorché un decreto datato 1° gennaio rese noto ai banchieri che il sovrano, invece di pagare in contanti i suoi debitori, avrebbe versato loro un interesse vitalizio del 5%. Nei casi seguenti (1560, 1575, 1590), semplicemente, lo Stato spagnolo si comportò da creditore insolvente, mandando in rovina i finanzieri che gli avevano prestato i capitali indispensabili per le guerre che, su diversi scenari, vedevano impegnate le armate spagnole.

Nel corso del suo lungo regno (1556-1598), Filippo II dovette dividere le proprie energie su due grandi teatri politici e militari: il Mediterraneo e l'Europa nord-occidentale. Nel primo caso, il suo grande avversario fu l'**impero turco**; nel secondo, i nemici irriducibili furono i ribelli dei **Paesi Bassi** e l'**Inghilterra**. Per esigenze di chiarezza, nelle pagine seguenti esamineremo sepa-

← Ritratto di Filippo II, 1580 circa (London, National Portrait Gallery).

RIFERIMENTO STORIOGRAFICO 4
I problemi finanziari di Filippo II
→ pag. 427

ratamente questi diversi scenari; tuttavia, per capire davvero l'impossibilità della Spagna di chiudere vittoriosamente le varie partite politiche e militari che, nella seconda metà del Cinquecento, la videro intervenire come protagonista, si deve sempre tener conto dello stretto collegamento che esisteva fra questi due grandi teatri. Dunque, non appena i mezzi e gli uomini erano impiegati su un fronte, immediatamente l'altro si esponeva al rischio di pesanti disfatte, le cui conseguenze sarebbero state difficilmente rimediabili.

> Un divario insanabile

Guardiamo la storia
Il re di Spagna, Filippo II

Filippo II consumò tutta la sua esistenza nell'**impossibile sforzo** di superare tale insanabile divario. Per sua fortuna, però, anche l'impero turco aveva un problema simile: impegnato in un interminabile scontro con l'impero persiano per l'egemonia in Medio Oriente, il sultano di Istanbul non poteva riversare contro il mondo cristiano tutte le proprie truppe e le proprie risorse.

4.2 L'egemonia sul Mediterraneo

La posta in gioco dello scontro tra la Spagna e l'impero ottomano era il **controllo del Mediterraneo**. La guerra navale, nel Cinquecento, era condotta principalmente con le galere a remi, navi fragili e non adatte alla navigazione nell'oceano. Anzi, non erano in grado di affrontare nemmeno le tempeste che d'inverno si scatenano nel Mediterraneo, sicché potevano navigare solo tra maggio e ottobre. Le **galere**, inoltre, erano **strumenti costosissimi**, che dissanguavano le finanze di uno Stato; verso il 1560, il mantenimento completo di una di esse costava infatti 6000 ducati all'anno, cioè richiedeva lo stesso denaro che era stato necessario per provvedere alla sua costruzione. Ogni galera – vera città galleggiante – ospitava all'incirca 300 uomini, distinti in due gruppi: 150 rematori (per lo più forzati, cioè delinquenti condannati alla *galera* e prigionieri di guerra) e 150 fra marinai e soldati.

> Le galere

> Conquista turca di Cipro

Verso la metà del Cinquecento, nel Mediterraneo, l'**egemonia navale era saldamente detenuta dai turchi**; la loro flotta, infatti, era riuscita a sconfiggere quella spagnola a Prevesa, nella Grecia nord-occidentale (1538) e a Djerba, di fronte alla Tunisia (1560). Nel 1570, i turchi decisero di attaccare in forze Cipro, che all'epoca era possedimento veneziano. La Repubblica, fino a quel momento, si era mantenuta rigorosamente neutrale nel conflitto che opponeva Spagna e impero ottomano per il controllo del mare: per quanto cristiana, Venezia aveva relazioni commerciali troppo strette con i turchi per poter pensare a una politica di guerra. D'altra parte, con i suoi vigneti e con le sue pregiate piantagioni di canna da zucchero e di cotone, Cipro rappresentava per Venezia un'eccezionale fonte di ricchezza; il **Senato veneziano** pertanto, **sia pure a malincuore, decise di combattere**.

> Un'isola ricchissima di risorse

→ Illustrazione del XVII secolo di artista turco, che raffigura l'assedio di Famagosta, ultima roccaforte veneziana a Cipro. I guerrieri ottomani fanno sbarcare alcuni cavalli da una passerella per rinforzare la cavalleria imperiale, mentre un'altra nave attende al largo.

4.3 La sconfitta dei turchi a Lepanto

Se Venezia si apprestava al conflitto senza particolari motivazioni religiose, anche Filippo II aveva un atteggiamento analogo. Molto attento ai rischi economici di ogni sua guerra, Filippo fu sempre disposto ad accettare una tregua o una pace proposta dal nemico musulmano. Al contrario, il papa **Pio V** aveva intenzione di combattere fino in fondo gli infedeli e gli eretici, nemici della fede cattolica.

> **Sforzo delle potenze cristiane per creare una flotta**

Non appena i turchi ebbero attaccato Cipro, il pontefice offrì appoggio a Venezia e invitò la Spagna a entrare in una grande alleanza cristiana, capace di respingere la rinnovata offensiva musulmana. Il 25 maggio 1571, a Roma, venne solennemente annunciata la nascita della **Sacra Lega**, che prevedeva un accordo militare di tre anni, la costituzione di una grande flotta comune e notevoli agevolazioni economiche per Venezia, la quale non poteva più contare sul grano proveniente dall'Oriente e doveva acquistarlo, di conseguenza, in Sicilia o in Puglia. Lo scontro decisivo con la flotta turca ebbe luogo il 7 ottobre 1571, nel **golfo di Lepanto**, ove 230 galere turche affrontarono 208 navi cristiane.

Guardiamo la storia
Lepanto e lo scontro con l'impero turco

Il successo degli alleati cristiani, alla fine della battaglia, **fu totale**: al prezzo di solo 10 galere perdute, riuscirono infatti ad affondare o a catturare 200 navi nemiche e a provocare all'impero ottomano perdite per più di 30 000 uomini.

> **Migliore equipaggiamento delle navi cristiane**

Una vittoria così grandiosa si spiega, soprattutto, con il fatto che i veneziani avevano posto, davanti al loro schieramento, sei grandi *galeazze*, vere fortezze galleggianti ben munite di artiglieria. Per molti aspetti la battaglia di Lepanto fu ancora **una battaglia navale tradizionale**, in cui **lo speronamento e l'abbordaggio** ebbero un ruolo rilevante. Tuttavia, si può senz'altro attribuire la vittoria cristiana al migliore equipaggiamento, cioè all'imponente dotazione in cannoni e archibugi, armi che avrebbero trasformato la tecnica della guerra sul mare in modo ancora più radicale di quanto non avessero già modificato, a partire dal Quattrocento, il modo di condurre gli assedi e le battaglie campali.

È difficile valutare esattamente gli effetti della vittoria cristiana a Lepanto. **A causa della stagione invernale incombente**, veneziani e spagnoli non poterono passare subito a una nuova offensiva: i turchi ebbero così il tempo di ripristinare la flotta, l'anno seguente. Per Venezia, la continuazione del conflitto sarebbe stata una grave sciagura, in quanto avrebbe messo a repentaglio tutti i suoi traffi-

→ El Greco, *Ritratto di papa Pio V*, 1600-1610 (collezione privata).

I PERSONAGGI

Pio V

Nato nel 1504, Michele Ghilslieri era un domenicano dotto e austero che fu papa, con il nome di Pio V, dal 1566 al 1572. Il suo pontificato fu breve, ma segnò una tappa importante nella Riforma cattolica. Applicò severamente i decreti del Concilio di Trento; nel 1566 pubblicò il *Catechismo romano* e, attraverso l'Inquisizione, combatté eresia e protestantesimo. Il grande avvenimento del suo pontificato fu la crociata contro i turchi, che culminò con la vittoria a Lepanto.

I LUOGHI

Lepanto

Città della Grecia, situata all'ingresso occidentale del golfo di Corinto. Nel 1407 fu conquistata dai veneziani che vi costruirono una cittadella e fortificarono il porto. Nel 1499 passò in mano agli ottomani. Al largo della città, nel 1571, avvenne la famosa battaglia fra turchi e cristiani. Il successo di questi ultimi mise fine alla fama di invincibilità che si erano acquistati gli ottomani, ma fu praticamente priva di conseguenze significative.

> Pace tra turchi e veneziani

ci. Pertanto, nel marzo 1573, Venezia giunse a una pace separata con i turchi, accettando la perdita di Cipro, la liberazione di tutti i prigionieri senza riscatto e il versamento di un'indennità di guerra di 300 000 zecchini. Anche al re di Spagna e al sultano di Costantinopoli, però, la guerra nel Mediterraneo risultò ben presto intollerabile: entrambi, infatti, erano chiamati da altri e ben più gravi problemi, rispettivamente **nei Paesi Bassi e in Persia**. Essi quindi accettarono di stipulare una serie di tregue, che non furono mai ufficialmente trasformate in un trattato di pace, ma in pratica permisero di **trasferire truppe e risorse su teatri di guerra** che, per entrambi, erano **più importanti di quello mediterraneo**. Ciò non vuol dire, ovviamente, che nel Mediterraneo degli ultimi decenni del Cinquecento non vi siano stati scontri; essi, però, rientravano in quel tipo particolare di guerra che, da sempre, caratterizzava il "Mare interno": si trattò, prevalentemente, di **incursioni piratesche**, dettate dalla ricerca di bottino e finalizzate alla cattura di prigionieri da vendere come schiavi o liberare in cambio di riscatto. Non era più la guerra di grande portata, orientata a modificare sostanzialmente i confini degli Stati, a far prevalere una civiltà sull'altra o a ottenere l'egemonia sulle grandi rotte commerciali.

> Scorrerie dei pirati

A partire dal 1580, come scrive Fernand Braudel, «la grande guerra, sapiente, moderna e costosa guadagna il Nord dell'Europa e dell'Atlantico: di colpo, il Mediterraneo avrà soltanto le forme secondarie e degradate. Per il Mediterraneo, dopo Lepanto, è finito il tempo di un grande conflitto, tutto suo. La grande guerra è insediata al Nord, all'Ovest, sull'Atlantico. Il Mare Interno non è più il cuore impetuoso del mondo».

> Nuovi teatri di guerra

↑ Lo schieramento delle navi poco prima della battaglia di Lepanto in un affresco di Giorgio Vasari (Città del Vaticano, Palazzi Vaticani).

> Contro lo Stato assoluto

chiaramente che siamo di fronte a una federazione di entità sovrane, ciascuna delle quali voleva conservare i propri organi di governo. Lo storico americano Simon Schama ha detto che la rivolta dei Paesi Bassi «era diretta non solo contro le iniquità della politica religiosa di Filippo II, ma anche contro molte tendenze – centralizzazione fiscale, burocrazia professionale, giustizia esecutiva, assolutismo dinastico, erosione dei privilegi urbani e signorili – che caratterizzavano lo Stato del tardo Rinascimento».

Pertanto, il nuovo Stato indipendente si caratterizzò per la notevole complessità del suo impianto; Guglielmo d'Orange (e – dopo il suo assassinio, perpetrato da sicari al soldo degli spagnoli, nel 1584 – i suoi discendenti) non era un re, bensì una sorta di **governatore generale** (chiamato *stadholder*) dai contorni e dai poteri mal definiti. Il potere vero, infatti, risiedeva nell'assemblea dei delegati delle sette province (i cosiddetti **Stati generali**) che potrebbe essere paragonata a un moderno parlamento. All'interno di questo istituto, poi, nel Seicento, avrebbe acquistato il posto decisivo il delegato dell'Olanda, in quanto da sola questa provincia forniva il 58% dei contributi necessari al funzionamento del Paese; il **gran pensionario** (o **avvocato d'Olanda**), pertanto, finì per esercitare di fatto funzioni analoghe a quelle di un moderno primo ministro.

> VEDI Spagna e Olanda nel Seicento → pag. 514

zoom

Il contrasto tra Maria Stuart ed Elisabetta

Maria di Scozia, una regina discussa

Nel ventennio 1567-1587, **la regina di Scozia Maria Stuart** fu al centro della politica internazionale. Nel 1567, infatti, suo marito Lord Darnley venne misteriosamente assassinato, a Edimburgo. La voce popolare accusava del delitto un potente nobile scozzese, James Hepburn, conte di Bothwell. Tuttavia, il mese successivo alla morte del proprio marito, Maria non solo si risposò, ma addirittura lo fece proprio con Bothwell, con grande sconcerto sia dei cattolici che dei protestanti. Nel giro di pochissimo tempo, lo scandalo si trasformò in accuse gravissime: adulterio e complicità nell'uccisione di Lord Darnley. In luglio, **la regina venne arrestata e costretta ad abdicare** in favore del proprio figlio Giacomo (che aveva appena due anni).

Nel maggio 1568, i sostenitori di Maria riuscirono a farla evadere dalla prigione e farla arrivare in Inghilterra; **Elisabetta**, per non inimicarsi gli scozzesi, **la pose sotto custodia** e creò una commissione d'inchiesta, per valutare la solidità delle accuse mosse contro Maria, che era sua cugina; l'ex regina di Scozia, infatti, era nipote diretta di Margherita, sorella di Enrico VIII. In virtù di tale ascendenza, però, e per il fatto di essere rimasta cattolica, **agli occhi del papa e di Filippo II Maria Stuart era l'erede legittima del regno.**

Le cautele di Elisabetta

Negli anni successivi, vennero scoperti numerose **cospirazioni finalizzate a togliere di mezzo Elisabetta e a sostituirla con Maria**; la regina di Londra cercò sempre di temporeggiare: temeva che la clamorosa azione di processare e condannare a morte la cugina avrebbe rafforzato l'opposizione calvinista inglese, che disprezzava l'anglicanesimo come fede riformata fasulla ed esigeva l'abolizione dei vescovi della Chiesa di Stato. Elisabetta, inoltre, sapeva perfettamente che **una condanna di Maria avrebbe attirato l'ira di Filippo II**, già irritato per il sostegno offerto dagli inglesi ai ribelli olandesi. Infine, però, dopo che venne sventato un tentativo di liberare l'ex regina Stuart, Elisabetta ordinò di procedere con il processo. Maria si rifiutò sempre di presenziare alle udienze, ma ciò non le servì a evitare la condanna (1° febbraio 1587) e l'esecuzione, una settimana dopo (8 febbraio).

↑ Anonimo, *Ritratto di Maria Stuart regina di Scozia*, XVI secolo (San Pietroburgo, Ermitage).

4.7 L'*Armada* spagnola attacca l'Inghilterra

> VEDI
La potenza commerciale olandese nel Seicento
→ pag. 478

Guardiamo la storia
La guerra sui mari: Lepanto e l'*Armada*

RIFERIMENTO STORIOGRAFICO 6
L'attacco contro l'Inghilterra: gli obiettivi di Filippo II
→ pag. 430

Quando nel 1580, per motivi ereditari, Filippo II ottenne la Corona del Portogallo, il conflitto tra la Spagna e i ribelli olandesi si ampliò. I corsari delle Province Unite, infatti, cominciarono ad assaltare, oltre alle navi spagnole, anche quelle portoghesi che trasportavano spezie dall'Oriente ad Anversa. In più, gli olandesi sferrarono i loro attacchi anche contro gli empori portoghesi in Asia, dove si producevano le spezie, e si sostituirono a loro nell'importazione dei pregiati prodotti orientali.

Anche numerosi marinai inglesi (ricordiamo, ad esempio, Francis Drake e Walter Raleigh) attaccavano e rapinavano le navi spagnole. Per di più l'Inghilterra della regina Elisabetta – che fin dall'inizio aveva offerto riparo nei propri porti ai *mendicanti del mare* – nel 1585 decise di inviare un esercito in appoggio ai protestanti dei Paesi Bassi. Per eliminare tale pericoloso alleato dei suoi sudditi ribelli, Filippo II elaborò un complesso piano di invasione della Gran Bretagna e fece costruire una flotta imponente, l'***Armada***.

Il piano prevedeva che le navi provenienti dalla penisola iberica si riunissero a un'altra squadra di navi, con a bordo 27 000 veterani dell'esercito impegnati da anni nella guerra dei Paesi Bassi. Sulle unità dell'*Armada*, inoltre, erano stati imbarcati anche dodici **grossi cannoni d'assedio**. Contro un tale spiegamento di forze ben addestrate e ben equipaggiate, **se le truppe fossero riuscite a sbarcare, l'Inghilterra non avrebbe potuto opporre praticamente nulla**. Le fortificazioni di tutte le città inglesi erano ancora quelle medievali: quindi, i moderni grossi calibri spagnoli, una volta sbarcati, avrebbero facilmente polverizzato le mura difensive. Inoltre, l'esercito di terra di Elisabetta contava al massimo 4000 effettivi, molti dei quali erano male armati (le armi da fuoco e la polvere da sparo scarseggiavano in modo preoccupante) e ancor meno motivati a combattere (le diserzioni erano una piaga in continua crescita). Se lo sbarco fosse riuscito, la vittoria sarebbe stata assicurata.

BILANCIO DELLE COMPETENZE
→ pagg. 412-413

> **Disfatta spagnola**

Nonostante vi fossero alternative meno rischiose per la Spagna, Filippo rifiutò qualsiasi consiglio e volle elaborare personalmente il piano. Ma questa sua tendenza ad accentrare su di sé ogni comando e ogni potere si rivelò fatale. Il **piano del re**, infatti, **presupponeva una sincronia d'azione tra soggetti militari diversi**, in un tempo in cui le comunicazioni erano scarse e scadenti. Quando l'*Armada*, forte di 130 unità e di 30 000 soldati, il 7 agosto entrò nella Manica, i 27 000 uomini del duca di Parma non erano pronti. Per un giorno e mezzo, le navi spagnole furono preda della marina inglese, che le attaccò con i propri velieri, veloci e ben muniti di artiglieria, oppure inviò nel fitto della flotta nemica delle imbarcazioni incendiarie, capaci di appiccare il fuoco alle navi nemiche.

La grande novità rispetto al passato di questa complessa (e disordinata) serie di combattimenti marittimi sta nel fatto che entrambi i contendenti avevano navi ampiamente dotate di artiglieria; siamo di fronte, insomma, alla **prima vera battaglia navale moderna**: un sistema radicalmente diverso di condurre la guerra sul mare, in cui lo spazio tra le navi combattenti si fa decisamente più largo in quanto la distruzione dell'imbarcazione nemica avviene tramite l'utilizzo dei cannoni. L'abbordaggio cessa di avere il peso decisivo che, invece, ancora a Lepanto aveva mantenuto. Alla fine gli spagnoli, a causa delle eccessive perdite subite, decisero di rinunciare all'invasione e furono costretti a tornare nei propri porti, dopo aver circumnavigato la Gran Bretagna e l'Irlanda. **Per Filippo II** si trattò non solo di una gravissima sconfitta, ma anche di una **catastrofe dal punto di vista economico**.

↑ In questo quadro di Hendrik Vroom sono visibili le imbarcazioni incendiarie inglesi, dette "brulotti", che si lanciano contro le navi spagnole.

Saper individuare i limiti e i fattori di debolezza di una grande potenza, apparentemente invincibile

A questo punto del percorso, possiamo esporre in forma organica le ragioni per cui alcune grandi potenze (in passato come ai giorni nostri) si sono mostrate vulnerabili, a dispetto della loro forza apparente.

1 Quando una grande potenza si trovi impegnata, contemporaneamente, su **troppi fronti**, si crea una situazione di criticità. Una schiacciante vittoria su tutti gli scenari, infatti, è praticamente impossibile. Carlo V, ad esempio, si trovò a combattere in modo continuo contro tre avversari: il regno di Francia, i principi luterani tedeschi, l'impero turco (sul fronte austriaco-ungherese e nel Mediterraneo). Filippo II, a sua volta, fu impegnato contro i turchi, i ribelli calvinisti olandesi, l'Inghilterra di Elisabetta I, gli ugonotti francesi.

Si pensi, per analogia, agli Stati Uniti dei giorni nostri: per quanto ancora più ricchi, e assai più organizzati della Spagna del secolo d'oro, il contemporaneo intervento in Afghanistan (a partire dal 2001) e in Iraq (a partire dal 2003) ha messo in difficoltà perfino la più imponente potenza militare della storia. Se poi fosse esplosa, contemporaneamente, anche una crisi con la Corea del Nord e con l'Iran (paesi che hanno tensioni costanti con gli USA e che, da essi, sono giudicati come **Stati canaglia**, cioè vengono accusati di sostenere o dare copertura ad azioni di terrorismo), è più che legittimo ipotizzare che anche gli Stati Uniti avrebbero subito umiliazioni o disfatte paragonabili a quelle di Carlo V e di Filippo II.

2 Il secondo fattore di cui tener conto è il denaro; detto in altri termini, **le guerre** (ovvero, gli armamenti e i soldati) **costano care**. E non conta il fatto che la situazione economica degli USA di oggi sia infinitamente più solida di quella del Regno spagnolo; infatti, i costi per le armi del XXI secolo, sofisticatissime e capaci di utilizzare le più evolute tecnologie, sono cresciuti a dismisura: proprio come le galere, i velieri armati di cannoni, l'artiglieria da campo, le nuove fortificazioni o i soldati mercenari misero a durissima prova i bilanci dei sovrani del Cinquecento.

In sintesi, una serie di conflitti che esplodano in tempi ristretti (o, peggio ancora, siano da gestire contemporaneamente) se da un lato impedisce, oggi come allora, il pieno dispiegamento delle forze, dall'altro prosciuga le casse dello Stato e lo obbliga a spremere i contribuenti, generando rancore (e, nel Cinquecento, rivolte) verso chi esercita il potere.

→ Dipinto satirico del XVI secolo: Filippo II cavalca una vacca (l'Olanda), il duca d'Alba, suo rappresentante, la munge; il duca d'Alençon (la Francia) la tira per la coda; Elisabetta le porge il fieno, mentre il ribelle olandese Guglielmo d'Orange cerca di tener buono l'animale.

I fattori di debolezza di una grande potenza

1 La molteplicità dei teatri d'intervento simultaneo
2 Gli insostenibili costi finanziari della guerra
3 La guerra asimmetrica

3 Gli avversari di una grande potenza militare capiscono in fretta qual è il suo principale punto di debolezza. È ovvio che sarebbe un suicidio affrontare un nemico dotato di eserciti imponenti, sotto il profilo numerico, e fortissimo, sotto il profilo tecnologico. Nel Cinquecento, le armate spagnole erano praticamente invincibili, sul campo di battaglia. Allo stesso modo, hanno dimostrato una formidabile capacità di distruzione l'esercito israeliano (che nel 1967, in pochi giorni, spazzò via l'esercito dell'Egitto, della Giordania e della Siria) e quello degli Stati Uniti (che nel 1991 e nel 2003 non ebbe alcun problema a liquidare in poco tempo le forze regolari dell'Iraq).

In tutti questi casi, però, siamo di fronte a **battaglie campali**, cioè a quella che un grande studioso di storia militare, l'americano V. D. Hanson, ha chiamato **«l'arte occidentale della guerra»**. A suo giudizio, si tratta di un fenomeno di lunga durata, di un'eredità del mondo greco, che amava risolvere le contese con un grande scontro frontale in campo aperto. Dai tempi di Atene e di Roma, nessun generale ha più rinunciato al sogno di abbattere il nemico con un solo colpo, alla speranza di riportare una vittoria militare decisiva sul campo di battaglia.
I problemi, però, vengono quando il nemico – perfettamente consapevole della superiorità dell'esercito contro cui dovrebbe scontrarsi – si guarda bene dall'ingaggiare uno scontro in cui ci si gioca tutto in un unico colpo. Anzi, chi sa di essere inferiore, oltre a evitare il più possibile l'urto frontale di massa, combatte poi in modo giudicato sporco, facendo uso di agguati, imboscate, attacchi a sorpresa, sabotaggi di infrastrutture e altri efficaci stratagemmi che paralizzano l'avversario.

L'esercito di una grande potenza può così trovarsi **paralizzato** (incapace, insomma, di dispiegare tutto il proprio potenziale tecnologico) e paradossalmente **esposto agli attacchi** nemici, che provocano continue perdite. La guerra diventa così una *prova di resistenza*, in cui l'esercito (in teoria) militarmente superiore è esasperato e finisce per compiere azioni feroci e brutali a danno della popolazione, ma nel medesimo tempo paga un **tributo di sangue** sempre più difficile da sostenere. Per non parlare poi, ovviamente, del fatto che una guerra, più si prolunga nel tempo, più costa e provoca **danni economici** e finanziari insostenibili, nel lungo periodo.

In tempi recenti, si sono trovati in una situazione simile gli Stati Uniti (incapaci di combattere in modo efficace la guerriglia vietnamita, negli anni Sessanta del Novecento, e poi impossibilitati a rispondere in modo efficace alla strategia terroristica attivata dagli iraqeni, a partire dal 2003) e Israele, che dopo aver spazzato via gli eserciti arabi si è trovato in serie difficoltà contro i guerriglieri palestinesi o libanesi. Nel Cinquecento, viene subito da pensare alla scelta dei **corsari calvinisti olandesi**, che condussero un'efficacissima azione di pirateria marittima, mettendo in gravi difficoltà finanziarie Filippo II.

↑ Ali Pasha, comandante turco della battaglia di Lepanto.

4.8 Cattolici e ugonotti: le guerre di religione in Francia

> **VEDI** La guerra civile in Inghilterra → pag. 530

Guardiamo la storia
Caterina de' Medici, la regina politica

> Nobili convertiti alla Riforma

Carta interattiva
Cattolici e ugonotti nella Francia del XVI secolo

Insieme al successo militare del 1588, l'abile propaganda elaborata dagli artisti di corte contribuì a contenere l'aggressività degli inquieti e radicali *puritani* inglesi. Lo scontro religioso e politico tra Corona e calvinismo rivoluzionario, in Inghilterra, sarebbe esploso soltanto a metà Seicento. Sul continente, invece, insieme alla Scozia e ai Paesi Bassi, la **Francia** fu il **terzo Paese che, già nel Cinquecento, sperimentò appieno il calvinismo in tutta la sua pericolosità sovversiva**. A complicare tragicamente la situazione francese, però, fu il fatto che i sovrani erano molto giovani; questo li metteva in una posizione di (presunta) debolezza nei confronti dei nobili, sia cattolici sia protestanti, i quali puntavano a ottenere una certa indipendenza, o quanto meno un'autonomia maggiore di quella che, in passato, aveva lasciato loro Francesco I.

La crisi iniziò nel 1559, allorché il re Enrico II di Valois morì a causa di una grave ferita riportata durante un torneo; poiché tutti i suoi figli erano minorenni, il potere venne assunto da **Caterina de' Medici**, vedova del re defunto. Negli anni precedenti, il calvinismo si era diffuso in Francia al punto da coinvolgere circa 3 milioni di individui (pari a un sesto dell'intera popolazione del regno). Si incontravano riformati in tutti gli strati sociali; ma, soprattutto, il calvinismo si era diffuso tra gli artigiani e i commercianti dei centri urbani e aveva trovato il sostegno di alcuni grandi signori, come l'ammiraglio Gaspard de Châtillon, conte di Coligny. Anche la potente famiglia dei Borbone aveva aderito alla Riforma, con una conversione che aveva destato particolare scalpore in quanto i **Borbone** erano strettamente imparentati con la casa reale. Caterina de' Medici si rese conto subito che la Corona non poteva inimicarsi signori così potenti e pertanto

GEOSTORIA Cattolici e ugonotti nella Francia del XVI secolo

cercò di condurre una politica di conciliazione religiosa, concedendo ai calvinisti francesi (chiamati **ugonotti**, *huguenots*, termine di etimologia discussa, che forse derivava dal tedesco *Eidgenossen*, "confederati") una relativa libertà di culto.

> I "politici"

Tale politica liberale trovò l'appoggio di numerosi intellettuali di formazione umanistica, convinti che la diffusione di idee religiose eretiche fosse un pericolo di gran lunga meno pericoloso della guerra civile. Tra questi **intellettuali che anteponevano la stabilità politica del regno al trionfo di una dottrina sulle altre** (e che pertanto furono chiamati spregiativamente *politiques* dagli estremisti delle due fedi), negli anni 1560-1561 si segnalò soprattutto Michel de L'Hospital che, pur essendo cattolico, era favorevole alla coesistenza religiosa: «La causa di Dio non ha bisogno di essere difesa con le armi – disse agli Stati generali riuniti a Orléans, nel 1561. – Finora abbiamo agito come cattivi capitani che assaltano la fortezza nemica con tutte le loro forze, ma lasciano spogli e indifesi i propri accampamenti. In futuro dobbiamo munirci di virtù e buona condotta, e allora assalire gli altri con le armi della carità, della preghiera, della discussione e della parola di Dio, che sono le armi adatte per tale battaglia».

RIFERIMENTO STORIOGRAFICO 7
Le guerre di religione in Francia
→ pag. 432

Facendo propria una simile linea di condotta, Caterina concesse ai riformati di poter celebrare le proprie funzioni religiose, purché ciò avvenisse al di fuori dei centri urbani. Ciò destò l'indignazione dei cattolici radicali, guidati dal duca **Francesco di Guisa**, che nel 1562 diede inizio alla guerra civile massacrando un centinaio di protestanti a Vassy, nel Nord-Est della Francia. Per circa vent'anni, il Paese fu in preda al caos; periodicamente, si tentò di fermare la violenza cercando accordi e compromessi, che diedero vita a numerose tregue. La pace, però, risultò sempre di breve durata, con il risultato che il più grande e popoloso Stato d'Europa non poté più svolgere, in pratica fino alla fine del Cinquecento, alcun ruolo sulla scena politica internazionale.

> Paralisi politica della Francia

L'episodio più grave del conflitto si ebbe nel **1572**, allorché la **notte di San Bartolomeo** (24 agosto) i cattolici uccisero più di 20 000 ugonotti. Solo a Parigi si ebbero 2000 vittime; la presenza di un numero così elevato di protestanti nella capitale si spiega con il fatto che si erano recati a Parigi per partecipare al matrimonio di **Enrico di Borbone** e Margherita di Valois, figlia di Caterina de' Medici. Nel momento in cui era stato deciso, questo matrimonio avrebbe dovuto essere il simbolo di una nuova era di concordia fra cattolici e protestanti; la sua celebrazione, invece, fu l'occasione per una **strage**, che è **divenuta** una specie di **simbolo della violenza per motivi religiosi**. La responsabilità del massacro ricade in parte sui Guisa, ostili nei confronti di ogni tentativo di conciliazione religiosa, e in parte sulla stessa Caterina, che abbandonò improvvisamente il suo tradizionale atteggiamento moderato.

Probabilmente, la ragione del voltafaccia della regina, ancora molto influente a corte (sebbene il nuovo re, Carlo IX, fosse nel frattempo diventato maggiorenne), va trovata nel suo desiderio di impedire al Coligny, che fu ucciso nel corso della strage, di mettersi in collegamento con i ribelli dei Paesi Bassi; ciò avrebbe significato, infatti, esporre la Francia a una guerra contro la Spagna, in un momento in cui il Paese era profondamente diviso dalla guerra civile. In pratica, siamo di nuovo di fronte a un *atteggiamento politico*: per quanto avesse completamente modificato la propria strategia, e optato in questo caso per la violenza più spietata e più brutale, l'obiettivo ultimo di Caterina de' Medici continuava a essere la tutela degli interessi dello Stato francese.

← François Dubois, *Massacro di San Bartolomeo*, XVI secolo (Losanna, Musée Cantonal des Beaux-Arts). È ben visibile Caterina de' Medici, ispiratrice della strage degli ugonotti.

Il ritorno di Martin Guerre: un caso di doppia identità nella Francia del Cinquecento

Partiamo dalla fonte

La vicenda del *ritorno di Martin Guerre* (studiata dalla storica americana Natalie Zemon Davis) si svolse in Francia negli anni 1538-1560. La principale fonte che permette di ricostruire questa storia – che ha come protagonisti due figure umili e, più in generale, un villaggio contadino francese – consiste negli **atti di un processo** che si svolse nelle città di Rieux e di Tolosa (a partire dal gennaio 1560), contro un uomo (Arnaud du Tilh) accusato di essersi appropriato dell'identità di un'altra persona (Martin Guerre) e, quindi, di essersi impossessato ingiustamente di sua moglie e dei suoi beni.

Ricostruiamo il caso

La storia si svolse nel villaggio di Artigat, nella Francia meridionale, ed ebbe inizio con il matrimonio di due ragazzi di origine contadina: **Martin Guerre** e **Bertrande de Rols**. Come tutti i matrimoni di quel tempo, non si trattò di **un'unione** nata dall'amore, ma **combinata dalle due famiglie**: i due sposi, infatti, non avevano di sicuro più di 14 anni (e Bertrande doveva aver cominciato da pochissimo tempo ad avere il mestruo). Il nuovo matrimonio cominciò decisamente male: il giovane Martin sembrava impotente, e tutti pensavano che fosse rimasto vittima di qualche maleficio operato da una strega. Solo dopo circa otto anni fu possibile consumare il matrimonio: ma ormai, sicuramente, i rapporti tra i coniugi erano decisamente freddi e poco più che formali. Improvvisamente **Martin**, nel 1548, **abbandonò Artigat, la moglie e il bambino** nato da poco e non diede più sue notizie per diversi anni. Finalmente, nell'estate del 1556, un uomo si presentò al villaggio e affermò di essere Martin Guerre, tornato a casa dopo circa otto anni di avventure e vagabondaggi. In realtà, il nuovo arrivato era **un sosia**, un certo **Arnaud du Tilh**, che aveva scoperto di essere somigliantissimo a Martin, aveva raccolto numerose informazioni su di lui, sulla sua famiglia e sul suo villaggio, e infine aveva tentato di spacciarsi per Martin stesso.

Bertrande riconobbe in breve tempo l'imbroglio, ma **si prestò al gioco**. I due vissero per diversi anni come marito e moglie, ebbero una bambina e vissero in relativa serenità. La finzione resse senza problemi per tre anni: poi, nel 1559, cominciarono i problemi. Il calzolaio del villaggio fu il primo a sollevare dubbi sull'identità del nuovo arrivato, affermando che il vero Martin aveva piedi molto più grandi. Inoltre, alcuni soldati di passaggio dissero che Martin Guerre aveva perso una gamba in battaglia, durante l'assedio di San Quintino, nel 1557, e aveva ora una gamba di legno. Infine, si mosse anche lo zio Pierre Guerre, con cui Martin era entrato in lite per motivi economici. Il 12 settembre 1560, Arnaud du Tilh fu riconosciuto colpevole di «impostura, sostituzione di nome di persona e adulterio»; di conseguenza, fu condannato a morte e giustiziato.

Organizziamo le informazioni fondamentali

Una *microstoria* è la ricostruzione di una vicenda che – pur essendo *piccola* – permette allo studioso di ottenere una quantità straordinaria di informazioni su una determinata epoca. A sua volta, ognuna di tali informazioni rappresenta una *pista*, un percorso di ricerca da seguire e da approfondire, in modo da allargare al massimo le nostre conoscenze del passato. Dalla vicenda del *ritorno di Martin Guerre* emerge innanzitutto – ancora una volta – che in molti villaggi, ancora nel Cinquecento (che, non dimentichiamolo, è tempo di relativa prosperità e abbondanza, non di carestia e di crisi), i ragazzi si sposavano molto giovani. In questo caso, per entrambi si trattò di una specie di trauma, di una precoce rottura con l'infanzia, che provocò l'allontanamento di Martin.

Al processo, il dato più interessante riguarda forse la difficoltà di identificare con certezza una persona, nella Francia del XVI secolo: «**In un'epoca senza fotografie**, – si interroga la Zemon Davies – con pochi ritratti, senza registratori o impronte digitali, senza carte d'identità né certificati di nascita, con registri parrocchiali ancora erratici se pure tenuti affatto [cioè incompleti, oppure non tenuti per niente, *n.d.r.*], **come fare a stabilire con certezza l'identità di una persona?**». In effetti, nel nostro caso specifico, la questione fu risolta solo dopo il crollo psicologico di Bertrande e la sua piena confessione. Neppure il ritorno improvviso del vero Martin Guerre (che fece la sua comparsa in aula verso la fine del luglio 1560) era riuscito a sciogliere l'enigma in maniera definitiva: paradossalmente, infatti, dopo tanti anni di assenza, il vero Martin ricordava del suo villaggio, della sua famiglia e della sua vita precedente meno particolari di quanti non ne citasse Arnaud du Tilh.

4.9 I limiti del potere monarchico secondo i calvinisti radicali

> Il "popolo" contro i tiranni

Lo scontro tra cattolici e ugonotti, in Francia, rendeva la situazione della monarchia molto complessa. Entrambi gli schieramenti si rifiutavano di accettare compromessi o di ammorbidire le proprie posizioni. In ambito calvinista, inoltre, si ebbe una nuova formulazione dei principi teorici che guidavano la lotta politica: nel 1579 i due intellettuali riformati Philippe Duplessis-Mornay e Hubert Languet pubblicarono il testo *Vindiciae contra tyrannos* (*Rivendicazioni contro i tiranni*), nel quale si sosteneva la legittimità della **resistenza armata contro i sovrani oppressori**. La novità più importante di questo testo consiste nel fatto che, pur ammettendo ancora che i principi erano scelti da Dio, affermava esplicitamente che tra governati e governanti esisteva un tacito accordo, in virtù del quale l'**obbedienza dei sudditi era condizionata** al rispetto, da parte del re, delle libertà e dei diritti dei sudditi stessi.

Più precisamente si dovrebbe dire che, secondo gli autori, ogni re, nel momento in cui saliva sul trono, stipulava **due alleanze, due patti**, che costituivano altrettanti vincoli e limiti all'assolutismo del suo potere. Il **primo patto** era concluso **con Dio**, di cui il re si impegnava a rispettare la volontà; in caso di violazione di questo primo fondamentale patto, il re perdeva il diritto a essere obbedito dai propri sudditi. Essi, però, potevano contare anche e soprattutto sulla seconda alleanza, che era stata **stretta dal re direttamente col popolo**. I sudditi si erano obbligati a obbedire fedelmente al sovrano, ma il principe si era impegnato a regnare secondo giustizia. La promessa del popolo, dunque, era rigidamente condizionata all'osservanza, da parte del re, dell'impegno assunto di rispettare le libertà dei sudditi: anzi, se il principe esercitava il potere in modo tirannico, il popolo poteva sentirsi svincolato dagli obblighi che aveva contratto e, al limite, ribellarsi al re.

> I monarcomachi

Gli autori delle *Vindiciae* sono correntemente chiamati, dagli storici, «**monarcomachi**»; il nome deriva dal fatto che, nella loro opera «combattono la monarchia». Va precisato, tuttavia, che essi non si oppongono all'istituto monarchico in sé, ma piuttosto si fanno sostenitori di quella che potremmo chiamare «resistenza costituzionale»; il presupposto di base è che il **potere del re ha un limite insuperabile nella tradizione e nelle consuetudini**, che il re stesso non può violare. È possibile che le concezioni degli autori delle *Vindiciae* abbiano influenzato l'*Atto d'abiura* olandese, del 1581, in cui il rapporto fra re e sudditi è posto in termini decisamente simili. In entrambi i casi, siamo di fronte a un insieme di diritti e di privilegi, di cui il popolo godeva da tempo immemorabile; si tratta, per così dire, di una *costituzione consuetudinaria*, in quanto i limiti che essa pone al potere assoluto del sovrano sono del tutto analoghi a quelli che, in una moderna repubblica democratica, la costituzione scritta (legge fondamentale dello Stato) fissa al potere legislativo. Si faccia attenzione, però, a non cadere in un equivoco; nelle *Vindiciae*, infatti, sebbene il problema del potere sia posto in termini contrattualistici, non incontriamo ancora una concezione

> Limiti dell'azione del sovrano

> Una concezione tradizionalista, non democratica

La concezione del potere dei calvinisti radicali

Schema proiettabile

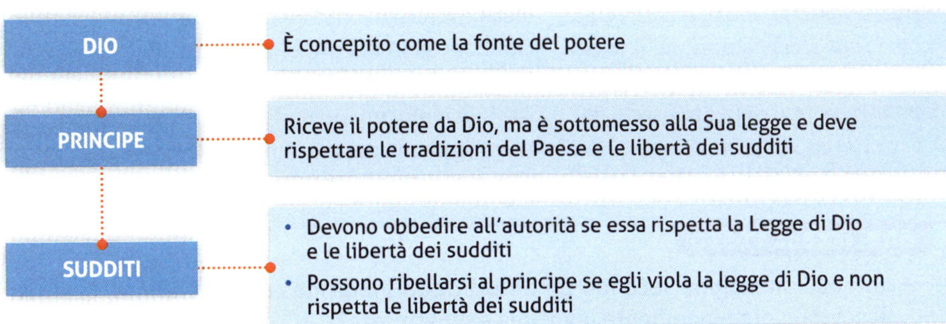

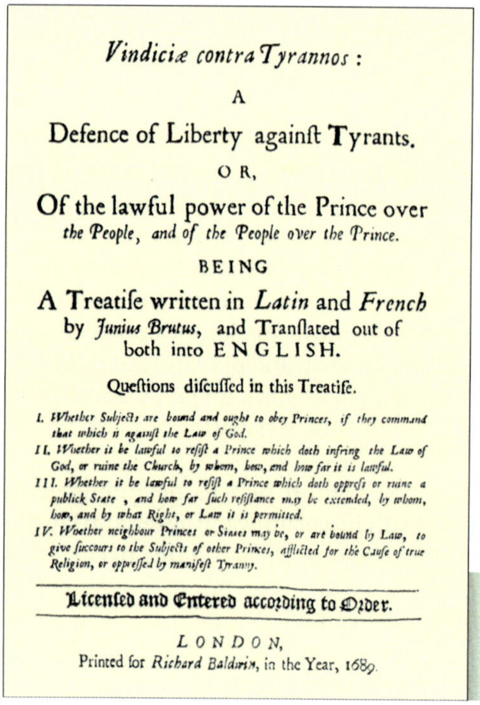
Vindiciæ contra Tyrannos:

A

Defence of Liberty againſt Tyrants.

OR,

Of the lawful power of the Prince over *the People, and of the People over the Prince.*

BEING

A Treatiſe written in *Latin* and *French* by *Junius Brutus*, and Tranſlated out of both into ENGLISH.

Queſtions diſcuſſed in this Treatiſe.

I. Whether Subjects are bound and ought to obey Princes, if they command that which is againſt the Law of God.

II. Whether it be lawful to reſiſt a Prince which doth infring the Law of God, or ruine the Church, by whom, how, and how far it is lawful.

III. Whether it be lawful to reſiſt a Prince which doth oppreſs or ruine a publick State, and how far ſuch reſiſtance may be extended, by whom, how, and by what Right, or Law it is permitted.

IV. Whether neighbour Princes or States may be, or are bound by Law, to give ſuccours to the Subjects of other Princes, afflicted for the Cauſe of true Religion, or oppreſſed by manifeſt Tyranny.

Licenſed and Entered according to Order.

LONDON,

Printed for *Richard Baldwin*, in the Year, 1689.

democratica vera e propria. Quando parlano del «popolo» e del suo diritto di resistenza, i due autori sottolineano che non intendono affatto affermare «che tutta la plebaglia, questa belva che ha un milione di teste, debba ammutinarsi e precipitarsi in disordine per dare ordini a chi sta al vertice». Al contrario, con l'espressione «il popolo», essi vogliono indicare in realtà «i magistrati che sono inferiori al re e che il popolo ha delegato o messo nella loro funzione a guisa di consociati dell'autorità sovrana e di controllori e che rappresentano, quindi, l'intera compagine del popolo». Il **popolo**, insomma, non è ancora concepito come un vero soggetto sovrano: esso **deve agire solo quando è diretto** da un'élite, **da uno strato superiore**, capace di capire quando è lecita la resistenza e di impedire che la ribellione si trasformi in anarchia disordinata e pericolosa. Siamo di fronte, insomma, a una concezione che era perfettamente aderente alle esigenze della grande aristocrazia ugonotta e, più in generale, della nobiltà, insofferente degli sforzi accentratori e centralizzatori della monarchia.

← L'opera *Vindiciae contra tyrannos*, pubblicata originariamente in latino, fu tradotta in francese nel 1581. In Inghilterra ebbe diverse edizioni, nel corso del Seicento. Nell'immagine, il frontespizio di un'edizione inglese del 1689.

DOCUMENTI Il patto tra re e popolo

I due intellettuali Philippe Duplessis-Mornay e Hubert Languet composero le *Vindiciae contra tyrannos* nel 1579: si tratta del testo che espone nel modo più chiaro la concezione calvinista del rapporto tra sudditi e sovrani.

Esiste tra il sovrano e il popolo di qualunque nazione un obbligo scambievole e reciproco: il primo promette di essere un principe giusto, il secondo di obbedirlo, se egli sarà tale. Perciò il popolo è legato al principe sotto una condizione, mentre il principe è legato al popolo semplicemente, senza nessun patto. Quindi, se la condizione non viene rispettata, il popolo deve considerarsi libero, il contratto senza valore, l'obbligazione nulla *ipso jure*; sleale è dunque il re, se governa ingiustamente, sleale il popolo, se non obbedisce a chi governa rettamente. Ma il popolo non si macchia di nessun crimine di slealtà, se dichiara pubblicamente decaduto chi ingiustamente comanda, o se tenta di strappare con le armi il regno a chi desidera tenerlo illegittimamente. Perciò è lecito a tutti i funzionari del regno, o almeno alla maggioranza, reprimere il tiranno. E non è solo lecito, ma addirittura non possono essere in alcun modo scusati quelli che, quando toccava loro questo compito, non lo assolsero. [...] Insomma, a conclusione diciamo che i prìncipi sono eletti da Dio e investiti dal popolo. Mentre ogni suddito è inferiore al sovrano, tutti insieme, e i funzionari che li rappresentano nel loro complesso, gli sono superiori. Nell'investitura del sovrano si stringe, tra il sovrano stesso e il popolo, un patto, tacito, espresso, naturale o anche civile, cioè di bene obbedire a chi governa bene, di servire tutti a chi serve lo Stato, di obbedire tutti a chi obbedisce alle leggi ecc. Protettori e custodi di questo patto sono i dignitari del regno. Chi slealmente e pervicacemente viola questo patto è veramente tiranno per esercizio. Perciò i dignitari sono tenuti per dovere del loro ufficio a giudicarlo secondo le leggi e a reprimerlo con la violenza, se non possono diversamente, qualora resista.

E. CAMPI, *Protestantesimo nei secoli. Fonti e documenti*, 1. *Cinquecento e Seicento*, Claudiana, Torino 1991, p. 363

ANALIZZA IL TESTO

→ In quali situazioni, secondo gli autori delle *Vindiciae contra tyrannos*, la resistenza armata contro il sovrano era pienamente legittima e giustificata?

4.10 L'editto di Nantes e la pace religiosa in Francia

Il re di Francia Enrico III, figlio di Caterina de' Medici, non aveva eredi diretti; di conseguenza, alla sua morte, la corona sarebbe passata al re di Navarra Enrico di Borbone, guida politica e militare degli ugonotti. Per evitare tale scandalo, a Parigi venne creata una **Lega cattolica**, guidata dal duca Enrico di Guisa e sostenuta sia dal papa sia da Filippo II. Nel 1588, poiché il sovrano francese non accettava di sottomettersi alle pressioni della Lega, Parigi fu attraversata da gravi disordini e il re fu costretto a lasciare la capitale. Infine, il 1° agosto 1589, un monaco fanatico assassinò Enrico III.

> Intervento spagnolo

Enrico di Borbone, a quel punto, si proclamò re di Francia con il nome di **Enrico IV**; nell'aprile 1590, mise Parigi sotto assedio, ma dai Paesi Bassi intervenne un esercito spagnolo, in soccorso della Lega cattolica. La fase conclusiva delle guerre di religione francesi, dunque, vide il coinvolgimento della Spagna e il serio pericolo di un'egemonia di Filippo II sul regno; per salvare la situazione, **Enrico IV** decise di convertirsi al cattolicesimo e **abiurò solennemente la fede riformata** il 25 luglio 1593. In tal modo, poté presentarsi come sovrano pienamente legittimo e denunciare i cattolici intransigenti della Lega – che si ostinavano a non riconoscerlo – come nemici della pace; il popolo di Francia, stanco della guerra, appoggiò in massa il nuovo sovrano, e anzi assunse in varie parti del regno un pericoloso atteggiamento di ribellione nei confronti dei nobili che appoggiavano la Lega. In tal modo, anche gli aristocratici cattolici finirono per trovare con Enrico IV una conciliazione.

> L'editto di Nantes

Nel 1598, venne stipulata la pace con la Spagna; nello stesso anno, Enrico IV promulgò anche l'editto di Nantes, finalizzato a mantenere la pace religiosa nel Paese. Si trattava di un **compromesso, che vietava il culto pubblico riformato a Parigi**, ma lo lasciava libero nelle regioni in cui esso era stato celebrato negli anni 1596-1597. I protestanti vennero dichiarati «capaci di ricoprire ed esercitare ogni professione, dignità, ufficio o incarico pubblico qualsiasi, reale, signorile o municipale, e di essere assunti in essi senza discriminazioni». **Agli ugonotti era** dunque **concessa una completa parità giuridica** nei confronti dello Stato: semplicemente, da essi ci si attendeva un giuramento di fedeltà, ovvero l'impegno di «servire bene e fedelmente il re nell'esercizio dei loro incarichi ed essere ligi alle ordinanze» del sovrano. Infine, agli ugonotti furono concesse 151 piazzaforti d'asilo sparse nell'intero regno: all'interno di esse, sia i governatori sia i soldati sarebbero stati protestanti, in modo da garantire un'efficace protezione militare ai riformati, in caso di ritorno della guerra religiosa. L'importanza storica di questo editto è enorme, soprattutto se lo si confronta con la pace di Augusta che nel 1555 aveva posto provvisoriamente fine alle lotte religiose in Germania; il trattato tedesco, infatti, poggiava sul principio dell'omogeneità religiosa della popolazione di una regione, mentre assegnava al principe il diritto di decidere la religione dei propri sudditi. In Francia invece, per la prima volta, si ammetteva ufficialmente – entro i confini di un medesimo Stato – la **possibilità di coesistenza** di fedeli appartenenti a

> VEDI La pace di Augusta → pag. 332

I PERSONAGGI

Enrico IV

Nato nel 1533, Enrico di Borbone apparteneva a una delle molte famiglie dell'alta aristocrazia francese che avevano aderito al calvinismo. In realtà, la sua personale convinzione religiosa non doveva essere molto profonda, visto che – per ragioni politiche – cambiò fede per ben tre volte. La prima abiura ebbe luogo nel 1572, nel momento in cui venne combinato il matrimonio tra Enrico e Margherita, figlia di Caterina de' Medici. La seconda conversione si ebbe nel 1576. Scampato alla strage di San Bartolomeo, Enrico fu tenuto quasi prigioniero alla corte di Francia per quattro anni; poi fuggì, rinunciò al cattolicesimo e si mise a capo delle armate ugonotte. Il terzo rinnegamento venne compiuto nel 1593, in modo da permettere al Borbone di diventare re di Francia a pieno titolo. L'indifferenza religiosa di Enrico lo spinse a promulgare l'editto di Nantes, ma gli attirò l'odio e il disprezzo degli estremisti: pertanto, nel 1610 Enrico IV venne assassinato (come il suo predecessore, Enrico III) da un cattolico fanatico.

↑ Ritratto che raffigura Enrico IV, dipinto del XVII secolo.

differenti confessioni religiose e si proclamava che la minoranza dissidente non doveva subire discriminazioni (l'unica vera limitazione, infatti, era quella relativa al libero esercizio del culto riformato a Parigi e in altre località ben specificate dall'editto).

Questo orientamento di Enrico IV risponde perfettamente all'orientamento dei *politiques*, tra i quali fin dagli anni Settanta si era distinto **Jean Bodin**, autore di un importante trattato dal titolo *Six Livres de la République* (*I sei libri dello Stato*) pubblicato nel 1576. Il suo principale bersaglio polemico erano i rivoluzionari calvinisti, con la loro pretesa di giustificare la ribellione contro il sovrano. Secondo Bodin, **lo Stato è l'unico garante dell'ordine**; pertanto, se non si vuole che gli uomini sprofondino nel caos e nell'anarchia, è essenziale che lo Stato sia forte e che nessuno possa metterne in discussione l'autorità e la sovranità. Certamente, secondo Bodin, la perfetta unità religiosa dei sudditi sarebbe auspicabile e offrirebbe una migliore garanzia di stabilità allo Stato. Tuttavia, qualora una religione di minoranza fosse riuscita a diffondersi in modo tale che lo sforzo per estirparla comportasse la guerra civile, l'uniformità religiosa andava messa in secondo piano, perché il prezzo della sua instaurazione rischiava di essere la distruzione dello Stato.

Per quanto disposto ad ammettere che lo Stato non era completamente privo di limiti nel suo agire (egli afferma, ad esempio, che un sovrano non può agire contro la legge di natura, né violare la proprietà privata dei propri sudditi), **Bodin** può essere considerato **uno dei fondatori dell'assolutismo**. Ai suoi occhi, solo una solida autorità monarchica poteva garantire stabilità e ordine; di conseguenza, Bodin si schierò contro tutto ciò che pareva indebolire quell'autorità. Ecco perché, ponendosi – per il suo tempo – in posizione mediana, da un lato combatté le tesi dei monarcomachi calvinisti, ma dall'altro ammise che i riformati dovevano poter vivere nel regno di Francia, godere della sua protezione e contribuire al suo rafforzamento.

> **VEDI** La morte di Enrico IV → pag. 518

La concezione del potere di Bodin

Schema proiettabile

STATO	È un'istituzione indispensabile, l'unica capace di proteggere gli uomini dal caos e dall'anarchia
SUDDITI	Non devono opporsi alla sovranità dello Stato per nessun motivo
TOLLERANZA RELIGIOSA	Lo Stato deve concederla, se la resistenza di una minoranza religiosa mette in pericolo la sovranità dello Stato

Pace di Augusta ed editto di Nantes a confronto

Schema proiettabile

PACE DI AUGUSTA (1555)	EDITTO DI NANTES (1598)
Ogni principe tedesco può scegliere se diventare luterano o restare cattolico	Il re di Francia è fedele a Roma: il cattolicesimo è religione ufficiale della Francia
Tutti i sudditi devono seguire la religione del loro principe	I sudditi calvinisti, a determinate condizioni, possono praticare la loro religione
I sudditi che non condividono la religione del principe devono emigrare	All'interno del regno vige un regime di tolleranza religiosa

RECUPERARE IL PASSATO

In questo dipinto del 1817, l'artista francese François Gerard raffigura l'ingresso di Enrico IV a Parigi, dopo la conversione al cattolicesimo. Ad Enrico IV si attribuisce la celebre frase «Parigi val ben una messa» (anche se non è certo che l'abbia effettivamente pronunciata), per indicare che l'incoronazione a re di Francia valeva sicuramente il "sacrificio" di abiurare la fede riformata.

SGUARDO D'INSIEME

La nascita dello Stato moderno

Giunti a conclusione dell'esame delle principali vicende politiche del Cinquecento, possiamo tentare un bilancio, una specie di sintesi che ci permetta di cogliere l'**evoluzione di alcune categorie** e la **comparsa di nuovi concetti**, destinati a imporsi nella storia seguente (in quella, cioè, che possiamo definire l'*età moderna*). Innanzitutto, occorre precisare che gli storici più avvertiti, quando descrivono l'istituzione regale nel Medioevo, vanno molto cauti nell'utilizzare l'espressione *potere assoluto*. **Il re** infatti, anche in tutti quei casi in cui non aveva un'istituzione precisa con cui doveva discutere o negoziare il proprio agire, **non era affatto libero di comportarsi come voleva**; per quanto non scritta, la consuetudine era ugualmente vincolante e obbligante per il re: il sovrano non era assolutamente sciolto dal rispetto di tali norme tradizionali, che non potevano essere né violate né aggirate, senza incorrere nell'accusa di comportamento *illegale*.

Per lo stesso motivo, quando un sovrano (si pensi, ad esempio, a Carlo Magno, ma il discorso vale appieno anche per Carlo V o Filippo II) si trovava a capo di più regni e di più popoli (franchi, longobardi, bavari..., nel caso di Carlo Magno; Spagna, Napoli, Paesi Bassi..., nel caso dei due Asburgo), non ci si aspettava affatto che armonizzasse le diverse legislazioni ed emanasse un unico codice di norme valide da un capo all'altro dell'impero, bensì che **rispettasse le leggi tradizionali**, tipiche di ciascun popolo e di ciascuna regione. Il re dunque non era concepito in primo luogo come *fonte del diritto*, bensì come **interprete del diritto stesso**: il compito primario che gli veniva affidato non era di *creare le leggi*, ma semmai di renderle note tramite un editto, di far sì che tutti le conoscessero e, ovviamente, di farle rispettare e di punire equamente i trasgressori. Ma, secondo questa visione, uno dei **compiti primari della nobiltà** consisteva proprio nel **ricordare costantemente al re che anch'egli era sottomesso alla legge** (i comandamenti divini, il diritto naturale, le consuetudini tipiche di un territorio); se necessario – poiché i nobili erano dotati della forza, nella loro qualità di guerrieri – spettava a loro obbligare il sovrano che si comportava da tiranno a ritornare sulla retta via. Fu da questi presupposti che nacquero sia la *Magna Charta Libertatum* che il Parlamento inglese, il cui compito era proprio di ricordare al re che il suo potere non era *assoluto*: termine che, alla lettera, significa *libero dal potere superiore e vincolante della legge*.

A partire dall'XI secolo, il papato introdusse alcune importanti innovazioni, che furono presto imitate dai poteri temporali. Innanzitutto, notiamo lo sforzo operato dal papato di imporre ovunque identiche formule liturgiche e norme di comportamento, fissate da Roma. Fino all'XI secolo, anche la Chiesa (come l'Impero) aveva ampiamente tollerato che le varie regioni avessero usanze e abitudini differenti; nel Basso Medioevo, invece, si mise in moto un processo di graduale livellamento normativo, mentre il **papa** dichiarava di essere ***fonte di diritto***, nel momento in cui il *Dictatus papae* (al punto VII) proclamava: «Egli solo può, se opportuno, stabilire nuove leggi». Tra queste, ricordiamo che, nel Duecento, il tribunale dell'Inquisizione fu autorizzato a far uso della tortura per far confessare gli eretici.

I **sovrani delle principali monarchie** europee tentarono di **imitare la Chiesa** e di attribuire al re le stesse prerogative che il papa aveva conquistato per sé: diritto di emanare nuove leggi, senza dover consultare altri soggetti (si chiamassero Stati generali, in Francia, o *Cortés*, in Castiglia) con cui negoziare i nuovi provvedimenti; diritto di governare *sciolto dalle consuetudini*; diritto di violare i diritti dell'individuo (con processi nei quali l'imputato non poteva difendersi e, al limite, poteva essere torturato; oppure, con l'appropriazione e la confisca dei suoi beni). Le rivolte del Cinquecento nei Paesi Bassi e in Francia, per quanto intrise di elementi religiosi, furono, prima di tutto, ribellione contro queste novità, che possiamo riassumere nella formula: **ribellioni contro lo *Stato moderno in costruzione***. La rivolta dei Paesi Bassi fu in primo luogo un gesto di rifiuto verso l'introduzione, in un Paese che non l'aveva mai conosciuta, di un'istituzione tipicamente spagnola, come l'Inquisizione; i nobili fiamminghi e olandesi non erano tutti calvinisti, ma su questo punto (che violava la legge e la consuetudine, quindi metteva in pericolo la libertà del Paese) si trovarono del tutto concordi. I ribelli dei Paesi Bassi e la nobiltà francese ugonotta (e, più tardi, la grande Rivoluzione inglese del Seicento e la Fronda esplosa in Francia) si proponevano di impedire la creazione di una monarchia assoluta, in cui tutto il potere e la forza sarebbero stati concentrati nelle mani del re (esautorando la nobiltà di qualsiasi ruolo). Essi, pertanto, avrebbero sprezzantemente rifiutato l'epiteto di *rivoluzionari*: semmai, si presentavano come i **difensori della tradizione contro una monarchia innovatrice** e, pertanto, **tirannica**.

↑ Re Filippo VI di Valois presiede la corte dei Pari, miniatura del XIV secolo, dal *Proces de Robert d'Artois*.

1 Maria Tudor: una donna sul trono d'Inghilterra

La figura di Maria Tudor è stata spesso oggetto di analisi viziate da preconcetti religiosi. In genere, ci si è limitati a celebrarla (per il fatto di aver tentato di restaurare il cattolicesimo in Inghilterra), oppure, al contrario, a presentarla come sanguinaria, per il fatto che, durante il suo breve regno numerosi protestanti furono condannati a morte o costretti all'esilio. Gli approcci più recenti mettono l'accento su altre questioni: Maria fu la prima donna a salire sul trono inglese. Per evitare di cadere nei medesimi errori, Elisabetta fece tesoro della sua vicenda, molto più di quanto non si pensi.

Nel 1523, l'umanista spagnolo Juan Luis Vives dedicò il *De institutione feminae Christianae* a Caterina d'Aragona, allora moglie di Enrico VIII, colta e legata agli intellettuali erasmiani, quando sua figlia Maria aveva sei anni. Il famoso trattato, uno dei pochissimi specificamente dedicati all'educazione delle donne, fornì la formazione di base della bambina, per la quale non si provvide a differenziare la sua istruzione da quella considerata appropriata per il suo sesso, perché il pensiero di prepararla a governare l'Inghilterra non sfiorò neppure il padre, sebbene all'epoca fosse la sua unica erede. Ancora senza figli maschi, Enrico VIII già dal 1527 aveva rivolto alle sue attenzioni verso un'avvenente dama di corte, Anna Bolena. La rottura del matrimonio con Caterina d'Aragona nel 1533 fece di Maria una bastarda. Vent'anni dopo, il 19 luglio 1553, a trentasette anni Maria si riappropriava del suo status di erede. [...] Nel 1553 Maria Tudor fu la prima regina inglese ad essere consacrata con la cerimonia dell'unzione. Nel 1558, quando il trono passò a un'altra donna, Elisabetta, nel servizio funebre officiato per Maria, il celebrante aveva ancora difficoltà a definirne lo status: Maria Tudor, disse, era stata contemporaneamente sia una regina sia, allo stesso titolo, un re. Quando era stata proclamata regina d'Inghilterra, lo era stata con le parole che erano state usate per i suoi antenati (maschi) e le era stato riconosciuto «the crown imperial of the realms of England and Ireland» – il diritto ad esercitare la sovranità sull'Inghilterra e sull'Irlanda. In quanto prima regina effettivamente regnante promise a tutti i suoi «buoni sudditi» di essere [...] una sovrana piena di benevolenza, che in nome della sua appartenenza alla dinastia Tudor avrebbe dimostrato la naturale interscambiabilità fra una «sovereign lady» e un «sovereign king».

Il 3 agosto 1553 Maria aveva fatto il suo primo ingresso solenne a Londra, e fu un'esibizione spettacolare del suo potere e delle sue prerogative di sovrana. Nella storia dei Tudor il problema del diritto delle donne a regnare non si era mai posto perché era sempre stato disponibile un pretendente maschio. La situazione che si venne a creare a metà del XVI secolo non aveva precedenti. Tutte le potenziali eredi erano donne: Jane Grey [cugina del re Edoardo VI, *n.d.r.*], Maria ed Elisabetta Tudor, Maria Stuart. [...] Tuttavia, i dubbi che si nutrivano sullo status di un sovrano di sesso femminile divennero ancora più pressanti quando si seppe che la regina Maria si sarebbe sposata e per di più con un principe straniero, Filippo d'Asburgo, figlio dell'imperatore Carlo V. [...] Che Maria dovesse sposarsi non era in discussione: il consenso era semplicemente dovuto alla convinzione che sarebbe stato troppo difficile per lei governare da sola. Questa idea dipendeva sia dalla diffusa opinione che le donne fossero inadatte a esercitare il potere sia, per qualcuno, dalla personalità di Maria. Durante i festeggiamenti in occasione del matrimonio fra Maria e Filippo, le scelte cerimoniali e la gerarchia delle precedenze manifestarono l'attaccamento della regina alla tradizione castigliana ereditata dalla madre. «La regina era seduta sul trono più alto e per tutta la durata della celebrazione era visibile la precedenza di Sua Maestà, anche perché lo scanno del re era color argento e quello della regina dorato» (A. Samson). I racconti del loro ingresso solenne a Londra il 18 agosto 1554 sottolineano come anche in quell'occasione Maria occupasse la posizione dominante al posto del marito: la regina stava a destra e il re a sinistra e le posizioni che rispettivamente occupavano in chiesa erano scelte per enfatizzare la precedenza della regina su Filippo come sovrana

↑ Antonio Moro, *Ritratto di Maria Tudor*, 1554 (Madrid, Museo del Prado).

d'Inghilterra anche in occasione del matrimonio, collocandola nel posto riservato al re, mentre Filippo occupava quello destinato alla regina consorte.

Peraltro, l'ostentazione della superiorità gerarchica della regina contrastava con altri particolari della cerimonia nuziale. Infatti, al momento dello scambio delle solenni promesse di rito, Maria giurò di assecondare il marito e di obbedire alla sua volontà sia con la mente sia col corpo. D'altra parte, la sua superiorità su Filippo era stata ripetutamente ribadita nel contratto matrimoniale sottoscritto nel gennaio 1554 e poi solennemente convertito in legge dall'Atto che definiva il potere della regina approvato nella successiva primavera dal Parlamento. Il preambolo dell'Atto con il quale fu stilato il trattato di alleanza matrimoniale si spinse molto oltre nell'affermare che il potere e lo status di Maria non avrebbero dovuto assolutamente essere limitati o compromessi dal matrimonio. [...] Restava il problema che, nella cultura del XVI secolo, i mariti erano superiori alle mogli. Per il semplice fatto che controllava la regina, si temeva che Filippo avrebbe governato il paese [...]. All'inizio del regno di Elisabetta, l'ambasciatore scozzese Melville aveva previsto che non si sarebbe mai sposata perché così le sarebbe stato possibile governare come regina. In continuità con Maria, alla sua persona era riconosciuta la sovranità maschile insieme con quella femminile, ma l'esempio della sorella aveva reso evidenti le insidie che avrebbe comportato rinunciare a questa duplice natura del potere trasferendo su un'altra persona fisica l'elemento maschile della sovranità. Infatti la superiorità riconosciuta ai mariti aveva minacciato di erodere anche le ferree limitazioni opposte a Filippo il quale, a partire dal 1556, aveva premuto insistentemente per farsi incoronare. E avrebbe potuto riuscirci, se la regina non fosse morta presto: lo dice il cambiamento avvertibile nella simbologia. L'immagine che appare nelle monete e nei documenti ufficiali invertiva i segni di precedenza tra i due re: Filippo era ora collocato alla destra della moglie, in una posizione di superiorità. Il regno troppo breve di Maria, che sarebbe morta due anni dopo, nel 1558, non rende possibile capire se la regina avrebbe effettivamente acconsentito a innalzare il marito al suo livello: Filippo non fu mai incoronato e il suo status rimase alla fine quello di re consorte.

C. CASANOVA, *Regine per caso. Donne al governo in età moderna*, Laterza, Roma-Bari 2014, pp. 115-120

analizza il brano

- Quali elementi simbolici, in occasione di varie cerimonie, mostravano che Maria (e non Filippo II) era il vero sovrano d'Inghilterra?
- Quali particolari della cerimonia nuziale erano in contrasto con la superiorità gerarchica della regina?
- Quale cambiamento è avvertibile nella simbologia regale, a partire dal 1556?

2 Elisabetta e la costruzione della Chiesa anglicana

Nel caso di Elisabetta I d'Inghilterra, lo storico corre il serio rischio di rimanere, per così dire, abbagliato dal suo splendore, scambiando per verità effettiva la propaganda reale. In realtà, in molti campi, l'atteggiamento della regina fu sempre molto cauto e non privo di ambiguità, dettato principalmente dallo sforzo di conservare il potere.

All'inizio del 1559 si aprì il primo Parlamento elisabettiano, indispensabile alla sovrana per varare una nuova legislazione, al quale vennero convocati solo coloro che si sapeva non avrebbero creato eccessivi problemi. La maggioranza, che si costituì attraverso intimidazione, imprigionamenti e corruzione, approvò un nuovo *Atto di supremazia* e un nuovo *Atto di uniformità*; il primo abrogava la riforma mariana [il tentativo della regina Maria di ripristinare il cattolicesimo in Inghilterra, *n.d.r.*] e riportava in vita gli statuti di Enrico e di Edoardo; il secondo reintroduceva la liturgia protestante e il libro di preghiera comune di Cranmer e li imponeva a tutti i sudditi. L'approvazione di entrambi gli atti richiese ben tre mesi di discussioni e numerose modifiche. Il risultato fu una Chiesa ibrida, ritagliata dalla Regina secondo i propri gusti e le proprie necessità, sufficientemente protestante da aborrire il papismo, ma anche sufficientemente asservita allo Stato da essere un efficace strumento di governo; conservatrice quanto bastava a non costituire una minaccia per la monarchia in quanto tale (i calvinisti di Ginevra, per esempio, erano notoriamente repubblicani); sufficientemente lontana dal protestantesimo estremo da non presentare un pericolo per l'ordine pubblico. [...] Teologicamente e dogmaticamente poverissima, la nuova religione venne imposta a tutti e da subito, sebbene dapprima piuttosto cautamente onde non provocare eccessivi disordini. Qualsiasi disputa teologica venne scoraggiata e i dogmi furono mantenuti volutamente nebulosi, anche perché essi non costituivano un problema fondamentale. «La Regina non nutriva interesse per le questioni teologiche in cui suo padre si era tanto avidamente cimentato, né aveva l'istintiva pietà di sua sorella». L'adesione ai suoi comandi poteva anche essere tutta esteriore, poiché dell'interiorità ella non si curava; il che equivaleva a un «divorzio tra fede e azione destinato ad adattarsi malissimo con la coscienza degli ardenti cattolici o dei rigorosi aderenti alla nuova fede. Si gettavano così i semi degli enormi problemi che sarebbero seguiti [la guerra civile tra anglicani e riformati, nel Seicento, *n.d.r.*] » (W. MacCafrey).

Da subito i cosiddetti *esuli mariani* [i calvinisti fuggiti dall'Inghilterra durante il regno della regina Maria, che aveva ripristinato il cattolicesimo, *n.d.r.*], vale a dire i protestanti incalliti, cominciarono a rientrare, gioiosamente trepidanti seppur non ancora ben sicuri della nuova linea governativa. Da subito, infatti, cominciarono anche i dissapori con un governo che vedeva nella religione di un popolo una questione essenzialmente politica e nello zelo religioso di qualsiasi credo un potenziale pericolo; un governo che intendeva servirsi dei vescovi come funzionari statali e dei pulpiti come strumenti di propaganda. Gli esuli mariani, che nelle capitali del protestantesimo europeo avevano assimilato una fede ancor più radicale, erano infiammati da uno zelo riformatore che avrebbe voluto eliminare immediatamente ogni forma di compromesso con l'*Anticristo idolatra*: via il sacerdozio, via la gerarchia ecclesiastica, via tutte le cerimonie, i sacramenti, i paramenti, la musica sacra e tutto ciò che potesse ricordare anche solo vagamente il cattolicesimo. Questi *duri e puri*, per lo più calvinisti, furono etichettati dai nemici anglicani filogovernativi come *precisi*, poi *puritani*, e rappresentarono l'ala estrema dell'anglicanesimo per quasi cent'anni, fino a che non giunsero a distaccarsene. E allora furono ulteriori dolori [ancora, allusione alla guerra civile tra anglicani e riformati nel Seicento, *n.d.r.*]. In altre parole la nuova Chiesa anglicana [...] non soddisfaceva quasi nessuno se non la Regina e pochissimi altri. Elizabeth era moderatamente conservatrice: per esempio, aborriva l'idea di abolire la gerarchia ecclesiastica, né le fu mai gradito il matrimonio del clero, mentre, da donna acculturata e degna figlia di suo padre, amava la musica sacra e il suono dell'organo nelle chiese. Ciò che ella voleva era fedeltà assoluta, non zelo religioso, pericoloso sia perché creava disordini, sia perché la coscienza individuale non doveva diventare più importante dell'obbedienza allo Stato. [...]

Ciò che ella voleva era fedeltà assoluta, non zelo religioso

L'arma vincente del governo fu quella di procedere senza fretta alcuna e, soprattutto, di toccare i sudditi nel portafogli. Pensassero pure ciò che volevano: pensassero pure che il vero capo della Chiesa non potesse essere altri che il papa. Ricordassero pure con nostalgia la liturgia mariana e la messa in latino. Se erano abbastanza ragionevoli da presentarsi alle funzioni anglicane, tanto bastava a riconoscere automaticamente la supremazia regia; con il passare del tempo, i pulpiti statali, addomesticati a dovere, avrebbero fatto il resto. [...] La gente dovette scegliere tra diverse alternative. La prima: conformarsi, abiurare il cattolicesimo e delegare alla Regina la salvezza della propria anima. La seconda: rifiutare di comparire in chiesa e uscire dalla legalità; pagare multe sempre più salate, rischiare la confisca dei beni, la prigione a vita o la condanna per tradimento. La terza: fingere di conformarsi, piegare il capo e attendere tempi migliori, magari tentando al tempo stesso di fare un po' di (cauto) apostolato e di tener viva la fede in casa propria. Molti cattolici ritennero che fosse anche lecito fare presenza al servizio di Stato [alle funzioni religiose della Chiesa di Stato, *n.d.r.*], dove, tutto sommato, si recitavano e si cantavano i salmi di sempre, ora tradotti in inglese. [...] I cattolici di questo tipo, cioè coloro che per paura, per opportunismo o per proteggere o loro cari continuarono a frequentare le chiese parrocchiali, furono etichettati come *Church-papists*, papisti di Chiesa, cioè cripto-cattolici. Tutti erano al corrente delle loro vere opinioni e il governo li tollerava, ma solo perché era l'unico modo per cercare di far frequentare a tutti il nuovo servizio e, soprattutto, perché li riteneva una razza in via di estinzione. Accanto a loro, però, e da subito, nacque un altro gruppo, la categoria di coloro che rifiutarono di comparire al servizio anglicano e di macchiarsi di complicità con l'eresia; erano costoro i famosi *recusants* (pron. *rikjùsants*), quelli a cui si applicavano le multe ed erano applicabili le pene. Essi erano sostenuti da sacerdoti mariani che avevano rifiutato il compromesso, e che spesso essi ospitavano nelle loro grandi tenute: sovente, infatti, i *ricusanti* erano intere famiglie nobiliari, servitù e fittavoli compresi.

E. SALA, *Elisabetta «la Sanguinaria». La creazione di un mito. La persecuzione di un popolo*, Ares, Milano 2010, pp. 68-71, 78-80

↑ Marcus Gheeraerts il Giovane, *Elisabetta d'Inghilterra*, 1592 circa (Londra, National Portrait Gallery).

analizza il brano

- Spiega l'espressione «Chiesa ibrida».
- Chi era l'«Anticristo idolatra», di cui parlavano i calvinisti e i riformati più intransigenti?
- Confronta la mentalità e la visione religiosa di Elisabetta I d'Inghilterra con quella di Filippo II di Spagna, quale emerge dalla lettura 3.

3 Profilo religioso di Filippo II

Filippo II re di Spagna si sforzò di essere un sovrano cattolico ideale, dedito in primo luogo al trionfo della vera fede nello scontro con gli infedeli (i turchi) e gli eretici (i protestanti). Nello stesso tempo, Filippo II non era un fanatico: il suo obiettivo era la conservazione del suo immenso impero, non l'espansione.

Due sovrani si segnalarono come principi della Controriforma: Filippo II d'Asburgo di Spagna, che governò dal 1556 al 1598 e, una generazione più tardi, il duca Massimiliano di Baviera Wittelsbach, che regnò dal 1598 al 1651, e i cui molti contemporanei riconobbero alcune caratteristiche di Filippo. Entrambi si dedicarono al trionfo del cattolicesimo e al progresso dei loro interessi politici, scopi che essi tendevano a identificare. Entrambi presero sul serio il loro impegno davanti a Dio per la salute spirituale e temporale dei loro sudditi. Essi si consideravano come strumenti della provvidenza di Dio per la causa della sua Chiesa ed entrambi intrapresero guerre religiose o sante per difendere o far progredire i propri interessi. Filippo entrò in conflitto con il papa su alcuni nodi politici, ma rimase saldo nella fedeltà al papato. Suo padre, l'imperatore Carlo V, lo educò ad avere sempre rispetto del papa, ma lo avvertì anche del fatto che si sarebbe potuto trovare nella condizione di doversi opporre al papa, in difesa dei propri diritti. Quando ciò accadde, nel 1556-1557, all'inizio del suo regno, Filippo intraprese una breve guerra contro Paolo IV, violentemente anti-spagnolo, un passo che egli fece solo dopo essersi consultato con alcuni consiglieri teologici.

Quando Filippo tornò in Spagna dai Paesi Bassi nel 1559, egli stabilì la propria capitale a Madrid. Da allora si trovò a governare la vasta monarchia spagnola, il primo impero sul quale il sole non tramontava mai, che comprendeva i regni di Castiglia e di Aragona nella Penisola iberica, il ducato di Milano e il regno di Napoli in Italia, la Sicilia, la libera contea di Borgogna, le diciassette province dei Paesi Bassi, le colonie spagnole nel Nuovo Mondo e, nel lontano Oriente, le Filippine. In aggiunta a questo nel 1580, dopo l'estinzione della successione diretta, si aggiunse il regno del Portogallo con le sue colonie. Durante il suo lungo regno Filippo II fu il più importante sovrano europeo, in parte anche perché la Francia dovette affrontare una guerra civile intermittente dal 1562 fino al 1598, data di promulgazione da parte del nuovo re Borbone Enrico IV dell'Editto di Nantes, che garantiva una tolleranza limitata agli ugonotti.

Nato a Valladolid nel 1527, fin dall'infanzia Filippo ricevette un'educazione religiosa e rimase per tutta la vita un uomo di grande religiosità. Ogni giorno andava a messa e durante la quaresima di solito si recava in un monastero per un breve ritiro. Santa Teresa d'Avila, dopo averlo incontrato alla fine degli anni Settanta del Cinquecento, parlò della sua «profonda spiritualità» e Filippo II, da parte sua, dimostrò per lei una grande venerazione, la difese da tutte le accuse di eterodossia e, dopo la sua morte, si preoccupò che tutti i suoi scritti e le sue carte fossero portati presso la biblioteca dell'Escorial. Questo splendido e austero palazzo che Filippo fece costruire a circa cinquanta chilometri a nord-ovest di Madrid non era soltanto la residenza reale; ospitava, come un mausoleo, le spoglie mortali di Carlo V e, alla morte di Filippo, di quindici altri membri della sua famiglia; come monastero ospitava dei monaci girolamini che pregavano per la monarchia e alla cui vita liturgica Filippo poteva partecipare. Dalla sua modesta stanza, attraverso una piccola finestra che dava sulla cappella egli poteva vedere l'altare e partecipare alla messa. Dalla fede egli trasse consolazione nelle tragedie pubbliche e private che dovette sopportare; tra l'altro seppellì tre mogli e otto figli. I contemporanei sostenevano che «in Spagna non c'era il papa», in virtù del controllo che Filippo esercitava sulla Chiesa; egli accettò i decreti del concilio di Trento, ma a questa condizione: «fatti salvi i diritti della corona». Filippo fece tentativi ostinati per cattolicizzare i suoi sudditi, una condotta dettata non solo dalla responsabilità che egli aveva come principe cristiano, ma anche dalla convinzione, che suo padre gli aveva comunicato, che i termini «eretico» e «ribelle» fossero intercambiabili, un'idea piuttosto diffusa nell'Europa della prima età moderna, e non del tutto fuori luogo. Il cattolicesimo era favorito come vincolo comune per l'unificazione delle diverse regioni della Monarchia. Filippo sostenne pubblicamente l'Inquisizione, i cui tribunali ascoltarono circa mille casi all'anno, durante il suo regno. [...]

Filippo II era convinto che l'*Armada* fosse guidata da una missione divina, che avrebbe ricevuto l'aiuto di Dio; pare che ad un certo punto egli si aspettasse persino un miracolo, se fosse stato necessario per la vittoria. Per questo egli fu ancora più impressionato dalla sconfitta dell'*Armada*, specialmente da una sconfitta nella quale le condizioni climatiche svolsero un ruolo decisivo. Pare che egli avesse detto: «Ho mandato una flotta contro gli uomini, non contro il vento e l'acqua». Sembrava che la provvidenza divina avesse abbandonato la Spagna, per cui Fipippo II e buona parte della nazione fecero un lungo esame di coscienza ed entrarono in un periodo di lutto, a cui il gesuita Pedro de Ribadeneira, in un classico della letteratura ascetica dal titolo *Trattato della tribolazione*, rispose che la sconfitta era un mistero della provvidenza divina, che andava accettata come una punizione per il peccato, e chiese un rinnovamento della vita e la fede nel'imperscrutabile disegno di Dio. [...] Filippo II morì all'Escorial, nelle prime ore del mattino del 13 settembre 1598, dopo una lunga malattia e

Filippo II era convinto che l'Armada fosse guidata da una missione divina, che avrebbe ricevuto l'aiuto di Dio

↑ Biblioteca del Palazzo dell'Escorial, Madrid.
La Biblioteca, voluta da Filippo II, conserva importanti testi e collezioni di manoscritti. Gli affreschi delle volte e delle pareti si devono all'italiano Pellegrino Tibaldi.

dopo aver passato cinquantatré giorni sdraiato nel suo letto, provando atroci dolori ogni volta che veniva toccato. Filippo sopportò questo calvario con una pazienza e un abbandono alla volontà di Dio che suscitarono l'ammirazione a corte e tra il popolo, che Filippo volle in questo modo educare all'*ars moriendi* cristiana [*arte di morire:* il corretto comportamento che un cristiano dovrebbe tenere in punto di morte, *n.d.r.*]; la sua morte serena e composta fu interpretata come il segno dell'approvazione divina al suo regno come re cattolico. A Clemente VIII, con cui Filippo II aveva avuto alcune divergenze, egli chiese e ottenne la benedizione papale; il pontefice riconobbe dopo la morte di Filippo che «tutta la vita di questo re fu una battaglia continua contro i nemici della nostra santa fede» e, continuava, «riguardo alla devozione e allo zelo religioso, posso dire che nessuno può essere paragonato a Sua Maestà, eccetto i santi che stanno godendo la beatitudine eterna».

R. BIRELEY, *Ripensare il cattolicesimo. 1450-1700. Nuove interpretazioni della Controriforma*, Marietti, Genova-Milano 2010, pp. 113-121, trad. it. E. COLOMBO

analizza il brano

- → Spiega l'affermazione secondo cui «in Spagna non c'era il papa».
- → Quale altro termine era ritenuto intercambiabile, rispetto a «eretico»?
- → Come venne accolta in Spagna la disfatta della flotta che, nel 1588, avrebbe dovuto invadere l'Inghilterra?

4 I problemi finanziari di Filippo II

Il re di Spagna Filippo II poteva contare su enormi ricchezze, provenienti dall'America. Tuttavia, le eccezionali dimensioni dei problemi politici e militari che il sovrano dovette affrontare provocarono una cronica carenza di denaro, che infine spinse Filippo II a dichiarare bancarotta.

Nel 1574, due tentativi fatti per prendere Leida andarono a vuoto e ci furono altri due ammutinamenti dei soldati, molti dei quali vantavano arretrati nel pagamento del loro soldo di molti mesi, per non dire di anni. Il costo della guerra nei Paesi Bassi si era fatto intollerabile. E ben presto quello finanziario divenne il problema principale di Filippo II e il re fu preso sempre più dall'ossessione di trovare denaro. La sua irritazione era più che palese ogniqualvolta i suoi consiglieri provavano a fargli capire che «in definitiva, tutto si riduce ad una sola cosa: denaro, più denaro, sempre più denaro. Hanno detto che anche un grosso prestito mi costerebbe molto a causa degli interessi e che ci costerebbe di meno a lungo termine se cercassimo di porre... fine alla guerra. Ho risposto loro che saremmo assai soddisfatti se potessimo ottenere denaro (in prestito) e la ragione per cui denaro non ne arriva non ha nulla a che fare con i tassi d'interesse che ci toccherebbe pagare, ma consiste semplicemente nel fatto che denaro non ne abbiamo».

La campagna di Lepanto era costata alla Castiglia circa 800 000 ducati (ma l'Italia spagnola ne diede di suoi altri 400 000). Le successive campagne di guerra nel Mediterraneo avevano portato a risultati molto meno cospicui, ma erano costate di gran lunga di più ed avevano divorato denaro spagnolo e impedito che denaro spagnolo potesse finanziare le operazioni militari nei Paesi Bassi, come la tavola seguente chiaramente dimostra:

Costo della politica imperialista di Filippo II tra il 1571 e il 1577. Esborsi del Tesoro castigliano (in ducati)

ANNO	PER LA FLOTTA DEL MEDITERRANEO	PER L'ESERCITO DEI PAESI BASSI
1571	1 793 000	11 119 000
1572	1 463 000	11 776 000
1573	1 102 000	11 813 000
1574	1 252 000	13 737 000
1575	1 711 000	12 518 000
1576	1 069 000	11 872 000
1577	1 673 000	11 857 000
Totale	7 063 000	11 692 000

Le cifre sopra riportate, poiché riguardano solo il denaro fatto arrivare alle forze armate di Filippo II operanti fuori dalla Spagna, non rappresentano in tutta la sua enorme grandezza l'emorragia che ebbe allora a subire il tesoro della Castiglia. Inoltre c'erano da pagare anche interessi e spese di trasporto [...]; c'erano altri settori che dovevano essere finanziati dal governo (in primo luogo gli stipendi dei funzionari civili e le spese per la difesa costiera); c'erano anche gli interessi maturati dal debito pubblico (e qui sfumava di norma circa la metà delle entrate della Corona). Nell'aprile del 1574, in una lunga relazione scritta di suo pugno, il principale consigliere finanziario di Filippo, e cioè Juan de Ovando, calcolò meticolosamente i debiti e le obbligazioni del suo sovrano: il tutto ammontava a 74 milioni di ducati e cioè si trattava di una somma pari a quasi quattordici volte le entrate della Corona [...].

In verità il re non aveva proprio bisogno della buia relazione dell'Ovando per capire che si trovava finanziariamente nei pasticci. Già nel giugno del 1573 aveva istituito una speciale commissione segreta, che fu da lui denominata *Commissione delle Indie*, per celare a occhi indiscreti quale era il suo vero compito. A che cosa dovesse attendere [di che cosa dovesse occuparsi, *n.d.r.*] la suddetta Commissione fu stabilito dal re nel modo seguente: «Primo, dobbiamo provvederci di denaro sufficiente per far fronte a bisogni immediati dato che ce n'è così poco disponibile o, meglio, per dirlo con franchezza, non ce n'è affatto; secondo, dobbiamo far in modo di non contrarre più prestiti a breve termine e di non farci divorare tutto da tali prestiti come ora succede; terzo, bisogna liberare (da ogni sorta di obbligazione) le entrate della Corona». Il terzo punto era il più importante e riguardava l'individuazione dei modi e dei mezzi per riscattare le rendite della Corona che questa aveva dovuto dare in ipoteca ai suoi creditori. Dopo aver discusso quasi per un anno la Commissione presentò il suo verdetto: per quanto concerneva il primo punto, si doveva persuadere le Cortes castigliane a triplicare la principale imposta fissa – la cosiddetta *alcabala*, che era un'imposta indiretta sui principali generi alimentari; per quanto concerneva il secondo e il terzo problema, la Commissione raccomandava di ricorrere a un «decreto di bancarotta». Questo espediente, già usato nel 1557 e nel 1560, mutava forzosamente i debiti a breve del governo – quelli su cui si pagavano alti interessi – in debiti a lungo termine e a basso interesse.

La Commissione presentò questa soluzione al re nel luglio del 1574. [...] L'esercito spagnolo che operava nei Paesi Bassi e il cui mantenimento divorava 700 000 ducati al mese, continuò a spremere il tesoro castigliano fino al momento in cui – nell'autunno del 1575 – del denaro non ce ne fu proprio più e non si era in condizioni di contrarre altri prestiti. Nel mese di settembre il re si piegò finalmente al disconoscimento dei propri debiti: di fatto dichiarò la propria bancarotta. A tale nuova, il *Requesens*, Governatore Generale dei Paesi Bassi, fu preso da sgomento. Così scrisse al fratello: «Anche se il re disponesse di dieci milioni in oro e volesse inviarli tutti qui, non ha più modo di farlo una volta emanato questo decreto di bancarotta, perché se il denaro viene inviato in contanti per mare andrebbe perduto e, altrimenti, è ora impossibile inviarlo con lettere di credito come si è fatto finora perché non c'è laggiù (in Spagna) finanziere che le possa emettere né c'è alcuno qui che le possa accettare e pagare». Ci volle poco tempo prima che il re stesso si rendesse conto della cosa. «Non mi sono tirato fuori dallo stato di necessità – scrisse al suo segretario – e, anzi, mi trovo in stato di maggior bisogno perché non ho più credito alcuno e non posso disporre di nulla se non di moneta sonante che, tuttavia, non si può raccogliere con la necessaria rapidità». Il re e i suoi ministri non potevano far nulla se non pazientare e aspettare quale effetto avrebbe prodotto la cessazione dell'invio di rimesse dalla Spagna. Ebbene, non dovettero attendere a lungo. Nel luglio e nell'agosto del 1576 i soldati non spagnoli che facevano parte dell'esercito delle Fiandre si ammutinarono e ben presto gli altri presero a disertare. In novembre gli ammutinati, alcuni dei quali vantavano arretrati per sei anni di soldo, posero brutalmente a sacco la città di Anversa [...]: un migliaio di case andarono distrutte e furono ben ottomila i morti di quella tragedia.

G. PARKER, *Un solo re, un solo impero. Filippo II di Spagna*, il Mulino, Bologna 1985, pp. 148-154, trad. it. J. CATALANO

↑ Tiziano Vecellio, *Ritratto di Filippo II*, 1550 circa (Madrid, Museo del Prado).

analizza il brano

- → Che cosa prevedeva il «decreto di bancarotta»?
- → Quali conseguenze ebbe?
- → Spiega e commenta la tabella sugli esborsi del Tesoro castigliano.

5 I Paesi Bassi contro lo Stato moderno

La rivoluzione dei Paesi Bassi fu un fenomeno complesso, dettato da varie cause complementari. Il fattore religioso giocò un ruolo importante, ma all'inizio molti nobili che appoggiarono la ribellione erano cattolici, non riformati. In questi aristocratici, la motivazione principale che li spinse all'azione era il desiderio di opporsi allo Stato moderno, che Carlo V e Filippo II avevano cercato di imporre nei loro territori, cancellando antiche tradizioni e libertà consolidate, che assegnavano alle varie comunità privilegi ed esenzioni che nessuno voleva vedere cancellati.

Nella ricca Repubblica delle Sette Province [le Province del Nord, cioè Groning, Frisia, Olanda, Utrecht, Overijssel, Gheldria e Zelanda, *n.d.r.*], invidiata da tutte le altre nazioni per il suo commercio internazionale, non esisteva un'autorità che cercasse di regolamentare con ordini e prescrizioni il diffuso spirito d'iniziativa. Agli Stati Generali mancava totalmente il potere di dirigere la vita economica; solo alle due grandi compagnie delle Indie orientali e occidentali dettero, in quanto supremo organo pubblico, licenze e statuti. Ciò che permise agli olandesi di dominare nel commercio internazionale non fu dunque un'organizzazione commerciale o una teoria economica progredita. Al contrario, si può dire che essi trassero giovamento proprio dalla mancanza d'ingerenza statale. Anche se la Compagnia delle Indie orientali rappresentò una tappa importante nella nascita delle società per azioni, a dare ai Paesi Bassi la loro potenza non fu l'esistenza ma piuttosto la mancanza di un sistema e di un'organizzazione, o, meglio, il fatto che l'organizzazione rimase ferma a quelle forme estremamente limitate che nel medioevo si compendiavano nella parola *libertà*: cioè autonomia di ogni più piccola unità, rigorosi divieti all'interno della propria cerchia, massimo boicottaggio degli estranei, ma niente imposizioni da parte di un'autorità centrale. [...] La rivolta contro il governo spagnolo fu una rivoluzione conservatrice, e non poteva essere altrimenti. Gli innovatori, riformatori, modernizzatori e sovvertitori consapevoli erano, a quel tempo, non i rivoltosi ma i governi legali. Le nuove energie politiche di quel periodo, anche nel caso dei Paesi Bassi, venivano dal centralismo e assolutismo monarchico, il quale o aveva già vinto, come in Francia, Spagna e Inghilterra, o si stava rafforzando a spese degli Stati Generali del tardo medioevo. Quando, attorno al 1400, i duchi di Borgogna s'impadronirono dei Paesi Bassi, questa consapevole tendenza a concentrare e sfruttare pienamente tutta la potenza statale era ancora agli inizi. Il primo obiettivo per i principi, da Filippo l'Ardito a Carlo il Temerario, consisteva sempre nel dare al governo una base un po' più solida in ciascuna delle varie province, cosa che in Olanda fu fatta riorganizzando l'antico, primitivo consiglio del conte in una corte olandese che neppure essa era un organismo moderno. I tempi non erano ancora maturi perché si creassero organi centrali per tutti i Paesi Bassi borgognoni: il parlamento di Malines e le isolate diete di Stati Generali furono timidi tentativi, e nulla più.

Ma le cose cambiarono completamente quando Carlo V si trovò a dominare sui Paesi Bassi accresciuti della Frisia, della regione di Groninga, della diocesi di Utrecht e della Gheldria. [...] Successivamente però, il figlio di Carlo V, troppo spagnolo, non capì che questo importante e ricco territorio che andava dal Lussemburgo alla Frisia, e che nel suo insieme era ancora noto soprattutto col nome di Borgogna, poteva essere retto secondo i nuovi principî soltanto se lo si riconosceva come una unità autonoma in seno al consorzio degli stati occidentali e se si rispettava veramente la sua autonomia. Questo era inconcepibile per la Madrid di Filippo II. La conseguenza fu l'insurrezione. Il governo spagnolo si avventurò in esperimenti finanziari come la decima, senza preoccuparsi minimamente di vedere se i provvedimenti si adattavano alla struttura economica olandese. Poi provò delle

RIFERIMENTI STORIOGRAFICI

↑ Jan Vermeer, *Veduta di Delft*, 1660-1661 (L'Aia, Mauritshuis). Delft fu uno dei principali centri politici e commerciali olandesi.

riforme che in sé e per sé erano ottime, come l'unificazione del diritto penale, ma senza tener conto che nei Paesi Bassi tutto il concetto di diritto e di legge era ancora legato a quello medioevale di privilegio, cioè a un concetto che contrastava con qualsiasi centralizzazione, anche con la migliore. [...]

La vittoria significò nelle Province Unite non solo supremazia della fede protestante, ma anche conservazione (contro le tendenze politiche dell'epoca) dell'autonomia cittadina e dell'amministrazione provinciale secondo il vecchio sistema degli *stati* [le assemblee che riunivano i delegati dei vari ceti di una città o di una regione; il re non poteva prendere alcuna decisione, soprattutto in materia fiscale, senza il loro parere favorevole, *n.d.r.*], nonché la continuazione di un sistema economico che sebbene antiquato sotto molti rispetti, pure era intimamente legato a quella struttura politica. La Lega di Utrecht, in linea di principio, non era che un'alleanza militare per proseguire la lotta - unendo le forze - sino a una felice conclusione. Solamente il primo articolo, dove si dichiara che la Lega è permanente, accenna a finalità più ampie. Ma quante alleanze e quanti patti sono stati dichiarati eterni nella storia del mondo e poi non hanno retto alla prova! La Lega non aveva tra i suoi obiettivi la libertà e l'autonomia politica, e tanto meno venne costituita come libero stato. Solo le circostanze la resero tale, ed era inevitabile che nella pratica si rivelasse incapace di raggiungere un così grande scopo. La base su cui ci si era uniti era una concezione medioevale della libertà che non bastava certo per costruire un nuovo stato. L'unanimità che richiedeva per quasi tutte le decisioni importanti era un criterio tipico del medioevo; il criterio della maggioranza stentava ancora ad affermarsi. Nel primo medioevo, infatti, si partiva dall'idea che nelle scelte e nelle decisioni d'importanza tutti i consiglieri dovessero essere d'accordo (o, se si vuole, fingere d'essere d'accordo), ritenendosi che in ultima istanza fosse lo Spirito Santo a ispirare la giusta scelta. Ma nell'esercizio di una direzione statale moderna, pretendere l'unanimità significava soltanto impedire al potere esecutivo centrale di essere veramente efficiente. Ancor più deleteria doveva rivelarsi col tempo la mancanza di un qualsiasi mezzo per superare i punti morti, quando il dibattito tra le correnti opposte si arenava, o per costringere la minoranza a piegarsi al volere della maggioranza. Essendo uno strumento statale così difettoso, non fa meraviglia che proprio quegli articoli della Lega che miravano a unificare realmente l'amministrazione - per esempio l'articolo che prevedeva un sistema fiscale comune - restassero sempre lettera morta.

J. HUIZINGA, *La civiltà olandese del Seicento*, Einaudi, Torino 2008, pp. 18-25, trad. it. P. BERNARDINI MARZOLLA

analizza il brano

- Spiega l'espressione «rivoluzione conservatrice».
- Spiega le due espressioni «unificazione del diritto penale» e «centralizzazione».
- Qual era il sistema decisionale tipico del Medioevo? Quali difficoltà provoca al governo di uno Stato moderno?

6 L'attacco contro l'Inghilterra: gli obiettivi di Filippo II

Filippo II era profondamente religioso, ma anche capace di soppesare tutti i rischi di un'impresa militare. Il suo obiettivo principale, secondo alcuni studiosi, era di infliggere una dura lezione alla regina Elisabetta I, al fine di costringerla a interrompere i contatti politici con i ribelli protestanti dei Paesi Bassi e di obbligarla a togliere ogni appoggio e sostegno ai corsari inglesi che saccheggiavano le navi spagnole cariche d'argento, nell'Atlantico.

Indipendentemente dai suoi piani di guerra, quali erano gli obiettivi che Filippo II si proponeva di conseguire con il progettato attacco all'Inghilterra? Per lungo tempo la storiografia inglese ha privilegiato la tesi secondo la quale il re spagnolo non si proponeva nulla di meno della conquista dell'Inghilterra, del rovesciamento di Elisabetta - magari anche della sua esecuzione - e del ristabilimento del cattolicesimo in Inghilterra, come del resto il piano di Zúñiga [Juan Zúñiga, uno dei più autorevoli consiglieri politici di Filippo I *n.d.r.*] indicava a chiare lettere. Coloro che parteciparono alla campagna dell'Armada, da una parte e dall'altra, sembrarono condividere in larga misura questa opinione.

Più di recente però l'orientamento degli storici in merito è in parte cambiato. Certo, Filippo detestava il protestantesimo con tutte le sue forze e nulla gli sarebbe stato più gradito che vederlo schiacciato definitivamente, in Inghilterra come altrove; ma egli era anche abbastanza realista da capire quali fossero gli interessi concreti suoi e del suo regno. Come aveva scritto a Farnese, si rendeva conto del fatto che i cattolici inglesi erano ormai una minoranza perseguitata e ininfluente, e che restaurare pienamente il cattolicesimo in quel paese era ormai una causa persa. Non gli sfuggiva che, quand'anche gli fosse riuscito di sbarcare in Inghilterra e detronizzare la regina, si sarebbe poi trovato di fronte a una resistenza popolare irriducibile che avrebbe rappresentato un drenaggio insostenibile sulle risorse umane e finanziarie del suo impero. Quanto si era rivelato difficile - e alla lunga sarebbe stato impossibile - domare la rivolta olandese era un esempio più che eloquente di quale sarebbe stata l'enormità di un simile compito in un paese più vasto e popoloso, che per di più era un'isola. E poi quanto a lungo un'occupazione spagnola dell'Inghilterra sarebbe stata tollerata dalle altre potenze europee, a cominciare dalla Francia? C'era poi un altro fattore da considerare: se infatti Elisabetta fosse stata, in qualsiasi modo, eliminata, a succederle sul trono sarebbe stata Maria Stuarda, cattolica, sì, ma anche mezza francese, e che era anzi già stata regina consorte di Francia nonché legatissima alla ultrapotente fazione dei Guisa. Maria gli doveva della gratitudine: ma fino a che punto la gratitudine può prevalere sulle considerazioni politiche? Bel risultato sarebbe stato di abbattere i Tudor e i protestanti per favorire l'eventualità che suo padre, Carlo V, gli aveva raccomandato di temere più di ogni altra, una stretta alleanza fra Francia e Inghilterra!

Quella di Filippo II era una mente complessa e capace di analisi sottili. Alla sua leadership si può rimproverare di aver voluto decidere tutto dal suo piccolo studio all'Escorial senza rendersi conto di persona delle situazioni: non solo egli non parlò mai direttamente ad Alessandro Farnese [principe reggente nei Paesi Bassi spagnoli, che avrebbe dovuto unire le proprie forze a quelle dell'Armada, *n.d.r.*] durante tutto questo periodo, ma non visitò mai neppure la sua flotta in allestimento a Lisbona. Anche la sua esperienza di guerra era limitata e la strategia che aveva alla fine prescelto soffriva senza dubbio una scarsa aderenza alla realtà. Ma non gli si può negare la capacità di aver soppesato attentamente i rischi che correva né di aver saputo valutare con realismo il conto dei benefici e delle perdite che potevano derivare da un'impresa. E questa capacità non gli venne certo meno in questa occasione. L'analisi dei programmi e delle azioni porta a ritenere che Filippo avesse in mente due tipi di obiettivi, anche intercambiabili, che potevano essere alternativamente privilegiati in funzione degli eventi: gli obiettivi massimi e quelli minimi. Gli obiettivi massimi erano senza dubbio realizzare lo sbarco in Inghilterra e giungere fino a Londra: ma questo non significava necessariamente l'eliminazione di Elisabetta e del suo regime. In queste condizioni e con la sua bandiera che sventolava sulla Torre di Londra, con ogni probabilità Filippo sarebbe stato disposto a una pace a condizioni per lui vantaggiose, ma non del tutto devastanti per la regina. Queste condizioni avrebbero compreso la rinuncia alla guerra di corsa e alla pirateria, il ritiro delle truppe dalle Fiandre e la cessazione del sostegno ai ribelli nonché la libertà di culto per i cattolici in Inghilterra. Probabilmente vi si sarebbe aggiunto il pagamento di una indennità di guerra e magari il ritiro delle guarnigioni inglesi dall'Irlanda, oltre alla garanzia del controllo di qualche fortificazione nella stessa Inghilterra: ma Elisabetta e il protestantesimo inglese sarebbero sopravvissuti «buoni per un altro giorno» e l'esercito spagnolo sarebbe stato ritirato dal paese. Del resto, il protestantesimo era ormai una componente dell'Europa e, al di fuori dei propri territori, Filippo non si era mai proposto concretamente l'obiettivo di sradicarlo del tutto.

Gli obiettivi massimi erano senza dubbio realizzare lo sbarco in Inghilterra e giungere fino a Londra: ma questo non significava necessariamente l'eliminazione di Elisabetta

Naturalmente gli eventi bellici hanno poi una logica loro propria che può portare a far cambiare gli obiettivi iniziali: ma questo è un altro problema. Nel 1586 e anche nel 1588 gli obiettivi massimi del re erano più o meno quelli. I due più importanti erano certamente la cessazione degli attacchi inglesi al commercio e alle coste spagnole, obiettivo che era anche quello più sentito dalla società spagnola nel suo insieme, e la cessazione del sostegno inglese ai ribelli olandesi. La libertà di culto per i sudditi cattolici di Elisabetta era certamente un obiettivo importante, ma complementare. Se questi erano gli obiettivi massimi, l'obiettivo minimo irrinunciabile era senza dubbio farla finita con gli attacchi inglesi per mare. Ma questo si poteva perseguirlo anche per altra via che non fosse lo sbarco in Inghilterra e perfino l'invio dell'Armada. Si poteva cioè intimidire gli inglesi a tal punto da indurli a intavolare trattative di pace *con la sola minaccia* dell'attacco diretto e dello sbarco. Questo poteva essere ottenuto tanto facendo apparire nella Manica una grande flotta in assetto di guerra, con relativo accompagnamento di trasporti sui quali fosse imbarcato un corpo di spedizione, quanto al limite senza necessariamente che questa partisse: bastava che si sapesse che essa era in allestimento. Proprio per questo motivo però era indispensabile che i preparativi fossero credibili. [...] Non vi era alcun dubbio sul fatto che inviare l'Armada nella Manica avrebbe rappresentato un drenaggio di risorse quasi insopportabile. Non sfuggiva al re che, una volta dato l'annuncio della costituzione della flotta per attaccare l'Inghilterra, egli non poteva desistere dall'impresa senza ottenere almeno il suo obiettivo minimo, e cioè la fine degli attacchi inglesi per mare, pena una gravissima perdita di prestigio all'estero e anche all'interno. Costi vi sarebbero quindi stati comunque: ma sfruttare l'elemento deterrente rappresentato dall'Armada senza dover necessariamente combattere avrebbe almeno consentito di ridurli. Fu per questo che Filippo esitò fin quasi alla fine prima di impartire ai suoi capi militari gli ordini definitivi.

A. MARTELLI, *La disfatta dell'Invincibile Armada. La guerra anglo-spagnola e la campagna navale del 1588*, il Mulino, Bologna 2008, pp. 144-148

↑ Navi della flotta inglese e navi spagnole dell'*Armada* nel 1588.

analizza il brano

- → Quali erano gli obiettivi massimi di Filippo II? E quali, invece, gli obiettivi minimi?
- → Qual era il principale motivo di rancore della società spagnola, nei confronti degli inglesi? Vi era sintonia tra il sentire del re e quello della società spagnola?

RIFERIMENTI STORIOGRAFICI

RIFERIMENTI STORIOGRAFICI

7 Le guerre di religione in Francia

Nella seconda metà del Cinquecento, una lunga serie di guerre civili paralizzarono di fatto la Francia. Lo scontro assunse i caratteri della classica guerra di religione: cattolici contro protestanti. Tuttavia, dobbiamo tener presente che, sul fronte calvinista, si schierarono alcune delle più potenti casate nobiliari francesi, preoccupate per il rafforzamento crescente della monarchia. Come stava accadendo, simultaneamente, nei Paesi Bassi, lo scontro religioso può essere letto anche come conflitto politico, finalizzato a bloccare l'affermazione dello Stato moderno centralizzato.

Per circa quarant'anni, dal 1560 al 1598, i francesi hanno vissuto la guerra civile, la guerra fratricida, alla quale si intrecciano interventi inglesi, spagnoli; una guerra che senza dubbio non ha fatto della Francia quel cadavere esangue, che un'abile manipolazione dell'opinione pubblica da parte dell'entourage del buon re Enrico IV ha voluto farci credere, per meglio esaltare il risanamento dei primi anni di pace, dal 1598 al 1610; una guerra implacabile, tuttavia, in cui per un certo tempo la violenza fanatica ha la meglio su quello spirito di misura, su quel desiderio di pace che anima d'ordinario la maggior parte dei francesi. Ed esperienza amara, questa passione religiosa, unita a risentimenti e secondi scopi politici, che ha rudemente scosso l'autorità reale, su cui da secoli il paese consolidava la propria unità, fortificava la pace interna e le frontiere; questa crisi decide in parte del XVII secolo e dell'avvenire della monarchia. Da Francesco II a Enrico IV, otto guerre di religione, separate da pause, in cui gli avversari riprendono fiato, cercano forze nuove e alleati, e segnate da lunghe discussioni in cui, con perseveranza, i moderati dei due partiti cercano di stabilire un modus vivendi, se non una conciliazione di fondo, che permetta una vera pace. Anche Caterina de' Medici, prima della strage di san Bartolomeo, vi si è sforzata, non senza esitazione, distinguendo tra gli eretici coloro che non facevano che errare nella fede e potevano quindi essere ricondotti per la «via della dolcezza», e quelli che erano in istato di «sedizione manifesta», ai quali sarebbe stata riservata la «severità». Compromessi presto condannati dalla passione degli uni e degli altri, trascinati nella guerra. [...]

La guerra dura, si rinnova e riprende, grazie ad altre passioni. Protestanti e cattolici hanno per venti anni alla testa dei nobili, duchi e grandi nomi di Francia, i Guisa, i Rohan e tanti altri [...]; hanno trovato nella lotta, per o contro il re, l'occasione unica, non più incontrata da mezzo secolo, di fare a pezzi l'avversario, di condurre la vita dura dei campi, delle imboscate, delle persecuzioni accanite: vecchia tradizione di agitazione feudale, che la mano pesante dei re precedenti, Francesco I e Enrico II, tendeva a far passare allo stato di vecchi e pii ricordi. [...] Nella psicologia complessa di questi grandi spadaccini, che abbandonano con gioia i combattimenti finti, tornei ed altre fantasie, per la vera guerra, le passioni religiose conservano il primo posto; ma l'atavismo feudale, il timore giustificato dinanzi all'espansione del potere reale hanno la loro parte; la nobiltà ritrova sui campi di battaglia e nei consigli di guerra quel ruolo militare e politico, che una monarchia accorta si è adoperata a toglierle, da tempo, progressivamente e abilmente. E dietro questa nobiltà ardente, le città [...] hanno fornito il denaro, le armi, le fortezze e i soldati, alimentando una guerra che i nobili da soli non avrebbero potuto mantenere: fanatizzate dal clero, ma trascinate dai grandi per strade che non erano semplicemente religiose.

Di questa lotta che termina solo nel 1598 con la difficile vittoria cattolica che è l'editto di Nantes, il risultato è ancora l'indebolimento dell'autorità reale. In realtà è abbastanza chiaro; anche se il regno di Enrico III non è stato affatto così malvagio come affermavano i sostenitori della Lega [i cattolici più intransigenti, *n.d.r.*], e se Enrico IV dopo la conversione del 1594 ha ristabilito abbastanza rapidamente l'ordine. Ma in quegli anni di pacificazione, il male più grande è già stato fatto, l'ideale monarchico duramente scosso da una quantità enorme di libelli e dalle teorie sovversive nate nel fuoco della guerra e diffuse nelle città: è una delle chiavi dell'accanimento messo nel secolo successivo dai successori di Enrico IV a restaurare, e consolidare, l'autorità monarchica. I primi a contestare l'autorità reale furono i protestanti all'indomani della strage di san Bartolomeo, questo tradimento senza nome, questo spergiuro reale perpetrato da Caterina de' Medici e da Carlo IX. In pochi mesi, si diffondono in Francia trattati molto seri, che espongono come e perché un potere monarchico cerca di essere legittimo. [...] Da questo momento, i protestanti, la cui sottomissione al principe è stata finora un articolo indiscusso di dottrina, ammettono che i sudditi sono sciolti dall'obbedienza a un re spergiuro [...]. I protestanti francesi non ritroveranno più la devozione monarchica dei cattolici.

Rovesciamento delle parti e ritorno delle passioni. Dopo il 1584, quando Enrico II non ha più, secondo la legge salica [l'antico diritto franco, *n.d.r.*], altro erede legittimo che Enrico di Navarra, quando i monaci fautori della Lega si scatenano nella stessa Parigi e in tutto il regno contro lo stesso Enrico III, è la volta dei più esaltati tra loro di parlare di tiranno, di tirannide, e soprattutto di lanciare l'idea del tirannicidio legittimo: uccidere il tiranno è un dovere per i sudditi di un re divenuto illegittimo, il giorno in cui egli non protegge più i buoni francesi della Lega, il giorno in cui non è più il re dei cattolici.

G. DUBY, R. MANDROU, *Storia della civiltà francese*, Il Saggiatore, Milano 2011, pp. 317-321, trad. it. A. GRISPO, A. NACCI

analizza il brano

- Spiega l'espressione «atavismo feudale».
- Quale atteggiamento possono tenere i sudditi verso un re spergiuro, secondo i calvinisti francesi?
- Quale corrente politico-religiosa difese la legittimità del tirannicidio?

I **metalli preziosi** e il commercio mondiale

Lo studio del processo di trasferimento di grandi quantità di metalli preziosi dall'America all'Europa può permettere l'acquisizione una competenza fondamentale, che potremmo definire nel modo seguente: **saper comprendere i termini e i concetti essenziali della scienza economica**. Per affinare tale competenza, viene proposto di seguito un approfondimento, che prende le mosse da alcune pagine storiografiche.

Il ruolo dell'argento nel commercio con l'Oriente

Missionari a parte, gli europei andarono in Oriente fondamentalmente per commerciare e sino alla fine del diciottesimo secolo ebbero abbastanza senno per capire che le conquiste territoriali non rientravano nelle loro possibilità. Le conquiste tentate dagli europei furono limitate, salvo alcune eccezioni, ad isole e a porti destinati a fungere da basi per le loro attività commerciali. Consci del fatto che la loro superiorità tecnologica e militare consisteva nei loro galeoni armati, gli europei si accontentarono per quasi tre secoli di limitare il loro controllo al mare e alle zone costiere. Quando si spinsero per la prima volta in Estremo Oriente, gli europei furono attratti principalmente dalle spezie; ma non occorse loro molto tempo per rendersi conto che numerose altre merci offrivano eccellenti opportunità di profitto: così il rame del Giappone, le cotonate dell'India, la seta e i tappeti della Persia, la seta, le porcellane e (dopo la fine del Seicento) il tè della Cina. Il punto dolente era costituito dal fatto che gli europei non avevano quasi niente da offrire in cambio dei prodotti orientali. Dalla Rivoluzione Industriale in poi, ci si è abituati a dare per scontata la superiorità occidentale in fatto di tecnologia e produzione e riesce difficile immaginare una situazione in cui l'Oriente aveva molto da offrire sia in termini di materie prime che di prodotti finiti, mentre l'Occidente aveva ben poco da offrire che interessasse le genti dell'Asia. Eppure questa era esattamente la situazione prevalente nei secoli sedicesimo, diciassettesimo e diciottesimo. [...] La parte di gran lunga più importante delle importazioni dell'Asia dovette essere pagata con massicci trasferimenti di metalli preziosi dall'Europa all'Asia. Masse di argento in forma di *reales* o pezzi da otto coniati a Siviglia, di dollari messicani, di ducatoni d'argento coniati in Italia, di corone francesi e di talleri olandesi anno dopo anno presero la via dell'Asia. Gli europei potevano disporre d'argento in abbondanza grazie alla favorevole bilancia commerciale dell'Europa nei confronti delle Americhe. Se si prescinde dal commercio relativamente limitato che attraverso le Filippine si svolgeva tra l'America spagnola e l'Estremo Oriente, si può ragionevolmente affermare che a quel tempo il commercio intercontinentale consistette essenzialmente in un'ampia corrente di argento che si muoveva verso est dalle Americhe all'Europa e dall'Europa all'Asia, e in un vasto flusso di beni che muovevano in direzione opposta: prodotti asiatici che prendevano la via dell'Europa e prodotti europei che prendevano la via delle Americhe.

Il deficit della bilancia commerciale tra l'Europa e l'Asia lo si poteva, per così dire, toccare con mano. Individui come van Linschoten osservando i velieri che salpavano per le Indie vedevano che «non hanno che un carico leggero, composto unicamente di qualche barile di vino e di olio e di piccoli quantitativi di merce; all'infuori della zavorra e dei viveri per l'equipaggio non trasportano altro, perché quel che soprattutto si spedisce alle Indie sono i reali da otto». Alla fine del Cinquecento un mercante fiorentino riferiva che il solo Portogallo e la Spagna inviavano in Cina più di 1 500 000 scudi all'anno. Quanto attendibile sia questa valutazione nessuno può dire, ma per i secoli diciassettesimo e diciottesimo disponiamo di dati più abbondanti e più precisi e questi indicano concordemente che l'argento era la principale merce europea esportata in Asia. In Europa questa situazione suscitava imbarazzo e preoccupazione e diede vita ad accesi dibattiti e a numerose pubblicazioni. Tanto in Inghilterra che in Francia le Compagnie che praticavano il commercio con le Indie Orientali furono ripetutamente attaccate e accusate di mettere i loro egoistici interessi al di là e al di sopra dell'interesse pubblico, di prosperare a spese della ricchezza e della potenza nazionale. Su un piano più concreto furono fatti ripetuti tentativi per migliorare la situazione. In Inghilterra il governo ordinò che almeno un decimo del carico di ogni nave diretta alle Indie fosse composto di «derrate, prodotti o manufatti del regno». La Compagnia Inglese delle Indie Orientali fece di tutto per inserirsi nel commercio di Nanchino e altre città della Cina settentrionale, nella speranza che la rigidità del clima nordico potesse favorire uno spaccio considerevole dei manufatti inglesi di lana. Tuttavia, questi e simili tentativi fallirono miseramente. I mercanti europei esaminarono anche la eventualità di esportare quadri e *objets d'art*, ma l'arte occidentale era fortemente legata ai soggetti religiosi e, come Richard Cocke scrisse dal Giappone, i popoli asiatici non avevano alcun interesse per le scene bibliche. «Essi stimano maggiormente un foglio di carta col disegno di un cavallo, una nave o un uccello che non una preziosa nostra pittura. Né alcuno darà sei denari per quel bel quadro della conversione di San Paolo». Dopo aver tentato senza successo di vendere quadri tradizionali, la Compagnia Olandese delle Indie cercò di vendere stampe che avessero «un richiamo umano più generale, come una collezione di nudi o altre illustrazioni poco decenti», ma anche questi sforzi d'immaginazione non riuscirono ad ottenere risultati apprezzabili. Verso il 1701 il Consiglio della Compagnia delle Indie Orientali scriveva agli uffici di Londra: «Non sappiamo cosa consigliare alle vostre Eccellenze di inviare in questi luoghi (Cina), perché gli indigeni non apprezzano altro che l'argento e il piombo; e probabilmente se tutto il resto delle vostre merci fosse gettato a mare, il carico di ritorno non sarebbe inferiore di molto».

C. M. CIPOLLA, *Tecnica, società e cultura. Alle origini della supremazia tecnologica dell'Europa (XIV-XVII secolo)*, il Mulino, Bologna 1990, pp. 71-73

Lavorare per competenze
avvio al saggio breve

Siviglia e il commercio spagnolo con l'America

Il commercio con l'America spagnola era per legge un monopolio chiuso, confinato – tranne certe eccezioni – al porto di Siviglia, e la possibilità di parteciparvi era limitata ai mercanti di quella città, organizzati dal 1543 nel loro *consultado* o ghilda mercantile [...] Il commercio americano della prima metà del XVI secolo era costituito prevalentemente da merci voluminose di uso quotidiano: utensili e vasellame, prodotti alimentari in grande quantità, vino, olio e farina di frumento a cui gli europei d'America non sapevano rinunciare. Quasi tutti questi beni venivano prodotti nella stessa Andalusia. Anche le barche erano per lo più vascelli locali sul tipo della caravella, allora utilizzati per la navigazione costiera e sorprendentemente modesti, raramente superiori a una stazza di 200 tonnellate, di solito molto più piccoli. [...] Le grandi scoperte dell'argento negli anni '40 del XVI secolo recarono mutamenti rivoluzionari nel commercio transatlantico. [...] I mercantili di ritorno, oltre a pelli e zucchero, sbarcavano in patria quantità sempre maggiori di argento e anche parecchi generi di lusso di origine americana, quali la cocciniglia e il tabacco, il cui consumo si stava diffondendo in Spagna. La dimensione delle navi aumentò costantemente, sia per necessità di autodifesa, sia per permettere maggiori profitti ai mercanti esportatori.

J.H. PARRY, *Le vie dei trasporti e dei commerci*, in E.E. RICH, C.H. WILSON (a cura di), *Storia economica Cambridge*, vol. IV, *L'espansione economica dell'Europa nel Cinquecento e Seicento*, Einaudi, Torino 1975, pp. 230-231, trad. it. M. TERNI

Oro e argento, dall'America all'Europa

Partiti alla ricerca di spezie e oro in Asia, gli europei scoprirono, in America, molto oro e argento, ma ben poche spezie! Saccheggi di metalli preziosi? Sì, perché in un primo tempo ci si limitò al saccheggio dei metalli preziosi accumulati nel corso dei secoli. Accumulazione peraltro assai modesta rispetto alle ricchezze potenziali in materia. Per le civiltà precolombiane, l'oro era un semplice ornamento e nessun tentativo sistematico di estrazione era stato messo in atto dalle diverse società. Col saccheggio, siamo in presenza della prima delle tre grandi tappe che si possono individuare nella vicenda dello sfruttamento di questo metallo in America. Tappa che si colloca tra il 1493 e il 1530, e fa affluire dall'America una quantità d'oro già molto consistente, proveniente, per la maggior parte, da quelle che si chiamano le isole, ovvero l'area geografica denominata Caraibi. Nella seconda tappa, che [...] va dal 1530-70 al 1565-80, il saccheggio si sposta verso il continente e si combina con un'estrazione condotta con tecniche piuttosto arcaiche. All'oro si aggiunge l'argento. La terza tappa, che ha inizio attorno al 1565-80 e si può ritenere conclusa con l'indipendenza [all'inizio dell'Ottocento, *n.d.r.*], è caratterizzata da uno sfruttamento sistematico dei giacimenti mediante tecniche più perfezionate.

La quantità d'oro ottenuta (escluso il Nordamerica) tra l'inizio del XVI secolo e il 1800 sarebbe nell'ordine delle 2560 tonnellate; quella di argento di 100 500 tonnellate. Il XVIII secolo fu quello più favorevole per l'oro, con una produzione di 1620 tonnellate. Per l'argento, il secolo migliore dei tre fu il XVII, con una produzione di 51 100 tonnellate. [...]

Saccheggio e sfruttamento dei metalli preziosi avranno anche ripercussioni sull'Europa. Ripercussioni sostanzialmente di tre ordini. Ripercussioni non marginali, perché questi flussi furono molto importanti e determinarono un profondo cambiamento in fatto di disponibilità di metalli preziosi, sia a livello mondiale, sia, soprattutto, in Europa. La prima ripercussione, e forse la più importante, fu l'impulso al commercio internazionale europeo, non soltanto negli scambi con il Nuovo Mondo, ma anche con l'Asia e tra economie europee. L'Europa disponeva di maggiori mezzi di pagamento. Ma l'afflusso di metalli preziosi favorì anche il declino economico della Spagna, per la quale tutto questo oro e questo argento si trasformarono in una specie di comoda poltrona su cui oziare. Infine, l'afflusso dell'oro contribuì ad aggravare una fase inflattiva [un periodo di inflazione, cioè aumento dei prezzi e diminuzione del valore della moneta, *n.d.r.*] che durerà per l'intero XVI secolo.

P. BAIROCH, *Storia economica e sociale del mondo. Vittorie e insuccessi dal XVI secolo a oggi. Volume I*, Einaudi, Torino 1999, pp. 762-764, trad. it. P. ARLORIO

Lavorare con i testi

Nei passi citati, il colore ha evidenziato alcuni passaggi essenziali del ragionamento degli storici. Come ulteriore stimolo di analisi e di riflessione, ti vengono proposte le seguenti domande.

analizza i brani

- Quale valore davano le popolazioni indigene dell'America all'oro? Si può parlare di una sistematica attività di estrazione dell'oro e dell'argento, da parte degli aztechi e degli inca?
- Per quale ragione si può affermare che l'afflusso di metalli preziosi provocò il declino economico della Spagna?
- Per quale ragione l'arrivo di grandi quantità di oro e argento aggravò il processo di inflazione tipico del XVI secolo?
- Quale strategia coloniale scelsero le potenze europee che si sforzarono di penetrare in India, in Cina e in altre zone dell'Asia?
- In quale direzione si muoveva nel Cinquecento l'argento? E in quale direzione, invece, si muovevano i manufatti lavorati?

- Utilizzando le informazioni che hai raccolto, costruisci un testo che, come minimo, abbia la lunghezza di due colonne di foglio protocollo.

VERIFICA DELL'APPRENDIMENTO
Conoscenze e abilità

ANALISI DELLE FONTI ICONOGRAFICHE

1. **Osserva l'immagine e rispondi alle domande.**
   a) Quale evento è raffigurato?

   ....

   ....

   ....

   ....

   ....

   b) Che cosa determinò la schiacciante supremazia della Sacra Lega?

   ....

   ....

   ....

   ....

   ....

SELEZIONARE E CLASSIFICARE

2. **Compila la seguente tabella relativa alle guerre di religione in Francia, nella seconda metà del Cinquecento.**

POLITICA DI CATERINA DE' MEDICI	....
DEFINIZIONE DEL TERMINE *UGONOTTO*	....
CAUSE CHE DETERMINANO LA GUERRA CIVILE	....

3. **Collega le affermazioni elencate a sinistra con gli avvenimenti storici collocati a destra.**

a) Tutti i sudditi devono seguire la religione del loro principe.	PACE DI AUGUSTA (1555)
b) I sudditi calvinisti, a determinate condizioni, possono praticare la loro religione.	EDITTO DI NANTES (1598)
c) Il re di Francia è fedele a Roma: il cattolicesimo è religione ufficiale della Francia.	
d) Ogni principe tedesco può scegliere se diventare luterano o restare cattolico.	
e) I sudditi che non condividono la religione del principe devono emigrare.	
f) All'interno del regno vige un regime di tolleranza religiosa.	

COMPRENDERE IL TESTO

4. Rispondi brevemente alle seguenti domande.

a) Qual è il significato dell'espressione «cerealizzazione della vita agricola»?

b) Per quale motivo Enrico VIII giunse a una rottura con il papa?

c) Quale fu la politica religiosa di Elisabetta I?

d) Quali furono i nemici di Filippo II?

e) Che cos'è l'*Atto d'abiura*?

f) Che cosa sanciva l'editto di Nantes?

CONOSCERE IL LESSICO

5. Definisci il termine.

Protezionismo

Inflazione

6. Contrassegna con V (vero) o F (falso) ciascuna delle frasi e correggi quelle false.

	V	F
a) In base alla concezione del potere di Enrico VIII, il re riceve il potere direttamente da Dio, senza la mediazione del papa.	☐	☐
b) Verso la metà del Cinquecento, nel Mediterraneo l'egemonia navale era saldamente detenuta dagli inglesi.	☐	☐
c) Secondo la concezione di Jean Bodin lo Stato è un'istituzione inutile e facilmente rimpiazzabile dal governo del popolo.	☐	☐
d) Secondo i calvinisti francesi l'obbedienza dei sudditi era condizionata al rispetto, da parte del re, delle libertà e dei diritti dei sudditi stessi.	☐	☐
e) Caterina de' Medici si oppose a qualsiasi tipo di politica di conciliazione.	☐	☐

VERSO IL SAGGIO BREVE

7. Scrivi un testo sull'arrivo in Europa dell'argento americano, utilizzando le seguenti domande-guida.

→ Quali furono le misure protezionistiche che la Spagna adottò per non danneggiare la propria economia?
→ Chi poteva emigrare in America?
→ Qual era l'unico porto abilitato a far salpare le navi per il Nuovo Mondo?
→ Quali minerali venivano esportati dal Nuovo Mondo?
→ Quali furono le conseguenze, sia in Spagna sia in Europa, dell'afflusso di questo minerale?

mappa di sintesi

Mappa proiettabile

ECONOMIA, POLITICA E RELIGIONE NEL XVI SECOLO

- Economia spagnola
  - Protezionismo nei confronti delle colonie americane
    - Sfruttamento intensivo delle miniere
      - L'argento americano si riversa dalla Spagna in Europa continentale, nel bacino del Mediterraneo e in Oriente
        - Spagna: maggiore potenza europea
- Filippo II
  - Molteplicità di avversari
    - Vittoria di Lepanto contro i turchi (1571)
    - Rivolta dei Paesi bassi
    - Inghilterra
      - Enrico VIII si stacca dalla Chiesa di Roma
      - Elisabetta: regina vergine, figura carismatica
        - La flotta inglese sconfigge l'*Armada* spagnola
- Diffusione del calvinismo
  - Resistenza all'autorità dei sovrani (collegata a: Rivolta dei Paesi bassi)
    - Guerre di religione in Francia
      - Editto di Nantes (Enrico IV, 1598): tolleranza religiosa

UNITÀ 8

Il Seicento di Amsterdam e delle streghe

Un'immagine per iniziare

Nel Seicento, tornarono a presentarsi pregiudizi dettati dalla paura. Il terrore della peste e del contagio, ad esempio, fece nascere l'idea che alcune persone diffondessero il morbo per mezzo di unguenti diabolici: con l'accusa di essere untori, costoro vennero talvolta processati e spesso finirono vittime della furia popolare. Inoltre, numerosi uomini e moltissime donne (accusate di essere streghe) furono imputati per i loro presunti rapporti con il diavolo, per conto del quale diffondevano nel mondo morte e disgrazie. Queste persone furono costrette con la tortura a confessare i crimini più efferati e spesso furono bruciate sul rogo. Per molto tempo, nessun intellettuale osò mettere in discussione la realtà dell'azione di questi agenti di Satana. Tuttavia la nuova mentalità razionalista e scientifica, proprio negli stessi anni, cominciava a diffondersi.

↑ Una strega, in un dipinto di Frans Hals del XVII secolo.

SOMMARIO

Una carta per orientarsi nello spazio

Carta proiettabile

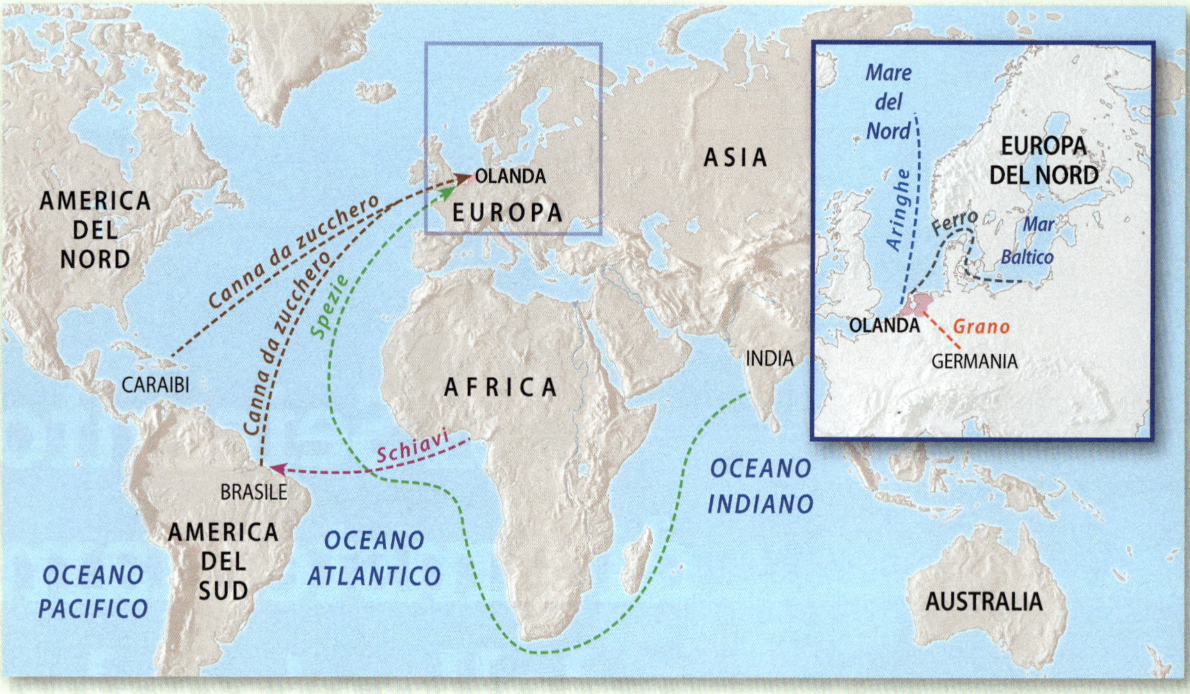

La carta mostra l'estensione dell'impero coloniale olandese nel Seicento. Per l'Olanda l'attività base fu la pesca delle aringhe nel Mare del Nord, che poi venivano rivendute sulle terre che si affacciavano sul Baltico, in cambio di grano (regioni tedesche e polacche) e legname e ferro (Scandinavia). Con la creazione della Compagnie delle Indie Orientali (1602), una società per azioni con enormi capitali, gli olandesi costruirono un impero in Asia surclassando i portoghesi: dalla metà del Seicento furono gli unici importatori in Europa di spezie orientali. Nell'Atlantico, invece, gli olandesi diressero la loro offensiva su due fronti: da un alto occuparono le coste della Guinea, in Africa, per rifornirsi si schiavi, dall'altro cercarono di sottomettere le regioni americane (Brasile e Caraibi), ricche di zucchero.

Gli eventi per orientarsi nel tempo

età moderna

1580-1650

Massimo sviluppo della caccia alle streghe in Europa

1602

Nasce in Olanda la Compagnia delle Indie Orientali

1630

Epidemia di peste a nord di Roma

1580 1590 1600 1610 1620

Una fonte per capire: misure in tempo di peste

Il Seicento fu un tempo di grave crisi per gran parte d'Europa. A causa del ritorno della carestia e della fame, i poveri, i vagabondi e i banditi erano presenti ovunque (tranne che in Olanda) in quantità eccezionale. Anche la peste infierì di nuovo in modo formidabile. Tuttavia le autorità, soprattutto in Italia (e, in modo particolare, in Toscana), tentarono di affrontare le epidemie con misure più molto più razionali e rigorose, rispetto ai secoli precedenti. Durante un'epidemia, in assenza di antibiotici, si trattava di misure poco efficaci. Di qui uno sforzo ancora maggiore di prevenzione e di controllo su uomini e merci che entravano nel territorio. Cristoforo Ciuffini, autore delle seguenti indicazioni operative, era ufficiale sanitario a Prato. Il testo è del 1630.

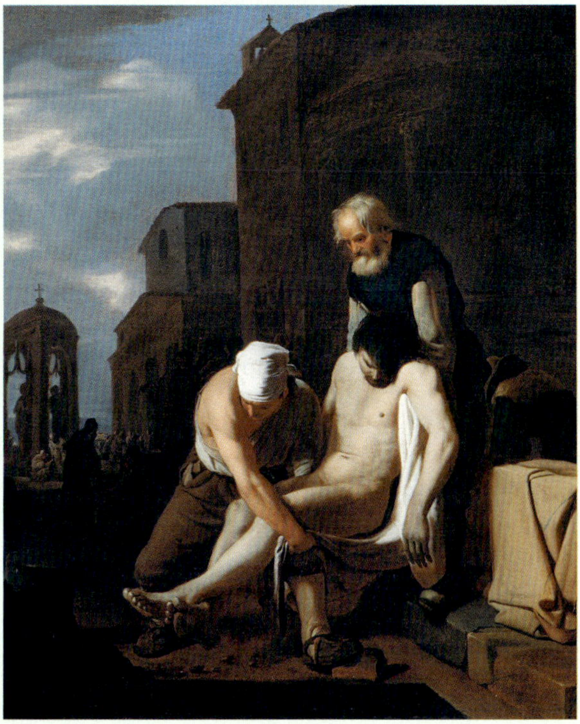

Si è provato con esperienza che a spegnere il contagio prima fa bisogno ricorrere alla Maestà di Dio, alla intercessione della Beatissima Vergine e de' Santi; di poi osservare con ogni diligenza quanto appiè [quanto segue, *n.d.r.*]:

- inzolfare e profumar le case o stanze dove son stati morti o malati;
- separare subito scoperto il male gl'infermi da' sani;
- abbruciar subito e levar via le robe che hanno servito per uso al morto o malato;
- serrar subito quelle case dove è stato infetti [dove si sono scoperti dei casi di infezione, *n.d.r.*] e tenerle almeno giorni 22, acciò chi vi è dentro nel praticare non infetti gli altri [non propaghi la malattia col suo frequentare altre persone, *n.d.r.*];
- proibire i comerzi [i commerci, *n.d.r.*].

C.M. CIPOLLA, *Contro un nemico invisibile. Epidemie e strutture sanitarie nell'Italia del Rinascimento*, il Mulino, Bologna 1995, p. 106.

← Michael Sweerts, *Seppellire i morti*, metà del XVII secolo (Hartford, Wadsworth Atheneum Museum of Art).

Orientarsi nel tempo

1641

Gli olandesi conquistano l'importante passaggio marittimo di Malacca (Oceano Indiano) ai danni dei portoghesi

1651

Il Parlamento inglese inizia a emanare gli Atti di navigazione

1667

Trattato di Breda tra inglesi e olandesi

età moderna

1630 – 1640 – 1650 – 1660 – 1670

METODO DI STUDIO

Percorso breve

Storia slide

Il secolo delle contraddizioni

Il Seicento fu, più di altri, un tempo di contrasti stridenti e clamorosi. Da un lato, infatti, vediamo sorgere la nuova scienza, che trova nella figura di **Galileo Galilei** il suo rappresentante più lucido e più coerente; il suo appassionato richiamo alla «sensata esperienza» influenzò notevolmente gli **ufficiali di Sanità**, i funzionari che – con armi irrisorie e in condizioni impossibili – in Toscana e in altre regioni d'Italia combatterono battaglie disperate contro le ricorrenti epidemie di peste. D'altra parte, il secolo XVII fu pure il tempo in cui la **caccia alle streghe** raggiunse il suo apice di violenza, soprattutto in Germania. Anche in campo economico le contraddizioni sono evidenti: Amsterdam e l'Olanda si affermarono come terre della libertà e dell'abbondanza, mentre in Polonia tutti i contadini erano servi e in America le piantagioni di canna da zucchero erano coltivate da schiavi neri, deportati dall'Africa.

1 Carestia e peste nel Seicento

Verso la fine del Cinquecento, si intravedono tutti i segni premonitori della tempesta. Il clima si fece di nuovo più freddo in inverno, mentre le estati brevi e piovose rendevano problematica la maturazione dei cereali nell'Europa del Nord. Le risorse, del resto, erano arrivate ovunque al loro limite massimo, e solo il commercio internazionale dei cereali poté supplire, in parte, alle carestie che colpirono in modo ricorrente numerose regioni d'Europa. Mentre **mendicanti** e **vagabondi** erano una presenza inquietante e universale, al punto che le autorità adottarono provvedimenti (talvolta anche radicali, come la reclusione) per tenerli sotto controllo, la peste si fece di nuovo particolarmente violenta. Per molti versi, sembra una situazione simile a quella del XIV secolo. Tuttavia, almeno in Italia, erano sorte delle nuove strutture che tentarono di **prevenire** le epidemie e di combatterle quando colpivano una città. I funzionari più innovativi furono gli **ufficiali di Sanità** toscani, che arrivarono a **vietare le processioni e le funzioni religiose** che venivano celebrate per implorare la misericordia divina. L'esperienza mostrava, infatti, che dopo queste aggregazioni, l'epidemia acquistava nuova forza e nuovo vigore. I funzionari che presero questo rivoluzionario provvedimento non erano atei, né volevano agire per principio contro il clero e la Chiesa: tuttavia, la loro coraggiosa decisione apriva la strada all'idea secondo cui **il mondo e la natura sono entità autosufficienti**, non soggetti all'intervento di forze superiori.

2 La caccia alle streghe

In un clima di insicurezza e paura generalizzate, la tentazione di attribuire al Maligno la responsabilità delle disgrazie che tormentavano le comunità era irresistibile. La caccia alle streghe, pertanto, toccò il vertice della propria brutalità. Rispetto ai secoli precedenti, va precisato che lo stereotipo negativo della strega si era arricchito di un nuovo elemento: la **partecipazione al sabba**. Si trattava di una riunione di streghe e di diavoli, in cui venivano compiuti atti osceni e blasfemi; a tale incontro, la strega si recava in volo, dopo essersi unta con sostanze magiche speciali, ottenute da una miscela di ingredienti disgustosi. La caccia alle streghe fu praticata **sia dai cattolici sia dai protestanti**; è da segnalare, invece, che il rigido controllo imposto ai giudici locali, da parte delle autorità centrali, insieme alla precisa regolamentazione relativa alla pratica della tortura, fece sì che il numero di streghe messe al rogo fu particolarmente basso nei Paesi cattolici (Italia e Spagna) in cui agiva il tribunale dell'Inquisizione. Il **lento declino della repressione** violenta della stregoneria è un altro segnale del fatto che, gradualmente, si andava affermando una **nuova mentalità**, incapace di accettare interferenze di forze soprannaturali nella realtà mondana: stava nascendo il «senso dell'impossibile».

La caccia alle streghe fu praticata sia dai cattolici sia dai protestanti

DOMANDE CHIAVE

- → Perché i provvedimenti degli ufficiali di Sanità indicano che era in corso un cambiamento di mentalità?
- → Quali differenze si possono segnalare, tra Paesi cattolici e protestanti, riguardo alla caccia alle streghe?
- → Quali regioni costituivano la *periferia* dell'economia-mondo di Amsterdam?
- → A partire da quali settori l'economia italiana tentò di rispondere alla perdita di importanza della zona mediterranea?

← Frans Francken II, *Sabba di streghe*, XVII secolo.

3 L'egemonia economica dell'Olanda

A livello economico, il Seicento fu il **secolo di Amsterdam**, come il Quattrocento era stato il tempo dell'egemonia economica di Venezia. L'economia-mondo che aveva nella Province Unite il proprio centro, tuttavia, era molto più vasta di quella veneziana, in quanto i solidi velieri olandesi arrivavano fino al Mar Baltico, in Brasile e in Asia orientale; da quei lontani Paesi, portavano cereali, zucchero, spezie e altre merci preziose, che poi il mercato di Amsterdam rivendeva in tutte le regioni d'Europa. Come capita al giorno d'oggi, il **contrasto tra *centro* e *periferia*** è stridente: in Olanda, troviamo abbondanza (o, comunque, un tenore di vita accettabile per quasi tutti gli abitanti) e libertà religiosa; al contrario, in *periferia* troviamo **servitù della gleba (in Polonia) e schiavitù (in America)**. Più di tanto, non è possibile attribuire al calvinismo il merito del successo olandese, ovvero istituire una rigida relazione di causa-effetto tra protestantesimo e capitalismo. I mercanti olandesi, infatti, non erano affatto, per la maggioranza, dei calvinisti fanatici, ma semplicemente uomini pratici, la cui sincera religiosità si interessava poco di problemi teologici ed era disponibile ad accettare che chiunque, nel silenzio della propria coscienza, adorasse e pregasse Dio nel modo che riteneva più opportuno. Soltanto **l'Inghilterra, grazie a provvedimenti protezionistici radicali, riuscì a opporsi validamente alla potenza economica olandese**. Non a caso, nel Settecento, Amsterdam sarebbe stata surclassata proprio da Londra.

4 L'Italia nel Seicento

L'area geografica che maggiormente soffrì, a causa del successo olandese, fu il Mediterraneo. Città come **Venezia** e **Genova**, che per secoli erano state capitali del commercio e della finanza, a partire dal 1620 circa furono soppiantate da Amsterdam. Fu l'affermazione della potenza economica olandese, ben più del dominio spagnolo (diretto o indiretto) su gran parte della Penisola, a ridurne l'importanza economica. Oltre tutto, non dobbiamo dimenticare la potenza distruttiva dell'**epidemia di peste del 1630**, che falciò un terzo della popolazione complessiva. Il Seicento, tuttavia, vide l'Italia alla ricerca di **nuovi mercati** e di **nuove strategie** di affermazione economica. I successi più notevoli furono ottenuti grazie alla produzione di armi (nel bresciano), di carta (in Liguria) e di seta (a Bologna). Dopo la pace di Cateau-Cabmbrésis del 1559, l'Italia era di fatto dominata dagli spagnoli. Gli unici due Stati che mantenevano l'indipendenza erano il **ducato di Savoia** e la **Repubblica di Venezia**. Il primo, benché stretto tra la monarchia francese e la Lombardia spagnola, attraverso un'abile politica diplomatica, riuscì a espandere il proprio territorio fino a conquistare l'intero Piemonte. La repubblica di Venezia, invece, fu indebolita dallo sviluppo dei commerci sull'Atlantico, e anche nel Mediterraneo trovò un formidabile antagonista nell'**impero turco**. Insomma, anche dal punto di vista economico l'Italia era in una posizione svantaggiosa: il Mediterraneo fu infatti l'area geografica che maggiormente soffrì a causa del successo olandese.

ECONOMIA
DEMOGRAFIA
E SOCIETÀ

1

Storia slide

Carestia e **peste** nel Seicento

Le conoscenze da acquisire	Le competenze da potenziare
Dopo un secolo e mezzo (1450-1590) di rinnovata crescita demografica, l'Europa non fu in grado di sostenere ulteriormente la crescita della popolazione, mentre guerre ed epidemie si aggiunsero come ulteriori fattori negativi.	Saper individuare le dinamiche demografiche di una società.

1.1 Freddo e carestie

> **Un mondo di disperati**

Gli storici del clima sostengono che, dopo il rialzo termico che si verificò nel Cinquecento, la temperatura scese di nuovo e iniziò un lungo periodo di freddo, che durò dal 1570 al 1715 circa. Dato che ogni minimo cambiamento climatico poteva rivelarsi decisivo per le rese agricole, non ci stupisce incontrare numerosi episodi di drammatica crisi alimentare. I momenti più difficili vanno probabilmente collocati negli anni 1594-1597, intorno al 1661 e dopo il 1690; tuttavia possiamo dire che l'intero **XVII secolo** fu un'**epoca di crisi e carestie**, in cui la fame divenne una presenza cronica e ricorrente.

RIFERIMENTO STORIOGRAFICO 1
Carestia e cattivi raccolti in Spagna
→ pag.489

I racconti dei contemporanei fanno rabbrividire: secondo un ecclesiastico francese che scriveva nel 1683, le campagne vicino ad Angers (nella regione della Loira, in Francia) pullulavano di «migliaia di poveri, lungo le siepi, con i volti neri, lividi, smagriti come scheletri, che per la maggior parte si appoggiavano a bastoni e si trascinavano come potevano per domandare un pezzo di pane».

In questi momenti critici, dopo aver tentato di fabbricare il pane nei modi più impensabili, la gente si riduceva a mangiare il fieno, le radici e le carogne degli animali morti, finché non arrivava a cibarsi di carne umana. Certo, lo storico deve tener conto

→ Johannes Lingelbach, *Scena di strada romana con poveri*, metà del XVII secolo (collezione privata).

che molto spesso le testimonianze amano esagerare e si soffermano sui casi-limite. Tuttavia, le indicazioni di casi di cannibalismo sono troppo numerose per poter essere liquidate tutte come esagerazioni dettate da una sorta di gusto dell'orrido e del macabro: **la fame, compagna spietata e abituale dell'uomo del Seicento**, ha provocato con relativa frequenza quelle drammatiche situazioni di *estrema necessità* in cui la carne umana rappresentava l'ultima e disperata possibilità di sopravvivenza.

Alcune fiabe che narrano di bambini abbandonati nel bosco dai genitori (che non sanno come nutrire i propri figli) e di orchi che vorrebbero divorare quei bambini, sono forse l'eco lontana di quei tempi terribili, in cui la carestia e la miseria gettavano tantissime persone nella più totale disperazione.

← Lucas van Valckenborch, *Paesaggio invernale*, particolare, 1587 (Vienna, Kunsthistorisches Museum).

DOCUMENTI

La carestia del 1629 nel territorio di Bergamo

Il medico Marcantonio Benaglio lasciò un impressionante quadro della terribile crisi alimentare del 1629. La carestia stremò la popolazione italiana, esponendola, ormai priva di difese, alle successive epidemie di peste.

Al principio di marzo crescendo la carestia vennero in questa città da tre mille poveri [circa 3000 poveri, *n.d.r.*], la maggior parte de quali neri, arsicci, estenuati, deboli e mal condizionati, davano evidente indizio della loro necessità… E questi poverelli che andavano vagando per la città, essendo distrutti dalla fame, deboli e mal condizionati, morivano di quando in quando per le strade, per le piazze e sotto il palazzo… Dovendosi dalli presenti successi [da ciò che è capitato ai giorni nostri, *n.d.r.*] cavar quell'avvertimento per sapere come governarsi nell'avvenire, si fa memoria che bisognerebbe soccorrere i poveri dei villaggi mandando loro grosse e sufficienti elemosine, vietando poi loro rigorosamente l'ingresso nella città con metter guardie alle porte e facendoli uscire quando fossero entrati. Perché in questo modo facendo si guadagnerà la preservazione della patria dalli soprastanti mali contagiosi, maligni ed epidemici e si schiverà il tedio e cruccio insopportabile, l'orror e spavento che porta seco una turba rabbiosa di gente mezzo morta che assedia ognuno per le strade, per le piazze, per le chiese, e alle porte delle case, cosicché non si può vivere con un puzzore che ammorba, con continui spettacoli di moribondi e morti, e soprattutto tanto rabbiosi che non si ponno [non si possono, *n.d.r.*] distaccar da dosso senza fargli elemosina, e chi ne fa ad uno ne corrono cento; e chi non l'ha provato non lo crede.

C.M. CIPOLLA, *Contro un nemico invisibile. Epidemie e strutture sanitarie nell'Italia del Rinascimento*, il Mulino, Bologna 1995, p. 45

ANALIZZA IL TESTO

→ Rendi in italiano moderno i seguenti aggettivi: «neri», «arsicci», «estenuati», «mal condizionati».
→ Quali provvedimenti, in futuro, avrebbero dovuto prendere le magistrature verso i poveri che entravano in città?

UN MONDO LONTANO, DIVERSO DAL NOSTRO

I problemi dell'inverno

Difendersi dal freddo

1 Il riscaldamento delle case: un'operazione non facile

Se vivessimo in una qualsiasi casa del Seicento (in un palazzo di ricchi, o in uno scantinato di poveri: poco importa) il primo dato che ci colpirebbe sarebbe probabilmente, in inverno, l'intensità del freddo. Sappiamo che, nel 1695, **l'acqua e il vino gelavano nei bicchieri** anche alla tavola personale del re di Francia, a Versailles. A quest'epoca, da tempo, le **case dei ricchi** erano già **dotate di vetri**, mentre le **abitazioni dei poveri** in molti casi **ne erano prive**: nei quartieri più bassi, ci si doveva accontentare di carta oleata o di *impannate* fatte di tessuto. A Parigi, verso la fine del secolo XVII, c'erano in media **due caminetti per ogni casa** (il che vuol dire, in genere, uno ogni due stanze); e non erano rare le case in cui, per 20 stanze, esistevano solo 4 camini. Nei palazzi signorili, le stanze dei domestici ne erano quasi sempre prive. Forse, il caminetto a parete fu un'invenzione italiana; comunque, le prime notizie provengono da Venezia, intorno al 1227. Solo a partire dal 1720 il numero dei caminetti iniziò, gradualmente, ad aumentare; e finalmente, tra il 1760 e il 1770, cominciarono a diffondersi le **stufe**, che da molte persone non furono inizialmente ben accolte (anche se permettevano di sfruttare il calore meglio dei caminetti, i quali disperdevano due terzi del calore nella cappa!), perché il loro fuoco è nascosto, e quindi non illumina.

La qualità del riscaldamento era poi complicata dal problema dell'approvvigionamento e del rifornimento del materiale combustibile; nelle città, si faceva uso di grandi quantità di legna, in quanto – fin dal Seicento – ci si lamentava del fatto che il fumo del **carbon fossile** ammorbava l'aria. In Inghilterra, però, la progressiva contrazione delle foreste provocò un continuo aumento del prezzo della legna, che rincarò di tre volte tra la fine del Cinquecento e l'inizio dell'Ottocento. Di conseguenza, il carbone rimpiazzò un po' ovunque, in Gran Bretagna, la legna come combustibile fondamentale.

↓ Adriaen van Ostade, *Contadini in un interno*, 1661 (Amdsterdam, Rijksmuseum).

2 I pericoli dei fuochi domestici

Di notte, poiché la temperatura scendeva ulteriormente, nelle campagne era prassi normale **passare varie ore nelle stalle**, riscaldate dalla presenza degli animali. Chi poteva permetterselo faceva uso di **piccoli bracieri scaldaletto**, che venivano introdotti tra le lenzuola un po' di tempo prima di coricarsi e che in varie regioni d'Italia, maliziosamente, fino agli anni Sessanta del Novecento erano denominati *preti*. Era prassi molto comune, **di notte**, indossare un **berretto di lana**, che proteggesse dal freddo: vedere un personaggio vestito in tal modo, in una commedia di Molière o di Goldoni, a noi suscita il riso; in realtà, nel Seicento e nel Settecento, tutti avrebbero capito che quel copricapo (per noi, buffo, perché quasi nessuno, oggi, nelle nostre case riscaldate, ne ha bisogno) era dettato non dal carattere eccentrico del personaggio, ma dalla necessità di affrontare il freddo notturno di case in cui **lasciare acceso e incustodito il fuoco** (quando c'era) era estremamente **pericoloso**. Non a caso, per cucinare, molte case erano dotate di **forni esterni** rispetto all'abitazione vera e propria. Accendere il fuoco, però, non era semplice come al giorno d'oggi, per lo meno fino alla **comparsa dei primi fiammiferi, intorno al 1530**; e anche allora, le cose erano un po' complicate, perché si trattava di semplici bastoncini, immersi nella cera (facilmente infiammabili, ma ancora privi della capocchia di zolfo che ci è familiare). Quindi, occorreva sbattere con forza della selce su un pezzo di acciaio per produrre una scintilla; se questa incendiava il primitivo fiammifero che abbiamo appena menzionato, si poteva sperare di accendere il combustibile. **Compito delicato e frustrante, la mansione di accendere il fuoco di prima mattina era tipica dei servi e delle donne.**

↑ Nel 1666 Londra fu devastata da un enorme incendio, che venne spento solo alcuni giorni dopo il suo inizio e distrusse moltissimi edifici. Pare che l'incendio sia cominciato durante la notte, nella bottega di un fornaio, che aveva dimenticato di spegnere il fuoco, e dalla sua abitazione si sia poi propagato nel resto della città (litografia di fine Seicento).

← Francesco Londonio, *Famiglia contadina*, XVIII secolo (San Pietroburgo, Hermitage Museum).

1.2 Una nuova mentalità contro la peste

Video

La rivoluzione scientifica

Galileo. Il processo alla rivoluzione scientifica

Nel Seicento, la peste tornò a essere una presenza costante in Europa. Oltre alle carestie e alle frequenti guerre, quindi, anche questa malattia fu una delle più diffuse cause di mortalità. Ma occorre segnalare che si andava diffondendo una mentalità nuova rispetto al passato, un nuovo modo di guardare alla realtà naturale, basato sull'osservazione e sulla sperimentazione: stava nascendo la **scienza moderna**. Pertanto, nel campo della medicina e in quello delle misure contro la peste, si trovano non pochi paralleli con la nuova mentalità scientifica.

Nel Seicento, il quadro delle epidemie appare ancora tragico: nella sola Londra, ad esempio, sono registrati più di 156 000 decessi a causa della **peste** negli anni compresi tra il 1593 e il 1665. Nonostante ciò, **tre secoli di convivenza con questo morbo non erano passati invano**. Certo, incontriamo ancora comportamenti isterici di massa e disperata ricerca di *capri espiatori* (si pensi ai processi che vennero intentati a Milano, nel 1630, contro i presunti **untori**, che avrebbero sparso la peste in modo magico e soprannaturale). Inoltre, non era estinta la credenza che la peste fosse il giudizio di Dio sull'umanità peccatrice: un'opinione che spingeva all'accettazione rassegnata e fatalistica della situazione e rendeva superflua ogni misura precauzionale diversa dal miglioramento della moralità pubblica.

Tuttavia, nel Seicento, gli uomini e le società cominciarono ad assumere **verso il morbo un atteggiamento nuovo**; alcuni medici, ad esempio, ipotizzarono che alla base dell'esplosione di un'e-

LE PAROLE

Untori

In Savoia e in Germania, nel 1347, la collera popolare si era rovesciata contro gli ebrei, accusati di aver avvelenato i pozzi e di aver propagato la peste. Nel Cinquecento e nel Seicento, a Ginevra e a Milano si verificò un fenomeno simile, sia pure privo di risvolti antisemiti. Alcuni individui, mentre infuriava la peste, vennero accusati di aver sparso il contagio per mezzo di unguenti magici e diabolici. Il caso milanese (1630) è stato ampiamente illustrato dal Manzoni, che ha ricostruito i processi a Guglielmo Piazza e Gian Giacomo Mora, accusati di aver volutamente diffuso la peste. Sul luogo in cui sorgeva la bottega di quest'ultimo (edificio che venne raso al suolo per ordine delle autorità) fu collocata una colonna da chiamarsi *infame*. «Lontani da qui, lontani dunque, – concludeva l'iscrizione posta sulla colonna stessa – o buoni cittadini, perché questo infelice e infame suolo non vi contamini».

→ Esecuzione, a Milano nel 1630, di Gian Giacomo Mora e di Guglielmo Piazza, accusati di essere untori, cioè di avere lasciato tracce di unguento pestifero sui muri di alcune case cittadine provocando la morte degli abitanti. I due uomini furono torturati, fino alla loro confessione. Sul luogo dove sorgeva la bottega di Mora, poi abbattuta, sorse la "Colonna infame" qui raffigurata a lato, a perenne condanna degli untori giustiziati.

Monografia
Galileo e la nuova mentalità scientifica

pidemia ci fossero i cosiddetti *miasmi*, cioè una specie di *corruzione dell'aria*. Ai nostri occhi, una simile spiegazione può apparire ridicola; eppure a Firenze, nel 1621, proprio questa convinzione spinse le autorità a emanare i primi provvedimenti finalizzati a migliorare le condizioni igieniche della città.

L'episodio appena citato è importante in quanto permette di capire fino a qual punto ci si rendesse conto del fatto che l'unica vera difesa che poteva essere opposta al morbo era la **prevenzione**.

CLIL

Daniel Defoe, *A Journal of the Plague Year*

Audiolettura

Daniel Defoe (1659-1731) was an English trader, a very prolific writer, a journalist, and a pamphleteer, who gained fame for his novel *Robinson Crusoe* (1719). Defoe was an outsider, a Dissenter and a suspected government spy but he aspired to be a gentleman and changed his name from Foe to Defoe. *A Journal of the Plague Year*, first published in March 1722, is a semi-fictional account of one Londoner's experiences in 1665, the year in which the Great Plague struck London. It is roughly chronological, and probably based on the journals of Defoe's uncle, Henry Foe. The narrator chose not to flee the city and so he viewed first-hand the terrible effects of the plague.

But I must go back again to the beginning of this surprising time. While the fears of the people were young, they were increased strangely by several odd accidents which, put altogether, it was really a wonder the whole body of the people did not rise as one man and abandon their dwellings, leaving the place as a space of ground designed by Heaven for an Akeldama, doomed to be destroyed from the face of the earth, and that all that would be found in it would perish with it. I shall name but a few of these things; but sure they were so many, and so many wizards and cunning people propagating them, that I have often wondered there was any (women especially) left behind. [...]

In the first place, a blazing star or comet appeared for several months before the plague, as there did the year after another, a little before the fire. The old women and the phlegmatic hypochondriac part of the other sex, whom I could almost call old women too, remarked (especially afterward, though not till both those judgements were over) that those two comets passed directly over the city, and that so very near the houses that it was plain they imported something peculiar to the city alone; that the comet before the pestilence was of a faint, dull, languid colour, and its motion very heavy, Solemn, and slow; but that the comet before the fire was bright and sparkling, or, as others said, flaming, and its motion swift and furious; and that, accordingly, one foretold a heavy judgement, slow but severe, terrible and frightful, as was the plague; but the other foretold a stroke, sudden, swift, and fiery as the conflagration. Nay, so particular some people were, that as they looked upon that comet preceding the fire, they fancied that they not only saw it pass swiftly and fiercely, and could perceive the motion with their eye, but even they heard it; that it made a rushing, mighty noise, fierce and terrible, though at a distance, and but just perceivable. [...]

Nay, some were so enthusiastically bold as to run about the streets with their oral predictions, pretending they were sent to preach to the city; and one in particular, who, like Jonah to Nineveh, cried in the streets, "Yet forty days, and London shall be destroyed." I will not be positive whether he said yet forty days or yet a few days. Another ran about naked, except a pair of drawers about his waist, crying day and night, like a man that Josephus mentions, who cried, "Woe to Jerusalem!" a little before the destruction of that city. So this poor naked creature cried, "Oh, the great and the dreadful God!" and said no more, but repeated those words continually, with a voice and countenance full of horror, a swift pace; and nobody could ever find him to stop or rest, or take any sustenance, at least that ever I could hear of. I met this poor creature several times in the streets, and would have spoken to him, but he would not enter into speech with me or any one else, but held on his dismal cries continually. [...]

answer the following questions

- → Which fire is announced by the second comet?
- → Defoe writes his *Journal* fifty years after the plague and he is not a direct witness of the event. How does he achieve such a great effect of verisimilitude?

zoom

La rivoluzione scientifica

La teoria eliocentrica e Galileo Galilei

Per secoli la concezione astronomica tradizionale (la **teoria geocentrica**, da *Gea* che in greco è il nome con cui si indica la Terra) affermava che la Terra si trovava immobile al centro dell'universo, mentre intorno a essa ruotavano il sole, la luna, le stelle e i pianeti. Questa teoria sembrava trovare fondamento nella Bibbia ed era perciò difesa dalle autorità ecclesiastiche.

A partire, però, dalla seconda metà del XVI secolo, si era diffusa una nuova teoria astronomica, elaborata dallo scienziato polacco **Niccolò Copernico** (1473-1543). Secondo questa concezione, la Terra non era affatto il centro del cosmo, bensì un pianeta che ruotava intorno al sole: la teoria venne perciò detta **eliocentrica** (*Helios* in greco è il nome con cui si indica il sole). La nuova teoria però non ebbe grande diffusione.

All'inizio del Seicento, il matematico pisano **Galileo Galilei** (1564-1642) entrò in possesso di un cannocchiale, lo perfezionò e lo trasformò in uno strumento di osservazione scientifica; ciò gli permise di verificare la validità della tesi copernicana. Nel 1610 pubblicò il *Sidereus Nuncius* (scritto in latino, per i dotti), un'opera in cui difese le idee dello scienziato polacco: cercò, al contempo, di non essere ostile alla Chiesa, sostenendo che era possibile **conciliare le proprie scoperte scientifiche con le affermazioni bibliche**, perché la Bibbia non voleva essere in alcun modo un rigoroso trattato scientifico.

Nel 1616, però, la Chiesa **condannò il copernicanesimo**, e a Galileo fu intimato di non divulgare più la teoria eliocentrica. Galileo obbedì. Ma nel 1632 pubblicò la sua opera principale, intitolata *Dialogo sopra i due massimi sistemi del mondo, tolemaico e copernicano*, un testo volutamente divulgativo, e quindi scritto in volgare e non in latino: in quest'opera Galileo affermava che il modello astronomico di Copernico era molto più razionale e convincente di quello geocentrico.

↑ Justus Sustermans, *Ritratto di Galileo Galilei*, 1639 circa (Londra, National Maritime Museum).

Il testo fu sequestrato per ordine del Sant'Uffizio e Galileo fu processato a Roma (1633): costretto ad abiurare (cioè a rinunciare) al copernicanesimo, venne condannato agli arresti domiciliari nella villa di Arceri, presso Firenze. Qui continuò a studiare fino alla sua morte, avvenuta nel 1642.

Il metodo di Galileo e la rivoluzione scientifica

La grandezza di Galileo non sta, però, solo nell'aver capito la validità della teoria copernicana, ma nell'aver dato alla scienza un **nuovo metodo**.

Il metodo galileiano funziona in questo modo:

- il primo passo è rappresentato dall'**analisi diretta del fenomeno naturale** che si vuole studiare;
- segue la formulazione di un'ipotesi;
- poi si provvede alla verifica sperimentale dell'ipotesi stessa, attraverso calcoli e misurazioni;
- infine, lo scienziato esporrà quanto ha scoperto (con un linguaggio il più rigoroso possibile).

Galileo fu sicuramente il padre della scienza moderna: dopo di lui la natura venne vista come un insieme di fenomeni da osservare e da studiare per capirne meglio le leggi e il funzionamento. Questo nuovo metodo favorì una vera e propria rivoluzione scientifica: applicando il metodo galileiano, tra il Seicento e il Settecento furono fatte importanti scoperte dal punto di vista scientifico:

- lo scienziato inglese **Isaac Newton** (1642-1727) scoprì la **legge di gravitazione universale**, ancora oggi uno dei fondamenti della fisica;
- il medico inglese **William Harvey** (1578-1657) scoprì la circolazione del sangue;
- l'astronomo tedesco **Giovanni Keplero** (1571-1630) scoprì le leggi che regolano il movimento dei pianeti;
- il naturalista olandese **Antoni van Leeuwenhoek** (1632-1723) scoprì, grazie all'aiuto di un nuovo strumento, il microscopio (poi perfezionato dal medico italiano **Marcello Malpighi**), che esistono realtà invisibili a occhio nudo come i globuli rossi nel sangue, i batteri e i protozoi.

Certamente nella rivoluzione scientifica occupano un ruolo di prim'ordine anche il filosofo inglese Francis Bacon (italianizzato in **Francesco Bacone**, 1561-1626) e il filosofo e matematico francese **René Descartes** (italianizzato in Renato Cartesio, 1596-1650), accomunati a Galileo dalla ricerca di un metodo scientifico oggettivo e quantificabile, basato sul rigore, sulla raccolta dei dati e sulla precisa formulazione delle conclusioni.

1.3 La razionalità contro il contagio: gli ufficiali di Sanità

> "Manager", non medici

Negli Stati italiani del Seicento, il compito di prevenire la peste era affidato a organismi appositi, detti magistrature di Sanità. Gli **ufficiali di Sanità**, cioè coloro che lavoravano per tali magistrature, provenivano per lo più dall'aristocrazia locale e ricevevano l'incarico direttamente dalle più alte autorità statali (ad esempio, a Venezia era il Senato a designarli), senza possibilità di rifiutarsi. In genere, gli ufficiali di Sanità non avevano preparazione medica: del resto **la loro attività** – per la quale non ricevevano compenso – era **prevalentemente** di tipo **logistico e organizzativo**. Il loro compito primario era di mantenersi informati sulle varie località che di volta in volta erano colpite dalla peste, in modo da vietare categoricamente l'ingresso entro i confini dello Stato a persone, navi o merci provenienti da ogni territorio sospetto di possibile contagio.

> Il ruolo dell'informazione

> Livorno

Il caso meglio studiato riguarda il porto di Livorno, che a partire dal 1590 divenne il centro di un intensissimo traffico di merci, proveniente dal Nord Europa. Le navi inglesi, infatti, portavano nella città toscana panni di lana, pesce e carne salata, oltre a pepe e altre spezie di origine orientale. I documenti ci raccontano numerose vicende di contrasti tra gli ufficiali sanitari livornesi e i marinai inglesi, che consideravano i **severi controlli delle autorità toscane** solo un'inutile perdita di tempo e di denaro, dal momento che l'Inghilterra e il resto dei Paesi nordici non possedevano nulla di

↑ Carlo Coppola, *Piazza del Mercato a Napoli durante la peste del 1656* (Napoli, Museo di San Martino). Il luogo cittadino del mercato appare trasformato: affollato di morti, trascinati via per una sepoltura sommaria, e popolato di gente spaventata, che invoca la misericordia divina.

> **Quarantena e controlli**

simile al sistema sanitario funzionante in Italia. Malgrado le proteste dei capitani e delle autorità di Londra, gli ufficiali sanitari furono sempre inflessibili: nessuna nave poteva entrare nel porto senza aver effettuato un lungo periodo di quarantena al largo e (in certi casi ritenuti particolarmente rischiosi) senza che le merci fossero state a lungo esposte, sul ponte, al sole e all'aria, considerati capaci di *purgare* (cioè purificare, disinfettare) le merci stesse, da ogni fattore di contagio.

I controlli alle frontiere (particolarmente rigidi negli anni 1665-1667, gli anni della *peste di Londra*) si proponevano come un vero e proprio *cordone sanitario*, finalizzato a **tener la peste fuori dai confini del proprio Stato** e, più in generale, dell'Italia. Malgrado questi sforzi, poteva comunque accadere che un villaggio del contado o un quartiere della capitale fossero colpiti dall'epidemia. Il compito dei magistrati consisteva allora nel predisporre tutte le misure capaci di impedire che, da quel luogo, qualcuno potesse uscire. Infine, nel caso d'una epidemia generalizzata, la magistratura di Sanità provvedeva alla gestione dei **lazzaretti** (luoghi in cui si rinchiudevano i malati), al sostentamento di chi, avendo un familiare malato, veniva sigillato in casa, alla distruzione di tutti i beni appartenuti a un defunto appestato e alla sepoltura dei

> **Assistenza ai malati**

SGUARDO D'INSIEME

Trecento e Seicento: due crisi a confronto

■ Nella liturgia cattolica, i fedeli pregavano Dio di liberarli dalla fame, dalla peste e dalla guerra. Il Seicento sperimentò in tutta la loro violenza questi tre flagelli. Anzi, nel secolo XVII, la guerra assunse una dimensione nuova, molto più distruttiva che in passato. Secondo lo storico italiano Franco Cardini, nel Seicento si verificò un vero e proprio «ridursi di spazi impermeabili alla guerra. Essa era dappertutto. Fino ad allora, durante i conflitti si era potuto continuare in un modo o nell'altro a condurre una serie di altre attività: ora, si può dire che all'orizzonte di un mondo in guerra non vi fosse altro che guerra; si aveva cioè l'impressione di vivere in una belligeranza assoluta, oltre la quale nient'altro esistesse».

■ Rispetto alle epoche precedenti, la guerra assunse con più decisione quei caratteri di totalità che sarebbero diventati tipici dei conflitti moderni. Da un lato, cessò ogni differenza fra combattenti e civili, in quanto tutti subirono allo stesso modo le conseguenze della guerra. Per i contadini, il passaggio di un esercito era una catastrofe peggiore di un pessimo raccolto; spesso, i soldati saccheggiavano tutto ciò che trovavano sul loro passaggio. Oppure, spostandosi da una località all'altra in tempi relativamente rapidi, erano il veicolo principale per la propagazione delle epidemie e delle malattie, prima fra tutte la peste. Il risultato di tutto ciò fu che, in alcune regioni d'Europa particolarmente colpite dalla triade guerra-carestia-peste la popolazione subì dei tracolli disastrosi. Intorno al 1620, la Germania contava tra i 15 e i 20 milioni di abitanti; ma a seguito della guerra dei Trent'anni, tra il 1618 e il 1648 le regioni tedesche persero un terzo della propria popolazione urbana e circa il 40 per cento di quella rurale. Per certe regioni, come la Svevia, il Palatinato e la Pomerania, è possibile ipotizzare la perdita del 60-70% della popolazione globale, anche se, in una simile emorragia, il numero dei profughi fuggiti per evitare la guerra e quello dei morti a causa dei saccheggi e delle epidemie è difficilmente determinabile. Analogamente, alcune città della Boemia videro la propria popolazione diminuire dell'80%, mentre la regione – oggi francese– della Franca Contea (devastata più volte fra il 1635 e il 1644) perse dal 50 al 75 per cento dei propri abitanti.

■ Di fronte a questi dati, viene istintivo pensare al Trecento e istituire un confronto tra la crisi del XIV secolo e quella del Seicento. Senza dubbio, dei paralleli sono legittimi: in entrambi i casi, siamo di fronte a una strozzatura nel rapporto fra risorse e aspiranti consumatori, aggravata da un peggioramento del clima, che vide – sia nel Trecento sia nel Seicento – un netto ribasso termico e aprì la porta al dilagare delle epidemie. Eppure, malgrado questi indiscutibili punti in comune, i due periodi non possono assolutamente essere considerati identici. In effetti, a causa della peste nera del 1347-1350, la popolazione europea diminuì drasticamente e contemporaneamente in tutto il Vecchio Mondo. Nel Seicento, invece, siamo di fronte a crisi localizzate, gravissime sul piano regionale, ma tutto sommato incapaci di far regredire davvero la popolazione al livello dei secoli passati. In altre parole, mentre nel Trecento la popolazione europea si ridusse di circa un terzo, nel XVII secolo entrò in una fase di stagnazione, cioè non trovò più la forza di progredire ulteriormente. Il caso delle regioni tedesche, per quanto drammatico, non è affatto rappresentativo del secolo nel suo complesso, che nel resto d'Europa non conobbe un tracollo demografico paragonabile a quello degli anni 1347-1350.

cadaveri in terra consacrata. A fronte di tanti casi di autorità cittadine che persero completamente il controllo della situazione in tempo di epidemia, o addirittura fuggirono lasciando le città nel caos più completo, gli esempi citati da Carlo Maria Cipolla nella **Toscana del primo Seicento** mostrano un coraggioso sforzo di arginare, con armi irrisorie, ma **con razionalità** e determinazione, il terribile avversario biologico con cui i magistrati dovevano rapportarsi.

In particolare, merita ricordare che, tra le varie misure prese dai magistrati toscani, vi fu pure quella di limitare il più possibile gli assembramenti, compresi quelli dettati da finalità religiose. Le **processioni**, in tempo di peste, erano la forma più diffusa di preghiera collettiva, **per invocare la misericordia divina**; si era notato, però, che dopo ognuna di esse il numero degli ammalati aumentava. Così, malgrado le proteste ecclesiastiche, si cercò di vietare queste forme aggreganti di religiosità.

← Incisione del XVII secolo che raffigura un medico con indosso maschera e guanti per evitare il contagio durante una visita agli appestati.

Due crisi a confronto

Schema proiettabile

CRISI DEL TRECENTO | **CRISI DEL SEICENTO**

ELEMENTI DI SOMIGLIANZA

- Ribasso termico
- Carestie: la crescita delle risorse non tenne il ritmo dell'incremento demografico

CRISI DEL TRECENTO – ELEMENTI DI DIVERSITÀ	CRISI DEL SEICENTO – ELEMENTI DI DIVERSITÀ
La popolazione europea, in pochi anni, subì un drastico crollo	Tranne che in Germania, non si verificò un crollo verticale della popolazione
La peste venne spiegata e affrontata solo facendo ricorso a forze soprannaturali	La peste venne affrontata facendo ricorso anche a provvedimenti dettati dalla sensata esperienza
La crisi economica investì l'intera Europa	L'Olanda non venne toccata dalla crisi e anzi raggiunse il massimo della propria potenza commerciale

Gli ufficiali di Sanità toscani nel Seicento

Schema proiettabile

ATTIVITÀ FINALIZZATE ALLA PREVENZIONE	INTERVENTI IN CASO DI EPIDEMIA IN TOSCANA
Informazione sugli spostamenti del morbo e sulle epidemie attive in Europa	Isolamento dei villaggi e delle case colpite dal morbo e organizzazione dei lazzaretti
Divieto di ingresso ai viaggiatori provenienti da zone pericolose	Distruzione mediante il fuoco degli effetti personali dei morti
Quarantena e isolamento per gli stranieri insospettabili	Divieto di ogni forma di assembramento, comprese le processioni

> **Un mutamento di mentalità**

Siamo di fronte, senza dubbio, a una **svolta culturale** di importanza decisiva; a fianco di una mentalità basata sulla convinzione che agenti e potenze soprannaturali fossero perennemente in azione nel mondo, si faceva lentamente strada una *logica nuova* che, basata solo sul buon senso e sull'esperienza, cercava di affrontare i fenomeni mediante l'individuazione di una **serie di nessi causali, tutti mondani e naturali**, privi di rimandi ultraterreni. Nel caso della peste, la conoscenza di quei nessi era ancora molto lontana dall'essere perfetta. Resta il fatto che siamo in presenza di un vero salto qualitativo, di un mutamento fondamentale nella storia della mentalità occidentale.

→ Domenico Fiasella, *La peste di Genova*, metà del XVII secolo (Santa Margherita Ligure, Convento dei frati cappuccini). Il morbo colpì Genova negli anni 1656-1658.

Lo scandalo dei materassi per i poveri, a Firenze, nel 1630

Partiamo dalla fonte

Lo storico italiano Carlo Maria Cipolla, studiando in maniera molto approfondita gli archivi di Firenze e di Prato, si è imbattuto in numerose vicende particolari, relative alle modalità con cui il granducato di Toscana cercò di prevenire e di affrontare le epidemie di peste. Si trattava di «una battaglia disperata, che un manipolo di uomini abnegati combatterono in condizioni impossibili contro un nemico temutissimo e invisibile». A volte, gli sforzi dei magistrati che si occupavano, a Firenze, della salute pubblica (funzionari denominati *ufficiali di Sanità*) erano complicati e vanificati dall'**opposizione del clero** (che, ad esempio, si rifiutava di consegnare gli edifici di cui disponeva, per adibirli a ospizi, ospedali e lazzaretti); in altri casi, le **difficoltà** venivano **dalla popolazione**, che non capiva la necessità dei provvedimenti restrittivi che le venivano imposti. Nel caso che vogliamo qui presentare, invece, siamo di fronte a una squallida vicenda di **corruzione** e di tangenti, molto simile ad alcune vicende di cronaca denunciate dalla stampa dei giorni nostri.

Ricostruiamo il caso

Nell'estate del 1630, la peste aveva già colpito la Lombardia (si pensi ai *Promessi sposi*, la cui vicenda è ambientata proprio in questi anni) e l'Emilia, ma non era ancora arrivata a Firenze. I funzionari toscani che tentavano di prevenire l'epidemia si erano convinti del fatto che un **miglioramento delle condizioni igieniche** in cui vivevano i cittadini più poveri della città di Firenze sarebbe servito, forse, a impedire la «corruzione dell'aria» che, secondo le cognizioni mediche del tempo, determinava la peste. Pertanto, venne organizzata una vasta ispezione dei quartieri più degradati della città, che scoprì situazioni orrende: case piene di immondizia, pozzi neri stracolmi e, soprattutto, pagliericci sudici. Questi ultimi furono immediatamente bruciati a centinaia; dopo di che, gli ufficiali di Sanità si incaricarono di fornire gratuitamente alle famiglie più poveri materassi nuovi e puliti.

↑ Gaetano Giulio Zumbo, *La peste*, opera in cera, fine del XVII secolo (Firenze, Museo della Specola).

Organizziamo le informazioni fondamentali

A questo punto, iniziò lo scandalo. Infatti, l'incarico venne assegnato a tal Piero Parisi, che dimostrò di essere un imbroglione di livello eccezionale, in quanto assegnò la **fabbricazione di più di mille materassi** a varie botteghe di Firenze, ma si accordò con gli artigiani affinché fornissero merce di **pessima qualità**, spacciandola per prodotti di prima scelta e facendoseli pagare per tali; ovviamente, il Parisi riceveva la sua parte: una vera e propria **tangente**.
In teoria, i materassi che dovevano essere forniti alla magistratura di Sanità avrebbero dovuto contenere 15 libbre di lana; nella realtà, ne contenevano da 3 a 7 (al massimo). Per di più, si trattava di lana di pessima qualità, presa da animali morti e non da pecore vive: per compiere un'operazione di quel genere, cioè per staccare il pelo dall'animale senza vita, era necessario ricorrere alla calce, che poi veniva lasciata insieme alla lana, cioè era spacciata per lana. Ben presto, lo scandalo esplose in tutta la sua gravità. Parisi venne arrestato insieme a Domenico Bianchi (la cui bottega aveva contraffatto ben 754 materassi); al primo furono assegnati due anni di carcere, mentre il Bianchi dovette pagare una multa di 500 scudi. Poco dopo, però, Parisi ottenne di scambiare la pena detentiva con un'ammenda di 50 scudi. E poiché aveva una famiglia numerosa (nove figli), il granduca gli concesse di «poter pagare detto denaro in termine di due anni ogni tre mesi la sua rata».

1.4 La mortalità infantile e la speranza di vita nel Seicento

A partire dalla fine del Cinquecento, lo storico che voglia studiare il sistema demografico europeo ha a propria disposizione una nuova preziosissima fonte. Infatti, tra le direttive imposte ai parroci sia dalla Riforma protestante sia dalla Controriforma cattolica, ci fu quella di redigere i **registri parrocchiali**, vale a dire dei libri in cui venivano annotate le tappe fondamentali della vita cristiana (battesimo, matrimonio, morte).

> **Paura del limbo**

Nel limite del possibile, il **battesimo** era celebrato il giorno stesso della nascita, o al massimo il giorno seguente; i cattolici, infatti, credevano che il neonato morto senza battesimo sarebbe finito nel limbo, un luogo dai contorni indeterminati in cui non c'era sofferenza, ma neppure beatitudine eterna. Il momento della nascita, dunque, era un momento estremamente delicato, che esigeva la massima celerità, da parte dei parenti del neonato, nel procedere all'amministrazione del sacramento capace di cancellare il peccato originale e di far accedere il piccolo al paradiso.

Ovviamente, questa rapidità d'intervento non sempre era sufficiente a evitare il peggio, considerato l'altissimo tasso di mortalità dei bambini, dei neonati e delle donne che partorivano. Pertanto **nacquero diversi santuari**, in genere dedicati alla Madonna, nei quali i genitori portavano i bambini appena deceduti per chiedere alla madre di Cristo il miracolo di una temporanea resurrezione (che si manifestava con un piccolo movimento, un minimo gesto o uno spostamento...), in modo che fosse possibile amministrare il sacramento del battesimo e consentire l'accesso al paradiso.

Nello storico e nell'uomo moderno, l'esistenza stessa di questi santuari desta un senso di profonda pietà: quei riti sono il segno del **senso di angoscia** che molti genitori dovevano provare per il malinconico futuro eterno che, secondo l'opinione corrente, attendeva i piccoli deceduti senza sacramento. Nello stesso tempo, quelle pratiche sono testimonianza dell'**elevatissimo numero di bambini morti nei giorni immediatamente seguenti la nascita**, decessi dei quali – fino al Settecento inoltrato – la maggior parte dei registri parrocchiali non ha mantenuto traccia, visto che la sepoltura avveniva in terra non consacrata.

L'analisi dei registri parrocchiali diventa significativa solo per conoscere il destino di coloro che sopravvivevano ai primi giorni; ma da essa emerge di nuovo, senza ombra di dubbio, che **erano i bambini, nei secoli passati, i più esposti al rischio della morte**. «Nell'Europa della prima età moderna era quasi normale che il 20-25 per cento dei nati vivi non arrivassero a compiere un anno di età: in Inghilterra la media era di un decesso ogni cinque nati, in Francia di uno su quattro. Anche la sopravvivenza oltre la prima infanzia continuava ad essere estremamente precaria. In Inghilterra, meno dei due terzi dei nati sopravvivevano fino ai dieci anni, e nella Francia settentrionale questo rapporto si riduceva alla metà. Ciò significava che all'incirca **un bambino su due moriva prima dei dieci anni**, e che erano necessari due nati vivi per arrivare a un adulto» (H. Kamen).

Nell'ultimo decennio del secolo XVII, dopo una serie di conteggi molto accurati, tuttora utili per lo storico, l'inglese Grego-

← Due genitori pregano per la salute del proprio figlio, in un *ex voto* del XVII secolo.

La mortalità infantile nel Seicento

Schema proiettabile

INDICATORI DELLA GRAVITÀ DEL FENOMENO	CREDENZE E COMPORTAMENTI
Notizie fornite dai registri parrocchiali circa l'età del decesso dei fedeli	Assenza di registrazione dei neonati morti prima del battesimo, e loro sepoltura in terra non consacrata
Presenza di numerosi santuari del *momentaneo ritorno alla vita*	Angoscia di fronte al *limbo*, misterioso luogo destinato ai neonati morti senza battesimo

ry King ipotizzò che, nell'anno 1695, più del 45 per cento degli abitanti dell'Inghilterra e del Galles fossero bambini e ragazzi e che l'età media della popolazione fosse di 27 anni. Analogamente, un'indagine condotta su 3700 persone di ogni ceto sociale nate a Parigi alla fine del Seicento ha fornito una speranza di vita di 23 anni. **L'Europa del Seicento era formata da una popolazione sostanzialmente giovane**, all'interno della quale solo pochissimi fortunati superavano i sessant'anni. Per le donne, il periodo più rischioso era quello fra i 30 e i 39 anni. In questa fase, le donne erano sfibrate dalle ripetute maternità, e molte di esse morivano di parto; per gli uomini, invece, la soglia critica era quella compresa tra i 20 e i 29 anni, allorché si moltiplicavano le probabilità di morte violenta.

> **Elevata mortalità femminile**

1.5 Matrimoni tardivi per controllare le nascite

Per quanto riguarda i matrimoni, altro aspetto della vita sociale su cui i registri parrocchiali offrono notizie utili, possiamo mettere in luce due aspetti. Primo, era frequente risposarsi una o anche due volte. Le guerre e le malattie decimavano la popolazione, quindi **la morte di un coniuge era un fenomeno relativamente** frequente. Succedeva spesso che il nuovo matrimonio avvenisse in tempi rapidissimi; talvolta, addirittura, le trattative avvenivano durante il funerale stesso, che era un'occasione di incontro e di socializzazione. Il secondo aspetto su cui riceviamo notizia dai registri parrocchiali è il fatto che nelle campagne europee il primo matrimonio non avveniva, in genere, prima dei 25-30 anni. Secondo alcuni storici, siamo di fronte a una specie di **consapevole tentativo di impedire che l'incremento** demografico **superasse troppo rapidamente** la **crescita delle risorse**.

RIFERIMENTO STORIOGRAFICO 2
Giovani e matrimonio in Inghilterra
→ pag. 490

Per designare questo fenomeno, talvolta si parla di «matrimonio tardivo»; lo storico Jacques Dupaquier, dal canto suo, ha preferito usare l'espressione «celibato forzato temporaneo». In effetti, nelle campagne dei secoli passati, la comunità di villaggio esercitava un **controllo sociale fortissimo sul comportamento sessuale di tutti i suoi membri**, in un contesto in cui la *privacy* e la riservatezza erano praticamente inesistenti. Poiché l'esercizio della sessualità prima del matrimonio, dunque, era sporadico ed eccezionale, obbligare i giovani a sposarsi dopo i 25 anni significava **limitare notevolmente la capacità riproduttiva degli individui**. «Se è vero infatti che, una volta sposata, la donna partoriva in media un figlio ogni due anni, questa fecondità particolarmente intensa era però limitata dal fatto che essa iniziava solo dopo che erano passati almeno sette e talvolta dieci anni dall'età puberale» (E. Hinrichs).

> **Celibato forzato**

Guardiamo la storia
La contadina di Bruegel, una fonte visiva per la storia sociale

Malgrado questo meccanismo di vera e propria *regolamentazione sociale* delle nascite e l'elevatissima mortalità infantile, **la popolazione europea non cessò di crescere**, per tutto il Cinquecento e anche nel Seicento, nonostante guerre, carestie ed epidemie, né conobbe la decimazione che si era verificata in analoghe condizioni, in altre epoche storiche.

> **Strategie inefficaci**

1.6 Le nuove regole per l'assistenza ai poveri

Nel Seicento, quando la situazione demografica arrivò al limite, i poveri e i vagabondi erano in numero esorbitante, in tutte le regioni d'Europa. All'inizio del secolo, non a caso, giunse allora a piena maturazione un atteggiamento mentale radicalmente nuovo rispetto al passato e destinato a segnare profondamente il mondo moderno: la **condanna morale della povertà**, accompagnata dalla **repressione del vagabondaggio**.

Nel Medioevo, i poveri erano spesso presentati dai teologi e dai predicatori come le *membra sofferenti di Cristo*; prendendo le mosse dal passo evangelico nel quale il Signore glorioso, il giorno del giudizio, proclama che ogni gesto di bontà compiuto verso gli affamati o i bisognosi era come se fosse stato offerto direttamente a Lui, nel Medioevo l'elemosina nei confronti dei poveri era stata non solo approvata, ma considerata una delle più alte e meritorie opere che il buon cristiano potesse compiere. Analogamente era frequente incontrare, nelle città e nei villaggi dell'epoca medievale, ospizi che offrivano ospitalità ad ogni tipo di mendicanti, vagabondi e viaggiatori. In linea di massima, si potrebbe riassumere l'**atteggiamento medievale** verso i poveri nella seguente formula, che si incontra nella *regola* di san Benedetto: «Si ponga ogni attenzione nell'**accogliere bene i poveri e i pellegrini**, perché in loro soprattutto si riceve Gesù Cristo».

RIFERIMENTO STORIOGRAFICO 3
L'atteggiamento verso i poveri nell'età moderna
→ pag. 491

Anche nel Medioevo si incontrano eccezioni, cioè atteggiamenti che si discostano da questo indirizzo di fondo; tuttavia, la vera svolta culturale è rappresentata dalla pubblicazione, nel 1526, del libro di Juan Luis Vives *De subventione pauperum* (*Sull'assistenza ai poveri*). In questo testo, lo scrittore spagnolo metteva in dubbio che tutti i poveri fossero *membra di Cristo*, e quindi meritassero l'assistenza dei cristiani. A suo giudizio, era essenziale operare una netta separazione tra i veri bisognosi (inabili al lavoro e, quindi, incapaci di guadagnarsi da vivere) e gli altri, **pigri e imbroglioni**. Poiché una simile attenta operazione di vaglio e di controllo non era possibile ai privati, Vives propose di abolire l'accattonaggio e l'elemosina elargita individualmente, dal singolo cristiano. Di conseguenza, tutta l'assistenza doveva essere accentrata, cioè affidata alle autorità civili, le sole entità capaci di **censire i veri poveri** e di **punire gli altri** – gli oziosi incorreggibili – indirizzandoli al lavoro forzato.

↑ Bartolomeo Schedoni, *Studio per L'elemosina di Santa Elisabetta*, inizio del XVII secolo.

Il programma di Vives (caratterizzato da questi tre nuovi principi: **abolizione dell'accattonaggio, accentramento dell'assistenza, obbligo del lavoro per i poveri non invalidi**) dava coerenza e giustificazione teologica a quanto stavano compiendo, simultaneamente, numerose città in tutta l'Europa, sia cattolica sia protestante. Norimberga e Augusta diedero l'esempio: fin dal 1522, queste due città tedesche avevano registrato i propri poveri, provveduto ad assisterli regolarmente e, nel contempo, vietato la mendicità nelle strade. In Francia, il nuovo orientamento trovò la propria più coerente realizzazione a Lione, che essendo un grande centro per la produzione della seta attirava in continuazione persone bisognose di lavorare, salvo poi, in tempi di crisi, lasciarle sul lastrico, disoccupate e disperate. Dopo che, nel 1529, si era verificata una grande sommossa, provocata dal rialzo del prezzo dei grani, nel 1531 le autorità decisero di dar vita a un'*Elemosina generale*, un'istituzione incaricata di provvedere agli invalidi della città, creare posti di lavoro per i disoccupati, ma anche **cacciare dalla città i poveri forestieri** e sorvegliare che nessuno mendicasse per le strade; al posto dell'indiscriminata carità privata venne imposta una tassa, che ogni cittadino doveva versare e dalla quale i responsabili dell'*Elemosina generale* ricavavano i fondi per il loro intervento sociale.

1.7 La reclusione dei poveri

CITTADINANZA E COSTITUZIONE
La Costituzione come progetto
→ pagg. 462-463

Alla **fine del Cinquecento**, quando il crescente squilibrio fra incremento demografico e risorse economiche disponibili determinò un **continuo aumento del numero dei poveri**, al punto che il pauperismo divenne uno dei caratteri più tipici del XVII secolo, i provvedimenti che i vari Stati d'Europa adottarono per farvi fronte furono la prosecuzione delle strategie messe in opera nei decenni precedenti. In primo luogo, dunque, ci si preoccupò di **distinguere fra *veri* poveri e *cattivi* poveri, imbroglioni e furfanti** che – pur potendo lavorare – preferivano farsi mantenere dalla collettività. Costoro – si ribadì nel Seicento – non potevano essere considerati come l'incarnazione di Cristo bisognoso e sofferente, e quindi non dovevano essere aiutati dall'elemosina dei singoli cristiani.

> Regolamentazione della carità

In modo ancor più vigoroso che nel Cinquecento, le autorità si assunsero il compito di controllare strettamente la prassi caritativa, cioè le modalità di provvedere al sostentamento dei poveri. Nei Paesi cattolici e in quelli protestanti, **furono vietati il vagabondaggio e la mendicità**. Inoltre, si impose e si diffuse l'idea secondo cui l'ozio era «il padre di tutti i vizi», il peccato supremo che provocava tutti gli altri.

L'idea secondo cui un peccato aveva la preminenza su tutti gli altri (e, per così dire, li generava) non era nuova nella mentalità cristiana; tuttavia, mentre per l'epoca di Dante il peccato supremo era la cupidigia (come la superbia lo era stato per il monaco dell'Alto Medioevo), nel XVII secolo si pose **l'ozio alla base di tutta l'immoralità umana.** Solo se si tiene presente questa svolta nella mentalità religiosa si comprende il più caratteristico dei provvedimenti adottati nel Seicento, dalle autorità, nei confronti dei poveri: la creazione di appositi luoghi, destinati alla loro reclusione.

> L'Ospedale generale di Parigi

In **Francia**, essi furono denominati ***ospedali generali***; in realtà, si trattava di istituti che, ai nostri occhi, appaiono più simili alle prigioni o alle case di correzione, che ai luoghi di cura che noi, oggi, chiamiamo con il medesimo termine di *ospedali*. La prima casa di segregazione per poveri vide la luce a Lione, nel 1614; vi fece seguito, nel 1656, la creazione dell'Ospedale generale di Parigi. Mentre la casa di Lione era nata per iniziativa delle autorità locali, l'ospedale di Parigi fu istituito dal potere centrale e faceva parte di un più generale sforzo di imporre in tutto il regno la **reclusione dei poveri**: risultò ben presto evidente, infatti, che i poveri delle regioni in cui le autorità avevano adottato la reclusione scappavano verso quelle che non avevano ancora emanato provvedimenti di quel genere. Il processo toccò il proprio vertice, in Francia, nel 1662, allorché un editto reale ordinò che tutte «le città o grossi borghi» del Paese

→ L'interno di un ospedale nel Cinquecento, in un affresco di Andrea del Sarto (Firenze, Galleria dell'Accademia). A quell'epoca l'ospedale non era solo deputato alla cura dei malati, ma anche alla reclusione dei poveri e dei vagabondi.

DOCUMENTI La reclusione dei mendicanti di Parigi

L'Ospedale generale (Hôpital général) di Parigi venne istituito con l'editto reale del 27 aprile 1656, che qui è riportato in parte. «Si comunicò ufficialmente in tutte le parrocchie di Parigi – commentava un opuscolo anonimo del 1676 – che l'Hôpital général sarebbe stato aperto il 7 maggio 1657 per tutti i poveri che avessero voluto entrarvi spontaneamente, e i magistrati proibirono con grida ai mendicanti di chiedere l'elemosina in Parigi; mai ordine fu così bene eseguito».

Luigi, per grazia di Dio re di Francia e di Navarra, a tutti nel presente e nel futuro, salute. I re nostri predecessori nel corso dell'ultimo secolo hanno emesso numerose ordinanze di Polizia relative ai Poveri nella nostra buona città di Parigi e operato, sia col loro zelo sia con la loro autorità, per impedire la mendicità e l'ozio, sorgente di tutti i disordini. E per quanto i nostri sovrani organismi abbiano appoggiato con le loro cure l'esecuzione di quelle ordinanze, queste tuttavia si sono col tempo rivelate infruttuose e senza effetto, sia per la mancanza dei fondi necessari al sostegno di una così grande impresa, sia per l'allontanamento da una direzione ben stabilita e conforme alla qualità dell'opera. [...] Dimodoché il libertinaggio dei mendicanti è giunto all'eccesso a causa di uno sciagurato abbandono a tutti quei tipi di crimini che attirano la maledizione di Dio sugli Stati quando restano impuniti. Infatti l'esperienza ha fatto conoscere alle persone le quali si sono occupate di questa attività caritatevole che molti di costoro dell'uno e dell'altro sesso, e molti dei loro fanciulli, sono senza Battesimo e vivono quasi tutti nell'ignoranza della religione, nel disprezzo dei Sacramenti e nell'abitudine continua a ogni sorta di vizio. [...]

[Per questo] vogliamo e ordiniamo che i poveri mendicanti, validi e invalidi, dell'uno e dell'altro sesso, siano messi in un ospizio per essere impiegati nelle opere, manifatture e altri lavori, secondo le loro capacità [...]. Facciamo chiarissimo divieto e proibizione a tutte le persone di ogni sesso, luogo ed età, di qualunque origine e nascita, e in qualsiasi stato possano essere, validi o invalidi, malati o convalescenti, curabili o incurabili, di mendicare nelle città e nei sobborghi di Parigi, sia nelle chiese sia alle loro porte, come pure alle porte delle case e per le strade, né in nessun altro luogo pubblicamente o in segreto, di giorno o di notte, senza alcuna eccezione di feste solenni, patronali, giubilei, né di riunioni, fiere o mercati, né per qualunque altra causa o pretesto, sotto pena della fustigazione per coloro che contravvengono la prima volta, e di condanna ai remi per i recidivi, uomini e ragazzi, e di bando per le donne e le fanciulle.

Facciamo divieto e proibizione a tutte le persone di qualunque posizione o qualità siano di dare l'elemosina di propria mano ai mendicanti per le strade e i luoghi sopra menzionati, quale che sia il motivo di compassione, stringente necessità o qualunque altro pretesto, sotto pena di quattro parizi [monete coniate nella zecca di Parigi, *n.d.r.*] di ammenda da devolversi a profitto dell'Hôpital.

M. FOUCAULT, *Storia della follia nell'età classica*, Rizzoli, Milano 1990, pp. 609-612, trad. di F. FERRUCCI

← Dipinto di Johannes Lingelbach, del XVII secolo, che rappresenta una famiglia di poveri, tra cui un suonatore di violino.

ANALIZZA IL TESTO

→ Quale giudizio morale viene espresso sui poveri? Sottolinea le espressioni che ti sembrano più significative.

→ Quale "immagine di Dio" traspare dal testo?

→ Quali pene sono previste per coloro che non rispettano l'ordine del re?

dovevano dotarsi di strutture adeguate al fine di educare i poveri «alla devozione e religione cristiana e ai mestieri di cui sono capaci».

In Italia, adottarono provvedimenti simili sia il papato (nel 1693) sia la Savoia (nel 1717). In Inghilterra, a livello locale incontriamo case per i poveri già alla fine del Cinquecento; **Bristol** tuttavia, nel 1697, diede l'esempio di un nuovo tipo di istituzione, detta ***Workhouse***, la quale si caratterizzò, soprattutto, per l'elevato numero di poveri che poteva ospitare, e venne poi resa obbligatoria in tutte le città del regno da un editto del 1717.

> Sorvegliare, punire, rieducare

Quanto alle Province Unite, la sola **Amsterdam aveva almeno due luoghi di reclusione**, detti rispettivamente *Spinhuis* (Casa dove si fila) e *Rasphuis* (Casa della sega). Nel primo luogo, fin dal 1597 vennero ospitate prostitute, ladre, vagabonde e persino mogli che avevano dato scandalo con la loro cattiva condotta; mentre queste donne dovevano filare all'arcolaio o tessere al telaio, gli uomini – rinchiusi nel *Rasphuis* – a partire dal 1599 furono sottoposti al duro lavoro di *raspatura* con la sega del legno proveniente dal Brasile, con turni che potevano essere persino di 14 ore al giorno.

A proposito del *Rasphuis*, circolava una terribile diceria; si diceva, infatti, che quanti non volevano sottoporsi al lavoro venivano messi in un'apposita cella e che, poi, questa era invasa dall'acqua. Se voleva sopravvivere, il detenuto doveva attivare una pompa per espellere l'acqua stessa, cioè doveva finalmente accettare quel lavoro manuale che, fino ad allora, si era rifiutato di svolgere.

> Educare al lavoro come valore

Non sappiamo, con esattezza, se la cella dell'acqua sia esistita davvero oppure sia una semplice leggenda; anche in questo secondo caso, tuttavia, essa ci mostra appieno – e nel modo più radicale – quale fosse l'obiettivo ultimo delle case di reclusione per i poveri. Si dava per scontato, infatti, che il **povero** fosse un personaggio immorale, **una specie di parassita che viveva alle spalle della comunità** e non voleva lavorare per vivere. Dunque, nelle case di reclusione, il povero doveva essere, a un tempo, punito per il suo peccato, e riabilitato, cioè **educato ad apprezzare il valore sociale e religioso del lavoro**. Del resto, in quasi tutti i luoghi deputati alla segregazione dei poveri essi ricevevano anche un'istruzione religiosa ed erano obbligati a partecipare alle funzioni religiose, secondo ritmi e modalità che, per certi aspetti, rendevano le case di lavoro simili agli antichi monasteri e i loro ospiti a dei penitenti.

→ Jean Michelin, *Venditore di pollame e la sua famiglia*, 1656 (collezione privata).

CITTADINANZA E COSTITUZIONE

Costituzione italiana

Articolo 4

La Repubblica italiana riconosce a tutti i cittadini il diritto al lavoro.

La Costituzione come progetto

Una Carta programmatica

Professandosi democratica fin dal suo primo articolo, la **Costituzione della Repubblica** italiana ha accolto il concetto dell'**uguaglianza politica**, un principio che si esprime innanzitutto nel suffragio universale, secondo cui tutti i cittadini maggiorenni devono aver accesso alle urne, a prescindere dal loro censo, cioè dal loro livello di ricchezza.

La Costituzione italiana, tuttavia, non si limita unicamente a proclamare l'eguaglianza; infatti, i padri costituenti sapevano perfettamente che, nella realtà concreta, le differenze di ricchezza esistono, e possono essere dei gravi ostacoli al «pieno sviluppo della persona umana». Dunque, in termini più tecnici, si può dire che la **Costituzione** elaborata negli anni 1946-1948 **volle essere *programmatica***. Non si limitò a dichiarare in astratto che tutti i cittadini dovrebbero essere uguali o che esiste un'uguaglianza *formale*, apparente, teorica: lo Stato, piuttosto, riceve un preciso incarico, per far sì che le differenze di censo non siano un ostacolo tale da garantire ad alcuni dei privilegi inaccessibili ad altri.

Si prendano, ad esempio, i **temi della salute e dell'istruzione**. Nel primo caso, lo Stato si impegna a tutelare la salute stessa «come fondamentale diritto dell'individuo e interesse della collettività, e garantisce cure gratuite agli indigenti» (art. 32); nell'altro ambito, dopo aver precisato che «la scuola è aperta a tutti» e che l'istruzione inferiore è, per almeno otto anni, «obbligatoria e gratuita», l'articolo 34 prosegue affermando che «i capaci e i meritevoli, anche se privi di mezzi, hanno diritto di raggiungere i gradi più alti degli studi. La Repubblica rende effettivo questo diritto con borse di studio, assegni alle famiglie ed altre provvidenze, che devono essere attribuite per concorso». Insomma, i padri costituenti erano preoccupati del fatto che **la salute e l'istruzione** di alto livello **non rimanessero un privilegio di pochi**.

I padri costituenti erano preoccupati del fatto che la salute e l'istruzione di alto livello non rimanessero un privilegio di pochi

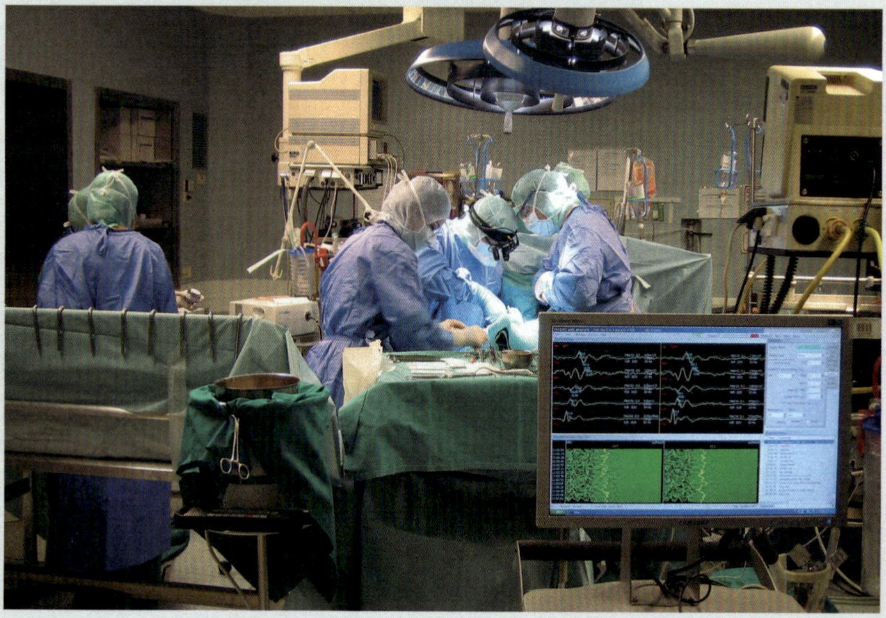

→ Sala operatoria di un ospedale.

↑ Lavoratori in un cantiere edile. Il diritto al lavoro garantisce al cittadino dignità e realizzazione di se stesso.

Il diritto al lavoro

Come ha scritto Pietro Calamandrei (uno dei padri della Carta del 1948), la nuova **Legge fondamentale non voleva solo fotografare la realtà sociale esistente, ma voleva cambiarla** e, a questo scopo, forniva ai futuri governanti delle chiare linee d'azione: «Dà un giudizio, la Costituzione, un giudizio polemico, un giudizio negativo contro l'ordinamento sociale attuale, che bisogna modificare attraverso questo strumento di legalità, di trasformazione graduale, che la Costituzione ha messo a disposizione dei cittadini italiani. È una Costituzione che apre le vie verso l'avvenire, è una **Costituzione rinnovatrice, progressiva, che mira alla trasformazione** di questa società in cui può accadere che, anche quando ci sono, le libertà giuridiche e politiche siano rese inutili dalle disuguaglianze economiche». Nel medesimo tempo, i padri costituenti erano del tutto consapevoli che la piena promozione della persona non poteva avvenire solo con interventi di tipo assistenziale.

Di qui l'introduzione, all'articolo 4, **del diritto al lavoro**; ma, ancora una volta, alla dichiarazione di principio viene associato un impegno programmatico costruttivo, orientato al futuro: «La Repubblica riconosce a tutti i cittadini il diritto al lavoro e promuove le condizioni che rendano effettivo questo diritto». Il lavoro è considerato un valore, perché costituisce uno degli strumenti privilegiati che permettono a una persona di realizzare pienamente se stessa.

Una persona disoccupata – questo il pensiero che si intuisce fra le righe – non è solo un indigente, ma anche un soggetto costretto a vivere in maniera umiliante e degradata. D'altra parte, malattie o infortuni possono obbligare un soggetto ad abbandonare il proprio lavoro. Di qui le solenni affermazioni dell'articolo 38: «Ogni cittadino inabile al lavoro e sprovvisto dei mezzi necessari per vivere ha diritto al mantenimento e all'assistenza sociale. I lavoratori hanno diritto che siano preveduti ed assicurati mezzi adeguati alle loro esigenze di vita in caso di infortunio, malattia, invalidità e vecchiaia, disoccupazione involontaria. Gli inabili ed i minorati hanno diritto all'educazione e all'avviamento professionale. Ai compiti previsti in questo articolo provvedono organi ed istituti predisposti o integrati dallo Stato. L'assistenza privata è libera».

> *Una persona disoccupata non è solo un indigente, ma anche un soggetto costretto a vivere in maniera umiliante*

> **La pastorale della paura**

Per designare il tratto fondamentale dell'azione di evangelizzazione che investì in modo capillare le campagne europee nel corso del Seicento, lo storico francese Jean Delumeau ha coniato l'efficace espressione «pastorale della paura». Infatti, nella maggioranza dei casi, non ci si limitò a **minacciare l'inferno** a tutti coloro che si ostinassero a restare nel peccato o a compiere gli antichi riti, bollati dalla Chiesa come superstiziosi, bensì si descrisse in tutti i dettagli possibili il luogo infernale stesso, in modo da **provocare nel pubblico forti emozioni di repulsione**, di orrore e di spavento. In primo luogo, si metteva in rilievo che i tormenti ultraterreni sarebbero stati eterni, cioè sarebbero durati per sempre; chiunque fosse finito all'inferno, inoltre, non avrebbe mai più conosciuto un istante di pace e di piacere, ma sperimentato solo dolore e sofferenza.

> **L'inferno seicentesco**

È poi importante osservare che l'inferno cattolico del Seicento differisce da quello dantesco in alcuni elementi fondamentali. Infatti, mentre nell'oltretomba del poeta toscano lo spazio concesso ai peccatori è, nell'insieme, abbastanza vasto, l'inferno descritto dai predicatori delle missioni secentesche era in genere presentato come un'opprimente prigione, in cui i dannati venivano orrendamente compressi gli uni sugli altri, come i cadaveri nei cimiteri, in tempo di peste. Inoltre, mentre nel suo *inferno-città*, ben ordinato e strutturato, Dante vedeva i dannati torturati in mille modi diversi, nell'**inferno-prigione tipico del Seicento** il fuoco assunse il ruolo di castigatore unico; era, si diceva, un fuoco micidiale, che avvolgeva completamente le proprie vittime, ma anche sapiente e intelligente, perché capace di colpire la parte del corpo del peccatore che maggiormente aveva peccato e di discernere quali dannati fare soffrire di più. A più riprese, infine, i predicatori misero l'accento sul fatto che Dio, irritato e offeso dall'atteggiamento del peccatore, che aveva osato sfidare la Sua santa Legge, non avrebbe avuto né pietà né misericordia per il dannato, ma anzi l'avrebbe colpito con implacabile severità.

> **VEDI** L'immagine negativa del divino → pag. 161

Non sorprende imparare dai resoconti dell'epoca che, **al termine di una predica**, molti ascoltatori erano in preda al **panico** e all'**angoscia**; il missionario però, a quel punto, offriva ai suoi spaventati fedeli il salutare rimedio della confessione: grazie a esso (e poi, in futuro, per mezzo della rigida osservanza dei comandamenti della Chiesa) sarebbe stato possibile al credente schivare quell'orribile luogo di tortura che il predicatore aveva fatto balenare davanti agli occhi del proprio uditorio.

↓ Anonimo portoghese, *Inferno*, 1510-1520 (Lisbona, Museu Nacional de Arte Antiga).

ECONOMIA DEMOGRAFIA E SOCIETÀ

3

Storia slide

L'egemonia economica dell'**Olanda**

Le conoscenze da acquisire	Le competenze da potenziare
Nel secolo XVII, il centro dell'economia si sposta nel Nord Europa. Intorno al 1650, il primato assoluto spetta ad Amsterdam, ma, presto, la supremazia olandese sarà insidiata dall'Inghilterra.	Saper individuare le ragioni per cui una potenza riesce a mantenere (o, viceversa, perde) la supremazia in campo economico.

3.1 La pesca, base dell'economia olandese

RIFERIMENTO STORIOGRAFICO 5
I fondamenti economici della potenza olandese
→ pag. 494

Nel XVII secolo, le difficoltà alimentari, la carestia e la repressione violenta della stregoneria non colpirono in modo indifferenziato tutte le regioni d'Europa; la Repubblica delle Province Unite, al contrario, fu un'isola di tolleranza e vide un precoce declino della caccia alle streghe. Soprattutto, però, **a partire dal 1620, Amsterdam e l'Olanda divennero il centro vitale dell'economia europea**; fino ad allora, diverse città del Nord Europa (Bruges e Anversa) e della regione mediterranea (Genova e Venezia) si erano disputate la *leadership*, cioè avevano tentato in vari modi di far gravitare intorno a sé l'asse del grande commercio e della finanza internazionali. Fino al 1620 circa, il Sud dell'Europa, cioè l'area legata al Mediterraneo, aveva sostanzialmente diretto il gioco, mentre il Nord aveva dovuto costantemente rincorrere. **Dal XVII secolo**, la situazione si capovolse: **le aree** economicamente **più prospere** e dinamiche furono **quelle affacciate sull'Atlantico**, nella parte settentrionale del Vecchio Mondo. E si trattò, questa volta, di un mutamento definitivo e irreversibile: quando Amsterdam, intorno al 1750, perse il proprio predominio, l'egemonia passò a Londra e all'Inghilterra, cioè a un altro Paese nordico e atlantico, che fin dalla metà del Seicento aveva tentato di strappare agli olandesi la loro supremazia marittima, commerciale e finanziaria.

↑ Bonaventura Peeters il Vecchio, *La pesca delle aringhe*, XVII secolo (Greenwich, Nationl Maritime Museum).

Solo con estrema lentezza i contemporanei si accorsero del fatto che la **piccola Olanda si avviava**, passo dopo passo, **al dominio economico del mondo**; in effetti, all'inizio, la ricchezza olandese poggiò su attività relativamente povere e poco spettacolari, seguendo un percorso analogo a quello di Venezia, che prima di lanciarsi nel grande commercio con l'Oriente si era arricchita vendendo nell'entroterra il sale ricavato dalle acque dell'Adriatico. Per l'Olanda, fu la **pesca delle aringhe** nel **Mare del Nord**, al largo delle coste inglesi, l'attività di base che permise di raccogliere quei capitali che poi, in un secondo momento, sarebbero stati investiti in attività sempre più lucrose e ramificate nello spazio.

> **Navi-fabbrica**

Fin dal Quattrocento, i marinai olandesi avevano costruito il cosiddetto *haringbuis*, un tipo particolare di battello capace di tirare una grande rete a strascico. Nel contempo, i larghi ponti dell'*haringbuis* permettevano di procedere alla pulitura e alla salatura immediata del pesce. La creazione di questa *nave-fabbrica* permise alle imbarcazioni di allontanarsi sempre più dalle spiagge olandesi, cioè di restare fuori dai porti per sei-otto settimane, mentre altre navi più piccole e veloci tornavano periodicamente a terra con il **prodotto già salato e stivato negli appositi barili**, pronto per la vendita.

> **Non solo aringhe**

La pesca delle aringhe era chiamata la *grande pesca*; intorno alla metà del Seicento, infatti, ogni anno vi prendevano parte circa 1500 battelli, per un totale di 12 000 pescatori e 300 000 barili di pesce. A fianco di questa pesca ve ne erano altre, di minore entità; al largo dell'Islanda, ad esempio, si pescava il merluzzo, mentre in tutti i mari del Nord, a partire dal 1585 (allorché appresero la tecnica dell'arpionamento), gli olandesi divennero eccellenti **cacciatori di balene**. Nel solo 1697, 128 vascelli partirono dai porti olandesi, per dedicarsi a questa lucrosa attività, e riuscirono a uccidere 1255 cetacei, da cui si ottennero 41 344 barili di grasso, destinato a uso industriale.

3.2 Commercio e agricoltura

I prodotti della pesca e delle altre attività minori, poi, trovavano acquirenti in tutta Europa, in particolare nelle regioni affacciate sul Baltico. Inoltre, venivano venduti i tessuti, realizzati dalla fiorente industria tessile olandese, molto attiva nella zona di Leida.

> **Industria tessile**

Noti con il nome inglese di *new draperies*, questi tessuti poco elaborati e poco costosi erano acquistati soprattutto dalle popolazioni povere della Germania e del Nord Europa. In cambio, gli olandesi si rifornivano nelle terre che si affacciavano sul Baltico di tutte le materie prime che esse tradizionalmente offrivano: cereali (nelle regioni tedesche e polacche), legname (in Scandinavia) e altri materiali essenziali per la costruzione di navi e di vele.

↑ Isaac Claesz van Swanenburg, *Lavoratrici che filano e tessono la lana*, XVII secolo (Leiden, Stedelijk Museum). L'industria tessile fu uno dei settori più attivi dell'economia olandese del Seicento.

La possibilità di **importare senza difficoltà grandi quantità di cereali** liberò l'agricoltura olandese dall'esigenza di coltivarli, sciogliendola da quello che ovunque in Europa era il compito primario del settore agricolo: provvedere alla sopravvivenza della popolazione. In Olanda, agli agricoltori fu possibile specializzarsi nella produzione delle piante industriali quali il lino, la canapa e il luppolo, che si rivelarono particolarmente redditizie. Soprattutto, però, i contadini olandesi divennero i principali produttori di **piante utili per la produzione di coloranti**: ciò permise loro di acquistare *new draperies* inglesi bianche, a prezzo stracciato, per poi rivenderle – colorate e rifinite – a prezzi molto più elevati. Ottimi profitti garantiva la **coltivazione dei tulipani**, un prodotto di lusso originario della Turchia, che restò sempre un piacere aristocratico nelle sue varietà più pregiate, anche se dal 1630 i tipi più ordinari divennero accessibili all'uomo comune. L'agricoltura olandese si specializzò anche nell'allevamento intensivo dei bovini (da cui ricavare latte e carne) e nella coltivazione di frutteti. Ciò garantì agli olandesi – per tutto il Seicento – **una situazione alimentare straordi-**

I punti di forza dell'economia olandese

Schema proiettabile

MARE	AGRICOLTURA E ALLEVAMENTO	COMMERCIO	INDUSTRIA
Pesca delle aringhe	Piante per la produzione di coloranti	Grano dal Baltico	Produzione e rifinitura di tessuti
Caccia alle balene	Tulipani e frutteti	Spezie dall'Oriente	Cantieri navali
Pesca del merluzzo	Bovini	Canna da zucchero dall'America	Raffinazione dello zucchero

nariamente prospera, se confrontata con quelle degli altri Paesi europei, arricchita anche dall'arrivo di prodotti esotici, quali la canna da zucchero, proveniente dall'America, di cui gli olandesi divennero i principali raffinatori.

> **L'argento spagnolo nelle casse degli olandesi**

L'arrivo massiccio e costante di cereali dal Baltico fece di **Amsterdam il maggiore centro di distribuzione granaria di tutta l'Europa**, compreso il regno di Spagna, che nei momenti di carestia più critici dovette ricorrere a fornitori di quella medesima Olanda che, sul piano politico e militare, costituiva il suo più pericoloso avversario. Per via del tutto pacifica, l'Olanda riuscì a compiere una notevole e metodica opera di drenaggio di argento spagnolo, che poi veniva investito in svariate e lucrose attività. Analogamente, fu il commercio dei grani ad aprire alle navi olandesi le porte del Mediterraneo: a partire dal 1590-1591, in quest'area furono effettuate regolari spedizioni di granaglie, cui seguirono, dal 1610, anche invii di tessuti e altri manufatti, capaci di far concorrenza sui mercati del Levante ai prodotti italiani o veneziani. Infine, le relazioni con l'impero turco divennero regolari e consistenti, con il risultato che **l'Olanda surclassò completamente Venezia** nell'importazione in Europa di prodotti di lusso provenienti dal Medio Oriente, imponendosi come protagonista del grande commercio internazionale.

3.3 Il monopolio sulle spezie e la potenza navale

RIFERIMENTO STORIOGRAFICO 6
L'Olanda e la Compagnia delle Indie Orientali
→ pag. 495

Nel 1580, la Spagna acquisì il dominio del Portogallo. In virtù della guerra che li opponeva agli spagnoli, gli olandesi iniziarono allora ad attaccare i possedimenti portoghesi in America e in Asia. Man mano che si resero conto delle difficoltà dell'avversario, essi divennero sempre più determinati a prendere il posto dei portoghesi nella terra delle spezie. Questa determinazione trovò, dal 1602, un eccellente strumento operativo nella **Compagnia delle Indie Orientali**, una potentissima società per azioni finanziata dai maggiori mercanti olandesi e dunque dotata di enormi capitali.

> **Regime di monocoltura**

Le principali basi portoghesi furono conquistate con una lenta operazione, che ebbe i suoi momenti più significativi nel 1605 (allorché fu espugnata la fortezza di Ambon, nelle isole Molucche, allora dette *Isole delle Spezie*) e nel 1641, quando fu presa Malacca (importante passaggio marittimo sull'Oceano Indiano). **Dalla metà del Seicento, gli olandesi restarono gli unici importatori di spezie in Occidente**. Forti di questo regime di monopolio, riuscirono a indirizzare l'economia di intere regioni dell'Asia; come già aveva fatto Venezia nei suoi possedimenti del Mediterraneo, in alcune regioni si impose un vero regime di monocoltura. In diverse isole, tutta la terra coltivabile fu adibita alla produzione di spezie pregiate, destinate all'esportazione verso l'Europa, al punto che queste stesse località si trovarono nella necessità di dover dipendere dall'esterno persino per le loro necessità alimentari più immediate.

> **Noli marittimi a basso costo**

Poiché i manufatti europei, fino al Settecento inoltrato, non furono apprezzati dagli orientali, l'acquisto delle spezie e di tutti gli altri prodotti orientali andava pagato in argento. Per frenare questo drenaggio di metallo prezioso verso est, gli olandesi si introdussero come mediatori all'interno delle varie economie asiatiche, offrendo i loro servizi di **esperti e affidabili trasportatori di merci**. Un'operazione simile fu condotta dagli olandesi anche in Europa, e il basso costo con cui noleggiavano le loro imbarcazioni contribuì a sua volta a trasformare l'Olanda nella principale potenza economica del Seicento.

Le navi olandesi erano prodotte in maniera "industriale", nel senso che i cantieri procedevano alla produzione di modelli standardizzati e facevano uso di tutte le risorse tecniche a loro disposizione (dalle segherie a vento alle grandi gru, capaci di spostare il legname). In tal modo, gli olandesi riuscirono a contenere al massimo il costo di produzione delle navi; se a questo si aggiunge che i loro marinai erano in grado di governare le navi con equipaggi ridotti sul piano numerico e che il vitto a bordo (pur eccellente quanto ad apporto calorico) era in genere più frugale di quello consumato dai marinai (e dagli ufficiali) di altri Paesi, ben si comprende come la flotta mercantile olandese si sia imposta, nel corso del Seicento, come la signora incontrastata dei traffici marittimi.

> **Una flotta imponente**

Come nota lo storico Immanuel Wallerstein, «la flotta olandese dominò il trasporto mondiale di merci del XVII secolo. Essa crebbe di dieci volte dal 1500 al 1700. Nel 1670, gli olandesi trasportavano un tonnellaggio di tre volte superiore a quello inglese, e più del tonnellaggio di Inghilterra, Francia, Portogallo, Spagna e Germania insieme». In cifre assolute, secondo fonti francesi, la potenza marittima olandese, nel 1669, assommava a circa 6000 navi e 48 000 marinai.

DOCUMENTI La Compagnia delle Indie Orientali

Nel 1718, un resoconto pubblicato ad Amsterdam offrì un'immagine straordinariamente completa ed efficace della Compagnia delle Indie Orientali: si trattava di una vera grande potenza, fortissima anche sul piano militare. La Compagnia fu poi sciolta nel 1798.

Gli olandesi si procurarono tutte queste merci [le spezie] per lungo tempo a Lisbona, dove quelle si trovavano in abbondanza; se non che, essendo stata unita nel 1580 la corona del Portogallo a quella di Castiglia, le persecuzioni che seguirono contro di loro negli stati sotto la dominazione di Filippo II, li obbligarono ad abbandonare questo commercio, e furon causa che essi iniziassero la ricerca per loro conto nelle Indie di quelle mercanzie che erano abituati a prendere dai portoghesi. [...] Agli inizi niente contribuì tanto al loro buon successo quanto l'accoglienza favorevole che ricevettero presso diversi principi indiani, nemici segreti dei portoghesi. Poiché l'orgoglio di questi, la loro tirannia, lo zelo indiscreto dei loro missionari avevano suscitato contro i portoghesi un gran numero di nemici, che da lungo tempo attendevano soltanto l'occasione per dichiararsi contro di loro. Un inglese (questa testimonianza non può essere sospetta) dice che gli olandesi mantennero una condotta molto prudente, e non fecero nulla contro gli indiani, ai quali non hanno mai imposto contribuzioni, come facevano i portoghesi, contentandosi di stabilire il loro commercio sulla rovina di quello portoghese.

Varie compagnie olandesi commerciarono separatamente con le Indie fino all'anno 1602, quando gli Stati Generali giudicarono opportuno di unirle insieme affinché fossero in grado di resistere agli attacchi degli spagnoli e dei portoghesi e di attaccarli a loro volta, se fosse stato necessario. Fu da queste diverse compagnie che fu creata la Compagnia Generale delle Indie Orientali, che, sola, poteva navigare per la durata di venti anni al di là del Capo di Buona Speranza e dello Stretto di Magellano. Il suo patrimonio, che fu di circa 6 500 000 fio-

ANALIZZA IL TESTO

→ Quali eventi politici spinsero gli olandesi a ricercare per conto loro, in Oriente, le spezie?

→ Quale potenza europea, in Oriente, fu eliminata dalla scena politica ed economica, a seguito del successo degli olandesi?

Carta proiettabile

GEOSTORIA

Il dominio delle compagnie commerciali olandesi in Oriente dopo il 1600

rini, è stato così ben amministrato da questi abili mercanti, che hanno distrutto il grande impero e il grande commercio di cui i portoghesi godevano nelle Indie, tanto che si sono impadroniti dell'uno e dell'altro e vi hanno fondato uno stato la cui potenza può essere paragonata a quella della loro repubblica in Europa. [...]
La Compagnia olandese per mantenere il suo commercio nelle Indie Orientali, conservarsi tutti i territori, tutte le piazze e tutti gli uffici o stabilimenti che vi possiede mantiene centottanta navi da trenta fino a sessanta cannoni e tiene al suo soldo più di venticinquemila uomini, ufficiali, soldati e marinai. Mantiene in tutte le Indie dodicimila uomini di truppe regolari, ma in ogni piazza dove vi è guarnigione olandese vi sono sempre molte persone del paese [mercenari indigeni, *n.d.r.*] che portano le armi e che assumono il comando quando bisogna battersi. Si pretende che in questi vari paesi, la Compagnia abbia, oltre le sue truppe regolari, più di centomila uomini che sappiano maneggiare il fucile. [...]
La Compagnia in tempo di guerra aumenta le sue armate di mare e di terra, e può facilmente, oltre le sue navi ordinarie, armarne ancora quaranta delle più grandi. Vi è più d'una testa coronata in Europa che stenterebbe a fare lo stesso. Tuttavia tutta la così grande potenza che questa famosa Compagnia ha nelle Indie, non è altro che l'opera d'un piccolo numero di sessanta abili e grossi mercanti, fermi e costanti nelle loro imprese e ai quali non manca niente per essere dei veri e propri sovrani se non l'indipendenza dagli Stati Generali: fuori di ciò, questa celebre compagnia è considerata come sovrana ed assoluta, sia in Olanda che dappertutto, poiché essa nomina i magistrati, gli ammiragli, i generali tutti, i governatori. Essa invia e riceve ambasciatori di re e principi sovrani, fa la pace e la guerra quando le aggrada, rende giustizia e ha istituito degli ufficiali per renderla sovranamente e in ultima istanza a suo nome, punisce i crimini e li assolve, dà ricompense degne della grandezza dei re, fonda numerose colonie, costruisce molte fortezze, arruola truppe, mantiene armate e grosse guarnigioni, equipaggia flotte navali in guerra e fa battere moneta.
È facile vedere da tutti questi dettagli che il commercio delle Indie dà degli immensi guadagni alla Compagnia, poiché, oltre le ripartizioni che si fanno ogni anno agli azionisti, provvede a tutte le spese esorbitanti che è obbligata a fare nelle Indie e nell'Europa, per il pagamento di tutti i suoi ufficiali, direttori, commessi ed impiegati, soldati e marinai, fortificazioni e munizioni di tutte le sue piazze e ad un'infinità di altre spese per la costruzione, nolo e approvvigionamento di moltissime navi e di altri bastimenti, per il mantenimento e l'aumento delle sue forze marittime.

F. GAETA, P. VILLANI, *Documenti e testimonianze, 1. I grandi problemi della storia medioevale e moderna nei testi originali e nelle interpretazioni critiche*, Principato, Milano 1980, pp. 604-607)

3.4 La supremazia olandese e le risposte degli altri Stati

> **Canna da zucchero**

Guardiamo la storia
L'età della supremazia olandese

L'offensiva contro i portoghesi si allargò, a partire dal 1623, anche al **Brasile**, da cui gli olandesi tentarono di espellere i vecchi colonizzatori. In Brasile i portoghesi coltivavano la canna da zucchero in grandi piantagioni, nelle quali lavoravano gli schiavi neri che i portoghesi stessi importavano dall'Africa. Gli olandesi, pertanto, colpirono entrambe le sponde dell'Atlantico: da un lato essi tentarono di sottomettere le ricche regioni saccarifere del Nord-Est, mentre dall'altro occuparono le basi che, sulla costa della Guinea, permettevano di rifornirsi di **schiavi africani**. Sebbene sia difficilissimo, in questo campo, fornire stime precise, secondo alcuni studiosi, durante il periodo **1636-1645**, nelle zone del Brasile che erano passate sotto il controllo olandese, **furono sbarcati più di 23 000 schiavi**.

L'occupazione delle zone produttrici di zucchero diede un eccezionale impulso all'industria della raffinazione di tale prodotto in Olanda, al punto che la sola Amsterdam ospitò ben 25 raffinerie.

Il **dominio olandese in Brasile**, tuttavia, non fu **mai stabile e solido**; i portoghesi, infatti, restarono padroni dell'interno del Paese e condussero una costante opera di guerriglia finalizzata a cacciare i nuovi arrivati. La conservazione del Brasile finì per inghiottire più denaro di quanto non ne producesse lo zucchero, cosicché l'Olanda abbandonò quel lontano Paese nel 1653. Tale sconfitta non significò la fine della presenza economica olandese in America, in quanto il fabbisogno dell'industria di raffineria aveva spinto a impiantare nuove piantagioni in varie isole dei Caraibi, tra cui ricordiamo le **Barbados, controllate dall'Inghilterra**, ove nel 1651 si contavano 20 000 **schiavi neri impiegati nella produzione saccarifera**. Intorno alla metà del Seicen-

I LUOGHI

Brasile

I primi europei a toccare il Brasile furono i portoghesi, nel 1500. Il nuovo dominio, tuttavia, fu a lungo trascurato e non valorizzato.
Nel 1567, venne sventato un tentativo di infiltrazione da parte di un gruppo di ugonotti francesi e il luogo in cui essi si erano insediati venne ribattezzato Rio de Janeiro.
Il vero sviluppo del Paese iniziò verso la fine del Cinquecento con l'introduzione della canna da zucchero. Il numero delle piantagioni passò da 30 (nel 1576) a 76 (nel 1584) a 180 (intorno al 1625). Di qui l'interesse degli olandesi e la loro decisione di conquistare il Paese, in modo da inserirlo nella periferia del vasto circuito commerciale che ruotava intorno ad Amsterdam.

↑ Centro di lavorazione dello zucchero di Pernambuco, in Brasile, illustrazione del 1667 del cartografo Joan Blaeu. La regione, dapprima colonia portoghese, fu occupata dagli olandesi nel 1630.

L'Olanda contro le altre potenze europee

DATE	SPAGNA	PORTOGALLO	INGHILTERRA
1566	Inizio della rivolta dei Paesi Bassi		
1580		Filippo II di Spagna, re del Portogallo	
1581	Indipendenza delle Province Unite		
1602		La fondazione olandese della Compagnia delle Indie Orientali danneggia economicamente il Portogallo	
1609-1621	Tregua tra Spagna e Province Unite		
1621-1648	Guerra tra Spagna e Province Unite		
1623-1653		Occupazione olandese del Brasile	
1651-1665			Atti di navigazione

to – malgrado lo scacco subito in Brasile – si può parlare di una vera e propria egemonia olandese nel commercio mondiale; resisi conto di tale supremazia, i governi dei vari Stati europei cominciarono a cercare dei rimedi e degli strumenti capaci di difendere le proprie economie nazionali. Tra i provvedimenti più efficaci dobbiamo ricordare i cosiddetti **Atti di navigazione, emanati** a più riprese (a partire dal 1651) **dal Parlamento inglese**. Con questi decreti, si voleva colpire l'eccezionale capacità olandese di accaparrarsi la maggior parte dei noli marittimi e si tentò di dare impulso alla produzione cantieristica britannica. Il Parlamento, pertanto, ordinò che le merci importate in Inghilterra fossero trasportate esclusivamente su navi inglesi o su navi del paese di produzione delle merci stesse. A questa provocazione degli **inglesi**, gli **olandesi** risposero con la **guerra**, che esplose a due riprese, **nel 1652 e nel 1665-1667**; mentre il primo conflitto si risolse con la sconfitta olandese, il secondo vide la flotta delle Province Unite saccheggiare numerosi porti sulla costa inglese, compresi quelli alla foce del Tamigi. Nel 1667, pertanto, si arrivò ad una pace di compromesso (**trattato di Breda**), con la quale gli inglesi accettarono che almeno le merci prodotte in Germania e indirizzate dai mercanti tedeschi ai porti delle Province Unite potessero essere importate in Inghilterra dalle navi olandesi; i diversi atti di navigazione emanati a partire dal 1651, però, restarono in vigore.

> **VEDI** L'Inghilterra a metà del Seicento → pag. 543

Senz'altro, il declino della potenza commerciale ed economica olandese era ancora lontano; le guerre degli anni 1652 e 1665-1667, tuttavia, segnarono una svolta importante, nel senso che videro per la prima volta profilarsi all'orizzonte una grande potenza – l'Inghilterra, appunto – capace di rivaleggiare con l'Olanda e di insidiarne l'egemonia nel campo del grande commercio internazionale.

→ Incisione del XVII secolo che mostra la conclusione del trattato di Breda.

3.5 L'economia-mondo di Amsterdam

> VEDI
Venezia nel Quattrocento
→ pag. 219

BILANCIO DELLE COMPETENZE
→ pagg. 480-481

Monografia
Il disagio dell'abbondanza: religione e ricchezza nell'Olanda del Seicento

> VEDI
I contadini in Polonia
→ pag. 384

Per definire il sistema economico che, nel Seicento, ebbe in Amsterdam e nell'Olanda i soggetti principali e trainanti, dobbiamo recuperare il concetto di *economia-mondo*, di *universo economico*, che abbiamo già applicato al caso di **Venezia**, quando la Serenissima era il centro del più complesso sistema economico che si fosse visto fino ad allora. La fascia intermedia, nel caso di Venezia, era rappresentata dall'Italia centro-settentrionale e dalla Germania, che vendevano i loro prodotti a Venezia e da questa acquistavano le merci importate dall'Oriente; le isole dell'Egeo, completamente asservite agli interessi della Serenissima, erano la periferia del sistema veneziano.

Nel caso olandese, il meccanismo è analogo, sebbene sviluppato su un'area più vasta: mentre **Amsterdam**, intorno al 1650, è il nuovo *centro*, e l'intera **Europa occidentale** è la *fascia intermedia* in diretto collegamento con esso, le **grandi pianure polacche** produttrici di grano, le **isole dei Caraibi** produttrici di zucchero e certe **isole orientali** produttrici di spezie sono la sua estrema *periferia*.

Il caso olandese ci permette di precisare poi che, in qualsiasi economia-mondo (nel Seicento come nel XXI secolo), più ci si allontana dal centro e più le condizioni di vita dei lavoratori diventano peggiori; in Olanda, contadini e lavoratori urbani godevano di un regime alimentare molto più equilibrato di quello degli artigiani e dei braccianti francesi o tedeschi. **All'estrema periferia**, coloro che lavoravano per il centro dell'economia-mondo si trovavano addirittura in **condizione di servitù** (o di schiavitù), cioè erano del tutto asserviti alle esigenze produttive olandesi e spietatamente sottoposti a esse. Si pensi innanzitutto ai contadini della Polonia o delle regioni più orientali della Germania, che erano servi della gleba, cioè vincolati ai poderi dei signori, che vendevano cereali ai mercanti olandesi; oppure, a maggior ragione, si pensi alle migliaia di schiavi neri che erano trasferiti in Brasile e nelle isole dei Caraibi, per lavorare nelle piantagioni di canna da zucchero. Fatte le debite distinzioni, possiamo paragonare questi servi e questi schiavi ai lavoratori sfruttati che ai giorni nostri lavorano, con salari bassissimi, senza ferie o diritti di alcun genere, in alcune regioni dell'Asia diventate *periferia* del sistema economico globale che ha per *centro* gli Stati Uniti.

Carta proiettabile

GEOSTORIA

Estensione geografica dell'economia-mondo di Amsterdam

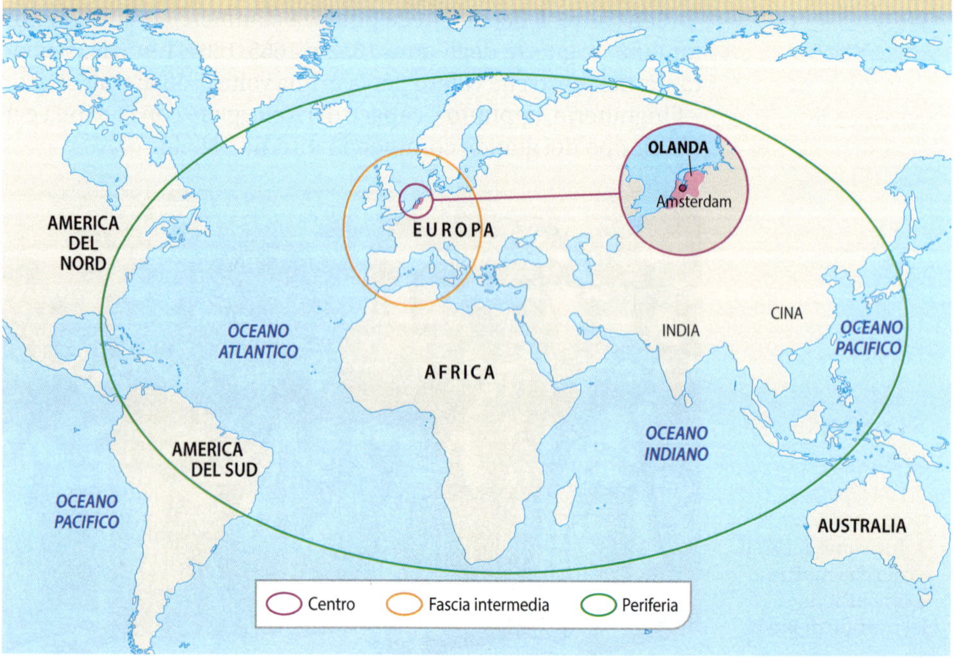

zoom

Capitalismo e calvinismo

Il sistema che gravitava intorno ad Amsterdam può essere definito, anche, per mezzo del *termine capitalismo*; con tale espressione, indichiamo un contesto politico e sociale in cui c'è grande abbondanza di risorse economiche (cioè di capitali) e tutti coloro che possiedono denaro sono liberi di investirlo in attività economiche dalle quali possono trarre un profitto, con il risultato che la mole dei capitali stessi aumenta costantemente.

Data la vastità dei traffici e la formidabile potenza economica raggiunta dall'Olanda del Seicento, alcuni storici hanno proposto di mettere in diretto collegamento il capitalismo olandese con il fatto che le Province Unite erano uno Stato protestante, e più esattamente calvinista. All'inizio del Novecento, il legame tra Riforma protestante e sviluppo del capitalismo è stato sostenuto soprattutto dal **sociologo tedesco Max Weber**, nel suo più celebre lavoro (*L'etica protestante e lo spirito del capitalismo*) pubblicato per la prima volta nel 1905.

Weber puntava la sua attenzione al centro della fede calvinista, alla dottrina della predestinazione; per il credente riformato, in effetti, si poneva in termini spesso drammatici il problema della conoscenza del proprio destino, o meglio ancora quello dei segni che avrebbero potuto indicare che Dio aveva posto quel singolo individuo dalla parte giusta. Per placare la propria angoscia, al fedele calvinista non restò altra scelta che scrutare con cura meticolosa ogni aspetto della propria vita, nella convinzione che solo all'eletto era concesso compiere opere buone (in virtù della rigenerazione operata da Dio in lui) a onore e gloria di Dio, di cui finalmente l'uomo rispettava la Legge.

Nell'ambito del lavoro, l'individuo mostrava di aver superato l'uomo carnale e peccatore, portato all'ozio e al vizio (e quindi destinato alla dannazione), solo se sapeva impegnare tutto se stesso nell'attività che era chiamato a svolgere. Il **calvinista**, quindi, diventò – secondo Weber – **l'individuo produttivo per eccellenza**; nel medesimo tempo, dovendo dimostrare che sapeva dominare l'impulso al godimento e allo smodato utilizzo dei beni mondani, il credente si sforzava di assumere un tenore di vita sobrio e frugale. Ciò significò, in pratica, restringere drasticamente i consumi, porre fine allo sperpero di ricchezze tipico della nobiltà e indirizzare gli utili dell'attività economica nella direzione di sempre nuovi investimenti.

Al giorno d'oggi, la tesi di Weber, non è più accettata praticamente da nessuno studioso. È stato osservato, ad esempio, che la maggior parte delle tecniche finanziarie e mercantili utilizzate ad Amsterdam nel Seicento fu importata da Anversa, da Genova o da Venezia; la *calvinista* capitale olandese, dunque, non inventò quasi nulla, bensì adottò e sviluppò quanto era stato creato, nei secoli precedenti, dai grandi centri commerciali cattolici del Mediterraneo o delle Fiandre.

↑ Il sobrio interno di una chiesa calvinista olandese in un dipinto del XVII secolo.

Le ragioni per cui una potenza riesce a mantenere la supremazia in campo economico

A questo punto del nostro percorso, possiamo esporre in forma organica le ragioni per cui alcune grandi potenze (un tempi come ora) si sono imposte a livello economico e hanno mantenuto la loro supremazia.

1 Perché una città o uno stato possano decollare come potenze economiche e finanziarie, sono indispensabili **grandi capitali**. Venezia e Amsterdam riuscirono ad accumularli con attività umili e relativamente poco costose, nelle loro fasi iniziali: la Serenissima, infatti, si dedicò al commercio del sale nella Val Padana, mentre gli olandesi si impegnarono nella pesca delle aringhe. Una volta raggiunto un primo livello di stabilità economica, ci si può dedicare ad attività sempre più complesse e costose (quanto a volume di investimenti necessari), ma proprio per questo molto vantaggiose.

2 In tutti i contesti di rapido sviluppo economico, uno dei fattori decisivi è rappresentato dal basso costo della manodopera. Nel caso dell'Olanda, merita d'essere ricordato che le navi erano prodotte in serie, con procedimenti che, per l'epoca, erano d'avanguardia, mentre a governarle bastava un equipaggio decisamente più esiguo di quello presente su vascelli francesi o inglesi. Inoltre, nella veneziana Cipro, come nelle Indie olandesi, prodotti importanti e pregiati destinati alla vendita (come l'uva passa o le spezie) erano ottenuti dal lavoro di **soggetti sottopagati** e decisamente **sfruttati**.

Lo stesso discorso vale per contesti più vicini a noi: gli Stati Uniti dell'Ottocento poterono contare sul continuo afflusso di **emigranti**, provenienti dalle regioni più povere dell'Europa, e quindi disposti a lavorare per stipendi da fame; analogamente, il boom economico dell'Italia degli anni Sessanta del Novecento fu possibile solo grazie al **basso costo della manodopera** emigrata dal Sud; così come Shangai e i grandi centri industriali della Cina di oggi si reggono sull'esodo dei contadini dalle misere campagne dell'interno in direzione delle città della zona orientale del Paese.

Manodopera a basso costo significa competitività: le merci prodotte in un'area in cui i salari sono bassi (e i **diritti dei lavoratori scarsi**) risultano concorrenziali sul mercato internazionale. Non è un caso se, al giorno d'oggi – in tempo di **globalizzazione dell'economia** – tutte le principali aziende multinazionali aprono stabilimenti in Cina o anche in Paesi europei di recente usciti dal comunismo (Romania, Serbia, Polonia...), perché lì il costo della manodopera è molto minore, rispetto agli Stati Uniti o all'Europa occidentale.

→ Veduta dei grattacieli di Pudong, distretto della città cinese di Shanghai.

Le ragioni per cui una potenza riesce a mantenere la supremazia in campo economico

1 L'accumulazione dei capitali
2 Il basso costo della manodopera
3 Vasti spazi su cui operare
4 Lo Stato e il mercato

3 Una città o uno Stato raggiungono la condizione di grande potenza economica quando sono in grado di operare su teatri di vaste dimensioni. Cosa ancora più importante, conservano quella posizione fino a quando sono in grado di **tenere lontani dai propri spazi la concorrenza.** Nel Mediterraneo, la potenza di Venezia rimase incontrastata fino a quando non entrarono in quel mare le navi olandesi e inglesi, che portavano grano dal Nord (essenziale, in tempi di carestia) e offrivano trasporti su navi a basso costo e in tutte le stagioni (i velieri, infatti, navigavano anche in cattive condizioni atmosferiche, mentre le galere veneziane temevano le tempeste). Allo stesso modo, la fortuna dell'Inghilterra durò fino a quando ebbe a propria disposizione, in regime di monopolio, mercati enormi come quelli dell'America Latina e dell'India, strappate rispettivamente alla concorrenza spagnola e francese.

Durante e dopo la prima guerra mondiale, il primo spazio fu occupato dagli Stati Uniti; dopo il 1945, venne meno la possibilità di escludere gli USA anche dai mercati asiatici: a quel punto, la Gran Bretagna concesse all'**India** l'indipendenza, perché sotto il profilo economico non era più conveniente conservarla come una colonia. Oggi, dal punto di vista commerciale, è la **Cina** che sta occupando, in tempi rapidissimi, spazi sempre più vasti, inondandoli di prodotti a basso costo (si pensi, ad esempio, ai giocattoli o ai manufatti tessili), mettendo in gravi difficoltà numerose aziende di altri Paesi.

4 In linea di massima, si può affermare che lo **stato** svolge un **ruolo molto importante** nella prima fase, quella del **decollo**, di una grande potenza economica. Le grandi spedizioni portoghesi, finalizzate alla scoperta delle rotte che permettessero di raggiungere le Indie circumnavigando l'Africa, furono finanziate dalla Corona; analogamente, lo Stato veneziano diede un impulso notevole alla fabbricazione delle costosissime galere, mediante l'apertura dell'Arsenale. Inoltre, la legislazione della Serenissima impediva a chiunque non fosse veneziano di effettuare commerci sul suo territorio. Si trattava di un'importante forma di **protezione dell'attività commerciale locale.**

In ciò, Venezia sarebbe stata più tardi imitata dall'Inghilterra (che nel Seicento cercò di ostacolare l'ingresso delle navi straniere – soprattutto olandesi – nei propri porti), dalla Francia e dagli Stati Uniti, che (rispettivamente nel Settecento e nell'Ottocento) posero alti dazi sulle merci d'importazione, in modo da difendere il mercato interno dalla concorrenza straniera. Solo **quando un Paese ha raggiunto una posizione di forza** e, al limite, di supremazia, **può** permettersi di **abbandonare queste leggi protezionistiche** e di affidarsi al mercato puro e semplice (cioè solamente alla legge della domanda e dell'offerta), adottando una **politica economica** che viene definita **"liberista"**.

↑ Caspar Van Wittel, *Veduta di Venezia da San Giorgio*, 1697 (Madrid, Museo del Prado).

competenze

3.6 Amsterdam e la tolleranza religiosa

Molti imprenditori olandesi del XVII secolo erano di origine fiamminga ed erano fuggiti dalle Fiandre, occupate dalla cattolica Spagna, rifugiandosi nelle Province Unite e abbracciando la fede riformata. Secondo lo storico britannico Hugh R. Trevor-Roper, al quale si devono queste osservazioni, la loro conversione fu spesso una conseguenza, più che una causa, della loro emigrazione; pertanto, tali individui possono essere considerati calvinisti solo in senso abbastanza lato.

> **VEDI** Erasmo da Rotterdam → pag. 314

In molti casi, si trattava di uomini profondamente religiosi, ma la spiritualità che sentivano più vicina alla loro sensibilità era quella che Trevor-Roper chiama «erasmiana», in quanto si rifaceva ai saggi ed equilibrati insegnamenti di Erasmo da Rotterdam. Fin dai primi del Cinquecento, essa si caratterizzava per la sobrietà della propria pietà, l'insistenza sull'etica evangelica, la diffidenza nei confronti della *superstizione* popolare, il culto privato e lo studio della Scrittura; pur non mettendo in discussione il clero e la gerarchia ecclesiastica, gli **erasmiani** rifiutavano di considerare il loro stato di laici (sposati e impegnati in un'attività lavorativa) come inferiore a quello dei monaci o dei preti: al contrario, ritenevano che il matrimonio e la stessa vita laicale fossero, né più né meno di quella clericale, una vocazione.

> **Vicinanza al protestantesimo**

In tutto ciò non vi era assolutamente nulla di eretico, nel senso più stretto del termine; alla metà del Cinquecento, però, una spiritualità di questo genere non poteva che risultare sospetta, per le troppe somiglianze che effettivamente mostrava col protestantesimo. Con l'aumento della pressione sociale esercitata dalla Chiesa post-tridentina, molti di questi uomini non riuscirono ad adattarsi al nuovo clima religioso e, pertanto, decisero di emigrare in territori calvinisti, a Ginevra come in Olanda. «La vecchia *élite* economica europea – conclude Trevor-Roper – fu costretta ad assumere posizioni eretiche perché l'atteggiamento mentale che le era stato proprio (e che per generazioni era stato tollerato) in alcune regioni fu dichiarato improvvisamente eretico e intollerabile». La validità

IL SECOLO D'ORO DELL'OLANDA

Un viaggiatore di un qualsiasi Paese europeo che nei primi decenni del Seicento si fosse recato in Olanda avrebbe provato la meraviglia di trovare grandi e piccole città industriose e pulite. La prosperità portava con sé un modo di abitare più confortevole e più igienico (nell'immagine 1 vediamo l'accogliente interno di una casa della ricca borghesia in un dipinto di Pieter de Hooch). Per l'economia del Paese avevano particolare importanza le Borse valori (nell'immagine 2 un dipinto di Gerrit Berckheyde raffigura il cortile della Borsa di Amsterdam), dove si vendevano e si compravano merci di tutto il mondo. Non bisogna poi dimenticare che il Seicento fu un secolo d'oro per l'Olanda anche dal punto di vista culturale: famosi pittori come Rubens, Rembrandt (nell'immagine 3 un suo notissimo dipinto, *La lezione di anatomia del dottor Tulp*) e Vermeer, filosofi come Spinoza e geografi come Gerard Kremer (detto Mercatore) lasceranno un segno indelebile nella cultura europea.

1

dell'intuizione di Trevor-Roper – secondo il quale, in sostanza, la posizione erasmiana, e non il calvinismo, è stata la forma di religiosità meglio capace di mantenersi in sintonia con lo sviluppo economico dell'Europa moderna – emerge non appena esaminiamo con maggiore attenzione la realtà delle Province Unite e, più in particolare, di Amsterdam. Innanzitutto, colpisce il fatto che la Gheldria – la regione in cui il calvinismo veniva professato nel modo più rigido e ortodosso – sia stata per l'intero Seicento il territorio più arretrato di tutta la repubblica. All'opposto, **i reggenti di Amsterdam si opposero** sempre alle aspirazioni della Chiesa riformata **a trasformare lo Stato in una specie di teocrazia**, affine ai rigidi regimi che si affermarono a Ginevra, in Scozia o nella Nuova Inghilterra. I reggenti riuscirono, almeno ad Amsterdam e in altre grandi città mercantili, a far sì che – pur continuando il calvinismo a figurare come religione ufficiale dello Stato – ognuno potesse, in privato e con discrezione, professare la fede che in coscienza riteneva più giusta. Del resto, non dobbiamo assolutamente pensare che, nel Seicento, il Paese fosse monolitico sotto il profilo religioso: in tutto il territorio della Repubblica, è legittimo stimare che i calvinisti non abbiano mai superato il 55% della popolazione globale (la quale, a sua volta, ammontava a circa due milioni di persone nel 1650, uno dei quali concentrato nelle città). In queste circostanze, una politica radicale avrebbe fatalmente portato la Repubblica alla guerra civile.

> Contro la teocrazia

> Rifugio per filosofi e dissidenti

Grazie a tale clima di libertà, **Amsterdam** nel Seicento **divenne uno dei più importanti centri di produzione libraria dell'intera Europa**, oltre che il rifugio di tutti i filosofi e i dissidenti perseguitati nei loro Paesi d'origine. Persino gli ebrei, cacciati dalla Spagna e dal Portogallo, nella capitale olandese poterono praticare liberamente la propria fede. «La tolleranza – scrive Braudel – consiste nell'accettare gli uomini per quello che sono, in quanto, siano operai, mercanti o fuoriusciti, contribuiscono alla ricchezza della repubblica. D'altra parte, è inimmaginabile un *centro* del mondo che, costretto a essere tollerante, non lo sia, e respinga, quando vanno a lui, gli uomini di cui ha bisogno. La libertà di coscienza si impone, diventa la regola».

2

3

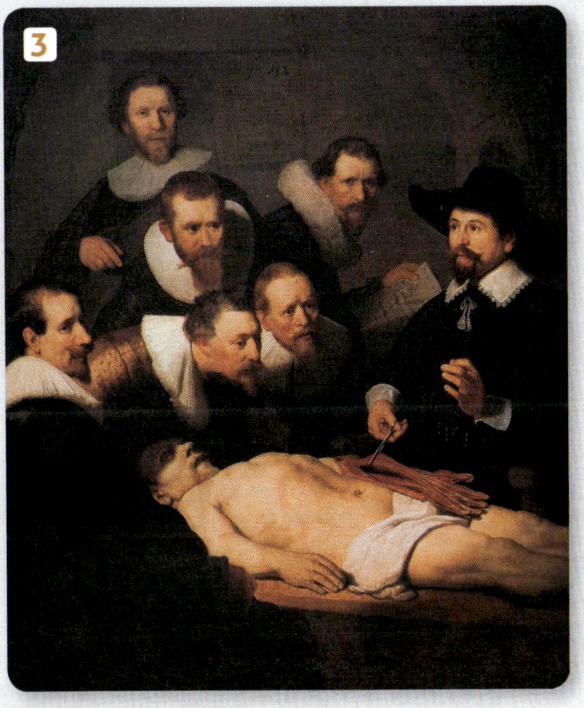

4 ECONOMIA DEMOGRAFIA E SOCIETÀ

Storia slide

L'Italia nel Seicento

Le conoscenze da acquisire	Le competenze da potenziare
Politicamente divisa e, quindi, militarmente debole, nel Seicento l'Italia perse il primato economico che (grazie a Genova, Venezia ed altre città) aveva detenuto per secoli.	Saper individuare i fattori che svolgono un ruolo propulsivo o depressivo, in un sistema economico.

4.1 La dominazione spagnola e la situazione politica

> VEDI La pace di Cateau-Cambrésis → pag. 285

La pace di Cateau-Cambrésis (1559) aveva messo fine alle guerre combattute nei primi decenni del Cinquecento per il controllo dell'Italia, sancendo la supremazia spagnola a danno dei francesi. Se da un lato la dominazione spagnola aveva riportato la pace, dall'altro aveva diminuito notevolmente l'importanza dell'**Italia**, che per la sua posizione geografica era ridotta **a periferia dell'impero spagnolo**. Alcuni Stati italiani, come Parma, Piacenza, Modena o Mantova, gravitavano attorno al regno iberico; i ricchissimi banchieri che governavano Genova erano alleati degli spagnoli; il regno di Napoli, la Sicilia, la Sardegna e il ducato di Milano, infine, erano direttamente amministrati dagli spagnoli.

Anche lo **Stato della Chiesa**, benché formalmente indipendente, rientrava nell'orbita spagnola: la Corona iberica era l'unica a garantire la difesa del cattolicesimo e la

Carta proiettabile

Carta interattiva L'Italia nel 1559

GEOSTORIA L'Italia dopo Cateau-Cambrésis (1559)

→ In Italia, l'assetto definito con la pace di Cateau-Cambrésis si sarebbe mantenuto stabile per 150 anni: dominava la Spagna con i possessi diretti del ducato di Milano, del regno di Napoli e con l'influenza su altri Stati. Una simile frammentazione politica rendeva impossibile il paragone, a livello di potenza economica e militare, con le principali monarchie europee.

Storia e letteratura
Milano e Lecco all'epoca de *I promessi sposi*

propagazione della Controriforma. I suoi sovrani favorirono l'opera di evangelizzazione condotta dalla Chiesa nelle loro colonie americane, assicurandosi, d'altro canto, che ai vertici dello Stato pontificio vi fossero membri delle più importanti famiglie spagnole, che spartivano i ruoli di cardinale e vescovo con l'aristocrazia romana. Una situazione di relativa autonomia caratterizzava il **ducato di Savoia**. Stretto tra la potente monarchia francese e la Lombardia spagnola, riuscì a sfruttare tale posizione per tutto il Seicento, alleandosi ora con la Francia, ora con la Spagna. All'inizio, tale politica spericolata non si rivelò fruttuosa perché il ducato fu invaso più volte dagli eserciti in guerra; tuttavia i Savoia riuscirono progressivamente a espandere il proprio territorio, annettendo il marchesato di Saluzzo e una parte del Monferrato, fino a unificare sotto il loro dominio, nel XVII secolo, l'intero Piemonte.

> **Venezia, unico Stato indipendente**

Infine, va osservato che l'unica eccezione in termini di autonomia nel quadro politico italiano del Seicento era costituita dalla **Repubblica di Venezia**, che continuò a lungo a mantenersi indipendente. In realtà, la situazione di Venezia alla fine del XVI secolo non era semplice: il commercio delle spezie cominciava a essere indebolito dall'emergente potenza olandese, mentre sul Mediterraneo e nel Levante il principale antagonista rimaneva l'impero turco, nonostante la pace seguita alla vittoria di Lepanto, nel 1571. L'isola di Candia (oggi Creta), per la sua posizione favorevole, divenne la base veneziana più importante nell'Egeo e per questo motivo, nel 1645, fu attaccata dai turchi che avevano ripreso l'offensiva. Venezia riuscì a tener testa agli invasori per oltre vent'anni, con un'eroica resistenza, ma alla fine (1669) dovette cedere Candia; l'immenso sforzo militare esaurì le risorse della repubblica, che entrò in un **progressivo declino economico e politico**.

4.2 La crisi dell'Italia e del Mediterraneo

Nel corso del Seicento si assiste all'ascesa delle potenze marinare del Nord affacciate sull'Atlantico, come l'Inghilterra e soprattutto l'Olanda. Al contrario l'Italia, compresa Venezia, e tutta la regione mediterranea subirono un graduale e progressivo declino. Per spiegare tale fenomeno, non dev'essere attribuito un peso eccessivo all'estesa dominazione spagnola sulla Penisola, tant'è vero che per tutto il Cinquecento – pur dovendo rivaleggiare con pericolosi concorrenti stranieri, come Lisbona, Siviglia e Anversa – Genova, Venezia e Milano restarono importanti centri commerciali e industriali.

> **La peste del 1630**

Fu un complesso insieme di circostanze a innescare il declino. Al primo posto dobbiamo ricordare la devastante **epidemia di peste** che dilagò a nord di Roma **nel 1630** e falciò un terzo della popolazione complessiva. Questa catastrofe spopolò le campagne, al punto che, nel 1639, le autorità milanesi decisero di confiscare i numerosi poderi abbandonati e di concederli in piena proprietà a chiunque fosse disposto a coltivarli. Sul versante dei grandi proprietari, nobili e borghesi, il declino demografico significò una brusca interruzione negli investimenti o addirittura la rovina di quanti – in tempo di espansione della domanda – si erano esposti impiegando grandi somme di denaro in azioni di bonifica su vasta scala o nella creazione di vaste opere di irrigazione finalizzate alla produzione di nuove colture come il mais e il riso.

> **Ripresa dell'agricoltura**

Solo nel decennio **1660-1670 si notano i primi segni di miglioramento nelle campagne**. In Lombardia, si impose allora il nuovo sistema di rotazione, capace di far a meno dell'incolto, in quanto il maggese veniva sostituito con il prato artificiale destinato alla produzione di foraggio per il bestiame. **In Toscana**, invece, nel corso del Seicento si diffuse su larga scala la **viticoltura**, molto più redditizia della coltivazione dei cereali. **In Piemonte**, un ruolo sempre più importante nell'attività dei contadini fu rivestito dalla **produzione di seta**, destinata all'esportazione in Francia e in Inghilterra. Tale incremento della produzione piemontese danneggiò notevolmente le esportazioni di seta greggia nel Sud Italia: le spedizioni all'estero in partenza da Cosenza, ad esempio, già intorno alla metà del Seicento erano ridotte a un quinto rispetto ai quantitativi del

→ Giovanni Battista Crespi, *San Carlo visita gli appestati delle campagne*, dipinto del XVII secolo (Milano, Duomo).

secolo precedente. I costi di spedizione dal Piemonte al Nord Europa, in effetti, erano decisamente inferiori rispetto a quelli delle merci provenienti dalle regioni meridionali, svantaggiate da un punto di vista geografico.

> **Crisi dell'industria tessile**

Il quadro è ancora più fosco se rivolgiamo la nostra attenzione al commercio, alla finanza e all'industria. Nel 1627, l'ennesima bancarotta del governo spagnolo rovinò o colpì duramente i principali banchieri genovesi. Il porto di Genova vide una drastica contrazione del numero di navi in arrivo, mentre Venezia – intorno al 1620 – fu definitivamente surclassata da Amsterdam come terminale per l'importazione di spezie e altri prodotti orientali. Venezia fu pesantemente colpita anche nella propria produzione di panni di lana, destinati al Levante: se nel 1602 le pezze prodotte e vendute erano 28 000, vent'anni dopo erano la metà; a fine secolo, i panni fabbricati nelle industrie della Serenissima erano appena 2000. Stesso destino visse Firenze, che nel decennio 1570-1580 vendeva 15 000 panni di lana ogni anno; nel periodo 1620-1630, la produzione era dimezzata, nel 1700 ridotta a un decimo.

4.3 I nuovi equilibri dell'economia italiana

> **VEDI** La guerra dei Trent'anni → pag. 509

La crisi dell'economia italiana ebbe svariate cause, tra loro intrecciate e complementari. La guerra dei Trent'anni, che dal 1618 al 1648 circa insanguinò la Germania, privò Firenze e Venezia del ricco mercato tedesco, dove venivano venduti tessuti di lana e sete. Inglesi e olandesi, poi, riuscirono ad aggiudicarsi la maggior parte dei traffici marittimi, grazie ai prezzi inferiori da loro offerti. Fu così che la **marina genovese e quella veneziana** subirono un **rapido tracollo**. In campo tessile, invece, il Nord Europa collocò sul mercato internazionale prodotti molto più scadenti di quelli italiani; il basso livello qualitativo, però, era compensato da un prezzo più abbordabile, reso possibile dai bassi salari che ricevevano i lavoratori olandesi e inglesi. I mercanti e gli artigiani italiani erano scandalizzati da quelle merci nordiche, le disprezzavano e le deridevano: tuttavia, in tempi di crisi e di difficoltà economiche generalizzate, a livello europeo, era molto più facile collocarle sul mercato.

Le cause della crisi italiana

Schema proiettabile

EPIDEMIA DI PESTE	GUERRA DEI TRENT'ANNI	CONCORRENZA DEI PAESI DEL NORD EUROPA
Diminuiscono la popolazione e le somme investite in attività economiche	Si riduce la domanda di beni da parte del mercato tedesco	Il baricentro dei commerci di beni si sposta verso l'Atlantico: il Mediterraneo cessa di avere un ruolo primario

> Oggetti di lusso

Solo in certi campi molto particolari la **concorrenza del Nord Europa** risparmiò la produzione italiana: gli oggetti di lusso e costosi, come alcuni tessuti di seta mista a oro fabbricati a Venezia, o come gli **strumenti musicali di Cremona**, continuarono a essere fabbricati con successo. I **pisani**, utilizzando materie prime importate dal Nord Africa e dalla Russia, riuscirono a imporsi nel settore dei **raffinati pellami lavorati**: alla fine del secolo, le quattro maggiori concerie della città producevano 100 tonnellate all'anno di oggetti finiti. Altri imprenditori italiani si rivelarono sufficientemente abili da trovare **mercati alternativi, in genere d'élite**, su cui collocare i propri pregiati manufatti. Le sete fiorentine, ad esempio, divennero un bene molto ricercato dall'aristocrazia polacca, che andava accumulando ingenti quantità di denaro grazie alla vendita di cereali ed era desiderosa di ostentare la nuova ricchezza.

> Artigiani dalla città alla campagna

I successi più solidi e duraturi, tuttavia, furono raggiunti in quei settori in cui la produzione artigiana riuscì a sganciarsi dai rigidi regolamenti fissati dalle autorità cittadine e a spostarsi dalla città alla campagna. I vantaggi di tale **delocalizzazione** erano molteplici: innanzitutto, si risparmiava sulla manodopera, disposta ad accettare salari inferiori a quelli degli operai urbani. Inoltre, era possibile accedere direttamente ad alcune materie prime indispensabili alla produzione, come ferro, legname (utilizzato come combustibile) e acqua corrente. Si spiega in tal modo, ad esempio, il successo dell'**industria del ferro nelle montagne del Bresciano**, capaci di produrre circa 2500 tonnellate di ghisa all'anno. Se le guerre rovinarono alcuni mercati, per le manifatture dell'area circostante Brescia si rivelarono la principale fonte di reddito, visto che producevano **soprattutto armi**. Esse servivano grandi committenti quali Venezia (sotto il cui dominio, nel XVII secolo, si trovava Brescia), il re di Spagna, l'imperatore e altri principi tedeschi: in ogni caso, eseguivano ordini di migliaia di pezzi, destinati ad armare interi eserciti.

↑ Evaristo Baschenis, *Trittico Agliardi, Natura morta con strumenti musicali*, XVII secolo (collezione privata). La produzione di strumenti musicali rimase un'attività fiorente anche nel disastroso panorama economico italiano del Seicento.

Anche la **produzione di carta** trasse grandi benefici dalla nuova dislocazione rurale, soprattutto in virtù della facile disponibilità di acqua per il trattamento degli stracci, da cui il materiale era ricavato. La carta di qualità migliore era fabbricata nella **zona di Voltri, sulla costa ligure, a ovest di Genova**; negli anni 1680-1690, la Spagna importava da Voltri 200 000 risme l'anno, in larga misura destinate al mercato delle colonie americane. Anche l'Inghilterra, alla fine del secolo, divenne un cliente di notevole rilievo: nel 1701, le cartiere di Voltri esportavano verso Londra 80 000 risme di carta.

> **Filatoi alla bolognese**

Infine, dobbiamo ricordare l'industria della torcitura della seta, termine che indica il delicato procedimento di filatura del prodotto grezzo, finalizzato a ottenere l'*organzino*, impiegato come ordito dei tessuti di alta qualità. Fino al 1600, questa operazione era effettuata solo a Bologna, i cui artigiani custodivano gelosamente i segreti del processo di lavorazione e quindi erano in grado di trattare fino a un milione di libbre di seta grezza l'anno. All'inizio del nuovo secolo, la tecnica dei filatoi *alla bolognese* cominciò a circolare e a diffondersi in tutto il Nord Italia. Alla fine del Seicento, il Piemonte produceva 685 000 libbre di organzino ogni anno, in 125 filatoi che davano lavoro a 7000 persone. In sintesi, l'economia italiana del Seicento fu caratterizzata da luci e ombre; se da un lato è innegabile il suo declassamento, a tutto vantaggio del Nord Europa, dall'altro si individuano alcuni **settori dinamici e vitali**, soprattutto quelli in cui la produzione artigiana o proto-industriale (comunque destinata all'esportazione) seppe rinnovarsi.

> **Il sud Italia**

Le regioni settentrionali della Penisola, però, riuscirono ad adeguarsi in modo più rapido ed efficace di quelle del Sud, che fu colpito da gravi problemi intorno alla metà del secolo. Nel 1647, la rivolta antispagnola provocò distruzioni di ampia portata in tutto il Mezzogiorno continentale, mentre una terribile epidemia di peste lo spopolò nel 1656.

Com'era già avvenuto al Nord dopo il 1630, molti terreni restarono incolti, mentre un gran numero di nobili o ricchi borghesi napoletani preferirono investire il loro denaro non in migliorie agricole o in attività industriali (minacciate dalla concorrenza olandese), bensì in titoli di Stato. In pratica, essi prestarono grandi somme di denaro alla monarchia, che doveva armare e mantenere migliaia di soldati per le sue guerre. Tuttavia, le principali operazioni di organizzazione degli eserciti avvenivano nel ducato di Milano: era lì che finivano i soldi rastrellati nel napoletano sotto forma di prestiti o di imposte. Di fatto si può dire che, in larga misura, il **denaro del Sud passava da Napoli a Milano**, e che fu la Lombardia a trarre i maggiori vantaggi dal fatto che la macchina da guerra del re di Spagna fosse perennemente in funzione.

↑ Didier Barra, *Veduta di Napoli a volo d'uccello*, 1647 (Napoli, Museo di San Martino).

1 Carestia e cattivi raccolti in Spagna

In Spagna, i primi gravi segnali di difficoltà apparvero negli anni Novanta del XVI secolo. Mentre i cattivi raccolti si moltiplicavano, si rese necessario importare quantità sempre crescenti di derrate alimentari, con gravi ripercussioni sull'economia nazionale.

La scarsità di capitali e l'eccessiva imposizione fiscale furono due delle cause che provocarono in Spagna la crisi economica dell'ultimo decennio del Cinquecento e entrambe furono, a loro volta, il frutto dell'imperialismo di Filippo II. Tuttavia ci fu anche una terza causa, della quale non si può far responsabile il re: una successione di cattivi raccolti, che afflisse allora tutta l'Europa occidentale. Tutto lascia credere che nell'ultimo decennio del secolo XVI si avesse una variazione di clima, forse causata da un calo temporaneo dell'energia solare, che rese più bassa la temperatura media dell'estate e ritardò e rese più scarsi i raccolti (sia di cereali, sia di uva, sia di olive) ovunque. Nelle città della Vecchia Castiglia tutte e tre le cause suddette – carenza di capitali, fiscalità eccessiva e cattivi raccolti – incisero in maniera sempre più pesante a partire dal 1595. Nei primi mesi di quell'anno, il Consiglio della città di Palencia (prendiamo una città a caso, per portare un esempio) non sapeva che pesci prendere poiché le imposte addossate alla città erano cresciute del 40 per cento e non vedeva in che modo raccogliere ed esigere le imposte così aumentate. Poi già all'inizio del mese di ottobre ogni altra questione passò in secondo piano davanti alla necessità di importare da fuori grano e vino per supplire ai vuoti di derrate prodotti da un raccolto spaventosamente scarso. E sebbene le cose andassero un po' meglio nel 1596, il peggio tornò nel 1597; e poi nell'inverno 1597-98 il gelo colpì tutte le viti e danneggiò il grano già seminato. Il raccolto del 1598 – o meglio, quanto restava allora da raccogliere dopo tante calamità – andò definitivamente in malora a causa «di una tempesta che ha colpito con violenza mai vista le campagne che circondano questa città».

Una variazione di clima, forse causata da un calo temporaneo dell'energia solare, che rese più bassa la temperatura media dell'estate e ritardò e rese più scarsi i raccolti

Palencia andò man mano riempiendosi di contadini affamati, che si portavano in città attirati dalle magre razioni distribuite dai granai municipali. Ma si arrivò a tale saturazione che in agosto fu deciso di espellere tutti gli immigrati e di sbarrare le porte della città affinché altra gente non venisse a cercarvi rifugio. In settembre le informazioni pervenute al Consiglio raccontavano che alle porte della città c'era in folla della povera gente che moriva di fame, ma poiché le scorte erano sì e no bastanti a tenere in vita i cittadini, il Consiglio tenne fermo il divieto di ammettere entro le mura chi cittadino non era. La prudenza del Consiglio trovò poi conforto nelle voci che si stava diffondendo dalla costa cantabrica in direzione sud un'epidemia di peste, la quale spazzava via a migliaia nel suo cammino le vittime stremate dall'inedia. Pare che la grande epidemia di peste degli anni 1598-1599 abbia fatto in Castiglia 600 000 vittime e cioè abbia portato via quasi il 10 per cento dell'intera popolazione. A Palencia, dove il censimento del 1589 aveva contato 10 700 abitanti, dieci anni dopo ne restavano solo 5100 e cioè nell'arco di un decennio si era avuta una caduta verticale che aveva più che dimezzato la consistenza demografica della città.

A Valladolid, una città che contava circa 36 000 abitanti, le autorità cittadine compilarono una *lista nera* di tutte le località che si sapeva essere state raggiunte dall'epidemia di peste, ma questo provvedimento e altri ancora deliberati per tenere sotto controllo il contagio (tra i provvedimenti adottati ci fu quello di mutare il pubblico postribolo in un locale aggiuntivo per ospitarvi i malati) non esentarono la popolazione dal pagare un terribile scotto: solo nel 1599 si è calcolato che fossero ben 6600 i cittadini di Valladolid portati via dal morbo e cioè la città perdette quell'anno quasi un quinto dei suoi abitanti. A sua volta Segovia, che aveva 28 000 abitanti, durante la peste ne perdette 12 000. E si noti: Segovia, Valladolid o Palencia non costituirono casi isolati; tutta la Spagna negli ultimi anni del Cinquecento si pensa che sia stata colpita da una gravissima crisi demografica.

Il re non poteva di certo nascondersi la realtà di simili fatti. Egli si aggirava ancora per i suoi regni (nel 1592 fece un giro per la Vecchia Castiglia e poté vedere con i suoi occhi lo stato di decadenza in cui erano precipitate Burgos, Valladolid

↑ Diego Velázquez, *Cena di contadini*, 1618 (Budapest, Museum of Fine Arts).

RIFERIMENTI STORIOGRAFICI

e il resto del paese) e i suoi ministri gli inviavano lettere con cui attiravano la sua attenzione sulla desolazione e lo spopolamento della Spagna. Per esempio, nel febbraio del 1591, il segretario Mateo Vazquez scrisse al sovrano lamentando che nella Castiglia «la popolazione sta calando e sta calando ad un ritmo tale che molte persone attendibili venute da varie parti di questi regni vanno dicendo che c'è da meravigliarsi se nei villaggi più piccoli si incontra ancora qualcuno. Così andando le cose, l'agricoltura avrà presto un crollo... C'è da temere che qui tutto crolli di colpo a causa della mancanza di fondi...». [...]

Eppure, pur in mezzo alle sue pene, il re capì che una politica di limitazioni e di minori impegni nel settore marittimo (quella che Vazquez e altri gli raccomandavano) non era quella giusta. «Capisco che la vostra è una buona intenzione – disse al suo segretario (e cappellano) – ma questi non sono impegni che si possono lasciar cadere». Gli impegni che il re si era assunto all'esterno non potevano essere lasciati cadere perché «la questione religiosa che vi è implicita ha la priorità su tutto». Questo doveva essere il ritornello continuamente ripetuto da Filippo nell'ultimo decennio del secolo.

G. PARKER, *Un solo re, un solo impero. Filippo II di Spagna*, il Mulino, Bologna 1985, pp. 214-217, trad. it. J. CATALANO

analizza il brano

- → Quali effetti demografici ebbe sulla popolazione della Spagna l'epidemia del 1598-1599?
- → Come reagirono le autorità spagnole di fronte alla gravità della situazione?

RIFERIMENTI STORIOGRAFICI

2 Giovani e matrimonio in Inghilterra

Peter Laslett ha coniato la fortunata espressione «il mondo che abbiamo perduto» per descrivere la realtà contadina pre-industriale. A suo giudizio, si trattava di un mondo dotato di un proprio equilibrio, che riusciva a garantire un'accettabile livello di vita. Tra i fattori di garanzia del sistema, un posto importantissimo aveva il controllo sociale sul matrimonio, che spesso era spostato in età relativamente alta.

«La mia bambina è ancora estranea al mondo. Non ha compiuto quattordici anni. Lasciamo altre due estati soccombere al peso del loro rigoglio, prima di considerarla matura per le nozze». Così parla Capuleti nella seconda scena di *Giulietta e Romeo.* Ma, al di là delle sue parole e dei suoi sentimenti, sua figlia Giulietta sposa Romeo attorno ai quattordici anni. La madre di Giulietta non le nasconde in alcun modo il proprio punto di vista: «Bene, e allora pensiamo a queste nozze. Ragazze, qui a Verona, più giovani di te, degne persone, sono già spose e madri: salvo errore io ero già tua madre alla tua età e tu sei nubile ancora...». La madre di Giulietta si era quindi sposata a dodici o a tredici anni, analogamente a tutte le altre nobili dame di Verona. Nella *Tempesta* [un altro dramma di Shakespeare, *n.d.r.*], Miranda si sposa a quindici anni. Tutto appare piuttosto chiaro e plausibile. Nei drammi di Shakespeare, le donne, e quindi, presumibilmente anche le inglesi del suo tempo, potevano sposarsi poco dopo i dieci anni o anche prima e spessissimo lo facevano. Ciò tuttavia è falso. Abbiamo esaminato tutti i documenti che ci è stato possibile reperire, per venirne a capo: tutti testimoniano che, nell'Inghilterra di Elisabetta e di Giacomo, il matrimonio in età tanto precoce era raro e, anche prima dei vent'anni, meno frequente rispetto al giorno d'oggi. A dodici anni il matrimonio, così come noi lo intendiamo, era praticamente inesistente. [...]

Nei drammi di Shakespeare, le donne [...] potevano sposarsi poco dopo i dieci anni [...]. Ciò tuttavia è falso

A quei tempi, in Inghilterra, come ancora accade attualmente con la Chiesa anglicana, ci si poteva sposare con una licenza o a seguito di pubblicazioni. Gli sposi dovevano fare richiesta della licenza al vescovo della diocesi in cui vivevano e spesso erano tenuti a indicare la loro età; motivo di ciò era che nessun giovane minore dei ventun anni poteva contrarre matrimonio religioso senza il consenso dei genitori, e anche al di sopra di tale età sposarsi senza il loro permesso era considerato grave peccato, in assenza di buone motivazioni. Abbiamo esaminato circa mille licenze di matrimonio, rilasciate tra il 1619 e il 1660 dalla diocesi di Canterbury a persone che si sposavano per la prima volta: da queste risulta l'età dei richiedenti. C'è una donna che risulta di 13 anni, quattro di 15, dodici di 16: tutte le altre ne avevano 17 o più e 966, cioè quasi l'85% si sposavano per la prima volta dopo i 19 anni. L'età più frequente per le donne al primo matrimonio che rientrano in questo studio era di 22 anni [...]. I maschi che si sposavano avevano in gran parte circa 3 anni più delle mogli, anche se ci sono alcuni matrimoni tra quelli registrati in cui la differenza d'età è notevole. Solo dieci uomini erano al di sotto dei 20 anni, due ne avevano 18, mentre l'età più frequente era di 24 anni [...]. In termini più correnti, l'età media di queste spose del periodo elisabettiano e giacomiano era di circa 24 anni e quella degli sposi di circa 28. Queste cifre dovrebbero di certo bastare a sfatare la credenza che i nostri antenati si sposassero in età molto più giovane di noi. [...]

L'affermazione della madre di Giulietta appare piuttosto un po' fuori dall'ordinario sotto un altro aspetto. Gli esperti ritengono infatti che nei paesi occidentali, durante le ultime due o tre generazioni, l'età della maturità sessuale femminile sia calata in modo sorprendente e che attualmente stia diminuendo in misura anche più accentuata. In Svezia, nel 1905, le ragazze avevano le prime mestruazioni a 15,7 anni, età che nel 1949 era calata a 14,1. Negli Stati Uniti l'età del cosiddetto menarca era già di 14,1 anni nel 1904, ma nel 1951 era di 12,9. Per la Norvegia, dove questi rilievi statistici risalgono più addietro che altrove, era di 17,1 anni nel 1850 e di 13,5 nel 1951, più o meno la stessa età che si aveva in Inghilterra negli anni successivi. [...] E se quanto si sa riguardo al menarca nella Norvegia del 1850 può dare qualche indicazione anche in riferimento all'Inghilterra elisabettiana, è impossibile che qui l'età normale per il matrimonio fosse dell'ordine dei dodici o tredici anni. Lo negano i fatti elementari della vita. [...]

La cifra di 17,1 relativa a un campione di ragazze norvegesi del 1850 non significa che mai queste raggiungessero la maturità sessuale a 15, 14 o anche a 13 o 12 anni. Significa semplicemente che ciò si verificava altrettante volte prima dei 17 anni quanto dopo tale età. Giulietta quindi avrebbe potuto avere dei figli, anche se l'età media del menarca delle ragazze di quell'epoca era quattro o cinque anni superiore all'età che ella aveva quando incontrò Romeo. Ma questo significa anche, naturalmente, che una percentuale notevole di donne sue contemporanee, e in specie le ragazze provenienti da famiglie dei ceti più umili, avrebbe dovuto attendere fino ai 18, 19 o anche ai 20 anni prima di giungere alla maturità. [...] Un tempo solo pochi privilegiati potevano nutrirsi altrettanto bene, o vivevano altrettanto comodamente, di quanto noi tutti facciamo al giorno d'oggi [...]. Sta diventando chiaro, quindi, che solo gente come la signora Capuleti e sua figlia potevano di norma ritenere di essere sessualmente mature per sposarsi, o comunque per avere figli, a tredici o quattordici anni. Ora, se questo fosse vero per tutti gli appartenenti alle classi privilegiate del mondo che abbiamo perduto, per ognuno dei membri di quella che abbiamo definito fascia dirigente e non altrettanto accadesse riguardo al resto della popolazione, se fosse vero nel caso della *gentry* [la nobiltà di campagna, *n.d.r.*] intesa come classe sociale in relazione a coloro che stavano su un gradino inferiore della società, saremmo di fronte allora a un contrasto antagonistico tra le due sezioni della popolazione. I membri delle classi privilegiate erano senza dubbio più alti, di maggior peso e meglio sviluppati degli altri, né più, né meno che in epoca vittoriana. Durante l'età elisabettiana, però, e, più in generale, nell'epoca preindustriale, ai nobili cresceva forse la barba e mutava la voce prima che al resto della popolazione: allo stesso modo, forse, le fanciulle nobili diventavano donne sessualmente mature in età più precoce.

P. LASLETT, *Il mondo che abbiamo perduto. L'Inghilterra prima dell'era industriale*, Jaka Book, Milano 1997, pp. 101-110, trad. it. G. VOLA

analizza il brano

- Secondo l'autore, che peso e che credibilità occorre dare alle opere letterarie, come fonti di storia sociale?
- Quanto pesava la condizione sociale nello sviluppo fisico degli uomini e delle donne?

3 L'atteggiamento verso i poveri nell'età moderna

Nei secoli compresi tra il 1550 e il 1750, in varie regioni d'Europa i poveri erano in numero spaventosamente alto. Si trattava di gente senza lavoro stabile, in tempo di crisi, che viveva di espedienti. Il confine tra il povero, il vagabondo e il bandito spesso era labile e difficile da tracciare.

Gli *homeless* non sono certo un'invenzione dei nostri giorni: per secoli, un'ingente massa d'uomini ha vissuto senza fissa dimora, «senza foco, né loco». Tra di essi possiamo annoverare i «furfanti» e i «galioti» [galeotti] che a Venezia cercano riparo «sotto el portelo de San Marco et de Rialto», talvolta senza proprio riuscirci, visto che li si ritrova morti di freddo e di fame. Oppure la marea dei mendicanti napoletani che di notte si rifugiano dove possono e come possono in miserabilissime stanze a pagamento, in stalle, case diroccate, grotte. Ma in Età moderna c'è tutto un mondo variegato di senzatetto, vagabondi, accattoni, pezzenti, scansafatiche, delinquenti che tirano a campare di elemosine, di inganni, di frodi, di furti o di violenze. La piaga del vagabondaggio e della mendicità affligge tutt'Europa, pur con caratteristiche specifiche nei diversi momenti storici e nelle diverse zone. [...] Non è facile fissare in cifre la massa mobile e fluttuante dei vagabondi e dei senzatetto, tanto più in una società in cui il numero dei poveri può crescere

↑ Mercato di piazza del Popolo a Roma, in un dipinto di Johannes Lingelbach del 1664 (Vienna, Akademie der Blidenden Künste).

RIFERIMENTI STORIOGRAFICI

a dismisura nei momenti di crisi. Il contingente dei bisognosi, infatti, non è rappresentato solo da coloro che non sono in grado di guadagnarsi da vivere perché invalidi, malati, troppo vecchi o ancora bambini, cioè i cosiddetti *poveri strutturali*, il cui numero in città come Roma, Firenze, Venezia, Lione, Toledo, Odense, Norwich, Salisbury e molte altre oscilla tra il 4 e l'8% della popolazione. Accanto ad essi c'è la massa di coloro che sono esposti a scivolare sotto il livello di sussistenza alla minima fluttuazione del prezzo del pane, pari a un quinto della popolazione urbana. [...] Nei momenti di crisi particolarmente acuta il numero dei poveri può insomma raggiungere la metà, talvolta addirittura il 70% delle famiglie urbane. [...]

Nella prima fase del periodo che stiamo analizzando [alla fine del Cinquecento e nel Seicento, *n.d.r.*] il problema ha ormai raggiunto dimensioni preoccupanti. Ciò contribuisce, insieme ad altri fattori, tra i quali l'imporsi di nuove concezioni dell'elemosina, della proprietà e del livello di miseria tollerabile, a far cambiare l'atteggiamento nei confronti dei più poveri: tra la fine del Medioevo e la prima Età moderna essi si trasformano da immagine del Cristo che va soccorso in una massa minacciosa che va sì assistita, ma anche tenuta sotto controllo e neutralizzata. Per capire in che modo spostiamoci a Lione, negli anni Trenta del Cinquecento.

«Muoio di fame, muoio di fame», gridano gli oltre quattromilacinquecento abitanti ridotti allo stremo dalla terribile carestia del 1531e le millecinquecento persone del contado catapultate in città dalla speranza di trovare un tozzo di pane. La gente cerca di fare qualcosa: chi può dà da mangiare a quelli che bussano alla porta o che vagano per le strade. Ma gli affamati si gettano sul cibo come avvoltoi e lo ingollano con tale rapacità da morire soffocati, aggrediscono i benefattori, si accapigliano, disperdono le elemosine. La paura sostituisce allora la compassione. In un gruppo di cittadini matura tuttavia la convinzione che, se da un lato non si può rinunciare alla carità verso il prossimo, dall'altro bisogna trovare sistemi di intervento più razionali ed efficienti delle elargizioni private. Nasce così l'Aumône-Générale [Elemosina generale, *n.d.r.*]. Si tratta di un ente governativo in cui viene centralizzata l'assistenza. Viene infatti stabilito che ad esso siano consegnate tutte le elemosine distribuite nelle chiese e nei monasteri. Si vieta ai privati di dare alcunché ai mendicanti per strada o in luoghi pubblici: ogni donazione deve venir affidata agli addetti dell'ente. Si fa un censimento di tutti i poveri della città: i malati sono ricoverati gratuitamente all'ospedale; agli altri vengono date tessere che danno diritto all'assistenza. Vengono poi aperti due istituti per accogliere gli orfani poveri e i trovatelli quando, a sette anni, lasciano l'Hôtel-Dieu, che si occupa dell'infanzia abbandonata. Affinché imparino un mestiere grazie al quale potersi mantenere «da grandi», i bambini vengono messi a bottega. Le ragazze sono collocate a servizio o inserite nell'industria tessile cittadina, e quando si sposano ottengono una dote.

Ma la medaglia ha anche un'altra faccia. Si vieta infatti qualsiasi forma di mendicità. Chi chiede l'elemosina verrà frustato e messo al bando. I vagabondi sono posti davanti a una chiara alternativa: lavorare o andarsene da Lione. O meglio: andarsene o spaccarsi la schiena a scavare fossati per le nuove fortificazioni della città e a raccogliere immondizie, spesso in catene e in cambio solo di un po' di cibo. Prospettiva dunque non molto allettante. Ma chi disobbedisce viene rinchiuso in una torre, che nel Seicento diviene un luogo di reclusione permanente per mendicanti e vagabondi sani, «metà prigione e metà casa di lavoro» (N. Zemon Davis). Il caso di Lione compendia in sé la tipologia e la filosofia di buona parte degli interventi realizzati nell'Europa d'Età moderna per lottare contro povertà, mendicità e vagabondaggio. Nel Cinquecento e nei primi decenni del Seicento viene infatti elaborato un nuovo atteggiamento, nelle sue linee essenziali simile in tutt'Europa, volto da un lato a creare istituzioni assistenziali per i poveri incapaci di provvedere a se stessi; dall'altro a stigmatizzare e combattere il vagabondaggio e la mendicità esercitata da uomini validi, in uno sforzo bifronte che ha comunque implicazioni reclusorie e repressive.

R. SARTI, *Vita di casa. Abitare, mangiare, vestire nell'Europa moderna*, Laterza, Roma-Bari 2011, pp. 3-4, 24-26

analizza il brano

- Spiega l'espressione: «scivolare sotto il livello di sussistenza alla minima fluttuazione del prezzo del pane».
- Qual era la «prospettiva non molto allettante» che veniva offerta ai poveri della città di Lione?

4 Friedrich Spee: la prima critica della caccia alle streghe

Con uno stile che, per alcuni versi, imita quello di un romanzo storico, Anna Foa ricostruisce i problemi che, nel 1631, sollevò la pubblicazione del libro *Cautio criminalis*, del gesuita tedesco Friedrich Spee, il primo intellettuale a esprimersi in modo critico nei confronti del fenomeno della repressione violenta della stregoneria.

Nel palazzo del Collegio romano, il generale dell'Ordine dei gesuiti, Muzio Vitelleschi, sedeva al suo tavolo di lavoro, le carte sparse davanti agli occhi, le sopracciglia aggrottate. [...] A scrivere a Vitelleschi, chiedendone la protezione in un momento di gravi difficoltà dentro la provincia tedesca dell'Ordine, era un gesuita tedesco, un padre proveniente da una famiglia della più alta nobiltà della Vestfalia, Friedrich Spee von Langendorf, [...] che se ne era uscito con un libro, in cui attaccava la procedura giudiziaria in vigore in Germania e la grande persecuzione delle streghe. Il libro non portava il suo nome, anche se l'autore non ne faceva certo mistero, ed era stato pubblicato senza l'autorizzazione dei suoi superiori, e per di più a Rinteln, una città calvinista. [...] Il suo appello appassionato metteva il generale in gravi difficoltà. In Italia, la stregoneria non rappresentava più un problema. Da molti anni, ormai, l'Inquisizione guardava alle accuse di stregoneria con grande cautela. Non che in Italia i roghi delle streghe fossero stati davvero numerosi, anche se c'era stato un periodo, sotto il pontificato di Pio V [papa dal 1566 al 1572, *n.d.r.*], in cui perfino a Roma alcune donne erano state arse per stregoneria in Campo de' Fiori. E in Lombardia, il cardinal Carlo Borromeo aveva mandato al rogo un gran numero di donne accusate di stregoneria, ma quasi da solo, contro il parere del Sant'Uffizio. Negli ambienti dell'Inquisizione romana, circolava ormai da tempo una *Instructio* [*Istruzione*, *n.d.r.*] per la conduzione dei processi di stregoneria, che poneva nella pratica ostacoli giuridici molto pesanti a questo genere di procedimenti. Ma il generale non ignorava certo che, mentre a Roma circolavano documenti di tal fatta, in Germania i roghi continuavano ad ardere in gran numero. Per fortuna, si diceva a Roma, erano processi voluti dai principi o dai signori ecclesiastici. [...]

Decise di sottoporre il testo di Spee al parere di qualche esperto. [...] Gli venne in mente un sacerdote della Curia, esperto giurista, Francesco Albizzi, considerato tra gli amici più fidati della Compagnia. [...] Il parere di Albizzi giunse con grande rapidità, ed era un parere molto positivo. Il libro, si diceva, non conteneva nulla che odorasse sia pur lontanamente di eterodossia. [...] Quello che interessava davvero il suo autore erano i meccanismi processuali, che venivano smontati senza alcuna esitazione. Non che Spee volesse confutare la procedura inquisitoriale in sé, aggiungeva. Era il modo in cui veniva applicata in Germania contro le streghe che gli sembrava una perversione del meccanismo originario. Il discorso di Spee, scriveva Albizzi, era degno di attenzione. Secondo lui, infatti, il meccanismo inquisitoriale, basandosi sulla tortura, si fondava sull'attribuzione a Dio di un ruolo decisivo nello stabilire la colpevolezza o l'innocenza dell'imputato. La tortura purga [purifica, libera, pulisce, *n.d.r.*], dicevano infatti i testi di diritto. Se un imputato esce senza confessare dalla tortura, vuol dire che è innocente, che si è «purgato degli indizi» di colpevolezza. Il sistema offriva dunque la possibilità di dimostrare la propria innocenza così come portava il colpevole ad essere inchiodato alla sua colpa. Era Dio che si esprimeva, come nell'ordalia. Ma la caccia alle streghe, come si svolgeva on Germania in quel momento, aveva introdotto, secondo Spee, una novità nel meccanismo tradizionale di discoperta della verità: l'idea che se le streghe non parlavano, era perché il diavolo legava loro la lingua con un maleficio, il maleficio del silenzio, lo chiamavano. L'introduzione di questa innovazione portava secondo Spee allo svuotamento dall'interno del meccanismo inquisitoriale. Distinguere l'innocente dal colpevole diventava impossibile. L'ordine giuridico veniva violato, Dio veniva messo a tacere, la ricerca della verità inutile: «Vorrei sapere, se muore sia che confessi sia che non confessi, allora se era innocente, non c'era proprio alcun modo di salvarla? Infelice, che speranze hai nutrito? Perché non ti sei confessata colpevole appena entrata in carcere? Perché hai voluto morire tante volte quando avresti potuto morire una volta sola?», scriveva senza mezzi termini Spee nella sua opera. [...]

A questo punto, Vitelleschi cominciò a leggere il libro, immergendosi sempre più nelle sue argomentazioni. Lo colpì il fatto che, come i suoi predecessori, che si erano appellati all'esperienza giudiziaria per sostenere le ragioni della caccia alle streghe, Spee si appellasse continuamente alla sua esperienza di confessore per affermare che di tutte le persone condannate la maggior parte erano innocenti. [...] L'immagine che proveniva dal testo era quello di un mondo senza Dio, privato dell'intervento della divina Provvidenza. È tipico di questi entusiasti, che prima muovono mari e monti per ottenere una cosa e poi, appena l'hanno ottenuta, la lasciano cadere come perdendo ogni interesse. «Così lo zelo religioso di Spee», pensò. Aveva denunciato il silenzio di Dio rispetto all'innocenza o alla colpevolezza delle accusate ed ora finiva per non credere più che Dio potesse curarsi degli uomini.

A. FOA, *Eretici. Storie di streghe, ebrei e convertiti*, il Mulino, Bologna 2004, pp. 89-98

Ein erschröcklich geschicht Vom Tewfel vnd einer vnhulden/ beschehen zu Schilta bey Rotweil in der Karwochen. M.D.XXXIII Jar.

Steffan hamer Briefmaler.

↑ Verbale del processo a una presunta strega poi arsa sul rogo, 1533 (Zurigo, Zentralbibliothek, Graphische Sammlung).

analizza il brano

- → Che ruolo svolgeva Dio, durante la tortura di un imputato, secondo la mentalità degli inquisitori del Seicento?
- → Quale impressione della relazione tra Dio e il mondo si ricava, dalla lettura dell'opera di Spee?

5 I fondamenti economici della potenza olandese

La forza del capitalismo olandese consisteva nella capacità di Amsterdam e delle Province Unite di fondere insieme numerose e complementari attività: la pesca, la manifattura tessile, l'industria cantieristica, il commercio dei cereali e quello di pregiati beni coloniali, provenienti sia dall'Oriente (sete, spezie, tappeti, tulipani ecc.), sia dall'America (tabacco e zucchero).

Dato che il terreno era particolarmente poco adatto all'agricoltura di aratura, si poteva con maggiore facilità aumentare la produzione volgendosi a prodotti industriali quali il lino, la canapa, il luppolino, l'orticoltura, la coltivazione di alberi da frutto e l'importantissima produzione delle tinte di cui gli olandesi nel XVI e XVII secolo erano i coltivatori più avanzati del mondo, con poca concorrenza. Insieme con l'orticoltura e i raccolti tradizionali, si ebbe un incremento considerevole dell'allevamento del bestiame. Ciò che in parte rese possibile questa concentrazione di prodotti industriali fu la notevole importazione di grano, che non fu un fatto marginale. De Vries calcola che a metà del XVII secolo metà degli abitanti delle province olandesi, Utrecht, Friesland, Groningen, si nutrivano con grano importato. L'altro fattore che vi contribuì fu il miglioramento delle tecniche agricole - la sparizione dell'incolto, la coltivazione ad essa collegata del foraggio secco, la coltivazione a filari, l'uso di strumenti semplici e non costosi, e raccolti abbondanti grazie ad una fertilizzazione massiccia e ad un lavoro molto accurato in aree ristrette. La semina di graminacee e la fertilizzazione sistematica permisero anche mandrie più numerose e maggiori quantità di latte. Tutta questa agricoltura intensiva determinò e fu nutrita da una crescente urbanizzazione ed industrializzazione. A metà del XVII secolo moltissime città avevano concesso ad alcuni individui di raccogliere gli scarti industriali, quali la cenere, e di venderli e spedirli agli agricoltori. Non fa meraviglia che Romano definisca il periodo che va circa dal 1590 al 1670 «il secolo agricolo olandese», a confronto con il XVI secolo agricolo europeo. Il divario si allargò poiché gli olandesi divennero ancora più efficienti e le tecniche agricole di gran parte del resto d'Europa rimasero relativamente ferme.

Le Province Unite non erano solamente il produttore agricolo leader di quel tempo; erano anche, al tempo stesso, il principale produttore di beni industriali. È stato versato tanto inchiostro per spiegare perché l'Olanda non si industrializzò, che noi tendiamo a trascurare il fatto che invece lo fece. Va a merito di Charles Wilson la sua insistenza su questo punto in tutto il suo ampio corpo di opere sui Paesi Bassi. Il progresso industriale si osserva in primo luogo nel settore tessile, quello tradizionalmente trainante. L'Olanda settentrionale cominciò intorno al 1560 a trarre profitto dal flusso di profughi verso il nord determinato dalla rivoluzione olandese. La produzione tessile si concentrò a Leiden, dove ebbero

↑ Il municipio di piazza Dam ad Amsterdam nel dipinto di Jacob Van Der Ulft, *Piazza Dam di Amsterdam*, 1659 (Chantilly, Musée Condé). L'imponenza degli edifici pubblici testimonia della ricchezza della città.

inizio le new draperies (ad es. i fustagni) per le quali divenne in seguito famosa l'Inghilterra. Per un periodo di cento anni la produzione industriale aumentò, raggiungendo il culmine nel 1660 circa. (Un indice calcolato per il 1664 è 545, fatto 100 il 1584 e 108 il 1795) [...]

La seconda grande industria dei primi tempi moderni era l'ingegneria navale, ed anche in questo campo la supremazia delle Province Unite è cosa nota. Meno noto ma fondamentale per un'analisi chiara il fatto che l'industria navale olandese era di dimensioni moderne, fortemente tendente a metodi standardizzati, ripetitivi. Era altamente meccanizzata ed usava molti espedienti pratici - segherie a vento, alimentatori per seghe, carrucole e taglie, grandi gru per spostare il legname - tutti strumenti che accrescevano la produttività. È sorprendente il legame con un complesso industriale-commerciale. Vi erano ad Amsterdam una serie di industrie sussidiarie - funi, forni, forniture per navi, la costruzione di strumenti nautici e carte marine. Per costruire le navi, era necessario il legno in grande quantità. Si calcola che una nave da guerra richiedesse 2000 querce che dovevano essere invecchiate per un secolo in modo che il legno non si spaccasse troppo facilmente; e 2000 querce richiedevano allora 50 acri di terreno boscoso. Una fonte primaria di questo legname era il Baltico ed un motivo importante per cui gli olandesi si accaparrarono questo commercio fu la loro efficienza nella produzione tessile. La conseguenza fu naturalmente l'efficienza nella costruzione navale, che fu il motivo principale per cui gli olandesi poterono dominare il mondo commerciale. [...]

L'Olanda era un centro importante di raffinazione dello zucchero, almeno fino 1660. Si ebbe un notevole boom delle distillerie a partire dal 1600 circa e che durò tutto il secolo. Altre industrie presenti erano quelle della carta; le segherie; la produzione di libri; l'industria dei materiali per costruire case, che si espanse intorno al 1500 ed era ancora ragionevolmente prospera nel XVIII secolo; terracotte; fabbriche di tabacco [...]. La conferma di questa vitalità si può trovare nei dati sul movimento della popolazione e l'urbanizzazione. È risaputo che vi fu una notevole migrazione, in particolare di artigiani e cittadini, dal sud al nord del paese, soprattutto da Anversa ad Amsterdam e Leiden nel tardo XVI secolo. Nel 1622, il 60% della popolazione delle Province Unite erano cittadini; e di questi, tre quarti vivevano in città con più di 10 000 abitanti. La popolazione di Amsterdam quadruplicò - da 50 000 abitanti nel 1600 a 20 000 nel 1650 - ed ebbe la funzione di vero crogiuolo, trasformando fiamminghi, valloni, tedeschi, ebrei portoghesi e tedeschi ed ugonotti francesi in veri olandesi.

I. WALLERSTEIN, *Il sistema mondiale dell'economia moderna, II. Il mercantilismo e il consolidamento dell'economia-mondo europea. 1600-1750*, il Mulino, Bologna 1978, pp. 55-59, trad. it. G. PANZIERI, D. PANZIERI

analizza il brano

→ Spiega l'espressione «il secolo agricolo olandese».

→ Quali vantaggi portava all'industria cantieristica olandese l'uso di metodi standardizzati?

6 L'Olanda e la Compagnia delle Indie Orientali

Nella seconda metà del Seicento, il commercio olandese coinvolgeva spazi enormi, che si estendevano dalla Polonia al Brasile. I guadagni più ricchi, tuttavia, a lungo arrivarono dalle Indie, ove gli olandesi presero il posto dei portoghesi come importatori di spezie.

In quanto a dimensioni, l'Olanda è un paese piccolo, quasi quanto il Portogallo, e certo non abbastanza grande per assurgere al ruolo di grande potenza imperialista. Nel 1500 gli olandesi erano circa 1 milione; 150 anni dopo erano il doppio. Piccolo ma potente: nel XVII secolo la metà della sua popolazione viveva nelle città, una percentuale più alta che in qualsiasi altra nazione d'Europa. E attivo anche: un osservatore del 1627 affermò che le strade e i canali olandesi erano affollatissimi, «che ci sono più carri qui, stracolmi di viaggiatori, di quanti ce ne siano a Roma (e sa Iddio se ce ne sono), mentre i canali che intersecano il paese in ogni direzione sono ricoperti di innumerevoli barche». Ancora più impressionanti erano i porti, grandi e piccoli: veri e propri alveari. Negli anni Sessanta del Cinquecento la sola provincia di Olanda possedeva all'incirca 1800 navi d'altura [capaci di navigare in mare aperto, in alto mare, *n.d.r.*], un numero sei volte maggiore della flotta di Venezia all'apice del suo splendore, un secolo prima. Di queste, circa cinquecento erano attraccate ad Amsterdam, ma di fatto l'intero litorale era un brulicare di alberi maestri - oltre cinquecento battelli per il solo commercio delle aringhe - dislocati in gran parte in porticcioli ormai da tempo dimenticato: Hoorn, Enkhuinzen, Medemblink. [...]

[Durante la guerra contro la Spagna, *n.d.r.*] Amsterdam restò sempre in posizione di retroguardia, una città cauta, collaborazionista. Solo a guerra finita e vinta si decise a passare dalla parte dell'indipendenza. Nonostante tanta prudenza, tuttavia, e forse proprio in virtù di essa, divenne immediatamente la capitale della confederazione, il suo centro affaristico. Ciò che le mancava in virtù lo compensava in buon senso. A volte la mancanza di principi paga. Lo stesso discorso vale per l'avventura coloniale. Gli olandesi avrebbero preferito lasciare a portoghesi e spagnoli il sangue e la gloria e servire piuttosto come intermediari, agenti, trasformatori, distributori e cose simili. Ma allorché la Spagna si annesse virtualmente il Portogallo e sbarrò le porte di Siviglia e Lisbona alle navi olandesi nel 1585, obbligò questi sobri cittadini a trasformarsi in marinai da guerra in acque straniere. Gli olandesi impararono quest'arte attraverso lo spionaggio. Le figure chiave furono Cornelis de Houtman, marinaio e condottiero, e Jan Huyghen van Linschoten, viaggiatore e geografo. Entrambi trascorsero alcuni anni al servizio dei portoghesi, in quanto questi ultimi avevano bisogno di tutto l'aiuto possibile e non compresero che gli olandesi costituivano un rischio per la propria sicurezza. Allorché fecero ritorno in Olanda, i nostri emigrati portarono con sé importanti informazioni sulle terre e sui mari d'Oriente: coste, scogli, barriere coralline; isole e porti; rotte, venti e correnti; tempeste stagionali e periodi di bonaccia; latitudini e rilevamenti alla bussola; come gli uccelli segnalavano la prossimità della terra; gli amici e i nemici; punti forti e punti deboli dei portoghesi. Dopodiché gli olandesi iniziarono a navigare, una mezza dozzina di navi presero ad andare e venire; a volte piene, a volte vuote, ma la cosa importante era che ce la potevano fare. Furono costituite una mezza dozzina di compagnie, e in seguito un numero quattro volte maggiore, tutte decise a mettere le mani sulle spezie e tesori delle Indie. Un obiettivo chiaramente irraggiungibile e che indusse molte di esse alla fusione; l'unione fa la forza, proprio come era avvenuto per la Confederazione. Nacque così nel 1602 la *Vereenigde Oostindishe Compagnie* (VOC) [Compagnia delle Indie Orientali, *n.d.r.*].

Gli olandesi si avviarono così a fare soldi con il commercio in un mondo in cui – com'ebbero modo di scoprire – il commercio era legato alla forza e alla prevaricazione. Niente spezie senza la benevolenza del governatore locale o del suo agente, il quale doveva pur campare. Nessun acquisto era tranquillo: i governanti locali erano capaci di venderti due volte lo stesso raccolto. Le rivalità politiche nella ragione erano intricate quanto effimere: musulmani contro infedeli, capetti locali che potevano essere re o sultani; lealisti contro ribelli con tanto di continui scambi di ruolo. Il tutto era ancor più complicato ed esacerbato dalle iniziative di altri paesi europei. I portoghesi, già insediati nelle Indie, erano pronti a corrompere, mentire, rubare, finanche uccidere pur di ostacolare gli olandesi; e lo stesso gli spagnoli, che vi stavano entrando dalla porta posteriore delle Filippine. E alle loro calcagna gli inglesi, ancora troppo pochi per competere per la conquista di mercati o di territori, ma che compensavano l'esiguità numerica con l'arte marinaresca e il fuoco d'artiglieria. Tutti coloro che frequentavano queste acque orientali erano mezzi banditi, compresi i pirati locali, che abbordavano le piccole navi e che ancor oggi depredano le barche cariche di profughi indifesi. Ma i peggiori di tutti, i pirati dei pirati, erano gli inglesi: nessuna nave era troppo grande per essere assaltata. Una strategia niente male: se non riesci a fare soldi, rubali a quelli che li fanno. [...] Erano quelli i primi anni, i tempi in cui gli scrupoli vanno messi da parte. Una volta che ebbe stabilizzato la propria posizione, la Compagnia finì col disapprovare le azioni di forza, anche se i suoi rappresentanti in loco furono sempre pronti a ricordarle le realtà della vita asiatica, almeno come essi la vedevano. Ecco Jan Pieterszoon Coen, giovane e focoso proconsole della VOC in Batavia, l'attuale Giakarta [...]: «Lor Signori dovrebbero sapere per esperienza che il commercio in Asia va regolato e mantenuto sotto la protezione e il favore delle armi di Lor Signori, e che le armi devono essere pagate con i profitti del commercio; cosicché non può esserci commercio senza guerra, né guerra senza commercio» (27 dicembre 1614).

D.S. LANDES, *La ricchezza e la povertà delle nazioni. Perché alcune sono così ricche e altre così povere*, Garzanti, Milano 2002, pp. 151, 154-157, trad. it. S. MINUCCI

analizza il brano

- Che cosa significa l'espressione «i pirati dei pirati»? A chi viene applicata?
- Qual era la «strategia niente male», praticata dagli inglesi nell'Oceano Indiano?

↑ Fattoria della Compagnia delle Indie Orientali olandese a Hooghly, in Bengala, dipinto del 1665 (Amsterdam, Rijksmuseum).

La **nuova mentalità** del Seicento

Lo studio del fenomeno della caccia alle streghe può permettere l'acquisizione di una competenza fondamentale, che potremmo definire nel modo seguente: **saper comprendere il concetto di *svolta storica* (in ambito culturale)**. Per affinare tale competenza, viene proposto di seguito un approfondimento, che prende le mosse da un documento e da due pagine storiografiche.

Il sabba delle streghe

Il Compendium Maleficarum *di Francesco Maria Guaccio del 1608, è solo uno dei numerosissimi trattati sulla stregoneria pubblicati tra il 1480 e il 1650.*

Bisogna sapere che, prima di andare al sabba, si ungono completamente o in parte con un unguento composto di varie cose del tutto prive di sale, e soprattutto con grasso di bambini uccisi, e così unte si fanno di solito trasportare a cavallo di un bastone, di scope, di una canna, di un forcone, di una conocchia; talvolta si servono di un toro, di un caprone o di un cane. [...] Dopo che si sono riuniti tutti questi fedeli seguaci del diavolo, accendono di solito un falò tetro e orribile: il diavolo presiede questa riunione e siede su un trono assumendo forme spaventose, per lo più di caprone o di cane. I convenuti gli si avvicinano per adorarlo. [...] Dopo che gli hanno portato delle candele del colore della pece o ombelichi di infanti, in segno di omaggio lo baciano sull'ano. [...] Ogni diavolo prende per mano la discepola che ha in custodia e perché tutto quanto si faccia seguendo un rituale il più possibile assurdo [...] agitano il capo a mo' di pazzi e danzano tenendo qualche volta in mano delle candele [...]. Cantano in onore del diavolo oscenissimi canti, al ritmo e al fragore di un cembalo o di una zampogna [...] e diavoli e loro amanti si mescolano turpissimamente. [...]

Solo questo aggiungerò: che coloro che ritengono non veri questi fatti, ma solo frutto di sogni ed illusioni, peccano senza alcun dubbio contro la santa madre Chiesa in quanto la Chiesa cattolica non punisce se non crimini certi e manifesti né giudica per eretici se non coloro che sono stati manifestamente sorpresi nell'eresia. Già da molti anni la Chiesa giudica eretiche le streghe ed ordina agli inquisitori di punirle e di consegnarle al braccio secolare [alle autorità temporali, *n.d.r.*] [...]: dunque, o la Chiesa sbaglia, o sbaglia chi non crede alla realtà di questi fatti. Ora, chi sostiene che la Chiesa erra in materia di fede sia scomunicato!

S. ABBIATI, A. AGNOLETTO, M.R. LAZZATI, *La stregoneria. Diavoli, streghe, inquisitori dal Trecento al Settecento*, Mondadori, Milano 1984, pp. 271-275

La nuova logica dei funzionari preposti alla sanità nella Toscana del Seicento

[Nella Toscana del Seicento, *n.d.r.*] soprattutto nel campo della organizzazione e della politica sanitaria i rappresentanti dello Stato ebbero frequenti ed aspre occasioni di trovarsi in urto con gli uomini della Chiesa. [...] Le fonti più frequenti di conflitto erano i sequestri per le quarantene cui non sempre gli ecclesiastici erano disposti ad assoggettarsi; le requisizioni di quei monasteri ed altri edifici religiosi che gli ufficiali di Sanità si trovavano costretti a trasformare temporaneamente in lazzaretti o convalescenziari (non senza però adeguati risarcimenti pecuniari) e, *last but not least* [ultimo nella presentazione, ma non per importanza, *n.d.r.*], le prediche e le processioni. In tempi di epidemia gli ufficiali sanitari non vedevano di buon occhio gli assembramenti di popolo, temendo non senza buone ragioni che ogni assembramento potesse alimentare la diffusione del contagio: «Hanno avuta l'espe-

Uno sparuto manipolo di cavalieri della Ragione contro i molti che volevano credere piuttosto che osservare

rienza che li concorsi e radunanze di popoli in tempi di contagio sono di malissime conseguenze». Pertanto, quando giudicavano che il male aveva assunto o stava assumendo proporzioni epidemiche, gli ufficiali di Sanità si affrettavano ad ordinare la chiusura delle scuole, la sospensione dei giochi popolari, la interdizione dei balli e così via. Per quanto riguarda prediche e processioni, non v'ha dubbio che la maggior parte degli ufficiali di Sanità, condividendo le convinzioni religiose dell'epoca, riteneva che prediche e processioni potessero servire a imbonire messer Domineddio, placare la sua ira e quindi magari contribuire a porre fine al contagio. Ma **se l'ammansimento di messer Domineddio mediante prediche e processioni pareva agli ufficiali sanitari una possibilità, l'inasprimento del contagio nel caso di grossi assembramenti di popolo era per loro una certezza**. È significativo che nell'epoca in questione – l'epoca di Galileo e della Rivoluzione scientifica – ad onta delle loro convinzioni religiose ed indubbiamente a costo di un conflitto interiore, i Magistrati di Sanità optassero in genere per i dettami dell'«esperienza» contro i dettami della fede. Ma erano pochi – uno sparuto manipolo di cavalieri della Ragione contro i molti che volevano credere piuttosto che osservare. E i molti erano guidati dagli uomini della Chiesa. Per costoro non v'era dubbio alcuno. Le processioni ed altre simili cerimonie erano l'unico modo per placare l'ira divina e porre termine al flagello.

Nel novembre 1630, mentre in Firenze perdurava l'epidemia di peste, il priore del convento di S. Marco non riusciva a darsi pace. Stando alla sua stessa testimonianza, il brav'uomo si tormentava «la notte e il giorno» rimuginando che «il severo flagello» era stato mandato dall'Onnipossente «da' suoi tesori di sdegno» e che il perdurare dell'epidemia era dovuto alla «cecità degli huomini i quali si pensano contra consilium Altissimi con le pure diligenze humane di riparare a questa mortalità che viene dal Cielo». Dei bacilli, dei topi e delle pulci il bravo priore non aveva il minimo sospetto, come del resto non ne avevano gli ufficiali di Sanità. Sia l'uno che gli altri pensavano lungo direttrici erronee ma nettamente divergenti. Per il priore l'origine del disastro era l'ira divina. Per gli altri poteva anche essere l'ira divina, ma erano anche e soprattutto i «miasmi», i «vapori», l'«appiccicosità» del male, quale che fosse il modo in cui quella maledetta «appiccicosità» si estrinsecava. La differenza tra le due posizioni non era tra errore e verità, ma tra due errori dei quali però l'uno ciecamente ancorato all'ideologia, l'altro derivante da inadeguatezza dei mezzi di osservazione.

C.M. CIPOLLA, *Contro un nemico invisibile. Epidemie e strutture sanitarie nell'Italia del Rinascimento*, il Mulino, Bologna 1995, pp. 186-191

Lavorare per competenze avvio al saggio breve

Il senso dell'impossibile

Davvero nessuno allora [nel XVI secolo, *n.d.r.*] aveva il senso dell'impossibile. La nozione dell'impossibile. Ci dicono che un decapitato si è preso la sua testa fra le due mani e si è messo a camminare nella via. Noi alziamo le spalle senza voler sapere altro sul fatto: saremmo ridicoli. **Gli uomini del 1541 non dicevano: impossibile. Non sapevano dubitare della possibilità di un fatto. Nessuna nozione tirannica, assoluta, costringente di *legge* limitava per essi la potenza illimitata di una natura produttrice e creatrice senza freno**. La critica del fatto comincerà per l'appunto solo il giorno in cui questa nozione di legge entrerà in vigore universalmente; il giorno in cui, per ciò stesso, la nozione dell'*impossibile*, tanto feconda ad onta delle sue apparenze negative, prenderà un senso; il giorno in cui, per tutti gli intellettuali, **il *non posse* genererà il *non esse*** [affermare che qualcosa *non è possibile* equivarrà a dire che *non esiste, n.d.r.*]. Nel secolo XVI, questo giorno non è ancora giunto. [...] Non è stata ancora detta la frase profonda, umana, di Cyrano: «Non si deve credere ogni cosa di un uomo, perché un uomo può dire ogni cosa. Si deve credere di un uomo solo ciò che è umano». Bel testo. Però è del 1641.

L. FEBVRE, *Il problema dell'incredulità nel secolo XVI. La religione di Rabelais*, Einaudi, Torino 1978, pp. 419-422

Lavorare con i testi

Nei passi citati, il colore ha evidenziato alcuni passaggi essenziali. Tenendo a mente queste prime indicazioni, è possibile costruire uno schema che riassume tutte le informazioni fondamentali.

ANALIZZA I BRANI

I giudici impegnati nella lotta contro le streghe insistono sul fatto che l'esistenza del sabba è garantita dalla autorità della Chiesa

↓

Chi nega la stregoneria può essere accusato di eresia

↓

I giudici che si sforzavano di eliminare le streghe credevano alla possibilità che una forza soprannaturale fosse in grado di alterare il normale andamento della Natura (ad esempio: il diavolo permetteva a una strega di volare)

↓

La tortura svolse un ruolo essenziale nel confermare le credenze di coloro che si sforzavano di eliminare le streghe

↓

Il declino della caccia alle streghe precede l'abolizione della tortura come strumento giudiziario

↓

La caccia alle streghe declina quando subentra il senso dell'impossibile

↓

L'atteggiamento scettico dei giudici ha un parallelismo nell'atteggiamento dei magistrati di sanità toscani, impegnati nella lotta contro la peste

↓

Il divieto delle processioni in tempo di peste presuppone un'attenta osservazione della realtà e l'idea che Dio non c'entra con la peste (infatti, le processioni non fermano l'epidemia, anzi, l'aggravano)

→ Utilizzando le informazioni fornite dai testi e lo schema, costruisci un testo che sia lungo, come minimo, due colonne di foglio protocollo.

VERIFICA DELL'APPRENDIMENTO
Conoscenze e abilità

ANALISI DELLE FONTI ICONOGRAFICHE

1. Osserva l'immagine e rispondi alle domande.

a) Che cosa raffigura?

b) In che cosa consisteva l'accusa di essere un untore?

SELEZIONARE E CLASSIFICARE

2. Completa la tabella relativa alla caccia alle streghe.

PAESI NEI QUALI SI DIFFUSE (distingui tra Paesi protestanti e Paesi cattolici)	
MOTIVI REALI CHE LA SCATENARONO (distingui tra Paesi protestanti e Paesi cattolici)	
AZIONI PRATICATE DA STREGHE E STREGONI	
MODALITÀ DEGLI INTERROGATORI PRATICATI DAI GIUDICI	
ELEMENTI CHE DETERMINARONO MINORI ESECUZIONI NEI PAESI CATTOLICI	
CONTENUTO DELLE *ISTRUZIONI* DEL 1620	
MOTIVI CHE PORTARONO ALLA DIMINUZIONE DEI PROCESSI	

3. Completa il seguente testo.

Nel 1526 Juan Luis Vides distinse, nel suo libro *De subventione pauperum*, due categorie di poveri:

1) ....
2) ....

e teorizzò tre principi:

1) ....
2) ....
3) ....

che vennero messi in pratica nei seguenti Stati o città:

1) ....
2) ....
3) ....

4. Elenca i principali provvedimenti che i maggiori Stati europei adottarono per arginare il fenomeno del pauperismo.

CONOSCERE IL LESSICO

5. Definisci il termine.

Sabba

....

Untori

....

COMPRENDERE IL TESTO

6. Rispondi brevemente alle seguenti domande.

a) Nel Seicento, quali erano i metodi utilizzati per limitare la crescita della popolazione europea?

....

b) Quali elementi differenziano la crisi del Trecento da quella del Seicento per quanto concerne l'atteggiamento dell'uomo nei confronti della peste?

....

c) Quali erano le basi dello sviluppo economico olandese?

....

d) Che cos'era la Compagnia delle Indie Orientali?

....

e) Quali furono i motivi della crisi italiana nel Seicento?

....

VERSO IL SAGGIO BREVE

7. Scrivi un testo sull'importanza che la nuova mentalità scientifica ebbe per il formarsi di un diverso atteggiamento nei confronti delle malattie, utilizzando le seguenti domande-guida.

→ Chi erano gli ufficiali di Sanità?
→ Da che classe sociale provenivano?
→ Quali erano le loro mansioni?
→ Che cosa dimostra il caso relativo al porto di Livorno?
→ Quale nuova logica si affermò nella mentalità dell'uomo del Seicento?

MAPPA DI SINTESI

Mappa proiettabile

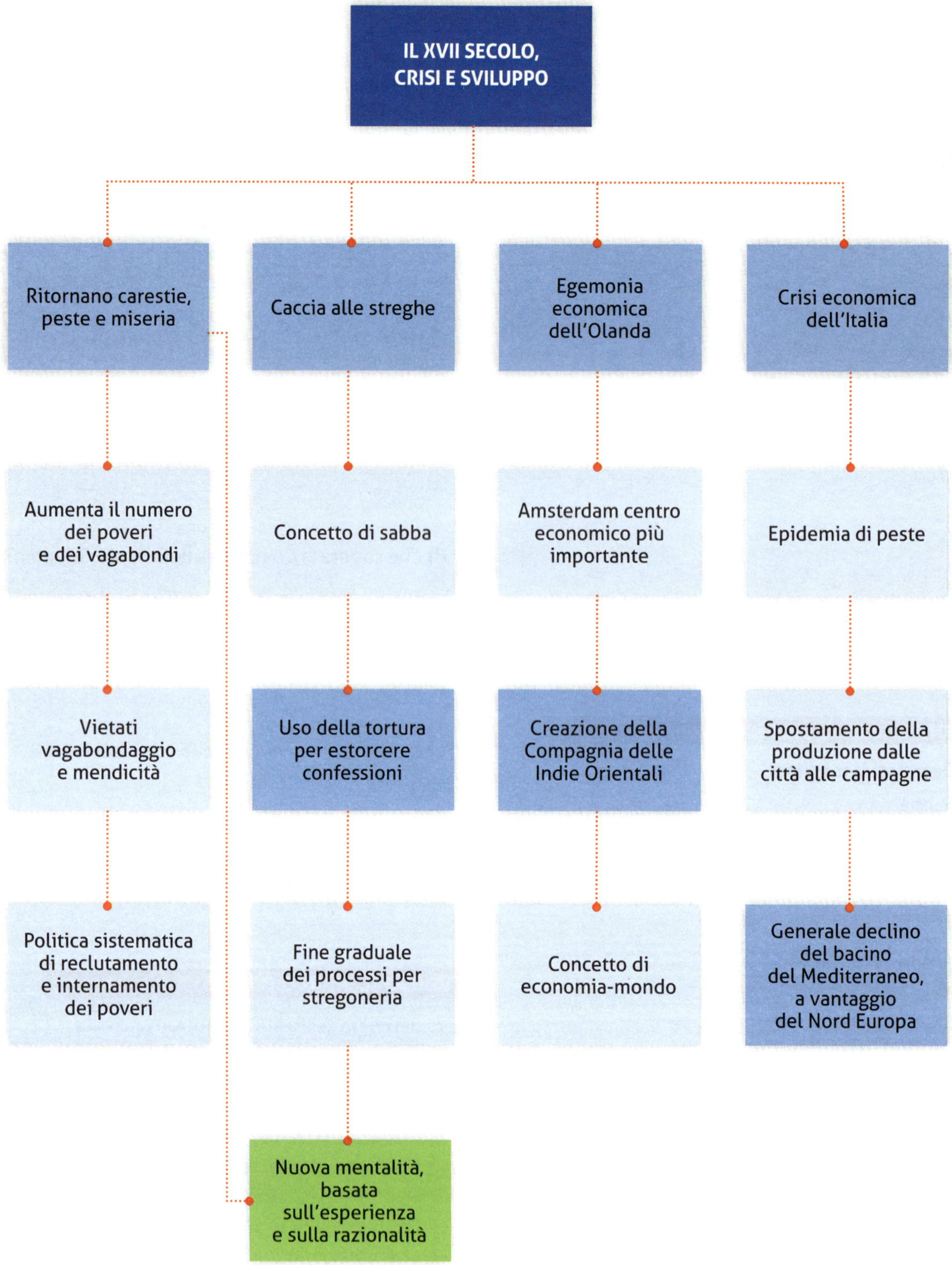

UNITÀ 9

Il Seicento di Wallenstein, Richelieu e Cromwell

Un'immagine per iniziare

Nel Seicento, si verificarono numerose e sanguinose guerre di religione. Certo, anche ragioni di carattere economico e politico ebbero il loro ruolo. Ma il segno distintivo degli scontri fu sempre di natura religiosa, come lo sarebbe stato, nel Novecento, di natura ideologica. In Germania, si scontrarono principi cattolici e signori protestanti; più a ovest, si affrontarono spagnoli (cattolici) e olandesi (calvinisti); in Inghilterra la monarchia (anglicana) dovette fronteggiare vari gruppi protestanti. Del tutto particolare il caso della Francia: regno ufficialmente cattolico, e con un cardinale (Richelieu) come primo ministro, si schierò contro l'imperatore e contro il re di Spagna, cattolici, per ragioni di tipo politico, cioè per timore di un'egemonia della casa d'Asburgo sull'Europa intera.

↑ Philipphe de Champaigne, *Ritratto del duca Armand Jean de Richelieu*, XVII secolo, (Parigi, Museo del Louvre).

SOMMARIO

TESTO

Percorso breve

Una carta per orientarsi nello spazio

Carta proiettabile

La carta raffigura la situazione in Europa nella prima metà del Seicento. Il conflitto più importante fu la guerra dei Trent'anni (1618-1648), che vide in campo le principali forze europee (con l'esclusione dell'Inghilterra) e che confermò la divisione religiosa in Europa; non mancarono, però, altre insubordinazioni, come le rivolte in Portogallo (1640) e a Napoli (1647-1648) contro il governo spagnolo e le ribellioni nelle campagne francesi (a partire dagli anni Venti), contro le crescenti tasse imposte dal governo centrale. In Francia, in particolare, durante la rivolta più famosa, la *Fronda* (1649-1653), gli insorti riuscirono persino a cacciare da Parigi il giovane re Luigi XIV e il reggente al trono, il cardinale Mazzarino: la monarchia, però, riuscì a riorganizzarsi e a sconfiggere definitivamente i propri nemici.

Gli eventi per orientarsi nel tempo

età moderna

1618 – Scoppia la guerra dei Trent'anni

1624-1642 – Richelieu diventa primo ministro in Francia

1642-1661 – Mazzarino diventa primo ministro in Francia

1647-1648 – Rivolta contro il governo spagnolo a Napoli

1642-1645 – Guerra civile in Inghilterra

1610 1620 1630

Una fonte per capire: il processo contro Carlo I

Questo testo è tratto dall'arringa finale pronunciata dal presidente del tribunale che, il 27 gennaio 1649, processò il re Carlo I e lo condannò a morte.

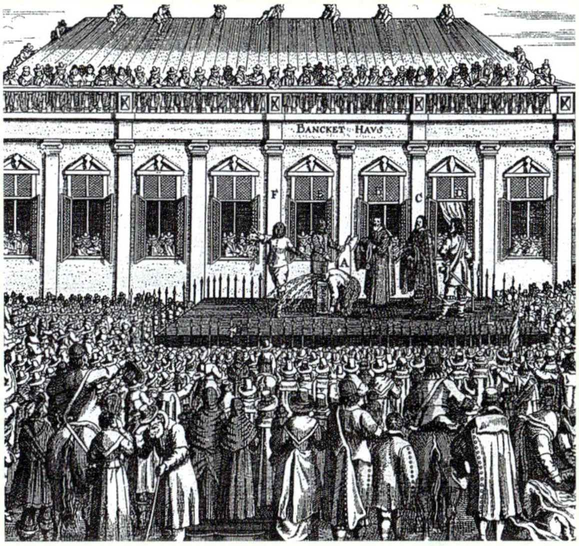

↑ La decapitazione di Carlo I, il 30 gennaio 1649.

Signore [il Presidente si sta rivolgendo al re, *n.d.r.*], questa Corte è convinta – e spero che lo siano anche tutti i cittadini di questo stato – che la legge è superiore a voi, e che avreste dovuto regnare seguendo i suoi precetti: questo, signore, era il vostro dovere. So bene che avete voluto far credere che tale è stato il vostro comportamento, ma bisogna vedere chi conosce meglio la legge, voi, coi vostri magistrati, che volete arrogarvi il potere di esporre la legge, o i tribunali, che ne sono i veri interpreti; anzi, il sovrano, insieme con l'Alta Corte di giustizia, il Parlamento inglese, sono non solo gli interpreti più qualificati, ma anche gli autori della legge.
Ma quando voi, signore, ammettete esclusivamente il vostro giudizio, e quando coloro che stanno dalla vostra parte vi contrappongono alla suprema corte, andate contro la legge. Come la legge è superiore a voi, così esiste qualcosa di superiore alla legge, l'autore, il creatore della legge, e cioè il popolo inglese. [...]
Il re deve rendersi conto di essere solo un funzionario al quale è stato affidato un compito, che deve assolvere, e che si devono prendere misure atte a giudicare e punire la persona che viene meno al suo mandato. Questa legge, signore, non risale a ieri – al momento cioè della contesa che iniziò tra voi e il vostro popolo – ma è antica. Conosciamo bene gli autori che ci informano sulle leggi che presiedevano alla elezione del re e al giuramento che doveva pronunciare al popolo. Se il re non rispettava queste leggi, esisteva l'organismo chiamato Parlamento, al quale toccava giudicare (per riportare le precise parole degli autori) degli abusi e delle illegalità commesse dal re, dalla regina, dai suoi figli, soprattutto quando il popolo non poteva disporre di altre forme di riparazione. Questa, signore, è stata la situazione del popolo inglese, che non poteva ricevere giustizia se non a opera del Parlamento.

U. BONANTE, *I puritani. I soldati della Bibbia*, Einaudi, Torino 1975, pp. 190-191

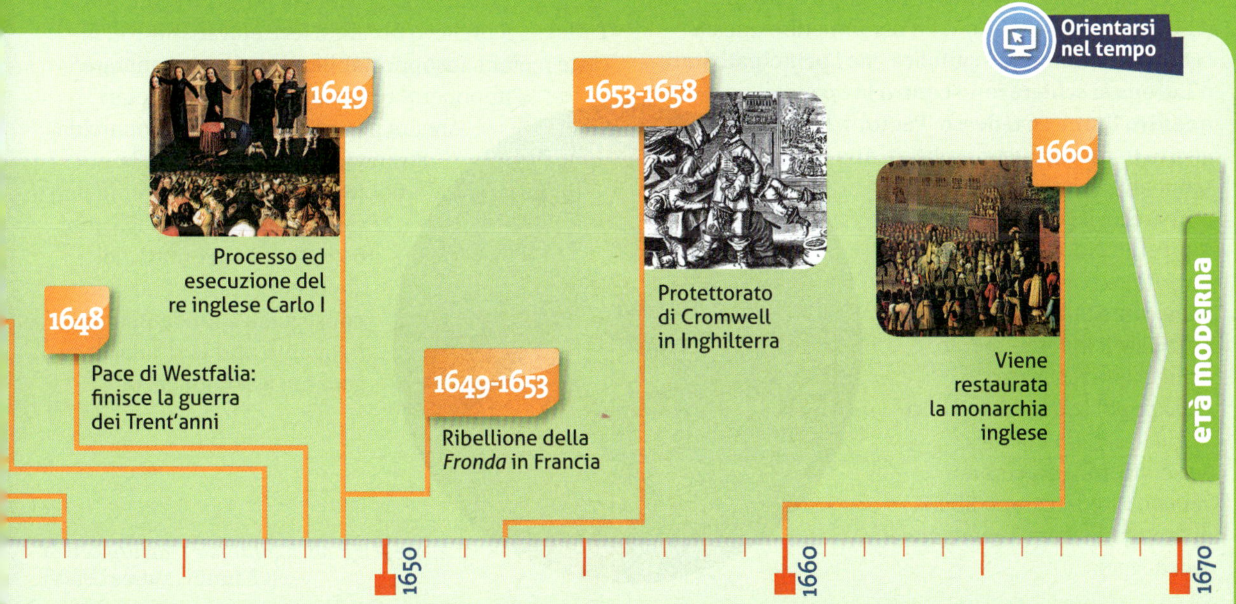

METODO DI STUDIO

Percorso breve

Storia slide

Il secolo del soldato

Nel 1641, il poeta e diplomatico ferrarese Fulvio Testi coniò una formula molto efficace, per descrivere il proprio tempo: «Questo è il secolo del soldato». In effetti, il Seicento fu un periodo in cui la guerra fu particolarmente presente e importante: anzi, divenne una specie di costante ineliminabile, che influenzò l'economia e l'andamento demografico di quasi tutte le principali regioni d'Europa. Da questa **serie praticamente ininterrotta di violenze** è uscita una nuova realtà politica, destinata a durare per circa un secolo nel caso della Francia, per due secoli nel caso della Germania, fino a oggi nel caso dell'Inghilterra. La Francia, infatti, intorno al 1650 vide il trionfo del potere assoluto del re, che riuscì a governare senza condizionamenti da parte della nobiltà fino al 1789, cioè fino alla grande Rivoluzione. In Germania, un lungo e interminabile conflitto (1618-1648) si conclude con la trasformazione dell'area tedesca in un mondo frammentato in tanti piccoli Stati sovrani, su cui l'imperatore non aveva più alcun potere. In Inghilterra, infine, incontriamo un durissimo scontro tra **monarchia e parlamento**: per la prima volta nella storia europea, un re viene processato e condannato a morte.

1 La guerra dei Trent'anni

Il conflitto che incendiò l'Europa intera tra il 1618 e il 1648 (e che, nel caso di Francia e Spagna, si prolungò fino al 1659) ebbe il proprio epicentro in Germania. In apparenza, si trattò di una guerra di religione: cattolici contro protestanti. In realtà, la posta in gioco era molto più alta; infatti, in caso di vittoria, l'imperatore Asburgo di Vienna avrebbe costruito nel cuore dell'Europa uno Stato solido e potente. Anzi, in virtù dell'alleanza con la Spagna (essa pure guidata da un Asburgo), si sarebbe creato un solido blocco egemonico, che avrebbe trasformato in realtà i progetti di Carlo V. Fu per impedire questa egemonia asburgica e cattolica che **i principali Stati d'Europa si schierarono contro la Spagna e contro l'Impero tedesco**. Per tutti, la guerra fu un gigantesco salasso. Allo scopo di garantirsi un esercito numeroso, il generale imperiale Albrecht von Wallenstein inventò il cosiddetto sistema delle contribuzioni, in virtù del quale il mantenimento delle truppe era a carico delle popolazioni dei territori in cui l'esercito operava. Se i contributi non erano versati, i soldati erano liberi di "autofinanziarsi", mediante il saccheggio.

2 La Francia verso l'assolutismo

La Francia entrò nel conflitto per ultima. Infatti, una parte importante della nobiltà e della corte riteneva immorale che il Paese si schierasse contro la Spagna e l'Impero, a fianco delle potenze protestanti. La decisione di mettere al primo posto la **ragion di Stato** (cioè gli interessi del regno di Francia) fu presa dal cardinale **Richelieu**, che ricoprì l'incarico di primo ministro dal 1624 al 1642. Dopo la sua morte, il suo posto fu preso da un altro religioso, il cardinale Giulio **Mazzarino**. La Francia vinse la guerra contro gli Asburgo e si candidò al ruolo di potenza egemone. Tuttavia, il prelievo fiscale si fece elevatissimo e, in certe regioni, insopportabile, al punto da generare imponenti e pericolose rivolte popolari. Ancora più rischiose, per la monarchia, furono le rivolte guidate dalla nobiltà: la più seria, denominata "Fronda", ebbe luogo negli anni 1649-1653. La sconfitta dei ribelli ebbe, per la Francia, conseguenze fondamentali, in quanto aprì la strada al governo assoluto del re.

← Pierre Mignard, *Il cardinale Mazzarino*, 1661 (Chantilly, Musée Condé)

DOMANDE CHIAVE

- → Quale novità fu introdotta, in campo militare, dal generale Wallenstein?
- → Quale fu la causa delle rivolte, scoppiate in Francia nella prima metà del Seicento?
- → In che cosa differiva lo stile di governo dei sovrani Tudor, da quello degli Stuat?
- → Perché Cromwell si opponeva all'idea del suffragio universale, avanzata dai Livellatori?

← Sebastian Vrancx, *Battaglia di Stadtlohn*, XVII secolo. Si tratta di uno scontro avvenuto nel 1623 nella Germania nord-occidentale, all'inizio della guerra dei Trent'anni.

3 L'Inghilterra prima della Rivoluzione

Nella prima metà del XVII secolo, il regno d'Inghilterra fu guidato da due sovrani (Giacomo I e Carlo I) della dinastia Stuart, subentrata ai Tudor dopo la morte senza eredi della regina Elisabetta I. Nel Cinquecento, i Tudor avevano tentato di governare il Paese con l'appoggio del Parlamento, di cui cercarono il sostegno in momenti delicati come la rottura religiosa con Roma e la guerra contro la Spagna. Gli **Stuart**, invece, assunsero uno **stile assolutista**, cioè cercarono di imporre nuove tasse senza convocare l'assemblea parlamentare e di prendere le più importanti decisioni senza discuterle con l'aristocrazia terriera e la borghesia mercantile (che si stava affermando soprattutto a Londra, la cui importanza commerciale era in continua crescita). L'orientamento politico dei due sovrani causò notevole malcontento, aggravato dal fatto che in Inghilterra si erano diffuse numerose correnti religiose protestanti radicali, ostili alla Chiesa di Stato anglicana. Alcuni di questi **puritani** (sia calvinisti, sia aderenti a varie sette che non si riconoscevano neppure nelle idee dei grandi riformatori) si trasferirono nel Nuovo Mondo; altri, si prepararono a dare battaglia contro il re e la sua Chiesa, identificati con l'Anticristo.

In Inghilterra si erano diffuse numerose correnti religiose protestanti radicali

4 La Rivoluzione inglese

La guerra civile tra sostenitori del re (anglicani) e difensori dei diritti del Parlamento (calvinisti o settari) esplose nel 1642. Il successo andò ai nemici di Carlo I, dopo che un parlamentare particolarmente determinato, Oliver **Cromwell**, riorganizzò l'esercito, arruolando uomini assai motivati sotto il profilo politico e religioso. Tuttavia, all'interno di questo "esercito di nuovo tipo" (*New Model Army*) si manifestarono subito orientamenti politici e religiosi decisamente radicali. I **Livellatori**, infatti, chiesero a Cromwell che fossero introdotti il suffragio universale, la repubblica e la tolleranza religiosa per tutti i gruppi religiosi protestanti; nel 1649, il generale accolse sia l'idea che **Carlo I** dovesse essere **giustiziato** in qualità di tiranno, sia il principio della libertà di coscienza, in campo religioso. Cromwell, tuttavia, rifiutò sempre con sdegno il concetto secondo cui anche i poveri e i nullatenenti dovevano essere messi in grado di partecipare (con il loro voto) alla vita dello Stato. La democrazia, a suo giudizio, avrebbe aperto la strada al socialismo, cioè provocato la violazione del diritto alla proprietà. Poco tempo dopo la morte di Cromwell, nel 1660, l'Inghilterra tornò a essere una monarchia. Il principio medievale della sacralità del potere del re, tuttavia, era stato messo in discussione con una radicalità tale che, in Inghilterra, un governo assoluto non sarebbe più stato possibile, senza suscitare l'immediata reazione sdegnata di un'ampia fetta della popolazione.

POTERI E CONFLITTI

Storia slide

1 La guerra dei Trent'anni

Le conoscenze da acquisire	Le competenze da potenziare
L'evento politico-militare più importante del Seicento fu la guerra dei Trent'anni (1618-1648), conclusasi con la sconfitta delle potenze cattoliche (Spagna e Impero).	Saper individuare le specificità dei principali Paesi europei, a partire dalla loro diversa esperienza religiosa.

GUERRA DI EGEMONIA

1.1 Contrasti religiosi all'origine del conflitto

Nel Seicento, le principali potenze europee furono per interi decenni in lotta tra loro. Secondo lo storico americano Geoffrey Parker, in tutto il secolo vi furono sul continente solo quattro anni di pace completa. Austria, impero turco e Svezia furono in guerra due anni su tre, la Spagna tre anni su quattro, la Polonia e la Russia quattro su cinque. In sintesi, siamo di fronte a una guerra onnipresente nel tempo e nello spazio, mentre ai diversi conflitti – secondo le stime di Parker – parteciparono in totale 12 milioni di soldati.

> La "guerra tedesca"

Lo scontro più importante fu la cosiddetta *guerra dei Trent'anni* (1618-1648), un conflitto gigantesco e complesso che coinvolse quasi tutti gli Stati del continente, ma ebbe il proprio tragico epicentro in **Germania**, al punto che i contemporanei, spesso, lo definirono "la guerra tedesca".

Qui, all'inizio del XVII secolo, i **principali fattori di tensione erano i beni ecclesiastici**; la pace d'Augusta del 1555 aveva reso legittimi i numerosi espropri effettuati a danno della Chiesa dai principi divenuti protestanti. Quindi, si era stabilito che non dovessero essere restituiti al clero i beni *secolarizzati* (cioè confiscati) prima del 1552. Dopo questa data, però, non avrebbero dovuto più verificarsi confische o passaggi di alcun genere. Inoltre, la clausola denominata *reservatum ecclesiasticum* dichiarava che i principi ecclesiastici cattolici – in caso di conversione alla Riforma – avrebbero dovuto rinunciare ai propri benefici (cioè alle terre), cosa che non era avvenuta nella Germania settentrionale, dove vari vescovi si erano convertiti, ma avevano conservato il loro principato.

↓ Ritratto dell'imperatore Mattia d'Asburgo, dipinto del XVII secolo di autore anonimo (Amsterdam, Rijksmuseum).

Nel 1608, al confine con la Baviera esplose il caso di Donauwörth, una città-Stato a maggioranza protestante, in cui la pace d'Augusta aveva permesso la presenza di un prestigioso monastero cattolico. Quando i monaci chiesero di poter organizzare una processione, e il governo protestante della città negò il consenso, l'abate si rivolse all'**imperatore Rodolfo II d'Asburgo** (1576-1612), il quale ordinò al duca Massimiliano di Baviera (cattolico) di entrare in città per punire i protestanti. Era un precedente pericoloso, che fu accolto molto male dai riformati, già allarmati dal fatto che, dopo la tregua stipulata con i turchi nel 1606 (e quindi libero dal pericolo musulmano), l'imperatore avrebbe potuto riprendere una politica aggressiva contro i propri avversari religiosi interni, per riportare l'unità della fede nell'area tedesca.

Per contrastare ciò, **nel 1608** fu fondata una **lega degli Stati protestanti** (Unione evangelica), **guidati dal Palatinato** (un principato calvinista, la cui capitale era Heidelberg). La risposta degli avversari venne nel 1609: una lega cattolica, guidata da Massimiliano di Baviera e sostenuta finanziariamente dal papa.

> **Imperatori cattolici ferventi**

A partire dal 1612, il **nuovo imperatore Mattia d'Asburgo** si fece promotore della Controriforma nelle proprie terre ereditarie (ad esempio, il ducato d'Austria). I problemi iniziarono a sorgere quando la **nuova politica** fu **estesa** anche **alla Boemia** (di cui Mattia era re); infatti, sebbene la pace di Augusta del 1555 avesse affermato che i sudditi di uno Stato avrebbero dovuto tutti seguire la fede del loro principe (*cuius regio, eius religio*), il protestantesimo si era ampiamente diffuso a Praga e nel resto della Boemia, al punto che, nel 1609, per evitare la guerra civile era stato necessario concedere ampia tolleranza alla religione riformata.

1.2 L'inizio della guerra: la fase boema

Video
Quanto dura una guerra?

Il tentativo degli Asburgo di riportare la Germania all'unità religiosa incontrò una netta opposizione in Boemia, regione in cui era molto diffuso il calvinismo, che non aveva ricevuto alcun riconoscimento dalla pace di Augusta. Lo *sforzo controriformistico* iniziato da Mattia fu proseguito dal suo successore **Ferdinando II** (1619-1637), che regnava sulla Boemia fin dal 1617.

Nell'inverno 1617-1618, Ferdinando impose una rigida censura su tutte le opere stampate a Praga e impedì ai non cattolici l'accesso alle principali cariche pubbliche. Temendo che queste misure fossero l'inizio di una campagna diretta a estirpare il protestantesimo dalla Boemia, i nobili cechi si ribellarono al sovrano.

> **Ribellione della Boemia**

La provocatoria risposta riformata ebbe inizio il 23 maggio 1618, con la **defenestrazione di Praga**: due delegati imperiali, infatti, furono letteralmente buttati fuori da una finestra del palazzo reale. La corona di Boemia fu offerta a vari principi europei nemici degli Asburgo e infine accettata dal calvinista **Federico V del Palatinato** (ottobre 1619), che assunse la guida dell'Unione evangelica.

Per reprimere la rivolta boema, l'Impero fu soccorso dall'aiuto finanziario del papato e da quello militare della Spagna. La decisione di quest'ultima di intervenire nella

→ L'esecuzione di ventisette protestanti a Praga, nell'ambito della dura repressione attuata dall'Impero. Si noti la presenza di un crocifisso sul patibolo.

> **Alleanza tra Impero e Spagna**

guerra nacque prima di tutto dalla convinzione che la casa d'Austria fosse l'unico vero alleato della monarchia spagnola; si tenga presente, infatti, che il governo di Madrid si considerò sempre come l'alfiere e il campione della fede cattolica, di fronte agli eretici protestanti e agli infedeli musulmani.

Guardiamo la storia
Le armate mercenarie della guerra dei Trent'anni

Forte dell'appoggio spagnolo, Ferdinando II, con un esercito di circa 25 000 uomini, si diresse verso Praga, che fu riconquistata nel 1620 (dopo la battaglia della **Montagna Bianca**, dell'8 novembre); a capo dell'esercito imperiale stava il conte fiammingo Tilly. Ventisette nobili protestanti cechi furono giustiziati, mentre le loro terre furono vendute ai cattolici, che si arricchirono notevolmente; tra questi speculatori, troviamo anche **Albrecht von Wallenstein**, che acquisì 50 possedimenti, li organizzò in un ducato denominato Friedland e divenne governatore di Praga.

A quel punto, la crisi coinvolse tutti i maggiori Stati tedeschi, in quanto i principi cattolici si schierarono con l'imperatore, quelli protestanti con i ribelli boemi e con Federico V del Palatinato. Quando, a fianco dei riformati, nel 1625 scese in campo anche il **re di Danimarca**, l'imperatore si trovò in gravi difficoltà a reclutare un esercito capace di sostenere l'invasione danese; pertanto, autorizzò Wallenstein ad arruolare un nuovo tipo di milizia mercenaria. Fino a quel momento, le truppe erano state pagate in denaro da parte del sovrano che le utilizzava; la novità del sistema introdotto da Wallenstein consisté nel fatto che tutti gli oneri per il sostentamento dell'esercito imperiale furono addossati alle terre che esso di volta in volta attraversava.

> **I mercenari di Wallenstein**

RIFERIMENTO STORIOGRAFICO 1
Soldati e organizzazione militare nel Seicento
→ pag. 545

Ogni villaggio e ogni città che l'esercito imperiale incontrò sulla sua strada fu costretto a piegarsi a questo **sistema delle contribuzioni**. A volte, fu istituito un sistema di preavvisi, lungo la linea di marcia delle truppe, per fare in modo che, all'arrivo dell'esercito, tutto fosse pronto; in genere, tuttavia, **i soldati si davano al saccheggio** più sfrenato, cosicché il passaggio delle truppe organizzate da Wallenstein (100 000 soldati nel 1626, saliti a 150 000 nel 1630) divenne una vera calamità per le comunità che dovettero subirlo.

↑ Battaglia della Montagna Bianca, alle porte di Praga, 8 novembre 1620. Fu la prima sconfitta protestante del conflitto.

> **Provvisoria vittoria cattolica**

Il 7 giugno 1629, la Danimarca uscì dal conflitto. A quel punto, l'imperatore Ferdinando II si sentì sufficientemente forte da emanare l'**editto di restituzione**, costruito sulla base di una lettura restrittiva e filocattolica della pace di Augusta del 1555. Poiché la pace valeva solo per i firmatari della *Confessione di Augusta*, i calvinisti erano considerati eretici e banditi dall'Impero; a Brema, a Magdeburgo e in altri sette vescovadi in Germania settentrionale, in nome del *reservatum ecclesiasticum*, occorreva che fosse restaurata la fede cattolica.

Nell'intero Paese, circa 500 **conventi e monasteri** furono restituiti alla Chiesa cattolica. Molti di questi beni religiosi, tuttavia, non tornarono ai vecchi proprietari (benedettini o cistercensi), ma furono **assegnati ai gesuiti, ben più attivi nell'azione antiprotestante**.

1.3 L'intervento di Gustavo Adolfo, re di Svezia

La nuova situazione seguita all'editto di restituzione allarmava tutti, al di là di riflessioni di tipo confessionale. I principi cattolici, infatti, temevano che la posizione di forza che l'imperatore stava assumendo, sommata alla formidabile potenza dell'esercito di Wallenstein, costituisse una **minaccia** per la tradizionale **autonomia degli Stati tedeschi** e un primo passo in direzione dell'egemonia cattolica. Si può dire, quindi, che il tentativo di Ferdinando di riorganizzare l'Impero in senso centralistico e controriformistico fosse destinato al fallimento per ragioni politiche interne al sistema tedesco, già prima dell'intervento svedese. Tant'è vero che, nel 1629, fu proprio un principe cattolico (l'arcivescovo di Magonza, uno dei principi elettori) a chiedere la destituzione di Wallenstein. Nel 1630 Ferdinando fu costretto a cedere e l'esercito fu sciolto, perché giudicato una minaccia alla *libertà tedesca*, cioè ai **diritti** e alle **prerogative dei principi**, uno strumento capace di creare una *monarchia* o, peggio, una specie di dittatura militare.

> **Il pericolo dell'egemonia imperiale**

Resta il fatto che nel 1629, per la prima volta dopo secoli, l'intera Germania era sottomessa all'imperatore. Wallenstein, dal canto suo, coltivava un disegno quanto mai ambizioso; egli sognava un impero tedesco che, divenuto un'unica vasta area economica e politica, fosse capace di porsi in posizione egemonica nel cuore dell'Europa. Tale disegno, ovviamente, prevedeva poi che l'Impero assumesse il completo dominio del Mar Baltico, che nel Seicento era prevalentemente controllato, invece, dalle potenze protestanti. Per questo motivo, fu proprio il luterano re di Svezia **Gustavo II Adolfo** che, nell'estate del 1630, **intervenne per bloccare il progetto di Wallenstein**. Il suo scopo principale non era di salvare la Riforma in Germania. La sua vera preoccupazione era che un Impero forte, guidato da un sovrano dotato di un inedito potere decisionale, potesse interferire con gli interessi svedesi nel Baltico.

↑ Gustavo Adolfo, re di Svezia dal 1611.

L'esercito del sovrano svedese era molto diverso da quello imperiale; siamo di fronte, infatti, al primo caso di **coscrizione obbligatoria**, poiché a ogni distretto del regno era stato imposto di fornire un determinato contingente. Accanto a questa *rivoluzione* nel reclutamento, Gustavo Adolfo ne introdusse un'altra, ancora più importante, nello **schieramento tattico**. Al posto del lento meccanismo cinquecentesco, in cui i soldati erano schierati su 40-50 file, vennero introdotti reparti più agili, di appena 6 file; inoltre, mentre il quadrato classico era composto in prevalenza da picchieri (soldati armati di una lunga lancia), il numero dei moschettieri venne notevolmente elevato, cosicché i soldati dotati

I protagonisti

Schema proiettabile

FERDINANDO II D'ASBURGO	• Imperatore tedesco, vorrebbe riportare la Germania e l'Impero all'unità politica e religiosa • Sconfigge i protestanti boemi nella battaglia della Montagna Bianca (1620)
ALBRECHT VON WALLENSTEIN	• Crea un poderoso esercito di mercenari, che permette all'Impero di sconfiggere i protestanti tedeschi e il re di Danimarca (intervenuto a loro sostegno) • Richiamato in carica dopo l'intervento della Svezia, viene accusato di tradimento e infine ucciso nel 1634
GUSTAVO ADOLFO DI SVEZIA	• Interviene in Germania, a fianco dei principi protestanti tedeschi, contro l'Impero • Crea un esercito efficientissimo, basato sulla coscrizione obbligatoria e sul potenziamento delle unità dotate di armi da fuoco

di arma da fuoco furono almeno la metà di quelli schierati. Muniti di armi della medesima lunghezza e dello stesso calibro, i tiratori furono addestrati a sparare in varie posizioni (a piedi e in ginocchio, ad esempio), in modo sincronizzato e in cadenza, garantendo un fuoco pressoché ininterrotto (chiamato, nel linguaggio militare del tempo, *fuoco continuo*). Preoccupati per questa **straordinaria potenza militare** che calava sulla Germania, inizialmente i principi protestanti tedeschi non accolsero affatto Gustavo Adolfo come un liberatore, ma piuttosto guardarono a lui come a un intruso: anzi, come a un pericoloso aggressore.

Tuttavia nell'estate 1631, dopo il **saccheggio di Magdeburgo da parte dei soldati imperiali**, che provocò 20 000 vittime, i protestanti tedeschi capirono di non avere alternative: volenti o nolenti, dovettero schierarsi con il re di Svezia, che il 17 settembre 1631 sconfisse i cattolici a Breitenfeld; nel maggio 1632, Gustavo Adolfo entrò da trionfatore a Monaco di Baviera. Wallenstein fu immediatamente richiamato e nominato comandante supremo, con pieni poteri. Il 17 novembre 1632, i due eserciti si scontrarono a **Lützen**, ove morirono complessivamente 12 000 uomini. Wallenstein si ritirò, ma **il re di Svezia restò ucciso sul campo**. Assunta la reggenza, fu il cancelliere svedese Axel Oxenstierna a proseguire la guerra, imponendo ai principi protestanti tedeschi di finanziarla.

> **Sconfitta degli svedesi**

Wallenstein, cercando di approfittare della confusa situazione che si era creata, si sforzò di condurre una propria politica personale, negoziando la pace con la Svezia e con i protestanti: **accusato di tradimento, fu ucciso** il 25 febbraio 1634. Pochi mesi dopo, il 6 settembre, gli svedesi furono sgominati a Nördlingen dalle truppe imperiali e i principi protestanti dovettero firmare la pace di Praga (1635).

→ L'assassinio di Wallenstein a Eger: le guardie imperiali fecero irruzione nella casa del governatore, senza dargli possibilità di scampo. Incisione, 1634.

zoom

Soldati e tattiche militari nel Seicento

L'esercito svedese: omogeneità nazionale e crisi demografica

L'esercito svedese era l'unico che possedeva una certa omogeneità nazionale. Tutti gli altri erano composti da elementi provenienti dai luoghi più disparati. La documentazione relativa a un **reggimento bavarese**, conservatasi fino a oggi, ci informa che nel 1644 il reparto era composto da **uomini di ben 16 nazionalità diverse**, compresi 14 soldati turchi. La ragione della maggiore **omogeneità delle truppe svedesi** consisteva nel fatto che, nel XVII secolo, il regno di Svezia aveva introdotto un efficace e metodico sistema di **coscrizione obbligatoria**: in pratica, ogni distretto era tenuto a fornire un soldato ogni venti uomini di popolazione, oppure a versare il necessario per il mantenimento di un cavaliere. Dal 1620, il sistema fu irrigidito e ai vari distretti fu chiesto di mantenere (pagando equipaggiamento completo e nutrimento) un soldato ogni dieci abitanti. La ferma dei **soldati svedesi** durava **vent'anni**; dunque, chi abbandonava la propria professione precedente lo faceva per sempre e abbracciava in modo definitivo il *mestiere delle armi*, con il risultato che anche l'esercito svedese era formato da professionisti.

Il numero dei soldati, però, non fu mai molto elevato: 40 000 al massimo, tre quarti dei quali fanti. Inoltre, in caso di conflitto prolungato, il Paese finiva per subire un drastico calo demografico (negli anni Trenta-Quaranta del Seicento, la Svezia perse un quinto della popolazione maschile per cause belliche). Dunque, anche **i sovrani di Svezia furono costretti a reclutare mercenari**, per non trovarsi con eserciti numericamente troppo inferiori a quelli dei loro avversari.

I mercenari

La maggior parte di questi professionisti della guerra erano volontari, cioè si arruolarono per *libera* scelta. L'espressione *libera* va intesa in senso lato, e solo nel senso che essi non erano obbligati a prestare servizio a seguito di un esplicito ordine del loro governo. In genere, infatti, provenivano da regioni povere, oppure dai centri urbani, in tempi di crisi economica e disoccupazione di massa. I ranghi delle armate, comunque, a volte erano rinforzati con arruolamenti forzati di mendicanti e criminali (tranne, in Spagna, i colpevoli di *delictos atroces*), gruppi sociali ritenuti *superflui* e *sacrificabili*.

Al momento dell' arruolamento, la maggior parte delle reclute aveva tra i 20 e i 24 anni. A parte il caso svedese, solo raramente gli uomini combattevano al servizio del sovrano sotto cui erano nati. Anzi, non era per nulla raro il caso di prigionieri catturati che accettassero di cambiare bandiera e di combattere contro i signori che, formalmente, essi avevano servito fino a poco tempo prima. È possibile che, tra il 1635 e il 1644, abbiano combattuto per la Francia 25 000 irlandesi; allo stesso modo, numerosi scozzesi furono inquadrati nell'esercito svedese, mentre le forze spagnole erano formate da elementi castigliani, italiani, borgognoni e fiamminghi.

Diserzione e mortalità

Non ci meraviglia che il numero dei disertori fosse spesso elevatissimo. Nel 1622, l'esercito spagnolo che assediava Bergen-op-Zoom, in Fiandra, perse per diserzione quasi il 40% dei suoi 20 600 soldati. In Francia, i responsabili dell'organizzazione militare davano per scontato che, per riuscire a portare sul campo 1200 uomini, bisognava riuscire ad arruolarne almeno 2000.

Le battaglie si fecero sempre più sanguinose: a Rocroi, nel 1643, circa 8000 fanti spagnoli restarono sul campo (mentre altri 7000 furono catturati). I francesi, che pur vinsero la battaglia, ebbero comunque circa 4000 morti. Come ha scritto G. Parker, «Le perdite totali dell'esercito svedese fra il 1621 e il 1632 sono state stimate in 50 000-55 000 uomini; quelle fra il 1633 e la fine della guerra (1648) furono probabilmente almeno il doppio. Quest'alta mortalità militare non era un'esclusiva della Svezia. Si stima che in generale un soldato su quattro o cinque arruolati negli eserciti dell'Europa barocca [seicentesca, *n.d.r.*] moriva ogni anno in servizio attivo, e la percentuale andò aumentando con l'avanzare del secolo. Probabilmente 600 000 soldati morirono durante la guerra dei Trent'anni (1618-1648: una media di 20 000 all'anno) e 700 000 durante la guerra di Successione spagnola (1702-13: una media di 64 000 all'anno)». Tali cifre si spiegano soprattutto con la crescente importanza assunta dalle armi da fuoco, vere protagoniste, ormai, di qualsiasi battaglia.

↑ La battaglia di Rocroi, combattuta il 19 maggio 1643 tra francesi e spagnoli.

1.4 Spagna e Olanda di nuovo in guerra

> VEDI
La rivolta dei Paesi Bassi
→ pag. 404

Intorno al 1620, mentre era in corso l'intervento in Germania a sostegno dei cattolici, la monarchia spagnola dovette affrontare una situazione ancora più spinosa: la **questione olandese**. Nei Paesi Bassi, in seguito alla rivolta del 1566, era nata la **Repubblica delle Province Unite** (1581), contro cui la Spagna era stata impegnata in una guerra dispendiosissima durata circa trent'anni. Solo nel 1609, infatti, spagnoli e olandesi avevano stipulato un armistizio, che prevedeva una pausa di dodici anni. Alla scadenza di questa tregua, entrambe avrebbero deciso se intavolare negoziati, oppure riprendere il conflitto. Da parte spagnola, il problema principale consisteva nel fatto che la **tregua del 1609** era stata **conclusa a condizioni umilianti**: gli spagnoli, ad esempio, avevano dovuto accettare di sbarrare la Schelda, cioè il fiume di Anversa, per garantire che il grande centro portuale fiammingo non avrebbe più cercato di risorgere quale concorrente di Amsterdam. Tutto ciò – si diceva a Madrid – **aveva incrinato la credibilità e il prestigio della monarchia spagnola**.

> **1621, ricomincia la guerra**

Di conseguenza, allo scadere della tregua, nel 1621, sebbene la Spagna fosse già coinvolta nella guerra boema, si decise di aprire le ostilità anche sul fronte olandese. Si trattò di una decisione sofferta e ponderata, che non nasceva dall'arrogante illusione di poter schiacciare l'Olanda in breve tempo e con facilità. A Madrid tutti ricordavano bene le difficoltà incontrate dall'esercito di Filippo II nell'assediare le imprendibili città nemiche, mentre le navi olandesi disturbavano i collegamenti con la Spagna, o rapinavano i galeoni provenienti dall'America, lasciando le truppe senza denaro o senza rifornimenti. Nel 1621, l'obiettivo degli spagnoli era minimo: dopo alcune vittorie spettacolari, **ottenere una pace più onorevole**, capace di **salvare la reputazione della monarchia**.

A gestire la guerra contro l'Olanda, preoccupato della reputazione della Spagna, fu soprattutto **il duca di Olivares**, che guidò il Paese come primo ministro dal 1622 al 1643. Sull'altro versante, in Olanda, prese invece il sopravvento la corrente favorevole allo scontro con la Spagna, sostenuta dai calvinisti più determinati e dalla casa d'Orange. Tutti i sostenitori di una linea più moderata furono obbligati a dimettersi, a ritirarsi a vita privata o addirittura arrestati e condannati a morte.

> **Assedi lunghi e dispendiosi**

In Olanda la guerra consisté prevalentemente in una serie interminabile di assedi. Poiché queste operazioni duravano moltissimo tempo, i soldati non potevano più essere congedati dopo una rapida campagna. Questo crescente prolungamento della durata degli scontri e dei conflitti spinse per primi gli spagnoli a introdurre numerose novità

→ Pieter Snayers, *Attacco spagnolo a un villaggio olandese*, inizio del XVII secolo.

organizzative, più tardi imitate anche dagli altri Paesi. Di fatto, **quello di Madrid divenne il primo esercito permanente**. Impegnati in Fiandra contro gli olandesi in una guerra senza fine, gli spagnoli introdussero ad esempio il primo ospedale militare (creato a Malines, nel 1585, e dotato di 330 posti letto e 49 tra medici e infermieri) e il primo sistema di sostegno ai veterani e alle vedove di guerra.

> **Difficoltà logistiche degli spagnoli**

Il punto più debole dell'armata spagnola era la logistica, o meglio la capacità di offrire alle truppe regolari rifornimenti (soprattutto di denaro). Gli olandesi, invece, per tutta la durata della guerra (1621-1648) furono capaci di rifornire le loro piazzaforti sia di viveri e munizioni, sia di denaro per le paghe.

Oltre alle Province Unite, fu l'**Atlantico** il grande teatro dello scontro fra olandesi e spagnoli; per colpire il nemico nelle sue colonie americane, fu creata la **Compagnia olandese delle Indie Occidentali**, una società per azioni a fine commerciale finanziata soprattutto dai grandi mercanti olandesi che avevano aderito al calvinismo più estremista. Sebbene fosse modellata sulla gemella *Compagnia delle Indie Orientali*, creata nel 1602 per il grande commercio con l'Estremo Oriente, il nuovo organismo si propose soprattutto di coordinare le **operazioni di pirateria** (a danno dei convogli che, dall'America, portavano in Europa l'argento delle miniere messicane e peruviane) e di **conquistare terre in America**, da cui fosse possibile importare canna da zucchero direttamente in Olanda.

> **VEDI** La guerra dei corsari olandesi → pag. 406

Gli spagnoli, tuttavia, iniziarono a praticare anch'essi la guerra di corsa, sia al largo di Dunkerque (un porto sulla Manica, da cui partirono molte incursioni contro i vascelli olandesi) sia nel Baltico. In questo settore, anzi, i successi dei corsari al soldo della Spagna furono tali che il prezzo del legname norvegese aumentò del 50 per cento tra il 1625 e il 1645, dal momento che la maggioranza delle lente navi cariche di tronchi fu intercettata e catturata. Nel 1642 fu catturato anche il convoglio che, dalla lontana Arcangelo (sul Mar Bianco, nella Russia settentrionale), trasportava ad Amsterdam pellicce di zibellino, ambra, ferro e altre merci tipicamente nordiche.

GEOSTORIA

I domini spagnoli e olandesi nel XVII secolo

Carta proiettabile

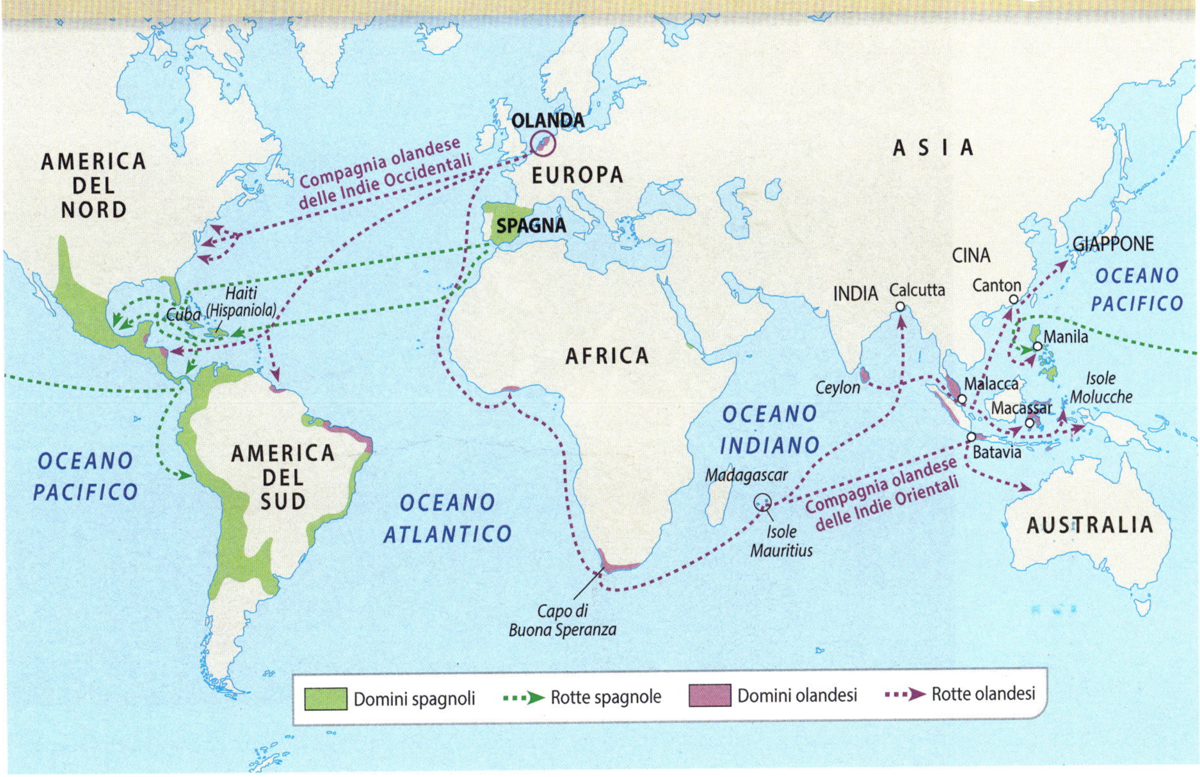

1.5 I problemi della Spagna

Per entrambi i contendenti, dunque, i costi della guerra risultarono, alla lunga, eccessivi rispetto agli interessi in gioco; come era già accaduto a più riprese in passato, il **governo spagnolo** si trovò **sommerso dai debiti** e per due volte (nel 1627 e nel 1647) arrivò alla bancarotta, rifiutandosi di rimborsare i prestiti che i grandi finanzieri stranieri (soprattutto genovesi) avevano fornito alla Corona.

> **Debiti, bancarotta, tasse**

Per racimolare denaro fu necessario aumentare le imposte in tutti i territori dell'Impero; per di più, questo provvedimento fu spesso preso senza consultare gli organismi rappresentativi locali, che per tradizione avevano il diritto di discutere con il re l'entità del prelievo fiscale. Si creò così un profondo malcontento, che accomunava sia i ceti subalterni (schiacciati dalle imposte e dai cattivi raccolti) sia le élite nobiliari, offese da quelli che consideravano soprusi e gravi violazioni delle usanze consuetudinarie; anzi, in Catalogna (1640), in Portogallo (1640) e a **Napoli** (1647-1648) si arrivò alla **ribellione aperta nei confronti del governo spagnolo**. Qui la rivolta iniziò il 7 luglio, guidata, all'inizio, da un pescivendolo analfabeta noto come *Masaniello*.

Percorsi di storia locale
Masaniello e la rivolta napoletana

> **La rivolta di Napoli**

I ribelli riuscirono a ottenere l'annullamento delle tasse più gravose da parte del viceré spagnolo e un'amnistia generale. Masaniello fu assassinato dieci giorni dopo l'inizio della sommossa; la rivolta, tuttavia, proseguì per circa nove mesi e venne definitivamente schiacciata il 5 aprile 1648.

> **Indipendenza del Portogallo**

È vero che, in un primo tempo, i rivoltosi cercavano di presentarsi come fedeli sudditi del re, ostili solo ai funzionari locali, come rivela il grido di battaglia degli insorti napoletani: «Viva il re, abbasso il malgoverno». Tuttavia, non appena le truppe spagnole cercarono di riportare i ribelli all'obbedienza, in genere si fece il passo in direzione della proclamazione dell'indipendenza. E se a Napoli e in Catalogna la Spagna riuscì infine a schiacciare la rivolta, **la repressione non ebbe successo in Portogallo**, che tornò a essere uno Stato indipendente.

VINCE
~~SPAG.~~
FRANCIA

↑ Viviano Cordazzi e Michelangelo Cerquozzi, *La rivolta di Masaniello*, XVII secolo (Roma, Galleria Spada).

CONTRASTI POLITICI

2 La Francia verso l'assolutismo

Storia slide

Le conoscenze da acquisire

La Francia uscì vincitrice dalla guerra dei Trent'anni. Le rivolte del popolo e dell'aristocrazia furono sedate e la monarchia si avviò verso l'assolutismo.

Le competenze da potenziare

Saper cogliere le specificità dei principali Stati europei, grazie all'esame delle loro radici radici remote.

2.1 La Francia all'inizio del Seicento

> **VEDI** Carlo V e Francesco I → pag. 283

> Iniziale neutralità francese

La guerra dei Trent'anni può essere letta sia come una grandiosa guerra di religione, che in tutta Europa oppose protestanti e cattolici, sia come **scontro tra potenze: da un lato gli Asburgo d'Austria e di Spagna, dall'altro i loro avversari**. La posizione cauta, a volte decisamente ambigua, dei principi tedeschi cattolici mostra tuttavia che le due prospettive – quella religiosa e quella politica – non sempre coincidevano. Il trionfo di una solida autorità all'interno dell'Impero, infatti, lasciava perplessi tutti i signori tedeschi, cioè preoccupava coloro che erano rimasti fedeli al papa non meno di quelli che avevano introdotto la Riforma nei loro principati. Questa **dissociazione tra gli interessi politici** di un sovrano **e la religione** che egli (o un gruppo dominante) ufficialmente professava era viva anche in Francia, che non a caso rimase a lungo neutrale o defilata, e partecipò direttamente al conflitto solo nella sua fase conclusiva.

La Francia era uscita esausta dal lungo periodo delle guerre civili tra cattolici e ugonotti. Il compromesso proposto da Enrico IV con l'editto di Nantes fu accettato sia dai protestanti francesi che dai cattolici più moderati, perché era parso a entrambi l'unica

↑ Hendrick Mommers, *Il palazzo del Louvre visto dal Pont-Neuf*, 1666 circa (Parigi, Museo del Louvre).

via d'uscita da una situazione priva di sbocchi. Tuttavia le passioni erano tutt'altro che spente, e agli occhi degli estremisti Enrico era solo un politico cinico e senza valori, disposto a tutto pur di conservare il potere. Molti cattolici fecero proprie in tutto o in parte le tesi elaborate dai calvinisti più radicali durante gli anni della guerra civile e arrivarono a teorizzare la piena legittimità dell'uccisione di un sovrano che, venuto meno ai suoi doveri, si fosse trasformato in tiranno. Nel 1610, dalla teoria si passò alla pratica ed **Enrico IV venne assassinato** (come il suo predecessore, Enrico III) da un cattolico fanatico.

L'erede designato alla successione, Luigi XIII, aveva appena nove anni. Pertanto, com'era già accaduto nella seconda metà del XVI secolo con Caterina de' Medici, la reggenza venne assegnata alla regina madre: un'altra Medici, **Maria**, che Enrico IV aveva sposato nel 1600. In un primo tempo, la regina tentò di **governare in modo assoluto,** cioè senza consultare le famiglie nobiliari più potenti del regno e, soprattutto, senza convocare l'Assemblea degli Stati generali, con cui il sovrano avrebbe dovuto concordare le eventuali nuove imposte. Ma visto che – come scrisse all'epoca l'ambasciatore della Repubblica di Venezia a Parigi, Pietro Priuli – i nobili francesi non avevano dimenticato «l'antica libertà» e non avevano per nulla accettato che un re si facesse «padrone del regno», nel 1614 la **tensione** divenne **insostenibile**. Maria de' Medici rispose con una duplice mossa: proclamò che il re aveva raggiunto la maggior età (in realtà, aveva solo 13 anni), rinunciando quindi alla reggenza a livello formale, e **convocò gli Stati generali**.

> Maria de' Medici al potere

Le sedute durarono per circa un anno, ma non furono in grado di prendere alcuna decisione significativa, in quanto non si trovò l'accordo su nessun progetto finalizzato a riorganizzare la struttura fiscale del regno. Questa fu l'ultima convocazione dell'Assemblea prima di quella del 1789 (che diede l'impulso allo scoppio della Rivoluzione francese). In termini più astratti, potremmo dire che, dopo quest'ultimo ostacolo – e dopo le rivolte, favorite dal clima di guerra, di cui parleremo fra poco –, **il regno di Francia si avviò in direzione dell'assolutismo**: un sistema di governo in cui il potere del re non è più seriamente vincolato da istituzioni (un'assemblea parlamentare, ad esempio) o da soggetti politici (come la grande nobiltà) capaci di bilanciarlo e di limitarlo.

RIFERIMENTO STORIOGRAFICO 2
Il lungo cammino della Francia verso la monarchia assoluta
→ pag. 546

Nel 1617, Luigi XIII decise di liberarsi dell'ingombrante tutela materna, ma si rese conto in breve tempo della propria inesperienza (aveva 16 anni) e della complessità dei suoi compiti di sovrano. Pertanto, riconciliatosi con la madre, il giovane re accettò che la politica francese fosse determinata da un uomo di fiducia di Maria de' Medici: Armand-Jean du Plessis, che dapprima (a 22 anni) fu vescovo di Luçon, e poi (a 37 anni) duca e cardinale di **Richelieu** (1585-1642).

I PERSONAGGI

Richelieu

Armand-Jean du Plessis de Richelieu (1585-1642) proveniva da una famiglia nobile che voleva, inizialmente, destinarlo alla carriera militare, ma che decise poi di avviarlo a quella ecclesiastica. Nel 1622 fu nominato cardinale e, dal 1624, governò a fianco del debole Luigi XIII (figlio di Enrico IV), che non era in grado di dominare i disordini che sconvolgevano la Francia. Richelieu, in breve, prese il sopravvento sul re e creò una forma di dittatura personale, posta però al servizio della Corona. Egli riuscì a realizzare tre obiettivi: la rovina del protestantesimo in Francia; la riduzione dei privilegi della nobiltà, che venne sottomessa al re, con lo scopo di creare una monarchia assoluta; la lotta contro la casa d'Austria.

↑ Philippe de Champaigne, *Triplice ritratto del cardinale Richelieu*, 1642 circa (Londra, National Gallery).

2.2 La fase francese della guerra dei Trent'anni e la pace di Westfalia

> La ragion di Stato

Il cardinale Richelieu diresse con mano ferma la Francia, dal 1624 al 1642. Uomo fiero, sicuro di sé e quanto mai determinato nel raggiungere i propri obiettivi, fece del **rafforzamento della monarchia** francese il punto fermo della sua strategia politica. Come si iniziò a dire all'epoca, la *ragion di Stato* doveva prevalere su qualsiasi altra considerazione. Il che voleva dire che, sia nella politica interna sia nelle questioni internazionali, l'interesse del sovrano doveva prevalere su qualsiasi altra considerazione. All'interno, ciò significava ignorare la legge tradizionale del regno, ovvero la consuetudine secondo cui il re doveva coinvolgere l'Assemblea degli Stati generali per le questioni fiscali e i principali esponenti della nobiltà per le decisioni politiche. In politica estera, invece, agire secondo *ragion di Stato* significava per la Francia (cattolica) combattere a fianco di eretici luterani e calvinisti, contro la Spagna, che si presentava come il *braccio armato* della fede romana.

> Il partito devoto

Il cardinale francese intuiva lucidamente che una vittoria congiunta degli Asburgo di Spagna e d'Austria avrebbe condannato la Francia a diventare un loro satellite; Richelieu, pertanto, riteneva che la **partecipazione francese alla guerra tedesca, dalla parte dello schieramento antispagnolo,** fosse **indispensabile**. Tuttavia, egli incontrò numerosi ostacoli sul suo cammino. A corte, infatti, Maria de' Medici e numerosi altri personaggi influenti (che formavano il cosiddetto partito *devoto*) ritenevano che fosse assolutamente immorale, per uno Stato cattolico come la Francia, schierarsi al fianco di potenze protestanti come l'Olanda, la Danimarca o la Svezia.

> **VEDI** "I politici" → pag. 415

Oltretutto, nel 1625 esplose una **rivolta degli ugonotti francesi**, insofferenti del fatto di dover prestare obbedienza a un sovrano cattolico. Per il cardinale, l'eliminazione di questa rivolta divenne una priorità assoluta: non poteva certo permettersi di entrare in guerra a fianco dei protestanti tedeschi e olandesi, e, contemporaneamente, in patria, dover combattere gli ugonotti. Così, venne posto un formidabile assedio alla principale roccaforte calvinista, la città marinara di **La Rochelle**, sull'Atlantico. Essa fu espugnata nel 1628, dopo che più di 25 000 degli assediati erano morti di fame o durante i combattimenti; al momento della resa, tuttavia, Richelieu vietò che la città fosse saccheggiata dai soldati del re e promise agli 8000 ugonotti superstiti piena libertà di culto, in cambio della loro fedeltà alla Corona. Sia in politica interna che in campo internazionale, pur essendo un cardinale cattolico, Richelieu mostrò dunque di voler essere soprattutto un *politico*, il degno erede di Bodin e di Enrico IV.

Nell'ottobre **1635**, fu possibile il pieno coinvolgimento nella guerra dei Trent'anni. L'esercito francese colse il suo più brillante successo nel 1643, a **Rocroi**, nelle Ardenne, contro le truppe spagnole. I contendenti, però, erano sempre più esausti e provati da decenni di guerra. Pertanto, nelle due città tedesche di Münster e Osnabrück, dal 1644 si iniziarono a intavolare negoziati per porre fine ai vari conflitti che dilaniavano l'Europa. Il risultato delle trattative fu la cosiddetta **pace di Westfalia** (la regione in cui si trovano le due città appena nominate) del 1648, che rappresentò un evento decisivo nella storia politica europea.

↓ Gerard ter Borch, *La ratifica del trattato di Münster*, 1648 (Amsterdam, Rijksmuseum). Gli accordi per la pace di Westfalia furono siglati in tre trattati, firmati due a Münster e uno a Osnabrück.

In primo luogo, il trattato segnò la fine completa del disegno di chi – come Wallenstein – avrebbe voluto trasformare la Germania in una grande potenza politicamente unita; a ognuno dei trecento e più Stati che facevano parte dell'Impero, infatti, fu concessa la più completa sovranità, con il risultato che **il potere dell'imperatore fu limitato ai soli possedimenti della casa d'Austria**. Sul piano religioso, il principio del *cuius regio, eius religio* fu esteso anche al calvinismo; d'altro canto,

La fase francese della guerra dei Trent'anni (1635-1648)

DATE	EVENTI
Ottobre 1635	La Francia entra nel conflitto contro la Spagna e l'Impero, al fianco dell'Olanda e della Svezia
1643	A Rocroi i francesi sconfiggono gli spagnoli
1644	Iniziano le trattative di pace nelle città tedesche di Münster e Osnabrück
1648	Pace di Westfalia

> **Tolleranza religiosa in Germania**

va subito precisato che, nei principali Stati tedeschi, il crollo demografico (provocato dai saccheggi, dalle carestie e dalle epidemie) era stato talmente drastico che i **sovrani concessero ai propri sudditi ampia tolleranza religiosa**. «Chi mai ha più voglia – commenta Giorgio Spini – tra i principi tedeschi, di costringere i propri sudditi ad emigrare per motivi religiosi, dato lo spopolamento generale in cui versa il Paese? Se mai, vi sarà qualcuno che farà il contrario, che garantirà cioè franchigie religiose speciali, a chi venga ad abitare nei suoi Stati!». Il papato cercò invano di opporsi alla situazione di tolleranza di fatto che venne a crearsi in Germania, e pertanto proclamò i trattati della pace di Westfalia invalidi e nulli; le stesse potenze cattoliche, tuttavia, accolsero con freddezza e indifferenza le proteste della Chiesa: nessuno, ormai, aveva più né l'intenzione né la forza di combattere guerre per motivi religiosi.

Carta interattiva
L'Europa alla pace di Westfalia

In questo contesto, si spiega anche la decisione spagnola di riconoscere ufficialmente l'esistenza della Repubblica delle Province Unite, come Stato libero e sovrano, e di intraprendere con essa regolari relazioni commerciali. Per la Spagna, tuttavia, la guerra finì davvero solo nel 1659, quando firmò con la Francia la **pace dei Pirenei**.

GEOSTORIA

L'Europa dopo la pace di Westfalia (1648)

Carta proiettabile

2.3 Mazzarino alla guida della Francia

> Aumento della tassazione

Il successore di Richielieu come primo ministro francese, il cardinale italiano **Giulio Mazzarino** (1642-1661), si trovò di fronte ai medesimi problemi che assillavano la monarchia di Madrid. **La guerra divorava tutte le risorse del regno**, rendendo indispensabile un fortissimo aumento della tassazione e del prelievo fiscale. Una quantità sempre più significativa di denaro venne ricavata dalla cosiddetta *pailette*, che consisteva nella vendita all'asta delle cariche pubbliche; introdotta nel 1604, come stratagemma per raccogliere denaro senza dover convocare gli Stati generali, inizialmente tale prassi fornì circa l'8% delle entrate del bilancio. Negli anni 1620-1624, essa era già arrivata a fornire il 38% degli introiti regi.

Il resto del fabbisogno (continuamente crescente, a causa dell'ingresso in guerra) fu coperto da un costante aumento della *taille* (o *taglia)*, **una tassa straordinaria** introdotta al tempo della guerra dei Cent'anni per la difesa del regno e poi rimasta in vigore. **La taglia era odiata dai contadini, per il fatto che i nobili e il clero ne erano esentati**; inoltre, dobbiamo considerare che essa continuò a crescere, man mano che la guerra proseguiva. Tra il 1635 e il 1638, la taglia aumentò del 338% nella regione di Parigi, del 204% in quella di Tours e del 301% in quella di Bordeaux.

> Unione di nobili e popolo

In varie regioni del regno, la crescita continua di tasse e gabelle provocò l'**esplosione di ribellioni e di sommosse**, che a volte furono pure fiammate di collera contadina, disorganizzate e prive di sbocchi, ma in certi casi furono guidate da grandi e potenti figure dell'alta nobiltà. L'episodio più famoso di quest'ultimo tipo di ribellione fu denominato ***Fronda*** (dal francese *fronde*, fionda) e si verificò negli anni 1649-1653, quando i rivoltosi cacciarono da Parigi il giovane re Luigi XIV e il primo ministro, mettendo in pericolo non solo il potere di Mazzarino, ma la stessa monarchia. Non si voleva – si faccia attenzione – instaurare una repubblica ed eliminare la monarchia;

GEOSTORIA

Le rivolte in Francia nella prima metà del XVII secolo

Carta proiettabile

→ La Fronda fu l'ultimo tentativo della nobiltà di porre un freno all'autorità assoluta della monarchia.

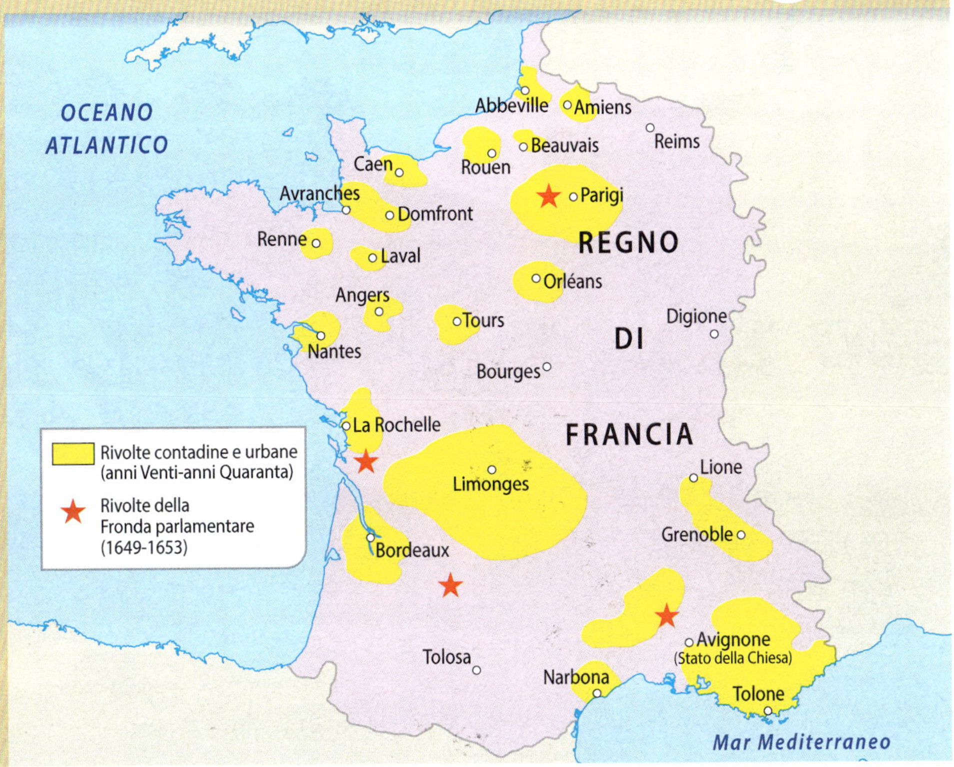

I protagonisti

Schema proiettabile

MARIA DE' MEDICI	• Regina madre, esercita la reggenza fino a che suo figlio Luigi XIII non diventa maggiorenne • Rappresenta il *partito devoto*, favorevole a un'alleanza con la Spagna, perché ritiene immorale schierarsi con i protestanti
CARDINALE RICHELIEU	• In politica interna, cerca di impedire alla nobiltà o a qualsiasi altro soggetto di limitare il potere assoluto della monarchia • In politica estera, si schiera contro la Spagna
CARDINALE MAZZARINO	• Subentra a Richelieu e ne prosegue la politica • Supera la crisi della Fronda, permettendo la piena affermazione dell'assolutismo in Francia

i **nobili** che guidavano il moto, però, avrebbero voluto **condizionare potentemente il potere del sovrano**, cioè impedirgli di essere l'arbitro unico e assoluto della vita politica del regno.

Sebbene costretto, in un primo momento, ad abbandonare Parigi, il cardinale italiano riuscì tuttavia a sconfiggere i propri avversari nel 1653 e a rientrare da trionfatore nella capitale. Va ribadito, tuttavia, che la vittoria non fu tanto di Mazzarino, nella sua qualità di ministro e di uomo di Stato; il significato storico della sconfitta della Fronda, piuttosto, consiste nella **definitiva disfatta delle aspirazioni dell'aristocrazia francese**, che voleva condividere con il re la gestione dello Stato.

Intorno alla metà del Seicento, i nobili di Francia potevano ancora pensare di riuscire a limitare il potere del loro sovrano, allo stesso modo in cui – diversi secoli prima – i baroni inglesi avevano imposto al re d'Inghilterra la *Magna Charta Libertatum*. Dopo la sconfitta della Fronda, la Francia si avviò, invece, nella direzione dello sviluppo incontrastato dell'**assolutismo regio**, che nell'azione di governo di **Luigi XIV** (1643-1715) avrebbe trovato la propria espressione più completa e dispotica.

↓ Un episodio di combattimento nell'ambito della Fronda, in un dipinto francese del XVII secolo (Reggia di Versailles).

Storia slide

3 ECONOMIA DEMOGRAFIA E SOCIETÀ

L'Inghilterra all'inizio del Seicento

Le conoscenze da acquisire

Le ragioni che portarono alla Rivoluzione inglese del 1640-1660 furono molteplici e di diverso genere: politiche, economiche e religiose.

Le competenze da potenziare

Saper individuare il ruolo sociale dei fattori e dei fenomeni religiosi.

3.1 Londra, la città che guida un Paese

La guerra dei Trent'anni fu un vasto conflitto che coinvolse tutte le principali potenze europee. Rimase ai margini solo l'Inghilterra, che per vari decenni fu interamente assorbita nei propri problemi interni: una serie di vicende che, di solito, viene denominata ***Rivoluzione inglese*** (espressione che gli storici hanno coniato ricalcando la *Rivoluzione francese*, formula che si impose subito, in tutta l'Europa, a partire dal 1789).

> VEDI Elisabetta → pag. 397

Alla morte di Elisabetta (1603), divenne re d'Inghilterra **Giacomo I Stuart**, re di Scozia dal 1567. Il Paese sul quale il nuovo sovrano si accingeva a governare era in pieno sviluppo demografico ed economico. Premesso che le cifre relative alla popolazione dell'età preindustriale, proposte dagli storici, devono sempre essere assunte con molta cautela, è possibile che gli abitanti (circa 3 milioni nel 1530) fossero diventati **4 milioni nel 1600**. Sicuramente, Londra aveva subito la trasformazione più macroscopica: la sua popolazione, che comprendeva circa 60 000 individui nel 1500, toccò la quota di **450 000 nel 1640**. La sproporzione della capitale rispetto al resto dell'Inghilterra risulta ancora più evidente non appena si considerano le altre città del regno: nel Seicento, nessuna di esse superava i 25 000 abitanti. Come ha scritto lo storico inglese Lawrence Stone, «alla metà del secolo XVII, Londra dominava la scena nazionale come nessun'altra capitale europea, nemmeno Parigi. L'enorme concentrazione di risorse economiche, influenze politiche, capacità professionali e popolazione fece sì che il controllo sulla città portasse con sé una larga misura di controllo su molte leve del potere. Se la Corona avesse perduto la città, come in effetti accadde nel 1641, avrebbe perduto con essa una quantità determinante di risorse militari, finanziarie e politiche. Un re francese poteva sopravvivere alla perdita di Parigi, e in effetti così fu, ma era assai più difficile per un re inglese sopravvivere alla perdita di Londra».

RIFERIMENTO STORIOGRAFICO 3 *L'Inghilterra del Cinquecento e del Seicento* → pag. 547

La capitale era il principale centro commerciale del Paese; Londra gestiva il 90 per cento dell'esportazione delle stoffe di lana, che erano la merce inglese più venduta all'estero. L'**attività tessile** si svolgeva soprattutto nelle campagne ed era la principale industria del Paese; tuttavia, a partire dal 1540, si affiancò alla produzione di stoffe anche l'**estrazione del carbone** nella regione del Newcastle. Inoltre, per tutto il Cinquecento, l'Inghilterra fu l'unico Paese capace di produrre **cannoni in ferro** fuso di buona qualità, che non scoppiavano durante l'uso; verso il 1573, esiste-

I LUOGHI

Scozia

Fino all'inizio del Seicento, il regno di Scozia fu uno Stato autonomo, sebbene i sovrani d'Inghilterra cercassero di imporre la loro autorità a tutta la Gran Bretagna. In epoca medievale, l'episodio più drammatico della lotta tra inglesi e scozzesi si verificò all'inizio del XIV secolo; dopo che gli inglesi avevano imposto il proprio dominio, una rivolta popolare (guidata da William Wallace, soprannominato Braveheart) mise in gravi difficoltà il re d'Inghilterra, che infine fu costretto a riconoscere l'indipendenza della Scozia nel 1328. Nel Cinquecento, per contrastare la crescente potenza inglese, i re di Scozia si appoggiarono politicamente alla Francia; inoltre, dopo che Enrico VIII ebbe preso la decisione di staccare la Chiesa d'Inghilterra da Roma, la Scozia rimase cattolica. Tuttavia, nel 1559, dopo una rivoluzione verificatasi a Edimburgo, il calvinismo divenne religione di Stato e si affermò nella sua forma più intransigente.

Londra nel corso dei secoli si allargò a dismisura: vennero costruite sempre più case per garantire un'abitazione ai nuovi lavoratori che si trasferivano in città.

Il Tamigi, il fiume che attraversa Londra, era una delle principali vie di comunicazione della città.

↑ Dipinto di Jan Griffier che mostra uno spaccato della vita di Londra nel XVII secolo.

> **Cannoni in ferro**

vano otto fornaci nel Sussex e una nel Kent, capaci di produrre cannoni e proiettili per un totale annuo di circa 500-600 tonnellate di ferro, ma attorno al 1600 la produzione era salita a circa 800-1000 tonnellate. Nel 1574, Elisabetta fu costretta a limitare la libera esportazione dei cannoni di ferro, perché poteva capitare che essi fossero ceduti anche a nemici dell'Inghilterra; la produzione, tuttavia, non calò di molto, in quanto una notevole quantità di pezzi d'artiglieria furono venduti (con licenza speciale della regina) alle potenze protestanti, mentre numerosi altri, clandestinamente, vennero esportati un po' in tutta l'Europa, almeno finché la produzione olandese non divenne capace di competere anche in questo campo con quella britannica.

3.2 La struttura sociale nelle campagne

L'Inghilterra era uno dei Paesi più progrediti d'Europa dal punto di vista economico, seconda solo alle Province Unite. Gli elementi che determinavano la sua ricchezza erano il commercio dei manufatti tessili, l'industria mineraria (legata all'estrazione del carbone, alla lavorazione del ferro e alla produzione di armi da fuoco) e la presenza di una città come Londra, vero cuore pulsante dei commerci e di tutte le iniziative economiche del regno.

Tuttavia, l'attività dominante continuava a essere l'**agricoltura**; soprattutto, poi, bisogna andare molto cauti prima di affermare che la rivoluzione degli anni centrali del Seicento (che studieremo in questa Unità) fu opera prevalente di una **borghesia** emergente, che non sopportava più di essere subordinata all'aristocrazia e vedeva nella monarchia assoluta per diritto divino un intralcio al proprio sviluppo. Gli studi più recenti sul comportamento tenuto dai ricchi mercanti durante la guerra civile, che oppose il re al Parlamento negli anni 1642-1649, mostrano infatti che la maggior parte di quei borghesi si tenne prudentemente ed egoisticamente neutrale, senza prendere una posizione precisa; viceversa, quando alcuni mercanti accettarono, a titolo individuale, di scendere in campo, lo fecero in entrambi gli schieramenti, e non si posero solo dalla parte del Parlamento.

LE PAROLE

Borghesia

Il termine indicava originariamente i mercanti che vivevano nei borghi, cioè nei nuovi quartieri sorti fuori dalle vecchie mura delle città. I borghesi erano individui ricchi, dotati di notevoli capitali; mentre i nobili erano grandi proprietari terrieri e ricavavano la loro ricchezza dal lavoro dei contadini, i borghesi investivano il loro denaro nel commercio oppure in attività produttive (come l'industria tessile, la fabbricazione di armi, l'estrazione di minerali).

I gruppi sociali nelle campagne inglesi

Schema proiettabile

GRANDE ARISTOCRAZIA	Nobiltà legata alla Corona e titolare di immense proprietà fondiarie
GENTRY	Piccola nobiltà terriera, gentiluomini di campagna
YEOMEN	Coltivatori diretti, benestanti ma non nobili
AFFITTUARI E BRACCIANTI	Contadini privi di un podere proprio, al servizio di nobili, della *gentry* o degli *yeomen*

La maggior parte delle terre agricole apparteneva all'**aristocrazia**, sia quella **di rango** più **elevato**, legata alla corte reale e proprietaria di patrimoni fondiari immensi, sia la **piccola nobiltà** terriera, la cosiddetta ***gentry***. Il potere centrale si serviva di questi gentiluomini di campagna, a livello periferico, per svolgere numerose funzioni come, ad esempio, quella di giudice di pace. Il peso sociale, il prestigio e l'importanza economica della *gentry* erano andati crescendo lungo tutto il Cinquecento; molti esponenti di questo gruppo, infatti, avevano acquistato i terreni ecclesiastici che la Corona aveva confiscato ai monasteri (soppressi dopo la rottura con Roma) e poi aveva venduto a prezzi estremamente convenienti, negli anni 1536-1560. Così, mentre intorno al 1450 la *gentry* possedeva circa un quarto della proprietà fondiaria complessiva, intorno alla metà del Seicento essa **controllava poco meno della metà delle terre inglesi**. In linea di massima, fu merito della *gentry* se l'agricoltura inglese seppe far fronte allo straordinario incremento demografico che abbiamo sopra ricordato. Nelle loro terre, i gentiluomini introdussero nuove e migliori tecniche di coltivazione, che provocarono un notevole aumento delle rese agricole rispetto al passato. Inoltre, nel momento in cui acquistavano un terreno, i nuovi proprietari si affrettavano a espandere la superficie coltivabile, recingendo quelle porzioni lasciate incolte in cui, per tradizione, tutti gli abitanti di un villaggio potevano recarsi a cercare legna o a pascolare il bestiame.

> **Coltivatori diretti benestanti**

Poco più in basso, nella scala sociale, incontriamo i cosiddetti ***yeomen***, coltivatori diretti (benestanti, ma non nobili) che gestivano personalmente poderi di loro proprietà; in fondo, invece, si trovavano i **braccianti** e tutti gli altri **contadini** che (con contratti di vario genere) lavoravano la terra altrui e, spesso, vivevano al limite della povertà. Questi ultimi (come del resto i lavoratori più umili di Londra e delle città) non ebbero alcun ruolo attivo nella Rivoluzione, che sotto questo profilo si distingue nettamente dalle rivolte contadine che, lungo tutto il Seicento, caratterizzarono la Francia. Fra gli *yeomen*, invece, venne reclutata la maggior parte dei soldati che combatterono per il Parlamento, contro il re, la monarchia assoluta e la Chiesa di Stato.

3.3 La Chiesa di Stato e i puritani

Proprio come la guerra dei Trent'anni (o come gli scontri avvenuti nel corso del Cinquecento in Francia), anche la Rivoluzione scoppiata a metà Seicento in Inghilterra può essere vista come **l'intreccio di due ordini di ragioni**: quelle **politiche** e quelle **religiose**. Rispetto a quanto avvenuto in Francia o in Germania, però, in Inghilterra non si affrontarono cattolici e protestanti, bensì gli appartenenti a varie correnti del protestantesimo. Occorre quindi soffermarsi a esaminare la situazione religiosa del regno.

> **VEDI** La Chiesa anglicana → pag. 396

Nel 1588, di fronte al pericolo di un'invasione spagnola, la regina Elisabetta non aveva esitato a utilizzare una delle armi propagandistiche più potenti della Riforma: l'identificazione del papato (e della Spagna, che combatteva al suo servizio) con l'Anticristo, la diabolica Bestia dell'Apocalisse, il principale strumento di cui Satana si serve, nel mondo, per contrapporsi a Dio e perseguitare la Sua Chiesa. Malgrado ciò, la **Chiesa di Stato** di cui il re d'Inghilterra era il capo supremo era ancora **profondamente legata al passato cattolico**. Gran parte dei riti e della liturgia, ad esempio, era modellata sui tradizionali modelli romani; la stessa struttura ecclesiastica, del resto, non era mutata: la Chiesa anglicana continuava a essere guidata da **vescovi dotati di ampi poteri**, con l'unica differenza che essi non rispondevano più del loro operato al pontefice, bensì al sovrano.

Giacomo I era convinto che tale struttura episcopale fosse uno strumento di potere fondamentale, senza il quale l'intero edificio politico sarebbe crollato. Per esprimere la propria posizione, il sovrano aveva coniato il motto: «Niente vescovi, niente re»; in tal modo, aveva condensato in una formula semplice ed efficace l'opinione corrente secondo cui, per mantenere integra e intatta l'autorità del re, era essenziale un **rigido controllo dei pulpiti e dei predicatori**, che rappresentavano, nel Seicento, i principali mezzi di comunicazione, gli unici capaci di raggiungere veramente tutti i sudditi e di influenzarne gli atteggiamenti e il comportamento. In realtà, proprio a questo livello delicato e fondamentale, la situazione stava gradualmente sfuggendo di mano sia ai vescovi sia al re; la situazione del clero anglicano, infatti, **in molte parrocchie** era disastrosa: **i preti erano ignoranti e incompetenti**, e quindi non erano in grado di rispondere alle aspettative religiose di un uditorio che, nel corso del Cinquecento, era andato avvicinandosi personalmente alla Scrittura e, di conseguenza, si era fatto molto più inquieto ed esigente.

> **Ignoranza del clero anglicano**

La **diffusa sete di religiosità** non poteva più essere colmata solo da una serie di riti che, in precedenza, erano stati recepiti più come gesti magici che come veri sacramenti cristiani. Pertanto, molti gentiluomini di campagna avevano provveduto personalmente, sulle proprie terre, alla nomina di un predicatore o di una guida spirituale più abile e competente. Da un lato, il livello della religiosità media era migliorato; questo fenomeno, tuttavia, aveva gettato notevole **discredito nei confronti del clero ufficiale e della Chiesa di Stato**, tanto più che la maggior parte di questi gentiluomini – che avevano proceduto personalmente a migliorare la situazione religiosa delle parrocchie situate sulle loro terre – era di formazione calvinista.

> **Purificare la Chiesa**

Di solito, per designare i seguaci inglesi del riformatore ginevrino, si usa il termine ***puritani***; in effetti, essi **volevano *purificare* la Chiesa inglese**, cancellando tutti i numerosi residui cattolici che ancora caratterizzavano la sua dottrina, la sua liturgia e le sue strutture organizzative. Nei primi decenni del XVII secolo, l'opposizione dei puritani alla Chiesa di Stato si fece sempre più accesa e violenta; il bersaglio privilegiato delle loro critiche divennero **i vescovi d'Inghilterra**, sui quali venne trasferita l'identificazione con l'Anticristo che Elisabetta aveva usato contro il papa e contro il re di Spagna. Accusare le supreme guide della Chiesa di essere gli strumenti del diavolo non era solo un'offesa gravissima: poiché **a capo di quella Chiesa stava il re**, il passo successivo avrebbe potuto essere (e in effetti fu, negli anni Quaranta) l'idea secondo cui la monarchia stessa era *anticristiana*, cioè satanica e nemica della legge divina. Intuendo il pericolo, **Giacomo I perseguitò senza tregua i puritani**, molti dei quali scelsero di trasferirsi in America, nella speranza di poter costruire, nel Nuovo Mondo, una Chiesa riformata veramente pura e perfetta.

← Lucas Cranach il Vecchio, *La nascita dell'Anticristo*, prima metà del XVI secolo. La regina Elisabetta d'Inghilterra non esitò a identificare il papato e la Spagna con l'Anticristo, oppositore malvagio e diabolico che doveva diffondere una falsa religione, opposta al cristianesimo.

3.4 La situazione religiosa: presbiteriani, congregazionalisti, settari

I calvinisti inglesi non erano un gruppo compatto e unitario. Al contrario, tra loro vi erano notevoli differenze. Le due grandi correnti in cui si divisero i puritani furono i presbiteriani e i congregazionalisti. I **presbiteriani** prendevano come modello la Chiesa di Scozia e, pertanto, volevano sostituire l'autorità dei vescovi con quella di consigli formati sia da pastori (incaricati della predicazione) sia da *anziani* (presbiteri). Questi ultimi erano i membri più autorevoli (in genere, i più facoltosi) di una comunità, incaricati di sorvegliare sul comportamento morale degli altri fedeli.

> **Comunità libere e autonome**

I presbiteriani volevano sostituire la Chiesa di Stato anglicana con una Chiesa di Stato calvinista, intollerante verso ogni altra confessione religiosa. Sul versante opposto, i **congregazionalisti** sostenevano che la Chiesa doveva essere indipendente e slegata dallo Stato: secondo Robert Browne (1550-1636), fondatore del movimento, una comunità cristiana non può essere che una libera associazione di credenti, una *congregazione* di uomini che, illuminati da Dio, si riuniscono di propria iniziativa, pregano, ascoltano la Scrittura e personalmente (senza interventi o controlli dello Stato) nominano e mantengono i propri predicatori.

> **Le sette**

Il panorama religioso inglese era poi complicato dall'esistenza di numerose ***sette***, **gruppi minoritari di fedeli** che rifiutavano sia il cattolicesimo sia l'anglicanesimo, ma non accettavano neppure di aderire al calvinismo. Il numero di queste correnti dissidenti andò crescendo nel corso del Seicento, soprattutto negli anni decisivi della guerra civile tra il re e il Parlamento. Spesso, siamo di fronte a orientamenti che richiamano da vicino quelli degli anabattisti: molto diffusi, ad esempio, erano il rifiuto del battesimo dei bambini e la celebrazione di un secondo rito battesimale, al momento dell'ingresso nella setta di un nuovo convertito. Inoltre, come gli anabattisti di Münster del 1535, i settari inglesi si segnalarono per la loro disponibilità a occuparsi di questioni politiche e, soprattutto, a combattere per quella che, ai loro occhi, era **la guerra di Dio contro Satana**. Nelle loro riunioni, i gruppi dissidenti lasciavano ampio spazio alle interpretazioni personali della Sacra Scrittura e alla libera discussione teologica. Spesso, le sette non avevano autorità e strutture ben definite, cosicché poteva capitare che le **donne** esercitassero funzioni e ruoli che nelle Chiese tradizionali (cattolica, anglicana, ma anche calvinista) erano loro vietati.

> **VEDI** Gli anabattisti → pag. 329

Seguendo la prassi vigente sul continente – ove gli anabattisti erano stati ferocemente perseguitati sia nelle regioni cattoliche che in quelle riformate – i presbiteriani avrebbero voluto che tutte le sette venissero estirpate senza pietà e senza eccezioni; come vedremo fra poco, la **questione della tolleranza** nei loro confronti sarebbe stata una delle più dibattute all'interno del fronte di coloro che, a partire dal 1640, si opposero al re ed alla Chiesa di Stato anglicana.

Le correnti religiose nell'Inghilterra del Seicento

Schema proiettabile

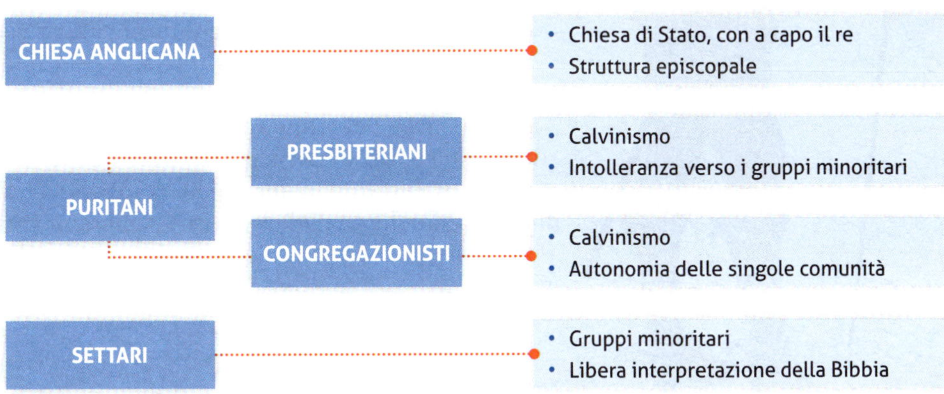

CONTRASTI POLITICI

Storia slide

4 La Rivoluzione inglese

Le conoscenze da acquisire	Le competenze da potenziare
La guerra civile contrappose i sostenitori dell'autorità assoluta del re ai difensori dei diritti del Parlamento.	Saper distinguere il modello di potere medievale da quello moderno, basato sul principio della sovranità popolare e sui diritti del cittadino.

4.1 I successori di Elisabetta: Giacomo I e Carlo I

Nel corso del XVI secolo la monarchia inglese aveva tentato di ridurre l'importanza del Parlamento. Un caso emblematico è rappresentato dal lungo regno di Elisabetta (1558-1603), durante il quale una serie di fattori concomitanti – il pericolo di un'invasione spagnola, il fascino della figura *verginale* della regina, la sua capacità di presentarsi come la suprema e unica garante dell'indipendenza nazionale e della purezza della Chiesa d'Inghilterra – rese possibile un coinvolgimento minimo delle due Camere: in sostanza, su un totale di 44 anni di governo di Elisabetta, solo tre videro delle sessioni parlamentari. Tuttavia, come giustamente ha scritto Lawrence Stone, «il culto della personalità ha un difetto: è difficile da rimpiazzare. Quanto più stretta era l'identificazione della persona di Elisabetta con il nazionalismo religioso inglese, tanto più difficile sarebbe stato trasferire l'identificazione al suo successore. Furono gli Stuart a pagare il conto politico dell'esaltazione di Elisabetta».

In effetti, anche il successore di Elisabetta, **Giacomo I** (1603-1625), tentò di governare da **monarca assoluto** e a più riprese espresse pubblicamente l'idea secondo cui il re, in quanto vicario di Dio in terra, **non era** in alcuna maniera **vincolato dalle leggi**: anzi, essendo fonte di diritto egli stesso, avrebbe potuto sospendere o invalidare le leggi tutte le volte che lo avesse ritenuto giusto e opportuno. A maggior ragione, pertanto, Giacomo I riteneva di avere la **più completa libertà anche nel campo dell'imposizione fiscale**, indipendentemente dal parere del Parlamento. Ma nel momento in cui le minacce esterne si erano allontanate dall'Inghilterra, tale pretesa di Giacomo risultò sempre più intollerabile agli occhi di un numero crescente sia di gentiluomini di campagna sia di aristocratici; per di più, le aspirazioni assolutistiche del primo sovrano Stuart si sommavano alla sua strenua difesa dell'istituto episcopale e, più in generale, della Chiesa di Stato anglicana. Pertanto, contro di lui cominciò a formarsi una coalizione di forze politiche e religiose, in uno schieramento che comprendeva sia i puritani più o meno radicali, sia i sostenitori di un sistema misto, in cui l'autorità del re fosse bilanciata da quella del Parlamento.

← Anton van Dyck, *Ritratto di Carlo I d'Inghilterra*, 1635 (Parigi, Museo del Louvre).

RIFERIMENTO STORIOGRAFICO 4
Monarchia e Parlamento nell'Inghilterra del XVI secolo
→ pag. 549

Alla morte di Giacomo I gli subentrò il figlio **Carlo I** (1625-1649), che dimostrò subito di non avere idee diverse dal padre; pertanto, **nel 1628**, allorché venne convocato il Parlamento, **i Comuni elaborarono una *Petizione dei diritti***, nella quale ribadivano l'illegalità di qualsiasi tassa che non fosse stata votata dal Parlamento e – richiamandosi alla *Magna Charta* (1215) – ricordavano che nessuno poteva essere condannato a morte senza aver subito un regolare processo, di fronte a una giuria di propri pari. Infine, la petizione chiedeva che nessun suddito fosse obbligato ad alloggiare soldati o marinai contro la propria volontà. Il re ignorò del tutto le richieste dei parlamentari, e procedette a un lungo periodo (undici anni) di governo personale, in cui i Comuni e i Lords non furono più convocati. Forte dell'assenza di un Parlamento, il re continuò a imporre tasse, tra cui l'odiosa ***Ship Money***.

LE PAROLE

Ship Money

La *Ship Money* era una tassa di origine medievale che veniva imposta alle città costiere in tempo di guerra, per finanziare la difesa marittima. Carlo I la riprese nel 1636, applicandola in tempo di pace ed estendendola a tutto il regno. La *Ship Money* diventò nel dibattito politico di quegli anni un vero e proprio simbolo del governo assoluto e tirannico di Carlo I.

IL PARLAMENTO IN INGHILTERRA

Il Parlamento inglese era composto da due diverse assemblee, la **Camera dei Lords** (raffigurata nell'immagine **1** in una stampa del Settecento), formata dai rappresentanti della grande nobiltà, e la **Camera dei Comuni** (raffigurata nell'immagine **2** in un dipinto del XVII secolo), che riuniva i rappresentanti della piccola aristocrazia di campagna (*gentry*) e della borghesia. Mentre i deputati della Camera dei Comuni erano eletti dai cittadini che avevano il diritto di voto (stabilito su base censitaria: si può sicuramente affermare che non erano molti a godere di questo privilegio nell'Inghilterra del Seicento), nella Camera dei Lords si entrava in virtù del titolo nobiliare.
Nel Seicento, vi era poi un'altra differenza fondamentale tra le due camere: nella Camera dei Comuni sedevano in maggioranza calvinisti (o meglio **puritani**), contrari alla Chiesa anglicana e al fatto che questa fosse la Chiesa ufficiale del regno. Nella Camera dei Lords, invece, la maggioranza era anglicana, come il re, che alle sue funzioni assommava anche quella di capo indiscusso della Chiesa.

1

2

4.2 Lo scontro con il Parlamento e l'inizio della guerra civile

> **Rivolte in Scozia e in Irlanda**

Verso la fine degli anni Trenta la situazione precipitò. Il re Carlo I, che cercava il sostegno politico della Chiesa d'Inghilterra, decise di trasferire in Scozia il modello ecclesistico anglicano; **nel 1640**, però, i ferventi calvinisti scozzesi insorsero compatti e, nella guerra che scaturì da tale ribellione, l'esercito inglese subì una pesante sconfitta. Impegnatosi a versare ai vincitori un'ingente somma di denaro, **Carlo I fu costretto a ricorrere al Parlamento**, che venne convocato il 3 novembre. Poiché il re si trovava in una posizione di grave difficoltà, l'opposizione parlamentare riuscì a strappare numerose e importanti concessioni tra cui ricordiamo il cosiddetto *Triennal Act* (15 febbraio 1641), che obbligava il re a convocare il Parlamento almeno ogni tre anni. Inoltre, con un provvedimento votato il 10 maggio, le Camere tolsero al sovrano il diritto di scioglierle; infine, il 5 luglio, mentre veniva dichiarata illegale la *Ship Money*, fu sancita la fine della censura sulla stampa, il che provocò una vera inondazione di libri e opuscoli di contenuto politico e/o religioso.

In questo contesto già sufficientemente teso ed esasperato, si inserì nel novembre 1641 la notizia dello scoppio, in **Irlanda**, di una **violenta rivolta cattolica**. Subito, a Londra, si pose il problema del controllo delle forze armate. Era infatti evidente che, se il Parlamento avesse concesso al re di radunare e comandare un esercito al fine di reprimere la ribellione irlandese, il sovrano avrebbe potuto servirsi di quelle truppe per sciogliere con la violenza il Parlamento e ripristinare l'ordine.

> **Fortissima tensione religiosa**

Il 4 gennaio 1642, **Carlo I tentò di arrestare i cinque membri più prestigiosi della Camera dei Comuni**, tutti di credo puritano (come la maggior parte dei membri di quella Camera); a seguito di questo grave episodio, nei mesi di gennaio e febbraio si creò, in Parlamento e in tutto il Paese, un'atmosfera di fanatismo religioso sempre più esasperato, in quanto i predicatori puritani più radicali proclamavano che era giunto il tempo di procedere alla cancellazione della Chiesa anglicana, anche a costo di entrare in contrasto con il re: se egli si fosse opposto, avrebbe semplicemente dimostrato di essere anche lui, come i suoi vescovi, un **servo dell'Anticristo**. Un simile esasperarsi del clima politico-religioso spinse quasi tutti gli aristocratici e una parte della *gentry* ad abbandonare il Parlamento e a porsi dalla parte del re; sia il sovrano che il Parlamento, infine, emanarono propri e distinti ordini di arruolamento di truppe, con il risultato che si formarono due eserciti, che rispondevano a due autorità alternative. Era ovvio che un simile *dualismo di poteri* non poteva durare: il **23 ottobre 1642**, i due schieramenti si scontrarono uno contro l'altro, nella prima vera battaglia della **guerra civile**.

↑ Raffigurazione del Parlamento durante il regno di Carlo I d'Inghilterra.

I LUOGHI

Irlanda

L'occupazione inglese dell'Irlanda ebbe inizio nel 1171; per diverso tempo non si trattò di spedizioni pianificate e guidate personalmente dal sovrano, ma di razzie e di incursioni condotte da gruppi di avventurieri armati, che infine riuscirono a impadronirsi con la forza di intere regioni. La guerra dei Cent'anni impedì agli inglesi di proseguire l'invasione, che riprese vigore alla fine del Quattrocento, al punto che Enrico VIII decise di fregiarsi del titolo di re di Irlanda. Quando la monarchia inglese ruppe i rapporti con la Chiesa di Roma, per reazione la maggior parte degli irlandesi rimase cattolica. La dominazione inglese sarebbe durata fino al 1922.

4.3 Un esercito diverso dagli altri: la *New Model Army*

> **Eserciti scadenti e poco motivati**

Guardiamo la storia
La New Model Army

All'inizio delle ostilità, la qualità e l'efficienza dei due eserciti era piuttosto scarsa: il re non era economicamente in grado di armare a dovere un esercito numeroso; il Parlamento, invece, aveva reclutato soprattutto disoccupati londinesi e uomini di bassa estrazione sociale, che combattevano solo per la paga e non per motivazioni ideologiche. Fino al 1644, quindi, la guerra procedette in modo confuso e senza nessun esito di rilievo.

La situazione cominciò a modificarsi soltanto quando **Oliver Cromwell** (1599-1658), un parlamentare incaricato di organizzare alcuni reggimenti di cavalleria, decise di procedere a un **sistema di reclutamento del tutto nuovo**. In primo luogo, fissò per i suoi soldati una paga elevata, fatto che permise di esigere dai soldati una disciplina severa e rigorosa e la cessazione della pratica del saccheggio, che caratterizzava, invece, la guerra dei Trent'anni in Germania.

> **Paga elevata e disciplina**

L'alta paga attirò al mestiere delle armi individui di ceto più elevato rispetto ai poveri braccianti e ai disoccupati che, in genere, andavano a ingrossare le fila degli eserciti d'Europa. Inoltre – e questa fu, senza dubbio, la novità più rivoluzionaria – Cromwell si preoccupò di reclutare soldati fermamente convinti della giustizia della causa per cui combattevano: il che voleva dire, negli anni Quaranta del Seicento inglese, **fare appello ai puritani più radicali e ai settari, convinti che la lotta contro il re e la Chiesa anglicana fosse una vera guerra santa**.

Su queste basi, Cromwell costituì i cosiddetti ***Ironsides*** (Fianchi di ferro), un contingente armato il cui contributo risultò decisivo nella grande **battaglia di Marston Moor**, il 2 luglio 1644 le truppe parlamentari inflissero all'esercito del re una pesante sconfitta. Il 15 febbraio 1645, il Parlamento decise di riformare il proprio esercito sull'esempio degli *Ironsides*; nacque così la ***New Model Army*** (Esercito di Nuovo Modello), uno strumento bellico del tutto originale per le sue peculiarità.

RIFERIMENTO STORIOGRAFICO 5
La New Model Army
→ pag. 550

← Thomas Wyck, *Ritratto di Oliver Cromwell*, 1640 circa (collezione privata).

LE PAROLE

Ironsides

Sul piano tattico, Cromwell si ispirò al modello usato da Gustavo Adolfo di Svezia durante la guerra dei Trent'anni. I suoi cavalieri indossavano un pettorale e un elmo, e come armi portavano una coppia di pistole e una spada. Poiché portavano i capelli tagliati molto corti, i soldati di Cromwell venivano sprezzantemente chiamati "Teste rotonde" dai loro avversari. Durante il combattimento veniva usata la "tecnica svedese": le "Teste rotonde" avanzavano a ranghi serrati fino a breve distanza dal nemico, poi tutti insieme scaricavano entrambe le pistole su di esso. Facevano quindi marcia indietro e lasciavano il posto al rango successivo. Quando tutti i ranghi avevano sparato e scompaginato l'avversario, combattevano con la spada in pugno. Usando questa tecnica gli *Ironsides* divennero imbattibili.

I protagonisti

Schema proiettabile

CAVALIERI	• Sostengono il re Carlo I Stuart e la sua politica assolutistica • Accettano la Chiesa di Stato anglicana
TESTE ROTONDE	• Sostengono i diritti del Parlamento e rifiutano l'assolutismo Stuart • Rifiutano la Chiesa di Stato anglicana
NEW MODEL ARMY	• È l'esercito che permette di vincere la guerra civile • È composta da uomini di estrazione sociale medio-bassa (artigiani e piccoli proprietari terrieri), molto religiosi, convinti di combattere contro l'Anticristo

Il primo dato che colpisce l'osservatore è la profonda religiosità di questi uomini, che orgogliosamente affermavano: «Noi **non siamo soldati mercenari**, non siamo semplici servitori di uomini»; al contrario, essi si consideravano gli strumenti di cui Dio si serviva per sbaragliare l'Anticristo e le sue schiere diaboliche.

Ogni giorno, nei momenti di pausa, i soldati passavano molto del loro tempo libero a pregare, a studiare la Bibbia o ad ascoltare prediche, che spesso erano tenute da semplici soldati agli stessi ufficiali superiori; inoltre, un **gran numero di questi militari** (proprio per il fatto di avere un quotidiano rapporto col testo biblico) **era in grado di leggere e scrivere**. Tutto questo avrebbe trasformato la *New Model Army* in una straordinaria palestra di dibattito sia religioso sia politico, l'avrebbe resa recettiva a nuove proposte e capace di avanzare, a sua volta, ipotesi di radicale e sostanziale modifica dell'assetto della società e dello Stato.

GEOSTORIA

La guerra civile inglese dal 1643 al 1645

Carta proiettabile

→ Le due carte mostrano lo sviluppo della guerra civile inglese. A sinistra è rappresentata la situazione nel 1643: si nota un sostanziale equilibrio tra i territori occupati dalle forze fedeli al re e quelli controllati dalle forze che sostenevano il Parlamento. Ben diversa è invece la situazione nel 1645 (cartina a destra) quando le forze parlamentari avevano ormai preso il sopravvento.

Carta interattiva
La guerra civile inglese

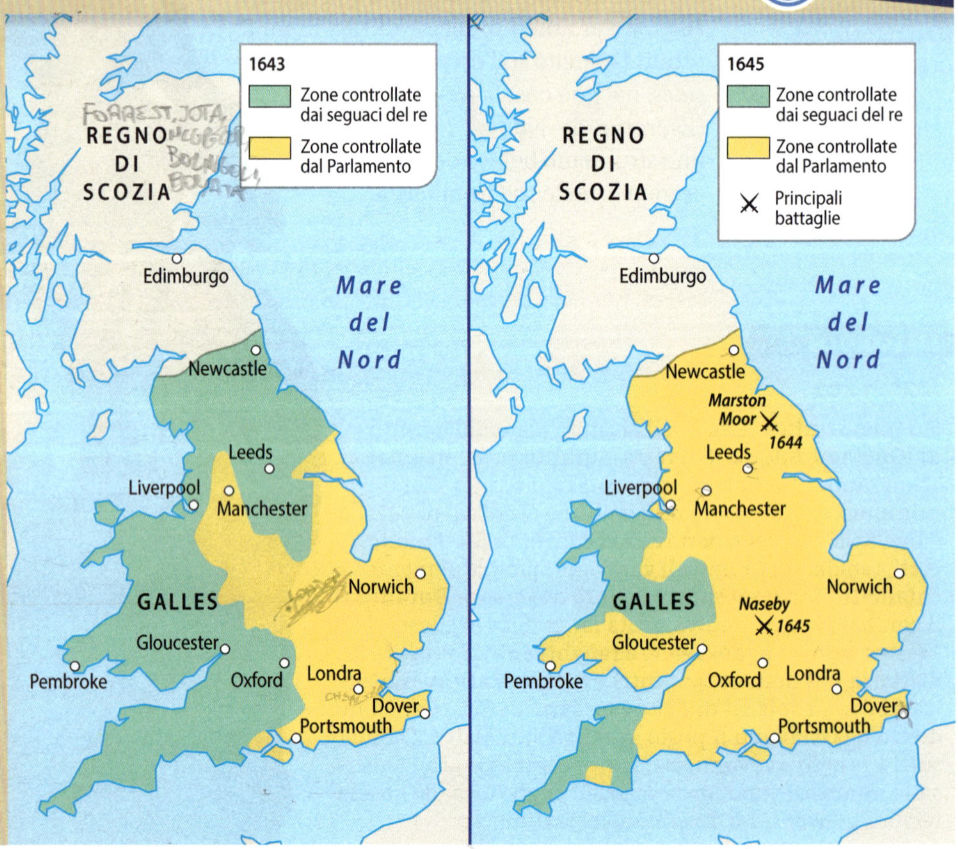

4.4 I Livellatori e la questione della tolleranza religiosa

> Sconfitta e cattura del re

La battaglia decisiva tra l'esercito parlamentare e quello della Corona avvenne a Naseby, il 14 giugno 1645. La vittoria fu netta: la *New Model Army* sbaragliò l'esercito di Carlo I. Il sovrano tentò di fuggire in Scozia, ma venne arrestato e imprigionato. A questo punto, però, **tra i vincitori scoppiarono i dissensi**: uniti finché avevano combattuto contro lo stesso nemico (l'assolutismo del re e la Chiesa di Stato), essi si divisero in varie correnti e partiti al momento di prendere in mano la situazione. In primo luogo ricordiamo che, alla Camera dei Comuni, la maggior parte dei parlamentari era composta da **gentiluomini presbiteriani**. Essi non avevano la minima intenzione di procedere a significative riforme nell'assetto dello Stato e della società inglese; semplicemente, si erano opposti all'assolutismo del re e alla Chiesa anglicana, per cancellarne ogni traccia di cattolicesimo. Questo partito era chiamato dei *cavalieri*.

I deputati presbiteriani, in altre parole, erano **disponibili a trovare un accordo** con il re, cioè a reintegrarlo nella sua funzione di capo dello Stato, qualora egli accettasse di rispettare i diritti e le prerogative tradizionali del Parlamento. In campo religioso, invece, questi calvinisti non sopportavano l'esistenza di alcun dissenso: ritenevano che non dovesse esserci spazio per alcuna setta o congregazione, al di fuori della Chiesa di Stato riformata.

> Progetti radicali dei Livellatori

Contro la posizione moderata e conservatrice dei Comuni presbiteriani si organizzò il movimento dei cosiddetti ***Levellers*** (Livellatori), che trovò in John Lilburne, Richard Overton e William Walwyn i propri leader più audaci e prestigiosi. I Livellatori fecero la propria comparsa ufficiale, nel panorama politico della Rivoluzione, il 7 luglio 1646, allorché fu diffuso un lungo documento intitolato *Protesta di molte migliaia di cittadini e del libero popolo inglese alla loro Camera dei Comuni*. In tale manifesto programmatico, innanzitutto si proclamava solennemente il **principio della sovranità popolare**: i parlamentari, si diceva, traevano il loro potere dal popolo inglese che li aveva eletti e quindi erano responsabili di fronte a esso del loro operato. Il giudizio del documento (opera, principalmente, di Richard Overton) sul comportamento dei deputati era molto critico: il testo, infatti, denunciava come ipocriti e pericolosi i tentativi condotti fino a quel momento di trovare un compromesso con il re e, anzi, avanzava per la prima volta, in modo fermo ed esplicito, la proposta di trasformare l'Inghilterra in una repubblica.

> Critiche ai parlamentari

In secondo luogo, come logica conseguenza di tale rifiuto del regime monarchico, il documento **metteva in discussione la legittimità dell'esistenza della Camera dei Lords**, che non erano eletti dal popolo, ma partecipavano alla gestione dello Stato solo in virtù del loro titolo nobiliare. A più riprese, la *Protesta* fa riferimento alla conquista normanna del 1066, indicata come un drammatico punto di svolta nella storia inglese; e poiché sia la regalità teocratica (secondo cui il re doveva rispondere del proprio operato solo a Dio, e non al popolo) sia la nobiltà feudale venivano considerate come la dura eredità di quel remoto passato, entrambe erano rifiutate come istituzioni straniere e oppressive. Proseguendo su questa via, un documento elaborato all'interno della *New Model Army* avrebbe proclamato, l'anno seguente: «Cos'erano i Pari d'Inghilterra, se non i colonnelli di Guglielmo il Bastardo? Chi i baroni, se non i suoi maggiori? Chi i cavalieri, se non i suoi capitani?».

Le posizioni dei Livellatori

Schema proiettabile

AMBITO ISTITUZIONALE	Rifiuto della monarchia
AMBITO POLITICO	Democrazia e suffragio universale
AMBITO RELIGIOSO	Libertà di culto
AMBITO SOCIALE	Accettazione della proprietà privata

> **Rivendicazione della libertà di coscienza**

Infine, la *Protesta* del 1646 rivendicava con energia l'**assoluta libertà di coscienza in campo religioso**, negando che lo Stato potesse in qualsiasi maniera costringere un cittadino a praticare un tipo di culto piuttosto che un altro. La **questione della tolleranza religiosa** divenne uno degli argomenti più scottanti del periodo immediatamente seguente la fine della guerra civile; in effetti, la sconfitta del re non avrebbe potuto avvenire senza il contributo determinante dei settari più determinati, arruolatisi volontari nelle file della *New Model Army*. Paradossalmente, con la sua intolleranza e la sua intransigenza, il nuovo regime presbiteriano finiva per perseguitare proprio coloro che gli avevano permesso la vittoria. I leader dei Livellatori, nelle loro pubbliche prese di posizione, non si limitarono per altro a mettere in evidenza questa contraddizione; con un'apertura mentale straordinaria, per l'epoca, ammettevano che nessuno, in campo religioso, poteva dimostrare di possedere la Verità: tutti, pertanto, dovevano essere lasciati **liberi di venerare Dio nel modo che preferivano**.

BILANCIO DELLE COMPETENZE

→ pagg. 538-539

DOCUMENTI In difesa della tolleranza religiosa

In questo testo del 1645, il leader dei Livellatori William Walwyn rivendicava la completa libertà di culto per tutte le sette, riconoscendo che, senza il loro contributo, l'esercito del Parlamento non avrebbe sconfitto le truppe del re.

I cristiani non possono onorare Iddio se non in modo conforme alle loro menti e alle loro coscienze. Pertanto, anche se potessi onorare liberamente [senza vescovi dipendenti dal re, *n.d.r.*] Dio in base a quanto il parlamento ha stabilito come norma generale di tutta la nazione, tuttavia, se non fossi persuaso di poter legittimamente sottomettermi a tale norma, tutte le torture del mondo non potrebbero forzarmi. E io osservo che proprio questo è il caso di molte persone abituate a comportarsi secondo coscienza, assai ben disposte nei confronti del parlamento e della libertà comune, persone che non hanno esitato a sacrificare i loro beni e a mettere a repentaglio la loro stessa vita in difesa di un giusto governo, con generosità non inferiore a quella di chiunque altro. Anche se essi sono noti sotto il nome di anabattisti, brownisti, separatisti, indipendenti, antinomiani, tuttavia nell'abbattere l'episcopato e un governo tirannico, noi abbiamo potuto contare sull'incondizionato appoggio di questi uomini, che perseverano nella più ferma opposizione contro il partito dei papisti e dei malvagi. Dobbiamo fare qualcosa per il sollievo di questi nostri fratelli. Non può essere che nell'ambito della nostra riforma essi rimangano sotto i medesimi vincoli e sotto le medesime persecuzioni di cui, per ragioni di coscienza, erano fatto oggetto al tempo dei prelatisti [dei vescovi della Chiesa anglicana, *n.d.r.*]. Dobbiamo comportarci con loro come vorremmo che ci si comportasse con noi: se infatti qualcuno di quei gruppi fosse più numeroso di noi e avesse il potere di imporre provvedimenti normativi, stimeremmo estremamente gravoso essere impediti nell'esercizio della nostra religione in base a quanto ci suggerisce la coscienza o essere costretti da multe, imprigionamenti o altre punizioni ad atti di culto contrari alla nostra coscienza. Non c'è nessun uomo che al giorno d'oggi possa presumere di avere un giudizio infallibile. Ciascuno dovrebbe essere pienamente persuaso nella sua mente della legittimità del modo con cui serve Iddio. Se un uomo santifica un giorno al Signore e un altro no, purché tutti e due si regolino secondo la propria coscienza, sono autorizzati entrambi dall'Apostolo [san Paolo, *n.d.r.*] a condursi [comportarsi, *n.d.r.*] in questo modo e nessuno ha il diritto di molestare l'altro, né di disprezzarlo o condannarlo (Rom. XIV, 3); ancor meno ha il diritto di costringere l'altro a comportarsi secondo il suo personale giudizio, poiché tutto ciò che non è suggerito dalla fede o da una completa certezza della ragione costituisce peccato.

M. FIRPO, *Il problema della tolleranza religiosa nell'Età moderna dalla Riforma protestante a Locke*, Loescher, Torino 1989, p. 227

ANALIZZA IL TESTO

→ Individuate, fra gli argomenti avanzati da Walwyn a sostegno della tolleranza religiosa: a) le ragioni di ordine politico; b) le motivazioni di tipo morale o religioso.

4.5 I dibattiti di Putney: idee democratiche e suffragio universale

Molti soldati della *New Model Army* accolsero con favore le idee dei Livellatori. Inoltre nell'ambiente militare maturarono concezioni democratiche decisamente innovative (e in parte ancora attuali). I soldati che prestavano servizio nella *New Model Army*, prima della guerra civile, erano stati in prevalenza artigiani o coltivatori diretti (cioè proprietari del terreno che lavoravano). Il loro ragionamento in ambito sociale ricalcava quello esaminato nel paragrafo precedente a proposito della libertà di culto: come, sul piano religioso, era stato possibile sconfiggere la Chiesa anglicana solo grazie all'apporto dei settari, così – sul piano politico – si poteva dire che la **vittoria del Parlamento era il frutto del contributo determinante degli uomini di ceto sociale intermedio**, gli artigiani e i piccoli proprietari terrieri arruolatisi nella *New Model Army*. Quindi, per compensare questo indispensabile contributo, era giusto che il nuovo regime uscito dalla sconfitta dell'assolutismo non solo concedesse ai settari la piena libertà religiosa, ma anche – sul piano politico – si aprisse nella direzione della **democrazia**, cioè della **possibilità per tutti i cittadini** (a prescindere dal loro censo, cioè dalla loro ricchezza) di **partecipare alla gestione dello Stato**.

> **La proposta del suffragio universale**

All'atto pratico, ciò significava introdurre il **suffragio universale** (maschile), cioè il diritto – per ogni cittadino adulto, senza distinzioni di ordine economico e sociale – di scegliere per mezzo del voto i deputati della Camera dei Comuni, nonché di essere eletto al Parlamento, in qualità di rappresentante del popolo inglese. Questa rivendicazione si incontra per la prima volta in un documento elaborato da cinque reggimenti di cavalleria nell'ottobre 1647 e intitolato *Le ragioni dell'esercito fedelmente esposte*; nello stesso mese, idee analoghe vennero espresse dai leader dei Livellatori nel cosiddetto *Agreement of the People for a firme peace*, o *Patto del popolo per una pace stabile*. Per cogliere tutta l'importanza di questo testo è importante ricordare che, secondo John Lilburne e gli altri pensatori *Levellers*, l'Inghilterra – dopo la sconfitta del re – era piombata in un nuovo "stato di natura", cioè in una condizione analoga a quella in cui gli uomini vivevano nell'antichità più remota, prima della nascita dello Stato. L'istituzione statale, nella concezione dei Livellatori, era sorta in maniera analoga a quella in cui, in Inghilterra, erano nate tantissime congregazioni religiose: un gruppo di

> **Un nuovo "stato di natura"**

→ Raffigurazione dell'esercito parlamentare (*New Model Army*) davanti alla chiesa di St. Mary in occasione dei dibattiti di Putney, tenutisi tra la fine di ottobre e l'inizio di novembre 1647.

> **Lo Stato è frutto di un accordo**

individui, liberamente, sceglieva di **mettersi insieme dando vita a una comunità**, dopo aver stipulato un patto, cioè dopo aver sottoscritto un documento contenente le credenze fondamentali della congregazione e le responsabilità che ciascuno si assumeva verso gli altri membri della comunità, in un clima di uguaglianza assoluta e di rispetto reciproco.

Analogamente, Lilburne riteneva che a tutti gli inglesi dovesse essere proposto il ***Patto del popolo*** come punto di partenza **per costruire un nuovo Stato d'Inghilterra**, che non fosse più al servizio degli interessi di pochi privilegiati (gli aristocratici, i gentiluomini, i ricchi mercanti...), ma venisse davvero sentito da tutti gli inglesi, di qualunque ceto sociale, come il proprio Stato.

Tutti questi problemi furono apertamente discussi nei giorni compresi tra il 28 ottobre e il 1° novembre 1647, a **Putney**, vicino a Londra, in un **solenne dibattito** che vide contrapposti i soldati di idee vicine a quelle dei Livellatori, a Cromwell e agli altri ufficiali superiori; questi ultimi, infatti, pur appoggiando numerose richieste delle proprie truppe,

DOCUMENTI

Il problema del suffragio universale ai dibattiti di Putney

Di tutti i dibattiti di Putney venne steso un lungo e accurato verbale, di cui è rimasta copia. Riportiamo alcuni passi del testo che documenta la discussione del 29 ottobre 1647. Gli ufficiali e i soldati della *New Model Army* presenti alla riunione hanno appena letto la prima versione del *Patto del popolo*; la discussione si concentra sull'art. 1, che recita: «Il popolo inglese, attualmente ripartito in maniera ineguale in contee, città e borghi, per quel che riguarda l'elezione dei membri del Parlamento, dovrà essere suddiviso in modo tale che non sussistano più ineguaglianze, ma soltanto in base al numero degli abitanti delle circoscrizioni»

IRETON [Henry Ireton, genero di Cromwell, ufficiale superiore e avversario dei Livellatori, *n.d.r.*]: L'obiezione a questo articolo è la seguente. È detto che la rappresentanza del popolo inglese ha da essere distribuita secondo il numero degli abitanti. Questo mi fa pensare che voglia dire che ogni uomo che abiti nel Paese debba essere considerato egualmente, e debba avere un eguale voto nella elezione di quei rappresentanti, delle persone cioè che compongono la Rappresentanza generale. Se questo è il significato, allora ho qualche obiezione da fare. [...]

RAINSBOROUGH [John Rainsborough, l'unico ufficiale superiore che simpatizzava per le tesi dei Livellatori, *n.d.r.*]: Io penso veramente che l'essere più povero che vi sia in Inghilterra ha una vita da vivere quanto il più grande e perciò, signore, credo sia chiaro che ogni uomo il quale ha da vivere sotto un governo debba prima col suo consenso accettare quel governo. E ritengo che l'uomo più povero in Inghilterra non sia affatto tenuto a rigore a obbedire a quel governo che egli non ha avuto alcuna voce nel creare; e son sicuro che, quando avrò ascoltato le ragioni in contrario, a quelle ragioni vi sarà chi risponda, in quanto che dubiterei che sia un inglese chi dubitasse di queste cose. [...]

IRETON: Per parte mia non lo ritengo affatto un diritto. Penso che nessuna persona abbia diritto a una partecipazione nell'ordinamento degli affari del Paese, a determinare o a scegliere coloro che determineranno da quali leggi dobbiamo essere governati in questo Paese – nessuna persona ha diritto a ciò, la quale non abbia un interesse permanente fisso in questo Paese. Solo quelle persone, riunite insieme, sono propriamente i rappresentanti di questo Paese e, per conseguenza, anche coloro che devono creare i rappresentanti del Paese. Essi nel loro insieme comprendono tutti gli interessi reali del regno. [...] Che per il fatto d'esser nato qui un uomo debba partecipare a quel potere che dispone delle terre e d'ogni cosa in questo Paese, non mi sembra vi sia motivo sufficiente per affermarlo. [...]

RAINSBOROUGH: Nulla di quello che ho sentito può convincermi del

analizza il testo

- Con quali argomenti gli avversari dei Livellatori respingono il principio del suffragio universale?
- Qual è la loro principale preoccupazione?
- Quali personaggi, nel testo, esprimono il punto di vista dei Livellatori? Esponi sinteticamente, con parole tue, la posizione di ognuno di loro.

> **Posizione moderata di Cromwell**

non erano disposti ad accettare il principio del suffragio universale. A questo concetto, Cromwell e i suoi più stretti collaboratori (che, in genere, provenivano dalla *gentry* agiata) contrapponevano l'idea secondo cui doveva partecipare alla vita dello Stato solo chi aveva «un interesse permanente fisso in questo Paese», cioè, in pratica, solamente chi possedeva un cospicuo patrimonio.

> **VEDI** Il comunismo di Münster → pag. 329

Secondo questi ufficiali, ostili alla democrazia, **la concessione del voto a tutti avrebbe messo in pericolo il diritto di proprietà**, in quanto i poveri avrebbero abusato del potere ottenuto grazie al suffragio universale, per privare i possidenti di tutti i loro beni. Si trattava, invero, di un'accusa ingiusta ed esagerata, almeno per quanto riguarda i **Livellatori**: essi, infatti, desideravano sinceramente l'eguaglianza politica, **ma non erano affatto dei socialisti**, cioè non volevano cancellare la proprietà privata, e tanto meno si proponevano di dar vita a un regime fondato sulla comunione dei beni e tirannico, come quello costruito dagli anabattisti di Münster un secolo prima, nel 1535.

perché un uomo nato in Inghilterra non dovrebbe avere il voto nell'elezione dei deputati. [...] Non trovo nessun passo nella Legge di Dio che affermi che un Lord debba scegliere venti deputati, e un gentiluomo soltanto due, e un povero nessuno: non trovo nulla di simile nella Legge di Natura né nella Legge delle Nazioni. [...] Perciò io penso e sono sempre della stessa opinione, che ogni uomo nato in Inghilterra non può e non deve, né per la Legge di Natura, né per quella di Dio, essere escluso dalla scelta di quelli incaricati di fare le leggi sotto le quali egli deve vivere, e per quel che io sappia, perdere altresì la vita. Penso dunque che non ci si possa molto impuntare su questo argomento dell'interesse. Credo in verità che non esista attualmente in Inghilterra un prodotto o effetto maggiore della tirannia di quello che provocherebbe questa esclusione. [...]

IRETON: La cosa principale su cui insisto è che vorrei si avesse riguardo alla proprietà. [...] Ora vorrei sapere a quale diritto vi appellate affermando che tutti gli uomini devono avere il diritto di voto nelle elezioni. Forse al diritto naturale? Se vi mettete su questo terreno, allora credo che dobbiamo negare anche ogni proprietà e per questa ragione, in base allo stesso diritto naturale (sia quel che sia) da voi invocato e che vi consente di dire che ogni uomo ha un eguale diritto di scegliersi chi deve governarlo – in base allo stesso diritto naturale, egli ha lo stesso eguale diritto a qualsiasi bene cada sotto i suoi occhi (cibo, bevande, vestiti), il diritto di prenderseli e usarne per il proprio sostentamento. Egli è libero di prendersi la terra, di occuparla, di amministrarla, di coltivarla; ha lo stesso diritto di avere tutto ciò che un altro uomo considera sua proprietà. Orbene, allora io dico [...] (che) vorrei che qualcuno mi indicasse i limiti a cui intendete arrestarvi, e perché non dovreste abolire ogni proprietà. [...]

RAINSBOROUGH: Signore, affermare che, perché un uomo invoca il diritto naturale d'ogni persona al voto, in tal modo si viene a distruggere con lo stesso argomento ogni proprietà – questo è dimenticare la Legge di Dio. Che v'è proprietà, la Legge di Dio lo dice: altrimenti perché Egli avrebbe fatto la legge: «Non rubare»? [...] Dio ha stabilito questa legge sulla proprietà: «Tu non ruberai». Per mio conto sono contrario a ogni idea d'anarchia e quanto a voi, desidererei non faceste credere a tutti che noi invece siamo favorevoli a essa. [...] Ma io vorrei sapere: per cosa ha combattuto il soldato tutto questo tempo? Ha combattuto per asservirsi, per dare il potere ai ricchi, ai proprietari, per diventare uno schiavo a vita. [...] Quando questi signori litigano fra loro, assoldano i poveri tapini perché vengano ad ammazzarsi l'un l'altro nel loro interesse. [...]

SEXBY [Edward Sexby, soldato semplice di cavalleria, sostenitore delle tesi dei Livellatori, *n.d.r.*]: Non credete che sarebbe triste e miserevole la nostra condizione se avessimo tutto questo tempo combattuto per nulla? Tutti coloro che sono qui presenti, sia grandi [ufficiali, membri delle classi sociali superiori, *n.d.r.*] che piccoli [soldati semplici, provenienti dalle classi sociali inferiori, *n.d.r.*], credono di aver combattuto per qualche cosa. Confesso che molti di noi hanno combattuto per scopi che, ce ne siamo accorti dopo, non erano quelli per cui fummo chiamati ad affrontare tante difficoltà e stenti e a rischiare ogni cosa unendoci a voi. Avreste fatto bene ad avvertircene e credo che in tal caso avreste avuto meno uomini ai vostri ordini. Ma se è vero che la proprietà rende gli uomini capaci – non importa in che modo se la sono procurata – di scegliere quelli che devono rappresentarli, credo vi siano molte persone, prive di proprietà, che hanno tuttavia onestamente altrettanto diritto di esse liberi di votare quanto qualsiasi grosso proprietario.

M. REVELLI, *Putney. Alle radici della democrazia moderna. Il dibattito tra i protagonisti della «Rivoluzione inglese»*, Baldini Castoldi, Milano 1997, pp. 69-79, 98, 103

Saper individuare il ruolo sociale dei fattori e dei fenomeni religiosi

A questo punto del nostro percorso, possiamo esaminare in forma organica il ruolo che, negli eventi storici e nei fenomeni sociali, può svolgere il fattore religioso, da integrare e completare ad altri approcci possibili.

1 La prima difficoltà che incontra lo storico, quando vuole valutare il peso specifico dei fattori religiosi nella dinamica sociale, consiste nel fatto che l'idea di una precisa **separazione tra i diversi ambiti della vita è recente** (si può dire, al limite, che fino al Settecento sia pressoché inesistente) e tipicamente europea. Se avessimo chiesto, a un cavaliere crociato, quale ragione ultima l'aveva spinto a partire per Gerusalemme, probabilmente non avrebbe nemmeno compreso il senso della domanda: per noi, è possibile **distinguere il desiderio di bottino** e di ricchezze **dal sentimento religioso**; per quel soggetto medievale, si trattava di un falso problema, di un'alternativa assurda e inesistente. Era infatti ovvio, ai suoi occhi, che Dio avrebbe ricompensato chi avesse combattuto per la Sua causa.

Allo stesso modo, non aveva significato – per un soldato della *New Model Army* – la domanda sulle motivazioni che l'avevano spinto ad arruolarsi: combattere contro l'assolutismo, in difesa delle tradizionali prerogative e competenze del Parlamento, coincideva perfettamente con la lotta contro la Chiesa di Stato, considerata (come il papato e il regno di Spagna) una pericolosa incarnazione terrena dell'Anticristo. Ragiona in modo analogo, oggi, un estremista islamico disposto a compiere un atto terroristico: non esiste, nella sua mentalità, una precisa distinzione tra **finalità religiose**, **politiche ed economiche**, che egli si propone di raggiungere tramite quel gesto.

2 Tutti gli storici che si sono occupati delle relazioni tra i principali Stati cristiani e l'impero turco nel Cinquecento concordano su un punto: lo scontro ebbe anche connotazioni religiose, ma **non fu** assolutamente **animato da un fanatismo tale da rendere impossibile il dialogo**, il commercio o le relazioni di buon vicinato. La Francia di Francesco I arrivò a stipulare una vera alleanza con il sultano di Istanbul: il fatto di avere un comune nemico nell'imperatore Carlo V fu di gran lunga più importante della diversità di fede. Analogamente, Venezia cercò sempre di restare in buoni rapporti con i turchi per ragioni commerciali, così come Filippo II era preoccupato di non provocarlo, per non disperdere le proprie forze, nel momento in cui era in guerra con i ribelli dei Paesi Bassi.

Lo stesso discorso vale per le guerre di religione interne al campo cristiano. In Francia, alla fine del Cinquecento, la divisione tra cattolici e calvinisti rispecchiava quella delle più importanti famiglie aristocratiche, rivali da tempo per la conquista del potere; pertanto, la tragica **notte di san**

↑ Il frate domenicano Bartolomé de Las Casas, scrisse opere a difesa e sostegno degli indigeni. Qui è raffigurato in un celebre murale di Diego de Rivera, del 1950.

Saper individuare il ruolo sociale dei fattori e dei fenomeni religiosi

1 La mentalità tradizionale
2 Il rischio di esagerare
3 La fede come motivo prevalente di azione

Bartolomeo del 1572 fu dettata più da timori politici che da vera intolleranza religiosa. Quanto fede e politica, in contesto francese, fossero intrecciate (e fino a che punto, quindi, la religione potesse facilmente trasformarsi in strumento di potere) lo dimostra il cinismo con cui Enrico di Borbone passava dal calvinismo al cattolicesimo (e viceversa). Infine, ricordiamo che, in linea di massima, la **libertà religiosa è figlia della ricchezza**: ad Amsterdam, chiunque portasse merci e capitali era ben accetto, e in forma privata poteva praticare qualsiasi culto (e perfino essere ebreo).

↑ Jacopo Chimenti, detto l'Empoli, *Enrico IV firma la pace con la Chiesa*, 1610 (Firenze, Galleria degli Uffizi).

3 Il discorso diventa più interessante e originale quando ci si accorge che, in alcune circostanze, la fede di un individuo o di un gruppo ha spinto a compiere azioni controproducenti, sotto il profilo economico. In positivo, possiamo citare la figura di **Bartolomé de Las Casas**, che giunse a **rifiutare qualsiasi giustificazione della conquista spagnola** dell'America. Pur essendo un convinto sostenitore della necessità di annunciare il vangelo agli indios, Las Casas negò con estrema durezza qualsiasi legittimazione all'istituto della *encomienda*, la prassi per cui a ogni spagnolo era assegnato un certo numero di nativi. In teoria, il soggetto europeo li riceveva per prendersi cura di loro (come se fossero bambini) e insegnare loro la vera fede; di fatto, invece, essi erano sfruttati senza pietà e senza alcun rispetto per la loro dignità umana (che, per altro, molti spagnoli non riconoscevano). Per Las Casas, all'opposto, la fede e la carità cristiane avrebbero dovuto spingere a comportamenti di segno diametralmente opposto: anzi, in nome dell'etica di Cristo gli spagnoli avrebbero dovuto giungere a concepirsi come dei ladri, che avevano rapinato ingiustamente un intero continente. Al limite, proprio in nome della carità e della giustizia, gli spagnoli avrebbero dovuto abbandonare il Nuovo Mondo. Ovviamente, in questo caso, nessuno prese sul serio questo suggerimento di Las Casas, in cui le ragioni della fede e della morale prevalevano su quelle della politica e dell'interesse economico.

È proprio la Spagna, però, a mostrare un altro esempio lampante del fatto che le motivazioni religiose possono avere un ruolo predominante, perfino a scapito di altre considerazioni. Gli storici, infatti, hanno più volte osservato che l'espulsione e la **persecuzione degli ebrei e dei musulmani** (o *moriscos*) è stata **controproducente**, sotto il profilo strettamente economico. Questi due gruppi non cristiani, infatti, gestivano fiorenti attività nel campo del commercio e dell'artigianato: proprio per questo, dopo la loro espulsione nessuno esercitò più tali mestieri. Dato che artigianato e commercio furono considerate attività vili e degradanti, indegne di un vero cristiano, la Spagna si ritrovò in breve tempo incapace a produrre i beni di consumo più elementari e indispensabili. La trasformazione della Spagna in un Paese integralmente cattolico, omogeneo sotto il profilo religioso, fu una specie di **suicidio economico**, che avrebbe pesato a lungo sulla storia della Penisola Iberica.

competenze

4.6 Carlo I, un re processato e giustiziato dal suo popolo

CLIL RIFERIMENTO STORIOGRAFICO 6
Charles I's Death
→ pag. 552

> Un gesto sacrilego e scandaloso

Guardiamo la storia
Il re deposto: Carlo I

Le forze parlamentari trovarono una rinnovata unità nel momento in cui, l'11 novembre 1647, Carlo I scappò dalla residenza in cui era tenuto prigioniero. Questo evento convinse Cromwell che fosse necessario assumere posizioni più drastiche rispetto a quelle tenute fino a quel momento dagli alti ufficiali dell'esercito. La *New Model Army*, comunque, sconfisse le forze che si erano riunite attorno al re, e a quel punto Cromwell approvò la radicale **epurazione del Parlamento** compiuta il 6 dicembre 1648 dal colonnello Thomas Pride, che espulse tutti i deputati presbiteriani (circa 90) che avevano in precedenza tentato di trovare accordi con Carlo I. Inoltre, Cromwell accettò di far parte di una speciale commissione, che ricevette l'incarico di processare il re.

Il 30 gennaio 1649 **Carlo I venne giustiziato**, a Londra, dopo che il tribunale l'aveva riconosciuto colpevole e aveva emesso la seguente sentenza: «Questa Corte stabilisce che, per tutti i suoi tradimenti e i suoi crimini, Carlo Stuart, tiranno, traditore, assassino e nemico pubblico, sia posto a morte, per mezzo del taglio della testa». Se teniamo presente l'aura di sacralità che, fin dall'epoca medievale, circondava il potere regale (nelle tragedie di Shakespeare e in altri testi letterari del primo Seicento è frequente trovare espressioni come «il Dio d'Inghilterra», «il nostro Dio in terra», «l'Unto del Signore», per indicare il particolare legame che univa la divinità alla figura del sovrano) non meraviglia che la notizia dell'esecuzione di Carlo I sia stata accolta, in tutti i Paesi d'Europa, con orrore e con sdegno. Non a caso, lungo tutto il processo, gli accusatori e i giudici si preoccuparo-

Il boia mostra alla folla la testa di Carlo I: per la prima volta in Europa un popolo metteva a morte il proprio re.

L'esecuzione del re avvenne in pubblico, per consentire a persone di ogni strato sociale di assistere alla condanna a morte.

↑ John Weesop, *L'esecuzione di Carlo I dipinta da un testimone oculare*, particolare, 1649 (collezione privata).

La guerra civile

DATE	EVENTI
1642	Inizio della guerra civile
1645	Sconfitta dell'esercito del re a Naseby
1647	Fuga del re
1649	Processo ed esecuzione di Carlo I

> Il re non è superiore alla legge

no di motivare ampiamente il clamoroso gesto che stavano per compiere; di fronte alle altezzose parole di Carlo, che si proclamava responsabile delle sue azioni solo davanti a quel Dio di cui egli era il vicario terreno, il tribunale precisò a più riprese che **un re è, nei confronti di un popolo, solo un funzionario**, cioè un individuo incaricato dal popolo stesso di svolgere una precisa funzione di governo. Il re soprattutto – precisavano i giudici di Carlo I – non era superiore alla legge, elaborata dai rappresentanti del popolo; in tal modo, mentre da un lato si proclamava apertamente una concezione *ascendente* del potere (cioè l'idea secondo cui un governante riceveva la propria autorità non dall'alto, cioè da Dio, ma *dal basso*, cioè dal popolo, verso il quale era responsabile di ciò che faceva), dall'altro si gettavano le basi del principio della separazione dei diversi poteri dello Stato come garanzia suprema rispetto al pericolo della tirannia.

4.7 Il nuovo *Patto del popolo* dei Livellatori

> Il popolo fonte del potere

Il 4 gennaio 1649, il Parlamento (o meglio, quanto restava di esso, dopo la *purga* del 6 dicembre 1648 che aveva eliminato dalle Camere i parlamentari non allineati) dichiarò solennemente che «il popolo è, per volontà di Dio, la fonte di ogni giusto potere; i Comuni d'Inghilterra radunati in Parlamento essendo stati scelti dal popolo e rappresentandolo, sono il supremo potere di questa nazione». Coerentemente con una simile impostazione radicale, il 17 marzo, si arrivò all'**abolizione della monarchia**: «L'ufficio di re in questa nazione – recitava la dichiarazione dei Comuni – è non necessario, oneroso e irto di pericoli per la libertà, la sicurezza e il pubblico interesse del popolo». Allo stesso modo, il 19 marzo, venne sciolta la Camera dei Lords, definita «inutile e pericolosa».

Queste drastiche decisioni, prese con il consenso di Cromwell e dell'esercito, erano in piena sintonia con le posizioni espresse negli anni precedenti dai Livellatori; analogamente, Cromwell accolse le posizioni dei Livellatori a proposito della tolleranza religiosa. È vero che molti leader del movimento democratico ritenevano giusto concedere libertà di culto anche ai cattolici, mentre Cromwell, su questo punto, fu sempre irremovibile, tuttavia il generale vittorioso rifiutò categoricamente l'impostazione presbiteriana, cioè la tradizionale intransigenza calvinista, e concesse la più assoluta **libertà religiosa a tutti i gruppi protestanti**, cioè a quei settari che, come egli ben sapeva, avevano dato il contributo decisivo alla vittoria nella lotta contro il re.

> Libertà di culto per i settari

Invece, sulla **questione del suffragio universale e della democrazia** la posizione di Cromwell e quella dei Livellatori rimasero assolutamente inconciliabili. Nella concezione del generale, *il popolo* – in nome del quale il re era stato giustiziato e di cui i parlamentari erano i legittimi rappresentanti – continuava a comprendere solo i proprietari terrieri e i ricchi borghesi, non la gente comune. Pertanto, Cromwell non riuscì mai ad accettare l'idea stessa di un *Patto del popolo*, che fosse approvato e sottoscritto da tutti gli inglesi.

LAVORARE PER COMPETENZE
avvio al saggio breve

Il Patto del popolo: quasi una Costituzione

→ pag. 553

Il 28 marzo 1649, tutti i principali esponenti del movimento dei Livellatori (John Lilburne, Richard Overton, William Walwyn e Thomas Prince) furono arrestati. In prigione, essi stesero la versione definitiva del ***Patto del popolo***, un documento estremamente importante, sul piano storico, perché può essere considerato il **primo esempio di Costituzione moderna**, scritta. Come nei documenti costituzionali dei secoli seguenti, il *Patto* dei

↑ Ritratto di John Lilburn, uno dei leader dei Livellatori.

Livellatori enunciava solennemente alcuni **diritti che lo Stato** non doveva per nessun motivo violare e anzi **si impegnava a garantire a tutti i cittadini**; il primo posto, fra questi diritti, spettava alla libertà di culto, ma non meno importanti erano considerate le garanzie di cui ogni cittadino doveva poter godere in caso di imputazione, di arresto o di processo penale. In particolare, si proclamava che nessun imputato doveva essere costretto a rispondere a domande che potessero danneggiarlo (un principio che sarebbe stato ripreso, più tardi, dal V emendamento alla Costituzione degli Stati Uniti) e che tutti i cittadini sarebbero stati trattati in modo imparziale dalla giustizia, perché tutti uguali di fronte alla legge. La condanna a morte, inoltre, era rifiutata come punizione per i delitti minori (come il furto, ad esempio): la pena capitale, dunque, era riservata solo agli omicidi e a chi avesse tentato di sopprimere con la violenza il *Patto del popolo*.

Sul piano propriamente politico, è poi importante segnalare che i Livellatori insistevano sulla **separazione** del **potere esecutivo** (il potere di fare eseguire le leggi) **da quello legislativo** (il potere di creare le leggi) e, soprattutto, intuirono l'importanza che una *legge fondamentale* (con valore costituzionale) fosse rigida, cioè non potesse essere modificata da una legge ordinaria, approvata dal Parlamento. In quanto Costituzione, **il Patto del popolo avrebbe dovuto essere la cornice entro la quale tutta la legislazione doveva rientrare**, e pertanto poneva un rigido e invalicabile limite anche all'attività legislativa del Parlamento.

4.8 La repressione dei *Diggers*

Durante i primi mesi del 1649, all'interno della *New Model Army* si diffuse un certo malcontento e si verificarono proteste e ammutinamenti. In marzo l'esercito fu inviato in Irlanda per sedare una rivolta cattolica, ma i reparti favorevoli alle idee dei Livellatori non obbedirono agli ordini. Un opuscolo rivolto ai soldati e diffuso in aprile recitava: «Volete forse continuare a uccidere, massacrare, assassinare, per fare dei vostri ufficiali i signori e padroni assoluti dell'Irlanda, come già li avete fatti dell'Inghilterra?». A maggio i reparti più radicali si ammutinarono e Cromwell rispose con una dura repressione.

> **Cromwell e la democrazia**

A suo giudizio, la democrazia era un pericolo e una minaccia per la proprietà: e non era certo bastato a convincerlo del contrario il fatto che nel *Patto del popolo* Lilburne avesse deliberatamente menzionato la proprietà stessa come un diritto costituzionale, che nessuna legge ordinaria approvata da un Parlamento poteva cancellare. Semmai, i timori di Cromwell si aggravarono quando, negli anni 1649-1650, emerse il movimento

Cromwell, Livellatori e Zappatori a confronto

Schema proiettabile

CROMWELL	Tolleranza religiosa	Rifiuto della democrazia e difesa della proprietà privata
LIVELLATORI	Libertà religiosa	Difesa della democrazia e accettazione della proprietà privata
ZAPPATORI	Libertà religiosa	Difesa della democrazia e rifiuto categorico della proprietà privata

dei cosiddetti ***Diggers*** o Zappatori. Guidati da **Gerrard Winstanley** (1609-1676), essi definivano se stessi anche con il nome di ***Veri Livellatori***. In effetti, mentre i Livellatori si erano limitati a chiedere l'uguaglianza politica e giuridica di tutti i cittadini, i *Diggers* miravano all'eguaglianza economica, cioè erano dei veri socialisti e consideravano la proprietà privata un'invenzione diabolica.

Le posizioni teologiche degli Zappatori erano particolarmente audaci, in quanto rifiutavano di porre al centro della propria religiosità il peccato personale e il giudizio ultraterreno. Nella loro personalissima concezione religiosa, il peccato e la redenzione avevano prima di tutto una valenza sociale, cioè consistevano nella violenza compiuta da alcuni uomini (che si erano appropriati di tutta la terra) a danno degli altri, e nella riparazione di quella ingiustizia per mezzo della **cancellazione della proprietà privata**. D'altra parte, a differenza sia degli anabattisti di Münster sia dei comunisti dei secoli successivi, Winstanley non si proponeva di giungere al *regno dell'uguaglianza* mediante una rivoluzione violenta; gli Zappatori, piuttosto, volevano convincere pacificamente, con l'esempio, e **creare delle comunità socialiste** in cui regnassero fin da ora la giustizia e l'armonia. Così, gruppi di Zappatori si insediarono dapprima sulle terre incolte della collina di St. George, vicino a Londra, e poi a Cobham Heath, a qualche miglio di distanza. Più che un pericolo reale, i *Diggers* rappresentarono una **sfida simbolica** al nuovo governo, il quale, deciso a difendere la proprietà da ogni attacco, vero o presunto, ordinò all'esercito di disperderli.

> **Repressione dei *Diggers***

4.9 Dal protettorato di Cromwell al ritorno della monarchia

Una volta che i Livellatori furono sconfitti e non rappresentarono più una minaccia, Cromwell poté occuparsi della rivolta irlandese. Furono necessari quattro anni (1649-1653) di repressione violenta, al termine dei quali l'**Irlanda era ridotta al rango di colonia**: ogni cattolico, infatti, anche se non aveva apertamente appoggiato la ribellione, fu costretto a cedere una parte della sua terra agli inglesi, con il risultato che questi si ritrovarono a possedere i migliori terreni dell'isola.

La riconquista dell'Irlanda è emblematica dell'orientamento dato da Cromwell alla politica inglese; egli era deciso a **trasformare l'Inghilterra in una grande potenza** internazionale, che fosse capace, al tempo stesso, di contrapporsi all'egemonia spagnola in America e di contrastare la superpotenza olandese nel campo dei traffici e dei commerci. Grazie agli sforzi di Cromwell, **la flotta inglese fece enormi**

← Raffigurazione di Oliver Cromwell dopo la morte di Carlo. Lo si vede alle prese con i tanti oppositori. Il suo piede destro calpesta un oppositore scozzese; un francese viene schiacciato sotto il suo braccio sinistro; un irlandese è afferrato per il collo tra le sue ginocchia; un olandese giace prostrato sul tavolo. Incisione del XVII secolo.

progressi; nel decennio 1650-1660, l'Inghilterra cominciò davvero a dotarsi degli strumenti che le avrebbero permesso, nel giro di un secolo, di superare le Province Unite.

Molto più difficile e problematica risultò la gestione della politica interna, in quanto Cromwell si trovò sempre schiacciato fra l'opposizione dei presbiteriani più intolleranti e quella di gruppi radicali di vario genere, di cui il generale non si fidava, a causa delle loro idee democratiche, egualitarie e, talvolta, persino millenaristiche. In questo contesto, Cromwell decise, il 16 dicembre 1653, di concentrare nella sua persona tutto il potere, assumendo il titolo di **Lord Protettore del Commonwealth** d'Inghilterra, Scozia e Irlanda. **Di fatto**, si trattò del ritorno a **un regime assoluto**, che Cromwell esercitò fino alla propria morte, avvenuta il 3 settembre 1658.

> **Restaurazione della monarchia**

In un primo tempo, divenne capo dello Stato suo figlio Richard; ma questi, non godendo dell'appoggio dell'esercito si ritirò nel maggio 1659. L'unica soluzione, capace di impedire il caos più totale, parve allora il richiamo in Inghilterra di **Carlo II Stuart**, figlio del sovrano decapitato, nel maggio 1660. Apparentemente, la Rivoluzione inglese si era conclusa con un fallimento totale. In realtà, a posteriori, possiamo affermare che le idee germogliate in quei confusi e drammatici anni non andarono affatto perdute; al contrario, esse avrebbero dato i loro frutti, nel corso del Settecento, in Inghilterra, in America, in Francia. Anzi, per certi aspetti, possiamo dire che la **Rivoluzione inglese fu il grande *laboratorio della modernità***, che vide la comparsa, la discussione e/o la sperimentazione di tutti i principali orientamenti ideali e sociali che avrebbero caratterizzato la scena politica europea nei tre secoli seguenti, fino ai giorni nostri.

↑ Isaac Fuller, *Carlo II Stuart torna in Inghilterra*, dipinto del XVII secolo.

1 Soldati e organizzazione militare nel Seicento

Nel XVII secolo, la guerra divenne un'operazione sempre più costosa e complessa, che coinvolgeva decine di migliaia di uomini, e quindi moltissime donne (mogli, concubine, prostitute) al seguito degli eserciti. Tutti costoro dovevano essere vestiti, nutriti e, nel caso dei combattenti, armati in modo adeguato.

Alla fine della guerra [dei Trent'anni] l'imperatore con i suoi alleati manteneva sotto le armi in Germania circa 70 000 soldati, i suoi nemici – Svezia, Francia e Assia-Kassel – circa 140 000: una massa inimmaginabile di forze da combattimento e di problemi di rifornimento in un paese depauperato. La stragrande maggioranza di questi soldati erano mercenari liberi: uomini che si facevano arruolare in cambio di un acconto e del soldo. Definirli *volontari* è cosa discutibile, giacché la maggior parte di loro non aveva scelta: non c'era altra occupazione con cui procurarsi cibo a sufficienza. La stessa sovrappopolazione o la stessa guerra spingevano gli uomini ad arruolarsi. A ciò si aggiungevano poi il desiderio d'avventura e le vaghe speranze di bottino. [...] I soldati parlavano molte lingue. La qualità degli ufficiali si vedeva perciò anche nell'abilità linguistica. Non meno vario della loro provenienza era anche l'abbigliamento dei mercenari: pur se spesso logori e sporchi, i loro indumenti spiccavano comunque rispetto a quelli indossati quotidianamente da contadini e artigiani. La standardizzazione degli abiti era pressoché impossibile, l'uso di uniformi comuni rappresentava una totale eccezione, anche se si diffuse verso la fine della guerra. Fra le figure del passato, Federico il Grande [re di Prussia dal 1712 al 1786, *n.d.r.*] non fu il solo a saper apprezzare gli effetti positivi che l'uso dell'uniforme aveva sul piano della disciplina. Prima che si arrivasse a questo, ci si serviva di semplici segni di riconoscimento come piume e frasche per distinguere i propri commilitoni dai nemici.

Un soldato non pagava né imposte né dazi, l'artigianato o il lavoro contadino erano ai suoi occhi attività indegne della sua condizione. A differenza che a tutti gli altri sudditi, al soldato era consentito praticare la caccia e portare armi. Ma la sua era una vita assai rischiosa: parecchi reggimenti avevano tassi di perdite superiori al 10 per cento al mese, causate – più che dalle operazioni militari – dalla peste, dal tifo e da altre malattie. Chi veniva ferito o si ammalava poteva far conto solo su se stesso. Di medici militari quasi non ce n'erano, né esistevano lazzaretti, pensioni o case per invalidi.

Al semplice lanzichenecco l'ascesa sociale riusciva solo di rado: rappresentano una grossa eccezione Jan van Werth (1591-1652 circa) o Peter Melander von Holzappel (1589-1648), che addirittura entrò a far parte del collegio dei conti imperiali. Il soldato *normale* diventava comunque *Rottmeister* (*capobanda*, grado di sottufficiale) o *Wachtmeister* (brigadiere, maresciallo). I gradi superiori restavano per lo più spartiti fra la nobiltà e la borghesia urbana agiata. Gli ufficiali dovevano possedere un patrimonio o essere comunque solvibili, per poter provvedere all'equipaggiamento delle proprie compagnie e reggimenti. E dovevano essere nati, avere le proprie origini e il proprio feudo in Germania, perché così avrebbero curato con maggior rigore la disciplina per non sollevare l'uomo comune contro di sé. Quest'ultimo era divenuto infatti un *fattore di guerra*: se lo si aveva contro, bisognava tenerne conto nella pianificazione delle campagne militari. Anche per questo i comandanti militari vennero integrati nei territori dei loro principi committenti [dei signori che attribuivano loro il comando, *n.d.r.*] grazie a concessioni feudali e proprietà immobiliari. Dovevano sentire il peso della corresponsabilità non soltanto verso i propri soldati, ma anche verso il paese e la popolazione.

Per un esercito di 40 000 uomini erano necessarie quantità enormi di armi, cibo e attrezzature, fino alla bandiera della compagnia, il simbolo più importante di ciascuna unità. Inoltre occorreva provvedere al vitto dei soldati: ogni giorno circa un chilo di pane a testa, mezzo chilo di carne e tre litri di birra. Partendo da questi valori teorici, rispetto ai quali si restava – com'è ovvio – notevolmente più bassi, si può calcolare che per 40 000 uomini ogni giorno bisognava sfornare 40 quintali di pane, macellare 200 quintali di carne, spillare 120 000 litri di birra. Per far questo, occorrevano ogni giorno almeno 100 manzi, 2400 botticelle di vino da 50 litri. Ma poi dovevano mangiare anche i cavalli, e allo stesso modo i manzi che dovevano fornire la carne il giorno dopo. Che insieme a un esercito da campo muovessero 25 000 capi di bestiame, era un fatto consueto e inevitabile. [...]

Era difficile superare i problemi logistici. Per ragioni legate al trasporto, gli eserciti erano costretti a muoversi nelle vicinanze dei fiumi, tanto più che avevano al seguito enormi quantità di salmerie [carri e animali da soma destinati al trasporto di materiali, *n.d.r.*] con tutto il peso che ciò comportava. In queste file si trovavano tutti i responsabili dei rifornimenti, ma anche donne, bambini, concubine, serve, servi e lacchè, nonché molti *déracines* [uomini *senza radici*, vagabondi, *n.d.r.*] e molti invalidi, che sfruttavano questa opportunità di sopravvivenza. Tutti loro dovevano provvedere da soli al proprio sostentamento. Le salmerie rappresentavano una vera e propria calamità. La relativa immobilità e il valore materiale di un esercito funzionante costringevano a una tattica piuttosto dilatoria.

G. SCHMIDT, *La guerra dei Trent'anni*, il Mulino, Bologna 2008, pp. 90-93, trad. it. B. FORINO

ANALIZZA IL BRANO

- → **Spiega l'espressione «standardizzazione degli abiti».**
- → **Erano possibili delle campagne-lampo, delle azioni fulminee capaci di vincere rapidamente una guerra? Motiva la tua risposta.**

2 Il lungo cammino della Francia verso la monarchia assoluta

Il concetto di *monarchia assoluta* è del tutto assente dalla realtà politica medievale, per quanto essa abbia conosciuto la monarchia sacra, cioè l'idea secondo cui il re governava per grazia di Dio. In realtà, il re medievale doveva sempre fare i conti con le assemblee dei nobili e dei signori feudali, oppure con le tradizioni, le antiche *libertà*, i privilegi che il sovrano doveva rispettare. Solo nel Seicento, dopo un lungo cammino, il re poté affermare di essere l'unico detentore del potere, assoluto, cioè sciolto dall'obbligo di non infrangere le consuetudini e le usanze consolidate e consacrate dal tempo.

La storia della costruzione dell'assolutismo francese doveva essere quella di una «convulsa» avanzata verso lo stato monarchico accentrato, più volte interrotta da ricadute nell'anarchia e nella completa disgregazione provinciale, cui tenne dietro una più intensa reazione verso la concentrazione del potere regio, fino al compimento finale di una struttura stabile ed estremamente rigida. Le tre grandi crisi dell'ordinamento politico furono, com'è ovvio, la guerra dei Cent'anni nel Quattrocento, le guerre di religione, nel Cinquecento, e la Fronda nel Seicento. Ogni volta, la transizione dalla monarchia medievale a quella assoluta risultò dapprima arrestata, quindi accelerata da queste crisi, prodotto estremo delle quali fu la creazione, all'epoca di Luigi XIV, di un culto dell'autorità regia che non aveva eguali altrove nell'Europa occidentale. [...] Per i nostri scopi qui, l'eredità cruciale del lungo confronto rappresentato dalla guerra dei Cent'anni fu il contributo fondamentale che essa portò all'emancipazione militare e fiscale della monarchia dai limiti della precedente struttura politica medievale. Infatti, fu possibile vincere la guerra soltanto con l'abbandono del sistema di bando signorile che garantiva la leva feudale – dimostratasi catastroficamente inefficace di fronte agli arcieri inglesi – e con la creazione di un esercito regolare pagato, la cui artiglieria si rivelò l'arma decisiva per la vittoria. Per l'arruolamento di un esercito del genere, l'aristocrazia francese consentì che la monarchia riscuotesse la prima, importante imposta nazionale – la *taille royale* del 1439, che divenne negli anni Quaranta del Quattrocento la regolare *taille des gens d'armes*. Ne furono esentati la nobiltà, il clero e talune città, e nel corso del secolo successivo l'elemento giuridico che definiva in Francia la nobiltà divenne l'esenzione ereditaria dalla *taille*. In tal modo, nel tardo Quattrocento la monarchia apparve rafforzata, nei limiti in cui disponeva ora [...] di un esercito regolare in embrione, e di un gettito fiscale diretto non sottoposto ad alcun controllo da parte del potere rappresentativo. [...]

> *L'aristocrazia francese consentì che la monarchia riscuotesse la prima, importante imposta nazionale – la* taille royale

Le guerre civili che infuriarono dopo Cateau-Cambrésis furono scatenate, certamente, dai conflitti religiosi che accompagnarono la Riforma, ma fornirono anche una sorta di radiografia del corpo politico nel tardo Cinquecento, per il modo in cui svelarono le molteplici tensioni e contraddizioni della formazione sociale francese all'epoca del Rinascimento. Infatti, la lotta tra ugonotti e Lega santa per il controllo della monarchia – in pratica politicamente vacante dopo la morte di Enrico II e la reggenza di Caterina de' Medici – servì come arena per l'aggregazione di quasi ogni tipo di conflitto politico interno caratteristico della transizione verso l'assolutismo. Dall'inizio alla fine, le guerre di religione furono condotte dalle tre casate magnatizie rivali dei Guisa, dei Montmorency e dei Borboni, ciascuna delle quali poteva disporre di territorio demaniale, di ampie clientele, di influenze all'interno dell'apparato statale, di truppe fedeli e di collegamenti internazionali. [...]

Nel 1610, gli agenti fiscali dello stato raccolsero mediante la *taille* 17 milioni di *livres*. Il livello totale del prelievo fiscale quadruplicò addirittura nel decennio che seguì al 1630. La ragione di questo enorme e improvviso aumento del carico fiscale era costituita, ovviamente, dall'intervento militare e diplomatico di Richelieu nella guerra dei Trent'anni. Mediato prima tramite le sovvenzioni concesse alla Svezia, quindi attraverso l'arruolamento di mercenari tedeschi, esso finì col vedere in campo grandi eserciti francesi. L'effetto sul piano internazionale fu decisivo. La Francia determinò il destino della Germania e distrusse l'influenza della Spagna. Il trattato di Vestfalia, quattro anni dopo la storica vittoria francese di Rocroi, estese le frontiere della Francia dalla Mosa al Reno. In tal modo, le nuove strutture dell'assolutismo francese vennero tenute a battesimo nel fuoco della guerra europea. [...] A sopportare i costi reali della guerra erano i poveri, tra i quali essa ebbe disastrose ripercussioni sociali. Le pressioni fiscali dell'assolutismo in guerra provocarono lungo tutto il corso di questi decenni una costante marea di rivolte disperate da parte delle masse urbane e rurali. Nel 1630 si verificarono disordini nelle città di Digione, Aix e Poitiers; nel 1636-37, vi furono rivolte contadine nella campagna attorno ad Angoulême, nel Poitou, nella Saintonge, nel Perigord e nella Guienna; nel 1639 ebbe luogo in Normandia una ribellione contadina e plebea di vaste dimensioni. In ampie zone della Francia, tra le insurrezioni regionali più importanti erano disseminate continue agitazioni minori contro gli agenti del fisco, sovente incoraggiate e protette dalla piccola nobiltà locale. Mentre all'estero si svolgeva il conflitto internazionale, in patria le truppe regie venivano regolarmente impiegate nella repressione.

La Fronda può, per certi aspetti, venir considerata come l'apice di questa lunga ondata di rivolte popolari, nel quale, per un breve periodo, taluni settori della nobiltà di grado più elevato, dei magistrati detentori di uffici e della borghesia municipale si servirono del malcontento delle masse per i propri fini, contro lo stato assoluto. [...] Ne risultò una mischia amara e confusa, nella quale, ancora una volta, il paese parve andare in pezzi, mentre le province si staccavano da Parigi, gli eserciti privati, composti di banditi, percorrevano in lungo e in largo le campagne, le città costituivano delle dittature municipali ribelli e complessi intrighi e manovre dividevano e riunivano i principali rivali in lizza per il controllo della corte. [...] In tal modo, la Fronda riprodusse molti elementi dello schema che contraddistinse le guerre di religione. Tuttavia, sebbene la spinta sociale dal basso fosse probabilmente più incalzante che durante le guerre di religione, la Fronda fu di fatto meno pericolosa di quelle per lo stato monarchico, perché le classi proprietarie erano ormai più compatte. Il che finì col garantire una solidarietà assai più pronta nei confronti delle masse.

P. ANDERSON, *Lo stato assoluto. Origini e sviluppo delle monarchie assolute europee*, Il Saggiatore, Milano 2014, pp. 75-86, trad. it. R. PASTA

analizza il brano

- → Quali furono le tre grandi crisi che minacciarono lo sviluppo e il rafforzamento della monarchia francese?
- → Che cos'era la *taille*? Per quale motivo la sua istituzione costituì un momento decisivo, nel processo di rafforzamento della monarchia francese?

3 L'Inghilterra del Cinquecento e del Seicento

Il tratto più caratteristico dell'Inghilterra dei secoli XVI e XVII è il netto contrasto che opponeva Londra al resto del Paese. Mentre la capitale era una metropoli in continua crescita, che costruiva la sua ricchezza sul commercio, la maggior parte degli abitanti viveva ancora di agricoltura. Intorno alla metà del Seicento, la nobiltà, assai più della borghesia, dev'essere considerata come la vera classe dirigente della nazione.

L'Inghilterra del XVI e XVII secolo era ancora una società preindustriale, con molte caratteristiche assai simili a quelle delle odierne *zone sottosviluppate*. La popolazione era relativamente scarsa: nel 1500, l'Inghilterra e il Galles contavano forse due milioni e mezzo di anime, salite a circa cinque milioni e mezzo nel 1700. Persino nella seconda metà del XVII secolo, ben pochi erano, in economia, i sintomi che preannunciassero la futura industrializzazione. Esisteva, è vero, un'agricoltura in larga misura commerciale, l'industria tessile era prospera, cospicua la produzione di carbon fossile, crescente il volume degli scambi con le colonie. Ma il grosso della popolazione era pur sempre impegnato nella produzione di generi alimentari, rudimentale era tuttora lo sviluppo dell'organizzazione capitalistica. Poche erano le *fabbriche*: l'unità di produzione tipica era la piccola officina, e l'industria domestica costituiva ancora la base della manifattura tessile.

Gran parte della popolazione viveva in campagna. Gregory King, pioniere della statistica al quale dobbiamo gran parte delle cifre relative a questo periodo, calcolava che nel 1688 quasi l'80 per cento della popolazione vivesse in villaggi e casolari. Le aree urbane erano per lo più molto ridotte: Birmingham, Bristol, Exeter, Newcastle, Norwich e York erano le uniche città di provincia con oltre diecimila abitanti, e trentamila ne contava Norwich, la maggiore di esse. L'unica, cospicua eccezione a questa modalità di esistenza in sparse comunità rurali era costituita dalla capitale. Durante i secoli in esame, la popolazione di Londra aumentò di dieci volte; nel 1700 aveva superato il milione di anime e continuava a crescere. Stando alle stime, forse un sesto della popolazione complessiva trascorreva almeno una parte della propria esistenza in questa grande metropoli, e molti facevano ritorno alle rispettive comunità rurali con le abitudini di vita che vi avevano acquisito.

La società era fortemente stratificata, e tra ricchi e poveri le differenze erano ovunque cospicue. Secondo Gregory King, nel 1688 oltre metà della popolazione stava «riducendo la ricchezza del regno», vale a dire guadagnava meno di quanto consumasse, e non c'è dubbio che da un terzo a metà della popolazione vivesse a un livello di pura sussistenza e fosse cronicamente sottoccupata, e nella categoria rientravano «i villani, i poveri, i manovali e i giornalieri», come li chiamava King. Molti di costoro erano fittavoli addetti ai loro piccoli poderi, ma ancora più numerosi erano i braccianti agricoli, essendo già in corso il declino della popolazione rurale inglese. A un livello superiore si collocavano le più prospere classi dei fattori, dei piccoli proprietari e dei bottegai, e alla sommità della piramide la tradizionale élite della nobiltà di campagna e dell'aristocrazia, ormai minacciata da vicino dai gruppi professionali in ascesa, avvocati, ecclesiastici, mercanti e funzionari. Sempre stando a King, i proprietari terrieri e le categorie professionali, benché costituissero solo il 5 per cento della popolazione, godevano di una più larga fetta del reddito nazionale dell'insieme delle classi inferiori, che erano oltre il 50 per cento.

Le condizioni di vita variavano a tal punto, tra queste diverse componenti della popolazione, che per lo storico è difficile non aver occhi più per le differenze che per le affinità. Può darsi che l'Inghilterra dei periodi Tudor e Stuart fosse una società sottosviluppata, dipendente dalle fatiche di una popolazione sottonutrita e ignorante, ma d'altra parte essa produsse una delle massime culture letterarie mai esistite e vi si manifestarono fermenti scientifici e intellettuali senza precedenti. Non ogni società sottosviluppata ha i suoi Shakespeare, i suoi Milton, i suoi Locke, i suoi Wren e i suoi Newton. L'élite era molto istruita. Si è calcolato che nel 1660 esisteva una scuola secondaria ogni 4400 individui, e che il 2,5 per cento del relativo gruppo di età della popolazione maschile riceveva una qualche forma di istruzione superiore a Oxford e Cambridge oppure presso gli Inns of Court [edifici in cui un tempo avvocati e giudici alloggiavano e lavoravano, *n.d.r.*]: una percentuale più alta di quella mai raggiunta in seguito fin dopo la prima guerra mondiale. Si trattò di un'epoca di enorme attività creativa nel campo della drammaturgia, della poesia, della prosa, dell'architettura, della teologia, della matematica, della fisica, della chimica, della storia, della filologia e di molte altre discipline; ma fu anche un'epoca in cui una percentuale vasta ma tuttora ignota, della popolazione (forse da metà a due terzi dei maschi adulti verso la fine del XVIII secolo) non sapeva leggere o per lo più firmava con una croce. [...]

È innegabile che gli inglesi delle epoche Tudor e Stuart erano, secondo i nostri metri di misura, straordinariamente esposti alla sofferenza, alla malattia e alla morte prematura; persino tra l'aristocrazia, le cui prospettive con ogni probabilità erano migliori di quelle delle altre classi, l'aspettativa di vita alla nascita di individui di sesso maschile nel terzo quarto del Seicento era di 29,6 anni, mentre oggi sarebbe di circa 70. Un terzo dei bambini aristocratici moriva prima dei cinque anni, mentre la percentuale di mortalità tra coloro che raggiungevano l'età adulta era assai prossima a quella dell'India nell'ultimo decennio del XIX secolo. Le condizioni di vita risultavano particolarmente dure a Londra. Il primo demografo inglese, John Graunt, nel 1662 riteneva che 36 bambini su 100 nati vivi nella metropoli morissero durante i primi sei anni di esistenza, e altri 24 durante i successivi dieci e calcolava un'aspettativa di vita alla nascita inferiore a quella che si avrebbe poi avuto in India durante la pandemia influenzale del 1911-1921. Forse la stima di Graunt era eccessivamente pessimistica, e comunque il demografo visse in un periodo in cui il livello di mortalità era eccezionalmente elevato. Può darsi che, almeno per gli abitanti delle campagne, verso la metà del XVI secolo l'aspettativa di vita alla nascita toccasse i 40-45 anni. Ma i contemporanei non avevano bisogno di complesse indagini demoscopiche per rendersi conto che l'esistenza era breve e che ben poche probabilità aveva il singolo di percorrere l'intero arco vitale. «Risulterà che sono molti di più i morti tra i 30 o i 35 anni di età che non coloro che li hanno superati», affermava uno scrittore nel 1635.

K. THOMAS, *La religione e il declino della magia. Le credenze popolari nell'Inghilterra del Cinquecento e del Seicento*, Mondadori, Milano 1985, pp. 5-8, trad. it. F. SABA SARDI

analizza il brano

- → Quanti inglesi vivevano a un livello di pura sussistenza?
- → Qual era il tasso di analfabetismo nell'Inghilterra dei secoli XVI e XVII? Possiamo parlare di una società sottosviluppata, sotto il profilo culturale e letterario?
- → In quale area dell'Inghilterra la mortalità infantile era particolarmente elevata?

↑ Scorcio di campagna inglese alla fine del XVII secolo, in un dipinto di Jan Siberechts (Londra, Tate Gallery).

4 Monarchia e Parlamento nell'Inghilterra del XVI secolo

I sovrani Tudor erano molto fieri delle prerogative del re e non amavano il Parlamento. Tuttavia, sia Enrico VIII che Elisabetta I, in alcuni momenti delicati, cercarono un compromesso, per il fatto che le circostanze in cui operarono esigevano il massimo di collaborazione tra la Corona e i sudditi. Pertanto, i tentativi operati dai sovrani Stuart, all'inizio del Seicento, di governare in modo assoluto furono accolti malissimo, al punto da provocare una guerra civile e una rivoluzione armata contro la Corona.

Gelosi entrambi della propria prerogativa, soprattutto Elisabetta, che dovette ripetutamente difenderla contro un parlamento naturalmente desideroso di estendere il proprio campo di azione dopo il ruolo fondamentale giocato nell'attuazione della Riforma, i Tudor [Enrico VIII ed Elisabetta I, *n.d.r.*] seppero complessivamente mantenere buoni rapporti con l'istituzione parlamentare: ne ricevettero in cambio un appoggio che per Enrico VIII fu pressoché incondizionato e di cui anche Elisabetta poté giovarsi in tutti i momenti cruciali. Fu anche grazie a ciò che i Tudor non ebbero interesse a sviluppare coerentemente la teoria del *diritto divino* dei re dando vita a una organica dottrina assolutista. Una volta assicurata in ogni campo l'incondizionata supremazia della corona, essi riconobbero di buon grado che nell'unione con il parlamento la loro sovranità veniva a rifulgere nella sua pienezza. Come ebbe a dichiarare Enrico VIII verso la fine del suo regno: «I nostri giudici ci segnalano che mai noi ci innalziamo tanto nella nostra condizione regale quanto in tempo di Parlamento, laddove noi come capo e voi come membra siamo insieme congiunti e saldamente uniti in un (solo) corpo politico, sicché qualunque genere di offesa o torto (in tale tempo) venga a colpire il più umile membro della Casa è da considerarsi rivolto contro la mia persona e l'intera Corte del Parlamento».

Così anche la tendenza ad enfatizzare il carattere insindacabile della volontà del principe e ad attribuire al suo comando una cogenza [autorevolezza, *n.d.r.*] inferiore soltanto a quella della legge divina, particolarmente pronunziata negli anni che videro l'attuazione della Riforma, si stemperò progressivamente man mano che il nuovo assetto venne consolidandosi e le rivendicazione *imperiali* della corona vennero ampiamente realizzate. Accanto all'insieme dei diritti e privilegi che costituivano la sua prerogativa *ordinaria*, i giuristi riconobbero al re un ampio potere discrezionale – una prerogativa *assoluta* – nell'amministrazione e nel governo del regno, che ne esaltava la condizione di *capo* del corpo politico e di supremo interprete dell'utilità pubblica. Ma ciò di per sé non implicava che i poteri del re fossero illimitati. Diversamente dai più zelanti assertori della Riforma e dai propagandisti enriciani degli anni '30, i giuristi mantennero saldo il principio della supremazia della legge, e ripetutamente sottolinearono che la prerogativa non lasciava il re «at liberty to do wrong» [la prerogativa non concedeva al re licenza di agire in modo errato, *n.d.r.*]. [...] L'insidiosa questione di ciò che il re potesse fare «nella pienezza del suo potere» – che tanti contrasti scatenerà nel secolo successivo – non venne mai affrontata direttamente: apparentemente i giuristi non presero in considerazione l'eventualità che tra la legge e la prerogativa, tra diritti della corona e quelli dei sudditi, tra il re e il parlamento, potesse insorgere un conflitto non meramente occasionale. [...] Sia Enrico VIII che Elisabetta avevano una concezione altissima della condizione regale, ed è presumibile che entrambi intendessero la loro prerogativa *assoluta* come una riserva indefinita di potere cui nessuna legge umana poteva fissare limiti certi; ma in pratica essi accettarono di essere sottoposti alla legge, non fecero un uso eccessivo del loro potere discrezionale, e seppero lasciar cadere per tempo le misure e i progetti più impopolari.

↑ La regina Elisabetta d'Inghilterra durante una seduta del Parlamento. Frontispizio del "Journals of All the Parliaments during the Reign of Queen Elizabeth", 1682.

RIFERIMENTI STORIOGRAFICI

RIFERIMENTI STORIOGRAFICI

I giuristi mantennero saldo il principio della supremazia della legge, e ripetutamente sottolinearono che la prerogativa non lasciava il re «at liberty to do wrong»

Il tentativo della corona, nel 1539, di ottenere dal parlamento ampia facoltà di emettere proclami aventi forza di legge incontrò tale opposizione che l'atto risultatone (abrogato comunque nel 1547, alla morte di Enrico VIII) conteneva limitazioni di così vasta portata da renderlo del tutto inservibile come strumento di assolutismo. Lo stesso Enrico VIII, insieme a un temperamento dispotico, manifestò fino al termine della vita un ossessivo rispetto per la formalità della legge: aspetti apparentemente inconciliabili della sua personalità, che poterono agevolmente coesistere grazie alla disponibilità del parlamento a fornirgli strumenti legali adeguati per regolare le proprie vicende matrimoniali, modificare di volta in volta la successione ed eliminare fisicamente i propri nemici, veri o presunti. È infine degno di nota che, nella seconda metà del secolo, la successiva presenza di due donne sul trono (in un'epoca - è appena il caso di ricordarlo - in cui la naturale inferiorità della donna e la necessità della sua sottomissione all'uomo erano assiomi praticamente indiscussi) fornisse l'occasione di riproporre con enfasi particolare il tema del buon sovrano ossequiente alla legge e di fatto guidato da savi consiglieri. Al famigerato (e imbarazzante) libello del calvinista scozzese John Knox, che aveva lanciato uno squillante anatema contro *The monstruous regiment of women* [*Il mostruoso governo delle donne*, *n.d.r.*], gli autori del *Mirror for Magistrates* [*Specchio per i magistati*, *n.d.r.*] obiettavano tra l'altro che nel sottomettersi alla legge divina, e nel farla rispettare dai propri sudditi, una donna poteva essere non da meno di un uomo; e aggiungevano: «E quanto alla saggezza e prudenza politica, dal momento che essa consiste nel seguire il consiglio di molte teste devote, competenti e di provata esperienza, sarebbe meglio avere una donna (al governo), che, considerando la propria debolezza e incapacità, si lascerebbe guidare nelle sue decisioni, piuttosto che un uomo che, troppo presumendo del suo vanaglorioso intelletto, non tollererebbe altro parere che il suo».

E. GUSBERTI, *This star of England. La concezione della regalità in Inghilterra e il mito di Enrico V (secoli XIV-XVII)*, Bononia University Press, Bologna 2009, pp. 91-97

analizza il brano

→ Spiega l'espressione «carattere insindacabile della volontà del principe».

→ Per quali ragioni il fatto che una donna fosse sul trono spingeva i giuristi inglesi a respingere la concezione assolutista del potere?

5 La *New Model Army*

Prima ancora di essere una straordinaria palestra di discussione politica, la *New Model Army* fu un efficientissimo meccanismo militare, tatticamente capace di tenere testa a qualsiasi esercito del Seicento europeo. L'esercito di nuova concezione organizzato da Oliver Cromwell presenta poi un singolare intreccio tra antico e moderno. Da un lato, le motivazioni per cui i soldati combattono sono ancora di tipo religioso; tuttavia, nella loro determinazione e nella loro motivazione, gli uomini della *New Model Army* assomigliano già ai soldati politicizzati, che combattono in nome di una ideologia e che saranno tipici dei secoli seguenti, dalla Rivoluzione francese alla seconda guerra mondiale.

Laddove il Wallenstein ha puntato sul denaro, sulla corruzione, sull'intimidazione, sul doppiogioco, sulla lettura delle stelle, il Cromwell punta sulla volontà rivoluzionaria e sulla fede in un Dio che mai forse come con lui è stato davvero, e fino a un tale punto, il *Dominus Deus Sabaoth*, il *Signore Dio degli Eserciti*. La rivoluzione inglese avviata nel 1640 e culminata, il 30 gennaio 1649, con la prima condanna a morte di un re in seguito a un giudizio formulato dal suo popolo della storia d'Europa, è opera di un uomo e di un esercito. Il cammino rivoluzionario dell'Inghilterra cominciò all'insegna d'un netto squilibrio militare a favore dei *Cavalieri* nei confronti delle *Teste rotonde*. Se i seguaci del Parlamento potevano contare sulla forza delle loro ricchezze e delle immense risorse d'una borghesia per la quale il commercio e il guadagno erano la stessa vita, i realisti disponevano al contrario, in partenza, d'una netta superiorità militare. Per i nobili e i loro seguaci, la vita sta nella guerra e nelle attività consimili, quali la caccia: è facile, per loro, organizzare dei buoni squadroni di cavalleria. Abbiamo or ora detto che il primo Seicento vede una ristrutturazione generale dell'arma equestre e un suo sostanziale subordinarsi tattico alla fanteria, ma non bisogna comunque esagerare. Una fanteria di tiratori, e per giunta magari non troppo disciplinata, poteva essere con una certa facilità scompaginata da una buona carica di cavalleria: bastava aspettare che i moschettieri avessero sparato una scarica e dovessero ricaricare, e si potevano frantumare le linee con un attacco frontale o con una carica portata sui fianchi. Il sistema delle scariche continue, riga per riga, non era perfezionato e comunque richiedeva un accurato addestramento. Sorpreso dal travolgente assalto d'una cavalleria che, con Gustavo Adolfo, aveva rinunziato al teatrale caracollo [una modalità d'assalto in cui un gruppo di cavalieri si avvicinava allo schieramento nemico, gli scaricava contro le proprie pistole, e poi si allontanava a gran velocità, lasciando il posto ad un nuovo reparto, *n.d.r.*] per mettere a punto una tattica di micidiale ondata, il moschettiere poteva solo usare la sua arma da fuoco come mazza oppure difendersi con la spada. Del resto, poi, il re disponeva anche d'un'ottima fanteria costituita dai montanari gallesi o della Cornovaglia. Al confronto, la compagine parlamentare era ben misera. [...]

Il risanamento della situazione, anzi il suo capovolgimento, venne proprio da un provvedimento militare. Il parlamentare Oliver Cromwell, un uomo d'affari solido, austero nella fede puritana, assolutamente affidabile per le doti d'energia e di competenza, cominciò a reclutare degli squadroni di cavalleria nell'East Anglia, dalla quale egli stesso proveniva. Non gli sfuggivano le ragioni della debolezza militare dei parlamentaristi e quindi la perentorietà dei rimedi da adottare. Occorreva una cavalleria forte e disciplinata, tale da potersi contrapporre con successo a quella dei realisti. Essa avrebbe dovuto essere pagata con regolarità e con un salario tanto alto da attirare qualcosa di meglio che non i soliti disperati in cerca di quattro soldi. Infine, disciplina e soldo si dovevano accompagnare a una sentita fede religiosa e a una profonda coscienza politica della causa per la quale si combatteva. Il puritano Cromwell è, per molti aspetti, il prototipo del moderno *politische Soldat* [*soldato politico, n.d.r.*]: professionalmente ineccepibile, ben pagato ed equipaggiato, cosciente di far parte di una truppa d'*élite* e al tempo stesso animato da un forte spirito ideologico e dalla consapevolezza profonda di essere veramente un *volontario*, in quanto non sono né il bisogno né la disperazione a spingerlo a mettere la vita a repentaglio, bensì la fede religiosa e il senso civico. Nascono così gli *Ironsides*, i *Fianchi di Ferro*: un'armata eccezionale, dallo straordinario spirito combattivo e dal profondo afflato profetico. Un'atmosfera biblica la percorre: prima della battaglia si ascoltano prediche infervorate; nei momenti di riposo o dopo la vittoria si prega e si cantano i salmi anziché darsi al bere, al gioco, alle donne. Il *politische Soldat* di Cromwell è un popolano o un piccolo borghese sovente abbastanza rozzo, di solito aderente a una *setta* religiosa; l'organizzatore di questo nuovo corpo sottolinea e difende le sue scelte; non perde occasione di esternare la sua antipatia per il *gentleman* e il suo mondo; non esita a ricordare alla borghesia – che lotta contro la nobiltà ma in un certo senso ne rimpiange i modi – che la causa rivoluzionaria non si vince senza questi popolani vestiti di rozzo panno e animati dallo spirito della democrazia religiosa.

La battaglia di Marston Moor, nel luglio 1644, segnò il trionfo della compagine parlamentare-scozzese-puritana, e gli *Ironsides* dimostrarono di essere davvero in grado di sbaragliare la formidabile cavalleria realista. Da allora, il campo degli avversari della Corona si andò decisamente spogliando degli ultimi residui del vecchio regime, in particolare degli aristocratici ancora permanenti negli alti gradi militari, i quali davano chiari anche se non espliciti segni di non essere entusiasti della necessità del momento, che li spingeva a far guerra a gente del loro stesso rango. A partire dal 1645, milizie locali e truppe disordinatamente reclutate vennero sostituite da un nuovo esercito – è il famoso *New Model Army* – organizzato sulla base dei principi che avevano presieduto alla formazione degli ormai leggendari *Ironsides*: paga alta, rigorosa disciplina e consapevolezza al tempo stesso chiara ed entusiasta della propria causa politico-religiosa. Siamo dinanzi ad un vero esercito rivoluzionario moderno, il primo della storia europea. Dopo la vittoria di Naseby, nel giugno del 1645, apparve appunto chiaro che la causa della rivoluzione riposava tra i vessilli del nuovo esercito, col suo radicalismo democratico, e che la piega assunta dagli eventi era assai diversa da quella che la borghesia parlamentare aveva in orgine concepito. La guerra aveva riplasmato la politica. All'interno del *New Model Army* si erano affinate esperienze di autogoverno nelle quali l'egualitarismo politico-religioso si accordava

↑ Charles Landseer, *Oliver Cromwell presso Naseby* (Berlino, Alte Nationalgalerie).

RIFERIMENTI STORIOGRAFICI

con la disciplina, e intorno al Cromwell si era andata organizzando un'équipe di ufficiali, i suoi *santi*, certi del loro esser *strumenti divini* e rigorosamente ancorati al loro ruolo di proprietari terrieri, sia pur talora anche modesti; ma tuttavia, accanto a questa élite di conservatori, contavano i bassi quadri dell'esercito, nei quali il settarismo era vivo e che, nel 1647, si opposero violentemente al tentativo parlamentare di smobilitazione [di trovare un accordo con il re Carlo I e di licenziare il *New Model Army*, *n.d.r.*]. Fu merito di Cromwell l'esser riuscito a padroneggiare queste spinte e a controllare questi fenomeni, in circostanze anche molto drammatiche, con l'esperienza del vecchio soldato che sa essere duro – soprattutto quando è in gioco la disciplina – e con la spregiudicatezza del politico ben consapevole che, una volta lasciata la parola alle armi, esse debbono esser fatte parlare con chiarezza. [...] Quest'uomo allevato alla rigorosa disciplina dei lunghi silenziosi colloqui intimi con l'Onnipotente saprà davvero governare con verga di ferro, al pari di Mosè e del Signore apocalittico dei Tempi ultimi.

F. CARDINI, *Quell'antica festa crudele. Guerra e cultura della guerra dall'età feudale alla grande Rivoluzione*, Il Saggiatore, Milano 1988, pp. 131-134

analizza il brano

- → Spiega le espressioni «soldato politico» e «afflato profetico».
- → Spiega l'affermazione: «La guerra aveva riplasmato la politica».

CLIL 6

Charles I's Death

January 30, 1649 was a bitterly cold day. Charles I went to his execution wearing two heavy shirts so that he might not shiver in the cold and appear to be afraid. The following account of the event comes from an anonymous observer and begins as the doomed King addresses the crowd from the scaffold.

Audiolettura

"[As for the people] truly I desire their liberty and freedom as much as anybody whomsoever; but I must tell you that their liberty and freedom consist in having of government, those laws by which their life and their goods may be most their own. It is not for having share in government, sirs; that is nothing pertaining to them; a subject and a sovereign are clear different things. And therefore until they do that, I mean that you do put the people in that liberty, as I say, certainly they will never enjoy themselves. Sirs, it was for this that now I am come here. If I would have given way to an arbitrary way, for to have all laws changed according to the power of the sword, I needed not to have come here; and therefore I tell you (and I pray God it be not laid to your charge) that I am the martyr of the people..."

And to the executioner he said, "I shall say but very short prayers, and when I thrust out my hands –"

Then he called to the bishop for his cap, and having put it on, asked the executioner, "Does my hair trouble you?" who desired him to put it all under his cap; which, as he was doing by the help of the bishop and the executioner, he turned to the bishop, and said, "I have a good cause, and a gracious God on my side."

The bishop said, "There is but one stage more, which, though turbulent and troublesome, yet is a very short one. You may consider it will soon carry you a very great way; it will carry you from earth to heaven; and there you shall find to your great joy the prize you hasten to, a crown of glory."

The king adjoins, "I go from a corruptible to an incorruptible crown; where no disturbance can be, no disturbance in the world."

The bishop: "You are exchanged from a temporal to an eternal crown, – a good exchange."

Then the king asked the executioner, "Is my hair well?" And taking off his cloak and George [the jeweled pendant of the Order of the Garter, bearing the figure of St. George, *ed.*], he delivered his George to the bishop...

Then putting off his doublet and being in his waistcoat, he put on his cloak again, and looking upon the block, said to the executioner, "You must set it fast."

The executioner: "It is fast, sir."

King: "It might have been a little higher."

Executioner: "It can be no higher, sir."

King: "When I put out my hands this way, then – "

Then having said a few words to himself, as he stood, with hands and eyes lift up, immediately stooping down he laid his neck upon the block; and the executioner, again putting his hair under his cap, his Majesty, thinking he had been going to strike, bade him, "Stay for the sign."

Executioner: "Yes, I will, and it please your Majesty."

After a very short pause, his Majesty stretching forth his hands, the executioner at one blow severed his head from his body; which, being held up and showed to the people, was with his body put into a coffin covered with black velvet and carried into his lodging.

His blood was taken up by divers persons for different ends: by some as trophies of their villainy; by others as relics of a martyr; and in some hath had the same effect, by the blessing of God, which was often found in his sacred touch when living.

The Execution of Charles I, 1649, EyeWitness to History, www.eyewitnesstohistory.com, 2003

answer the following questions

- → How did Charles I face his death?
- → Which were his main concerns?
- → How did the bishop comfort him?

Il *Patto del popolo*: quasi una Costituzione

Lo studio della Rivoluzione inglese e, in particolare, del *Patto del popolo* (che fu elaborato dai più importanti esponenti dei Livellatori e che può essere considerato il primo completo progetto di Costituzione scritta) può permettere l'acquisizione di una competenza fondamentale, che potremmo definire nel modo seguente: **saper distinguere il *modello di potere* medievale da quello moderno, basato sul principio della *sovranità popolare* e sui *diritti del cittadino*.** Per affinare tale competenza, viene proposto di seguito un approfondimento, che prende le mosse da un documento e da una pagina storiografica.

Il *Patto del popolo* nella versione del 1649

Patto del libero popolo inglese proposto come offerta di pace a questa afflitta nazione da John Lilburne, William Walwyn, Thomas Prince e Richard Overton, prigionieri nella Torre di Londra

[...]

I. La suprema autorità d'Inghilterra e dei territori in essa incorporati sarà e risiederà d'ora in avanti in una Rappresentanza del popolo composta di quattrocento persone, e non di più; nella elezione delle quali (giusta la Legge di Natura) tutti gli uomini dai ventun anni in su (purché non siano di condizione servile o ricevano elemosine o abbiano servito l'ex re con le armi e con contributi volontari) avranno diritto di voto, e saranno eleggibili a quella carica suprema. I seguaci del re rimarranno esclusi solo per dieci anni. [...]

IX. Affinché nessuno d'ora in avanti possa ignorare o essere in dubbio circa il potere dell'autorità suprema e gli affari di cui questa deve occuparsi e aver competenza: noi conveniamo che il potere del Parlamento si estende, senza bisogno del consenso o della approvazione di altre persone:

1. al mantenimento della pace e del commercio con l'estero;
2. al mantenimento di quelle salvaguardie e garanzie della vita, della incolumità, delle libertà, proprietà e dei beni, contenute nella Petizione dei Diritti, redatta e promulgata nell'anno terzo dell'ex re [1628, *n.d.r.*];
3. alla imposizione delle tasse e in genere a tutte quelle attività che saranno evidentemente conferenti a quei fini come all'ampliamento della nostra libertà, alla riparazione delle ingiustizie e alla prosperità del Paese.

A garanzia di questo, avendo constatato per dolorosa esperienza che il predominio di interessi corrotti inclina potentemente la maggior parte degli uomini investiti di autorità a snaturare il fine, piegandola al proprio dominio e a danno della nostra pace e delle nostre libertà, conveniamo perciò e dichiariamo ancora:

X. Che non diamo il potere o il mandato ai detti nostri rappresentanti di mantenere in vigore o fare qualsiasi legge, o imporre giuramenti o Patti, mercé i quali sia possibile costringere con sanzioni o altrimenti, chicchessia in qualsivoglia quistione concernente la fede, la religione o il culto di Dio, o vietare a chicchessia di professare la propria fede o d'esercitare il culto religioso secondo la sua coscienza, visto che nulla ha provocato tanti conflitti e tante tribolazioni in tutti i tempi quanto la persecuzione e le vessazioni in quistioni di coscienza per causa di religione. [...]

XIII. Non diamo loro il potere di emettere sentenze su persone o beni ove non sia stata fatta prima una legge, né di attribuire questa autorità ad altra Corte o giurisdizione, poiché dove non v'è legge non v'è trasgressione che gli uomini o i magistrati abbiano competenza a giudicare; e neppure li autorizziamo a interferire nell'esecuzione di qualsiasi legge. [...]

XVI. Nessun Parlamento avrà il potere di punire, o far punire, una o più persone perché si rifiutano di rispondere a domande a loro pregiudizievoli in processi penali. [...]

XXI. Non avrà il potere di fare o mantenere in vigore leggi che condannino a morte una persona, tranne che per omicidio, o altro simile nefando delitto distruttivo per la società umana, o per il tentativo di sopprimere con la violenza questo nostro Patto; ma si sforzerà al massimo di stabilire pene commisurate ai reati, di modo che le vite, la sicurezza personale, le libertà e i beni degli uomini non siano soggetti a essere compromessi, come nel passato, per motivi futili o lievi. Esso dovrà preoccuparsi particolarmente di salvaguardare ogni categoria di persone dalla criminalità, dalla miseria e dalla mendicità. [...]

XXII. Non avrà il potere di mantenere o far leggi che privino una persona, in caso di processo in cui sia minacciato di perder la vita o la libertà o le sostanze, del beneficio dei testimoni a suo discarico. [...]

XXX. Noi pertanto conveniamo che nessun Parlamento avrà il potere in alcun modo di dipartirsi da questo Patto o di sopprimerne una parte qualsiasi, né di livellare i beni degli uomini, abolire la proprietà privata o introdurre la comunità dei possessi [...]. Tutte le leggi fatte o che saranno fatte contrarie a una parte qualsiasi di questo Patto, sono in base a esso rese nulle e prive di validità. [...]

Dato il primo maggio dell'anno del nostro Signore 1649.

M. REVELLI, *Putney. Alle radici della democrazia moderna. Il dibattito tra i protagonisti della «Rivoluzione inglese»*, Baldini & Castoldi, Milano 1997, pp. 185-199

Le origini del *Patto del popolo*

Non è frequente che rancore e delusione ispirino un balzo avanti creativo nella storia del pensiero e degli istituti politici. Per una volta nell'autunno 1647, essi ebbero quest'effetto salutare: l'irrequietudine e la diffidenza serpeggianti fra i soldati di cinque reggimenti di cavalleria del Nuovo Modello suggerirono loro [...] il primo abbozzo rudimentale di costituzione scritta della storia della democrazia. [...] [Le loro] considerazioni furono esposte in un documento intitolato *The Case of the Armie truly stated* (Le ragioni dell'esercito fedelmente esposte), firmato il 9 ottobre dai dieci Agitatori dei cinque reggimenti [...], presentato il 18 al generale Fairfax perché lo sottoponesse al Consiglio dell'Esercito, ma pubblicato il 15 come pamphlet [opuscolo, *n.d.r.*]. Opera di diverse penne, esso non è uno dei migliori testi della letteratura livellatrice, perché prolisso, confuso e pieno di ripetizioni; ma come ponte verso il Patto del Popolo, ha un grande interesse storico e contiene pagine che danno un senso vivo ed umano della psicologia di questi giovani. [...] Il punto che basterebbe da solo a farne un documento storico è la clausola *che propone di conferire il diritto di voto nelle elezioni ai parlamenti biennali «a tutti i liberi in età di 21 anni e oltre*... eccettuati coloro che, per delinquenza (cioè per aver favorito attivamente la causa realista), si siano privati (o si privino in avvenire) di questa libertà per qualche anno o per sempre». [...]

The Case of the Armie distingue fra «legge sovrana (*paramount*)» e legislazione ordinaria: la prima è immutabile, la seconda può essere modificata. Sviluppando questo concetto, gli uomini dei cinque reggimenti di cavalleria conclusero che, sebbene ansiosi di epurare il parlamento e indignati per le tergiversazioni degli ufficiali in merito a questo problema, essi non potevano affidare nemmeno a parlamenti epurati la garanzia e la tutela delle libertà comuni: un parlamento avrebbe potuto disfare ciò che il precedente avesse fatto. [...] Solo della parola del popolo sovrano essi potevano fidarsi. [...] In realtà, nessuno vedeva più chiaramente dei livellatori che la guerra civile aveva scosso l'intelaiatura costituzionale della società in cui essi e i contemporanei erano cresciuti, una società ancora feudale, e li aveva fatti ricadere – per usare le parole di Lilburne – in uno stato di natura. [...] E il loro problema era: come la società esce dallo stato di natura?

La risposta della loro generazione a questa domanda era un luogo comune prima ancora che Hobbes e Locke la elaborassero: gli uomini sono faticosamente usciti dalle barbarie e hanno formato la società civile concludendo un contratto sociale. Dopo l'anarchia della guerra civile, essi devono rinnovarlo. Ma i modi di concepire il contratto sociale erano, anche allora, diversi. I livellatori tendevano a immaginarlo per analogia con una delle «chiese raccolte», indipendenti o anabattiste, in cui essi avevano la più profonda e vissuta esperienza della vita sociale. Appartenere a queste congregazioni significava per l'individuo entrare volontariamente a far parte di comunità compatte e solidali, e giurare un patto (*Covenant*) di reciproco aiuto e disciplina, in cui tutti sottoscrivevano un corpo di dottrine e credenze religiose. Un esempio ancora più antico di comunità volontarie, ma esercitanti (entro i limiti nettamente fissati dagli statuti) un'autorità incontrastata sui propri membri, erano le gilde, corporazioni di mestiere, e compagnie di commercio, della City. L'idea di un simile contratto volontariamente sottoscritto, ed esteso a tutta la nazione, non esigeva quindi per la fantasia di quella generazione lo sforzo che richiederebbe alla nostra. [...]

Gli ufficiali ai quali il documento può essere stato deferito [consegnato, *n.d.r.*] in prima istanza non lo gradirono, e forse neppure lo compresero, perché era un testo piuttosto grezzo, oscuro e guastato da esagerazioni malevole; e si può supporre che, nella risposta scritta agli Agitatori, abbiano sottolineato, fra l'altro, la loro disapprovazione del suffragio maschile. Ricevuta questa lettera, gli Agitatori dei cinque reggimenti di cavalleria, coi quali adesso si erano schierati altri quattro reggimenti della stessa arma e sette di fanteria, incaricarono qualcuno, o più probabilmente un piccolo comitato, di rielaborare *The Case of the Armie* dando al testo del documento una forma più accettabile. Il risultato fu la prima delle tre versioni dell'*Agreement of the People for a firme peace* (Patto del Popolo per una pace stabile), che fu letta alla riunione del Consiglio dell'Esercito il 29 ottobre 1647 a Putney, e messa in vendita come pamphlet a Londra il 3 novembre; un documento lucido e terso [...] che, ridotto ai suoi termini essenziali, è un primo abbozzo di «contratto sociale».

H. N. BRAILSFORD, *I Livellatori e la Rivoluzione inglese*, Il Saggiatore, Milano 1962, pp. 288-294

Lavorare con i testi

Nei passi citati, il colore ha evidenziato alcuni passaggi essenziali. Come ulteriore stimolo di analisi e di riflessione, ti viene proposto il seguente schema.

analizza i brani

GUERRA CIVILE = NUOVO STATO DI NATURA

↓

Necessità di un nuovo *contratto sociale* accettato da tutti i cittadini

↓

Stesura di un *Patto del popolo* (vera Costituzione scritta e rigida)

↓

Delega del potere legislativo a un Parlamento eletto a suffragio universale maschile

↓

Superiorità del *Patto del popolo* rispetto alle delibere parlamentari

↓

Rispetto del diritto di proprietà e della libertà religiosa

↓

Regime democratico (non socialista)

→ Utilizzando le informazioni che hai raccolto, costruisci un testo che, come minimo, abbia la lunghezza di due colonne di foglio protocollo.

VERIFICA DELL'APPRENDIMENTO
Conoscenze e abilità

ANALISI DELLE FONTI ICONOGRAFICHE

1. Osserva l'immagine e rispondi alle domande.

a) Chi è il personaggio raffigurato?

....

....

b) Che ruolo ebbe nel suo Paese?

....

....

....

....

SELEZIONARE E CLASSIFICARE

2. Completa la tabella relativa alla guerra dei Trent'anni.

SITUAZIONE POLITICA IN BOEMIA E IN GERMANIA	....
DATA D'INIZIO DELLA GUERRA	....
CAUSA SCATENANTE	....
FASE BOEMA (DATE)	....
INTERVENTO DANESE (DATE)	....
INTERVENTO SVEDESE	Date: .... Caratteristiche dell'esercito svedese: .... Ruolo di Wallenstein: ....
FASE FRANCESE (DATE)	....
CONSEGUENZE DELLA GUERRA E CONTENUTI DELLA PACE DI WESTFALIA	A livello politico: .... A livello religioso: .... A livello sociale: ....

VERIFICA

3. Collega le affermazioni presenti nella colonna di sinistra ai rispettivi protagonisti storici nella colonna di destra.

a) Si schiera contro la Spagna.

b) Consente la piena affermazione dell'assolutismo in Francia.

c) Esercita la reggenza fino a che Luigi XIII diventa maggiorenne.

d) Cerca di impedire alla nobiltà o a qualsiasi altro soggetto di limitare il potere assoluto della monarchia.

e) Favorevole a un'alleanza con la Spagna, ritiene immorale schierarsi con i protestanti.

MARIA DE' MEDICI

MAZZARINO

conoscere il lessico

4. Definisci il termine.

Borghesia

....

....

....

Mercenari

....

....

....

comprendere il testo

5. Rispondi alla seguente domanda, dopo averla completata.

Che cosa rivendicava la *Petizione dei diritti* del ...., elaborata dai ....?

....

....

....

6. Elenca i fatti che portarono allo scoppio della Rivoluzione inglese.

1) ....

2) ....

3) ....

7. Rispondi brevemente alle seguenti domande.

a) Quale fu la causa scatenante del conflitto che oppose Carlo I al Parlamento?

....

....

....

b) Quale fu il significato politico del processo e dell'esecuzione di Carlo I?

....

....

....

c) In che cosa risiede l'importanza del *Patto del popolo*?

....

....

....

d) In che modo Cromwell trasformò la gestione del potere politico in protettorato personale?

....

....

....

verso il saggio breve

8. Scrivi un testo sui *dibattiti di Putney* evidenziando:

→ la provenienza sociale dei soldati della New Model Army, spiegandone l'importanza;

→ il nuovo ruolo del Parlamento;

→ la questione del suffragio universale.

verifica

mappa di sintesi

Mappa proiettabile

L'EUROPA ALLA METÀ DEL XVII SECOLO

- **Guerra dei Trent'anni (1618-1648)**
  - Wallenstein, sistema delle contribuzioni e saccheggi
  - Intervento di Danimarca e Svezia
  - Intervento francese → Con Richelieu la Francia cattolica si allea con i protestanti
    - Aumenta la pressione fiscale
    - Rivolte e sommosse (Fronda)
    - La Francia si avvia verso l'assolutismo
  - Pace di Westfalia: limitazione del potere imperiale e tolleranza religiosa
- **Inghilterra**
  - **Contrasti religiosi**
    - Panorama religioso molto complesso
      - Chiesa di Stato anglicana
      - Puritani
      - Settari
  - **Contrasti politici**
    - Scontro tra sostenitori del re e sostenitori del Parlamento
    - Le forze parlamentari organizzano la New Model Army (1645), sull'esempio degli *Ironsides* di Cromwell
    - Carlo I è giustiziato (1649) e viene proclamata la repubblica
    - Dittatura di Cromwell (1653-1658)
    - Ritorno della monarchia (1160 con Carlo II)

Indice dei nomi

A

B

C

D

E

F

G

H

I

J

K

L

M

N

O

P